经济教材译丛

（原书第 **12** 版）

发展经济学

Economic Development (12th Edition)

[美]
迈克尔·P. 托达罗（Michael P. Todaro）
纽约大学
斯蒂芬·C. 史密斯（Stephen C. Smith）
乔治·华盛顿大学

著

聂巧平　程晶蓉　译

机械工业出版社
CHINA MACHINE PRESS

图书在版编目（CIP）数据

发展经济学（原书第12版）/（美）迈克尔·P. 托达罗（Michael P. Todaro），（美）斯蒂芬·C. 史密斯（Stephen C. Smith）著；聂巧平，程晶蓉译. —北京：机械工业出版社，2020.7（2023.9 重印）

（经济教材译丛）

书名原文：Economic Development

ISBN 978-7-111-66024-8

I. 发… II. ① 迈… ② 斯… ③ 聂… ④ 程… III. 发展经济学 – 教材 IV. F061.3

中国版本图书馆 CIP 数据核字（2020）第 120862 号

北京市版权局著作权合同登记　图字：01-2019-4570 号。

Michael P. Todaro, Stephen C. Smith. Economic Development, 12th Edition.

ISBN 978-1-292-00297-2

Copyright © 2015 by Pearson Education, Inc.

Simplified Chinese Edition Copyright © 2020 by China Machine Press.

Published by arrangement with the original publisher, Pearson Education, Inc. This edition is authorized for sale and distribution in the Chinese mainland (excluding Hong Kong SAR, Macao SAR, and Taiwan).

All rights reserved.

本书中文简体字版由 Pearson Education（培生教育出版集团）授权机械工业出版社在中国大陆地区（不包括香港、澳门特别行政区及台湾地区）独家出版发行。未经出版者书面许可，不得以任何方式抄袭、复制或节录本书中的任何部分。

本书封底贴有 Pearson Education（培生教育出版集团）激光防伪标签，无标签者不得销售。

本书从全球性的视角，以问题与政策为导向来解析发展经济学。作者针对发展中国家的贫困问题、人口问题、城市化问题、环境问题、发展政策制定问题、国际贸易以及国际金融等问题分别进行了深入的探讨。特别地，本书将发展中国家与发达国家发展初期的经济情况相比较，在介绍经典理论的同时，引入学术界一些合理的争辩与讨论，让学生能够真正了解整个发展中国家的经济现状与经济体系，帮助其在拓宽视野的同时培养客观独立地分析问题的能力。

本书适合作为高等院校经济学专业的本科生和研究生的学习用书，从事经济学研究的学者也将从本书中受益匪浅。

出版发行：机械工业出版社（北京市西城区百万庄大街 22 号　邮政编码：100037）

责任编辑：贾　萌　程天祥		责任校对：李秋荣	
印　　刷：北京建宏印刷有限公司		版　　次：2023 年 9 月第 1 版第 2 次印刷	
开　　本：185mm×260mm　1/16		印　　张：36.5	
书　　号：ISBN 978-7-111-66024-8		定　　价：109.00 元	

客服电话：(010) 88361066　68326294

版权所有·侵权必究

封底无防伪标均为盗版

译者序
The Translators' Words

半个多世纪以来，发展中国家的经济发展问题一直让经济学家魂牵梦萦。而随着世界经济一体化的不断发展，发展中国家的经济发展已经不再是发展中国家自身的事情，它影响了整个世界的经济走向。

不同的分析思路和理论派别从不同的角度出发，使发展经济学理论呈现出百家争鸣的态势。国内也有很多有关发展经济学的书籍。本书以一个西方经济学者的视角，在阐述发展中国家经济取得的显著成就的基础上，分析了发展中国家经济中现存的问题与挑战。

本书开篇即从一个全球性的视角来解析发展经济学，并将发展中国家与发达国家发展初期的经济情况相比较。此后在介绍经济增长和发展模型经典理论的基础上，针对发展中国家的贫困问题、人口问题、城市化问题、人力资本发展问题、环境问题、发展政策制定问题、国际贸易以及国际金融问题分别进行了深入的探讨。同时，本书注意在介绍经典理论的同时，将学术界的一些合理争辩与讨论纳入其中，让学生能够真正了解整个发展中国家的经济现状与经济体系，帮助学生在拓宽视野的同时培养分析问题的能力。

本书非常适合高等院校经济学专业的本科生和研究生，从事经济学研究的学者也将从中受益匪浅。

参与本书各章翻译的人员如下。

第1～5章：程晶蓉

第6～9章：聂巧平

第10～12章：汪小雯、聂巧平

第13～15章：聂巧平

全书由聂巧平和程晶蓉进行整理和通校，鲁慧珍参与了第1～5章的初译工作，宁戌霞、高扬参与了第6～8章及第10～12章的初译工作，相方参加了第13～15章的初译工作；叶光、张坤、黄河、鲁大成、李宾、刘峻岭、王海花、吕锐、王贵鹏、闫晓红对本书翻译提供了有益的意见和参考。另外感谢刘丽娜、郭笑梅、汪小雯、张春玲、程垚、张靖、张春武、王若滨、姚淑英等提供的帮助。

十分荣幸有机会将本书翻译成中文，不过翻译并不是一项简单的文字转换工作，我们力争做到"信、达、雅"，但因水平有限，书中难免有疏漏、错误或不当之处，敬请广大读者批评指正。

聂巧平　程晶蓉

2019 年 4 月

前言
Preface

本书第 12 版清晰而又全面地介绍了发展经济学的最新思想，这些观点在发达国家与发展中国家都得到了普遍认可与好评。

经济发展的步伐日益加快，规模不断扩大，简直就是一场曲折的、不可预测的演变。本书系统地阐述了发展中国家在许多方面所取得的前所未有的进步，也指出了发展中国家在未来几年内亟待解决的众多问题与挑战。书中还介绍了发展中国家的多样性特征以及各国在全球经济领域中所处的不同位置。发展经济学原理至关重要，它有助于我们理解经济的发展历程，以及近年来经济发展所取得的成就有多大，找到许多发展问题难以解决的原因，并且为我们制定成功的经济发展政策与计划提供指导。

发展经济学就如一个多面手，能够处理以上提到的各种问题。因此本书运用发展经济学研究中的深刻见解，强调了绝大多数发展中国家表现出的共同特征。那些在本质上已经完全转变并发展为发达经济体的少数几个国家，比如韩国，也将被考察，以便作为潜在的榜样供其他发展中国家效仿学习。

在发展经济学领域，无论是理论原则还是经验分析，都取得了重大突破，本书第 12 版就把这些新的发现与观点呈现给读者。在发展经济学领域常常有合理争辩的激烈讨论，本书将这些具有争论性的观点以及论据呈现给读者。这主要有三个目的。第一，让学生能够真正了解整个发展中国家的经济现状与经济体系。第二，在帮助学生拓宽视野的同时培养他们分析问题的能力。第三，当学生遇到有关发展的问题时，如果对某个观点的论证含糊不清，以及在现实生活中对发展政策难以选择，本书则能为他们提供一些有助于独立解决这些问题的资源。从根本上来说，本书就是在经济发展与摆脱贫困之间起到信息传递的纽带作用。

第12版的新增内容

全球危机　本书新增部分主要说明了目前全球金融危机给经济发展带来的潜在长期影响，并且对造成此次危机的种种原因和危机过后的情况进行了分析，还对此次危机可能给发展中国家与地区造成的更为深远的影响和潜在的差异进行了调查。

第 1 章的序言　第 1 章以一个新的序言开始，为读者描述了在过去的 20 年里大多数发展中国家所发生的变化，以及在国际经济和政治关系方面，某些发展中国家的自主权和新生代领导的变化。这一章对如今的经济情况和 1992 年盛行的经济观点进行了对比。从许多方面来说，1992 年都是一个关键时期，而且可能许多同学都出生于该时期。

暴力冲突　第 11 版提供的一个全新的重要内容就是暴力冲突的原因与后果、冲突后的经济恢复与发展，以及通过对其发生原因的进一步理解来探寻阻止冲突发生的方法。第 12 版对该部分内容进行了更全面的扩展和延伸，并且融入了最新的发展现状。

"发现"专栏　第 11 版的一大特色就是将实验研究结果在每一个专栏里呈现，其中涵盖的研究主题与方法非常广泛。新的"发现"专栏涉及的话题有——殖民制度的长期影响（秘鲁）；村民的协同与监控如何带来更好的健康水平（乌干达）；社会标准如何促进或者抑制不断变化的生产结构（孟加拉国）；有条件与无条件的现金转移对穷人影响的对比研究（马拉维）。其他"发现"专栏包括全球性的发现，如未得到满足的避孕药具需求。本版的"发现"专栏数量几乎是第 11 版的两倍。"发现"专栏还以一种直观的介绍方式为读者提供了经验方法，如工具的使用、随机对照试验、断点回归、固定效应、精心设计、对调查数据的稳健性分析、增长诊断学以及系统应用定性研究。

政策专栏 其他专栏说明了政策问题。新的政策专栏考察了以下话题，如世界上最贫穷的国家之一尼日尔为了应对气候变化并建立相应机制所付出的努力，以及非洲之角 2011 ~ 2012 年的饥饿问题。还有一些政策专栏对全球性问题进行了说明，如联合国最新预测的 21 世纪人口数量增长。

关于哥斯达黎加、危地马拉和洪都拉斯三种全新发展方式的全面对比研究 章末的全面对比案例研究一直是本书的特色。第 14 章章末新增了关于哥斯达黎加、危地马拉和洪都拉斯三种全新发展方式的对比案例研究，其中说明了冲突、国外投资、侨汇（出国务工人员汇款）以及外国援助等话题。对比研究还涉及现有的和更新的案例中长期比较发展的主题，如对加纳和科特迪瓦、巴基斯坦和孟加拉国、海地和多米尼加共和国的比较研究。每一个对比案例都有一个特定的主题，如人类发展、贫困、环境和结构转型。

新话题 本书还简单介绍了一些新话题，如新的公司规模（firm-level）的国际贸易研究，发展中国家作为千年发展目标延伸的"可持续发展目标"的出现，公司的社会责任以及食品价格趋势。

新衡量法的运用 衡量是发展经济学领域一个永恒的主题。2010 年 8 月和 10 月联合国开发计划署先后发布了多维贫困指数和新人类发展指数。书中对各指数的计算公式进行了说明，解释了最新指数与先前所得指数的不同之处，报告了研究的最新发现，并且回顾了围绕这些衡量法进行的激烈讨论。每一部分都进行了更新，而且都包含在本书第 12 版中。请注意：在各个调查中我们发现许多研究依然在使用传统人类发展指数，这很正常，毕竟绝大多数有关该话题的书籍都使用该指数。所以我们在第 2 章的附录中依然保留了对传统人类发展指数的详细说明，正如第 11 版一样，其中包括大量国家的应用和扩展。教师对于这些指数的讲解可以灵活安排，不用担心会与后面章节脱节。

最新统计资料 全球经济日新月异，同样，发展中国家也将继续经历高速的发展与变化，因此为了反映最新信息与资料，我们对书中所有的数据与统计资料都进行了更新。

其他更新资料 其他更新资料包括对小额信贷相关内容的扩充，如小额信贷的新型设计、小额信贷的潜在利益、到目前为止所取得的成功以及它的一些缺陷。中国经济的进一步增长，对发展中国家所面临的日益严重的环境问题的分析及扩展提供了借鉴。

读者与用书建议

灵活性 本书可用作经济学课程的教材，也可为其他社会科学的研究提供参考，比如那些重点研究非洲、亚洲、拉丁美洲以及发展中的欧洲和中东国家经济的社会科学。本书的编写是为了给那些有一定经济学基础知识的学生，以及那些有较少的正式经济学知识的学生提供学习的材料。与理解发展问题有关的重要经济学概念都用黑体字进行了标注，适当地进行了解释，并将其整理为详尽的术语表附于书后。因此本书对于在校生学习"发展经济学"等课程有很大的帮助，而且这些课程备受各专业学生的青睐。本书材料极其广泛，内容严谨，能够很好地满足所有在校生以及在发展研究领域仍有经济学需求的毕业生的学习需要。本书不仅在采用定性和定量方法研究经济发展的课程中得到广泛应用，还在那些强调多主题研究的课程中得到很好的应用，比如人类发展学。

本书有 15 章，便于在综合性课程中讲授，可以安排一个学期（15 周）讲授，本书内容广泛，也可由教师安排两个学期的教学。此外，本书已对章节进行了再次划分，使本书的使用更有针对性。比如，教师在讲授第 5 章贫困方面的内容时，可以配合冲突（第 14.5 节）和非正式融资、小额信贷（第 15.4 节）一起讲授。

定性导向课程 作为一门定性导向课程，本书体系集中，运用模型较少，所以在学习中，几个小节、一章或者几章内容可以略过，但是应该重点学习第 1、2、5、6、8 章和第 9 章的内容，以及第 7 章和第 10 章的部分内容，同时可根据所选主题进行有选择性的学习。本书如此建构是为了使有限的几幅模型图能在可能被略过的章节里找到，而又不失主线。而且关于这些模型，书中都有详细的解释说明。

注重分析 课程重点分别为第 3 章和第 4 章中的增长与发展理论（包括附录，例如 3C 专门讲述内生增长理论），并且补充强调了课本中某些核心模型的内容，包括第 5 章中的贫困与发展不平衡的衡量和分析，第 6 章提到的微观经济学的生产力以及人口增长与经济增长的关系，第 7 章提到的迁移模型，第 8 章提到的人力资本理论（包括童工模型与经验分析），第 9 章提到的收益分成模型，第 10 章提到的环境经济学模型，第 11 章提到的净现值分析工具以及政治经济学分析中的多部门模型，还有第 12 章提到的交易模式。新增内容还包括对一些最新研究数据的简单介绍，以及将各小节内容细化到方法的运用，比如工具变量、随机对照试验、断点回归，以及增长实证的应用，包括地区间发展的对比与趋同性（收敛性）分析（第 2 章）。注释和推荐阅读给我们提供了学习和研究的方向。结合各种模型并深入阅读专业领域的学术文章，有助于学生抓住重点。

注重人类发展与脱贫 本书第 12 版适用于重点研究人类发展的课程。因此本书第 1 章专门加入了阿玛蒂亚·森可行能力以及联合国的千年发展目标；第 14 章新增了有关冲突的内容；第 15 章新增了有关小额信贷体系的讨论；第 2 章和第 5 章各新增一个深入的调查分析；第 6 章新增了有关人口的内容；第 8 章提到贫困、疾病、文盲、受教育程度低以及童工；第 9 章提到在传统农业领域中人们所面临的难题；第 10 章提到贫困与环境恶化之间的关系；第 11 章提到非政府组织所发挥的作用。上述内容在课程中可以重点讲述。

注重宏观的和国际性的主题 在发展经济学的宏观和国际性方面将重点讲述第 2 章 2.6 节和 2.7 节的内容——趋同、长期增长和比较发展的起源。第 3 章重点讲述增长理论（包括三个内容详细的附录）；第 4 章重点讲述增长模型与多重均衡模型；第 12～15 章主要讲述有关国际贸易、国际金融、债务和金融危机、直接投资、外国援助、中央银行业务以及国内金融的知识。本书还涵盖了促进发展的国际背景的其他方面，例如新增了金融危机的内容、高速的国际化进程与中国崛起的意义、撒哈拉以南的非洲地区为了发展而进行的不懈努力与奋斗，以及有关债务免除与外国援助方面的争论。

可供使用的补充阅读材料 本书许多章节都包含了可供几节课讲授与学习的材料，有助于更深入地探讨所学话题，因此本书也适用于用一学年来讲授与学习。注释和推荐阅读为上述需求提供了学习与讨论的出发点。

指导方法与结构

书中提到的一些指导方法如下。

（1）本书主要以一系列重要问题为线索来讲解发展经济学，例如贫困、不平等、人口增长、城市化极速发展的影响和大城市的扩张、持续的公共卫生挑战、环境恶化，以及正在经历经济停滞的一些农村地区，同时伴随的还有政府失灵和市场失灵的双重挑战。书中引用正式的模型和理论来阐明现实生活中存在的发展方面的问题，而不是将这些模型与理论单独列出，与问题割裂开来。

（2）本书采用以问题与政策为导向的方法，主要是因为"发展经济学"这门课程的一个核心目标就是培养学生理解发展中国家现存经济问题的能力，并且能够从众多解决方案中独立地做出判断，得出结论。

（3）书中同时还用到来自非洲、亚洲、拉丁美洲、发展中的欧洲以及中东地区的最佳可用数据，运用了适当的理论工具来阐明发展中国家的一些共同问题。当谈到多元化国家时，例如印度、巴基斯坦、孟加拉国、中国、菲律宾、肯尼亚、博茨瓦纳、尼日利亚、加纳、科特迪瓦、阿根廷、巴西、智利、墨西哥、海地以及多米尼加共和国，这些问题的发生率、影响范围和严重程度，以及受到的重视程度都有所不同。大多数国家面临着一些相似的发展问题，这里只列举一些：长期的贫困、收入与资产之间巨大的不平衡、人口压力、教育和医疗水平低下、金融市场的匮乏、国际贸易和国际动荡所带来的反复性问题。

（4）书中涵盖了许多不同的发展中国家，本书不只把它们当作独立国家来研究，还研究它们与其他国家建立的日益紧密的外交关系，以及它们与发达国家在全球化经济中的相互影响。

（5）本书分别在国际环境和国内环境下讨论发展，强调在食品、能源、自然资源、科技、信息和金融等领域中，世界经济体之间不断增强的相互依赖性。

（6）书中还指出，有必要从一个制度、结构以及市场的角度来看待发展问题，并且在处理问题时应该对已被接受的普遍的经济原则、理论与政策进行适当的调整。因此，本书试图将相关理论与现实体制分析结合起来。近几年，在发展经济学领域，这些方面的研究已经取得了巨大的进步，它们在第12版中都有所体现。

（7）书中讲到不发达国家的经济问题、社会问题和体系问题是紧密相关的，并且在地区、国家和国际层面都需要互相协调，才能使这些问题得到解决。

（8）本书由三部分组成。第一部分集中谈论发展的本质与意义，以及发展中国家的欠发达状态及其各种表现形式。在分析了发达国家经济增长的经验和发展中国家长期的发展经历后，本书介绍了经济增长的基本理论，同时回顾了发展经济学中的四大经典理论和当代理论。第二部分主要讲述国家内部重要的发展问题与政策。第三部分主要讲述国际的、宏观的和金融领域的发展问题与政策。其中经济增长、贫困和收入分配、人口、迁移、城市化、技术、农业和农村的发展、教育、健康、环境、国际贸易和金融、债务、金融危机、国内金融市场、外国直接投资、外国援助、暴力冲突以及市场、国家和非政府组织在经济发展方面所起的作用等，都成为分析的话题。三部分内容都提到一些最根本的问题，那就是什么样的发展才是最令人满意的发展，发展中国家怎样才能更好地实现它们的经济目标和社会目标。

（9）为了使本书内容更加全面，书中还涵盖了一些在其他发展经济学课本中没有的话题，比如增长诊断、工业化策略、减少贫困的创新政策、福利保障能力、女性的核心地位、童工、健康的关键作用、城市作用的新思考、经济特征和非政府组织在经济发展方面所具备的比较优势、在环境和发展方面出现的新问题、金融危机、暴力冲突以及小额信贷。

（10）本书的独特之处在于每一章章末都有对案例的深入研究与对比分析。每一章的案例分析都反映并且描述了这一章所分析过的特定主题。每一章的专栏都提供了较简短的案例作为例子来学习。

欢迎各位读者对本书的编写以及书中内容各方面做出评价，建议与意见可以直接发邮件给本书作者 Stephen Smith（ssmith@gwu.edu）。

补充材料

本书第 12 版配有每一章的课件，而且课件内容都进行了补充与更新。

本书还附带一本教师手册，由奥古斯塔纳学院的克里斯·马尔姆（Chris Marme）编写。该手册内容也进行了彻底的修改与更新，以反映第 12 版的变化。课件与教师手册都可以从网站 www.pearsonhighered.com/irc 的教师资源中心（Instructor's Resource Center）下载。⊖

致谢

在此，我们要感谢为第 12 版的出版献计献策的每一个人，这种感激之情绝非三言两语所能表达。我们还要感谢许许多多以前的同学以及同事，他们在过去的几年里花费时间和精力，为更好地完善本书而与我们交流并且献言献策。同样，我们也要感谢其他许多来自发展中国家以及发达国家的朋友（这里就不一一列出姓名了），他们都直接或者间接地为发展经济学观点的成熟以及如何建构一本发展经济学教科书做出了贡献。作者在此还要感谢来自发展中国家以及发达国家的所有同事和学生，感谢他们提出的既深刻又具有挑战性的问题。

我们还要特别感谢来自美国以及其他国家的许多评论家，感谢他们所做出的批评、建议和意见。他们对本书的第 8 版、第 9 版、第 10 版、第 11 版和第 12 版做出了详细的、见解深刻的评论。他们的评论在许多方面给予了本书强有力的支持，对此我们表示由衷的感谢。

我们还要感谢培生（Pearson）美国和英国公司的全体员工。

最后，迈克尔·托达罗要特别感谢爱妻 Donna Renée 女士。感谢她对第 1 版手稿所做的完整记录，感谢她在艰难时刻给予迈克尔·托达罗以精神和工作上的支持，激励他坚持到最后。在此，他重申妻子一直以来对自己的支持与关爱，始终伴随左右，以她的创造性与艺术天赋激励他从原创的角度，有时甚至是从非传统的视角来思考有关人类发展的全球性问题。

斯蒂芬·史密斯除了要感谢自己优秀的妻子 Renée 之外，还要感谢自己的孩子马丁和海伦娜，感谢他们利用周末的休息时间所做的大量烦琐的校对工作。

迈克尔·P. 托达罗

斯蒂芬·C. 史密斯

⊖ 上述课件和教师手册，我方未取得中文版权，有需要的读者可自行到培生网站注册、下载。所造成的不便，敬祈谅解。——出版者注

目录
Contents

译者序
前言

第一部分 原理和概念

第1章 经济发展简介：一种全球性视角 ……… 2

 序言：一个非凡的时代 ………………… 2

 1.1 另一半人是如何生活的 …………… 3

 1.2 对经济学及发展的研究 …………… 7

 1.3 发展对于我们意味着什么 ………… 11

 1.4 千年发展目标 …………………… 17

 1.5 总结 ……………………………… 19

 案例研究1 巴西在建设性发展中所取得的
     成就 ………………………… 20

 问题讨论 ……………………………… 24

 注释和推荐阅读 ……………………… 24

第2章 经济发展的比较 ………………… 27

 2.1 发展中国家的界定 ……………… 28

 2.2 发展的基本指标：实际收入、健康和
   教育 …………………………… 31

 2.3 生活水平和能力的整体测度 ……… 34

 2.4 发展中国家的特点：同中有异 …… 38

 2.5 如今的低收入国家与发展初期的
   发达国家之间的差异 ………… 50

 2.6 发展中国家和发达国家的生活水平是否
   正在趋同 ……………………… 53

 2.7 存在发展差异的长期原因 ………… 57

 2.8 结论 ……………………………… 62

 案例研究2 经济发展的比较：巴基斯坦和
     孟加拉国 …………………… 63

 问题讨论 ……………………………… 67

 注释和推荐阅读 ……………………… 68

 附录2A 传统的人类发展指数（HDI）……… 76

第3章 经济增长与发展的经典理论 ……… 81

 3.1 经济发展的四大经典理论 ………… 81

 3.2 线性增长理论与模型 ……………… 82

 3.3 结构变革理论 …………………… 84

 3.4 国际依附革命理论 ……………… 89

 3.5 新古典主义革命的自由市场理论：
   市场原教旨主义 ……………… 92

 3.6 古典发展理论的分歧与调和 ……… 95

 案例研究3 各流派关于韩国和阿根廷发展的
     观点 ………………………… 96

 问题讨论 ……………………………… 98

 注释和推荐阅读 ……………………… 98

 附录3A 经济增长的组成部分 ………… 101

 附录3B 索洛新古典增长模型 ………… 104

 附录3C 内生增长理论 ……………… 106

第4章　当代的发展和欠发达模型 ……… 110

4.1　欠发达：一种协调失灵 ………… 111

4.2　图解多重均衡 ………………… 113

4.3　开启经济发展的大推进理论 …… 117

4.4　多重均衡的深层次问题 ……… 123

4.5　迈克尔·克雷默的 O 环经济发展
　　模型 …………………………… 125

4.6　经济发展的自我探索 ………… 128

4.7　豪斯曼 - 罗德里克 - 维拉斯科增长
　　诊断学决策树框架 …………… 129

4.8　总结 …………………………… 132

案例研究 4　了解中国：一个发展奇迹 …… 134

问题讨论 ………………………………… 138

注释和推荐阅读 ………………………… 139

第二部分　国内问题与政策

第5章　贫困、不平等和发展 ………… 144

5.1　衡量不平等 …………………… 145

5.2　衡量绝对贫困 ………………… 149

5.3　贫困、不平等和社会福利 …… 153

5.4　绝对贫困的程度和范围 ……… 159

5.5　高度贫困群体的经济特征 …… 166

5.6　有关收入不平等和贫困的政策选择：
　　一些基本因素 ………………… 170

5.7　归纳与总结：需要一揽子政策 …… 174

案例研究 5　制度、不平等和收入：
　　　　　　加纳和科特迪瓦 ……… 174

问题讨论 ………………………………… 180

附录 5A　适用技术和创造就业机会：价格激励
　　　　　模型 …………………… 180

附录 5B　阿鲁瓦利亚 - 钱纳里福利指数 …… 182

注释和推荐阅读 ………………………… 184

第6章　人口增长与经济发展：原因、后果及
　　　　争议 ……………………………… 189

6.1　基本问题：人口增长和生活质量 …… 189

6.2　人口增长：过去、现在和未来 …… 190

6.3　人口过渡 ……………………… 195

6.4　发展中国家高出生率的原因：
　　马尔萨斯模型和家庭模型 …… 196

6.5　高生育率的后果：一些相互冲突的
　　观点 …………………………… 202

6.6　一些政策途径 ………………… 207

6.7　结论 …………………………… 210

案例研究 6　中国和印度的人口、贫穷问题和
　　　　　　发展 ………………… 210

问题讨论 ………………………………… 213

注释和推荐阅读 ………………………… 214

第7章　城市化和城乡迁移：理论和政策 …… 217

7.1　城市化：趋势和前景 ………… 217

7.2　城市的作用 …………………… 222

7.3　巨型城市的问题 ……………… 226

7.4　城市非正规部门 ……………… 229

7.5　迁移和发展 …………………… 233

7.6　城乡迁移的经济理论 ………… 234

7.7　总结：综合城市化、迁移和就业
　　战略 …………………………… 238

案例研究 7　发展中国家的城乡迁移和城市化：
　　　　　　印度和博茨瓦纳 …… 240

问题讨论 ………………………………… 243

附录 7A　托达罗迁移模型的一个数学
　　　　　公式 …………………… 243

注释和推荐阅读 ………………………… 245

第8章　人力资本：经济发展中的教育和
　　　　卫生 ……………………………… 249

8.1　教育和卫生的重要作用 ……… 249

8.2　教育和卫生投资：人力资本方法 …… 253

8.3　童工问题 ……………………… 255

8.4　性别差距：教育和卫生中的歧视 …… 258

8.5　教育体系与发展 ……………… 261

8.6　健康测度与疾病负担 ………… 264

8.7　卫生、生产力和政策 ………… 274

案例研究 8　走出贫困之路：墨西哥"机会"
　　　　　　项目 ………………… 276

问题讨论 ………………………………… 279

注释和推荐阅读 ………………………… 280

第9章 农业转型和农村发展 ················286

9.1 农业进步和农村发展的紧迫性 ·······286

9.2 农业发展：历史进步和未来挑战 ·····288

9.3 发展中国家土地制度的结构 ··········293

9.4 妇女的重要作用 ·····················300

9.5 农民行为和农业发展的微观
经济学 ·····························303

9.6 农业和农村发展战略的核心要求 ·····309

案例研究9 肯尼亚农村妇女培训 ············312

问题讨论 ·································316

注释和推荐阅读 ·························317

第10章 环境与发展 ················323

10.1 环境与发展：基本问题 ··············323

10.2 全球变暖和气候变化：概览、缓解和
适应 ·····························331

10.3 环境问题的经济模型 ················336

10.4 城市发展与环境 ····················341

10.5 热带雨林遭破坏的全球成本 ········344

10.6 发展中国家和发达国家的政策
选择 ·····························346

案例研究10 一个岛上的不同世界：海地和
多米尼加共和国 ···········349

问题讨论 ·································353

注释和推荐阅读 ·························353

**第11章 发展政策制定及市场、国家和社会的
职责** ···························358

11.1 一个平衡问题 ······················358

11.2 发展计划：概念与其合理性 ·········359

11.3 发展计划的过程：一些基本模型 ····361

11.4 政府失灵和市场偏好 ···············366

11.5 市场经济 ··························368

11.6 "华盛顿共识"在国家发展中的作用
及其演进 ·························369

11.7 政治经济的发展：政策制定和改革
的理论 ···························371

11.8 非政府组织与日益壮大的民间部门在
发展中的作用 ·····················375

11.9 治理和改革的趋势 ·················380

案例研究11 非政府组织在发展中的作用：
BRAC和格莱珉银行 ·······383

问题讨论 ·································390

注释和推荐阅读 ·························390

第三部分 国际和宏观问题与政策

第12章 国际贸易理论和发展经验 ··········398

12.1 经济全球化概览 ····················398

12.2 国际贸易：一些关键问题 ···········400

12.3 传统国际贸易理论 ·················407

12.4 在发展中国家立场上对传统自由
贸易理论的批判 ·················411

12.5 传统贸易战略和促进发展的政策
机制：出口促进与进口替代 ········418

12.6 出口政策下的工业化战略 ··········429

12.7 南南贸易和经济一体化 ············433

12.8 发达国家的贸易政策：改革的需要与
抵制新贸易保护主义的压力 ········435

案例研究12 通过贸易实现经济增长的先驱者：
中国台湾 ·················437

问题讨论 ·································441

注释和推荐阅读 ·························442

**第13章 国际收支、债务、金融危机以及
稳定政策** ·······················450

13.1 国际金融和投资：发展中国家的关键
问题 ·····························450

13.2 国际收支账户 ······················451

13.3 关于国际收支逆差的问题 ···········455

13.4 20世纪80年代债务负担的加剧和
债务危机的出现 ·················459

13.5 缓解危机的努力：宏观经济不稳定性、
IMF的稳定化政策及其批评 ········462

13.6 全球金融危机及其与发展中国家的
关系 ·····························470

案例研究 13　贸易、资本流动以及发展战略：
　　　　　　　韩国带来的启示 …………… 479

问题讨论 ………………………………… 483

注释和推荐阅读 ………………………… 484

第 14 章　国外融资、投资、援助与冲突 …… 488

14.1　金融资源的国际流动 ………………… 488

14.2　私人外国直接投资和跨国公司 …… 489

14.3　侨汇的作用及增长 ………………… 497

14.4　外国援助：关于发展援助的讨论 … 499

14.5　暴力冲突以及经济发展 …………… 506

案例研究 14　哥斯达黎加、危地马拉和洪都
　　　　　　　拉斯：对比和趋同的前景 …… 513

问题讨论 ………………………………… 517

注释和推荐阅读 ………………………… 518

第 15 章　促进发展的金融及财政政策 ……… 525

15.1　金融体系在经济发展中的作用 …… 526

15.2　中央银行的作用以及可替代中央
　　　银行的机构 ………………………… 529

15.3　非正式融资和小额信贷的兴起 …… 532

15.4　传统金融体系及其改革 …………… 538

15.5　促进发展的财政政策 ……………… 541

15.6　国有企业及其私有化 ……………… 544

15.7　政府管理：最稀缺的资源 ………… 548

案例研究 15　博茨瓦纳：非洲冒险成功的
　　　　　　　传奇 ……………………… 549

问题讨论 ………………………………… 552

注释和推荐阅读 ………………………… 552

术语表 ………………………………………… 558

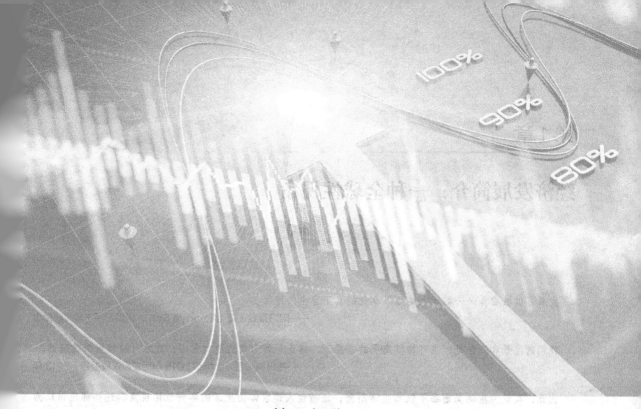

第一部分
PART 1

原理和概念

第 1 章　经济发展简介：一种全球性视角

第 2 章　经济发展的比较

第 3 章　经济增长与发展的经典理论

第 4 章　当代的发展和欠发达模型

经济发展简介：一种全球性视角

发展可以被看作……扩大人类可以享受的真正自由的过程。

——阿玛蒂亚·森（Amartya Sen），诺贝尔经济学奖获得者

我们的愿景和责任是，在可持续发展的前提下，终止一切形式的绝对贫困，建立可持续繁荣的基础。

——高级别知名人士小组2015年后发展议程报告，2013年

因此，我认为生活必需品不仅指生活所需，还指世人追求体面生活的各种世俗观点，这些都应该成为最底层人民的生活必需品。

——亚当·斯密（Adam Smith），《国富论》

我们正处在一个有利的历史时期，在这一时期，过去几十年的成功经验与有利的经济前景共同给予发展中国家一个机会，一个前所未有的机会，那就是在不到一代人的时间里结束极端贫困，为那些毫无机会且被赤裸裸的不公平所困扰的孩子创造一个新世界。在可持续发展的世界里，所有家庭都能用上清洁能源，每个人都有足够的食物，再也没有人死于可预防性疾病，再也没有贫困。

——金墉（Jim Yong Kim），世界银行原行长，2013年

序言：一个非凡的时代

两张发展中国家的照片竞相获得公共媒体的关注。其中一张是悲惨的，像非洲农村地区或者肮脏且拥挤的南亚贫民窟，另一张是充满生机的，像中国沿海地区。这两张照片都传达了发展所起的重要作用。在全球的大部分地区，生活条件正在显著提高——尽管有时是缓慢而不平等的。日积月累的影响就是经济发展已经并将持续造成全球性的空前的经济转型。

回想1992年，富有的发达国家与低收入的发展中国家的差距明显加大。富有的国家比贫穷国家发展得更快，高收入水平的工业化国家在全球秩序中的主导地位变得更清晰。1991

年年末，随着苏联的解体，美国在"冷战"中取得了胜利。冷战的结束也见证了欧盟的优势，人们对它备受瞩目的1992年欧洲单一市场条约充满信心。日本的房地产和股票市场的泡沫刚刚开始收缩，几乎没有一个人预测到日本经济在较长一段时期的高速增长后会紧随着长期的停滞。

然而，同样是在1992年，许多发展中国家包括巴西、俄罗斯、印度、中国和南非（现在有时被媒体称为"金砖五国"）发现，即使自身没有遇到大规模经济危机，也都处于不确定的境况。就像拉丁美洲的大部分地区一样，巴西仍然深陷于20世纪80年代的债务危机。俄罗斯正处于苏联解体后的经济大萧条。印度正在努力从独立以来最糟糕的经济危机中恢复。中

国已经开始进入飞速发展的时期。与此同时，南非的种族隔离制度是否废除还在商讨中。整个欧洲大陆正在进入第二个缓慢增长的 10 年，而且悲观主义开始蔓延。尽管有迫切的发展需求，但人们普遍认为随着冷战的结束，发达国家会对发展援助失去兴趣。在 1992 年的地球峰会上，当全世界初步认识到并努力制止由于全球变暖而导致的气候变化时，几乎没有一个人想到 20 年后印度会成为前三大温室气体排放国。

1992 年以后，世界从原先富有的中心国家与落后的南半球边缘国家之间具有显著差异的二元化结构，逐渐向更有活力而更加复杂的关系转变。亚洲的平均增长率几乎是西方高收入国家的三倍，而且非洲的经济增长也已恢复，预示着全球大融合的时代即将到来。[1] 经济转型的规模是空前的。

健康水平已大幅提高，儿童死亡率急剧下降，全球义务教育的普及指日可待，贫困程度也已大大减缓。1990 年，大约 2/5 的全球人口生活在极端贫困中，而如今该比例已经下降为 1/5。印度贫困人口的数量虽然算不上急剧减少，但也明显下降了。巴西的一些社会福利计划，例如家庭补助金计划（Bolsa Familia）也明显减少了许多棘手的贫困问题。一些像手机等新发明的快速增长以及小型企业信贷的扩张已经带来了好处，并为这一新的乐观局面注入了活力。

与此同时，经济发展和减少贫困的未来非一劳永逸——许多脱离了贫困的人仍然容易陷入困境，自然环境正在恶化，多国经济增长仍不稳定。经济发展是一个过程，绝不是几年的事情，而是数十年的过程。2011 年备受媒体关注的"金砖五国"，有迹象表明其增长过程是不平稳且不确定的。巴西的经济增长率从 2010 年的将近 7.5% 降低到 2012 年的不到 1%。在印度，2010 年经济增长了 10%，而 2012 年的经济增长仅为 2010 年的 1/3。中国从 2010 年的 10% 降低到了 2012 年的不到 8%，预测将来增长率会下降到 7%。2012 年，南非的增长不到 3%。随着人口的增长，人均增长率会更低。在金融市场不稳定的 2013 年夏，许多投资者从这些国家以及其他发展中国家撤出了资金。

同时，许多发展中国家对 2013 年的一份报告感到惊愕。报告显示，在非洲，生活在贫困中的人数已经下降，但这些穷人的平均收入仍然未能超过其长期水平，每天只有 70 美分。1992 年启动了气候变化论坛，然而其进展极其缓慢，二氧化碳排放量创造了历史纪录，而且气候变化所带来的影响在低收入国家中已经变得相当明显，正威胁着南亚和非洲的发展进程。

尽管其他国家很快赶上中国的高增长率的乐观主义想法是渺茫的，但快速追赶的潜力依旧明朗。2013 年夏天媒体普遍表达的悲观主义观点与两年前盲目的乐观主义观点相比，不再那么坚定。无论是令人却步的挑战还是激动人心的机遇，都需要现实主义观念。近年来发展中国家的进步是真实且巨大的——在一些转型性案例中，许多发展中国家在稳步地缩小与发达国家的差距，尤其是在健康与教育方面，不过更多是在收入方面。在未来几年里，前景依旧光明，尤其是对于中等收入国家而言；然而，经济增长只是广泛的发展挑战中的一小部分。

本书将对上述议题背后的内容以及发展模式进行说明，并针对从贫困到国际金融方面的挑战问题展示必要的分析工具以及最新、最可靠的数据。首先要明确的一点就是，即使现在，世界上许多最贫穷的人从最近的全球繁荣中仍然获益极少。

1.1　另一半人是如何生活的

每天早上，当世界各地的人睁开惺忪的双眼开始新的一天时，他们就各自面对迥然不同的生活。有些人生活在宽敞舒适的大房子里，他们衣食无忧，身康体健，有着绝对的经济保障。而另一些人，他们占据着全世界 70 亿人口的绝大多数，就远没有那么幸运了，他们可能居无片瓦，食不果腹，尤其是第三世界那些最贫困的人。他们的健康状况非常糟糕，甚至缺乏基本的读写能力；他们可能没有工作，改善生活的前景可以说极其暗淡。全世界超过 40% 的人口每天依靠不足 2 美元聊以维生，这是划定**绝对贫困**（absolute poverty）的因素之一。有关生活标准的全球性差异的考察是极具启示作用的。

譬如，首先我们来考察一个位于北美的四口之家，其家庭年收入超过5万美元。他们可能居住在郊区带小花园的舒适住所里，有两辆汽车。他们的生活环境非常舒适，两个孩子都有独立的卧室。房间里摆满了各种消费品和电器，其中很多是在北美之外的国家制造的，这些国家可能远及韩国和中国。举例来说，计算机硬盘可能是马来西亚制造的，DVD播放器可能是泰国制造的，服装可能是危地马拉生产的，山地车可能是中国制造的。他们通常每日三餐，还可享用加工好的食品，其中有很多可能是从海外进口的，如巴西、肯尼亚或者哥伦比亚产的咖啡，秘鲁和澳大利亚产的鱼罐头和水果，中美洲产的香蕉和其他热带水果。他们的孩子健康活泼，都有机会上学接受教育。他们有机会完成中等教育，甚至可能继续上大学，可以在自己喜爱的职业中自由选择，平均寿命可达到78岁。

这样的家庭在富裕国家很具代表性，他们看起来生活水平相当不错。父母接受了必要的教育或者培训，能够并且有机会获得一份稳定的工作，来满足孩子们的衣食住行和教育的需要，并且还能储蓄一点钱养老。但是在享受着这些"经济"方面的好处的同时，他们往往也要遭受一些"非经济"的损失。在经济上想要取得成功的竞争压力很大，而且在通货膨胀或经济衰退期，要想让家庭成员能够过上理想的生活，父母所承受的精神上和身体上的压力都非常之大，这无疑会损害他们的健康。由于受到经济发展和环境恶化的前后夹击，那种自我休闲放松、享受乡间漫步的简单乐趣，呼吸新鲜空气，畅饮洁净之水，欣赏落日霞晖等，对于他们而言都只能成为一种奢侈的向往。但总体来说，他们的经济地位和生活方式，无疑是全世界数百万较不富裕的人非常羡慕向往的。

现在，让我们来考察一个南亚贫困农村的典型"大"家庭。这户人家可能由8个或者更多家庭成员组成，包括父母和几个子女，以及祖父母和叔叔姑姑们。他们的人均年收入加在一起，包括货币收入和"实物"收入（即他们所消费的自产食物），约为300美元。他们合住在一个破旧的一室或者两室的房子里，在大片的农田里挥汗如雨，为地主做佃农，而地主则住在邻近的城市里，过着悠闲自在的生活。父亲、母亲、叔叔和那些年龄较大的孩子必须整天在农田里劳作。成年人当中没有人会认字或写字；年龄较小的孩子也很难接受正规的学校教育，更不能指望他们在接受小学教育之外还能有什么进一步的发展。何况，更多的时候，即使他们去了学校，也没有老师教他们。通常情况下，他们一天只能吃到一两顿饭；食物很少有新花样，几乎从未改变过，而且供应量很少，根本缓解不了时常困扰孩子们的那种饥饿难耐的痛苦。屋里没有电，没有干净的卫生间，也没有洁净的水可供使用。疾病常常困扰着他们，然而合格的医生和医务工作者都远在城市，只为那些富裕家庭服务。在田地里劳作非常辛苦，他们面朝黄土背朝天，炎炎烈日当空照，对美好生活的憧憬一再破灭。在世界的这一端，唯一能够帮助他们从这种维持生计的日常劳顿中解脱出来的方式就是宗教传统。

再将视角切换到世界的另一边，假设我们要参观位于南美洲海岸的一个大都市，我们将立刻为这个大都市中不同地域之间在生活环境上的强烈反差所震撼。沿着熠熠生辉的白色海滩，延伸着宽阔洁净的林荫大道，耸立着鳞次栉比的现代化高楼大厦；而在广厦后面不到几百米远的陡峭山坡上，破烂简陋的小屋挤成一团，险象环生。

如果我们再对两个具有代表性的家庭进行对比研究，一个是出身名门的富裕家庭，另一个是出身贫寒的农民家庭或者是居住在贫民区的家庭，我们无疑会被他们生活条件的迥异所震动。富裕家庭居住在能够鸟瞰大海的现代化大厦的最高层，拥有数个独立的房间；然而贫民家庭却蜷缩在高楼后山的棚户区（或者是贫民窟）的简易小棚屋里。

为了便于说明，我们设定一个周六晚上准备晚餐的典型场景。在富人的豪宅里，一个仆人在用昂贵的进口瓷器、优质的银器、精美的亚麻布布置餐桌。俄罗斯鱼子酱、法国餐前小点心和意大利白酒在餐前一一摆上桌来。富人的长子从北美洲的大学回家，其他两个孩子分别从法国和瑞士的寄宿学校放假回家。他们的父亲是一位在美国接受过培训的出色的外科医生。他接待的病人主要是国内外的达官贵人和富裕的商人。除了他的诊所之外，他还在农村拥有数量可观的土地。对于这个豪宅内的富裕家庭来说，每年的世界旅游、进口豪华轿车和锦衣玉食都只是稀松平常的乐事。

那么，蜗居在山上肮脏简陋的小棚屋里的穷人的情况又是怎样的呢？他们同样也能看到大海，但对于他们来说这既不是什么赏心悦目的风景，也不是什么怡情悦性的放松。敞开的下水道不时散发着浓浓的恶臭，使得享受大海的闲情逸致变得遥不可及。这里没有餐桌要布置——事实上，通常都没有多少食物。四个孩子大部分时间都要在街上讨钱、擦皮鞋，有时甚至要设法从在林荫道上散步的粗心人身上偷走钱包。孩子的父亲几年前从内地农村迁移到这个城市，家庭里的其他成员也在最近刚刚跟随而来。他这些年一直都只是有一搭没一搭地做着临时工。近来，有了政府的资助，孩子们才能够多上几天学。然而，在街上讨钱、擦皮鞋和偷钱包等所遭的罪，以及毒品团伙的暴力行为对人们生活的骚扰，似乎给孩子们的身心都留下了更深的阴影。

这两种生活之间如此强烈的反差确实很容易让人为之震惊。然而，如果我们稍微观察一下拉丁美洲、亚洲和非洲的其他任何一个大城市，我们都会发现同样的反差（只是这种不平等的程度可能较少被提及）。

现在，假设你在非洲最东面的一个遥远农村，在那里，很多小棚屋群星星点点地点缀在干旱贫瘠的土地上。每一个棚屋群里都居住着很多"大"家庭，所有人共同参与劳作。这里的货币收入很少，因为大多数衣食住行方面的来源和消费都是自产自销，这种经济即**生计经济**（subsistence economy）。在这里，几乎没有可通行的道路，没有学校、医院，甚至没有水电供应。在很多方面，这里的生活条件就像大洋彼岸拉丁美洲的贫民窟里的贫民一样贫困窘迫。不过，由于没有沿海奢侈的豪宅楼宇来凸显他们的贫困，所以并未给他们造成心理上的困扰。这里的生活似乎是永恒不变的，不过

随着人口数量的快速增长和环境急速恶化，这种情况不会持续太久。

有一条正在修建的道路要经过这个村庄，这无疑会给人们引进更好的医疗条件，可以延长他们的寿命。它同时还会带来许多外界信息，比如现代化的机械。因此，改善生活的可能性明显增大，而追求这种生活的机会也变得切实可行。希望升起，但是迷茫和失落也会随之而来。简而言之，**发展**（development）已经蓄势待发。

不久的将来，适合出口的水果和蔬菜将在这个地区种植。这些蔬菜和水果甚至可能出现在海边豪宅内那户南美洲富裕人家的餐桌上。同时，东南亚制造的晶体管收音机，播放着北欧录制的音乐，成为这个东非农村里珍贵的财产。在不远处的村庄里，移动电话也被引进。纵观世界各地，像这样自给自足的偏远村庄，正以越来越多种的方式与现代文明接轨。这个过程已经开始，在未来几年内，将会变得愈加猛烈。

最后，假设你现在身处蓬勃发展的中国。为了便于讲述，我们来看成长于20世纪60年代的一对夫妻，他们土生土长于人口密集大省四川省的一个偏远村庄，仅上过6年学，之后就像他们的祖辈一样以种植水稻为生。水稻的收成虽然不错，但是自然灾害时期的艰难生活在当地人心中留下了深刻的记忆。他们的女儿叫小玲，上过10年学。当地人种植的水稻大多数由国家收购。20世纪80年代以后，农民有权留下或者卖出更多的稻米。于是他们就抓住这个机会大量种植水稻，除上缴国库以外，有更多的稻米用于出售。还有许多农民种植蔬菜，并将其卖到上游100公里处的繁华城市或者其他城镇。尽管当时他们的收入状况持续多年没有改变，但人们的生活水平还是得到了提高。不过他们听说首批去南方城市或者近年来去附近城市的农民挣到了更多的钱，还成了工人。这对夫妇的女儿17岁时，他们村庄里的农民依法迁移，因为附近将要建造大型水坝。一部分村民被安置到其他地方，其他人去了深圳、广州或者重庆。小玲和家人商量说也想去深圳、广州或重庆挣钱。她去了一个拥有几百万人口的城市，并且很快在一个工厂找到一份工作。在

那里她住集体宿舍，住宿条件比较艰苦，但是她可以给家里寄回一些钱，还能留点积蓄以备改善生活之用。她见证了那个城市的快速发展，见证了它很快成为中国新的大都市之一，城市面积不断扩大，人口超过 1 500 万。几年以后，她开了一家小店，专卖化妆品和饰品，每天有数千名从乡下来此地的妇女光顾。邻村一个单身男子向她求过五次婚，这个男子的父母都健在，而且答应给她彩礼以及一座大房子。不过她决定继续留在城市，在这里她看到了自己事业发展的前景，以及在她的家乡从未想象过的一种生活。

听一听穷人用自己的话来描述贫穷，比看书上对贫穷的描写更加生动形象。听一听专栏1-1"贫穷的体验"里穷人的声音[2]，以及专栏5-1的拉丁美洲情况和专栏8-1里记录的穷人的声音，我们发现穷人们的所需所想不仅仅是收入增加以及卫生和教育状况的改善，还包括赋予他们应有的权利，尤其对于妇女来说。这与能力增强和联合国千年发展目标的实现是一致的。这两项内容都将在后面的章节里逐一介绍。

□ **专栏1-1 贫穷的体验：穷人的声音**

如果一个人很穷，他在公开场合就不敢说话，他会感到低人一等。他的家里除了饥饿以外什么也没有，没有吃的，没有穿的，生活毫无改善。

——乌干达共和国的一位贫穷妇女

对于一个穷人来说，一切问题——疾病、羞辱、耻辱，都非常可怕。我们有缺陷；我们对任何东西都充满恐惧；我们依靠所有人，却没有人需要我们。我们就像人人都想扔掉的垃圾。

——摩尔多瓦共和国的一位盲人妇女

这里的生活过于动荡不安，以致每一个年轻人和所有能干活的人，都不得不搬到镇上去或者参军上前线，只是为了避免这里越来越可怕的饥荒。

——埃塞俄比亚农村一位集体讨论组的参与者

在食物充足的时候，亲戚们往往都是有东西大家分着吃，但是，在饥荒的时候，没有哪个亲戚愿意给你一些食物帮你应对饥荒。

——赞比亚的一位年轻人

我们不得不排队等好几个小时，才能轮到我们打水。

——马拉维共和国 Mbwadzulu 村一位集体讨论组的参与者

（贫穷是）……低收入和没有工作，同时也没有药品、食物和衣服。

——巴西的一位集体讨论组的参与者

不要问我什么是贫穷，因为你们在我的房子外面就已经见识到了。看看这房子，数一数有多少个洞。看看我用的家具和我身上穿的衣服。看看吧，记下来吧，你们看到的这一切就是贫穷。

——肯尼亚的一位穷人

如上所述，仅是这么快速地一瞥地球上不同地域的人的生活条件，就让我们联想到很多不同的问题。为什么繁荣与赤贫不仅在不同地域存在，而且在同一个国家内部甚至是同一城市内也会同时存在呢？传统的低生产率、仅能维持生存的社会能够转变成现代的高生产率、高收入的社会吗？贫穷国家实现发展的希望在多大程度上受到富裕国家的经济行为的推动或阻碍？尼日利亚、巴西或菲律宾的偏远山村中，仅能维持生存的农民，要经历怎样的过程、在什么条件下才能成功地转型为商业化农民？即

使是对全球生活状况进行一个非常粗浅的考察，以上这些问题以及有关健康营养、教育、就业、人口增长和寿命等国际及国内生活差异问题，就都显现出来了。

撰写本书的目的就在于，通过对占世界人口数量一半甚至以上的贫困人口生活状况的考察，来帮助同学们更好地理解发展经济学研究的主要问题和前景。然而，我们很快就会发现，如果撇开经济发达国家对**发展中国家**（developing countries）间接或直接的推动或阻碍作用，就很难现实地分析发展中国家的经济

发展状况。对于发达国家的学生而言，或许更重要的是，他们要认识到随着现代化运输和通信业的发展，我们的地球正在日渐变"小"，因而在这个狭小的星球上，所有人未来的命运正变得越来越紧密相关。贫困的农民家庭，以及在亚洲、非洲、中东或者拉丁美洲这些发展中地区的许多人，他们的健康和福利状况都直接或间接地以某种方式影响着欧洲和北美洲地区人们的健康和福利，反之亦然。热带雨林的不断减少造成全球气候变暖；由于人类的流动性增强，新型疾病的传播更加迅速；经济上的相互依赖也逐步增强了。21世纪，在这个日渐变小的地球上，全人类面临着一个共同的未来，正是基于这样一个背景，我们才开始着手研究经济发展的问题。

1.2 对经济学及发展的研究

对经济发展的研究，是经济学和政治经济学这个大学科中的一个最新、最激动人心以及最富挑战性的分支。尽管追溯起来，亚当·斯密可以说是第一位"发展经济学家"，他的《国富论》出版于1776年，是第一部有关经济发展的论著。但是，真正对非洲、亚洲和拉丁美洲的经济发展问题及其过程的系统研究最早仅出现于50年前。尽管发展经济学常常以标准的或者改进过的形式引用其他经济学分支的相关原理和概念，但在很大程度上，发展经济学是一个正在迅速形成自己的分析特点和方法论特色的研究领域。[3]

1.2.1 发展经济学的本质

传统经济学（traditional economics）首要关注的是稀缺的生产性资源如何有效、低耗地配置，以及如何实现这些资源的最优增长，来生产出数量和品种范围都不断扩大的商品与服务。传统的新古典主义经济学论述的是完美市场条件下的发达资本主义世界，消费者的自主权，自发价格调整，基于边际、私利和效用的计算来制定决策，所有产品市场和资源市场的均衡。它假设经济"理性"以及纯粹的物质主义、个人主义和自利导向的经济决策。

政治经济学（political economics）研究特定的经济体和政治精英如何影响稀缺的生产性资源在现在与将来的配置，这不仅仅是为了其自身的利益，也是为了其他更大的群体的利益。因此政治经济学主要关注的是政治学与经济学的关系，以及政治权力在经济决策中所起的特殊作用。

发展经济学（development economics）的研究领域更广泛。除了关注现有稀缺（或闲置）的生产性资源的有效配置及其持续增长之外，它还研究可为人民的生活带来快速（至少与过去生活水平相比）和大幅改进的经济、社会、政治以及公私部门的体制机制。与**较发达国家**（more developed countries, MDC）不同，在**欠发达国家**（less developed countries, LDC），大部分商品和资源市场都极不完善，消费者和生产者只能获得有限的信息，重大的结构性改革发生在社会和经济体中，潜在的多重均衡（而不是单一均衡）普遍出现，不均衡情况占主导地位（价格高低与供求状况不一致）。在很多情况下，经济核算受政治和社会的主导问题所支配，如国家统一问题、本地决策者替代外国顾问、解决部落或种族冲突、保持宗教信仰和文化传统。在个人层面上，家庭、党派、宗教或部落因素都可能超越个人效用和利润最大化的计算结果。

因此，为了以一种最有效的方式尽可能扩大经济增长这一丰硕果实的受益群体，实现整个社会结构和体制的快速转型，发展经济学较之传统的新古典主义经济学，甚至是政治经济学，在更大程度上必须关注经济、文化和政治诉求。它必须深入关注使家庭、地区甚至国家陷于贫困的机制，在这些机制下，过去的贫困会导致将来更大的贫困，还要特别关注能够突破这些陷阱最为有效的战略。因而，更强有力的政府角色和某些指导经济转型的经济决策的协调部门，往往被视为发展经济学的重要组成部分。然而，在发展中国家，尽管政府和市场功能运行得不是很好，也必须设法做到这一点。近年来，欠发达国家国内和国际非政府组织的相关活动发展迅猛，并日渐得到世人的更多关注（见第11章）。

由于发展中国家的异质性以及发展过程的

复杂性，发展经济学必须是折中的，它要设法将传统经济分析的相关概念和理论与新模型相结合，并从研究非洲、亚洲和拉丁美洲的过去与现在的发展经验中整合出更为宽泛的多学科方法。随着新理论和新数据的不断出现，发展经济学正处于风口浪尖。这些理论和数据有时证实有时又挑战着看待世界的传统方法。然而，发展经济学的最终目的并未因此而改变：它帮助我们理解发展中的经济，旨在帮助改善全球绝大多数人口的物质生活水平。

1.2.2 为什么学习发展经济学? 一些关键问题

一门初级的发展经济学的课程应该有助于学生更好地理解发展中国家经济的一些关键问题。下面列举了30个这样的问题，并将在后面的章节中讨论。它们描述了几乎每一个发展中国家都会面临的问题，也是每一个发展经济学家所面临的问题。

(1) 发展的真正含义是什么? 千年发展目标与其是否一致? (第1章)

(2) 从现今发达国家经济发展的历史资料中我们可以学到什么? 当代发展中国家发展的初始条件，较之发达国家工业化前夕所面临的问题，有什么异同? (第2章)

(3) 经济体制指什么? 经济体制是如何影响欠发达国家以及发达国家的前景的? (第2章)

(4) 穷国与富国之间的差异缘何如此之大? 图1-1说明了该差异。(第2～5章)

(5) 什么是国家经济增长，国家经济增长的源泉是什么? 谁从中获益，为什么? (第3章，第5章)

(6) 为什么有些国家发展迅速，而有些国家仍然贫穷? (第2～4章)

(7) 最具影响力的发展理论有哪些，它们互相兼容吗? 欠发达状态是由内部(国内)还是外部(国外)因素所引起的现象? (第2～4章)

(8) 根据当地状况来看，什么限制因素给经济增长造成了最大的阻碍? (第4章)

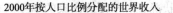

2000年按人口比例分配的世界收入

最富有

最贫穷

人均收入

a)

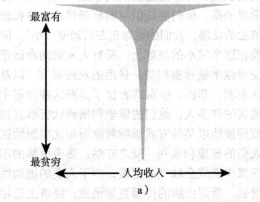

每20%的世界收入所对应的不同地区人口比例

最富有

① ② ③ ④ ⑤ ⑥

最贫穷

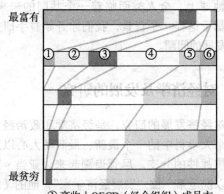

① 高收入OECD(经合组织)成员方
② 东欧、中欧和CIS(独联体)
③ 拉丁美洲和加勒比地区
④ 东亚和太平洋地区
⑤ 南亚
⑥ 撒哈拉以南的非洲地区

b)

图1-1 世界收入分配

注: a图显示的是世界收入的比例。由于大量的收入掌握在顶端人口比例中，所以该图呈"香槟酒杯"状。b图显示的是世界收入的地域比例。例如，拥有全球收入20%的绝大多数人口生活在富裕国家，最底层的60%的人口生活在撒哈拉以南的非洲地区和亚洲。

资料来源: From Human Development Report, 2005, p.37. 转载获得联合国开发计划署批准。

(9) 女性角色和地位的改善，对于发展前景有什么特殊且有益的影响? (第5～10章)

(10) 赤贫的根源是什么? 对于改善贫穷国家中最贫困人口的生活水平，最行之有效的政策是什么? (第5～11章)

（11）世界人口已经超过70亿，到21世纪中期可能达到90亿。快速增长的人口是否威胁到发展中国家的经济增长？大家庭在普遍贫穷和经济不稳定的环境下是否具有经济意义？（第6章）

（12）为什么在发展中国家会存在如此严重的失业和欠发达状况，尤其是在城市？为什么农民在城市里找到一份稳定工作的机会微乎其微，但他们还是要从农村迁往城市呢？（第7章）

（13）在什么样的条件下，城市能够成为积极转型的引擎？（第7章）

（14）越富裕的国家也是越健康的国家，因为有更多的资源用来改善营养和卫生保健。但越健康是否越有助于推动经济发展呢？（第8章）

（15）国民健康状况差对于经济发展有什么样的影响，解决这些问题需要什么？（第8章）

（16）发展中国家的管理系统真的能够推动经济发展，还是它只是帮助一些既定集团或阶层保持其财富、权力和影响力的一种机制？（第8章）

（17）由于发展中国家仍有超过一半的人口居住在农村地区，农业和农村如何才能得到最好的发展？提高农作物价格是否足以刺激食品生产，还是说农村制度（土地重新分配、道路、运输、教育、信用，等等）也需要变革？（第9章）

（18）当我们说"环境的可持续发展"时，它的含义到底是什么？追求可持续发展而不是追求简单的产出增长，是否要付出重大的经济代价？谁应该为全球环境的破坏承担主要责任——富裕的北方还是贫穷的南方？（第10章）

（19）自由市场和经济**私有化**（privatization）是否就是解决经济发展问题的全部答案呢，还是说发展中国家的政府依然需要在经济发展中扮演主要角色？（第11章）

（20）为什么这么多的发展中国家都选择了这种贫穷的发展政策？为改进这些措施，我们能做些什么呢？（第11章）

（21）从贫穷国家的发展方面来看，扩大了的国际贸易是否有益？谁能从贸易中获益？贸易利益是如何在国与国之间分配的？（第12章）

（22）在何时、何种条件下，欠发达国家的政府应该采取外汇管制、提高关税的政策，或

者对某些"非必需品"的进口设置配额，以促进自己的工业化进程或者改善它们长期的支出平衡问题？（第12章）

（23）国际货币基金组织的"稳定化方案"和世界银行的"结构调整方案"，对背负着沉重外债的欠发达国家的支出平衡和经济增长前景有什么影响？（第12章和第13章）

（24）**全球化**（globalization）意味着什么，它如何影响发展中国家？（第12～14章）

（25）诸如农产品之类的初级产品的出口应该得到鼓励，还是说所有欠发达国家应该尽快通过发展它们的制造业来实现工业化？（第13章）

（26）这么多欠发达国家是如何陷入如此严重的外债困境，而且这种债务问题对于经济发展意味着什么？金融危机是如何影响发展的？（第13章）

（27）来自富国的经济援助对穷国的影响如何？穷国是否应该继续寻求这种援助，如果是这样的话，要在什么情况下，基于何种目的？富国是否应该继续提供这种援助，如果是这样，又是在什么情况下，基于何种目的？（第14章）

（28）跨国公司是否应被鼓励在贫穷国家进行经济投资，如果是这样的话，要在什么情况下？"世界工厂"的出现，以及贸易和金融的全球化是如何影响国际经济关系的？（第14章）

（29）金融和财政政策在促进发展方面发挥着怎样的作用？（第15章）

（30）什么是微观金融，它对于减少贫困和刺激基层人口的发展有什么样的优势和缺陷？（第15章）

这些问题以及其他一些相关问题，将在后续各章中进行分析和探讨。答案通常远比人们所能想象的更为复杂。要记住的是，任何一门经济学课程，包括发展经济学在内，其最终目的都是帮助学生系统地思考经济问题和争议，并且基于相关的分析原理与可靠的统计信息得出判断和结论。因为在现代世界，发展问题在许多情况下都比较独特，而且往往较难运用传统的经济理论来理解，有时我们甚至需要用非常规的方法来看待那些看似常规的经济问题。传统的经济理论有助于我们提高对发展问题的理解，但是这些理论不应该蒙

蔽了我们，妨碍我们看清欠发达国家的现实情况。

1.2.3 价值在发展经济学中的重要作用

经济学是一门社会学科。它研究的是人类以及人类用以组织其活动来满足基本的物质需要（比如食物、居所和衣服）和非物质需要（比如教育、知识和精神满足感）的社会体系。从一开始就有必要认识到，在伦理和规范的价值前提（value premises）下，是否最优是经济学科的核心，在发展经济学中更是如此。经济发展和现代化的概念本身，就明确地或者隐含地体现出那些值得期待的合意目标的价值前提，"圣雄"甘地（Mahatma Gandhi）称这些目标为"人类潜能的实现"。经济和社会的平等、贫困的消除、教育的普及、生活水平的提高、国家的独立、制度的现代化、法律规范和法定的诉讼程序、机遇的获得、政治和经济参与、基层民主、自立以及个人价值的实现，诸如此类的概念和目标都源于什么是好的、合意的和什么是不好的、不合意的等主观的价值判断。对于发展而言，其他价值也同样如此，比如，无论以何种方式获得的私有财产的神圣性，个人无限累积其个人财富的权利；传统等级社会制度和顽固的不平等的阶级结构的保留；家庭中男性的绝对领导权；某些人天生做领导，其他人跟随这种所谓的"自然权利"。

在第二部分，当我们谈及诸如贫困、不平等、人口增长、农村发展的停滞以及环境破坏的话题时，无形中就传达了某种价值判断——这些问题的改善或者消除是值得期待的，因此也就是好的。在政治家、学术界和普通公民这些不同的社会群体之间，存在着一个广泛的共识，认为这些是值得期待的目标，但并不能改变这样一个事实——这些目标不仅仅来源于对一些"是什么"的客观经验与实证分析，最终还是源于对"应该是什么"的主观或者规范的价值判断。

然而，无论价值前提如何"伪装"，它还是经济分析与经济政策不可分割的重要组成部分。经济学无法像物理学或者化学那样价值中立（value-free）。因此，经济分析的有效性和

经济规范的正确性，应该根据隐含的假设或者价值前提来加以评价。一旦这些主观价值被一个国家，或者更具体地说，被国家政策的决策者所认可，基于"客观的"理论和定量分析而形成的具体发展目标（比如，收入更平等）和相应的公共政策（比如，收入越高，税率越高）就会被实施。然而，如果决策者之间存在尖锐的价值冲突和分歧，那么对于值得期待的目标或恰当的政策达成共识的可能性就大大降低。在以上这两种情况下，我们必须时刻明确价值前提在发展经济学领域的重要性。[4]

1.2.4 作为社会体系的经济：需要超越单纯的经济学

经济学和经济体系，尤其是在发展中国家，必须以一种比传统经济学所秉承的更加宽广的视角来考察。我们必须把它们放在一个国家的整体**社会体系**（social system）背景下进行分析，同时还应该置于国际的和全球化的背景下进行。在此，我们用"社会体系"意指经济因素和非经济因素之间的相互关系。后者所包含的内容非常广泛，如对生活、工作和当局的态度，公共的和私人的官僚政治、法律以及行政结构，亲属关系和宗教形式，文化传统，土地所有制体系，政府机构的权威性和廉洁性，普通民众在发展决策和活动中的参与度，以及经济与社会阶级的流动性或者固定性。显然，在全球范围，这些因素因地域，甚至文化和社会背景的不同而各异。从国家层面来讲，我们必须还要考虑全球经济活动的组织机构与活动规则——它们是如何形成的，操控者是谁以及其中的最大受益者是谁。特别是在当今世界，随着市场经济的日益扩展以及贸易、金融、跨国公司、技术、知识产权和劳动力迁移的快速全球化，以上这些问题显得越发真实。

解决问题以实现发展是一项复杂的任务。国家生产量的不断增长、生活水平的不断提高以及就业机会的不断增多，这些就像储蓄、投资、产品、要素价格以及外汇汇率等策略性经济变量操作的直接结果一样，都是当地历史、预期、价值、激励、态度和信念、国内和国际社会的制度及权力结构的一部分。正如

印度尼西亚智者、联合国大学东京总部前校长 Soedjatmoko 的灼见:

> 回顾过去那些年, 有一点很清楚, 由于全神贯注于增长与停滞、资本和技能的储备, 发展理论家们对于制度和结构问题, 历史、文化和宗教力量在发展过程中所发挥的作用, 没有给予足够的重视。[5]

正如一些社会学家偶尔会将他们的理论与普遍真理相混淆一样, 发展理论家们有时也会一不小心忽视这些非经济变量, 仅仅是由于它们的 "不可计量性", 因而对它们的重要性半信半疑。但是, 这些变量在发展的成败方面通常扮演着关键的角色。

在第二和第三部分中, 你将看到许多发展政策的失败恰恰是由于这些非经济变量 (比如, 传统财产权利在资源配置和收入分配方面所起的作用, 或者宗教态度对现代化和家庭计划的影响) 被排除在分析范围之外所致。尽管本书的焦点是发展经济学及其对于理解贫国经济和社会进步问题的重要性, 但我们还会关注**价值** (values)、**态度** (attitudes) 和**制度** (institutions) 在国内和国际的整体发展进程方面所发挥的作用。

1.3　发展对于我们意味着什么

因为发展这一术语对于不同的人来说可能意指不同的事物, 所以给其一个有效的定义, 或者给出理解其含义的核心视角, 是非常重要的。如果没有这样一种视角和一些共同的衡量标准, 我们就无法定义哪些国家实际上正处于发展阶段, 而哪些国家不是。这就是我们将在本章剩余内容中, 以及章末的第一个国家案例 (巴西) 中所要讲解的问题。

1.3.1　传统经济衡量法

按照严格的经济学术语, 对 "发展" 的传统理解是指实现**人均收入** (income per capita) 的持续增长, 使一个国家能够以大于其人口增长率的速率扩大其产出。"实际" 人均**国民总收入** (gross national income, GNI, 可用人均国民收入的货币增长率减去通货膨胀率来衡量) 的

增长水平和速率可用来衡量人口的综合经济福利, 即对于普通国民来说, 到底有多少实际的产品和服务可以用来消费和投资。

在过去, 经济发展一般从产出和就业的计划性变化两方面来看, 因此农业份额在这两方面都下降, 而制造业和服务业则都有所增加。因此, 发展策略通常聚焦于快速工业化, 而往往以削弱农业和农村发展为代价。

除了类似 20 世纪 70 年代的发展政策周期这样的例外, 发展直到最近似乎还被看作是一种经济现象。在该现象中, 发展的综合成果和人均国民总收入的增长, 都将以工作或者其他经济机会的形式 "涓滴" 到大众中, 或者为经济和社会利益增长更广泛的分配创造必要条件。贫困、歧视、失业和收入分配等问题, 与 "实现增长" 相比都处于次要地位。确实, 我们往往强调的是用**国内生产总值** (gross domestic product, GDP) 来衡量产出的增加。

1.3.2　发展的新经济观

20 世纪 50 年代至 70 年代初期, 在经历了第二次世界大战后的数十年以及后殖民时期的发展后, 许多发展中国家实现了它们的经济增长目标, 但是大多数人的生活水平却仍未改变, 这种情况表明对于发展的这种狭窄定义确实有欠妥之处。越来越多的经济学家和政策制定者开始大声呼吁人们应该付出更多努力来解决越来越广泛的绝对贫困、日益严重的**收入不平等** (income inequality) 和不断增加的失业人口等问题。总之, 20 世纪 70 年代, 在减少或消除贫困、不平等和失业方面, 经济发展在经济增长的背景下得到了重新定义。"从增长中重新分配" 成了一个流行的口号。达德利·西尔斯 (Dudley Seers) 简洁地指出了关于发展含义的基本问题, 他断言:

> 关于一国的发展, 我们要问: 贫困状况有过什么变化吗? 失业问题有过什么变化吗? 不平等程度有过什么变化吗? 当这三个问题变得不那么严重时, 则毫无疑问, 这就应该是一个国家所关注的发展时期。但是如果这些核心问题中的一个或两个变得越来越严重, 尤其是这三个问题都变得更加严重了, 那么即使人均收

入翻番，也不能称作是真正的"发展"。[6]

上述断言既不是无端的猜测，也不是对假想情况的描述。许多发展中国家在20世纪六七十年代都经历了较高水平的人均收入增长，但是对于占全部人口40%的最底层人口来说，就业、平等和实际收入却几乎没有显示出任何改善的迹象，事实上甚至变得更差了。按照早期对于增长的定义，这些国家是在发展的；按照新的贫困、平等和就业标准，它们并没有得到发展。在20世纪八九十年代，许多发展中国家随着国民总收入负增长，情况变得更糟了，政府背负越来越多的外债，被迫削减本来就为数不多的社会和经济项目。

但是，发展现象或者说长期的欠发达状态的存在，不单单是一个经济学问题，或者说它甚至不是一个对收入、就业和不平等的定量衡量问题。正如丹尼斯·古利特（Denis Goulet）所描述的一样：

> 欠发达是如此震撼人心——污秽不洁、疾病肆虐、不必要的死亡和绝望。即使是极富同情心的评论者，也只有在亲身经历了之后，才能感同身受，客观地表达出"欠发达的冲击"。一个人只有融入那种在"贫困的文化"中普遍存在的情感，他才能理解这种独特的文化冲击。只有当生活在贫困地区的人重新认识到自己过的是非人的生活，自己的存在并不重要时，他们才会感受到截然相反的冲击。对于欠发达的一种普遍感受是个人和社会的无能为力，这种感受表现在面对疾病和死亡时的茫然无助，面对一个人暗中摸索了解世事变迁时的困惑与无知，面对那些控制事件的决策人时的卑躬屈膝，以及面对饥饿和自然灾害时的求告无门。长期的贫困就像是一个残酷的人间地狱，一个人如果仅仅将其看成是一个客观现象，他就无法理解这个地狱到底有多残酷。[7]

因此，发展必须被视为一个多维过程，该过程包括社会结构、普遍观念和国家制度的主要变化，以及加速经济增长、降低不平等程度和消除贫困。从其本质上来说，发展必须再现全方位的变迁，通过变迁，整个社会体系才能转而满足其内部所有个体和社会组织的基本需求，远离人们普遍认识中的不满意的生活状况，走向在物质和精神方面都更加令人向往的生活

状态或生活条件。包括阿玛蒂亚·森这位研究发展问题的卓越思想者在内，没有一个人能够真正对经济发展的人类目标给出明确定义。

1.3.3 阿玛蒂亚·森的"可行能力"方法

收入和财富本身不是发展的目的所在，而只是用以达到其他目标的工具，这种观点至少可以追溯到亚里士多德。1998年诺贝尔经济学奖得主阿玛蒂亚·森，提出"功能的可行能力"是真正衡量贫困与非贫困人口生活状况的方法。正如森所说："产量的扩大是有价值的，但不是衡量其本身而是衡量人类福利与自由的一种手段。"[8]

实际上，森认为传统意义上所理解的效用和收入并不能准确衡量贫困——重要的不是个人所拥有的东西，或者是这些东西所能提供的满足感，而是一个人是什么人或者能成为一个什么样的人，以及一个人做什么或者能够做什么。在效用方法中，对于福利而言，重要的不只是所消费商品的功能，还包括消费者能够用这些商品干什么。例如，一本书对于一个文盲来说几乎没有什么价值，除了充当燃料或者一种身份的象征以外。或者，正如森所说，一个患有寄生虫病的病人，与健康人相比，就很难从同样多的食物中吸收同样多的营养。

总的来说，要想对人类福利这一概念（尤其是贫困）有所理解，我们的思考就需要超越商品的可获得性，转而看重它们的用途：这一点森称之为**功能**（functionings），也就是在给定商品性质的情况下，一个人利用他所拥有的或者控制的商品所做的（或所能做的）事情。自由的选择，对自我生活的控制，本身就是大多数人所理解的福利的一个核心方面。功能是有价值的"人和事"，森认为，人们认为有价值的功能范围很广，从身强体健、衣食无忧，到行动自如、有尊严以及"参加社区活动"。[9]

森认为，造成（已度量的）实际收入与实际优势之间的差别有五个方面的因素：[10]第一，个体差异性，比如残疾、疾病、年龄或性别等。第二，环境多样性，如寒冷环境下的取暖和穿着需求，热带地区的传染性疾病或污染的影响。第三，社会风气的变化，比如犯罪与暴力的普

遍存在和"社会资本"。第四，家庭中的分配不均——经济统计学衡量一个家庭所得的收入，因为它是共享消费的基本单位，但家庭资源的分配并不是平均的，例如，较之男孩，女孩只能得到较少的医疗关注和教育。第五，社会关系方面的差异，即由于当地传统和惯例，有些商品就会成为必需品。例如，在一个富裕的社区，相对贫困可能会阻碍一个人实现一些基本的"功能"（比如参加社区生活），尽管从绝对的角度来看，他的收入或许要比那些处于更贫困的社区，但在实现功能方面却更容易、更成功的社区成员的收入水平高很多。正如亚当·斯密所说，在一个高收入国家，能够"毫不羞怯地出现在公开场合"，穿着高品质衣服（如皮鞋）的需求要比在一个低收入国家更高。

在一个较富裕社会，如果没有电话、电视或汽车之类的商品，参与社区生活是非常困难的。在新加坡和韩国，如果没有电子邮件地址，实现社交功能就很难。随着社会平均财富水平的提高，避免社会分歧的最低生活标准也显著提高。

因此，审视实际收入水平或各种特定商品的消费水平，并不能准确地衡量福利。一个人可能拥有大量的商品，但如果这些商品不是消费者想要的，它们就没有什么价值（正如在苏联曾有过的情况）。一个人可能拥有收入，但是某些必不可少的商品，比如营养食品，却可能得不到。即便能够提供等量的能量，一个国家的主食（如木薯、面包、大米、玉米粉、土豆等）与另一国家的主食在营养成分上也并不相同。而且，某些变种，比如大米的变种，甚至比其他食物更有营养。最后，即使是将两个完全相同的商品进行对比，也要在一定的个人和社会背景下衡量其消费水平。森为此提供了一个相当好的例子：考虑一种最基本的商品，比如面包。它有许多食品方面的"特征"，如口味和含有蛋白质等营养成分，还有助于满足不同的社会风俗需求。但是这些好处都取决于个人及其周围环境的因素，如其活动水平、新陈代谢、体重、是否怀孕或正在哺乳、营养水平、是否受寄生虫感染以及是否能够获得医疗服务。森还注明，功能还取决于：①"一个人所生活的社会惯例"；②一个人在家庭和社会中所处的地

位；③是否出席婚姻、节日和葬礼等社会风俗的场合；④远离家人或朋友，等等。[11]

部分原因是这些因素，甚至仅在营养成分这一个基本方面，就因消费个体的不同而存在很大的差异，那么通过商品和服务的消费水平来衡量个人的福利，并且将它们看作目的本身而不是实现目的的手段，这就是对商品作用的误解。在营养成分的例子中，目的是健康和利用健康的体魄去做人们所能做的事情，以及实现个人享受和社会功能。实际上，这种维持有价值的社会关系的能力后来被詹姆斯·福斯特（James Foster）和克里斯托弗·汉迪（Christopher Handy）定义为外部能力的建构连接能力，该外部能力是指与另一人的关系或直接联系所赋予的功能能力。但是，利用效用这一概念来衡量福利，无论采取什么效用标准，都不足以为通过衡量消费来获取发展的意义提供丝毫改进。[12]

正如森所强调的，一个人对于何种生活方式有价值的评判，并非必然等同于生活为其提供的快乐感。如果我们用一种特定的方式将效用与快乐等同起来，那么一个非常贫穷的人也能获得很高的效用。有时，甚至是一个营养不良的人也能感觉生活非常快乐，学会体味和享受生活中极其微小的舒适感，比如炎炎夏日里的一阵微风，并且学会通过努力去追求那些看起来更容易达到的事情而避免失望。（确实，告诉你自己你其实不想要那些你不能拥有的东西，显得有点不太人道。）如果一个人实在没有什么可剥夺的，那么毫无疑问，这种主观的快乐态度在精神层面是有益的，但是它并不能改变被剥夺的客观事实。尤其是，这样一种态度不能阻止那些快乐但无家可归的穷人，去珍视一个可以免于身患寄生虫疾病的机会，或者一个获得栖身之所的机会。一个人的功能就是一种成就，为此，森给出了骑自行车的例子："骑自行车必须与拥有一辆自行车区别开，它还必须与骑自行车所带来的快乐区别开……因此，一项功能既不同于拥有物品（及其相应特性），这是次要的；也不同于拥有效用（功能所带来的快乐），这是首要的。"[13]

为了阐明这一点，森在2009年出版的《正义的理念》（*The Idea of Justice*）一书中指出，主

观幸福是一种心理状态，是一种功能，该功能与诸如健康和尊严等其他功能一样为人们所追求。在下一节中，我们将从与传统效用相区别的意义上，回过头来讲解作为一种发展结果的幸福的意义。

然后，森将可行**能力**（capabilities）定义为："鉴于一个人的个人特点（将特性转化为功能）和他对商品的支配，他在功能选择上所具有的自由。"[14] 森的观点有助于解释，为什么发展经济学家们如此重视健康和教育，最近为什么也很重视社会包容和授权，并且提到"无发展的增长"情形中的那些高收入但健康和教育水平低下的国家。实际收入是必要的，但是在大多数情况中，将特性转化为功能必然需要健康、教育和收入。健康和教育所起的作用范围广泛，从诸如营养优势和免于某些寄生虫疾病侵扰的个人体能增强，到享受由广泛而深入的教育所带来的富裕生活的能力。生活在贫困地区的人们通常被剥夺了，有时是被故意剥夺了做基本选择和有用行为的权利，因此在这样的背景下，穷人们的行为通常也是可以理解的。

对于森来说，人类"幸福"的基本意思就是健康、衣食无忧、识字和长寿，而从更广义的层面上来说，则是有能力参加社区生活、出行方便以及能够自由选择想成为的人和想做的事情。

1.3.4 发展和幸福

显然，幸福是人类福利的一部分，而且更大的幸福或许其本身就能将一个人的能力扩展为功能。正如阿玛蒂亚·森所说，一个人很可能将幸福看作是一种重要的功能。近几年，经济学家们已经探索了跨地域与跨时间的主观报告中满意度、快乐与诸如收入因素之间的经验联系。其发现之一就是，平均快乐或满意水平随着一国平均收入的增长而有所提高。例如，有报告显示，生活在坦桑尼亚、孟加拉国、印度、阿塞拜疆，觉得不满意和不快乐的人所占的比例约是美国与瑞典觉得不快乐和不满意者的 4 倍。但是，正如图 1-2 所显示的那样，这种满意度关系只有在人均年收入达到 10 000～

20 000 美元时才存在。[16] 收入一旦增长到这个水平，大多数公民就已经摆脱了极端贫困。在这种生活水平下，即使各国之间存在相当大的差异，只要不是处于极端贫困，在通常情况下，绝大多数公民还是会享有较好的营养、健康并接受教育。"幸福学"的研究结果对经济增长的核心问题表示怀疑，即经济增长是高收入国家的一个目标吗？但是，无论发展目标只是单纯地追求幸福，还是更广泛意义上更令人满意的人类能力的提高，"幸福学"的研究结果都再次肯定了经济增长对于发展中国家的重要性。

正如人们所料，各项研究表明经济保障只是影响幸福的因素之一。理查德·莱亚德（Richard Layard）确定了七个影响国民平均幸福感的因素：家庭关系、财务状况、工作、社区和朋友、健康状况、个人自由以及个人价值。调查结果证明，除了不太贫穷之外，当人们有工作，没有离婚或分居，并且对他人有较高的信任度，在良好的国家政府领导下享有民主自由和宗教信仰，那么人们就会感到更幸福。这些因素的重要性或许可以说明为什么在发展中国家，同样的收入状况下，报告显示不幸福或者不满意的人数比例的差异如此巨大。例如，津巴布韦的收入水平高于印度尼西亚，但是津巴布韦不幸福或者不满意的人数比例比印度尼西亚平均高出 4.5 倍；同样，做此调查时，土耳其的收入水平比哥伦比亚的稍高，但是土耳其不幸福或者不满意的人数比例比哥伦比亚高出 3 倍。在发展中国家，许多意见领袖都希望自己的国家可以从发展中获益，而不失诸如道德观念之类的传统优势，并且相信他人——有时人们将其称作社会资本。

不丹政府试图将"国民幸福指数"而不是国民总收入作为衡量发展成果的尺度，而且最近还将这一尺度进行了量化。该尝试受到了相当大的重视。[17] 森的研究成果告诉我们，幸福指标已经超越了包括诸如健康、教育和自由在内的传统幸福观念。幸福不再单指个人福利的重要性这一层面。正如萨科奇（Sarkozy，法国前总统）在经济效益和社会进步的衡量会议上所说：

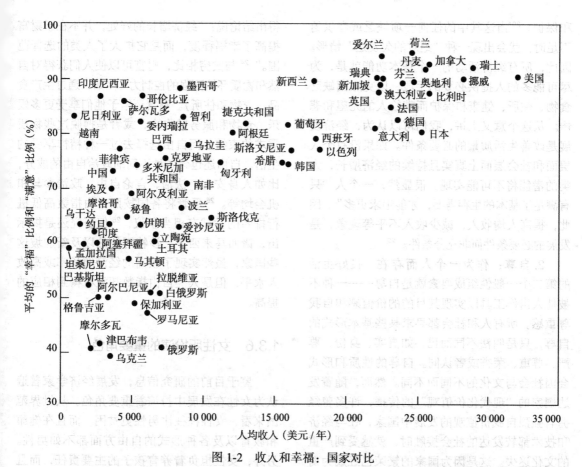

图 1-2 收入和幸福：国家对比

资料来源：引自 *Happiness*：*Lessons from a New Science by Richard Layard*（《快乐：理查德·莱亚德的一门新科学课程》）。此引用已获得企鹅出版社许可，该社是企鹅出版集团（美国）股份有限公司和联合代理人公司的一个分支机构。

主观幸福包含不同的方面（对一个人的生活、幸福度、满意度，诸如高兴和骄傲之类的积极情感，以及诸如痛苦和担忧之类的消极情感的认知评价）：所有这些方面都应该分别进行测量评价，以此得出对人类生活更加全面的评价结果。[18]

按照森所述，尽管人们所说的能使其感到幸福和满意的事物只是有价值的功能之一，充其量只是其行为的一个粗略指导，但该研究成果为理解发展的多重意义提供了新的视角。

1.3.5 发展的三个核心目标

那么，当我们将发展看作是使整个社会和社会体系实现"更好"或者"更人性化的"生活的一个持续提高的过程时，是否可以将其定义，或者从广义上来说，将其概念化？好的生活包括什么，这个问题就如哲学一样古老，必须随着全球社会环境的不断变化而进行间断性的重新评估和回答。如今，对于发展中国家来说，对该问题的确切回答未必与几十年前的答案相同。但是，至少它的三个基本要素或者说核心价值，对于理解发展的内在含义，仍然是原则基础和实际指导。这些核心价值，即**生计**（sustenance）、**自尊**（self-esteem）、和**自由**（freedom），代表着所有个体和社会追求的共同目标。[19] 它们都关乎人类的基本需求，这些需求无论何时、无论在何种社会和文化背景下都一直存在。下面让我们来逐一检视之。

1. 生计：满足基本需求的能力 所有人都有基本需求，否则就无法生活。这些维持人类基本生活需求的物品包括食物、住所、健康和保护。[20] 当这其中的任何一项缺乏或者供给不足时，就会出现一种"绝对的欠发达"情形。因此，所有经济活动的一个基本功能就是，为尽可能多的人提供必要的手段，以克服因缺乏食物、住所、健康和保护而带给人的无望和悲惨。从这个意义上讲，我们可以认为，经济发展是改善生活质量的必要条件。如果没有个人层面和社会层面上真实且持续的经济增长，人类的潜能将不可能实现。很显然，一个人"只有满足了基本的生存需要，才能追求更多"。因此，提高人均收入，减少收入不平等现象，是发展的必要条件而非充分条件。[22]

2. 自尊：作为一个人而存在 良好生活的第二个一般性组成要素就是自尊——一种不被他人当作工具以实现其目的的价值感和自我尊重感。所有人和社会都寻求某些基本形式的自尊，只是叫法不同而已，如真实、身份、尊严、尊重、荣誉或者认同。自尊的性质和形式会因社会与文化的不同而不同。然而，随着发达国家的"现代化价值观"的传播，许多曾经拥有强烈自我价值观的发展中国家，在与经济和技术都较发达的社会接触时，就感受到严重的文化迷失。这是因为国家的繁荣已经成为衡量价值的一个普遍性指标。由于发达国家赋予物质价值以重要性，如今，人们正日渐将价值与自尊只赋予那些拥有经济财富和技术力量的国家——"发达"国家。

正如丹尼斯·古利特所言："发展作为一个目标是合理的，因为它是一种重要的甚至是必不可少的获得自尊的方法。"[23]

3. 自由：摆脱奴役的选择自由 我们所指的第三个也是最后一个构成发展含义的一般性要素就是自由。在这里，自由应该从如下几层意义上来理解：从匮乏的物质生活条件中解放出来，从来自自然、他人、不幸、压迫性的制度和教条化的信念，尤其是那种自认为注定贫穷的信念等社会奴役中解放出来。自由是指，在追求我们称之为发展的这一特定社会目标时，社会及其成员可以不断扩大选择范围，同时减少外部限制。阿玛蒂亚·森写了《以自由看待发展》（*Development as Freedom*）一书。W. 阿瑟·刘易斯（W. Arthur Lewis）强调经济增长与摆脱奴役获得自由之间的关系时，他

得出结论说："经济增长的好处，并不在于财富提高了幸福程度，而是它扩大了人类的选择范围。"[24] 与贫穷相比，财富可以使人们获得对自然和物质环境更强的控制力（比如，通过生产食品、衣物和住所）。财富还给予他们享受更多娱乐、食物和服务的自由，或者是摆脱这些物质需求的束缚，而自由选择去过一种精神享受的生活。自由还包含各种不同的政治自由的成分，比如人身安全、法治、言论自由、政治参与和机会均等。[25] 尽管将各国按照自由指数高低进行排名的尝试有相当争议，[26] 但研究还是揭示出，诸如马来西亚、沙特阿拉伯以及新加坡这些国家，虽然实现了较高的经济增长率或高收入水平，但是人类自由指数却没有得到相应的提高。

1.3.6 女性所扮演的重要角色

鉴于目前的研究信息，发展经济学家普遍认为女性在发展中扮演着重要角色。从世界范围来看，女性往往比男性更贫困，而且在健康和教育以及各种形式的自由方面都不如男性。另外，女性担负着养育孩子的主要责任，而且她们承担此任务的能力将会决定代代相传的贫困能否被打破。孩子需要更好的健康状况和教育，而且来自各发展中国家的研究结果证明，在养育和教育孩子方面，女性往往会比男性花费更多金钱。女性还把价值观传给下一代。那么，要想最大程度地促进发展，社会就必须赋予女性权利，并且寄希望于女性。在相关章节，我们将会更加深入地探讨该话题。

1.3.7 发展的三个目标

我们或许会得出结论，认为发展既是一种物质现状，也是一种精神状态，通过某些社会的、经济的以及制度过程的结合，社会为维持一种更好的生活提供了保障。无论这种更好的生活包含哪些具体的要素，在所有社会中，发展都必须至少拥有以下三个目标。

（1）拥有诸如食物、住所、健康和保护等基本生活保障，并扩大其分配。

（2）提高生活水平，除了更高的收入水平

外，还包括提供更多的工作岗位、更好的教育，并且给予文化和人类价值以更多的关注。所有这些，不仅能够提高物质福利，还能增强个人和民族自尊感。

（3）通过将人类从对其他人与其他国家的依赖关系中以及从无知和人类不幸的奴役中解脱出来，扩大个人与国家在经济和社交方面的选择范围。

1.4 千年发展目标

2000 年 9 月，联合国的 189 个成员通过了

8 项**千年发展目标**（Millennium Development Goals, MDG），承诺到 2015 年，在消除贫穷和实现其他人类发展目标方面取得实质性进步。千年发展目标堪称到目前为止消除全球贫穷最强烈的国际承诺申明。它承认发展和消除贫穷具有多维特性，不能从一个方面着手，彻底消除贫穷所要求的不仅仅是增加穷人的收入。与此前的任何一个发展目标申明都不同，千年发展目标为发展共同体提出了一些共同关注的目标。[27] 这 8 个宏伟目标以及具体的子目标如表 1-1 所示。

表 1-1　2015 年千年发展目标及子目标

目标	子目标
1. 消除极端贫困与饥饿	• 生活水平不足 1 美元 / 天的人口比例下降一半 • 遭受饥饿之苦的人口比例下降一半
2. 实现小学教育的普及	• 保证所有的孩子都能完整地完成小学教育
3. 提高性别平等并赋予女性更多权利	• 到 2005 年消除初等和中等教育中的性别歧视，到 2015 年整体上消除性别歧视
4. 降低儿童死亡率	• 5 岁以下儿童死亡率降低 2/3
5. 改善女性的保健状况	• 孕产妇死亡率降低 3/4
6. 抗击艾滋病毒 / 艾滋病（HIV/AIDS）、疟疾以及其他疾病	• 制止艾滋病毒 / 艾滋病的传播 • 制止疟疾和其他疾病的发生
7. 保持环境的可持续性	• 将可持续发展原则贯彻到国家政策和项目中，制止环境资源的浪费 • 无法获得洁净饮用水的人口比例下降一半 • 到 2020 年，至少让 1 亿贫民窟人口的生活条件得到明显改善
8. 全球范围内形成一种合作发展模式	• 建立一种更开放的、法治的、可预测的以及没有歧视的贸易金融体系，在该体系中，国内和国际方面都承诺实现良好的管理、发展和摆脱贫困 • 满足最不发达国家的特殊需求，如对最不发达国家出口免关税及配额；增大严重负债的贫穷国家的债务减免力度，并取消官方双边债务；对致力于摆脱贫困的国家提供更慷慨的政府发展资助 • 满足内陆国家和小岛国等发展中国家的特殊需求 • 为了长期保持债务稳定，运用国内和国际方法来综合解决发展中国家的债务问题 • 在与发展中国家的合作中，制定并实施策略使青年人能够从事体面而又富有成效的工作 • 在与制药公司合作方面，为发展中国家提供其可负担且必需的药品 • 在与私企合作方面，使其能够享受新技术特别是信息和交流所带来的好处

资料来源："Millennium Development Goals"（accessed via www.undp.org）。转载获得联合国开发计划署许可。

确切地说，千年发展目标致力于解决的首要问题就是消除极端贫穷与饥饿。这个目标之下的两个具体子目标的内容更加具体：使生活水平不足 1 美元 / 天的人口比例下降一半，使忍受饥饿的人口比例下降一半。"贫困减半"已经成为千年发展目标整体上的一块试金石。要

实现该目标，就必须在其他目标的实现方面也取得进展。

联合国开发计划署（United Nations Development Programme, UNDP）曾报告，全球贫困减半已在 2012 年实现，但是如果当前的形势继续下去，不但所有目标不能全部实现，

而且从全球平均水平来看，地区差异会变得模糊，例如东亚地区比撒哈拉以南的非洲地区发展得更好[28]。令人惊讶的是，从全球范围来看，到 2015 年使长期遭受饥饿之苦的人口比例降低一半的目标是不可能实现的。2008 年受物价飞涨和之后的全球金融危机的影响，有些状况甚至变得更加糟糕。联合国开发计划署强调，如果这样的全球趋势持续到 2015 年，5 岁以下儿童死亡率下降的目标只能实现 1/4，距离死亡率降低 2/3 的目标还很远。这就意味着，该目标如果不能实现，到 2015 年就会有 440 万儿童死亡。除非撒哈拉以南的非洲地区能够得到快速发展，否则普及小学教育的目标将无法实现。基于目前的趋势来看，到 2015 年仍然会有4 700 万儿童失学。联合国开发计划署报告显示的目前趋势与贫穷减半的目标之间的差距表明，到 2015 年仍有 3.8 亿人每天的生活水平在 1 美元以下。

　　保持环境的可持续性对于避免贫困是非常迫切的。这一点从以下两个具体目标中可以发现：使无法获得洁净饮用水的人口比例降低一半，使至少 1 亿贫民窟人口的生活条件得到明显改善。但是，更具体地讲，如果不对贫穷人口的环境加以保护，就几乎没有什么机会使他们永久摆脱贫困。最后，富裕国家的政府和公民都应为实现"全球发展伙伴关系"的目标贡献力量。

　　千年发展目标是在发展中国家的共同协商下形成的，目的是确保这些目标的实现能够解决这些国家最紧迫的问题。另外，一些重要的国际组织，包括联合国、世界银行、国际货币基金组织、世界经济合作与发展组织和世界贸易组织，都参与了《联合国千年宣言》的制定，因此在直接消除贫穷方面有共同的政策承诺。千年发展目标也指明了富国需要承担的一些具体责任，包括增加援助、消除贸易和投资壁垒以及勾销那些最贫穷国家无力偿还的债务。[29]

　　然而，千年发展目标也招致一些负面评价。[30]例如，一些评论家认为千年发展目标还不够宏伟且没有得到最优化；例如，减少饥饿或许会影响许多诸如健康和教育等目标的实现。同时，尽管在千年发展目标的规划中暗含了各目标的相互关联性，但是在各报告中，目标的陈述和看待都是独立的；事实上，任何一个目标都不是其他目标的替代而是补充，例如健康和教育的密切关系。另外，如果到 2015 年目标还没有得以全部实现，那么将 2015 年设为目标实现的最后期限只会影响而不是促进更长远的发展。再者，千年发展目标所定义的贫穷就是平均每天的生活水平低于 1 美元，这种看法很武断，而且没有将贫困的程度考虑在内——也就是说一个家庭除人均收入以外，所获得的一定量的额外收入。比如，对于一个贫困家庭来说，一天 70 美分的额外收入比一天的家庭收入 90 美分更重要（见第 5 章）。其他评论家认为每天 1 美元这一贫困线设置太低，他们还抱怨千年发展目标中缺少以下目标：减少富国的农业补助，改善穷人的合法人权，减缓全球变暖进程（该目标对非洲和南亚地区的影响最大），促进男女平等，平衡私人**部门**（sector）的分配。虽然某些评论的合理性或许会受到质疑，但是应当承认千年发展目标确实有某些内在的缺陷。

　　随着千年发展目标截止日期的临近，联合国联合全球力量发布了其继承目标——可持续发展目标（sustainable development goals, SDG），并且于 2013 年 5 月发表了高级别知名人士小组发展议程报告。[31]这些来自世界各地的高级别政治领导人，对 2015 年之后的发展议程中有重大影响的大胆举措表示赞同。这些人士反复强调，无论是对发达国家还是发展中国家来说，毫无例外，这都是"一个全球性的议程"。其中包括五项重要变革。

　　（1）不让一个目标掉队，"从降低到结束所有形式的极端贫困"，尤其是"所设立目标应包括那些被排除在外的群体"。

　　（2）将可持续发展作为核心目标，"将社会的、经济的和环境的可持续发展融合起来"。

　　（3）在实现工业和生活的可持续发展的同时，将经济发展转变为就业和包容性增长。

　　（4）为所有人创建和平、有效、开放且负责任的机构，这些机构能够实现法律效力、财产权、言论和媒体自由以及政治选择自由，可使公民拥有公正并且可信赖的政府和公共部门。

　　（5）创建一种新的全球伙伴关系，使每一

个目标都包含政府和穷人、民间社会群体、当地社区、多边机构、商业、学术界以及慈善事业。

该高级别知名人士小组对 SDG 中条理清晰的全球目标以及国家目标表示赞同，其中包括 2030 年彻底结束贫困、饥饿、童婚、5 岁以下儿童死亡，以及一些具体目标，如改善有限的社会保障规模和降低孕产妇死亡率。

1.5 总结

发展经济学是对传统经济学和政治经济学一次截然不同却又很重要的扩展。发展经济学除了必须关注资源的有效配置和总产量的长期稳定增长以外，最主要的是关注发展中国家贫穷大众的生活水平快速而又大规模提高所需的经济、社会和制度机制。因此，发展经济学必须对恰当的公共政策的形成予以关注，这些政策旨在影响整个社会的经济、制度和社会方面在短期内的主要转型。

作为一门社会科学，经济学关注的是人以及如何更好地为人们提供物质条件，以最大限度地实现人类潜能。但到底是什么构成了良好的生活，这是一个永恒的问题。因此，经济学涉及价值和价值判断是非常有必要的。我们对于促进发展的关注，本身就表明一种隐含的关于好（发展）与坏（不发展）的价值判断。然而，发展对于不同的人来说具有不同的含义。所以，发展的本质和特点以及我们所赋予它的含义，都必须精确地表达出来。在 1.3 节我们就给予了明确的表述，而且全书中我们还将继续探讨这些定义。

在任何社会中，经济的核心问题都包括那些传统的经济问题，诸如应该生产何种产品和服务、在哪里生产、如何生产、生产数量是多少以及为谁生产等。但是，它还应该包括如下一些国家层面的基本问题，诸如究竟是谁制定或者影响经济决策，这些决策的制定主要是为了实现何人的利益。最后，从国际层面来讲，有必要对以下问题加以考虑：就技术、信息和金融的控制、传播与利用而论，它们对哪些国家和各国家内的哪些势力集团的影响最大。

任何关于发展问题的现实分析，都必须应用诸如收入、价格和储蓄利率等严格的经济变量，还应该同时考虑相关的非经济制度因素，包括土地占有协议的本质，社会和阶级层次的影响，信用、教育和医疗体系的结构，政府机构的组织和动力，公共管理机制，公众对于工作、娱乐和自我提高的态度，政治精英的价值、作用和态度等。过去那些旨在追求提高农业产量、创造就业机会和消除贫穷的经济发展策略总是失败，原因就在于，经济学家和其他献计献策者没能将经济视为一个相互依存的社会体系，在该体系中，经济和非经济因素时而自我加强，时而相互矛盾，总是以不同的方式相互作用。你将会发现，欠发达反映出许多单一市场的失败，但是通常这些失败的叠加会使一个国家陷入贫困。要想将一国经济推向一个更好的均衡状态，政府将发挥重要的作用，而且在许多国家，尤以东亚最为著名，其政府已经成功地做到了这一点；但是，在大多数情况下，政府自身就是造成非均衡状态的罪魁祸首。

千年发展目标的实现在漫长的可持续发展进程中将是一个重要的里程碑。不过，尽管发展是可持续的，但是许多过渡性的小目标很难按计划实现，千年发展目标也没有将发展所有的关键目标包括在内。最新提出的可持续发展目标，作为 2015 年后发展目标的继续，将会更加宏伟，其中包括全面消除极端贫困。

尽管发展中国家之间存在着巨大差异——有些大，有些小；有些资源丰富，有些资源匮乏；有些仅能维持生存，有些则是现代化的制成品出口国；有些是私人部门导向型的，有些则在很大程度上受政府的调控。但是，鉴于它们的欠发达状态，它们都面临着相同的问题。在第 2 章，我们将讨论发展中国家的这些多样化结构及其共同的特点。

20 世纪 70 年代的石油价格冲击，80 年代的外债危机，关于 21 世纪的经济全球化、经济发展不平衡、金融危机、全球变暖和国际恐怖主义，都已经表明在这个国际社会体系中，各国各民族之间的相互依赖程度正日渐增强。加拉加斯、卡拉奇、开罗和加尔各答民众的生活，将会以各种方式对纽约、伦敦和东京民众的生活产生重大影响。曾经有人说："美国打一个喷嚏，全世界都会患上肺炎。"21世纪，一个更加贴切的表达或许是，"世界就像人的身体：某一个部位疼痛，全身其他部位都会有感觉；如果许多部位受伤了，整个身体都会难受。"

发展中国家就是全球机体的这些"许多部位"。因此，无论其政治、意识形态和经济导向如何，它们将来发展的性质和特点都将是所有其他国家的一个重要关注点。不再会有两个未来——一个是少数富国的，另一个是多数穷国的。正如一句诗里所说的："未来只有一个——否则根本就没有未来可言。"

案例研究1　巴西在建设性发展中所取得的成就

巴西的发展令人喜忧参半：具有国际竞争力的产业与不景气的受保护的产业并存，现代化农业与生产率低下的传统农耕方式并存。但是，巴西的经济正经历着飞速的发展，这也许预示着它的一个持久转型过程，而这个国家曾一直被看作不平等和未能实现人类潜能的同义词。经济增长重新得以实现，健康和教育也得到了显著改善，国家民主化也被证实得以持久存在，即使曾经是世界上不平等现象最严重的地区之一，不平等状况也开始有所改善。但是，要想在巴西实现真正的发展，还有很长的路要走。经济增长依然易受国际物价的影响，2013年爆发的大范围抗议示威表明社会进步成效甚微。

许多巴西人对发展的不平衡深感困惑，他们这样自嘲："巴西是未来之国——永远是未来之国。"巴西还曾一度被用来举例说明"有经济增长但没有经济发展"的国家。但是，尽管存在巨大的不平等，巴西还是取得了经济上和社会上的发展，而且也不应该再将其与诸如巴基斯坦、沙特阿拉伯或加蓬等社会发展与经济投资及增长极不相当的国家相提并论。经济发展极度的不平衡和社会阶级的分化，着实对巴西的进一步发展造成了威胁。但是，我们仍然有理由相信巴西会克服不平等的历史遗留问题，跻身发达国家之列。

巴西的发展之所以受到特殊关注，一部分原因就在于20世纪60～80年代初，它的经济增长在拉丁美洲首屈一指，至少可与东亚的出口政策和绩效并列，但是它的国有企业占主导地位，教育和其他社会性支出较低，通货膨胀更加严重。

由于巴西是拉丁美洲最大、人口最多的国家，所以它的发展经验在发展中国家广受借鉴。它拥有接近2亿人口，无论在地域面积还是人口数量上，它都位列世界第五。作为拉丁美洲和加勒比地区的领头国家，巴西正不断巩固自己的地位。它是20国集团（G20）的主要成员之一，它们共同带领各经济体解决金融危机给全世界带来的不良后果。它也是推动公平国际贸易的发展中国家集团的成员之一。它还是经济分析师们所指的新兴经济体金砖四国"BRIC"（巴西、俄罗斯、印度和中国）之一。

1985年，巴西结束了持续二十几年的军事统治，随之而来的却是接连发生的债务危机、连年的收入水平停滞和极高的通货膨胀。国家采取了各种强烈政策来减缓通货膨胀，但是收入水平仍然没有得到提高。20世纪80～90年代，对于巴西发展来说是"衰退的10年"。因此，近年来，尤其是自从2004年以来，那些明显的发展迹象带给广大巴西人民以安慰和日渐高涨的热情。尽管该国在政治上仍然分裂为"左翼"和"右翼"政党，但是在积极推进脱贫计划和正统货币政策方面，为了实现平等和持续的经济增长，两大阵营在制定政策时的观点惊人的一致。巴西经济的快速增长主要得益于向中国出口商品，例如大豆和铁矿石。一直令人担心的一点就是，近年来巴西一直保持较高水平的商品价格，如果重新恢复到曾经长期下降的趋势，巴西的经济是否还能继续快速增长（见第12章），或者如果中国经济增长放缓减少了对巴西产品的需求。另外，居高不下的犯罪率也仍然很成问题，尤其是在贫困的棚户区。

虽然巴西一度发展迅速，在经历经济衰退之后，现在又恢复了增长，但是发展的一些其他指标还是比较滞后的，这最终导致巴西的发展前景还是一片黯淡。巴西从收入增长方面所得的利益远比中美洲国家多，加之没有受到内战的破坏性影响，它似乎已经具备了有利的条件，来消除极端贫困并且提高经济平等水平和社会指标。然而，事实恰恰相反，对于一个中等偏上收入水平的国家来说，巴西的贫困人群比例远远高于预期。而且，尽管近年来取得了一些成就，但巴西仍然是全世界范围内不平等程度最高的国家之一。因此，对巴西的发展现状究竟该如何评估，如何对其将来的发展重点进行选择呢？

收入和增长

经济增长固然重要，但是要实现发展，仅有经济增长是不够的。2011 年，巴西的人均收入是 11 000 美元，不足美国人均收入的 1/4，却是海地人均收入的 9 倍多（世界银行数据）。

长久以来，巴西的经济增长不稳定而且伴随着较大波动。从人均国内生产总值（GDP）的增长数据来看，巴西在 1965 ～ 1990 年间的年均增长速度为 1.4%，1990 ～ 2000 年间的年均增长速度为 1.5%，这似乎表明巴西的经济增长相当稳定。但是，前者是结合了 1967 ～ 1980 年这一段经济繁荣期和 80 年代巴西"衰退的 10 年"的数据而得出的。尽管如此，这一时期，巴西的经济增长状况依然要比大多数拉丁美洲国家好得多。2000 ～ 2011 年，巴西人均收入年增长率上升到了 2.8%（来自世界银行的数据），但是大幅波动还时有发生，2010 年最快增长到 7%，2012 年底却几乎停滞。

巴西出台了一项出口政策，该政策大大激励了制造业出口，加强了对国内产业的保护力度，而且该政策实施的早期阶段与韩国有很多相同之处（见第 12 章）。总出口份额中的制造业比例显著增长，到 1980 年达到 57%，但是在衰退的 10 年中，这一比例急剧下跌。尽管到 2000 年，制造业出口份额再次增长到 58%，但之后这一比例持续下降。到 2008 年，这一比例下降到了 45%；到 2011 年，该比例继续下降到了 34%（世界银行数据）。虽然某种程度上，这反映了商品价格的提高，但也使得巴西经济更易受到世界经济的影响（见第 12 章）。巴西必须做出选择，是将物价上涨时期的好运气作为采取行动的激励还是自我满足的借口。

长期高负债是巴西经济增长的实质阻力（见第 13 章）。然而，近年来，"工业、技术和对外贸易政策"（PITCE）项目对于提高巴西工业的质量和竞争力起到了积极作用。

居高不下和持续高涨的税收或许也一直在阻碍着正规部门就业率的提高。总税收负担，在 1993 ～ 2004 年间，从占国民总收入的 25% 增长到将近 40%，2012 年是 38%。工资税也很高，以致近半数的巴西劳动力现在栖身非正规部门，因为在那里可以避税（还可以规避劳工权益和劳动法规）。

然而，豪斯曼、罗德里克和维拉斯科认为巴西并不缺乏生产投资理念，他们也不认为政府行为是阻碍投资的一个因素。三人运用决策树框架来确定什么是对经济增长最具约束力的限制因素（见第 4 章），认为巴西本应享有很高的投资回报值，它最主要受制于没有储蓄资金，因此难以通过合理的利率进行投资以资助其生产发展。在增加国内储蓄方面，豪斯曼强调了"建立一个财政上可行的国家，不过度借贷，不过度收税，可以投资"的重要性。

技术转让对于加快发展、增强国际竞争力和赶超发达国家具有至关重要的作用。巴西已经取得了令人瞩目的成就。在农业研究和成功推广出口经济作物（如柑橘和大豆）方面，巴西可称得上是排头兵。20 世纪 80 年代，在放弃了疯狂保护计算机产业的企图后，巴西开始扩大软件产业，就像印度一样。但是，巴西在引进技术方面远未达到东亚国家的水平。

社会指数

巴西的人类发展统计指标，与诸如哥斯达黎加这样的中等收入水平的国家以及许多低收入水平国家相比，尚且没有优势可言，更不要说和发达国家相比了。2007 年，据联合国开发计划署 2013 年的人类发展指数（见第 2 章），巴西排名 85，比根据收入预测的排名要落后 8 位，低于秘鲁、毛里求斯和阿塞拜疆。

2011 年，巴西人口的平均寿命是 73 岁，而与之相比，韩国人口的平均寿命是 81 岁。巴西 5 岁以下儿童的死亡率从 2000 年的 36‰ 明显下降到 16‰〔相比之下，同等收入的哥斯达黎加为 10‰，韩国则是 5‰（世界银行数据）〕，但仍然有 7% 的 5 岁以下儿童营养不良（世界银行数据）。

国际劳工局所做的报告以及世界银行所做的一项调查强调，相对于其收入水平来说，巴西仍然拥有一个非常高的童工比例。虽然巴西政府一直将消除童工视为一项优先解决的问题，但是仍然有 700 万儿童在巴西工作。（有关童工问题的分析与恰当的童工政策见第 8 章。）在教育方面，巴西的官方报道成人识字率上升到了 90%（一些独立观察者得出结论，巴西的有效识字率低于 50%），然而，同等收入的哥斯达黎加的识字率为 96%。有助于解释该差异的是，哥斯达黎加强制公民接受 6 年的教育，据报道，入学率达到 99%。

联合国开发计划署得出结论：

社会支出分配不均无疑是不平等现象长期存在进而导致贫穷的一个重要因素……大部分经济利益流向中产阶级和少数富人囊中。全巴西最贫穷的 1/5 人口中有 1/3 未接受过小学教育。但是最显著的差异还是表现在中等教育

和高等教育上，全巴西最贫穷的 4/5 人口中有
99% 以上没有接受过中等教育，几乎没有人上
过大学。只有小学教育最终可以面向穷人，这
不是政府将此定为发展目标所取得的成就，而
是因为富人都将孩子送入私人学校接受教育。
中等教育和高等教育的公共支出严重偏离穷人。
再看主要针对研究生提供的奖学金，其中 4/5 给
了那 1/5 的富人的孩子。

事实上，由于公立大学为大多数高收入大学生
和研究生提供免费教育，这使得上述差距越来越大。
而且，腐败和浪费限制了政府支出的有效利用。贫
困地区的小学教育质量仍旧低下。

因此，巴西的贫困问题持久存在的部分原因，
相对东亚或其自身潜质而言，无疑与其平庸的经济
增长有关，但最重要的是由于社会支出不均而加剧
的高度集中的收入分配。

发展有赖于一个健康、熟练和安全稳定的大工
作环境。最终，健康、教育和社会的缓慢发展会反
过来减缓经济发展的速度，进而困扰整个巴西的发
展。令人欣喜的是，言论和出版自由、公民基本权
利的加强以及积极公平的政治竞争在巴西正发挥着
重要的作用。这些元素在阿玛蒂亚·森扩展了的行
为能力的分析中是主要研究因素。

贫困

在所有社会指标中，最重要的一个指标就是
国民的贫困状况。作为一个中等收入国家，巴西的
贫困现象很严重，但是也有所改善。世界银行的一
项研究显示，在快速发展的 1960 ~ 1980 这 20 年
间，巴西的人均收入增长了 220%，贫困人口的比
例下降了 34%。另外，各方面与之相当的印度尼西
亚，1971 ~ 1987 年人均收入增长了 108%，贫困人
口比例下降了 42%。然而，在 20 世纪八九十年代，
巴西所取得的一些主要成果几乎丧失殆尽。根据世
界银行的预测，2009 年巴西 10.8% 的人口每天的生
活支出低于 2 美元，将近 6.1% 的人口生活极度贫
困，日收入不足 1 美元（世界银行，2013 年全球监
测报告），比斯里兰卡这样的低收入国家的生活水平
还差。但是，这个结果其实还是有所保留的。根据
联合国开发计划署所引证的巴西政府研究机构的研
究结果，更加惊人的是，甚至有 15% 的巴西人每天
的收入不足 1 美元。不过，巴西的贫困状况正在逐
步得到改善，而且最近政府的一项家庭补助金计划，
在解决贫困问题方面已经取得了显著成效，就是将
财力、物力等资源通过"有条件的现金转移"资助
给那些让孩子接种疫苗或念书的贫困家庭。这与墨

西哥有条件的现金转移计划相似，这也是第 8 章中
案例分析的主题。在巴西，暴力团伙依然较为嚣张，
不得不说人身安全依然是一个亟待解决的问题，因
为这会给生活在贫困线上的人们带来最严重的负面
影响。

不平等

几十年来，巴西的收入不平等以及土地和其
他资产占有的不平等，在世界范围来说一直是最严
重的。严重的不平等不仅会产生社会压力，最终还
会阻碍经济的增长和社会的发展，这将在第 5 章详
细讲解。巴西的收入不平等程度反映在 60% 的底
层人口只拥有收入的很少份额，10% 的上层人口
却占有收入的大部分，请参见以下的巴西收入分
配数据（2009 年调查数据，2013 年世界银行指数
报告）：

人口比例	收入份额（%）
最底层 10%	0.8
最底层 20%	2.9
第二层 20%	7.1
第三层 20%	12.4
第四层 20%	19.0
最上层 20%	58.6
最上层 10%	42.9

正如以上数据所示，最上层 10% 的人口占有近
43% 的国民收入，而最底层 40% 的人口却只有约
10%。联合国开发计划署认为严重的不公平是造成
极端贫困程度居高不下、脱贫速率缓慢的原因。资
产占有同样严重不公平。近年来，巴西的不公平程
度有所缓和，但仍是世界上最不公平的国家之一。
除了家庭资助项目和其他社会创新项目以外，巴西
分析人士认为最近对于最低收入的增长并强制执行，
同样降低了不平等程度。

土地改革

在巴西，土地分配极不公平，土地改革存在
效率和公平两方面的问题（请参见第 9 章的讨论主
题）。但是，土地改革在巴西不断受到大农场主政治
势力的阻挠。为此，贫穷的农民在"无地运动"中，
不断在大农场中抢占可以耕种但未曾耕种的土地。
成千上万的农民参与其中。也有农民在生态脆弱的
雨林里居住，结果发现，他们难以在这里找到较适
合耕作并且生态环境不易受到破坏的土地。因此，
政府出台了一项土地改革措施，但是实施政策后所
取得的成就与问题的严重程度相比，却是杯水车薪。

发展的可持续性

正如第 10 章中所讲，依赖自然环境的过度开发而实现的增长与可持续发展是背道而驰的。可持续发展可以保护未来经济发展和人民健康赖以实现的生态环境，但是巴西整个政治系统都一致表现出不承认森林破坏是确实存在而又紧迫的问题。巴西亚马孙雨林的森林砍伐凸显了长期发展目标和短期发展目标之间的冲突，以及严重不公平和代表富人利益的国家干预的后果。尽管森林砍伐具有破坏性，但过去亚马孙的经济活动却总是能从计划并不周详、现在有所缩减的经济援助计划中受益。许多大的发展项目和计划，如扶持采矿业、耗炭行业和畜牧业都得以实施。

鼓励民众到雨林定居，看似是土地改革在政治上的一个廉价选择。最终，良田却集中在势力雄厚的大农场主手中。当地人的权利遭到移居者残暴行为的破坏。生活受到威胁的生态激进分子和生态保护者奋起反抗。与此同时，大量生态脆弱的土地永久退化。尽管许多补贴已经取消，而且采取了一些保护措施和"开采储备"（extractive reserves），但是雨林的破坏是难以恢复的。其他地区的热带雨林的管理催生了生态旅游的迅速发展，并且获得了丰厚而持续的收入。森林产品的收获无须破坏生态，其中包括乳胶、树脂、树胶、药材和野味。然而，显而易见，此举并不能大规模保护濒危的土地。巴西的雨林具有防止全球变暖、生态净化的功能以及未来不可替代的生物多样性作用，世界其他国家也得益于巴西的雨林，因此国际社会准备对此进行补偿，以确保良好的生态持续性，如对雨林地区的居民付费，使其保护自然资源。来自该地区外的资金将成为支持土地改革的明显趋势。

社会包容问题

在巴西，关于贫困的讨论很少关注种族问题。但是，巴西将近一半的人口是非洲人或黑白混血儿。结果，有时巴西被认为是第二大黑人国家，仅次于尼日利亚。种族歧视在巴西是一种犯罪行为，但是从未有人因此而入狱。据估计，一个普通黑人工人的工资只是普通白人工资的 41%。数十万生活在巴西贫民区或棚户区的巴西人大多数是黑人。巴西东北部的极端贫困数十年来一直阻碍巴西东南部发展水平的提高，也困扰着当地人和黑白混血儿的生活。虽然东北部的人口只占巴西总人口的 30%，但是 62% 的极端贫困人口却生活在该地区。政府部门中黑人代表极少，即使是在有色人种占绝大多数的州中也一样。大学也几乎被白人所占据。虽然已经取

得了一些成就，但巴西还需要发起一场类似于美国 1960 年的平权运动的活动。但是没有公开制定反种族隔离法律（Jim Crow laws），就很难确立适当的目标。有些富有意义的积极行动或许是解决种族问题的唯一途径。

结论

或许对于巴西来说，社会发展落后于经济增长，这种描述更为准确，而非一概而论地说成是"没有发展的经济增长"，后者更适用于少数中东国家和一些低收入国家，如巴基斯坦、加蓬和赤道几内亚。但是，持久存在的种族差异问题，对当地人的不公平待遇，穷人得不到肥沃的土地，极其严重的不平等现象，高度的不平等和贫困以及发展所带来的生态不可持续的危险，所有这些都表明巴西如果要恢复经济的快速增长，将不得不优先考虑社会包容、人类发展以及生态环境的可持续性问题。

巴西高比例的收入贫困和社会指标较差的部分原因就是，20 世纪 80 年代初期以来发展整体较缓慢。但是主要原因是，政府在卫生、教育、养老金、失业补贴和其他资助方面的社会支出都流向了有钱人，而且更多时候流向了占收入分配 20% 的上层人口。政府政策往往是加剧而非缓和了不平等。但是，最近的家庭资助项目却是一个例外，它对巴西产生了重要的影响。家庭资助就是将一部分收入转移到穷人家庭，以免这种家庭由于孩子念书而影响当前消费和未来的潜在收入，陷入长期贫困的境地。

2002 年 11 月，巴西左翼劳工党领导人卢拉（Lula）在总统竞选的纲领中承诺实现更大的平等。这在巴西引起强烈反响，人们重新燃起了对社会包容的希望。该承诺能否实现仍存在争议，在他的首个任期内，经济有所增长，更多的公共政策集中于解决贫困问题，比如贫民区人口的生活状况和农村营养状况的改善，但社会融合速度缓慢。2006 年，卢拉连任，总目标是接下来的四年使国家发展良好。卢拉的劳工党继承人迪尔玛·罗塞夫（Dilma Rousseff）（在军人统治时期曾入狱），赢得了 2010 年的总统选举，成为第一位领导巴西的女总统，但是 2013 年社会出现动荡而且许多问题依然存在。巴西在解决种族分离、人身安全、环境恶化、贫困、不平等、高借贷成本、必要的出口多样化以及高昂却无效的政府支出等问题方面能否取得稳定进展？如果可以，巴西的前景将一片光明。

问题讨论

1. 为什么经济学对于理解发展问题是至关重要的？
2. "发展中国家"是不是一个有用的概念？
3. 你想从发展经济学这门课程中学到什么？
4. 简单描述课本中学到的关于"发展"这一名词的不同定义。每一种描述方法的优点和缺点是什么？你认为关于发展还有本书中没有提到的其他层面的理解吗？如果有，请给予说明。如果没有，请说明为什么你认为本书中有关发展的描述是全面的。
5. 为什么有关发展的理解对于发展中国家的政策制定具有重要作用？你认为一个国家有可能就发展的定义达成一致，并制定相关的策略吗？
6. 为什么对于发展来说一个严格的经济定义并不充分？你所理解的经济发展的意义是什么？你是否能够给出一种假设或举出例子来说明一个国家经济上发展了但国家却仍处于欠发达状态？
7. "可行能力"这个概念是如何帮助我们理解发展目标和成效的？金钱是一切吗？为什么是或者为什么不是？
8. 是什么因素发挥作用，使联合国千年发展目标在国际经济关系中获得如此高的关注？
9. 对于发展问题和巴西所面临前景的探讨分析，引出了些什么关键问题？
10. 有人认为结束极端贫困并实现真正发展是可能的，但不是必然的，这正是发展经济学研究的精髓和紧迫性所在。这到底意味着什么？请给出评论和评价。

注释和推荐阅读

1. United Nations Development Programme, "The Rise of the South: Human Progress in a Diverse World," *Human Development Report 2013*. New York: United Nations Development Programme, 2003 年贫困数据来自世界银行。

2. 贯穿全书的"穷人的声音"的专栏大部分来自世界银行"Voices of the Poor"，参见网站 http://www.worldbank.org/poverty/voices/overview.htm。该声音项目是世界发展报告《对抗贫困》的基础。其结论由牛津大学出版社以三套系列丛书出版，书名分别是 *Can Anyone Hear Us? Crying Out for Chang* 和 *From Many Lands*。

3. 对此观点的评论参见 Paul Krugman, "Toward a counter-counter-revolution in development theory", *Proceedings of the World Bank Annual Conference on Development Economics*, 1992 (Washington, D.C.: World Bank,1993), 第 15 页。也可参见 Syed Nawab Haider Naqvi, "The significance of development economics," *World Development* 24 (1996): 975-987。

4. 有关价值在发展经济学中的作用的经典论断，可参见纲纳·缪达尔（Gunnar Myrdal），*The Challenge of World Poverty* (New York: Pantheon, 1970),ch.1.A more general critique of the idea that economics can be "value-free" is to be found in Robert Heilbroner's "Economics as a 'value-free' science," *Social Research* 40(1973):129-143, 以及他的 *Behind the Veil of Economics* (New York: Norton,1988)。 参见 Barbara Ingham, "The meaning of development: Interactions between 'new' and 'old' ideas," *World Development* 21(1993):1816-1818; Paul P. Streeten, *Strategies for Human Development* (Copenhagen: Handelshøjskolens Forlag, 1994), pt. 1; Selo Soemardjan and Kenneth W. Thompson, eds., *Culture, Development, and Democracy* (New York: United Nations University Press, 1994); and Mozaffar Qizilbash, "Ethical development," *World Development* 24(1996):1209-1221.

5. Soedjatmoko and Anne Elizabeth Murase, *The Primacy of Freedom in Development* (Lanham, Md.: University Press of America, 1985), p. 11.

6. Dudley Seers, "The meaning of development," paper presented at the Eleventh World Conference of the Society for International Development, New Delhi (1969), p. 3. See also Richard Brinkman, "Economic growth versus economic development: Toward a conceptual clarification," *Journal of Economic Issues* 29 (1995): 1171-1188; and P. Jegadish Gandhi, "The concept of development: Its dialectics and dynamics," *Indian Journal of Applied Economics* 5 (1996): 283-311.

7. Denis Goulet, *The Cruel Choice: A New Concept in the Theory of Development* (New York: Atheneum, 1971), p. 23. Reprinted with permission from Ana Maria Goulet.

8. Amartya Sen, "Development Thinking at the Beginning of the 21st Century." In *Economic and Social Development in the XXI Century*. Emmerij, Luis (Ed.) Inter-American Development Bank and Johns Hopkins University Press, Washington, D.C. [Also available as LSE working paper, Copyright Amartya Sen, at http://eprints.lse.ac.uk/6711/.] See also Sen, *Commodities and Capabilities* (Amsterdam: Elsevier, 1985). 我们非常感谢 Sabina Alkire 和 James Foster 为本书这部分的更新所提出的建议，来反映森教授的可行能力方法的最新思想及其最近出版的书 The Idea of Justice 中的观点。

9. Amartya Sen, *Commodities and Capabilities*, p. 12.

10. Sen, *Commodities and Capabilities*, pp. 25-26; and *Development as Freedom*, pp. 70-71.

11. Sen, *Commodities and Capabilities*, pp. 25-26. From *Commodities and Capabilities* by Amartya Sen. Copyright © 1999 by Amartya Sen. Reprinted with permission.

12. 同上，21 页。森指出，即使我们将效用等同于"满足欲望"，我们仍受到物质条件忽视和价值忽视这两方面缺陷的困扰。他指出"价值是不可能理想化的"，如果只是因为一个人主观认为不重要，就忽视其客观上缺乏的物质条件，必然会导致明显的福利衡量的缺陷。Foster 和 Handy 共同完成的论文"External Capabilities"可参见 *Arguments for a Better World: Essays in Honor of Amartya Sen*, eds. Kaushik Basu and Ravi Kanbur, (Oxford: Oxford University Press,2008)。

13. 同上，10 ～ 11 页。出自阿玛蒂亚·森的 *Commodities and Capabilities*。版权所有，转载需经过许可。

14. Amartya Sen, *Commodities and Capabilities*, p. 13.

14a. See, for example, William Easterly, "The political economy of growth without development: A case study of Pakistan," in *In Search of Prosperity: Analytic Narratives on Economic Growth*, ed. Dani Rodrik (Princeton, N.J.: Princeton University Press, 2003).

15. Sen, *Commodities and Capabilities*, p. 52.

16. See Richard Layard, *Happiness: Lessons from a New Science* (New York: Penguin, 2005), esp. pp. 32-35 and 62-70. The data on happiness and satisfaction are based on an average of the two responses. For more on the underlying data and analysis, see http://cep.lse.ac.uk/layard/annex.pdf. For a critique of some aspects of this research, see Martin Wolf, "Why progressive taxation is not the route to happiness," *Financial Times*, June 6, 2007, p. 12. For an excellent review of the literature through 2010 that puts the data and their interpretation in useful perspective, see Carol Graham, *Happiness around the World: The Paradox of Happy Peasants and Miserable Millionaires* (New York: Oxford University Press, 2010).

17. 修订了的幸福指数公式，可参见网站 http://www.grossnationalhappiness.com/gnhIndex/introduction GNH.aspx. 该公式与阿尔凯尔－福斯特的多维度贫穷指数相关，在第 5 章中将进行介绍。有关早期背景知识，可参考 Andrew C. Revkin,"A new measure of well-being from a happy little kingdom," *New York Times*, October 4, 2005, http://www.nytimes.com/2005/10/04/science/04happ.html。

18. Commission on the Measurement of Economic Performance and Social Progress, p. 16, http://www.stiglitz-sen-fitoussi.fr/documents/rapport_anglais.pdf accessed November 12, 2010.

19. See Goulet, *Cruel Choice*, pp. 87-94.

20. 有关"基本需求"方法的描述，参见 Pradip K. Ghosh, ed., *Third World Development: A Basic Needs Approach* (Westport, Conn.: Green-wood Press, 1984)。

21. Goulet, *Cruel Choice*, p.124.

22. 早期对于基本需求的细化和量化，可以参见 International Labor Organization, *Employment, Growth, and Basic Needs* (Geneva: International Labor Organization, 1976)。在阿玛蒂亚·森的 "Development: Which way now?" *Economic Journal* 93 (1983):754-757 以及 United Nations Development Program, *Human Development Report*, 1994 (New York: Oxford University

Press, 1994) 中可见类似观点，就是关注权利和能力的概念。

23. Goulet, *Cruel Choice*, p.90. 在拉丁美洲发展背景之下，有关自尊和尊重的意义的激烈讨论，可参考 Paulo Freire, *Pedagogy of the Oppressed* (New York: Continuum, 1990)。

24. W. Arthur Lewis, "Is economic growth desirable?" in *The Theory of Economic Growth* (London: Allen & Unwin, 1963), p.420. 由发展中国家的一位重要学者所做的有关发展中自由重要性的一个精彩而深刻的分析，可参见 Soedjatmoko, *Primacy of Freedom* 及 Sen, *Development as Freedom*。

25. "政治自由指数" 概念可参见 United Nations Development Programme, *Human Development Report*, 1992 (New York: Oxford University Press, 1992)，第20页，26～33页。传统基金会和《华尔街日报》公布了一份年度 "经济自由指数" 对于1998年154个国家从自由到受限制的排名，可参见1997年12月1日的《华尔街日报》。

26. 来自 UNDP 的一份自由指数不连续的原因的解释说明，可参见 United Nations Development Programme, *Human Development Report*, 2000, pp.90-93, esp. box 5.2, 参见网站http://hdr.undp.org/docs/statistics/understanding/resources/HDR2000_5_2freedom_indices.pdf。

27. United Nations Development Programme, *Human Development Report*, 2003-*Millennium Development Goals: A Compact among Nations to End Human Poverty* (New York: Oxford University Press, 2003)，还可查看网站http://hdr.undp.org/reports/global/2003。

28. 联合国公布了有关在实现千年发展目标过程中所取得的成就和遇到的挑战的年度报告。该部分有些内容出自2006年和2009年的报告，登录网站http://mdgs.un.org可查阅。世界银行还发布了千年发展目标的全球监测报告。2010年的监测报告显示，全球经济危机减缓了实现脱贫、摆脱饥饿、母婴健康、洁净水资源供应以及疾病控制等方面的进程，并且认为该影响会持续到2015年。参见 *Global Monitoring Report 2010: The MDGs after the Crisis, January 1, 2010*，参见网站http://web.worldbank.org。秘书长的报告参见 *Keeping the Promise: A Forward-Looking Review to Promote an Agreed Action Agenda to Achieve the Millennium Development Goals by* 2015, February 12, 2010，参见网站http://www.un.org/ga/search/view_doc.asp?symbol=A/64/665。

29. 尽管有些地区某些目标的实现速率较低，令人失望，但是2010年9月联合国峰会回顾在实现千年发展目标方面所取得的成就，低估了其作为一个全球聚焦点在衡量发展成果方面所发挥的作用。

30. 参见 Jan Vandemoortele, "Can the MDGs foster a new partnership for pro-poor policies?" 载于 *NGOs and the Millennium Development Goals: Citizen Action to Reduce Poverty*, eds. Jennifer Brinkerhoff, Stephen C. Smith, and Hildy Teegen (New York: Palgrave Macmillan, 2007), and Sabina Alkire with James Foster, "The MDGs: Multidimensionality and Interconnection," at www.ophi.org.uk/wp-content/uploads/OPHI-RP-8a.pdf。

31. High-Level Panel of Eminent Persons on the Post-2015 Development Agenda, *A New Global Partnership: Eradicate Poverty and Transform Economies Through Sustainable Development: The Report of the High-Level Panel of Eminent Persons on the Post-2015 Development Agenda*, May 30, 2013, http://www.post2015hlp.org/featured/high-level-panel-releases-recommendations-for-worlds-next-development-agenda。

经济发展的比较

> 公元 1500 年那些较富裕的被欧洲列强殖民的国家在近 500 年反而比较贫困……这种转变表明了欧洲殖民主义所带来的制度的变革。
>
> ——达隆·阿西莫格鲁（Daron Acemoglu）、西蒙·约翰逊（Simon Johnson）和
> 詹姆斯·A. 罗宾逊（James A. Robinson），2002 年

> 发展中国家里的新兴国家是创新型社会和经济政策的源泉，也是其他发展中国家的主要贸易、投资和日益增长的合作伙伴。
>
> ——海伦·克拉克（Helen Clark），联合国发展项目行政长官，2012 年

近年来，发展中国家的经济发展已经取得了显著的成效。但是，全球经济最鲜明的特点仍然是各国经济之间极大的差异性。在美国，每个工人的产出比印度工人高 10 倍，比刚果民主共和国工人高 50 倍。[1] 2011 年，美国人均实际收入是 48 820 美元，印度则是 3 640 美元，而刚果民主共和国仅有 340 美元。[2] 如果把世界想象成一个国家，那么它的收入分配将比任何一个国家（纳米比亚除外）都不平等。[3] 在人类福利衡量方面也存在极大差距。美国人口平均寿命是 79 岁，印度是 65 岁，而刚果民主共和国则刚过 48 岁。在美国，营养不良的人口比例不到 3%，印度则是 43%，刚果民主共和国为 24%。在美国几乎所有的女性都识字，印度只有 51%，而刚果民主共和国该比例是 57%。[4] 为什么会存在如此之大的差异？如今，知识信息的传播如此迅速，人类发展如此之快，食品和各种服务也相对较便宜，为什么差距仍然如此巨大，甚至还在不断扩大？为什么有些发展中国家在缩小差距方面能够取得巨大进步，有些国家却几乎没有进展？

本章，我们将研究各国经济发展之间的差异。为了实现各国之间的量化对比，来说明如何对发展进行衡量，我们首先需要给发展中国家下定义。平均收入只是定义一个国家经济发展水平的因素之一。这在第 1 章中进行了讨论。

接下来我们将探讨与发达国家相比，发展中国家普遍具有的 10 个重要特征。在每一项中，我们发现在发展中国家的各个层面，所有这些普遍特征又都存在极大的不同，在制定发展政策时将这些差异考虑在内是很重要的。以下是这些普遍特征：

（1）生活水平和生产力低下；

（2）人力资本水平低下；

（3）较严重的不平等情况以及绝对贫困；

（4）高人口增长率；

（5）社会分级严重；

（6）众多的农村人口以及迅速向城市迁移；

（7）工业化水平较低；

（8）地理条件差；

（9）欠发达的金融市场及其他市场；

（10）长期的殖民影响和不平等的国际关系。

一般来说，这些因素及其严重性决定了一个发展中国家的发展限制与优先政策。

在了解了发展中国家之间的共性与差异之后，我们来进一步研究如今的发展中国家与现在那些发达国家发展早期的状况，以及相比之下它们之间所存在的关键差异，然后我们将探讨这样一个争论，那就是在各自的发展水平之上，发展中国家和发达国家现在是否正在逐渐趋同。

接下来我们将利用有关比较发展经济学的新的学术论点，来进一步阐释如此不平等的社会是如何形成的，以及这种不平等为何会如此持久地存在；另外，发展中国家的某些重要方面为何能够取得飞速发展，我们对其背后的积极因素也应了解。很明显，殖民主义在形成制度并建立"经济活动规则"方面发挥了主要作用，这些规则既可以阻碍也可以促进经济的发展。我们还要探讨有关发展比较的其他因素，如国家的不平等状况等。我们将仔细研究为什么如此之多的发展中国家在实现经济发展方面都会遇到同样的困难，对如何克服这些困难有所规划，并且鼓励包括最不发达国家在内的所有国家实现更大的发展。

本章最后是有关孟加拉国和巴基斯坦的一个对比研究案例。

2.1 发展中国家的界定

界定发展中国家一个最常用的指标是人均收入。经济合作与发展组织（Organization for Economic Cooperation and Development，OECD）和联合国等几个国际组织，根据各国经济状况进行了界定，但最广为人知的界定体系还是国际复兴开发银行（IBRD），通常以**世界银行**（World Bank）之名而为人们所熟知（世界银行的详细说明请见专栏13-2）。按照世界银行的界定体系，213个拥有至少3万人口的经济体都是根据人均国民总收入水平排序的。这些经济体依次被界定为**低收入国家**（low-income countries，LIC）、中等偏下收入国家（lower-middle-income countries，LMC）、中等偏上收入国家（upper-middle-income

countries，UMC）、高收入OECD成员和其他高收入国家（在非正式情况下，中等偏下收入国家和中等偏上收入国家都被列为**中等收入国家**（middle-income countries））。

包括许多例外情况在内，发展中国家就是指那些低收入、中等偏下收入和中等偏上收入的国家。在表2-1中，这些国家和地区按照地理区域进行了分组，这样更便于识别。世界银行的分类是最常用的，它所界定的低收入国家是指2011年人均国民收入1 025美元及以下的国家；中等偏下收入国家是指人均国民收入为1 026 ~ 4 035美元的国家；中等偏上收入国家是指人均国民收入为4 036 ~ 12 475美元的国家；高收入国家是指人均国民收入为12 476美元及以上的国家。几个不同国家的收入对比见图2-1。

请注意，有一些国家虽然在表2-1中被界定为"其他高收入经济体"，联合国有时却将其界定为发展中国家（比如当按照政府职能定位时）。另外，有些高收入国家虽然拥有一两个高度发达的出口部门，但是相对其国家收入水平，如果绝大部分人口仍未接受教育或健康状况差，那么这样的国家仍被看作是发展中国家，如类似沙特阿拉伯和阿拉伯联合酋长国这样的石油出口国。中等偏上收入国家中这样的例子是那些靠旅游业发展，却长期存在发展问题的岛国。即使是一些高收入的OECD成员，如为人所熟知的葡萄牙和希腊，到目前为止还被看作是发展中国家——随着经济危机（如2013年10月道琼斯指数将希腊从"发达市场"降为"新兴市场"）的持续，这种观念再次盛行。不过，对发展中国家和地区的描述进行概括还是大有裨益的，比如撒哈拉以南的非洲地区、北美洲、中东和亚洲（日本除外），比如拉丁美洲和加勒比地区，还有处于转型期的国家或地区，如东欧和中亚的一些国家（包括曾经的苏联[⊖]）。相比而言，组成高收入OECD成员的发达国家包括西欧和北美国家，以及日本、澳大利亚和新西兰。

⊖ 全称为苏维埃社会主义共和国联盟，已于1991年12月解体。

表 2-1　2013 年按地域和收入界定的国家及地区分类

国家和地区	代码	类别	国家和地区	代码	类别	国家和地区	代码	类别
东亚和太平洋地区			塔吉克斯坦②	TJK	LIC	利比亚	LBY	UMC
美属萨摩亚③	ASM	UMC	土耳其	TUR	UMC	摩洛哥	MAR	LMC
柬埔寨①	KHM	LIC	土库曼斯坦②	TKM	UMC	叙利亚	SYR	LMC
中国	CHN	UMC	乌克兰	UKR	LMC	突尼斯	TUN	LMC
斐济③	FJI	LMC	乌兹别克斯坦②	UZB	LMC	约旦河西岸和加沙地带	WBG	LMC
印度尼西亚	IDN	LMC	拉丁美洲和加勒比地区			也门①	YEM	LIC
基里巴斯	KIR	LMC	安提瓜和巴布达	ATG	UMC	撒哈拉以南的非洲地区		
朝鲜	PRK	LIC	阿根廷	ARG	UMC	安哥拉①	AGO	UMC
老挝①②	LAO	LMC	伯利兹③	BLZ	LMC	贝宁	BEN	LIC
马来西亚	MYS	UMC	玻利维亚	BOL	LMC	博茨瓦纳②	BWA	UMC
马绍尔群岛③	MHL	LMC	巴西	BRA	UMC	布基纳法索①②	BFA	LIC
密克罗尼西亚③	FSM	LMC	智利	CHL	UMC	布隆迪①②	BDI	LIC
蒙古②	MNG	LMC	哥伦比亚	COL	UMC	喀麦隆	CMR	LMC
缅甸	MMR	LIC	哥斯达黎加	CRI	UMC	佛得角③	CPV	LMC
帕劳③	PLW	UMC	古巴③	CUB	UMC	中非①③	CAF	LIC
巴布亚新几内亚③	PNG	LMC	多米尼克③	DMA	UMC	乍得③	TCD	LIC
菲律宾	PHL	LMC	多米尼加共和国	DOM	UMC	科摩罗①③	COM	LIC
萨摩亚群岛①③	WSM	LMC	厄瓜多尔	ECU	UMC	刚果民主共和国①	COD	LIC
所罗门群岛①③	SLB	LMC	萨尔瓦多	SLV	LMC	刚果共和国	COG	LMC
泰国	THA	UMC	格林纳达③	GRD	UMC	科特迪瓦	CIV	LMC
东帝汶①③	TLS	LMC	危地马拉	GTM	LMC	厄立特里亚	ERI	LIC
汤加③	TON	LMC	圭亚那③	GUY	LMC	埃塞俄比亚①②	ETH	LIC
图瓦卢	TUV	LMC	海地①③	HTI	LIC	加蓬	GAB	UMC
瓦努阿图①③	VUT	LMC	洪都拉斯	HND	LMC	冈比亚①	GMB	LIC
越南	VNM	LMC	牙买加③	JAM	UMC	加纳	GHA	LIC
欧洲和中亚			墨西哥	MEX	UMC	几内亚	GIN	LIC
阿尔巴尼亚	ALB	LMC	尼加拉瓜	NIC	LMC	几内亚比绍①③	GNB	LIC
亚美尼亚②	ARM	LMC	巴拿马	PAN	UMC	肯尼亚	KEN	LIC
阿塞拜疆②	AZE	LMC	巴拉圭②	PRY	LMC	莱索托①②	LSO	LMC
白俄罗斯	BLR	UMC	秘鲁	PER	UMC	利比里亚①	LBR	LIC
波斯尼亚和黑塞哥维那	BIH	UMC	圣基茨和尼维斯联邦③	KNA	UMC	马达加斯加①	MDG	LIC
保加利亚	BGR	UMC	圣卢西亚③	LCA	UMC	马拉维②	MWI	LIC
格鲁吉亚	GEO	LMC	圣文森特和格林纳丁斯③	VCT	UMC	马里①②	MLI	LIC
哈萨克斯坦②	KAZ	UMC	苏里南③	SUR	UMC	毛里塔尼亚①	MRT	LMC
科索沃	KSV	LMC	乌拉圭	URY	UMC	毛里求斯③	MUS	UMC
吉尔吉斯斯坦	KGZ	LIC	委内瑞拉	VEN	UMC	马约特岛	MYT	UMC
拉脱维亚	LVA	UMC	中东和北非			莫桑比克①	MOZ	LIC
立陶宛	LTU	UMC	阿尔及利亚	DZA	UMC	纳米比亚	NAM	UMC
马其顿②	MKD	UMC	吉布提①	DJI	LMC	尼日尔①②	NER	LIC
摩尔多瓦②	MDA	LMC	埃及	EGY	LMC	尼日利亚	NGA	LMC
黑山	MNE	UMC	伊朗	IRN	UMC	卢旺达①②	RWA	LIC
罗马尼亚	ROU	UMC	伊拉克	IRQ	LMC	圣多美和普林西比①③	STP	LMC
俄罗斯联邦	RUS	UMC	约旦	JOR	LMC	塞内加尔①	SEN	LMC
塞尔维亚	SRB	UMC	黎巴嫩	LBN	UMC	塞舌尔③	SYC	UMC

（续）

表 2-1 2013 年按地区和人均收入界定的国家和地区分类

国家和地区	代码	类别	国家和地区	代码	类别	国家和地区	代码	类别
塞拉利昂[①]	SLE	LIC	德国	DEU		海峡群岛	CHI	
索马里[①]	SOM	LIC	希腊	GRC		克罗地亚	HRV	
南非	ZAF	UMC	匈牙利	HUN		塞浦路斯	CYP	
南苏丹	SSD	LIC	冰岛	ISL		爱沙尼亚	EST	
苏丹[①]	SDN	LMC	爱尔兰	IRL		赤道几内亚	GNQ	
斯威士兰[②]	SWZ	LMC	意大利	ITA		法罗群岛	FRO	
坦桑尼亚[①]	TZA	LIC	日本	JPN		法属波利尼西亚	PYF	
多哥[①]	TGO	LIC	韩国	KOR		格陵兰	GRL	
乌干达[①②]	UGA	LIC	卢森堡	LUX		关岛[③]	GUM	
赞比亚[①②]	ZMB	LIC	荷兰	NLD		英国曼岛	IMN	
津巴布韦	ZWE	LIC	新西兰	NZL		以色列	ISR	
南亚			挪威	NOR		科威特	KWT	
阿富汗[①②]	AFG	LIC	葡萄牙	PRT		列支敦士登	LIE	
孟加拉国[①]	BGD	LIC	斯洛伐克	SVK		马耳他	MLT	
不丹[①②]	BTN	LMC	西班牙	ESP		摩纳哥	MCO	
印度	IND	LMC	瑞典	SWE		荷属安的列斯群岛[③]	ANT	
马尔代夫[①③]	MDV	UMC	瑞士	CHE		新喀里多尼亚[③]	NCL	
尼泊尔[①②]	NPL	LIC	英国	GBR		马里亚纳群岛北部[③]	MNP	
巴基斯坦	PAK	LMC	美国	USA		阿曼	OMN	
斯里兰卡	LKA	LMC	**其他高收入国家和地区**			波兰	POL	
高收入 OECD 国家和地区			安道尔	AND		波多黎各[③]	PRI	
澳大利亚	AUS		安提瓜和巴布达[③]	ATG		卡塔尔	QAT	
奥地利	AUT		阿鲁巴岛[③]	ABW		圣马力诺	SMR	
比利时	BEL		巴哈马群岛[③]	BHS		沙特阿拉伯	SAU	
加拿大	CAN		巴林岛[③]	BHR		新加坡[③]	SGP	
捷克	CZE		巴巴多斯岛[③]	BRB		斯洛文尼亚	SVN	
丹麦	DNK		百慕大群岛[③]	BMU		特立尼达和多巴哥[③]	TTO	
芬兰	FIN		文莱	BRN		阿拉伯联合酋长国	ARE	
法国	FRA		开曼群岛	CYM				

①最不发达国家和地区；②内陆发展中国家和地区；③小型发展中岛国和地区。

资料来源：Data from World Bank, *World Development Indicators*, 2013 (Washington, D.C.: World Bank, 2013), tab.1.1.

　　有时，在中等偏上收入国家或新兴高收入国家当中会有一种特殊的区分方式，将那些拥有相对先进制造业的国家称作**新兴工业化国家**（newly industrializing countries，NIC）。另外一种界定发展中国家的方法是根据其国际债务规模来确定。世界银行据此将各国区分为严重负债、适度负债和低负债国家。联合国开发计划署根据人类发展水平及其健康教育状况，将国家界定为发展水平低、中等、高和极高。关于传统的和新的人类发展指数将在本章的后面部分详细讨论。

　　另一个广泛运用的分类方法就是界定**最不发达国家**（least developed countries）所用的方法。在 2012 年的一份联合国文件中，49 个符合条件的国家中有 34 个在非洲，9 个在亚洲，5 个为太平洋岛国，还有一个是海地。总之，最不发达国家应符合以下三个标准：低收入、低**人力资本**（human capital）和高经济脆弱性。其他一些特殊的联合国分类方法有发展中的内陆国家（这样的国家有 30 个，其中一半在非洲）和发展中的岛国（这样的国家有 38 个）。[5]

最后，国际金融公司引入新兴市场（emerging markets）这一术语来指代发展（避免用曾经的标准术语"第三世界"，这似乎会使投资者把发展停滞与其联系起来）。尽管该术语很不错，但我们并未采用，原因有三：第一，新兴市场广泛运用于财经媒体，表示股票和证券市场的活跃现状；第二，将国家称为"市场"可能会导致投资者对发展中的一些非市场化优先问题重视不足；第三，这一术语的用途各异，还没有一个固定的或者普遍为人们所接受的标准来确定哪些市场是新兴市场，哪些是即将兴起的市场（后者有时在财经媒体中被称为前沿市场）。

把世界各国简单地分为发达国家和发展中国家有利于进行分析。许多发展模型广泛适用于收入水平各异的发展中国家。然而，发展中国家较大的收入差距，警示我们不能简单地一概而论。确实是这样，撒哈拉以南非洲地区的低收入国家和南亚的低收入国家之间的经济差距，以及东亚的中等偏上收入国家和拉丁美洲的中等偏上收入国家之间的经济差距，甚至比高收入的 OECD 成员和中等偏上收入的发展中国家之间的差距还要深刻，意义更加深远。

2.2 发展的基本指标：实际收入、健康和教育

这一节我们将探讨发展的三个层面的基本指标：按购买力调整的实际人均收入；以预期寿命、营养不良和儿童死亡率来衡量的健康状况；以识字人数和在校受教育人数来衡量的受教育程度。

2.2.1 购买力平价

根据世界银行的以收入为基础的国家分类表，人均**国民总收入**（gross national income, GNI）这个衡量经济活动综合水平的最常用指标，通常被用作反映不同国家相对经济福利状况的综合指标。国民总收入是指一个国家的所有居民所创造的全部国内增加值和国外**增加值**（value added）的总和，不包括国内**资本存量**（capital stock）的市场**贬值**（depreciation）。**国内生产总值**（gross domestic product, GDP）测量的是由一个国家的本国居民和非本国居民所生产的全部最终产品的总价值。因此，国民总收入等于国内生产总值加上本国居民因向国外提供要素服务（劳务服务和资本服务）所获得的收入，减去支付给那些为国内经济做出贡献的非本国居民的费用。如果存在庞大的非本国居民人口对国内经济发挥重要作用（如外国企业），该国的 GDP 和 GNI 之间的差异就会非常显著（见第 12 章）。2011 年，世界各国的国民总收入之和超过了 66 万亿美元，其中大约 47 万亿美元来自经济发达的高收入地区，而只有不足 19 万亿美元是欠发达国家创造的，尽管它们当时几乎占世界人口的 5/6。人均收入差距更为惊人：2011 年挪威的人均收入是埃塞俄比亚的 240 倍，是印度的 63 倍。

但是，图 2-1 所示的发达国家与发展中国家的人均国民总收入之间的差距，会因使用官方汇率将国家货币值转换为美元而有夸大之嫌。这种转换未考虑到不同货币的相对国内购买力。为了修正这一问题，研究人员尝试运用**购买力平价**（purchasing power parity, PPP）替代汇率作为换算比例，来比较不同国家之间的相对国民总收入和国内生产总值。购买力平价是运用一套常用国际价格来对所有商品和服务进行计算得出的。简单来说，购买力平价就是指 1 美元在美国所能购买的商品和服务，若在发展中国家的本地市场上购买等量的商品和服务，所需要的外币单位数。事实上，对于各个国家不同的相对价格进行调整，可使生活标准的测量更加准确。[6] 一般说来，由于发展中国家工资水平较低，因此非贸易服务的价格也很低。显然，如果发展中国家的国内价格较低，用购买力平价计算的人均国民总收入就要高于用汇率作为换算比例的人均国民总收入。比如，如果用汇率换算，2011 年中国的人均国民总收入只是美国的 10%，但是用购买力平价方法来换算，该比例为 17%。因此，如果用购买力平价来换算，富国与穷国之间的收入差距将会缩小。

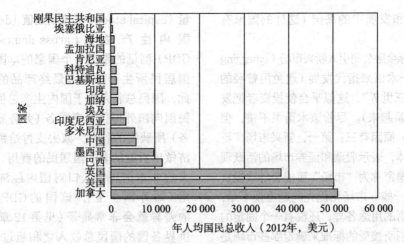

图 2-1   所选国家的年人均收入（2011 年）

资料来源：Data from World Bank, *World Development Indicators,* 2013 (Washington, D.C.: World Bank, 2013), tab. 1.1.

表 2-2 对 30 个国家的人均国民总收入的汇率换算值和 PPP 换算值进行了对比，其中非洲、亚洲、拉丁美洲各有约 10 个国家，还有加拿大、英国和美国。在表 2-2 "汇率" 一列，收入按市场或官方汇率计算，美国人均收入是刚果民主共和国人均收入的 242 倍。这简直让人难以置信，因为在刚果民主共和国许多服务的价格远远低于美国。PPP 值可以更准确地换算出等量美元在刚果民主共和国可以买到的商品数和服务量，结果显示，美国真正的人均收入是刚果民主共和国的 135 倍——即便如此，不平等程度仍令人诧异。总之，根据真正的人均实际（PPP）收入来看，高收入国家是低收入国家的 28 倍，是中等收入国家的 5 倍。

表 2-2   所选发展中国家与英美人均国民总收入的比较（运用 2011 年官方汇率和购买力平价数据）

国家	人均国民总收入（美元）	
	汇率	购买力平价
孟加拉国	770	1 910
玻利维亚	2 020	4 890
博茨瓦纳	7 070	15 550
巴西	10 700	11 410
柬埔寨	800	2 180
加拿大	46 730	41 390
智利	12 270	19 820
中国	4 940	8 390
哥伦比亚	6 090	9 600
刚果民主共和国	200	360
哥斯达黎加	7 660	11 910

（续）

国家	人均国民总收入（美元）	
	汇率	购买力平价
科特迪瓦	1 140	1 780
多米尼加共和国	5 190	9 350
埃及	2 760	6 440
加纳	1 420	1 830
危地马拉	2 870	4 760
海地	700	1 190
印度	1 450	3 680
印度尼西亚	2 930	4 480
肯尼亚	810	1 690
韩国	20 870	29 860
墨西哥	8 970	15 930
尼日尔	330	600
尼日利亚	1 260	2 270
巴基斯坦	1 120	2 880
秘鲁	5 120	9 390
菲律宾	2 200	4 120
塞内加尔	1 070	1 940
泰国	4 620	8 710
乌干达	470	1 230
英国	37 840	35 950
美国	48 550	48 820
越南	1 270	3 250
低收入	554	1 310
中等收入	3 923	6 802
高收入	36 390	36 472

资料来源：Data from World Bank, *World Development Indicators,* 2013 (Washington, D.C.: World Bank, 2013), tab.1.1.

2.2.2 健康和教育指标

除了平均收入以外，对一个国家反映其核心能力的人均健康状况和受教育水平进行评价也是很有必要的。表 2-3 是衡量收入、健康（预期寿命、营养不良比率、1990 年和 2011 年 5 岁以下儿童死亡率）和教育（1991 年和 2011 年小学教育总完成率）的一些基本指数（每个国家和地区的收入分组如表 2-1 所示）。预期寿命就是新生儿在出生时就受到普遍存在的死亡风险的威胁下，可以存活的年数。营养不良是指食物摄入量太少以致难以维持正常活动水平，也就是通常所说的饥饿问题。高生育率既是造成不发达状况的原因，也是不发达状况所导致的后果，因此生育率也是一个基本指标。识字率是指据报告或据估计，具有基本读写能力的成年男女的比例；实用读写能力比例通常比报告显示的要低很多。

表 2-3 还显示了低收入、中等偏下收入、中等偏上收入和高收入国家的这类数据。该表同样显示了五个发展中地区（东亚和太平洋、拉丁美洲和加勒比、中东和北非、南亚和撒哈拉以南非洲地区）的平均值以及列举的 30 个国家的平均值，这些发展中国家的平均值与表 2-2 中的平均值类似（由于数据可得性而做了一些替换）。

需要注意的是，除了这些收入体之间的巨大差距外，低收入国家本身就是一个多样性的团体，它们各自面临着极不相同的发展问题。

例如，孟加拉国的实际收入几乎是刚果民主共和国的 5 倍多，印度的实际收入是刚果民主共和国的 10 倍多。在孟加拉国，5 岁以下儿童营养不良（体重过低）的比率高达 41.3%，而刚果民主共和国是 28.2%。孟加拉国 5 岁以下儿童的死亡率是 46‰，而刚果民主共和国几乎是其 4 倍，高达 168‰。刚果民主共和国的预期寿命仅为 48 岁，相比之下孟加拉国为 69 岁。不过，尽管印度和孟加拉国在总体上明显优于刚果民主共和国等国家，但是与博茨瓦纳、秘鲁或泰国相比，大多数中等偏下收入国家仍然面临着巨大的发展挑战。

表 2-3　共性与多样性：一些基本指标

国家、地区或群体	5 岁以下儿童营养不良比率（%）	相关年龄组小学教育总完成率（%）		每 1 000 个新生儿童中 5 岁以下儿童死亡人数		预期寿命
	2005～2011 年	1991 年	2011 年	1990 年	2011 年	
孟加拉国	41.3	46	…	139	46	69
玻利维亚	4.5	71	95	120	51	67
博茨瓦纳	11.2	89	97	53	26	53
巴西	2.2	92	…	58	16	73
柬埔寨	29	38	90	117	43	63
中非共和国	28	28	43	169	164	48
智利	0.5	…	95	19	9	79
中国	3.4	109	…	49	15	73
哥伦比亚	3.4	73	112	34	18	74
刚果民主共和国	28.2	49	61	181	168	48
哥斯达黎加	1.1	80	99	17	10	79
科特迪瓦	29.4	43	59	151	115	55
古巴	1.3	94	99	13	6	79
多米尼加共和国	3.4	63	92	58	25	73
埃及	6.8	98	…	86	21	73
埃塞俄比亚	29.2	23	58	198	77	59
加纳	14.3	65	94	121	78	64
危地马拉	13	…	86	78	30	71
印度	43.5	63	97	114	61	65

（续）

国家、地区或群体	5 岁以下儿童营养不良比率（%）	相关年龄组小学教育总完成率（%）		每 1 000 个新生儿童中 5 岁以下儿童死亡人数		预期寿命
	2005～2011 年	1991 年	2011 年	1990 年	2011 年	
印度尼西亚	18.6	89	108	82	32	69
墨西哥	3.4	88	104	49	16	77
莫桑比克	18.3	27	56	226	103	50
尼日尔	39.9	18	46	314	125	55
尼日利亚	26.7	…	74	214	124	52
巴基斯坦	30.9	…	67	122	72	65
秘鲁	4.5	…	97	75	18	74
菲律宾	20.7	89	92	57	25	69
塞内加尔	19.2	41	63	136	65	59
乌干达	16.4	…	55	178	90	54
越南	20.2	…	104	50	22	75
低收入	22.6	46	67	164	95	59
中等收入	16	83	94	82	46	69
高收入	1.7	97	101	12	6	79
东亚和太平洋	5.5	84	…	…	21	72
拉丁美洲和加勒比	3.1	84	102	53	19	74
中东和北非	6.3	77	91	70	32	72
南亚	33.2	63	88	119	62	66
撒哈拉以南非洲	21.4	52	69	178	109	55

注：由于数据的可获得性不同，如古巴没有收入数据，因此表 2-2 和表 2-3 中的数据可能有稍许差异。

资料来源：World Bank, *World Development Indicators 2013*, and World Bank WDI online, accessed 1 August 2013.

2.3　生活水平和能力的整体测度

新的人类发展指数

最普遍运用的社会经济发展相对状况的测度是由联合国开发计划署每年一次发行的《人类发展报告》。报告始创于 1990 年，其核心部分是构建和提炼**人类发展指数**（Human Development Index，HDI）。该部分目前运用的是新的人类发展指数（New HDI，NHDI），这一指数源于 2010 年（传统的人类发展指数，即 1990～2009 年联合国开发计划署指数的核心内容详见本章附录）。专栏 2-2 简述了"新人类发展指数的新内容"。

正如人类发展指数一样，新人类发展指数根据发展的三个目标或最终结果，将所有国家按 0～1 排列，0 表明人类发展水平最低，1 表明人类发展水平最高。NHDI 用出生时的预期寿命来衡量寿命期；用成人识字率和入学率的加权平均数来度量文化水平。用实际人均国内生产总值来度量生活水平。该人均生产总值不仅根据不同国家货币购买力的不同进行了调整，以此来反映各国生活成本，还根据收入的**边际效用递减**（diminishing marginal utility）进行了调整。

计算新人类发展指数分两步：第一步，假设三个"维度指标"；第二步，将所得指标相加得出整体新人类发展指数。

在计算出最小值和最大值（或较低和较高目标）后，每一维度指标都由每个国家所能实现的最大和最小值的差距百分比计算得出。

$$维度指标 = \frac{实际值 - 最小值}{最大值 - 最小值} \quad (2\text{-}1)$$

新人类发展指数的健康维度由出生时的预期寿命指数计算得出，其中最小寿命值为 20，最大寿命值为 83.57，以加纳为例：

$$预期寿命指数 = \frac{64.6 - 20}{83.6 - 20} = 0.701 \quad (2\text{-}2)$$

新人类发展指数的教育（"知识"）指数由 25 岁及以上成人受教育年数与学龄儿童在校受教育年数之和计算得出。正如联合国开发计划署所阐释的，这些指标通常以 0 作为最小值，最大值被设为不同国家特定时期（如1980～2012 年）内平均入学年数的预期最大值，如 2010 年美国预估年数为 13.3。对于加纳，成人平均受教育年数为 7 年，因此平均受教育年数分指数为：

$$\frac{7.0 - 0}{13.3 - 0} = 0.527 \quad (2\text{-}3)$$

我们可以认为加纳距离全球平均教育标准还差53%。

鉴于未来预期受教育情况，假定最大值为18（假定都取得硕士学位）。

对于加纳，学龄儿童在校预期受教育年数预估为 11.4。预期受教育年数分指数为：

$$\frac{11.4 - 0}{18.0 - 0} = 0.634 \quad (2\text{-}4)$$

教育指数就是以上两个分指数的几何平均值。[7]

生活标准（收入）指数是用经购买力平价调整的人均国民总收入计算得出的。对于加纳，收入指数就是：

$$收入指数 = \frac{\ln(1\,684) - \ln(100)}{\ln(87\,478) - \ln(100)} = 0.417 \quad (2\text{-}5)$$

运用这三个衡量发展的指标并通过一套公式对 187 个国家和地区的数据进行计算，则可按计算所得人类发展指数将所有国家和地区分为四类：人类发展水平低（0.0～0.535）、人类发展水平中等（0.536～0.711）、人类发展水平高（0.712～0.799）和人类发展水平极高（0.80～1.0）。

新人类发展指数中各要素指数是利用一个国家的实际成就与最小目标值之间的差距除以整体最大目标值与最小目标值之差计算得出的。但是在计算整体指数时，运用的是这三个指数的几何平均值而不是算术平均值（几何平均值也用于构建整体教育指数）。

接下来分析一下为什么这些改变如此重要以及这些计算是如何进行的。

新人类发展指数的计算　在新人类发展指数的计算中，几何平均值的使用非常重要。当在人类发展指数中使用算术平均值时（三要素指数相加再除以 3），其效果就等同于假设收入、健康和教育之间的完全可替代性。例如，一个较高的教育指数能够一对一地弥补一个较低的健康指数，相比而言，几何平均值的使用确保任何一个维度的不良表现都直接影响整体新人类发展指数，因此允许不完全可替代性是一个有益的改变。但是对于几何平均值是否为实现这一变化最恰当的方法，存在着积极的争论。[8]

因此，正如联合国开发计划署所指出的，新的计算"阐释了一个国家的三个维度有多么完善"。而且，联合国开发计划署也指出，"对三个不同维度进行比较很难，我们不应该对其变化视而不见"。

所以，新人类发展指数的计算应用的是几何平均值，而不是将健康、教育和收入三项指数相加再除以 3：

$$NHDI = H^{\frac{1}{3}} E^{\frac{1}{3}} I^{\frac{1}{3}} \quad (2\text{-}6)$$

式中，H 代表健康指数；E 代表教育指数；I 代表收入指数。该公式得出的是这三个指数 3 次方根之积。加纳的新人类发展指数的计算见专栏 2-1。

表 2-4 显示的是 2013 年 31 个国家的新人类发展指数值。韩国已经成为发达国家，排名次于加拿大而高于英国。诸如阿拉伯联合酋长国、土耳其、危地马拉、加蓬、科特迪瓦、巴基斯坦、巴布亚新几内亚以及南非在新人类发展指数中的表现要比收入水平所能预测的要差，但是韩国、智利、孟加拉国、古巴、马达加斯加和加纳的情况则相反。像俄罗斯、墨西哥、印度和尼日尔这样的国家，在两种衡量方式下发展情况基本一致。

□ 专栏 2-1　新人类发展指数计算：加纳

指标	价值
出生时预期寿命（岁）	64.6
平均受教育年数	7.0
预期受教育年数	11.4
人均国民总收入（PPP：美元）	1 684
指数	

$$预期寿命指数 = \frac{64.6 - 20}{83.6 - 20} = 0.701$$

$$平均受教育年数指数 = \frac{7.0 - 0}{13.3 - 0} = 0.527$$

$$预期受教育年数指数 = \frac{11.4 - 0}{18.0 - 0} = 0.634$$

$$教育指数 = \frac{\sqrt{0.527 \times 0.634} - 0}{0.971 - 0} = 0.596$$

$$收入指数 = \frac{\ln(1\ 684) - \ln(100)}{\ln(87\ 478) - \ln(100)} = 0.417$$

$$人类发展指数 = \sqrt[3]{0.701 \times 0.558 \times 0.417} = 0.596$$

联合国的收入估计值与世界银行的预估值稍有不同。

资料来源：UNDP, *Human Development Report, 2013*, Technical Notes(online):, http://hdr.undp.org/en/media/HDR%202013%20technical%20notes%20EN.pdf.

表 2-4　2013 年新人类发展指数（NHDI）及所选国家各项指标数

国家	NHDI 排名	预期寿命（岁）	成人平均受教育年数（年）	儿童预期受教育年数（年）	人均 GNI	NHDI 值	人均 GNI 排名减去 NHDI 排名
美国	3	78.7	13.3	16.8	43 480	0.937	6
加拿大	11	81.1	12.3	15.1	35 369	0.911	5
韩国	12	80.7	11.6	17.2	28 231	0.909	15
英国	26	80.3	9.4	16.4	32 538	0.875	5
智利	40	79.3	9.7	14.7	14 987	0.819	13
阿拉伯联合酋长国	41	76.7	8.9	12	42 716	0.818	−31
俄罗斯	55	69.1	11.7	14.3	14 461	0.788	0
古巴	59	79.3	10.2	16.2	5 539	0.78	44
墨西哥	61	77.1	8.5	13.7	12 947	0.775	4
哥斯达黎加	62	79.4	8.4	13.7	10 863	0.773	12
巴西	85	73.8	7.2	14.2	10 152	0.73	−8
土耳其	90	74.2	6.5	12.9	13 710	0.722	−32
斯里兰卡	92	75.1	9.3	12.7	5 170	0.715	18
中国	101	73.7	7.5	11.7	7 945	0.699	−11
加蓬	106	63.1	7.5	13	12 521	0.683	−40
埃及	112	73.5	6.4	12.1	5 401	0.662	−6
博茨瓦纳	119	53	8.9	11.8	13 102	0.634	−55
南非	121	53.4	6.7	10.6	9 594	0.629	−42
危地马拉	133	71.4	4.1	10.7	4 235	0.581	−14
加纳	135	64.6	7	11.4	1684	0.558	22
赤道几内亚	136	51.4	5.4	7.9	21 715	0.554	−97
印度	136	65.8	4.4	10.7	3 285	0.554	−3
肯尼亚	145	57.7	7	11.1	1 541	0.519	15
孟加拉国	146	69.2	4.8	8.1	1 785	0.515	9
巴基斯坦	146	65.7	4.9	7.3	2 566	0.515	−9

（续）

国家	NHDI 排名	预期寿命 （岁）	成人平均受教育 年数（年）	儿童预期受教育 年数（年）	人均 GNI	NHDI 值	人均 GNI 排名 减去 NHDI 排名
马达加斯加	151	66.9	5.2	10.4	828	0.483	28
巴布亚新几内亚	156	63.1	3.9	5.8	2 386	0.466	−15
科特迪瓦	168	56	4.2	6.5	1 593	0.432	−9
布基纳法索	183	55.9	1.3	6.9	1 202	0.343	−18
乍得	184	49.9	1.5	7.4	1 258	0.34	−20
尼日尔	186	55.1	1.4	4.9	701	0.304	−4

资料来源：2013 年人类发展报告，图 1，第 144-147 页。联合国开发计划署，2013 年。

用收入来衡量各个国家的教育医疗状况或者是 NHDI，效果往往较差。例如，古巴和埃及拥有几乎相同的实际人均收入，但是古巴的新人类发展指数（比收入水平所预测的人类发展指数高 44 点）排第 59 名，埃及排第 112 名。墨西哥和加蓬有相似的收入，但是墨西哥比其预计收入排名靠前 4 个名次，加蓬靠后 45 个名次。孟加拉国和巴基斯坦有相同的新人类发展指数排名，但是巴基斯坦收入更高，孟加拉国比预期排名靠前 9 个名次，巴基斯坦要靠后 9 个名次。这两个国家的发展详情请见本章末的案例研究。

联合国开发计划署还提供了不平等调整后的人类发展指数（Inequality-Adjusted HDI，IHDI——随着人类之间的不平等加大，IDHI 带给人类发展指数的坏处也在增加）和性别不平等指数（GII）以及**多维度贫困指数**（multidimensional poverty index，MPI），这些重要新概念在第 5 章有详细说明。

显而易见，人类发展指数，无论是在传统意义上还是新形势下，都在完善我们对于发展组成的理解方面做出了重要贡献，例如哪些国家正在取得成功（随着时间反映在新人类指数的提高上）、国家内部不同群体和地域是如何形成的。通过结合社会和经济数据，新人类发展指数使各国能够从相对和绝对角度对其发展进行很广泛的衡量。

尽管存在批评言论，但不可否认，新人类发展指数及其传统版本与其他经济发展衡量指标结合运用，有助于我们理解哪些国家正在经历发展而哪些国家没有。通过调整一个国家的整体新人类发展指数来反映收入分配、性别、区域和种族差异（正如最近的人类发展报告所述），我们现在不仅能够确定一个国家是否在发展，还能够确定该国家内部的重要群体是否都参与了发展。[9]

□ **专栏 2-2　新人类发展指数的新内容**

2010 年 10 月，为了对有关 HDI 的一些批评进行说明，联合国开发计划署公布了新人类发展指数。新指数还是基于生活水平、教育和健康这三方面，但是有 8 项显著的变化，当然还存在几处潜在的不足。

（1）人均国民总收入（GNI）代替了人均国内生产总值（GDP）。这一改进毫不含糊：国民总收入反映的是一国公民运用所得收入所能做的事情，而对附加于一国所生产的、销售到国外的商品或服务上的额外价值不包括在国民总收入中，同时从国外所得的收入也能使一些国民受益。因为贸易急速扩大、大量侨汇不断外流，以及对低收入国家的援助更有针对性，因此这里很有必要对 GNI 和 GDP 做出区分。

（2）对教育指数彻底进行了修改。新增的两项内容为：一国全部人口中实际教育普及水平以及预期的儿童入学水平。每一项新增内容都有其意义。将实际教育普及水平——平均受教育年数作为指标之一，是一个极大的改进。定期对预期值进行更新，便于对各个国家的统计数据进行量化对比。虽然这最多只能粗略计算所学知识——比如在马里共和国，学生在校一年平均所学知识要比挪威少得多，但这是到目前为止最好的度量，因为我们还没有获得有关教学质量的更详细、可靠及更有对比性的数据。

（3）另一项新增内容，预期教育水平，有点含糊不清：它不是一个结果，而是联合国的一个预测。历史已经证实，如果脱离发展计划的轨道就会犯错。不过，还是有过许多令人惊喜的好的发展势头，比如某些国家在改善教育普及方面进步显著；不过要警醒的是，期望值太低难以激起斗志。需要注意的一点是，仍然作为健康的一个指标的预期寿命也是基于普遍情况的一个推测。

（4）教育指数的前两个因素，成人识字率和入学率，相应地有所降低。与预期教育水平相比，成人识字率显然是一种结果，而且连入学率也至少可以看作是一种结果。然而，成人识字率一直以来很少或者几乎未被用于衡量，而且在欠发达国家总是不可避免地被高估。入学率难以保

证一名学生能够完整地读完一个年级，或者学到了什么知识，或者学生是否上课（对老师来说）。

（5）每一层面的较高基准（最大值）都已经提高到了观测最大值，而不是给出一个预定值。在某些方面，这使得某些数值值回到了最初设计值，因此批评认为，在较低层面上，这对国家的微小进步认识不足。

（6）收入低基准值已降低。这一调整依据的是各个国家记录收入的历史最低值。[10]

（7）另一个细微差别就是新人类发展指数不用常用对数来反映收入的边际效用递减，而是用自然对数，正如专栏2-1中第5个方程式。这反映了建立指数的一个更常用的方法。

（8）或许最重要的一个改变就是新人类发展指数是用几何平均值计算得出的，正如我们前面所讲解的。

2.4　发展中国家的特点：同中有异

如前所述，无论在历史方面还是在经济方面，发展中国家都存在一些共同点，正是基于这些共同点，在发展经济学中才能运用共同的分析模式对它们的经济发展问题进行研究。这里将对这些普遍存在的共同问题逐一进行详细讲解。但是，与此同时，要谨记在所有发展中国家中存在着极大的多样性。经反复研究的收入、健康、教育和HDI指数有时被称作"发展的阶梯"。[11]不同的发展问题需要不同的具体政策和总的发展策略。这一节内容主要探讨发展中国家存在的十大"同中之异"。

2.4.1　生活水平和生产力低下

正如在本章开始时所述，发达经济体（如美国）和发展中国家（包括印度和刚果）在生产力方面存在着巨大鸿沟。按照大多数分类方法（有些被世界银行列入高收入国家行列的国家仍被看作是发展中国家），所有那些平均收入低于所指定的高收入水平的国家都被看作是发展中国家。发展中国家较低且跨度较大的收

入状况如表2-3所示。尽管根据购买力平价调整后，中国和印度近年来取得了显著进步，但是那些拥有全世界5/6（84%）人口的中低收入发展中国家，在2011年只占有世界收入的46%，见图2-2a。由于大量更深层次的原因，收入方面的巨大差距导致发展中国家和发达国家每个工人的产出之间存在巨大差距（见图2-2b）。[12]

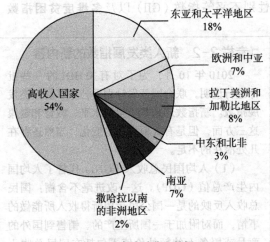

a）2008年全球收入份额

图2-2　2008年全球收入份额和每位工人的产出

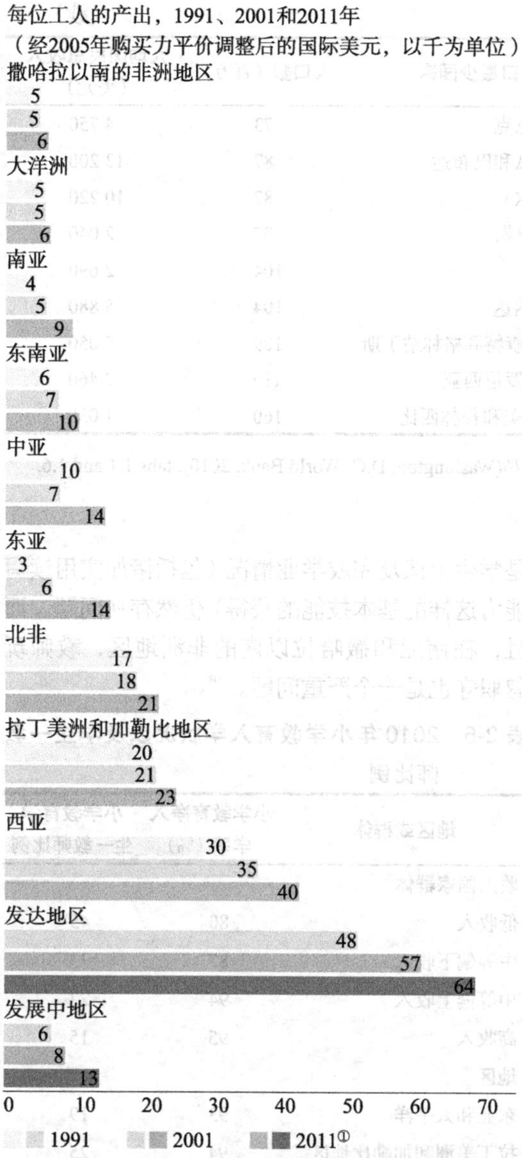

每位工人的产出，1991、2001和2011年
（经2005年购买力平价调整后的国际美元，以千为单位）

撒哈拉以南的非洲地区
- 5
- 5
- 6

大洋洲
- 5
- 5
- 6

南亚
- 4
- 5
- 9

东南亚
- 6
- 7
- 10

中亚
- 10
- 7
- 14

东亚
- 3
- 6
- 14

北非
- 17
- 18
- 21

拉丁美洲和加勒比地区
- 20
- 21
- 23

西亚
- 30
- 35
- 40

发达地区
- 48
- 57
- 64

发展中地区
- 6
- 8
- 13

0　10　20　30　40　50　60　70

■ 1991　■ 2001　■ 2011①

b）以每位工人的产出为衡量标准，发展中国家
的生产力远远落后于发达世界

图 2-2 （续）

① 2011 年的数据是最初预估值。

资料来源：Figure 2.3a, Data from World Bank, *World Development Indicators 2013*(Washington, D.C.:World Bank, 2013), p.24.Figure 2.3b, United Nations, *Millenium Development Goals Report 2012*, p.9.

事实上，收入水平低下会陷入恶性循环之中，低收入导致国家在教育、健康以及工厂设备和基础设施方面的低投入，这反过来会阻碍生产力的提高和经济的发展。这就是所谓的贫困陷阱，也就是诺贝尔奖获得者纲纳·缪达尔（Gunnar Myrdal）所说的"循环累积因果"。[13] 然而，必须强调的一点是，在本书中可以找到摆脱低收入的方法。另外，低收入国家本身就是一个多样化的群体，面临着截然不同的发展问题。[14]

一些表现杰出的高收入国家，比如韩国，曾经也是世界上最贫困的国家之一。某些中等收入国家的发展仍旧是相对停滞的，但是也有一些国家发展迅速——以中国的发展最为显著，这将在第4章的案例分析中再次进行研究。而且，不同国家和地区的收入增长率存在很大的差异，比如，东亚经济增长速度极快，而撒哈拉以南的非洲地区增长很慢甚至根本没有增长，其他地区的增长速度处于中等水平。刺激并保持经济增长的问题将在第3章和第4章中进行深入研究。

普遍存在的一种误解就是，一个国家收入较低是因为该国太小而无法自足，或者是太大而难以解决其经济停滞问题。然而，国家大小或人口数量与经济发展之间没有必然联系（一部分原因是两者各有利弊，可以互相补偿）。[15]

12 个人口最多的国家中就包括四个分类的代表国，四个分类分别为：低收入国家、中等偏下收入国家、中等偏上收入国家和高收入国家（请参见表2-5）。所列出的 12 个人口最少国，主要是中等偏下收入和中等偏上收入国家，第12名人口最少国是圣多美和普林西比，其人均收入为 1 030 美元。由于世界银行对比收入数据不可得，这里没有列出虽小但收入很高的 4 个欧洲国家，它们同时也是联合国成员方（安道尔、摩纳哥、列支敦士登和圣马力诺）。

表 2-5　2008 年人口最多的 12 个国家和最少的 12 个国家及其人均国民总收入

人口最多国家	人口数（百万）	人均国民总收入（美元）	人口最少国家	人口数（百万）	人均国民总收入（美元）
1. 中国	1 325	2 940	1. 帕劳	20	8 630
2. 印度	1 140	1 040	2. 圣基茨和尼维斯联邦	49	10 870
3. 美国	304	47 930	3. 马绍尔群岛	60	3 270

（续）

人口最多国家	人口数（百万）	人均国民总收入（美元）	人口最少国家	人口数（百万）	人均国民总收入（美元）
4. 印度尼西亚	227	1 880	4. 多米尼克	73	4 750
5. 巴西	192	7 300	5. 安提瓜和巴布达	87	13 200
6. 巴基斯坦	166	950	6. 塞舌尔	87	10 220
7. 孟加拉国	160	520	7. 基里巴斯	97	2 040
8. 尼日利亚	151	1 170	8. 汤加	104	2 690
9. 俄罗斯	142	9 660	9. 格林纳达	104	5 880
10. 日本	128	38 130	10. 圣文森特和格林纳丁斯	109	5 050
11. 墨西哥	106	9 990	11. 密克罗尼西亚	110	2 460
12. 菲律宾	90	1 890	12. 圣多美和普林西比	160	1 030

资料来源：The World Bank, *World Development Indicators, 2010*(Washington, D.C.:World Bank, 2010), tabs 1.1 and 1.6.

2.4.2　人力资本水平低下

　　人力资本（健康、教育和技能）对于经济增长和人类发展至关重要。在讨论人类发展指数时，我们已经发现世界范围内的人力资本存在巨大差异。与发达国家相比，大多数发展中国家的营养、健康（例如，通过预期寿命或营养不良比率来衡量）和教育（通过小学教育总完成率来衡量）水平是较落后的，请参见表2-3。虽然自从1990年以来，各国都已取得一些进展，但低收入国家5岁以下儿童的死亡率是高收入国家的17倍，正如图2-3所示。

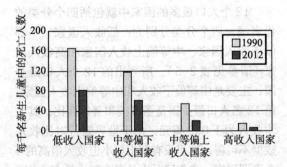

　　图 2-3　1990年和2012年5岁以下儿童死亡率

资料来源：Data drawn from World Bank, World Development Indicators, accessed 22 Sept. 2013. Reprinted With Permission.

　　四类收入不同的国家群体和五个主要发展中地区的小学教育入学率（小学教育学生入学比例）以及小学教育学生与教师的比例如表2-6所示。近年来，入学情况得到了极大改善，但

是学生上课及完成学业情况（包括诸如实用读写能力这样的基本技能的获得）仍然存在问题。而且，在南亚和撒哈拉以南的非洲地区，教师玩忽职守也是一个严重问题。[16]

表 2-6　2010年小学教育入学状况以及学生—教师比例

地区或群体	小学教育净入学率（%）	小学教育学生—教师比例
收入国家群体		
低收入	80	45
中等偏下收入	87	23[①]
中等偏上收入	94	22
高收入	95	15
地区		
东亚和太平洋	93[①]	19
拉丁美洲和加勒比地区	94	25
中东和北非	91	24
南亚	86	40[①]
撒哈拉以南的非洲地区	73	49
欧洲和中亚	92	16

① 2009年数据。

资料来源：Data from World Bank, *World Development Indicators, 2010*(Washington, D.C.: World Bank, 2010),tabs 2.11 and 2.12.

　　另外，健康和教育的发展与进步是相辅相成的，这将在第8章中进行深入研究。例如，随着母亲教育水平的提高，5岁以下儿童死亡情况也得以改善，见图2-4。

　　那些发展状况良好的发展中国家，在健康

和教育水平方面与发达国家的差距，比它们与那些低收入国家之间的差距要小得多。东亚的卫生条件相对较好，而撒哈拉以南非洲国家的人们却饱受营养不良、疟疾、肺结核、艾滋病和寄生虫感染等疾病的折磨。南亚虽然取得了一些进展，但成人识字率水平持续低下，学校教育状况差，营养不良情况严重。然而，低收入国家在诸如小学教育完成情况等领域还是有所成就的，例如据报道，印度的入学率在20世纪90年代初期为68%，到2008年上升为94%。

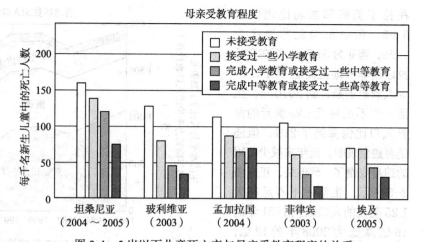

图 2-4　5 岁以下儿童死亡率与母亲受教育程度的关系

资料来源：International Bank for Reconstruction and Development/World Bank, *World Development Indicators, 2007*(Washington, D.C.: World Bank, 2007), p. 119. Reprinted with permission.

2.4.3　较严重的不平等情况以及绝对贫困

从全球范围来说，最贫困的 20% 人口只拥有 1.5% 的世界收入。最贫困的 20% 人口指的是将近 12 亿人口生活在极端贫困线上，购买力平价平均每天不足 1.25 美元。[18] 将那些生活在每天不足 1.25 美元的最低贫困线上的人们的收入相加，也不到全世界 10% 的富人收入的 2%。[19] 因此全世界存在巨大范围的不平等。

但是，穷国和富国之间人均收入的巨大差距恰恰证明全球范围内存在巨大的经济差异。要想真正了解发展中国家所取得的广泛而深入的进展，我们有必要研究各个发展中国家里穷人和富人之间的差距。不平等现象相当严重，极端不平等现象在许多中等收入国家相对收入较高和较低的民众中表现得尤其突出，部分原因是拉丁美洲国家自古以来就处于这样的一种状态——处于中等收入水平却存在较严重的不平等现象。几个非洲国家，诸如塞拉利昂、莱索托和南非，也一直处于世界不平等现象最严重的国家之列。[20] 在许多资源丰富的发展中国家，不平等现象尤其严重，比如中东和撒哈拉以南非洲国家。的确，在许多方面，发展中国家的不平等程度比发达国家（许多方面的不平等程度正在加剧）严重得多。但是不平等现象在发展中国家又存在巨大差异，总体来说，亚洲的不平等程度是相对较低的。综上所述，我们的注意力不能只限于一般情况，而是必须深入各个国家内部，检视各国收入是如何进行分配的，谁是经济发展的受益者，不仅要知其然，更要知其所以然。

在撒哈拉以南非洲国家和南亚这样的低收入发展中国家，平均收入水平较低使得绝大多数人生活在极端贫困中。极端贫困不仅要归咎于较低的人力资本，还由于社会和政治的排斥以及其他一些痼疾。虽然发展中国家在降低每天生活费不足 1.25 美元的人口比例方面取得了巨大进展，并且提高了他们的收入水平，但是仍然有许多问题亟待解决，详细讲解请见第 5 章。

发展经济学家运用**绝对贫困**（absolute poverty）这一概念来具体阐释什么是最低收入水平，就是指能够满足人类生存所需的基本物质需要，如食物、衣物和住所。然而，当意识到这些最低生活水平会因国家和地区的不同而不同时，反映不同生理和社会经济需求的问题就出现了。因此，为了避免无意将问题扩大化，经济学家们对世界的贫困情况进行了保守估计。

在发展中国家之间，极端贫困情况各不相同。据世界银行估计，在东亚和太平洋地区，日生活水平不足 1.25 美元的人口比例为 9.1%，在拉丁美洲和加勒比地区为8.6%，在中东和北非地区为1.5%，南亚为31.7%，而在撒哈拉以南非洲地区高达41.1%。[21]令人欣慰的是，到2010年，生活水平不足每天1.25美元的世界人口比例降到了21%，但还是有迹象表明，近年来减少贫困的速度变慢了。[22]但是，正如图2-5所示，生活水平不足每天1.25美元的人口数从1981年的19亿降低为2008年的12亿，尽管同期全球人口增加了59%。

极端贫困给人类带来了巨大的不幸，因此摆脱极端贫困是国际发展的首要任务。发展经济学已逐渐将注意力集中于寻求贫困和不平等导致发展缓慢的原因。也就是说，畸形发展是造成贫困和不平等的原因，贫困和不平等反过来会导致畸形发展。它们之间的关系以及对于贫困和不平等的衡量及解决这些问题的策略，都将在第5章中深入探讨，不过有关它们对于发展和减少贫困策略的重要性的探讨贯穿全书。

2.4.4 高人口增长率

自工业化时代初期以来，全球人口急速增长，从1800年的不到10亿扩大到1900年的16.5亿，再到2000年的60亿之多。2012年，世界人口突破了70亿。如今，在欧洲和其他一些发达国家，人口也开始急速增长。但在近几十年，人口快速增长主要集中于发展中国家。与那些出生率往往接近于甚至低于零增长率水平的发达国家相比，低收入国家拥有很高的出生率。在全球人口中，超过5/6的人口生活在发展中国家。2012年，97%的净人口增长（出生人数减去死亡人数）发生在发展中地区。

但是人口动力学在发展中国家存在广泛差异。在一些发展中国家，尤其是非洲，人口持续快速增长。从1990年到2008年，低收入国家的人口以每年2.2%的速率增长，相比之下，中等收入国家的增长率为1.3%（高收入国家每

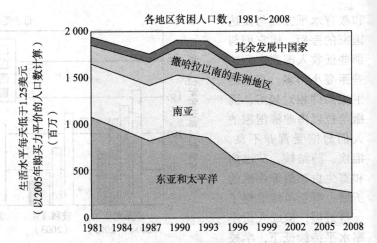

图 2-5　1981 ～ 2008 年按地区划分的贫困人口数

资料来源：World Bank, "World Bank sees progress against extreme poverty, but flags vulnerability," April 2012, http://web.worldbank.org/WBSITE/EXTERNAL/EXTDEC/EXTRESEARCH/EXTPROGRAMS/EXTPOVRES/EXTPOVCALNET/0,contentMDK:22716987~pagePK:64168435~theSitePK:5280443~isCURL:Y,00.html.

年以0.7%的速率增长，人口增长同时表现在出生人口和移民两个方面）。[23]

中等收入发展中国家表现出极大差异，有些国家已经实现了与那些发达国家极接近的低出生率。低收入国家的出生率是高收入国家的将近3倍。在撒哈拉以南的非洲地区，年出生率为39‰，是高收入国家出生率的4倍。南亚拥有中等但还是相对较高的出生率（24‰），中东和北非为24‰，拉丁美洲和加勒比地区为19‰。东亚和太平洋地区的出生率较适中，为14‰，其中部分原因是中国采取计划生育政策。全世界各国及地区人口的**粗出生率**（crude birth rates）如表2-7所示。2010年，发展中国家的平均人口增长率为1.4%。

高出生率背后的一个主要隐含问题就是，按比例计算，发展中国家的主要劳动力要养活的儿童数是较富裕国家的近两倍。经比较发现，发展中国家65岁以上的人口比例要高得多。从老人和孩子必须在经济方面由适龄劳动力（通常指年龄为15～65岁的公民）来供养这一层面来讲，他们常常被认定为一种经济**赡养负担**（dependency burden）。在低收入国家中，每100个适龄劳动力将养活66名15岁以下儿童，而在中等收入国家要养活41名，在高收入国

家则是 26 名。相比而言，在低收入国家中，每
100 名适龄劳动力中，65 岁以上的有 6 名，中
等收入国家和高收入国家分别是 10 名和 23 名。
因此，在低收入国家中，总的赡养比例高达
72%，而在高收入国家中该比例为 49%。[24] 在
富裕国家中，老人靠自己一生的积蓄以及退休
金和养老金过活。相比之下，发展中国家对儿
童的公共支援非常有限。所以抚养问题对于发
展中国家具有深远的影响。

我们就此可以得出结论，虽然低收入国家
和中等收入国家之间存在较大差距，但是这些
发展中国家不仅拥有较高的人口增长率，而且
背负着比发达国家更重的赡养负担。在何种情
况和条件下，人口增长会成为经济发展的阻碍
因素，这一关键问题将在第 6 章详细探讨。

表 2-7　2012 年世界各国及地区人口的粗出生率

45+	乍得、刚果人民共和国、马里、尼日尔、乌干达、赞比亚
40～44	阿富汗、安哥拉、贝宁、布基纳法索、利比里亚、马拉维、莫桑比克、尼日利亚、索马里、南苏丹、坦桑尼亚
35～39	中非共和国、科特迪瓦、厄立特里亚、伊拉克、约旦、肯尼亚、马达加斯加、塞内加尔、塞拉利昂、也门
30～34	埃塞俄比亚、加纳、巴布亚新几内亚、苏丹、东帝汶、瓦努阿图、津巴布韦
25～29	阿尔及利亚、玻利维亚、柬埔寨、埃及、危地马拉、海地、洪都拉斯、吉尔吉斯斯坦、巴基斯坦、菲律宾、萨摩亚、汤加
20～24	多米尼加、萨尔瓦多、印度、利比亚、墨西哥、秘鲁、沙特、南非、委内瑞拉
15～19	阿根廷、巴西、哥伦比亚、哥斯达黎加、印度尼西亚、牙买加、斯里兰卡、土耳其、越南
10～14	澳大利亚、加拿大、中国、法国、俄罗斯、英国、美国
<10	奥地利、克罗地亚、德国、匈牙利、意大利、日本、韩国、塞尔维亚、葡萄牙

资料来源：Population Reference Bureau, *Population Data Sheet, 2012.*

2.4.5　社会分级严重

低收入国家通常拥有不同种族、语言和

其他方面的社会分类，有时被称为**社会分级**
（fractionalization）。有时内乱甚至暴力冲突都
与此有关，这会导致发展中国家将大部分精力
转移到维持政治统一上（如果国家分裂的话）。
这是许多发展中国家都面临的多种治理问题之
一。在撒哈拉以南非洲国家可见的与经济发展
落后相关的许多因素，比如教育状况差、政治
不稳定、欠发达的金融体系以及基础设施缺乏，
都能用严重的种族分裂来解释。[25]

一个国家的种族、语言和宗教越是多样化，
产生内乱和政治不稳定的可能性就越大。一些
成功的发展案例就出现在诸如韩国和新加坡这
样的单一民族国家。但是如今，全世界有 40%
的国家拥有 5 个以上不同的民族。多数情况下，
一个或者更多这样的国家面临严重的种族歧视、
社会排外以及其他制度缺陷等问题。全球有过
半的发展中国家经历过某种形式的国内种族冲
突。导致大范围破坏和死亡事件的种族及宗教
冲突已经在诸如阿富汗、卢旺达、莫桑比克、
索马里、埃塞俄比亚、利比里亚、塞拉利昂、
安哥拉、缅甸、苏丹、南斯拉夫⊖、印度尼西亚
这样的多民族国家发生过。

冲突会阻碍发展的顺利进行，正如 2002
年以来科特迪瓦所经历的一样（请见第 4 章和
第 5 章的案例分析）。如果发展旨在提高人类生
活水平，并且为人类提供更广的选择范围的话，
那么种族的、民族的、社会地位以及宗教歧视
的存在就是不利的。例如，在整个拉丁美洲，
土著人口几乎在所有经济和社会衡量方面都严
重地落后于其他群体。不论是在玻利维亚、巴
西、秘鲁、墨西哥、危地马拉还是在委内瑞拉，
土著人口都从整体经济增长中受益甚微。仅一
个例子就足以说明，在危地马拉，3/4 的土著人
口生活贫困。作为一名土著人，与其他公民相
比，难以接受教育、健康状况差而且社会经济
地位低下的可能性更大。[26] 另外，生活在巴西
等国家的那些曾被强制带到西半球的非洲奴隶
的后裔，仍然遭受着种种歧视。

种族和宗教的多样性未必就会导致不平等、
动乱和不稳定，而且对其影响所做的论断也可

⊖　已于 1992 年解体。

能是不合理的。在诸如马来西亚和毛里求斯这样的少数民族或本土人口多样性较大的，却拥有社会和谐的国家，其经济发展也很出色，这样的国家不胜枚举。在美国，多样性常被比喻为开发与创新的源泉。更广义上来讲，发展中国家的种族和宗教构成这种多样性，无论它是会引起冲突还是带来合作，都是发展成败的决定性因素。[27]

2.4.6　众多的农村人口以及迅速向城市迁移

经济发展的特点之一就是农业向制造业和服务业的转变。在发展中国家，农村人口占较大比例，正如表2-8所示。虽然许多地区都已实现了现代化，但是农村地区仍然较贫穷，而且面临供给匮乏、获取信息有限以及社会阶层低下之苦。随着数以百万计的人口由农村迁移到城市，大规模的人口移动也随之开始，加速了城镇化的进程，一些问题也就随之产生了。全世界只有50%的国家跨过了这一门槛：历史上第一次城市人口比农村人口多。但是在撒哈拉以南非洲和亚洲的大多数国家，农村人口仍占主导。迁移和农业问题将在第7章和第9章中探讨。

表2-8　发达国家和发展中地区的农村人口数

地区	人口（百万，2009年）	农村人口比例（%）
世界	6 810	50
较发达国家	1 232	75
欠发达国家	5578	44
撒哈拉以南的非洲地区	836	35
非洲北部	205	50
拉丁美洲和加勒比地区	580	77
西亚	231	64
亚洲中南部	1 726	31
亚洲东南部	597	43
东亚	1 564	51
东欧	295	69

资料来源：Population Reference Bureau, *2009 World Data Sheet.*

2.4.7　工业化水平较低

有关最初的七国集团（G7）[28]和其他发达

国家（如较小的欧洲国家和澳大利亚）的一个最广泛运用的术语就是"工业化国家"。工业化总是与高生产率以及高收入相联系，并且已经成为现代化和国家经济实力的证明。大多数发展中国家的政府已经将工业化视为重中之重，在亚洲国家中，已经有大量的成功案例，出现该现象并不是偶然情况。

表2-9显示的是2004～2008年，所选定的发展中和发达国家的就业情况，及其与农业、工业及服务业所占GDP比例之间的关系。一般来说，发展中国家在农业方面的就业比例比发达国家高。而且，在发达国家，农业方面的就业和产出只占很小的比例，例如在加拿大、美国和英国，该比例大约为1%～2%——尽管生产率整体上并不低于其国家经济部门的平均值。这与大多数发展中国家形成了鲜明对比，在发达国家，与其经济体中的其他部门相比，尤其是与其工业相比，农业的生产效率相对较低。马达加斯加是一个典型案例：82%的男女从事农业，其产出占到总产出的1/4。在印度尼西亚，41%的男女从事农业，而其产出占到总产出的14%。各个发展中国家的女性从事农业的比例大不相同。一般情况，在拉丁美洲，男性从事农业的比例远远高于女性；但是在非洲和亚洲的大多数国家，大多数女性从事农业。

表2-10揭示了发展中国家正在经历的就业结构转型。该表显示了某些国家在1990～1992年和2008～2011年这两个时期的就业比例。大多数发展中国家这20年间的农业就业比例显著降低。例如，在印度尼西亚，男性从事农业的比例从54%降低到了37%，女性从事农业的比例从57%降低到了35%。包括巴基斯坦和洪都拉斯在内的部分国家却是例外，女性从事农业比例的上升与男性从事农业比例的下降相等。

如今，许多发达国家在工业方面的就业率比一些发展中家低，尤其是女性在工业上的就业率，因为发达国家从工业到服务业的就业转移趋势仍在继续。然而，许多发达国家工业方面的职业要求较高的技能和工资。

相对而言，在该阶段，几乎没有几个国家能够在制造业方面取得持续增长。印度尼西亚、土耳其和墨西哥实现了一定增长，尤其是男性。

表 2-9　2004 ～ 2008 年所选定的发展中国家和发达国家的就业情况（%）

	农业			工业			服务业		
	男性	女性	GDP 比例 （2008）	男性	女性	GDP 比例 （2008）	男性	女性	GDP 比例 （2008）
非洲									
埃及	28	43	13	26	6	38	46	51	49
埃塞俄比亚	12	6	44	27	17	13	61	77	42
马达加斯加	82	83	25	5	2	17	13	16	57
毛里求斯	10	8	4	36	26	29	54	66	67
南非	11	7	3	35	14	34	54	80	63
亚洲									
孟加拉国	42	68	19	15	13	29	43	19	52
印度尼西亚	41	41	14	21	15	48	38	44	37
马来西亚	18	10	10	32	23	48	51	67	42
巴基斯坦	36	72	20	23	13	27	41	15	53
菲律宾	44	24	15	18	11	32	39	65	53
韩国	7	8	3	33	16	37	60	74	60
泰国	43	40	12	22	19	44	35	41	44
越南	56	60	22	21	14	40	23	26	38
拉丁美洲									
哥伦比亚	27	6	9	22	16	36	51	78	55
哥斯达黎加	18	5	7	28	13	29	54	82	64
墨西哥	19	4	4	31	18	37	50	77	59
尼加拉瓜	42	8	19	20	18	30	38	73	51
发达国家									
英国	2	1	1	32	24	24	66	90	76
美国	2	1	1	30	22	22	68	90	77

注：埃塞俄比亚的农业就业状况显示的只是有限的一些领域。

资料来源：World Bank, *World Development Indicators, 2010*(Washington, D.C.: World Bank, 2010), tabs. 2.3 and 4.2.

（其他证据显示中国的制造业就业在全球占有较大份额，但是没有可供对比的数据。）在非洲大多数国家，男女在工业方面的就业率依然较低。

由于工业化水平较低，发展中国家对出口有较高的依赖性。大多数发展中国家以各种形式适当降低对农业和矿产出口的依赖度。尽管这些产品性能不够先进，技术含量也不高，但在制成品出口份额方面，中等收入国家正在迅速追赶发达国家。但是，低收入国家，尤其是那些非洲国家，仍然高度依赖相对较低的农业和矿产出口量。非洲仍需努力使其出口多样化。这部分内容将在第 12 章进行探讨。

2.4.8　地理条件差

许多分析人士认为地理因素对农业、公共健康以及相对不发达等问题具有一定影响。内陆经济在非洲很常见，通常其收入比沿海经济低。[29] 发展中国家主要位于热带和亚热带地区，这就意味着那里的人民会遭受更多热带害虫和寄生虫所引发的地方性疾病，如疟疾；而且那里气候过度炎热，水资源短缺。越来越受关注的一点就是全球变暖对非洲和南亚地区具有极大的负面影响（见第 10 章）。[30]

拥有优越的**自然资源禀赋**（resource endowment）的极端例子就是富含石油的海湾国家。另一种极端情况就是像乍得、也门、海地和孟加拉国这样的国家，那里原材料和矿物资源以及肥沃的土地都较稀有。但是，刚果的鲜活案例表明，矿产资源丰富并不能保证发展取得成功。各产业之间的利益冲突常常导致人们把焦点放在财富分配上，而不是去创造财富，

表2-10 1990~1992年和2008~2011年所选国家的就业比例（%）

| | 农业 | | | | 工业 | | | | 服务业 | | | | |
| | 男性就业人口(%) | | 女性就业人口(%) | | 男性就业人口(%) | | 女性就业人口(%) | | 男性就业人口(%) | | 女性就业人口(%) | | |
	1990~1992年	2008~2011年	1990~1992年	2008~2011年	1990~1992年	2008~2011年	1990~1992年	2008~2011年	1990~1992年	2008~2011年	1990~1992年	2008~2011年	
喀麦隆	…	49	…	58	…	13	…	12	…	38	…	30	非洲
埃及	35	28	52	46	25	27	10	6	41	44	37	49	非洲
利比里亚	…	50	…	48	…	14	…	5	…	37	…	47	非洲
毛里求斯	15	9	13	7	36	32	48	21	38	59	39	73	非洲
纳米比亚	45	23	52	8	21	24	8	9	34	53	40	83	非洲
印度尼西亚	54	37	57	35	15	24	13	15	31	40	31	50	亚洲
马来西亚	23	16	20	9	31	31	32	21	46	53	48	71	亚洲
巴基斯坦	45	37	69	75	20	22	15	12	35	41	16	13	亚洲
菲律宾	53	41	32	23	17	18	14	10	29	41	55	68	亚洲
泰国	60	41	62	37	18	23	13	18	22	37	25	45	亚洲
土耳其	33	18	72	39	26	31	11	15	41	51	17	45	亚洲
智利	24	14	6	5	32	31	15	10	45	55	79	85	拉丁美洲
哥斯达黎加	32	20	5	4	27	25	25	11	41	55	69	84	拉丁美洲
多米尼加共和国	26	19	3	2	23	21	21	7	52	47	76	60	拉丁美洲
洪都拉斯	53	50	6	12	18	19	25	21	29	31	69	67	拉丁美洲
墨西哥	34	19	11	4	25	30	19	18	41	51	70	78	拉丁美洲
加拿大	6	3	2	1	31	32	11	10	64	65	87	89	发达国家
日本	6	4	7	4	40	33	27	15	54	62	65	80	发达国家
英国	3	2	1	1	41	29	16	8	55	69	82	91	发达国家
美国	4	2	1	1	34	25	14	7	62	72	85	92	发达国家

注：表中信息只包含各个别国家的最新数据。

资料来源：World Bank, *World Development Indicators, 2013*(Washigton,D.C.:World Bank, 2013),tab.2.3.

还会造成社会动乱、管理不民主和不平等程度加重，甚至会造成武力冲突，究其原因就是所谓的"自然资源之咒"。

显然，地理环境不是发展的最终决定因素。如拥有高收入水平的新加坡就几乎直接坐落于赤道之上；还有，近几年，印度南部的一些地区经济也表现出欣欣向荣之势。在殖民化之前，一些热带和亚热带地区的人均收入比欧洲高。然而，与温带国家相比，这些国家普遍存在的不利的地理特征说明，为了某些特定目的，将这些热带和亚热带国家共同进行研究是大有益处的。人类正在付出双倍的努力，来扩大**绿色革命**（green revolution）的好处，以及加强对撒哈拉以南非洲地区的热带疾病的控制力度。本章 2.7 节增加了关于地理因素在发展比较中可能发挥的间接作用的阐释。

2.4.9 欠发达的金融市场及其他市场

在发展中国家，普遍存在着市场不完善和信息不完整的情况，因而导致国内市场尤其是金融市场不能有效运行，详细内容将在第 4 章、11 章和 15 章进行讲解。在许多发展中国家，市场的法律和制度基础极其薄弱。

市场欠发达的几个特征就是：① 缺乏法律体系来加强合同的执行效度以及验证产权；② 缺乏一套稳定且可靠的货币；③ 用于降低交通运输成本来实现地区间贸易便利化的道路和公共**基础设施**（infrastructure）建设不足；④ 缺乏完善且管理有效的银行和保险体系，该体系的服务范围广且拥有正规的信用市场，在可获得经济利益和有力追偿贷款的基础上，来选择项目和配置可贷资本；⑤ 难以为消费者和生产商提供有关产品和资源的价格、数量、质量以及潜在借贷者的信用额度等重要的市场信息；⑥ 未设立社会标准来促进良好的长期贸易关系的建立。这六个因素，加之主要经济部门无法实现规模经济，由于需求有限以及销售商较少而导致许多产品的市场惨淡，生产和销售方面普遍存在的外部因素（成本或收益归于不生产或不销售的企业或个人），共有资源（比如渔场、牧场和水塘）监管较差，说明市场总是处于高度不完善的阶段。而且，由于信息量有限，获得信息的成本极高，导致商品、资金和资源配置不当。我们已经了解到微小的外部因素在加剧经济扭曲和增加欠发达陷阱的可能性方面会相互影响（见第 4 章）。关于**不完全竞争市场**（imperfect market）和**不完全信息**（incomplete information）体系在何种程度上证明政府（政府也同样受制于这些因素）发挥了积极作用，我们将在后面的章节中进行讲解。这些问题是许多发展中国家共有的特征，也是导致这些国家欠发达的主要因素。[31]

2.4.10 长期的殖民影响和不平等的国际关系

1. 殖民遗留问题 大多数发展中国家曾经是欧洲的殖民地，或者受制于欧洲人或其他外国力量，因此在殖民时期建立的体制对发展有不利影响，而且在许多方面，这些影响一直延续到现在。虽然有些变化意义重大，但是殖民时期建立的体制通常有利于财富攫取者，而不是财富创造者，并总以破坏发展为代价。无论从国内还是国际方面来说，发展中国家一直缺乏像发达国家那样利于发展的体制和正规组织：从国内方面来讲，一般情况下，**产权**（property rights）难以得到保证，对精英阶层的限制较弱，只有较小的一部分社会群体能够抓住并利用各种经济机会。[32] 公共管理和行政问题（见第 11 章）以及运行欠佳的市场，根本原因都在于较差的体制制度。

第二次世界大战之后，殖民地自治化是最重要的历史和地理政治问题之一。超过 80 个前欧洲殖民地已经加入联合国组织。但是独立后的几十年中，在许多发展中国家，尤其是在最不发达国家中，殖民时期的影响仍长期存在。

殖民历史对发展中国家的影响重大甚至成为主要影响因素，不仅因为其抢夺资源，还因为殖民统治力量决定了法律和其他制度在其殖民地是否会鼓励更多的投资，或者相反，为了统治精英的利益而促进人力和其他资源的开发，造成或者不断加强极端不平等。不管是促进发展还是阻碍发展的制度，其生命力都很强。例如，如果所侵占的殖民土地比较富有，就有更多可掠夺的资源。在这种情况下，以损害那些正常的鼓励生产的制度为代价，殖民国家更喜欢攫取式（或者腐败、盗贼式的）制度。当大量移民前来长期定居，收入最终会变得相对较高，但是土著居民会因疾病或冲突而死，幸存下来的土著居民的祖先受到压制并被拒之于西方文明之外。越来越多的证据显示，强制劳动在中断数世纪以后对人类发展仍具有致命的影响（见专栏2-3）。

从另一重要角度来讲，多个世纪以来，欧洲殖民化常常会创造或加强不同程度的不平等，并且通常与种族相关。在有些方面，许多发展中国家的后殖民精英们总体取代了曾由殖民国

家所扮演的剥削角色。有时，在具有相对优势的地区，高度不平等会因奴隶制的出现而出现，这些地区的奴隶种植园可以高效生产诸如甘蔗之类的农作物。高度不平等还出现在可以迫使大量土著居民成为劳力的地方。[33] 这样的历史带来的不良后果是长期存在的，尤其是在拉丁美洲，极端不平等导致共和制度进度缓慢、对公共商品投资较少以及人力资本（教育、技能和健康）投资范围较窄。这些只是极端不平等对发展不利的几个方面，也是决定发展成果的长期重要因素之一。在本章后面部分我们会继续探讨这些话题。

□ **专栏2-3　调查结果：殖民强制劳动对于贫困和发展的长久影响**

在2010年的一项研究中，梅丽莎·戴尔（Melissa Dell）通过历史的区域水平数据考察了秘鲁和玻利维亚的mita强制劳动制度的长期影响。1573～1812年，在该制度下，两百多个土著社区的1/7成年男性被强制要求去波托西银矿和万卡韦利卡汞矿工作。强制劳动严重危害了这些附庸社区。但戴尔发现，即使是现在，两个世纪以后，曾处于mita制度下的家庭的消费相对更低，孩子发育不良的可能性更高。

发展经济学家们能够自信地认为，两个世纪前结束的殖民制度是备受其影响的地区经济发展更差的原因吗？原则上，此关联应该归咎于一些可见的或者不可见的因素而不是mita制度。例如，mita地区的家庭也许从一开始就不富裕。为了解答该问题，戴尔运用了一个发展经济学家们用以建立因果效应的重要工具，叫作"断点回归"。

断点回归有许多用途，其中包括对开发计划的评估。在评估一个项目时，如果每一个体都与一个"赋值变量"z有关，而且所有个体都对应一个"处理方案"，其价值都低于z或者等于阈值z_0，那么该处理方案对于结果变量y的影响便可以通过对比开始就低于阈值z_0和开始就高于阈值z_0的那些个体而得出，该处理方案就会造成该间断上两类人之间的结果变量的差异。赋值变量z可以代表许多类型的阈值变量，包括收入、出生日期、测试分数或者是一个地域限制。结果证明，一系列非常广泛的影响都可能被

认为是处理方案——只要所有相关影响而不是处理方案顺利地在阈值之间过渡。经济学家们发现断点回归评估在统计方面有可靠价值，在某些情况下，这些可靠价值能够使这些研究更具信息意义，其提供的信息量不亚于一个随机试验提供的信息。

断点回归的一个基本假设就是低于和高于阈值的个体是相似的，而且在处理方案不存在的情况下，具有相同的潜在结果。该假设意味着所有这些个体都不能"将自己分类"为低于阈值（或者高于阈值，假定为诱因）。例如，人们不能为了加入一个贫困资助项目而假装自己是穷人，否则，评估影响就会掺杂上那些将自己分类的人的性格特点（比如，有更高认知技能的人）。

戴尔的断点回归策略使用经纬度或者到矿场的距离作为赋值变量来预测mita的影响范围。Mita制度对于社会或者经济结果的影响的评估，可以通过对比那些临近mita影响范围的有mita制度的社区和没有mita制度的社区。这些社区被假定除了mita制度，在所有方面都相似；而且实际上，在mita制度之前，像税率、地面陡度以及民族分布等因素在她所研究的地域范围里也是相似的。通过使用该策略，戴尔得出结论："mita影响"使家庭消费降低了大约25%，并且使儿童营养不良增加了"大约6个百分点"。这些调查结果是惊人的：自从mita界线有合法意义以来，已经过去两个世纪了。

戴尔提出疑问："在废除后，mita为什么会

影响经济前景长达 200 年？"戴尔也提出："存在许多潜在渠道，mita 的影响贯穿到了土地所有制度和公共商品条例方面。"除了 mita 社区范围之外，西班牙还出现过 hacienda 制度——这是一种封建体系，不是一个劳力自由的市场。虽然与"有安全保障的、从奴隶制中解放的小农"相比，mita 的影响更糟，但是戴尔还是对该地区的两个实际历史进程进行了对比。某些剥削情况比土地不公平更严重。戴尔指出，与 mita 社区相比，土地所有制在非 mita 社区更稳定。例如，戴尔列举了 mita 社区所使用的一个司法程序，即

通过错误地声称农民的土地被遗弃来占有农民的土地。大地主拥有为自己谋福利的权力和政治影响，给自己的街区建造更多道路。戴尔认为在秘鲁这样的地区，"大地主——尽管他们的目标并不是为了促进大众的经济繁荣，但确实庇护个别群体免受一个攫取式的政体的剥削并保证了公共利益"。

资料来源：Melissa Dell. "The Persistent Effects of Peru's Mining Mita."*Econometrica* 78(2010): 1863-1903.

欧洲殖民国家通过宣传它们的三大传统强势思想，对其非洲和亚洲殖民地的经济、政治和体制结构等产生了巨大而长久的影响。三大思想就是：私有财产、个人课税以及用金钱而不是实物来支付的税收。这些革新以便于精英统治的方式而不是广泛的机会被宣传。对殖民地化所带来的最坏影响感受最深的恐怕要数非洲了，尤其是考虑到早期奴隶贸易时。在印度这样的早期殖民地，当地人在殖民统治中还占有一席之地，然而在非洲，大部分统治机构都由外来殖民者掌管。其他有资料记载的影响是长期的。[34]

在拉丁美洲，较长时期的政治独立加之共有的殖民"遗迹"（西班牙和葡萄牙）意味着，尽管存在地理和人口差异，这些国家还是拥有相对类似的经济、社会和文化体制，也面临着类似的问题。拉丁美洲国家长期以来属于中等收入国家，但是很少有国家跻身高收入国家之列，这反映出一种被叫作"中等收入陷阱"的现状。在亚洲，不同的殖民遗产以及多样化的文化传统结合起来创造出了不同的体制和社会模式，如印度（曾是英国的殖民地）、菲律宾（曾是西班牙和美国的殖民地）、越南（曾是法国的殖民地）、印度尼西亚（曾是荷兰的殖民地）、韩国（曾是日本的殖民地）以及中国（不是真正意义上的被殖民化，只有个别地区曾被不同的外来势力所侵占）。[35] 从更广泛的角度来说，许多新兴的独立国家仍然受殖民国和美国主导，殖民经历的多样性是解释如今发展成果良莠不齐的重要因素之一。

2. 对外依赖度 不少发展中国家组织欠佳，对国际关系影响较小，有时还会对发展产生不良影响。例如，世界贸易组织及其前身往往对发展中国家不利，它所关注的是诸如发达国家的农业补贴等，对发展中国家的农民以及知识产权的对等规制都有不利影响。2001 年的"多哈回合"贸易协商旨在修正这些不平衡，但是，该谈判从 2008 年开始就一直停滞（见第 12 章）。20 世纪 80 ～ 90 年代债务危机期间，那些负债累累的国家都按国际银行利率计息（见第 13 章）。一般而言，在国际经济关系中，发达国家比发展中国家占据更强有力的谈判地位，后者通常争取在各种形式的文化独立方面（从新闻娱乐到商业活动，以及生活方式和社会价值）得到关注。无论是从更广义上的它们对发展的直接影响来讲，还是从它们对国家发展的速度和特点的间接影响来讲，这些关注点的潜在重要性都不容低估。

发展中国家还在环境保护方面依赖于发达国家，以此希望实现可持续发展。谈到最大关注点，那就是全球变暖对发展中国家的危害一定比对发达国家的危害大；但是，已经积累起来的和仍在继续排放的温室气体，仍然主要来自高收入国家，不过像印度这样的发展中国家的森林采伐和气体排放也有重大影响。因此，发展中国家持续忍受着所谓的环境依赖，那就是发展中国家必须依靠发达国家来阻止问题恶化，并找出解决办法，包括本国减少排放以及对发展中国家进行协助。该话题将在第 10 章做进一步探讨。

2.5 如今的低收入国家与发展初期的发达国家之间的差异

在许多重要方面，如今的低收入国家与现在的发达国家的现代经济增长初期有很大不同。在现代经济发展的初始条件（它要求对发展前景进行特殊分析）和要求方面，我们可以发现如下8个主要方面的差异：

（1）物质和人力资源禀赋；

（2）相对人均收入和 GDP 水平（与世界其他国家相比）；

（3）气候差异；

（4）人口规模、分布及增长；

（5）国际移民的历史作用；

（6）国际贸易增长的刺激因素；

（7）基础科学技术研究与发展能力；

（8）国内制度效力。

我们将着眼于阐述促进与维持当今世界经济增长的条件和优先次序，来逐一论述以上8个方面的内容。

2.5.1 物质和人力资源禀赋

与发达国家最初开始实现现代经济增长之时相比，当代发展中国家的自然资源禀赋相对较弱。有些发展中国家拥有丰富的石油、矿产和原材料资源，这些资源在世界范围内的需求正与日俱增，但是，大多数欠发达国家，尤其是占世界人口一半以上的亚洲国家，这类自然资源却十分稀缺。而在非洲的部分地区，尽管自然资源很丰富，地理学家们预测还有大量资源没被发现，但开发这些资源需要大量资金。尽管评论家们对资源开发过程存在疑虑和担忧，来自中国和其他"非传统投资者"的新一拨投资已经开始，有望改变现有局面。

成熟的人力资本禀赋之间的差异甚至更加明显。一个国家开发利用本国自然资源并维持长期经济增长的能力，取决于其国民的创造性、管理才能和技术技能，以及其用最低成本获取产品信息和进入主要市场的能力。[36]保罗·罗默（Paul Romer）认为，当今"发展中国家之所以贫困是因为它们的国民没有掌握工业化国家创造经济价值的理念"。[37]罗默认为，富国和穷国

之间的技术差距可以分为两部分：其一是实物差距，包括工厂、道路和现代机械；其二是理念差距，包括市场营销、分销、存货控制、交易过程和员工激励。这一理念差距，也就是托马斯·霍默－狄克逊（Thomas Homer-Dixon）所说的"创造力鸿沟"（即运用创新思想来解决社会和技术问题的能力），是穷国和富国在发展程度上分化的核心所在。而现在的发达国家在其工业化发展前夕并不存在这种人力资本差距。

2.5.2 相对人均收入和 GDP 水平

现在的低收入发展中国家的人均收入水平低于发达国家 19 世纪的人均收入水平。首先，发展中国家大约 40% 的人口仍挣扎在最低生活水平线上，勉强维持生存。固然 18 世纪初期英国的平均生活水平没什么可羡慕或夸耀的，但是也没有像今天最不发达的约 40 个国家的大部分人那样，经济上如此贫困而不安定，这些人现在被称为"底层的 10 亿"。

其次，在发达国家刚开始现代化进程的时候，其在经济上就领先于世界其他国家。因此，它们可以利用自身相对较强的金融优势，来扩大其与较贫困国家之间的收入差距。相反，发展中国家是在人均收入水平较低的一端开始其经济增长进程的。

2.5.3 气候差异

几乎所有的发展中国家都地处热带和亚热带地区。据统计，那些经济上取得巨大成功的国家多数位于温带地区。这种两极分化不能简单地归因于巧合，而是与社会不平等和制度因素有着密切联系。殖民主义者显然建立了毫无帮助的"攫取式"制度，使得那里的人们生活艰辛。不可否认，大多数贫困国家极其湿热的气候条件，使得土地质量恶化，物品贬值速度加快；还导致一些农作物低产，削弱了森林的可再生能力，使得动物的健康状况恶化。极度的湿热不仅使工人感到不适，还会损害他们的健康，降低他们从事艰苦的体力劳动的积极性，最终降低产出水平和效率。正如我们在第 8 章

要讲到的，疟疾及其他严重的寄生虫疾病常常集中发生于热带地区。有充分证据表明，热带的地理条件确实是经济发展的一个严峻挑战，对于这些问题人们必须特别给予关注，如依靠国际合作来研制疟疾疫苗。[38]

2.5.4 人口规模、分布及增长

在第 6 章，我们将详细讲解一些发展问题及与人口迅速增长相关的话题。在此，我们只要注意到人口规模、密度及人口的增长是造成欠发达国家和发达国家之间的又一重大差异即可。西方国家在其经济开始增长之前及其发展初期，人口增长相当缓慢。随着工业化进程的推进，伴随着死亡率的下降及出生率的缓慢上升，人口增长率有所增加。但是，欧洲和北美的年人口自然增长率从未超过 2%，它们的平均水平则更低。

相比之下，在过去几十年中，许多发展中国家人口的年增长率都超过 2.5%，有些国家现在的增长速度还是如此之快。而且，在少数地区存在大量人口越来越集中的现象，表明许多发展中国家，其人口土地比率较欧洲国家经济增长初期要高。在绝对规模比较方面，除曾经的苏联以外，没有一个实现经济长期增长的国家，其人口能够达到今天印度、埃及、巴基斯坦、印度尼西亚、尼日利亚和巴西这样的规模，也没有一个国家的人口自然增长率达到今天的肯尼亚、菲律宾、孟加拉国、马拉维和危地马拉那样的水平。事实上，许多评论家怀疑，如果当代发达国家，尤其是那些曾比较贫穷的国家的人口也如此迅速地增长，那么它们的工业革命和长期以来几乎没有遭受挫折与干扰的较高增长率还能否持续。

2.5.5 国际移民的历史作用

19 世纪和 20 世纪初，解决农村人口过剩的一个主要途径就是国际移民，当时这一现象相当普遍，且规模巨大。从 1850 年到 1914 年，有超过 6 000 万人口移居美国，那个时候世界人口不足现在的 1/4。一些国家，如意大利、德国和爱尔兰，时有饥荒和土地紧张的情况，加之城市工业经济发展的机会有限，这就迫使一些非熟练农村劳动力向劳动力稀缺的北美和澳大利亚等地区转移。正如布林利·托马斯（Brinley Thomas）的经典描述："欧洲劳动力对美国经济的三个贡献——1847 ～ 1855 年，1 187 000 名爱尔兰人和 919 000 名德国人移居美国；1880 ～ 1885 年，418 000 名斯堪的纳维亚人和 1 045 000 名德国人移居美国；1898 ～ 1907 年，1 754 000 名意大利人移居美国——有大迁出之势。"[39]

如果说第一次世界大战期间的主要国际移民是一种远距离并且永久性的移民，那么自第二次世界大战以来，欧洲国家内部再次兴起的国际移民热潮，就是一种短距离且临时性的移民。引发两次移民热潮的经济动因基本上是相同的，即在 20 世纪 60 年代，来自意大利、希腊和土耳其的剩余农村劳动力涌入劳动力短缺的地区，最著名的是西德和瑞士两个国家。随着欧盟的扩大，类似的热潮也曾出现过。欧洲南部和东南部这些拥有剩余劳动力的地区的移民，起初所持的永久的和临时的居民身份，为大量流出这些非技术型劳动力的贫穷地区带来了双重收益。一方面，它减轻了政府安置这些存在高失业可能性的人口的成本；另一方面，由于这些人的大部分收入会寄回国内，母国政府收获了价值不菲的外汇。[40]

从历史角度来讲，至少在非洲，国内劳动力和国家间的劳动力迁移都很普遍，也确实缓减了当地一些贫困地区的压力。直到现在，数以千计的布基纳法索的非技术型工人能够在其邻国科特迪瓦找到临时工作。科威特和沙特阿拉伯的埃及人、巴基斯坦人、印度人，南欧的突尼斯人、摩洛哥人以及阿尔及利亚人，委内瑞拉的哥伦比亚人，多米尼加共和国的海地人也都因此而受益。还有一个事实就是，在现在的发展中国家，通过大规模的国际移民很难降低人口增长的压力。其原因与当今发达国家严格的移民限制有密切关系，而与信息（即非本国人对于本国的就业机会知之甚少）的关系并不明显。

尽管有严格的限制，自 1960 年以来，仍有至少 5 000 万人由发展中国家移民到发达国家。发展中国家向发达国家的移民速度，尤其是向美国、加拿大和澳大利亚移民的速度，自 20 世

纪80年代中期以来已经增加到每年200万~300万人，而且非法移民和没有签证的移民数量自1980年以来急剧增加。接收移民的发达国家的一些人认为，这些移民抢走了其国内那些贫穷、没有技能的国民的工作。另外，经常有人认为，非法移民及其家人不正当地享用了当地免费的医疗、教育和社会服务，迫使当地税收压力上升，只为满足这些服务——但是逐渐有证据显示，移民合法化实际上为降低赤字和整体经济活动带来了积极的影响。[41]因此，在美国和欧洲，关于非法移民待遇的争论愈演愈烈，许多国民希望对允许进入或移居发达国家的移民数量进行严格限制。[42]2010年亚利桑那州通过了反移民法律，再次加强了墨西哥与美国之间的边境藩篱的威慑效果，也使得许多合法移民感到不安。2013年，美国围绕移民改革合法化展开了激烈的政治讨论。2010年欧洲的反移民组织已经取得了重大成就，荷兰和瑞士也是如此。

然而，当今的国际移民非常具有讽刺意味，这不仅指传统的过剩人口外流已经被有效封锁，还指从穷国向富国迁移的移民恰恰是穷国最损失不起的一部分人：他们受到过良好的教育，技能熟练。由于这些移民中的大多数是永久性移民，这种违反常情的**人才外流**（brain drain）不仅是一种人力资源的损失，也将严重制约发展中国家未来的经济进步。例如，1960～1990年，发展中国家的100多万高水平的专业技能型工人移民到了美国、加拿大和英国。到20世纪80年代末，非洲已经失去近1/3的技能型工人，1985～1990年，有六万多名中层和高层管理者移民到了欧洲和北非。例如，苏丹向外流失了17%的医生和牙医、20%的大学教师、30%的工程师以及45%的测量员。菲律宾有12%的专业型工人移民到了美国，60%的加纳医生到海外行医。[43]印度担忧如果仍以当前的速度向美国、加拿大和英国移民，其信息技术工人将无法满足新兴的高科技行业的需要。[44]就全球范围来讲，进入21世纪后来自合法和非合法移民的外汇收入平均每年高达1亿美元，2006年突破了2亿美元。[45]如果得到允许，移民可减轻移民者及其家属的贫困程度，而且大多数移民者的脱贫利益还是通过侨汇流回了本国。[46]这是极其重要的资源（见第4章）。

与上面相反的一点是，存在这样一种潜在利益，那就是技能型移民可能会激发更多的工人掌握信息技术或其他技能，而不是迫使他们离开，这样就会带来劳工技术的净增长。至少，理论上来讲，结果也可以是"人才流入"。[47]然而最根本的一点还是，类似19世纪和20世纪初那样的大规模非技术工人的国际移民的可能性已不复存在，国际移民的安全阀不再会向非洲、亚洲和拉丁美洲的临时人口开放。

2.5.6 国际贸易增长的刺激因素

国际**自由贸易**（free trade）曾被称为"增长的引擎"，它在19世纪和20世纪初推动了如今发达国家的经济发展。迅速扩大的出口市场刺激了本地需求的增长，促成了大规模加工业的建立。加之一个相对较稳定的政治体系以及灵活的社会制度，19世纪的发展中国家得以在国际资本市场上以非常低的利率进行借贷。这些资本积累反过来促进了生产，使进口增长成为可能，也促使工业结构更加多样化。19世纪，欧洲和北美的国家能够参与到迅速发展的国际贸易当中，其主要原因就是贸易相对自由、资本流动自由以及非技术型剩余劳动力可以自由地在国际移民。

20世纪，许多发展中国家的形势发生了变化。除少数成功的亚洲国家和地区之外，非石油出口（甚至是一些石油出口国）的发展中国家，在试图以世界贸易来实现其经济的快速增长方面，正面临着巨大困难。20世纪大部分时间里，许多发展中国家的贸易地位下降。它们的出口虽然有所扩大，但是通常没有发达国家的出口扩大速度快，其**进出口交换比率**（terms of trade，出口价格与进口价格之比）几十年来一直在下降。因此，为了继续保持与之前年份相同的外币收入，它们需要扩大出口量。而且，21世纪初商品价格是否会激增还不清楚，但是在中国经济高速增长的推动下，至少可以保持不变。商品价格也总是受巨大的不稳定的价格波动的影响（见第13章）。

当发展中国家成功地成为具有竞争力的产品（纺织品、服装、鞋类、轻工业品等）的低成本制造商时，发达国家则通过不同形式的关税和非关税壁垒来限制贸易，包括进口限额、苛刻的卫生要求、知识产权声明、反倾销"调查系统"以及特别许可证要求。但是近几年来，越来越多的发展中国家，尤其是中国和其他东亚及东南亚国家，已经从不断扩大的制造业出口中获得利益。第三部分将在发展背景之下详细讨论国际贸易与金融经济学的问题。

2.5.7　基础科学和技术研究与发展能力

基础科学研究与技术发展在当代发达国家的经济增长中发挥了至关重要的作用。科技知识的快速进步促进了许多技术创新的广泛运用，剩余财富的不断积累使得科技知识储备进一步充实。这二者相互作用，使发达国家维持了其经济的高增长率。即使近年来，中国和印度已经成为多国合作**研发**（research and development）活动的主要地点，但是从基础研究到产品研发的各个阶段，科学和技术进步仍然主要集中于发达国家。而且，研究资金根据其自身经济优先顺序和资源禀赋，主要用于解决与发达国家相关的经济和技术问题。[48]

在科学技术研究这一重要领域，与发达国家相比，低收入国家尤其处于一种极端劣势的地位。相比之下，发达国家在开始其现代化增长的时期，其科学技术已经遥遥领先于世界其他国家。紧接着，发达国家就根据其长期经济增长的需要，同步设计并研发新技术，从而一直保持领先地位。

2.5.8　国内制度效力

在经济发展初期，大多数发展中国家与发达国家的另一个区别就在于国内经济、政治和社会制度的效力不同。工业化早期，许多发达国家，最为人们所熟知的如英国、美国和加拿大，制定经济规则为那些拥有创业动机的个人提供更广泛的创业机会。在本章较前的内容中，我们注意到殖民地国家所建立的高度不平等和糟糕的社会制度只能增加攫取，而不是为生产提供动机。如今，类似的攫取或许只能由强势的当地利益集团和国外利益集团来执行。但是，要想迅速改变社会制度是很困难的。正如道格

拉斯·诺斯（Douglass North）所指出的，即使正式规则"或许可以一夜改变，而非正式规则也只能逐渐改变"。[49]在本章稍后我们将继续探讨经济制度这一问题。

发达国家拥有相对较强的政治稳定性以及更加灵活的社会制度。在发达地区，经历了较长时期之后，各州之间更加具有组织性，而且在工业化时代之前就出现了国家和州之间的统一。相反，尤其是在非洲，国家边界往往很随意地由殖民国家来决定。"被占领的国家"以及即将被占领的国家，是后殖民时期的一大特点，这些国家同时拥有"帝国之根"和被殖民的痕迹。尽管许多发展中国家有其古代文明之根，但是各个自治制度之间长期存在着分歧。

2.6　发展中国家和发达国家的生活水平是否正在趋同

工业化初期，最富裕国家的平均实际生活水平仅是最贫穷国家的3倍。现在，这一比率将近100∶1。正如兰特·普瑞切特（Lant Pritchett）指出的，毫无疑问，两个多世纪以来，发达国家的经济增长率远远高于发展中国家，这就是**趋异**（divergence）过程。经济增长理论将在第3章探讨。但是将发展中国家内部及与发达国家的经济状况进行对比时，鉴于发展中国家为实现经济发展而付出的艰苦努力，我们应该考虑发达国家和发展中国家的生活水平是否正在**趋同**（convergence）。

如果发展中国家与发达国家拥有类似的发展经历，那么发展中国家要想通过更快的增长速度赶上发达国家，需要具备两个重要条件。第一个条件是技术转移。当今发展中国家可以不必"从零开始"，例如，在使用半导体之前，它们无须再使用真空管。即使使用是有偿的，复制技术的成本也低于研发费用，其部分原因就是不必为研发过程中的错误和遇到的死角买单。这能够使发展中国家越过技术发展的一些早期阶段，直接进入具有较高生产力的生产技术阶段。因此，其增长速度能够快于当今发达国家现在或过去的增长速度，因为在那个时候，发达国家需要发明技术，一步一步地经历技术革新的各个历史阶段。（这就是所谓

的"后发优势",由经济历史学家亚历山大·格申克龙（Alexander Gerschenkron）提出。）事实上，如果我们将注意力聚焦于一些发展较成功的国家上，就能够发现，一个国家的现代化经济进程开始得越晚，其每个工人实现双倍产出所需的时间就越短。例如，为了实现人均产出翻番，英国用了60年的时间，美国用了45年，韩国用了12年，而中国只用了不到9年。

有望趋同的第二个条件是，如果其他条件相似，经济趋同就取决于各种要素的积累。当今发达国家具有较高的物质资本和人力资本，生产函数可解释其高水平的人均产出。但是根据传统新古典主义的分析，由于报酬递减规律，在资本高度集中的发达国家，资本的边际生产以及投资利润率将降低。即从劳动力规模的角度而言，已经拥有大量资本的发达国家，增加产出资本的影响要比资本稀缺的发展中国家小。因此，在发展中国家，无论是利用国内资源还是吸引外资，都可以期待较高的投资率（见第14章）。拥有较高的投资率，发展中国家的资本增长会更快，直到其资本和（在其他方面也相同的情况下）人均产出与发达国家持平。[50]

假设技术转移和高速的资本积累速度其中之一或两者都成立，即，从长远来看，快速发展的发展中国家将会赶上发展较慢的发达国家，那么收入趋同就可能实现。即使最终收入并没有趋同，但至少在关键变量，如人口增长率和储蓄率（第3章的新古典增长模型和附录3B对该观点进行了正式说明）的条件趋同（比如，将体系差异也考虑在内）上达到平等。考虑到各国资本和技术之间的巨大差异，如果发展条件相似，我们在数据上就能够看到趋同的趋势。

当今世界是否有趋同之势，取决于问题在两个层面上的建构：是各国的平均收入还是个人平均收入之间（将世界想象为一个国家）；关注点是在相对差距还是绝对差距之上。

1. 国家间的相对趋同 最广泛使用的方法是简单考察穷国是否比富国增长速度更快。只要穷国的发展速度比富国的发展速度快，穷国就可能"赶上"富国的收入水平。同时，收入的相对差距将会缩小，富国与穷国收入差距的倍数将会变小（或者换一个角度来讲，穷国收入

对于富国收入的占比会逐渐变大）。这只是基于国与国之间的比较。1980年，中国的平均收入只是美国的3%，到2007年据估计该比例已上升到14%。但是同一时期，刚果民主共和国的人均收入从相当于美国的5%降到了1%。从全球范围来看，至少在最近的几十年内，相对趋同之势较弱。

图2-6a显示了以上国家趋同之势的典型数据。横轴所示，为从1980年开始以来的收入数据；纵轴所示，为至2007年连续27年的实际人均收入的平均增长率数据。如果不考虑条件趋同，该图所示的将是一种截然相反的关系图，即起初收入较低的国家增长速度较快。但是图2-6a中没有任何明显迹象表明国家间有趋同之势。事实上，即使在最近一段时期，有将近60%的国家的增长速度比美国的增长速度快。在图2-6b中，只观察发展中国家，就会发现差距正在不断扩大：中等收入国家的增长速度比低收入国家快，因此发展中国家间的差距正逐渐扩大。许多国家，尤其是49个最不发达的国家，仍然存在发展相对停滞的现象。贫穷国家还没有整体赶上发达国家。[51]

图2-6c所示的是，1950~2007年，OECD中各个高收入国家的增长率。这表明了趋同现象之一，我们需要仔细分析。解释之一是，所有这些国家拥有相似的特点，比如现代化经济增长开始得相对较早。这使得这些国家更容易相互借鉴技术，并且互相进行贸易和投资。我们或许会得出这样的结论，如果发展中国家尽量效仿这些OECD国家的制度和政策，或许也可以实现趋同。然而，我们已经知道，在低收入和高收入国家之间存在许多制度与其他方面的差异，其中有些差异很难改变，下一节将进一步探讨。而且，穷国不可能强迫富国降低贸易壁垒。由于选择性偏差的存在，在任何情况下，根据结果推出结论时要万分谨慎。也就是说，在当今的发达国家中，有些过去就相对富裕，而有些较贫穷；当今的发展中国家要想全部变成富国，它们就不得不具有比富国更快的发展速度。将注意力只集中于富国就会犯选择性偏差的统计误差。[52]尽管如此，OECD国家间强烈的趋同迹象，加之长期以来世

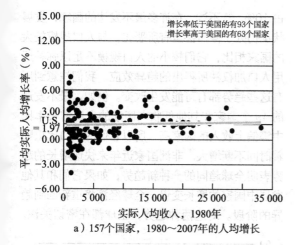

a）157 个国家，1980～2007 年的人均增长

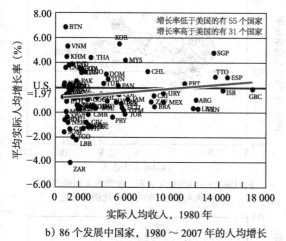

b）86 个发展中国家，1980～2007 年的人均增长

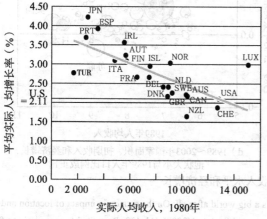

c）22 个 OECD 国家，1950～2007 年人均增长

图 2-6　国家间的相对趋同：世界、发展中国家和 OECD 成员

资料来源：数据来自宾夕法尼亚大学国际比较中心。可登录网站：http://pwt.econ.upenn.edu/php_site/pwt63_form.php.

界整体范围内没有出现明显的趋同迹象，再加上最不发达国家之间的差异，这些都反映了发达国家与发展中国家发展条件的差异性。

2. 国家间的绝对趋同　随着近年来中国的快速发展，以及南亚经济的增长，这些地区刚刚踏上国家间相对趋同的道路。例如，1990～2003 年，当高收入 OECD 国家的收入增长为 24% 时，南亚和中国的增长率分别为 56% 和 196%。但是由于它们相对较低的收入基础，即使高速增长，绝对收入还是比 OECD 国家低（见图 2-7）。也就是说，即使发展中国家的平均收入占发达国家平均收入的比例不断变大，在收入下降之前的一段时间，收入差距还是会不断扩大。国家间绝对趋同过程是一个比相对趋同更为有利的标准。[53]

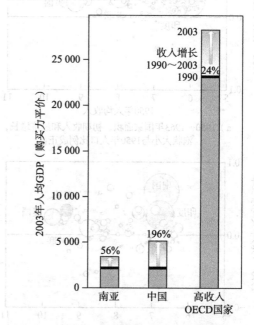

图 2-7　增长趋同与绝对收入趋同

资料来源：From *Human Development Report, 2005*, p. 37. Reprinted with permission from the United Nations Development Programme.

3. 人口加权的国家间相对趋同　中国和印度的高增长率尤其具有重要意义，因为这两个国家拥有全世界将近 1/3 的人口。人口加权法就是将一国人均收入增长率的重要性用其与该国的人口规模之比来权衡。关于该方法的一个典型研究如图 2-8 所示。我们不是列出各个国家的代表数据，而是运用泡状图来说明各个国家的相对人口规模。为了理解中国和印度以及其他一些国家的高速增长是如何在这些图上反映的，图中将数据分为四个阶段标示了出来。图 2-8a 和 2-8b 反映的是 1950～1976 年人均收入的相对趋异，图 2-8d 反映的是自 1989 年以来，人均收入的相对趋同（不明确但又貌似合理的是 1977～1989 年，见图 2-8c）。如果目前的趋势继续（一个很大的假设是，普遍预测增长速度将会放缓），那么中国、印度和巴西截至 2050 年其产出会占全球产出的 40%，而 1950 年它们只占 10%。[54] 不过，在许多最不发达的国家，发展状况仍处于停滞甚至有所恶化，与人口规模较大的国家相比，它们较小的人口规模不足以弥补运用人口加权法所得出的趋异效应。我们注意到所有这些趋势都有可能发生改变。例如，最不发达的 49 个国家和其他低收入国家的人口增长率比中等偏上收入的国家高，所以它们的人口比重随着时间不断增大。非洲国家近年来快速增长的趋势表明全球趋同的一种新趋势；如果它们和其他发展中国家的增长变慢，全球经济将重新回到趋异的阶段。对这两种趋势，全球都在密切关注。

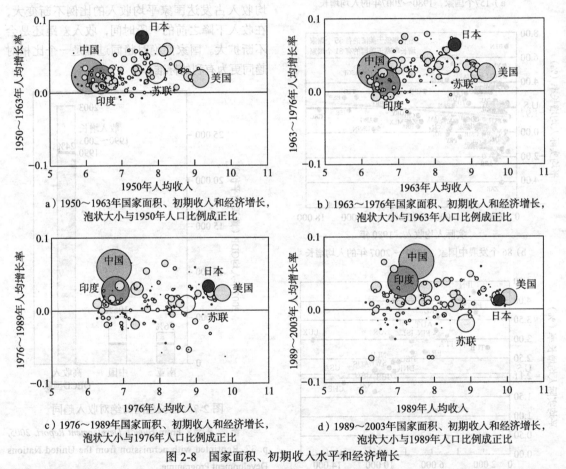

a）1950～1963年国家面积、初期收入和经济增长，泡状大小与1950年人口比例成正比

b）1963～1976年国家面积、初期收入和经济增长，泡状大小与1963年人口比例成正比

c）1976～1989年国家面积、初期收入和经济增长，泡状大小与1976年人口比例成正比

d）1989～2003年国家面积、初期收入和经济增长，泡状大小与1989年人口比例成正比

图 2-8　国家面积、初期收入水平和经济增长

资料来源：Steven Brakmana and Charles van Marrewijk, "It's a big world after all: On the economic impact of location and distance," *Cambridge Journal of Regions, Economy and Society* 1(2008):411-437. Reprinted by permission of Oxford University Press.

4. 将世界看作一个国家后的趋同　最后一个也是与众不同的一个关于趋同的研究方法就是，将世界看作一个国家。在第一个这样的研究中，布兰科·米拉诺维奇（Branko Milanovic）将全世界各个国家的数据收集到一起进行研究，得出在 1988～1993 年这段时期，全球不平等程度急剧加大。[55] 像这样的研究很难付诸实践。与人口加权的国家间趋同相比，将世界看作一个国家后的趋同的一个重要区别就是，它将各个国家内部的不平等程度以及国家间的不平等程度的变化考虑在内。但是大多数学者和政策制定者将发展界定为在国家水平之上进行的一种进程，而且对国家趋同仍然沿用相同的标准。

5. 部门趋同 有证据表明各经济体并不是无条件趋同的，各经济部门之间也能够存在跨国趋同现象，而这反过来可能会促进未来的趋同。需特别指出的是，丹尼·罗德里克（Dani Rodrik）发现制造业已经存在趋同现象，这就暗示未能发现跨国整体趋同的原因是低收入国家的就业率增长缓慢而且制造业就业比例低。[56]

2.7 存在发展差异的长期原因

如何解释发展中国家和发达国家在发展成果上的极大差异？接下来的两章内容将探讨经济增长理论、发展过程[57]和政策问题。这里将介绍一种原理框架，用以解释说明造成发展差异的主要长期原因，该理论框架已经在一些最具影响力的近期研究资料中讨论过。[58]（需要注意的一点是，关于这一重要课题的研究还停留在相对较早的阶段；学者们对该课题的研究重点和实质存在各种分歧。）

首先，从长远来看，很少有经济学家认为自然地理因素（如气候）对经济历史有重大影响。不管怎样，即使人类活动现在可以将其改变，地理以前也确实属于外部因素，但是地理环境（如热带气候）对经济所产生的影响如今变得越来越不明确。有些研究表明，当将其他因素，尤其是不平等和制度考虑在内时，自然地理对于我们理解当下的发展状况几乎没有帮助。不

过，有些证据比较含糊。例如，有些证据显示疟疾与经济发展没有太大联系，还有现象表明在某些情况下，内陆经济状况或许是阻碍经济发展的一个因素；不可否认，有些经济学家认为它们之间存在直接联系。图2-9左侧的箭头1反映的是地理与收入和人类发展的关系。[59]近来，关于经济发展的比较的争论范围已经扩大，并且有证据显示一定程度的人口基因多样性是最有助于长期经济发展的。[60]

经济制度（economic institutions），被诺贝尔奖获得者道格拉斯·诺斯定义为经济生活的"游戏规则"，在比较发展中发挥着重要作用。就其本身而论，制度通过制定财产权和合同效力等规则，为市场经济提供基础，加强合作，[61]限制强制、不正当和反竞争行为——为更广大的人民提供机会，限制精英权力，并且更广泛地解决冲突问题。另外，制度还包括社会保险（也用来将市场竞争合理化）和可预测的宏观经

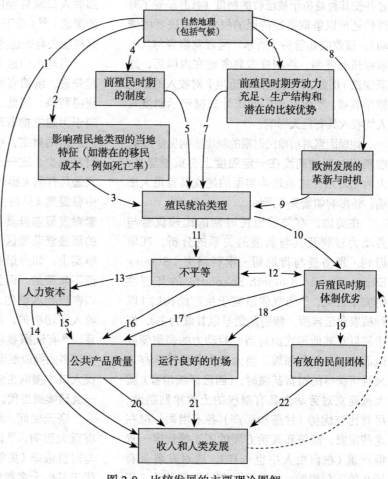

图 2-9 比较发展的主要理论图解

济稳定性条款。[62] 高收入国家有能力建立良好的制度，因此我们很难确定制度对收入的影响。但是近年来，发展经济学家在该方面的研究取得了重要突破。

前面已经讲过，大多数发展中国家曾经是殖民地。各国地理环境决定了殖民地类型（见箭头 2），其中最为人熟知的一个地理特征就是定居者死亡率，在达隆·阿西莫格鲁、西蒙·约翰逊和詹姆斯·罗宾逊的共同研究中，他们对定居者死亡率的影响进行了深入研究。他们认为，当潜在的定居者面临较高的死亡率（或其他成本较高）时，他们就遥控管理并尽量避免大量人长期定居在某地。他们的行为可总结为"快速攫取然后撤出"或者"驱使当地人为他们攫取"。因此殖民者建立对当地的不利制度以利于其攫取。但是在死亡率较低、人口密度较小以及资源开发需要耗费殖民者大量劳力的地方，统治者就建立有利于广泛投资、严格限制管理者并使其利益免于被征收的制度（有时是受了有讨价还价以争取更好待遇的权力的殖民者的煽动）。该效应如箭头 3 所示。阿西莫格鲁与其同事经研究证明，将制度差异考虑在内以后，地理变量（例如，与赤道的接近度）对收入的影响微乎其微。[64] 但是他们的统计数据暗示制度对人均收入具有巨大影响。

地理因素对前殖民时期的制度影响见箭头 4。前殖民时期的制度在一定程度上有重要意义，因为它对殖民统治政体类型的建立具有重大影响。该影响如箭头 5 所示。

在美国，有关前殖民时期的比较优势与劳动力过剩及其与制度的关系的分析，在斯坦利·恩格曼与肯尼斯·索科洛夫（Stanley Engerman and Kenneth Sokoloff）的开创性研究中可见。[65] 当气候适宜于生产结构时（以种植农业最典型，特别是最早以甘蔗为主），奴隶制以及其他形式的对当地劳动力的剥削便应运而生。在其他领域，当大量土著居民幸存下来且可获得的财富甚微时，（西班牙统治者）就大量建立对劳动力具有债权的土地津贴制度。尽管比较优势（甘蔗和矿产）各不相同，但在这些国家，经济和政治方面的不平等程度一直很严重（在自由人中也一样），这对发展具有持久的不利影响。该信息如箭头 6 和箭头 7 所示。由于劣势人群对土地、教育、金融、财产保护、选举权以及劳动力市场的占有受到限制，早期的不平等才会持久存在。进入 19 世纪，当广泛参与商业活动可以带来高社会回报时，他们享受工业化带来的好处的机会是相当有限的。

这与北美潜在的生产模式形成鲜明对比。其在谷物种植方面乏善可陈，但颇具规模的热带农业和矿产开采却随处可见。劳动力不足、大量土地闲置，使得权力难以集中，尽管殖民者也曾努力将权力集中，还是无济于事。吸引更多定居者并鼓励他们为殖民经济服务的需求，促使在北美殖民地建立更平等的制度。因此，在实现所有类似以上需求（这些因素在其他地方是受到严格限制的）的过程中，北美人民享受到了更大的平等。这样的社会环境促进了大范围的创新、创业和投资（虽然起初其社会较贫穷），使得美国和加拿大等国一度在经济上远远超过那些人口教育程度低下、公民缺乏权利与财产的国家。[66]（接下来我们将进一步探讨恩格曼和索科洛夫有关这些方面的研究。）

当地人口越多，人口密度越大，社会机构越先进，统治者就越容易管理现存社会模式以获得利益。因此，应运而生的制度安排就更倾向于为建立攫取现存财富的机制服务，而不是创造新的财富，这往往会导致这些地区的相对财富减少。这一点在阿西莫格鲁、约翰逊和罗宾逊具有重大影响的历史性研究"财富逆转"[67] 中曾提到（见箭头 5）。他们提出，如果地理因素对发展前景具有重大作用，那么殖民化前期的那些繁荣地区应该继续保持相对较繁荣，但事实上，如今最繁荣的被殖民地区，过去却是最不繁荣的。而且他们的研究证明，过去的人口密度和城镇化，曾一度被认为与其相对应的收入密切相关，而现在这两方面却没有太大联系。[68] 有证据显示欧洲曾在繁荣地区建立了越来越多的攫取制度（制定这样的制度旨在从被殖民人口中攫取更多剩余劳动力），而且这些制度一直延续到当代。[69]

毫无疑问，地理因素对欧洲早期的经济具有重大影响。[70] 该影响促进了欧洲发展的演化与时机选择（见箭头 8）。欧洲的早期发展使其优于其他大多数国家，正是这些优势使其能够将其他国家殖民化。但是不同殖民政权的实现方式不同，这取决于当时被殖民国家普遍具备的殖民化条件。欧洲发展的时机影响了殖民政权的建立（见箭头 9）。例如，出于多种不同原因，有人认为较早的殖民化总体上比发生较晚的殖民化更具掠夺性并且生产力水平较低，不过这两个阶段的殖民化都以牺牲土著居民为代价。[71]

殖民时期前的比较优势与欧洲的发展时机共同作用影响了制度的建立，因为后殖民时期来自温带地区的定居者带着知识和更加先进的技术到来。特别是，欧洲人将更好的农业技术引进后来定居的地方，如北非。正如戴维·菲尔丁和塞巴斯蒂安·托里斯（David Fielding and Sebastian Torres）指出的，到了 18 世纪，欧洲的人口增长和技术革新运用温带农业技术为大量的人口提供了产品，如玉米和乳制品。他们通过在温带殖民地和以前的殖民地（所谓的新欧洲）运用这些技术，获得了更高的收成。[72] 因此殖民时期前（潜在的）比较优势再次发挥了其影响力，该影响如箭头 6 和箭头 7 所示。某些特定技能所能发挥的作用也强调了人力资本投资对于发展的重要性，如箭头 14 所示。

因此殖民政权的建立受到当地和欧洲供求因素的影响，而且总是按照殖民者的利益来设计。政权类型对后殖民时期的制度质量具有重大影响，如箭头 10 所示。例如，比利时国王利奥波德二世（Leopold II）对刚果（即现在的刚果民主共和国）的腐化统治可以说是独立以后第二任总统蒙博托对内压迫统治的根本原因。当然，殖民主义的影响未必全部都是负面的。殖民者带来奴役、征服、掠夺、镇压以及文化遗产丢失的同时，也引进了医学和农业等领域的现代科学方法。当然，这并不是对殖民主义的辩解，因为国家不被殖民化，也可以获得这些先进技术，比如日本。不过，也有案例显示，经历了较长时期的殖民地化的国家和地区（至少岛屿国家是这样）的收入，比那些殖民地化时期较短的国家和地区的收入要高很多，该现象在较晚被殖民地化的地区表现更为明显（或许是因为早期的殖民活动比后期的更具负面影响）。即便如此，有关该研究还是有很多强有力的解释说明。[73]

除了建立特定的制度以外，欧洲殖民地化还造成或者加强了不同程度的不平等（通常与种族相关联），最终导致经济增长和发展前景每况愈下，该现象在拉丁美洲和加勒比地区尤为明显，如箭头 11 所示。通常拥有奴隶制的地区就会出现高度不平等，在这些地区的奴隶种植园上可以"高效"生产出农作物。高度不平等还出现在那些其大量土著居民被迫成为劳动力的地区。这样的历史具有长期的不良影响，尤其是在拉丁美洲。正如恩格曼和索科洛夫所认为的，不平等程度本身就能够造就制度和特定政策的革新。极端不平等的地方，人力资本投资就较少（见箭头 13），其他公共福利也较少（见箭头 16），正如双向箭头 12 所示，迈向共和制度的趋势也较不明显（共和制度可以推动其他建设性制度的建立）。[74]

极端不平等很可能是解释比较发展的一个长期因素。这在北美洲与中美洲和南美洲的鲜明对比中可见。虽然在南部一些殖民地，美洲印第安人和奴隶仍受到非人类的待遇，但是北美洲还是拥有较大的平等主义，这反映了这样一个事实，并不是因为与西班牙人相比，英国定居者本质上就是"善良的主人"。然而，北美与中美洲和南美洲以及加勒比地区的极端不平等形成强烈对比。[75] 恩格曼和索科洛夫认为，拉丁美洲的高度不平等导致了人力资本投资较低，再次与北美洲形成对比，[76] 这一机制如箭头 13 所示。只有当拉丁美洲的统治者想要增加移民数量时，他们才会放松管理并创造更加吸引人的移民条件，这样他们的回报就会大幅提高。除了建立特定的制度以外，欧洲殖民地化还造成或者加强了不同程度的不平等，通常与种族相关联。这样的历史具有长期的不良影响，尤其是在拉丁美洲。在从不平等到后殖民时期的体制质量，箭头 12 反映了用什么定义有关制度的社会冲突理论。专栏 2-4 表明了不平等对人均收入的消极影响比恩格曼和索科洛夫假设的更严重。

虽然文化在与本节提到的经济因素之间的关系中所发挥的确切作用还不明确，而且也没有图示说明，但是它在有关教育、后殖民时期的体制质量以及民间团体的效力的重视程度方面也有重要影响。另外，体制质量通过不平等效力间接影响教育和医疗的投资数量和质量。在教育质量越高的国家，制度就越趋于民主，对精英统治者的约束也就越多。教育和制度的因果关系既可以是双向的，也可以共同受到其他因素的影响。有些学者认为那些由独裁者统治的体制较差的国家已经实行了良好的政策，其中包括教育投资，紧接着，在增长方面获益之后，那些国家就改变了其制度。[77] 他们认为人力资本与体制一样，至少是一种基本的长期发展资源。在图 2-9 中，应该将箭头由后殖民时期体制优劣指向人力资本；这一关系看上去似乎很合理，但还需进一步证明。[78] 然而，很明显，在一些攫取式殖民体制的案例中，由于独立后数十年较差的医疗和教育造成了遗留问题恶化（见专栏 2-5 印度的案例）。

由于未被殖民地化的发展中国家数量相对较少，比如泰国，殖民统治的类型在图 2-9 中可以得到重新诠释，以发展早期的体制质量来衡量（或者不显示文化的影响），但要注意在该案例中因果关系模式不是很明显。然而，从未被殖民地化的国家的发展经验的多样性警示我们，不要将全部的注意力集中于殖民者的选择之上，先前已存在的社会资本或许也同等重要。[79] 从未被殖民地化的国家其发展呈现出广泛差异：埃塞俄比亚和阿富汗仍然很贫穷，泰国处于低收入国家之列，土耳其在中等偏上收入国家之列，日本属于最富裕国家之一；中国，30 年前属于贫穷国家之一，而现在其收入排名急速上升。因而体制质量（以及不平等）无疑对非殖民地国家关系重大，只是很难得出这样的结论，认为制度影响收入而非收入影响制度。

显然，人力资本对收入和更广泛意义上的人类发展具有直接影响，正如箭头 14 所示。全民教育的深度和广度决定政府的效力，成为推动发展的动力（见箭头 15）。这不仅是因为拥有较高质量的行政部门，还因为国民对政府职能较差的理解和知道如何争取更大产出及更强的组织能力。[80] 当然，教育本身就可以影响市场组织与功能（箭头省略），但是最新资料显示人力资本的生产力效应对市场具有直接影响，（见

箭头 14）。该影响在第 8 章进行进一步说明。

世界银行的许多报道显示，全球一体化（尤其是贸易的一体化）的类型和效果一直被认为将惠及经济增长和发展。贸易对经济增长和发展是大有裨益的，因为它可以引进多种多样的技术。[81] 因此，有些经济学家认为贸易的扩大开放将促进制度的改进。而另一方面，有些批评家认为，错误的一体化或者没能用恰当的政策指导一体化的实现，将对发展产生不利影响。事实上，有证据显示，当制度能够说明一切的时候，贸易的作用就微乎其微了，所以简单起见，图 2-9 中没有包含一体化。[82]

后殖民时期体制质量对私营、公共和国民部门的效力具有强烈影响。民主管理、法律法规以及对精英管理者的约束将会带来更多更好的公共利益（见箭头 17）。给予普通公民更有效的财产保护、合同执行以及更多的经济机会，将刺激个人投资（见箭头 18）。社会制度将会影响民间团体的组织能力，并且独立于国家和市场而有效运行（见箭头 19）。显然，这三个部门的活动都将对生产力、收入和人类发展产生影响，箭头 20、21、22 分别反映了这三个部门的影响力。[83] 这些因素将在第 11 章进一步探讨。

现在还未完全明确什么样的经济制度对促进发展影响最大，或者一个部门的制度强大到何种程度才能弥补另一部门的不足。[84] 不可否认，实现经济发展有多种途径（例如，请见第 4 章末尾有关中国的案例研究）。但是最新研究的一项主要发现是，通过限制广大人民群众获得进步的机会，来保护少数精英管理者的各种制度是阻碍经济发展的主要障碍。各种制度高度抵制改革，正是发展难以实现的主要原因。

尽管如此，大多数制度较差的发展中国家，在改善人类福利、鼓励体制革新方面还有很大的提升空间。确实，经济制度会随着时间而发生改变，即便是政治制度，如选举规则，有时也会在不改变现实权利分配或不导致经济制度的真正改革的情况下发生改变。尽管还没有证据显示共和对中期和短期经济增长是否具有强烈影响（见第 11 章），但是从长期来看，民主

管理与真正的发展是携手并进的，而且真正的共和制度在发展中国家的稳步推进是一个鼓舞人心的现象。[85] 正如丹尼·罗德里克所指出的，"权力下放、民主参与的政治体制，对于我们搜集利用当地信息是最有效的政治体制。我们可以将共和看作是建立其他良好制度的源制度。"[86]

另外，所有那些能够带来更大的人力资本、提供获得新技术的途径、带来更多的公共利益、改善市场职能、解决深层次的贫困问题、提供融资途径、防止环境恶化和帮助建立富有活力的民间团体的发展策略都会促进发展。

□ **专栏 2-4 调查结果：检测比较发展理论的工具——不平等**

威廉·伊斯特利（William Easterly）在 2007 年所做的一项研究中，运用各国数据来证实恩格曼和索科洛夫的假设。他的研究证明，"农业禀赋预示不平等，不平等预示发展情况。"具体地说，伊斯特利发现，不平等对人均收入、制度效力和教育具有负面影响，即"较高程度的不平等通过机制来降低人均收入"。收入和不平等之间的负关系在数据上有明显体现，但是面对衡量误差和如此之多的混淆因素，如欠发达本身可能就是造成不平等的一个原因，发展经济学家将如何预测并弄清楚因果关系？

有时发展经济学家进行现场试验，但是很显然，我们不能将国家按照各种不平等水平进行随机分类和研究。当许多现场试验难以实现时，发展经济学家们就努力通过寻求工具变量（或"工具"）来解释因果关系；他们也确实花费了大量时间来进行这样的研究。这也是计量经济学所涵盖的内容。其基本理论就是，要想确定潜在原因变量 c（如不平等）对发展结果变量 d（如收入或教育程度）的影响，就要了解工具变量 e，只有通过变量 e 对变量 c 的影响才能影响变量 d。所以，任何一个工具变量都不能单独直接影响结果变量。如前述阿西莫格鲁、约翰逊和罗宾逊都将定居者死亡率作为研究早期制度的一个工具变量。伊斯特利将"相对于适宜种植甘蔗的土地来

说，适宜种植玉米的土地量"作为衡量不平等的一个工具变量。运用这一策略，伊斯特利得出结论认为，恩格曼和索科洛夫所说的高度不平等是一个独立的"对于繁荣、良好的制度和较高的教育程度的巨大且具有统计意义的障碍"。准确地说，制度和教育质量是由恩格曼和索科洛夫所提出的机制，在该机制下较高程度的不平等导致低收入。就像难以找到一个爱尔兰民间传说中的小妖精一样，我们很难捕捉到一个好的工具变量，一旦找到，就会给研究者带来巨大帮助。虽然有关不平等和发展的关系一直存在激烈争论，但是制度分析与恩格曼和索科洛夫的经济历史之间的相互影响，以及伊斯特利运用大量数据来研究因果关系，都为如何在发展经济学领域取得更大进展开启了另一扇窗。

资料来源： William Esterly, "inequality does cause underdevelopment", *Journal of Development Economics* 84（2007）：755-776.Joshua D. Angrist and Jorn-Steffen Pischke, *Mostly Harmless Econometrics: An Empiricist's* Companion (Priceton, N.J.: Princeton University Press,2008).

在发展经济学研究中，运用和理解工具变量（以及随机选择）的一个重要技巧请参见 Angus Deaton, "Instruments, randomization, and learning about development", *Journal of Economic Literature,* 48, No.2(2010):424-455.

□ **专栏 2-5 调查结果：殖民土地所有制的流毒**

一项有关土地税收制度的影响的研究，给出了大量关于制度的重要性的证明。该土地制度是由 Abhijit Banerjee 和 Lakshmi Iyer 在英属印度建立并执行的。因为土地税收在 1820～1856 年（不是之前也不是之后）由英国接管的地区更可能是非地主制，该制度的发起人在此期间被

控制，充当该非地主制的一个工具。他们也运用其他统计测试方法，得出了同样的结论。他们发现产权制度的历史差异导致经济发展成果的持久性差异，因此在独立后，土地权属于地主的地区其农业投资和生产力都比土地权属于农民的地区低。研究者总结认为，制度的历史性差异会导致

政策选择的差异, 进而造成了趋异性。不言而喻, 独立后土地权属于地主的地区在健康和教育方面的投资也相对更低。

在大量的研究中, Lakshmi Iyer 将印度分为两大地区, 一个是直接受英国殖民统治的, 另一个是间接受英国殖民统治的, 并运用另一套工具变量对比测量了这两大地区的经济发展成果。他发现殖民统治对独立后的经济发展有长久的影响; 独立后, 直接受殖民统治的地区的学校、医疗中心和道路建设情况更差, 而且贫困程度和婴儿死亡率也更高。

资料来源: Abhijit Banerjee and Lakshmi Iyer, "History, institutions, and economic performance: The legacy of colonial land tenure systems in India," *American Economic Review* 95 (2005): 1190–1213; and Lakshmi Iyer, "Direct versus indirect colonial rule in India: Long-term consequences," *Review of Economics and Statistics* 92 (2010): 693–713. Preparation of this box also benefited from a manuscript, Lakshmi Iyer, "The long-run consequences of colonial institutions," draft, Harvard Business School, 2013.

2.8 结论

历史很重要。我们已经知道, 欧洲殖民主义开始以后, 发展中国家普遍被剥夺的情况对其后来的不平等和制度发展具有重大影响, 18世纪工业革命以后, 它们通过不同的方式 (既有促进也有阻碍) 影响了现代经济的增长情况。差的社会制度不利于改革的进行。但是新的观点不认为这样就代表社会经济不发展, 反而以此来阐释发展中国家所面临的诸多挑战。欠发达现象应从国家和国际双重背景之下来进行研究。贫困、不平等、生产力水平低、人口增长、失业、对初级产品出口的依赖以及国际地位低下, 都有其国内和国际根源且拥有潜在的解决方法。

有一点值得关注, 即大多数发展中国家成功地大幅提高了其收入水平。还有许多发展中国家在降低婴儿死亡率、改善教育状况以及缓解性别歧视方面取得了显著成就。[87] 通过在国内外采取适当的经济和社会政策, 加之发达国家的有力援助, 穷国确实有能力实现其发展抱负。第二部分和第三部分将讨论具体有哪些方法可实现这些希望和目标。

但是, 要想实现长期经济增长, 就必须使人力资本、技术、社会和制度发生相应变革以实现同步发展和相互补充。这种变革不仅仅要在个别发展中国家进行, 还应在整个国际经济体中进行。换言之, 只有全球经济进行主要的结构、态度和制度变革, 接纳发展中国家的发展抱负并奖励发展出色的国家, 尤其是那些最不发达的国家, 才能实现发展中国家的经济发展, 否则只靠发展中国家内部单方面的经济和社会变革是远远不够的。[88]

发展过程中可能存在一些 "后发优势", 如运用现行的已经被证实了的科学技术, 而不是重新发明这些技术, 有时甚至可以越过一些过时的技术标准, 还可以从世界各国所尝试过的经济政策中汲取经验教训。后发优势对于一个可成功维系现代经济增长的经济体尤为有用, 如韩国、中国以及其他一些国家和地区。然而, 对于大多数贫穷国家和地区来说, 落后是严重的缺陷, 其中许多缺陷伴有殖民主义、奴隶制和 "冷战" 的流毒。鉴于这两种情况, 发展中国家不能简单效仿当今发达国家在其早期发展阶段的政策。

尽管这些国家间存在一些显著的差异, 中等收入和低收入国家之间的鸿沟越来越大, 但是大多数发展中国家仍然具有共同的明确发展目标。这些目标包括降低贫困、不平等和失业程度; 为每一位国民提供教育、健康、住房和食物供应; 扩大经济和社会机会的惠及范围; 促进国家统一。与这些经济、社会和政治方面的目标相关的是一些不同程度的共同存在的问题: 长期的极端贫困; 失业和就业不足; 收入分配不均; 农业生产力低下; 城乡生活水平和就业机会严重不平衡; 未享受经济增长带来的福利的民众的不满意情绪; 日趋严重的环境恶化; 陈旧且不合时宜的教育医疗体系和价值体系。因此, 我们有必要探讨这些关键的发展问题的相似性, 并从包含更多的发展中国家的角度来分析这些问题。

一个国家没有相应的社会、政治、法律和经济制度（如土地所有制、管理模式、教育结构、劳动力市场关系、财产所有权、合同法律、公民自由、实物和金融资产的调控和分配、税收和继承法律、信用）的变革，往往无法实现经济和社会的发展。但是，从根本上来说，每个发展中国家都会受到其可行政策选择的限制和其他特殊情况的制约，每一个国家都会找到适合自己的有效的经济和社会制度。发达国家的早期经验和现行制度以及其他一些发展中国家的例子，为政策的制定提供了重要的参考。尽管所有国家都具有制度革新的空间，但是欧洲和北美洲的经济制度较其他发展中国家的经济制度更宽松。发展中国家不能不经过调查就认定，照搬发达国家的政策和制度是实现经济发展最快捷的道路。至少对于某些发展中国家来说，过渡制度很可能是实现经济快速增长的最有效途径（见第 4 章末尾有关中国的案例研究）。

总之，本章特别指出大多数发展中国家共有的一些相似点，与当代发达国家的历史特点形成对比。本章还指出发展中国家在许多重要方面存在巨大差异，重点解释了造成收入和人类发展水平较低的根源是高度不平等、较差的制度以及教育和健康水平低下。虽然起初有这些缺陷，但只要施行适当的政策，发展中国家还是能够在加速经济和社会发展方面取得重大进展的。

确实，过去 50 年的经验表明发展是总会发生的，贫困陷阱也真实存在，但是摆脱贫困并实现持续发展是完全有可能的。在评价这些具体政策之前，我们将在接下来的几章中通过考察重要理论、发展和不发展模型来设定研究的背景。第 3 章将考察古典理论及其在诸多方面的作用和影响，第 4 章将研究合作失败模型和其他限制，以及避免这些失败和限制的理论策略。

案例研究 2 经济发展的比较：巴基斯坦和孟加拉国

1971 年，孟加拉国脱离巴基斯坦，宣布独立。在此之前，政治经济力量主要集中于现巴基斯坦。因为它们曾经同属一个国家，早些年拥有相同的国家政策，但是二者从中受益多寡不均，所以便于比较发展的研究。2009 年巴基斯坦和孟加拉国的人口数量基本相等（巴基斯坦 1.81 亿人，孟加拉国 1.62 亿人）。二者均位于南亚地区，多数国民信奉伊斯兰教，而且曾经都是英属印度殖民地的一部分。从 1943 年的孟加拉国大饥荒，到 1971 年由乔治·哈里森、埃里克·克莱普顿和鲍勃·迪伦主办的为孟加拉国难民发起的慈善音乐会，再到 1974 年独立后的饥荒，孟加拉国曾一度是世界受难者的代表。

但是，分析人士如威廉·伊斯特利认为巴基斯坦是"没有发展的增长"的典型例子，其社会指数相对于其收入和增长而言很低。与此同时，孟加拉国虽然还很贫穷，且仍受到过去巴基斯坦遗留下来的许多社会问题的困扰，但它一直进行改革，将过去饥饿的形象改为希望的象征。

孟加拉国获得独立时，舆论普遍认为其远远落后于巴基斯坦。确实，与巴基斯坦相比，孟加拉国社会经济发展比较落后，美国的一个政治家曾直言

孟加拉国为"国际上的无为之辈"。其他人稍微委婉些，将其称之为"发展的判例"，即如果孟加拉国都能实现发展，那么任何国家都可以。40 年以后，孟加拉国挫败了那些怀疑论者，事实上看似它可以通过这项测试。

孟加拉国的发展并非大大优于巴基斯坦。即使与其邻国印度相比，孟加拉国一些严重的发展问题仍然存在。尽管在独立时存在一些不利因素，且人们普遍对其发展不看好，但是孟加拉国还是在社会发展方面取得了较巴基斯坦更大的成就。孟加拉国是在较低的社会发展水平，甚至更低的收入水平之上开始其发展的。如果孟加拉国能够克服长期存在的政府管理问题，那么在未来几年内它将会取得更大的经济进步。

增长

巴基斯坦经购买力平价调整之后的收入仍远远高于孟加拉国（据世界银行估计，2011 年巴基斯坦是 2 880 美元，孟加拉国是 1 910 美元），但是购买力平价估算较难，近期其他一些估算方法显示二者之间的差距有所缩小。在 1950～2000 这半个世纪中，巴基斯坦的人均收入平均每年增长 2.2%，因

此，人均收入增长了两倍。包括印度在内的其他国家的增长率在上升，它的增长率却在逐年下降。增长率的下降或许是社会指数表现不良的结果。从2000年到2011年，巴基斯坦的GDP平均增长了4.9%（据世界银行），人口增长为1.8%，人均GDP增长为3.1%，但是巴基斯坦的快速增长能否持续还有待观察。这表明，巴基斯坦的包容性增长率远远低于孟加拉国。

2000～2011年，孟加拉国的GDP增长率平均为6%（据世界银行），人口增长为1.3%，人均GDP增长为4.7%，明显超过巴基斯坦。农业产出显著提高，2005年多种纤维协议的国际纺织品配额体系结束时，孟加拉国的服装厂（主要工作来源）增大了生存风险。市场反应的速度和敏锐度成为孟加拉国经济复苏的主要考验。到目前为止，结果比预期要好；而且全球就业危机的影响也相对较小。但是近来，由于工厂拥有者的疏忽导致工厂倒闭，使得其未来的发展岌岌可危。

贫穷

世界银行2013年世界发展指标（WDI）显示（基于2005年的数据），巴基斯坦23%的人口生活在贫困线（每天1.25美元）以下，与之相比，孟加拉国是51%。但是对于一度是"无为之辈"的孟加拉国来说，它在摆脱贫困方面已经取得了惊人的成就，最贫穷人口的收入也在增加。在降低极端贫困方面，该国之所以取得相对较快的进步，原因有多方面，其中包括较早较快地宣传绿色革命，当地非政府组织在农村地区摆脱贫困所发挥的重要作用，在出口工业雇用女性以及侨汇收入。孟加拉国仍然是一个极贫穷的国家，80%的人口每天的生活水平不足2美元，但是对于巴基斯坦来说，该比例也很高，为61%。不过这两个国家在UNDP的2010年多维度贫困指数（见第5章）中的得分几乎相同。巴基斯坦的得分是0.275，排名第70位，孟加拉国得分为0.291，排名第73位：巴基斯坦比孟加拉国稍微富裕一点。

教育和识字率

根据联合国教科文组织（UNESCO）的数据，巴基斯坦2011年15岁以上女性的识字率为40%（男性识字率为69%）。有些地区，尤其是俾路支和西北边境地区，识字率更低。虽然孟加拉国的女性识字率也不高，但无论从绝对还是相对标准来衡量，明显比巴基斯坦的女性识字率高。据UNESCO估计，2011年孟加拉国15岁以上女性的识字率为53%（男性识字率为62%）。每个学生在大学教育上的支出是小学教育的30倍。基础教育支出极不平等，大量资金流入那些几乎没有学生能够最终升入大学的学校。聘请的许多教师不是因为其专业能力，而是出于政治原因，"教师旷课"成了一个严重问题。伊斯特利和其他分析家如伊什拉特·侯赛因（Ishrat Husain）认为巴基斯坦教育和识字情况较差，源于统治阶级阻止穷人获得更多教育。

展望未来，孟加拉国已经在各阶段学校招生上先胜一筹。2011年，孟加拉国的中等教育入学率为52%，巴基斯坦为35%（据2013年世界银行WDI）：这将在未来几年中拉开识字率差距。在孟加拉国，30年前对穷人而言，上学是一件难以想象的奢侈之事。1990年只有一半的学生完成了小学教育，现在该比例超过了2/3。如今，孟加拉国的小学和中学招收女生和男生的比例为1.07∶1，而巴基斯坦这一比例仅为0.83∶1。正如我们前面所看到的，孟加拉国在男女教育水平上有望实现更大的平等性。非政府组织中的非正式教育组织如BRAC，为此做出了重要贡献（见第11章的案例研究）。不过两国现在还是取得了真正的进步。

卫生

如今孟加拉国的预期寿命为69岁，巴基斯坦为65岁（2012年数据）；但在1970年，巴基斯坦的预期寿命为54岁，孟加拉国的预期寿命为44岁。自1990年以来，孟加拉国的儿童普遍营养不良比例从2/3降到了不到50%。孟加拉国营养状况的改善得益于绿色革命。不过儿童营养不良水平在巴基斯坦仍然较低，大约为38%。

孟加拉国的5岁以下儿童死亡率大幅下降。在1970年独立前夕，孟加拉国5岁以下儿童死亡率为23.9%，巴基斯坦是18%。1990年，孟加拉国该比例降低到了13.9%，巴基斯坦为12.2%。2011年，两国都取得了重大进步，但是它们的位置却发生了转变，孟加拉国的5岁以下儿童死亡率为4.6%，巴基斯坦为7.2%。

人口

孟加拉国在减少生育方面较巴基斯坦取得了更大的进步。1971年独立后不久，两国的生育水平极高，平均每个女性生养6个孩子。截至2011年，孟加拉国的生育率降到了2.2，而巴基斯坦仅降到3.3（据2013年世界银行WDI）。随着社会经济的发展，生育水平呈下降趋势。女性能够获得更好的经济机会，无须依靠生育很多孩子来获得安全感。而且，生育水平降低，家庭、政府和非政府组织对每个孩子的教育健康投资就能够增加，下一代的生产力将得到提高。随着人口结构的转变，孟加拉国可实现良性循环（见第 6 章）。从不同的角度来看，假设人口增长和人均收入增长呈负相关关系（见第 6 章），持续的高生育水平预示了如我们前面所知的巴基斯坦的相对贫穷（虽然巴基斯坦的生育水平一直在降低）。由于两国遵循不同的发展道路，随着人力资本投资的增加，孟加拉国大有超越巴基斯坦之势，而不是简单的趋同。较早而有效的计划生育政策是孟加拉国取得进步的一个重要因素。

差异的理解

如何理解巴基斯坦在社会发展及近期增长方面落后于孟加拉国？如何改善？中东出口石油的海湾国家经常被引作"没有发展的增长"的判例。强国争夺自然资源的控制权，飞地经济的发展与其他经济部门的发展联系较弱，社会支出受到国防支出的排挤，因为一方面要抵御外部攻击，如 1990 年伊拉克对科威特的短暂占领，另一方面又要暗中控制国内人口。相比之下，巴基斯坦石油储藏量极少，其所需石油的 4/5 都需要进口，可能还要进口天然气。

有一点很重要，我们要认识到"巴基斯坦根本没有任何社会进步"的观点是错误的。与此同时要意识到，很多国家相对于其他国家而言进步甚小，甚至有些国家增长更为缓慢或呈负增长。为什么它们的增长如此缓慢？

地理

某种程度上，地理条件制约着国家的发展，在这一点上，孟加拉国似乎存在极大缺陷。在其他条件相同的情况下，世界上像孟加拉国这样的热带国家的发展普遍较差。巴基斯坦虽然也面临一些地理上的劣势，但还是优于孟加拉国。除新加坡以外，孟加拉国是世界上人口最为密集的国家。荷兰因拥挤而世界闻名，每平方公里有 495 人，而孟加拉国的人口密度大约是其 2 倍，每平方公里 1 174 人（据世界银行 WDI）。孟加拉国的人口达美国人口的一半之多，而其国土面积却还没有威斯康星州大。（其中的一个主要相对优势是，人与人之间的联系以及经济活动的进行较方便，这就促进了劳动力利益的分配。）

威廉·伊斯特利和罗斯·列文（Ross Levine）指出，拥有众多社会部门、种族群体和语言的国家，社会发展比较缓慢，增长率也较低。对此没有铁的定律，如毛里求斯也是一个极具多样化的国家，其经济发展却取得了巨大成功；印度也存在多方差异，但其发展比巴基斯坦和孟加拉国都好。孟加拉国是一个极度统一的国家，高达 98% 的人口都是孟加拉

人，都讲孟加拉语。巴基斯坦有着非常高的种族和语言多样性，甚至连它的名字也来源于四个地区的名称：旁遮普、阿富汗、克什米尔和俾路支省。其官方语言是乌尔都语，但只有 7% 的人口将其作为第一语言（使用最多的语言是庞加语，占 48%）。税收和服务的分配不均，以及融合最大的种族孟加拉族的失败，导致孟加拉国从巴基斯坦分离出去。伊斯特利认为，造成巴基斯坦的"派别之争在于民族语言的分裂"，并认为一个国家在社会等级、性别和种族方面两极分化严重，会导致其公共服务质量较差，巴基斯坦是该现象的典型代表。

性别平等

根据 2013 年的《社会观察报告》，孟加拉国在总体性别平等方面的得分为 0.55，巴基斯坦为 0.29。2008 年的巴基斯坦，只有 60% 的女性和男性一样接受过教育，而在 15 ～ 24 岁这个年龄段的受教育人数就较少。这是一个值得考虑的重要年龄段，因为它代表那些年龄足以接受完整教育，而又未受到过去历史影响的人（该影响往往造成年龄更大的人群的文盲率极高）。2008 年，孟加拉国女性对男性的识字率比例高达 83%。正如我们所知，如今孟加拉国接受小学教育的女孩人数远远多于男孩人数，而在巴基斯坦，女孩入学率不足男孩的 3/4。但是，两国的男女受教育比，即性别不平等指标均为 1.05（女孩死亡率较高）。

在社会就业机会获得方面，尤其是在服装业，女性自主能力明显提高。当务之急是改善安全问题：以西方标准来衡量，该问题尤为严峻，许多工人的工资低于官方最低工资标准。但是，外出工作的收入还是比做家庭主妇的收入要高，而且这些工作为过去成百上千毫无权利的女性提供了接触外部世界的机会。2012 年 10 月，一场工厂火灾造成 112 人死亡，2013 年建筑物坍塌造成 127 人死亡——历史上最惨重的服装厂灾难，这两起事故使得工厂女工的工作风险受到公众的关注。一半以上的死亡人数是女性，有些女性的孩子也同时身亡。工厂主可能会受到惩罚；在伤及无辜之前为了确保安全，政府、团体和社会都需采取行动。幸运的是，这场灾难没有被简单地看作是一场公共灾难，合作伙伴也没有将生产合同转向别国，2013 年一群欧洲零售商建立了"Accord"，一群北美的零售商建立了"Initiative"，设立标准和监工场地来生产他们的服装订单。对于这两个项目，许多社会团体评论员认为欧洲的 Accord 比北美的 Initiative 更具法律约束力，因此更有效（美国零售商认为这是因为他们能

够应对诉讼风险)。无论如何,孟加拉国的工人在这两个项目之间通过合作与协调而受益。

而巴基斯坦的情况未必更好,例如,2012 年 9 月巴基斯坦有 300 名服装工人死于工厂大火。

援助

巴基斯坦得到了外界的大量援助。自 1947 年独立以来,它是接受援助最多的三个国家之一,仅次于印度和埃及。继 2001 年美国"9·11"恐怖袭击事件以后,巴基斯坦被认为是美国重要的打击恐怖主义的一个战略联盟国。美国取消了对它的制裁,还增加了各种形式的援助。虽然自 2003 年以来,利用该机会,巴基斯坦的经济急速增长,但是历史证明巴基斯坦需要谨慎。巴基斯坦是美国在"冷战"期间的一个主要盟国,但它似乎从该联盟中获益甚微。孟加拉国则从援助中受益匪浅。有效利用这些援助或许重要,但更重要的是将其投入孟加拉国的非政府组织中。在孟加拉国,主要的非政府组织和类似组织都很注重妇女权利,且影响巨大。

政府及军队的作用

军队在巴基斯坦起到了非常重要的作用,1999～2008 年,该国由军队统治者穆沙拉夫将军治理。自 1947 年以来,由于巴基斯坦与印度在克什米尔地区的领土争端,两国长期对立,这一问题已经将大量财力和政府注意力从紧要的社会问题中转移,使国家只注重加强其军事力量。

孟加拉国自 1971 年独立的头 20 年里,军队非常活跃,但是 1990 年以后军队从政府和政治中撤出,这很可能是孟加拉国经济得以增长的一个重要因素。2007 和 2008 年,军事力量作为孟加拉国政府后台参与政治事务的这两年间,孟加拉国被普遍看作是相对和平的,2009 年才恢复公民选举权,但是 2013 年年末和 2014 年年初出现了政治对立和治安恶化。两国都存在腐败问题。实际上,2012 年的全球清廉指数中,国际透明组织给了这两个国家极低的分数,巴基斯坦是 27,孟加拉国为 26。

第三部门

在政府部门和私人部门都较弱的情况下,一国必须依靠第三部门,通常指那些非政府、非营利的民间团体。在这方面两国差异甚大。孟加拉国拥有世界最活跃的非政府组织,也是全亚洲地区最发达的组织。这将在第 11 章末尾的案例研究中进行详细探究,届时还将探讨非政府组织在摆脱贫困行动和微观金融项目中所发挥的不同作用,以及有关 BRAC 的研究。如果在巴基斯坦能够建立更庞大的非政府组织,并由受过良好教育的巴基斯坦人来领

导,那么它们对于巴基斯坦的发展可能会起到促进作用。

伊什拉特·侯赛因指出,巴基斯坦的增长属于"上层增长模型",他将该模型界定为下面三个方面的组合:强势的领导人或连任的领导人治理国家不遵循制衡原则;官僚政府官员唯领导人马首是瞻;公民被动顺从。他认为,"少数上层人物试图追求个人和家庭利益的最大化,由这部分上层人物长期执政的国家机关和政治力量,以及管理的失败,是所有问题的根源所在"。侯赛因指出,巴基斯坦自独立以来就已表现出这些特征,他还指出"统治者的专制、政府官僚机构的盲从以及普通国民的顺从,这三者的结合,使得利益增长不均且过于集中"。他总结道:"上层统治阶级发现永久性的低识字水平便于其统治。识字人口比例越低,统治者被取代的可能性就越小。"其中一个原因就是,女性作为一个整体受教育而为发展所带来的好处,未必会给当权者带来政治经济利益,尤其是给地方当权者。大地主对承租人在社会、政治和经济领域的控制在巴基斯坦的农村地区尤为显著。一些地主和商人很清楚,工人受到教育,尤其是女性,最终会强制要求制定适当的法律以保护其自身。有时,统治者出于自身的利益考虑,并不希望这样的事情发生。

结语

孟加拉国和巴基斯坦两国在社会发展方面的差异,并不会像其与斯里兰卡之间的差异那样惊人。虽然斯里兰卡持续遭受着国内冲突的困扰,但相对于其较低的收入水平而言,却具有较优的人类发展指数。而且孟巴之间的差异也不会像其与低收入国家(如印度)之间的差异那样显著,以及如人类发展水平相对较高的喀拉拉邦与发展水平较低的比哈尔邦之间的差异那样显著。巴基斯坦的经济增长优于其他许多国家,而这些国家在现有的援助之下也取得了较大的社会进步。对巴基斯坦发展的另一观点就是,即使没有对教育和卫生的高投入,也能够实现经济增长。但是从长远趋势来看,巴基斯坦增长减缓,而孟加拉国增长加速,这使得以上观点站不住脚。正如伊什拉特所推断的:

精明的管理人才和毫无技能的工人都能获得一定程度的发展和增长,但是随着时间的推移,如果人力资本不随其他要素同比例增长,这一发展策略的收益就会减少。这与 20 世纪 80 年代中期至今的增长下降是一致的……地主采用强大的灌溉网络和绿色革命,雇用没有技能的劳动力,也可实现农业的增长。但是如果灌

溉土地和人力资本不与其他生产要素同步发展，农业增长的收益也会逐渐减少。

　　这两个国家的发展水平差异并不大，但是基于

两国在 1971 年分裂时的巨大差异，上述情况本身已成为重大发现。

资料来源

Alderman, Harold, and Marito Garcia. "Food security and health security: Explaining the levels of nutrition in Pakistan." World Bank Working Paper PRE 865. Washington, D.C.: World Bank, 1992.

Easterly, William. "The political economy of growth without development: A case study of Pakistan." In *In Search of Prosperity: Analytic Narratives on Economic Growth*, ed. Dani Rodrik. Princeton, N.J.: Princeton University Press, 2003.

Easterly, William, and Ross Levine. "Africa's growth tragedy: Policies and ethnic divisions." *Quarterly Journal of Economics* 112 (1997): 1203–1250.

Heston, Alan, Robert Summers, and Bettina Aten. *Penn World Table*, version 6.3, August 2009. http://pwt.econ.upenn.edu/php_site/pwt63/pwt63_form.php.

Husain, Ishrat. *Pakistan: The Economy of an Elitist State*. New York: Oxford University Press, 1999.

Hussain, Neelam. "Women and literacy development in Pakistan." Working paper.

Instituto del Tercer Mundo. *Social Watch Report, 2004*. Montevideo, Uruguay: Instituto del Tercer Mundo, 2004.

Population Reference Bureau, *World Population Datasheet, 2012*, and earlier years.

Razzaque, Muhammad Abdur. "Vision 2021: Bangladesh charts a path toward food security." *IFPRI 2012 Global Food Policy Report*, pp 80–82.

Sen, Amartya. *Development as Freedom*. New York: Knopf, 1999.

Smith, Stephen C. "The miracle of Bangladesh: From basket case to case in point." *World Ark*, May/June 2009, pp. 13–21.

Summers, Lawrence H. "Investing in all the people." World Bank Working Paper PRE 905. Washington D.C.: World Bank, 1992.

UNICEF. *State of the World's Children, 2010*. New York: UNICEF, 2010.

United Nations. *Human Development Report*, various years. New York: Oxford University Press.

World Bank. *World Development Indicators*, various years. Washington, D.C.: World Bank.

—— *World Development Report*, various years. New York: Oxford University Press.

问题讨论

1. 欠发达国家间尽管存在巨大差异，但其经济存在许多共同问题。这些问题是什么？你认为哪些问题是最重要的？为什么？

2. 解释说明较低生活水平和较低人均收入之间的区别。低生活水平能否与高人均收入同时存在？请解释并举例。

3. 能否举出书中未提到的欠发达国家的其他共同特点？列出 4～5 个，并简要证明之。

4. 你认为卫生、劳动生产力和收入水平之间是否存在紧密联系？请解释。

5. 用 "劣势地位、依附性和脆弱性" 来描述发展中国家与发达国家的关系有什么意义？请举例说明。

6. 解释发展中国家在政治、经济和社会结构方面的不同。

7. 人类发展指数作为衡量人类福利的手段，有哪些优点和缺点？如果由你来设计 HDI，会有什么不同之处，为什么？

8. "对于经济增长而言，社会和制度创新与科学发明及技术创造同等重要。" 这句话的意义是什么？请解释。

9. 为什么许多国家希望发达国家和发展中国家之间实现收入趋同，而目前这种现象只在极有限的几个国家得以实现，并且趋同程度较低，为什么？请解释。

10. 什么是良好的经济制度，为什么这么多的发展中国家都缺乏这样的制度，发展中国家怎样做才能拥有好的经济制度，请说明。

11. 全世界的所有国家中，哪个衡量方法最公平，以汇率计算 GNI 公平还是以购买力平价计算 GNI 更公平？请解释。

12. "与撒哈拉以南非洲相比，南亚人均收入水平较低。" 请对该陈述的正确性给予评价。

13. "殖民流毒" 是什么意思？对其坏处和可能存在的好处进行讨论。

14. 给出发展中国家所具有的 5 个特征。根据这些特征，相对于发达国家而言，讨论发展中国家间的差异。

15. 讨论传统的 HDI 与 NHDI 之间的区别。在何种情况下，你认为这两种衡量标准都适用？

16. 在 mita 体系中，梅丽莎·戴尔的研究核心是什么，其对经济发展研究有何意义？

注释和推荐阅读

1. Alan Heston, Robert Summers, and Bettina Aten, *Penn World Table*, version 6.3, Center for International Comparisons of Production, Income and Prices, University of Pennsylvania, August 2009, http://pwt.econ.upenn.edu/php_site/pwt63/pwt63_form.php. Data for 2007.

2. World Bank, *World Development Indicators, 2013*. (Washington, D.C.: World Bank, 2010), tab. 1.1. Data for 2011. 这些实际衡量方法反映了购买力平价（见本章较靠后部分内容）。

3. United Nations Development Programme (UNDP), *Human Development Report*, 2005 (New York: Oxford University Press, 2005), 第38页。据报告全球基尼系数为0.67（用该系数衡量不平等的详细内容见第5章）。

4. World Bank, *World Development Indicators, 2010*, various tables. 其中的一些对比情况在表2-3中进行了总结。

5. 有关国家分类和其他更多重要的比较数据信息，请登录世界银行网站http://www.worldbank.org/data, OECD 的网站http://www.oecd.org/oecd, 以及联合国开发计划署网站http://www.unohrlls.org/en/ldc/related/59/。一些最不发达国家如赤道几内亚在"准予通过"之列；但是在人力资本或经济脆弱性方面，赤道几内亚没有达到"通过标准"。

6. 如果不按照PPP对价格做相应调整的话，其结果就是在美国普遍适用的相对价格（如基准货币），在其他国家也适用（意思就是计算所得总收入将不符合基准国物价水平，比如将其兑换为英镑，两者结果就会各不相同）。将相对价格差异计算在内，就能找到替代其市场上低价商品的商品，因而能更准确地对生活标准进行比较。有关用PPP计算收入的详细情况请登录2011 International Comparison Program 的网站http://siteresources.worldbank.org/ICPEXT/Resources/ICP_2011.html, 联合国数据部门的网站http://unstats.un.org/unsd/methods/icp/ipc7_htm.htm 和宾夕法尼亚大学世界数据库（Penn World Table），载于网站http://pwt.econ. upenn.edu/aboutpwt2.html。这些数据着实显示了用美元来表示的一个国家购买商品和服务的能力的有用指标，但

是它会误导人们用此来衡量其国内购买力。

作为衡量经济情况和福利指标的GNI和PPP的计算还有其他一些缺陷。例如，GNI没有考虑自然资源损耗，它只包含了从自然灾害（如地震、飓风和洪水）到污染行为和保护环境所造成的支出（见第10章）。它往往忽略非货币性业务、家居无报酬劳力以及必需品消费（见第9章）。生活于贫困中的人们所消费的产品及其价格与非贫困人口不同。最后，GNI数据也未将收入分配（见第5章）考虑在内，或者是能力而非收入。

7. 这要通过一种特殊的方法来完成。首先，与式（2-3）和（2-4）一样，式（2-1）代表每个组成部分。然后，正如UNDP那样，计算指数的几何平均值。最后，式（2-1）再次利用到指数的平均值中。当指数为0时为极小值，指数的最高几何平均值就是在考察期内的极大值。这等同于直接用式（2-1）计算几何平均值。更进一步的详细阐述，参见网址http://hdr.undp.org/en/media/HDR%202013%20technical%20notes%20EN.pdf。

8. NHDI中的三部分还是具有可替代性的，但是没有HDI中的可替代性强。专栏2-1中的最后一个等式反映的就是对这三个变量来说，求几何平均值与求其和的立方根是相等的。在专栏2-2中的第4个方程式，可见如何对其两部分求几何平均值，最终算得整体教育指数。求几何平均值的一个有趣的评论文章表明，它不仅仅是一个不同的方程式，也会考虑到不完全替代，参见Martin Ravallion, "Troubling Trade offs in the Human Development Index," World Bank Policy Research Working Paper No.5484, 2010。

9. UNDP 新的测量方法，参见http://hdr.undp.org。

10. 低收入可以通过储蓄（广义）得以弥补，这反映出该低收入国家经济非可持续的本质。

11. See, for example, Jeffrey D. Sachs, *The End of Poverty: Economic Possibilities for Our Time* (New York: Penguin, 2005).

12. World Bank *World Development Indicators, 2013*.

13. Gunnar Myrdal, *Asian Drama* (New York: Pantheon, 1968), app. 2.

14. 有关国际贫困陷阱的激烈讨论及其原因请见第

4 章。当然经济增长是发展中国家间广泛差异的一个方面,诸如东亚出现前所未有的增长,而撒哈拉以南非洲大部分地区长期处于停滞。经济增长是下一章中的一个主要话题。

15. 相对一个国家的规模来说,有关其相对利益和成本,参见 Alberto Alesina and Enrico Spolaore, "On the number and size of nations," *Quarterly Journal of Economics* 112 (1997): 1027-1056。

16. 对于该问题的探讨,以印度为背景,参见 Kaushik Basu, "Teacher truancy in India: The role of culture, norms and economic incentives," January 2006, http://ssrn.com/abstract=956057。第 8 章和第 11 章我们会回到这一主题。

17. 参见 表 2-3、3、4、5 列。参见 World Bank, *World Development Indicators, 2007*, tabs. 2.14 through 2.20, and World Health Organization, *World Health Report, 2006*, http://www.who.int/whr/2006/en/index.html.

18. 广泛使用的基准是每日更新的美元值。1.25 美元的标准值使用率高的原因请见第 5 章。世界银行 2013 年 4 月更新的贫困数据为 1.2 亿人,这相当于全球人口的 12%,2013 年 7 月 10 日,下载于 http://www.worldbank.org/content/dam/Worldbank/document/State_of_the_poor_paper_April7.pdf。

19. UNDP, *Human Development Report, 2006*, p. 269.

20. World Bank, *World Development Indicators, 2007*, tab. 2.7.

21. World Bank, *Global Monitoring Report, 2007* (Washington, D.C.: World Bank, 2007), tab. A.1. For recent evidence, please see Shaohua Chen and Martin Ravallion, "The developing world is poorer than we thought, but no less successful against poverty." Policy Research Working Paper 4703, World Bank, August 2008.

22. 同上,40 ~ 41 页; World Bank, *World Development Report, 2000/2001* (New York: Oxford University Press, 2000); *World Development Indicators, 2007*, tab.2.1;Population Reference Bureau, *2006 World Data Sheet*, http://www.prb.org/pdf06/06WorldDataSheet.pdf. 有些经济学家认为这些数据低估了贫困的发生率,但是至少截至 2006 年,这一趋势的发展态势是良好的。自此,世界银行报告,高昂的食品价格和全球金融危机所带来的不良后果,使得脱贫的步伐大幅放缓。

23. Population Reference Bureau, *World Population Trends 2012*; World Bank, *World Development Indicators, 2010*, tab. 2.1; Population Reference Bureau, 2009 *World Data Sheet*, http://www.prb.org/pdf10/10WorldDataSheet.pdf. For the population projections, see United Nations, Population Division, "World Population Prospects: The 2008 Revision," June 2009, http://www.un.org/esa/population/publications/popnews/Newsltr_87.pdf.

24. 美国人口资料局,2010 世界数据表。

25. See William Easterly and Ross Levine, "Africa's growth tragedy: Policies and ethnic divisions," *Quarterly Journal of Economics* 112 (1997): 1203-1250, and Alberto Alesina et al., "Fractionalization," *Journal of Economic Growth* 8 (2003): 155-194.

26. 有关这些问题的讨论和最谨慎的数据生成,参见 Gillette Hall and Harry Anthony Patrinos, eds., *Indigenous Peoples, Poverty and Human Development in Latin America: 1994-2004* (New York: Palgrave Macmillan, 2006); Haeduck Lee, *The Ethnic Dimension of Poverty and Income Distribution in Latin America* (Washington, D.C.: World Bank, 1993); and Paul Collier, "The political economy of ethnicity," *Annual World Bank Conference on Development Economics, 1998* (Washington, D.C.: World Bank, 1999).

27. 有关复杂统计问题的回顾,这些问题旨在整理种族、宗教和语言分裂所具有的影响,参见 Alesina et a1., "Fractionalization"。早前一篇论文里得出的结论与此不同,它所运用的是不完整的衡量法,那就是伊斯特利和列文的"非洲的增长悲剧"。

28. 美国、英国、日本、德国、法国、意大利和加拿大组成了最初的七国集团(G7),被视为全世界最发达的经济体,每年开会共同对全球经济政策进行深思;该集团后来扩大为包括俄罗斯在内的八国集团(G8)。

29. See David Landes, *The Wealth and Poverty of Nations: Why Some Are So Rich and Some So Poor* (New York: Norton, 1998); Jared

Diamond, *Guns, Germs, and Steel: The Fates of Human Societies* (New York: Norton, 1997); John Luke Gallup, Jeffrey D. Sachs, and Andrew D. Mellinger, "Geography and economic development," *Annual World Bank Conference on Development Economics, 1998* (Washington, D.C.: World Bank, 1999), pp. 127–178; and Paul Collier, *The Bottom Billion* (Oxford: Oxford University Press, 2007), who emphasizes the combination of being landlocked with "bad neighbors."

30. 例如，有关政府间气候变化专门委员会，"Fourth assessment report: Climate change 2007"，请登录网站http://www.mnp.nl/ipcc/pages_edia/AR4-chapters.html。政府间气候变化专门委员会是由世界气象组织和联合国规划署建立的，来评估与气候变化有关的科学的、技术的和社会经济信息的有效性，其潜在影响以及对适应和减缓气候变化做出选择。2007年该组织获得了诺贝尔和平奖。详细信息请见第10章。

31. 有关信息获得的重要性的详细分析，许多发展中国家在此方面较匮乏，以及在有限市场环境下，政府在提高知识和改善信息获得方面所发挥的重要作用，请见世界银行，World Bank, *World Development Report*, 1998/99: *Knowledge for Development* (New York: Oxford University Press, 1998), pp. 1–15。

32. 在Daron Acemoglu和James A.Robinson的研究中，将这三因素界定为关键因素。参见他们的 Economic Origins of Dictatorship and Democracy (New York: Cambridge University Press, 2005) 及注释58。正如丹尼·罗德里克指出的那样，值得注意的是，这些被看作是有利的机构是相互联系在一起的。我们无法分辨这些机构中哪个最重要，以及这些机构要以怎样特殊的方式来完成它们的主要功能。

33. 参见 Kenneth L. Sokoloff and Stanley L. Engerman, "Factor endowments, institutions, and differential paths of growth among New World economies: A view from economic historians of the United States," in *How Latin America Fell Behind: Essays on the Economic Histories of Brazil and Mexico* ed. Stephen Haber, (Stanford, Calif.: Stanford University Press, 1997)。这些作者引用的其他著作参见注释58。

34. 参见 Nathan Nunn and Leonard Wantchekon, "The slave trade and the origins of mistrust in Africa," *American Economic Review* 101, No. 7 (December 2011): 3221–3252.

35. 避免正式殖民化难以保证经济发展——阿富汗和埃塞俄比亚作为常用案例来解释该说法。然而，还应注意的一点是，阿富汗虽然没有被完全殖民地化，但是从19世纪早期到20世纪早期它一直受到英国和俄国侵略者（后来受到苏联军队的持续困扰）的间接统治；埃塞俄比亚则受到意大利和英国的侵略和骚扰。（利比里亚是另一个常被引用的案例，也受到发达国家的影响。）

36. 有关"理论"和"独创性"在经济的长期发展中所发挥的作用的一个新颖而激进的分析，请参见 Paul M. Romer, "Idea gaps and object gaps in economic development," *Journal of Monetary Economics* 32 (1993): 543–573, and Thomas Homer-Dixon, "The ingenuity gap: Can poor countries adapt to resource scarcity?" *Population and Development Review* 21 (1995): 587–612.

37. Romer, "Idea gaps," 543.

38. See, for example Gallup, Sachs, and Mellinger, "Geography and economic development," pp. 127–178; Desmond McCarthy, Holger Wolf, and Yi Wu, "The growth costs of malaria," NBER Working Paper No. W7541, February 2000; and John Luke Gallup and Jeffrey D. Sachs, "The economic burden of malaria," Harvard University CID Working Paper No. 52, July 2000. See also p. 85.

39. Brinley Thomas, *Migration and Economic Growth* (London: Cambridge University Press, 1954), p. viii.

40. 有关从地中海地区到西欧国际移民的过程及其意义的描述和说明，请参见 W. R. Böhnung, "Some thoughts on emigration from the Mediterranean basin," *International Labour Review* 14 (1975): 251–277.

41. Congressional Budget Office study, June 18, 2013, http://www.cbo.gov/publication/44225.

42. 关于这一话题的分析，请参见 Douglas Massey, "The new immigration and ethnicity in the

United States," *Population and Development Review* 21 (1995): 631-652.

43. UNDP, *Human Development Report*, 1992 (New York: Oxford University Press, 1992), p. 57.

44. 有关印度信息技术工人移居国外的内容，请参见 "India's plan to plug the brain drain," *Financial Times*, April 24, 2000, p.17.

45. World Bank, "Migration and development briefs," http://go.worldbank.org/R88ONI2MQ0.

46. 对于该话题的回顾总结，请见 UNDP, *Human Development Report*, 2009, http://hdr.undp.org/en.

47. For a discussion, see Simon Commander, Mari Kangasniemi, and L. Alan Winters, "The brain drain: Curse or boon? A survey of the literature," in *Challenges to Globalization: Analyzing the Economics* (Chicago: University of Chicago Press, 2004), pp. 235-272. See also C. Simon Fan and Oded Stark, "International migration and 'educated unemployment,'" *Journal of Development Economics* 83 (2007): 76-87.

48. 有关历史发展及其与当代发展中国家的关联性的理论请参见 Marvin Goodfriend and John McDermott, "Early development," *American Economic Review* 85 (1995): 116-133。Goodfriend 和 McDermott 认为，长期的经济发展要经历四个基本过程：开发收益递增的专业化，从基本需求品生产到市场生产的转变，知识和人力资本的积累以及工业化进程。关于发展中国家，他们认为"广泛运用的原始生产过程与相对现代化技能的应用的同时存在，是欠发达国家最显著的特点"（第 129 页）。

49. Douglass C. North, "Economic performance through time," *American Economic Review* 84 (1994): 359-368, and Douglass C. North, *Institutions, Institutional Change and Economic Performance* (New York: Cambridge University Press, 1990). 有关经济发展和政治进步（包括开明化及人权和法律权利的扩大）的分析请参考 Acemoglu and Robinson, *Economic Origins of Dictatorship and Democracy* 以及 Acemoglu and Robinson, *Why Nations Fail*, 2012。该分析的理论依据为经济学理论和全球 500 年的历史记载。

50. 第 3 章和第 4 章关于经济增长的研究更加紧密，其中包括递减的收益是否可以带来总体的增长这种具有争议的观点。有关这两种效应的著名的直观讨论，请参考 Eli Berman, "Does factor-biased technological change stifle international convergence? Evidence from manufacturing," NBER Working Paper, rev. September 2000。不过，需要注意的是其他因素，例如制度的优劣，在解释人均收入时，制度优劣也许至少与人均资本同等重要，这将在第 3 章和第 4 章中讲解。有关长期以来发展中国家和发达国家之间的差异，请参考 Pritchett, "Divergence, big time"。

51. 自工业化开始以来出现的不平等的"大分歧"效应，较早且较长一段时期都更加趋于不同，但是有证据显示 2001～2007 年曾出现过趋同的现象（虽然是较短暂的一段时期，却是激动人心和激发学者研究兴趣的一段时期，值得关注）；有关这一现象在金融危机以后是否能够继续或者扩大其发生范围，有待数据来对其加以确定。图 2-7 中的图标样本标准如下。所有数据都是根据运用购买力平价计算的全球主要经济数据而建立的。要想将一个国家包括在内，就需要在取样周期的 PWT 数据库里有可用数据；截至 1980 年年初，有相对较少的几个国家被删除。从全球来看，有 6 个国家（文莱、卡塔尔、阿拉伯联合酋长国、利比亚、沙特阿拉伯和科威特）被排除在外，因为从 1980 年开始的抽样周期里，由于短暂的石油价格的上涨导致其收入水平较高。1980 年世界银行的《世界发展报告》，以 1980 年为基准年，发展中国家被包括在内的标准就是其为低收入或中等收入国家；运用早前国家分类标准可避免出现偏差，即被排除在外的国家快速发展成为高收入国家。但是，这一标准的隐含意义是计划经济国家和石油出口国家被排除在外；在 1980 年的《世界发展报告》中，这两组国家具有各自不同的分类，但不是基于收入水平的分类，中国作为中央计划经济国家被排除在外。因为这只是一个基准点，所以将其排除在外并不会导致无法找到这一时期国家趋同的证据（但是自 1989 年以来，人口权重趋同是在中国人均收入快速增长的推动下发现的，该研究包括中国在内）。在绘制 OECD 趋同图时，包括其最初成员和日本、芬兰、澳大利亚以及新西兰，这四个国家是在 OECD 成立后，并且在 1973 年之前加入的（此后再没有国家加入该组织，直到 1994 年墨西哥加入）。另外，由于 1990 年原西德与原东德重新统一后所带来的统计方面的问题，所以西德也被排除在当时的研究之外。

52. For a detailed discussion, see J. Bradford De Long, "Productivity growth, convergence, and welfare: Comment," *American Economic Review* 78 (1988): 1138–1154.

53. 数据来源于 *Human Development Report,2005*, ch1。该图表示，与美国相比，中国的相对及绝对收入趋同，请参见 Stephen C. Smith, http://www.gwu.edu/ ～ iiep/G2/。这种绝对不平等的测量方法也可用于解决其他有关趋同和趋异问题，但是很少有人这么做。例如，它可以用于国家范围或国际范围的规模性收入分配的测量，但是通常运用首选财产来衡量不平等的方法，其实就是对相对收入进行比较。详细内容见第 5 章。

54. UNDP, *Human Development Report 2013*, p.13.

55. Branko Milanovic, "True world income distribution, 1988 and 1993: First calculation based on household surveys alone," *Economic Journal* 112, (2002) 51–92.

56. See Dani Rodrik, "Unconditional convergence in manufacturing," *Quarterly Journal of Economics* 128, No. 1 (2012): 165–204.

57. 感谢 Daron Acemoglu、Shahe Emran、Stanley Engerman 和 Karla Hoff 对于这一部分所做的有益的评论。此处讲到的所有因果关系并不都是由同一类型的证据证明的。有些是以普遍被人们所接受的统计资料为支撑。其他因果关系来自前人的研究。所有讨论过的因果关系在发展经济学这一领域都被认为是造成发展结果各不相同的根本因素。有关该讨论见图 2–9 中的箭头部分。

58. For very readable introductions to this research, see Daron Acemoglu, Simon Johnson, and James A. Robinson, "Understanding prosperity and poverty: Geography, institutions, and the reversal of fortune," in *Understanding Poverty*, eds. Abhijit Banerjee, Roland Benabou, and Dilip Mookherjee (New York: Oxford University Press, 2006), pp. 19–36, and Stanley L. Engerman and Kenneth L. Sokoloff, "Colonialism, inequality, and long-run paths of development," in *Understanding Poverty*, pp. 37–62. See also Daron Acemoglu, Simon Johnson, and James A. Robinson, "The colonial origins of comparative development: An empirical investigation," *American Economic Review* 91 (2001): 1369–1401, and Kenneth L. Sokoloff and Stanley L. Engerman, "History lessons: Institutions, factor endowments, and paths of development in the New World," *Journal of Economic Perspectives* 14 (2000): 217–232. For an excellent review of the work of these authors, see Karla Hoff, "Paths of institutional development: A view from economic history," *World Bank Research Observer* 18 (2003): 205–226. See also Dani Rodrik, Arvind Subramanian, and Francesco Trebbi, "Institutions rule: The primacy of institutions over geography and integration in economic development," *Journal of Economic Growth* 9 (2004): 135–165, and Dani Rodrik and Arvind Subramanian, "The primacy of institutions, and what this does and does not mean," *Finance and Development* (June 2003), http://www.imf.org/external/pubs/ft/fandd/2003/06/pdf/rodrik.pdf.

59. On the role of geography, see Diamond, *Guns, Germs, and Steel*; Gallup, Sachs, and Mellinger, "Geography and economic development"; Jeffrey D. Sachs, "Institutions don't rule: Direct effects of geography on per capita income," NBER Working Paper No. 9490, 2003; and Jeffrey D. Sachs, "Institutions matter, but not for everything," *Finance and Development* (June 2003), http://www.imf.org/external/pubs/ft/fandd/2003/06/pdf/sachs.pdf. See also Douglas A. Hibbs and Ola Olsson, "Geography, biogeography and why some countries are rich and others poor," *Proceedings of the National Academy of Sciences* (2004): 3715–3740; for a discussion on landlocked status as it affects poor African economies, see Paul Collier, *The Bottom Billion: Why the Poorest Countries Are Failing*

and What Can Be Done about It (Oxford: Oxford University Press, 2007), pp. 53−63, 165−166, and 179−180.

60. 参见 Quamrul Ashraf and Oded Galor, "The 'Out of Africa' hypothesis, human genetic diversity, and comparative economic development," *American Economic Review* 103 (2013): 1−46. 政策是否有意义仍然存疑。

61. 第 4 章有关于协调失灵问题的分析, 以及采取相应机制应对该问题的重要性。

62. 相关讨论可参考 North, *Institutions, Institutional Change and Economic Performance*; Justin Lin and Jeffrey Nugent, "Institutions and economic development," *Handbook of Economic Development*, vol. 3A (Amsterdam: North Holland, 1995); Dani Rodrik, "Institutions for high−quality growth: What they are and how to acquire them," *Studies in Comparative International Development* 35, No. 3 (September 2000): 3−31; and Acemoglu, Johnson, and Robinson, "Understanding prosperity and poverty." 需要注意的是该段中所讲述的许多制度的优劣在整篇文章中都是相互关联的, 但在哪些制度是最重要的, 以及在急速增长时期, 各制度在何种程度上可以实现相互替代等问题上存在争议。

63. 作为一种确定已建立的制度类型的工具 (值得注意的是学者们关于这一工具已进行了广泛的辩论)。有关此问题的讨论以及一些重要说明, 可参考 Rodrik, Subramanian, and Trebbi, "Institutions rule"。

64. 利用最初定居者死亡风险的外生性, 对收入和分配进行同时调控, 这一问题是在此之后才出现的 (运用不同数据的其他方法也说明地理因素发挥了一定作用; 参见 Sachs 的文章中的第 59 个注释)。Acemoglu, Johnson, and Robinson, "Colonial origins of comparative development." The schema on page 1370 in their paper corresponds to links 3−10−18−21 or 3−10−19−22 in Figure 2.10 in this text. Daron Acemoglu, Simon Johnson, James A. Robinson, and Yunyong Thaichareen, "Institutional causes, macroeconomic symptoms: Volatility, crises and growth," *Journal of Monetary Economics*

50 (2003): 49−123. For a summary, see Daron Acemoglu, "A historical approach to assessing the role of institutions in economic development," *Finance and Development* (June 2003), http://www.imf.org/external/pubs/ft/fandd/2003/06/pdf/Acemoglu.pdf. 然而这没有任何价值, 因为在殖民时期早期, 那些希望移居拉丁美洲和加勒比地区 (也可以是后来的一些其他殖民地) 的定居者有时受到移民法规的制约。Stanley L. Engerman and Kenneth L. Sokoloff, "Factor endowments, inequality, and paths of development among New World economies," *Jornal of LACEA Economia* 3, No.1 (Fall) (2002): 41−109. 还有一些有关 18 世纪大量死亡率的数据的运用问题, 这些数据可能与早期死亡率 (无法获得) 不同。这就说明以死亡率为数据基础的研究很可能存在种种缺陷。For a debate, see David Y. Albouy, "The colonial origins of comparative development: An empirical investigation: Comment." *American Economic Review*, 102, No. 6 (2012): 3059−3076, and Acemoglu, Johnson, and Robinson, "The colonial origins of comparative development: An empirical investigation: Reply." *American Economic Review*, 102, No. 6 (2012): 3077−3110. See also Rodrik et al., "Institutions rule," and Pranab Bardhan, "Institutions matter, but which ones?" *Economics of Transition* 13 (2005): 499−532.

65. Sokoloff and Engerman, "History lessons"; Engerman and Sokoloff, "Colonialism, inequality, and long−run paths of development."

66. Engerman and Sokoloff, "Colonialism, inequality, and long−run paths of development." 有关北美制度发展方面劳动力稀缺的影响, 可参考 David Galenson, "The settlement and growth of the colonies: Population, labor and economic development," in *The Cambridge Economic History of the United States*, vol. 1, eds. Stanley L. Engerman and Robert Gallman (New York: Cambridge University Press, 1996).

67. See Daron Acemoglu, Simon Johnson, and James A. Robinson, "Reversal of fortune: Geography and institutions in the making of the modern

world income distribution," *Quarterly Journal of Economics* 118 (2002): 1231–1294. 该文章主要内容是逆转，"独立理论"这一主题与此颇为相似，请见第3章。

68. 事实上，阿西莫格鲁（Acemaglu）、约翰逊（Johnson）和罗宾逊（Robinson）的理论可以说是对独立理论的彻底颠覆。有学者认为发展限制来自外国侨民，但是在阿西莫格鲁的理论中，最根本的发展问题是攫取制度的存在，无论其攫取者是侨民还是外国人，正确的制度应该鼓励投资，无论其投资者是谁。优选制度例如给予私有财产权更多的尊重。他们争论的意义就是让现代的富裕国家改变其现行制度而转向发展中国家，这比实现当地制度改革更为重要，但是假设过去的殖民国家转变为更加开明的国家这一目标有可能实现，过去的殖民国家或许会被要求为这一转变支付费用。不平等使得改革难以完成。

69. 有关证据可参考 Acemoglu, Johnson, and Robinson, "Reversal of fortune"。这些证据曾招致某些经济学家的批评，因为有关现代制度的衡量实际上显示出了很大的可变性而不是持久性，还可能遵循增长而不是带来增长；请参考 Edward L. Glaeser, Rafael La Porta, Florencio Lopez de Silanes, and Andrei Shleifer, "Do institutions cause growth?" *Journal of Economic Growth* 91 (2004): 271–303。他认为人力资本是相当重要的一个基础因素。但是具体的政治制度如何改革才能与经济制度的稳定性保持一致，有关这一问题的理论分析，可参考 Daron Acemoglu and James A. Robinson, "De facto political power and institutional persistence", *American Economic Review* 96 (2006): 326–330。在一个国家内部，长久以来的教育事实上并没有带来共和，关于这一论述的一个可提供证据的经验分析，可参考 Daron Acemoglu, Simon Johnson, James A. Robinson, Pierre Yared, "From education to democracy?" *American Economic Review* 95 (2005): 44–49. Other critical commentary is found in Pranab K. Bardhan, "Institutions matter, but which ones?" *Economics of Transition* 13 (2005): 499–532.

70. 这方面的证据来自历史。请参见 Landes, *Wealth and Poverty of Nations*。例如，被山川、航道和河流割裂的大陆助长了政治竞争，促进了制度发展。请参见 Diamond, *Guns, Germs, and Steel*。

71. See David Fielding and Sebastian Torres, "Cows and conquistadors: A contribution on the colonial origins of comparative development," *Journal of Development Studies* 44 (2008): 1081–1099, and James Feyrer and Bruce Sacerdote, "Colonialism and modern income: Islands as natural experiments," *Review of Economics and Statistics* 91 (2009): 245–262. 这两项研究都是建立在阿西莫格鲁、约翰逊和罗宾逊的开创性研究之上的。

72. Fielding and Torres, "Cows and conquistadors." 新欧洲主要是指美国、加拿大、澳大利亚和新西兰。

73. See Feyrer and Sacerdote, "Colonialism and modern income." 作者将风向和风速作为测量各个岛屿被殖民地化的时间和类型的工具变量。他们发现殖民地化时长与收入以及儿童存活率呈正相关。他们还认为与1700年以前殖民地的经历相比，1700年以后的殖民地的经历对现代社会的收入增加更有益，同时使得殖民关系发生改变。但是，值得注意的是，该研究中的一些岛国现在仍然是殖民地国家，如法国境外地区就居住着大量欧洲人口。在其他一些曾经独立的殖民地，具有较高的收入水平，其最初的居住者大部分都已被消灭——这些事实是用来说明，从那些被殖民地化的国家的角度来看，殖民地化越久并不代表利益就越大。但是，从正面的历史的角度来看，斯坦利·恩格曼指出，在后殖民时期，正是欧洲人结束了非洲的奴隶制（与作者的一次私人交流）。

74. 为支持有关不平等的负面影响的计量经济学证据，他们运用了受恩格曼和索科洛夫的假设启发而制定的鉴定策略，请参见 William Easterly and Boss Levine, "Tropics, germs, and crops: The role of endowments in economic development," *Journal of Monetary Economics* 50 (2003): 3–39. For a different argument, see Edward L. Glaeser, Giacomo Ponzetto, and Andrei Shleifer, "Why does democracy need education?" NBER Working Paper No. 12128, March 2006; however, see also Acemoglu et al., "From education to democracy?" For

alternative perspectives, see Acemoglu and Robinson, *Economic Origins of Dictatorship and Democracy*. 到底是经济不平等更重要，还是政治不平等更重要，现在还不明确，因为政治家们权力在握时就会积累财富。有趣的是，一项研究表明政治不平等更重要，具体内容可参见 Daron Acemoglu, Maria Angelica Bautista, Pablo Querubin,and James A.Robinson, "Economic and political inequality in development: The case of Cundinamarca, Colombia," June 2007, http://econ-www.mit.edu/faculty/download_pdf.php?id=1510。

75. 尽管 21 世纪到目前为止，不平等现象在北美不断加剧，在拉丁美洲则有所缓减，但是对比仍然极度强烈。有关近代趋势的精彩分析，可参见 Luis F.Lopez-Calva and Nora Lustig, eds., *Declining Inequality in Latin America: A Decade of Progress?* (Washington, D.C.:Brookings Institution,2010).

76. Engerman and Sokoloff, "Colonialism, inequality, and long-run paths of development." See also Edward L. Glaeser, "Inequality," in *The Oxford Handbook of Political Economy*, eds. Barry R. Weingast and Donald Wittman (New York: Oxford University Press, 2006), pp. 624-641.

77. See Glaeser et al., "Do institutions cause growth?"

78. Acemoglu et al., "From education to democracy?" esp. pp. 47-48. 有一种直观的想法认为，移居英国的"新欧洲人"不仅体现了更好的制度，还体现了更高的人力资本水平，不过，这种观点尚未得到充分证明；详细内容可参见 Acemoglu, Johnson, and Robinson, "Colonial origins of comparative development"。最近，由格雷戈里·克拉克所提出的另一个可用途径是，制度影响选择，进而直接或间接地影响劳动力质量。有关他的具有争议的评论，可参见 *A Farewell to Alms: A Brief Economic History of the World* (Princeton,N.J.: Princeton University Press, 2007).

79. 参见 Bardhan, "Institutions matter"。这篇文章还论及阿西莫格鲁及其同事所提出的经验方法的一些缺陷。

80. Glaeser et al., "Do institutions cause growth?"

81. See Jeffrey Frankel and David Romer, "Does trade cause growth?" *American Economic Review* 89 (1999): 379-399.

82. 毫不惊讶，贸易的影响因素很复杂。地理因素能够影响贸易形势和贸易量。随着国家的发展和收入的提高，国家贸易量也越来越大，交易的商品范围也不断扩大。参见 Rodrik, Subramanian, and Trebbi, "Institution rule"。在该作品的图 1 中他们提供了关于影响力的一个图解。

83. 当然，一个部门的效率也可能影响其他部门的效率。图中没有显示出这一点。

84. Bardhan, "Institutions matter"; Rodrik, "Getting institutions right". 有关经济发展和政治发展之间的历史性联系（其中包括政治开明和人权及法律权利的扩大）的分析，该分析运用了经济理论和 500 年的全球历史记录，详细内容可参见 Daron Acemoglu and James A. Robinson, *Economic Origins of Dictatorship and Democracy* (New York: Cambridge University Press, 2005). 有关差异越来越大的发展路径的深入分析，请参见 Kenneth L.Sokoloff and Stanley L. Engerman, "History lessons: Institutions, factor endowments, and paths of development in the New World," *Journal of Economic Perspectives* 14 (2000): 217-232.

85. UNDP, *Human Development Report, 2005*.

86. Dani Rodrik, "Institutions for high-quality growth: What they are and how to acquire them," *Studies in Comparative International Development 35*, NO.3 (2000), 3-31, DOI: 10.1007/BF02699764, p.5.

87. For an elaboration of this point, see Chapter 8 and also Lawrence H. Summers and Vinod Thomas, "Recent lessons of development," *World Bank Research Observer* 8 (1993): 241-254; Pam Woodall, "The global economy," *Economist*, October 1, 1994, pp. 3-38; World Bank, *World Development Indicators, 1998* (Washington, D.C.: World Bank, 1998), pp. 3-11; and UNDP, *Human Development Report*, 2003.

88. 类似的结论在 Irma Adelman and Cynthia Taft Morris, "Development history and its implications for development theory", *World Development 25* (1997): 831-840 中可见。

附录 2A 传统的人类发展指数（HDI）

就像新人类发展指数一样，传统的人类发展指数将所有国家按 0 ~ 1 排列，0 指人类发展水平最低，1 指人类发展水平最高。直到 2010 年，传统的 HDI—UNDP 的核心，一直被广泛借鉴，在本附录中，我们将用计算数据及对比案例来详细说明。传统的 HDI 基于三个目标或最终发展结果，相对应的是健康、教育和收入：长寿是根据出生时的预期寿命来衡量的；知识是通过成人识字率（2/3）和毛入学率（1/3）的加权平均值来衡量的；生活标准是通过实际人均国内生产总值来度量的，该人均生产总值不仅根据不同国家货币购买力的不同进行了调整，以此来反映各国生活和消费成本，同时还根据收入的边际效用递减假设进行了调整。运用这三个衡量发展的指标并通过一套公式对 177 个国家的数据进行计算，根据计算所得人类发展指数将所有国家分为四类：人类发展水平低（0.0 ~ 0.499），人类发展水平中等（0.51 ~ 0.799），人类发展水平高（0.80 ~ 0.90）和人类发展水平极高（0.90 ~ 1.0）。

对当前收入取自然对数就得出调整后收入。然后，为了计算收入指数，假设实际人均收入不低于 PPP100 美元，我们用当前收入的自然对数减去 100 的自然对数，[1] 两者之差就是该国超过"低基准"的差额。为了能够正确认识所取得的成就，应该考虑其最大值问题，也就是说理论上一个发展中国家在下一期预计可能达到的最大值。联合国开发计划署将这个购买力平价最大值定为 40 000 美元。接下来，我们用 40 000 美元的自然对数和 100 美元的自然对数之差来除，就可以得到这个国家的相对收入值。利用这个公式，每个国家都可以计算得出一个落入区间 [0, 1] 的数值。以孟加拉国为例，2007 年由联合国开发计划署估算的人均收入购买力平价为 1 241 美元，其收入指数计算如下

$$收入指数 = \frac{\log(1\,241) - \log(100)}{\log(40\,000) - \log(100)} = 0.420 \quad (A2\text{-}1)$$

边际效用递减的效果显而易见。虽然 1 241 美元只是收入最大值基准 40 000 美元的 3%，但从指数上来看，它已经足以抵上最大值的 2/5。需注意的是，少数几个国家已经超过了购买力 40 000 美元的目标；鉴于此，联合国开发计划署制定购买力最大值为 40 000 美元，因此达到最大值收入的国家的指数就是 1。

为了算得预期寿命（健康状况下）指数，联合国开发计划署用一国当前预期寿命减去 25 年。其中 25 是"低基准"，即任何国家上一代预期寿命的最低值。联合国开发计划署将这个差值除以 85 减去 25 的差（也就是 60），这表示的是上一代和下一代之间预期的寿命范围。也就是说，85 岁是一个国家预期在下一代可能达到的最高预期寿命。以孟加拉国为例，2007 年人口预期寿命为 65.7 岁，寿命期指数计算如下

$$预期寿命指数 = \frac{65.7 - 25}{85 - 25} = 0.678 \quad (A2\text{-}2)$$

注意，这里假设年龄无边际效用递减；这同样适用于教育指数的计算中。教育指数由两部分组成，包括占 2/3 权重的成人识字率和占 1/3 权重的毛入学率。由于毛入学率可以超过 100%（由于年龄较大的学生重返校园接受教育），这个指数同样可以超过 100%。以孟加拉国为例，成人识字率预计（极不稳定）为 53.5%，因此

$$成人识字率指数 = \frac{53.5 - 0}{100 - 0} = 0.535 \quad (A2\text{-}3)$$

关于毛入学率指数，以孟加拉国为例，其老中青三代的预计入学率为 52.1%，因此，毛入学率指数计算如下

$$毛入学率指数 = \frac{52.1 - 0}{100 - 0} = 0.521 \quad (A2\text{-}4)$$

接下来，计算总体的教育指数，用成人识字率指数乘以 2/3 加上毛入学率指数乘以 1/3。这样的做法表明了这样一个观点，那就是对于一个接受过教育的人来说，识字是最基本的特征。以孟加拉国为例，我们就得出

$$教育指数 = \frac{2}{3}(成人识字率指数) + \frac{1}{3}(毛入学率指数)$$
$$= \frac{2}{3}(0.535) + \frac{1}{3}(0.521) = 0.530$$

$$(A2\text{-}5)$$

最后计算人类发展指数时，三个指标所占权重是一样的，或者说都是 1/3，因此

$$HDI = \frac{1}{3}(收入指数) + \frac{1}{3}(预期寿命指数)$$
$$= \frac{1}{3}(教育指数)$$

$$(A2\text{-}6)$$

对于孟加拉国来说

$$HDI = \frac{1}{3}(0.420) + \frac{1}{3}(0.678) + \frac{1}{3}(0.530) = 0.543$$

$$(A2\text{-}7)$$

使用 HDI 的一个主要好处在于它揭示出，一个国家虽然收入低，仍可做得比预期的结果好得多，而收入高却可能在人类发展方面收获甚微。

另外，HDI 提醒我们，发展所明确指代的是更广泛的人类发展，而不仅仅是更高的收入。许多国家，诸如一些高收入的石油生产国，已经被认为"只有经济增长，没有发展"。作为人力资本的一部分，健康和教育是国家生产函数的投入项，即由个人体现出来的生产性投资。健康和教育的改善其本身就是发展的重要目标（见第 8 章）。我们不能简单地认为，高收入国家中某些未接受过良好教育并患有重病，从而比其他国家的人寿命更短的人，其发展水平比那些寿命期长、识字率高的低收入国家的人更高。衡量发展差异和等级的一个更好的指标，可以将加权重的福利变量（健康和教育）包括在内，而不是简单地考察收入水平，HDI 为此提供了一个非常有效的方法。

关于 HDI 的评论及其可能存在的缺陷，有一种观点认为，许多情况下，毛入学率高估了入学人数，因为在许多国家，一名学生只要入学了就被计入入学率，而不考虑该学生是否在某个阶段辍学。三个指标都被赋予相同权重（1/3），显然背后隐藏着一些价值判断，但究竟是些什么我们很难判断。还要注意的是，由于各变量使用的度量单位不同，甚至很难准确地说出相同权重究竟是什么意思。另外，质量问题未受到关注。例如，一个健康、健全的人多活一年，与一个身体机能受到限制（比如卧床不起）的人多活一年，这两种生活存在巨大的差异。同样，教育的质量很重要，不仅仅是入学年限。最后，还应注意的是，尽管我们可以

想到一些更好的替代教育和健康的变量，但是，对于这些变量的衡量标准的选择必须有一个标准，那就是充足的数据，这些数据尽可以从每个国家中获得。

表 2A-1 所示的是 2009 年 24 个发达国家和发展中国家的人类发展指数（用 2007 年的数据）的样本，并按人类发展指数从低到高排列（第 3 栏），同时还附有各个国家的实际人均国内生产总值（第 4 栏）和人均国内生产总值排列和 HDI 排列之间的差异的衡量（第 5 栏）。正数表示，使用人类发展指数而不是人均国内生产总值时，一个国家相对名次提高数，而负数反之。从表 2A-1 可以看出，2007 年 HDI 值最低的（0.340）国家是尼日尔，HDI 值最高的（0.971）国家是挪威。

需要强调的是 HDI 值很容易随着人均收入的增长而提高，因为较富裕国家有能力为健康和教育投入更多，并且增加了的人力资本可以提高生产率。但令人吃惊的是，即便在这种预期模式下，正如表 2A-1 和表 2A-2 所示，在收入和更广泛的福利衡量指标之间仍存在巨大不同。例如，塞内加尔和卢旺达基本上有相同的 HDI 值，但是塞内加尔的实际收入比卢旺达足足高 92%。哥斯达黎加的 HDI 值比沙特阿拉伯的 HDI 值高，但是沙特阿拉伯的人均实际收入是哥斯达黎加的两倍多。许多国家的 HDI 值与根据收入预计的 HDI 值完全不同。南非的 HDI 值为 0.683，却排第 129 名，比按其中等收入的预期排名靠后 51 名。但同样的计算方法下，圣多美和普林西比岛（排名 131）却比其收入水平排名提前了 17 名。

表 2A-1 2009 年 24 个发达国家和发展中国家的人类发展指数（2007 年数据）

国家	相对排名	人类发展指数	人均 GDP（PPP，美元）	GDP 排名减去 HDI 排名
人类发展水平较低				
尼日尔	182	0.340	627	−6
阿富汗	181	0.352	1 054	−17
刚果民主共和国	176	0.389	298	5
埃塞俄比亚	171	0.414	779	0
卢旺达	167	0.460	866	1
科特迪瓦	163	0.484	1 690	−17
马拉维	160	0.493	761	12
人类发展水平中等				
孟加拉国	146	0.543	1 241	9
巴基斯坦	141	0.572	2 496	−9
印度	134	0.612	2 753	−6

（续）

国家	相对排名	人类发展指数	人均 GDP（PPP，美元）	GDP 排名减去 HDI 排名
南非	129	0.683	9 757	−51
尼加拉瓜	124	0.699	2 570	6
加蓬	103	0.755	15 167	−49
中国	92	0.772	5 383	10
伊朗	88	0.782	10 955	−17
泰国	87	0.783	8 135	−5
人类发展水平较高				
沙特阿拉伯	59	0.843	22 935	−19
哥斯达黎加	54	0.854	10 842	19
古巴	51	0.863	6 876	44
智利	44	0.878	13 880	15
人类发展水平很高				
英国	21	0.947	35 130	−1
美国	13	0.956	45 592	−4
加拿大	4	0.966	35 812	14
挪威	1	0.971	53 433	4

资料来源：Data from United Nations Development Programme, *Human Development Report*, 2009, tab. 1.

表 2A-2 中所列国家的人均国内生产总值都接近 1 000 美元，它们的 HDI 值范围跨度很大，从 0.371 到 0.543，相应地，成人识字率为 26% ~ 71%，预期寿命范围为 44 ~ 61 岁。在那些人均国内生产总值将近 1 500 美元的国家，成人识字率范围为 32% ~ 74%，入学率为 37% ~ 60%，相应的 HDI 值也不同。表 2A-1 中所列人均国内生产总值将近 2 000 美元的国家，其 HDI 值为 0.511 ~ 0.710，预期寿命为 48 ~ 68 岁，成人识字率为 56% ~ 99%。

表 2A-1 中所列的人均国内生产总值为 4 000 美元的国家，其 HDI 值为 0.654 ~ 0.768，预期寿命为 65 ~ 74 岁，成人识字率在摩洛哥为 56%，而在汤加却能达到普遍识字。这些显著差异表明人类发展指数这一项目具有重大的现实意义。仅仅按照收入来对各个国家进行排名，或者仅仅按照健康或教育进行排名，会使我们忽略各个国家发展水平之间的差异。

表 2A-2　2009 年相似收入的人类发展指数变量（2007 年的数据）

国家	人均 GDP（美元）	HDI	HDI 排名	预期寿命（岁）	成人识字率（%）	毛入学率
人均 GDP 接近购买力平价 1 000 美元						
马达加斯加	932	0.543	145	59.9	70.7	61.3
海地	1 140	0.532	149	61.0	62.1	52.1
卢旺达	866	0.460	167	49.7	64.9	52.2
马里	1 083	0.371	178	48.1	26.2	46.9
阿富汗	1 054	0.352	181	43.6	28.0	50.1
人均 GDP 接近购买力平价 1 500 美元						
肯尼亚	1 542	0.541	147	53.6	73.6	59.6
加纳	1 334	0.526	152	56.5	65.0	56.5
科特迪瓦	1 690	0.484	163	56.8	48.7	37.5
塞内加尔	1 666	0.464	166	55.4	41.9	41.2
乍得	1 477	0.392	175	48.6	31.8	36.5

（续）

国家	人均 GDP（美元）	HDI	HDI 排名	预期寿命（岁）	成人识字率（%）	毛入学率
人均 GDP 接近购买力平价 2 000 美元						
吉尔吉斯斯坦	2 006	0.710	120	67.6	99.3	77.3
老挝	2 165	0.619	133	64.6	72.7	59.6
柬埔寨	1 802	0.593	137	60.6	76.3	58.5
苏丹	2 086	0.531	150	57.9	60.9	39.9
喀麦隆	2 128	0.523	153	50.9	67.9	52.3
毛里塔尼亚	1 927	0.520	154	56.6	55.8	50.6
尼日利亚	1 969	0.511	158	47.7	72.0	53.0
人均 GDP 接近购买力平价 4 000 美元						
汤加	3 748	0.768	99	71.7	99.2	78.0
斯里兰卡	4 243	0.759	102	74.0	90.8	68.7
洪都拉斯	3 796	0.732	112	72.0	83.6	74.8
玻利维亚	4 206	0.729	113	65.4	90.7	86.0
危地马拉	4 562	0.704	122	70.1	73.2	70.5
摩洛哥	4 108	0.654	130	71.0	55.6	61.0

资料来源：Data from United Nations Development Programme, *Human Development Report*, 2009, tab. 1.

平均收入只是一个方面而已，有时甚至在一个中等收入水平的国家中却有许多人生活贫困。当各个国家不同的 HDI 值都根据收入分配进行调整后，许多发展中国家的相对排名就会发生很大的变化。[2] 例如，巴西的收入分配极不平等，因此其排名就会下滑，而斯里兰卡的收入分配相对较合理，因此它的 HDI 排名就会上升。

HDI 值在一个国家内的不同群体之间也会不同。社会排斥效应在危地马拉尤为明显，Q'eqchi 民族的 HDI 值与喀麦隆民族的 HDI 值基本相同，Poqomchi 的 HDI 值却低于津巴布韦的 HDI 值，正

如图 2A-1a 所示。不同地域的地方差异在肯尼亚可以明显看出，其首都内罗毕附近地方的 HDI 值几乎与土耳其同样高，但图尔卡纳地区的 HDI 值却比其他任何国家的平均值都低，正如图 2A-1b 所示。联合国早期做的一项调查同样发现，在南非，白人的 HDI 值比黑人的 HDI 值要高得多。[3]

最重要的是，传统的 HDI 对全面地将发展概念化起到了巨大的促进作用，将健康和教育提升到同收入一样的等级，一起作为发展指标，而且无论是从单一层面还是综合层面，都扩大了衡量类型，都统一进行计算与报告。

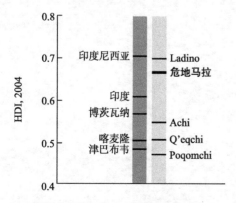

a）危地马拉的 HDI 表现出极大的种族差异

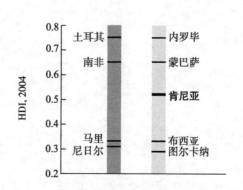

b）肯尼亚不同地区间人类发展极不平等

图 2A-1　所选国家间的人类发展差异

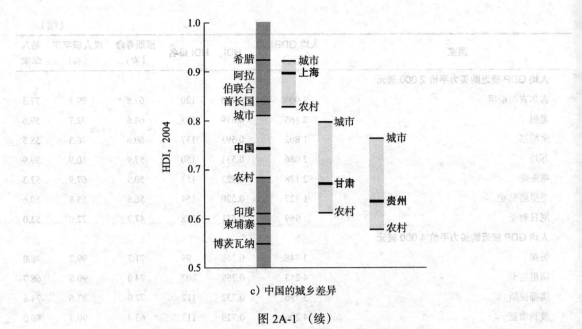

c) 中国的城乡差异

图 2A-1 （续）

资料来源：2005 年人类发展报告，表 10-12。再次引用已获得联合国开发计划署的许可。

注释

1. 事实上，Lant Pritchett 认为，考虑到可得的国家数据以及最低营养成本，250 美元是一个更加接近现实的人均收入下限值。请见 Lant Pritchett，"趋异，大时代"，《经济视野》杂志 11，No.3 (1997): 3-17。对数在传统人类发展指数的收入指数公式里的使用是很普遍的（基数 10）。

2. 联合国开发计划署，人类发展报告，1994（纽约：牛津大学出版社，1994）。

3. 除了南非之外的所有例子都摘自《人类发展报告》，2006（纽约：牛津大学出版社，2006）。较早的一份《人类发展报告》给南非的排名是 0.666，其中白人是 0.876，黑人是 0.462。

第3章

经济增长与发展的经典理论

没有一种经济理论能够解决所有的问题。

——诺贝尔经济学奖得主，罗伯特·索洛（Robert Solow）

在现代经济增长中……经济结构转型速度很快。

——诺贝尔经济学奖得主，西蒙·库兹涅茨（Simon Kuznets）

每个国家都追求发展。经济的发展确实是最重要的一个方面，但并非唯一一方面。如第1章所述，发展不仅仅是一种单纯的经济现象。归根结底，真正意义上的发展，必然包含人类生活的物质与金钱层面之外的东西，即人类自由。因此，我们应该将发展理解为一个多维过程，其中涉及对整个经济和社会体系的改革与重新定位。除了实现收入与产出的增长之外，发展一般还包括制度、社会、管理结构和社会观念的重大变化，甚至还包括社会习俗和信仰。最后，虽然我们总是在一国的背景之下讨论发展问题，但发展的全面实现还要求国际经济和社会制度做出重大改变。

在本章中，我们将通过学习不同学者对于如何发展和为什么发展的各种观点，来探索发展理论的形成与演进。为此，我们将考察四种主要并相互竞争的发展理论。你会发现每一种理论对发展过程本质的理解都提供了颇有价值的视角。有些较新的发展模型和不发达模型比较折中地借鉴了这些经典理论，我们将在第4章逐一介绍。

有关经济增长的分析方法的介绍贯穿整个发展理论的讲解，且在本章附录中有详细介绍。

3.1 经济发展的四大经典理论

第二次世界大战以后，在有关经济发展问题的研究中，有四个经典理论居于主导地位，但这四个理论之间又存在着一些矛盾。这四大经典理论分别是：①线性阶段增长理论与模型；②结构变革理论；③国际依附革命理论；④新古典主义革命的自由市场理论。最近几年，还出现了一种试图结合四大经典理论的折中理论。

20世纪50年代和60年代的理论家认为，发展是一系列相继发生的经济增长过程，所有国家都会经历这些阶段。这是一个主要的经济发展理论，认为发展中国家只要同时具备一定数量的储蓄、投资和外国援助，就能沿着较发达国家历史上曾走过的经济增长道路前进。因此，发展便成为经济快速增长的代名词。

20世纪70年代，这种线性增长理论基本上被相互竞争的两个流派的经济思想所取代。第一个流派主要关注结构变革理论与模型，试图运用现代经济理论和统计分析的方法，来描绘结构变化的内部过程，这一过程是"典型"发展中国家在成功实现并维持经济快速增长过程中所必须经历的。第二个流派是国际依附革命理论，这个流派思想较为激进并且政治色彩浓重。它从国际和国内权力关系、制度经济与结构经济的刚性，以及由此引发的国际和国内都普遍存在的二元经济和二元社会现象等方面来研究欠发达问题。依附理论较为强调经济发展所面临的内外部制度及政治制约，它强调要制定重大政策来消除贫困、提供较为多样化的就业机会和降低收入不平等程度。实现上述这些目标及其他一些平等主义的目标，都需要以经济不断增长为基础，而线性增长理论和结构变革模型都不能赋予经济增长本身所应有的地位。

20 世纪 80 年代和 90 年代的大部分时期，第四个理论占据了主导地位。这一新古典（有时被称作新自由主义）经济理论强调自由市场、开放经济及使效率低下的国有企业私有化的好处。根据这一理论，发展之所以失败并不像依附理论家所阐释的那样，是由于内部和外部势力的剥削，而主要是因为政府的过度干预和经济的过度管制。当代的折中主义方法综合了上述所有这些观点，我们将一一厘清每种方法的优劣所在。

3.2 线性增长理论与模型

第二次世界大战以后，贫困国家的经济问题让那些工业化国家的经济学家措手不及。这些经济学家没有现成的理论工具可用于分析那些缺乏现代经济结构、以农业为主的国家的经济增长过程，但是，他们却经历过马歇尔计划。在该计划下，美国用了短短几年的时间，通过大量的资金和技术援助，帮助饱经战火的欧洲国家重建并使其经济实现了现代化。而且，所有的现代化工业国家不是都经历过欠发达的农业社会这一阶段吗？诚然，这些发达的工业国家从贫穷的农业社会转变为现代工业巨头的历史，对于亚、非、拉地区的"后进"国家无疑具有重要的示范意义。那些富国的学者、政客和政府官员对于发展中国家的人民及其生活方式的了解，仅限于联合国的统计资料或人类学书籍中的一些零散章节内容的介绍，因此

他们对促进发展中国家发展就要进行大量的资金注入和遵循当前发达国家已走过的发展道路这两种观点都无法反驳。正是由于这种理论强调资本快速积累的核心作用，因此它又被称作"唯资本论"。

3.2.1 罗斯托的阶段增长模型

阶段增长模型（stages-of-growth model of development）最具影响力的代表人物是美国经济史学家沃尔特·W. 罗斯托（Walt W. Rostow）。罗斯托认为，从欠发达国家到发达国家的转型过程可以用一系列的所有国家都普遍经历的步骤或阶段来解释。罗斯托在《经济增长阶段》（*The Stages of Economic Growth*）一书的开篇中写道：

这本书从一位经济史学家的角度来总结现代历史的演进过程……从经济的角度，所有社会都可以划分为五个发展阶段：传统社会、进入自主增长的起飞阶段、实现自主增长、成熟阶段以及大众高消费阶段……这些阶段并非只是用来进行描述的，也并不只是对现代社会发展阶段现实的一种总结，它们具有其内在的逻辑性和连续性……它们最终构成了经济增长理论，如果更概括地来说，它们甚至构成了整个现代历史理论。[1]

该理论认为，所有的发达国家都经历过"进入自主增长的起飞阶段"，而发展中国家不是仍然处于传统社会，就是处于"进入自主增长的起飞阶段的准备阶段"，它们只能遵循发展的特定规律，再根据自身情况，从"起飞阶段"进入自主增长的经济增长阶段。

任何起飞阶段所必需的一个首要策略就是要调动国内外资金，以获得足够的资本进行投资，进而促进经济增长。这种通过更多的投资实现更多的增长的经济机制，可以用**哈罗德－多马增长模型**[2]（Harrod-Domar growth model）来进行说明，现在，该模型常被称作 *AK* 模型，因为它是基于一个线性的生产函数，其产出等于资本存量 *K* 乘以一个常数，记作 *A*。*AK* 模型或其变换形式，常常用于分析发展中国家的政策，如第 14 章中的两缺口模型。

3.2.2 哈罗德－多马增长模型

任何一个经济体，只要想替换陈旧或磨损了的资本品（如建筑物、设备和材料等），就必须储备一定比例的国民总收入。然而，要获得经济增长，必须在现有资本存量的基础上再进行新的投资。如果我们假定总资本存量 K 和国内生产总值 Y 之间存在着某种直接的经济关系，比方说，一年产出 1 美元的国内生产总值平均需要投入 3 美元的资本，也就是说，以新投资形式投入的资本净增加额将带来国内生产总值相应的提高。

资本和国内生产总值之间的这种关系在经济学中被称为**资本产出比**（capital-output rate），我们假定其大约为 3∶1。如果我们将资本产出比率记为 k，并进一步假设国家**净储蓄率**（net savings ratio）为 s，其为国民产出的一个固定比例（例如 6%），总的新投资取决于总的储蓄水平，那么我们就可以建构如下这个简单的经济增长模型。

（1）净储蓄 S 是国民总收入 Y 的某个比率，用 s 表示，这样我们就得到简单的等式

$$S = sY \qquad (3\text{-}1)$$

（2）净投资 I 是资本存量 K 的变动额，用 ΔK 表示

$$I = \Delta K \qquad (3\text{-}2)$$

但是由于总资本存量 K 与国民总收入或总产出 Y 之间存在直接关系，因此这种关系可用资本产出比率 c [3] 表示为

$$\frac{K}{Y} = c$$

或者

$$\frac{\Delta K}{\Delta Y} = c$$

最终

$$\Delta K = c\Delta Y \qquad (3\text{-}3)$$

$1/c$ 可以用来测量资本利用率。

（3）最后，由于国民净储蓄 S 必须与净投资 I 相等，我们可以将式（3-3）写为

$$S = I \qquad (3\text{-}4)$$

但是从式（3-1）我们知道 $S = sY$，从式（3-2）和（3-3）我们知道

$$I = \Delta K = c\Delta Y$$

因此，我们可以将式（3-4）表示的储蓄与投资相等的恒等式写为

$$S = sY = c\Delta Y = \Delta K = I \qquad (3\text{-}5)$$

或简单地表示为

$$sY = c\Delta Y \qquad (3\text{-}6)$$

式（3-6）两边先同时除以 Y，再除以 c，可得到下面的表达式

$$\frac{\Delta Y}{Y} = \frac{s}{c} \qquad (3\text{-}7)$$

注意，式（3-7）左边的 $\Delta Y/Y$ 表示国内生产总值的变化率或增长率。

式（3-7）是著名的哈罗德－多马经济增长理论的简化形式，它简单地说明了国内生产总值的增长率（$\Delta Y/Y$）是由国民净储蓄率 s 和国民资本产出比率 c 共同决定的。具体来说，它认为在没有政府干预的情况下，国民收入的增长率与储蓄率之间呈同方向或正相关的关系（例如，一国在既定国内生产总值的情况下，其储蓄和投资越多，国内生产总值的增长率就越高），而与其资本产出比率呈反方向或负相关关系（例如，c 越高，国内生产总值增长率就越低）。式（3-7）也常常用总储蓄率 s^G 来表示，那么增长率就表示为

$$\frac{\Delta Y}{Y} = \frac{s^G}{c} - \delta \qquad (3\text{-}7')$$

式中，δ 表示资本折旧率。[4]

式（3-7）和（3-7'）的经济逻辑关系非常简单。一国要想实现经济增长，就必须将一定比例的国内生产总值用于储蓄和投资。储蓄和投资越多，经济增长就越快。但是任何水平的储蓄和投资，其实际增长速率（即每增加一单位的投资可以增加多少产出）都可以用资本产出比率 c 的倒数来衡量，因为 $1/c$ 即是资本产出或产出投资比例。然后，用新投资率（$s = I/Y$）乘以其生产力（$1/c$），就得出国民收入或国内生产总值的增长率。

除了投资以外，经济增长的另外两个因素就是劳动力增长与技术进步。这三个因素的作用和功能将在附录 3A 中进行详细说明。在哈罗德－多马模型中，他们没有对劳动力增长进行具体描述。原因就在于该模型假设在发展中国家劳动力充足，可以满足资本投资对于劳动力的需求（该假设并不总是成立的）。笼统地说，哈罗德－多马模型将技术进步表述为所需资本产出比的降低，给定投资水平，经济会有更大

的增长，就如式（3-7）和（3-7'）所示。很明显，从长远来看，该比率并不是固定不变的，而是会随着金融市场的功能和政策环境的变化而变化。但是，真正的关注点仍然是资本投资的作用。

3.2.3　发展的障碍与约束

现在回过头来继续研究阶段增长理论，根据哈罗德－多马增长模型所得出的式（3-7），我们发现，实现经济增长的一个最基本的策略就是提高国民收入的储蓄（即未消费的收入）比例。如果能够提高式（3-7）中的 s，就能增加 $\Delta Y/Y$，即国民生产总值的增长率。例如，假设某个欠发达国家的国内资本产出比率为3，总储蓄率为国内生产总值的6%，那么根据式（3-7）可知，该国的年增长率为2%，因为

$$\frac{\Delta Y}{Y} = \frac{s}{c} = \frac{6\%}{3} = 2\% \qquad (3-8)$$

如果通过一定方式，比如增加税收、外国援助或牺牲总消费量，能够将国民净储蓄率从6%提高到15%，那么国内生产总值的增长率便可以从2%上升到5%，因为

$$\frac{\Delta Y}{Y} = \frac{s}{c} = \frac{15\%}{3} = 5\% \qquad (3-9)$$

罗斯托和其他一些学者就是这样来界定起飞这一阶段的。那些能够将15%或20%的国内生产总值用于储蓄的国家比那些储蓄较少的国家的增长（发展）速率更快，而且该增长能实现自我持续增长。因此，经济增长和发展的机制也就只是一个增加国民储蓄和国内投资的问题了。

根据这一理论，对于大多数穷国而言，阻碍和限制其发展的最主要因素就是新资本的形成水平较低。但是，如果一个国家想要实现每年以7%的速率增长，而储蓄与投资率又达不到国民总收入的21%（假设国民总收入为 c，即最终的总资本产出率为3），只能达到15%，那么它就可以通过外国援助或外国私人投资来补齐这6%的"储蓄缺口"。

所以，增长和发展的"资本约束"阶段理论就成为一个论据和（"冷战"政治）机会主义工具，来说明发达国家向欠发达国家大量输出

资本并给予技术援助。它是马歇尔计划的翻版，只不过这次的对象是发展中国家。

3.2.4　必要条件和充分条件：对阶段增长模型的一些批评

很不幸，阶段增长理论中所蕴含的发展机制经常失效，其根本原因并不是更多的储蓄和投资不是提高经济增长率的**必要条件**（necessary condition），而是因为它不是**充分条件**（sufficient condition）。"马歇尔计划"之所以在欧洲行得通，是因为那些接受援助的欧洲国家具备结构、制度和观念上的条件（例如，高度统一的商品和货币市场，高度发达的运输系统，受过良好教育和训练的劳动力，追求成功的动力和高效率的政府机构），可以有效地将新资本转化为高水平的产出。罗斯托和哈罗德－多马的增长模型无形中已假定欠发达国家也具备这些相同的理念和制度安排。然而，很多时候，欠发达国家往往缺少这些条件，正如它们缺少诸如管理能力、熟练劳动力以及规划管理各类发展项目的能力一样。从式（3-7）中可以很明显看出，欠发达国家没有给予足够关注的另外一个促进增长的策略就是，降低资本产出比率 c。这需要提高投资带来产出增加的效率，这一话题将在后面进行讨论。

3.3　结构变革理论

结构变革理论（structural-change theory）关注的焦点是结构变革的机制，通过这样的机制，欠发达经济体将本国内传统的、以农业为主的经济结构，转变为更加现代化、城市化以及工业化（拥有多样化的制造业和服务业）的经济结构。结构变革理论利用新古典价格理论、资源配置理论和现代计量经济学这些工具，来描述这一转变过程是如何实现的。结构变革理论的两个代表性理论是：W. 阿瑟·刘易斯（W. Arthur Lewis）的"两部门剩余劳动力"理论模型和霍利斯·B. 钱纳里（Hollis B. Chenery）等人共同提出的"发展模式"经验分析理论。

3.3.1 刘易斯的经济发展理论

1. 基本模型 在主要关于生计经济**结构变革**（structural transformation）的早期研究中，最为著名的发展理论模型由诺贝尔经济学奖得主 W. 阿瑟·刘易斯于 20 世纪 50 年代中期提出，后经费景汉（John Fei）和古斯塔夫·拉尼斯（Gustav Ranis）修改、扩展和规范化。[5] 20 世纪 60 年代的大部分时间和 70 年代初期，**刘易斯两部门模型**（two-sector model）成为解释存在剩余劳动力的发展中国家的发展过程的主要理论依据。直到今天，该模型还用于研究中国近年来的发展过程，以及其他发展中国家的劳动力市场情况。[6]

在刘易斯的理论模型中，欠发达经济体由两个部门组成：一个是传统的、人口过剩的、仅能维持生存的农业部门，该部门的一个重要特征就是劳动的边际生产率为零。鉴于此，刘易斯将其称为**剩余劳动力**（surplus labor），因为它可以在丝毫不减少产出的前提下从传统的农业部门中抽出。另外一个部门则是劳动生产率较高的现代城市工业部门，从维持生存的农业部门中转移出来的劳动力逐渐转移进了该部门。该模型重点考察的是劳动力转移过程和现代部门的产出增长与就业增长情况（现代部门也可以包括现代农业，但是我们将其简称为"工业"部门）。而现代工业部门产出的增长将带来劳动力转移和就业的增长。这种发展的速度取决于现代部门的工业投资率和资本积累速率。假定资本家的利润全部用来再投资，那么现代部门利润超过工资的那部分金额就可以用来投资。最后，刘易斯假定城市工业部门的工资水平为固定不变，其数值为传统农业部门维持生计的平均工资的一个固定加成。在这一固定不变的工资水平下，现代部门的劳动力供给曲线被认为是具有完全弹性的。

我们可以用图 3-1 来阐释刘易斯两部门剩余劳动力经济模型中现代部门的增长。首先来看右侧 3-1b 中的两幅图，它反映的是传统农业部门的情况。图 3-1b 上方的图反映的是随着劳动投入的增加，粮食产量的变化。这是一个典型的农业**生产函数**（production function），在该函数中，给定固定量的资本 $\overline{K}_A$ 以及在传统技术 $\overline{t}_A$ 不变的情况下，粮食总产出或总产量 TP_A 由劳动投入 L_A 这一唯一可变投入的数量来决定。图 3-1b 下方的图是劳动力的**平均产量**（average product）和**边际产量**（marginal product）曲线：AP_{LA} 和 MP_{LA}，这两条曲线是从其上方的总产量曲线推导出来的。图 3-1b 上下两幅图的横轴 Q_{LA} 都表示所需的相同的农业劳动力数量，单位为百万人，刘易斯认为欠发达经济体中的大多数人口生活和工作在农村。

刘易斯就传统部门做了两个假设。第一，剩余劳动力的边际产量 MP_{LA} 为零；第二，所有农村劳动力等分所生产的产品，因此农村的实际工资是由劳动力的平均产量来决定的，而不是边际产量（现代部门则是遵循事实）。打个比方就是，餐桌上一家人互相传递饭菜，每人都吃相等的份额（在基本概念的把握上面，该相等份额并不是字面上的完全平等的份额）。假定有 L_A 的农村劳动力，生产 TP_A 的粮食，这些粮食在这些劳动力中平均分配，人均粮食量为 W_A（这就是平均产量，等于 TP_A/L_A）。正如图 3-1b 下方的图所示，这些 L_A 劳动力的边际产量为零，因此剩余劳动力的假设适用于 L_A 右边的所有劳动力（图 3-1b 上方的图中超过 L_A 的劳动力时的 TP_A 曲线的水平方向）。

图 3-1a 上方的图描绘的是现代工业部门的总产量（生产函数）曲线。这里我们再次假定相同的条件，在资本存量 $\overline{K}_M$ 和技术水平变量 $\overline{t}_M$ 一定的情况下，制造业的产出 TP_M 是可变要素劳动投入 L_M 的函数。横轴上的点 L_1 表示在资本存量 K_{M1} 的条件下，生产 TP_{M1} 的产出，需投入以千为单位的城市劳动力数量。在刘易斯的模型中，工业资本家的利润经过再投资，可以使现代部门的资本存量从 K_{M1} 增长到 K_{M2}，再增长到 K_{M3}，从而引起图 3-1a 中的总产量曲线从 $TP_M（K_{M1}）$ 向上移动到 $TP_M（K_{M2}）$，再到 $TP_M（K_{M3}）$。图 3-1a 下方的图显示的是资本家用于再投资的利润生成和增长的过程。我们从图 3-1a 上方的 TP_M 曲线中可得到现代部门的劳动力边际产量曲线。假定现代部门拥有完全竞争的劳动力市场，那么劳动力边际产量曲线实际上就是劳动力的真实需求曲线。这就是该系统的运行机制。

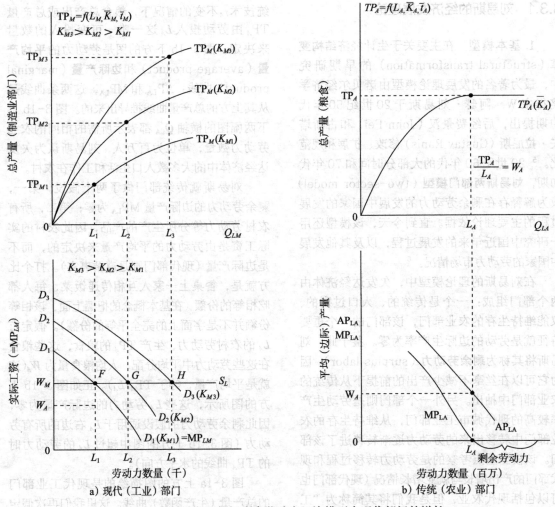

图 3-1　刘易斯两部门剩余劳动力经济模型中现代部门的增长

图 3-1a 和图 3-1b 下方的两个图中的 W_A 代表的是传统农业部门中维持生计的平均实际收入水平。图 3-1a 中的 W_M 则表示现代资本部门的实际工资。在这一工资水平之上，就可假定农村劳动力无限供应或者具有完全弹性，正如水平方向的劳动力供应曲线 $W_M S_L$。换言之，刘易斯假定，当城市工资水平 W_M 高于农村平均工资水平 W_A 时，现代部门的雇主就可以雇用尽可能多的农村劳动力，而无须担心工资会上升。（注意：图 3-1b 中农村劳动力数量单位为百万，而在图 3-1a 中的现代城市部门中，劳动力的数量单位为千。）在现代部门增长的初始阶段，给定一个资本供给量 K_{M1}，那么劳动力需求曲线就由一条递减的劳动力边际产量曲线决定，如图 3-1a 下方的图中向下倾斜的曲线 $D_1(K_{M1})$

所示。由于我们假定追求利润最大化的现代部门的雇主希望他们雇用的劳动力的边际产量与其实际工资相称（例如，劳动需求与供给曲线的交点 F），因此现代部门的总就业量将等于 L_1。现代部门的总产出 TP_{M1} 就是区域 $0D_1FL_1$ 的面积。因此，总产出中以工资形式支付给劳动力的份额就与矩形 $0W_MFL_1$ 的面积相等。而 W_MD_1F 的面积（总产出减去工资的剩余部分），即资本家获得的总利润。由于刘易斯假定资本家的所有利润都用来再投资，所以现代部门的资本存量将由 K_{M1} 增长到 K_{M2}。资本存量的增加导致现代部门的总产出曲线上升到 $TP_M(K_{M2})$，而总产量曲线的上升反过来又引起劳动的边际产量曲线，即劳动力需求曲线上升。在图 3-1a 下方的图中，劳动力需求曲线 $D_2(K_{M2})$ 向外移动。现代部门中新的均衡就业水平将在 G 点上得以建立，此时雇用的劳动力数量为 L_2。当工资总额和利润分别增长到 $0W_MGL_2$ 和 W_MD_2G 时，总产出就会增长到 TP_{M2} 或 $0D_2GL_2$。同样，W_MD_2G 增长的这部分利润再次用于投资，使总的资本存量增加到 K_{M3}，总产量曲线和劳动力需求曲线分别移至 $\mathrm{TP}_M(K_{M3})$ 和 $D_3(K_{M3})$，同时还使现代部门的就业水平增长到 L_3。

刘易斯假定现代部门**自主增长**（self-sustaining growth）和就业扩大过程，将一直持续到所有农村剩余劳动力都被吸收到新的工业部门中为止。此后，如果再想从农村吸收劳动力，则必须付出更高的成本，甚至要以减少粮食产量为代价，因为劳动土地比率不断下降，就意味着农村劳动力边际产量将不再为零，这被称作"刘易斯拐点"。因此，随着现代部门工资和就业水平持续上升，劳动供给曲线的倾斜率变为正值。只要经济活动的重心从传统农业经济向现代城市工业经济转移，经济结构将必然发生转变。

2. 对刘易斯模型的批评　虽然刘易斯的两部门发展模型既简单，又大致反映了西方国家经济发展的历程，但是，它的四个重要假设却并不适合当代大多数发展中国家的制度和经济现状。

首先，该模型隐含着一个假定，即现代部门的劳动力转移率和就业的创造率与现代部门的资本累积速率成比例。资本累积速率越高，现代部门的增长越快，而新增就业增长也就越快。但是，如果资本家将所得利润再投资于劳动力节约型的更加精密的设备上，而不是简单地复制现有资本（就像刘易斯模型所隐含的假设），结果又会怎样呢？（这里，我们无疑接受了一个富有争议的假设，即资本家实际上只是将利润再投资于本国经济，而未以"资本外逃"的形式输送到国外，以增加其在西方银行的存款额。）在图 3-2 中，我们照搬了 3-1a 下方图中的现代部门的图形，不同的只是劳动力需求曲线不像原图那样向外平移，而是与原劳动力需求曲线相交。需求曲线 $D_2(K_{M2})$ 比 $D_1(K_{M1})$ 更陡峭，它所反映的是，资本存量的增加带来了劳动力节约型的技术进步，也就是说，K_{M2} 技术生产每单位的产出所需的劳动力比 K_{M1} 所需的劳动力要少得多。

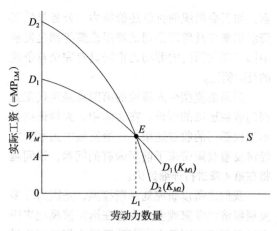

图 3-2　劳动力节约型资本积累对刘易斯模型的修正：对就业的影响

从图中看到，尽管总产出大幅增长（即 $0D_2EL_1$ 的面积明显大于 $0D_1EL_1$），但是工资总量 $0W_MEL_1$ 和就业总量 L_1 仍未发生变化。增加的全部产出都以利润的形式归资本家所有。因此图 3-2 所示的就是某些人所谓的"逆发展"经济增长，即所有收入和产出的增加额都归少数资本家所有，而工人的收入和就业水平却丝毫没有改变。即使国内生产总值能够增加，但是若从更广泛的收入和就业成果的分配情况来衡量整个社会的总体福利，我们就会发现成效很小，甚至根本没有成效。

刘易斯模型中令人质疑的第二个假定是，他认为剩余劳动力存在于农村，而城市已实现了充分就业。当代大量研究报告显示，农村地区剩余劳动力并不多。确实，农村季节性和地区性的失业现象都与这一规律有关（例如，加勒比海地区一些岛国以及拉丁美洲的一些土地所有权极不平等的孤立地区），但总体而言，如今发展经济学家一致认为，刘易斯关于剩余劳动力的假设总地来看并不可行。

第三个可疑的假定是，刘易斯认为现代部门存在一个完全竞争的劳动力市场，可以保证城市实际工资持续不变，直到将农村剩余劳动力全部吸收为止。20 世纪 80 年代以前，几乎所有发展中国家的城市劳动力市场和工资决定机制都具有一个显著特点，那就是即使在城市现代部门失业现象加剧、农村边际生产率很低甚至为零时，无论是绝对还是相对平均收入水平，城市工资都会随时间而不断提升。制度因素，如工会组织的讨价还价能力、公务员的工资级别制以及跨国公司的雇用政策等都是发展中国家现代部门的劳动力市场具有完全竞争性的反面例证。

刘易斯模型令人质疑的第四点是现代工业部门收益递减的假设。在实际中，大量证据显示现代部门的收益递增，这给发展中国家制定经济发展政策带来了前所未有的问题，该问题将在第 4 章进行详细讨论。

我们之所以研究刘易斯模型，是因为许多发展经济学专家或多或少还在运用该模型来研究发展问题，而且它也有助于学生们参与到讨论中。同时，人们普遍认为该模型与中国近年来的发展经历有关。在中国，农村劳动力已逐步被吸收，进入制造业部门，而且其他少数几个发展中国家也有与之类似的发展模式。刘易斯拐点，即在这一点上制造业部门的工资开始提升，在很大程度上与中国 2010 年工资的提升相吻合。

然而，当我们考虑到基于劳动节约型的技术转型时，大量资本外流、农村剩余劳动力的普遍消失、城市剩余劳动力的不断增长，以及现代部门即使失业现象非常严重其工资也快速提升的趋势，使我们必须承认刘易斯的两部门模型。虽然作为对部门间相互作用和结构变革的发展过程的早期概念性描述，以及对某些国家（包括近年来如中国等一些国家）的发展经历的历史性描述，它具有重要价值，但是为了切合大多数当代发展中国家的经济现状，必须对其假设和分析进行大量修改。

3.3.2　结构变革和发展模式

正如刘易斯的早期模型那样，结构变革的**发展模式分析**（patterns-of-development analysis）着重考察的是一个欠发达经济体的经济、产业和制度结构转变为新产业，取代传统农业并作为该经济体经济发展的引擎所顺次经历的过程。但是，与刘易斯模型和最初的阶段发展理论相比，发展模式分析家认为，不断增长的储蓄和投资是经济增长的必要而非充分条件。一国要实现从传统经济系统转变为现代经济系统，除了需要资本积累（包括物质资本和人

力资本）以外，还需要一系列相互联系的经济结构的变革。这些结构变革涉及几乎所有经济功能的改变，包括生产方式的转变和消费者需求的构成、国际贸易和资源利用的变化，以及诸项社会经济因素的变化，如城市化和国家人口的增长以及分布等。

结构变革的经验分析同时强调国内和国际两方面因素对发展的制约作用。国内制约因素既包括经济因素，如一个国家的资源禀赋、物质条件和人口规模等，也包括制度因素，如政府政策和发展目标等。制约发展的国际因素包括获得外国资本、技术和国际贸易的能力。发展中国家发展水平的差异大都归因于这些国内和国际制约因素。然而，正是国际方面的制约因素使得当代发展中国家的结构变革过程不同于当今的工业化国家。由于发展中国家可以获得工业化国家所带来的诸如资金、技术和工业品进口以及出口市场等方面的帮助，所以发展中国家较之那些工业国家的早期经济发展能够更快地实现经济的结构变革。因此，与早期的阶段发展模型不同，结构变革模型认为，发展中国家是国际一体化体系的一部分，国际因素可以促进（也可以阻碍）发展中国家的发展。

最著名的结构变革模型主要是以现代经济学家霍利斯·B. 钱纳里及其同事的实证研究为基础建立的。他们考察了战后大量发展中国家的发展模式。（该方法还建立在诺贝尔奖获得者西蒙·库兹涅茨关于发达国家现代经济增长的研究之上。）[7] 他们运用截面分析法（即对不同国家在同一时点的研究）和时间序列分析法（即对同一国家在一段较长时期内的研究）对人均收入水平不同的国家进行实证研究，最终指出这些国家在发展过程中的一系列典型特征，其中包括：从农业生产向工业生产的转变；物质和人力资本的不断积累；消费需求从注重食品和基本生活需求的满足向追求产品和服务的多样化转变；随着人们从农村和小城镇向大城市的转移，城市和工业不断发展；随着孩子的经济价值丧失，父母不再单纯注重孩子的数量（见第 6 章），而是更注重孩子的质量（教育），家庭规模缩小，总的人口增长放缓，人口增长在发展过程中呈现先升后降的趋势。支持这一学说的经

济学家往往呼吁发展经济学家"让事实说话"，而不要陷入如发展阶段理论等理论的困扰之中。这一学说是空泛理论的有益补充，不过它也有自身的缺陷。

3.3.3　结论和启示

以上我们所描述的结构变革模型，是钱纳里及其同事运用截面分析法和时间序列分析法研究得出的发展中国家发展的"一般"模式。结构变革模型的基本假设是，发展是一个清晰的增长和改变的过程，其主要特征在所有国家的发展过程中都是类似的。然而，正如前文提到的，结构变革模型确实认为，基于不同国家的特定环境，它们的发展步伐和模式也会有所不同。影响发展过程的因素包括一个国家的资源禀赋和规模、国家政策和目标、可以利用的外部资本和技术以及国际贸易环境。

对于结构变革模型的缺陷，需要了然于胸的一点是，该模型强调发展模式而非理论，因此，它很容易使模型应用者在因果关系上得出错误的结论，结果犯"本末倒置"的错误。例如，由于观察到在发达国家中，随着时间流逝农业劳动力比例下降，因此许多发展中国家的政策制定者就会忽视这一重要部门。但是，正如我们将在第 9 章中所见，实际上结果恰恰与此结论相反。又如，由于观察到发达国家中高等教育的重要作用，因此发展中国家的政策制定者甚至未待小学教育普及，就萌发大力发展高等教育的想法，这样的政策带来的是诸多的不平等，甚至在诸如坦桑尼亚这样名义上声称产出平等的国家内亦是如此。

从结构变革过程的经验研究中我们得出以下结论：发展的步伐和模式会因国内和国际因素的影响而不同，而其中的很多因素不是单个发展中国家所能控制的。然而，尽管发展中国家在发展步伐和模式方面存在诸多差异，结构变革学派经济学家仍然坚持认为，可以找到某些在所有国家的发展过程中都会出现的模式。他们认为，这些模式既可能会受到发展中国家政府的政策选择的影响，也会受到国际贸易和发达国家的对外援助政策的影响。因此，结构变革学派分析者认为"正确的"经济政策的结合可以促成自主增长的有益模式，并且对此抱有乐观积极的态度。而下面我们将要探讨的国际依赖学派则相反，他们没有这么乐观，甚至在很多情况下还非常悲观。

3.4　国际依附革命理论

20 世纪 70 年代，随着人们对线性阶段增长理论和结构变革模型越来越失望，国际依附模型获得了越来越多的支持，尤其是在发展中国家的知识分子中。尽管在 20 世纪八九十年代，该理论在很大程度上已经失势，但是到了 21 世纪，该理论又有东山再起之势。其中某些观点（虽然经过了修改）被一些反全球化运动的理论家和领袖所采纳。[8]实质上，国际依附模型认为，发展中国家受国内和国际两方面的制度、政治和经济刚性所困，在与富国的关系中，被迫处于一种**依附**（dependence）和受**支配**（dominance）的地位。这一方法中有三种主流思想：新殖民主义依附模型、虚假范例模型和二元发展论。

3.4.1　新殖民主义依附模型

国际依附革命理论的第一大主流思想，即我们所谓的**新殖民主义依附模型**（neocolonial dependence model），是将**欠发达**（underdevelopment）问题的存在和持续主要归因于贫国与富国之间高度不平等的国际资本主义体系。不论是因为富国的有意剥削还是无意忽视，贫国和富国共存于一个被**外围**（periphery，发展中国家）和**轴心**（center，发达国家）构成的这种不平等权力关系所笼罩的国际体系中，这使得贫国很难甚至不可能自力更生，独立发展。[9]发展中国家中那些享受高收入、高社会地位和政治权力的特定群体（包括地主、企业家、军事统治者、商人、国家官员以及工会领袖）构成了一小撮精英统治阶层，而这些精英统治阶层的主要利益，无论是显而易见的还是隐含的，都是在延续这一不平等的国际资本主义体系并从中获利。他们直接或间接地服务于（或受制于）并受惠于（或依附于）一些国际特殊利益集团，包括跨国公司、双边援助机构，以及诸如世界银行或国际货币基金组织这样的多边援助机构，而这些组织通过为富裕资本主义国家服务或从富裕资本主义国家取得资金援助而结合在一起。精英统治阶层的行为和观点总是压制真正意义上为大众谋利益的改革，有些时候甚至会导致人们的生活水平进一步下降和欠发达的持续存在。简言之，新殖民主义观点将大部分发展中国家的持续贫困归因于北半球工业化资本主义国家的存在及其政策的影响，以及这些工业化国家在欠发达国家中以少数精英统治阶层或**买办集团**（comprador groups）的形式所进行的扩张。[10] 因此，该理论强调的是促成欠发达这一现象的外部因素，而与此相反，线性阶段增长理论和结构变革理论强调的是内部制约因素，如储蓄和投资不足或教育和技术缺乏等。因此，为了使处于依附地位的发展中国家从发达国家以及其内部剥削者的直接或间接的经济控制中解放出来，人们就需要进行革命斗争，或者至少要求世界资本主义制度进行重大的结构变革。

关于国际依附学派的思想，其中最强有力的论述之一出自特奥托尼奥·多斯·桑托斯（Theotonio Dos Santos）：

欠发达，远不能说成是在达到资本主义之前的一种落后状态，而是资本主义发展的一个结果和一种特殊形式，即依附资本主义……依附是一种发展受制的处境，处于依附地位的国家，其经济受到其他国家经济发展和扩张的制约。当某些国家能够实现自主增长，而另一些处于依附地位的国家的增长只能通过具有支配地位国家的影响来实现时（这种影响对于那些处于依附地位的国家的发展既有积极作用又有消极作用），两个或更多国家之间相互依赖的关系，或者是这些国家与世界贸易体系之间的关系，就变成一种依附关系。无论在何种情况下，这种依附的处境都会使这些国家陷于落后和被剥削的境地。而处于支配地位的国家较之处于依附地位的国家来说，拥有技术、商业、资本和社会政治等优势，这些优势的形式在不同的历史时期会有所不同，凭借这些优势，前者就可以剥削后者，榨取后者生产的部分剩余产品。因此，依附是以劳动力的国际分工为基础的，它使工业在某些国家得以发展，而在其他国家

却被限制（这些国家的增长便受制于世界权力中心）。[11]

一个与此类似的观点是由罗马教皇约翰·保罗二世（John Paul II）早在1988年的一道通谕（教皇教诲的正式详尽的表述）《教堂的社会关怀》（*Sollicitude rei socialis*）中所阐释的：

我们要谴责现行的经济、金融和社会机制，它们尽管貌似是受人为控制的，却总是自发运行，因此使得穷者愈穷，富者愈富。这些机制直接或间接地受到发达国家的操纵，在它们的操纵下自然就为其自身利益服务。但是，这最终却妨碍或制约了欠发达国家的经济发展。

3.4.2 虚假范例模型

国际依附理论中的第二大也是较为缓和的一种思想就是我们所称的**虚假范例模型**（false-paradigm model），它将欠发达归因于错误且不恰当的建议，这些建议通常由来自发达国家的援助机构和多国援助组织的国际"专家"顾问提出。这些专家心怀好意但是无知，并且心存偏见和民族中心主义，他们提出的复杂但最终确实是错误的发展模型，往往导致不恰当或者不正确的政策出台。由于诸多制度因素的存在，如传统社会结构（宗族、种族和阶级等）的核心作用和顽强生命力，高度不平等的土地所有制和其他财产所有权，本国上层阶级对国内和国际金融资产的过多过度控制，以及获得信贷机会的不平等，加之这些政策往往是建立在新古典主义模型这种主流思想之上的，所以在许多情况下，它们只是为国内和国际现存的既得利益集团服务。

另外，根据该模型的观点，知名大学的知识分子、工会领导人、御用高层经济学家和其他公务员都是在发达国家接受培训的，其间，他们被潜移默化地灌输了大量不良的西方思想，以及一些虽然精练却不适合国情的理论模型。由于这些人具备很少甚至根本不具备有效解决实际发展问题的知识，因而他们往往容易在不经意间沦为当权者现行政策和制度结构的辩护者。例如在大学的经济学课程中，学校

讲授的不乏一些"与国情无关"的西方经济学理论和模型，而在讨论政府政策时，则过多地强调资本产出比的测量、储蓄投资比率的提高、经济私有和解除经济管制，以及国民生产总值增长率最大化。结果，这一理论的支持者们声称，真正理想的制度和结构改革（其中有许多我们已在前面讨论过）往往被忽略或只是一笔带过。

3.4.3 二元发展论

暗含在结构变革理论，而在国际依附理论中又有明确表述的一个理念就是二元社会，其将世界划分为富国与贫国，而且在发展中国家，贫富差距极大。**二元论**（dualism）这一命题在发展经济学中得到广泛讨论。它指出，各层次的富国与贫国、富人与穷人之间两极分化现象存在并持续，甚至不断扩大。具体来说，虽然有关二元论的研究仍在继续，但是传统二元论思想包含以下四个论点。[12]

（1）不同的条件，无论优劣均会共存于某一特定区域。有关二元论的基本元素，包括刘易斯所提出的一些观点，如城市和农村部门中传统及现代生产方式的共存，富裕且接受过高等教育的上层人士与蒙昧无知的贫穷大众共存；在依附理论中，强大富裕的工业化国家与弱小贫穷的农业国家在国际经济体中共存。

（2）这种共存并非短暂而是长期存在的。它不能归于一种临时的现象，因为若是一种临时现象，那么时间就可以消除优劣因素之间的差距。换言之，国际上富国与贫国共存并不是一种能够很快得以解决的历史现象。虽然阶段增长理论和结构变革模型都暗含了这个假定，但是对于二元发展论的支持者来说，日益加剧的国际不平等现象似乎就可以驳倒这一假定。

（3）这种优劣差异程度不仅没有任何降低的迹象，甚至还有不断加剧的趋势。例如，发达国家的工人与大多数发展中国家的工人之间劳动生产率的差距似乎还在逐年扩大。

（4）优劣因素之间的相互关系是，优质因素的存在很少甚至根本没有给劣质因素注入任

何动力，更别提什么"涓滴效应"了。事实上，它很可能起到相反的作用，使"欠发达现象加剧"。

3.4.4 结论和启示

新殖民主义依附理论、虚假范例模型和二元发展论的支持者，无论其在思想方法上有什么不同，都拒绝接受片面地将 GDP 增长作为发展的主要指标的新古典主义经济理论。鉴于刘易斯两部门模型中对于现代化和工业化的令人起疑的假设，以及近年来发展中国家的发展经历，他们质疑该模型的有效性。他们还反驳钱纳里等人提出的有关"大多数贫穷国家都应该寻求明确的经验发展模式"的观点。相反，国际依附理论、虚假范例及二元发展论支持者更多强调的是，国际力量的不平衡以及需要对国内外基本经济、政治和制度进行改革。在某些极端情况下，他们主张彻底剥夺私有资产，以期公共财产所有制和控制权能够更为有效地用来消除极端贫困，提供更多的就业机会，缩小收入差距以及提高人民的总体生活水平（包括健康、教育和文化状况的改善）。尽管一些学者仍然偏执地认为经济增长和结构变革并不重要，但是绝大多数观察者认为，解决多种社会问题最行之有效的方法就是谨慎地将公私经济活动结合，同时进行国际国内改革，以加快经济增长的步伐。

国际依附理论有两大缺陷。第一，尽管依附论者很好地解释了许多贫穷国家仍旧发展不起来的原因，但是他们丝毫没有深入探究这些国家该如何开始发展并使之保持。第二，或许也是更重要的一点，那些追求企业国有化和生产国营化的发展中国家，其经济发展的实际效果并不乐观。

如果我们仅从字面上理解依附理论，或许就会得出这样的结论：发展中国家最佳的发展途径就是尽可能少地与发达国家交往，而去寻求一种**自给自足**（autarky）的政策，或内向型发展策略，或者至多与其他发展中国家进行贸易往来。但是实行自给自足政策的大国，如中国以及印度（在很大程度上也属于这类国家），它们的经济发展却陷入了停滞，最终还是决定

实行对外开放的经济政策，中国在 1978 年后实行了改革开放政策，印度则是在 1990 年以后才实行的。而另一类相反的情况，如韩国以及近年来的中国，两者更加注重对发达国家的出口，从而使其经济得到了迅猛发展。在殖民地时期，紧密依附于大宗主国会给其带来破坏性影响，这在许多国家案例中是显而易见的，例如西班牙统治下的秘鲁，比利时统治下的刚果，英国统治下的印度以及法国统治下的西非，但是在绝大多数国家案例中，这种关系在殖民地独立之后发生了显著改变。然而，很显然发达国家与发展中国家之间的利益冲突，如在 2009 年哥本哈根气候峰会中谁占据中心地位，在 WTO 和 G20 会议中谁发挥作用等，这些都是真实存在且不可忽视的问题。

接下来我们将要考察的是在自由市场经济中对发展起关键作用的各种因素。从该角度来讲，就像市场可能会运作良好或运作失灵一样，政府也可能会成功或失败；发展取得成功的关键就在于，要在政府和私人市场体系之间实现一种巧妙的平衡，即政府能做好什么，私营市场体系能做什么，以及这两者如何实现最好的合作。

尽管发展理论中的国际依附这一理论革命曾吸引了许多西方学者和发展中国家学者的注意力，然而，在 20 世纪 70 年代末 80 年代初，以新古典自由市场的形式出现了一种与其相反的理论革命。这一截然不同的思想最终在 80 年代和 90 年代初主宰了西方（和较小范围内的一些发展中国家）发展经济学理论。

3.5 新古典主义革命的自由市场理论：市场原教旨主义

3.5.1 统计模型的挑战：自由市场分析、公共选择和亲善市场理论

20 世纪 80 年代，在美国、加拿大和原西德的政府中，保守派占有优势，伴随而来是经济理论和政策方面的一场新古典主义革命。在发达国家，这一新古典主义革命支持的是供给侧的宏观经济政策、理性预期理论以及公有制企业的私有化。在发展中国家，这一**新古典主**

义革命（neoclassical counter revolution）提倡的是自由市场，取消国家所有制、中央计划经济和政府对经济活动的管理。新古典主义学派在世界上最有影响力的两大国际金融机构（世界银行和国际货币基金组织）中获得了绝对优势。同时，诸如国际劳工组织（ILO）、联合国开发计划署（UNDP）和联合国贸易与发展会议（UNCTAD）等国际组织（它们更多的是表达发展中国家的观点）影响力的日益减弱，新保守主义和自由市场对依附论关于政府干预观点的挑战也就不可避免了。

新古典主义革命的中心论点是，欠发达产生的原因在于，错误的定价政策以及发展中国家政府的过度干预导致资源配置不当。新古典主义学派的代表人物，包括皮特·鲍尔勋爵（Peter Bauer）、迪帕克·拉尔（Deepak Lal）、伊恩·利特尔（Ian Little）等，他们认为正是政府在经济活动中的干预减缓了经济增长的步伐。新自由主义学派认为，允许竞争的**自由市场**（free market）繁荣发展，将国有企业私有化，促进自由贸易并扩大出口，吸引发达国家的投资，消除要素市场、产品市场和金融市场中政府的过多干预和价格扭曲，就会提高经济效益，促进经济增长。与依附理论相反，新古典主义革命认为，发展中国家欠发达的原因并不在于发达国家及其所控制的国际组织的掠夺行为，而是由于渗入其经济体中的政府过度管制、腐败、效率低下以及缺乏经济激励。因此，解决发展中国家欠发达问题所需要的并不是国际经济体制的改革、二元经济发展格局的调整、外国援助的增加、人口增长的控制或一个更有效的中央计划体系。相反，这实际上是一件很简单的事情，只要在政府许可范围内，推进自由市场和自由经济的发展，并允许"市场机制"和市场价格这只"看不见的手"来指导资源配置和刺激经济增长。他们既指出了像韩国、新加坡这些"自由市场"（正如我们将在后面章节中所见，尽管"亚洲四小龙"的经济离新保守主义典型的自由经济还有一段差距）的成功案例，也指出了类似非洲和拉丁美洲经济受政府干预的失败例子。[13]

新古典主义革命可分为三部分：自由市场分析、公共选择理论（或新政治经济学理论）和

亲善市场理论。**自由市场分析**（free-market analysis）认为只有市场是有效的：产品市场为新的投资活动提供最好的信号；劳动力市场能以最恰当的方式回应这些新的产业；生产者最了解应该生产什么和怎样有效生产；产品和要素的价格能够精确地反映出现有商品和资源在目前和将来的稀缺度。竞争即使不是完全的，至少也可以说是有效的；技术可以无偿获得并几乎免费地吸纳；信息是完全的，并且几乎可以免费获得。在这样的情况下，政府的任何干预显然都是对其经济发展的一种扭曲和阻碍。自由市场发展经济学家倾向于认为，发展中国家的市场是有效的，而该市场的任何缺陷都无关紧要。

公共选择理论（public-choice theory），也称作**新政治经济学理论**（new political economy approach），这一理论甚至认为实际上政府的任何行为都是错误的。这是因为公共选择理论认为政治家、官僚、公民和国家的行为都只是从利己角度出发，运用自身权力和政府权威最终为自己谋利益。公民利用政治影响从政府针对重要资源使用权限制的政策（例如，进口许可或外汇配额）中获得特殊利益（也称作"租金"）。政治家利用政府资源来巩固和维持自己的权力和权威。政府官员利用职权从寻租的公民手中榨取贿赂，背地里还经营一些商业活动。最后，政府利用自身权威没收私人财产。最终的结果是，这不仅导致资源配置不当，还大大降低了个人自由度。因此，结论就是最小的政府也就是最好的政府。[14]

亲善市场理论（market-friendly approach）是新古典主义革命的一个变体。其理论主要与20世纪90年代世界银行的报告及其经济学家们的著作密切相关，其中大多数经济学家在80年代站在自由市场和公共选择的理论阵营中。这一理论认为发展中国家的产品和要素市场中存在许多缺陷，且政府在通过"非选择"（亲善市场）干预，促进市场运行方面确实发挥着重要作用。这些干预包括对物质资本、社会基础设施、医疗卫生服务和教育机构进行投资，以及为私人企业提供良好的发展环境等。亲善市场理论与自由市场和公共选择学派的差别就在于，亲善市场理论承认**市场失灵**（market failure，

见第4章和11章）在发展中国家的投资协调和环保等方面普遍存在。此外，诸如信息缺失和信息不完全，技能创新与学习的外部性，以及生产的规模经济等现象也限制了发展中国家市场的发展。事实上，正是因为人们认识到后面这三种现象，才产生了发展理论的最新学派，即内生增长学派，该理论我们将在本章末的附录3C中探讨，协调失灵理论将在第4章中介绍。

3.5.2　传统的新古典增长理论

新古典自由市场分析的另一个基本理论是主张通过国内市场自由化（开放国内市场）可以增加国内外投资，从而提高资本积累的速率。这样，国内生产总值的增长就相当于提高了国内储蓄率，这在资本缺乏的发展中国家可提高**资本劳动比率**（capital-labor ratio）和人均收入水平。

尤其是**索洛新古典增长模型**（Solow neoclassical growth model）对于新古典增长理论做出了独创性的贡献，后来，这还使罗伯特·索洛（Robert Solow）获得了诺贝尔经济学奖。[16]它与哈罗德－多马模型的不同之处就在于在增长方程式中增加了劳动力这一要素，还引进了技术这一独立变量。与哈罗德－多马模型的固定系数和规模收益不变的假设不同，索洛新古典增长模型提出，劳动力和资本各自的规模收益是递减的，但两个要素合起来的规模收益却不变。除了劳动力和资本以外，带来长期增长的其他一切因素都通过技术进步来解释。索洛和其他新古典增长论者都认为技术水平是外生的，也就是说，技术独立于该模型中的所有其他因素。

更正式地说，标准的索洛新古典增长模型是运用生产函数来表述的

$$Y=K^{\alpha}(AL)^{1-\alpha} \quad (3\text{-}10)$$

式中，Y 是国内总产值；K 是资本存量（包括人力资本和物质资本）；L 是劳动力；A 代表劳动力生产率，它的增长率是外生的。据估算，发达国家的这一增长率大约是每年2%。发展中国家这一速率既可能更小也可能更大，这取决于这些发展中国家的发展是陷入停滞还是正在赶

超发达国家。由于技术进步的速率是外生给定的（如每年2%），索洛新古典模型有时也被称作"外生"增长模型，这与内生增长模型形成对比（见附录3C）。在式（3-10）中，α代表资本的产出弹性（每增加1%的人力资本和物质资本，带来的GDP增长百分比）。既然α被假定为小于1，并且私人资本用来支付其边际产量，所以根本就没有外部经济，故新古典增长理论得出资本和劳动的规模收益是递减的。

索洛新古典增长模型认为，经济体的人均产出增长至同一水平是受一些条件制约的，这就是储蓄率、折旧、劳动力增长、生产率这些因素也同一水平增长。在这些因素中，储蓄率尤为重要。我们将在附录3B中详细阐释索洛新古典增长模型。

根据传统新古典增长理论，产出增长源于以下三个要素中的一个或几个：劳动数量和质量的提高（通过人口增长和教育）、资本的增长（通过储蓄和投资）和技术进步（见附录3A）。储蓄率较低（其他情况相同）的**封闭经济**（closed economy，指那些与国外没有任何经济往来的经济体），与那些储蓄率较高的经济体相比，其短期增长速度更慢，而且人均收入水平也会较低。然而，在**开放经济**（open economy，指那些拥有贸易和国外投资等的经济体）中，由于资本从富国流向那些资本劳动比率较低的贫国，带来较高的投资回报，其人均收入水平就会更高。因此，根据新古典增长理论，那些阻止外国投资流入的发展中国家政府将会阻碍其国家的经济增长。另外，开放可以刺激企业接触更多的国外产品信息，从而提高技术进步速率。

3.5.3　结论和启示

然而，依附论者（他们中的大多数是发展中国家的经济学家）将欠发达看作是一种由外部因素所造成的现象，新古典修正主义者（他们中的大多数是发达国家的经济学家）则将这一问题视为发展中国家的内部因素，如政府的过度干预和错误的经济政策等所造成的现象。在诸如富国与贫国两极分化等极具争议的问题上，出现截然相反的观点是不足为奇的。

那么，认为自由市场和减少政府干预是发展基础的新古典主义革命的主要论点是什么呢？按照严格的效率（与公平相对应）标准来评价，市场价格配置往往比政府干预效果更好。问题在于许多发展中国家与西方国家相比，在结构和组织方面的差异是如此之大，以致传统的新古典主义理论的一些行为假设和政策导向有时会遭到质疑，甚至出现错误。一般来说，在许多发展中国家的特定的制度、文化和历史背景下，自由竞争的市场根本不存在，而且从经济和社会的长期发展来看，这样的市场也不一定就是理想的市场（见第11章）。总的来说，消费者对于生产何种产品和服务、质量如何以及为谁生产和服务等问题几乎无权干涉。信息有限，市场残缺，大多数发展中国家的经济仍是非货币经济。[17]而且在发展中国家普遍存在生产和消费的外部性，以及生产的不连续性和技术的不可分性（即规模经济性）。生产者，无论私营生产者还是国营生产者，都有权力决定市场价格和销售数量。竞争的理想通常与现实脱节。尽管在发展中国家资源购买和产品销售的垄断现象普遍存在，但是传统的新古典垄断理论很少讨论公有企业和私营公司的日常行为。由于决策规则会因社会环境而产生很大变化，所以，与创造就业机会或培养本土管理者以替代外国管理者相比，利润最大化或许只是一个次优目标。最后，市场那双看不见的手的作用结果，并非促进社会整体福利，而是使本已较富裕的人更富有，没能给绝大多数人提供改善和上升的机会。

新古典理论还是有许多值得借鉴之处的。它运用基本供求分析，得出达到高效的生产和资源配置目的的产品、要素和外汇价格。不过，开明的政府也能够有效运用价格作为一种信号和刺激因素来促进社会资源的最优配置。实际上，在后面章节的分析中，我们将一再证实新古典理论的各种不同分析工具在分析多种社会问题时的有用性，如人口增长、农业停滞、失业与不充分就业、童工、教育需求、环境、出口促进与进口替代、货币贬值、项目计划、货币政策、小额信贷和经济私有化等。但是，许多发展中国家的制度和政治结构的现实情况（更不用说它们的价值体系和意识形态的差异），往往使那些基于市场和明智的政府干预的经济政策的实施倍加困难。在制度僵化和社会经济严重不平等的环境下，不管是市场还是政府都将失败。这不仅仅是基于意识形态之上的一个非此即彼的问题，而是需要针对每个国家自身的国情一一进行分析和评价。发展中国家需要针对本国的约束条件，而采取适合于本国的解决方案。[18] 因此，发展经济学家必须能够辨明新古典理论的书面理论与当代发展中国家的制度和政治现实。[19] 这样，他们才能选择那些能够对发展中国家的发展问题和困境做出最好的解释的传统新古典理论和模型，摒弃那些无用的理论。区分方法和政策选择的重点将在第二和三部分进行讲解。

3.6 古典发展理论的分歧与调和

在这一章里，我们学习了一系列有关经济增长的相互矛盾的理论和观点。这些理论和观点都有各自的优势和缺陷。正是这些分歧——或是理论基础的差异，或是经验方法的差异，使得经济发展的研究既充满挑战又令人兴奋。不仅仅是发展经济学中没有被广泛接受的教条或范例，甚至经济学的其他领域也是如此。相反，我们的视野和理解力是不断进步的，从而带动数据的改进和新研究技术的出现，这些为我们研究非洲、亚洲和拉丁美洲的不同的发展中国家的发展可能性提供了研究基础。

你或许会问，如此多的差异如何能够达成一致。尽管现在和以后这种在价值观方面的尖锐冲突都不太可能达成共识，但是我们仍然认为通过上述四种理论可以找到一些重要的信息。例如，线性阶段增长模型强调储蓄和投资在促进长期的持续增长方面所发挥的重大作用。刘易斯结构变革的两部门模型强调在经济发展过程中，资源由劳动生产率低的部门向劳动生产率高的部门转移的重要性，以此来分析传统农业和现代工业部门之间的诸多联系，并阐明诸如中国等国家近年来的经济增长状况。钱纳里及其同事的经验研究试图精确地记载经济发展所经历的结构变革，同时找出这一过程中一些关键的经济变量的数值。国际依附论者的思想

则提醒我们，要注意世界经济的结构和运转的重要性，以及发达国家的决策可能会影响到数百万发展中国家人民的生活，而对于这些行为是否总是被刻意设计以维持发展中国家的依附状态则往往避而不谈。发展中国家对于北美、西欧和日本等国政府（更不用提 IMF 和世界银行）所制定的经济政策的极度依赖性和自身的弱小性，迫使我们意识到国际依附学派中某些观点的重要性。同样的情况也适用于发展中国家有关二元结构论和统治阶级在国内经济中所扮演的角色等问题。

尽管许多传统的新古典经济理论都需要加以修改，方能适应发展中国家特定的社会、制度和结构背景，但是毫无疑问，通过一个正确可行的价格机制来促进有效生产和分配，是任何成功的经济进程中必不可少的一部分。新古典主义革命中的许多论点，尤其是那些与效率低下的国有企业和失败的发展计划（见第 11 章），以及政府诱导的国内和国际价格扭曲的负面效应（见第 7、12、15 章）相关的论点，也应像国际依附学派和结构学派一样引起重视。相比之下，那些盲目推崇自由市场和开放经济，一概贬低公共部门在促进发展中国家平衡增长的带头作用的态度正面临严峻质疑。正如在第二和第三部分所揭示的，成功的发展需要在以下两者之间形成一种巧妙和谨慎的平衡：一方面，在市场可以存在并有效运转的时候，利用市场来定价和刺激经济；另一方面，当无效的市场导致不良的经济和社会影响时，使用明智而公正的政府干预。现代发展经济学的理论分析，在阐释成熟的政府政策是如何促进市场发展及共同增长的逻辑性方面已经取得了巨大进步，这将在第 4 章中进行解释说明。

总之，对于理解发展来说，每一种理论都为我们提供了一些启示。在本书的后面章节中，当我们详细探讨诸如贫困、人口增长、失业、农村发展、国际贸易和环境等一系列问题的根源及其可能的解决方案时，所有这些理论方法各自的贡献将会变得更加清晰。它们也为我们提供了一些当代发展和欠发达模型，关于这一点我们将在下一章进行讲解。

案例研究 3 各流派关于韩国和阿根廷发展的观点

对这两个国家的进一步研究证实了这样一个结论，即前四大发展理论——线性阶段增长理论、发展的结构变革理论、国际依附理论和新古典主义理论，为研究发展过程及政策提供了重要的视角。对韩国和阿根廷做这样的比较研究再适合不过：如两国的人口规模适中（2011 年，阿根廷的人口为 4 100 万，韩国的人口为 5 000 万），两国很久以来都被纳入中等收入国家之列。不过，2008 年，由于购买力平价达到 31 000 美元，世界银行将韩国定义为高收入国家，其人均收入是阿根廷的两倍，阿根廷 2011 年的购买力平价仅为 17 000 美元，在 30 年之前，情况正好相反。四大经典发展理论能否解释这一转变呢？

韩国

线性阶段增长理论 韩国的发展验证了线性阶段增长理论的一些观点，虽然只是在一定程度上的验证。近几年来，韩国投资在国民总收入中的份额居世界最高之列，这是用来解释其国内经济快速发展的一个关键因素。要想知道其发展到底有多快，我们可以想象一下，1960 年罗斯托的《经济增长阶段》一书刚刚出版时，韩国几乎不具备任何"起飞前的准备条件"，因此有关它的经济发展在那本书中根本不值一提。自那时起，韩国的投资比例就非常高，但是作为国民总收入的一部分，其比例仅为 15%，仍然低于 1965 年的起飞线。但是到 1990 年，这一比率迅速增长到 37%，在 2000 ~ 2007 年一直保持并接近于 40%（但是最近几年这个比例降下来了）。而且，韩国的增长似乎真的很好地体现了罗斯托所描述的处于"成熟阶段"的经济特征，并正逐步掌握当前一系列的可用技术，似乎正要进入"大众高消费阶段"。

罗斯托认为，成熟阶段要在起飞阶段开始之后的大约 60 年才能达到，但是他从未否认每个国家的特定发展历程，而且他认为，实际上在发展的后来阶段，传统的和先进的技术之间的差异可以很快得以弥补。国家之间生产效率相差越大，一旦起飞之后，收入增长速度就越快。韩国通过新式的进出口贸易确实达到了世界经济一体化的"成熟"标准。尽管罗斯托将印度而非韩国的经济发展引为起飞阶段的例证，来说明增长阶段理论的预测缺陷，但是，韩国的案例分析还是从某些角度证实了该理论的价值所在。

结构变革理论 韩国的经济发展还证实了结构变革理论模型与发展模式的一些观点。尤其是，韩国在过去一个世纪的崛起中体现出了这些特征：农业生产效率快速提高；劳动力从农业部门向工业部门的转移；资本市场、教育和技能的稳步发展；人口从肥沃的土地向贫瘠的土地转移等。这些转变都发生于 1965 ~ 1990 年，那时韩国整体的人均收入水平每年以 7% 的速率增长。即便是在 1990 ~ 2002 年，韩国作为一个较成熟的经济体，还经历了 1997 ~ 1998 年的亚洲金融危机，其经济增长率依然保持 5.8% 的水平。2002 ~ 2011 年，韩国经济的平均增长速度低于 4%，仍然远高于高收入国家的增长速度。20 世纪 40 年代末和 50 年代，韩国实施了彻底的土地改革，因此其农业发展得到了应有的重视；不过，通过大量扩大劳动力在工业部门中的比例来实现经济增长，却与刘易斯的两部门发展模型相吻合。大约在 1970 年后，韩国农业生产效率也得以大幅提高，这其中部分原因就在于实施了一个成功的农业整体发展项目。

国际依附革命理论 但是，韩国的发展向国际依附革命理论提出了一个重大挑战。这是一个贫国与国际经济接轨的例子：它强烈依附于国际关系，1945 年之前一度是日本的殖民地，此后便完全依附于美国。20 世纪 50 年代，它大部分的国内预算都来自美国的援助，还需要从发达国家，尤其是美国和日本进出口大量商品。因此，其发展在很大程度上受到（向发达国家）出口的"制约"，因而依附理论认为这会阻碍韩国的发展。然而，如今韩国是 OECD 成员方之一，而且被普遍认为已跻身发达国家之列。当然，国际依附论者可以认为韩国是一个例外（他们也确实这么认为），主要是因为其接受的外国援助的规模巨大，而且发达国家作为资本主义国家，希望看到韩国的成功发展来证明其所发挥的作用。而且，韩国政府还采取了一些大多数依附学派学者都支持的政策，包括实行极端积极的工业升级政策、严格限制跨国公司所能发挥的作用，并为此特别建立本土工业，以及通过债务而不是直接以外商投资的形式来筹集巨额投资等。韩国还实施了发展中国家土地改革项目中最为宏大的一次改革，另外还特别强调应更加重视小学教育而不是大学教育，这两项政策都具有特别的意义。但是这并没有说明韩国如何做到采纳这些政策来摆脱依附，成为第一个摆脱依附的国家的。

新古典主义革命的自由市场理论 同样，韩国的发展也是新古典主义革命模型的一个挑战。韩国在国内和国际贸易中都是高度干预主义的，政府制订广泛的发展计划，利用大量不同税收减免和激励政策来诱导各公司服从政府指导和干预，设立各公司出口目标，协调不同行业实现平均技术的提升，协调国外技术许可协议，利用垄断力量从极具竞争力的跨国公司中获得最好的交易，从整体上诱导企业迅速获得（动态）比较优势（见第 12 章）。这些政策解决了发展过程中实际的技术问题和技能提高的市场失灵问题。而且韩国经济很快从亚洲金融危机中恢复，在这一过程中政府几乎没有犯什么可被指出的错误。当然，它确实证实了企业对经济激励做出了反应。而且，至少以同样的力度表明，韩国在克服政府协调失灵这一问题上为各国提供了一个令人叹服的实例，该问题将在第 4 章进行解释，并在第 12 章最后的案例研究中进行运用。

阿根廷

与韩国相反，对于阿根廷来说，线性阶段增长理论和结构变革理论对其经济历史的解释相对较少，而依附革命理论和新古典主义革命理论却为其经济发展提供了一些重要视角。迄今我们都无法确定，在继 2002 年发生了经济增长不稳定、外汇储备下降、政治不稳定等问题之后，阿根廷现今是否已经进入了新一轮的经济增长。

线性阶段增长理论 阿根廷的历史为线性阶段增长理论提出了一个强有力的挑战。罗斯托将起飞阶段定义为"最终克服了阻碍经济稳步增长的老问题与障碍的一个阶段……增长成为其常态"。1870年，阿根廷的人均收入在全世界排名第 11（位居德国之前）；如今，它根本不在前 60 名以内。尽管罗斯托认为，是技术吸纳而不是人均收入决定一个国家所处的发展阶段，他将阿根廷的"起飞阶段"追溯到 1914 年前的一段时期，并认为"某种意义上的"起飞阶段开始于第一次世界大战，但是"在 20世纪 30 年代中期……一次持续的起飞揭开了帷幕，这在当今（1960 年）基本上被认为是成功的一次起飞"，并得出结论，"在拉丁美洲，主要有两个国家的经济实现了起飞（墨西哥和阿根廷）"。罗斯托将起飞前要停留一段时间，归因于太长一段时间内过度输入外国资本，而未增加国内储蓄（但是，直到现在，韩国还是一个背负沉重外债的国家）。阿根廷无疑满足了罗斯托关于制造业部门迅速发展的标准。

但是，现在让我们看看在罗斯托将阿根廷作为案例研究之后，这个国家的状况。根据世界银行的数据，阿根廷在 1965～1990 年经济呈负增长，在 20 世纪 80 年代国内投资以 -8.3% 的速率下降，远远低于罗斯托的起飞阶段投资水平的临界值。尽管阿根廷在 1990～2001 年的经济增长率为3.6%，但它在 2002 年还拖欠着贷款，经济收缩了11%，而后稍微恢复并重新开始不稳定的经济增长。2000～2007 年，阿根廷的投资额在国民生产总值中的比例一直为 17%，该比例甚至不足韩国的一半。就像 20 世纪 70～90 年代拉丁美洲和非洲的很多国家一样，阿根廷的发展说明发展是不可逆转的，持续发展也有终点。

结构变革理论 阿根廷的发展确实表现出许多结构变革理论的一般性特征，诸如农业生产率上升、工业就业水平提高（虽然很缓慢）、城镇化出现、生育率下降，等等。但是，实际上，许多发展的结构性规律依赖于观察，过度依赖选定的数据块，而没有相关理论的指导来整合这些数据块，这是存在不足与缺陷的。

国际依附革命理论 与韩国形成鲜明对比的是，阿根廷的案例为依附理论提供了一些支持，因为该国在很大程度上依赖于初级产品的出口，并且这些产品的实际价格相对于进口价格来说有所下降。跨国公司发挥了巨大的作用，阿根廷无力创建自己的制造出口工业，最终不得不屈服于严格的结构调节项目，将国有企业售给外国公司，同时还受到各种限制。依附论者凭借某些理由可以断言，阿根廷的发展之所以受到限制，是因为发达国家为了实现自身的经济利益，尤其是英国和美国的那些公司的利益。

新古典主义革命和自由市场理论 阿根廷的发展还为新古典主义理论提供了一些支持，因为错误的干预主义限制、低效的国有企业、对出口生产的偏见以及没有必要的繁文缛节，最终破坏了工业和企业的发展。政府政策似乎一直在维护那些特权阶级的利益，而不是为更广大的发展目标。另外，在该国政府失灵通常比市场失灵更糟糕。20 世纪 90年代中期，大规模的自由化和私营化方案的出台，似乎使阿根廷的经济有所复苏。不幸的是，到了2002 年，四年的经济衰退最终导致经济在日益严重的国内财政和国外贸易赤字的双重压力下崩溃，而该问题主要是由比索与美元之间的关系造成的。依附论者的观点得到了支持。尽管 2002 年阿根廷出现了债务拖欠，但从 2004 年以后，阿根廷的经济却出现了复苏和比较快速的增长。这说明单纯用一个理论来解释发展的成败是远远不够的。在此之后，阿根廷的经济复苏仍然是脆弱的，比如2010年和2011年经济增长速度为9%，2012年却下降至2%以下，而且政治制度仍然有些不稳定。

小结

有趣的是，韩国的发展对依附理论和新古典理论都是一个挑战（在许多方面，其发展与这些理论是截然相反的），而阿根廷的发展则更多的是对这两个理论的验证。韩国更多的是证实了线性阶段增长模型和结构变革理论及模式，而阿根廷则对这两个理论的普遍重要性提出了质疑。不过，这四个理论对于理解发展中国家的经济发展历程及其前景，都具有各自的重要意义。韩国的发展表明政府在克服协调失灵问题时所发挥的作用，而阿根廷的发展则说明，政府是如何导致市场不均衡的，这些话题都将在下一章中进一步探讨。

资料来源

Fishlow, Albert, et al. *Miracle or Design? Lessons from the East Asian Experience.* Washington, D.C.: Overseas Development Council, 1994.

Heston, Alan, Robert Summers, and Bettina Aten. *Penn World Table*, version 6.3. Center for International Comparisons of Production, Income and Prices, University of Pennsylvania, August 2009, http://pwt.econ.upenn.edu/php_site/pwt63/pwt63_form.php.

Porter, Michael. *Competitive Advantage of Nations.* New York: Free Press, 1990.

Rodrik, Dani. "Coordination failures and government policy: A model with applications to East Asia and Eastern Europe." *Journal of International Economics* 40 (1996): 1–22.

Rostow, Walt W. *The Stages of Economic Growth: A Non-Communist Manifesto.* London: Cambridge University Press, 1960.

Smith, Stephen C. *Industrial Policy in Developing Countries: Reconsidering the Real Sources of Expert-Led Growth.* Washington, D.C.: Economic Policy Institute, 1991.

Thurow, Lester. *Head to Head.* New York: Morrow, 1992.

World Bank. *Korea: Managing the Industrial Transition.* Washington, D.C.: World Bank, 1987.

World Bank, *World Development Indicators*, various years.

World Bank, *World Development Reports*, various years.

问题讨论

1. 请解释发展的线性阶段增长理论、刘易斯和钱纳里的结构变革模型，以及国际依附革命理论（包括虚假范例概念化）之间的本质区别。你认为哪种模型对于大多数发展中国家的状况给出了最好的解释？请解释。

2. 请解释二元论和二元社会的含义。你认为二元论是否足以描述大多数发展中国家的发展状况？请解释。

3. 有些人认为国际二元论和国内二元论只是同一现象的不同表现形式。你如何理解这种说法，这种表述是否具有广泛的有效性？请解释。

4. 新古典主义革命这一术语指什么？它的主要观点是什么？你认为这些论据是否具有广泛的有效性？请解释。

5. 基于发展中国家的多样性，你认为是否可能存在单一的统一发展理论？请解释。

6. 新古典主义革命的自由市场理论一定与国际依附理论不相容吗？怎样才有可能使这两种理论相互包容？

7. 发展中国家在哪些方面依赖于发达国家，在哪些方面又恰好相反？

注释和推荐阅读

1. *The Stages of Economic Growth: A Non-Communist Manifesto*, 3rd Edition by W. W. Rostow.Copyright©1960, 1971,1990 Cambridge University Press. 版权所有，转载须经许可。

2. 该模型是以两位经济学家（英国的罗伊·哈罗德爵士（Sir Roy Harrod）和美国的伊夫塞·多马（Evesey Domar）教授的名字命名的，在20世纪50年代早期，他们分别但是同时发展了这个理论的一个变体。

3. 在传统的课程介绍中，k 一直用来表示资本产出比率，而不是用 c 表示。但是，本书用 c 是为了确保不与索洛增长模型中的 k（其中 k 代表资本劳动比率）混淆，在本章后面将进行讨论。还要注意的是在实际中，发展中国家或许会出现资本利用率不高的情况，也就是说，不仅仅是管理角度所严格要求的那样。

4. 简单来看，$Y=K/c$，所以 $\Delta Y=(1/c)\Delta K$。但是 ΔK 的定义是净投资，也就是从总投资 I^G 扣除折旧费后得到的 I^N，而折旧费反过来是由折旧率乘以股本得到的 δK，所以就是 $\Delta K=I^G-\delta K$。但是总投资等同于总储蓄 S^G，所以 $\Delta Y=(1/c)[S^G-\delta K]$（总储蓄率 S^G 是由 S^G/Y 得到的）。

5. W. Arthur Lewis, "Economic development with unlimited supplies of labour" *Manchester School* 22 (1954): 139–191; John C. H. Fei and Gustav Ranis, *Development of the Labor Surplus Economy: Theory and Policy* (Homewood, Ⅲ.: Irwin, 1964). 还可参见 Ragnar Nurkse, *Problems of Capital Formation in Underdeveloped Countries* (New York: Oxford University Press, 1953).

6. 有关近年来中国的经济增长过程，请见 Nazrul Islam and Kazuhiko Yokota, "Lewis growth model and China's Industrialization," *Asian Economic Journal* 22(2008): 359–396; Xiaobo Zhang, Jin Yang, and Shenglin Wang, "China has reached the Lewis turning point," IFPRI discussion paper No.977(Washington, D.C.:International Food Policy Research Institute, 2010). Cai Fang, "A turning point for China and challenges for further development and reform," *Zhongguo shehui kexue(Social Sciences in China)*, 3(2007)4–12; and Huang Yiping and Jiang Tingsong, *What Does the Lewis Turning Point Mean for China? A Computable General Equilibrium Analysis*, China Center for Economic Research Working Paper 2010–03. March 2010。还可参见 Gary Fields, "Dualism in the labor market: A perspective on the Lewis model after half a century," *Manchester School* 72 (2004): 724–735。有关结构变革理论的研究仍在继续；有关此的一项有趣研究可参见 Douglas Gollin, Stephen L. Parente, and Richard Rogerson, "The food problem and the evolution of international income levels," *Journal of Monetary Economics* 54 (2007): 1230–1255。

7. 参见 Hollis B. Chenery, *Structural Change and Development Policy*(Baltimore:Johns Hopkins University Press, 1979); Hollis B. Chenery and Moshe Syrquin, *Patterns of Development,*

1950–70(London: Oxford University Press, 1975); Moshe Syrquin, "Patterns of structural change," in *Handbook of Development Economics*, eds. Hollis B. Chenery and T.N.Srinivasan(Amsterdam: Elsevier, 1989), vol,1,pp.205–273; and *Industrialization and Growth: A Comparative Study*, by Hollis B. Chenery, Sherman Robinson, and Moshe Syrquin (New York: Oxford University Press, 1986). 对 Simon Kuznets 的研究进行简练的总结，参见 "Modern Economic Growth, Findings and Reflections," *American Economic Review* 63 (1973): 247–258.

8. 参见 Sarah Anderson, John Cavanagh, Thea Lee, and the Institute for Policy Studies, *Field Guide to the Global Economy* (New York: New Press, 2000); Robin Broad, ed. *Global Backlash: Citizen Initiatives for a Just World Economy* (Lanham, Md.: Rowman & Littlefield, 2002); and John Gray, *False Dawn: The Delusions of Global Capitalism*(New York:New Press,2000).

9. 可参见 Paul Baran, *The Political Economy of Neo-Colonialism* (London: Heinemann,1975). 这是一篇收录在 Keith Griffin and John Gurley, "Radical analysis of imperialism, the Third World, and the transition to socialism: A survey article" 的优秀评论。还可参见 Ted C. Lewellen, *Dependency and Development: An Introduction to the Third World* (Westport, Conn.: Bergin & Garvey, 1995).

10. 这个理论应用于肯尼亚的情况引起了争论，并被良好地记录下来，详细参阅 Colin Leys, *Underdevelopment in Kenya: The Political Economy of Neo-Colonialism* (London: Heinemann, 1975).

11. 参见 Theotonio Dos Santos "The crisis of development theory and the problem of dependence in Latin America," in *Underdevelopment and Development,* ed. Henry Bernstein (Harmondsworth, England: Penguin, 1973), pp. 57–80. 也可参阅 Benjamin J. Cohen, *The Question of Imperialism: The Political Economy of Dominance and Dependence* (New York: Basic Books, 1973).

12. Hans W. Singer "Dualism revisited: A new approach to the problems of dual societies in developing countries," *Journal of Development*

Studies 7 (1970): 60–61. 继续发展国内的二元模型，例如，参阅 Arup Banerji and Sanjay Jain "Quality dualism," *Journal of Development Economics* 84 (2007): 234–250。有一个有趣的实证研究，详情请参阅 Niels-Hugo Blunch and Dorte Verner, "Shared sectoral growth versus the dual economy model: Evidence from Côte d'Ivoire, Ghana, and Zimbabwe," *African Development Review* 18, no. 3(2006): 283–308; Jonathan Temple and Ludger Woessmann, "Dualism and cross-country growth regressions," *Journal of Economic Growth*, 11, no.3 (2006): 187–228.

13. 关于反新古典主义革命理论的例子，参见 Peter T. Bauer, *Reality and Rhetoric: Studies in the Economics of Development* (London: Weidenfield & Nicolson, 1984); Deepak Lal, *The Poverty of Development Economics* (Cambridge, Mass.: Harvard University Press, 1985); Ian Little *Economic Development: Theories, Policies, and International Relations* (New York: Basic Books 1982); 以及世界银行的全球发展报告和国际货币基金组织的年度全球经济展望报告中提到的任何关于 20 世纪 80 年代中期的问题。对此文章的一篇重磅评论可参见 John Toye, *Dilemmas of Development: Reflections on the Counter-Revolution in Development Theory and Policy* (Oxford: Blackwell, 1987)。也可参见 Ziya Onis, "The limits of neoliberalism: Toward a reformulation of development theory," *Journal of Economic Issues* 29 (1995): 97–119; Lance Taylor, "The revival of the liberal creed: The IMF and the World Bank in a globalized economy," *World Development* 25 (1997): 145–152; and Alexandro Portes, "Neoliberalism and the sociology of development: Emerging trends and unanticipated facts," *Population and Development Review* 23 (1997): 229–259。

14. 对公共选择理论的信条有个很好的解释，详细参见 Merilee S. Grindle 和 John W. Thomas *Public Choices and Public Policy Change: The Political Economy of Reform in Developing Countries* (Baltimore: Johns Hopkins University Press, 1991)。在该领域的经典文章是由诺贝尔经济学奖获得者 James M. Buchanan 所写: "Social choice, democracy and free markets," *Journal of Political Economy* 62 (1954): 114–123。相关评论文章可以参见 Paul P. Streeten, "Markets and states: Against minimalism," *World Development* 21 (1993):1281–1298, and Amartya Sen, "Rationality and social choice," *American Economic Review* 85 (1995):1–24。

15. 参见 20 世纪 90 年代的世界发展报告。对于这种方法的批判详见 Ajit Singh "State intervention and 'market-friendly' approach to development:A critical analysis of the World Bank theses," in *The States, Markets and Development*, ed.Amitava K.Dutt, Kwan S. Kim, and Ajit Singh(London: Elgar, 1994)。世界银行对它的方法做了进一步细化，例如在第 4 章末尾提到的，鼓励"增长诊断"方法的使用。

16. 索洛模型详见 Robert Solow, "A contribution to the theory of economic growth," *Quarterly Journal of Economics* 70 (1956): 65–94。

17. 对于这些问题和相关问题的讨论，详见 Heinz W. Arndt, "'Market failure' and underdevelopment," *World Development* 16 (1988): 210–229。

18. 识别和解决局部的约束，见 Ricardo Hausmann, Dani Rodrik, and Andrés Velasco, "Growth diagnostics," *One Economics, Many Recipes: Globalization, Institutions, and Economic Growth,* by Dani Rodrik (Princeton, N.J.: Princeton University Press, 2007)。详情可参阅第 4 章。

19. 在第 2 章中回顾的另外一个理论是一个新的制度。它已被看作新古典主义革命的一个组成部分，或者后古典主义主流发展经济学的一部分。这些制度包括产权、价格和市场结构、货币和金融机构、企业和产业组织、政府和市场之间的关系。新制度的基本信息是，即使在新古典主义的世界，努力发展的成功或失败也取决于一个国家的根本制度的性质、存在及正常运作。这个新制度源自诺贝尔经济学奖得主 Ronald Coase 的理论研究。参阅 Ronald H. Coase, "The institutional structure of production," *American Economic Review* 82 (1992): 713–719; Oliver E.Williamson, "The institutions and governance of economic development and reform," in *Proceedings of the World Bank Annual Conference*

on Development Economics, 1994 (Washington, D.C.: World Bank,1995); 还有 Jean-Jacques Laffont "Competition, conformation and development," Annual World Bank Conference on Development Economics, 1998 (Washington, D.C.: World Bank, 1999)。诺贝尔经济学奖得主 Douglass North 的著作很有影响力，尤其是 Institutions, Institutional Change, and Economic Performance (New York: Cambridge University Press, 1990)。

附录 3A　经济增长的组成部分

经济增长有三大组成部分：

（1）资本积累，包括对土地、物理设备以及针对提高健康、教育和工作技能的人力资本的所有新投资；

（2）人口增长，进而带来劳动力的增长；

（3）技术进步——完成各项任务的新方法。

在本附录中，我们将对以上三部分逐一进行简单介绍。

资本积累

将当期收入的一部分进行储蓄或投资，以期将来增加产出和收入，这就形成了**资本积累**（capital accumulation）。新的厂房、机器、设备和原材料使得一国的物质**资本存量**（capital stock）增加（即物质生产资本的实际净价值增加），也使得提升产出水平成为可能。这些直接的生产性投资，通过对所谓的社会和**经济基础设施**（economic infrastructure，如道路、电力、供水与卫生以及通信等）的投资得以补充，这就促进并完善了经济活动。例如，农民投资购买一辆新的拖拉机，也许就可以使他所种植的农作物总产量增加，但是如果没有充足的运输设施将这部分额外产量运到当地商贸市场，那么他的投资对国家粮食产量的增加就毫无用处。

对一国资源进行直接投资的方式较少。灌溉系统的应用或许能够通过提高每公顷土地的生产率来提高一国农业用地的质量。如果在其他所有投入量相等的情况下，每 100 公顷经灌溉后的土地的产量与 200 公顷未经灌溉的土地的产量是相同的，那么这种灌溉系统的应用就相当于使未经灌溉土地的数量增加了一倍。使用化学肥料和杀虫剂以控制害虫对农作物的损害，同样能够起到提高现有农田生产率的效果。所有这些投资形式都是提高现有土地资源质量的方法。从实际目的来看，这些方法在提高生产性土地的总存量的效果上，与直接开垦闲置耕地没有多少区别。

同样，人力资源的投资可以提高人力资源的质量，其与通过增加人口数量来提高产量相比，具有同等甚至更好的效果。在建筑、设备和原材料（如书本、投影仪、个人电脑、科学器材、职业工具以及诸如车床和研磨机等机器）等方面的直接投资，会使正规教育、职业教育和在职培训项目、成人教育以及其他非正式教育在提高人类技能方面产生更好的效果。教师培训和好的经济学教科书可以使劳动力的质量、领导能力和生产能力明显提升。健康状况的改善可以显著地促进生产能力的提高。因此对人力资源的投资以及**人力资本**（human capital）的创造，与通过战略性投资来提高土地资源的质量进而提高现有土地的生产力是相似的。

所有这些情况以及其他许多现象，都是实现资本积累的不同投资形式。资本积累可以增加新的资源（例如，开垦荒地），还可以提升现有资源质量（例如，灌溉），但是它的本质特征是它涉及现在与将来消费之间的一种取舍关系，即现在放弃一点，将来可能会收获更多，比如人们在接受教育期间就放弃了挣钱的机会。

人口和劳动力增长

人口增长和最终带来的劳动力的增长，一直被认为是刺激经济增长的一个积极因素。较多的劳动力意味着拥有较多的生产性工人，而较大的人口规模意味着较大的国内市场潜在规模。然而，令人存疑的是，在一个拥有剩余劳动力的发展中国家中，劳动力供应的快速增长对经济增长的影响到底是积极的还是消极的（见第 6 章，有关人口增长对经济发展的正反两方面观点的深入讨论）。显然，这取决于经济体系吸纳与有效雇用这些剩余劳动力的能力，该能力与资本积累的类型和速率，以及相关要素（如管理和行政技能）的可获得性有很大的关系。

基于经济增长的前两个基本组成部分，且暂时不考虑第三个组成部分（技术），我们来看一下前两部分是如何通过生产可能性曲线相互作用的，以及如何扩大社会中所有产品潜在的总产量。**生产可能性曲线**（production possibility curve）描述的是，在给定技术以及物质和人力资源的条件下，当所有资源都能被充分、有效地利用时，任何两种商品可能达到的最大的产量组合，如水稻和收音机。图 3A-1 显示了水稻和收音机的生产可能性曲线。

曲线 PP 表示水稻和收音机最初的生产可能性。现在假设技术不变，如果对现有资源进行投资以提高其质量，或者投资开发新资源（土地、资本以及家庭和劳动力规模的扩大），那么物质的和人力资源的数量就会翻一番。如图 3A-1 所示，资源总量的翻番将导致整个生产可能性曲线向外移动，由 PP 移动到 P'P'。水稻和收音机的产量都得到了提高。

但是这里假定该经济体中只生产水稻和收音机这两种产品，这样国内生产总值（一国所生产的产品和服务的总价值）就会比以前高。换句话说，就是该经济体正在不断增长。

值得注意的是，即使一个国家的经济运行并未充分利用物质和人力资源，正如图 3A-1 中的点 X，此时尽管会存在广泛失业以及未充分利用（或闲置）的资本和土地资源，生产性资源的增长还是能够导致总产量组合的提高，如点 X'。但还应注意的是，关于资源增加将引起产量增加这一问题还未能确定。从许多当代发展中国家经济增长不景气的历史来看，这并不是一条经济规律。资源的增长也不是经济实现短期内增长的一个必要条件，因为对于现有闲置资源的较好利用，能够大幅提高产出水平，就像图 3A-1 中所示的点 X 到 X' 的移动。尽管如此，从长期来看，现有资源质量的改善和提升，以及进行新的投资来扩大这些资源的数量，是加速国内产出增长的主要方式。

现在，我们假设不是所有生产要素都成比例地增长，而是假设仅有资本或仅有土地资源的质量和数量得以增加。如图 3A-2 显示，如果收音机制造业是一个资本设备利用相对较大的行业，水稻生产相对来说是一个土地密集型的生产过程，那么当资本快速增加时，收音机的生产可能性曲线的变化就更明显（见图 3A-2a），而当土地质量或数量增长时，水稻的生产可能性曲线的变化更明显（见图 3A-2b）。然而，因为在正常情况下，这两种产品的生产都需要投入所有的生产要素，只是生产要素组合方式不同而已。因此，当只有资本增加时，水稻的生产可能性曲线还是会轻微地外移（见图 3A-2a），当只有土地质量提高或面积扩大时，收音机的生产可能性曲线也会轻微地外移（见图 3A-2b）。

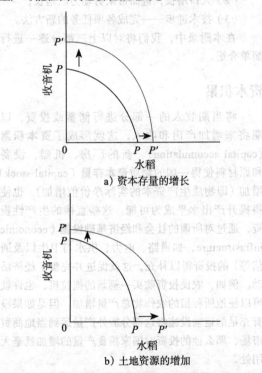

a) 资本存量的增长

b) 土地资源的增加

图 3A-2　资本存量和土地的增长对生产可能性边界的影响

技术进步

现在来考虑第三个经济增长的源泉——**技术进步**（technological progress），许多经济学家认为这一部分是最重要的。技术进步最简单的形成方式，就是采用新的方法或对原有方法进行改进来完成传统任务（如种植农作物、制造服装或建造房屋）。技术进步有三个基本类型：中性的、劳动节约型和资本节约型。

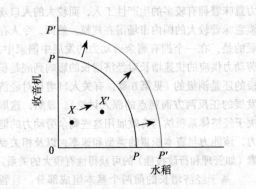

图 3A-1　物质资源和人力资源的增加对生产可能性边界的影响

中性技术进步（neutral technological progress）是指投入等量的生产要素组合却能带来更高的产出水平。如劳动分工这种很简单的创新，就能够带来总体产出水平以及所有个体消费水平的提高。从生产可能性分析来看，中性技术进步所带来的总产量翻倍理论上与生产性投入翻倍的效果是等同的。因此，图 3A-1 的生产可能性曲线外移也是对中性技术进步的一种图示。

相比之下，技术进步会带来劳动力或资本的节约（也就是说，在投入等量的劳动力或资本的情况下，就能达到较高水平的产出）。电脑、网络、自动织机、高速电钻、拖拉机和机械犁等，以及许多其他现代器械和设备都可以归为**劳动节约型技术进步**（laborsaving technological progress）的产品。自 19 世纪后期以来的技术进步，主要就是指劳动节约型技术的快速发展，生产的产品从大豆到自行车，再到桥梁，范围极其广泛。

资本节约型技术进步（capital-saving technological progress）出现得相对较少。这主要是因为世界上几乎所有的科学技术研究都是针对发达国家进行的，在那里需要节约的是劳动力而不是资本。但是在劳动力充足（资本短缺）的发展中国家，最需要的却是资本节约型技术。资本节约型技术的进步可以带来更有效（低成本）的劳动密集型生产方法，例如手动或旋转式除草机和打谷机、波纹管脚泵以及小型农业使用的背负式机械喷雾器。低成本、高效率以及劳动节约型生产技能的发展，是任何一个以长期就业为导向的发展策略的重要组成部分（见附录 5A）。

技术进步也可以是劳动力或资本的加强过程。当劳动力的质量或技能得以提升时，就出现了**劳动加强型技术进步**（labor-augmenting technological progress），如在课堂教学中使用录像、电视和其他电子传媒。同样，**资本加强型技术进步**（capital-augmenting technological progress）源于对于现有资本品更加有效的利用，例如，在农业生产中，用铁犁取代木犁。

我们可以利用水稻和收音机的生产可能性曲线来考察与发展中国家的产量增长有关的两个非常具体的技术进步的例子。20 世纪 60 年代，菲律宾的国际水稻研究所的农业科学家研制出了一种新的高产杂交水稻，其被称为 IR-8 或者是"神奇水稻"。这些新水稻种子以及后来新的科学进步，使得几年之内南亚和东南亚部分地区的水稻产量有两倍或三倍的增长。事实上，技术进步就"体现"在

那些新的水稻种子里（我们也可以称之为"土地加强型"），这就使得在本质上相同的投入（尽管还是建议增加化学肥料和杀虫剂的使用）可以生产出更多的产品。从生产可能性分析来看，正如图 3A-3 所示，杂交水稻这种高收益品种会引起水稻的轴线上的生产可能性曲线外移，但是在收音机的轴线上却没有什么实质性变化（即新的水稻种子不能直接用来增加收音机的产量）。

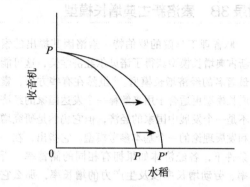

图 3A-3　农业部门技术革新对生产可能性边界的影响

从收音机的生产技术方面来看，晶体管的发明很可能对通信有重大影响，就像蒸汽机的发明对交通的影响一样。甚至在非洲、亚洲和拉丁美洲的最偏远的地区，晶体管收音机也已经成为最珍贵的财产。晶体管的引入避免了使用复杂、笨重和脆弱的电子管，使得收音机的生产快速增长，生产过程也变得较简单，并且工人也能够大幅提升自己的生产能力。图 3A-4 显示的是在拥有高产水稻的情况下，可以说晶体管技术引起生产可能性曲线沿纵轴向外旋转。在大多数情况下，水稻轴上的截点没有发生任何改变（虽然稻田工人在工作期间也能够收听收音机中的音乐，这或许可以使他们的生产效率提高）。

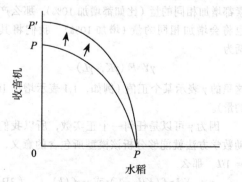

图 3A-4　工业部门技术革新对生产可能性边界的影响

小结

经济增长的源泉包含多种因素，但总的来说，用来提高现有物质资源和人力资源的质量并增加这些生产性资源的数量的投资，以及通过发明、创造和技术进步来提高所有的或者具体某些资源的生产率，这些一直（也将继续）是促进任何社会经济增长的主要因素。生产可能性框架便于我们对适合一个经济体的生产选择进行分析，可以帮助我们理解产出以及闲置的或未被充分利用的资源所暗含的机会成本，还便于我们描绘出资源供应的增加和生产技术的进步对经济增长的影响。

附录3B 索洛新古典增长模型

麻省理工学院的罗伯特·索洛因其提出的索洛新古典增长模型获得了诺贝尔经济学奖，这可能是最著名的经济增长模型。[1] 虽然在有些方面，索洛增长模型更适合于用来解释一个发达国家的经济而不是一个发展中国家的经济，但它仍然是研究增长和发展理论的一个基本参考模型。它指出，在一定条件下，各经济体如果拥有相同的储蓄率、折旧率、劳动增长率以及生产力的增长率，那么它们就会趋于拥有同样的收入水平。因此，索洛模型是用来研究各国经济趋同的基本理论框架（见第2章）。在此附录中，我们将对该模型进行详细探讨。

本章中对哈罗德-多马模型（或AK）所做的一个重要修改就是，索洛增长模型中考虑到了资本和劳动力之间的相互替代。该模型假定资本和劳动力的投入回报是递减的。

假设生产函数 $Y = F(K, L)$ 具有规模收益不变的特点。例如，以柯布-道格拉斯生产函数为例，对于任何时候 (t)，我们都能得出

$$Y(t) = K(t)^\alpha (A(t)L(t))^{1-\alpha} \quad (3B-1)$$

式中，Y 代表国内生产总值；K 代表资本存量（包括人力资本和物质资本）；L 代表劳动力；$A(t)$ 代表劳动生产力，它会随着时间以外生速率增长。

由于规模收益不变，所以如果所有的投入要素都增加相同的量（比如都增加10%），那么产出也将会增加相同的量（增加10%）。我们将其概括为

$$\gamma Y = F(\gamma K, \gamma L)$$

这里的 γ 表示某个正值（例如，1.1表示增加10%的量）。

因为 γ 可以是任何一个正实数，所以我们借助数学方法就能够分析该模型所包含的意义，设 $\gamma = 1/L$，那么

$$Y/L = f(K/L, 1) \text{ 或 } y = f(k) \quad (3B-2)$$

在这些等式中，小写字母变量表示的是每个工人的情况。$f(k)$ 曲线是凹型的，也就是说它以递减的速率增加，这反映的是每个工人的资本回报递减，正如图3B-1所示。[2] 在哈罗德-多马模型中，它则是一条向上倾斜的直线。

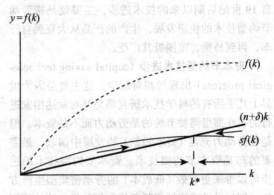

图3B-1 索洛模型中的均衡

这一简化使得我们只需解决生产函数中的一个争论点即可。例如，式（3B-1）中所引用的柯布-道格拉斯生产函数一例

$$y = Ak^\alpha \quad (3B-3)$$

这给我们提供了另一种思考生产函数的方法，这里所有变量都以每一个工人为单位进行量化计算。式（3B-3）显示的是每个工人的产出都是一个函数，该函数取决于工人的人均资本量。每个工人所拥有的资本越多，其可生产的产出就越大。平均每年劳动力增长速率为 n，劳动生产率增长与生产函数中 A 值的增长率相同，为 λ。当资本储蓄率大于资本折旧率时，总资本存量就会增加，但是，只有当资本储蓄大于装备每个新工人所需的资本（与现有工人所需资本等量）时，每个工人的资本才会增加。

考虑到资本贬值所需的资本量 δk，以及资本广化（capital widening），即向新劳动力供给与现有劳动力相同的人均资本 nk 后，索洛方程（3B-4）给出了资本劳动比率的增长率 k（又称资本深化），并且表明该增长率 k 取决于资本储蓄 $sf(k)$，得出

$$\Delta k = sf(k) - (\delta + n) k \qquad (3B\text{-}4)$$

索洛方程对于其他增长模型也适用，如哈罗德－多马增长模型。

简单来说，在此我们假定 A 既定，那么每个工人的产出和资本也将不再改变，即所谓的"稳定状态"。（如果 A 增加了，相应的人均资本将不再改变。这样，有效的工人数量会随着 A 的增加而增加，原因就在于工人生产力的提高就相当于增加了工人数量。）为了找到这一稳定状态，我们设定 $\Delta k=0$：

$$sf(k^*) = (\delta + n) k^* \qquad (3B\text{-}5)$$

k^* 表示的是当经济处于稳定状态时，工人的人均资本水平。在图 3B-1 中可见这一均衡是稳定的。[3]

工人的人均资本 k^* 代表一种稳定状态。如果 k 比 k^* 大或者小，经济会重新达到 k^*，因此 k^* 是一种稳定的平衡。从图中我们可以看出这种稳定性，如果 k 在 k^* 的左侧，则 $k < k^*$，由图可知 $(n+\delta) k < sf(k)$。但是现在我们看索洛模型（式 3B-4），当 $(n+\delta) k < sf(k)$ 时，$\Delta k > 0$。因此，在经济发展过程中，k 会逐步增长达到 k^*。同理，如果 k 在 k^* 右侧，则 $(n+\delta) k > sf(k)$，结果 $\Delta k < 0$（这里再次借用（式 3B-4）），工人的人均资本缩小到均衡点 k^*。[4]需要注意的是在哈罗德－多马增长模型中，$sf(k)$ 是一条直线，如果我们假设它在 $(n+\delta) k$ 这条线之上，工人的人均资本和人均产出仍然是不确定的。

研究增加储蓄率 s 会对索洛新古典增长模型产生什么样的影响，是非常有意义的。当通过提高储蓄率而使得 k 有所增加时，产出增长率就会暂时得以提高。即使以后每一年工人的人均产出水平都较高，不久之后经济还是会回到最初的均衡状态的增长速率。这也就是说，与哈罗德－多马模型（AK）的分析不同，索洛模型中增加 s 不会带来长期的增长，它只能带来均衡值 k^* 的增加。在经济有时间进行调整之后，资本劳动比率会增加，产出劳动比率也会增加，但是经济增长率却不会增加。这种影响如图 3B-2 所示，这里储蓄率增长到了 s'。与此相反，在哈罗德－多马模型中，s 的增加会导致增长率的增长。（这是因为在哈罗德－多马模型中，$sf(k)$ 从一开始就是一条直线且不与 $(n+\delta) k$ 相交；因此，当我们假定 $sf(k)$ 位于 $(n+\delta) k$ 之上时，经济继续以较高的哈罗德－多马速率增长，比方说，式（3-8）和式（3-9）中的对比结果。）

注意，新古典增长模型（如式（3B-5）和图 3B-1所示）认为，如果其他条件不变，不同经济体的人均收入将会（有条件地）收敛至同一水平，但它并没有表示无条件的收敛会发生。图 3B-2 明显表明：两个国家拥有两种不同的储蓄率，s 和 s'，拥有较高储蓄率的国家，其均衡人均收入也较高。

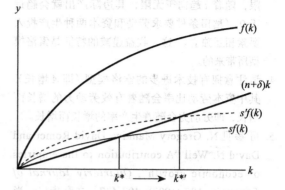

图 3B-2　索洛模型中储蓄率的改变所带来的长期影响

特别需要注意的是，索洛模型中，s 的增加确实使均衡人均产出得以增加，却不会使均衡增长率增加，这对于发展来说必然具有重要意义。不过当经济突破一个较高的均衡人均资本水平时，增长率确实会出现暂时的增长。此外，基于跨国数据的模拟显示，如果 s 提高，经济利用几十年的时间甚至都不会返回到均衡状态的一半。[5]也就是说，基于发展中国家政策制定的实际目来考虑，即使索洛模型是对经济的一个精确描述，或许也要在未来的几十年后，储蓄率的增加才会带来增长率的显著提高。（无论是从理论还是经验的角度来看，储蓄率和增长率之间的关系仍然是存在争议的。）

最后，储蓄率（进而是投资）与技术进步的速率很可能是呈正相关的，因此 A 的增长取决于 s。这也可以用于这样的情况：如果使用新式资本进行投资，这就使得投资更有效；如果投资帮助厂商解决了所面对的问题，那么该投资就代表了创新；如果其他厂商在看到投资厂商取得了成绩并效仿时（"看中学"），这就产生了外部性。这就引出了一个介于标准的索洛模型和内生增长模型之间的模型，比如我们在附录 3C 中所要探讨的一个模型。

注释

1. Robert M. Solow, "A contribution to the theory of economic growth", *Quarterly Journal of Economics* 70 (1956): 65-94.

2. 请注意，符号 k 用于指代 K/L 而不是 K/Y，正如其在许多有关 AK 或者哈罗德－多马模型的阐释（包括本书之前的版本）中所使用的一样。

3. 具备一定数学素养的读者或许注意到图 3B-1 是一个相图，只有在稻田条件下才可用。稻田条件即随着 k 趋向于 0，k 的边际产出就会趋于无限，随着 k 趋向于无限，其边际产出就会趋近于 0。（稻田条件要求劳动和资本两种生产投入要素相互独立。）这一收益递减的特征是索洛模型所带来的。

4. 请注意拥有技术进步的索洛模型（即 A 增长），其中资本劳动比率会随着有效劳动力的增长而增长，即劳动力会随着生产率的增长而增长。

5. 可参见 N. Gregory Mankiw, David Romer and David N. Weil "A contribution to the empirics of economic growth", *Quarterly Journal of Economics* 107 (1992): 407-437，文章指出，当

将人力资本以及物质资本考虑在内时，索洛模型很好地解释了各国之间的收入和增长。从批评的角度来说，参见 William Easterly and Ross Levine 的 "It's not factor accumulation：Stylized facts and growth models", *World Bank Economic Review* 15 (2001): 177-219，以及索洛所做的评论 "Applying growth theory across countries", *World Bank Economic Review* 15 (2001): 283-288。按照时间排序的有关索洛模型很好地解释了韩国增长案例的证据，参见 Edward Feasel, Yongbeom Kim and Stephen C. Smith "Investment, export and output in South Korea: A VAR approach to growth empirics" *Review of Development Economics* 5 (2001): 421-432。

附录 3C　内生增长理论

内生增长理论的产生

　　随着人们用各种新古典理论来解释经济长期增长的根源，最终引发了人们对传统增长理论的不满。事实上，根据传统经济理论，经济内部并不存在能够促使其长期增长的本质因素。相反，该理论关注的是资本劳动比率达到长期均衡水平的动态过程。在没有外部"冲击"或技术革新（这在新古典模型中没有解释）的情况下，所有经济都趋于零增长。因此，该理论认为人均国民收入的提高只是由于技术变革所导致的暂时现象，或者只是经济在趋于长期平衡过程中的一个短期的平衡阶段。

　　当国民收入的增加无法用劳动或资本存量的短期调整来解释的时候，它就被划归为第三类，通常称作**索洛剩余**（Solow residual）。工业化国家经济增长的大约 50% 要归功于索洛剩余。[1]特别的是，新古典理论将经济增长归功于技术进步这一外生或者说完全独立的进程。虽然直观上感觉似乎有道理，不过该理论至少有两个难以克服的缺点。第一，运用新古典理论不可能分析出技术进步的决定性因素，因为它与经济机构的决策是完全脱离的。第二，该理论不能解释具有相同技术的国家其索洛剩余却相差甚远的原因。

　　根据新古典理论，发展中国家的低资本劳动比率会带来相当高的投资回报率。那些负债严重（向世界银行和国际货币基金组织借贷）的国家的自由市场改革本应促成更高的投资、提高生产率并

改善人民生活水平。但是，即便是按规定实现了贸易和国内市场的自由化之后，许多发展中国家的经济也增长甚微，或者根本没有增长，而且根本未能引进新的外国投资，也未能阻止国内资本外流。发展中国家资本外流（从穷国流向富国）这一频繁出现的异常现象，为**内生增长理论**（endogenous growth theory），或简单来说**新增长理论**（new growth theory）的发展提供了原动力。

　　新增长理论为分析内生增长提供了一个理论框架，即持续的国民总收入的增长是由生产过程的管理体系决定的，而不是由该体系之外的力量所决定的。与传统新古典理论相比，这些模型坚持认为国民总收入的增长是长期均衡的一个自然结果。新增长理论形成的主要动机，是解释不同国家的增长率差异。简单来说，内生增长论者想要找出决定 λ 大小的因素，而没有对国内生产总值增长率做任何解释，但索洛新古典增长方程（即索洛剩余）中将其解释为是由外生因素决定的。

　　内生增长模型与新古典增长模型虽有一些结构上的类似之处，但是它们各自的根本假设和结论却存在巨大差异。最重要的理论差异源于，内生增长理论对新古典理论中资本投资的边际收益递减这一假设的丢弃，它认为总生产中的规模效益递增，并且总是关注外因对资本投资回报率的决定作用。[2]通过假定通过公共的和私人部门在人力资本上的投资，可以促进外部经济增长并提高生产率（这可以抵消回报递减的自然趋势），内生增长理论试图解

释规模效益递增，以及不同国家间长期增长模式的差异这两种现象存在的原因。虽然技术在这些模型中仍然发挥着重要作用，但是外生技术变革对于解释长期增长已不再是必要因素。

对新（内生）增长理论和传统的新古典增长理论进行比较的一个有效方法是，要意识到许多内生增长理论都可以用一个简单等式 $Y=AK$ 来表达，正如哈罗德－多马模型那样。在这一公式中，A 用来表示任何影响技术变革的因素，K 同样还是包括物质资本和人力资本。不过要注意的一点是，该公式中没有资本回报递减这一项，而且物质和人力资本投资可以促进外部经济和生产率的提高，带来足够的收益以抵消回报递减的部分，这样就超过了私人收益。最终的结果是带来并保持经济的长期增长，这是一个在传统古典增长理论中被限制的结果。因此，虽然新增长理论再次强调了储蓄和人力资本投资在实现快速增长方面的重要性，却引出了与传统理论存在直接矛盾的有关发展的几个观点。在封闭经济中不存在可以带来增长率均衡的因素；各国国内增长率不同且都保持不变，这取决于国内储蓄率水平和技术水平。而且，在储蓄率和人口增长率相似的情况下，资本贫乏的国家中不存在能够促使人均收入水平赶超发达国家的因素。所有这些现实情况最终会带来的一个严重后果就是，暂时的或持久的经济衰退，因此会导致一个国家与富国之间收入差距的永久性扩大。

不过，内生增长模型中最有趣的一个方面就是，它有力地表明了国际资本流动这一异常现象，拉大了发达国家和发展中国家之间的贫富差距。发展中国家利用较低的资本劳动比率，所带来的较高的潜在投资回报率，在较低水平的**互补性投资**（complementary investment，人力资本（教育）、基础设施或研究与开发）下大打折扣。[3] 反过来，穷国从广泛的社会收益中获利较少，而这些社会收益与每一种形式的资本支出都密切相关。[4] 因为个体不会从自身投资所创造的正外部性中获得私人收益，所以自由市场带来的是补充资本的积累而不是补充资本的最佳水平。（我们将在第 4 章进一步探讨这些问题。）

互补性投资能够带来社会和私人收益，这时政府就可以提高资源配置的有效性。政府还可以通过提供公共物品（基础设施）或鼓励私人投资知识密集型企业，来积累人力资本，紧接着促使规模效益增加。与索洛模型不同，新增长理论模型将技术变革看作是人力资本和知识密集型企业中的公共和

私人投资的一个内生结果。因此，与新古典主义革命（见附录 3B）相比，内生增长模型认为公共政策在促进经济发展方面有积极的作用，这些政策主要有：对人力资本形成进行直接或间接的投资，以及对外国私有投资进入知识密集型企业（诸如计算机软件和通信行业等）的鼓励政策等。

罗默内生增长模型

为了进一步说明内生增长理论，我们来详细考察**罗默内生增长模型**（Romer endogenous growth model，简称罗默模型），因为它指出了在工业化进程中可能存在着技术外溢（即某一公司的生产收益会为其他公司带来生产收益）。因此，它不仅是内生增长理论的一个重要的模型，而且对于发展中国家来说具有特殊的意义。下面我们运用罗默模型的简化版来了解其主要创新点（将技术外溢考虑在内），而对储蓄的决定因素和其他一般性的均衡问题不做过多的详细说明。

该模型起初就假定经济增长的过程来自公司或企业层面。每个企业自身生产的规模效益不变，所以该模型与完全竞争相吻合；而且这一点它与索洛模型的假设是相匹配的。但罗默模型与索洛模型不同的是，它假定经济系统中的资本存量 $\overline{K}$ 对企业层面的产出具有积极的影响，所以整个经济系统层面的规模效益会递增。

难能可贵的一点是，该模型将知识考虑进每个公司或企业的资本存量之中。一个公司或企业的资本存量中的知识部分，本质上来说是一种**公共物品**（public good），就像索洛模型中的 A，它会快速地向该经济体中的其他公司或企业溢出。因此该模型将"干中学"认为是"边投资边学"。我们可以这样理解罗默模型：它提出了内生化——经济增长可能会依赖于投资率的原因（正如在哈罗德－多马模型中一样）。在这一简化中，为了集中关注工业化问题，家庭部门遵循原始模型中的重要特征 [5]

$$Y_i = AK_i^{\alpha}L_i^{1-\alpha}\overline{K}^{\beta} \qquad (3C\text{-}1)$$

为了简化起见，我们假设所有企业中都是匀称的，因此每个企业的资本和劳动水平将是相同的，那么生产函数就是

$$Y = AK^{\alpha+\beta}L^{1-\alpha} \qquad (3C\text{-}2)$$

为了使内生增长理论更加突出明了，我们假设 A 不变，而不是随时间的推移而增加，也就是说我们假设暂时没有技术进步。稍加计算 [6]，就会发现该经济体中人均收入增长率为

$$g-n=\frac{\beta n}{1-\alpha-\beta} \qquad (3C\text{-}3)$$

式中，g 表示的是产出增长率；n 表示的是人口增长率。如果没有技术外溢，正如索洛模型中的规模收益不变，$\beta=0$，那么人均增长将会为 0（没有技术进步）。[7]

然而，罗默模型假设资本外部性为正（$\beta > 0$），那么就会得出 $g-n > 0$，以及 Y/L 值将增加。因此就存在内生增长，而不是由生产率增长而带来外生驱动。如果将技术进步也考虑在内，那么索洛模型中的 λ 将远远大于 0，经济也会增长到同样的程度。[8]

对内生增长理论的批评

首先，新增长理论的一个重大缺陷就是，它仍然依赖于大量传统新古典理论的假设，但这些假设往往不适合发展中国家。例如，它假定只有单一的生产部门，或者所有的生产部门都是均匀的。这就无法保证在结构变革过程中对劳动和资本在各部门之间进行至关重要的经济成长性重新分配。[9] 其次，发展中国家的经济增长总是受制于效率低下，这主要源于基础设施差、体制机制不健全以及资本和产品市场不完善。由于内生增长理论忽视了这些极具影响力的因素，因此它在经济发展的研究方面的适用性便受到限制，尤其是当涉及国与国之间的对比性研究的时候。例如，现有理论无法解释在资本贫乏的低收入国家中工厂设备利用率低下的原因。事实上，激励机制较差或许与储蓄率低以及人力资本积累水平低下一样，对于国民总收入的增长缓慢负有相同的责任。经济体在经历从传统市场向商业化市场转变的过程中，分配效率低下很常见。然而，由于新理论支持者强调长期增长率的决定因素，所以他们忽略了这些理论对于中短期增长的影响。最后，为内生增长理论的经验预测研究提供的数据支撑过于有限。[10]

注释

1. Oliver J. Blanchard and Stanley Fischer, *Lectures on Macroeconomics* (Cambridge, Mass.: MIT Press, 1989).

2. For a short history of the evolution of theoretical models of growth, 见 Nicholas Stern, "The determinants of growth", *Economic Journal* 101(1991):122-134. 有关内生增长模型的更加详细的专门讨论，可参阅 Robert Barro and Xavier Sala-i-Martin, *Economic Growth*, 2nd ed. (Cambridge, Mass.: MIT Press, 2003) and Elhanan Helpman, "Endogenous macro-economic growth theory," *European Economic Review* 36 (1992): 237-268.

3. 可参见 Paul M. Romer, "Increasing returns and long-run growth," *Journal of Political Economy* 94 (1986): 1002-1037; Robert B. Lucas, "On the mechanics of economic development," *Journal of Monetary Economics* 22(1988): 3-42; and Robert Barro, "Government spending in a simple model of endogenous growth," *Journal of Political Economy* 98(1990): 5103-5125.

4. 有关人力资本作为补充输入要素的重要性的专门讨论，见 Robert B. Lucas, "Why doesn't capital flow from rich to poor countries?" *AEA papers and Proceedings* 80(1990): 92-96.

5. 式（3C-1）的具体函数形式叫作柯布-道格拉斯生产函数。

6. 根据链式规则

$$\dot{Y}=\frac{dY}{dt}=\frac{\partial Y}{\partial K}\frac{\partial K}{\partial t}+\frac{\partial Y}{\partial L}\frac{\partial L}{\partial t}$$

根据指数规则

$$\frac{\partial Y}{\partial K}=A\,(\alpha+\beta)\,K^{\alpha+\beta-1}L^{1-\alpha}$$

$$\frac{\partial Y}{\partial L}=AK^{\alpha+\beta}\,(1-\alpha)L^{1-\alpha-1}$$

综合以上三个方程，有

$$\dot{Y}=dY/dt=[AK^{\alpha+\beta}L^{1-\alpha}]\left[(\alpha+\beta)\frac{\dot{K}}{K}+(1-\alpha)\frac{\dot{L}}{L}\right]$$

方括号中的第一部分是产出 Y，$\dot{K}/K$、$\dot{L}/L$ 和 $\dot{Y}/Y$ 都是不变的。从前面哈罗德-多马和索洛模型的分析中，我们知道

$$\dot{K}=I-\delta K=sY-\delta K$$

这里 δ 代表折旧率。
整个方程除以 K，我们得出

$$\frac{\dot{K}}{K}=\frac{sY}{K}-\delta$$

因为 $\dot{K}/K$ 在前面的方程中不变，那么 Y/K 也不变。如果该比率不变，我们就有

$$\frac{\dot{K}}{K}=\frac{\dot{Y}}{Y}=g \quad (g \text{ 是一个恒定的增长率})$$

所以从 dY/dt 可知，对于总生产函数来说，由于 $\dot{L}/L=n$，也是一个常量，我们有

$$\frac{\dot{Y}}{Y}=(\alpha+\beta)\frac{\dot{K}}{K}+(1-\alpha)\frac{\dot{L}}{L}\rightarrow g$$

$$=(\alpha+\beta)g+(1-\alpha)n\rightarrow g-n$$

$$=\left[\frac{(1-\alpha)+(\alpha+\beta)-1}{1-(\alpha+\beta)}\right]n$$

式（3C-3）也可写作

$$g=\frac{n(1-\alpha)}{1-\alpha-\beta}$$

7. 因为没有技术进步，所以 λ 在索洛模型中为 0。

8. 在一个更复杂的模型中，诸如研究和发展投资要素的决策和影响也可以得到清晰的阐释。企业就会进行整体投资和研究开发投资。后者对于总体产出的影响也会以相近的方式对式（3C-1）中的 K 产生影响。对此的讨论与参考可参见 Gene M. Grossman and Elhanan Helpman, "Endoge-nous innovation in the theory of growth"

in the symposium on new growth theory in the *Journal of Economic Perspectives* 8(1994): 3-72.

9. Syed Nawab Haider Naqvi, "The significance of development economics," *World Development* 24(1996): 977.

10. 有关新增长理论的优秀案例和实证批评见 Howard Pack, "Endogenous growth theory: Intellectual appeal and empirical shortcomings," *Journal of Economic Perspectives* 8(1994):55-72, 以及 Paul M. Romer 和 Robert M. Solow 关于此问题的文章。关于内生理论很好地解释不同国家增长率差异的论点，见 Barro 和 Sala-i-Martin, Economic Growth。有关量化增长研究对于此论点的辩论，并指出富国与穷国之间不断增大的差距的调查，可见 Jonathan Temple, "The new growth evidence," *Journal of Economic Literature* 37(1999): 112-156.

第4章
Chapter4

当代的发展和欠发达模型

个人无须做出正确的权衡。在过去，我们认为这句话暗含经济将稍有扭曲的意思，而现在我们却发现，这些"有所扭曲"的种种行为之间的相互作用会造成巨大的经济扭曲。其结果可能造成多种均衡的出现，且每个均衡或许都是无效的。

——卡拉·霍夫（Karla Hoff）和约瑟夫·E. 斯蒂格利茨（Joseph E. Stiglitz），

《发展经济学前沿》，2002 年

当政府试图干预太多时，必定会阻碍企业的发展；但是干预太少时，同样会阻碍企业的发展。

——丹尼·罗德里克（Dani Rodrik）《一种经济，多种元素》，2007 年

半个多世纪以来，试图促进现代化经济发展的经验使我们明白，实现发展的可能性虽然存在，但其道路极其艰难。因此，最重要的是对发展的阻碍和刺激因素做进一步理解。自 20 世纪 80 年代以来，有关经济发展和欠发达的分析已经取得了长足的进步。在有些情形中，第 3 章探讨过的经典发展理论的一些观点已经正式化，而且在此过程中，它们的逻辑结构和政策含义已经得到阐释和修正。同时，该分析还为理解实现发展艰难（如撒哈拉以南非洲地区的情形）的原因所在，及其实现的可能性（如东亚地区的情形）提供了一个全新的视角。事实上，这也正是发展经济学研究的重要性之所在：发展不是自发的，它需要系统的努力。但是发展也并不是一个无望的过程——我们知道它可以实现。发展理论有助于我们系统地思考该如何整合自己的力量以谋求发展，对于整个人类来说，这个目标的重要性是无可比拟的。

在本章中，我们将介绍关于经济发展的一些最具影响力的新模型。在某些方面，这些模型表明，发展较难实现的原因在于它面临的诸多障碍是人们之前无法预料的。但是对发展本身的理解有助于促进发展策略的改善，而这

些新模型也已经影响了发展政策的制定和国际援助的模式。在本章结论部分，我们提出对发展中国家特有的经济**制约条件**（binding constraint）的鉴定机制，这些制约条件限制了发展中国家进一步缩小与发达国家之间差距的能力。

新模型的研究在很大程度上扩展了发展中国家的市场经济构建的视野。它的一个重要议题就是在不同**经济主体**（economic agent）如企业、员工或企业和员工整体中，加入协调问题。其他一些经常但并非总是与协调问题联系在一起的重要议题有：有关规模效益递增的环境的正式探讨；劳动分工细化；获得新经济观点和知识的可能性；干中学；信息外部性；垄断竞争或其他形式的工业化组织占主导地位的完全竞争。这一新视角常常将一些著作包括在"新制度经济学"中，如诺贝尔奖得主道格拉斯·C.诺斯，这在第 2 章中进行了介绍。在某种程度上，所有这些理论都与传统新古典经济学相违背，至少在它的完全信息、外部性的相对重要性以及均衡的唯一性与最优性的假设方面都是这样。[1]

4.1 欠发达：一种协调失灵

许多在 20 世纪 90 年代和 21 世纪初较有影响的经济发展新理论都强调发展所需的各个条件之间的**互补性**（complementarity）。这些理论往往强调这样一个问题，即协调才能发展，才能使持续发展步入正轨。这些理论还强调在许多重要情况下，为了保证发展结果对于任何一方经济主体都是有益的，投资必须由多个经济主体同时参与。总的来说，当互补性存在时，任何一个企业、工人或组织所采取的行动都会提高其他经济主体采取类似行动的积极性。

那些强调互补性的发展模型与内生增长理论（附录 3C）中所使用的一些模型相关，其相关方式将在本章后面部分一一指出，但是**协调失灵**（coordination failure）理论已经演变成为一种相对独立的理论，并且提出了一些具有独创性的重要观点。[2] 简单说来，协调失灵是这样一种状态：经济主体没有能力协调其行为（选择），因此导致这种状态相对于另一种均衡状态而言，令所有经济主体的结果（均衡）更糟糕。即使所有经济主体都完全清楚还存在一个更优的均衡选择，这种情况也可能发生：因为他们无法达到这个均衡，这有时是因为协调的困难性，有时也因为人们的不同期望，有时还因为每个人都更愿意等其他人先行动。本节将通过简单的模型和案例来详细说明这些观点的意义和内涵。

当互补性存在时，任何一个企业、工人或组织所采取的行动都会增强其他经济主体采取类似行动的积极性。值得一提的是，互补性通常涉及投资，而投资回报依赖于其他经济主体所做的投资。在发展中国家，这种网络效应普遍存在。我们将在本章后面分析一些重要的案例，其中包括**大推动**（big push）模型，在此模型中，现代企业所做出的生产决策是相互促进的；还有 **O 环模型**（O-ring model），在此模型中，技术或质量的升级依赖于其他经济主体对类似的技术或质量的升级。令人好奇的是，这些效应在发达国家的前沿技术的分析中也很常见，尤其是在信息技术方面，操作系统、文字处理程序、电子制表程序、即时通信和其他软件或产品标准等的价值，都取决于有多少其他用户也使用这些技术。在这两个模型中，正面反馈的循环因果普遍存在。[3] 这一理论框架也可用于**中等收入陷阱**（middle-income trap）的分析，在该陷阱中，一国发展到一定程度，却长期无法到达高收入水平，这往往被归因于创新能力的缺乏。

互补性的一个重要表现是，运用专业技能的企业的存在和拥有这些技能的工人的可获得性。如果工人不具备企业所需的技能，那么企业就不会进入市场或在某个地区开设工厂；但是同样，如果没有企业雇用这些工人，他们也就不会获得相关的技能。这一协调问题会导致经济滞留在一种劣均衡状态下，也就是说，经济会停滞在一个较低的平均收入水平或增长率水平上，或者令一个阶层的人群陷入极度贫困之中。即使所有工人都具备企业所需的技能，并且企业进行投资，所有经济主体的经济状况都会好转，但是如果没有政府的帮助，也许还是不可能达到这种较优的均衡状态。正如我们所见，这种协调问题在工业化的初始阶段以及技能和技术升级方面也很常见，而且或许还会扩展到向"现代行为方式"挑战的行为等较广泛的问题层面。再加之其他市场失灵问题，尤其是那些影响资本市场的问题，使得协调失灵问题变得越发复杂。[4]

互补性的另一个典型表现存在于发展中国家的农村地区，那就是农业的工业化进程。正如亚当·斯密所说，专业化是高生产率的源泉之一。确实，专业化和细致的劳动力分工是发达经济的标志性特征。但是只有当我们能对所需要的其他产品或服务进行交易时，才能够实现专业化。生产者必须以某种方式将他们的产品推向市场，并说服远方的买家相信其产品的质量。正如沙赫·艾姆兰（Shahe Emran）和福哈德·希尔皮（Forhad Shilpi）所强调的，在农业市场的发展过程中，中间商对其所卖产品的质量做出有效担保，从而发挥了关键作用。他们之所以能够做到这一点，是因为他们熟知他们的农民卖家及其产品。一个人要成为许多产品的质量鉴别专家是非常困难的，所以要形成一个专业化的农业市场，需要有足够数量的密集型生产商，以实现与中间商的有效合作。但是，如果没有与农民进行交易的中间商，农民在一开始就会失去专业化的动机，而宁愿继续种植主要作物，或者是那些主要用于个人消费或在村庄范围内出售的一系列产品。结果便是形成一个**欠发达陷阱**（underdevelopment trap），在该陷阱下，一个地区的经济将始终停留在维持生计的农业经济状态下。[5]

在许多情况下，互补性的存在引出了一个经典的"鸡生蛋或蛋生鸡"的问题：技能和对技能的需求，到底是哪个先出现？其答案往往是，互补性投资一定是与协调同时发生的。情况往往是这样，当投资与投资回报之间存在时滞时，这一答案尤其显得真实。[6]在这种情况下，由于某种原因，即使所有经济主体都期望出现一个更优的均衡，他们还是倾向于等待，直到其他经济主体做出投资为止。因此，政府政策在协调联合投资方面具有重要作用，例如那些想要具备可供雇主使用的技能的工人，与那些想拥有工人可使用的设备的雇主，这两者之间的联合投资的协调。二者都不可能首先行动（或认为首先行动会对自己有利），每一方都更愿意等待其他经济主体先投资。

另外一个表现是，一个使用新技术的新企业或现代化企业，或许会给其他未采用新技术的企业带来好处，因此，除非有大量的其他经济主体投资，否则每个企业都不会有投资开发新技术的动力。这些好处包括：提高诸如钢铁之类的重要工业产品的需求量，帮助偿还诸如铁路或集装箱码头等必要的基础设施建设的固定成本，或者借鉴别人的经验。在本章后面，我们还将更深入地探讨该问题。

新的研究扩大了潜在有价值的政府政策干预的审视范围，但是它并没有将成功的政府政策干预看作是理所当然的。相反，在当代发展模型中，政府本身越来越被看作是发展过程的组成部分之一而被分析研究，该部分既可能产生问题，又可能提供解决方案；政府政策被认为在一定程度上取决于欠发达经济，或者是内生性的欠发达经济（见第11章）。例如，前刚果民主共和国（当时被称作扎伊尔）的独裁统治者蒙博托·塞塞·塞科（Mobutu Sese Seko），或许更加喜欢其国家处于欠发达陷阱之中，因为他清楚地知道一旦经济得到发展，他的权力

就会失去。但是许多发展学家并没有下结论，认为政府干预会加剧欠发达状况，而不是促进经济发展（这是新古典革命学派的一种极端看法），虽然政府的表现有时有些缺陷，但学者们还是积极乐观地寻找政府政策有助于推动经济向自我持续增长和更优均衡发展的案例。这样的**深度干预**（deep intervention）会推动经济向更优均衡，甚至是一个更高的长期增长率水平发展，在这些情况下就完全不存在采取那些会导致劣均衡的行为的动机。在这样的情况下，政府就无须继续干预，因为较优的均衡会自动保持。这时，政府应集中其力量来解决别的政府能够起到基础性作用的关键性问题（如解决公共健康问题）。某些多重均衡问题的一劳永逸的特点，使得它们值得受到特殊关注，因为据此我们可以制定出一些在解决经济发展问题上更有力的政策。不过，这一特点也使得政策选择更加重要，因为如今一项差的政策会使一国经济在未来的几年里陷入劣均衡的泥潭。

在许多经济学中，并没有关于这类的互补性的陈述。例如，在竞争性的市场中，当需求过度时，就会存在抑制价格上升的作用力，使其恢复均衡。当**互相排斥**（congestion）存在时，这种反向作用力就会很强：在一个湖中钓鱼的人越多，尝试转到其他不太拥挤的湖里钓鱼的人就越多；行走于一条道路上的人越多，尝试寻找其他可替代这条路线的人就越多。但是在经济发展过程中，联合外部性是普遍存在的；欠发达引起欠发达，而持续发展过程一旦步入正轨，就会刺激经济进一步发展。

协调问题可由**见面困境**（where-to-meet dilemma）来表述：几个朋友约好他们都要在某一天去布宜诺斯艾利斯，但都忘记约定一个见面地点。现在，他们失去了联系，只能侥幸或凭猜测到达一个特定的见面地点。他们都想见面，并且都认为见面会对自己有利——这里不存在"欺骗"的动机。因此，见面困境这一问题与**囚徒困境**（prisoners' dilemma）截然不同（囚徒困境是另外一个常常会在经济发展理论中遇到的问题）。[7]但是，协调可以让所有人受益的事实，并没有使解决见面困境更容易。在布宜诺斯艾利斯有许多著名的地方：梅奥广场、大教堂、卡米尼托多彩街区、托尔托尼咖啡馆、

贝隆夫人墓以及赌场。只有在很幸运的情况下，这些人才能做出同样的猜测，在同一地点相见。比如，其中一个人到了卡米尼托多彩街区中心，却没有发现其他人，他可能会转而去梅奥广场。但是在途中，他可能会错过其他正准备离开贝隆夫人墓的朋友。这样的话这些人永远也不会碰面。类似的情况也发生在当一个地区的农民不知道要专门种植什么作物的时候。或许会有多种可供选择的良好的农产品，但关键问题是，对于所有农民来说，都选择一种农产品，有利于中间商有利可图地将当地产品带入市场。

上面的例子在手机和电子邮件时代可能会丧失些许说服力。例如，只要这些朋友都互相有对方的联系方式，他们就可以在见面地点上达成一致。有时，乍看似乎复杂的协调问题实际上只是一个较简单的沟通问题。但是在没有一个正式领导者的情况下，任何一个人试图在众多参与者中通过手机或电子邮件的方式确立一个见面时间，他都知道这将会是一个漫长而烦琐的过程。在没有一个明确的领导者同时参与者众多的情况下，见面地点不可能通过一个短信及时达成一致。在现实经济问题中，那些需要"见面"的人（可能是为协调投资），甚至都不知道其他关键经济主体的身份。[8] 然而，这个例子确实指出了，随着现代计算机和通信技术的出现，经济发展前景将有所改观。当然，农民或许无法使用手机或电子邮件（参见第 11 章的案例研究）。

4.2 图解多重均衡

图 4-1 显示的是伴随有协调失灵问题的**多重均衡**（multiple equilibria）的标准图示。这一图示在多重均衡问题的讨论中，就如同著名的供求（"马歇尔剪刀"）图示在单一均衡问题的分析中一样，几乎无处不在。[9]

图 4-1 中的 S 形曲线所反映的主要观点是，经济主体通过采取一种行动所获得的好处取决于（正相关）其他有望采取同样行动的经济主体数，或采取此类行动的程度。例如，农民所希望获得的产品价格取决于活跃于当地的中间商的人数，这反过来又取决于其他专门生产同类产品的农民数。

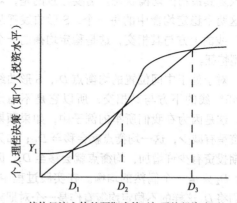

图 4-1　多重均衡

我们如何在这类问题中寻求均衡呢？在马歇尔供求剪刀图示中，均衡出现在曲线相交处。在多重均衡图示中，均衡出现在"个人理性决策曲线"（图 4-1 中的 S 形曲线）与 45°斜线相交处。这是因为，在这种情况下，经济主体所做的就是其预期要做的。假设这些企业不希望其他企业进行投资，但是有些企业还是投资了（这就意味着在图示中存在一个正的垂直截距）。但是，明知有些企业确实进行了投资，再继续期望没有其他企业进行投资就不合理了！企业必须重新制定其期望，使之与其实际能看到的投资水平相匹配。但是，如果这些企业目前就期望如此之高的投资水平，那么它们就会想要投资更多。这一对期望的调节过程会持续，直到其实际投资水平与所期望的投资水平持平：在这样的水平下，企业就无须进一步调节其期望。所以在这样的情形中，均衡的一个基本观点是，在某一均衡状态下，在假定其他人的行动与其实际行动相符的条件下，所有参与者都做对自己最有利的事情。这出现在曲线与 45°线相交处。在这些点上，横轴和纵轴的值相等，这表明在我们的举例中，预期投资水平与所有经济主体认为最好的投资水平是相等的（如利益最大化水平）。

在图 4-1 中，45°线与曲线相交三次。这些交点中的任何一点都可以是一个均衡：这就是我们所指的多重均衡的可能点。在三个交点中，D_1 和 D_3 是"稳定均衡"。之所以稳定是因为，如果期望值稍微高于或低于这些水平，企业就要调节其行为——提高或降低其投资水平，以恢复其最初的均衡状态。需要注意的是，对于这两个稳定均衡中的每一个，S形曲线都从45°线的上方与其相交，这是稳定均衡的一个典型特征。

对于处于中间位置的均衡点 D_2，S形曲线从45°线的下方与其相交，所以它是不稳定的。这是因为在我们所举的例子中，如果预期投资稍有减少，这一均衡点就会移至 D_1；如果预期投资有少许增加，均衡点就会移至 D_3。因此，D_2 只是一个偶然的均衡。在实践过程中，我们将 D_2 这样的不稳定均衡看作是一个对期望范围的分割，在这个点上，较高的或较低的稳定均衡点将会移动不定。

典型的一点是，S形"个人理性决策曲线"一开始是以一个递增的速率上升，之后便以一个递减的速率上升，如图4-1所示。这一性状体现了互补性的典型特征。一般来说，即使其他经济主体没有采取行动，有些经济主体也会采取行动（如投资），特别是当经济主体被期望与外国人进行交易时，如向其他国家出口商品等。当只有少数几个经济主体采取行动时，每个经济主体都可能会与其他主体隔绝，外溢效应将会是最小的。因此当许多经济主体采取行动时，曲线起初也没有很快上升。但是，当投资足够多后，就会出现滚雪球效应，在这样的情况下，许多经济主体开始向相邻经济主体外溢利益，这时曲线就会以较快的速率上升。最后，待大部分的潜在投资者都受到了积极的影响，且大部分收益实现了之后，上升速率就开始放缓。

然而，在许多情况下，图4-1中的曲线形状会各不相同。例如，一条非常"歪曲"的曲线可能与45°线有多次相交。在电话服务、处理电子邮件或短信息以及购买一台传真机等情况下，采取这些行动的价值会随着该系统中使用这些服务或产品的人数的增加而增加，曲线会一直以递增的速率上升（就像二次函数或指数函数曲线一样）。根据函数曲线的斜率与其是否与45°线相交来判断，将会出现单一均衡或多重均衡，这既包括从未有人采用新技术的情况，也包括实际中人人都采用新技术的情况。总之，各种均衡（本例中的两个均衡点）的价值

（效用）也不一样。例如，很有可能每个人都能从均衡中受益，在这一均衡中会有更多的人使用这一系统。在这种情况下，我们将这一均衡称作帕累托均衡水平（Pareto-ranked），较高的均衡水平会给每个经济主体带来较高的效益；换句话说，达到这一均衡表明只有较少的使用者在这一均衡之上实现了**帕累托改进**（Pareto improvement）。

这一发展经济学的经典案例，关注的是当一项投资的价值（回报率）取决于是否存在其他投资时，人们所应做的协调投资决策。投资者越多或者投资率越高，所有人的收益就越多，但是如果没有一定的政府政策的引导，单凭市场可能无法让我们实现这一点（但要注意的是，如果我们的政府政策是错误的，我们也不可能得到较优的解决方法）。投资协调的困难，促使各种以政府为主导的工业化策略的出台，有关这一点我们将在本章和后面的章节中（特别是第12章）进行介绍。

投资协调观点有助于我们搞清楚，当技术外溢存在时所导致的各种问题的本质及其程度，正如附录3C中所讲述的罗默模型那样。[10] 鉴于前述的内生增长理论中有关投资与增长可能存在的关系，你会发现一种经济之所以会陷入低增长率的泥潭，是因为人们对该经济的投资率的期望较低。正如专栏4-1和4-2中所讲述的案例，相辅相成的期望从低的生产率向高的生产率模式的转变，其协调策略可以是多种多样的。然而，对于一个企业来说，如果等待他人投资比自己充当投资的"先驱者"更有利可图的话，改变期望可能就不是一个充分条件了。在这样的情况下，除了改变期望以外，还需要政府政策的协助。这也证实了关注可能存在的多重均衡的重要性。通常，市场力量能够带给我们诸多均衡之一，但是它们并不足以保证能够达到最优均衡，它们也不能提供任何机制使经济脱离劣均衡转而朝向较好的均衡发展。

我们将会在第6章有关马尔萨斯人口理论的分析中学习到与上述均衡类似的多重均衡状况。在这一人口陷阱中，生育决策实际上需要整个家庭的协调配合，当生育率下降时，所有成员都将从中受益，不过那些独生子女家庭以及只有较少几个孩子的家庭状况会变得更糟。

另外在城市化进程中，我们还会发现协调失灵现象的存在，以及其他一些经济发展的关键因素。

□ **专栏 4-1 同步期望：重设"拉丁美洲的时间观念"**

考什克·巴苏（Kaushik Basu）和乔根·威布尔（Jorgen Weibull）认为，虽然文化的重要性是毋庸置疑的，但是文化禀赋却并非如此。他们提出了一个模型，来说明"守时均衡"可能是"个体对其他人所作所为的期望的一种简单均衡反应"，同时模型还说明整个社会都能从守时均衡中获益，或者从后来的均衡中受益。

据估计厄瓜多尔由于迟到的恶习损失了将近 4% ~ 10% 的 GDP。正如一位评论家所说："办事拖拉导致后续事情拖延推迟，造成一种'明日复明日'的恶性循环。"近年来，厄瓜多尔已付出大量努力来弥补曾经因浪费时间错失办理的事情。由于受到年轻一代中那些厌烦了"拉丁美洲时间观"的人的激励，政府和商界联合了一个私有部门投资的组织，让人们在他们约定见面的时间准时出现。该国还举行了一次全国性的有公民参与的反迟到运动。结果验证了这样一个观点，即一个国家能够通过期望的改变，有意识地从一个劣均衡转向好的均衡。

那次运动很及时。有一份报纸每天都会公布公共事务中迟到的官员名单。有关反迟到运动的一个很流行的海报这样描述该陋习，"疗法：每天早上为自己注射一剂责任、尊重和纪律。建议：做好计划，组织工作并调准你的手表时间"。数以百计的公共和私人机构都签名并承诺守时。

会议室中类似"请勿打扰"的标语已变得随处可见。它的一面写着："请进，你准时到达。"会议准时开始后，该标语牌就被转到另一面，写着："请勿进入，会议已准时开始。"

在秘鲁，类似的运动也在进行。如果反迟到运动最后被证实是成功的，那么它将不仅仅是一个时间方面的成功。如果一个改变守时期望的社会运动能够奏效的话，世界上其他国家可能就会发起类似的运动，来解决诸如社会腐败之类的更加恶劣的问题。

资料来源：Kaushik Basu and Jorgen Weibull, "Punctuality: A cultural trait as equilibrium," in *Economics for an Imperfect World: Essays in Honor of Joseph Stiglitz*, ed. Richard Arnott et al. (Cambridge, Mass.: MIT Press, 2003); Scott Wilson, "In Ecuador, a timeout for tardiness drive promotes punctuality," *Washington Post Foreign Service*, November 4, 2003, P.A22; "The Price of lateness," *Economist*, November 22, 2003, p.67; "Punctuality pays", *New Yorker*, April 5, 204, p.31. For an interesting critique, see Andrew M. Horowitz, "The Punctuality prisoners' dilemma: Can current punctuality initiatives in low-income countries succeed?" Paper presented at the Northeast Universities Development Consortium Conference, Harvard University, October 2007.

□ **专栏 4-2 调查结果：农村协调与监管，为了达到更好的健康状况**

第 4 章讲述了完善的信息、共同的期盼与不同部门之间的合作在实现发展方面所起的重要作用。各家庭之间的合作能够提高产出，例如，通过改变土地肥力来结束有害作业，加强廉洁高效的公共服务。Martina Bjökman 和 Jakob Svensson 的一项最新研究通过随机的对照试验来证明这些机制是如何运作的。研究人员发现，与外界标准相比，村民几乎得不到关于健康问题的信息，他们也不知道可以期望政府工作人员为他们做什么。该项目通过村委会为村民们提供了

帮助他们亲自监督医疗工作者的资料与资源的服务。村委会做此事很重要，因为信息收集与监督都具有公共属性。研究结果表明，这样的项目能够改善医疗工作人员的行为，进而带来更好的医疗服务，所有这些都是为了使成本开支更合理、更透明。

该研究考察的问题是村委会的干预是否会使医疗服务的质量和数量得以提高，是否会使医疗服务有所改善。研究人员考察了所谓的"责任链"的影响，试点村委会更多地参与到医疗工作

人员的监督工作中，并改善了医疗工作人员的行为。最初的干预分三部分：首先，村民会议；其次，医疗工作人员会议；最后，双方都参与的会议。一切行为都按计划进行并且受到村民的监督。

首先，准备一张"报告卡"，将当地医疗设备的情况与其他地区的做比较。然后，与当地村委会领导人联系的协调者以及村委会各组织机构组织一次村民会议，听取并讨论比较结果并制订出一个行动计划。（这与非洲和其他国家的许多居委会开展的活动类似。）与会者在两个下午的会议中详细计划并听取不同代表的建议。组织者"鼓励村民在如何改善服务并监督工作人员方面达成一致"，这都被总结在行动计划中。在这些会议中，研究人员提出了一些共同的担忧事项，"会议缺席率高，等待时间长，医疗工作人员注意力差以及差别对待"。

医疗设备会议持续一下午，需要全员参加，会上将服务设备信息与家庭调查结果进行对比。最后，由村委会和医疗工作人员选定的代表举行"对接会议"，会上对权利、责任与改善建议进行讨论，形成"共享行动计划，计划需要做什么、如何做、何时做，由谁来做"。接着，"在前几轮会议之后，村委会自己负责建立监督办法"。

该项目与许多医疗服务相关，包括新生儿体重增加，5岁以下儿童死亡人数减少，医疗设备使用率提高。有证据显示，该项目的一个成果就是提高了"医疗保健供应的质量和数量"，这都源于行为改变。特别是，设备（如体温计）使用率更高，等待时间缩短，门诊卫生改善，患者信息更完善，为儿童提供的营养补充与疫苗频率更高，医疗工作人员脱岗行为减少。该项目预计改善健康的程度类似于高影响力医疗试验结果。然而，这些试验需假定医疗体系在药物和程序改善的情况下运作良好；该过程的关注点在于首先需使医疗工作人员做好他们的分内之事。

有些指标证实该项目很有可能通过村民参与而不是其他机制产生影响，但还有一种可能就是，其他机制而不单纯是村民压力也起到一定作用，如医疗工作人员了解患者的权利；所以我们还不能确定该项目究竟如何奏效。这类问题对于调查很重要，因为理解机制有助于有效设计其他项目。

总体来说，研究人员总结道："缺乏相关信息，无法对工作人员提出合理要求与期望达成一致，这就阻碍了个人与团队行为来监督并为工作人员施加压力。"

项目发起人警示："在规模扩大之前，把该项目设定为成本效益分析很重要……一项粗略计算表明……避免一个5岁以下儿童死亡的成本是300美元。"如果这些预估值能支撑更多的系统性分析，这将是一个不寻常的成本效益项目。发起人通过提醒人们总结道："未来的研究应该说明长期影响，指明哪个机制或者是哪些机制的结合是至关重要的，并且研究该调查结果对其他社会部门的影响程度。"

还有一些其他问题。至少在没有阶段性的外部助长的情况下——比如，如果参与者的起始利益是外国投资项目的一部分，而且这一动机随着时间推移渐渐减弱，那么这些改善能否随着时间的推移继续保持下去还不确定。所以若干年后返回这些村庄，亲自看看村庄的状况是有研究价值的。现在还不明确该方法在其他地方的运作效果如何，这就再次遇到了"外部有效性"的问题。即使实际上并未通过授权机制得以运作，如果统治者的实质利益受到威胁，他们也不会允许这样的结果出现。而且，正如研究人员所指出的，就像该项目中所做的那样，将卫生部的监督与自下而上的村委会的监督结合起来，这样的方法才会产生更大的正面的影响。最后，居民及其社区（村委会）的时间是有限的，因此将时间转移到医疗体系监督活动中会导致其他社区的活动时间减少。

总之，这是一个典型的设计和基于社区（村委会）发展项目的评估，并且为做什么有助于改善低收入农村地区村民的健康状况（和授权）提供了真实的依据。

资料来源：Martina Björkman and Jakob Svensson, "Power to the People: Evidence from a Randmized Field Experiment on Community-Based Monitoring in Uganda," *Quarterly Journal of Economics*, 124(2), pp 735-769, May 2009; and supplementary appendix.

一般来说，没有协调，联合投资就不会取得丰厚利润，多重均衡也许会存在于这样的情况下，即同样的投资主体，拥有同样的资源和技术，并且发现自己都处于一种好的或劣的均衡状态下。根据发展经济学的观点，许多最不发达国家，其中包括许多撒哈拉以南的非洲国家，似乎都处于这样的境况中。当然，还存在其他一些问题。例如，在现代化进程中，来自潜在失败者的政治压力也会阻碍其向较优均衡转变。另外，现代技术或许在该国还并不存在。技术转移问题是经济发展中的另一个重要关注点。事实上，还有一个问题如图 4-1 所示，即发展中地区每个企业额外付出的提高技术转移速率的投资量，都取决于其他企业所付出的投资量；从国外引进现代技术通常对其他企业具有外溢效用。但是多重均衡存在的可能性表明，获得较好的技术一般来说只是实现发展目标的一个必要而非充分条件。

4.3 开启经济发展的大推进理论

一国经济是持续发展了一段时间还是处于停滞，对接下来的经济发展有着重大影响。如果经济能够在相当长的一段时期中保持增长，持续一代人或更多代人的时间，那么该经济接下来的发展如果长期脱离正轨就相当不正常了（当然，当经济遭遇临时动荡时，其发展过程将会遭遇一些挫折）。当然，已有的许多经验表明，正如罗斯托所描述的那样，一旦经济发展步入正轨，实际上它就再也不会停止。正如第 3 章案例分析中所提到的，一个世纪以前，阿根廷被认为是未来世界经济发展的强国，然而它的发展在后来将近半个多世纪中却是相对停滞的。回顾这个案例，我们至少在下面两个方面与罗斯托达成一致：现代经济增长步入正轨的初始阶段异常艰难，而一旦步入正轨，维持经济增长就容易得多了。

为什么开启经济增长如此艰难？许多早期颇具影响力的发展模型，诸如第 3 章所探讨的刘易斯模型，认为工业部门中存在完全竞争的状况。在完全竞争的条件下，假设至少有以下一些进步：所需的人力资本得到了发展，技术转移问题得到解决，同时政府提供必要的服

务，但是开启经济发展却如此艰难，原因依旧不甚明了。不过，即便拥有更好的技术，发展似乎还是难以起步，因为它们往往不会投入使用。显然，人们没有将新技术付诸实践的动力。除此之外，完全竞争并未处在规模效益递增的情况下。而回顾工业革命时期我们可以发现，很明显，利用规模效益至关重要。许多发展经济学家得出结论认为，有些市场失灵导致经济发展难以开启，比如著名的**货币外部性**（pecuniary externality），它们在成本或收益方面有外溢效应。

在发展理论中，最著名的协调失灵模型也许就是"大推进"模型，由保罗·罗森斯坦-罗丹（Paul Rosenstein-Rodan）始创，他首先提出了一些基本的协调问题。[11] 如在自足经济中与开启工业化相关的几个问题及其类型，这在第 1 章进行过介绍。如果我们从一国经济没有能力进行出口这一简化的假设说起，那么这些问题就非常容易理解了。在这样的情况下，问题就变成，谁将购买第一个工业化企业所生产的产品。如果一国从仅能维持生计的经济开始发展，那么在这个国家就没有工人有钱去购买新商品。第一个工业化企业可以将一部分商品出售给自己的员工，但是没有人会将其全部收入花费在某个单一商品上。每次当一个企业家开办企业时，它的工人就会将一部分工资用于购买自己的企业生产的产品。所以某一企业的盈利能力取决于是否有另外的企业开办，这进一步依赖于其自身潜在的盈利能力，而这又进一步依赖于其他企业的盈利能力。这种因果循环就是现在所熟知的协调失灵模式。另外，第一家企业不得不培训它的工人，而这些工人习惯了传统的仅能维持生计的生活方式。培训成本使得企业可支付给工人的高工资变得有限，不过企业仍然是有利可图的。但是一旦第一家企业培训了工人，其他企业家无须承担培训成本，它们就可以通过支付稍微高一点的工资，来吸引接受过培训的工人到自己的企业工作。但是，第一家企业考虑到这种可能性，就不会首先支付培训费。如果没有工人得到培训，工业化就永远不会开始。

大推进探讨的是，要获得经济的长期发展或加速经济发展，市场失灵如何激起对于经济

协调和政策引导的需求和努力。换句话说，协调失灵问题与成功的工业化是背道而驰的，它是发展的大推进理论的对立面。我们不一定总是需要大推进理论，但它却有助于我们找到将案例进行归类的方法。

罗森斯坦－罗丹的一些观点已成为20世纪五六十年代一些发展经济学家思考发展问题的主流思想，而且这些观点在发展课程中一直备受推崇。尽管其基本思想因此而被传承了几十年，但是1989年，凯文·墨菲、安德烈·施莱费尔和罗伯特·维西尼（Kevin Murphy, Andrei Shleifer, and Robert Vishny）发表的一篇技术方面的论文使得这一理论受到了巨大推动，这篇文章第一次较清晰地阐释了该理论的正规逻辑。[12] 该理论近年来之所以备受关注，部分原因就在于它对东亚尤其是韩国经济高速且成功发展的解释价值。运用该正规模型的一个好处就在于，它能使我们更清晰地理解"当严重问题出现时需要协调"这句话的含义。保罗·克鲁格曼（Paul Krugman）在他1995年的著作《发展、地理和经济理论》中将这些作者的观点进行了简化和普及，使之成为90年代协调失灵的新发展理论的经典模型。[13]

4.3.1　大推进：图解模型

1. 假设　在任何模型中（事实上，在任何缜密的思考中）我们都需要做一些假设（有时看似是一些大的假设），来推进我们的理解。关于大推进的分析也不例外。对大推进分析中我们所使用的假设可以稍宽松些，不过它需要较多的数学技巧，而且需要注意的是，我们不能将假设放宽到就像我们所习惯的对于简单的微观经济问题所做的假设那样，比如假设完全竞争。这里我们不能刻意假设在现代部门中存在完全竞争，因而在这些部门中规模效益递增，进而导致自然垄断或者至少是垄断竞争普遍存在。引用保罗·克鲁格曼的话，如果我们认为发展与规模效益递增有重大联系，那么我们将不得不放弃一些概论来说明发展问题。下面，我们将做出6种假设。

（1）**要素**。我们假设只有一种生产要素——劳动力。固定的劳动力总供给量为L。

（2）**要素报酬**。劳动力市场有两个部门。我们假设在传统部门工作的工人的工资为1（或者统一规定为1，即将工资看作是1个计价单位；也就是说，如果每天的工资是19比索，我们就简单地称这个量为"1"，以便于运用图4-2中的几何方法来分析）。在现代部门工作的工人的工资 $W>1$。这种工资差异是一个典型事实，在每个发展中国家都能发现，不过我们还是需要对此做出一些解释（见第7章）。这一差异存在的主要原因或许是对现代企业工作类型毫无效用的一种补偿。如果是这样，在均衡状态下，工人从工业化进程的部门转换中得不到丝毫效用收益；但是如果确实产生了经济利益，这就呈现出一个帕累托改进（因为在这一情况下，投资者的状况都较好，没有一人受损），而且平均收入会增加（还可能出现收入再分配，那么每个人的状况都会变好）。另外，如果某一经济体中存在剩余劳动力，或者由于某些原因现代部门工资比劳动力的机会成本还高，那么工业化社会的收益将是最大的。[15] 最后，需要注意的是，我们探讨的是一个模型中的一个例子，在这一模型中造成欠发达陷阱的一个推动力就是，现代部门不得不支付相对较高的工资。我们这么做是因为这一理论易于用图形表示其特征，而且受到广泛关注。然而，正如我们在后面将要阐述的一样，现代部门的高工资只是协调问题存在的一种情况。事实上，我们还将发现，即使现代部门工资不比传统部门工资高，但是协调失灵问题仍有可能存在。

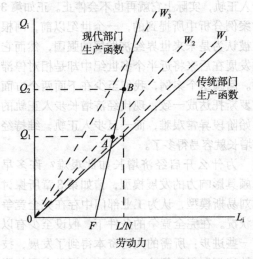

图4-2　大推进

（3）**技术**。我们假设有 N 种类型的产品，这里 N 是一个较大的数字。[16] 对于传统部门中的每一种产品来说，也就是 1 个工人生产 1 单位的产品（该假设不太严格，因为同样我们可以自由选择我们的衡量单位；如果 1 个工人 1 天生产 3 双鞋，我们就可以将其称作 1 个单位）。这是规模效益不变的一个非常简单的例子，而在现代部门中是规模效益递增。为了以一种非常简单的方式来介绍报酬递增，我们假设除非雇用最少 F 个工人，否则企业不能生产任何产品。这里成本是固定的。因为我们将所有事情简单化以便于分析核心问题，所以在该模型中我们没有明确说明资本，因此唯一解释固定成本的方法就是工人的数量最少。这样，就存在一个线性生产函数，在这个函数中，现代部门的工人比传统部门中的工人的生产率更高。那么在现代部门中生产任何产品所需的劳动力，就可表示为 $L = F + cQ$，这里 $c < 1$ 是生产额外一单位产出所需的边际劳动力。此处的取舍问题是现代部门中工人的生产效率更高，却需要预先支付更高的成本。如果这个固定成本分摊到更多单位的产出上，平均成本就会有所下降，这就是规模收益递增效应。我们假设这里是完全均衡的，即在现代部门中任何产品的生产都拥有相同的生产函数。

（4）**国内需求**。我们假设每个商品所占的国民总收入消费份额是不变且相等的。该模型只有一期，没有资产，所以不存在传统意义上的储蓄。因此，如果国民收入是 Y，那么消费者在每个商品上的花费是相等的 Y/N。[17]

（5）**国际供求**。我们假设经济是封闭的，这就使得该模型易于扩展。如果国内市场有比较优势，那么这一经济在允许进行贸易交往时，那些最重要的论断将依旧适用。这些比较优势很可能包括最初的规模经济，以及在为国外和远方的消费者生产产品之前，要努力达到较高的质量水平、良好的产品特性以及更好的客户支持。这都是很现实的考虑：有证据表明，以出口为导向的经济，如韩国，已经从最初以国内销售为导向的大量国内市场中获得了巨大收益。[18] 另外，出口导向型经济还从活跃的工业政策中获益良多，这些政策旨在克服协调失灵问题（见第 12 章）。如果存在一些不能交易的

投入，诸如某些特定类型的服务，这些观点也能成立。其他关注基础设施投资的模型也暗含对大推进理论的需要，即便是在完全开放的经济体中。[19]

（6）**市场结构**。我们假设在传统部门（乡村企业）中存在完全竞争，企业不仅可以自由进入而且不存在经济利润。因此，每一件商品的价格都为 1，即等于劳动力的边际成本（这是唯一的输入要素）。我们假设最多只有一个现代部门企业能够进入每个市场。这一限制是规模效益递增的一个结果。考虑到有关个人偏好的假设，垄断企业面临单位需求弹性，所以如果这个垄断企业能够将商品价格提高至大于 1，那么这样做将是有利可图的。[20] 但是，如果商品价格被提高至大于 1，来自传统部门生产商的竞争将会导致以现代部门为主的小企业失去所有的业务。所以垄断商如果决定进入市场，它也要将价格定为 1。[21] 因为垄断商制定同样的价格，所以当它进入市场后垄断了这一特定市场，不过它也要生产与传统生产商同样数量的产品。由于这个企业是唯一使用现代技术的企业，而且在生产其他所有产品的过程中，工人的工资都为 1，这样人均国民总收入也必定一样，所以更多单位的产出就无法售卖出去。[22] 我们还假设在这一点上垄断企业会选择性地进行生产，而且在同样的生产力水平之上，它完全有能力生产出至少与传统生产商等量的产出；否则，转变传统技术就将毫无意义。

2. 多重均衡的条件　基于这 6 个假设，我们能够归纳出需要大推进理论的案例的特征。首先，假设某一个经济体的任何市场中都没有现代化生产。拥有现代技术（例如，就像前面所提到的技术，其成本固定、收益递增）的潜在生产商会考虑进入市场后是否有利可图。鉴于固定成本的大小，这个问题的答案取决于两个因素：①现代部门与传统部门相比，效率高出多少；②现代部门与传统部门相比，工资高出多少。

图 4-2 中的生产函数用来代表任何产业中的两种类型的企业。[23] 传统生产商运用斜率为 1 的线性技术直线来表示每个工人生产 1 个单位的产出。现代部门在生产任何产品之前都需要 F 个工人，之后该部门用斜率 $1/c > 1$ 的线性技术直线来表示。价格为 1，因此收入 PQ 能在 Q

轴上表示出来。对传统企业来说，工资线与生产线重合（都始于原点，并且斜率都为1）。对于现代企业来说，工资线斜率 $W > 1$。如果一个经济体中有传统企业在运营，那么在 A 点我们就能够看到现代企业进入该经济体将会创造的产出量。现代部门是否要进入市场，取决于进入市场后是否有利可图。

通过图 4-2，我们应首先考虑从 A 点下方穿过的工资线 W_1。在现代企业工资相对较低的条件下，收入大于成本，现代企业将有能力支付固定的成本 F，并进入市场。通常，如果企业固定成本较低、边际劳动力需求较低而且所支付的工资也较低，这个结果就更可能出现。通过假设，所有商品的生产函数都是相同的，所以只要现代企业发现生产某一产品获利颇丰，它们就会给予所有产品同样的生产动机，而且整个经济体就会通过单纯的市场力量实现工业化；最后每一种产品的需求量都将增加至 B 点，这就表明协调失灵并不总会出现：它取决于技术和价格（包括工资）在经济体中的普及情况。

如果工资线从 A、B 两点之间穿过，如 W_2 所示，而且现代企业是经济体中唯一可能进入市场的企业，那么该企业就不会进入市场，因为这将会导致其遭受损失。但是如果现代企业进入每个市场，那么所有市场中的工资都将增加至现代工资水平，企业收入也有所增加。我们还可以假设工业化之后的价格为1。另外需注意的是，传统技术仍然存在，并且将在价格高于1时获利。所以为了组织现代企业进入市场，现代企业就不能将价格提高至大于1。[24] 现在现代企业能够将其额外产出进行出售（B 点），这些产出由其所有分配获得的劳动力（L/N）进行生产，因为它拥有来自其他工业化部门中的工人和企业家提供的足够大的需求量。正如图 4-2 所示，在工资水平 W_2 下，B 点在工业化之后是有利的，因为 B 点在 W_2 线之上。传统部门中的工人也能受益，因为他们能够用所增加的工资来支付额外数量的商品，[25] 并且他们也已经自愿转换了部门。由于所有的国民总收入都将花费在产出上，所以所有产出都得到购买；国民总收入等于工资加利润，其数值是每种产品的产出乘以产品数量 N。[26]

因此，当普遍工资水平如 W_2 时，就存在两种均衡：在一种均衡下，拥有现代技术的生产商进入所有市场后，其利润、工资和产出都比进入之前高；在另一种均衡下，没有现代生产商进入市场，工资和产出仍然较低。拥有较高产出水平的均衡明显更优，但是通常情况下，市场单凭自身并不能达到这个均衡。

最后一种可能性如工资线 W_3 所示，该线穿过 B 点上方。在这样的情况下，即使一个现代生产商进入所有生产部门，所有这些企业还是会损失一些钱财，所以传统技术再次得到延续应用。通常，当工资线低于 A 点时，市场将引导经济实现现代化；当工资线高于 A 点时，经济将不会实现现代化。现代部门的生产技术越深化（即越有效）或者固定成本越低，工资线就越可能从 A 点下方穿过。如果工资线从 B 点之上穿过，工业化就毫无意义。但是如果工资线穿过 A 点和 B 点之间的位置，那么工业化将有效，但是市场不能单凭自身实现工业化。一定要注意的是，基于某一特定经济条件下的某一时间点，可能存在三种不同的工资水平，而且这三种工资水平并不是连续发生的。

同样，当工资线穿过 A、B 两点之间时，问题就出现了，并产生两种均衡：在一种均衡下，存在工业化且社会较富裕（B 点）；在另一种均衡中，不存在工业化（A 点）。然而，由于市场失灵的存在，市场不能带领我们从 A 到达 B。[27] 于是，在开启经济发展时，政策将发挥重要作用。没有简单的测试能够确定，诸如莫桑比克这样的传统经济在这个连续区域里的位置，但是至少我们能够明白，为什么即使是在技术可得时，发展也不能步入正轨。

需要注意的是，通常要使其他部门获得足够的推动力，并不需要所有生产部门都实现工业化。为了生产足够的国民总收入（通过较高的工业化工资和来自工业化生产部门中的利润），唯一需要的就是数量充足的工业化企业，以取得最小限度的工业效益。还需注意的是，每个企业不将它对其他企业商品需求的投资影响考虑在内，这代表了其自身的一种细微扭曲。但是如果所有生产部门的这种细微扭曲相加，那么这种扭曲，即所谓的工业化失灵，事实上就会变得非常之大。

我们也可能碰到半工业化的情况，在这样的情况下，收益或成本在不同部门的积累量是不同的，或者在不同企业之间的外溢效应不同。例如，在所需的固定成本水平下降时，实现工业化的生产部门就增加，这是合理的，因为有很多地方性的例子可以说明这一点。[28] 在存在不同外部性因素的情况下，没有工资红利对于多重均衡的出现就非常必要。基于此，如果存在两个或更多企业群体，它们对彼此之间的固定成本 F 都有巨大影响，但对群体之外的其他企业没有影响，那么最终将会达到一种均衡，在这一均衡下，只有这一群体之内的企业转变为现代部门。因此在这种情况下，我们就会发现有三个或更多的均衡，还会有独立经济体存在，在这种经济中，现代部门与其他部门中的传统乡村企业共存。[29]

需要注意的是，这一模型没有假设其他任何类型的**技术外部性**（technological externality）的存在，在这种情况下，一个先进企业能够通过"看中学"或类似方式，来给其他企业带来外溢效应，这会使其他企业提高其生产率并降低成本。这是另一种市场失灵，该失灵也能导致低效的低投资。我们在附录 3C 中考察罗默内生增长模型时也考虑到了这一可能性。

4.3.2　其他需要大推进理论的情况

除了前面提到的情况之外，这里还有四种情形需要大推进理论。

（1）**跨期效应**。即便工业部门工资率是 1（即与传统该部门工资相同），如果为了在下一阶段实现更高效的生产过程，那么现阶段就必须进行投资，这时多重均衡就会出现。[30] 第一阶段的投资抑制了第一阶段的总需求，却增加了第二阶段（后面的阶段）的总需求。不过只要它是有利可图的，就会有投资；也就是说，如果在第二阶段的需求足够高的话，可能就需要许多生产部门同时进行投资。然而，这里再次强调，因为存在货币外部性，即使是出现帕累托改进时，市场也确实不能保证工业化就会发生。再者多重均衡的根源是，一个企业的利润不包括其对整个现代部门生产的外部贡献，因为它

还提高了后面各阶段的工资收入，这时其他进入市场的现代企业就会不断寻找机会出售自己的产品。当出现一个大推进的情况时，工业化就会使社会经济状况有所改善（帕累托改进），原因就在于第一阶段的收入仅仅在固定成本的作用下稍有降低，但是第二阶段的收入却在其他生产部门的工资和利润的作用下大幅提高，足以弥补第一阶段的收入降低值。[31] 还应说明的是，从原则上来说，利润的一部分还可以用来进行收入的再分配，这样每个人而不只是某些人的经济状况会有所好转，而且不会有一个人的经济状况变得更糟。

（2）**城市化效应**。如果某些传统乡村企业都在农村，而规模收益递增的制造业在城市，那么城市居民的需求就可能更多地集中于制造业商品上（例如，由于运输、销售需要时间，食物必须进行加工，以防止损坏变质）。如果是这样的情况，企业就需要一个大推进以促进城市化，进而实现工业化。[32]

（3）**基础设施效应**。通过使用诸如铁路或港口之类的基础设施，做出投资的现代企业可以承担建设基础设施所需的大量固定成本。[33] 同时，基础设施的存在又有助于这些企业降低其成本。不过这些企业又因此而间接地有助于降低其他企业的成本（通过降低基础设施使用的平均成本）。诸如道路、铁路和港口这样的基础设施是不可交易的；顾名思义，基础设施都设在某一特定区域。而由于投资者不清楚企业是否会发展到要使用这些基础设施，故对国外投资的开放并非总能解决问题。关键的一点是，当一个生产部门实现工业化后，就会因基础设施服务的使用而扩大其市场规模，这些基础设施也可供其他生产部门使用，因此就使得这些服务部门获利越来越多。但是即使基础设施建设完备，如果存在其他协调问题，也不可能实现有效的工业化。

（4）**培训效应**。在培训设施方面往往存在投资不足，因为企业家们知道他们所培训的工人可能会受到竞争对手所提供的高工资的诱惑，而离开自己的企业，这样竞争对手就无须支付这笔培训费用。由于工人不知道应该具备什么样的技能，所以他们对于培训的需求几乎为零。（除了不知道企业是否会进行投资以使工人获得

这些技能之外，还有一点就是人们并不是生来就具备有关自己的相对优势的完全信息；基本教育有助于工人发掘自己的相对优势信息。）这只是经济学中有关公共义务教育的一个部分。需要注意的是，在这一情形中，开放贸易不能解决协调失灵问题，除非劳动力可自由跨国流动，而这种流动性在欧盟范围之内已得到良好发展，在欧盟范围内甚至不存在对这种流动性的正式限制，而对于发展中国家来说，这一点目前还很难达到。无论在任何情况下，依赖移居国外的技能熟练的工人远不足以解决一国欠发达状态的问题。实际上，基础设施和训练有素的工人，这些都只是共同使用中间产品这一大范围中的一个子集。另外一个例子就是对于"工业区"中小企业的联合研究设施（见第7章）。

4.3.3　为什么问题不能由超级企业解决

一些研究者或许会疑问，为什么一个经济主体不能通过搜罗所有租金来解决协调失灵问题呢？换句话说，为什么没有一个超级企业进入所有需要协调的市场中，并取得全部利润？对于某些类型的协调失灵问题，这一解决方案早早就被排除在外了。例如，考虑到教育和技术发展，雇用劳动力就有法律限制。但是在工业化问题上，为什么一个经济主体不能在 N 个市场的每一个市场中都同时成为一个超级企业呢？关于这一问题，有至少四个重要的理论答案和一个由经验得来的具有决定性意义的答案。

第一，可能存在资本市场失灵。一个经济主体如何将扮演超级企业这一角色所需的所有资本集合起来呢？即使这是一个符合逻辑的设想，出资者又如何能对他们的投资充满信心呢？尤其是当出现不履行投资的约定时，要如何进行惩罚呢？

第二，监督管理者和其他经济主体需要成本，同时设计和实施旨在确保他们按雇主意愿行事或激励他们遵从雇主意愿的计划也需要成本这也被称作**代理成本**（agency costs）。当一个企业发展壮大时，监督成本就会变得昂贵。即使计划要出售某些产业，这些产业的发展程度也必须是同步的。超级企业很可能比潜在买家更了解这些企业的情况。换句话说，如果企业的盈利如此之多，它的企业主为什么要将其出售呢？因此，这些企业的潜在购买者就面临一个**非对称信息**（asymmetric information）的问题，即我们所知的"柠檬问题"（lemons problem）。[34]

第三，可能存在沟通失灵。假设某人对你说，"我在协调投资，跟我一起干吧。"你会和他一起干吗？你怎么能知道这个人最终就是协调者呢？由于担当超级企业这一角色会带来潜在的巨大利益，所以许多经济主体都希望扮演这一角色。如果许多企业都试图承担这一角色，你会选择哪一个呢？即使每个经济主体都只有一次机会亲自担当超级企业这一角色，那么这一企业也不一定就是正确的那个（即能让你赚钱的那个协调者）。

第四，知识的获得存在限制。即使我们规定经济作为一个整体已经能够获得现代技术思想，这也并不意味着一个个体就能够获得足够的知识以实现工业化（或者甚至是获得足够的有关雇用什么样的人以实现工业化的知识）。

第五，经验告诉我们，至今还没有一个私有经济主体担当过超级企业这一角色。无论是出于监督、知识和资本市场等问题的原因，还是其他非规模经济的原因，通过超大企业"解决"这些问题显然并未为此提供任何答案。例如，很难找到一个生产钢铁的企业，而且甚至很难找到使用钢铁生产产品的重要部门，更不用说一个拥有与钢铁后向关联的所有产业的企业，或者一个与使用钢铁的产业（这些产业最终发展进入工业生产链）前向关联的企业。这个问题也不能通过直接政府生产得以解决（至少在不可接受的成本条件下）。然而，对于私人投资者的行为进行公共协调，一般情况下对于解决这一问题是必要的，这是人们对于东亚地区工业化政策所发挥作用的一种普遍理解。

小结　综上所述，我们已经知道在某些情况下，与发展过程相关的货币外部性能够导致多重均衡的出现，这也就可能造成大推进政策需求状况的出现。我们的主要案例（适度工资溢价的例子）和所有其他例子，都有一个共同的过程，通过这一过程投资（工业化）企业只获得了其投资带给其他企业利益的一部分。在这些例子中，采用了规模效益递增技术的企业都实现了下述一种或多种效果：提高总需求，将需求转向制成品，在后期对其他工业化企业所售产品的需求进行重新分配，降低后来进入市场的企业的固定生产成本或是支付重要的基础设施建设的固定成本。所有这些都对其他工业化企业具有外部经济效应。

4.4 多重均衡的深层次问题

4.4.1 现存低效优势

现代企业中收益递增的存在也会导致另一种劣均衡的出现。一个现代企业一旦进入市场，与竞争对手企业相比就拥有一种优势，因为它的较大产出能使其平均投资水平降低。所以即使一个潜在的与其有竞争关系的企业获得了一种更好的现代技术，要使新技术取代老技术也不是那么容易。虽然对于任何一种既定的产出水平来说，新技术的运用可以降低其单位成本，但是使用老技术的企业还是具有一定优势，因为其巨大的产出能够使其以单位成本低于使用新技术的企业的单位成本进行生产。而使用新技术的企业，在最初发展阶段只有很少量的客户，而且固定成本较大。这样就导致企业需要大量资本来弥补它们在建立客户基础过程中的支出。如果资本市场运行得不好，正如在发展中国家较为常见的情形（见第 15 章），经济就会陷入倒退以及企业成本效益较低的境地。[35]

4.4.2 行为和规范

当涉及许多个体都要改变其行为时（从总是伺机行动或贪腐到变得诚信，以及看重声誉的建立并从合作中获益，如与商业伙伴合作），从一种较劣的均衡发展到一种较优的均衡尤其艰难。你对于合作伙伴的选择具有较大的决定作用。如果你单纯地与一个机会主义者（掠夺型的）合作，那么你的处境可能会比你独立工作时还要糟糕。只有与那些意图良好的合作者合作，你才可能获得最佳结果。另外，过去的经验或许会引导人们期望机会主义行为的出现（至少在潜在的某些特定商业伙伴群组中），这反过来会

提高潜在伙伴在实际中如此行事的动机。如果诚信使人一无所获而且还有所损失，人们的动机就会变得不诚信。另一方面，在某些情况下，企业个体会亲自执行某些规范，而不是将这项工作留给政府。如果许多人都能执行诸如诚信这类的规范，那么每个个体执行这些规范的负担就会降低。在大多数人都抵制腐败时，均衡会存在，这时腐败现象就会变得稀少；而在几乎没有人抵制腐败时，均衡还会存在，这时腐败就会盛行。

如果游戏规则倾向于扶持较差的组织，那么我们就不能指望良好的组织在竞争中能够普遍存在。相反，对于发展和改革制度，政策至关重要，诸如财产权、反垄断、廉洁的政府统治，以及其他法律法规和企业协会法规等的改革框架，这都为经济行为制定了游戏规则。一旦一种新的行为得到某一法规的确认，将其保持就变得容易多了。一些新古典理论家曾经暗示良好的制度会通过市场机制得到发展，而不好的制度在竞争中会被好的制度所淘汰。但是如果制度改革引起协调失灵（例如，通过承认或鼓励腐败行为），那么其自身也会陷入协调失灵。

一旦合作关系（如商业合作）成为一种规范，就会有越来越多的人采取合作这一方式。但是所有的规范都容易变为习惯。虽然规范在产生时或许有所调整，但后来却很难改变，即使当它们不再发挥功效时。有一个有关价值的例子是，若想成为一个好公民，你就必须有很多子女。这一价值观或许在现代化之前是可以接受的，但是如今它却会阻碍发展。另一个例子就是不相信家庭之外的任何人。这在部落阶段或许是有用的，而且人们需要时常保持警惕，但是在现代经济中，这种极端的禁令却很难促成成功的商业合作关系。

4.4.3 联系

实施大推进理论有多种途径，这会促进许多企业的现代部门得以同时扩展。解决协调失灵问题的一个策略是集中所有政府政策，来促进有着重要的前向或后向**联系**（linkages）的企业的发展。这可作为国内产业进入这些重要产

业中的补贴或补偿，正如韩国所做的那样；它还可作为促进跨国企业进入重要产业的动机，还能提供先进的培训技能，该政策在新加坡得到了实施；它还可用于建立少数几个重要的公共企业，作为某一产业的先驱者（这个企业后来可能被出售），正如韩国和中国台湾地区所做的那样。[36] 联系理论强调的是当某些特定企业首先得到发展时，它们与其他企业之间的相互联系将会促使或者至少有利于新产业的发展。后向联系提高对某一行动的需求，而前向联系能降低一个企业产出的使用成本：两者都会涉及市场规模和规模效益递增从而导致货币外部性之间的关系。换句话说，涉及一个或多个企业的规模效益递增时，联系对于工业化策略来说就有着重大意义，一个更大的市场会很好地利用这一点。例如，当动力纺织机的生产扩大，同时其价格下降时，由于动力纺织机生产的纺织物产出的增加，所以就产生了前向联系效应。当纺织制造业中化学用品需求量的增加导致化学产业扩展，从而使得其生产规模扩大进而降低成本时，一种后向联系效应就产生了。这两个例子都说明了在联系企业中实现了收益递增时，所出现的一种货币外部性效应（成本的降低）。

联系方法将某一关键联系点的投资确定为，一种克服协调失灵问题和产生积极反馈的起点。这样的政策可以通过与其他企业之间的联系量的多少，以及这些联系的强度大小来选择企业。通过几个较强联系（并且通过一个成本收益的测试）从众多企业中选择企业，只有一种政策会选择那些只有较少的私人投资的企业，那是因为只有在这些企业中才最有可能遇到最坚固的瓶颈：如果一种投资是盈利的，企业就更有可能进入这个缝隙市场。[37] 这一结论给我们提供了一个依据，来解释国有企业比私有企业效率低下的原因。如果由于产业对于发展的有利影响，政府选择有组织地进入重要但盈利甚微的产业时，将这些企业的盈利状况与那些私有企业的盈利状况放在同一水平之上就是不合理的。这绝对不是说国有企业都与私有企业一样有效率；事实上，大量证据显示结果恰恰与此相反。[38] 然而，我们可以说，一个总的陈述，正如总是由诸如世界银行等机构发表的宣传那样，政府

永远不应该参与生产活动，即使只是暂时参与某一企业也不应该，鉴于发展中国家所需解决的联系和其他战略互补性，这一陈述有时是不合理的。

4.4.4 不平等、多重均衡和增长

其他有关发展和多重均衡问题的著作强调不平等对于增长的影响。传统观点认为由于富人的储蓄高于穷人的储蓄，因此这种不平等可能会促进增长。如果至少有一些储蓄用于投资，且这些投资必须来自国家内部，那么根据这一观点，平等程度太高就会减缓增长。然而，当对储蓄的准确衡量包括健康、孩子教育和家庭状况的改善方面的花销时，穷人的储蓄率比我们以往认为的要高得多。

而且，在不平等程度严重的地区，穷人由于没有抵押品而无法获得贷款；其实，关于什么是贫穷的一个定义就是完全或者大多数时候没有抵押资源。由于存在这样的资本市场不完善，穷人无法获得贷款以开办生意，而且尽管当他们（和可能潜在的雇员们）有融资渠道或者收入分配更均衡时能够做得更好，但还是可能会陷入仅能维持生计的经济状况，或受雇于人的状态。例如，阿巴吉特·班纳吉（Abhijit Banerjee）和安德鲁·纽曼（Andrew Newman）认为，多重均衡，包括那些几乎所有公民都享有较高收入而低收入人口占主导时的均衡，会存在于不完善的信用市场，而这时这样的市场只能给极少的人提供成为企业家的机会。[39]

同样，如果穷人没有获得信贷的途径，他们就无法得到贷款以接受良好的教育。如果穷人不能给其下一代留下更多的财产，整个家庭就会陷入代代相传的贫困陷阱；但是，如果能通过某种方式接受教育，他们就可能会摆脱**贫困陷阱**（poverty trap）。我们最好记住这样一个极广泛的定义，即从父母向子女的人力资本转移的真正含义。它不仅仅靠学费或遗传工资或农场工作来资助家庭，因为它远远超过正式教育的成本，甚至是所谓的一系列"能力"的培养（见第1章），而这些"能力"在一个富裕、有教养的家庭中，只不过是每个孩子成长所必

需的一种副产品。

在有关这一问题的正规模型中，奥德·加洛（Oded Galor）和约瑟夫·蔡拉（Joseph Zeira）研究了缺少信贷市场对增长与收入和人力资本的分配的影响。他们建立了一种内生增长模型，该模型指出了对于经济增长和发展以及短期宏观经济调节来说，人力资本和分配以及这两者之间的相互作用的重要性。他们的分析包括两个关键性假设：①不完善资本市场（在第 15 章详细介绍）是这些市场的典型特征；②人力资本投资的不可分割性，即市场将人力资本投资看作是一个一个离散资金集，诸如一年的教育投资，如果不是更大的投资，就如小学、中等和高等教育投资。由于学习的性质和人力资本市场的筛选本质，第二个假设看似较合理。在一个雇主愿意支付工资之前，知识门槛的高低还是很重要的。进一步来说，因为教育背景能够反映内在能力，正如第 8 章将要讲述的，我们知道有著名的"文凭效应"；也就是说，当一个人通过了小学教育的门槛时，其人力资本收益就会有一个大的飞跃，同样，当他获得了中等教育文凭后，人力资本收益又会有一个飞跃，以此类推。这并不是因为高年级的教育与低年级教育相比，能够传递给学生更多的知识，而是因为学历本身就可以证明他符合了这个阶段的所有要求。需要注意的是，投资数量的不可分割性暗示一定量的规模效益递增，正如在大推进模型中所讲的固定资本。再者，效益递增在促进多重均衡方面发挥着重要作用。[40] 经验证明，许多研究都已发现不平等对经济增长具有消极影响，尤其是在 20 世纪 80 年代后期。[41]

4.5　迈克尔·克雷默的 O 环经济发展模型

另一个富有创新意义且具有影响力的模型是由迈克尔·克雷默（Michael Kremer）提出的，而且它也为低水平均衡陷阱的研究提供了重要的见解。[42] 其观点是，为了使任一生产环节都能达到较高绩效，现代生产（尤其是与传统工艺生产相比）要求许多生产过程都需按序共同开展。这是一种强烈的互补形式，也是对于工业化和劳动力分工思考的一种自然方式。它与

规模经济相伴相生，是发达经济体，尤其是工业生产的另一个典型特点。克雷默 O 环模型得名于 1986 年的"挑战者号"大灾难，这场灾难是由一个很小的并不昂贵的零件（O 形环）失灵导致火箭发生爆炸所造成的。O 环模型值得研究，是因为它不仅说明了贫困陷阱的存在，还说明了陷入这个陷阱的国家与那些高收入国家相比，可能拥有极其低下的收入的原因。

4.5.1　O 环模型

O 环模型的主要特点就是，它对产出中有强烈互补性的投入要素进行建模的方式。我们从将该模型看作是对企业内部运作情况的描述开始，但是正如后面要学到的，该模型还提供了有关互补性对整个经济中的企业或工业部门的影响的重要见解。

假设一个生产过程被分为 n 个任务。有许多方法可以用来完成这些任务，简单来说，我们将这些任务严格地按照技能水平 q 所要求的来界定，在这种情况下，$0 \leqslant q \leqslant 1$。技能水平越高，某项任务能够得到圆满完成（如，可以指该任务中的任何一个环节都不会失利）的可能性就越高。克雷默理论中的 q 是非常灵活的意思。对此的其他理解包括代表商品特性的质量指数：消费者会因商品质量更高而愿意支付更多。例如，假设 $q = 0.95$。根据其他理解，这可以是指：①有 95% 的机会能够圆满完成任务，这样产品就能获得最大价值，另外 5% 的机会是任务完全失败，产品没有价值；②任务总是能够完成 95%，因此产品始终保持最大价值的 95%；③产品有 50% 的机会可以拥有最大价值，同时有 50% 的机会出错，使产品价值降低到 90%。简单来说，我们假设不同工人犯错的可能性是完全独立的。我们所假设的生产函数比较简单：产出是指 n 个任务中的每个任务的 q 值相乘，再与 B 值相乘，这主要取决于企业特性，而且产出会随着任务数量的增加而增加。我们假设每个企业都只雇用 2 个工人，那么 **O 环生产函数**（O-ring production function）就是[43]

$$BF\,(q_i q_j) = q_i q_j \qquad (4\text{-}1)$$

为了使情况简单化，在这一方程中，我们

假设乘数为 $B=1$。除了生产函数方程，我们还做了三个重要的简化假设：①企业是风险中性的；②劳动力市场是具有竞争性的；③工人提供劳动是无弹性的（工人工作不考虑工资问题）。如果我们将资本市场考虑在内的话，我们就假设它们是具有竞争性的。这时，我们假设经济是封闭式的。

这一生产函数最显著的特点之一就是通常所定义的正向匹配。意思是拥有高技能的工人将共同合作，技能较低的工人共同工作。当我们将该模型比作各经济体时，这种匹配指的是高价值产品将集中存在于拥有高价值技能的国家。按照该模型，所有人都希望能够与生产效率更高的工人一起工作，因为你的工作量要与其他人的相乘，如式（4-1）所示，如果你与生产效率更高的工人合作，你的生产效率也会变得更高。在充满竞争的市场中，工人的收入与其生产效率的高低相关。拥有较高生产效率的工人的企业，更有能力支付给工人更高的工资，且有支付如此之高工资的动力，因为拥有两名较高生产效率工人所创造的产出价值，比拥有一名高生产效率工人和一名低生产效率工人所创造的产出价值要高。所以，高生产效率的工人就倾向于共同工作。

如果我们假设一个仅拥有 4 个人的经济，就很容易理解上述情况了。假设这个经济体有两个高技能工人 q_H 和两个低技能工人 q_L。这 4 个工人既可按照技能匹配来进行分组，也可按照技能不匹配来进行分组。在技能匹配的情况下，往往可取得更高的产出，因为

$$q_H^2 + q_L^2 > 2q_Hq_L \qquad (4-2)$$

回想前面提到的 $(x-y)^2 > 0$，x 为任何值，且 x 与 y 不同，这里 x 代表 q_H，y 代表 q_L。那么 $x^2+y^2>2xy$，正如式（4-2）所示（或者试着插入 $q_H>q_L$ 中的任何值，都将得出同样的结果）。这也同样适用于拥有较多工人的企业或经济体；结果是，企业会根据技能水平将工人分类。[44]

由于当技能匹配而不是技能混合存在时，总产出会更高，所以在起始阶段拥有高生产效率工人的企业有能力支付更高的工资，以雇用高效率工人，而且这么做对企业盈利有利。当然，所有企业都愿意雇用生产效率最高的工人，

但是这种结果要基于工人与其他拥有高生产效率工人合作的兴趣。试想，当工人决定为哪个企业工作时，企业就形成了。当拥有高生产效率的工人完成匹配之后，企业的情况就完全不同，那么生产效率较低的工人就只能互相匹配了。如果技能（skill）或生产效率分为许多不同等级的话，那么首先应是技能最高的工人分在一起，然后是次高技能的工人，依次类推，这样技能匹配就出现了一个梯级过程。例如，一个交响乐团会因为雇用了一个技能欠佳的演奏者而影响整体演奏效果。因此，一个好的乐队会不惜代价雇用一个出色的演奏者来替代技能欠佳者。同样，最好的爵士乐队，作为一个团体往往是一边演奏一边录音，而不会各自单独带领一组技能欠佳者。拥有顶级厨师的饭店也会雇用成熟的、训练有素的全职服务生，而快餐店则不会雇用知名厨师。

通过与诺贝尔奖得主加里·贝克（Gary Becker）的著名"婚姻市场"模型对比，或许这一分类过程会更加形象，容易记忆。"婚姻市场"模型与我们分析的问题有所不同，[45]但是它提供了一些有助于我们理解这一问题的直观经验。对于未来择偶，如果我们只关注对方的长相，那么每个男人都想娶最漂亮的女人，每个女人都想嫁给最英俊的男人，这样最漂亮的女人和最英俊的男人就会结为夫妻，继而漂亮程度次之的女人将和英俊程度次之的男人结婚。这样的过程会继续，直到最不漂亮的女人和最不英俊的男人结婚为止。当然，情人眼里出西施，大部分人关心的不仅仅是其伴侣的外表，而是诸如善良、聪明、富有、信任、兴趣爱好、责任感和幽默感等，但是著名的婚姻模型在这里仅起到类比的作用。在经济体中，情况也是这样的，某些企业和工人，甚至是整个低收入经济体，都会陷入低技能和低生产率的困境，而其他一些企业和工人侥幸逃离这样的困境，从而达到较高的生产效率。

尽管这一模型看似有些抽象，但是大量的例子能够说明，拥有高技能工人的企业是如何通过支付更高的工资来吸引其他高技能工人的，以及它们为什么具备更加积极的动力来对现有工人的技能进行升级。假设现有 6 名工人，其中 3 名工人的 $q=0.4$，并在均衡状态下一起工

作，而另外 3 名工人的 $q = 0.8$。假设在第一个企业中，其中一名工人的 q 值由 0.4 提高到 0.5（由于接受过培训）。同样，假设第二个企业中，其中一名工人的 q 值由 0.8 提高到 1.0。在这两种情况中，每个工人的产出质量都提升了 25%。正如我们可能预期的那样，25% 的工人质量的提升会带来 25% 的产出品质的提升。但是，如果起初的质量水平就较高的话，25% 很显然会带来产出品质的更大提升。在上例中，第一个企业从 $0.4 \times 0.4 \times 0.4 = 0.064$ 到 $0.4 \times 0.4 \times 0.5 = 0.080$，两值之差（即变化值）为 $0.080 - 0.064 = 0.016$，那么这一过程的增加值为 $0.016/0.064 = 0.25$，即增加了 25%。对于第二个企业来说，其产出质量从 $0.8 \times 0.8 \times 0.8 = 0.512$，提高到了 $0.8 \times 0.8 \times 1.0 = 0.640$；其变化值为 0.128，也增加了 25%。但是当投资点值都翻一番时（第一个企业为 0.1，第二个企业为 0.2），增长的点值将更多，甚至会达到 8 倍之多。如果企业能够在边际成本不变或是成本增长缓慢的情况下按百分比提高产出质量，就会形成一种良性循环，即全面升级越快，企业就会获得越高的价值。相应地，随着技能的逐步提高，工资也会以一个递增的速率增加。正如克雷默所述，O 环模型与竞争性均衡是一致的。

O 环模型的正向匹配理论基于某些严格的假设之上。每个假设的重要性如何？对于这些假设的限定可以放宽到什么程度？其中有两点至关重要：①工人决不能完全互相替代；②工作必须有足够的互补性。只要具备这两个条件，就能得出基本结论。

为了弄清工人不能完全互相替代的原因，我们假设工人是可完全替代的。具体来说，假设存在两种不同的技能水平，q_L 和 $q_H = 2q_L$，所以在其他条件都不变的情况下，每一个技能水平为 q_H 的工人可以用两个技能水平为 q_L 的工人来替代。因此技能水平为 q_H 的工人将获得相当于技能水平为 q_L 的工人两倍的工资。由于我们无法预测一个企业或经济体将如何组合工人技能水平，所以也就得不到任何与低技能水平陷阱相关的知识。实际上，还是有经验证明企业中不同类型工人之间存在不完全替代性。

为了弄清楚任务必须具有互补性的原因，我们假设有两项任务，分别用系数 g 和 h 表示，

且这两项任务之间不存在丝毫局部性。具体来说，假设技能水平为 q_H 的工人负责完成任务 g，而技能水平为 q_L 的工人负责完成任务 h，那么

$$F(q_H q_L) = g(q_H) + h(q_L)$$

由于每一项任务都要雇用一种特定技能水平的工人来完成（一种技能对应两项任务，这样的替换在这里不存在），所以技能是彼此不可以完全替代的。但是，由于两项任务之间没有互补性，所以用以完成任务 g 的最佳技能选择，与用以完成任务 h 的最佳技能选择是相互独立的，而且也不存在战略互补性。[46]

4.5.2 O 环模型的意义

该理论有几个重要意义。

- 企业倾向于雇用技能水平不相上下的工人，以完成企业中各种不同的任务。
- 在高技能水平企业里，与低技能水平企业相比，负责相同任务的工人的工资更高。
- 因为在技能水平 q 的基础之上，工资以一个递增的速率增长，所以在发达国家，工资增长比例将比预测的用标准技能水平所衡量的增长比例要高。
- 如果工人能够提高其技能水平并做一些投资，而且如果这么做对他们有利，他们就会考虑将其他人所做的人力资本投资看作是他们的决策的一部分，以决定他们需要习得多少技能。换个角度来说，当一个工人身边的同事都拥有更高的技能时，该工人就有更大的动力来提高自身技能。这种互补性现在来说是一种很常见的情况，在此情况下便会出现多重均衡，它与我们在大推进理论中所提出的观点是平行的。克雷默给出了一个与图 4-1 类似的图，可用于决定选择多少技能。
- 经济可能会陷入封闭经济的低产量陷阱。这种情况在 O 环效应存在于整个企业以及企业内部时也会出现。由于存在一个有效的外部性，因而会有这样一种情况，需要某项工业政策来促进质量升级（见第 12 章 12.6 节）。这与一个国家试图摆脱

中等收入陷阱相关。

- O 环效应夸大了当地生产瓶颈的影响，因为这样的瓶颈对于其他生产具有乘数效应。
- 由于瓶颈会降低技能的预期回报值，因而导致工人在技能方面的投资动机减弱。

根据克雷默的观点，我们来考量一种有关这些瓶颈效应的简单说明。假设生产一件商品需要 n 项任务，这 n 项任务中所要求的技能水平标准为 q，但是两个工人的实际技能水平在所有企业中都只达到技能水平 q 的一半。根据 O 环生产函数，产出将会下降 75%（产出先后两次减半的结果）。但是对于剩余的所有 $n-2$ 的任务来说，其边际产出质量也下降了 75%，因此提高技能水平的投资也下降了 75%。尽管有关 O 环生产函数的重要假设可能对这个问题有所夸大，但是战略互补性会导致低技能均衡的存在。

由于工人减少了预期的技能投资，这进而会降低经济体的技能水平，因而进一步削弱了工人对技能投资的动机。从某种程度上来说，这样的瓶颈可以通过国际贸易和投资得到改善，因为国外输入和投资者能够提供来自瓶颈经济之外的一种替代投资资源。与 20 世纪 80 年代之前的中国或印度一样的国家几乎切断了与国际经济的联系，而且其发展也不如像韩国这样与国际经济接轨的国家好，其中一个原因很可能就是这些国家缺乏国外投入和投资；O 环模型有助于说明该影响如此巨大的原因。贸易无法解决所有工业化问题，但是 O 环模型却能解释贸易作为工业化策略的一部分能够发挥重要作用的原因所在。

该模型对于技术（technology）的选择也有一定借鉴意义。在技术稀缺的情况下，一个企业就不太可能会选择一种价值较高但生产技术较复杂、任务较多的技术，因为完成那些任务中的任何一项都会导致成本增加。利用这样的技术生产出产品之后，生产过程的复杂性本身就会增加产品的价值。鉴于正向匹配原则，生产产品或使用大规模多步骤的技术的企业将倾向于雇用高质量的员工。对于拥有大量员工和生产程序较多的企业来说，犯错将要付出昂贵的代价；因此，这些企业给予高质量、技能熟练的工人以特别关注，因为他们犯错的可能性较低。[47] 这就说明了在拥有高技能工人的富国，之所以往往拥有较大的企业，并且能够专营更加复杂的产品生产的其中一个原因；它还解释了在国家内部和国家之间，企业规模和工资正向相关的原因。

最后，基于其他一些假设，该模型还有助于解释存在国际人才流失的原因。我们发现，拥有某项技能的工人在从发展中国家转移到发达国家的过程中，他运用同样的技能却获得了更高的工资。O 环模型的其中一个观点就是对于这一问题的解释思路。

因此克雷默的 O 环模型指出了许多存在于国家之间的、对于经济发展和收入分配具有重要意义的强烈互补性。正如克雷默所总结的："如果战略互补性足够强烈，从微观经济方面来说，完全相同的国家或国家内部完全相同的集团，就可能以不同的人力资本水平存在于同一均衡中。"[48]

4.6 经济发展的自我探索

在拥有完全信息的模型中，我们将企业和经济发展假设为一个整体，而且我们对其相对优势早已非常明了。但是每个个体必须发现自己在劳动力市场中的相对优势，例如没有一个人天生就知道自己最适合做一名经济学家或者是一名国际发展专家。与之类似，各国必须明了专营何种经济活动是对自身发展最有利的。正如里卡多·豪斯曼（Ricardo Hausmann）和丹尼·罗德里克（Dani Rodrik）所指出的，这是一个复杂的任务，也是市场失灵的代名词。[49] 仅仅告知发展中国家在"劳动力密集型产品"生产上实现专业化是不够的，而且即使这样做有道理，也是远远不够的，因为如今全球经济中劳动密集型产品数量庞大，特定产品在不同国家的生产成本会相差甚远。所以在某一既定国家生产某一特定产品或服务，所需的真正的直接或间接国内成本较低，或者能够将成本降低到较低水平，这一发现具有重大社会价值。其有价值的原因之一就在于，一旦人们发现某一经济行为是有利可图的，那么其他企业，即使不是立即，也至少会在不久之后便争相效仿，于是便促进了这一产业的发展。举例来说，孟加拉国的服装行业，就是从最初的数十个企业发展到最后大量企业进入市场。但是由于市场最终是对具有竞争力的企业开放的，所以它们就会从最初的创业者那里夺走潜在利润。而且由于这种**信息外部性**（information externality）的存在，创业者就不会获得他们研发的可盈利活动所能带给他们的全部回报，有利于国家的相对优势的研究将会大大减少，而将太多的时间用于进行惯常的商业活动，只有很少的时间用于"自我探索"。自我探索这一术语似乎有点异想天开，它假设我们所说的产品已经被其他人所开创（或者是很久以前，或者是最近在发达国家），另外还需要继续探索的是本国经济较擅长生产这些产品中的哪些产品。

豪斯曼和罗德里克还指出另一种市场失灵现象：当一国开发出最有利于其进行专业化生产的产品之后，多样性也就随之增加。这是因为会有较长一段时期存在，在这段时期内企业投入新的经济活动会受到限制。豪斯曼和罗德里克得出结论认为，当面对这些市场失灵问题时，政府应通过鼓励在探索阶段对现代部门进行大量投资，并制定相应的政策以阻碍经济扭曲。其实，他们还认为在某些情况下，政策应该用来使后续生产合理化，同时鼓励经济行为由高成本变为低成本，使某一产业成为经济体中最具潜力的产业之一。作者还总结了东亚地区某些出口和工业政策的成功经验，该话题我们将在第 12 章继续讨论。

作者指出了其理论的三大"构件"：一国能够高效生产何种产品的不确定性；输入技能对于当地适应性的需求，所以输入技能不能"拿来就用"；一旦这两个障碍被克服了，效仿就会变得相当迅速（降低开创者的收益率）。他们列举了大量案例，来证明在实际中每一个假设的合理性，如信息技术产业在印度的突然爆发，拥有相似而明显的比较优势的国家在出口方面的惊人差异，如孟加拉国（帽子而不是床单）和巴基斯坦（床单而不是帽子）；在东亚地区，西方各种技术在当地的适应过程（如韩国的造船业）；新产品和新技术在当地经济中的快速传播（往往通过个人传遍企业），正如我们所见的哥伦比亚插花出口产业的发展。

4.7 豪斯曼－罗德里克－维拉斯科增长诊断学决策树框架

在加速增长和促进更广泛的发展方面，鼓励有效投资和普及企业化发挥着重大作用。但是曾经一度流行的经济发展的万全之策现在被认为是一个神话。在实现较快经济增长和发展速率方面，不同的国家有着不同的制约因素。经济发展专家的主要任务就是，帮助确定每个国家制约经济发展的因素的本质。里卡多·豪斯曼、丹尼·罗德里克和安德烈斯·维拉斯科（Ricardo Hausmann, Dani Rodrik and Andres Velasco, HRV）提出了**增长诊断学**（growth diagnostics）决策树框架，将一国最本质的制约经济发展的因素调整为零。HRV 决策树将目标锁定在最本质的制约因素上，与其他政策选择方法相比具有重大优势。[50]

如果某一发展中国家的私人投资和企业发展水平相对较低，那么它下一步将如何发展？解决这一问题的决策树的基础部分如图 4-3 所示，分别用箭头指向下面的 10 个方框（即没有箭头指向进一步延伸的方框）。在该树的第一阶段，分析家们试图将国家分为两类，其中一类国家的主要问题是潜在收益率较低，另一类国家的主要问题是融资成本异常之高。根据指向经济行为的低回报率的箭头，我们首先考虑第一类国家的问题。

投资者的收益较低的原因可能是，经济行为本身的潜在**社会收益**（social returns）较低。另外，低收益也许是由所谓的低私人使用权造成的，即投资者从其收益颇丰的投资中收获一份较大回报的能力有限。反过来考虑这些情况，造成低社会收益的原因可能是这种三因素之一。

第一，正如第 2 章中所示，诸如热带害虫、高山和其他地理障碍以及远离国际市场和内陆状态（这可能使得港口的建设从政治角度来说悬而未决，从经济角度来说成本较大）等不利的地理条件，可能会限制低收入国家开发并保持经济增长的能力，尤其是当国内环境还存在其他复杂因素时。既然这些制约因素最具约束力，那么发展政策必须从一开始就将注意力集中于制定策略，克服这些制约因素。第二，缺乏人力资本——技能和教育以及工人的健康状况与

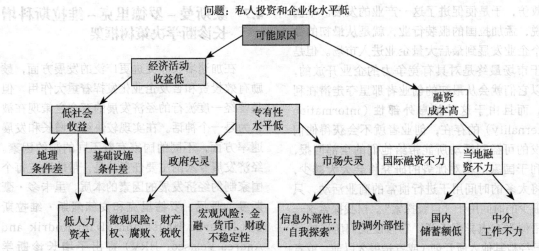

图 4-3 豪斯曼－罗德里克－维拉斯科增长诊断学决策树

资源来源：Ricardo Hausmann, Dani Rodrik, and Andrés Velasco, "Getting the diagnosis right,"*Finance and Development* 43(2016), available at http://www.int.org/external/pubs/ft/fandd/2006/03/hausmann.htm.Reprinted with Permission.

其他生产要素是互补的，共同影响经济行为的收益。例如，如果经济收益主要是受识字和识数能力缺乏的影响的话，那么这就应该成为发展政策的首要任务。（我们已经在第 2 章中对健康和教育的重要性进行了阐述，还将在第 8 章中进行详细探讨。）第三，每一个发展中国家都应该提供关键的基础设施，以达到并保持现代经济发展之所需，这需要国家从基础设施建起，如道路、桥梁、公路、港口、通信以及其他公共设施等。相反，在基础设施条件差的情况下，即便是高收益的经济行为，最终也无法获利。对于一些国家来说，基础设施不完善、不平衡是阻碍其经济增长的主要因素，在这样的情况下，制定政策以改善基础设施的条件，将最有利于促进投资和经济增长。

但是，问题的根源或许并不在于潜在的经济行为的社会收益，而是由于专有性水平低（low appropriability），即投资者无法获得足量的投资收益额。专有性水平低使我们想到图 4-3 中左侧箭头所指向的经济行为的低收益，而专有性问题既可能是由于政府失灵也可能是由于市场失灵造成的。在 HRV 的图示中，政府失灵被分为微观危机和宏观危机两类。微观危机指的是基本的制度问题，诸如财产权不充分、政府腐败以及极高的有效税收等。也就是说，经济行为的收益或许已足够高，只是统治者而

非投资者获得了大部分的收益，从而使得投资对投资者毫无吸引力。当改革威胁到统治者（见第 2 章）的利益时，对制度进行有效的改革就会遇到困难，即便如此，当微观危机制约经济发展时，这样的改革也必须成为发展的首要任务。正如本章末中国的案例所表明的，改革有时可以通过过渡性制度分段完成。专有性还可能会受到宏观危机的限制——政府没能保证金融、货币和财政的稳定。

最根本的问题或许还是本章所提到的大规模的市场失灵。它包括由豪斯曼和罗德里克提出的自我探索的问题，该问题已在 4.6 节中进行了探讨。市场失灵问题还会以协调失灵的形式出现，如在欠发达经济的大推进模型中所见到的。其他类型的市场失灵和政府失灵将在第 11 章进行探讨。

而在其他情形中，主要问题或许不是潜在的低收益率，而是非正常的融资高成本。其可能性已经列出，如图 4-3 中从左向右的箭头所示，从最上方的方框指向融资高成本。这里的问题可能是国际融资难——获得外国资本来源的途径不足，或者债务问题，这将在第 13 章进行讨论。还可能是当地融资困难，其原因有二：一是由于国内储蓄水平低下，导致国内金融市场不景气，进而从国内金融市场获得贷款的可能性较小；二是由于银行体系不完备或受到过

度管制，其无法或不愿将资金投向具有高收益的经济活动，因而导致的中介工作进行不力。上述问题也会导致其他政策问题，这将在第 15 章进行探讨。

总之，一种标准不会适用于所有的发展政策。当国内收益较高并且可被私人占有时，随着国内储蓄的增加，那些关注于通过对外援助调动资源，以及其他资本外流的发展策略就会变得最有效。相对来说，当社会收益较高时，那些关注于市场自由化和经济开放的发展策略就会变得最有效，而且妨碍私人专有的最大障碍是政府所施加的过度税收和各种限制。最后，当由于政府的无所作为（疏漏错误）而不是政府

的某些行为（错误行为）使得私人收益较低时，那些关注产业政策（第 12 章中详细说明）的策略会变得最有效。

HRV 通过对萨尔瓦多共和国、巴西和多米尼加共和国的案例分析，解释说明了他们的理论。他们认为，每一国的案例都展现出一种不同于其他国家的、最具约束力的制约因素的"诊断信号"，如专栏 4-3 中所示。HRV 强调，基于这一诊断理论，一种能够决定一两项政策重点的发展策略理论会比寻求一长串制度和管理改革的政策更有效，而且那些改革政策的目标可能根本不是最具约束力的制约因素。

□ 专栏 4-3　调查与发现：有关增长诊断在三个国家中的应用

萨尔瓦多共和国

HRV 认为制约该国经济发展的因素是创造性思想的缺乏。具有约束力的制约因素是缺乏创新，以及对用于取代传统棉花、咖啡和糖业部门的投资的需求，或者是"自我探索"水平低下。所以对于萨尔瓦多共和国来说，最好的策略应该是鼓励建立更多的企业，并开发新的创业机会。

巴西

HRV 认为虽然该国具有大量创造性思想，但其制约因素是缺乏足够的投资基金。他们发现巴西的私人收益较高，所以其他缺陷（商业氛围不浓、基础设施供应水平低下、税收高、公共服务价格昂贵、合同和财产权执行力度较弱以及教育不足）在巴西并不具有约束力。所以在巴西，投资反而由于其无法以一个合理的利率调动足够的国内和国外储蓄进行融资而受到制约。尽管巴西通过削减政府开支，可以在一定程度上增加国内储蓄，但是从政治角度来说，这似乎不太可行。如果这样做的话，HRV 建议更高的税收和使用费以及更低的基础设施建设与人力资本补助也许会有效。"如果一个国家能够迈向一条更加快速的增长之路，如果铺张浪费不会随着 GDP 的增长而加剧，那么国家经济的增长可能就会超越其各种负担，并且随着财政资源变得更加丰富，国家也将逐步改善其税收和消费体系。"接下来，豪斯曼强调了"建立一个财政状况良好的国家，防止超额借贷、过度税收以及低投资"对于有效地提高国内储蓄的重要性。

多米尼加共和国

HRV 总结道，多米尼加共和国的发展受限于对经济增长起关键作用的部门所生产的核心公共商品。20 世纪 80 年代期间，该国进行了一系列新的改革措施，之后，该国便不再依赖糖和黄金出口。紧接着该国采取了一项范围狭窄的策略，即在两个具有较高发展潜力的新兴产业（旅游业和加工装配制造业）和所需的公共商品上进行投资。关键是主要旅游景点附近的安全保障和基础设施，以及有益于轻工业部门的特殊贸易政策。随着经济的增长，其他制约因素受到了冲击，尤其是在金融部门；克服这些制约因素（尤其是需要付出沉痛代价的金融危机）的过程是艰难而漫长的，但是具有约束力的制约因素没有改变甚至会变得更加显而易见，因此政策制定者可以努力对它们放宽限制，以维持经济的持续增长。

资料来源：Ricardo Hausmann, Dani Rodrik, and Andrés Velasco, "Growth diagnostics,"in *One Economics, Many Recipes: Globalization, Institutions, and Economic Growth*, by Dani Rodrik(Princeton, N.j.:Princeton University Press, 2007), ch. 2; Ricardo Hausmann,"In search of the chains that hold Brazil back,"October 31, 2008, http://papers. ssrn.com/sol3/papers.cfm?abstract_id=1338262. 一堂精彩的实习课内容可参见"Doing Growth Diagnostics in Practice: A'Mindbook'",参见网站 http://www.cid.harvard.edu/cidwp/ 177.html. 世界银行在其网站上公布了一套有关增长诊断的练习，参见网站 http://web.worldbank.org/。

通常，直接评论一个约束条件并不容易。事实上，增长诊断学往往涉及特定的经济检测工作。要评估一个既定制约条件是否具有约束性，增长诊断学就要寻求其隐含的证据。如果某个约束条件是过度税收，我们就会发现非正规部门或地下经济变得活跃。如果约束条件是基础建设，就会出现交通拥堵。如果约束条件是教育，我们就会发现返学率较高。总之，分析家通过寻求与各部门一致的经济行为，来分析其相应的约束条件。

增长诊断学也有一些局限并受到一些批评。一个隐含的假设条件就是发展与增长等同，而发展反过来又受到投资的制约。对于其他的一系列目的来说，该分析假设是有用的，但是它没有也不能为发展目的、机制和约束条件提供完整的解释。当然，寻找单一的制约因素往往不是一件简单的事情。每一个制约因素在某一经济中所处的"位置"往往难以确定，所以我们只能对制约因素做一个概率评估，来确定哪个因素是具有约束力的。如果两项投资之间具有重要的互补性，我们就应该考虑将之结合。而且，在现有投资变成生产性投资之前，如果存在较长的酝酿阶段，那么某一制约因素目前不具有约束力，并不意味着我们就可以忽略它。以教育方面的投资为例：在教育投资变成生产性投资之前，学生需要接受几年的在校教育并拥有毕业后的工作经验。所以尽管教育对于某一国家（如玻利维亚）来说，在某一特定阶段或许不具约束力，但是这并不意味着这一因素在后来阶段也不具约束力，所以，我们需要现在就对其进行投资。很显然，确定和解决那些在将来可能变得具有约束力的制约因素，甚至比确定当下更明显的瓶颈更艰难。

增长诊断学已经对发展机构的工作产生了很大影响。例如，作为服务于西半球国家的地区性发展银行，泛美开发银行一直在对其众多成员方经济进行增长诊断研究，与此同时，接受培训的员工和国民需要对自身的增长进行诊断。世界银行经济学家运用该方法，对非洲、亚洲和拉丁美洲地区数十个国家进行了试点研究。发展中国家的学者在自己的国家也使用了该方法。尽管增长诊断学可能会被认为其中"艺术多于科学"，但是至少这一新方法迫使分析专家关注特定的国家环境，进而更清楚地了解每一个国家。这也就是增长诊断学之所以能为计量经济学研究提供宝贵补充的原因之一。

4.8 总结

人们一直在做毫无效率的事情，但这并不是关键问题，而且它本身并没有什么令人惊讶之处。更深层次的问题是人们之所以一直在做毫无效率的事情，是因为他们认为这样做是合情合理的，而且只要其他人也在做这样的事情，他们就认为这样做始终是合情合理的。这就导致了协调失灵这一根本问题的产生。有时候，企业和其他经济主体能够凭借自身力量，通过合作达到更好的均衡。但是在许多情况下，政府的政策和帮助对于克服欠发达恶性循环问题是十分必要的。

经济发展理论的目的不仅在于理解欠发达，也为了制定有效的政策来解决欠发达问题。本章对协调失灵问题的分析支持了早期的发展理论家的理论，例如大推进模型证实了传统的竞争平衡模型中一直被忽略的一些潜在的重要问题。新的视角提供了一些重要的政策课题，但是它们不是简易的应用型课题，而是某些具有双刃剑性质的东西。一方面，分析指出潜在的市场失灵（尤其是当它影响经济的发展前景时）比过去所预期的更广泛、更深入。不同于传统有关垄断、污染外部性以及其他市场失灵的经济分析中较小的"无谓的三角损失"（或"死三角"），协调失灵问题能够产生更加深远的影响，由此产生更大的成本。[51] 例如，潜在投资者由于未考虑到他们所支付给工人的工资可能带来的收入效应，而引发轻度的扭曲行为之间的相互作用，可能会导致极大的扭曲，如工业化的彻底失败。它也会使政府所发挥的某种积极作用所带来的潜在利益，在多重均衡的环境中更加巨大。

协调失灵还可能在互补性存在时出现，它突出了深度干预潜在政策的重要性，认为这些政策会推动经济实现更优均衡，甚至是更大增长速率的长期发展，达到这一速率经济便能实现自我保持。例如，一旦实施大推进，将不再需要政府协调。一旦达到这一点，独立的市场——即便在它还不能开启或完成工业化进程时，也能够将工业化维持下去。另一个例子是（我们将会在第 8 章中发现这样的情况），童工的存在表明那些有儿童从事工作的家庭中的一种劣均衡，这种劣均衡在恰当的政策引导下或许能够得以修正。当政府有效废除童工后，很可能就不再需要强制执行法规以避免童工再次出现。如果没有任何动力使得与劣均衡相关的行为再次出现，政府就无须继续干预。相反，政府可以集中力量解决那些政府在其中有着重要作用的关键问题（如公共健康问题）。某些多重均衡问题的这种一次性解决的特征，使得这些问题备受关注，因为它们可以凸显出政府政策在解决经济发展问题时的有效性。从其他方面的影响来说，深度干预的结果可以是降低实施某一政策的成本，也可以是精心规划的发展援助会取得更加有效的成果。

然而，双刃剑的另一面是在深度干预的情况下，公共政策的成本会变得更高。政策选择会变得更加意义深远，因为现今一项不好的政策会使经济在未来几年内一直陷入一种劣均衡之中。这是由于政府是这一问题的主要部分，它在保持劣均衡方面（如政权高度腐败）发挥着主要作用，其中一部分原因是某些政府官员和政治家从中获得个人利益。不利的政策甚至能够使经济走向一种比发展初期更糟糕的均衡。在那些政府已经成为劣均衡链一部分的国家，期望其政府能够成为推动经济向更好均衡发展的改革的原动力，这种想法很天真。例如，2001 年诺贝尔奖得主约瑟夫·斯蒂格利茨（Joseph Stiglitz）指出，20 世纪 80 年代后期和 90 年代初期，发展官员本应对腐败的政府官员迎合世界银行彻底私有化的条例表示无比怀疑，但是却没有。如果那些腐败官员从国有企业获得大量租金收益的话，他们为什么会那么做呢？斯蒂格利茨认为，答案就是这些腐败官员发现，通过腐化私有化进程，他们不仅能够从企业运作中获得年租金收益，还能分享现存整个企业未来运作的折现值。[52] 结果是，腐败的私有化摧毁了经济，使国家未能享受到市场所带来的利益，并且使其在未来许多年内都处于不太理想的均衡。即使政府不腐败，如果一个初衷良好但有缺陷的政策将经济推向一种完全不同的均衡，这种均衡可能也很难逆转，而且这一政策的潜在影响将是巨大的。在某些发展中国家的众多"历史问题"中，这是最重要的一个问题，即过去的条件决定现在的成败。

政府失灵和市场失灵（包括协调问题和信息外部性）都是真实存在的，但是公共和私有部门对发展的贡献也至关重要。因此，我们需要致力于那些在公共和私有部门中，发展拥有愿意共同高效工作（直接或间接的）的参与者的机构，这样做的目的是创造必要条件以突破贫困陷阱。在实现这一目标的过程中，国际团体也起着重要作用，它们提供思想和模型，充当促进改革的催化剂，以及提供一些必要的资金援助。

对于那些全面、详细地了解发展中国家的国内和国际分析者来说，增长诊断理论是宝贵的工具，它在确定国内增长的具有约束力的制约因素，以及应对这些制约因素所需的政策重点方面，都有很大的帮助。

总之，本章所讲述的新的发展理论的贡献包括：对贫困陷阱的原因及影响更好的理解，这一点通过更精确地分析不同类型的战略互补性而获得；解释了期望的作用；阐明了外部性的重要性；解释了深度干预的潜在结果；提高了我们对政府的潜在作用（当政府自身成为欠发达陷阱的执行者之一时）以及对这一作用有效性的制约因素的理解。最后，新理论更加明确地指出外来发展援助的真正潜在贡献，该援助远远超过资本供应，还包括建构新的行为方式。

随着共和政府在发展中国家的发展，与前几年相比，对于欠发达陷阱的新的理解能成为一种制定政策的更有效的向导。正如卡拉·霍夫（Karla Hoff）恰到好处的总结一样，"即使在共和社会中，政府失灵也是因为市场失灵。但是近几年的良好发展，将尝试更有限的干预以阻止经济主体之间的外溢现象，并且尝试进行一次政策改革，这样使得良好均衡出现的可能性变大了。"

在第二和第三部分，由于我们考虑的是当前影响发展中国家的紧迫问题，因此我们将运用经典理论和发展及欠发达的新模型中的观点，以使我们理解所面临问题的本质，以及用以克服这些问题的政策的优势和缺陷。[53]

案例研究 4 了解中国: 一个发展奇迹

非凡的成就

从 1978 年到 2008 年, 中国经济以平均每年大约 9% 的速率增长, 对于世界上任何一个国家的发展历史来说, 这都是史无前例的成就, 更别说中国还是世界上人口最多的国家, 人口超过全球总人口的 19%。2012 年, 中国的人均收入是 1978 年 (改革开放开始) 的 6 倍还多。用大多数低收入国家近年来的标准来衡量, 其增长速率是令人相当佩服的。

在减少贫困方面, 中国也是取得全世界最显著成就的国家。世界银行曾预估生活水平不足每天 1.25 美元的中国人口为 12% (27% 的人口每天生活水平不足 2 美元)。这意味着仅仅在 30 年的时间里, 生活在极端贫困中的人口即大幅减少。中国在减少贫困方面的速度要比世界上任何其他国家都更快, 成就更大。

成功的源泉

对于如此令人震惊的发展纪录, 中国取得成就的根本原因仍是争议的根源。中国的发展似乎改变了一切, 但真的是这样吗? 如果是, 那它又是怎样改变的呢? 成功更有千万种机缘, 所有传统的和新的有关发展的主流学派, 都想将中国作为其最重要的研究案例。中国被视为一个受益于市场、贸易和全球化的例子。制成品的出口对于中国的增长来说是关键, 而市场激励在商业决策方面发挥了主要的推动作用。不过中国也采取了积极的产业政策, 推动提高出口产品中的技术含量和科技含量, 而且中国的快速增长开始于 1980 年, 比贸易自由化提前了 10 年之多。另外, 20 世纪 80 年代和 90 年代初, 中国的增长大部分得益于乡镇和农村企业, 这些企业都是准合作性质的, 且属集体所有。而在非洲、拉丁美洲地区和那些竭力效仿自由市场模型的其他地区的国家, 普遍都做得不够理想。虽然所有学派都在中国的发展进程中找到某些东西, 以证明他们所偏爱的发展政策的有效性, 但是很明显, 假如中国的发展不那么尽如人意, 他们又都会 (很可能会) 找出原因说明其理论 (包括自由市场理论在内), 并预测到这样一种结果。

对于中国所取得的显著成就, 有多种特别的解释, 其中许多也包含了部分真相, 但是如此显著的成就并不仅仅是这些真相的相加。下面我们来探讨其中一些分析。

地区示范模型 地区示范模型的存在一直起着关键性作用。在东亚, 其他国家和地区一直在努力赶超日本。当世界贸易快速发展时, 中国台湾和香港地区、韩国一度专注于出口导向型工业化发展 (见第 12、13 章的案例研究)。

激发 10 亿消费者的欲望 到了 20 世纪 80 年代末, 由于拥有 10 亿多人口的消费市场的诱惑, 投资者开始在中国进行大规模投资, 这时地区性增长便转移到了中国。尽管一开始由于收入水平低和政府政策的缘故, 市场有限, 但是早期的投资者却发现向东南沿海一些特殊经济区进行出口, 存在较强的经济刺激。这些投资者发现中国在自身的收入水平下, 可以提供廉价的劳动力, 这些劳动力拥有极高的技能和良好的工作模式。

出口带动投资和增长 一旦早期投资积累到足够程度, 集中的经济活动带来的巨大利益就会产生 (见第 7 章)。在中国建厂的生产商越多, 在这里作业的数量递增的供应商所带来的利益就越大。这样, 随着利益的增加, 投资就开始不断积累。与此同时, 当工资开始增长时, 公司就可以在西方国家建立生产基地, 或者西方移民可以搬到新的工业中心。基于中国人口中数亿人是低收入农民, 所以就会形成这样一种期望, 即工资提高这一进程将持续 (耗费) 更长一段时期, 虽然 2010 年的工资增长开始质疑这一期望, 因为金融分析者认为中国经济发展已经达到刘易斯拐点 (见第 3 章)。

改革开放以来, 尤其是 1991 年之后, 开始了投资和增长的加速以及改革的快速进行。中国政府协调各工业部门的投资。另外, 政府许可和其他商业协议有助于确保中国与其他发展中国家相比获得更有利的交易; 这样, 韩国和东亚地区其他国家的榜样作用是有益的。

健康和教育投资 当与后来的市场激励相结合时, 教育、健康和生育率方面最初的基本政策, 为经济增长和减少贫困开了个好头。其中一个成就就是, 在和其他国家工资水平相同的条件下, 中国工厂工人的教育和技术水平明显更高。

生产力增长 其他东亚国家和地区的快速增长是资本积累还是生产力提高的结果, 关于此问题一直存在大量争论。阿尔文·扬 (Alwyn Young)、保罗·克鲁格曼以及其他人总结道, 韩国和亚洲四小龙通过对固定资产 (如机械和厂房) 的投资获得的经济增长, 比通过提高工人效率获得的增长更多。中国的增长来自劳动力的重新分配, 尤其是从农业转向其他生产活动, 而且, 可持续的总的生产力要素增长变得更低了，为每年 2%。

胡祖六和莫辛·卡恩（Mohsin Khan）认为，1979～1994 年，中国超过 42% 的经济增长得益于生产力的提高，而且生产力在 20 世纪 90 年代初就取代投资成为增长的主要原动力。这一点之所以如此惊人，是因为中国的资本投资步伐令人瞩目。但是另一方面，当中国内地紧邻香港的地区在 20 世纪 70 年代末开始快速发展时，很明显，大量投资资金从资本富裕的香港地区（当时是英殖民地）流入资本匮乏的内地。更重要的是，生产理念从香港流入内地，这曾经一直是阻碍资本和知识传播的屏障。当然，鉴于这两方面因素，人们往往认为思想比资金更重要。目前，有些人担心中国已经进入一种投资泡沫阶段，在这种阶段许多投资的质量具有不确定性，尤其是房地产投资。即使如此，中国的快速发展还是史无前例的。

最近，朱晓东（Xiaodong Zhu）和洛伦·勃兰特（Loren Brandt）及其同事的研究提供了新的资料。资料显示，生产力的增长而不是单纯的要素积累，已经成为中国产出快速增长的一个重要源泉。朱晓东还呈现出有力的证据，表明非农业和非国有部门生产力的增长是中国经济增长的重要源泉。注意到中国的生产力仍低于美国时，朱认为通过采用外国技术、学习最好的生产方法、改善政策和体制，尤其是更有效地分配资本，中国的生产力还是有很大的机会继续快速增长。

在另一项世界银行的研究中，阿肖卡·莫迪（Ashoka Mody）和王方一（Fang-Yi Wang）考察了中国工业发展的原因，得出结论认为：

虽然工业化的两个具体特征——专业化程度和竞争，对增长有一定影响，但是很多举措还是来自地区专业化的影响和地区间外溢。地区影响包括开放政策和建立经济特区，这可以将海外华人的投资成功地吸引到当地特定地区。现有地区优势，尤其是高质量的人力资本和基础设施建设，也能促进经济增长。我们的研究结果说明了导致增长的各条件之间的相互影响，例如可用人力资本极大地促进外国企业对中国经济增长的贡献。中国以那些较少受到遗留问题影响的欠发达以及发展受限制的地区为发展目标，明智地利用了后发优势，而且这些落后地区与香港和台湾地区也非常接近。

因此中国的案例还说明了互补性，这是本章一直在讨论的主题。

边缘改革 正如第 2 章所详细说明的一样，建立包容性机制去保护知识产权，保证合同执行，并且对行政当局和精英的权力通过法律法规进行监督检查，这都显示了长期经济发展的重要性。

过去 25 年里中国经济发展的最重要特征之一，就是系统地进行改革以及稳步推进。

此外，在其他转型过程以及其他发展中国家中，国有企业（SOE）都很快被卖给了私人投资者，而在中国较长一段时期这些国有企业仍由政府掌管。政府努力从这些企业内部对其进行改革。同时，中国允许并鼓励新的更高效的企业成长发展。近几年来，中国已经关闭了许多小型国有企业或者将其民营化，个别较大型国有企业以一个效率相对较低的方式继续运营着。有些经济学家甚至怀疑，这些企业不断累积的债务最终将给国家经济带来严重的金融风险。但是如果国家经济能够继续快速增长的话，中国很可能在经受这样的金融风险之前就已解决了这一问题。

另外，改革的头二十几年，也就是从 20 世纪 70 年代末到 20 世纪 90 年代中期，以国内水平来看，乡镇和农村企业（TVE）都受到了鼓励并得到发展。这些 TVE 在中国工业产出增长中占有相当大的比例。最后，在中国经济增长大约翻了 4 倍后，20 世纪 90 年代末，这些 TVE 中的绝大多数已成为私有化企业。不过这些 TVE 在刺激增长和将发展利益传播到农村地区方面发挥了独一无二的作用。还应注意到的是，早期改革惠及的是农村地区的农业和小企业，那里大多数人生活贫困，受惠于此，他们的收入得以提高。从 20 世纪 80 年代后期开始，贸易项目转移到了工业以及城镇地区。黄亚生的研究指出，这是一个重要的转折点。

虽说经历了许多变革，中国的经济仍在继续增长。正如钱颖一指出的那样，中国的过渡性经济政策达成了双重目的：在对损失者进行补偿的同时，提高了效率。因此，这些经济主体不反对也不破坏改革，实际上他们反而可以从中进一步获益，以使他们学会更有效率地进行生产，也更高效地在市场中运行。这种体系在多年之后，也就是在经济格局发生巨大改变之后，会被逐步淘汰。

最后，对于中国部分发展良好的农村地区的农民来说，较早实行土地改革有以下一些原因：早期的改革为此奠定了基础，20 世纪 70 年代后期的改革开放，给予了农民想要成为个体农户的极大动力。然而，在世界上的其他国家，土地改革的实行向来是出奇艰难。在一些农村地区，侨汇促进了服务行业的快速发展，农民所获得的农产品价格也得到了提升，尤其是靠近城市地区的农村。

中国面临的挑战 中国的成功确实需要以正确的方式保持下去。自从 1980 年以来，以人均产出来衡量，中国的发展比美国的发展速度快 4.5 倍。因此，在生活标准方面，中国一直在缩小相对差距。1980 年，中国的人均收入仅是美国的 2%，截至 2012 年，这一比例就增长到了 15%。但是，即便中国的人均产出仍以其前所未有的 8.4% 的速率增长，美国的增长速率仅为 1.9%，中国也要到 2040 年才能赶上美国。

国内储蓄率的提高与贸易顺差相辅相成。中国的国内储蓄一直很高而且不断增加。2011 年中国的储蓄额大约是其国家收入的一半，与其自身过去的增长率（1990 年储蓄率已经高达 35%）相比，这是一个令人震惊且史无前例的高增长率，而且可以与东亚普遍存在的高增长率相提并论。但是如此高的增长率与以不断增加国内消费为核心的增长引擎是不一致的。

中国和国际上普遍认为继续以如此之高的速率增长是没有必要的。在中国之前，韩国也是如此；在韩国之前，日本也是如此。一个国家的现代经济越晚增长，它的发展就会越快，因为从传统方法到前沿技术发展的距离会随着时间的推移而变得更大。但是随着经济发展越接近前沿技术，就越需要创新，追赶的步伐就会越慢。中国的政策制定者正在积极地为此做准备。尽管中国取得了非凡的成就而且资源丰富，但是要达到发达国家的标准所面临的挑战是不可低估的。对于中国的成功以及其他国家可以借鉴的经验教训，还存在其他一些限制因素与警示。

贫穷与脆弱

环境与污染 中国的环境危机应引起重视，而且人口健康问题也日益凸显。水资源问题、水土流失以及适宜栖息地的减少都影响着可持续发展的美好愿景。如今，空气污染也成为一大问题。

而且，中国的水资源匮乏严重威胁工业、煤炭生产以及农业。

产品和员工安全 自从 2007 年以来，公众舆论越来越关心食品、药物和其他消费品的安全性。中国需要完善其管理制度，以使其与国家经济各方面的发展同步。

避免中等收入陷阱 中国官员和研究者对"中等收入陷阱"这一问题也表示相当担忧，而且也一直与拉丁美洲国家就该话题进行探讨；Huang Yiping 和 Jiang Tingsong 认为"真正困扰拉丁美洲和中东地区的许多中等收入国家的陷阱是创新能力的缺乏，

它们没能超越资源型产业而攀升到工业阶梯之上。这对中国来说也是一项实实在在的考验"。国际货币基金组织在 2013 年 10 月的世界经济展望中曾总结，"中国在中期的发展要比过去缓慢"。要想实现快速发展，就需要做出浪费资源以及非持续发展的投资，而这又会造成严重的经济危机。中国的问题就是如何在随后的 3 年中，维持适度的但史上较高水平的经济增长（即每年增长 6.5%）。与 10% 的经济增长相比，6.5% 的经济增长一定是在一个与众不同的投资结构下才能实现的（正如中国在 2010 年的表现）。做出这些调整是不易的，而发展创新能力是构成该答案的主要部分。

解决结构不平衡 中国的经济发展中仍存在不平衡现象，这可能会导致随后一系列问题的产生。世界银行在 2013 年全球经济前景中指出，"正如为逐渐降低非持续性高投资率所付出的努力一样，为持续保持平衡付出努力依然是首要任务"。报告还强调，"如果投资最终不能带来利益，现有贷款的清偿就会成为问题——很可能促进不良贷款飙升，从而需要政府干预"。

城市化管理 中国的城市化过程被称作是人类历史上最大的移民，而且规模是惊人的。2011 年，中国在历史上第一次成为城市多于农村的国家。就在 20 世纪 80 年代，80% 多的中国公民还生活在农村。2030 年以前，中国可能会实现"十亿市民"。例如重庆市，人口从 20 世纪 30 年代的 20 万增长到 70 年代的 200 万，现在成为拥有 3 000 万人口的大都会。在南方，仅仅几十年的时间，深圳从一个紧邻香港地区的小渔村发展成了另一个人口超过 1 000 万的大城市。

人口问题 中国还拥有快速增加的人口。20 世纪最后 10 年以及 21 世纪前 15 年，中国是受益于人口红利的（见第 6 章），根据全球标准，极大一部分人口处于工龄段（在工作活力方面既不是太年轻也不是太年老）。该红利发生在妇女的生育数量下降但是大批妇女尚未退休的经济发展过程中，因此保证了收入的快速增加。中国现在进入了一个很大比例的工龄人口开始退休的阶段，因此随之而来的一个挑战就是退休金体系的落实，另一个就是劳动大军缩水以及如何赡养大批退休人口。这是现代许多国家共同面临的一个挑战，但是对于中国来说，由于 1980 年独生子女政策的实施急剧加速了人口转型，因此使得该挑战变得尤其紧迫。2013 年 11 月十八届三中全会通过决定，放松了该政策，允许任何一方为独生子女的城市夫妻生二孩（以前必须夫妻双

方都为独生子女)。另外,男女比例失调仍然是一个重大的人口问题。

对于中国前所未有的高存款率(接近 50%)的解释有多种,但是许多都与人口问题有关,其中包括为缺乏社会保障的退休老人提供的退休储蓄,因为害怕诸如疾病、失业和资金缺乏等问题以及在男女比例失衡的情况下,生育儿子的父母为了迎娶更好的儿媳要提供更大的房子和其他财产,因此要进行预先储蓄——这是魏尚进(Shang-Jin Wei)和张晓波(Xiaobo Zhang)所做的一项有影响力的新研究。高储蓄也许与明显的房地产泡沫有关,某些中国的经济学家认为这很危险。然而中国已经证明了其有能力解决这些挑战与问题,也有巨大的外汇储备可以用来解决危机。

效仿中国政策的限制因素 其他发展中国家效仿中国增长经验存在许多限制因素。中国是一个统一的多民族国家,相当一部分人口为汉族人。而在非洲和世界其他地区,增长缓慢与种族多样性有关。当更大的民族多样性存在时,其他国家使用中国中央计划的模式,以及采用中国为经济转型和指导经济增长所制定的政策都会受到限制。最后,中国,就像其他许多东亚地区的国家一样,拥有相对贫乏的自然资源人均占有量。许多发展专家总结道,这种资源匮乏其实更像是一种优势而非缺陷。丰富的自然资源会催生为控制国家收入而进行的政治暗斗,

但是当没有自然资源可依赖时,制造业发展就显得更加重要。它要求更多的创新和更多的努力,来对技术和技能进行升级。在地理优势方面,东亚地区免受诸如疟疾和其他热带疾病的困扰,而非洲和其他发展中地区却时常受到上述疾病的困扰。这些地区医药获得不便,热带农业发展也存在诸多问题和不便,另外还有因闭关锁国带来的各种问题。

一方面,中国的发展经验使我们确信,东亚的发展奇迹并不是一种由于特殊的地方经济因素(如韩国)所带来的机缘巧合。当我们说"真正的发展是可能的"的时候,它使我们的信心倍增。另一方面,其他发展中地区在效仿中国的成功经验时,很显然还存在各种限制因素。其他发展中国家不仅仅是在地理、人口、制度和对外国投资者的吸引力等方面与中国存在差异,其他地区也发现它们迫切需要投资,但是就在它们还无法与中国的低工资、高水平技术和知识以及所有经济活动的结合相竞争的时候,这些投资就又重新被输入中国。有些东亚国家从中国的巨大进口需求中获益颇丰。近年来的商品价格暴涨极大地促进了中国的经济增长。中国自身经济保持高速增长的可能性也很大。许多发展中国家都认为中国的成功是挑战和机遇并存。在全球发展大舞台上,无论是在巨大的经济影响力方面还是由于其非凡的成就所引起的讨论,中国的发展仍将是一个主要议题。

资料来源

Acemoglu, Daron, and James Robinson, *Why Nations Fail: The Origins of Power, Prosperity, and Poverty*. New York: Crown Business, 2012.

Asian Development Bank. *The National Accounts of the People's Republic of China: Measurement Issues, Recent Developments, and the Way Forward*. Manila, Philippines: Asian Development Bank, 2007.

Brandt, Loren, and Xiaodong R. Zhu. "Distribution in a decentralized economy: Growth and inflation in China under reform." *Journal of Political Economy* 108 (2000): 422–439.

Byrd, William, and Lin Qingsong, eds. *China's Rural Industry: Structure, Development, and Reform*. New York: Oxford University Press, 1990.

Chen, B., and Y. Feng. "Determinants of economic growth in China: Private enterprise, education, and openness." *China Economic Review* 11 (2000): 1–15.

Chen, Shaohua, and Martin Ravallion. "China's (uneven) progress against poverty." *Journal of Development Economics* 82 (2007): 1–42.

———. "Learning from success: Understanding China's (uneven) progress against poverty." *Finance and Development* 41 (2004): 16–19.

Easterlin, Richard A. "When growth outpaces happiness." *New York Times*, September 27, 2012, http://www.nytimes.com/2012/09/28/opinion/in-china-growth-outpaces-happiness.html?_r=0.

Financial Times, numerous issues: the authors acknowledge the general contribution of the in-depth daily reporting on China by the *Financial Times* in informing the development of this case study over more than a decade.

George Washington University, Institute for International Economic Policy. "G2 at GW: Annual Conferences on China's Economic Development and U.S.-China Economic Relations", 2008–2013; "virtual conference volumes" at http://www.gwu.edu/~iiep/G2_at_GW/.

Hu, Zuliu, and Mohsin S. Khan. "Why is China growing so fast?" IMF Working Paper No. 96/75, 1996.

Huang, Yasheng, *Capitalism with Chinese Characteristics*. New York: Cambridge University Press, 2008.

Islam, Nazrul, and Kazuhiko Yokota. "Lewis growth model and China's industrialization."

Asian Economic Journal 22 (2008): 359–396.

Krugman, Paul. "The myth of Asia's miracle." *Foreign Affairs* 73, No. 6 (1994): 62–78.

Lau, Lawrence J., Yingyi Qian, and Gérard Roland. "Pareto-improving economic reforms through dual-track liberalization." *Economics Letters* 55 (1997): 285–292.

———. "Reform without losers: An interpretation of China's dual-track approach to transition." *Journal of Political Economy* 108 (2000): 120–143.

Lu, D. "Industrial policy and resource allocation: Implications of China's participation in globalization." *China Economic Review* 11 (2000): 342–360.

Miller, Tom. *China's Urban Billion: The Story Behind the Biggest Migration in Human History*. London: Zed Books, 2012.

Mody, Ashoka, and Fang-Yi Wang. "Explaining industrial growth in coastal China: Economic reforms…and what else?" *World Bank Economic Review* 11 (1997): 293–325.

Qian, Yingyi. "How reform worked in China." In *In Search of Prosperity: Analytic Narratives on Economic Growth*, ed. Dani Rodrik. Princeton, N.J.: Princeton University Press, 2003.

Rawski, Thomas. "Measuring China's recent GDP growth: Where do we stand?" October 2002. http://www.pitt.edu/~tgrawski/papers2002/measuring.pdf.

Romer, Paul M. "Idea gaps and object gaps in economic development." *Journal of Monetary Economics* 32 (1993): 543–573.

———. "Two strategies for economic development: Using ideas versus producing ideas." *Proceedings of the Annual World Bank Conference on Development Economics, 1992*. Washington D.C. World Bank, 1993, pp. 63–91.

Sen, Amartya. *Development as Freedom*. New York: Knopf, 1999.

Smith, Stephen C. "Employee participation in China's township and village enterprises." *China Economic Review* 6 (1995): 157–167.

Smith, Stephen C. "Industrial policy and export success: Third World development strategies reconsidered." In *U.S. Trade Policy and Global Growth*, ed. Robert Blecker. New York: Sharpe, 1996.

Smith, Stephen C., and Yao Pan, "US-China Economic Relations," in *Oxford Companion to the Economics of China*, eds.: Shenggen Fan, Ravi Kanbur, Shang-Jin Wei, and Xiaobo Zhang. Oxford University Press.

United Nations Development Programme. *Human Poverty Report, 2000*. New York: United Nations, 2000.

Vogel, Ezra. *One Step Ahead in China*. Cambridge, Mass.: Harvard University Press, 1989.

Wei, Shang-Jin, and Xiaobo Zhang. "The competitive saving motive: Evidence from rising sex ratios and savings rates in China." NBER Working Paper No. 15093, 2009.

Weitzman, Martin L., and Chenggang Xu. "Chinese township and village enterprises as vaguely defined cooperatives." *Journal of Comparative Economics* 20 (1994): 121–145.

Woetzel, Jonathan, et al. *Preparing for China's Urban Billion*. McKinsey Global Institute, February 2009.

Woo, Wing Thye. "Chinese economic growth: Sources and prospects." In *The Chinese Economy*, ed. Michel Fouquin and Françoise Lemoine. London: Economica, 1998.

Yiping, Huang, and Jiang Tingsong. "What does the Lewis turning point mean for China? A computable general equilibrium analysis." China Center for Economic Research Working Paper No. E2010005, March 2010.

Young, Alwyn. "The tyranny of numbers: Confronting the statistical realities of the East Asian growth experience." *Quarterly Journal of Economics* 110 (1995): 641–680.

Zhang, Jun, and Tian Zhu. "Re-Estimating China's Underestimated Consumption." Working paper, China Europe International Business School, September 7, 2013.

Zhou, Ning, Yunshi Wang, and Lester Thurow. "The PRC's real economic growth rate." Unpublished report. Cambridge, Mass.: Massachusetts Institute of Technology, 2002.

Zhu, Xiaodong, "Understanding China's growth: Past, present and future. *Journal of Economic Perspectives* (Fall 2012).

问题讨论

1. 你能从日常生活中列举出几个有关互补性的例子吗？图 4-1 中的 S 形曲线能对其加以说明吗？你认为你的例子对于经济发展问题的理解能起到解释的作用吗？

2. 你认为国际贸易和外国投资在解决大推进模型中所指出的一些问题方面，能起到什么作用？在解决 O 环模型中的问题上能起到什么作用？在你的论述中，你认为存在哪些局限？

3. "陷阱"一词暗示着或许有方法可以摆脱这个陷阱。你认为发展中国家能够摆脱本章中所提到的所有陷阱吗？哪些陷阱可能是最难摆脱的？发达国家在这些案例中如何能够起到协助作用？发达国家是否还能做得更多？

4. 为什么高度不平等可能会导致低水平的增长和发展？为什么我们很难脱离这种陷阱？

5. 为什么政府有时会成为协调失灵问题的一部分，而不能为解决失灵问题提供方案？这是否使得问题的解决无望？在这样的情况下，政府能做些什么呢？

6. 一些发展中国家的特征之一就是对家族之外的人信任程度相对较低。本章探讨过的模型如何解释这一问题？

7. 你能从日常生活中列举出一个有关 O 环生产函数的例子吗？你认为你的例子对于解释发展问题能起到说明作用吗？

8. 现代经济模型有时需要强假设。你认为，一个有着强假设和清晰的推论，集严密性和逻辑性为一体的模型，与一个伴随着口头讨论的问题的描述之间如何进行权衡？你认为这两种方法可以在一起使用、互相说明吗？

9. 当你阅读后面的章节时，请思考本章描述的模型在解释问题的本质方面是否有用。之后要考虑的问题有童工问题、穷人的健康营养状况差、高生育率、环境恶化、穷人的信用获得、城镇化、发达国家和发展中国家的贸易保护、政府改革和土地改革等。

10. 选择一个你感兴趣的国家，并找出证据以表明哪些是制约其经济增长的具有约束力的因素。（可从专栏 4-2 的资料中获得启发。）

11. 在经济自我探索的理论框架下出现了哪些市场失灵，如何克服？

12. 考查中国最新的经济状况，你认为中国的案例研究分析在多大程度上证实了其发展，在多大程度上需要调整？

注释和推荐阅读

1. 可参见 Karla Hoff and Joseph E. Stiglitz, "Modern economic theory and development", in *Frontiers in Development Economics*, eds. Gerald M. Meier and Joseph E. Stiglitz (New York: Oxford University Press, 2000)。

2. 例如，当由协调失败导致的低增长路径已经在内生增长框架内被明确审查时，两个理论方法就趋近了。参见 Oded Galor and Joseph Zeira, "Income distribution and macroeconomics", *Review of Economic Studies* 60(1993): 35–52。

3. 关于如何将这种方法的许多视角应用于"新经济"问题的有见地的讨论，参见 Carl Shapiro and Hal Varian, *Information Rules: A Strategic Guide to the Network Economy* (Boston: Harvard Business School Press, 1999)。

4. 即使通过完美的劳工合同，此问题也无法解决（在任何情况下，这大概都是不可能的）无论何时公司和其员工一方非自愿离职的风险（例如公司破产、员工死亡或员工重病）。关于独到的有见地的形式化模式，详见 Daron Acemoglu, "Training and innovation in an imperfect labour market," *Review of Economic Studies* 64(1997): 455–464。

5. 对于孟加拉国农村的实证研究，证明支持着这个问题的一个有趣的正规模型，详情请参见 Shahe Emran and Forhad Shilpi, "Marketing externalities, multiple equilibria, and market development"，这是在波士顿大学 2001 年 9 月召开的东北联合发展会议上的一篇论文。还可参见 Shahe Emran and Forhad Shilpi, "The extent of the market and stages of agricultural specialization", *Canadian Journal of Economics*, 45, N0.3(2012): 1125–1153。

6. 参见 Alicia Adsera and Debraj Ray, "History and coordination failure", *Journal of Economic Growth* 3(1998): 267–276; Debraj Ray, *Development Economics* (Princeton, N.J.:Princeton University Press 1998), ch.5。

7. 对于囚徒困境问题的概要介绍，请参见 Robert Gibbons, *Game Theory for Applied Economists* (Princeton: Princeton University Press,1992), pp.2–7。

8. 即使在完美的信息条件下，统筹发展仍然存在问题。

9. 从技术上看，图 4-1 假设代理机构是同质的，并描绘了一个对称的纳什均衡，但这也可以推广到代理不同的情形中。如一个向上倾斜的供给曲线与一个向下倾斜的需求曲线相交产生一个单一均衡，详见图 5-5。这是一个劳动市场的情形。

10. 从技术上看，描绘的是一套对称的纳什均衡。S 形曲线是一个有代表性的代理到其他代理商的普通行为的反应曲线。

11. Paul Rosenstein-Rodan, "Problems of industrialization of eastern and southeastern Europe," *Economic Journal* 53(1943): 202–211.

12. Kevin M. Murphy, Andrei Shleifer, and Robert W. Vishny, "Industrialization and the big push," *Journal of Political Economy* 97 (1989): 1003–1026.

13. 可参见 Paul Krugman, *Development, Geography, and Economic Theory* (Cambridge, Mass.: MIT Press, 1995), 第1章。关于一个可替代的论述和模型的代数化发展，请参见 Kaushik Basu, *Analytical Development Economics* (Cambridge, Mass.: MIT Press, 1977), pp. 17–33。

14. 其中一个原因可能是高效工资的影响，当付给工人高昂的工资时，他们便更加努力地工作，以避免被解雇，从而提高了生产效率，所产生的经济收益足以支付更高的工资。

15. 我们假设：现代化部门的工作人员将改变他们在所在部门的工作自愿性，也就是说他们不是奴隶式的劳工。

16. 在墨菲、施莱费尔和维西尼三位学者给出的形式化模型中，各部门是连续的统一体，产品也是如此，但在这里我们并不考虑。

17. 这种消费模式意味着存在单位弹性需求：这是从柯布－道格拉斯效用函数得到的一种需求函数，此需求函数平等对待所有类型的商品，比如每种商品所消费的生产金额的效用函数。在学术上，墨菲、施莱费尔和维西尼假设存在一个代表消费者，他供给所有的劳动，并获得所有的利益。根据他们的其他假设所设立的分析无论被视为一个经济整体还是任何一个特定的市场经济，这些因素在这里我们都不需要考虑。

18. 例如，参见 Hollis B Chenery, Sherman Robinson, and Moshe Syrquin, *Industrialization and Growth: A Comparative Study* (New York: Oxford University Press, 1986)。

19. 关于这个领域的一些文章，可参见 Andrés Rodriguez-Clare, "The division of labor and economic development," *Journal of Development Economics* 49 (1996): 3–32。Rodriguez-Clare 始于三个可行的条件，并有广泛的理论和实证支撑。亚当·斯密在前两种情况下和阿尔弗雷德·马歇尔在第三种条件下做了研究：劳动分工提高了生产率，但劳动分工受到市场规模的限制，如第7章中说明的，效率的提高来源于有一定投入的供应商和用户的接近。根据这些假设，Rodriguez-Clare 接下来证明了一个较小的、开放的经济体可能会陷入不发达陷阱，在陷阱里，"浅分工"（即专门投入的品类较少）意味着自我强化。这反过来导致了较低的资本回报率，所以可能无法实现积聚外资或国内资本从而帮助解决问题。另一个说明，请参见 Dani Rodrik, "Coordination failures and government policy: A model with applications to East Asia and eastern Europe," *Journal of International Economics* 40 (1996): 1–22, 也可参见 Murphy, Schleifer and Vishny, "Industrialization," sec.6.

20. 从微观经济学角度回想一下，我们可以把边际收益写作 $P(Q)[1-1/\eta]$，其中，P 是价格，η 是需求的价格弹性（的绝对值）。根据单位弹性，$\eta=1$，然后注意这个生产商具有正的不变的边际成本。因此，通过相应地降低产量，提高价格，可能会实现利润的无限增长。

21. 换句话说，生产方的行为像是一个限制价格的垄断者。

22. 这个部门虽然把工资提升到 w 的水平，但是由于它只是整个经济中很小的一部分，所以我们可以忽略收入的影响——收入的影响是微不足道的。

23. 该图是由克鲁格曼提出的。参见 *Development, Geography, and Economic Theory*。

24. 因此，垄断者限制价格的状况仍然存在。

25. 如果价格为1，那么工人所购买商品的金额就等同于工资总额。

26. 看完"大推进"再看此注释，在经济中的工资总额是 $w_2(L/N)N$，利润总额是 $[1Q_2-w_2(L/N)]N$。总结后我们得出总产值：$1Q_2N$。

27. 表达不同，问题是仍然存在着市场失灵的现象。就如克鲁格曼指出的，尤其是一个公司的内部经济规模和完全弹性的低工资劳动供给之间的相互作用产生货币外部性，抑制了现代企业进入市场。也就是说，通过增加总需求，每个企业都致力于互利共赢的工业化"大推动"，尽管每家企业单独进行工业化会赔钱。因而，虽然经济规模是公司内部的，但当其与支付较低薪资的传统部门相结合时，事实上就产生了正的货币外部性。而且，这也是因为每个企业的生产量有助于提高其他企业的收入，使其他企业获得更多的利润。关于这个难题的一个简单的描述就是，如果只有一个现代化企业，传统的部门获得的利润更多，但如果每项业务都有一个现代化企业，那么现代化部门所获得的利润更多。

28. 形式上，$F=F(N)$，N 上升时 F 下降。

29. 关于用比较容易理解的数学术语建立深刻的大推进模型，详见 Stefano Paternostro, "The poverty trap: The dual externality model and its policy implications." *World Development* 25 (1997): 2071-2081。

30. 请注意，在这种情况下，高效率意味着"节约劳动力"，但其意义更加笼统。

31. 正如墨菲、施莱费尔和维西尼所述，还有一个合理的平衡情况——提高利率的影响不会太大。

32. 贸易开放解决不了这个问题，因为其他国家的城市发展不一定能帮助该国发展。"城市化"在第 7 章将会进一步讨论。

33. 原则上，如果大家都知道，一定数量的现代化企业进入市场后，基础设施的问题可以通过完善的价格歧视得到解决，但是如果通过基础设施供应商观察不到企业的固定成本不同，或完善的价格歧视由于其他某些原因得不到实现，那么即使在必须建设之时，基础设施建设也无法完成。可以参见 Murphy, Schleifer, and Vishny, "Industrialization," sec. 6。可使用类似图 4-2 的图来得到代数推导，参见 Pranab Bardhan and Chris Udry, *Development Microeconomics* (New York: Oxford University Press, 1999), pp. 208-211。

34. 术语"柠檬"来源于质量差的二手汽车。众所周知，新车一离开展厅便失去其价值中的重要组成部分。这是因为这一事实——一辆待出售的车本身就提供了有关汽车的有价值的信息。想买车的人一般都不是机械专家，所以他们需要的只是一些速记信息来帮助他们决定哪辆车值得买；显而易见，一辆劣质车的车主更有可能想出售自己的车。此类"柠檬问题"在经济学中有很多其他的应用，如在金融市场中（详见第 15 章）。也可参见 George Akerlof, "The market for lemons", *Quarterly Journal of Economics* 84(1970): 488-500。

35. 本章节涵盖了一篇出色的有关一些新型发展的调查。可以参见 Hoff, Stiglitz, "Modern economic theory and development"，另一个关于这方面很好的讨论和相关的话题详见 Ray, *Development Economics*, ch.5。

36. Alice Amsden, *Asia's Next Giant: South Korea and Late Industrialization* (Oxford: Oxford University Press, 1989) and *The Rise of the Rest* (New York: Oxford University Press, 2001); Carl J. Dahlman, Bruce Ross-Larson, and Larry E. Westphal, "Managing technical development: Lessons from the newly industrializing countries," *World Development* 15(1987): 759-775; Richard Luedde Neurath, *Import Controls and Export-Oriented Development: A Reassessment of the South Korean Case* (Boulder, Colo.: Westview Press, 1986); Howard Pack and Larry E. Westphal, "Industrial strategy and technological change: Theory versus reality," *Journal of Development Economics* 22 (1986): 87-128; Joseph Stern et al., *Industrialization and the State: The Korean Heavy and Chemical Industry Drive* (Cambridge, Mass.: Harvard University Press, 1955); Gordon White, ed., *Developmental States in East Asia* (New York: St. Martin's Press, 1988); and Stephen C. Smith "Industrial policy and export success: Third World development strategies reconsidered" in *U.S. Trade Policy and Global Growth*, ed. Robert Blecker (New York: Sharpe, 1996), pp. 267-298. 关于连杆机构，详见 Masahisa Fujita, Paul Krugman and Anthony J. Venables, *The Spatial Economy: Cities, Regions, and International Trade* (Cambridge, Mass.: MIT Press 1999)。

37. 这个视角有助于考虑投入−产出分析在发展规划和政策制定中的普及率，特别是在早些年，虽然它是一个用于此目的的完美工具（详见第 11 章）。

38. 关于一些论据，请参见 William L. Megginson and Jeffry M. Netter, "From state to market: A survey of empirical studies on privatization", *Journal of Economic Literature* 39(2001): 321-390。

39. 可参见 Abhijit V. Banerjee and Andrew F. Newman, "Occupational choice and the process of develop-ment", *Journal of Political Economy* 101 (1993): 274-298。

40. Galor 和 Zeira 的模型依赖于另一种方式来描述资本市场的不完善——借款利率大于贷款利率。可以通过对任何一家银行的一个简短的访问来验证这个假设的合理性。这个模型是个简单的两期的迭代模型。参见 Galor and Zeira, "Income distribution and macroeconomics"。

41. 可参见 Torsten Persson and Guido Tabellin, "Is inequality harmful for growth?" *American Economic Review* 84(1994): 600-621，详见本书第 5 章。

42. Michael Kremer, "The O-ring theory of economic development," *Quarterly Journal of Economics* 108 (1933): 551-575. Basu 所写的 *Analytical Development Economics* 中有一个关于此模型的很好的阐释，给 Kremer 所建立的模型提供了备选证明。

43. 一般来说有 n 个任务，为方便起见，我们仍假设只有一个工人而且他必须完成所有的 n 个任务，但是这里 n 表示的是任务的数量而不是工人的数量。当且仅当所有的任务都圆满完成时，工人的人均产出记作 B，即价值（或者如果用数量计数的话，那么我们就把价格规定为 1）。也可能会用到公式中的传统资本 k（如果不用，那么就简单将其设为 $k=1$），其收入是递减的（当然，资本质量也可能不尽相同）。预期产出就可以写作

$$E(y) = K^{\alpha}\left(\prod_{i=1}^{n} q_i\right) nB$$

一般来说，必须乘以 n，否则由于不同任务的不断增多，企业所获得的价值就会越来越少。在 O 环模型中，克雷默分析了作为一种技术内向化的选择方法，当 $B=B(n)$ 时的情况，这里 $B'(n)>0$。

44. 为了更正式、更全面地说明，企业会雇用技能水平相同的工人（或者是技能水平尽可能相同），我们继续以注释 43 的例子为例。每个工人技能质量 q 最大化的一个必要条件是

$$\frac{dw(q_i)}{dq_i} \equiv \frac{dy}{dq_i} = \left(\prod_{j\neq i}^{n} q_j\right) = nBK^{\alpha}$$

该方程告诉我们，在均衡态下，在工资支付上，技能的边际产出值与技能的边际成本是相同的。换言之，企业发现，在其他所有工人的技能水平都不变的情况下，一个技能更高的工人代替另一个工人所产生的增加值，与因此而导致的工资增加值是相等的。另外需注意的是二次导数，或者第 i 个工人技能的边际产出的导数是正值，即

$$\frac{d^2 y}{dq_i d}\left(\prod_{j\neq i} q_j\right) = nBK^{\alpha}>0$$

这个正二次导数表明，只有一项任务中拥有高技能工人的企业，会从其他只配有一个高技能工人的剩余任务中获得最大利益，因此企业能够也确实会在高技能工人身上投资最多。

45. 从技术上说，这种婚姻市场匹配过程并不取决于注释 44 中的正交叉倒数，而只取决于个人偏好，以及不可转让效用的假设（意思就是没有侧向支付）。因此，有两种情况会实现正向匹配。

46. 可参见 Michael Kremer and Eric Maskin, "Wage inequality and segregation by skill", NBER Working Paper No. 5718, 1996。

47. 有关该理论的正规说明，以及在信息不完全的情况下，内生性技能投资的扩展可参见 Kremer, "O-ring theory"。

48. 同上。

49. Richardo Hausmann and Dani Rodrik, "Economic development as self-discovery", *Journal of Development Economics* 72, (2003): 603-633. A related and insightful earlier analysis was provided by Karla Hoff, "Bayesian Learning in an infant industry model", *Journal of International Economics* 43, (1997): 409-436.

50. Richardo Hausmann, Dani Rodrik and Andrés Velasco, "Growth diagnostics," in *One Economics, Many Recipes: Globalization, Institutions, and Economic Growth*, by Dani Rodrik (Princeton,N. KJ.: Princeton University Press 2007), ch.2.

51. Paul Krugman, *Development, Geography, and Economic, Theory* (Cambridge: MIT Press, 1995).

52. Hoff and Stiglitz, "Modern economic theory and development".

53. Seminar presentation by Joseph E. Stiglitz at the World Bank, May 27, 1999; and ibid., p.421.

54. Karla Hoff, "Beyond Rosentein-Rodan: The modern theory of coordination problems in development", in *Annual World Bank Conference on Development Economics, 1999* (Washington, D.C.: World Bank, 2000), p.146.

第二部分
PART 2

国内问题与政策

第5章 贫困、不平等和发展

第6章 人口增长与经济发展：原因、后果及争议

第7章 城市化和城乡迁移：理论和政策

第8章 人力资本：经济发展中的教育和卫生

第9章 农业转型和农村发展

第10章 环境与发展

第11章 发展政策制定及市场、国家和社会的职责

第5章
Chapter5

贫困、不平等和发展

没有任何一个社会一定会发展得繁荣幸福，到目前为止，所有社会中的大多数人都生活在贫穷和痛苦中。

——亚当·斯密，1776 年

纵观人类发展史，地球村的街道两边清晰地分为富人与穷人。

——联合国开发计划署，人类发展报告，2006 年

社会保障将直接减少贫困，且有助于经济增长更多地施惠于穷人。

——经济合作与发展组织，2010 年

严重而持久的贫困和饥饿的同时发生表明了贫困陷阱的存在，即个人或团体在没有他人帮助的情况下无法摆脱的境况。

——国际粮食政策研究所，2007 年

世界银行新增了两个目标：2030 年前结束极端贫困，通过使每个国家 40% 的最贫困人群的收入增长最大化来促进共同繁荣。

——世界银行原行长，金墉，2013 年

第 1 章和第 2 章提出了这样的问题，即虽然在过去的半个世纪里，人类生活得到了显著改善，但是极端贫困仍广泛存在于发展中国家。据估计，根据 2005 年美国购买力平价（2013 年世界银行估计）计算，2010 年约有 12 亿人口每天的生活水平不足 1.25 美元，同时大约有 24 亿人口——约占世界人口的 1/3，每天的生活水平不足 2 美元。正如我们将在接下来的几章中所见，这些贫困人口往往伴有健康不佳和营养不良等问题，他们几乎没有什么文化，生活在环境恶化的地区，几乎没有政治发言权，受社会排斥，因此只能尝试在偏远的小农场谋生（或做日工），或者生活在城市里破旧的贫民窟里。本章，我们将深入探讨有关贫困和收入分配高度不平等的问题。

很显然，发展需要较高的国民总收入水平，这样才能实现持续增长。然而，这里的基本问题不只是如何实现国民总收入的增长，而且还有由谁来实现国民总收入的增长，是少数人还是多数人。如果是富人，那么他们将会占有国民总收入的大部分，摆脱贫困的进程将会变慢，不平等程度将会加深。而如果是由大多数人来实现国民总收入的增长，他们就会成为主要的受益者，广大人民群众就能更加平等地分享经济发展成果。所以，很多经历过相对较高的经济增长率的发展中国家发现，这种增长给贫困人口带来的好处很少。

因为消除普遍贫穷和较高水平并且不断加

剧的不平等是所有发展问题的核心，而且为许多人指明了发展政策的主要目标，所以我们在第二部分开头将集中讨论发展中国家的贫困和不平等问题的本质。虽然我们主要关注的是经济上的贫困以及收入和资产分配上的不平等，但是我们也要牢记，这只是发展中国家广泛不平等问题的一部分。与之同等重要甚至更重要的是权利、威望、地位、性别、工作满意度、工作条件、参与程度、选择的自由，以及与发展、自尊和自由选择的第二和第三层含义相关的许多其他层面的不平等问题。就像大多数社会关系一样，我们不能将经济方面的不平等与非经济方面的不平等真正分开。这二者通常以一种复杂且相互关联的因果关系方式相互影响。

在介绍了衡量不平等和贫困的方法之后，我们将明确贫困和收入分配问题的本质，并考察其在不同发展中国家中的量化意义。接着，我们将考察经济分析从哪些方面能够解释说明这些问题，并探究可行的替代政策方法，这些方法旨在消除贫困和减少发展中国家收入分配中存在的过度巨大的差异。对这两个基本的欠发达经济状况的全面理解，将为接下来几章中有关更加具体的发展问题（包括人口增长、教育、健康、农村发展和国外援助）的分析打下基础。

因此，本章我们将探讨经济增长、收入分配和贫困。有关这三者之间关系的一些关键问题，如下所述：

（1）我们如何更好地衡量不平等与贫困？

（2）发展中国家相对不平等的程度，以及它与绝对贫困程度之间的关系如何？

（3）谁是穷人，他们的经济特征是什么？

（4）什么决定了经济增长的本质，也就是说，谁从经济增长中获益，为什么？

（5）对于低收入国家来说，快速的经济增长和更加平等的收入分配是相容还是相互冲突的两个目标？换一种方式来说，快速的增长是否只有以更加不平等的收入分配为代价才能实现，或者收入差异的缩小对高增长率的实现是否有帮助？

（6）穷人是否从经济增长中获益，这是否取决于发展中国家经济增长的类型？想要使穷人获益更多，我们能做什么呢？

（7）极端不平等的负面影响是什么？

（8）在降低绝对贫困的范围和程度方面，需要什么样的政策？

我们以给不平等和贫困下定义的方式来开启本章，这两个术语在非正式谈话中经常被用到，但是这里我们需要对其进行更精确的衡量，以使我们对于一些问题的理解更有意义，比如在贫困和不平等问题上已经取得了哪些成就，还有什么有待完成，以及如何激励政府官员关注最紧迫的问题等。你会发现，发展经济学家所使用的衡量贫困和不平等的最重要的方法具有极其重要的意义，而大多数评论家一致认为这些方法主要适用于对财产的衡量。在讨论了为什么对于不平等和贫困的关注同等重要后，我们将运用适当的有关贫困和不平等的衡量方法，对不同的增长模式（或类型）的福利意义进行评估。在考察了发展中国家贫困和不平等状况的事实之后，我们总结出了一些有关贫困政策的重要意义，也考虑到制定有效的贫困政策的一些重要原则，随之给出一些在实际运用中饶有成效的例子。在本章末，我们以加纳和科特迪瓦的对比分析案例研究作结，研究中列出了一些有关增长的质量的问题，以及实现这种增长的艰难之处等。

5.1 衡量不平等

在本节中，我们划分了收入分配和贫困问题的不同层面，并找出使得这些问题具有发展中国家特征的相似因素。但是首先我们需要弄清楚，在我们谈论收入分配和绝对贫困之前，我们要衡量什么。

出于分析和定量两个目的，经济学家通常会对衡量收入分配的两个主要方法进行区分，即个人或收入规模分布，以及收入分配的功能或分配因素比例。

5.1.1 收入规模分布

个人收入分布（personal distribution of income）或**收入规模分布**（size distribution of income）是经济学家最常用的两种衡量方法。它研究的只是单个个人或家庭及其总收入。其收入来源方式不予考虑，即重要的是他们每个人的收入是多少，而不管这些收入是单纯地来源于佣金还是从其他途径获得，如利息、利润、租金、礼物或遗产。另外，收入来源的地点（城市或农村）和工作性质（如农业、制造业、商业和服务业等）也不予考虑。如果 X 女士和 Y 先生的个人收入相同，他们就可划为同一类，不必考虑其他实际情况，例如，X 女士作为一名医生每天可能要工作 15 小时，Y 先生根本不工作，仅靠收取遗产利息生活。

经济学家和统计学家因而喜欢对所有个体按照个人收入的升序排序，然后再将所有人分为不同的组或规模。一种常用的方法就是，根据收入水平的增加，将总人数分为连续的**五分位数**（quintiles）或**十分位数**（deciles），然后再确定每一组的收入各占据国民总收入的比例。表 5-1 显示的是一个假想但十分典型的发展中国家的收入分配表。在表中有 20 个个体，代表国家的全部人口，它们按照年收入升序排序，从最低收入（0.8 个单位）到最高收入（15.0 个单位）。全部的或所有个体的国家收入之和为100 个单位，即第二栏的总和。在第三栏中，所有人口以 4 人为一组，一共分为 5 组。第一个 1/5 代表收入最少的 20% 的人口，该组收入只占国民总收入的 5%（即 5 个单位）。第二个 1/5（个体 5～8）拥有国民总收入的 9%。依此来看，底层 40% 的人口（第一个 1/5 加上第二个 1/5）只拥有国民总收入的 14%，而上层 20% 的人口（第五个 1/5）却拥有国民总收入的 51%。

有关收入不平等的一个常用衡量方法可从第三栏中看到，即上层 20% 的人口和底层 40% 的人口所拥有的国民总收入的比例。这一比例有时被称作"库兹涅茨比率"，以诺贝尔奖得主西蒙·库兹涅茨的名字命名，通常被用以衡量一个国家中低收入人群和高收入人群之间的收入不平等程度。在我们所给出的例子中，这一比例等于 51 除以 14，也就是大约为 3.64。

为了给出一个更详细的收入分配规模图解，第四栏中列出了每下降 10% 这一比例的状况。我们发现，例如，底层 10% 的民众（最穷的两个个体）只拥有总收入的 1.8%，而上层 10%（最富有的两个个体）的人口却拥有总收入的 28.5%。最后，如果我们想知道最上层 5% 的人

口拥有总收入的比例是多少，那么就要将总人口平均分为 20 组（在我们所举的例子中，20 人每人为 1 组）并计算最上层的组所拥有的收入占总收入的比例。在表 5-1 中，我们发现上层 5% 的人口拥有总收入的 15%，比最底层 40% 人口的收入比例之和还要高。

表 5-1　发展中国家典型的个人收入分布（按收入比例的五分位数和十分位数划分）

个体	个人收入 （货币单位）	占总收入的比例（%）	
		五分位数	十分位数
1	0.8		
2	1.0		1.8
3	1.4		
4	1.8	5	3.2
5	1.9		
6	2.0		3.9
7	2.4		
8	2.7	9	5.1
9	2.8		
10	3.0		5.8
11	3.4		
12	3.8	13	7.2
13	4.2		
14	4.8		9.0
15	5.9		
16	7.1	22	13.0
17	10.5		
18	12.0		22.5
19	13.5		
20	15.0	51	28.5
总计（国民收入）	**100**	**100**	**100.0**

5.1.2　洛伦兹曲线

另一种分析个人收入统计数据的常用方法是构建**洛伦兹曲线**（Lorenz curves）。[1] 图 5-1 显示的就是洛伦兹曲线的建构方法，它以收入人数为横轴，不是绝对的，而是按比例增加的。例如点 20 对应收入最低（最穷）的 20% 的人口；点 60 对应底层的 60% 的人口；横轴右端点 100 对应全部人口。纵轴表示每 1% 的人口的收入在国民总收入中的比例。

这些比例也是逐渐增加到 100% 的，这意味着横轴和纵轴长度相等。我们将所有数据封

闭在一个矩形中，并从左下角到右上角拉一条对角线。在这条对角线上的每一点，所得收入比例与人口比例完全相等，例如，对角线正中间的点代表 50% 的收入分配给了 50% 的人口。对角线上 3/4 位置的点代表 75% 的收入分配给了 75% 的人口。换句话说，图 5-1 中的对角线代表的是收入规模分布中的"完全对等"。收入主体中的每一比例都对应相同比例的总收入，例如，底层 40% 的人口拥有总收入的 40%，最上层 5% 的人口拥有总收入的 5%。[2]

洛伦兹曲线表示的是，在指定的一年之中，收入主体的人口比例与实际中他们的收入占总收入的比例之间的真正量化关系。我们运用表 5-1 中的十等分数据构建了图 5-1 中的洛伦兹曲线。换句话说，与十等分组别相对应，我们将图 5-1 中的纵轴和横轴都等分为 10 份。点 A 显示的是，最底层 10% 的人口仅拥有总收入的 1.8%，点 B 表示底层 20% 的人口拥有总收入的 5%，同样，其他 8 个点分别表示其他组所拥有的总收入比例，呈递增趋势。需要注意的是正中间的那一点，即 50% 的人口实际上只拥有总收入的 19.8%。

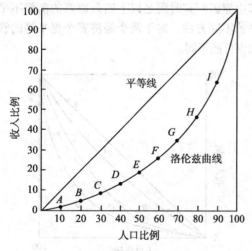

图 5-1　洛伦兹曲线

洛伦兹曲线偏离对角线（完全平等线）越远，不平等程度就越高。完全不平等的极端情况（即一个人拥有全部的收入，而其他人什么都没有）就是洛伦兹曲线横轴最右端与纵轴最上端相交的点。因为在收入分配方面，没有一个国家是完全平等或完全不平等的，不同国家的洛伦兹曲线都将位于图 5-1 中的对角线的右侧。

不平等程度越高，洛伦兹曲线的弯曲程度就越大，就越靠近横轴。两种具有代表性的分配情况如图 5-2 所示，一个表示相对平等的分配情况（见图 5-2a），另一个表示相对不平等的分配情况（见图 5-2b）。（你能解释为什么洛伦兹曲线在任何情况下都不会位于平等线之上或左侧吗？）

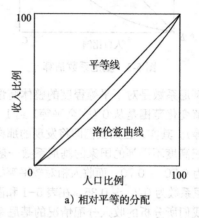

a）相对平等的分配

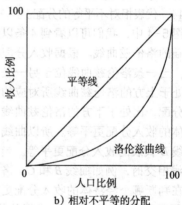

b）相对不平等的分配

图 5-2　洛伦兹曲线弧度越大，相对不平等程度越高

5.1.3　基尼系数和不平等的整体衡量

对于收入相对不平等程度，一个国家最终可选用的一种非常便捷的衡量方法是，计算对角线（平等线）和洛伦兹曲线之间的区域的面积，与洛伦兹曲线所在的半个矩形的面积之间的比例。在图 5-3 中，这一比例就是阴影部分 A 与三角形 BCD 面积之比。这一比例称为基尼面积比或**基尼系数**（Gini coefficient），它是以这位意大利统计学家的名字命名的，他在 1912 年第一次系统地阐释了这一理论。

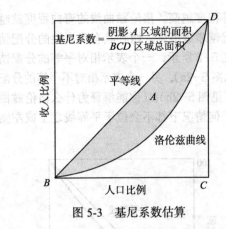

$$基尼系数 = \frac{阴影\,A\,区域的面积}{BCD\,区域总面积}$$

图 5-3　基尼系数估算

基尼系数是对不平等程度的整体衡量，其系数值变化范围是从 0（完全平等）到 1（完全不平等）。其实，正如我们即将发现的那样，收入分配高度不平等的国家的基尼系数一般情况下都为 0.50～0.70，而收入相对较平等的国家的基尼系数为 0.20～0.35。在表 5-1 和图 5-1 中，我们所分析的收入分配情况的基尼系数大约为 0.44，代表相对不平等的分配。

在图 5-4 中，我们可以看到 4 条以国际数据为基础的洛伦兹曲线。根据收入分配的洛伦兹标准，当一条洛伦兹曲线位于另一条曲线之上时，处于上方的洛伦兹曲线所对应的经济体的收入分配，比处于下方的洛伦兹曲线所对应的经济体的收入分配更平等。所以曲线 A 很显然比曲线 D 代表的收入分配更平等。当两条洛伦兹曲线相交时，例如曲线 B 和 C，洛伦兹标准表明在判断哪个经济体的收入分配更加平等前，我们需要"更多的信息"或额外的假设。例如，我们或许会以优先解决贫困问题为由，认为洛伦兹曲线 B 所代表的经济分配更平等，因为最贫穷的人变得较富有，不过，最富有的人也变得更富有了（因此，中间阶层处于"夹层"中）。但是其他人可能会基于这样的假设，即一个拥有较强大中间阶层的经济体本身就更加平等，因而会选择经济 C，认为其代表的经济分配更平等。

我们还可以运用一种诸如基尼系数的衡量方法来判定这一问题。结果发现，基尼系数是满足匿名性、范围独立性、人口独立性和转移这四个原则的最佳衡量方法之一。[3] 匿名原则简单来说是指不平等的衡量不应该取决于那些拥有较高收入的人群，例如，不应该依赖于我们

相信富人或穷人就是好人或坏人。范围独立性原则是指不平等的衡量不应取决于经济规模或者是衡量收入的方式，例如，有关不平等的衡量不应取决于我们是用美元还是卢比来衡量收入，或者是取决于该经济中普通人群是富有还是贫穷，因为如果我们是为了衡量不平等，那么我们就需要对分散收入进行衡量，而不是数量（注意，数量衡量在贫困衡量中很重要）。人口独立性原则与此有所相似，它指的是不平等的衡量不应取决于收入人口的数量。例如，我们不能因为中国人口比越南人口多，就认为越南经济比中国经济更加平等。最后，转移原则（有时被称作 Pigou-Dalton 原则，以其创立者命名）指的是，保持其他收入值不变，如果我们将一部分收入从富人转移到穷人（但是还不足以使穷人比富人更富有），这样新的收入分配就会变得更加平等。如果我们认可这四个标准，我们就可以在每个例子中计算基尼系数并进行排列，那么基尼系数较大的代表更加不平等。然而，这并不总是最佳衡量方法。例如，理论上，相交的两条洛伦兹曲线的基尼系数可以完全相等；通过观察图 5-4 中的曲线 B 和 C，你是否明白其中原因？有时满足以上四条原则的衡量不平等的不同方法，对于两个经济哪个更平等的答案也可能不同。[4]

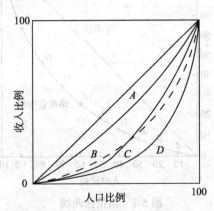

图 5-4　四条可能的洛伦兹曲线

需注意的一点是，在分散衡量中一种常用的统计方法——变异系数（CV），即标准差与平均值的比值，是满足以上四个原则的另一个对不平等的衡量方法。尽管变异系数通常用于统计学中，但是基尼系数由于洛伦兹曲线便利的解释说明作用，常常用于收入和财富分配的研

究中。最后还要注意的是，我们还可以运用洛伦兹曲线来研究土地、教育和健康以及其他资产的分配不平等问题。

5.1.4 功能收入分配

经济学家们衡量收入不平等的第二大常用方法是**功能或要素收入分配比例**（functional or factor share distribution of income），它试图阐明每一**生产要素**（factor of production，土地、劳动力以及资本）所拥有的国民总收入比例。功能收入分配理论不是将每一个体作为独立实体进行研究，而是研究劳动力作为整体所得到的收入在总收入中的比例，并将该比例与租金、利息和利润（即土地、金融物质资本收益）所占总收入的比例相比较。尽管某些特定个体或许来源于所有这些资源，但这不是功能理论所考虑的问题。

大量的理论研究都是围绕功能收入分配理论而进行的。该理论试图通过某一生产要素对生产所做出的贡献来说明该生产要素的收入情况。供求曲线决定了每种生产要素的单位价格。这些单价乘以假设的要素最佳（最低成本）利用量，就可以计算出每种要素的总支付值。例如，劳动力供应和需求决定其市场工资。我们用该工资乘以就业总水平，就可以计算出所支付的工资总额。

图 5-5 给出了一个简单的图示，来说明功能收入分配的传统理论。我们假设只有两种生产要素：资本（一种固定或给定的要素）和劳动力（唯一可变要素）。在具有竞争性的市场假设下，劳动力的需求将由劳动力的边际产量（即企业会雇用额外的工人直到其边际产量与其实际工资相当）来决定。不过与边际产量递减一致，劳动力需求将是所雇用工人数量的递减函数。这样一种负向倾斜的劳动力需求曲线如图 5-5 中的 D_L 所示。由于在传统新古典理论中，劳动力供应曲线 S_L 是向上倾斜的，所以均衡工资就是 W_E，而就业均衡水平就是 L_E。那么 $OREL_E$ 代表国民生产总值（等于国民总收入）。[5]国民总收入将分为两部分：OW_EEL_E 所代表的国民总收入将以工资的形式分配给工人，W_ERE 所代表的国民总收入将成为资本家的利润（资本所有者的

收益）。因此，如果是在一个具有竞争力的市场经济中，且规模收益生产函数不变（所有输入要素翻番会带来产出翻番），那么要素价格就由要素供求曲线决定，而国民生产总值往往由各要素所共享。收入根据要素来进行分配——劳动力获得工资，土地所有者获得租金，资本家获得利润。这一理论之所以简洁而富有逻辑，是因为每一要素的所得都与其为国民生产总值所做出的贡献相当，不多不少。事实上，正如我们在第 3 章中所讲的，这一收入分配模型是刘易斯现代部门增长理论的核心，而这一理论建立在不断增长的资本家利润的再投资基础之上。

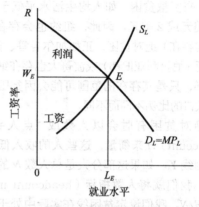

图 5-5 市场经济中的功能收入分配

不幸的是，由于未能将诸如决定要素价格的因素（如雇主和工会之间就工资等问题的谈判在现代部门工资比例的判定方面所起的作用；大资本家和富有的土地拥有者操控资本、土地和产出的价格，为自己谋福利）的重要作用和影响考虑在内，所以功能理论的关联性大大降低。

5.1.5 阿鲁瓦利亚 - 钱纳里福利指数

最后一种评估关乎经济增长质量的收入分配方法是，衡量所有个体收入的增长，但是与高收入个体的收入比重相比，我们要赋予低收入个体的收入更大的比重。也许最好的说明方法就是阿鲁瓦利亚 - 钱纳里福利指数（Ahluwalia-Chenery Welfare Index，ACWI），详解如附录 5B 所述。

5.2 衡量绝对贫困

现在让我们将注意力从一定的人口规模中

不同分组方式下的相对收入比例，转移到发展中国家的**绝对贫困**（absolute poverty）程度和规模这一重大问题上。

收入贫困

在第 2 章中，我们将绝对贫困的程度定义为无法拥有足够资源以满足基本需求的人的总数，以生活在最低实际收入水平——国际贫困线之下的总人数计数。该贫困线不分国界，与国民人均收入水平无关，并且将不同价格水平考虑在内，通过 PPP（购买力平价，以美元为单位）来衡量贫困，如人均生活水平低于每天 1.25 美元或 2 美元。因此，纽约也会存在（并且确实存在）绝对贫困，正如加尔各答、开罗、拉各斯（尼日利亚旧都）或波哥大也存在绝对贫困一样，只是其存在的范围可能会因贫困人口占总人口的比例不同而不同。

绝对贫困有时会以人数或"点人头数"（headcount）*H* 来衡量，这些人的收入低于绝对贫困线 Y_p。如果这部分人是总人数 *N* 的一个分数，我们就将**人数指标**（headcount index）定为 *H/N*。我们设定贫困线在实际中处于不变的水平，这样我们就可在一段时期内以某一绝对水平来制定进度表。这样做是为了将这一水平设定为标准水平，低于这一水平的人就被认为是生活在"绝对的人类苦难"中，这类人群中存在健康问题。

当然，指定一个史上从未变过的最低健康标准是不可能的，其中部分原因是技术的变革。例如，如今我们只需 15 美分就能购买几包口服液，挽救马拉维的一个儿童的生命。就在不久前，一个患腹泻疾病的儿童的死亡还被认为是悲惨却不可避免的事情，然而，现在我们却认为这是国际社会灾难性的道德疏失。我们尽可能合理地制定一个可以保持几十年不变的最低标准，这样就可以更加谨慎地以一个（更加）绝对的指标而不是（高度）相关的指标，来估算我们所取得的成就。

当然，在制订地方贫困工作的计划时，人们不会毫无异议地接受每天 1.25 美元的国际贫困水平。对于地方绝对贫困线的制定具有实际效用的一个策略，首先是要拥有充足的粮食，

并且要建立在医学研究中所要求的能量、蛋白质和微量营养素等营养需求的基础之上。其次，利用当地家庭调查数据，人们就可以确定当地家庭所购买的具有代表性的食物，且这些食物刚刚满足以上的营养需求。然后再加上这一家庭在其他方面的开支，如衣服、住所和医疗保健，进而确定当地的绝对贫困线。基于这些计算方法的不同，得出的贫困线可能会超过每天 1.25 美元的购买力平价。

然而，在许多情况下，只简单地计算生活在公认的贫困线以下的人口数是有局限性的。例如，如果贫困线被定为人均 450 美元，那么大多数绝对贫困人口的年收入究竟是 400 美元还是 300 美元，其中就存在很大的差异。这两类人在计算生活在贫困线以下的人口比例时都占据同等的比重，而显然，贫困问题对于后者来说更加严重。因此，经济学家试图使用**总贫困差距**（total poverty gap，TPG），来计算能够将生活于贫困线以下的每个人的生活水平提高到贫困线以上所需的收入总额。图 5-6 显示了如何计算总贫困差距，即贫困线 PV 与一定比例人口的年收入之间的阴影部分。

虽然国家 A 和国家 B 的 50% 的人口都生活在同样的贫困线以下，但是国家 A 的 TPG 面积比国家 B 的大。因此，国家 A 要付出更大的努力来消除绝对贫困。

TPG，即穷人的收入 Y_i 低于贫困线 Y_p 的程度：

$$TPG = \sum_{i=1}^{H}(Y_p - Y_i) \qquad (5\text{-}1)$$

我们可以简单地理解 *TPG*（即没有管理成本，也不考虑一般均衡效应）：将某一经济体中穷人的生活水平提升到我们所定义的最低收入标准，每人每天所需的金钱量。从人均层面来说，平均贫困差距（*APG*）就等于 *TPG* 除以总人数：

$$APG = \frac{TPG}{N} \qquad (5\text{-}2)$$

通常，我们对贫困线相关的贫困差距的大小感兴趣，所以我们会用收入不足来衡量标准贫困差距（normalized poverty gap，*NPG*）：*NPG* = *APG*/Y_p；这个数值介于 0 和 1，所以当我们想做一个无单位差距计算以便于进行对比时，*NPG* 是非常有用的。

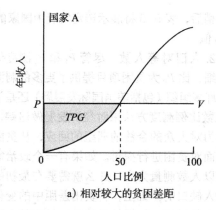

a) 相对较大的贫困差距

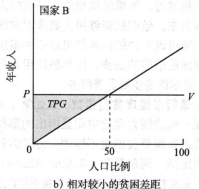

b) 相对较小的贫困差距

图 5-6 总贫困差距的衡量

另一个重要的贫困差距计算指标是**平均收入不足**（average income shortfall, AIS），即总贫困差距除以穷人人数

$$AIS = TPG/H$$

AIS 说明了每个穷人的收入低于贫困线水平的值。这一计算方法还可以除以贫困线，这样就得到一种分数衡量法，即标准收入不足（NIS）：

$$NIS = AIS/Y_p$$

1.FGT 贫困指数 我们通常还对穷人中存在的收入不平等程度感兴趣，如穷人之间的基尼系数 G_p 或穷人收入的变异系数 CV_p。基尼系数或变异系数在穷人中具有重要意义，其中的一个原因就是经济动荡带来的影响在穷人之间会存在很大差异，这取决于资源水平及其在穷人之间的分配情况。例如，如果水稻价格上涨，正如 1998 年在印度所发生的一样，一方面，低收入的水稻生产商（他们在当地市场上仅出售了少量水稻，且其收入稍低于绝对贫困线）就会发现水稻价格的上涨会增加其收入，以使他们摆脱绝对贫困；另一方面，对那些几乎没有什么

土地种植并出售水稻的人，以及那些单纯的市场上水稻购买者来说，水稻价格的上涨会大大加剧他们的贫困状况。因此，最理想的测度贫困的方法，对穷人之间的收入分配问题也同样敏感。

同不平等的测度一样，对于一个理想的贫困测度方法也有几条标准要求，并且被发展经济学家们所广泛接受，即匿名性、人口独立性、单调性以及分配敏感性。前两个标准与我们所探讨过的不平等指数中的财产很相似，即我们对于贫困程度的测度不应该取决于谁是穷人，或者该国人口是多还是少。单调性原则是指，如果你使某个生活在贫困线以下的人增加收入，其他所有人的收入保持不变，贫困程度不会有什么变化。分配敏感性是指，在其他情况相同的条件下，如果你将穷人的收入转移给富人，结果会导致经济更加糟糕。[6] 人数比率衡量满足了匿名性、人口独立性和单调性原则，却未能满足分配敏感性原则。简单的人数衡量甚至都没有满足人口独立性原则。

一个著名的贫困指数以其特定形式满足了以上四个原则，那就是 FGT 贫困指数（Forster-Greer-Thorbecke index，FGT index），通常被叫作 P_α 贫困级别的测度。[7] P_α 指数的计算方法为：

$$P_\alpha = \frac{1}{N} \sum_{i=1}^{H} \left(\frac{Y_p - Y_i}{Y_p} \right)^\alpha \qquad (5-3)$$

式中，Y_i 是第 i 个穷人的收入；Y_p 指贫困线；N 是人口数。P_α 指数的形式会随着 α 值的改变而改变。如果 $\alpha=0$，分子等于 H，就可得到人数比率 H/N。不幸的是，该方法对于每天收入为90 美分或者 50 美分的穷人来说是一样的，所以它无法揭示贫困程度。

如果 $\alpha=1$，我们就可得到标准贫困差距。另一个替换公式是 $P_1 = (H/N) \times (NIS)$，也就是说人数比例（H/N）乘以统一化的收入缺口（NIS）。所以 P_1 就具有这样的性质，无论贫困人口数量增加还是收入赤字比例上升，或者是两者同时上升，贫困程度都会加剧。总之，该方法的测量比 P_0 更准确。

如果 $\alpha=2$，就得出了贫困程序，因为一个穷人的收入增加时，对于贫困的测量的影响就

会增加，与这个穷人和贫困线之间的距离的平方相关。例如，一个生活在贫困线一半水平的家庭中的人，每天的生活费增加 1 分钱，与生活在贫困线的 90% 水平上的人增加相同的收入相比，前者对消除贫困的影响是后者的 5 倍。

我们以 P_2 计算结果为例。假设经济体中有 8 个人，贫困线水平为 1，同时假设收入分配为（0.6，0.6，0.8，0.8，2，2，6，6）。清点人数为 4，因为有两个人收入都是 0.6，有两个人收入都是 0.8，而其他人的收入都高于贫困线。使用这些数据，我们利用式（5-3）可得出 P_2：

$$P_2 = \left(\frac{1}{8}\right)\left[0.4^2 + 0.4^2 + 0.2^2 + 0.2^2\right]$$

$$= \left(\frac{1}{8}\right)\left[0.16 + 0.16 + 0.04 + 0.04\right]$$

$$= \frac{0.4}{8}$$

$$= 0.05$$

我们注意到 P_2 可以用另一个公式来表示。如果 $\alpha=2$，其衡量结果 P_2 可写成：[8]

$$P_2 = \left(\frac{H}{N}\right)\left[NIS^2 + \left(1 - NIS\right)^2 \left(CV_P\right)^2\right] \quad (5-4)$$

正如式（5-4）所示，P_2 包含了 CV_p，且满足贫困定理中的四个标准。[9] 显然，当 H/N、NIS 或 CV_p 增加时，P_2 就会增加。需要注意的一点是，从公式中可见，当标准收入较小时，我们对于穷人之间的收入分配 CV_p 要给予更多的重视，当 NIS 较大时，可给予较少的重视。

P_2 贫困测度（P_2 poverty measure），也叫贫困差距指数平方，已经成为收入贫困衡量的标准，常被世界银行和其他机构所应用，而且由于其对贫困的深度和严重程度的敏感性，还被用于有关收入贫困的经验性研究中。由于同样的原因，P_2 已经成为墨西哥宪法的一部分（第 5 章，第 34 条）。墨西哥运用 P_2 贫困测度法，依照地区贫困程度来配置穷人的教育、医疗和福利基金（教育现金计划，第 8 章将进行介绍）。[10]

另一个原因就是标准人数测量还存在假性贫困，官员为接近贫困线的穷人创造致富机会，因为这是表明经济发展最容易、最廉价的方式。我们在第 1 章已经提示过这样的问题——有关减少生活在贫困线以下的人口比例的千年发展目标的评论。

稍后，表 5-6 将展示选定发展中国家的 P_0 和 P_2 值。

2. 人口对等人数 尽管 P_1 和 P_2 测度信息更详细，比 P_0 为贫困项目提供了更多的刺激因素，许多组织（包括美国国际发展署）还是沿用 P_0 人数比例测度方法来对经济发展做追踪，同时作为对大众的合法的期望的回应，从贫困人数方面对贫困进行探讨。如果有一个政治需求需要以人数测量为主，那么就需要在最初的平均收入缺口的基础上，将贫困差距中的变化转化为人数对等。如果辅助组织以补充的人数比例对等为主，他们就能够用人数来对贫困进行报告。使用该方法的估算结果显示许多国家在脱贫方面所取得的进步，比单独使用人数比例测度所显示的进步要显著得多。

3. 最新多维度贫困指数 正如第 1 章中阿玛蒂亚·森的能力理论中明显指出的那样，仅仅用收入来衡量贫困是不够的。为了弥补该缺陷，萨比纳·阿尔基尔（Sabina Alkire）和詹姆斯·福斯特（James Foster）将 FGT 指数扩展到多重维度。

通常，测度贫困的第一步就是要知道哪些人是穷人。在多维度贫困理论中，学者是通过所谓的"双重临界方法"来定义穷人的：第一，每一层面的临界水平（类似于在解决收入贫困的问题时，每天的生活水平低于 1.25 美元）；第二，所有层面的临界点，如果一个人在所有这些方面都是贫乏的（在贫困线以下），这个人就被看作是多维度贫困人口。利用单一维度 P_α 指数来计算，我们就可以建构多维度 M_α 指数。最基本的指标就是多维度贫困人口的比例——多维度人数比例 H_M。

最常用的就是 M_0，即调整了的人数比例，其使用有序数据，类似于贫困线 P_1（可以用人数比例乘以统一化的收入缺口来表示）。M_0 可以表示为多维人数比例乘以平均各维度的穷人比例（或者"平均贫困密度" A，也就是 $M_0 = H_M \times A$）。（如果穷人比例增加，与单纯的多维度人数比例相比，调整过的多维度人数比例特性更优，M_0 亦是如此，这叫作"多维度单一性"）。

在应用型研究中，许多替代法，也被叫作指标（indicators），都会被用于某一特定维度中。该测度方法在 UNDP 多维度贫困指数的建构与应用中的详情以及各国的数据报告见第 5.4 节，其中我们运用贫困测度来检测不同国家和地区的贫困程度。另一个被广泛使用的应用就是农业方面的妇女授权指数，详细内容见第 9 章。

5.3　贫困、不平等和社会福利

5.3.1　极度不平等的害处

在本章中，我们一直认为社会福利与人均收入水平呈正相关，与贫困和不平等水平呈负相关，并且这些术语前面都已给出明确定义。绝对贫困造成的问题显而易见。没有一个文明人愿意看到自己的同胞生活在这样的痛苦中，这很可能就是几大宗教之所以强调消除贫困的重要性的原因，至少是世界发展援助获得几乎所有开明国家支持的原因之一。但这还是会受到质疑，即如果人类的首要任务是消除绝对贫困，那为什么还要考虑相对贫困呢？我们已经知道，普遍存在于穷人中的不平等现象，是理解贫困的严重程度以及贫困对市场和有关贫困政策的影响的关键因素，但是我们为什么要关注生活在贫困线以上的那些人中的不平等问题呢？

关于上述问题，主要有三种答案。第一，收入的极端不平等会导致经济效率低下。其中部分原因是在既定的平均收入水平下，不平等程度越高，有资格贷款或拥有其他信用的人口比例就越低。其实，相对贫困的一种解释就是抵押品的缺乏。一般情况下，低收入群体（无论其是否处于绝对贫困）如果无法借得贷款，他们就无法给孩子提供良好的教育，也无法开创并扩大企业。另外，如果不平等程度较高，那么该经济体的整体储蓄率就偏低，因为最高的边际储蓄率通常见于中产阶级。尽管富人可能拥有较大量的储蓄金额，但是在通常情况下，该储蓄仅占其收入的极小份额，而且他们往往将其边际收入的很小一部分用于储蓄。众所周知，土地主、商业巨头、政治家和其他富人都将其大部分收入花在进口奢侈品、金银珠宝、豪宅以及国外旅游上，或者在国外进行储蓄以求得

安全，即所谓的资本外流。这样的储蓄和投资没有增加国家的生产性资源；实际上，这体现的是严重的资源外流。简言之，与中等阶级甚至穷人相比，一般情况下富人并不将其大部分的收入用于储蓄和投资（真正经济意义上的生产性国内储蓄和投资）。[13] 同时，不平等还可能导致资产配置效率低下。正如我们将在第 8 章中所见，高度不平等会导致人们过分重视教育，不惜以牺牲普及小学教育的质量为代价，这反过来会导致更严重的收入不平等。而且，正如我们将在第 9 章中所见，土地所有者的不平等，其典型特征是大庄园（大农场）与小型农场的存在，它们甚至都养活不了一个小家庭，这也会导致经济效率低下，因为最高效的农场规模是家庭型和中等规模。这些因素带来的结果就是，当不平等程度较高时，平均收入和经济增长率都将下降。[14]

考虑贫困线以上的不平等程度的第二个原因是，巨大的收入差异会破坏社会的稳定与团结。而且，高度不平等会增强富人的政治权力，进而增强其经济能力。通常，该权力将用于鼓励那些有利于其自身利益的活动。高度不平等催生了获取租金的竞争行为，包括诸如过度游说、大量的政治募捐、行贿受贿以及任人唯亲等行为。如果资源配置都用于这些行为的话，那么它们就与能够带来更快增长速度的生产性目的相偏离。更糟糕的是，高度不平等使得差的制度很难改善，因为只有少数有钱有势之人的境况会由于社会效率改革而变得更糟，因此大多数有钱人还是想方设法维持原有制度（见第 2 章）。当然，高度不平等还会促使穷人支持平民主义政策，这些政策反而对其不利。诸如萨尔瓦多共和国和伊朗这样曾存在高度不平等现象的国家，已经经历过社会动乱或者大范围的民事罢工，这都导致无数人丧生且使发展进程倒退了几十年。总之，由于高度不平等的存在，政策关注点往往是支持或反对现有经济成果的再分配，而不是那些扩大其分配规模的政策（第 11 章将详细探讨这些问题）。[15]

第三，在一般情况下，大家都认为高度不平等就是不公平。哲学家约翰·罗尔斯（John Rawls）提出这样一个想法，即通过实验来说明为何如此。假设在你来到这个世界之前，

你有机会选择地球上所有人之间的不平等的整体水平，而不是你自己的状况。即你可能是比尔·盖茨，也可能是埃塞俄比亚农村地区的可怜穷人，这两种可能的存在概率是相等的。罗尔斯将这种不确定性称作"无知的面纱"。问题是，面对这样的危险，你会支持比你所见的更平等或不平等的收入分配吗？如果平等程度对收入水平和增长率没有影响的话，大多数人都会支持完全平等。当然，如果所有人都拥有相同的收入，他们将失去努力工作、学习技能和创新的动力。所以，大多数人支持收入结果的少许不平等，这样才能使其具有努力工作和创新的动机。但是即使如此，如今比我们所见的更多的人还是支持较不平等。因为我们所见的大部分不平等现象都是基于运气或外来因素，如生来就无法踢足球，或者曾祖父母的身份。

基于所有这些原因以及本章的分析，我们将福利 W 表示为：

$$W = W(Y, I, P) \qquad (5\text{-}5)$$

式中，Y 指人均收入，在福利公式中是正值；I 指不平等，是负值；P 指绝对贫困，也是负值。这三要素都有重要意义，我们需要考虑所有这三个因素以实现对发展中国家福利的全面评估（该理论也可用于健康和教育的评估）。

5.3.2 二元发展理论和移位洛伦兹曲线：一些典型特征

加里·菲尔兹（Gary Fields）运用洛伦兹曲线分析了二元发展理论的三种限制情况：[17]

（1）现代部门扩大的增长类型，通过扩大其现代部门的规模，使两部门经济得以发展，同时保持两部门工资不变。这是第3章的刘易斯模型所描述的情况。它与西方发达国家历来的增长模式基本上一致，在某种程度上，与东亚一些国家和地区，如中国、韩国等的增长模式也一致。

（2）现代部门改进的增长类型，其中经济虽是增长的，但是该增长仅限于现代部门中固定的一些人，并且传统部门中的工人数量和工资保持不变。这粗略地描述了许多拉丁美洲国家和非洲国家的发展历程。

（3）传统部门改进的增长类型，其中所有增长所带来的好处由传统部门中的所有工人共享，而现代部门增长甚微甚至根本没有增长。该过程粗略地描述了某些国家的发展历程，这些国家的政策关注的是在消除极端贫困方面取得重大成就，但这些国家的收入水平可能很低，增长率也相对较低，诸如斯里兰卡以及印度西南部的喀拉拉邦。

利用这三种特殊情况和洛伦兹曲线，菲尔兹证明了以下假设的有效性（顺序有所调整）：

（1）传统部门改进的增长类型中，发展表现在收入更高，相对收入分配更平等，贫困程度降低。传统部门的改进会导致洛伦兹曲线整体向上移动，更加靠近平等线，如图5-7所示。

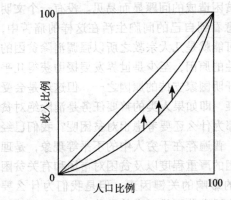

图 5-7 传统部门改进的增长类型下有所改观的收入分配情况

（2）现代部门改进的增长类型，发展表现在收入更高，相对收入分配比较不平等，贫困状况毫无改善。现代部门的改进会导致洛伦兹曲线向下移动，且远离平等线，如图5-8所示。

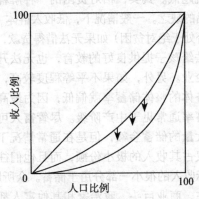

图 5-8 现代部门改进的增长类型下更加糟糕的收入分配情况

（3）最后，在刘易斯的现代部门扩大的增长类型中，绝对收入增加，绝对贫困降低，但是洛伦兹曲线总是会相交，这表明我们将无法对相对贫困的改变做出丝毫明确说明，即相对贫困状况既可能改善，也可能更糟，如图 5-9 所示。

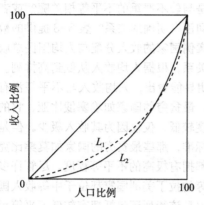

图 5-9　现代部门扩大的增长类型下相互交叉的洛伦兹曲线

有关图 5-9 交叉的洛伦兹曲线的解释如下：那些仍然留在传统部门的穷人的工资虽然没变，但是这些工资仅是巨大的总收入中的极小一部分，因此，新的洛伦兹曲线 L_2 位于旧洛伦兹曲线 L_1 的下方，即收入分配规模较低的一端。所有现代部门里的工人都拥有与从前一样的绝对收入，但是最富有的收入群体的收入比例却降低了，因此新的洛伦兹曲线位于旧的洛伦兹曲线上方，即收入分配规模较高的一端。所以，在收入分配中间的某个地方，新旧洛伦兹曲线必然会相交。[18]

这三种类型为经济发展过程中不平等现象提供了不同的预测结果。根据现代部门改进类型，不平等程度将会稳步上升；而在传统部门改进类型中，不平等程度将稳步下降；在现代部门扩大类型中，不平等程度会先升后降。[19] 如果确实发生了这种典型类型的发展过程，我们将不关注不平等程度的暂时性上升，因为除了是暂时性的以外，它还将反映一个过程，即居民将逐步获得高于绝对贫困线水平的收入。[20]

以上这些论点告诉我们，要证明我们结论的正确性，即不平等程度的上升，本身就是不好的。在某些情况下，基于最终将使所有人生活富裕、不平等程度降低的原因，不平等现象可能会出现暂时性加剧的情况。然而，在现代部门改进的类型中，不平等程度加剧的现象后来没有发生逆转，穷人也没有摆脱贫困。[21] 所以在对实际经济中的根本性变革有深入了解之前（这些变革会带来短期经济统计的变革），我们根据短期经济统计的变革得出结论时应谨慎。现代部门扩大增长的过程暗含一种可能存在的机制，该机制引出了库兹涅茨的"倒 U"假说，所以本章我们将重新探讨该问题。

5.3.3　库兹涅茨的倒 U 假说

西蒙·库兹涅茨认为在经济发展的早期阶段，收入分配的情况将会变差；只有到了后期才会有所改观。[22] 这一观点由"倒 U"**库兹涅茨曲线**（Kuznets curve）体现出来，因为收入分配的一些纵列方向（按时间序列）的变化（例如基尼系数所衡量的收入分配变化），在库兹涅茨研究的一些案例中似乎形成一个倒 U 形，正如图 5-10 所示。

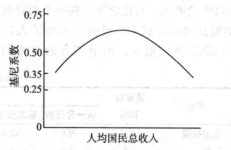

图 5-10　倒 U 型库兹涅茨曲线

有关不平等在经济增长早期阶段，以及在其未得到改善之前，为什么可能会恶化的解释有很多。这些解释几乎都认为这与结构变革的本质有关。根据刘易斯模型，早期增长可能会集中于现代工业部门，这里虽然职业有限，但是工资和生产率却很高。

正如刚才所说，如果一国从传统经济发展成为现代经济，在其现代部门的稳步扩大增长过程中，其经济发展呈库兹涅茨曲线。再者，教育回报可能会因新兴的现代部门对技能的需求而增加，然后又会因受过教育的工人供应增加和非熟练工人供应下降而下降。库兹涅茨没有详细说明他提出倒 U 假说的理论机制，它应该与经济发展的连续性进程基本一致。但是正如前面所述，传统的和现代部门改进的类型都会使不平等朝着反方向发展，所以不平等的净变化就比较含糊，库兹涅茨曲线的有效性就需要经验来判断。

即使不考虑方法论的价值，也很少有发展经济学家会认为库兹涅茨的先上升后下降的不平等过程是必然的。因为现在有足够的案例研究和关于具体地区的案例，如韩国、哥斯达黎加以及斯里兰卡，来说明较高的收入水平带来的是不平等的先下降后上升。因此，这都取决于发展过程的本质。

倒 U 假说的证明 我们一起来看看来自18 个国家的有关国民总收入在不同比例群体中的百分比（见表 5-2）。尽管收集数据的方法、涵盖范围以及个人收入的具体明细会因国家不同而不同，但是表 5-2 中所收录的数据首次提供了发展中国家收入不平等程度的近似值。例如，在赞比亚，最穷的 20%（第一个 1/5）的人口只获得 3.6% 的收入，而最富有的 10% 和 20%（第五个 1/5）的人口分别获得 38.9% 和 55.2% 的收入。对比之下，在一个相对较平等的发达国家如日本，最穷的 20% 的人口获得 10.6% 之多的收入，而最富有的 10% 和 20%

的人口分别仅获得 21.7% 和 35.7% 的收入。美国这一相对较不平等的发达国家，其收入分配状况可见表 5-2，以供比较。

现在来考察一下人均收入水平和不平等程度之间的关系。高收入是与较严重的不平等相关还是与较不严重的不平等相关呢？或者是它们之间没有明确的关系？表 5-3 提供的数据是一些案例国家的收入分配与人均国民总收入之间的关系，根据人均收入从低到高排列。从表 5-3 明显能看出，人均收入与不平等没有必然联系。最贫穷的国家如埃塞俄比亚，它的不平等程度较低，仅仅因为其收入极少。但是根据国际标准，那些最贫穷的国家如莫桑比克和赞比亚都拥有极高的不平等程度。尽管许多高度不平等的拉丁美洲国家都位于中等收入国家之列，但是该行列还包括拥有较低不平等程度的国家，如埃及、印度尼西亚以及一些东欧国家。高收入国家确实比中等收入国家更平等，但是同样，各国之间的不平等水平还是存在极大的不同。近年来，在高收入国家，不平等程度甚至也存在上升的趋势，而在几个拉丁美洲国家却存在下降的趋势。

表 5-2　收入分配估算

| 国家 | 最底层 10% | 分位数 | | | | | 最上层的 10% | 年份 |
		第一分位数	第二分位数	第三分位数	第四分位数	第五分位数		
孟加拉国	4.3	9.4	12.6	16.1	21.1	40.8	26.6	2005
巴西	1.1	3.0	6.9	11.8	19.6	58.7	43.0	2007
中国	2.4	5.7	9.8	14.7	22.0	47.8	31.4	2005
哥伦比亚	0.8	2.3	6.0	11.0	19.1	61.6	45.9	2006
哥斯达黎加	1.6	4.4	8.5	12.7	19.7	54.6	38.6	2007
危地马拉	1.3	3.4	7.2	12.0	19.5	57.8	42.4	2006
洪都拉斯	0.7	2.5	6.7	12.1	20.4	58.4	42.2	2006
印度	3.6	8.1	11.3	14.9	20.4	45.3	31.1	2005
牙买加	2.1	5.2	9.0	13.8	20.9	51.2	35.6	2004
纳米比亚	0.6	1.5	2.8	5.5	12.0	78.3	65.0	1993
巴基斯坦	3.9	9.1	12.8	16.3	21.3	40.5	26.5	2005
秘鲁	1.3	3.6	7.8	13.0	20.8	54.8	38.4	2007
菲律宾	2.4	5.6	9.1	13.7	21.2	50.4	33.9	2006
南非	1.3	3.1	5.6	9.9	18.8	62.7	44.9	2000
坦桑尼亚	3.1	7.3	11.8	16.3	22.3	42.3	27.0	2001
赞比亚	1.3	3.6	7.8	12.8	20.6	55.2	38.9	2005
日本	4.8	10.6	14.2	17.6	22.0	35.7	21.7	1993
美国	1.9	5.4	10.7	15.7	22.4	45.8	29.9	2000

资料来源：World Bank, *World Development Indicators,* 2010.(Washington, D.C.:World Bank, 2010), tab.2.9.

表 5-3　所选国家的收入和不平等

（续）

国家	人均收入（2008 年, 美元）	基尼系数	基尼计算调查年份
低收入			
埃塞俄比亚	280	29.8	2005
莫桑比克	380	47.1	2003
尼泊尔	400	47.3	2004
柬埔寨	640	40.7	2007
赞比亚	950	50.7	2005
中等偏下收入			
印度	1 040	36.8	2005
喀麦隆	1 150	44.6	2001
玻利维亚	1 460	57.2	2007
埃及	1 800	32.1	2005
印度尼西亚	1 880	37.6	2007
中等偏上收入			
纳米比亚	4 210	74.3	1993
保加利亚	5 490	29.2	2003
南非	5 820	57.8	2000
阿根廷	7 190	48.8	2006
巴西	7 300	55.0	2007
墨西哥	9 900	51.6	2008
高收入			
匈牙利	12 810	30.0	2004
西班牙	31 930	34.7	2000
德国	42 710	28.3	2000

国家	人均收入（2008 年, 美元）	基尼系数	基尼计算调查年份
美国	47 930	40.8	2000
挪威	87 340	25.8	2000

资料来源: data from World Bank, *World Development Indicators, 2010* (Washington, D.C.: World Bank, 2010), tabs. 1.1 and 2.9.

实际上，库兹涅茨曲线现在被理解为一个源于外部历史原因的统计上的偶然结果，大多数拉丁美洲国家只是碰巧同时拥有中等收入水平和高度的不平等水平（见专栏 5-1）。

有关发展中国家纵向研究详情显示了一个非常复杂的结构。Juan Luis Lonondro 发现哥伦比亚成倒 U 发展模式，而 Harry Oshima 在几个亚洲国家中未发现该模式。[23] 其实，对于许多国家来说，在经济发展过程中，不平等的改变没有特定趋势。不平等似乎是一个国家社会经济组成的一个稳定部分，只有在大动荡或政策变动时才会明显发生改变，东亚主要通过外部力量：美国对日本的占领，韩国将日本人驱逐等，降低了其不平等程度。在所有这些案例中，都实行了对不平等有长远影响的土地改革（见第 9 章）。通过实施良好的政策去促进益贫式增长，从而逐步降低不平等程度。如果采用激进的政策退化，不平等程度会日益严重。

□ **专栏 5-1　拉丁美洲影响**

加里·菲尔兹和 George Jakubson 将跨部门与纵向（以时间排序）数据结合起来，思考倒 U 结果是否由拉丁美洲影响而产生，以及该结构在不同国家有何不同。图 5-11 显示的是菲尔兹和 Jakubson 数据库中 35 个国家的数据，在该数据库中，基尼系数被用于不同发展中国家的不同时间点。根据三角关系，倒 U 曲线是一条电脑生成的抛物线，在统计标准下，它完全符合数据。所有拉丁美洲的观察资料都是均衡的：在这个数据里，所有的最不平等的国家都来自该地区。[24]

所以问题就是，随着时间推移会发生什么？在图 5-12 中，我们在图 5-11 中指定的国家和地区就被孤立出来了。巴西的数据（在图中标记为 1）就显示出了倒 U 结构。相比之下，中国香港和新加坡的数据（在图中分别标记为 4 和 5）显示出了 U 形结构。当这些不同的现象出现在同一张图中时，人们都会将其整体看作倒 U 形。这就再次强调了弄清楚是什么导致了该数据结构的重要性，而不是只看其表面价值。

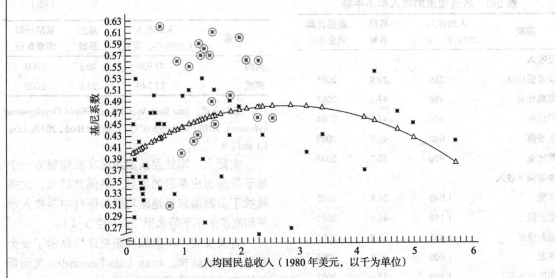

图 5-11 拉丁美洲国家库兹涅茨曲线

资料来源：Gary S.Fields, *Distribution and Development:A New Look at the Developing World* (Cambridge, Mass.: MIT Press, 2001), ch.3,p.46.© 2001 Massachusetts Institute of Technology, by permission of The MIT Press.

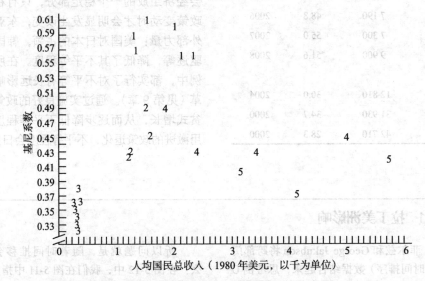

1= 巴西　2= 哥斯达黎加　3= 巴基斯坦　4= 中国香港　5= 新加坡

图 5-12 所选地区不平等数据图

资料来源：Gary S.Fields, *Distribution and Development: A New Look at the Developing World* (Cambridge, Mass.: MIT Press, 2001), ch. 3, p. 44.© 2001 Massachusetts Institute of Technology, by permission of The MIT Press.

5.3.4 增长和不平等

前面我们已经考察了不平等与人均收入之间的关系，现在我们来简单了解一下经济增长和不平等之间的关系。20世纪60 ～ 90年代，东亚人均收入增长平均为5.5%，而在非洲则下降了0.2%，然而这两地的基尼系数仍基本保持不变。再次强调，不仅仅是增长速率，还有**经**

济增长特性（character of economic growth）（它是如何实现的，有谁参与其中，哪些部门给予优先考虑，设计并重视什么样的制度安排等）决定增长程度，或者增长有没有反映到改善穷人的生活水平上。显然，不平等程度的增加并不一定会带来经济的更快增长。

5.4 绝对贫困的程度和范围

就像经济发展中的许多问题一样，消除绝对贫困的一个关键问题既是一个好消息也是一个坏消息，就像一杯既可看作半空也可看作半满的水一样。

对全球某一时间点的贫困程度做出一个近似准确的估计是相当困难的。世界银行数年之内所发布重大报告中所提供的估算值是每人每天 1 美元，而这与数百万人口的状况都不符。这反映的是该项任务的艰难性。另一难题就是确定对消除极端贫困最为有利的节点收入（cutoff income）。每天 1 美元的标准线是根据 1987 年美元价值首次建立的，数年来该标准成为根据 1993 年美国的购买力平价计算的 1.08 美元。根据 2005 年美国购买力平价计算，2008 年平等线重新被设立为 1.25 美元，这导致穷人数量估计值的增加，但是没有改变结论，即贫困人口数量自从 1990 年以来大幅下降——显而易见，这主要得益于中国的发展。即使更

新到如今的美元价值，在某种程度上，贫困线标准还是不统一（虽然其与大多数发展中国家的状况基本相符，并且至少与那些几乎无法满足最低营养水平的人的消费一致）。

最新的系统性贫困预估（最早可得的数据是 2014 年的）显示，2010 年有 12.2 亿人口的生活水平不足每天 1.25 美元，2.36 亿人口不足每天 2 美元（见图 5-13）。每天的收入为 1.25 美元的贫困人口数量从 1981 年的 19.4 亿下降了大约 37%。生活水平不足每天 2 美元的人口数量的下降不到 8%，但是这小小的下降还要归功于那些实际收入超过每天 1.25 美元的人，尽管他们每天的生活水平仍然不足 2 美元。当我们注意到 1981 ～ 2010 年（联合国估算）世界人口数增加了 23.9 亿（53%）时，我们就会发现以上贫困人口数量下降的成就是惊人的。因此截至 2010 年，每天的生活水平不足 1.25 美元的人口比率下降到了 18%，接近于 1990 年的 33% 的一半（55%）。因此，多维度贫困目标中每天的收入为 1.25 美元的人口数量减半的目标在 2010 年时几乎已经实现；而且最初的估算表明该目标已经实现，实际上截至 2013 年年底，该目标已经超额完成。全球和地区贫困趋势在图 5-13 中已总结。值得注意的一点是，生活在撒哈拉以南非洲地区的贫困人口数量在这 30 年里稳步增长，但是贫困人口数在其他地区都已下降。

图 5-13　全球和地区贫困趋势（1981 ～ 2010 年）

资料来源：Figure drawn using data from PovcalNet/World Bank; data downloaded 13 February 2014 from http://iresearch.worldbank.org/PovcalNet/index.htm?1.

极端贫困在发展中国家之间的影响作用极不均匀。基于家庭的调查估算被认为是估计贫困范围最准确的方法。表 5-4 提供了一些调查得来的贫困线为 1.25 美元和 2 美元的地区的贫

困估算状况。正如我们所见，贫困程度在南亚（31.03% 的人口每天的生活水平低于 1.25 美元）和撒哈拉以南的非洲地区（48.47% 的人口每天的生活水平低于 1.25 美元）都很高。但是撒哈

拉以南的非洲地区的贫困程度要比前者高很多,平方贫困差距指数 P_2 是 11.85(从比例上来说),远远超过南亚的 2.36。

表 5-4 2010 年区域贫困现象

地区	人口比例 P_0	贫困差距指数 P_1	贫困差距指数平方 P_2
生活水平为每天 1.25 美元的地区			
东亚和太平洋	12.48	2.82	0.93
欧洲和亚洲中部	0.66	0.21	0.13
拉丁美洲和加勒比	5.53	2.89	2.12
中东和北非	2.41	0.55	0.23
南亚	31.03	7.09	2.36
撒哈拉以南非洲	48.47	20.95	11.85
总计	20.63	6.3	2.92
生活水平为每天 2 美元的地区			
东亚和太平洋	29.14	9.42	4.05
欧洲和亚洲中部	2.27	0.64	0.3
拉丁美洲和加勒比	10.18	4.67	3.13
中东和北非	11.55	2.66	0.99
南亚	65.8	22.86	10.19
撒哈拉以南非洲	69.31	35.22	22.03
总计	40.08	15.32	7.79

资料来源:data from World Bank, "PovcalNet," http://iresearch. worldbank.org/PovcalNet, accessed 13 February 2014.

表 5-5 提供的是非洲、亚洲和拉丁美洲地区的一些具体国家及地区的贫困估算情况,其中贫困线为 1.25 美元和 2 美元。我们发现 2004 年约 44% 的印度农村人口生活水平低于每天 1.25 美元的贫困线,而约 80% 的人口生活水平低于 2 美元。相比之下,约 36% 的城市人口每天的生活水平低于 1.25 美元,约 66% 的人口生活水平低于 2 美元。

不幸的是,撒哈拉以南非洲地区的发展比其他地域要慢。尽管在过去的 10 年里,生活在贫困中的人口比例有所降低,但是 1981 ~ 2010 年,生活在贫困中的人数大幅上涨,从 20.5 亿增长到 41.4 亿(世界银行,2013 年)。贫困的集中可能会使贫困问题更难得到解决。在其他地域的大多数国家,贫困差距随着贫困人口的减少而缩小。但是从 1981 年到 2010 年这段时期,撒哈拉以南非洲地区极度贫困的穷人的平均收入几乎没有增加,仍然为每天每人 70 美分。

表 5-5 部分国家及地区的贫困状况

国家	年份(年)	人均月收入(2005 年 PPP)	人口比例(%)	贫困差距指数(%)	贫困差距指数平方(%)	基尼系数(%)
每天 1.25 美元,相当于月贫困线为 38 美元						
孟加拉国	2005	48.27	50.47	14.17	5.20	33.22
贝宁	2003	52.77	47.33	15.73	6.97	38.62
巴西	2007	346.64	5.21	1.26	0.44	55.02
布基纳法索	2003	46.85	56.54	20.27	9.38	39.6
中国农村	2005	71.34	26.11	6.46	2.26	35.85
中国城市	2005	161.83	1.71	0.45	0.24	34.8
科特迪瓦	2002	101.11	23.34	6.82	2.87	48.39
危地马拉	2006	191.7	12.65	3.83	1.63	53.69
洪都拉斯	2006	184.45	18.19	8.19	5.00	55.31
印度农村	2004	49.93	43.83	10.66	3.65	30.46
印度城市	2004	62.43	36.16	10.16	3.80	37.59
印度尼西亚农村	2005	62.79	24.01	5.03	1.61	29.52
印度尼西亚城市	2005	89.21	18.67	4.06	1.29	39.93
马达加斯加	2005	44.82	67.83	26.52	13.23	47.24
墨西哥	2006	330.37	0.65	0.13	0.05	48.11
莫桑比克	2002	36.58	74.69	35.4	20.48	47.11
尼加拉瓜	2005	151.18	15.81	5.23	2.54	52.33
尼日利亚	2003	39.46	64.41	29.57	17.2	42.93
巴基斯坦	2004	65.76	22.59	4.35	1.28	31.18

(续)

国家	年份(年)	人均月收入(2005 年 PPP)	人口比例 (%)	贫困差距指数 (%)	贫困差距指数平方 (%)	基尼系数 (%)
秘鲁	2006	216.82	7.94	1.86	0.61	49.55
菲律宾	2006	98.99	22.62	5.48	1.74	44.04
卢旺达	2000	33.76	76.56	38.21	22.94	46.68
塞内加尔	2005	66.86	33.5	10.8	4.67	39.19
每天 2 美元，相当于月贫困线为 60.84 美元						
孟加拉国	2005	48.27	80.32	34.35	17.55	33.22
贝宁	2003	52.77	75.33	33.51	18.25	38.62
巴西	2007	346.64	12.70	4.15	1.85	55.02
布基纳法索	2003	46.85	81.22	39.26	22.58	39.60
中国农村	2005	71.34	55.63	19.47	8.94	35.85
中国城市	2005	161.83	9.38	2.12	0.81	34.8
科特迪瓦	2002	101.11	46.79	17.62	8.78	48.39
危地马拉	2006	191.7	25.71	9.63	4.84	53.69
洪都拉斯	2006	184.45	29.73	14.15	8.91	55.31
印度农村	2004	49.93	79.53	30.89	14.69	30.46
印度城市	2004	62.43	65.85	25.99	12.92	37.59
印度尼西亚农村	2005	62.79	61.19	19.55	8.27	29.52
印度尼西亚城市	2005	89.1	45.85	14.85	6.39	39.93
马达加斯加	2005	44.82	89.62	46.94	28.5	47.24
墨西哥	2006	330.37	4.79	0.96	0.31	48.11
莫桑比克	2002	36.58	90.03	53.56	36.00	48.07
尼加拉瓜	2005	151.18	31.87	12.26	6.44	52.33
尼日利亚	2003	39.46	83.92	46.89	30.8	42.93
巴基斯坦	2004	65.76	60.32	18.75	7.66	31.18
秘鲁	2006	216.82	18.51	5.95	2.54	49.55
菲律宾	2006	98.99	45.05	16.36	7.58	44.04
卢旺达	2000	33.76	90.3	55.69	38.5	44.11
塞内加尔	2005	66.86	60.37	24.67	12.98	39.19

资料来源: data from World Bank, "PovcalNet," http://iresearch.worldbank.org/PovcalNet.

5.4.1 多维度贫困指数

多维度贫困指数（multidimensional poverty index, MPI）是多维度贫困测量中最常用的方法，它包含家庭层面的三个维度：健康、教育和福利。

收入的测量不够完善，但是却很重要，同等的收入所带来的优势因情况不同而千差万别。为了阐释这一观点，联合国开发计划署（UNDP）使用了 1997 ～ 2009 年的人类贫困指数。[26]

2010 年，联合国开发计划署用多维度贫困指数 MPI 来替代 HPI；通过从家庭层面开始建立数据，MPI 考虑到了多重缺陷存在时协同产

生的负面影响——对于一个国家来说，这一方法比单纯地将各种缺陷叠加，然后取平均值并综合考虑所得的结果更加贫乏。

数据建立者们称他们选择了三个维度（健康、教育和生活标准）以及每一个维度所对应的指标，因为这些指标反映的是穷人经常提到的问题，且在发展领域一直被认为具有重要意义，尤其是像千年发展目标（见第 1 章）所反映的那样。从哲学角度来说，这些数据作为人权和基本需求应该得以很好地建立；当然，这些可靠数据也应该适用于多数国家。

从健康层面来说，家庭里是否有儿童夭折以及家庭里是否有儿童或成人营养不良，这两个指

标是同等重要的（所以对于 MPI 的最糟糕的情况来说，每一指标都占有 1/6 的比重）。对于教育来说，也有两个指标，是否存在哪怕一个家庭成员没有接受过五年的教育，以及是否有学龄儿童在一至八年级期间辍学，且这两个指标的比重一样（因此，每一指标同样都占有 MPI 的 1/6 的比重）。最后，在生活标准方面，六个方面的不足即六个指标也具有相同比重（每个指标的比重都是最大可能缺陷的 1/18）。六个指标为电力不足、安全饮用水不足、卫生条件差、住房不足、烹饪燃料不足以及五种资产（电话、收音机、电视、自行车和摩托车或类似交通工具）中至少缺少一种。

以此计算，当一个家庭缺陷的总比重为 0.3（在实际计算中是 3/10）或更多时，家庭里的每个个体都被定义为"多维度穷人"。我们举三个这样的家庭为例，一个人拥有 33% 的价值，因此这个家庭中如果有一个孩子营养不良，那么他就是穷人；与此同时，该家庭中教育状况最好的一个人也只接受过三年的学校教育。或者一个存在多维度不足的穷人可能生活在一个经历过儿童夭折的家庭，同时他至少在六个生活标准的其中三个指标方面存在缺陷，那么其总比重就是 1/6+1/18+1/18+1/18=1/3 即 33%。或者他们还可能生活在其他三个指标存在缺陷的家庭，其中还有一个学龄儿童没有接受教育。即使不存在健康和教育缺陷，一个人还可能在六个生活指标上存在不足，因而注定贫穷。因此，MPI 理论通过直接计算一系列重要的家庭缺陷而不是间接通过收入来确定谁是穷人，然后再从家庭衡量到综合衡量来建立数据。它不是运用现成的综合统计数据，而是将成倍的或相互之间的负面影响考虑在内，这些影响是在相同个体或家庭中所遭遇的多方面不足。从本质上来说，该理论假设每一个个体在某一方面的能力缺失在一定程度上会由其他能力来弥补，不过只是在一定程度上。（换言之，能力被认为是替代品，但是到一定程度就会成为补足物。）这种参数衡量法曾经被大量使用。

最后，一国（或一个地区或某一集团）的实际 MPI 要经过计算得出；表达所得 MPI 值的一个便利方式就是人数比率 H_M（生活于多维度贫困中的人口占总人口的比例）值，以及缺陷 A 的平均强度（贫穷家庭中各指标的加权比重的平均比例）。经过调整的人数比率 $H_M A$ 是一系列被广泛使用的多维度贫困衡量法（由 Sabira Alkire 和 James Foster 两人提出）中的一个特例，$H_M A$ 方便快捷，它还适用于某些期望值，其中之一就是多维度单调性，意指当一个穷人在另一指标方面也存在不足时，他就会被认为更加贫困。[27]

在 2013 年《人类发展报告》中，基于最新数据，联合国开发计划署发布了 104 个发展中国家的 MPI 值，表 5-6 给出了其中的一些例子。巴西和墨西哥 MPI 值最低，分别为 0.011 和 0.015，而世界上可以计算出 MPI 值的最贫困的国家尼日尔排名 104，MPI 值为 0.642。联合国开发计划署报告显示，16 亿人生活在多维度贫困中，比生活水平不足每天 1.25 美元的人口要多几亿。从最广泛的层面来说，其结果与人们的预期是一致的；撒哈拉以南的非洲地区拥有世界上最高比例的贫困人口，南亚拥有数量最多的贫困人口。

只有尼日尔的 MPI 值大于 0.6，其他六个国家的 MPI 值都是大于 0.5，且所有这些国家都在撒哈拉以南的非洲地区，它们分别是埃塞俄比亚、马里、布基纳法索、布隆迪、莫桑比克和几内亚（早先的数据显示安哥拉、中非共和国、索马里的 MPI 值大于 0.5）。

拥有较高水平的多维度贫困的非洲以外的国家包括孟加拉国（MPI 值为 0.292）、柬埔寨（0.212）、海地（0.299）、洪都拉斯（0.159）、印度（0.283）、老挝（0.267）、尼泊尔（0.217）、巴基斯坦（0.264）、东帝汶（0.360）、也门（0.283）。

结果显示，如果我们关注的是多维度贫困，那么只了解收入贫困是不够的。例如，从多维角度来看，孟加拉国较贫穷，巴基斯坦比根据收入贫困所预测的结果要更贫困（这一发现也与第 2 章章末的案例研究中的对比研究有关）。在非洲，从多维角度来衡量，埃塞俄比亚相当贫困，坦桑尼亚比根据收入贫困所预测的结果更贫困。大多数拉丁美洲国家的多维度贫困的排名比收入贫困排名落后，只有哥伦比亚的收入和 MPI 贫困排名几乎一样。

非洲的贫困程度在一些研究结果中尤其突出。在几内亚、马里和尼日尔，超过 50% 的人口为穷人且家庭里至少有一个孩子死去。在莫桑比克、几内亚、布隆迪、马里、埃塞俄比亚、布基纳法索和尼日尔，超过 50% 的家庭里没有一个人能完成 5 年的教育。非洲之外，印度 39%、孟加拉国 37% 的穷人家庭里至少有一个孩子或者妇女营养不良。[28]

一个国家的不同地区的 MPI 值不同。总体来看，肯尼亚的 MPI 值（其 HDI 值的地区差异在第 2 章有过探讨）与印度的几乎相等。但是在肯尼亚，内罗毕地区的 MPI 值与巴西的 MPI 值接近；肯尼亚中部地区的 MPI 值与玻利维亚的 MPI 值接近；肯尼亚东北部的 MPI 贫困状况比尼日尔的更糟糕。在肯尼亚不同种族之间存在严重的不平等状况，从多维度贫困层面来看，与长久以来贫困率高达 96% 的图尔卡纳人和马赛族人相比，只有 29% 的恩布（Embu）人口是穷人。严重的不平等现象还存在于印度，其中本土（部落）人口和较低层（"规定的"）阶级人口比高层阶级人口更加贫穷。在德里和喀拉拉邦地区，只有 14% ~ 16% 的人口是穷人，但是在贾坎德邦和比哈尔，77% ~ 81% 的人口是穷人。最后，有 3 个国家的 MPI 值随着时间而发生变化：加纳的 MPI 值从 0.29 降到了 0.14，下降了约一半；孟加拉国的 MPI 值下降了 22% 之多；埃塞俄比亚的 MPI 值下降了 16%。

就像所有的指标一样，MPI 值也存在局限性。正如前面提到的，这些数据来自家庭层面，而不是个体层面（诸如，是否有学龄儿童辍学，或者是否有家庭成员营养不良）。它没有将现在和过去的情况完全进行区分（因为它所度量的是是否曾有儿童死亡）。它也没有对家庭内部的各个个体之间的差异进行区分（诸如，谁会骑自行车，或者营养不良的人是否是女性）。另外，替代因素也不完善，例如，营养不良没有涵盖微量营养素的缺乏。有时，如果数据不足，某些人会被定为非贫困人群，这样，统计人数就会或多或少低估贫困的程度。教育指标只考虑诸如入学情况或 5 年的受教育情况等输入因素，没有考虑诸如人们是否能够读书识字等输出因素。基本资产的选择也是有疑问的，例如，即使某个家庭有收音机和自行车，但是一个妇女可能只有一条裙子，其孩子可能要睡在粗糙的地板上。

表 5-6　多维度贫困指数，2007 ~ 2011 年

国家和调查年份	MPI	贫穷比	贫穷人数（千人）	贫困强度（A）
孟加拉国 2007（D）	0.292	57.8	83 207	50.4
巴西 2006（N）	0.011	2.7	5 075	39.3
布隆迪 2005（M）	0.530	84.5	6 128	62.7
玻利维亚 2008（D）	0.089	20.5	1 972	43.7
布基纳法索 2010（D）	0.535	84.0	13 834	63.7
柬埔寨 2010（D）	0.212	45.9	6 415	46.1
哥伦比亚 2010（D）	0.022	5.4	2 500	40.9
刚果民主共和国 2010（M）	0.392	74.0	48 815	53.0
科特迪瓦 2005（D）	0.353	61.5	11 083	57.4
多米尼加共和国 2007（D）	0.018	4.6	439	39.4
埃及 2008（D）	0.024	6.0	4 699	40.7
埃塞俄比亚 2011（D）	0.564	87.3	72 415	64.6
加纳 2008（D）	0.144	31.2	7 258	46.2
几内亚 2005（D）	0.506	82.5	7 459	61.3
海地 2005/2006（D）	0.299	56.4	5 346	53.0
洪都拉斯 2005/2006（D）	0.159	32.5	2 281	48.9
印度 2005/2006（D）	0.283	53.7	612 203	52.7
印度尼西亚 2007（D）	0.095	20.8	48 352	45.9
肯尼亚 2008/2009（D）	0.229	47.8	18 863	48.0
老挝 2006（M）	0.267	47.2	2 757	56.5

（续）

国家和调查年份	MPI	贫穷比	贫穷人数（千人）	贫困强度（A）
利比里亚 2007（D）	0.485	83.9	3 218	57.7
马里 2006（D）	0.558	86.6	11 771	64.4
墨西哥 2006（N）	0.015	4.0	4 313	38.9
马达加斯加 2008/2009（D）	0.357	66.9	13 463	53.3
马拉维 2010（D）	0.334	66.7	9 633	50.1
莫桑比克 2009（D）	0.512	79.3	18 127	64.6
尼泊尔 2011（D）	0.217	44.2	13 242	49.0
尼日尔 2006（D）	0.642	92.4	12 437	69.4
尼日利亚 2008（D）	0.310	54.1	83 578	57.3
巴基斯坦 2006/2007（D）	0.264 d	49.4 d	81 236 d	53.4 d
秘鲁 2008（D）	0.066	15.7	4 422	42.2
菲律宾 2008（D）	0.064	13.4	12 083	47.4
卢旺达 2010（D）	0.350	69.0	6 900	50.8
塞内加尔 2010/2011（D）	0.439	74.4	7 642	58.9
塞拉利昂 2008（D）	0.439	77.0	4 321	57.0
南非 2008（N）	0.057	13.4	6 609	42.3
坦桑尼亚 2010（D）	0.332	65.6	28 552	50.7
东帝汶 2009/2010（D）	0.360	68.1	749	52.9
乌干达 2011（D）	0.367	69.9	24 122	52.5
越南 2010/2011（M）	0.017	4.2	3 690	39.5
也门 2006（M）	0.283	52.5	11 176	53.9

注：D 表示数据来源于人口统计和健康调查；M 表示数据来源于多指标聚类分析调查；d 表示下界估计；N 表示数据
　　来源于国家调查。并不是所有国家的指标都可获得，在进行跨国比较时应该谨慎。如果数据不可获得，那么指
　　标权重调整到 100%。

资料来源：UNDP, *Human Development Report, 2013*, pp. 160-161.

MPI 理论为我们提供了一种全新的、具有重大意义的测度贫困的方法，以帮助我们理解贫困水平在国家之间和国家内部存在差异的原因，并且理解在不同状况下，不同层面（组成部分）的贫困状况会存在巨大差异的原因。最终，这将有助于我们设计更好的项目和制定更好的目标和政策，并帮助我们更快、更有效地对其效用进行评估。

目前，由于调查生活标准和人类发展方式的原因，大多数可用数据都是基于家庭层面的，这使其难以从个体层面进行"深入探讨"。家庭数据比曾经使用的数据更优；事实上，家庭数据的获得对改善发展经济学的研究具有重要作用。能够关注家庭层面而非国家层面的情况确实是一项重要改进。设计良好的收入贫困衡量法，如 P_2，仍将适用于多种方面，但是 MPI 很可能会开辟一个新时代，那时大多数评估都会对多维度贫困进行研究。

长期贫困　研究表明，差不多 1/3 的低收入者处于长期贫困。安德鲁·麦凯（Andrew McKay）和鲍勃·鲍奇（Bob Baulch）所做的有名的"猜测"，即 20 世纪 90 年代大约 3 亿～4.2 亿人口的长期生活水平为每天 1 美元；另外 2/3 的人口非常容易陷入贫困，且不时面临生活在极端贫困之中的危机。这一般发生在那些通常情况下贫穷但偶尔也会获得高于贫困线的收入的家庭，以及那些通常情况下并不贫穷但有时会遭受动荡的、生活水平暂时低于贫困线的家庭中。长期贫困集中发生在人口众多的印度，而非洲穷人中的贫困程度则是最严重的。[29]

穷人之中最贫穷者的问题给人们带来了另类挑战。超级贫困与传统贫困，在深度（程度）、时间跨度（时长）和广度（各层面人数，如识字

率和营养不良）[30] 上有所不同。贫困的不同层面之间的相互影响会导致多重贫困陷阱，各陷阱之间也会相互影响。这使得超级贫困比传统贫困更加难以解决：传统贫困通常可通过诸如微型金融（见第 15 章）加商业培训的方式得到解决，超级贫困的长期严重的本质却使短期政策更加难以得到确定执行。贫困改革者，如法兹勒·哈桑·阿贝德（Fazle Hasan Abed）认为传统项目一直都未惠及超级贫困之人。基于收入的超级贫困的定义，即生活水平是每天 1 美元的贫困线的一半，或者按照 1993 年美元计算的每天 54 美分。根据国际粮食政策研究所（IFPRI）估计，1.62 亿人口生活水平低于该收入水平，且通常营养不良。IFPRI 的研究得出结论：

> 生活水平低于每天 1 美元这一程度的贫困比低于每天 50 美分这一程度的贫困下降得快，这表明帮助那些生活水平接近于每天 1 美元贫困线的人，比帮助那些生活水平低于该贫困线的人更容易……为全世界穷人消除贫困进程的缓慢正表明了贫困陷阱，或最贫困的人及组织在没有外力帮助的条件下难以摆脱的困境。[31]

一些非政府组织已经在积极地应对该问题，如第 11 章案例分析中所介绍的金砖四国制定的解决超级贫困的项目，以及格莱珉银行的乞丐计划（Grameen's Beggars Program）。

消除贫困的愿景主要取决于两个因素：第一，经济增长率（假设经济增长以共享和持续的方式进行）；第二，服务于脱贫计划的资源水平，以及那些计划的有效性。

5.4.2　增长和贫困

消除贫困与经济的快速增长是相互冲突还是相辅相成的？大量传统观点认为快速增长不利于穷人，因为他们会被现代增长的结构变化所忽略或排斥。除此之外，在政策领域还有大量值得关注的问题，即消除贫困所需的公共支出会造成增长率下降。集中力量降低贫困程度会导致增长率放缓，与这样的观点类似的是，不平等程度较低的国家增长也较缓慢。尤其是，如果对收入或资产从富人到穷人进行重新分配，哪怕是使用激进的税收政策，人们还是认为这

会降低储蓄。然而，虽然一般情况下中等阶层的储蓄率是最高的，但是如果从历史角度来看，穷人的边际储蓄率也不低。除了进行金融储蓄外，穷人通常会将额外收入用于提高营养状况、让孩子接受教育、改善家庭生活条件以及其他支出，尤其是对生活在贫困线上的穷人来说，这些代表的是投资而非消费。至少有五个理由可以说明，那些用于降低贫困水平的政策并不一定会导致增长率下降。

第一，普遍存在的贫困使穷人陷入这样的困境，即他们无法获得任何信用，没有能力资助孩子接受教育，而且既没有物质的也没有金钱的投资机会，因此不得不生育许多孩子以防老。所有这些因素共同促使人均增长，与在更加平等的环境下本应取得的人均增长相比，变得更加缓慢。

第二，大量实证数据证明，不同于如今发达国家的历史经验，当代许多贫穷国家的富人一般都不再节俭，也不会将其大比例的收入用于本国经济的储蓄或投资。

第三，收入水平低以及穷人的生活水平低，表现在健康、营养和教育状况都较差，而且这又会降低经济生产率，进而直接或间接地导致经济增长缓慢。因此，提高收入和穷人生活水平的策略不仅要服务于穷人的物质生活，还要服务于整个经济的生产率和收入水平。[32]（这些问题将在第 8 章进一步探讨。）

第四，提高穷人的收入水平将会促进本国生产的必需品（如食物和衣服）的需求量的全面增长，然而富人往往会将其更多的额外收入用于购买进口奢侈品。本国商品需求的增加，为本国生产、就业和投资起到了极大的促进作用。因此，增长了的需求为经济的快速增长创造了条件和更广泛的参与度。[33]

第五，作为一种强有力的物质和精神鼓励，降低普遍贫困可以促进经济的健康发展，并在发展过程中获得广泛的公众参与。与之相反，巨大的收入差异和严重的极端贫困就会成为强大的抑制经济增长的物质和精神因素，甚至还会导致公众最终拒绝相信增长，对缓慢的增长速率或经济增长没能改变其生活状况而感到厌倦。[34] 因此，我们可以得出结论，即促进经济快速增长和降低贫困并不是相互冲突的两个目标。[35]

贫困程度的大幅下降并不一定与高增长不相容，该问题在案例分析和跨国数据对比分析中都进行过研究。贫困大幅减少的国家增长往往是可持续的；同时，增长并不能保证贫困降低。在过去的30年里，中国不仅拥有世界上最高的经济增长率，也是脱贫幅度最大的国家。中国的贫困人口从1981年的6.34亿降低到了2004年的1.28亿，其相应贫穷人口的比例从64%降低到了10%。该成果并不仅仅得益于经济的高速增长，也得益于鼓励现代部门扩展的积极政策。而且，中国一直与世界银行以及其他发展机构共同努力改进其脱贫计划，并长期致力于为其人民提供最低教育和医疗服务，因为教育和医疗是取得长期发展的坚实基础。中国人民在努力摆脱极端贫困方面所取得的成就是有目共睹的。近年来，越南贫困的显著降低经历了类似的过程和模式。

在大多数情况下，较富裕的国家的极端贫困程度较低。无论借助什么方法——获得就业和创业机会，或者得到大的公共机构和非政府组织的援助，生活在富裕国家的人们往往能够摆脱贫困。有事实证明，人均收入增长率整体较高的发展中国家，其拥有最少收入分配比例的人口的人均收入增长率也往往较高，只是增长比率因国家而不同。但是我们不能消极地指望可持续增长自身来消除绝对贫困，通过明智地利用经济增长所带来的各种资源，并进行共同管理，我们一定会极大加速消除贫困的进程。[36]

当然，整个经济的增长和穷人内部的经济增长之间并未表明有任何因果关系的存在。某些影响很可能来自穷人的收入、健康和教育状况的改善使得全面增长更加快速（正如前面列举的一些观点所揭示的）。另外，正如前面已经提过的，即使没有快速增长，消除贫困也是可能的。但是不管其因果关系如何，显而易见的一点是经济增长和消除贫困是两个完全兼容的目标。

5.5　高度贫困群体的经济特征

目前我们已经勾勒出了发展中国家的收入分配和贫困问题的轮廓。绝对贫困源于人均收入低下和收入分配高度不平等。那么，在给定收入分配的情况下，人均收入水平越高，绝对贫困人数就越少。但是高水平的人均收入并不能保证贫困水平一定低。因此对收入分配规模本质的理解，是分析低收入国家贫困问题的关键。

但是仅有一个绝对贫困的轮廓是不够的。在我们能够制订出有效的政策和计划，从源头消除贫困之前，我们需要具体了解这些高度不平等的群体及其经济特征。[37]

5.5.1　农村贫困

或许对穷人最有力的概括就是，他们主要居住于农村，主要从事农业和相关工作，这些穷人中妇女儿童比成年男性人口多，他们通常主要集中于少数民族群体或本土居民中。来自许多发展中国家的数据都证明了这一概括。例如，我们发现大约2/3的穷人，童年时代都是靠自足农业劳作勉强生活，有的是小农场主，有的是工资极低的农场工人；剩余的1/3中的一些人也居住于农村地区，不过从事一些琐碎工作；其他一些人居住在市区的边缘地带，从事各种形式的个体经营的工作，如街头摆卖、交易、零售以及小规模贸易等。一般来说，可以得出这样的结论，在非洲和亚洲，大约80%的被调查贫困群体居住在农村地区，而在拉丁美洲该比例大约为50%。某些国家的具体数据如表5-7所示。

表5-7　农村与城市贫困人口

地区与国家	调查年份（年）	国家贫困线以下人口比例（%）		
		农村人口	城市人口	国家人口
撒哈拉以南的非洲地区				
贝宁	2003	46.0	29.0	39.0
布基纳法索	2003	52.4	19.2	46.4
喀麦隆	2007	55.0	12.2	29.9
马拉维	2005	55.9	25.4	52.4
坦桑尼亚	2001	38.7	29.5	35.7
乌干达	2006	34.2	13.7	31.1
赞比亚	2004	72.0	53.0	68.0
亚洲				
孟加拉国	2005	43.8	28.4	40.0
印度	2000	30.2	24.7	28.6
印度尼西亚	2004	20.1	12.1	16.7

地区与国家	调查 年份 (年)	国家贫困线以下人口比例（%）		
		农村人口	城市人口	国家人口
乌兹别克斯坦	2003	29.8	22.6	27.2
越南	2002	35.6	6.6	28.9
拉丁美洲				
玻利维亚	2007	63.9	23.7	37.7
巴西	2003	41.0	17.5	21.5
多米尼加共和国	2007	54.1	45.4	48.5
危地马拉	2006	72.0	28.0	51.0
洪都拉斯	2004	70.4	29.5	50.7
墨西哥	2004	56.9	41.0	47.0
秘鲁	2004	72.5	40.3	51.6

资料来源：data from World Bank, *World Development Indicators,* 2010 (Washington, D.C.: World Bank, 2010), tab. 2.7.

值得注意的一点是，鉴于极端贫困在农村地区的集中性，大多数发展中国家过去几十年来，大部分的政府支出直接流向了城市地区，尤其流向了那些相对较富裕的现代制造业和商业部门。无论是在直接的生产性投资领域还是在教育、健康、住房和其他社会服务领域，政府支出向城市现代部门的倾斜，是后面章节里将要讨论到的许多发展问题的核心。在此，我们需要指出，考虑到贫困人口过度分布在农村地区，任何旨在减轻贫困的政策，都必须主要针对农村地区的发展，特别是农业部门的发展（我们将在第 9 章详细探讨该问题）。

5.5.2　妇女和贫困

妇女占据世界贫困人口的绝大部分。如果将发展中国家最贫困地区的人口进行比较，我们就会发现几乎在所有地方，妇女和儿童都是最脆弱的群体。与其他人群相比，妇女和儿童更容易遭受贫困和营养不良的困扰，而享受医疗服务、纯净水、卫生设施和其他好处的可能性更低。[38] 以女性为主导的家庭的普遍存在，妇女收入水平低下以及其无力支配配偶的收入，这都导致了上述恶性现象的出现。另外，妇女很少有机会接受教育，在正规部门就业，获得社会保障以及政府就业项目的帮助。以上因素共同作用，使得贫困妇女较之男性来说，其经济实力微薄且不稳定。

比例失调的超级贫困家庭多以女性为主导，一般情况下这些家庭中没有男性带来的收入。由于女性挣钱的能力大大低于男性，所以妇女更有可能成为贫困人口。一般来说，在以女性为主导的家庭中妇女受教育程度和工资水平都较低。另外，家庭规模越大，单亲父母的负担就越大，人均食物消费就越低。

男性主导的家庭和女性主导的家庭之间存在的收入差距，一部分原因可由男性和女性之间较大的收入差距来解释。做同样的工作，支付给女性的工资往往低于男性。除此之外，在很多情况下，女性基本上完全无法从事高薪工作。在城市中，妇女在私人公司和公共机构获得正规工作的可能性更小，而且总是局限于从事非法的和低生产率的工作。例如，服装制造业中违法的计件工作，这往往可令企业逃避监管，同时使其无视最低工资法或者社会保障制度的存在。即使妇女在工作中获得传统工资收入，最低工资和社会保障法还是会被明目张胆地忽略掉。同样，农村妇女也很少有机会获得稳定收入所需的资源，而且往往受到法律的限制，从而进一步削弱了其谋生的能力。法律和社会习惯通常会限制妇女拥有财产或做主签订没有丈夫签字的经济合同。大多数情况下，政府促进就业或提高收入计划，即使不完全偏向男性，至少也是大部分服务于男性，这就加剧了男女之间的收入差距。

但是仅仅用家庭收入无法描述妇女的相对贫困状况。因为以女性为主导的家庭大部分集中在最贫困地区，这些地区很少或者根本没有机会得到政府的资助，如自来水、卫生设施和医疗保健，家庭成员生病的可能性较大，而获得医疗救助的可能性较小。除此之外，在以女性为主导的家庭里，儿童入学的机会较小，为了贴补家用，他们很可能早早参加工作。

经济困难程度在一个家庭中也可能发生变化。我们之前已经讨论过，人均国民总收入不足以衡量经济发展程度，因为它未反映出绝对贫困的程度。与此类似，家庭收入也不足以衡量个人福利，因为家庭中的收入分配很可能极不平等。事实上，在穷人中，妇女的经济地位很好地证明了她们以及其孩子的福利状况。有关家庭内部资源分配的现有研究明确指出，世界上许多地区，在诸如营养、医疗保健、教育和继承财产等领域，对妇女存有强烈偏见。而且，实验研究已经表明在家庭资源分配方面存在的性别歧视，极大地降低了女婴的存活率。这就是男女比例之所以低于预期值的一个原因，主要是在亚洲国家，据说有1亿女孩和妇女"失踪"。[39]这种对男孩的偏爱，反映了这样一个事实，即男人被认为拥有更大的为家庭做经济贡献的能力。这不仅仅因为妇女无法获得高收入工作，还因为女儿通常会被嫁到村子以外的家庭，之后她们就完全对其丈夫的父母负责，因而不再对其父母的家庭做贡献。

这些家庭内部的偏见对妇女经济地位的影响强烈。研究发现，那些妇女的收入比例相对较高的家庭，对女孩的歧视较少，妇女也能更好地满足其自身及其孩子的需求。当家庭收入很低时，大多数妇女的收入都贡献于家庭成员的营养摄入开支。既然这一部分收入很小，所以男性收入的增加使日常生活所需的可用资金的增加比例较低。因此，正是这一点令人感到吃惊，即针对女性来制订增加营养和提高家庭健康水平的计划比针对男性更有效。事实上，家庭总收入的大量增加不一定转化为营养状况的改善（见第8章）。在那些妇女经济地位仍然较低的地区，妇女和儿童生活水平长久低下的状况会普遍存在。专栏5-1提供了一些有关穷人中的性别关系的看法。

有许多原因导致妇女对家庭收入和资源的支配受到限制。其中最重要的一个事实是，妇女所从事的相对较大比例的工作没有列举出来，如捡柴和烹饪，而且还有许多是无形的，如养育孩子。妇女对家庭收入和资源的支配可能还会受到这种情况的制约，即许多来自贫穷家庭的妇女，为家庭所做的农业或商业性工作不会得到任何报酬。虽然大部分的劳动投入都由女性提供，但是以男性为主导的家庭却由男性来支配所有资金（从购买农作物到家庭交易），这是常见的情况。另外，在很多文化里，人们认为由妇女负责大部分的家庭收入是不为社会接受的，因此妇女的工作往往是无形的或者是不被认可的。这些因素共同导致妇女经济地位长期低下，并导致她们对家庭资源的支配受到严格限制。

增加生产效率的发展政策对男性和女性的区别对待很可能会使收入差距增大，还会进一步降低妇女在家庭中的经济地位。因为减少贫困的政府计划往往完全针对男性，所以这些项目将会加剧这些不平等。在城市中，增加潜在收入和正规部门就业的培训项目一般都适合男性，而以男性为主导的农业拓展计划却常常以牺牲妇女的菜地为代价（见第9章）。研究表明发展计划实际上只会增加妇女的工作负担，同时还降低了其支配家庭资源的份额。结果，妇女及其孩子仍然是发展中国家经济方面最脆弱的群体。

妇女和儿童的福利受到发展政策的强烈影响，这一事实强调了将妇女纳入发展计划的重要性。要想改善贫穷个体的生活状况，我们就必须将妇女纳入经济主流。这会使女性在教育和培训计划、正规部门就业和农业扩展计划中的参与度增加。采取预防措施确保女性在教育、服务、就业和社会保障方面获得平等的政府资助，这一举措至关重要。将非正规部门（其中绝大多数劳动力都是妇女）的就业合法化也可以改善妇女的经济地位。

妇女的相对或绝对经济地位下降的后果既有道德的影响，也有长期的经济影响。任何未能改善受苦受难者（人们普遍认为这些人是妇女和儿童）的福利状况的增长，都未能实现哪怕一个主要发展目标。从长远来看，妇女地位低下可能会导致经济增长率下降。这是有道理的，因为孩子们的教育状况和将来的经济地位，很有可能反映出他们母亲而非父亲的教育状况和经济地位。因此，如果妇女能够很好地融入增长过程，当前人力资本投资的收益就很有可能会传给后代。而且考虑到将来人力资本或许是增长的最重要的前提，因此妇女教育和经济地位的改善对于实现长期的发展目标具有至关重要的作用。（我们将在第8章详细探讨该问题。）

正如女权主义发展经济学家所说的，政府贫困计划不能仅仅"增加妇女的人数"。以妇女为中心的贫困策略往往要求我们挑战基本观念。妇女的艰难状况及其在社区摆脱贫困方面所发挥的核心作用，意味着妇女的参与不能留作事后的思考，如果人们在解决贫困问题时，首先对其进行考虑并付诸行动，那么一定会相当有效。

5.5.3 少数民族、土著居民和贫困

最后一个有关贫困在发展中国家的情况的看法是，贫困在少数民族和土著居民中的下降程度尤其显著。第 2 章中我们指出，大约有 40% 的国家拥有五大少数民族，其中一个或更多民族面临严重的经济、政治和社会歧视。近年来，国内冲突甚至是国内战争发生于少数民族群体中，他们认为自己在有限的资源和就业竞争中一直处于弱势。贫困问题对于土著居民来说更加严重，分布于 70 多个国家的大约 5 000 个民族中，这些土著人口数量超过 3 亿。[40]

尽管有关少数民族和土著居民的相对贫困状况的详细数据很难得到（由于政治原因，很少有国家强调贫困问题），但是研究者已经整理了拉丁美洲的一些土著居民的贫困数据。[41] 结果清晰地表明，绝大多数土著居民生活在极端贫困中，而且身为土著居民，增加了他们营养不良、不识字、健康状况差和失业的可能性。例如，研究显示在墨西哥，与 18% 的非土著居民相比，80% 的土著居民很贫穷。表 5-8 显示的是存在于玻利维亚、危地马拉、墨西哥和秘鲁（更不用说美国和加拿大的土著）的与此类似的情况。另外，2006 年世界银行研究证实，这些国家的发展都没有取得任何进步。无论我们提到斯里兰卡的米尔泰人、缅甸的克伦人还是印度的底层人民，其少数民族人口的贫困状况与土著居民的状况同样严峻。

表 5-8 拉丁美洲土著居民的贫困程度

国家	20 世纪 90 年代，贫困线以下人口比例		不同阶段，贫困程度的变化		
	土著居民比例（%）	非土著居民比例（%）	阶段	土著居民贫困程度（%）	非土著贫困程度（%）
玻利维亚	64.3	48.1	1997～2002 年	0	−8
危地马拉	86.6	53.9	1989～2000 年	−15	−25
墨西哥	80.6	17.9	1992～2002 年	0	−5
秘鲁	79.0	79.0	1994～2000 年	0	+3

资料来源：表左侧数据来源于 George Psacharopoulos and Harry A.Patrinos, "Indigenous people and poverty in Latin America" *Finance and Development* 31 (1994):41, used with permission；表右侧数据来源于 Gillette Hall and Harry A.Patrinos, eds., *Indigenous Peoples, Poverty and Human Development in Latin America*. 1994-2004 (New York: Palgrave Macmillan, 2006).

☐ **专栏 5-2 发展中国家的性别关系问题：穷人的声音**

对于妇女，如果你不打她们，她们就不会一直表现良好。如果她们本来表现就好，你却打她们，她们还是会保持原样。

——孟加拉国的一名男性

我丈夫去世之后，我婆婆让我离开这个家。于是我到了县城里，只能睡在马路上。

——肯尼亚的一名中年寡妇

我工作的时候，一切决定由我做。她工作的时候，她自己挣钱，做自己想做的任何事情。

——巴西胡恩奎拉维拉的一名男性

问题已经影响到了我们的关系。我丈夫挣钱回家的时候，我们相安无事。他失业在家的时候，我们争吵不断。

——埃及 EI Gawaber 的一名妇女

失业的人很沮丧，因为他们不能再充当家庭的顶梁柱和保护者。他们靠妻子挣的钱过活，因而为此感到羞愧。

——吉尔吉斯斯坦 Uchkun 的一名老妇人

当女人陈述自己的观点时，他们（男人）会嘲笑她，并且根本不会在意。如果女人去参加一个会议，他们根本不会给她发表观点的机会。

——玻利维亚 Las Pascuas 的一名妇女

5.5.4   贫穷国家

最后，我们需要注意的一点是，穷人来自穷国。虽然这看起来貌似是一个无足轻重的看法，其实却是有用的积极的观点。贫困和人均收入之间的负相关关系表明，只要国家可用来解决贫困问题的资源更加广泛，国家内部各种自发组织能够得到发展，那么收入就能得到提高，贫困亦可减轻。不幸的是，如前面所述，严重的极端贫困会阻碍一国的发展。而且，在撒哈拉以南的非洲地区，许多最贫穷国家的人均收入从 20 世纪 80 年代到 90 年代大幅下降，有些国家的人均收入下降发生在 21 世纪的头 10 年。对于那些收入增长的国家来说，以目前的增长速率，要想使收入增长到能够消除贫困的水平还需要几十年的时间。巴西几十年来一直稳稳地排在中等收入国家之列，仍然还有 8% 的人口每天的生活水平不足 1.25 美元。收入贫困、营养不良、受教育程度低以及童工现象最终使巴西的发展在世纪之交（当反贫困和社会安全网计划大幅扩展的时候）大幅下降（见第 1 章案例分析）。由此我们可以得出结论，即较高的国民收入可极大地促进贫困的减少，同时，贫困问题需要直接面对并解决。

5.6   有关收入不平等和贫困的政策选择：一些基本因素

5.6.1   干预范围

那些旨在降低贫困和收入分配的过度不平等的发展中国家，有必要知道如何能够最好地实现这些目标。发展中国家政府应该在保持甚至加速经济增长的同时，采取什么样的经济和其他领域的政策来降低贫困和不平等程度？考虑到总体收入规模和贫穷人口的收入水平的提高，了解以下两点至关重要，即一国经济中收入分配的各种决定性因素，以及何种方式的政府干预能够调节或改变这些因素的影响。本节探讨的主要焦点问题就是收入不平等与贫困之间的关系。在接下来第二部分的其他章节中，我们将考察有关非收入方面的贫困政策和计划的效用，特别要关注的是第 8 章中的健康、营养和教育方面的政策和计划。

我们将政府政策可干预的领域分为四大部分，该四大部分分别对应以下四大因素，这四大因素可决定发展中国家的收入分配。

（1）改变功能分配——由价格、效用水平和其占国民总收入的比例来决定的劳动力、土地和资本收益归各要素所有者所有。

（2）缩小分配规模——根据生产性资产的所有权和控制权，以及劳动技能在全部人口中的集中和分配情况，将一国的功能收入分配转化为分配规模。这些资产分布和技能禀赋最终会决定个人收入的分配情况。

（3）通过对个人收入和财富征收累进税收来调整（缩小）高收入阶层的分配规模。这样的税收制度能够增加政府收入，并降低那些富人的可支配收入，而这部分收入在好的政策指导下，可用于人力资本投资和农村以及落后的基础设施建设方面，从而促进共同增长。（某一个体或某一家庭的**可支配收入**（disposal income）指用于购买食物和服务以及储蓄的实际开支。）

（4）通过税收收入的公共开支来直接地（如有条件的或无条件的现金转移）或间接地（如政府创造就业机会、当地基础设施建设项目或者提供小学教育和医疗服务）提高穷人的收入水平。这样的公共政策可将穷人的实际收入水平提高到其原先收入水平之上，通过后面章节的学习将会对此有更深的理解，当公共政策帮助穷人增长了其能力和资产时，这些政策的作用就越发明显。

5.6.2   通过相对要素价格调整收入的功能性分配

调整功能性分配是一种传统的经济方法。人们认为在一种制度限制或错误的政府决策的影响下，正规的、现代和城市部门的劳动力的相对价格，比由供求因素之间的自由作用所决定的价格要高。例如，在面临广泛失业的情况下，仍致力于将最低工资提高到人均较高水平（高于由供求力量所决定的价格）的工会，常常会"扭曲"劳动力价格。据此，人们认为用以降低与资本相对的劳动力价格的方法（如通过公共部门的市场化工资或者给雇主的政府工资补贴）将导致雇主在生产活动中用劳动力代替资本。这种要素替代就提高了整体就业水平，并最终提高穷人的工资，而这些穷人一直被排除在现代就业部门之外，而且除了自身劳动力外一无所有。换句话说，人为地提高现代部门工资将降低现代部门扩大增长的速率，进而损害穷人的利益（有关该部分的详细分析，请见附录 5A）。

然而，近年来，一些学者和实地工作者，特别是来自发展中国家的学者和工作者，他们认为最低工资对贫困的影响在理论和实践中是极细微的，尤其将收入在穷人中共享的可能性考虑在内时，其影响更小。印度自我雇用妇女协会甚至认为最低工资只对正规部门的工人有影响。达里·麦克劳德（Darry McLeod）和诺拉·勒斯蒂格（Nora Lustig）得出结论认为，最低工资的增加与贫困的减少相关。[42] 因此实际影响会因当地情况的不同而不同。这些观点尤其与技能较低且非正式工作相关，如服装缝纫、卷烟、卷香，从事这样工作的工人即使不是因为市场外因素，也常常会因买家垄断的原因而毫无为自己争取利益的权利。

另外，资本设备价格往往根据各种公共政策，如投资激励、收入免税额、补贴利率、汇率高估以及降低进口商品（如拖拉机和与征收关税的消费品相关的自动化设备）的资本关税，"按规定"人为设定为低水平（低于供求预期价格）。如果取消了这些特权和资本补贴，而使资本价格提高到它真正的"稀缺"水平的话，生产商提高其剩余劳动力供应的效用并降低其对稀有资本的使用量的动机就会进一步被激发。而且，资本（物质的和金融的）所有者将不会得到他们现在所享有的人为增加的经济收益。

因为人们认为要素价格的功能就是作为经济发展的最终信号和激励因素，调整其价格（例如，降低劳动力的相对价格，提高资本的相对价格）一般不仅会增加生产率和效率，还会通过为刚失业的或者未充分就业的非技术和半熟练工人提供更多工资的工作机会，来降低不平等程度。它还会降低资本所有者人为增加的收入。因此去除要素价格的扭曲将对更多更有效的增长与更高的就业水平、更低的贫困程度以及更大的、平等的共同发展大有裨益（更详细的分析，请见附录 5A）。

我们或许会得出这样的结论，传统要素价格扭曲的观点有很多可取之处，而且调整价格将有助于减少贫困并改善收入分配状况。真正的贡献是多少取决于，随着劳动力价格的下降和资本相对价格的增加，企业和农场转向劳动力密集型生产方式。这些都是很重要的实证性问题，其答案因国家不同而各异。而且，近来的研究表明，在得出这样的结论（即在任何情况下，所有最低工资都会导致贫困增加）之前，我们需要对当地的情况进行仔细研究。

5.6.3　通过增加穷人的资产调整分配规模

在每种生产性要素（劳动力、土地和资本）的资源价格和效用水平都给定的情况下，我们就可以估算每种资产的总收入。但是要想将这一功能收入转化为个人收入，我们就需要了解这些资产在各类人群之间及其内部的分配与所有权集中情况。这里我们来考虑，在一个经济体中，关于收入分配的决定性要素，最重要的是什么：在大多数发展中国家，个人收入分布不平等的最终原因是**资产所有权**（asset ownership，财富）的不平等和高度集中模式。20% 的人口通常拥有 50% 以上的国民总收入（见表 5-2）的主要原因是，20% 的人口很有可能拥有 90% 以上的生产性和金融资源（股票和债券），以及拥有良好教育和医疗服务等人力资本。调整要素价格当然不足以大幅降低收入不平等和消除普遍贫困，因为物质的和金融的资产所有权以及教育资源都高度集中。

第二项是更重要的降低贫困和不平等程度的政策，即直接将关注点集中于降低资产的集中控制。权力分布不平等以及获得教育和工作机会的不平等，这是大多数发展中国家共有的特点。与农村贫困人口（他们占有目标贫困人群的 70% ~ 80%）相关的**再分配政策**（redistribution policy）的经典案例，就是**土地改革**（land reform）。土地改革的主要目的是将租户种植者转变为小农，这样他们就有了提高产量和收入的动力。但是正如我们将在第 9 章所讲解的，如果某一经济体系中其他制度和价格扭曲，使得小农未能获得急需的关键投入要素，如信用、肥料、种子、销售设施和农业教育，那么土地改革对于收入再分配来说就是一个较弱的工具。在城市地区所进行的类似改革，包括为小型企业家（微型信用——详细解释请见第 15 章）提供可支付能力范围内的商业信用（而不是通过传统的、高利率借贷者），这样他们就可以扩展其业务，并为当地工人提供更多的工作。

除了重新分配现存生产性资产外，动态的再分配政策也将逐步进行。例如，为了产生一种更渐进的、政治上更易被接受的额外资产（资产会随着时间推移而增加）的再分配，至少那些正在发展着的发展中国家政府，可以将一部分年储蓄额和投资额转移给低收入群体。这就是所谓的"再分配源于经济增长"。特别是在权力结构极不平等的背景下，存在的一个争论点就是源于经济增长的逐步进行的再分配，是否比现存资产的再分配的可能性更高。但是有些形式的资产分配，无论是静态的还是动态的，对于大多数发展中国家大幅降低贫困和不平等程度来说，似乎都是必要条件。

教育和技能方面的人力资本是生产性资产所有权分配不平等的另一个例子。因此，国家政策应该鼓励拓宽教育机会（给予男孩和女孩相等的机会），帮助更多人提高谋生的能力。但是如同土地改革一样，提供更多的受教育机会并不能保证穷人的生活会变得更好，除非实施配套措施，如为受过良好教育的人提供更多生产性就业机会。教育、就业和发展之间的关系将在第 8 章进一步讨论。

穷人往往有着共同的问题，但是贫穷和社会排斥的形式，甚至会在一国的不同地区之间存在极大差异。政策制定者需要具备很强的知识基础。实际工作者认为参与拟订工作计划的穷人越多，增加穷人的资产和能力的计划就越有效。但是制订计划时人们必须重视贫困地区的各个部门，因为这些计划往往对女性和男性、各民族群体之间以及不同阶层给予不同的重视程度。

5.6.4 累进收入和财产税收

任何试图改善底层 40% 人口生活标准

的国家政策，一定要确保足够的金融资源能够将书面计划转换为实际行动。这些发展资金的主要来源就是收入和财产的直接**累进税**（progressive income tax）。直接累进所得税集中于个人和公司收入，并要求富人按照累进制缴纳占其总收入较大比例的税收，且要比穷人的多。财产（资产和收入的累计值）税收一般包含个人和公司财产所得税，有时也可能包含累进遗产税。在这两种情况下，税收负担在高收入阶层中的下降幅度最大。

实际上，在许多发展中国家（以及某些发达国家），人们所认为的累进税制与不同收入群体所缴纳的实际税额之间的差距极大。书面上的累进税制在实践中往往成为**累退税**（regressive tax），因为与高收入群体相比，低收入群体和中等收入群体最后往往要将更大比例的收入用以缴纳税收。穷人通常在其收入和消费源头就要被征税（工资税收、一般税收或对零售商品如烟酒征收的**间接税**（indirect taxes））。相比之下，富人的物质和资产收益占其收入的最大部分，而其物质和资产收益往往为灰色收入。他们往往有权力和能力逃税，毫不畏惧政府的制裁。在再分配问题这一领域，最需要的是强化收入和财产的直接累进税率政策，特别是针对最高水平财富的政策。（见第 15 章有关发展税收的进一步讨论。）

5.6.5 直接转移支付以及公共商品和服务

为穷人直接提供由税收筹资的**公共消费品**（public consumption）和服务，是消除贫困的综合性政策的另一个重要工具。这样的例子包括农村地区和城市边缘地区的公共健康项目，学校午餐和学龄前儿童的营养补充项目，以及为偏远农村地区提供洁净水和电力供应。直接的资金转移和为城市及农村贫困人口提供的食物补贴项目，以及保持生活必需品价格处于低水平的政府政策，都是公共消费补贴（subsidy）的形式。

虽然直接转移和补贴相当有效，但是需要谨慎设计和制定措施。这里涉及四大主要问题，值得我们关注。第一，当抵抗贫困的资源有限时，实际中往往资源有限，这些资源必须直接使真正的穷人受益。第二,有一点很重要,即受益者不应变得过度依赖贫困项目;尤其重要的是,我们希望更多地鼓励穷人累积资产,如教育资源,以使他们自己摆脱贫困。另外,"安全网"对于鼓励穷人更有创业意愿,愿意建立自己的微型企业来说,也很重要。当穷人不担心子女会在其小型企业失败后遭受更严重的后果时,上述情况发生的可能性更大。第三,我们不想让那些原本从事高生产效率的经济活动的人,转而参与到贫困项目中。第四,贫困政策往往受到非贫困人口的限制,其中包括那些工作努力,但其自身生活水平又没有远远超越贫困线水平的人。

当计划对穷人所消费的商品给予补贴时,该补贴就应指定到穷人聚集的地区,并且应指明非贫穷人口消费的商品。这有助于为贫困项目节省资源,并将非贫穷人口从该项目中获益的可能性最小化。例如,可以为任何带着小孩到邻近贫困项目中心(位于绝对贫困程度严重的农村或邻村)的妇女提供营养补充。尽管有些较为富裕的母亲可能会利用这一项目占一些小便宜,但是很少有人会冒丢面子的风险去贫困村庄或其周边地区,更不用说去项目中心了。营养救济对那些贫穷的母亲及其孩子都有帮助,这有助于他们保持身体健康,进而帮助他们打破贫困循环。

另外,在给予食物救济之前,制定一项工作要求将大有裨益。这就是著名的孟加拉国粮食工作计划以及印度的马哈拉就业保障计划中所采用的方法。印度政府已经采用了一个全国性的计划,每年至少保证一个家庭成员有100天的工作时间。早期报告表明,该项目为国人带来了实实在在的好处。在这样的计划中,穷人干的是基础设施建设的工作,如铺设从边缘地区(穷人居住的地方)到有集市的城镇的道路,这最终会有利于穷人以及该地区的其他人。尽管管理成本一般都较高,加之这些工人的技能水平比那些商业合同中所提供的工人的技能水平低很多,但是在许多情况下,这些重要的基础设施建设项目在没有这些计划的情况下根本无法完成。较高的工作要求和极低的报酬使得非贫困人口拒绝参与这样的工作,因而保存了一些劳动力资源。该特征即(工作)**福利计划**

(workfare program)的"筛选"功能。这些要求还有助于保护计划的政治可持续性:当人们目睹穷人成为"救助者而非被救济者"时,这些计划就会吸引更广泛的群众支持。

总之,我们可以说,当满足以下标准时,诸如以工换粮项目之类的工作福利,代表的是一种比福利或者直接救济更好的政策。

- 计划不会降低或严重损害穷人获得人力资本和其他资产的积极性。
- 计划可带来更大的工作产出净利润。
- 如果没有工作福利制,很难筛选出穷人。
- 对于贫穷工人来说,时间机会成本较低(所以当他们加入福利计划中时,经济产出不会有所损失)。
- 对于非贫困工人来说,时间机会成本较高(所以他们不会利用自己的这种福利)。
- 贫困人口比例较小(所以全民福利计划的额外费用会很高)。
- 参与福利项目,很少会给人们带来社会耻辱感,因此贫困人口不会遭到羞辱,或者在其家人需要帮助时,不会无法寻求帮助(否则,与高透明的福利计划相比,谨慎的福利转移或许会更好)。[43]

穷人在其社区中往往具有较低的谈判协商权力,而且从政治角度来说,该权力很难得到增强,而精心设计的计划可以通过提供良好的"外部选择"(如必要时保证公共就业的计划)来间接地增强该权利。

本书剩余部分将继续探讨脱贫政策。因为很大比例的贫困人口生活在农村地区且从事农业生产,所以适当的农业发展计划是抵抗贫困的一个关键性策略。有关农业发展的策略将在第9章进行探讨。另外,城市以及农村地区的贫困人口遭受着环境恶化之苦,这会减少经济增长的机会,还会损害穷人的健康状况。这些问题在第10章进行探讨。

另一套可行的政策包含的是,旨在提高贫困人口能力和人力资本以及社会资本的贫困计划。一个重要的例子就是,集中于帮助穷人发展其微型企业,其中大部分非农业贫穷人口靠此为生。我们发现信用是这些微型企业发展的制约因素。通过积累运转资金以及其他资产,穷人可以提高其生产率和收入。实现这一目标的微型金融策略将在第15章进行讨论。另外，抵抗贫困的相对较新的理论，关注的是取得更高收入的一种综合性方法，并与改善穷人的教育、健康和营养相结合，其中著名的包括有条件的现金转移（CCT）计划，即将收入转移到贫困家庭中，条件是诸如让孩子入学接受教育等。这些理论方法将在第8章及其案例分析中进行讲解。最后，辅助农村非正规部门发展的策略将在第7章进行研究。

5.7　归纳与总结：需要一揽子政策

通过归纳有关解决发展贫困与不平等问题的各种政策方法的讨论，我们发现，我们需要的不是一两个孤立的政策，而是"一揽子"相辅相成的政策，其中包括以下四大主要因素。[44]

（1）制定一项或者一套政策，旨在纠正要素价格扭曲，以确保市场或制度方面设定的价格能够为生产商和资源供应商提供准确的市场信号与动力。纠正扭曲了的价格将有助于生产效率的提高、就业增加和贫困减少。促进当地的有关高效的劳动力密集型生产方法的技术研究和开发也相当重要。（有关要素价格扭曲的进一步分析请见附录5A。）

（2）制定一项或一套政策，以期给资产和权利的分配以及获得教育和相关工作（就业）机会带来具有深远影响的结构性变革。这样的政策远远超越了市场领域，而触及发展中国家的整个社会、制度、文化和政治领域。但是这样根本性的结构性变革和实质性资产的再分配，无论是（如通过公共部门干预）立即实现还是（通过经济增长中的再分配）逐步进行，都将大幅改善广大农村和城市地区贫穷人口的生活水平。

（3）制定一项或一套政策，通过实施合法的收入和财产累进税制，调整高收入人群的收入分配规模，通过直接转移支付和扩大公共消费品及服务供应，如工作福利计划，调整低收入群体的收入分配规模。最终目的是为那些可能在发展过程中被忽略的人们创造一个社会"安全网"。

（4）制定一套政策，以期直接改善贫困人口及其社区的生活水平，这往往超越了"安全网"计划，为穷人提供一些能够提高其能力以及人力和社会资本的项目，如微型金融、健康、教育、农业发展、环境保护和社区发展以及赋权项目，这些内容在本书中都有讲述。这些政策既可由政府实施，也可由非政府组织借助当地和国际支持实施。

虽然这些政策主要集中于消除极端贫困和降低不平等程度，但是这些政策的制定也是为了鼓励和加速有利于穷人的经济的包容性增长，同时我们要牢记贫困固有的多维度特性。主要的例子包括在教育、营养、健康和基础设施建设方面的有利于经济增长的投资，该投资可提高收入分配中最底层人口的收入。第2～4章探讨的是经济增长的原动力和基本政策，以确定经济增长和制约因素并保持经济增长，这将有利于贫穷人口。有关额外的有助于贸易、宏观的和金融政策的详细讨论可见第13～15章。但是如果经济增长不是包容性的，那么其本身并不足以消除极端贫困，至少在某个国家的某一时段是如此，更不用说对贫困人口而言了——这是可以理解的。所以我们要鼓励包容性增长与积极的政策和计划携手并进，减少贫困并防止非贫困人口陷入贫困。

尽管消除极端贫困任务艰巨，但是只要我们坚定信念，鼓起勇气，就有可能完成。正如联合国开发计划署前总裁詹姆斯·斯佩思（James Speth）所说："贫困的发生将不再是必然。全人类拥有物质和自然资源，以及知识技能和人力资源，在不到一代人的时间里就能创造一个无贫困的世界。这并不是一个空想，而是一个实际的可实现的目标。"[45]

案例研究5　制度、不平等和收入：加纳和科特迪瓦

加纳的发展远远超过人们的预期，至少在经历了许多失败后。科特迪瓦在起步阶段具备许多明显的优势，但是在许多经济指标上，加纳的发展消除了其与科特迪瓦之间已存在的差距。

这里推荐大家结合本案例学习第2章和第5章，因为这两个国家的情况有助于我们更加全面地

理解这两章中所讨论的问题。

对比案例研究

加纳和科特迪瓦是西非相邻的两个国家。其国土面积相近，分别为 92 456 平方英里（239 450 平方千米）和 124 502 平方英里（322 458 平方千米）。其人口数量也相近，2012 年人口数量分别为 2 550 万和 2 060 万。两国在三年之内实现独立，且拥有相似的地理环境，于是这两个邻国便形成了自然的对比。最明显的不同之处就是，1821～1957 年加纳是英国的一部分，而 1842～1960 年，科特迪瓦是法国的殖民地。（需要注意的是，经历了相当长时间后，完全的殖民统治制度才在这些国家得以建立；当时法国仍奋力将其统治延续到 20 世纪早期。）

这些殖民历史对国家发展有什么影响？这些影响是否延续到两国独立以后，对其后来发展政策的影响是好还是坏？或者是否有其他更具决定意义的内部因素？这有助于我们更好地理解保持高速增长、消除贫困与饥饿，以及实现其他千年发展目标为何如此困难的原因。

独立以后半个世纪的发展表明，发展既有挑战也有机遇。该案例研究提出了许多发人深省的问题，并指明哪些信息类型是我们在学习该案例，以及其他国家的对比研究时应给予重视的。该案例阐明了如何利用第 2 章和第 5 章中的理论和许多国家的统计研究，通过对比研究理解各国的发展过程。在短期发展经济学中，文化多样性和复杂政治历史的细微差别成为某些被广泛应用的理论和研究的特征。建议读者详细了解主要非洲国家的发展。

贫困和人类发展　2013 年联合国开发计划署《人类发展报告》显示，加纳被认为是中等人类指数发展国家，NHDI 为 0.558，而科特迪瓦被认为是低人类指数发展国家，NHDI 为 0.432。加纳的发展比收入预期的排名要靠前 22 名，而科特迪瓦靠后 9 名。1990 年首次引进 HDI 时，科特迪瓦的 HDI 值为 0.393，加纳的 HDI 值是 0.360。因此两国都取得了进步，但是加纳的进步更大。2013 年科特迪瓦的多维度贫困指数（MPI）较高为 0.353，加纳较低为 0.144。而 2009 年《人类发展报告》中人类贫困指数（见注释 11）科特迪瓦为 0.374，比基于收入贫困（低于日消费 1.25 美元的人口比例）的人类贫困指数排名降低了 29 名。这表明在科特迪瓦，UNDP 人类贫困程度比收入贫困所预测的贫困程度相对更严重。加纳的 HPI 相对就好很多，为 0.281（与收入贫困所预测的排名一样）。

以上结果使得独立期间记录经济发展状况的许多人都感到惊讶。1960 年，加纳实际人均国民总收入仅为 594 美元，远远落后于科特迪瓦的 1 675 美元；但是 2007 年，全球主要经济数据显示，加纳的人均国民总收入增加到 1 653 美元，增长了 278%，几乎抵消了其原始赤字；而 47 年来科特迪瓦的人均国民总收入只增长到 2 228 美元，即 33%。2011 年，按购买力计算，加纳的人均收入为 1 830 美元，超过科特迪瓦的 1 780 美元（2013 年世界发展指标）。

科特迪瓦的人口预期寿命为 55 岁，加纳为 64 岁（2012PRB 估算）；1960 年，科特迪瓦的人口预期寿命为 51 岁，加纳为 46 岁。2011 年，科特迪瓦 5 岁以下儿童死亡指标为 115，虽然较高但是比加纳要低 78。

Aysit Tansel 显示，截至 1987 年，加纳的所有年龄群的男女平均受教育年限远远领先于科特迪瓦。截至 2008 年，加纳的成人识字率为 65%，科特迪瓦为 48.7%。

在这两个国家很难找到有关极端贫困程度的可靠信息，但是毋庸置疑的是，在独立期间，加纳的贫困程度极高。根据 1987 年调查，世界银行计算的这一年科特迪瓦的生活水平低于每天 1 美元的贫困人口比例仅为 3.28%，而加纳却高达 46.51%；另有数据显示加纳的该比例为 36%（根据 1998 年的研究），科特迪瓦为 16%（根据 2002 年的研究）。世界银行最新数据（2013 年世界发展指标）显示，加纳生活水平低于每天 1.25 美元的人口比例为 28.6%（2006 年调查），科特迪瓦为 23.8%（2008 年调查）。这表明，长期以来，加纳的贫困程度下降了，但科特迪瓦却上升了。

与东亚地区相比，这两个国家的进步都很小。但是这两个国家之间的区别却相当巨大。我们从何理解这些差异呢？有时，当下发展模式的变革会对以后的发展产生根深蒂固的影响，所以我们就从探讨这一点开始。

比较长期发展因素

殖民影响和制度流毒　1482 年，葡萄牙在加纳沿岸建筑了堡垒，并起名为埃尔米纳（"我的"）。后来，英国殖民者将这一地区改名为"黄金海岸"，直到 1957 年独立以前，它都以此为名。科特迪瓦（曾被殖民者称为"象牙海岸"）这一名字源于法语。很显然，这些名字都反映了殖民统治者对这些领土的错误态度：只将其当作"海岸"而非"国家"；只将其当作交易的商品而非民族，或者仅当作国家所有的一部分。很明显，对于殖民主义者来说，他们更看重的是资源而非人口。加纳遭受奴隶贸易的影响更糟更深。科特迪瓦也受到不公平对待，比如19世纪末和20世纪初，法国发起一次残酷的运动压制"内部人士"并强迫其劳动。我们该如何理解这可怕的殖民经历及其对国家后来的影响呢？这两个国家的定居者的死亡率（与具有长期有害影响的殖民制度的建立有关，见第2章2.7节）高得惊人，据估计，每年每1 000人中有668人死亡，是阿西莫格鲁、约翰逊和罗宾逊（Acemoglu, Johnson, and Robinson, AJR）的研究中死亡率最高的国家；相比之下，南非的死亡率仅为15.5。⊖

制度质量 研究认为遗留制度会对这两个国家产生特别坏的影响，因为殖民者几乎没有什么意识想要保护财产权、鼓励投资或者允许广大群众获得经济机会或参与政治；相反，很明确，他们的动机就是窃取或者让别人帮自己窃取。有关当下制度质量的数据显示，"免于没收风险的平均保护"水平，加纳为6.27，科特迪瓦为7.00，相比之下，刚果民主共和国（当时名为扎伊尔，3.5）和美国（10.00），对投资者的保护水平不是相当好也是较好。但是，一系列最新研究给予了加纳较高的分数。虽然所有国家的制度排名引用应谨慎，因为它们可能会包含主观因素在内，但当不同的关注点上相互独立的一组指标共同指向一个方向时，就具有了指示意义（却不能用于具体某个国家的精确评价）。关于腐败指数，根据国际透明度数据，2012年，加纳在176个国家中排名64，科特迪瓦排名130。关于"经商容易度"，根据世界银行数据，2010年在183个国际金融公司中，加纳排名92（在撒哈拉以南的非洲地区排名第7），科特迪瓦排名168（地区排名32）。关于开明度，《经济学人》杂志将加纳列在混合制国家之列（167个国家中排名94），科特迪瓦被列在专权型国家之列（排名136）。关于现有财产所有权保护，根据《华尔街日报》和遗产基金会合办的一个排名，在100个国家中加纳排名50，科特迪瓦排名25。有些批评者虽然指出了这些资源所存在的缺陷和不足，但是他们却一致认为科特迪瓦的制度质

量越变越糟，而加纳的制度质量却有所改善。所以，我们必须要很好地理解这一点。是否由于加纳的制度质量太差，因此使得改革成为唯一选择？

民族语言边缘化 经济学中，与低收入和低增长相关的另一个因素就是民族语言边缘化，一些社会学家还指出宗教边缘化存在潜在危险。其实，这两个国家都存在极高的边缘化现象，而科特迪瓦的边缘化现象更严重。在这两个国家中，都是阿坎人占人口的绝大多数（在加纳其比例为45%，在科特迪瓦为42%），还有许多较小的人口群体。在加纳，69%的人信奉基督教，16%的人信奉伊斯兰教；在科特迪瓦信奉这两种宗教的人口分配比较均匀，39%的人信奉伊斯兰教，33%的人信奉基督教。尽管学者们对衡量边缘化的恰当途径一直存在争论，主要采用的方法有7种，而其中6种方法显示科特迪瓦的边缘化水平较高，在某些情况下还相当高。⊖2002年科特迪瓦饱受内战扰乱，国家分裂，其中政治人物对边缘化的利用起了重要的作用。

人口 正如第6章要讨论的，人口增长模式往往被认为是发展的一个重要方面。1960年独立时，科特迪瓦的人口仅为360万，所以截至2007年，其人口增长了大约5.5倍。相比之下，1960年，加纳的人口已经将近700万，所以其人口同期增长了不到3.3倍。即使现在，加纳的生育率仍较高，为4.0，而科特迪瓦更高，为4.9，相当于每个妇女多生育一个孩子。在科特迪瓦，只有8%的已婚生育年龄段的妇女使用现代避孕手段，在加纳却有17%，虽然比例较小，但还是比科特迪瓦的使用率高一倍（即使将传统和现代两种避孕方法都考虑在内，两国仍存在差距，科特迪瓦的使用率为13%，加纳为24%。）高生育率一般会阻碍经济的发展，快速增长的人口会导致人均收入增长与其他发展指标的提高速度变慢；低生育率会增加接受教育的家庭动力和教育资源。但是人口的地理分布似乎没有特别强烈的政治影响。例如，杰弗里·赫布斯特（Jeffrey Herbst）将加纳和科特迪瓦划分到40个撒哈

⊖ 根据AJR在历史学家菲利普·柯廷（Philip Curtin）的研究之上所得出的数据，其他死亡率畸高的殖民地国家有多哥、冈比亚、马里和尼日利亚。相比之下，马来西亚和新加坡均为17.7。因为定居者死亡率是衡量早期制度的一个工具（见第2章），所以在关注其他因素的基础之上，我们用相同的死亡率来考察这两个国家。（此处列举的研究结论是基于多个国家的统计数据分析得出，而不是案例研究；当进行更深层次的对比案例研究时，我们将这样的研究看作是考虑问题的起点。）

⊖ 例如，根据1997年伊斯特利-列文（ELF）的基本衡量法，科特迪瓦的基尼系数为0.86，加纳的为0.71，而非洲国家中布隆迪系数最低，为0.04，刚果和乌干达最高，为0.9。根据2003年的替代方法，科特迪瓦的系数为0.82，加纳为0.67，其范围为0～0.93。这些都是经济学家常用的基准线，但是根据其他方面的7种中的1种——1999年费伦（Fearon）法测量，科特迪瓦为0.78，加纳为0.85。

拉以南非洲国家中的 7 个 "中立的政治地理" 国家之列。

极端贫困 正如第 5 章所讲解的（以及第 2 章中所介绍的），极端贫困会阻碍发展进程。据世界银行最新基尼系数，科特迪瓦和加纳差别不大（科特迪瓦为 0.42，加纳为 0.43）。但是阿尔尼姆·兰格（Arnim Langer）指出，科特迪瓦相对较高且不断增加的不平等程度，加之日趋紧张的种族局势（政治行动者故意使其恶化），导致 21 世纪早期的冲突爆发（种族不平等作为冲突的一部分见第 14 章 14.5 节）。

普通法和民法 由于曾经作为英国的殖民地，加纳的法律体系是建立在英国普通法之上的，而科特迪瓦的法律体系是建立在法国民法之上的。自从 20 世纪 90 年代末以来，一直有一种颇具影响力的观点，就是普通法体系与民法体系相比，为金融体系的发展建立了更良好的基础。该领域专家拉斐尔·拉·波特（Rafael La Porta）及其同事认为，普通法既能更好地保护财产所有权，又能加强合同效力，提供更多的预测性，还能更好地适应经济环境的变化。一般来说，投资对经济增长来说必不可少（第 3 章和第 4 章），而且有效的金融体系的发展亦可促进投资（第 15 章）。有证据证实了一种预测，即民法国家将经历金融发展欠佳以及投资率较低的状况。但是，除了法律体系外，法国和英国制度之间的差异也很重要。

法国和英国统治 学者们普遍认为英帝国一直倾向于通过其对当地传统政治体系的主导能力，而非创建新的体系来实现其间接统治（很可能与普通法的传统有关）。相比之下，据说法国更倾向于对其殖民地进行直接统治，采用自己的中央集权管理体系，这或许与其自身的法律和历史传统有关。当殖民地情况十分有利于中央统治或间接统治时，这两国殖民者都会采取相似的策略。但是，当两个殖民地的起始条件相似，且对于中央集权化和分散化的当地优势都不强烈时，法国就会采取中央集权化的策略，英国就会采取分散化策略。

事实也确实表明英殖民者对加纳采取的是分散化统治，法殖民地科特迪瓦采取的是中央集权化统治。但是如果中央集权化统治转移到后殖民主义统治中，结果就会演变成一个政府机关之间几乎毫无制衡的国家。比较之下，分散化统治可以为抵制大规模政府腐败带来更强的动力和制约力量（见第 11 章）。有关后殖民时期的记录虽复杂但确实表明，在科特迪瓦，虽然后来的国内冲突增加了未来发展的不确定性（作为一个殖民地国家，科特迪瓦确实面临一些长期风险），但一直存在强烈的中央集权化倾向。正如凯瑟琳·布恩（Catherine Boone）在其大量详细的关于两个国家的研究中指出，加纳起初的情况很微妙且远不足以彻底实现后殖民主义政府中央集权化的企图，其中部分原因很可能是政府强取较大份额的农业收入，但是 1992 年，至少首领和其他传统村庄管理者的职位在形式上有所好转，更多的是非官方方面有所恢复。

最后，一些评论家认为科特迪瓦在独立后更加依赖法国。除了殖民统治的消极影响外，科特迪瓦对其前殖民国的依赖对其经济增长和政治发展具有长远的阻碍作用。相比之下，加纳的国家关系更多样，这就使其在追求国家发展利益方面有更大的讨价还价的能力。

教育 有些学者认为教育对于解释经济增长具有相当重要的意义；爱德华·格莱泽（Edward Glaeser）及其合作者甚至认为教育的改善会促进制度的改进。在独立期间两国的教育状况都很糟。两国之间一个最惊人的后殖民差异就是，加纳的教育状况很好，因而教育投资很大。独立后的前几年，加纳政府政策很重视某些贫穷地区的小学教育。2010 年，根据 2013 年《人类发展报告》（HDR）数据，加纳（7.0 年）的平均受教育年限比科特迪瓦（4.2 年）多了近 3 年。现在预期受教育年限加纳为 11.4 年，科特迪瓦为 6.5 年。在 HDI 中，教育本身就很有价值；很显然，它是表明经济快速增长的一个因素，甚至还是表明未来制度改进的一个数据。近年来，加纳在基本医疗保险制度方面也取得了成功。

发展政策 发展政策通常由一个国家潜在的经济制度来构建，它可以设置各种限制条件来制定有利于国家运行的改革政策。一个国家不能执行其政策（如在小学教育质量方面进行投资）反映的也许不是理解失误，而是政治限制的现实。但是一旦成功，设计得好并且实施了的政策就会对发展结果有积极影响；不好的政策会产生灾难性的后果。

加纳的政策 两国起初（现在仍是）都是农业经济，有超过一半的劳动力都在农村地区工作，但是两国之间却存在某些政治差异。一般的学术观点认为，独立后的头 25 年，加纳实施了大量欠考虑的以及腐败的干涉主义政策。早期政策被描述为城市工业导向型政策，即进口替代，以取代当地生产的制成品进口（见第 12 章）。1966 年，加纳政府的一项政策强调的是小学教育，它对后来的发展产生了影响。经历了如 20 世纪 60 年代中期和 80 年代早期的政变之类的灾难性政策和极端不稳定之后，加纳经历了政策转变，成为 20 世纪 80 年代世界银行和其他机构偏爱的倡导自由化的国家。

发展是一个复杂的进程，而且很少能够顺利推进。20 世纪 80 年代，独立后加纳的情况相对较恶劣，其大多数经济增长发生于 80 年代中期，直到现在。例如，可可一直是加纳经济出口的重要部分，但是国家市场委员会（第 9 章中将进行介绍）为了给工业化以补贴，限制农民出售可可的价格，所以导致可可的出口量下降。当允许农民高价出售可可并给予技术支持时，产量便大大增加，尤其是在 20 世纪 80 年代和 21 世纪早期有两次大的增长。肥料和改良品种在农民中间得到普及（第 9 章专栏 9-2 探讨了加纳菠萝种植业的扩张）。现在可可的种植为加纳 70 万农民提供了基本生活来源。

20 世纪 90 年代初，世界银行分析人员就指出，加纳作为一个国家，与其他国家如科特迪瓦相比，在效仿和施行推进市场化政策方面做得更好。

加纳（以及其他国家）进行大规模改革的一个原因就是，情况已经变得很糟，除了进行改革，别无他法；很自然，如果考虑到当地的情况变糟糕这一事实，仍然拒绝改变就是徒劳的，因为情况已发生了变化——或许不总是好的变化。加纳成了那些持争议性观点的人所使用的经典案例。一种转述丹尼·罗德里克观点的评论说，至于什么样的强迫程度会"导致"改革还不清楚；因此，当分析者单纯表明由于情况没有变得太糟，因而改革没有发生时，这是不具说服力的。

科特迪瓦的政策　相比之下，科特迪瓦在 20 世纪六七十年代经历了相对较快的发展，而从 80 年代到现在却有所退步（目前受到国内冲突的影响，经济衰退更加明显）。那些二十多年来貌似有用的制度，其根本性缺陷在后来才慢慢浮现，例如政治家们将这些缺陷当作政治机会，或者当新的挑战出现时，人们才发现那些体系的灵活性太差。

科特迪瓦的政策被广泛认为有这一特点：由于它最初走的是一条以市场为基础、以出口为导向的道路，所以对农业部门的发展更有帮助，而且该国大多数人口和大多数贫困人口都处于农业部门。但是这并没有阻止上层管理者从农村地区攫取财富。事实上，该国存在大量政策倾斜。一个明显较优的有效策略或许就是，早期的鼓励所有种族参与并从国内经济中获益的政策。例如，在科特迪瓦有大量的移民，包括 20 世纪 40 年代法国人从布基纳法索

强行买来的劳动力。90 年代末的一种更加基于种族层面的政治，被科特迪瓦的政治专家们视为导致 21 世纪地区灾难和种族冲突的因素。

持久的问题　1990 年，世界银行和其他国家都认为加纳的发展是一个"成功的案例"。加纳的成功是否因为其施行了正确的政策？但是即便如此，为什么加纳选择了好的政策而科特迪瓦却没有，这又如何解释？

2002 ~ 2007 年，科特迪瓦陷入严重冲突之中；许多人因此丧命，资源不断地用于解决冲突问题，国家前景堪忧。法国军队的参与表明法国与科特迪瓦继续保持着特殊关系。相反，加纳一直保持稳定，为什么？它能否继续保持稳定？加纳将如何成功处理其石油的最新发现和生产还有待观察。从原则上来说，新的资源可直接或间接地减少贫困。但是对于许多国家来说，资源收入的政治冲突都会导致"资源诅咒"和一个过度专业化的甚至是"挖空"的经济（见第 14 章）。

加纳前总统克瓦米·恩克鲁玛（Kwame Nkrumah）积极支持教育，但是鼓励将资源从可可出口转移到当地工业，这导致了经济灾难；在强迫执行的情形下，杰里·罗林斯（Jerry Rawlings）支持市场化政策改革，这虽然会在短期内导致经济衰退，但是长期来看会带来收益。后来的领导者更加务实，至少有些行为相对来说不利于国家的经济发展，当然还是有些有利行为的。很少有评论者对后来领导者做什么予以评论。当然，政府中或民间团体中非同寻常的领导在发展进程中会发挥决定性的作用，如南非的纳尔逊·曼德拉（Nelson Mandela）或者孟加拉国的穆罕默德·尤努斯（Muhammad Yunus）。但是对于普通领导者来说，问题的关键是领导才能还是根本性制度？是著名运动，是教育，还是外来思想和技术？这些仍然是一直存在的问题，而且答案也因当地环境不同而不同。

由于研究仅限于这两个国家，以此来说明该领域中普遍存在的情况时，我们不能不加置疑地得出结论，即英国在加纳以及法国在科特迪瓦建立的制度，对于这两个国家在后来的贫困减少和经济增长的成功与失败，起着决定性作用。但是有证据证实，第 2 章中对大量国家的统计研究中所指明的因素，更起作用的有制度、不平等以及教育（至少从间接角度）。很显然，殖民制度具有负面影响，而且在殖民时期，殖民统治分散化显然起着重要作用。自从 1992 年以来，在加纳，中央集权化管理的再次出现或许与危害较小的英国管理有关。同时，历史并不

是命运——加纳所取得的进步并没有殖民制度工具所预测的那么好，科特迪瓦的情况也不一定就很惨淡。旧的制度和不平等会强烈抵制变革的发生。但是全球趋势是向着持续的人类发展目标而发展，而且其他非洲国家，如卢旺达已经取得了重大的经济进步，这在几年前是人们想都没有想过的。与此同时，2010 年总统选举之后的僵局表明科特迪瓦的制度仍然较脆弱。有关于此的乐观解读就是，国际团体在促进根本性制度改进方面能够发挥建设性作用。

资料来源

The authors would like to thank Gina Lambright, David Shinn, and Jennifer Spencer for their comments on the first draft of this case study, and Andrew Klein and Kevin Salador for their research assistance.

Acemoglu, Daron, Simon Johnson, and James A. Robinson. "The colonial origins of comparative development: An empirical investigation." *American Economics Review* 91 (2001): 1360–1401.

Adjibolosoo, Senyo. "Ghana at fifty years old: A critical review of the historical genesis of why Ghanaians are where they are today." *Review of Human Factor Studies*. 13 (2007): 6–40.

Alesina, Alberto, and Eliana La Ferrara. "Ethnic diversity and economic performance." *Journal of Economic Literature* 43 (2005): 762–800.

Alkire, Sabina, and Maria Emma Santos "Acute Multidimensional Poverty: A New Index for Developing Countries." OPHI Working Paper 38, 2010, at http://www.ophi.org.uk/acute-multidimensional-poverty-a-new-index-for-developing-countries/

Beck, Thorsten, Asli Demirguc-Kunt, and Ross Levine. "Law and finance: Why does legal origin matter?" *Journal of Comparative Economics* (2003): 663–675.

Blunch, Niels-Hugo, and Dorte Verner. "Shared sectoral growth versus the dual economy model: Evidence from Côte d'Ivoire, Ghana, and Zimbabwe." *Development Review* 18 (2006): 283–308.

Boone, Catherine. *Political Topographies of the African State. Territorial Authority and Institutional Choice.* Cambridge: Cambridge University Press, 2003.

Crook, Richard, Simplice Affou, Daniel Hammond, Adja F. Vanga, and Mark Owusu-Yeboah. "The law, legal institutions and the protection of land rights in Ghana and Côte d'Ivoire: Developing a more effective and equitable system." IDS Research Report 58. Brighton, U.K.: Institute of Development Studies at the University of Sussex, 2007.

Easterly, William. "Inequality does cause underdevelopment." *Journal of Development Economics* 84 (2007): 755–776.

Engelbert, Pierre. "Pre-colonial institutions, post-colonial states, and economic development in tropical Africa." *Political Research Quarterly* (2000): 7–36.

———. *State Legitimacy and Development in Africa.* Boulder, Colo.: Rienner, 2000.

Firmin-Sellers, Kathryn. "Institutions, context, and outcomes: Explaining French and British rule in West Africa." *Comparative Politics* 32 (2000): 253–272.

Glaeser, Edward L., Rafael La Porta, Florencio Lopez de Silanes, and Andrei Shleifer. "Do institutions cause growth?" *Journal of Economic Growth* 9 (2004): 271–303.

Herbst, Jeffrey. *States and Power in Africa. Comparative Lessons in Authority and Control.* Princeton, N.J.: Princeton University Press, 2000.

Heston, Alan, Robert Summers, and Bettina Aten. *Penn World Table,* vers. 6.3. Center for International Comparisons of Production, Income, and Prices at the University of Pennsylvania, August 2009.

Husain Ishrat. *"Why do some adjust more successfully than others? Lessons from seven African countries."* World Bank Africa Regional Office Policy Research Working Paper No. 1364, Office of the Chief Economist, 1994.

Husain, Ishrat, and Rashid Faruqee. *Adjustment in Africa: Lessons from Country Case Studies.* Washington, D.C.: World Bank, 1994.

La Porta, Rafael, Florencio Lopez-de-Silanes, Andrei Shleifer, and Robert W. Vishny. "Law and finance." *Journal of Political Economy* 106 (1998) 1113–1155.

Langer, Arnim, "Horizontal Inequalities and Violent Conflict" Côte d'Ivoire Country Paper, 2005. http://hdr.undp.org/en/reports.

MacLean, Lauren Morris. "Constructing a social safety net in Africa: An institutionalist analysis of colonial rule and state social policies in Ghana and Côte d'Ivoire." *Studies in Comparative International Development* 37 (2002): 64–90.

Office of the Chief Economist, Africa Region, World Bank. *Yes, Africa Can: Success Stories from a Dynamic Continent.* Washington, D.C.: World Bank, 2009.

Population Council. "Côte d'Ivoire, 1998–99 results from the Demographic and Health Survey source." *Studies in Family Planning* 34 (2003): 53–57.

Population Reference Bureau. *World Population Data Sheet, 2012.*

———. "Progress in Reducing Adolescent Childbearing: Ghana's Success Story," A PRB ENGAGE Snapshot, 2013 http://www.prb.org/Journalists/Webcasts/2013/ghana-adolescent-childbearing-engage-short.aspx.

Rodrik, Dani. "Understanding economic policy reform." *Journal of Economic Literature* 34 (1996): 9–41.

Stewart, Frances. "Horizontal inequalities: A neglected dimension of development." QEH Working Paper Series, No. 81. Oxford: University of Oxford, 2002.

Tansel, Aysit. "Schooling attainment, parental education, and gender in Côte d'Ivoire and Ghana." *Economic Development and Cultural Change* 45 (1997): 825–856.

Tsikata, Fui S. "National mineral policies in a changing world: The vicissitudes of mineral policy in Ghana." *Resources Policy* 23 (1997): 9–14.

United Nations Development Programme. *Human Development Report, 2009 and 2010.* New York: Oxford University Press, 2009 and 2010.

White, Howard. "Using household survey data to measure educational performance: The case of Ghana." *Social Indicators Research* 74 (2005): 395–422.

World Bank. "PovcalNet." http://iresearch.worldbank.

org/PovcalNet.

———. *World Development Indicators, 2010, 2013.* Washington, D.C.: World Bank, 2010, 2013.

Yimam, Arega. *Social Development in Africa, 1950–1985: Methodological Perspectives and Future Prospects.* Brookfield, Vt.: Avebury, 1990.

问题讨论

1. 现在大多数发展经济学家似乎都赞同，国民总收入和人均收入的水平及其增长率都不足以衡量一个国家的发展。他们争论的实质是什么？请举例说明。

2. 请区分一国的收入规模分布和功能收入分配。你认为哪个概念更加恰当？请解释。

3. 绝对贫困意味着什么？发展经济学家更偏爱哪种收入贫困的衡量方法？这些衡量方法与联合国开发计划署的多维度贫困指数有什么不同？对于发展中国家贫困的衡量方法我们为何应谨慎对待？

4. 高度贫困群体的主要经济特征是什么？这些特征对于我们理解注重贫困的发展策略的本质有怎样的启发？

5. 描述库兹涅茨倒U曲线假设。讨论一下该假设对于当代发展中国家的概念性优点及其缺陷。

6. 在本书中，当对较大范围的发展中国家的统计数据进行考察时，我们发现经济增长并不能保证贫困的减少；尽管高收入与低贫困相关联，但有时经济发展甚至已经达到中等收入水平，人们却仍需与极端贫困做斗争。这些对于我们了解一国经济增长进程的特征及其制度结构的重要性有什么启示？

7. 洛伦兹曲线与基尼系数之间的关系如何？请举例说明，洛伦兹曲线和基尼系数如何共同用于衡量一国收入分配的平等和不平等程度。

8. "一国收入分配的决定性因素是其生产性和能够产生收入的资产的分配。"请解释该论述的意义，并举例说明什么是生产性资产，什么是能够产生收入的资产。

9. 快速的经济增长（通过GNI或基尼系数来衡量）和较平等的个人收入分布一定会是两个相互冲突的目标吗？概括关于这两个目标所假设的冲突的正反两方面争论，并陈述你自己的观点。

10. 从什么角度来看，不平等可能带来更快的经济增长或发展？从什么角度来看，不平等可能引起经济增长或发展变缓？

11. 我们在减少贫困方面是否取得了进步？无论取得与否，请解释其原因。

12. 什么类型的贫困政策已经被证实是有效的？

13. 有人认为，经济增长对于消除绝对贫困和降低不平等程度是一个必要而非充分条件。该论断背后的理论依据是什么？

14. 请列出改变和调整国民总收入的规模分配的主要政策。你认为哪些政策是绝对必要的？请解释。

附录 5A 适用技术和创造就业机会：价格激励模型

技能选择的说明

新古典价格激励模型（neoclassical price incentive model）的基本主张很简单且符合新古典厂商理论的传统。根据经济原则，该模型假定生产者（厂商和农场）均面临既定的相对要素价格（如资本和劳动力价格），同时运用资本和劳动力，以使生产成本最低化，且达到期望的产出水平。此外，该模型还进一步假定，生产者有能力运用多种技术性生产方法进行生产，从劳动力高度密集型生产方式到资本高度密集型生产方式。因此，如果与劳动力价格相比，资本价格很昂贵的话，生产者就会选择劳动力相对密集型生产方式。相反，如果劳动力

价格相对较高的话，经济型厂商或农场就会运用资本更加密集型生产方式，因为这样可以节约昂贵要素。

传统经济学的技术选择如图5A-1所示。假设我们所考察的厂商、农场、工厂或经济只有两种生产技能可供选择：技能或生产方式 0A，相对劳动力来说，这需要较多的资本投入（同种资本）；技能或生产方式 0B，相对来说，它属于劳动力密集型。点 F 和 G 分别代表两种生产方式的单位产出，因此与 F 点和 G 点相交的线 Q_1FGQ_1' 就是单位产出的等产量曲线。（需要注意的是，在传统新古典主义模型中，假设这样的技能或生产方式无限量存

在，那么等产量曲线往往就会呈典型弯曲状。）

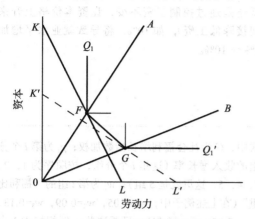

图 5A-1　技术选择价格激励模型

根据此理论，资本劳动力的最优（成本最低）组合（有效的或适用的技术）就取决于相对要素价格。暂时假设资本和劳动力的市场价格反映的是资本和劳动力的稀缺度或者影子价格，而且所期望的产出水平为图 5A-1 所示的 Q_1。如果相对劳动力（价格线 KL）来说，资本较便宜，那么运用资本密集型生产方式 $0A$ 时，其最优产出就会出现在 F 点。相反，如果劳动力和资本的市场价格中，劳动力是一个相对较便宜（劳动力充足）的要素（线 $K'L'$），那么生产者就会选择劳动力密集型生产方式 $0B$，其最优产出就出现在 G 点。由此得出结论，假设其他所有条件都一样，对于现在使用的任何一种生产技术来说，在最优生产策略中，劳动力相对价格的下降，将导致劳动力取代资本。（需要注意的是，如果资本密集型生产方式 $0A$ 主导劳动力密集型生产方式 $0B$，即在所有产出水平上，与技术 $0B$ 相比，技术 $0A$ 需要的劳动力和资本更少，那么无论要素价格比率是多少，厂商都会选择资本密集型技术。）

要素价格扭曲和适用技术

考虑到大多数发展中国家都拥有充足的劳动力供应，以及金融或物质资本匮乏的现状，我们很自然就会认为其生产方式是劳动力密集型的。但是，实际上我们发现，在发展中国家无论是农业还是工业部门，其生产技术大多数是机械化和资本密集型的。在亚洲、非洲和拉丁美洲，大型拖拉机和联合收割机的广泛使用，使得人们可以悠闲地站在一旁。配有最现代化和先进自动化机器及设备的新厂房是城市工业的一个共同特征，而闲置的工人则只能聚集在工厂门外。当然，这种现象也不是发展中国家农民和制造商缺乏经济理性所导致的结果。

根据价格激励学派，对此的解释就很简单。由于不同的结构、制度和政治因素的存在，实际劳动力的市场价格比其稀缺性或影子价格所预期的价格要高，而且资本价格比起稀缺性或影子价格所预期的价格要低。在图 5A-1 中，线 $K'L'$ 表示的是影子价格比率，而实际的（扭曲了的）市场价格比率由线 KL 表示。迫于工会的压力、政府制定的最低工资法、员工额外福利范围的扩大以及跨国公司的高工资政策的存在，使得市场工资结构相对较高。在那些曾经是殖民地的国家，高工资结构往往是基于欧洲生活水平和"辛苦"补贴所制定的外派薪酬的残存。相比之下，通过自由资本折旧、较低的甚至负实际利率、较低的甚至负的资本商品进口保护率、出口退税和高估了的外汇汇率的共同作用，（稀缺）资本价格被人为地控制在了较低水平（见第 13 章）。

最终，这些**要素价格扭曲**（factor price distortion）的结果就是，鼓励不恰当的资本密集型生产方式存在于农业和制造业部门。需要注意的是，从私有企业或农场的个人成本最小化角度来看，资本密集型技术的选择是正确的。这是他们对于现存的市场要素生产中的价格机制的理性反应。但是，从整个社会的角度来看，未尽其用的社会成本，尤其是劳动力成本将是巨大的。政府制定政策旨在"使价格保持在合理水平"，即消除要素价格扭曲，通过采用更多恰当的生产技术，这些政策不仅有利于创造更多的就业机会，还会优化稀缺资本资源的总利用率。

劳动力资本替代的可能性

消除要素价格扭曲对实际就业的影响，将取决于发展中国家不同产业生产过程中，资本替代劳动力的程度。经济学家将此称作**要素替代的弹性**（elasticity of factor substitution），并且简单地将其定义为，与给定的相对于劳动力的资本价格变化相比，相对于资本的所使用的劳动力成比例的变化之比率。用数学方法计算，替代弹性 η_{LK} 为：

$$\eta_{LK} = \frac{d(L/K)(L/K)}{d(P_K/P_L)/(P_K/P_L)} \qquad (5A\text{-}1)$$

例如，如果制造业部门中资本相对价格增长 1%，因此劳动力—资本比率增加 1.5%，那么制造业的替代弹性就等于 1.5。如果 P_K/P_L 下降 10%，而 L/K 仅下降 6%，该产业的替代弹性则为 0.6。相对较高的替代弹性（比率大于 0.7）表明，要素价格调整对要素的使用效用水平和组合具有重大影响。在这种情况下，要素价格调整就是创造更多就业机会的一个重要手段。

总之，大多数欠发达国家的有关制造业的替代弹性的实证研究所公布的系数范围是 0.5 ～ 1.0。

上述结果表明，工资的相对减少（无论是直接降低还是通过控制工资不变，让资本价格上升来间接降低工资），如 10%，将导致就业水平增加 5% ～ 10%。

附录 5B　阿鲁瓦利亚 – 钱纳里福利指数

发展中国家都普遍意识到，现在有必要将发展重点从一贯地只注重国民总收入增长率最大化转移出来，并进行重新定向，关注更广泛的社会目标，如消除贫困以及缩小收入差距等。人均国民总收入的数据丝毫未表明国民收入实际上是如何分配的，以及谁从生产增长中获益最多。例如，我们已经知道绝对国民总收入以及人均国民总收入水平的增加会制造这样一种假象，即穷人现在的生活状况比以前更好。

国民总收入增长率的计算在很大程度上是上层 40% 的人口收入增长率的计算，这些人过多地占有较大份额的国民生产总值。因此，国民总收入增长率是福利改善的一个误导性指标。现举一个恰当的例子，假设一个经济体只由 10 人组成，其中 9 个人毫无收入，第 10 个人拥有 100 个单位的收入。那么该经济的国民总收入就为 100，人均国民总收入为 10。现在假设每人的收入都增加 20%，那么该经济体的国民总收入就增加到了 120，人均国民总收入增加到了 12。对于之前毫无收入的那 9 个人来说，现在还是没有收入（1.20 × 0=0），这样的人均收入增长没有什么令人欣慰的，还是那一个富人拥有全部收入。而且国民总收入并不能代表整个社会的福利指标，只不过是衡量个人的福利水平。

同样的推理可以运用于更现实的情况的分析，现实情况中收入分配极不平等，虽然在上述例子中也不是完全不平等。以表 5-1 中的数据为例，我们将人口等分为 5 份，分别拥有收入 5%、9%、13%、22% 以及 51%，我们发现这些收入份额可以用来衡量每一收入阶层的相对经济福利，而且每一分组的收入增长率可以用来衡量其所对应阶层的经济福利增长。我们可以将各阶层收入增长相加来粗略估计整个社会的总福利增长。实际上这就是国民总收入增长所衡量的，每一收入阶层的比重都是其对应的国民收入份额。具体来说，在人口等分为 5 份的情况下，根据收入增长水平，我们就可得出：

$$G = w_1 g_1 + w_2 g_2 + w_3 g_3 + w_4 g_4 + w_5 g_5 \qquad (5B-1)$$

式中，G 为社会福利增长指数加权；g_i 为第 i 个分组的收入增长率（这里 i 个分组，按顺序为 1，2，3，4，5，这里就是 5 组）；w_i 为第 i 组的"福利比重"（在上述例子中，w_1=0.05，w_2=0.09，w_3=0.13，w_4 = 0.22，w_5 = 0.51）。只要这些比例相加为 1 个单位且非负，那么整体衡量社会福利的指标 G，就必然会介于 5 个分组群体的收入增长最大值和最小值之间。在收入都集中于一个最高分组个人或群体的极端例子中，其中福利比重即收入份额，于是式（5B-1）便可写作：

$$G = 0g_1 + 0g_2 + 0g_3 + 0g_4 + 1g_5 = 1g_5 \qquad (5B-2)$$

因此社会福利的增长只与最上层人口分组的收入增长相关。

在表 5-1 中的例子，社会福利的国民总收入比例加权指数可以写作：

$$G = 0.05g_1 + 0.09g_2 + 0.13g_3 + 0.22g_4 + 0.51g_5 \qquad (5B-3)$$

现在假设最底层 60% 的人口的收入增长率为 0（$g_1 = g_2 = g_3 = 0$），而最上层 40% 人口的收入增长率为 10%（$g_4 = g_5 = 0.10$），式（5B-3）可以写作：

$$G = 0.05（0）+0.09（0）+0.13（0.10）$$
$$+0.22（0.10）+0.51（0.10）=0.073 \qquad (5B-4)$$

而且社会福利指数将大于 7%，即国民总收入增长率（即在表 5-1 中，如果第 4 组和第 5 组收入增加 10%，国民总收入将从 100 增长到 107.3）。因此该案例中，国民总收入增加 7.3%，这表明即使 60% 的人的生活水平并没有比以前更好，但是社会福利水平却增加了相同的比例。最底层 60% 的人口分别只有 5、13、22 个收入单位。显然，根据这一令人欣慰的国民总收入增长率，收入分配就会变得更差。

式（5B-4）中所举数据描述的就是我们的基本观点。国民总收入增长率作为社会福利指数以及比较不同国家发展水平的方法，都是具有误导性的，特别是在那些明显存在不同收入分配的国家。由于大量的社会保险有利于最高分组的收入增长，所以属于不同收入群体的增长率的福利加权是相等的。在式（5B-3）的例子中，5 分组最上层的收入增长 1%，相当于 5 分组最底层收入增长 1% 比例的 10 倍（0.51 对 0.05），因为这表明一种绝对增长，即 10 倍之多。换言之，将国民收入增长用作衡量社会福利改善和发展的指标，给予每一组收入群体一个福利估算值，该估算值与各组收入份额相一致（即人们认为最富的 20% 人口的收入增加 1% 的重要性是，最底层 20% 人口的收入增加 1% 的 10 倍之多）。由此得出，将社会福利最大化的最好方法是，使富人的收入增长率最大化而忽略穷人。如果存在这样一种情况，即国民总收入增长不等于发展，该例子就最具说服力。

构建社会福利的贫困加权指数

一种对国民总收入增长率或者社会福利的分配比例指数的简单替代，就是构建一种平等的加权甚至是一种贫困加权指数。这种指数或许与那些把消除贫困作为主要发展目标的国家的关系尤其密切。顾名思义，一个等权指数并不通过各阶层总收入比例来权衡该阶层的收入增长情况，而是通过各阶层的总人口比例来衡量，即所有人都受到同等对待。如将某一经济体中的人口等分为 5 等份，那么按照该指数，每一组的收入增长比重为 0.2。所以最底层 20% 人口的收入增加 10% 所带来的整体社会福利增长，与最上层 20% 或其他任何一组人口的收入增加 10% 所带来的社会福利增长相同，虽然最底层人群收入的绝对增加值要比上层人口的少得多。

最上层两组人群的收入都增长 10%，下层三组的增长不变，运用等权指数得出：

$$G = 0.20g_1 + 0.20g_2 + 0.20g_3 + 0.20g_4 + 0.20g_5 \quad （5B-5）$$

或者，将 g_1 到 g_5 增长率代入公式中，

$$G = 0.20（0）+ 0.20（0）+ 0.20（0）$$
$$+ 0.20（10）+ 0.20（0.10）= 0.04 \quad （5B-6）$$

社会福利仅会增加 4%，而运用分配比例指数或国民总收入增长率指数所衡量的增长比例为 7.3%。即使所记录的 GNI 增长为 7.3%，运用该指数所示的福利增长比例仍为 4%。

最后，我们来考察一个真正地一心只想改善 40% 最贫穷人口的物质生活水平的发展中国家。这样的国家或许希望建构一个发展的贫困加权指数，该指数只考虑底层 40% 人口的收入增长率的"客观"社会价值。换言之，它可能会随机给予福利比重 w_1 以 0.60，w_2 为 0.4，而 $w3$、$w4$ 和 $w5$ 为 0。运用与上述相同的计算方法，该国的社会福利增长指数可表示为：

$$G = 0.60g_1 + 0.40g_2 + 0g_3 + 0g_4 + 0g_5 \quad （5B-7）$$

在方程中用 $g_1 = g_2 = g_3 = 0$，$g_4 = g_5 = 0.10$，那么

$$G = 0.60（0）+ 0.40（0）+ 0（0）$$
$$+ 0（0.10）+ 0（0.10）= 0 \quad （5B-8）$$

因此，尽管 GNI 增长了 7.3%，但是贫困加权指数表明社会福利毫无增长。

尽管在任何发展指数中社会福利比重的选择完全随机，但是它确实再现和反映了有关一个社会发展目标的重要社会价值判断。如果事实果真如此，那么我们可能就会对不同发展中国家所采取的不同发展策略所隐含的福利加权感兴趣。然而，对此所关注的重点是，只要 GNI 增长率被或明或暗地用以比较各国的发展状况，那么实际中就会运用到"财富比重"指数。

为了结合实际情况来讨论经济福利增加指数，并对用以评估不同国家经济发展状况的不同加权增长指数的有用性进行说明，我们来看由阿鲁瓦利亚（Montek Ahluwalia）和钱纳里（Hollis Chenery）整理的表 5B-1 中的数据。该表所示的是 11 个国家的收入增长状况，首先用 GNI 增长率来衡量，其次用等权指数来衡量，最后用的是贫困加权指数，其中给予最底层 40% 人口的收入增长率比重为 0.6，中等阶层 40% 人口的收入增长率比重为 0.4，最上层 20% 人口的收入增长率比重为 0.0。通过对表 5B-1 的考察可得出以下结论：

表 5B-1 11 个国家的收入增长与分配

国家（地区）	收入增长			福利的年增长		
	上层 20%	中层 40%	底层 40%	GNI 权重	相同权重	贫困加权
巴西	6.7	3.1	3.7	5.2	4.1	3.5
哥伦比亚	5.2	7.9	7.8	6.2	7.3	7.8
哥斯达黎加	4.5	9.3	7.0	6.3	7.4	7.8
萨尔瓦多	3.5	9.5	6.4	5.7	7.1	7.4

（续）

国家（地区）	收入增长			福利的年增长		
	上层 20%	中层 40%	底层 40%	GNI 权重	相同权重	贫困加权
印度	5.3	3.5	2.0	4.2	3.3	2.5
墨西哥	8.8	5.8	6.0	7.8	6.5	5.9
巴拿马	8.8	9.2	3.2	8.2	6.7	5.2
秘鲁	3.9	6.7	2.4	4.6	4.4	3.8
菲律宾	5.0	6.7	4.4	5.5	5.4	5.2
韩国	12.4	9.5	11.0	11.0	10.7	10.5
斯里兰卡	3.1	6.3	8.3	5.0	6.5	7.6

资料来源：International Bank for Reconstruction and Development/The World Bank:*Redistribution with Growth: An Approach to Policy*. Copyright © 1974 by World Bank. Reprinted with permission.

（1）对一些国民总收入增长较高的国家，如巴西、墨西哥和巴拿马来说，通过等权指数和贫困加权指数所衡量的经济发展状况反而很差。因为这些国家的收入分配曾一度恶化，且收入增长不断集中于上层人群中，因而，很自然等权指数和贫困指数及贫困加权指数所反映出的发展状况，就没有GNI 所反映的发展状况好。

（2）在以下四个国家，即哥伦比亚、哥斯达黎加、萨尔瓦多共和国、斯里兰卡，加权指数所反映的发展状况，比 GNI 所反映的发展状况更好，因为在政策考虑阶段，这五个国家（地区）的低收入群体的相对收入增长比高收入群体的相对收入增

长速度更快。

（3）在以下三个国家，即秘鲁、菲律宾和韩国，在政策考虑阶段，其收入分配变化甚微，这导致无论使用 GNI 指标还是运用其他两种社会福利的加权指数衡量社会福利状况，所反映出来的结果都几乎毫无差异。

由此我们或许能得出结论，即侧重于反映高收入群体相对改善状况的经济增长程度的衡量，其社会福利加权指数和 GNI 实际增长率之间是正向趋同的，而侧重于低收入群体相对改善状况的经济增长程度的衡量，其社会福利加权指数和 GNI 实际增长率之间呈负向趋同。

注释和推荐阅读

1. 洛伦兹曲线以美国经济学家马克斯·奥托·洛伦兹（Max Otto Lorenz）的名字命名，他在1905 年将广泛使用的图表进行完善，显示了不同人口群体及其收入比例之间的关系。

2. 有关完全平等的一个更加准确的定义，是将人口的年龄结构以及家庭中各成员的预期收入考虑在内。可以参阅 Morton Paglin, "The measurement and trend of inequality: A basic revision", *American Economic Review* 65（1975）: 598-609。

3. 详细内容可参阅 Gary S. Fields, *Distribution and Development: A New Look at the Developing World* (Cambridge, Mass.: MIT Press, 2001), ch.2.

4. 关于此的详细内容和不平等性的说明，可参阅 Amartya Sen and James E. Foster, *On Economic Inequality*, expanded ed.（Oxford: Clarendon Press, 1997）。

5. 所有工人的边际产量之和必定与国民总收入（GNI）相等。从计算角度来说，GNI 就是 0 和 L_E 之间边际产量曲线的积分，这是因为边际产出函数是 GNI 曲线的导数：$GNI=f(L,\bar{K})$；$MP_L=f'(L)$。

6. 如果所衡量的贫困水平总是低于直接的收入转移，那么这种贫困就叫作"强单调性"。人口比率符合单调性但不符合强单调性。

7. 技术详情可参阅 James Foster, Joel Greer, and Erik Thorbecke, "A class of decomposable poverty measures," *Econometrica* 52 (1984): 761-766.

8. 对于式（5-4）由式（5-3）推理得出的说明，可以参阅 Foster, Greer, and Thorbecke, "A class of decomposable poverty measures," Cornell University Discussion Paper No.242, 1981.

9. 它与森指数（Sen index）的思想一脉相承，$S=(H/N)[NIS+(1-NIS)G_p]$。式中，G_p 代表的是

穷人的基尼系数。有关 P_2 和 S 贫困的技术详情与缘由，可参阅 Sen and Foster, *On Economic Inequality*, pp.165−194。

10. For the same reason, the P_2 measure has now become part of the Mexican constitution (chap. 5, art. 34). Interview with Erik Thorbecke, *Cornell Chronicle*, May 11, 2000.

11. 比如说，1999 ～ 2009 年，乌干达在减少贫困方面取得了很大的成就，但是人数仅仅减少了 190 万。采用"人员相当"测量方法，相当于减少了 440 万贫困人口。这是为贫困深度而调整的测量方法，但是它仍然不能反映贫困的严重程度。有关这种测量方法的更多细节，以及更多发展中国家的应用，参阅 Tony Castleman, James E. Foster and Stephen C. Smith, "Person−Equivalent Poverty Measures", paper presented at the Brookings Institution, February 12, 2013。

12. 众所周知，阿尔基尔 - 福斯特方法当仅测度一维贫困的时候就变成了 FGT 指数。参阅 Sabina Alkire and James Foster, "Counting and multidimensional poverty measurement," *Journal of Public Economics* 95, No. 7 (2011): 476−487. For further intuition, see also Alkire and Foster "Under−standings and misunderstanding of multidimensional poverty," *Journal of Economic Inequality* 9(2), pp.289−314.

13. 联合国有关发展中国家储蓄源泉的各种研究显示，小农和个体似乎都属于储蓄额最高的群体。可参阅 Andrew Mason, "Savings, economic growth and demographic change," *Population and Development Review* 14 (1988): 113−144.

14. 有两篇专门的文章来阐释几种机制，在这些机制下更高的不平等可能会导致收入或者增长降低。Abhijit V. Banerjee and Andrew F. Newman "Occupational choice and the process of development," *Journal of Political Economy* 101 (1993): 274−298, and Oded Galor and Joseph Zeira, "Income distribution and macroeconomics," *Review of Economic Studies* 60 (1993):35−52. See also Fields, *Distribution and Development,* ch. 10. 然而，有关这方面的实际经验分析仍比较模糊。

15. 可以参阅 Torsten Persson and Guido Tabellini, "Is inequality harmful for growth?" *American Economic Review* 84 (1994): 600−621，另外可见 Alberto Alesina and Dani Rodrik, "Distributive politics and economic growth", *Quarterly Journal of Economics* 109 (1994): 465−490。关于其与暴力犯罪的联系，参见 Morgan Kelly, "Inequality and crime", *The Review of Economics and Statistics* 82, No. 4 (2000), pp. 530−539。

16. John Rawls, *A Theory of Justice* (Cambridge, Mass.:Belknap press, 1971).

17. 这一方法源自 Gary S. Fields, *Poverty, Inequality and Development* (Cambridge: Cambridge University Press,1980) pp. 46−56.

18. 同上，第 52 页。

19. 这可以通过对某一传统经济体进行考察而轻易看出，在该经济体中人人"同等贫穷"，每人每天可分得 50 美分。如果绝对贫困线为每天 1.25 美元，他们就都生活在绝对贫困中。接着现代化开始，现代部门逐步开始吸纳工人，工资为每天 2 美元。洛伦兹曲线开始时是完全平等的，到一半的人口都进入现代部门时，洛伦兹曲线越来越向外弯曲。也就是说，越多的人进入现代部门，洛伦兹曲线就越不会向内倾斜，直到最后所有人都被吸纳进入现代部门，所有人再次拥有相同的收入，只是现在变为 2 美元每天。这样所有人都摆脱了贫困。(以此为例，假设该过程发生在只有 8 人的经济体中，然后绘制洛伦兹曲线。) 这一案例改编自菲尔兹的文献，来源同上。

20. 事实上，有人可能会进一步认为，只要人人都拥有较高收入，相对不平等的加剧就不一定会引起人们的反对，即使富人占有较大份额的收入，甚至与他们较高的起始收入成正比。这种情况在理论上叫作"一阶随机占优"。然而，即使在这样的情况下，当不平等程度较低时，收入可能也会增加更多。

21. 当然，在实际经济体中，这三种增长类型可能会同时发生，而且其总的结果可能是不平等程度变化很小甚至毫无变化。或者在一些更不幸的情况下，对于负增长的经济来说，就像 20 世纪八九十年代许多撒哈拉以南的非洲国家一样，伴随着现代部门的缩小，现代部门和传统部门都较贫穷。

22. Simon Kuznets, "Economic growth and income inequality," *American Economic Review* 45 (1955): 1−28, and "Quantitative aspects of the economic growth of nations" *Economic*

Development and Cultural Change 11 (1963): 1–80. 支持库兹涅茨假说的跨部门研究是 Montek S. Ahluwalia, Nicholas G. Carter, and Hollis B. Chenery, "Growth and poverty in developing countries," *Journal of Development Economics*16 (1979): 298–323. 反对库兹涅茨假说的研究有 Ashwani Saith, "Development and distribution: A critique of the cross-country U-hypothesis," *Journal of Development Economics* 13 (1983):367–382, and Sudhir Anand and S.M.R.Kanbur," The Kuznets process and the inequality-development relationship, *Journal of Development Economics* 40 (1993): 25–42.

23. 根据最小二乘法回归绘制的抛物线。菲尔茨的报告显示，如果一国技术规范不变，估计的倒 U 曲线就转化为了 U 形模式。详见 Fields, *Distribution and Development*，第 3 章，42 ～ 43 页。

24. 同上，第 35 页。

25. 2008 年和 2010 年的估计值可以参见 2013 *World Development Indicators*。对于每天生计仅 1.25 美元估计的综述，参见 Martin Ravallion, Shaohua Chen and Prem Sangraula, *New Evidence on the Urbanization of Global Poverty* (Washington D.C.:World Bank, 2007)，还可参见 Martin Ravallion, Shaohua Chen and Prem Sangraula, "Dollar a Day Revisited"，World Bank, Policy Research Working Paper No.4620, May 2008.

26. HPI 衡量了贫困的三个方面——生存年龄（无法活到 40 岁以上的人口比例）、小学教育（不识字的成人比例）以及整体经济福利（无法获得安全饮水的人口比例以及实际体重低于同年龄段体重水平的儿童比例之和），运用与 HDI 类似的方法，给予以上群体相同的比重。2009 年 HDR 报告将 135 个国家按照 HPI 由低到高排列，发现该排名与按照收入贫困排名以及旧的 HDI 排名相比相差甚远。因为 HPI 值显示的是受这三方面贫困负面影响的人口比例，HPI 值越高，说明贫困程度越高。报告中，根据收入贫困所进行的排名，科特迪瓦为 29，比根据人类贫困指数排名位置更靠前，即贫困程度更高；摩洛哥排名 50；伊朗 44；阿尔及利亚 19；埃塞俄比亚 30。这表明这些国家的人类贫

困状况，比人口比率收入贫困所反映的贫困状况更糟。相比之下，一些人类贫困排名较好的国家包括尼日利亚在内，排名下降 11 名；加纳下降 18 名；马达加斯加下降 14 名；玻利维亚下降 21 名；坦桑尼亚下降 37 名。因为它是从家庭水平开始逐渐累加的，而且考虑到不同贫困维度之间的相交情况；就像 HPI 这样的指数也可能会用到，因为它更为人所熟知，能够应用于更多国家，也可以用于更频繁、更久远的推断。

27. 2010 *Human Development Report*（New York: United Nations Development Programme, 2010）中使用的是 MPI 指数；详细内容参见 Sabina Alkire and Maria Emma Santos, *Acute Multidimensional Poverty：A New Index for Developing Countries*, Human Development Research Paper No.2010/11(New York: United Nations Development Programme, 2010)。MPI 值是建立在不断使用的 Alkire-Foster（AFM）方法之上的，有关它的介绍参见 Sabina Alkire and James Foster, "Counting and multidimensional poverty measurement," in *Oxford Poverty and Human Development Initiative*, Working Paper 07, 2008。

28. UNDP *Human Development Report*, 2010.

29. See Chronic Poverty Research Centre, *Chronic Poverty Report, 2004-05*, http://www.chronicpoverty.org/resources/cprc_report_2004-2005_contents.html, and Andrew McKay and Bob Baulch, "How many chronically poor people are there in the world? Some preliminary estimates," CPRC Working Paper No.45, Chronic Poverty Research Centre, 2003.

30. 我们也许注意到更高的贫困集中程序——一个指定地区穷人比例增加，是理解超线贫困的一个额外考虑因素。

31. See International Food Policy Research Institute, *The World's Most Deprived* (Washington: D.C.:IFPRI, 2007).

32. Partha Dasgupta and Debraj Ray, "Inequality as a determinant of malnutrition and unemployment policy," *Economic Journal* 97 (1987): 177–188.

33. 有关解释 1960 ～ 1973 年发展中国家经济增长变量的实证研究，为以下论点提供了实证支持，即那些旨在促进更优分配和减少贫困的政

策，与刺激经济增长而非阻碍经济增长是一致的。可参见 Norman L. Hicks, "Growth vs.basic needs:Is there a tradeoff?" *World Development* 7(1979):985-994.

34. 有关分配的改善是如何使国内需求增长以及促进政治稳定和带来更高的经济增长率的事实证据，可参见 Alberto Alesina and Roberto Perotti, "The political economy of growth: A critical survey of the recent literature", *World Bank Economic Review* 8 (1994): 351-371，以及 Alberto Alesina and Dani Rodrik, "Distributive policies and economic growth", *Quarterly Journal of Economics* 109 (1994): 465-490。

35. See World Bank, *World Development Report, 2000/2001* (New York: Oxford University Press, 2000). See also World Bank, *World Development Report*, 1990 (New York: Oxford University Press, 1990); Albert Fishlow, "Inequality, poverty, and growth: Where do we stand?" in *Proceedings of the World Bank Annual Conference on Development Economics,* 1995, eds. Michael Bruno and Boris Pleskovic (Washington, D.C.: World Bank, 1996); Nancy Birdsall, David Ross, and Richard Sabot, "Inequality and growth reconsidered: Lessons from East Asia," *World Bank Economic Review* 9 (1995):477-508; and George R.G.Clarke, "More evidence on income distribution and growth," *Journal of Development Economics* 47 (1995):403-427.

36. 一项著名研究是 David Dollar and Aart Kraay, "Growth is good for the poor", *Journal of Economic Growth*7 (2002): 195-225。他们发现，一般情况下，最底层 20% 人口的收入增长速度与整体平均速度几乎相等。然而，曼彻斯特大学长期贫困研究中心已经就关于这一粗略的比例关系的批评进行了整理总结，并收录于《长期贫困报告 2004/2005》："它没有考虑到普通人之间的变化（这很重要），它使用的是贫困的相对概念，所使用的数据也受到了批评，没有考虑贫困深度，研究者对于相同的数据使用不同的计量经济学方法，因此产生的结果存在争议。"显然，很可能而且有时也确实如此，即随着经济的增长，不平等程度会增加，足以抵消穷人的收益。有些情况下，经济的快速增长会增加从穷人那里窃取自然资源的机会和动机。最基本的一点是，经济增长并不能保证自动消除绝对贫困，也不能保证在某一可接受的时间范围内消除绝对贫困，因此设计制定有针对性的政策也是很有必要的。

37. 有关发展中国家贫困的性质、范围与程度的概述，可参阅世界银行《世界发展报告》2000/2001。

38. 有关贫困如何直接影响发展中国家妇女的生活的综合分析，可参阅 Irene Tinker, *Persistent Inequalities: Women and World Development* (New York: Oxford University Press, 1990); Judith Bruce and Daisy Dwyer, eds., *A Home Divided: Women and Income in the Third World* (Stanford, Calif.: Stanford University Press, 1988); Janet Momsen, *Women and Development in the Third World* (New York: Routledge, 1991); and Diane Elson," Gender-aware analysis and development economics," *Journal of International Development* 5 (1993):237-247.

39. Amartya Sen, "Missing women", *British Medical Journal* 304 (1992): 587-588. 2003 年一项备受推崇的分析得出结论，在亚洲大约有 1 亿女性 "失踪"。参见 Stephan Klasen 和 Claudia Wink, "Missing Women: Revisiting the Debate," *Feminist Economics*, 9(2-3), 2003, 263-299.

40. 国际农业发展基金会提供了基本的统计数据以及土著居民及其发展的关键资源，http://www.iFad.org/pub/factsheet/ip/e.pdf.

41. See for example, Haeduck Lee, *The Ethnic Dimension of Poverty and Income Distribution in Latin America* (Washington, D.C.: World Bank, 1993); George Psacharopoulos and Harry A. Patrinos, "Indigenous people and poverty in Latin America," *Finance and Development* 31 (1994): 41-43; and Gillette Hall and Harry Anthony Patrinos, eds., *Indigenous Peoples, Poverty and Human Development in Latin America;1994-2004* (New York: Palgrave Macmillan, 2006).

42. Darryl McLeod and Nora Lustig, "Minimum wages and poverty in developing countries: Some empirical evidence", in *Labor Markets in Latin America: Combining Social Protection with Market Flexibility* (Washington, D.C.:Brookings Institution, 1997).An interesting theoretical

contribution is found in Gary S.Fields and Ravi Kanbur, "Minimum wages and poverty with income-sharing", *Journal of Economic Inequality* 5 (2007): 135-147. SEWA所做的家庭中贫穷的非正式工人的最低工资的研究详情，参见网站 http://www.sewaresearch.org。

43. 工作福利与福利问题的经典理论分析，可参阅 Timothy J. Besley and Stephen Coate, "Workfare versus welfare: Incentive arguments for work requirements in poverty alleviation programs," *American Economic Review* 82 (1992): 249-261.

44. 贫困政策的其他讨论，可参阅 Arne Bigsten, "Poverty, inequality and development," in *Surveys in Development Economics* ed. Norman Gemmell (Oxford: Blackwell, 1987), pp. 157-163; Jagdish N. Bhagwati, "Poverty and public policy," *World Development* 16 (1988): 539-555; World Bank, *World Development Report, 2000/2001*; Irma Adelman and Sherman Robinson, "Income distribution and development," in *Handbook of Development Economics*, vol. 2, eds. Hollis B. Chenery and T. N. Srinivasan (Amsterdam: Elsevier, 1989), pp. 982-996; and Paul P. Streeten, *Strategies for Human Development: Global Poverty and Unemployment* (Copenhagen: Handelshojskølens Forlag, 1994).

45. James Speth, "Foreword," in United Nations Development Programme, *Human Development Report,* 1997, p. iii.

人口增长与经济发展：原因、后果及争议

经济发展可能与"最佳避孕方法"的关系不大，但是在社会发展，尤其是妇女的教育和就业问题方面，确实起到了很大的作用。

——阿玛蒂亚·森（Amartya Sen），诺贝尔经济学奖得主

6.1 基本问题：人口增长和生活质量

2013 年，世界人口达到 72 亿。据联合国人口司预计，到 2025 年世界人口将会达到 81 亿，而到 2050 年则会达到 96 亿。这部分新增加人口大部分将居住在发展中国家。如果预言成立，人口的发展会带来怎样的经济和社会影响？这种情形是否不可避免，它的发生与否会取决于为发展所做出努力的正确与否吗？最后，更为重要的一点是，人口迅速增长本身是否真像许多人所认为的那样，是一个严重的问题呢？还是像另外一些人所认为的那样，只是欠发达问题和贫富国家之间利用全球资源的不平等问题的一个重要反映？

在本章，我们将对有关人口增长和经济发展之间关系的若干问题进行探讨。首先让我们来看一下人口的历史走势和发展趋势，以及世界人口地理分布的变化。在解释了一些关于人口统计学的基本概念之后，我们还将介绍一些著名的经济模型和假说，这些模型和假说是用来分析当代发展中国家人口迅速增长的原因及后果的。接下来，我们要针对人口因素重要性的争议做一些总体上的探讨，其中也会涉及这些模型和假说。最后，我们将对发展中国家所试图采用的影响其人口规模和增长速度的一系列政策做出评价，同时探讨一些能促进工业化国家更有力地控制世界人口规模和改善资源环境的方式。本章的案例研究主要集中于中国和印度这两个人口大国的人口政策分析。

每年世界上都会新增加 7 500 万以上的人口。其中，97% 左右的净增人口发生在发展中国家。如此大规模的人口增长是史无前例的。但是，人口增长绝不仅仅是一个简单的数字问题，而是一个我们在第 1 章已经定义过的关于人类福利和发展的问题。人口增长速度过快会给全人类的福利带来严重的后果。如果说发展的本意是不但能使人们的生活水平包括收入、健康、教育以及总体福利等方面有所提高，而且还能使人们游刃有余地在个人的能力、自尊、尊严、自由以及别人的尊重中做出自己的选择，那么，实际上有关人口增长的真正重要的问题是：发展中国家当前的人口状况将如何推动或阻碍发展中国家实现自己当代和下一代的发展目标？为了解决这个核心问题，我们需要对贫穷和家庭规模之间产生正向关系的原因和后果进行分析。更一般地来说，我们要研究清楚：是什么促使发展中国家（尤其是其中的低收入国家）保持着高人口增长率？为什么通常情况下随着国家的发展和进步，其人口增长会呈现先增加后减少的现象？这些变化说明了什么？

6.2 人口增长：过去、现在和未来

6.2.1 世界人口的历史增长

人类生存在地球上的大多数时间中，人口的数量都不算很多。在 12 000 年前，人类第一次开始通过农业的方式种植食物，据估计当时世界人口不超过 500 万（见表 6-1）。在 2 000 年前，世界人口增至近 2.5 亿人，不足现在中国人口的 1/5。从公元元年到 1750 年左右的工业革命初期，世界人口增长了 2 倍，达到了 7.28 亿，比现在印度人口的 3/4 还少。在接下来的 200 年间（1750 ~ 1950 年），地球上又新添了 17 亿人口。但是，在此后仅仅 40 年间（1950 ~ 1990 年），世界人口又一次翻番，总人口数量达到 53 亿。进入 21 世纪后，世界人口超过 60 亿。

从图 6-1 可以看出，1950 年时发展中国家大约有 17 亿人，占据了世界 2/3 的人口。到 2050 年，欠发达国家的人口将超过 80 亿，几乎占据世界 7/8 的人口。在相应的时期，欠发达国家的人口增长至 10 倍，从原来的 2 亿增长到 20 亿。相比之下，就算统计上从发展中国家来的移民，发达国家的人口从现在到 2050 年之间的增长也是很微小的。

表 6-1 估计的世界人口增长

年份	估计人口总量（百万人）	估计的年度增长率（%）	倍增时间（年）
公元前 10 000 年	5		
公元元年	250	0.04	1 773
1650	545	0.04	1 773
1750	728	0.29	239
1800	906	0.45	154
1850	1 171	0.53	130
1900	1 608	0.65	106
1950	2 576	0.91	76
1970	3 698	2.09	33
1980	4 448	1.76	39
1990	5 292	1.73	40
2000	6 090	1.48	47
2010	6 892	1.22	57
2050（预期）	9 600	0.98	71

资料来源：Population Reference Bureau, *World Population Data Sheet* (Washington, D.C.: Population Reference Bureau, 2010 and previous annuals); Warren S. Thompson and David T. Lewis, *Population Problems*, 5th ed. (New York: McGraw-Hill, 1965), p.384; United Nations, *Demographic Yearbook for* 1971 (New York: United Nations, 1971); United Nations, *Report on the World Social Situation*, 1997 (New York: United Nations, 1997), p.14; and United Nations Population Division, *World Population Prospects: The 2012 Revision*. New York: United Nations, (2013). An alternate system of broadly comparable and earlier estimates is found in Michael Kremer, "Population Growth and Technological Change: One Million B.C. to 1990," *Quarterly Journal of Economics* 108(1993): 681-716.

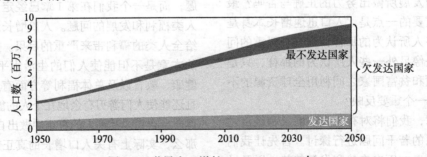

图 6-1 世界人口增长，1950 ~ 2050 年

资料来源：Population Reference Bureau World Population Data Sheet 2012, page 4; data are drawn from United Nations Population Division, World Population Prospects: The 2010 Revision (2011), medium-variant estimates.

前面我们讨论的是绝对数值，现在我们来讨论百分比增长率。从人类存在开始到大约 300 年前，人口增长以每年刚刚超过 0 的百分比增长（0.002%，即百万分之 20）。当然，总增长率并非总是不变的；受自然灾害的影响以及不同地区之间增长率的差异，总增长率也在不断波动。到 1750 年，人口增长率已经提高到每年 0.3%。到 20 世纪 50 年代，增速再次提高，已经达到 1750 年的 3 倍，平均每年增长 1.0%。这种高速增长的势头一直持续，到 1970 年左右人口增速达到峰值，即年均 2.35%。[1] 今天，全球人口的增长率仍保持在历史上的高位，

每年以将近 1.2% 的速度增长，只是增长的速度有所放缓。但是，非洲的人口增长速度仍然非常快，每年高达 2.3%（注意，依据不同的研究方法对人口数量和人口增长率做出的估计是不同的，但主要研究中的大致趋势是相同的）。

年增长率与人口规模翻番所需时间（**倍增时间**，doubling time）[2] 的关系，见表 6-1 最右侧的一列（倍增时间的计算过程见本章注释 2）。我们看到，公元 1650 年之前，大约需要 36 000 年（或 1 400 代）的时间，世界人口才翻番。今天，在不到 58 年（或两代）的时间内，世界人口即可翻番。此外，从公元元年到工业革命开始期间，世界新增人口 4.8 亿，花了几乎 1 750 年，而若以现在的增长率来算，不到 7 年全球就会产生相同数量的新增人口。

总人口的趋势之所以会发生如此突然的变化，是因为在有历史记载的时间里，人口变化的比率不论是增加还是减少，都会受到饥荒、疾病、营养不良、瘟疫和战争等综合因素的严重影响，正是这些原因导致了较高的、上下波动的死亡率。到 20 世纪，这些因素逐渐可以被技术和经济所控制。技术和经济的发展使得现在的人口死亡率比人类有史以来的任何年代都要低。现代医药学技术的迅猛发展、营养水平以及全世界现代医疗卫生条件的改善，使得人口死亡率呈现下降趋势，尤其是在近 50 年里，低死亡率导致了世界人口史无前例的增长，特别是发展中国家人口的增长。简而言之，现今的人口增长主要是时代发生迅速变迁的结果。从过去很长一段时期高出生率和高死亡率的状态，变成了现在死亡率迅速下降，而出生率（特别是发展中国家的出生率）却从其历史高水平处缓慢下降的状态。

6.2.2 世界人口的结构

世界人口的分布，从地理区域、出生率和死亡率水平以及年龄结构等各方面来看，都非常不均衡。

1. 地理区域 世界总人口中，有超过 3/4 的人口生活在发展中国家，只有不到 1/4 的人口生活在经济上较发达的国家。图 6-2 描绘了 2010 年世界人口的地区分布情况，并预期了

2050 年的人口分布情况。

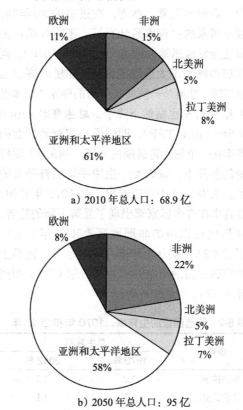

a）2010 年总人口：68.9 亿

b）2050 年总人口：95 亿

图 6-2 世界人口区域分布状况，2010 年和 2050 年

资料来源：Data from Population Reference Bureau, *World Population DataSheet*, 2010.

2. 出生和死亡的趋势 人口增长率（rate of population increase）是以数量来测度**自然增长率**（natural increase）和**净国际移民**（net international migration）所导致的人口数量年相对净增长（或减少，减少用负号表示）的百分比。自然增长衡量的是出生人数超过死亡人数的数量，或更为专业地说，即出生人数和死亡人数的差。净国际移民尽管规模越来越大，但是其影响还是非常有限的（虽然在 19 世纪和 20 世纪初，国际移民是北美、澳大利亚和新西兰一个极为重要的人口增长来源，是西欧人口相应减少的重要原因）。因而，发展中国家的人口增长，几乎完全取决于其**粗出生率**（crude birth rates，简记为**出生率**（birth rates））和**死亡率**（death rates）的差。

回顾第 2 章的内容，大多数发展中国家的出生率为 1.5% ～ 4.5%。相比之下，几乎所有发达国家的出生率都要低于 1.5%。更重要的

是，现在发展中国家的出生率水平要大大高于工业革命前的西欧。然而，在过去的 30 年间，发展中国家的生育率急转直下，不仅仅是在经济和社会发展迅速的地方（如韩国和中国），同时在那些增长不太迅速的地方（如墨西哥和孟加拉国等）甚至是一些增长停滞的国家（如津巴布韦），生育率也猛然下降了。**总生育率**（total fertility rate，TFR），即假设当前育龄妇女的生育率在一个妇女育龄期内（15～49 岁）保持不变的条件下，该妇女一生中平均生育子女的数量。从表 6-2 中可以看出，从 1970 年开始，总生育率在许多国家都出现了显著下降的趋势，但在撒哈拉以南的非洲地区（2012 年为 5.1）和西亚（2.9）仍然处于非常高的水平。世界上总生育率最高的国家分别为尼日尔（7.1）和阿富汗（6.2）。[3]

表 6-2　所选国家的生育率，1970 年和 2012 年

国家	总生育率	
	1970 年	2012 年
孟加拉国	7.0	2.3
哥伦比亚	5.3	2.1
印度尼西亚	5.5	2.3
牙买加	5.3	2.1
墨西哥	4.9	2.3
泰国	5.5	1.6
津巴布韦	7.7	4.1

资料来源：World Bank, *World Development Report*, 1994 (New York :Oxford University Press, 1994), tab. 26; Population Reference Bureau, *World Population Data Sheet* (Washington , D.C.: Population Reference Bureau, 2012).

可以防治疟疾、天花、黄热病和霍乱的现代疫苗接种措施，以及公共卫生设备的普及、洁净水的供应、营养的改善和公共教育，以上种种举措在过去的 30 年间共同发挥作用，使得亚洲和拉丁美洲部分地区的死亡率降低了 50%，

同时使得非洲和中东的许多地区的死亡率降低了超过 30%。死亡率在所有年龄段都有所下降。尽管如此，发达国家人口的平均寿命依然比发展中国家长 12 年，但这个差距在最近十几年也在迅速缩小。例如，1950 年，发展中国家人口的**出生预期寿命**（life expectancy at birth）平均是 35～40 岁，相应的发达国家的出生预期寿命是 62～65 岁。值得注意的一个进展是**5 岁以下儿童死亡率**（under-5 mortality rate）在减小。根据联合国 1990～2008 年的统计资料，南亚地区的 5 岁以下儿童死亡率从 12.1% 下降到 7.4%，东南亚地区从 7.3% 下降到 3.8%，拉丁美洲和加勒比地区从 5.2% 下降到 2.3%。尽管在这段时间里，撒哈拉以南非洲地区的 5 岁以下儿童死亡率从 18.4% 下降到 14.4%，但是这个地区在降低死亡率上仍需继续努力。2009 年，由于 5 岁以下儿童死亡率仍然很高和艾滋病流行两方面的原因，撒哈拉以南非洲地区的人口拥有最低的出生预期寿命——51 岁。与此相对，当时高收入国家人口的出生预期寿命平均将近 78 岁。在东亚和拉丁美洲地区，人口的出生预期寿命分别达到了惊人的 74 岁和 73 岁。最后值得注意的是老年人仍然保持着生物易感性，所以由于年龄问题，老年人比年轻人的死亡率要高。随着发展中国家人口的快速增长，尽管其儿童和年轻人的平均死亡率高于发达国家，但事实上其总人口平均死亡率要低于发达国家，这是因为发展中国家的人口平均起来是年轻化的，而发达国家的人口平均起来则是更倾向于老龄化的。通过观察人口统计学的分析，你也许可以注意到这种出人意料的结果。

由联合国在 2013 年发布的一些引人注目的人口预测见专栏 6-1。

□ **专栏 6-1　调查报告：联合国世界人口预测 2012 修订版**

以下是联合国世界人口预测 2012 修订版（发布于 2013 年 6 月）中一些重要调查结果的总结。

1. 经预测，世界人口在 2025 年将达到 81 亿，2050 年则达到 96 亿。

2. 绝大多数发展中国家的人口增长将会持续，将从 2013 年的 59 亿增长至 2050 年的 82 亿。

3. "增加或减少 10 亿"：这个预测取决于一个假设——2050 年的世界人口最少可以达到 83

亿，最多可能达到 109 亿。

4. 绝大多数人口增长将会发生在非洲。

5. 据预测，49 个最不发达国家的人口在 2013 年为 9 亿，到 2050 年时将会翻一番，达到 18 亿。

6. 据预测，除去非洲以外的其余国家的人口，从 2013 年到 2100 年仅仅只会增加十几个百分点。

7. 新的总人口预测水平更高，尤其是 2075 年以后，这是因为：

- 由于信息的进一步获得而使得当前预估的生育水平变得更高了（尤其是在撒哈拉以南非洲地区的 15 个高生育率的国家，每名妇女的生育水平估计被调整提高了 5 个百分点以上）；
- 近几年，真实的生育水平呈现上升的趋势；
- 过去的估计结果太低了。

8. 其他预测：

- 发达国家的人口即使算上移民也不足 13 亿；
- 印度将在 2028 年达到 14.5 亿人口，超越中国成为世界上人口最多的国家；
- 尼日利亚的人口将于 2050 年超过美国，2100 年将可以与中国匹敌，成为世界第二人口大国；
- 2100 年，许多其他国家的人口将会超过 2 亿，包括印度尼西亚、坦桑尼亚、巴基斯坦、埃塞俄比亚、乌干达和尼日尔。

资料来源：United Nations Population Division, World Population Prospects: The 2012 Revision. New York: United Nations, Department of Economic and Social Affairs, 13 June 2013; downloaded from www.unpopulation.org.For a summary see http://www.un.org/apps/news/story.asp?NewsID=45165#.UIAkZmRVRz0.

3. 年龄结构和抚养负担 在发展中国家，人口相对年轻化。2011 年，低收入国家的总人口有 40% 以上是由年龄在 15 岁以下的儿童构成的，中等收入国家占到 32%，而高收入国家儿童所占的百分比只有 17%。[4] 在一个具有这种年龄结构的国家中，**青少年抚养率**（youth dependency ratio）很高，即相对于经济上活跃的成年人（15～64 岁）来说，青少年（15 岁以下）所占比重非常高。因此，发展中国家劳动力的儿童抚养负担是发达国家的 2 倍多。2011 年，美国 15～64 岁的劳动年龄人口占总人口的比例为 67%，15 岁以下的人口占比 20%，超过 65 岁的人口占比 13%。英国也与之相类似，15～64 岁的劳动年龄人口占比 66%，15 岁以下人口占比 18%，65 岁以上人口占比 17%。在欧元区，19% 的人口超过 65 岁。日本将近 1/4 的人口已达到 65 岁以上。更多发达的地区都存在一个主要的问题：人口增长率低下和人口老龄化（超过 65 岁）。相反，在撒哈拉以南的非洲地区，2011 年的适龄劳动力大约占总人口的 54%（只有 3% 的人口超过 65 岁）。普遍来说，人口增长速度越快，总人口中需要抚养的儿童的比例就越大，因而劳动人口的抚养负担就越大。青少年抚养负担的问题引入了一个重要的概念：**隐蔽的人口增长势头**（hidden momentum of population growth）。

6.2.3 隐蔽的人口增长势头

也许人口增长过程中最令人费解的问题就是：即使出生率出现大幅度下降，人口的增长势头还是会继续。人口增长具有一种内在的惯性趋势，一种强有力的势头，就像一辆高速奔驰的汽车，即使踩了刹车，汽车还会向前行驶一段时间才能止住。人口增长也一样，其增长的势头在出生率下降之后可能还要持续几十年。

这种现象产生的基本原因有两个。第一，出生率不可能在短时间内有太大的改变。影响生育率的社会、经济和制度因素，已经作用了几个世纪的时间，不可能简单地因为国家领导者的一时督促就灰飞烟灭。我们可以看到，欧洲国家花费了好几十年的时间才将出生率降下来。因此，即便发展中国家将限制人口增长设定为首要目标，它们仍然需要花费很多年才能将全国的生育率水平降低至目标水平。

造成隐蔽的人口增长势头的第二个原因（不那么明显的一个原因）与许多发展中国家人口的年龄结构有关。图 6-3 用 2010 年的数据做了两个**人口金字塔**（population pyramid），描述了欠发达国家和发达国家在人口上的巨大差异。每个金字塔以5年为间隔，在横轴上刻画了每个年龄段的全部男性和女性。左边和中间的图示分别显示了发达国家和发展中国家的人口金字塔（这两个图列出了各年龄段人口的总规模）。用百万人口代替百分比来表示，这个图清晰地刻画了未来绝大多数的人口增长将会发生在发展中国家。我们将发展中国家较陡峭

的底部阶梯视作一个整体，与低收入国家埃塞俄比亚（右边的图示）相对照，发现中低收入的发展中国家的人口增长在过去25年里大幅度下降，尤其是中国（详情见本章末的案例研究）。在发达国家，同一代人中，中间年龄段的人口明显多于年轻人口；从上面主要看出来这一时期人口的过渡特征是妇女正推迟她们的生育时间，但也包括其他特点。

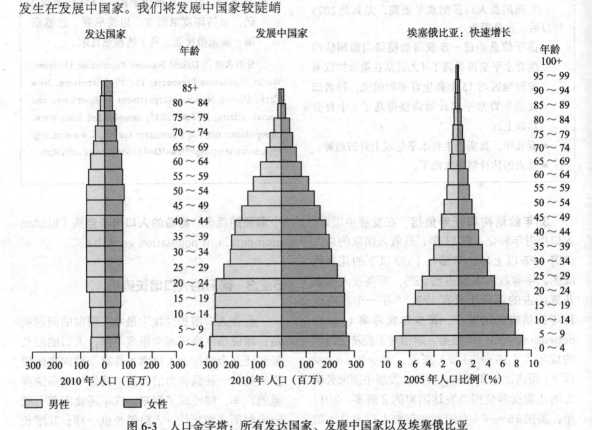

图 6-3　人口金字塔：所有发达国家、发展中国家以及埃塞俄比亚

资料来源：Graphs detailing Developed Countries from *World Population Data Sheet of the Population Reference Bureau, Inc.* by Population Reference Bureau. Copyright 2010 by Population Reference Bureau, Inc. Reproduced with permission of Population Reference Bureau, Inc., via Copyright Clearance Center. Graph detailing Ethiopia from *Population Bulletin* 62 (2007), p.6. Reprinted with permission from Population Reference Bureau, Inc.

从埃塞俄比亚金字塔所示的人口份额（右侧的年龄规模图示）可以看出，其中年轻人的数量要大大超过父母的数量。而与当下相比，这一代年轻人成年后潜在的父母数量不可避免地会增加。即便新一代父母只生二胎，刚好能取代他们的位置（但是他们的父母平均生四胎甚至更多），但事实上拥有两个孩子的父母总数还是要远多于以前拥有四个孩子的父母数量。这就意味着总人

口数在下降之前还要持续一段时间的增长。[5]

相比之下，由于人口老龄化，劳动年龄人口所占的比例正在下降，与养老相关的资源需求逐渐增加。这已经成为绝大多数高收入国家共同面临的难题。为做好十足的应对准备，需要更高水平的储蓄率，同时放宽移民政策，吸纳更多移民的做法也可以缓解这种困境。因为生育率会跌入从未有过的历史低水平，因此这

种过渡对于一些中等收入国家来说是更大的挑战，这一现象存在于许多其他亚洲国家。[6]

6.3 人口过渡

生育率最终下降到替代水平（二胎）的过程，在经济人口统计学中可通过一个著名的概念**人口过渡**（demographic transition）来描述。

人口过渡试图解释为什么当代几乎所有的发达国家都或多或少经历了现代人口史发展的三个阶段。在它们的经济实现现代化之前，高出生率和几乎平齐的高死亡率，两者共同作用的结果是若干个世纪以来这些国家的人口保持稳定或缓慢增长。这是第一阶段。第二阶段始于现代化，加上公共卫生的改善、健康饮食、收入提高和其他一些条件的改善，导致死亡率显著下降，从而人口的寿命逐步从不到 40 岁提高到 60 多岁。然而，生育率却没有随着死亡率的下降而迅速下降。结果高出生率和低死亡率之间不断增长的差距，导致人口相比前几个世纪有了迅猛的增长。因此，第二阶段标志着人口过渡的开始（从稳定或缓慢增长，第一次开始向人口迅速增长过渡，再到增长速度放慢）。最后，当现代化和发展的作用与影响导致生育率下降的时候，第三阶段来临。最终，下降的生育率越来越接近于很低的死亡率，导致人口增长较少或根本不增长。

这个过程暗示了一种从相对较高的生育率水平到人口**更替生育率**（replacement fertility）水平的转变。对于发达国家来说，人口更替生育率水平即为处于分娩年龄的女性平均生育 2.05 ～ 2.1 个婴儿。而在有着更低存活率的发展中国家，每位女性则平均会生育 3 个甚至更多婴儿。[7]

图 6-4 大致描述了西欧人口过渡的三个历史阶段。19 世纪早期之前，出生率徘徊在 3.5% 左右，而死亡率在 3% 左右波动，其结果是平均人口增长率大约为 0.5% 甚至

更低。西欧国家从 19 世纪前 25 年开始进入人口过渡的第二阶段。由于经济条件的提高以及现代医疗和公共健康技术的应用，疾病和死亡得到了有效控制，这一阶段死亡率开始缓慢下降。直到 19 世纪末，现代经济增长起步的数十年之后，在死亡率开始下降之后的很长一段时间，出生率才真正开始下降（第三阶段）。但是，在西欧，由于晚婚和独身主义思想，一开始出生率水平一般都很低，总人口增长率很少超过 1%，即使在人口生育高峰期亦是如此。20 世纪下半叶，西欧人口过渡时期的末期，作为 19 世纪早期标志的出生率和死亡率之间的关系开始发生逆转，出生率有所波动，死亡率依然相当平稳或小幅上升。而后者的产生只是由于当代欧洲人口的老龄化分布。欧洲人口过渡的形式是清晰明了的，通过研究可以更好地识别起作用的因素。[8]

图 6-5 描述了当代发展中国家和地区的人

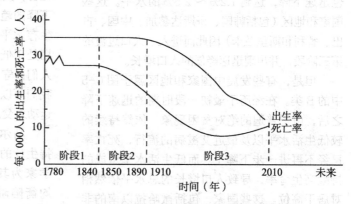

图 6-4 西欧人口过渡

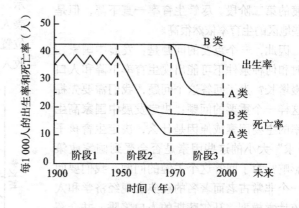

图 6-5 发展中国家和地区的人口过渡

资料来源：Based on National Academy of Sciences, *The Growth of World Population* (Washington, D.C.:National Academy of Sciences, 1963), p.15.

口史，它与西欧国家正好相反，可划分两类。

当今许多发展中国家和地区的出生率，比起工业化前的西欧国家要高出许多。这是由于女性大多数有早婚的倾向。这将导致在给定人口规模的条件下，将出现更多的家庭，并且生育孩子的年限增长。在20世纪五六十年代，大多数的发展中国家和地区普遍进入了人口过渡期的第二阶段。得益于现代医疗和公共健康技术的进口，发展中国家和地区的死亡率下降速度远快于19世纪的欧洲。由于历史上的高出生率传统（很多国家和地区的人口出生率超过3.5%），这意味着大多数发展中国家和地区在人口过渡的第二阶段就拥有超过2%的年平均人口增长率。

对于第三阶段，我们可以区分两大类发展中国家和地区。在图6-5的A类中，由于控制死亡的现代手段，加之生活水平迅速而普遍的提高，使得死亡率下降到1%的低水平，出生率也迅速下降，达到1.2%～2.5%的水平。这些国家和地区（包括韩国、哥斯达黎加、中国、古巴、智利和斯里兰卡）因此而进入了人口过渡的第三阶段，并出现迅速降低的人口增长。

但是，有些发展中国家和地区属于图6-5中的B类。在经历了最初一段时期的迅速下降之后，由于普遍的绝对贫困现象、依然持续的较低生活水平以及最近艾滋病的流行，死亡率已经不再进一步下降了。而低生活水平造成的持续高生育率，导致人口增长的总水平依然相对居于高位。这些国家，包括撒哈拉以南的非洲地区和中东地区的很多国家，仍然处于人口过渡的第二阶段。尽管生育率一直下降，但是这些地区的生育率依然很高。

因此，一个重要的问题是：发展中国家在何时和何种条件下可能出现生育率下降和人口缓慢增长？为了回答这个问题，我们需要先提出这样一个重要的问题：决定发展中国家高生育率的主要因素或原因是什么，决定生育孩子"需求"大小的这些因素是否会受到国家政策的影响？为了回答这个关键的问题，我们要回到一个非常古老而著名的经典宏观经济学和人口统计学模型：马尔萨斯的人口陷阱，并介绍一个当代非常有影响力的新古典微观经济学模型——家庭生育理论。

6.4 发展中国家高出生率的原因：马尔萨斯模型和家庭模型

6.4.1 马尔萨斯的人口陷阱

两个世纪前，托马斯·马尔萨斯（Thomas Malthus）提出了一个关于人口增长和经济发展之间关系的理论，该理论至今仍具有一定的影响力。马尔萨斯在其1798年所著的《人口论》中引用了边际报酬递减的概念。他假设某个国家的人口有一个总体的趋势，即除非受到食物供应减少的制约，否则会以几何级数增长，人口规模每30～40年就会翻番。[9]与此同时，由于固定要素土地的边际报酬递减，食物供应只能以算术级数增长。实际上，由于平均每个人占有的土地减少，他们对于食物生产所做出的边际贡献实际上也开始降低。因为食物供应的增长赶不上人口的增长速度，人均收入（在农业社会，人均收入简单地界定为人均食物产量）有下降的趋势，使人口稳定在生存水平或略高于生存水平。从而，马尔萨斯得出结论，避免长期处于低生活水平或绝对贫困的唯一做法是让人们自守"道德约束"并限制生育数量。因此，我们可以迂回地认为马尔萨斯是现代人口控制运动之父。

马尔萨斯认定人口不可避免地要陷于维持生计的收入状态，这个思想已经有现代经济学家为其命名，他们称其为"人口的低水平均衡陷阱"，或简称为**"马尔萨斯人口陷阱"**（Malthusian population trap）。用图6-6来表示，基本的马尔萨斯模型可以通过比较两条代表人口增长率和总收入增长率的曲线的形状与位置来说明，这两条曲线横轴对应的都是人均收入水平。

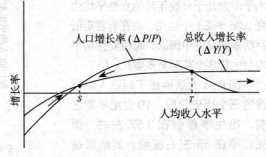

图6-6 马尔萨斯人口陷阱

纵轴表示我们考虑的两个主要变量（总人口和总收入）的数值百分比变化，可正可负；横轴是人均收入水平。图 6-6 表现了最基本的思想。横轴表示人均收入水平，纵轴表示人口增长率和总收入增长率。从定义上说，人均收入增长率是总收入增长率和人口增长率之差，也就是两条曲线之间的垂直距离。因此，和我们在第 3 章讨论的哈罗德 - 多马（AK）模型一样，当总收入增长率高于人口增长率时，那么人均收入水平是上升的，相对应沿着横轴向右移动；反之，当总收入增长率低于人口增长率时，人均收入水平则下降，沿着横轴向左移动；当两个增长率相等时，人均收入水平不变。因此，我们可以通过研究人口增长率和总收入增长率的形状来理解这种关系潜在的含义。

首先考虑人口增长率。当收入很低，或者说购买力平价低于 250 美元 / 年时，营养会很缺乏，以致人们感染致命传染病的概率增加，这时生育和医疗成为问题，最终将导致全民饥荒。图 6-6 的左端反映了这一情况。但是，在达到人均收入最低水平后，人口开始增长，最后达到一个顶峰（大概每年 3%～4%）；而后人口增长率开始下降，直至达到一个完全稳定的人口数量（增长率接近于零）。注意，根据 6.3 节所讨论的人口过渡模型，随着人均收入水平增加，人口增长模式先增加后减少。

在图 6-6 中，随着经济发展（人均收入增加），总收入增长率上升。两者呈现正向关系的一个经济原因是关于储蓄与人均收入正相关的假设。假设一个国家人均收入越高，储蓄率也越高，那么就会有更多的投资。根据哈罗德 - 多马经济增长模型，高储蓄率意味着高的总收入增长率。然而，增长最终将稳定在一个最高值。（中等收入国家借用技术去追赶可能会使经济增长加快，图形没有反映出这一点，但当技术达到极限时，这样的高增长率将难以持续。）

如图所示，两条曲线第一次相交于低收入水平下的 S 点（存活点）。这是个稳定的均衡：如果人均收入水平高于 S 点（在 S 点的右边），根据假定人口数量将开始部分增长，因为高收入水平会改善营养状况并降低死亡率。但是，图中显示人口增长率要快于总收入增长率（在垂直方向上 $\Delta P/P$ 曲线高于 $\Delta Y/Y$ 曲线），所以人

均收入水平下降，沿着横轴向左移动。从右侧指向 S 的箭头表示人均收入水平回到低收入水平。另一个方面，如果人均收入水平低于 S 点，总收入增长率曲线高于人口增长率曲线，人均收入水平将增加，相应地会沿着横轴向右移动。因此，我们的结论是点 S 代表一个稳定的均衡（与图 4-1 中我们研究的稳定均衡类似）。极低的人均收入与极低的人口增长率并存，这与大多数的人类历史经验一致。[10]

根据新马尔萨斯理论，穷国需要采取一些措施来控制人口增长（计划生育），否则它们将永远不能超越维持基本生计的人均收入水平。在缺少此类预防性措施的条件下，马尔萨斯关于人口增长的一些正向的限制（饥饿、疾病和灾难）无疑能够起到抑制人口增长的作用。但是，如果人均收入水平能设法达到一个标准值，如图中的 T 点，从这点开始，人口增长率低于总收入增长率，因此人均收入水平继续增加，以每年 2% 的比率（接近美国 1870～2010 年人均收入水平增长率）。

处于人口陷阱的国家和地区可以通过技术进步使处在各种人均收入水平下的总收入增长率曲线向上移动，从而逃出陷阱，也可以通过改善经济和文化状况（"社会进步"）使人口增长率曲线向下移动。以这种方式，人口陷阱均衡也会被打破，而且经济能以自我维持的增长率发展。图 6-7 所示的就是这种结果下的一个例子。在各种人均收入水平下，总收入增长率都大于人口增长率。结果，人均收入水平稳定增长。

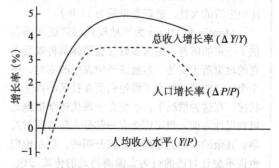

图 6-7 技术和社会进步如何使国家避开人口陷阱

在第 3、4 章我们讨论了关于加快收入增长的策略，在第 7、9、12 章我们将进一步讨论具体的增长政策。本章余下的内容将重点集中在经济状况、家庭经济能力和文化模式的改变上，

通过改变降低生育率，进而使人口增长率持续地低于收入增长率，并最终达到人口的稳定。

依据传统的马尔萨斯模型，第 4 章的多元均衡分析也有助于我们理解高生育率陷阱。在图 4-1 中，我们可以令横轴表示（预期的）生育率，纵轴表示家庭自己的生育决定。家庭生育率和平均生育率之间向上倾斜的关系（沿着 S 形曲线）至少是由两方面的重要因素引起的——这是多元均衡可能性的基础。一方面，如果其他家庭多生孩子，那么正规部门求职人数增加，而正规部门的职位并没有成比例增加。每个家庭可能都会认为只有生更多的孩子才能增大至少有一个孩子找到正规工作的可能性。另一方面，各个家庭通常会遵循当地关于生育问题的社会规范，并使他们的行为和社会上其他家庭的行为保持一致。

像图 4-1 那样，正向倾斜的曲线似乎也是 S 形。[10a] 如果生育响应曲线与 45° 线至少相交两次，那么至少存在两个稳定均衡点（见第 4 章 4.2 节）：一个高的平均生育率和一个低的平均生育率。[11] 专栏 6-2 的调查报告反映了关于生育规范的改变所可能导致的一些结果。

□ **专栏 6-2 调查报告：孟加拉国的社会规范及生育模式的改变**

在这个专栏，我们阐述 Partha Dasgupta 的部分思想，即社会规范对生育率均衡的形成有影响：如果家庭在生育方面遵循当地社会的传统习惯，让自己的行为与周围人趋于相同，那么如果不改变生育方面的社会预期，整个社区就可能会陷入高生育率的陷阱。Kaivan Munshi 和 Jacques Myaux 基于这一思想对农村发展中地区向低生育率转变的不均匀过渡进行了实证研究。

Munshi 和 Myaus 将他们的研究应用于孟加拉国 Matlab 地区的分析。研究发现，生育率的下降情况在相似村庄间也是大不相同的。同时，无论是在影响大小方面还是在影响起作用需要的时间长短方面，人们针对相同的家庭计划项目的反应也大不相同。这里有关于生育率方面跨度 11 年的数据，可用于研究生育率变化的过程（数据集包括避孕药的使用、人口统计学和社会经济学的特征，调查对象为所有 Matlab 地区 70 个村庄中生活的女性，被调查年限为 11 年）。

Munshi 和 Myaus 为当地模式的广泛不同提供了一定的解释：绝大多数社会团体都将规范生育的政策落于实处。当经济环境发生改变时，每个个体都能通过社交了解他们所在社区的再生育状况。在这种情况下，改变在于现代避孕措施的可获得性方面。很可能会有一部分人坚持反对避孕；其余的人则会是思想比较开明的，但是他们也许不想让自己的行为太偏离当地的传统习惯。在此期间，人们都不知道他们的邻居中到底有多少人完全拒绝改变，也不知道避孕药的使用到底是否在社会上得到接受。Munshi 和 Myaus 认为，家庭对于潜在新均衡（避孕药的普及程度）的不确定性使人们变得小心谨慎，从而导致表面上相似的村庄产生增长缓慢的、不同的生育率过渡情况。这两位学者建立了一个模型去论证这一解释中的潜在逻辑，并得出结论：社会规范的确会对结果产生影响；移动到更好均衡的过程可以进行得很缓慢。在一些情况下，向高生育均衡的移动可以被阻止（对于一些人来说，生育率太高以至于无法再继续增加）。

在孟加拉国，绝大多数人信奉伊斯兰教，但也有少数人信奉印度教，其社会规范与宗教团体有关。

在这篇文章中，研究者实施了一项外生的经济干预——介绍强度相同的彻底、长期的家庭计划。这个实验中需要着重注意社交的影响，社交在经济发展中具有重要的作用，同时也对计量经济学分析（统计分析）造成了极大的挑战。研究者通过数据得出结论：女性的避孕药使用情况与其宗教团体内部避孕普及程度高度相关，其中完全不包含宗教间的交叉影响。这支持了事实情况：人们在其他方面非常相似，村庄中的所有个体都使用了相同的家庭计划。因此，这一发现与社会规范可以改变再生育行为的观点相一致。在这个模型中，避孕药普及程度的不确定性随着女性之间的持续交流而逐渐被了解，这一点可以解释数据中避孕药普及程度所产生的渐进变化以及不同宗教团体间不同的避孕药使用程度。

随着社会获得了现代经济发展的可能性，不论是针对家庭还是针对他们所处的社会群体来说，小规模家庭的优势逐渐产生。但多元均衡是可能的。当社会规范和处罚违规行为盛行时，社会团体中许多拥有知识的、有避孕条件的人也许仍然会坚持高生育率。解决这样的情况时，人们需要注意发展过程中社会方面的因素。

　　资料来源：Kaivan Munshi and Jacques Myaux, "Social norms and the fertility transition," *Journal of Development Economics* 80 (2006): 1-38. For further background on the issues involved, see also Partha Dasgupta, *An Inquiry into Well-Being and Destitution* (New York: Oxford University Press, 1993).

6.4.2　对马尔萨斯模型的批判

　　马尔萨斯人口陷阱理论是一个关于人口增长和经济发展之间关系的理论。不幸的是，它是建立在一些过分简化的假设和前提之上的，经受不住经验的检验。我们可以从两方面来批判人口陷阱。

　　第一，马尔萨斯模型的假设未考虑技术进步对于消除那些制约人口快速增长的因素的巨大影响。正如我们在第 2 章中看到的那样，现代经济增长的历史和飞速的技术进步紧密相关，这些进步包括一系列的科学上、技术上和社会上的发明和创新。规模经济而不是规模不经济已经成为新增长时代的显著特征。尽管马尔萨斯在假设土地有限供应上基本是正确的，但是，他没有（公正地说是那时候不能够）预测到技术进步可以提高土地质量（土地的生产力），进而提高土地利用率，尽管土地的数量可能大致未变。

　　按照人口陷阱论，技术的不断迅速进步可以使总收入（总产量）增长率曲线向上移动，因此在任何人均收入水平下，总收入增长率曲线都会高于人口增长率曲线，如图 6-7 所示。结果，人均收入会随着时间持续增长，所有国家都有可能避开马尔萨斯人口陷阱。

　　对人口陷阱理论的第二个基本批判集中在其假设国家人口增长率与国家人均收入直接（正）相关上。根据这一假设，当人均收入水平较低时，我们可以预期人口增长率随人均收入增长而提高。但是，相关研究表明，在人口增长率和人均收入水平之间并不存在明确的相关关系。现代医疗和公共健康事业的发展，使得人口死亡率迅速下降，人均收入水平对死亡率的影响程度逐渐变小。此外，出生率与人均收入水平之间似乎不存在严格的关系。同样的人均收入水平下，不同国家或地区的生育率水平存在很大的差距，尤其是在收入水平低于 1 000 美元的范围内。因此，我们的结论是，对于人口增长来说，重要的不是人均收入的总水平，而是收入如何分配。最重要的并非是人均收入水平，而是家庭收入水平。

　　总的来说，在当代发展中国家应用马尔萨斯理论和新马尔萨斯理论具有很大的局限性，原因如下所述。

　　（1）两者没有充分重视技术进步的作用和影响。

　　（2）两者的假设基于人口增长和人均收入水平之间的宏观关系，这经受不住现阶段的经验检验。

　　（3）两者错误地将人均收入作为决定人口增长率的决定因素。对于人口和发展的问题一个更为有效的分析方法是，制定家庭规模决策的微观经济学分析。在这一分析方法下，个人收入水平而不是总收入水平成为决定家庭生育子女数量的主要因素。

　　即使有证据表明马尔萨斯陷阱与当前形势无关，但我们还要继续研究，这是基于以下三个主要原因。第一，虽然有上述证据，但仍然有人认为今天该理论在贫穷国家依然有效；从事发展领域研究的人应该理解这一模型以及该模型中并不适用于当前的因素，从而使他们能进行更有效的讨论。第二，因为这样的陷阱曾在历史上发生过，包括前哥伦布时期的人口崩溃也是由这些原因引起的。第三，正如我们在本章接下来将要讨论的，这些模型不再适用的事实也正强调了消除人口陷阱的那些因素的重要性。这些因素包括为维持农业生产力稳定持续提高所做出的努力，还包括随着妇女收入提高，妇女选择权利和自由状况的改善；而妇女收入的提高，有助于降低出于养老保障动机而引起的高生育率。

6.4.3 家庭生育理论的微观经济学基础

最近几年，经济学家开始密切关注家庭生育率的微观决定因素，试图为与人口过渡第三阶段相联系的生育率下降现象提供更好的理论和经验上的解释。为此，他们的基本分析模型利用了传统的新古典家庭理论和消费行为理论，以及经济学原理和最优化原则来解释家庭规模的选择。

传统的消费者行为理论假设，给定偏好的个体面对一系列商品（效用函数）时，在个人收入约束和已知商品相对价格的条件下，试图最大化商品消费带来的满足感。在利用这个理论进行生育率分析时，儿童被认为是某种特殊消费品（在发展中国家，特别是低收入国家，被视为投资品），这样生育就成为一种理性的经济反应，即相对于其他商品而言消费者（家庭）对于孩子的需求。假设一般的收入效应和替代效应都适用，那么，如果其他因素保持不变，预期理想的子女数量将直接随着家庭收入的变化而变化（但这种直接关系可能并不适用于穷国，在贫穷国家，子女数量不仅取决于它与其他消费品需求程度的相对大小，也取决于收入增长

的来源，如女性就业等），而与抚养儿童的价格（或成本）、家庭对生子女和其他商品的偏好程度大小反向相关。用数学式可表示如下：

$$C_d = f(Y, P_c, P_x, t_x) \quad x=1, \cdots, n \quad (6\text{-}1)$$

式中，C_d 是存活子女数量的需求（在低收入社会，婴儿的死亡率很高，因此这个考虑非常重要），它是给定的家庭收入（Y）、儿童的"净价格"（预期成本和预期收益之间的差距 P_c 即净价格；预期成本，即一个母亲所拥有时间的机会成本；预期收益，即儿童潜在的收入和老年赡养）、其他商品的价格（P_x）以及相对于儿童的其他商品的偏好（t_x）。在标准的新古典条件下，我们可以看到（用数字和文字表示）：

$\partial C_d/\partial Y > 0$ 家庭收入越高，存活子女数量的需求越高

$\partial C_d/\partial P_c < 0$ 儿童的"净价格"越高，需求就越低

$\partial C_d/\partial P_x > 0$ 相对于儿童的其他商品的价格越高，需求就越高

$\partial C_d/\partial t_x < 0$ 对儿童之外的商品的偏好越强，需求就越低

图 6-8 是简化了的**生育率微观经济理论**（microeconomic theory of fertility）的图示。

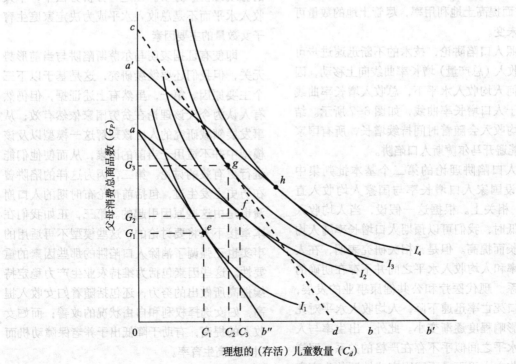

图 6-8 生育率微观经济理论图示

理想的（存活）儿童数量 C_d 用横轴表示，父母消费的总商品数量 G_p 用纵轴表示。

家庭对存活子女数量的需求用无差异曲线图来表示，其代表的是父母面对所有可能的商品和子女数量组合的主观满意度。每条单个无差异曲线描述的是满意度相同的一系列商品和子女的组合。无差异曲线越高，其线上的任何一点（商品和子女的组合）的满意度相对于较低无差异曲线上的任何一点就越高，但每条无差异曲线上的点都是"满意度无差异的"。

在图 6-8 中，只有 4 条无差异曲线，从 I_1 到 I_4；理论上，这里应该有无数条这样的曲线，布满全部的 4 个象限，包含所有可能的子女 – 商品组合。家庭"购买"商品和子女组合的能力表示为预算线 ab。因此，在预期收入和子女 – 商品的相对价格（用 ab 预算线的斜率来表示）一定的基础上，预算线 ab 上及以下的所有组合（三角形 0ab 以内）表示这个家庭在现有条件下能够购买到的全部可能的组合。子女相对于商品的价格越高，预算线的斜率越陡。

根据生育的需求理论，家庭根据其主观的偏好，从所有可行的组合中选择最大化家庭满意度的组合。从图上看，这个最优的组合由点 f 表示，它是预算线 ab 和无差异曲线 I_2 的切点。因此，该家庭将选择子女数量 C_3 和商品数量 G_2 的组合。

家庭收入增加（在图 6-8 中表示为预算线从 ab 向 a'b' 的平行外移），使同时消费更多的商品和子女变得可能，由此获得更高的满意度（无差异曲线 I_4 的 h 点），即如果子女像大多数商品那样被假设为是正常品（其需求随收入的增加而增加），在低收入国家，子女的需求最重要的是作为一种养儿防老的需求。注意，随着收入上升，父母可以在每个子女身上花更多的钱，倾向于子女数量较少但"质量"较高的选择（如更健康和提供更好的教育）。

类似地，子女相对于商品的相对价格（机会成本）上升将导致家庭用商品来替代子女。在其他因素（比如收入和偏好）相同的条件下，子女相对价格的上升会导致家庭效用最大化的消费组合发生在较低的无差异曲线上，表现为预算线以 a 点为中心向内旋转到 ab"，从而均衡点从 f 点移动到 e 点。

最后注意，如果家庭收入和子女净价格由于一些因素（如扩大女性就业机会、提升工资以及子女数量超过限定值后的子女税）同时上升，那么图 6-8 中的预算线就既向外移，又要向内旋转，直到虚线 cd。其结果是得到一个新的效用最大化组合点——更少的家庭子女数量（用 g 点表示，可与原来的 f 点相比较）。换句话说，在低收入家庭中，更高的生活水平与（由直接的财政措施或间接的女性就业机会扩大等原因引起的）子女价格相对上升将激励家庭少生孩子，改善自己的福利。这只是这一生育经济理论对于经济增长和人口增长之间关系的一个解释，同时也提供了一系列可行的政策建议。

6.4.4 发展中国家的子女需求

生育率微观经济理论假设家庭的子女需求由家庭对存活子女（通常是男孩）数量的偏好（即在高死亡率的地区，父母可能生育比理想值更多的孩子，因为他们预期有些孩子可能夭折）、抚养子女的"机会成本"或价格以及家庭收入水平等来决定。贫困社会的儿童可部分看作是经济投资品，因为童工和赡养老年父母的方式都可以获得预期收入。[12] 然而，在很多发展中国家，很多决定家庭规模的因素是心理和文化方面的，因此头两三个孩子应该被视为"消费品"，因为其需求对相对价格变化的反映程度较小。

因此，我们假设发展中国家的生育率微观经济理论中的选择机制只对被视为投资品的那部分额外（边际）子女起作用。在决定是否再要孩子的时候，假定父母要权衡私人经济收益和经济成本，其中经济收益指的主要是童工和赡养老年父母的预期收入。与收益相对的成本主要包含两个重要因素：母亲所拥有时间的机会成本（即她若不在家带孩子可以赚取的收入）和教育孩子的机会成本（即在两种情况间做出经济上的取舍，一种是少数"高质量"、高成本、接受良好教育、有较高收入预期的孩子；另一种是多数"低质量"、低成本、未接受良好教育、较低预期收入的孩子）。

与传统的消费者行为理论相类似，将家庭生育理论应用于发展中国家，我们可得出如下结论：当养育子女的价格或成本由于一些因素而上升时（如妇女的教育和就业机会增多，或国家的教育费用上升，颁布最低年龄童工法令、提供公共财政支持养老安全），父母将减少额外的（边际）子女数量，以质量代替数量，或是以母亲的工作收入替代孩子的劳动。因此，一种吸引家庭减少子女数量的方法就是通过一些途径来提高养育孩子的成本，比如说为年轻妇女提供更多的教育机会和更多的高报酬工作。

近期一些关于家庭行为的研究使该理论得到了进一步发展。发展中国家的家庭普遍不会按照传统模型中"单一"的方法去行动。相反，男人和女人会有不同的目标函数，比如，丈夫会比妻子想要更多的孩子。因此，家庭行为被解释为丈夫和妻子之间博弈的结果。虽然我们上面讨论的影响因素依然存在，但这个过程加入了妻子日益增强的博弈能力。关于家庭行为的非单一、以博弈为基础的模型也提高了我们对其他混乱、无效率的家庭行为的理解。例如，一个家庭即使明知道在丈夫的农场和妻子的农场上平均一下投资会带来更高的家庭收入，但还是决定多投资在丈夫的农场上。[13]

一些经验事实 发展中国家应用广泛的统计研究为生育率微观经济理论提供了强有力的支持。[14] 例如，统计研究发现，女性在外就业的机会越多，女子学校录取率尤其是小学教育和中等教育的入学率越高，生育率就越低。由于妇女接受了更好的教育，她们趋于贡献更多的家庭收入以及生育更少的孩子。此外，这些研究亦证实婴儿死亡率的下降与后续的生育率下降也有很大的关系。假设一个家庭希望有既定数量的存活子女，女性教育水平和收入的提高可以降低婴儿的死亡率，从而提高头胎婴儿的存活率，那么要达到既定存活数量的子女所需要生育的子女数量就会减少。该事实凸显了改善妇女教育、公共医疗和儿童营养三方面对降低生育率水平的重要性。

6.4.5 发展和生育的含义

前面的所有内容可以这样来概括：在发展中国家，当社会中的大部分人尤其是特别贫穷的那部分人受益时，社会和经济进步对降低人口生育率方面的影响效果才能显著。特别是，当发生如下社会经济变化时，贫困人口的生育率才可能下降。

（1）妇女受教育程度提高，进而使她们的角色和地位得到改善。

（2）增加妇女在非农业部门的就业机会，这将提高传统上妇女养孩子的价格或成本。

（3）通过增加直接就业、提高夫妇收入水平或收入的再分配（从富人向穷人），来提高家庭收入水平。

（4）通过加大公共卫生覆盖范围，改善妇女儿童的营养状况，改善医疗条件来降低婴儿死亡率。

（5）在家庭范围之外，发展养老和其他社会安全保障体系，减少父母（尤其是母亲）对于子女的经济依赖。

（6）增加受教育的机会，这样父母可以更好地以子女质量来代替子女数量。

简而言之，那些让贫困群体（尤其是妇女）获得更好的工作、教育和健康条件的举措，不仅对于贫困人口的经济和精神状况（即他们的发展）大有裨益，也能很好地激励他们选择小家庭规模（即他们可以自由选择），这对于降低人口增长率非常重要。在存在这种激励的地方，**计划生育**（family-planning programs）政策可能会是一种非常有效的政策工具。[15] 但是，在讨论政策问题和政府可做什么或不可做什么之前，我们应该指出，尽管关于人口增长的决定因素或原因看似有广泛的共识，但对其结果还存在很多的分歧和争论。

6.5 高生育率的后果：一些相互冲突的观点

多年来，发展经济学家和其他一些社会科学工作者，一直在争论关于人口高速增长所导致后果的严重性。[16] 一方面，我们必须明白人口增长并非是造成某些发展中国家生活水平低下、自尊受损和自由受限的唯一（甚至并非首要的）原因；另一方面，认为许多国家和地区迅速的人口增长并非导致欠发达问题加剧和加倍的重要因素，这种想法十分天真。下面的讨论总结了关于人口迅速增长导致严重发展问题的正反两方面观点。接着，我们还要讨论是否能就某些政策目标的设立达成一些共识。[17]

6.5.1 人口增长问题并非真正的问题

一部分人认为不必担心人口增长，我们可以找出其论证的三条思路：

- 问题不是人口增长，而是其他方面；
- 人口增长是一个伪问题，是由一些强权发达国家的部门捏造出的问题，其目的是让发展中国家维持在欠发达的和附庸的地位上；
- 对于很多发展中国家和地区，人口增长实际上是合理的。

其他问题 很多发达国家和贫穷国家的有识之士都认为，真正的问题并非人口增长本身，而是下面四个问题中的一个或全部。

（1）**欠发达** 如果能采取正确的发展策略，达到较高的生活水平、提高自尊和实现更大的自由，那么人口问题可以不治而愈。最终，它会消失，不再成为一个问题，就像现在所有的发达国家一样。根据这个说法，欠发达才是真正的问题，发展需要被视为唯一的目标。随着发展而来的是经济的进步和社会机制的健全，可实现人口增长和分布上或多或少的自动控制。只要发展中国家还有很多人处于贫困、知识缺乏、身体不健康和社会安全堪忧的状态，大家庭就成为社会安全的唯一真正来源（即父母将无法拥有选择小家庭的自由，即使他们确实想选择小家庭）。欠发达观点的一部分支持者认为，计划生育政策注定要失败，就像过去一样，贫困家庭没有动力去限制家庭规模。

（2）**世界资源枯竭和环境破坏** 人口问题可能仅仅是一个经济问题，这个问题关系到稀缺的自然资源和原材料的可得性与利用性问题。人口不足世界人口 1/4 的发达国家消耗了几乎 80% 的世界资源。从世界有限资源的消耗角度看，发达国家新增 1 个人口的影响相当于发展中国家新增许多人口带来的影响。根据这个观点，应该让发达国家的人口削减他们过度高额的消费水平，而不是应该让发展中国家限制它们的人口增长。

后者的高生育率实际上是因为生活水平低下，而生活水平低下在很大程度上是发达国家过度消耗世界稀缺资源的结果。世界最大的问题不是人口增长问题，而是富裕国家和贫困国家中的富人所共有的财富聚敛与奢侈消费习惯的问题。我们将在第 10 章分析环境和发展问题。

（3）**人口分布** 按照第三种观点，导致人口问题的并非人口本身数量的多少，而是人们在空间上的分布。按照资源的可获得性或潜在性，世界的很多区域（如撒哈拉以南非洲的部分地区）和一些国家内的某些地区（如巴西的东北部和亚马孙雨林）被认为是人口稀少的。其他一些地方则是有太多人集于太小的一片区域（如爪哇岛和大多数都市中心）。因此，政府不是要努力缓和人口增长率，而是要设法让人口根据土地资源和其他生产资源的可获得性来达到一个更自然的人口空间分布状态。

（4）**妇女从属地位** 之前提到过的，可能是最重要的原因——妇女往往过度背负了贫困、教育匮乏和社会流动性约束等方面的压力。在很多情况下，她们的附属角色、低下的社会地位以及无法顺利获得计划生育服务的现象都充分体现在她们的高生育率上。根据这个观点，人口增长是妇女缺少经济机会的一个自然产物。如果妇女的健康、教育和经济福利与她们在家庭和社会中的角色及地位同时有所改善，那么这种女性权利无疑将导致家庭规模缩小，人口增长率降低。

6.5.2 一个刻意捏造的问题

第二个主要观点否认人口增长是经济发展过程中的主要问题，与我们在第 3 章讨论过的国际依附革命理论如出一辙。它的基本观点认为，富国狂热地过度关注穷国的人口增长问题。前者的真实企图是阻碍后者的发展，以便维持现有的对富国有利的国际格局。富国迫使穷国采纳激进的人口控制政策，尽管它们也曾经历过这样一个加速发展进程的人口大规模膨胀的时期。

关于这个观点，激进的学者将富国在控制人口方面做出的努力以及它们的国际合作组织的行为视为种族主义或种族灭绝主义，它们试图减小穷人的相对或绝对规模（大部分为世界上的各有色人种），这些人可能会对富人（绝大部分是白种人）的利益造成严重威胁。世界范围的生育控制运动，反映了面对首要敌人对国际秩序产生的激烈挑战时，发达国家所表现出的害怕情绪。

6.5.3 一个合意的现象

一个较为传统的经济观点认为，人口增长是刺激经济发展非常重要的手段，人口规模越大，消费需求越旺盛，从而带来生产所要求的规模经济、生产成本降低，并为取得更高的产出水平提供了充足、低成本的劳动力供应。例如，新古典革命学派的人口"修正主义"经济学家认为，自由市场总是能够调整在人口压力下造成的各种稀缺资源。[18] 此类稀缺将抬高价格和对新的成本节约型生产技术的需求发出信号。最后，自由市场和人类的"创造性"（朱利安·西蒙（Julian Simon）的"天赋"是"首要的资源"）将解决人口增长中的所有问题。这个修正主义的观点显然和传统的"正统"观点相对立，正统观点认为人口迅速增长会产生严重的经济后果，如果不加以矫正，将减缓经济的发展。

在政治视野的另一端，发展中国家的很多农村地区实际上是人口稀少的，同时有很多可以耕作但尚未开发的土地，一旦能获得更多可用于劳动的人口，将可以提高农业产出水平。热带非洲和拉丁美洲的很多地区，甚至是亚洲的部分地区，据说就处于这样的状态。例如，一些学者注意到，在遥远的过去，非洲拥有比独立后更多的人口。[19] 他们的农业人口减少不仅源自奴隶贸易，还因为义务兵役制度、保留地监禁和前殖民地政府的强迫劳动政策。例如，16 世纪的刚果，据说有大约 200 万人口。但是，到殖民地时期，经过 300 年的奴隶贸易之后，该地区的人口下降到不足原来的 1/3。独立之后，刚果民主共和国的人口数量还赶不上 16 世纪的人口数量。[20] 提倡非洲人口快速增长的学者认为，在西非和东非的其他一些地区也可以看到同样的案例。

支持人口扩张者声称，按照人口与可耕地（耕地、休耕地、牧场和森林）的比例来看，撒哈拉以南的非洲地区总共有 14 亿公顷的可耕地，实际上正在耕种的土地只是全部可耕种土地的一小部分。因此，只有 12% 的可耕地得到耕种，如此之低的农业人口密度被认为是阻碍农业产出量的严重问题。[21] 类似的论点也曾用来解释一些拉丁美洲国家，如巴西和阿根廷。

另外还有三种非经济的观点，在某种程度上都可以在一些发展中国家上得到印证，它们可用来补充"人口增长是合意的"这一观点。首先，很多国家都提出需要人口增长，以保护当前人口不足的边境地区，抵御邻国的扩张。其次，在欠发达国家中，有很多种族、民族和宗教团体，他们出于道德和政治上的原因认为必须保护大家庭的模式。最后，军事和政治力量也往往需要大量的青壮年。

这些观点中的大多数都有一定的现实依据——即使没有，也至少存在于某些发达国家或发展中国家内具有影响力的一些个体的观念中。最重要的是它们比较全面地涵盖了绝大部分观点和视角，而一些理论家则辩称发展中国家快速的人口增长确实是一个真实又重要的问题，因此对这个问题需要进行认真的权衡与思考。接下来让我们来看一些这样的辩论。

6.5.4 人口增长是真问题

由于人口增长会对经济、社会和环境产生消极影响，因而有一些学者支持减缓人口增长，他们的观点通常包含于以下三个观点中。

1. 极端主义论点：人口和全球危机 人口增长问题的极端论者试图将几乎所有的世界经济和社会问题都归咎于人口过度增长。人口无限制的增长被视为当代人所面临的一个主要危机。它被视为是造成贫困、生活水平低下、营养不良、身体不健康、环境恶化等许多社会问题的主要原因。极端论者翻来覆去地使用诸如"人口炸弹"和"人口爆炸"之类饱含价值判断的、非常煽情的术语。实际上，关于世界食品大灾难和生态灾祸的悲惨预言，几乎全部被归结为世界人口的增长。[22] 极端论者如此极端的观点使得一些支持极端论观点的人宣称："世界"

（即发展中国家）人口的稳定或平稳下降是当代最为紧迫的一项任务，即使这需要在一些人口最密集的发展中国家（如印度和孟加拉国）严格采取强制性的方法（如强制性绝育）来控制家庭规模。

2. 理论化论点：人口 – 贫困循环和计划生育政策 人口 – 贫困循环理论（population-poverty cycle）是一些经济学家所推崇的主要论点，这些经济学家认为过快的人口增长会产生消极的经济后果，因而应当视其为困扰发展中国家发展的一个真正问题。支持这个论点的学者首先基于这样一个基本假设：人口增长会加剧和恶化与欠发达状况相关的经济、社会和心理问题。他们认为人口增长通过降低家庭和国家的储蓄率，延缓了当代人改善生活状况的进程，而为新增人口提供最基础的经济、健康和社会服务同样会引发政府收入紧缺。这反过来进一步阻碍了当代人的生活水平的改善，致使贫困问题在低收入家庭中世代传递。

由于广泛存在的绝对贫困和低生活水平被视为导致大家庭的主要原因，而大家庭阻碍了经济增长，因此为最终实现低生育率、低死亡率水平下缓慢或停滞的人口增长，经济和社会的发展成为其必要条件。但是根据这个论点，发展尚不是解决人口增长问题的充分条件，也即发展为人们提供了限制家庭规模的激励和动力，但尚需计划生育措施来向人们提供技术手段以避免意外怀孕。尽管有些国家和地区，如法国、日本、美国、英国和近年来的韩国，能够在不广泛开设计划生育诊所的条件下降低人口增长率，但有一些学者认为，与不制定计划生育措施的做法相比，制定措施可以使那些想控制过快人口增长的其他国家更快地效仿并采取措施。

3. 一个简单的模型 经济学家利用简化的索洛新古典增长模型的标准形式来阐释人口迅速增长所带来的负面影响。[23] 利用标准的生产函数 $Y=f(K, L, R, T)$，即产出是资本、劳动、资源和技术的函数，保持资源变量不变，可以推导出：

$$y-l=\alpha(k-l)+t \tag{6-2}$$

式中，$y=$ 国民生产总值增长率；$l=$ 劳动力（人口）增长率；$k=$ 资本存量增长率；$\alpha=$ 资本产出

弹性（通常是不变的）；$t=$ 技术变化的影响（即针对经济增长来源的经验研究中的索洛剩余）。

假设规模报酬不变，式（6-2）表明，人均国民生产总值的增长率（$y-l$）与资本劳动比率的增长率（$k-l$）加上技术进步的效果即索洛剩余（包括人力资本和物质资本的改进）是成比例的。因此，在技术未发生变化的情况下，为保证人均国民生产总值水平不变，人口增长率 l 越高，资本存量增长率 k 就必须越高，从而相应的储蓄率和投资率就越高。此外，就像新古典增长模型中假定的那样，k 与 l 之间可能不独立，但由于人口迅速增长导致抚养负担增大继而导致储蓄率下降，k 与 l 事实上是反向相关的。由此可见，人口增长的负面经济影响甚至可能比模型中所暗含的更强烈。最后，如果低收入水平导致穷苦家庭生育更多的子女作为低价劳动力的来源和养老的保障，那么，我们就得到了发展进程中的另一个恶性循环：穷人选择大家庭规模一定程度上是为了补偿他们的贫困。但是，大家庭规模意味着更高的人口增长率、更繁重的抚养负担、更低的储蓄率、更少的投资、更缓慢的经济增长，从而导致最终更为严重的贫困程度。在极端情况下，一种新马尔萨斯人口陷阱出现。因而人口增长被同时视为欠发达的原因和结果。

但是，正如你在第 3 章和第 4 章所看到的那样，人口增长只是反映了经济增长的冰山一角。在这一点上，威廉·伊斯特利认为，"即使人口增长一对一地降低了人均收入增长（人口忧虑者的普遍观点），这也只能解释人均收入增长变化的 1/3"。生产力的增长，尤其是因为经济的结构变化所导致的生产力增长（第 3 章），对实质性的经济发展起到很重要的作用。

4. 其他经验观点：人口增长的七个负面影响 根据最近的经验研究成果，人口增长对经济发展的潜在负面影响可划分为七种：经济增长、贫困与不平等、教育、健康、粮食、环境和国际移民。[25]

（1）**经济增长**。有证据显示，虽然它不是经济萧条背后的罪魁祸首，但是人口迅速增长使得绝大多数发展中国家的人均收入增长率降低，特别是那些已很贫穷、依附于农业并遭受着土地和自然资源压力的发展中国家。

（2）**贫困与不平等**。虽然从国家层面来看，贫困程度与人口增长之间总体上的相关性是不确定的，但是，从家庭层面来看，则有令人信服的证据。穷人是人口迅速增长的首要受害者，他们被迫减少土地，最先遭受政府削减健康和教育投入的影响，同时还要遭受环境破坏的冲击。除此之外，贫困的女性还需要承担政府财政紧缩的主要后果，而另一个恶性循环也蓄势待发。从大家庭使贫困永久化的程度上来说，人口快速增长加剧了不平等。

（3）**教育**。虽然有关教育的数据有时不太明确，但一般来说大家庭和低收入限制了父母为其所有子女提供教育的机会。在国家层面上，人口迅速增长使得有限的教育费用分配得更分散，同时因为人口数量增多，导致教育质量下降。因而人口迅速增长会导致人力资本存量降低，继而反作用于经济增长。

（4）**健康**。高生育率损害了母亲和孩子的健康。因为高生育率会提高怀孕的健康风险，频繁的生育已经证实会降低新生儿的出生体重，增加儿童死亡率。

（5）**粮食**。由于人口的迅速增长，世界人口的吃饭问题变得越来越困难，事实上大部分发展中国家新增的粮食需求是由人口增长引起的，由于最好的土地都已经被开垦，所以必须更为迅速地引进新的生产技术才有可能解决问题。国际粮食救济项目也在不断增多。

（6）**环境**。森林被蚕食和砍伐、薪材枯竭、土壤腐蚀、鱼和动物的数量不断减少、水资源不足、用水不安全、空气污染和城市堵塞，以上种种形式的环境退化正是人口快速增长造成的（见第 10 章）。

（7）**国际移民**。许多观察家认为国际上合法和非法移民的迅速增长是发展中国家人口增长的主要后果之一。虽然导致移民的因素有很多（见第 7 章），但是由于人口迅速增长，寻找工作的人大大超过了工作机会，可见人口迅速增长无疑也是导致移民的因素之一。然而，与前六种影响不同，国际移民的部分经济和社会成本落在了接受国上（更多地落在发达国家身上）。因而该问题最近成为北美和欧洲重要的政治问题也就不足为奇了（见第 2 章）。

6.5.5 目的与目标：趋于共识

尽管对于人口增长的正反面影响，正反双方存在着严重分歧，但是在过去几十年中，争论的双方似乎找到了大部分人都能够接受的一个共识。在罗伯特·卡森（Robert Cassen）的著作《人口政策：一个新的共识》（*Population Policy: A New Consensus*）中，这个共识得到了最好的概括：

关于人口政策问题，经过几十年的争论之后，工业化国家与发展中国家之间，以及在工业化国家和发展中国家的内部，出现了一个新的国际共识，即如果人口增长得更慢一些，个人、国家以及世界都将会过得更好一些。人口迅速增长的影响既不应当被夸大，也不应当被忽视。过去一些预警式的说法弄巧成拙，那些他们试图要说服的人，已经疏远了他们；与此同时，声称人口增长根本就没有那么重要的说法得到了很多人的认同，以此减少了人们对于这个问题的适当关注。[26]

下面的三种主张构成了这些中间派和共识者的主要观点。

（1）人口增长并不是导致生活水平低下、严重的不平等或选择自由权受限等发展中国家的各项问题的重要原因。这些问题的主要原因必须从穷苦家庭（尤其是妇女的角度）以及国际、国内发展政策等其他方面的失败中寻找。

（2）人口问题不仅仅是一个简单的人口数量的问题，与此同时它也是与生活质量和物质福利息息相关的。因此，考察欠发达国家的人口规模时必须与发达国家的富裕情况结合起来。欠发达国家的人口规模不仅仅与其本地资源有关，还与世界资源的数量、分布和利用有关。

（3）人口迅速增长确实加剧了欠发达所导致的各种问题，使得发展的前景更为渺茫。正如我们前面所说的，人口增长的势头表明，排除大灾难的影响，不管发展中国家现在采取什么样的生育政策加以控制，发展中国家的人口在将来的几十年中都将会大量增加。随之而来的是很高的人口增长率，虽然它不是导致欠发达的首要原因，但是在世界上的特定国家或地区，它无疑是导致欠发达的一个重要因素。

基于这三种主张，我们可以得出以下三种

政策目标和任务, 解决发展中国家人口增长问题的任何现实方法都可以被包括在内。

(1) 对于那些认为自己已经存在或有一些人口规模、分布和增长方面的潜在问题的国家与地区, 任何限制人口进一步增长的战略, 其主要目的不仅是要控制处理人口变量本身, 还应该解决欠发达背后的社会和经济状况。像绝对贫困、严重不平等、广泛的失业 (特别是妇女失业)、妇女受教育机会受限、营养不良以及不健全的医疗设施等问题, 都必须得到优先解决。它们的改善既是发展的必然产物, 也是激励家庭选择较小的最优家庭规模的基本动力。

(2) 要使那些以发展为导向的措施达到降低家庭规模的目的, 应该建立起能够提供教育和技术手段的计划生育措施, 以降低那些愿意调整家庭规模者的生育率。

(3) 发达国家应当帮助发展中国家实现降低生育率和死亡率的目标, 它们不仅要提供避孕药物、资助建立计划生育诊所, 而且更重要的是要通过减少对于生产过程中需要大量消耗不可再生资源的非必需品的消费, 来遏制自己对世界不可再生资源的过度消耗; 它们应当承诺, 就像在自己的国家一样, 致力于消除发展中国家的贫困、文盲、疾病和营养不良问题; 它们还应在其言论措辞和国际经济与社会交往中, 承认发展才是真正的问题, 而不仅仅是人口控制。

6.6 一些政策途径

基于以上目的和目标, 国家政府 (包括发展中国家政府和发达国家政府) 以及国际援助机构, 应该考虑采取什么样的经济政策和社会政策, 来推进世界总人口增长率的长期下降呢? 对于国际社会现在和未来的福利状况而言, 以下三方面的政策可能产生重要的直接和间接影响。

(1) 发展中国家政府主动制定的、意在影响甚至控制人口增长和分布的一般性政策与特殊政策。

(2) 发达国家政府制定的用以减少其国内生产对世界有限资源的过度消费, 促进全球经济发展成果平等共享的一般性政策和特殊政策。

(3) 发达国家政府和国际援助机构旨在帮助发展中国家实现其人口目标的一般性政策与特殊性政策。

下面, 我们将依次介绍以上三类政策。

6.6.1 发展中国家能做什么

从前面的讨论中, 我们可以得出结论, 即影响家庭对于生育子女数量的需求的主要变量是那些与发展概念最为密切相关的因素 (正如我们在第 1 章中所定义的)。因此, 在人口从高增长向低增长转变的过程中, 发展政策就显得特别关键。这些政策旨在: 消除绝对贫困; 减少收入不平等; 扩大民众受教育的机会 (尤其是妇女); 为男性和女性提供更多的就业机会; 向农村和城市中的穷人普及现代预防医学和公共健康工程 (特别是洁净水和卫生设备) 的好处; 通过粮食补给、改善饮食和营养结构, 来改善母亲和儿童的健康水平, 从而降低婴儿死亡率; 为更多人提供更为公平的其他社会服务。这里再次强调, 发展中国家 "人口问题" 的根源并非在于数字本身或父母的非理性选择。相反, 正是绝对贫困的蔓延和生活水平的低下, 为大家庭规模和人口膨胀提供了经济学的依据; 父母个人行为决定 (如教育、健康、粮食供给、环境和资源恶化、增加就业、总体增长和收入分配) 的溢出效应或负的社会外部性, 为政府在人口问题上进行干预提供了经济效率方面的正当理由 (就 "市场失灵" 的论点来说)。很显然, 还存在一些非经济的合理性证明。

尽管以上我们所介绍的一般性长期发展政策对于人口的最终稳定具有非常重要的作用, 但同时发展中国家的政府还可以采用五种特殊的政策, 使得出生率在短期内降低。[27]

第一, 他们可以通过媒体和教育的方式, 利用包括正规教育 (学校系统) 和非正规教育 (成人教育) 的途径来说服人们选择较小的家庭规模。

第二, 他们可以通过提供健康和避孕服务来加强计划生育措施, 以期实现理想目标。目前有很多发展中国家和地区存在此类政府支持或官方支持的项目, 只有少数国家没有这种政府支持或官方支持的计划生育项目。同时仍然存在大量未被满足的避孕药需求, 详见专栏 6-3。

□ 专栏 6-3　调查报告：2003 ～ 2012 年发展中国家的避孕药需求和使用情况

Jacqueline Darroch 和 Susheela Singh 通过借助同类全国性调查的相关数据，提取了 2003 年、2008 年和 2012 年这三年中年龄处于 15 ～ 49 岁的已婚和未婚女性的数据，分析了发展中国家避孕药的需求和使用情况。他们将全部女性分成两类：①使用现代避孕药方法的女性；②不采取任何措施或只采用传统方法的女性，并以此来估计有意愿避孕的女性的数量及所占比例。结果表明：①有意愿避孕的女性的数量以及由此产生的对有效避孕的需求大体上是呈增长趋势的（从 2003 年的 7.16 亿增长到 2012 年的 8.67 亿），其中绝大程度上的增长与人口数量的增长有关；②有意愿避孕的女性所占比例也同样有所增加，从 2003 年的 54% 上升至 2012 年的 57%；③现代避孕方法的使用也有所增加，全部 15 ～ 49 岁的女性中未被满足避孕需求的女性所占的比重也从 2003 年的 29% 下降至 2012 年的 26%（虽然绝对数量上从 2.1 亿增长到 2.22 亿）。未被满足的避孕需求仍然很庞大，尤其是撒哈拉以南的非洲地区（8 900 万人中有 5 300 万人的需求未被满足，占比 60%）、南亚（2.46 亿人中的 8 300 万人，占比 34%）以及西亚（2 700 万人中的 1 400 万人，占比 50%）。这两位学者认为，要满足那些未被满足的现代避孕需求，国家需要加大相应资源的投入，改善避孕服务和供给体系，提供高品质的服务以及大范围的公众教育以减小社会阻碍。

资料来源：Jacqueline Darroch and Susheela Singh. "Trends in contraceptive need and use in developing countries in 2003, 2008, and 2012: An analysis of national surveys." *The Lancet* 381 (May 18, 2013): 1756-1762.

第三，他们可以有意识地通过经济激励或抑制的手段来控制生育率。例如，通过取消或减少产假和相应的福利，减少或取消财政方面的激励，或对生育数量超过定额的情况处以罚款；建立老年社会保障条例和最低年龄儿童劳动法；提高学费，取消高等教育中的大额公共补贴；通过直接的现金支付对较小规模的家庭进行补贴。现在已经有三十多个发展中国家采取了此类控制生育率的激励或抑制措施，新加坡、印度、孟加拉国、韩国和中国在运用此类政策减小家庭规模方面取得了特别突出的进展。例如，新加坡在分配稀缺的公共房屋资源时就不考虑家庭的规模。新加坡还限制了女性最多只有两次生育能享受带薪产假，依据子女数量发放不同程度的分娩费补助，所得税的减免范围也从过去的五个孩子减少到三个孩子。1984 年，新加坡甚至还出台政策，对有大学学位的妇女给予特殊的照顾，她们所生的所有孩子能享受到特殊的录取优先权，而一位没有大学学位的妇女如果生两个以上的孩子，那么将受到惩罚。这样做的理由仅仅只是出于推断，很不可靠，即受过教育的妇女的孩子前途更光明，所以这些孩子的生育应当得到鼓励，而受到较少教育（假定她们相对来说没那么聪明）的妇女多生孩子则不应得到鼓励。但是，2004 年的时候，新加坡生育率开始出现明显的下降，以至于政府开始实施刺激方案去提高生育率（如像日本和欧洲，放宽对移民的控制将会是一种较为经济的方案）。中国制定了迄今为止最完备的国家计划生育的激励和抑制措施。在本章末的案例研究中，我们将对此进行介绍。

第四，政府可以尝试运用国家的立法和惩罚的权力，来强制人们选择小家庭规模。鉴于一些显而易见的原因，很少有政府愿意采纳这种强制性的举措；因此，强制性举措往往不仅在思想上不得人心，而且在执行上也格外困难。1977 年印度总理英迪拉·甘地（Indira Gandhi）政府遭到挫败，主要就是因为人们普遍反对政府的强制绝育运动。

第五，在控制生育率方面，除非能够提高妇女的社会和经济地位，创造适合晚婚和少育的条件，否则任何政策措施都不能成功。[28] 任何旨在降低生育率的计划生育项目，其关键因素都是增加妇女的受教育机会，然后为她们创造在外就业的条件。年轻妇女一旦有了获取收入的机会，就可以在经济上自立，从而有能力控制配偶的选择和结婚的时间。让妇女在父母家庭收入方面有所贡献也可以降低来自家庭的早婚压力。独立的收入来源还可以保证已婚妇女在家庭中占据一个比较有优势的地位，减少她们对其他家庭成员的依赖，特别是对于养儿防老的依赖。此外，它还可以让妇女在生孩子与赚钱相冲突时，考虑多生一个孩子所带来的机会成本。总而言之，在外收入的可获得性为妇女提供了一种有别于早婚和频繁生育的替代选择，而后者往往是由于她们缺乏资源造成的。在外就业的另一个好处是，它减轻了妇女的孤独感，而孤独正是计划生育服务实施的一大障碍。除此之外，在外就业还可以提升妇女在家庭中的话语权。[29]

1994 年的开罗国际人口与发展大会指明了这些政策对于改善妇女的作用和地位的重要性。这次会议着重强调了对于妇女的广泛授权，特别是**生育选择权**（reproductive choice）。《开罗行动宣言》这样总结了自己的立场和观点：

女性的授权和自治，以及她们的政治、社会、经济地位和健康状态的改善……对于可持续发展和……人口项目长期目标的实现非常重要。经验表明，若能同时采取措施改善妇女的地位，则人口与发展项目能取得最佳的效果。[30]

6.6.2　发达国家能做什么

一旦我们从全球资源和环境的视角来看待人口问题（我们确实应当这样来看），人口规模及其分布与发达国家和欠发达国家中的许多不可再生性资源的耗竭的关系问题就变得非常重要了。例如占世界人口 4.5% 的美国，每年要耗费的资源占世界资源总消耗量的 20%。当提到环境和资源的时候，很显然我们不能只考虑或首要考虑人口数量的问题，我们还必须关注财富聚敛以及世界范围内收入不平等对于许多不可再生性资源（如石油、某些基本金属和其他一些经济增长所必需的原材料）耗竭的影响。发达国家利用石油为私人轿车提供动力，带动家庭和办公室的空调等诸如此类的行为，到目前为止是造成二氧化碳大气排放、臭氧层破坏现象和全球温室效应（详见第 10 章）的主要原因。[31] 而这样的结果也意味着欠发达国家的小型家庭农场的肥料将面临减少的影响，换句话说，它意味着贫困家庭将不得不支付更多的钱来取

得这些宝贵的资源投入。

此类全球资源利用严重不平等的例子还可以举出许多。然而，更为重要的是，人们可以轻易举出很多例子，证明富裕国家无谓地、高代价地浪费了很多稀缺资源和不可再生性资源。因此，我们的观点是，任何旨在通过社会干预和计划生育限制发展中国家人口增长，来平衡资源和人口在世界范围内合理配置的计划，都必须辅以富裕国家的努力，必须简化富裕国家的消费需求和生活方式。通过这样的改变，可以释放出可供贫困国家利用的资源，从而实现有利于延缓人口增长的社会和经济发展模式。

除了简化生活方式和消费习惯之外，为了缓解当前的世界人口问题，富裕国家还可以采取的另一个积极的国内政策是放宽合法移民的条件，让来自非洲、亚洲和拉丁美洲的穷苦并且没有技术的工人及其家人得以移民至北美、欧洲、日本等国家。19 世纪和 20 世纪早期，从欧洲向北美、澳大利亚和新西兰移民的农民是缓解欧洲欠发达问题和人口压力的主要因素。对于发展中国家来说，如今已不再存在这样的安全阀和出口。事实上，为数寥寥的几个出口，在过去的 20 年间也逐渐封闭了。很显然，许多劳动力稀缺的社会可通过国际移民在经济上获益；同样对于发展中国家，其收益也非常巨大。例如，据联合国估计，从发展中国家向发达国家移民的法律屏障使得发展中国家每年至少损失 2 500 亿美元。[32]

6.6.3　发达国家如何帮助发展中国家实施人口计划

富裕国家的政府和多边援助机构还有许多方式可以帮助发展中国家的政府更快实现其人口目标。但是最重要的是，富裕国家是否真正愿意在贫困国家的发展过程中提供切实的帮助，尤其是对撒哈拉以南的非洲地区。这里所谓的"切实帮助"不仅包括加大公共财政和私人财政方面的援助，还包括改善贸易关系（如准入发达国家市场的关税、零配额等），增加适宜发展中国家的技术转移，支持当地的科学研究，改进国际商品定价政策和促进世界稀缺自然资源的公平分配。（有关富裕国家和贫困国家之间国

际经济关系方面的内容，将在第三部分中进行讨论。）

富裕国家的政府、国际救援组织和私人非政府组织（NGO）还有两项与生育调节直接相关的活动，可以发挥其重要的援助作用。第一个是全方位的生育控制技术研究，包括避孕药、现代宫内避孕器（IUD）、自愿绝育手术以及特别为处于艾滋病时代的非洲研制的屏障避孕法。这方面的研究已经进行了多年，而几乎所有这些研究都是由国际援助组织、私人基金会和发达国家的救援机构资助的。我们应该鼓励富裕国家的政府、国际救援组织、私人非政府组织继续努力降低这些措施的健康风险，同时进一步改善这些避孕技术的有效性。

第二个是发达国家为发展中国家的计划生育、公共教育和全国人口政策的研究活动提供财政支持。传统上来说，这已经成为发达国家在人口领域提供援助的主要方式，而投入这些活动的总资源呈现出非常显著的增长。然而，若将这些资源（特别是那些投入考虑欠成熟的计划生育项目的资源）直接用于提高发展中国家最贫困人口的生活水平，或许比用这些资源实现他们的生育目标更有效。这仍然是一个需要探讨的问题。前面我们曾经讲到，若人们没有缩小家庭规模的动机，则再成熟的计划生育项目也没有多大的价值。

6.7 结论

我们的结论带有一点乐观主义的色彩。很多最贫困的国家，如孟加拉国和很多撒哈拉以南非洲国家，生育率都经历了一个明显的下降。人口专家现在都忙于调低他们对于下一个 10 年世界人口增长的预期。从很大程度上来说，这个下降是计划生育项目逐渐普及的结果。这个变化为发展中国家未来的成功发展奠定了基础，但是，发达国家需要加大对发展中国家的发展援助，尤其是要帮助发展中国家大幅度减少贫困（这依然是高生育率的最大诱因）。

案例研究 6   中国和印度的人口、贫穷问题和发展

中国和印度不仅是世界经济增长最快的两个国家，也是世界人口最多的国家。前者拥有 13.5 亿人口，而后者拥有 12.2 亿人口。目前两个国家的人口仍然在以缓慢的速度增长。根据 2012 年联合国人口司的中期变化预测，2030 年时印度将成为世界上人口最多的国家，拥有 14.8 亿人口。据联合国预测，中国在 2030 年时将拥有 14.5 亿人口，而后会出现下降，到 2065 年时将会下降到 12.8 亿。相反，印度的人口在 2065 年之前则会持续增长，将于 2065 年达到人口峰值，即 16.4 亿。

印度 2013 年的人口数量已经超过了 12 亿。尽管印度早在 1950 年时引入了世界上第一个计划生育政策，但其人口数量还是达到了最初独立时的 3 倍多。中国的人口在 13.5 亿的基础上逐渐增长变缓，尽管独生子女政策在控制人口增长上取得了相当大的成功，但通过妇女授权和教育的方式控制生育的部分印度地区（如喀拉拉邦）另具特色。那么从世界上人口最多的这两个国家的人口和发展经验中，我们可以学习到什么呢？

在印度，经常可以听到这样的观点："中国除了人口，什么都比印度发展得快。"印度在半个世纪前，人口还不到中国的 2/3，但根据预测，到 2050 年时印度人口要超过中国 2 亿。就像很多发展中国家一样，两个国家的人口都增长得非常迅速，因为两个国家的人口死亡率都已下降，而人口出生率下降得较为缓慢。两个国家都将人口压力视为威胁国家未来发展的一个重要因素。

众所周知，随着收入增加，生育率将下降，因为妇女的时间机会成本大幅上升了。生育率和经济增长两者互为因果关系。1980 年以来中国经济的迅速增长得益于降低的生育率水平。1990 年以来印度经济增长的速度逐渐加快，这也与它下降的生育率有关。这也体现在本章较早讨论的"人口红利"部分。因此，人口政策在为经济发展奠定基础的过程中起到了很重要的作用。诺贝尔经济学奖获得者阿玛蒂亚·森认为，发展是自由的，当生育水平降低或延缓增长时，年轻妇女可以获得更多的机会。我们对这种观点的接受程度本身就是发展成功的一个关键指标，同时人口政策有助于实现这些目标。

中国的人口政策

中国若干世纪以来都是世界上人口最多的国

家。1949 年新中国成立之后，中国鼓励实行宽松的生育政策。

1980 年，中国发起了一个旨在通过 10 年时间，把人口生育率降到 1% 水平的新人口政策。1982 年和 1983 年，中国政府为了达到这个目标采取了独生子女政策，要求家庭只生一个孩子。虽然第一胎按照规定是被许可的，但是第二胎只能在第一个孩子有严重的先天疾病或者妇女再嫁的情况下才允许生育。国家以经济激励的方式给予独生子女家庭在住房、医疗和教育方面的优先权。生过两个孩子的母亲经常难以升职，并面临对第二个和第三个孩子的罚款。近些年出现了越来越多的例外，若父母均为独生子女时允许生育二胎。2013 年中国宣称将放宽生育政策，即当父母双方中至少有一方为独生子女时允许生育二胎（经政府核实）。

在某些地区对男孩的文化偏好下，难以避免地会出现这样的报道：女孩受到较少的医疗关注，以及对女性胎儿的选择性流产。

在许多亚洲国家，男性与女性的比例要高于正常水平，其中性别偏见至少有部分的责任。据估计，2010 年时全中国的男女比例是 106:100；新生婴儿的男女性别比例接近于 118:100。这样的性别比例是不够理想的。当然，文化偏好可能会随着经济的进一步发展而改变。事实上，根据官方数据，虽然下降程度很小，但这个性别比例已经开始从 120:100 的峰值下降了。

中国人口控制计划的各方面影响是不确定的。通过有关独生子女家庭的社会和经济的压力，降低人口增长率从而获得的收益，是否大于严格打破传统家庭对孩子价值的理解和规范所带来的成本，这个问题恐怕只有时间才可以回答。然而当 1988 年的 8 月，中国政府发现农村人口已经超过 10 亿这个不可思议的现实时，在农村居住的人口已经超过 60%，而这些人普遍对人口控制的政策持有抵制态度，因而政府决定在农村和城市一样加强计划生育实施力度，同时将注意力更多地转移到提高妇女地位和提供更好的老年保障服务上。

20 世纪 90 年代中期，中国的生育率达到了 1.9 的水平，之后呈现下降趋势，2013 年时下降至 1.6 的水平。这个水平低于更替水平，与人口增长的缓慢长期下降相一致。由于人口的增长势头，随着较大规模的年轻人替换了较小规模的老年人，中国人口将继续增长。然而，中国人口规模最大的那个年龄段，现在已经过了生育年龄。人口增长率显著下降，人口的峰值预计不超过 14 亿。

实际上，很多家庭有两个孩子，而不是一个孩子，还有一些农村居民，包括不受独生子女政策限制的少数民族地区，会超过两个孩子。但是在城市，生育率非常之低，现在农村居民正越来越多地涌入这些城市。具有代表性的估计表明，与没有计划生育政策时相比，中国少出生的人口超过 2.5 亿，由此可见计划生育政策的巨大影响。现在关注的焦点是，中国需要重新审视这一政策，以防止过高的抚养比率，即退休人数与就业人数的比率。

中国的生育政策带来了显著成果，而印度自从 1947 年独立后没有一次饥荒，阿玛蒂亚·森将中国经济增长领先的原因归结为对健康和教育的大量投资，而这正是印度所缺少的。

中国成功的人口控制政策，有其自身的风险和收益。到 2050 年，中国年龄在 50 岁以上的人口几乎是 20 岁以下人口的 2 倍。此外，生育率下降的情况已出现，对男孩的偏好反而可能更加强烈。许多家庭感觉他们只能生一个孩子，应该要男孩，这样可以传宗接代和防老。中国人口和计划生育委员会 2007 年的报告指出，到 2020 年，中国适婚年龄的男性数量将比适婚年龄的女性多大约 3 000 万，而且警告这个结果将使社会不稳定。经济学家魏尚进和张晓波在 2009 年的研究发现，有足够的证据表明，中国最近出现的储蓄潮大部分是由于竞争性的住房投资和一些家庭为了给儿子找结婚对象而做的财富积累。这种储蓄潮甚至对于解释全球不平衡有潜在意义。

当前高比例的劳动人口为中国提供了"人口红利"，但接下来的人口过渡阶段可能成为中国面临的主要挑战。因为中国先于其他国家发生了生育率的下降，从 2013 年开始，中国的劳动力数量已经开始缓慢减少。

总而言之，虽然快速的经济发展和家庭计划方面的强制和激励对中国的生育率下降有部分影响，但同时其他因素（如妇女受教育程度提高、儿童健康改善、妇女就业机会增加等）也同样有影响。这些因素也是印度的喀拉拉邦在降低生育率方面取得相当成功的原因。

印度的人口政策

1949 年，印度成为第一个实行全国计划生育政策的国家。然而，它的计划生育政策并不是很有效，同时也实施得断断续续。到 20 世纪 70 年代早期，观察家开始越来越关注印度人口的高增长率问题。

印度总理英迪拉·甘地试图在任期内（1975 ～ 1977 年）执行激进的人口控制措施时遭到

挫败。强制绝育，有时又叫群众"节育运动"，还有其他一些强制性措施，在印度很多地区的相关报道中最终多以声名狼藉收场。实际上，公众对于这些强制的生育控制政策的厌恶，有助于这场"紧急状态"的及早结束。在 1977 年的大选中，甘地落选。而她在 1980 年之所以能再次当选，部分原因就在于她承诺不再重蹈覆辙。之后的几年时间，印度一些地区的村民看到医务工作者都会由于害怕而敬而远之。

然而，计划生育确实越来越普及。一些接受了生育控制的地区，有 2 亿甚至更多的中等阶层，确实表现出了收入增长的势头，而在穷人当中，也有很大一部分人的条件得到了改善。这些体现了选择小家庭的激励政策的原始动机。不同邦的情况有所不同。在中央邦，2001 年 1 月之后，生第三个子女或更多子女的人将被剥夺参加村民委员会选举的权力，这引起了诸多的争议。

随着生育率的下降，开始出现重男轻女的现象，尤其是在北印度的"印度教环带"（Hindi belt）。这导致印度出现了与中国一样的女性人口下降的问题。在印度较富裕的地区，重男轻女现象实际上十分严重；Mari Bhat 和 Francis Zavier 分析了印度全国家庭健康调查（National Family Healthy Survey）的数据，结果表明"在印度北部，弃婴中有 60% 是女婴，这种选择性别的生育在很大程度上提高了生产时的性别比，这一比例为 130 个男孩：100 个女孩"。如此惊人的失调将来可能会带来社会压力。2010 年，印度全国的男性与女性比为 108：100，是世界上男女比例最高的国家之一；而新生婴儿的男女性别比例为 112：100。但是这种不平衡并不是不可避免的，社会发展会使这种情况大大改善。

印度东南沿海的一个邦——喀拉拉邦，非常注重扶贫减困和人类发展，是一个非常重要的实例。20 世纪 90 年代中期，喀拉拉邦的生育率下降并保持在平均每个妇女只生 1.7 个孩子的水平，同时一直保持着这种较低的水平，在 2010 年时仍为 1.7（印度计划委员会）。这样的变化表明该邦的人口具有缓慢下降的趋势（在不考虑外来移民的情况下）。因此，喀拉拉邦的生育率显著低于中国，但不像中国，喀拉拉邦生育率的显著降低并没有在政策要求下进行，更不用说像中国那样为降低生育率而采取强有力的直接经济鼓励。从印度全国的角度来看，生育

孩子的数目为 2.5 个；在社会发展落后的比哈尔邦，生育孩子的数目在 2010 年时为 3.7 个，这与巴基斯坦的状况相似。实际上，喀拉拉邦的女性比男性数量略多一些。

行为规范可以产生巨大的影响力，不同的行为规范可能导致多重均衡（见第 4 章，另外本章 6.4 节的人口准则也适用）。当今，印度居民正在慢慢地产生一种观念和态度的转变，即认为小的家庭规模会更加幸福。阿玛蒂亚·森发现：在印度较开化的地区（尤其是喀拉拉邦和泰米尔纳德邦），生育率的大幅度下降在很大程度上受到有关高生育率负效应的公众舆论的影响。相关的讨论也强调了年轻女性以及整个社会团体所造成的问题。

此外，特别是最近，由于乡村电视和网络的普及，女权主义的城市典范也对一部分乡村妇女的思想认识产生了更大的影响，这也证明了文化意识的强大。Robert Jensen 和 Emily Oster 提供了一些关于电视作用的证据。

在印度，有各种电视、告示牌以及其他类型的广告在宣传计划生育，有一些证据表明这些宣传有积极的作用，它有利于营造一个良好的社会氛围，让人们乐意接受它所传达的信息。这有助于解释比起许多政府项目，为什么致力于农村全面发展的非政府组织往往更为成功。在喀拉拉邦，如果说支持小家庭的官方举措要比其他地方更富成效的话，那在很大程度上是因为其社会和经济条件在此基础上已经有所改变或正在改变。在喀拉拉邦有 85% 以上的妇女有文化，这意味着她们在家庭中更有地位，在家庭之外有了更多的工作机会，她们能够自己看懂关于生育率和计划生育方面的印刷材料。喀拉拉邦的成功还可以部分归结为当地妇女传统上有着较高的地位。但确定无疑的是，喀拉拉邦的成功很难被复制到印度其他存在政治和社会意愿干预的地区。

森认为，喀拉拉邦通过活跃的公众对话促使新态度和新价值观的出现，从而在降低生育率方面取得了显著成效。当地女性非常高的文化水平使得关于这些敏感话题的对话成为可能。

喀拉拉邦的成功表明，生育率的降低可能并非取决于经济的快速增长或经济落后时采取强硬的政府政策，而是取决于基层民众的发展，尤其是女性授权方面。

资料来源

Acharya, Keya. "Sterilisation in India." *Contemporary Review* 279 (2001): 26.

Amartya Sen, "What's the point of a development strategy," paper written for the United Nations Committee on Development Strategy and Management of the Market Economy, May 1996, page 20.

Barro, Robert J. *Determinants of Economic Growth: A Cross-Country Empirical Study*. Cambridge, Mass.: MIT Press, 1997.

"Can advertising create social change?" *Businessline*, January 20, 2000, p. 1.

Dasgupta, Partha. "The population problem: Theory and evidence." *Journal of Economic Literature* 33 (1995): 1879–1902.

Drèze, Jean, Anne-Catherine Guio, and Mamta Murthi. "Mortality, fertility, and gender bias in India: A district-level analysis." *Population and Development Review* 21 (1995): 745–782.

Drèze, Jean, and Mamta Murthi. "Fertility, education, and development: Evidence from India." *Population and Development Review* 27 (2001): 33–63.

Jensen, Robert, and Emily Oster. "The power of TV: Cable television and women's status in India." *Quarterly Journal of Economics* 124 (2009): 1057–1094.

Klasen, Stephan and Claudia Wink, "Missing women: Revisiting the debate." *Feminist Economics*, 9 (2–3), 2003, 263–299

Kremer, Michael. "Population growth and technological change: One million B.C. to 1990." *Quarterly Journal of Economics* 108 (1993): 681–716.

Mari Bhat, P. N., and Francis Zavier, A. J. "Fertility decline and gender bias in northern India." *Demography* 40 (2003): 637–657.

McElroy, Marjorie, and Dennis Tao Yang. "Carrots and sticks: Fertility effects of China's population policies." *American Economic Review* 90 (May 2000): 389–392.

Pritchett, Lant H. "Desired fertility and the impact of population policies." *Population and Development Review* 20 (1994): 1–55.

Sen, Amartya. *Development as Freedom*. New York: Knopf, 1999.

Sen, Amartya. "Missing women." *British Medical Journal* 304 (1992): 587–588.

Sunil, T. S., V. K. Pillai, and A. Pandey. "Do incentives matter? Evaluation of a family planning program in India." *Population Research and Policy Review* 18 (1999): 563–577.

Wei, Shang-Jin and Xiaobo Zhang. "The competitive saving motive: Evidence from rising sex ratios and savings rates in China.", *Journal of Political Economy* 119 (2011): 511–564.

问题讨论

1. 在过去的几十年，发展中国家的人口以前所未有的速度增长。请比较并对照欠发达国家和现代发达国家在其经济增长早期的人口增长率，解释第二次世界大战以来造成发展中国家人口迅速增长的主要原因是什么。

2. 人口的年龄结构和抚养负担之间是什么样的关系？发展中国家的人口抚养负担相对较高还是较低呢？为什么？

3. 解释隐蔽的人口增长势头的含义。为什么这一概念在估计不同发展中国家未来人口数量时具有非常重要的作用？

4. 请简要叙述人口过渡理论。大多数发展中国家现在大致处于哪个阶段？

5. 生育微观经济理论与消费者选择理论有何种联系？你认为经济激励和反激励对于家庭规模的决策会产生影响吗？请予以解释，并给出此类激励和反激励的具体例子。

6. "世界人口问题不是一个单纯的人口数量增多的问题，而是一个与财富聚敛和有限资源相关的问题。它是一个在发展中国家出现的问题，但同时也是一个由发达国家导致的问题。"请对这一说法进行评价。

7. 请列举并简要叙述发展中国家人口高速增长的关键原因及其主要后果。

8. 请解释为何一些发展中国家生育率的下降比其他国家迅速。

9. 请简述反对发展中国家的人口增长是一项严重问题的观点，并简要评述。

10. 请简述支持发展中国家的人口增长是一项严重问题的观点，并简要评述。

11. 请简述发展中国家的政府在缓和或限制人口增长方面可选择的一些政策，并简要评述。

12. 假定有一项研究发现生育决定具有互补性，这说明了什么？其中暗示了什么？

13. 中国和印度的案例中提供了哪些可供选择的人口政策（包括它们的优点和缺点）？

注释和推荐阅读

1. 20 世纪 70 年代标志着世界人口增长达到历史上的高点。在 70 年代末，大部分发展中国家的人口增长开始下降，世界人口增长速度达到最高峰。有关这个转折点的一些事实，请参见 Bernard Berelson, W. Parker Mauldin, and Sheldon Segal, "Population: Current status and policy options," *Social Science and Medicine* 14c (1980): 71–97, and World Bank, *World Development Report, 1984* (New York: Oxford University Press, 1984), ch. 4.

2. 计算倍增时间的一个简单方便的方法是用 70 除以任何增长率[⊖]。例如，每年 2% 的增长率（如资产、人口、GNI 等）大约用 35 年的时间翻倍。从代数的方法算起，一个以每年 p% 的增长率（例如经济中的真实 GNI）的倍增时间可以用公式 $[1+p/100]^T=2$ 计算。公式两边取自然对数，得 $T \times \ln[1+p/100]=\ln 2$。2 的自然对数大约是 0.7。等式左边，因为 p 相对很小，所以两年 $\ln[1+p/100]$ 可以近似等于 $p/100$。替换后，$T \times p/100=0.7$，或者 $T=70/p$。例如，增长率相对小的值为 4%，简单地用 70 除以增长率：过了大约 17.5 年（70/4=17.5），国民收入将翻倍。作为一个额外的近似方法，简单地减去人口增长率，可以得到人均收入增长率。所以如果人口增长率为每年 2%，在这个例子中，人均收入增长率将是每年 2%（4%−2%=2%），人均收入将大约 35 年翻倍（70/2=35）。

3. Population Reference Bureau, *World Population Data Sheet, 2012* (Washington, D.C.: Population Reference Bureau, 2012).

4. The World Bank, *World Bank World Development Indicators 2013* (Washington, D.C.: The World Bank), tab. 2.1.

5. 更多的讨论请参见 John Bongaarts, "Population policy options in the developing world," *Science* 263 (1994): 771–776.

6. 反人口危机的有趣观点请参见 Philip Longman, "Think again: Global aging," *Foreign Policy* (2012).

7. 可用 TFRR ≈ (1+SRB)/$p(A_M)$ 的值来近似更替生育率。式中，TFRR 代表总生育率的更替水平；SRB 代表出生婴儿男女性别比例；$p(A_M)$ 代表生存至平均生育年龄的可能性。详情请参见 Samuel Preston, Patrick Heuveline, and Michel Guillo, *Demography: Measuring and Modeling Population Processes* (Oxford: Blackwell, 2001)。注意在性别比例均衡以及女性生存至平均生育年龄的高存活率的情况下，TFRR 接近于 2.1。阿富汗、布隆迪和塞利拉昂这些国家存活比率最低（低至 0.6），这些国家的 TFRR 大约为 3.3。在这些条件下，2.1 的生育率水平实际会导致人口数量减少。详情请参见 Thomas J. Espenshade, Juan Carlos Guzman, and Charles F. Westoff, "The surprising global variation in replacement fertility," *Population Research and Policy Review* 22, No. 5−6 (2003): 575–583, who calculate that the replacement rate across countries ranges from 2.05 to 3.43. 这位学者计算出不同国家的更替水平为 2.05 ～ 3.43。

8. 可参见 Timothy W. Guinnane, "The historical fertility transition: A guide for economists," *Journal of Economic Literature* 49, No. 3 (2011): 589–614.

9. 几何级数增长即 1，2，4，8，16，32，64，128，256，512，1 024 这样相邻的后一位数是前一位数的 2 倍（或多倍）的排列增长。就像复利一样，几何级数增长可以非常迅速地达到一个很大的值。

10. 最新的证据详见 Quamrul Ashraf and Oded Galor, "Dynamics and stagnation in the Malthusian epoch," *American Economic Review* 101, No. 5 (2011): 2003–2041。作者发现，在公元 1 ～ 1500 年，技术优势和更高的土地生产力对人口密度有显著的正影响，但对于生活水平的影响不显著。

10a. 在预期生育率较低的情况下，由于年龄稍大一些的孩子可以照顾较小的孩子，因此 S 曲线的斜率会以一种增速递增的趋势增加。平均生育率对工资的负面影响会引起更强烈的家庭反应，同时每个孩子都在正规部门就业的可能性会下降。但在预期生育率较高的情况下，由于教育和健康的可获得性下降以及抚养额外孩子的成本（相对于收益来说）有所增加，

⊖ 原书如此，更准确的表述是将增长率乘以 100，再用 70 除以所得数值。——译者注

因此 S 曲线的斜率会以一种增速递减的趋势增加。

11. 详细的说明可参见 Partha Dasgupta, *An Inquiry into Well-Being and Destitution* (New York: Oxford University Press,1993), 该问题在 Pranab Bardhan and Chiris Udry, *Development Microeconomics* (New York :Oxford University Press,1999) , p.25 中也有相关讨论。

12. 可参见 Simon Kuznets, *Fertility Differentials between Less Developed and Developed Regions: Components and Implications* (New Haven, Conn.: Economic Growth Center, Yale University, 1974).

13. 见第 9 章以及参见 Christopher Udry, "Gender, agricultural production, and the theory of the household," *Journal of Political Economy* 104 (1996): 1010 - 1046.

14. 例如，参见 Nancy Birdsall, "Economic approaches to population growth," in *Handbook of Development Economics*, vol. 1, eds. Hollis B. Chenery and T. N. Srinwasan (Amsterdam: Elsevier, 1988), pp. 478 - 542; Jean Drèze, Anne-Catherine Guio, and Mamta Murthi, "Mortality, fertility, and gender bias in India: A district-level analysis," *Population and Development Review* 21 (1995): 745 - 782; and Partha Dasgupta, "The population problem: Theory and evidence," *Journal of Economic Literature* 33 (1995): 1879 - 1902。

15. 导致生育率下降的主要原因是经济、社会和教育的改进，只有一小部分原因是计划生育政策，有关这个观点的更有力的经验证据，请参见 Lant H. Pritchett, "Desired fertility and the impact of population policies," *Population and Development Review* 20 (1994): 1 - 55.

16. 关于这种冲突的分析参见 Jason L. Finkle and Barbara Crane, "The politics of Bucharest: Population, development, and the new international economic order," *Population and Development Review* 1 (1975): 87 - 114。尽管 1984 年在墨西哥召开第二次世界人口大会时这个冲突并不明显，而且 1994 年在开罗召开的第三次大会上提出给妇女更多的生育选择权的背景下也没有显示出很大的问题，但在很多发展中国家的与会代表来看，这个问题是很突出的。

17. 有关这些分歧的更详细讨论，参见 Michael S. Teitelbaum, "Population and development: Is a consensus possible?" *Foreign Affairs* 52 (1974): 749 - 757. See also Timothy King and Allen Kelley, *The New Population Debate: Two Views on Population Growth and Economic Development* (Washington, D.C.: Population Reference Bureau, 1985), and Robert H. Cassen, *Population Policy: A New Consensus* (Washington, D.C.: Overseas Development Council, 1994).

18. 例如，可参见 Colin Clark, "The 'population explosion' myth," *Bulletin of the Institute of Development Studies* 1 (1969); Julian Simon, *The Ultimate Resource* (Princeton, N.J.: Princeton University Press, 1981); Nick Eberstadt, "Population and economic growth," *Wilson Quarterly* (Winter 1986), pp. 95 - 129; and National Research Council, *Population Growth and Economic Development: Policy Questions* (Washington, D.C.: National Academy Press, 1986).

19. Samir Amin, "Underpopulated Africa," paper presented at the African Population Conference, Accra, Ghana, December 1971.

20. 同上，脚注 2。

21. 同上，第 3 页。当然，在这些争论持续了 10 年后，这些区域的人口的确发生了显著的增长。有关通过加速技术进步来提高人口密度的长期收益的另一个观点，参见 Michael Kremer, "Population growth and technological change: One million B.C. to 1990," *Quarterly Journal of Economics* 108 (1993): 681 - 716.

22. 例如，可以参见 Paul R. Ehrlich and Anne H. Ehrlich, *Population, Resources, and Environment: Issues in Human Ecology*, 2nd ed. (New York: Freeman, 1972); Lester R. Brown, *In the Human Interest: A Strategy to Stabilize World Population* (New York: Norton, 1974); and Paul R. Ehrlich and Anne H. Ehrlich, *The Population Explosion* (New York: Simon & Schuster, 1990)。

23. 感谢 Harold Votey 教授推荐这个例子。详见第 3 章和附录 3B 中的索洛模型。

24. 伊斯特利在 1999 年做了基本的叙述，"各个国家不同的人口增长率并不足以解释人均产出增长的变化。1960 ～ 1992 年人均 GDP 增长在 -2% 和 7% 之间变化，而人口增长率仅在 1% 和 4% 之间变化"。Easterly, *The Elusive Quest for Growth* (Cambridge, Mass.: MIT Press,1999), p.92.

25. 有关这个证据的详细评论，参见 Cassen, *Population Policy*, pp. 14 - 22; Dennis A. Ahlburg et al., *Population and Economic Development: A Report to the Government of the Commonwealth of Australia* (Canberra: Australian International Development Assistance Bureau, 1994); and Geoffrey McNicoll, "Effects of population growth: Visions and revisions," *Population and Development Review* 21 (1995): 307 - 340.

26. Robert Cassen, *Population Policy*, p. 12.

27. 参见 Birdsall, "Economic approaches to population growth," pp. 523 - 529.

28. Sousan Abadian, "Women's autonomy and its impact on fertility," *World Development* 24 (1996): 1793 - 1809. See also Shireen J. Jeejeebhoy, *Women's Education, Autonomy, and Reproductive Behavior: Experiences from Developing Countries* (Oxford: Clarendon Press, 1995).

29. 可参见 Fenohasina Maret-Rakotondrazaka, "The effect of working outside the home on women's empowerment in Nigeria," Working Paper, George Washington University, 2014.

30. United Nations, *International Conference*, para. 4.1. See also Nancy Folbre, "Engendering economics: New perspectives on women, work, and demographic change," in *Proceedings of the World Bank Annual Conference on Development Economics, 1995*, eds. Michael Bruno and Boris Pleskovic (Washington, D.C.: World Bank, 1996).

31. 联合国人口基金会的 2009 年版 *State of the World's Population* (New York :United Nations, 2009) 验证了人口和气候变化之间的关系，所应用的能源数据来自世界资源研究所，*World Resources*, 2005(New York: Oxford University Press,2005), tab.7.

32. 详见第 14 章侨汇的规模和收益。

城市化和城乡迁移：理论和政策

城市将逐渐成为世界经济发展的主力军。

——科菲·安南，联合国前秘书长，2001年诺贝尔和平奖获得者

城市经济将引领全球经济。

——布鲁克林机构，《全球地铁监控》，2010年

10亿多人生活在贫民窟中。随着城市化的发展，预计在未来20年里将有近20亿新的城市居民，其中90%在发展中国家。

——世界银行，《解决城市化挑战》，2013年

任何更稳妥、更慎重的城市化战略都必须包括努力改善农村地区的公共服务。

——世界银行，《世界发展报告》，2009年

本章我们将重点研究发展过程中最复杂、最让人头疼的一个难题：在非洲、亚洲和拉丁美洲，众多人口史无前例地从农村向新兴城市转移。在第6章中，很多资料已经证明，世界人口，尤其是发展中国家的人口，在过去的几十年间迅速增长。据2013年联合国的估计，到2050年，世界人口可能会达到96亿，并且任何地区都赶不上发展中国家人口增长的速度。事实上，依据联合国人口司的估计，2009年全世界"生活在城市的人数（34.2亿）超过了农村地区的人数（34.1亿）"，全球大多数城市正在逐年扩容，这史无前例。[1]

分析过城市人口增长的总体趋势和前景之后，我们将探讨城市（包括现代部门和城市非正规部门）在促进经济发展中的潜在作用。接着，我们将在经济高速增长和城市失业率高居不下的背景下，研究一个著名的城乡劳动力转移模型。在最后一节，我们对发展中国家政府的各

种可选政策进行了评估，它们希望这些政策能够缓解人口由农村向城市的大量转移，以及改善严重的、持续困扰拥挤的城市的失业问题。我们还研究了如何更好地利用发展中城市的巨大潜在动力和生产力，实现快速和更具包容性的经济发展。本章的案例研究考察的是印度和博茨瓦纳的人口转移模式。

7.1 城市化：趋势和前景

世界作为一个整体，在2009年已经实现了城市化，即使是发展中国家也预计在2020年之前实现城市化（尽管联合国预测，最不发达的国家到2050以后才能达到这一里程碑）。目前，城市增长大多数发生在亚洲和非洲的城市。事实上，2012年联合国预计，到2050年，非洲城市人口将从2012年的4.14亿增加超过1.2亿，亚洲城市人口将从19亿增加到33亿；如

果加在一起，这个时期亚洲和非洲将占全球城市人口增长的约 86%。实际上，亚洲如此多的农村人口向城市转移，将会使农村人口锐减，如图 7-1 所示。[2]

当城市人口增长超过农村人口增长时，城市化率上升。城市化和人均收入之间的正向关系是发展过程中最明显和最引人注目的"特征事实"之一。一般而言，以人均收入来衡量，国家越发达，居住在城市的人口比重也越大。图 7-2 中的黑色线性拟合线表示 2010 年城市化与人均 GNI 的对数间的关系。最高收入国家，如日本，也是城市化程度最高的国家之一；而最穷的国家，如布隆迪，是城市化程度最低的国家之一。城市化进程正在迅速发展。根据联合国的预测，到 2030 年，将有近 50 亿城市居民，这几乎是届时世界人口的 5/8。预计到 2030 非洲城市人口为 7.48 亿，将大于欧洲的 6.85 亿。

同时，虽然个别国家在发展过程中变得更加城市化，但如果按照人均收入衡量，处于可比发展水平上，那么今天最贫穷的国家比当今发达国家的城市化水平更高。回到图 7-2，灰色虚线线性拟合线表示 1960 年普遍存在的人均收入和城市化之间的关系。两条线的比较显示，对于 2010 年任何给定的收入，和 1960 年具有相同收入的国家相比，明显城市化程度更低一些。

近几十年来，几乎所有发展中国家的城市化都在

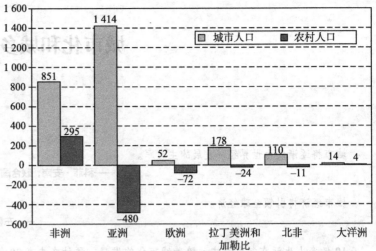

图 7-1   2011 ～ 2050 年主要地区城市和农村人口的变化

资料来源：United Nations, "Africa and Asia to lead urban population growth in the next four decades," press release, http://esa.un.org/unup/pdf/WUP2011_Press_Pelease.pdf.Reproduced by permission of United Nations Publications.

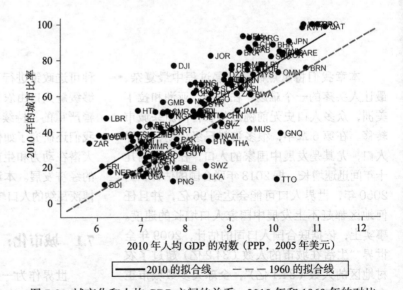

图 7-2   城市化和人均 GDP 之间的关系，2010 年和 1960 年的对比

注：该图显示了 2010 年 119 个发展中国家 2005 年 PPP 的城市化率和人均 GDP 对数之间的关系。实线是 2010 年数据的线性拟合。虚线是 1960 年数据的线性拟合（1960 年没有显示散点图）。

资料来源：Luc Christiaensen, Remi Jedwab, Peter Lanjouw, and Harris Selod, "Urbanization and Poverty Reduction," draft working paper, 2014-special thanks to Remi Jedwab.

数据来源：Maddison（2008 年），联合国（2011 年）和世界银行（2013 年）。

继续，即使那些工业化最
低的国家。图 7-3 描绘了
1970～1995 年这 25 年间，
城市化和收入水平的情况。
图中的每一条线段均代表一
个国家的发展轨迹，从黑圆
点开始到线的末尾（以菱形
表示）结束，前者代表一个
给定国家在 1970 年的人均
收入和城市化水平，后者代
表同一个国家 1995 年相应
的人均收入和城市化水平。
尽管世界银行对该图的说明
指出"城市化和经济增长

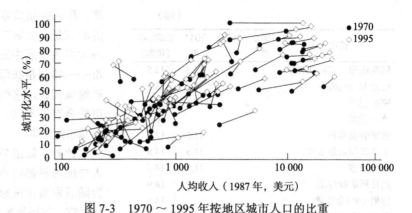

图 7-3   1970～1995 年按地区城市人口的比重

资料来源：The United Nations is the author of the original material. *World Urbanization Prospects: The 2009 Revision*. © 2009 United Nations. Reproduced with permission.

紧密相关"，但此数据同样也可以用来说明城市
化无处不在，无论人均收入水平是高还是低，经
济是正增长还是负增长。即使当线段是向左走向
的时候（即说明这段时间内人均收入减少），线
段也仍然是大体向上的，即说明城市化进程在继
续。简而言之，城市化在全世界无时无刻不在发
生，只是速度有所不同。

　　因此，显而易见的是，城市化不是完全
由收入驱动的。此外，一些收入水平大致相同
的国家城市化程度不同，大部分是由于国内政
策不同造成的。因此，我们需要仔细考虑城市
化——它只是跟经济发展有关系吗？它们之间
存在因果关系吗？

　　事实上，所有现代人口现象中最重要的一
个现象是发展中国家城市的急剧扩张。1950 年，
居住在发展中国家城市的人口为 2.75 亿，占全
世界 7.24 亿城市人口的 38%。到 2010 年，世
界城市人口已超过了 34 亿，超过 3/4 的居民住
在低收入和中等收入国家的大都市中。

　　然而，大量事实表明，20 世纪末和 21 世
纪初，发展中国家城市人口份额增加的速度要
比发达国家在 19 世纪晚期城市化的速度慢很
多。尽管如此，发展中国家城市人口所占的比
例也已经接近当时发达国家的水平，特别是非
洲，虽然它比发达国家的历史同期的人均收入
水平要低很多（再次见图 7-2）。相比之下，非
洲国家的城市化并没有和产业化同时发生，因
为它现在正处于向发达国家迈进的阶段。此外，
发展中国家的大部分地区由于人口众多，达到

城市化水平的绝对数量是空前的，而且在如此
大规模的城市中，存在这样低的人均收入水平
也是史无前例的。发达国家历史上出现的最大
的城市比如今发展中国家一般的大城市都要小
很多。

　　虽然有相当多的发展中国家的一些人口小
于 500 万的城市正在经历着城市化，但是超过
500 万的城市的人口增长速度要大于 50 万以
下的小城市的人口增长速度。事实上，根据联
合国统计，到 2025 年，仅有大约一半的城市
人口住在人口数量小于 50 万的城市中。此外，
发展中国家的城市正逐渐成为世界上最大的城
市，有很多是人口超过 1 000 万的特大城市。
表 7-1 列举全世界人口超过 1 000 万的城市，
世界上的大城市都至少有 1 000 万人口。如数
据所示，1970 年，只有 2 座大城市人口超过
1 000 万，但到 1990 年达到 10 座，到 2011
年，则有 23 座这样的大城市。其中 18 座（超
过 3/4）位于发展中国家。到 2025 年，37 座特
大城市（超过 80%）将在发展中国家。

表 7-1　人口过千万的城市（单位：百万）

城市	1970 年	1990 年	2011 年	2025 年（预测）
美国 洛杉矶		10.9	13.4	15.7
美国 纽约	16.2	16.1	20.4	23.6
美国 芝加哥				11.4
墨西哥 墨西哥城		15.3	20.4	24.6
哥伦比亚 波哥大				11.4
秘鲁 利马				11.5
巴西 圣保罗		14.8	19.9	23.2

（续）

城市	1970年	1990年	2011年	2025年（预测）
阿根廷 布宜诺斯艾利斯		10.5	13.5	15.5
巴西 里约热内卢		12.0		13.6
法国 巴黎		10.6		12.2
英国 伦敦				10.3
俄罗斯 莫斯科		11.6		12.6
土耳其 伊斯坦布尔		11.3		14.9
埃及 开罗		11.2		14.7
尼日利亚 拉各斯		11.2		18.9
刚果（金）金沙萨				14.5
印度 加尔各答		10.9	14.4	18.7
印度 班加罗尔				13.2
印度 孟买		12.4	19.7	26.6
印度 德里			22.7	32.9
印度 金奈				12.8
印度 海得拉巴				11.6
印度尼西亚 雅加达				12.8
菲律宾 马尼拉			11.9	16.3
巴基斯坦 卡拉奇			13.9	20.2
巴基斯坦 拉合尔				11.2
孟加拉国 达卡			15.4	22.9
泰国 曼谷				11.2
中国 深圳			10.6	15.5
中国 上海			20.2	28.4
中国 广州			10.8	15.5
中国 北京			15.6	22.6
中国 重庆				13.6
中国 天津				11.9
中国 武汉				12.7
日本 东京	23.3	32.5	37.2	38.7
日本 大阪		11.0	11.5	12.0
韩国 首尔				10.5

资料来源：Data drawn from United Nations Population Division, World Urbanization Prospects: The 2011 Revision (New York: United Nations, 2011), at http://esa.un.org/unup/pdf/WUP2011_Highlights.pdf

从人数上来看，发展中国家的中小城市的居民比大城市增加的更多。但是，从1970年到2025年，少于50万人口的城市将增加两倍多（增长2.4倍），大城市人口的数量将增加16倍，从3 900万增加到6.3亿。图7-4显示的是1970、1990和2011年不同城市规模的城市人口总数，以及2025年的城市人口预计值。2011年，比起5万～1 000万人口的大城市，更多的人生活在超过1 000万人口的特大城市中。原则上，大城市可以提供大的集聚经济，尽管拥堵成本可能迅速上升。另一个潜在的缺点是，大城市往往资本密集程度更高，这与大多数发展中国家的比较优势不相符。大城市——特别是在低收入国家，也可能面临社会和健康问题。这些因素的相对平衡在不同国家可能会有所不同，它取决于使这些城市成为特大城市的因素。

此外，如图7-5所示，今后几乎所有世界人口的增量都将由城市地区的增长来解释，因为随着发展中国家的城市化率继续趋近那些发达国家，移民继续从农村地区流入城市。

史无前例的大城市人口聚集，带来了一个非常严重的问题——如何从经济角度、环保角度和政治角度应对高度集中的城市人口。城市化确实带来了集聚经济从而降低成本的好处、规模经济以及社会正外部性（例如，熟练工、廉价运输、社会和文化设施），但是，房屋和社会服务开发过度、犯罪率上升、污染严重和人满为患等社会成本，逐渐抵消了过去城市化的种种好处。

随着城市化的快速扩张和发展战略的**城市偏向**（urban bias），贫民窟大量出现。从里约热内卢的贫民区到利马的普罗布洛庄园，再到加尔各答的贫民窟，这样的集聚地区快速增长。今天至少有10亿人生活在城市贫民区的定居点，占所有发展中国家城市人口的近1/3。

图7-6表明了1990～2001年城市和贫民窟人口的年增长率，该数据来自2006年联合国《千年发展目标报告》，报告总结说：

撒哈拉以南的非洲是世界上城市化发展最快的地区，而且增长率几乎都来自贫民窟，这些地区的新城市居民面对着过度拥挤、供给不足的住房环境，还缺少水和卫生设备。同样，在西亚，城市增长率也大部分来自贫民窟。南亚和东亚城市地区的快速扩张正在创造具有前所未有的大规模和复杂性的城市，这就对为穷人提供一个体面的环境提出了新的挑战。北非是唯一的城市生活质量正在提高的发展中地区。

解决这一问题的重要性已载入千年发展目标（千年发展目标，见第1章），最终目标7的小目标11承诺"到2020年，至少让1亿贫民窟人口的生活条件得到明显改善"。尽管这个数字似乎可能会实现，但是到2013年为止，它只

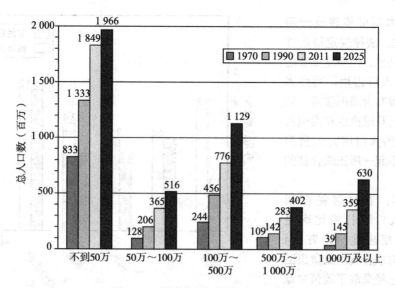

图 7-4　不同城市规模的总人口数

数据来源：United Nations Population Division, *World Urbanization Prospects: The 2011 Revision* (New York: United Nations, 2011), http://esa.un.org/unup/pdf/WUP2011_Highlights.pdf.

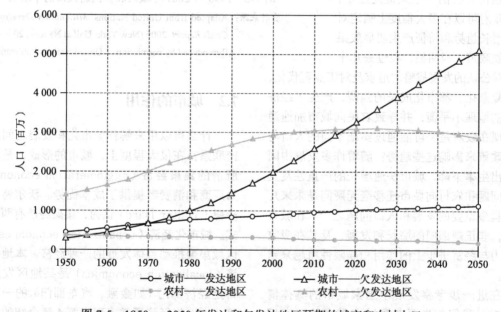

图 7-5　1950 ～ 2050 年发达和欠发达地区预期的城市和农村人口

资料来源：*Millennium Development Goal Report* 2010. © 2010 United Nations. Reproduced with permission of United Nations Publications.

占全部贫民窟居民的 1/10！我们很难对未来的贫民窟总人口提供可靠的预测，因为这在很大程度上取决于未来不确定的政策和经济增长率，以及为应对增长和政策变化而发生的人口移徙程度。对趋势的简单推断往往会夸大这个问题，联合国人居署已经注意到这种趋势，即到 2050 年贫民窟人口达到 30 亿。

尽管人口增长和越来越多的**农村向城市迁移**（rural-urban migration）是城市贫民窟扩大的主要原因，但有一部分原因要归咎于发展中国家政府。它们误导性的城市规划政策和过时的建筑规范，注定了大多数的新建城市房屋"不符合法律规定"。例如，殖民时期肯尼亚的内罗毕，在当时的建筑规范下，少于

3 500 美元根本不可能建成一所"正式"的房屋。法律规定每所住宅都可停车。结果，内罗毕 2/3 的土地被 10% 的人口占用，而许多贫民的住所却没有合理的改善。同样，在菲律宾的马尼拉也有类似的情况，大部分的人口因为太贫穷而买不起或租不起一所正式合法的房屋。[4]

数据显示，农村移民在所报告的城市人口增长的比率是30%～60%。相应地，约有 3/4 的发展中国家对联合国调查做出回复，表明它们已经采取了政策来减缓或阻止农村向城市迁移的加速趋势。[5]

亟待解决的一个关键问题是，各国政府可以在多大程度上制定对城市增长趋势和特征产生明显效果的发展政策。很明显，在过去几十年，对公认的发展战略的追求及对工业现代化、技术复杂化、都市化成长的强调，产生了经济机会的地理不平衡，并导致农民向城市加速涌入。现在政府是否可能通过实施不同的人口与发展政策来影响这些趋势？随着许多发展中国家的出生率下降，城市快速增长的严重性及其恶化问题和农村向城市迁移毫无疑问是未来几十年里最重要的发展和人口问题之一。在城市地区，非正规部门的增长和发展，及其在吸收劳动力与经济进步上的作用和局限性将越来越重要。

在进一步考察发展中国家城市的具体情况之前，我们首先要考察城市带来的潜在好处。城市地区在今天的发达国家经济中起到很重要的建设性作用，它们同样也为发展中国家带来了巨大且未开发的潜在资源。我们要仔细观察发展中国家的非正规部门，考察它作为增长动力的潜能。我们要更仔细地考察导致差异的原因是什么，以及欠发达国家的城市发展哪里出错了。最后结束的时候，我们要考察一些有建设性的城市决策，看看它们如何在更平等地对待农村地区发展的同时，实现城市发展的潜能。

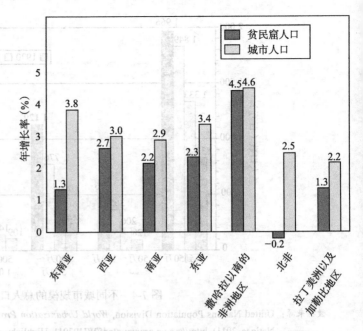

图 7-6　1990～2001 年城市和贫民窟人口的年增长

资料来源：Adapted from United Nations, *Millennium Development Goals Report*, 2006 (New York: United Nations, 2006), p.20 Reproduced by permission of United Nations Publications.

7.2　城市的作用

什么可以用来解释城市化和发展之间的紧密联系？在很大程度上，城市的形成，是因为所谓的**集聚经济**（agglomeration economies）为厂商和消费者提供了成本优势。沃尔特·艾萨德（Walter Isard）认为，集聚经济有两种形式。**城市化经济**（urbanization economies）是区域集聚推动整体发展的一种经济。**本地化经济**（localization economies）是某地区发展某特定经济部门（如金融、汽车部门）的一种经济。本地化经济通常表现为第 4 章介绍的前后联系的形式。例如，如果某行业的产品运输成本占很大份额，则该行业产品的后续使用者选择与前者位置邻近即可节约成本。这即是前向联系的形式。此外，相同或相关行业的公司位于同一城市时，它们可能从中相互受益，因为它们可以在该行业或专门基础设施中利用具有特定技能的大量工人。这即是后向联系的形式。而这些具有行业特殊技能的工人也乐意选择这样的位置，因为这样他们就可以轻松地找到一份新工作或能够更好地抓住机会。

7.2.1 工业区

城市的一种经济定义是："一个人口密度较高并且包含一系列密切相关的活动的区域"。大部分公司一般都喜欢设立在有类似业务的工业区，这样它们就能相互学习。学习无所不在，人们在正式场合里可以学习，如通过合作来学习；在非正式场合，如在联谊晚会或吃午饭时，同样也可以学习。这些外溢经济也是集聚经济，是阿尔弗雷德·马歇尔（Alfred Marshall）所指出的"工业区"的好处的一部分，它们对于迈克尔·波特（Michael Porter）的竞争优势"集群"理论也很重要。[6] 对工业区的企业来说，一旦有其他企业接到大订单，它们还可以从订单外包中获得机会。因此，一个规模不大的企业，也不会因为产能不足而拒绝一个大订单，这就是"弹性专业化"。[7] 而且，企业也往往希望在一个知名的工业区中发展，因为这样可以吸引那些偏好消费该工业区产品的消费者，从而获得市场优势。

这些工业区的具体位置或许并不十分重要，因为它们可能是因为一个历史事件而很早就形成了。例如，美国许多高新技术的计算机公司设立在加利福尼亚州的硅谷，而其原因很简单，因为其他公司都已经在这里了。类似的还有，很多制鞋企业的供应商都在巴西南部的锡诺斯山谷及墨西哥的瓜达拉哈拉落户，因为在这里有许多的制鞋企业。地理位置确实可以带来一定的好处，Khalid Nadvi 将这种单纯的地理位置的好处称为"被动集群优势"，但是除此之外，工业区的其他优势必须通过集体行动来获得，比如发展职业培训以及游说政府来为工业区建立配套的行业基础设施，而非仅考虑个体企业（即"主动集群优势"）。[8]

越来越多的证据表明工业集群在发展中国家（从家庭手工业阶段到发达的工业制造业阶段）很普遍，它是新兴工业竞争力的重要因素。然而，不同的工业集群之间，活力大不相同。一些传统工业区是传统工匠的集聚地，这是发展中国家的普遍现象，他们几乎没能力创新、出口或扩张。传统作坊业一般是由村庄组织在一起的，但是这些组织通常是家庭小型企业，对于劳动的分工和现代技术的应用很少。

村里的生产者实行专业化会比随机生产好，其中部分原因在于中间商只在生产者高度集中的村庄活动。但是，这种传统的生产者几乎不会从家庭小企业"内部"的劳动分工中得到好处，因为这些企业一般生产制成品，生产力和收入比较低。比如，在肯尼亚的小镇上有一些家庭生产手推车，每个家庭使用木材和一些简单的金属，生产出最终的手推车。然而，在农村非农业部门的集群可以产生更专业的就业者，如在埃塞俄比亚的农村纯手工织布的集聚，这些小企业可以分享厂房、参与更好的劳动分工以及从贸易信贷的流动资金中获益。研究者发现，通过集群获得的电力保障和基础设施可以让企业有更好的业绩。特别是，"生产者在有电的城市将比在没有电的城市工作更长的时间。"[9]

这种传统城镇专业化在有些地方开始演变成工业集聚，工业集聚仍然是中等规模，但是一些大企业的劳动分工更细，比如刚才所说的专业化的独轮手推车生产者联合起来，每个生产者都雇用一些工人。最后，这个工业集聚可能扩张成为一个技术含量不高的金属制品工业区，城镇变成了城市，产品在全国销售。这些工业集聚使人联想起发达国家的工业区，但发达国家的工业区要求核心企业有充足资金，拥有较大规模的资本品。但是值得注意的是，一些成熟的集群会出现在其他人口稠密的农村。随着制造业在中国的发展，专门的集群已经大量出现，现在它们已经变得很普遍，详见专栏 7-1。

赫尔米娜·威贾兰德（Hermine Weijland）在对印度尼西亚爪哇的案例研究中说，"从市场扩张带来的外部性和合作制中得到好处，因此我们只需要几年幸运的市场扩张期"。[10] 她在案例研究中引用了当地的一些工业集聚的例子，这些工业集聚已经升级，现在生产的诸如屋顶瓦片、藤制家具、金属制品和纺织之类的产品已具有竞争性。类似地，多萝西·麦科米克（Dorothy McCormick）在对非洲的 6 个代表性工业集聚进行研究后总结出："基础产业集聚为工业集聚化奠基；工业化集聚开始专业化、差异化和技术化发展的进程；复杂的工业集聚带来了市场拓展的竞争。"[11] 有时，证据表明协调失败是不能克服的，所以政府有可能在鼓励工业集群升级上发挥作用。而有时，政府制定了不合理的制度，则其自身应该为工业集群的滞后发展承担责任。比起通常情况下刻意漠视非正规部门萌芽的工业集群，这些制度更具破坏性。在有关发展中国家工业集群的案例中，公认较成功的案例有巴基斯坦锡亚尔科特的手术器械业，印度班加罗尔的软件产业。然而，所有的工业集群，尤其是为当地市场生产的，都受到了全球化和贸易自由化带来的巨大挑战。

□ 专栏 7-1　发现：中国产业区域或集群的兴起

20 世纪 80 年代以前，中国工业是国有化的，而且工厂在中国是散布着的。1980 年开始，如深圳等经济特区在一些产业中吸引了许多外资企业；国内的企业把原料卖给它们，但是没有形成集聚。而后，乡镇企业兴起。乡镇企业管理者经常尝试各种活动，90 年代早期，对这个领域的研究发现，关于相同或相近企业彼此相邻的证据并不多。但是，从 90 年代中期开始，乡镇企业快速实现私有化，同时，响应信贷政策的联合竞争、丰富的创新型人才和当地的支持政策带来当地产业集聚的兴起。

弗莱舍（Fleisher）和其团队对织里镇（位于浙江湖州）儿童服装集聚的研究发现"分工和外包公司显著增加"。创办一个企业的平均投资已经翻倍了，但是由于许多企业家拥有了足够的储蓄，因此银行的贷款是不必要的。于是有许多企业开始进入，2000 年以后，工资上升同时利润下降。结果，直接销售给市场的企业寻找"标志着它们产品质量的保证"——几乎一半企业建立了商标，几乎 1/5 企业获得了国际标准化认证。同时，"转包商的质量受到它们外包合伙人的监督"。社会资本是非常关键的，弗莱舍和他的团队总结道："人们在已建立的社区内聚集，其中家庭和邻居之间的长期关系的盛行，为在借款人和贷款人之间以及外包公司与其分包商之间的契约关系的强化执行提供了一种制度性替代。"他们也报告说，"乡镇企业利用安全规定应对主要的产业风险"和当市场失败时"在产品质量和雇员安全方面防止竞相杀价"。

在濮院羊毛衫生产区的公司调查中，阮和张（Ruan and zhang）发现了中小规模企业获得贷款有许多难处。但是，小企业会向亲朋好友借钱以及从买方和卖方那里借到钱或是借出钱。所以集聚"通过劳动分工降低了资本进入障碍，使个人能依据他们的资本组合选择适合他们的专业化形式"。然而一个更深层的劳动分工允许"人们以不同的天赋和才能去找到自己的位置"。对温州这个世界最大的鞋类集聚的研究得到了同样的结论。

通过对 1995 ～ 2004 年公司统计数据的具体分析，龙和张（Long and Zhang）认为"快速的集聚化标志着中国增长的产业化"。他们的研究结论是，公司集聚化通过"两种机制放松了信贷约束：①集聚存在时，劳动更细的分工降低了资本进入障碍；②更近的地理位置使得企业间更容易形成商业信用"。他们发现与没有集群的大工厂相比，"集群者更多使用企业家和劳动力而很少使用资本"，反而成就了相对优势。他们注意到在这些国家，"面对资本贷款以及融资系统的无效率"，集聚是很有用的。然而，他们提醒，当地方条件不允许参与者轻易获得定期融资时，集聚可能是融资问题的第二个解决方案。这样的集聚，如乡镇企业，可能是一个过渡形式，直到金融市场深化，参与者可以提供正式的执行合同并且需要更大规模的投资。

资料来源：Fleisher, Belton, Dinghuan Hu, William McGuire, and Xiaobo Zhang. "The evolution of an industrial cluster in China." *China Economic Review* 21, No. 3 (September 2010): 456–469; Huang, Zuhui, Xiaobo Zhang, and Yunwei Zhu. "The role of clustering in rural industrialization: A case study of Wenzhou's footwear industry." *China Economic Review* 19 (2008): 409–420; Long, Cheryl, and Xiaobo Zhang. "Cluster-based industrialization in China: Financing and performance." IFPRI Discussion Paper No. 937. Washington, D.C.: International Food Policy Research Institute, 2009; Ruan, Jianqing, and Xiaobo Zhang. "Credit constraints, organizational choice, and returns to capital: Evidence from a rural industrial cluster in China." IFPRI Discussion Paper No. 830. Washington, D.C.: International Food Policy Research Institute, 2008; Ruan, Jianqing, and Xiaobo Zhang. "Finance and cluster-based industrial development in China." *Economic Development and Cultural Change* 58 (2009): 143–164.

再次重申，并非所有工业区的集群优势都完全被动地取决于已定的地理位置。主动地进行共同投资和工业区企业的宣传，也可以提升工业区的集群优势。决定工业区活力的一个因素是企业寻找集体行动机制的能力。尽管政府可以为促进工业集群的发展提供金融和其他服务，但**社会资本**（social capital）也非常关键，尤其是互信及合作需要时间来构建。政府可以帮助各方聚在一起，帮助人们在设定更大的目标之前获得合作的经验，但社会资本一般是在经济区内有组织地形成的，并不能强行生成。传统工业集群不太可能从现存形式向更高工业化阶段发展的过程中保存下来。即便如此，休伯特·史密兹（Hubert Schmitz）和 Khalid Nadvi 还是认为，非政府部门的工业区在推动有效利用不足的人力资本和转移资金方面发挥了关键作用，即使这种作用的时间可能很短暂。他们认为，集聚使企业家能够专注于生产过程的特定阶段，而其他生产者则专注于自己的专业领域。因此，即使集聚的总资本需求对于个人投资者来说可能太大，但每个小生产者只需要募集相当少量的投资和营运资本即可。[12]

统计估计表明，产业集群的好处在实践中还是非常有价值的。例如，研究表明，"如果一家工厂从一个拥有 1 000 名同行业工人的地方，转移到一个拥有 10 000 名工人的地方，其产出将平均增加 15%，而产出增加的很大一部分原因就是工人的专业化和投入的深化"。此外，"生产力随着城市规模的扩大会有所提高，所以一个典型的企业会看到，如果城市规模和当地的工业区规模增加一倍，它的生产力会从 5% 提高到 10%"。[13]

7.2.2　有效的城市规模

本地化经济体并不意味着一个国家将所有工业都集中在一个城市就是最有效的。这些经济体扩张会受到相关行业的影响，如它的上游和下游企业，但是若不将相关行业聚在一起，则其生产力效益有时会比较小。当一个行业的技术进步溢出，经过适当的变形而为另外的行业所采用时，显然是一个例外。但与此同时，还存在一些**拥挤**（congestion）成本。城市密集

度越高，房地产价格越高。提高楼层要比扩大面积昂贵，所以只有当市场力量作用使得城市土地价格变高时，高建筑方成为首选（当然，有时摩天大楼及其他一些规模巨大的建筑物并非考虑到经济的效率问题，而是出于政治目的而建造的，例如在阿拉伯联合酋长国的迪拜、沙特阿拉伯的麦加、马来西亚的吉隆坡，都有世界超高的建筑）。在大城市，工人会发现自己消耗在交通上的时间越来越多。交通费用更昂贵，人们需要更高的工资来支付这些费用。另外，基础设施如水和污水处理系统费用在城市集中地区更高。理论上，如果产成品的运输费用高，消费者希望待在大城市来避免支付这些运输费用，经济活动就可能无限地集中在一个大城市（即所谓的"黑洞"效应）。但是，改善一个国家的交通状况所花费的成本，要比维持一个巨大的城市综合体要小。在竞争力和其他条件相同的情况下，如果工人是流动的，大城市里拥有相对高收入和高生活费用（如更高的房价）的工人，并不比拥有同等学力、经验、能力和健康状况的小城市里的工人生活得更好，因为虽然后者比前者收入低，但是其生活费用也低。[14]

因此，城市化经济向城市集聚的力量，与集聚不经济（特点是越集中成本越高，因为一些生产要素不能转移，如土地）带来的离心力相互抗衡。我们可以通过建造摩天大楼"创造"出更多的中心城市土地，但再高也有一个限度，并且其费用昂贵。因此，一个经济体有一系列城市是正常的，城市大小取决于所支持的产业和集聚经济的范围。

有关城市规模的两个著名理论是城市层级模型（中心地理论）和差异化模型。[13]在奥古斯特·洛什（August Losch）和沃尔特·克里斯塔勒（Walter Christaller）提出的城市层级模型里，不同行业的企业都有一个市场半径，它是由以下三个要素相互作用形成的：生产规模经济、运输成本和空间上对土地的需求方式。生产规模越大，运输成本越低，那么这个行业降低成本的范围半径就越大。相反，如果房地产价格很高，那么半径会变小。因此，小城市的活动市场半径小，而大城市既包括小半径的活动，又包括大半径的活动。一般来说，一个

国家范围的活动，如政府和财政行为，将位于一座城市（不一定非得在同一座大城市，因为可能存在拥挤成本效应）。很明显，城市层级方法运用于非出口行业比出口行业好。当国家在国际市场上有不同的分工或处于不同的经济发展阶段时，城市规模分布会不同。例如，一个在农业上专业化的发展中国家可能会有一两个大城市为国家工业提供服务，如政府和财政服务机构，而小城镇主要为当地农业区提供服务。一个拥有差异化的制造和服务基础的国家中可能存在许多中等规模的城市。

在阿尔弗雷德·韦伯（Alfred Weber）、沃尔特·艾萨德和利昂·摩斯（Leon Moses）最早提出的差异化模型中，一个经济中连接各行业的有限的几条交通路线起到了关键作用。该模型可预测城市集中度，即各交通路线的交叉点，又称为"内部节点"。城市规模等级取决于节点的模式和产业结构，初级加工行业几乎没有投入，通常位于主要资源附近。但是，这也会促使有前后联系的行业位于同一城市。

当然，大型城市本身是没有本质错误的——即使是特大城市在全球经济中也有一些特殊的生产优势。[15a] 但是，导致发展中国家超规模城市普遍盛行的扭曲是有成本的，也是有问题的。

7.3 巨型城市的问题

在发展中国家，主要交通路线一般都是殖民时期留下的。依附学派的理论家（见第3章）比较了殖民地的交通网络和排水系统，它们比较强调开采国家自然资源的便利性。大多数时候，首都位于海运出口处附近。这种类型的交通体系又被称为"中心辐射系统"，特别是当首都中心城市位于国家内陆时，这种系统尤为明显。许多国家继承了殖民时期的"中心辐射系统"，如非洲和拉丁美洲的许多城市，这也有助于军队从首都到偏远城镇镇压反叛。

差异化发展强调历史时间的持续影响。在这一方面，它有助于解释发展中国家过大规模

城市的布局，以及说明在哪些城市中分散化的政策可能最为有用。需要注意的是，并不是所有国家的交通设计都是"中心辐射系统"。德国没有，因为它从未受过罗马的统治；美国也没有，因为它是13个独立的英国殖民地合并形成的，它们仍然保留了某些地方自治权，就像曾经的联邦德国[⊖]那样。而美国最近的发展，使得在一些交通连接点上出现了诸如亚特兰大之类的城市，但是，在较长的历史时期，同样的原则也有所应用。当然，随着国家变得富有，它们普遍也将建立更好的交通体系。

有时，核心城市太大，该城市下的各个行业都难以维持成本的最低化。在发达国家，通常会在这一城市周围发展一些别的核心城市，从而使该地区成为一个整体，来享受集聚经济的好处，同时降低一些成本；或者人们会在其他地方建设一座全新的城市。但是，如果居住在原来其他公司和居民已经存在的地区更有优势，这种新核心城市的创造就不会自动发生。这是在第4章之外的另一个"鸡生蛋还是蛋生鸡"的问题。试想，如果待在原地能够使成本更低，那么谁会第一个搬离原来的地方，而不是等待其他人首先搬到新城市呢？用经济学术语来说，城市的集聚经济是外部性的，必须要内部化，否则市场会失灵。那么，怎样才有可能做到呢？

在美国，开发商经常通过在大都市区域内创建一个新的卫星城来使外部性内部化，这里的土地相对便宜，距离中心城市10～50公里。一切都是在政府分区规定和税收减免的形式下进行的。但是，在欠发达国家，资本市场通常还不能够推动这个过程顺利进行。在欧洲，公共部门在协调新城镇和大型开发项目方面发挥着更大的作用。

但在发展中国家，政府较少将经济活动分散成更易控制的规模，即便它们这样做了，其效率也不高。例如，政府可能会无视集聚经济的本质而试图分散工业，激励工业分散但没有注意行业集群的相关性，巴基斯坦工业园区就有这样的问题。但更普遍的问题还是政府激励

⊖ 德意志联邦共和国的简称。1990年10月，德意志民主共和国并入德意志联邦共和国，德国重新实现统一。

公司向首都或其他巨型城市集聚，例如秘鲁和阿根廷的主要问题是它们的都市过于拥挤，没有充足的中等城市提供其他的增长地点。一个有助于缓解这个问题的方法是设计良好的基础设施发展规划，包括加强中等城市间的有效联系和改善这些城市的路况、公共事业和通信等。

这里对北美和南美的情况进行更具体的比较。美国最大的城市纽约，其人口占全美国人口的 6%。加拿大最大的城市多伦多大约有 500 万居民，占加拿大人口的 15%。但是墨西哥城的人口占墨西哥总人口数的 1/5 以上，蒙得维的亚之人口占乌拉圭总人口的 1/2，利马的人口占秘鲁总人口的比例超过 1/4，布宜诺斯艾利斯的人口和圣地亚哥的人口将近占到阿根廷和智利总人口的 1/3。[16]

7.3.1 第一城市偏向

城市偏向，有一种通常危害巨大的形式，即第一城市偏向。也就是说，和国家第二大或其他小城市比较，国家最大或"第一"城市得到过度的公共投资和个人投资激励。因此，第一城市的人口和经济活动是不合比例并且效率低下的。

表 7-2 列示了美国、加拿大和主要拉美国家的第一和第二城市。注意在所有这些特大的中心城市中（如布宜诺斯艾利斯、圣地亚哥、墨西哥城和利马），第一城市也就是首都。还有些发展中国家有特大的第一城市，比如泰国曼谷的人口是第二城市 20 倍。更进一步的例子发生在菲律宾（马尼拉人口超过了第二城市的 7 倍多）和刚果（金）（金沙萨人口超过了第二城市的 5 倍多）。在发展中国家至少还有 10 个例子说明第一城市有相对多的人口。[17]

表 7-2　部分国家第一城市和第二城市的人口对照表　　　　（单位：百万）

国家	第一城市人口	第二城市人口
加拿大	多伦多 5.035	蒙特利尔 3.603
美国	纽约 18.727	洛杉矶 12.303
阿根廷	布宜诺斯艾利斯 12.551	罗萨里奥 1.423
巴西	圣保罗 18.647	里约热内卢 11.368
智利	圣地亚哥 5.605	康塞普西翁 0.837
墨西哥	墨西哥城 18.735	瓜达拉哈拉 4.057
秘鲁	利马 8.081	阿雷基帕 0.732

资料来源：From *UN World Urbanization Prospects 2009 Revision.*

7.3.2 造成巨型城市的原因

为什么发展中国家第一城市的规模通常是第二城市的若干倍呢？概括来说，巨型城市产生的原因可能是交通的"中心辐射系统"和最大城市的政治中心定位的结合，而寻租的政治文化和市场失灵又会进一步强化它的效果，使得难以通过市场来完成新城市中心的建设。其他更详细的解释通常还包括政治经济的不良影响（见第 11 章）。在保罗·克鲁格曼（Paul Krugman）的著作中有这样一个观点，由于有很高的保护水平，在进口替代型的工业化下（见第 12 章），国际贸易更少，人口及其经济活动会有动力集中在一个城市来避免交通成本。因此，企业会希望在消费者集中的城市经营，这样能吸引更多人来此寻找工作，也许价格也会降低（因为消费者所需负担的交通成本更小，同时也许更大的商店规模和专业化销售区域更加经济）；因此，在因果循环中，这种集聚会吸引更多的企业和消费者。然而，如果贸易壁垒减少，集中在本地市场生产的动力就会减少，出口商和供应商选择在全国人口最多的地方集中生产的动力就会弱化。他们就会将生产转移到港口和边境城市，或其他任何地方，以避开大城市人口过度密集带来的额外成本。[18]

最近对造成巨型城市的原因的另一个解释

集中在独裁者维持权力的影响上。如图 7-7 所示，城市化人口的比例在处于不稳定的独裁者统治下的第一城市（37%）比在相对稳定的共和政体（23%）更高。阿尔贝托·阿德斯（Alberto Ades）和爱德华·格莱泽（Edward Glaeser）认为，不稳定的独裁统治必须为第一大城市（通常是首都）提供"面包和马戏团"来避免动乱；这种极度城市偏向反过来吸引了更多的移民进入，从而也需要更多的"面包和马戏团"。应该注意的是，尽管作者试图控制反向因果关系，但仍旧可能存在的解释是，在向第一大城市高度集中的国家，不稳定的统治也可能出现。[19]

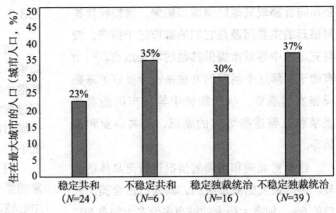

图 7-7　政治和城市集中

注：N= 每组城市数量

资料来源：Data from Alberto F. Ades and Edward L. Glaeser, "Trade and circuses: Explaining urban giants," *Quarterly Journal of Economics* 110 (1995): 196. Copyright © 1995 by the President and Fellows of Harvard College and the Massachusetts Institute of Technology.

在发展中国家，至今仍有一些国家不是完全开明的。在 20 世纪 80 年代 "民主自由化" 浪潮兴起之前，很多发展中国家采用某种形式的专制政府。在一国首都发起的起义和政变通常被认为是最具威胁性的，为了维持权力，避免起义和政变，政府有动力去收买首都的市民。这里政府之所以向首都投入，考虑的就是 "面包和马戏团" 效应，让人回忆起古罗马扩张时期的 "租金分享" 政策。首都更好的机会不断吸引移民，就像古罗马的粮食分施一样。今天发展中国家首都的就业、工资、基础设施和其他政府服务都向城市集聚，于是导致政府对政治不稳定的恐惧增加而扩大预防性政府支出。

另一个导致巨型城市形成的政治经济因素是：对企业来说，选择一个跟政府官员更容易接触的位置更有优势，他们可以通过对政权的支持来诱使政府给予特别的价格优惠或进行需求贿赂。由此导致的巨型城市可以视为一种发展不完全的陷阱，只有实现竞争出口和自我消费之间更好的激励平衡，才能完全逃脱这种陷阱。尽管说客仍集中在政治首都，但产生过度集中的激励会更小。而且自由新闻往往会揭露腐败，产生公共压力，从而消除腐败，最近在拉美和东亚一些国家的经验可以作为证明。

人们对巨型城市的解释包括：国内市场产品受到高度的保护而且运输成本高昂；很少有可供选择的较小规模城市；最大城市的中心位置以及不稳定的独裁统治。这些解释相互补充，它们有助于解释共和（经济政策较为均衡）的优势所在，包括规划良好的基础设施投资。这样的国家有能力避免部分巨型城市带来的成本。

最后，有一些特殊的因素导致在国家的其他地方经营企业的成本高昂。一个因素就是对处于冲突或刚从战乱中摆脱出来的国家而言，如刚果民主共和国，人们位于该国的首都是最安全的。而且企业还要应对农村地区和小城市发生的敲诈勒索、严重腐败、国内战乱以及较差的基础设施带来的成本和风险。因此诊断专家能看出来巨大城市的膨胀也是限制国家其他地方发展的一个症状（见第 4 章）。这可能表明，优先政策能帮助解决在一个首都以外的城市发展所带来的高成本这一特别问题。近年来，墨西哥城的增长速度比墨西哥全国人口的增长速度慢，因此其在全国人口中所占的份额也在逐渐减少。

当我们更好地理解了特大城市形成的原因后，这个特征就不是不可避免的了。确实，如果更加开明、减少政变的产生、增加外向型政策、解决以及预防内乱的发生等趋势可以实现，那么在巨型城市里第一和第二城市的比例将继续减小。

7.4　城市非正规部门

如第 3 章所说的，对发展理论的主要关注集中在发展中国家的经济二元性本质，即现代发展中国家普遍存在两个部门：一个是现代资本部门，特点是资本密集型的大规模生产；一个是传统的维持生计的农业部门，特点是劳动密集型的小户经营。这种二元分析已经被运用于城市经济研究中，城市经济在这里被分解为正规部门和非正规部门。

20 世纪 70 年代，学者在对一些发展中国家的观察中发现，"大规模增加城市劳动力未能在正式的现代部门失业统计数据中出现"，他们认为存在一个无组织、无管制、大部分是合法的但未注册的**非正规部门**（informal sector）。新增加的城市劳动力似乎自谋职业，或是为小型家族企业工作。自谋职业所从事的活动主要包括：沿街叫卖、代人写字、磨刀、收杂物、

卖烟花、卖药、玩蛇等。此外，还有一些人则找到技工、理发师、木匠或佣人的工作。另外，还有一些人非常成功地经营着小企业，雇用了几个雇员（大多数是亲戚），有着较高的收入。只有一部分人最终能够进入正规部门，在正规部门中，他们合法注册，受政府劳动法保护。发展中国家的城市人口史无前例的增长预期将继续，而随着农村和城市正规部门在吸收剩余劳动力方面的失败，更多的人开始将注意力投向非正规部门，将非正规部门当作解决失业问题的灵丹妙药。

经过数十年良性忽视甚至完全敌视，非正规部门在发展中国家仍然起到重要作用。在许多发展中国家，大约一半的城市就业人口在非正规部门工作。图 7-8 描绘了部分城市非正规部门就业的相对重要性。大多数城市的非正规部门雇用比例一般在 30% ~ 70%（只有位于奥地利和意大利附近的一座发达城市卢布尔雅那是个例外）。我们在发展中国家同样可以发现与城市一样的非正规部门高就业比例的现象。例如，在印度加尔各答，城市非正规部门承担

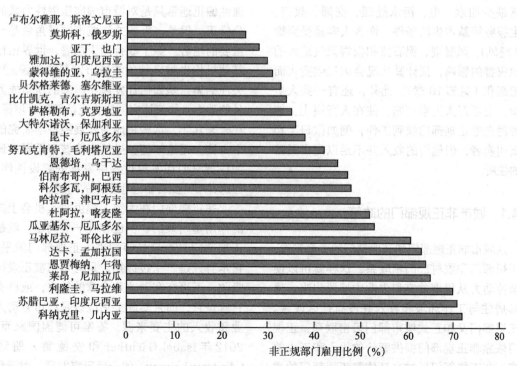

图 7-8　部分城市非正规部门就业的相对重要性

资料来源：UN-Habitat, "State of the World's Cities, 2001," http://www.unchs.org/Istanbul+5/statereport.htm. Reprinted with permission.

了 28.5% 的就业；在艾哈迈达巴德，其承担了 46.5% 的就业；在孟买，其承担了 49.5% 的就业；在金奈，其承担了 53.8% 的就业；在新德里，其承担了 61.4% 的就业；在班加罗尔，其承担了 65.5% 的就业。

非正规部门的特点是大量的小规模生产和服务活动，这些活动是个人或家庭拥有的，使用的是简单的劳动密集型技术。它们往往像垄断竞争企业一样，入行容易、产能过剩、激烈的竞争驱使利润（收入）降低到潜在新增劳动力的平均供给价格。在这个部门，自营职业者通常没有受过正式教育，没有技术，缺少资金来源。因此，非正规部门工人的生产力和收入比正规部门要低。此外，非正规部门的工人不享受正式现代部门在就业保障、体面工作条件和养老金方面提供的保护措施。进入这一部门的许多工人是最近从农村地区移民而无法在正规部门找到工作的人。他们的目的是获得维持生存的足够收入，依靠自己的资源来创造工作。随着越来越多的成员（包括妇女和孩子）加入创造收入的活动中，他们的工作时间通常很长。许多人居住在自行建造的小木屋中，这些房屋通常缺少如水、电、污水处理、交通、教育、卫生服务等基本生活条件。许多人容易受到旋风（飓风）、风暴潮、泥石流和极端天气造成的其他灾害的影响，预计其状况会因气候变化而显著恶化（见第 10 章）。此外，还有一些人更不幸，上百万人无家可归，住在人行道上。他们暂时在非正规部门找到工作，例如做日工和沿街叫卖者，但他们的收入并不足以提供最基本的住所。

7.4.1 城市非正规部门的政策

从城市非正规部门和其他部门的关系来看，非正规部门和农村部门相联系，这样就可以使剩余劳动力从极度贫穷和失业中摆脱出来，尽管其居住与工作环境和收入并没有什么改善。非正规部门又和正式城市部门紧密联系：正规部门依靠非正规部门提供廉价的投入和工人的工资，非正规部门反过来又依靠正规部门的增长，以获得一个好的收入份额和客户比例。

尽管农村向城市的人口流动在继续，非正规部门的收入仍然一直比贫穷农村地区高。关于城市偏向可追溯到诺贝尔奖获得者亚瑟·刘易斯 20 世纪 50 年代的一部著作。刘易斯认为传统部门工人（如街头卖报纸的小贩）无生产性，主要从事从城市工业化中分离出来的工作。但是，如果城市非正规就业等非常有竞争力的活动的工资持续高于农村工作，这可能就反映出更高的生产率。因此，支持城市（包括非正规部门）在经济发展中具有建设性作用的修正主义观点已经成熟。联合国人类住区规划署（简称人居署）在基于 Dar es Salaam 的《世界城市状况报告》中支持了此观点。[20] 2001 年的报告系统批判了"发展机构的反城市偏向"。从刘易斯对城市非正规部门的怀疑开始，发展传统理论以及托达罗（Todaro）移民模型（详见本章后面的内容）强调城市偏向对效率和平等产生的负面结果，20 世纪 70 年代农村综合发展学派继续发展这一理论，最近几年 Wolfensohn 和随后的世界银行主席重铸并再次强调此理论，发展机构确实过分强调了农村发展。然而，许多学者的结论是，这种修辞往往不会被"翻译"成农村地区的实际资源，因此发展机构的任何理性偏见通常只是对城市偏向压倒性力量的部分修正。但是，重新关注城市发展角色是一种重要的趋势。除了联合国人居署，世界银行和其他机构也越来越关注城市发展的改善。[21] 其关注的焦点是如何让发展中国家的城市成为增长的动力，如何让它们成为更活跃的环境保证，在未来几年，这些将成为发展经济学研究的一个主流。无论如何，虽然中等城市无疑应该更加注意它们在发展过程中发挥的建设性作用，但这并不排除首都过于密集的问题。

非正规部门在为穷人提供收入机会上起到的作用是明显的。但也存在一些问题，就是非正规部门是否只是等待进入正规部门的平台，它本身只是一个过渡期，只有当它被正规部门吸收，不再存在时才是合意的结果；或事实上它就是它，而且实际上它应该是城市劳动力就业和收入的主要来源。答案可能因国家而异。2012 年 Isabel Günther 和安德雷·朗诺夫（Andrey Launov）的一项研究发现，对于科特迪瓦来说，在非正规部门工作的人中，大约有一半属于"机会"或"最后手段"。[22]

后一个观点似乎有更好的证据支持。发展中国家正式经济部门在产出和就业方面有一定的基础。为了吸收未来城市的新增劳动力，正规部门必须以高速率安排就业岗位。这意味着产出必须以更快的速度增长，因为这个部门的就业增长率小于产出增长率。就此形式来看，这一类型的增长似乎难以为继。因此，非正规部门吸收更多劳动力的负担会继续增加，除非有其他方法解决城市失业问题。如图7-9所示，年轻人将面临更加艰难的工作前景。

非正式经济部门已经证明了其自身能够为城市劳动人口提供就业以及收入。正如前面提到过的，非正式经济部门已经吸纳了50%的城市劳动者。一些研究还表明，非正式经济部门为劳动者带来的收入占总收入的1/3。

支持非正规部门的还有其他几个论据。第一，一些分散的证据表明，非正规部门即使处于相左的政策环境下（在这种政策环境下，社会拒绝向非正规部门提供与正规部门一样有利的政策，如信贷、外汇和税收减免等），仍能产生剩余，因此，非正规部门剩余可以为城市经济增长提供动力；第二，因为非正规部门资本集中度低，所以非正规部门雇用工人只需要支付正规部门一定比例的工资，这样就可以为发展中国家节约大量其所稀缺的资本；第三，与正规部门相比，非正规部门能以低成本提供培训和学徒期，在人力资本的形成上起了重要作用；第四，非正规部门对以绝对和相对形式增加的半熟练和无技术工人产生了一定的需求，而这部分半熟练和无技术的工人是不可能被正规部门直接吸收的，因为正规部门需要技术工人；第五，非正规部门更愿意采取合适的技术，运用本地资源，使资源分配更有效；第六，非正规部门在回收利用废品以及收集从碎金属到烟蒂等物品方面发挥了重要作用，这些废旧物品最终或是在工业部门中派上了用场，或是为穷人提供了基本用品；第七，鼓励发展非正规部门，可以使更多的利益分配集中于穷人，因为许多穷人集中在非正规部门。

但是，鼓励发展非正规部门也不是没有弊端。鼓励发展非正规部门的一个主要弊端在于，农村向城市移民与非正规部门吸收劳动力之间的关系。来自农业部门的移民进入非正规部门，其失业率水平更低，获得工作之前等待的时间更短。非正规部门收入和就业机会的增加，会缓解城市失业问题。此外，鼓励发展非正规部门还要考虑城市地区非正规部门高度集中的环境影响。许多非正规部门的活动导致了环境的

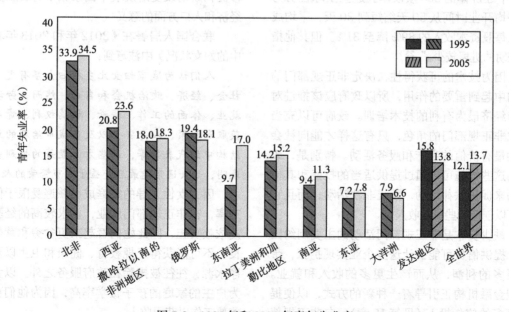

图 7-9　1995 年和 2005 年青年失业率

资料来源：Adapted from United Nations, *Millennium Development Goals Report,* 2006 (New York: United Nations, 2006), p.24. Reproduced by permission of United Nations Publications.

污染和道路的拥挤（例如，三轮车）以及行人的不便（例如，沿街叫卖者）。而且，贫民窟密度的增大及低收入社区的增加会导致城市地区潜藏巨大的问题。旨在促进非正规部门的任何政策措施都必须能够应付这些问题。最后，一个有目共睹的普遍观察是，如果可在正规部门就业，非正规部门企业员工就会转到正规部门来工作（"显示性偏好"的一个例子）。

国际劳工组织就可采取什么样的措施促进非正规部门提出了一些一般性建议。首先政府必须要放弃对非正规部门的敌对态度，采取更积极同情的态度。例如，在拉丁美洲，官僚主义和过多的行政程序使得注册一个新企业所需时间延长，在厄瓜多尔延误时间长达 240 天，在委内瑞拉达 310 天，在危地马拉达 525 天，直到最近，巴西、墨西哥和智利都需要超过 20 个申请才能批准公司开展业务。这些程序不仅导致时间延迟，也使得每年的经营成本增加了 70%。所以，非正规部门行走在法律的边缘。幸运的是，在改进这些政策方面已取得进展；2013 年《全球经商环境》（*Doing Business*）年度报告解释说："在过去 8 年中，创业过程受到政策制定者的更多关注，超过了全球经商环境报告跟踪的任何其他领域的业务监管——通过 149 个经济体的 368 项改革。这些全球性努力使平均开业时间从 50 天缩短到 30 天，平均成本从每股资本收入的 89% 降至 31%。但其他指标表明的进展较少。"[23]

因为技术的可获得性在决定非正规部门的结构中起到重要的作用，所以政府应该推进对城市经济最为有利的技术培训。政府可以充当促成非正规部门的角色，只有这样才能向社会提供最有价值的生产和服务活动。特别是，政府的这些措施可以通过提供适当的技能和其他激励来促进法律活动，阻止非法活动；而且它也可以创造一些税收收入。

缺少资本是非正规部门活动的主要制约因素，提供信贷可能会让这些企业实现扩张，带来更多的利润，从而产生更多的收入和就业。微型金融机构正引导着一种新的方式，以便提供更多的信贷投入（见第 15 章）。向非正规部门提供技术方法有类似的效果。提供基础设施和适宜的工作场所（为商贩提供特定区域）可

以帮助缓解扩大的非正规部门的一些环境和拥堵后果。更重要的是，政府要提供更好的生存环境。如果不能直接改善，那么就通过提高城市郊区或小城镇的增长来实现，人们会在离工作地不远处定居，远离拥挤的城市。支持发展城市外非正规部门也有助于改变农村向城市的人口流动，特别是与本章后面讨论的政策一起执行。

7.4.2　非正规部门的女性

在世界上的一些地区，女性在农村向城市移民中占主导地位，甚至可能占城市人口的大多数。尽管历史上这些女性只是陪伴他们的伴侣，但在拉丁美洲、亚洲和非洲，寻找经济机会的妇女移民数在增加。除了东亚出口区和其他少数一些地区之外（这些地区生产从计算机到跑鞋的所有东西），只有少数移民能够在正规部门找到工作，这一部门通常由男人主导。所以，女性通常是非正规部门劳动力供给的主要部分，工作不稳定、工资低，也没有雇员或社会保障福利。单身女性移民数量的增加也造成了以女性为户主的城市家庭比例的增加，这些家庭更加贫穷，资源更加紧张，生育率也相对较高。移民构成的改变对发展中国家城市有着重要的经济和人口方面的意义。

联合国人居署在《2012 年和 2013 年城市中的妇女状况》中注意到：

人们认为城市妇女比乡村妇女享有更多的社会、经济、政治机会和自由。然而，劳动和就业、体面的工作、薪资、权属权利、资产的获取和积累、人身安全以及在城市治理的正式结构中的代表性等，这些方面显著的性别差距表明，妇女通常是最后受益于城市繁荣的人。[24]

因为女性主导的家庭成员普遍受限于低生产率，在非正规部门就业，要求较高的经验以及依赖负担，因此她们看起来更贫穷和营养不良，不可能获得正规教育、健康和卫生以及干净水源，往往被排除在政府服务之外。以女性为户主的家庭的孩子辍学率高，因为他们更可能要工作以获得收入。

许多女性经营小商业或小型企业，她们几乎不需要启动资本，通常出售一些家庭制作的食品

和工艺。尽管资本受限，但是她们微小投资的回报率极高，可极低的资本充足率使她们受限，只能进入低生产力的企业。拉丁美洲和亚洲的研究发现，在非正规部门微型企业的女性获得信贷的情况下，其偿还率等于或超过男性（见第 15 章）。因为女性能更有效地利用资本，投资基础更低，她们的投资回报率通常会超过男性。

尽管也曾经推出过一些令人印象深刻的贷款计划，其作用仍然很有限。大多数机构借款仍需要通过正规部门的渠道，因此，女性通常发现自己连小额贷款也得不到。只要政府继续关注正规部门男性就业及正规部门机构资源的配置，那么政府要提高贫穷家庭收入的计划就不可避免地会忽略最需要帮助的家庭。要改变城市里贫穷的女性和子女所处的困境，最重要的是努力把女性融合到经济主流中。要确保女性从经济发展中得到好处，就要在政策设计中考虑女性的特殊情况。

城市女性劳动力大多数受雇于非正规部门，非正规部门活动的合法性和经济改善会大大提高女性的财务灵活性及她们所在企业的生产力。但是，要使女性获得这些好处，政府必须废除那些限制妇女财产拥有权、获得信贷的法律，并限制她们的生产率。同样，阻碍女性直接参与技术培训计划和扩展服务的障碍也要消除。最后，为女性提供她们所能接受的照顾孩子的服务以及家庭计划服务，可减轻妇女生育的压力，让她们更多地参与经济活动。

7.5 迁移和发展

在本章一开始我们就知道从农村向城市迁移的人口非常之多，城市发展对经济发展很重要，发展中国家农村向城市迁移的速度超过了城市产生工作的速度，因此远远超过了工业和社会服务的吸收能力。

移民以两种直接方式加剧了城乡结构性失衡。第一，从供给方来看，移民相比城市人口的增长，不合比例地增加了城市求职者的人数，城市人口增长处于前所未有的水平，因为移民中受过良好教育的年轻人占大多数。他们会增加城市劳动供给，减少农村有价值的人力资本。第二，从需求方看，因为工业部门的大多数工作需要大量补充性资源投入，所以城市就业创造比农村更难，成本更高。而且，城市工人工资增加的压力、强制性员工福利及劳动密集型生产技术的无效性，意味着现代部门产出的增加部分是由劳动生产力增加引起的。供给的快速增长和需求增长的滞后会将短期资源失衡问题变成长期城市劳动力剩余的问题。

但是，移民对发展过程的影响比起城市失业和不充分就业的恶化更普遍。事实上，在大多数发展中国家，移民现象的意义不一定是过程本身或是对人力资源部门配置的影响。而且，它的意义在于对经济增长的含义及增长的特征，尤其是它的分配性表现。

因此，我们必须认识到移民规模超过工作机会，这既是发展落后的一个现象，也是一个原因。理解发展过程的本质和特征及以社会希望的方式用政策来影响这一过程，其中心环节就是理解城乡劳动力移民的原因、决定因素及后果。简单而又重要的一步是认识到影响城市真实收入的经济和社会政策会直接或间接地影响移民过程。这个过程本身会改变部门和经济的行为方式、收入分配甚至是人口增长。因为所有经济政策对城市或农村收入都有直接或间接的影响，它们会影响移民流的本质和重要性。一些政策可能有直接和即时的影响，比如工资和收入政策、促进就业的计划等；许多其他政策尽管短期内不明显，但长期来说也很重要。这些政策包括：土地使用权安排，商品定价，信贷分配，税收，出口支持，进口替代，商业及外汇政策，社会服务的地理分布，公共投资规划的本质，对外国个人投资者的态度，人口组织和家庭计划，教育体系的结构、内容及目标，劳动力市场的功能，针对国际技术转移和新企业坐落位置的公共政策本质。很明显我们需要认识到许多国家内部甚至国际移民的重要性，综合考虑两方面因素，一方面是移民和人口分布，另一方面是经济变化，然后将它们更好地融合并形成更好的发展政策。

另外，我们不仅要更好地理解人们为什么转移及决定转移的过程中什么因素最重要，还要明白移民对农村和城市经济社会发展的影响。如果所有的发展政策都会影响移民或被其影响，那么哪个更重要，为什么？在不同竞争目标中政策选择是什么（如缩减国内移民和在农村扩大教育机会）？在下面的章节里我们的一部分任务是找到这些关于移民、失业及发展相关问题的答案。

移民类型是复杂的。从长期发展来看，最重要的移民类型是农村向城市迁移，但农村向农村、城市向城市，甚至城市向农村的迁移也同样在发生。农村向城市迁移的形式最为重要，因为尽管城市地区的生育率更低，但农村人口向城市迁移造成了城市人口比重增加。另外，由于集聚经济和其他方面的原因，使得迁移符合城市经济活动的潜在发展利益。但是，对城市向农村迁移的理解的重要性在于它通常在城市困难时期发生，加纳近期的经验是一个典型的例子。因此，整个画面就好像一个巨大涡流，或者说发展中国家内部很多人在不断地运动，尤其是短距离运动。这些移民与传统社会一般的停滞现象相矛盾。图7-10描绘了部分国家的内部移民构成。

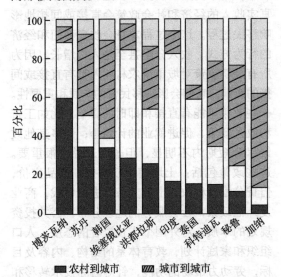

图 7-10 部分国家的移民构成

资料来源：*World Development Report,* 1999-2000, "Internal migration and urbanization: Recent contributions and new evidence," by Robert E. B. Lucas. Copyright 1999 by World Bank.

除了工资差别、年龄和教育不同可以解释移民之外，再婚后居所的选择，家庭成员早期的移民，迁移的距离和成本，由于饥荒、疾病、暴力及其他灾难的发生而形成的社会等级，尤其是在原来的国家或地区处于低下的社会地位，也可以部分地解释迁移。迁移也可以是一种家庭的组合多样化，这些家庭寻求在某些地方安置一些成员，使他们在某些方面不会受到经济冲击的影响，就像他们住在自己家里一样。[25]

7.6 城乡迁移的经济理论

西欧和美国的经济发展与劳动力从农村向城市迁移紧密相关。包括以农业活动为主的农村部门和以工业为主的城市部门，这些国家的总体经济发展的特点是，通过农村向城市的内部和外部迁移，逐渐将劳动力重新分配到农业和工业中。城市化和工业化本质上是类似的。这个历史模型可看作欠发达国家的蓝图，如关于劳动力转移的刘易斯理论所述的那样（见第3章）。

尽管发展中国家在过去几十年中不顾城市失业和不充分就业的持续上升，而经历大规模的农村人口向城市迁移，但这几十年的大量事实证据弱化了刘易斯两部门发展模型的有效性。[26] 对现象的解释及解决问题的政策要在其他地方寻找。有一种理论可以解释在城市失业增加的背景下加速农村向城市迁移的矛盾关系。这个理论在文献中以**托达罗迁移模型**（Todaro migration model）出现，它的均衡形式是**哈里斯－托达罗模型**（Harris–Todaro model）。[27]

7.6.1 托达罗模型的语言描述

假定迁移只是一种经济现象，尽管城市失业率存在，但个人迁移是一个相当理性的决定，托达罗模型假定在期望收入的城乡差异存在的情况下，迁移将会继续。基本假定是移民从不同的劳动力市场机会中进行选择，他们都会选择能最大化收入的机会。

从本质上讲，这个理论假设劳动力（包括实际劳动力和潜在劳动力）将他们在城市部门的期望收入（移民收入和成本之间的差）和农村的平均收入进行比较，如果前者超过后者，迁移就会发生（见附录7-A给出的一个数学推导。）

我们考虑下面的解释。假设普通的非熟练或半熟练农村工人可以选择成为一个农场劳动者（或在自己的土地上工作），年平均实际收入为 50 个单位，或者迁移到城市，在那里用他的技能或教育背景可以获得工资，年实际收入 100 个单位。更普遍被用到的经济模型强调导致收入差异的因素是迁移的决定因素。工人应该在收入更高的城市工作。但很重要的一条是认识到这些迁移模型是在高度发展的工业经济及充分就业的背景下建立的。在充分就业环境下，迁移决定只是建立在希望得到最高收入的基础上。一些简单的经济理论指出，通过供给和需求力量的相互作用，移民会缩小工资的差异。

不幸的是，这种分析在大多数国家机构和经济框架背景下是不现实的。首先，这些国家存在长期失业问题，移民不能保证马上在高收入的城市找到工作。事实上，许多未受过教育、无技术的移民在进入城市劳动力市场时会完全失业，或只能在传统或非正规部门找到像小贩、修理工、流动工人等工作。在这些部门里，就业门槛较低，企业运作规模相对较小，价格竞争相对自由，工资决定因素简单。如果移民拥有大学学历，机会就会较好，找到正规部门工作相对较快，但这类人只占总移民流的一部分。于是在决定是否迁移时，个人必须权衡失业或不完全就业的可能性及风险，以及城市与农村的真实收入的不同。事实是，假设一个得到城市现代化部门工作的移民每年的真实收入将是农村收入的 2 倍，如果在一年内得到高工资的真实可能性是 20%，迁移就不太可能发生了。因为如果得到工资更高的城市工作的可能性是 20%，那么事实上他所能期望的每年城市收入为 20 个单位而非 100 个单位，只有在完全雇用环境里的城市工人可得到 100 个单位的收入。即使城市比农村的收入多一倍，移民在城市里工作也是不理性的。但是如果在城市的可能性是 60%，则预期收入为 60 个单位，那么移民在城市寻找工作是完全理性的，尽管城市失业率极高。

如果我们假定更长时间的界限——更现实的假定，尤其是大部分移民年龄为 15～24 岁，迁移决定会建立在一个更长期、更持久的收入计算的基础上。如果移民预期在开始找到正式工作的可能性相对较低，但是过一段时间随着接触范围的扩大，找到工作的可能性增加，迁移对他来说仍然是理性的，即使城市的期望收入在开始时比

在农村的期望收入要低。只要未来城市期望收入净流量的**现值**（present value）超过农村期望收入，迁移决定就是合理的。

这一过程并不是平衡城市和农村的工资率，在竞争模型中，农村向城市迁移可视为使农村和城市期望收入相等的均衡过程。例如，如果农村平均收入是 60 个单位，城市是 120 个单位，当迁移再也无利可图时，城市工业失业率是 50%。因为只要期望收入以工资和被雇用可能性来定义，持续的迁移就是可能的，而不管城市失业率是否存在。在我们的例子中，如果城市失业率为 30%～40%，那么迁移仍将持续。

7.6.2 图解介绍

在传统的新古典自由市场模型中，实现城市预期收入和农村平均收入之间的失业平衡而不是均衡的城乡工资的过程，可以通过对哈里斯－托达罗基本模型的图解来解释（见图 7-11）。[28] 在图 7-11 中，假定有两个部门，农村农业和城市制造业。农村对劳动力的需求（劳动曲线的边际产品）以负斜率线 AA 表示，制造业对劳动力的需求以 MM' 表示（从右向左看）。劳动力总量以 $O_A O_M$ 表示。在新古典经济中，工人工资是有弹性的，市场是完全就业的，均衡工资在 $W_A^* W_M^*$，有 $O_A L_A^*$ 的工人从事农业，$O_M O_L^*$ 的工人从事制造业，因此所有可用工人都被雇用。

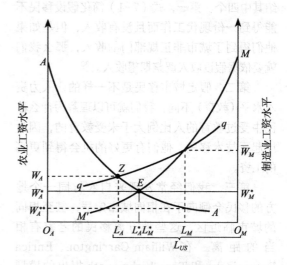

图 7-11　哈里斯－托达罗模型

但是，如果城市工资由机构决定（即向下刚性），托达罗假定它处于 $\overline{W}_M$ 水平，比 W_A^* 高一截会怎么样呢？如果我们暂时假定充分就业，$O_M L_M$ 工人得到城市工作，则剩下的劳动力 $O_A L_M$ 将在农村工作并获得 $O_A W_A^{**}$ 的工资水平（低于 $O_A W_A^*$ 的自由市场水平）。所以，现在城市农村真实收入差为 $\overline{W}_M - W_A^{**}$，$\overline{W}_M$ 是固定的。如果农村工人可自由迁移（中国的几乎每个地方），那么尽管只有 $O_M L_M$ 这些工作，他们也愿意试一下运气。如果他们得到工作的可能性以制造业雇用率来表示，L_M 是城市制造业的劳动力，L_{US} 是城市总劳动力总数，于是

$$W_A = \frac{W_M}{L_{US}}\left(\overline{W}_M\right) \qquad (7\text{-}1)$$

式（7-1）表示农村收入 W_A 与城市收入（L_M/L_{US}）（$\overline{W}_M$）相等，最终两个工作之间没有了迁移的差异。无差异点由图 7-11 中的 qq' 曲线表示。[29] 新的失业均衡点是 Z，在此点城市和农村的真实工资水平的差距是 $\overline{W}_M - W_A$，$O_A L_A$ 的工人仍在农业部门工作，$O_M L_M$ 的工人到正规部门工作，获得 $\overline{W}_M$ 的工资；剩下的工人 $O_M L_A - O_M L_M$，或者失业或在低收入非正规部门工作。这可以解释城市失业的存在及农村向城市移民的个人经济理性（尽管有高失业率）。但是从成本收益的角度来说，一个人迁移到一个城市，尽管这可能是个人理性的（尽管有高失业率），但非常明显，社会成本也很高。

这个模型可以通过许多方法扩展，我们介绍其中四个。第一，式（7-1）简化假设移民不能得到一份现代工作而且没有收入，但是如果他们得到了城市非正规部门的收入，那么我们就要依据假设收入调整期望收入。[30]

第二，假定城市移民是不一样的，人力资本水平（教育）不同，我们就可以理解为什么移民中受过教育的人比例大于未受教育的，因为比起无技术移民，他们有更好的机会得到更高的工资。

第三，我们经常发现来自农村同一个地方的移民会倾向于在相同城市定居，甚至相同的城市临近区，这些地方离移民的老家有相当的距离。在 William Carrington、Enrica Detragiache 和 Tara Vishwanath 提出的模型

中，早期移民为后来的移民创造了积极的外部性，通过提供住所降低转移成本，通过为他们提供工作或可获得的工作信息来降低他们失业的可能性。寻找工作、移民决定选择、预期行为都可以加到这个平衡移民模型中。[31]

第四，托达罗和哈里斯－托达罗模型对于发展中国家很重要，即使工资并非由机构的力量来决定，如最低工资制度。最近对农村向城市迁移的研究，也证明了通常在这些模型中出现的现代部门高工资伴随着失业或城市传统部门的问题，也可以是由市场的不完全信息、**劳动力流转**（labor turnover）、**效率工资**（efficiency wage）支付及劳动力市场的其他特征引起的。[32]

总之，托达罗移民模型有以下四个基本特征。

（1）迁移主要是由对相关利益和成本的合理经济考虑引起的，主要是财务和心理上的因素。

（2）迁移决定取决于期望的而非真实的城乡真实工资差异，期望的城乡差别由两个变量的相关作用来决定，即实际的城乡工资差别和在城市部门成功受雇的可能性。

（3）获得城市工作的可能性和城市就业率正向相关，因此和城市失业率反向相关。

（4）在城乡期望收入存在较大差异的前提下，移民率超过城市就业机会增加率不仅可能而且合理。城市的高失业率因此不可避免地造成大多数欠发达国家城市和农村地区间的经济机会严重失衡的后果。

7.6.3 政策的五个含义

尽管托达罗理论开始像是在贬低农村向城市迁移的重要性，认为它是工人在农村和城市市场寻找定位的调整机制，但这个理论的确在工资和收入、农村发展和工业化方面的发展战略上有重要的政策含义。

第一，必须减少城市偏向（特别是第一城市偏向）对发展战略造成的城乡就业机会的不平衡。因为这里假定迁移是对期望收入不同所做出的反应，所以最小化农村和城市部门经济机会的失衡很重要。当城市工资比农村平均收入以更快的速度增长时，尽管城市的失业率在

上升，但依旧会促进农村向城市迁移。人口向城市地区涌入不仅会给城市带来社会经济问题，也会最终导致农村地区的劳动力短缺问题以及创业机会的减少。包含比其他情况更快的农村向城市迁移的政策扭曲，通常会降低总体社会福利。

第二，城市工作创造不足以解决城市失业问题，传统（凯恩斯主义）解决城市失业的经济理论（创造更多的城市现代部门工作，但未能同时尝试改善农村收入和增加农村的就业机会），可能会导致一个矛盾的现象出现，城市就业增多引起失业率提高！这再一次表示，预期的赚取收入的机会不平等是一个重要的概念。因为移民率假定是与城市工资和城市就业机会成正比的（在大部分发展中国家，城市工资是农村工资的 3～4 倍），城市就业率越高，期望收入差距就越大，从而导致农村向城市迁移的比率越高。城市每产生一个新工作，就有两三个移民会来到城市。因此如果产生 100 个新工作，就会带来多达 300 个移民，因此造成 200 多个城市人的失业。减少城市失业率的政策不仅会使城市失业率水平更高，也会因为**诱发性移民**（induced migration）而产生更低的农业产出水平。

第三，盲目的教育扩张会导致更多的迁移和失业。托达罗模型对过度教育扩张投资也有重要的政策含义。农村向城市迁移的速度超过新增就业机会，促使厂商产生新的聘用机制。尽管在同样的教育背景下选聘是随机的，但是，许多观察者注意到，雇主趋向于把教育程度及受教育年限作为典型的选择机制。在同样的工资水平下，他们更愿意雇用高学历的人，即使多余的教育对工作绩效没有帮助。从前只需要受过小学教育的人从事的工作（清扫工、送信者、归档职员等），现在需要雇员接受中等教育的训练；而从前需要中等教育的工作（职员、打字员、会计等）现在必须要大学学历。假设城市工资给定，如果受到更多教育的人获得现代部门就业机会的可能性更大，他们也就更期望收入不同，则他们就更有可能迁移到城市。托达罗基本模型因此为解释这样一个事实提供了经济理论的依据，这个观察到的事实即是，在大多数欠发达国家，受到更多教育的农村居民更可能迁移。

第四，工资补贴和传统稀缺要素的定价可能阻碍生产。如我们在第 5 章和附录 5A 中所看到的，一个为产生城市就业机会而制定的标准经济政策，是要通过运用"正确"的价格（通过工资补贴或直接政府招聘）来消除要素价格扭曲来实现的。由于各种制度因素的影响，城市实际工资一般超过市场工资或"正确"工资，通过价格调整或补贴制度来减少工资扭曲会鼓励更多劳动密集型的生产模式。尽管这些政策会鼓励更多劳动密集型生产模式，但是它们也会导致伴随移民进入而产生的更高的失业率。根据诱发性移民的论点，农村和城市部门**工资补贴**（wage subsidy）政策的总福利影响不会马上显现。它在很大程度上取决于城市失业率水平、城乡期望收入的差异和由于创造了更多的城市就业而引起的移民规模。

最后，整合农村发展的计划应该受到鼓励。只对城市就业需求方起作用的政策，如工资补贴、直接政府雇用、减少要素定价扭曲和雇主税收优惠等，在长期缓解失业问题方面不如直接规范城市劳动力供给的政策有效。然而，显而易见的是，这两种政策的某种组合是可取的。

从概念上来说，将城市和它们周遭的农村地区视为一体是非常有用的。城乡之间是高度互补的（见第 9 章）。农村种植的农作物和原材料是城市工业的投入要素。尽管城市也有一些农业，但城市消费的大多数食物是农村种植的。集聚经济和规模经济需要城镇来生产和交换农村地区所需的许多物品与服务。于是，当农村收入增长时，城市制造业市场会扩张。农村居民每天或每周从农村住所来到城市工作；城市居民在种植高峰及收成季节短暂地转移到附近的农业地区：因此，农村和城市联系广泛。一方面，投资城市地区会加速农村向城市的迁移；另一方面，对农业的投资也可能提高生产力和收入，造成劳动力冗余，从而加速迁移。因此，制定城市政策时考虑对农村的影响很有意义，反过来也是。

同时，随着全球化进程（见第 12 章），城市会和世界其他地方的城市（通常是世界的遥远地区）进行更多的贸易，和附近农村地区的贸易则减少。当城市和农村地区被视为一个整体时，一般城市处于主导，这样会加强城市偏向。在远离城市及政府关注的农村，无论是中央政府还是地方政府，经常受到良性忽视（最好的情况下）和有计划的剥削（最坏的情况下），比如强制以低价销售物品。因此，农村地区要保持自己的自主权，扶贫机会要切实符合农村居民的需要。

我们应该努力扩大农村经济的经济基础。通过创造性的、精心规划的农村发展计划，尽量减少现在对农村向城市迁移不必要的经济激励。应当关注农业和非农业收入的产生，就业的增长，医疗保健的提供，教育的改善，基础设施（电、水、公路等）及其他农村娱乐场所的建设。适应特定国家社会经济和环境需要的农村发展计划看起来为城乡过度迁移问题提出了唯一可行的长期解决办法。

但是，急切需要遏制农村移民过度流入的政策，并不意味着要扭曲一些观察者所说的不可避免的历史趋势。相反，托达罗移民模型的政策含义是需要一个政策方案，它不会通过人为地在城市和农村地区之间造成严重的经济机会不平衡而加剧这些城市化的历史趋势。

7.7 总结：综合城市化、迁移和就业战略

发展中国家城市预计在未来30年内将增长超过20亿人口。这将给发展中国家带来巨大的挑战，但同时也是重要的经济发展机遇。城市移民的模式往往非常持久，因此目前对这一巨大变革的规划将在未来几十年中产生影响。从长期趋势来看，和发达国家相比，强烈的个人激励、持续城市化和农村移民不可避免。城市偏向刺激了移民，但是通过对农业的投资来提高农村生产力所需的劳动力更少；就业扩张的选择地因为集聚效应大多集中在城市。而且，随着农村地区的教育发展，工人得到了所需要的技能，或许使人们越来越渴望在城市就业。但从社会角度来说，农村向城市迁移仍然是过度的。

纵观本章提出的不同观点，我们可以看到一些旨在改善发展中国家严重的迁移和就业状况的可采用的政策。我们总结出大多数经济学家对于移民和就业战略的一致观点。[33] 这些因素反映了本专题复杂和微妙的性质，可能由于生产率低、农村机构薄弱和社会条件恶劣，相对于城市机会而言可能存在过度迁移；同时，也反映了城市活力作为经济发展的巨大引擎而仍未充分利用的机会。这里主要有以下10点。

（1）**创造适宜的农村与城市的经济平衡点**。这一点是改善城市和农村失业问题，降低农村向城市迁移速度不可或缺的条件。这个措施的中心环节在于农村部门的综合发展，农村非农业就业机会的扩大，改善信贷的获取，更好的农业技能训练，对农村地区的重新投资，改善农村基础设施以及消除农村风俗习惯的劣势（包括腐败问题、歧视和阶级差距），这些措施的出现增加了延缓向外移民的成本所产生的影响。

（2）**小规模、劳动力密集型企业的扩张**。"混合产品"产出对就业机会的规模（在许多情况下是位置）有明显的影响，因为一些产品（通常是消费品）每单位产出或每单位资本要求投入更多劳动力。农村和城市地区的小规模劳动密集型企业的扩张可通过两种方法来实现：直接方式，通过政府直接的投资、激励和改善信贷的获取，尤其是投资激励城市非正规部门的活动；间接方式，通过对农村穷人的收入再分配（既可以是直接地，也可以是对未来的收入再分配）。穷人的消费需求结构相对于富人来说，需求的进口产品更少，劳动力密集型产品更多。在合适的条件下，这些企业可以以产生出口的方式聚集成工业区，正如在专栏7-1中对中国的研究发现，有效地阻止专门聚集活动的政策可能是有害的。另外，要消除要素定价扭曲。有充分证据表明通过减少资本补贴及降低城市工资（由市场决定）增长来纠正要素定价会增加就业机会，并更好地利用资本资源。但是，这些政策作用有多大、多快，并不明确，而且它们对移民的影响尚需确定。单纯的定价政策的改变并不足以根本改变现在的就业状况。[34]

（3）**消除要素价格扭曲**。有大量的证据表明修正要素价格扭曲——首先要通过市场基础定价消除各种资本补贴和限制城市工资的增长，将会增加就业机会并使稀缺的资本资源得到更好的利用。但这些政策什么时候能发挥作用以及发挥多大的作用还不清楚。另外，移入的后果也有待证实。通过自我修正价格政策是不足

以从根本上改变当前就业状况的。

（4）**选择合适的劳动密集型生产技术**。制约城市工业和农村农业的长期就业促进计划的一个关键因素是，发展中国家对从发达国家进口的（有代表性的节省劳动力）机器、设备有完全的技术依赖。因此，发展中国家和国际力量都应该努力促进自身的技术研究和改造能力，以此来努力减少这种依赖。这些努力一开始只和小规模劳动密集型农业和城市企业相关。它们也关注以低成本、劳动密集型方法，来发展农村基础设施，包括道路、灌溉、排水系统及医疗和教育服务等。发达国家的科学技术在这里可以起到很大的作用。

（5）**改善教育和就业的联系**。受过教育的人失业这一现象的出现引出了教育体系数量上扩张的问题，尤其是高学历水平的失业。正式教育已经变成所有工作者必须通过的筛选渠道。尽管有关教育问题及其政策的研究要等到下一章讨论，主要涉及政府（往往是最大的雇主），但是减少对额外教育的过度需求（现实中是现代部门的工作需求）的一个办法是，要以其他标准要求工人的雇用经历和他们的工资结构。在农村地区创造有吸引力的经济机会将更容易使教育系统转向农村发展的需要。如今，许多发展所需要的技能在很大程度上仍被忽略了。

（6）**减缓人口增长**。通过减少绝对贫穷和不平等（尤其对女性而言）来实现这一目标，同时还要扩大计划生育服务和农村健康服务。尽管未来 20 年的劳动力规模由现在的出生率决定，但是隐含的人口增长同样对劳动力增长有影响。需求政策（1）～（5），以及本章所描述的人口和劳动供给减少政策，为现在和未来发展中国家面临的严峻就业问题提供了关键的解决办法。

（7）**将权力下放给城市和社区**。经验表明，把权力下放到市政当局是改善城市政策和公共服务质量的一个重要步骤。小城市和大城市的条件差异很大，不同国家和地区也是这样，政策设计应该反映出这些差别。地方官员对改善本地的状况有更多的信息；当官员要对当地的财政政策负责任并且知道他们要对政策的接受者做出交代时，他们有更大的动力来有效地承担起自己的责任。分权化增加了城市和地区的

权力，在政府组织中是一个主要国际趋势（见第 11 章）。

（8）**利用未开发的城市活力的机会**。由于制定了有力的、有利于贫困农村的发展政策，因此非洲、亚洲和拉丁美洲的许多发展中国家可以借此增强发展中城市的增长潜力，并继续关注其对城乡迁移的影响。

（9）**解决现在生活在城市贫民窟中的穷人的需要**。随着贫困农村居民继续迁移到城市地区，"全球贫穷的城市化"现象日益增多——即使一半以上的穷人在未来几十年会生活在农村地区。正如 Martin Ravallion、Shaohua Chen 和 Prem Sangraula 总结的，"通过促进经济增长，城市化总体上有助于减少绝对贫困，但对城市贫困没有多大影响。"[35] 对贫民窟地区的贫困居民来说，他们需要基本的保护。这些居民由于不卫生的条件、对恶劣天气事件以及其他灾害的脆弱性日益增加而面临疾病和死亡。这些公民迫切需要一个基本的安全网，更不用说改善许多发展中国家和地区的政策，因为它们剥夺了贫困民居的财产权（允许夺取土地和拆毁住房）和造成了其他形式的歧视。基本政策的改变可以使贫民窟的生活条件大大改善。

（10）**预测和协助新的"气候移民"**。与之相关的一点是，对气候变化的一个主要反应是农村向城市的迁移（见第 10 章的 10.3 节）。这需要预测和计划。解决方案的关键部分是更有效的农村发展，从更好地实现可持续灌溉到改善农村机构。但"气候移民"已经在发展中国家的城市出现，其中许多城市最终极易受到极端天气带来的灾害，如泥石流。世界银行建议：

在促进移民应对气候影响方面，最好制定综合的移民和发展政策，以满足自愿移民的需要，并支持他们的经营能力和技术技能。或许政策应阻止移民生活在持续气候灾害高度暴露的地区。前瞻性计划应确定替代地点，采用允许移民迁移和开发新的生计来源的补偿方案，并为社区生活建立公共和社会基础设施。[36]

我们回到第 9 章的主题"农村发展"与第 10 章的"环境与发展"。

我们注意到当更大比例的城市人口份额不可避免地到来时，城市化速度和模式将成为是否实现经济发展的深入目标的决定性因素。拥

有超过 1/3 的世界人口的中国和印度正进入迁移和城市发展最快的阶段。一些非洲国家和其他亚洲国家也正在进入这一阶段。由于基础设施和土地使用模式的固定成本的重要性，如今关于城市化质量和移民政策的实施计划对未来几十年的发展起着重要作用。

案例研究 7　发展中国家的城乡迁移和城市化：印度和博茨瓦纳

世界上大约一半的人口居住在城市；到 2025 年，接近 2/3 的人将生活在城市地区。在发展中国家，城市发展更明显。增长的方式和原因是复杂的。在发展中国家，城市人口增长远快于一般的人口增长；大约一半的城市增长是由于来自农村地区的移民。发展中国家不受限制的城市化阻碍了基础设施建设和公共医疗健康，并且威胁到了社会稳定。贫民窟和建造类似的居住地占据了发展中国家城市住宅的 1/3 以上。大约一半的城市劳动力在非正规部门工作，这些部门技术含量低、生产力低下，经常需要自己去做零售和服务。但是，这类部门创造了 1/3 的城市收入，以低资本密集、低培训成本、没有循环利用为特征，产生多余供给的同时也创造了就业。是什么迫使人们迁移呢？印度和博茨瓦纳的案例不仅对证明迁移可能性理论的价值具有启发性，也对拓宽理论的方向有所助益。

这些国家的城市化规模是显著的。2013 年联合国人口司预计在 2028 年印度人口会达到 14.5 亿，将超过中国成为世界上人口最多的国家。这主要是由于移民，城市人口的增长将比农村人口的速度快得多。博茨瓦纳是一个小国，却代表非洲相对较少的长期成功之一（见第 14 章）；截至 2012 年，它的城市化率已经达到 60% 以上，而撒哈拉以南的非洲地区平均只有不到 1/3。

任何影响农村和城市收入的经济或社会政策都将影响迁移；迁移反过来会影响部门和地域的经济活动、收入分配甚至人口增长。在引入托达罗模型和哈里斯-托达罗模型之前，迁移被广泛认为是不合理的或者受非经济因素的驱动，有时被称为"明亮的城市灯"。非经济因素确实对迁移决定有影响，但是现在经济因素被认为是首要的因素。在"明亮的城市灯"理论的经济版本中，人们基于成本和利益来考虑合理的迁移。在这种方式下，人们假定如果迁移似乎使状况更糟，那是因为其他的利益被忽略了，以及存在使得移民感觉状况更佳的影响（或者提高他们整体的效用）。

托达罗迁移模型假定所观察的迁移是个人理性行为，但是它反映的是城乡之间期望收入的差异而不是实际收入的差异。城市新兴行业的收入要远高于农村收入，甚至比城市传统行业的收入要高。迁移会一直发生直至期望收入的平均值而不是实际收入在地区之间相等，达到城市传统行业的均衡失业或未充分就业水平。由哈里斯和托达罗拓展的模型考虑了均衡和诸如城市地区工资的增长与就业可能性对行为的影响，表明在一些条件下，劳动力供给有显著弹性，制造城市就业机会实际上导致了失业增加，因为这吸引了更多的移民而不是这里有新的工作。尽管单独看是合理的，大规模的城乡迁移造成了拥挤城市的社会成本，但大规模的迁移也给农村地区增加了额外的成本，流失了受过良好教育的、更有冒险精神的一些年轻人，还有城市基础设施投入和浪费的产出造成的额外成本。

一系列相关的迁移和就业政策强调农村发展、农村基本需求战略、要素价格扭曲的消除、适当的技术选择以及适当的教育。每一项政策都试图增加农村居民留在农村地区的激励，而不是迁移到城市。但即使农村发展是成功的，最终需要的农村劳动力也将减少，而且城市产品的需求在增长，不管怎么样也都会刺激迁移。所以其他政策试图去影响城市发展模式，从无法避免的迁移中以最小的成本获得最大的好处。

印度为案例研究提供了一个有意思的背景，因为未来的潜在城市迁移是如此巨大，而且大量有趣的研究已经在进行中；博茨瓦纳提供了一个好的结合点，因为相对于其他发展中国家，它更好地公布了数据，并且正在进行对这些数据更先进的统计分析。

印度

德里的增长是非同寻常的：1950 年，德里甚至不是世界上 30 个最大的城市，但到 2013 年，其人口已经飙升到使它成为仅次于东京的第二大城市。

Biswajit Banerjee 的《农村向城市的迁移和城市劳动力市场：一个德里的案例研究》是城乡迁移最详细的研究之一，其中提供了一些托达罗迁移模型中的检验，描述了移民特征和迁移过程。

在发展中国家，每个去过大城市的人都会注意到，在新兴行业工作的人和那些临时工之间存在很大的不平等。但是能否解释为临时工不能满足教育和技术的要求呢？Banerjee 发现按正式与非正式划分的农村劳动力市场能够从统计上获得。在仔细控制了人力资本变量后，Banerjee 仍留下了问题，正式工比临时工的收入高 9% 是无法用任何标准经济因素加以解释的。即使如此，印度的收入差距也没有一些移民文献所描述的那么大。

在许多关于城市化的文献中，典型的劳动力被刻画成个体经营者或做一些计件工作的人。但是 Banerjee 发现，他的临时工样本中只有 14% 是非工资就业。有意思的是，非工资就业的人平均月收入比正式工高 47%。

Banerjee 认为在德里非工资就业并不容易。它要求人们具有一定的技术或资本。那些没有技术或资本的人，往往被控制各种企业活动的运营商的"网络"所控制。其他发展中国家城市的小规模零售商的个体经营门槛可能较低。

与这些调查相符，Banerjee 发现从临时部门到正规部门的流动性低：没有证据表明有更多的临时工主动在正规部门寻找工作，只有 5%～15% 已经到临时部门工作的农村移民者在一年内转到了正规部门。

而且，从临时部门进入正规部门的人的比率只占从外部地区直接进入城市正规部门的比率的 1/6～1/3。

临时工倾向于做同一份工作的时间与正式工一样长。城市里的临时工平均 61 个月有 1.67 份工作，而正式工平均 67 个月有 1.24 份城市工作。

Banerjee 的调查数据表明，对于一大批迁移到城市的临时工来说，临时部门比正规部门更有吸引力，如做家庭佣人、临时建筑工人和销售员。对于那些到城市后从事非工资工作的人，71% 的人已经期望这么做。只有小部分临时工继续寻找正式工作，这进一步证明了来到德里的移民者明显开始从事临时工作。

那些显然非全日雇用的工人似乎没有考虑这些，他们可能意识到没有进入新兴部门的可能，也不可能有效地找到新兴部门的工作，而在临时部门就业了，因此正如最初显示的那样，没有对新兴部门工资造成下降压力。这也许是保持新兴部门工资在不定时期里远高于临时工工资的一个主要因素，尽管大量的城市为充分就业。

关注临时部门的一个原因可归结为在正规部门的临时工缺少合同。大约 2/3 直接进入正规部门的人和几乎同样多的从非正规部门到正规部门的人通过个人合同找到了工作。这些合同的至关重要性可以解释为什么 Banerjee 的例子中有 43% 的人是在得到一个合同后移民的，这暗示着就业市场信息对潜在的没有在城市的移民来说是可利用的。样本中另外 10% 的人在移民之前已经有了一份安排好的工作。

最后，移民后的失业期通常非常短。在一周内，64% 的新来者已经就业，虽然一小部分人在较长一段时间内失业，获得第一份工作的平均等待时间大概是 17 天。

Banerjee 同样发现移民与他们农村的老家保持紧密的联系。3/4 的移民探望他们的农村老家，大约 2/3 的人将交出他们在城市的部分收入，大体为平均收入的 23%。这表明了整个家庭考虑似乎是移民中的指引动力，同时也暗示着一个就业市场信息从城市向农村地区快速流动的原因。

在一个单独的研究中，A.S. Oberai、Pradhan Prasad 和 M.G. Sardana 测验了印度三个邦（比哈尔、喀拉拉邦和北方邦）的迁移的决定因素。它们支持这样的观点，移民在迁移之前通常有一段缓慢的未充分就业期，迁移仅作为分离的一种方式，移民甚至在长期内期望加入城市临时部门。可证明移民与老家继续保持密切联系的证据还包括，移民向老家大量汇款，经常返回老家探亲。

但是，Banerjee 有趣的研究成果并非是对哈里斯－托达罗模型和其他一些"迁移概率模型"的适用性的质疑。相反，它们说明尚有待于进一步扩展模型，得到一个普适于以城市临时部门就业为最终目标的移民模型。正如 Ira Gang 和 Shubhashis Gangopadhyay 已经注意到的那样，模型可以修改，将城市里的正规部门、高工资的非正规部门和低收入的（或者失业）部门考虑进去。在这个案例中，人们之所以移民，旨在寻找一份正规部门的工作或一份高收入的非正规部门的工作。这似乎与 Banerjee 的证据一致。保持迁移概率模型的本质不变的假定是城市正规部门的工资超出了高收入非正规部门的工资，从而超出了农业部门的工资，以及非正式低收入人群（或失业人群）的工资。事实上，如果农村工资保持在所有城市机会工资以下，这就暗示着偏离了平衡，在各个部门之间的期望收入相等之前，很多额外的迁移必然发生。托达罗模型的式子只不过是它一般性原则的特例：移民是向他们事先预期更好的地方迁移，而不是事后他们做得较好的地方。这一托达罗模型的基本观点没有依赖一个特定的概念，无论是正规部门还是非正规部门。

Oded Stark 关于一个家庭迁移的观点对托达罗模型提供了有用的补充，可能适用于一些 Banerjee 的发现。根据他的观点，一个家庭会让它的成员去不同的地区，将其作为一种"分散化组合"战略，以减少家庭没有收入的风险。这种方法对于解释任何观察到的从高收入地区向低收入地区的迁移，或只是去更高收入地区而没有必要去期望收入最高的地区的迁移，都是有用的。托达罗模型的基本观点仍然适用，但是这种方法着眼于家庭而不是个人，而且强调风险分散。

在其他研究中，托达罗迁移模型已经不加修改地应用到世界的其他地方。一项由 Deepak Mazumdar 所做的调查显示，几乎所有的迁移决定都是根据合理的经济动机。

博茨瓦纳

一项由罗伯特·E.B.卢卡斯在博茨瓦纳进行的迁移行为研究（它是所有发展中国家在经济上和统计上最复杂的经验迁移研究）遇到了这样的问题。他的经济模型是由关于就业、收入、内部迁移和向南非迁移的四组方程组成的。每一组方程都是以个体移民和非移民的微观经济数据来进行估计。这项调查也利用到了非常详细的人口统计学信息。

在博茨瓦纳，农村人口移民到五个中心城市（在世界上一些地区把城市称为城镇）和临近的南非。卢卡斯发现没有调整的城市收入远高于农村收入（男性收入要高出 68%），但是如果控制了教育和工作经验的因素，这些差距就会变小。

卢卡斯的结果证实，一个人的期望收入越高，迁移到一个中心城市能够就业的可能性越大，这个人迁移的可能性就越大；对一个人来说，在家乡的预期收入和就业的可能性越大，他迁移的可能性越小。这个结果是"稳健的"并且在统计上是显著的，它对于所考虑的子样本或控制变量因素的方法并不敏感。它有确凿的证据支持托达罗的最初假定。

而且，卢卡斯预计在现行收入差距下，中心城市产生一份工作将引出多于一个来自农村地区的新移民，因此证实了哈里斯-托达罗效应。如果将教育和年龄控制为常数，那么一个移民在城市待的时间越长，收入越会显著增加。但这是因为报酬比例增加，而不是在新兴部门就业的可能性增加。

总体而言，到目前为止这项进行得最好的关于城市化的研究证实了迁移概率模型所具有的价值，它可以作为考察发展中国家人口从农村向城市迁移的理论观点。但是，考虑到今天许多移民是加入非正式而不是正式城市部门，工人们可能要面对的是在不同环境下的一系列不同风险，这项研究强调我们需要进一步扩展对迁移的解释。

资料来源

Banerjee, Biswajit. "The role of the informal sector in the migration process: A test of probabilistic migration models and labour market segmentation for India." *Oxford Economic Papers* 35 (1983): 399–422.

Banerjee, Biswajit. *Rural to Urban Migration and the Urban Labor Market: A Case Study of Delhi.* Mumbai: Himalaya Publishing House, 1986.

Cole, William E., and Richard D. Sanders. "Internal migration and urban employment in the Third World." *American Economic Review* 75 (1985): 481–494.

Corden, W. Max, and Ronald Findlay. "Urban unemployment, intersectoral capital mobility, and development policy." *Economica* 42 (1975): 37–78.

Gang, Ira N., and Shubhashis Gangopadhyay. "A model of the informal sector in development." *Journal of Economic Studies* 17 (1990): 19–31.

———. "Optimal policies in a dual economy with open unemployment and surplus labour." *Oxford Economic Papers* 39 (1987): 378–387.

Harris, John, and Michael P. Todaro. "Migration, unemployment, and development: A two-sector analysis." *American Economic Review* 60 (1970): 126–142.

Lucas, Robert E. B. "Emigration to South Africa's mines." *American Economic Review* 77 (1987): 313–330.

———. "Migration amongst the Batswana." *Economic Journal* 95 (1985): 358–382.

Mazumdar, Deepak. "Rural-urban migration in developing countries." In *Handbook of Regional and Urban Economics*, vol. 2. New York: Elsevier, 1987.

Oberai, A. S., Pradhan Prasad, and M. G. Sardana. *Determinants and Consequences of Internal Migration in India: Studies in Bihar, Kerala and Uttar Pradesh.* Delhi: Oxford University Press, 1989.

Stark, Oded. *The Migration of Labor.* Cambridge, Mass.: Blackwell, 1991.

Stark, Oded, and David Levhari. "On migration and risk in LDCs." *Economic Development and Cultural Change* 31, (1982): 191–196.

Todaro, Michael P. "A model of labor migration and urban unemployment in LDCs." *American Economic Review* 59 (1969): 138–148.

UN-Habitat, "State of the World's Cities, 2001," http://www.unchs.org/Istanbul+5/86.pdf.

United Nations. *An Urbanizing World: Global Report on Human Settlements.* Report presented to the Habitat II conference, Istanbul, 1996.

United Nations Population Division. *World Urbanization Prospects: The 1999 Revision.* New York: United Nations, 2000.

问题讨论

1. 比起用未来 20 年的时间来降低发展中国家的人口增长率的政策，为什么快速城市化更可能成为一个更重要的人口政策课题？

2. 简单描述托达罗模型的基本假定和主要特征。这个模型最重要的含义之一是关于一个自相矛盾的结论，即政府政策旨在创造更多的城市就业事实上导致了更多的城市失业。解释这一自相矛盾的结论出现的原因。

3. "解决发展中国家从农村向城市的过度迁移以及不断上升的城市失业和非充分就业，关键是恢复城市与农村经济和社会机会之间适当的平衡。"讨论这段话背后的理由，举几个关于促进城市与农村经济和社会机会之间平衡的政府政策。

4. 许多年来，发展经济学的传统看法认为产出增长最大化和加快工业就业增长两个目标之间存在内在的冲突。为什么这两个目标能相互促进而不是相互冲突？说出你的理由。

5. "使价格正确"这句话是什么意思？在什么条件下消除要素价格扭曲将产生大量新的就业机会？（必须对价格要素扭曲加以解释。）

6. 非正规部门正在变成城市经济中占比越来越大的部分。辨别城市正规部门和非正规部门，并讨论城市非正式劳动力市场的积极和消极方面。

7. 为什么很多发展中国家的大城市通常过于庞大？哪些因素可以使政策更好？

8. 什么是工业区？在发展中国家里政府如何帮助它

9. 假设潜在移民只根据他们对预期收入的比较做出决定。现在假设农村工资是每天 1 美元。在城市现代部门就业的概率是 0.25，日工资 3 美元；城市传统部门日工资 0.40 美元。利用这些信息，根据需要做出假设，你能否预测出是否会有农村向城市的转移或是城市向农村的转移？解释你的推断，简明扼要地说明你的假设，并写出所有的步骤。考虑一种计算城市部门预期收入为 $0.25 \times (3) + (0.75) \times (0.4) = 1.05$ 的方法，并注意到这一数值超过了农村工资 1，你预测会有农村向城市的移民吗？需要什么简化假设能使这一结论有效？现在，城市传统部门的日收入达到多少才能使农村向城市的净转移为 0？如果所有部门的工资都不灵活，那么在这个模型中怎样调整才能达到均衡（调整多少，你的直觉是什么）？

10. 解释城市偏差的概念。什么政策与城市偏差相关，以及它们对城市和农村地区可能造成的影响是什么？

11. 解释城市经济活动集中的经济效益。经营活动的各种成本是否可能受到影响？为什么城市化的一些潜在好处在拥堵变得很严重时会消失？什么政策可能加强或削弱利用城市经济效益的机会？

附录 7A 托达罗迁移模型的一个数学公式

考虑本章讨论的基本托达罗模型的以下数学公式。假定个人以收入最大化以及他们意识到的城市和农村地区期望收入流量作为迁移的决定根据。进一步假定选择迁移的个人尝试达到在他所选择的城市中心同等教育水平和具备技能的超额平均收入。不管怎样，假定移民知道立即获得有工资的就业选择是有限的，以及在一定时期内他存在面临失业的或未充分就业的可能性。移民期望收入流量由新兴部门的超额收入和被雇用的可能性共同决定，而不是期望在城市非正规部门未充分就业或者完全失业。

如果我们定义 $V(0)$ 为移民时期内城市与农村期望收入净流量的现值；$Y_u(t)$ 和 $Y_r(t)$ 代表在城市和农村经济体中被雇用者相应的平均实际收入；n 代表移民计划期内期数；r 代表反映移民时间偏好

程度的贴现率，则移民与否的决定取决于

$$V(0) = \int_{t=0}^{n} [p(t)Y_u(t) - Y_r(t)] e^{-rt} dt - C(0) \qquad (7A\text{-}1)$$

是正还是负。式中 $C(0)$ 代表迁移成本；$p(t)$ 代表一个移民在时间 t 内获得一份平均收入的城市工作的可能性。

在任何一个时期，被新兴部门雇用的可能性 $p(t)$，与从一个给定失业成本或未充分就业群体中在某个或先前的任一个时期被选中的可能性 π 直接相关。如果假定对于大部分移民来说选择过程是随机的，移民后的 x 期内拥有新兴部门工作的可能性 $p(x)$ 为 $p(1) = \pi(1)$，$p(2) = \pi(1) + [1 - \pi(1)]\pi(2)$，即

$$p(x) = p(x-1) + [1 - p(x-1)]\pi(x) \qquad (7A\text{-}2)$$

或

$$p(x)=\pi(1)+\sum_{t=2}^{x}\pi(t)\prod_{s=1}^{t-1}[1-\pi(s)] \quad （7A-3）$$

式中，$\pi(t)$ 等于 t 时期内新职位空缺与累积找工作者数量的比率。

由这个可能性式子可以推出在任一给定 $Y_u(t)$ 和 $Y_r(t)$ 水平下，移民在城市待的时间越长，他拥有一份工作的可能性 p 越高，因此，他的期望收入越高。

用这样的式子表示可能性变量有两个好处：

（1）它避免了"要么全部，要不没有"，即不得不假定移民在迁移后紧接的时期内要么获得平均收入，要么一分不挣的问题。因此，它反映了这样的事实，许多未充分就业的移民在找到正式工作前能够在城市非正规部门或传统部门获得一些收入。

（2）它某种程度上修改了随机选择的假定，因为一个移民被选择的可能性直接随着在城市所待的时长而变化。这允许调整这一事实，即长期移民通常有更多的合同和更好的信息体系，以使他们的期望收入应该比那些拥有同等技术的新到移民的高。

现在在以下面的形式将迁移的行为主义理论并入一个简单的合计城市劳动力供给与需求的动态均衡模型中。我们再次定义在城市新兴部门获得工作的可能性为 π，与创造新就业的比例直接相关，与寻找工作的失业者对现存工作机会的比率成反比，即

$$\pi=\frac{\lambda N}{S-N} \quad （7A-4）$$

式中，λ 为城市新创造工作的净比率；N 为城市就业水平；S 为整个城市劳动力。如果用 w 表示实际工资比率，r 表示平均农村实际收入，那么"期望"城市－农村实际收入的差距 d 为：

$$d=w\pi-r \quad （7A-5）$$

或者，将式 (7A-4) 代入式 (7A-5)，

$$d=w\frac{\lambda N}{S-N}-r \quad （7A-6）$$

我们模型基本的假设再次是从城市部门的劳动力供给角度看，"期望"城市－农村实际收入差距函数为

$$S=f_s(d) \quad （7A-7）$$

如果城市新创造工作的比率是城市工资 w 和政策参数 a 的函数，如集中政府力量通过进口替代的项目去提高，这两者都作用于劳动需求，我们有

$$\lambda=f_d(w;a) \quad （7A-8）$$

假设 $\partial\lambda/\partial a>0$。如果当一个政策转变时，城市劳动力需求增长率提高，城市劳动力供给提高

$$\frac{\partial S}{\partial a}=\frac{\partial S}{\partial d}\frac{\partial d}{\partial\lambda}\frac{\partial\lambda}{\partial a} \quad （7A-9）$$

变形式（7A-6），代入式（7A-9），我们获得

$$\frac{\partial S}{\partial a}=\frac{\partial S}{\partial d}w\frac{N}{S-N}\cdot\frac{\partial\lambda}{\partial a} \quad （7A-10）$$

如果劳动供给超过了创造的新工作的数量，那么城市雇用的绝对数量将提高，则

$$\frac{\partial S}{\partial a}>\frac{\partial(\lambda N)}{\partial a}=\frac{N\partial\lambda}{\partial a} \quad （7A-11）$$

式（7A-10）和式（7A-11）联合起来，我们得到

$$\frac{\partial S}{\partial d}w\frac{N}{S-N}\cdot\frac{\partial\lambda}{\partial a}>\frac{N\partial\lambda}{\partial a} \quad （7A-12）$$

或者

$$\frac{\partial S/S}{\partial d/d}>\frac{d}{w}\cdot\frac{S-N}{S} \quad （7A-13）$$

或者，最终，替代 d：

$$\frac{\partial S/S}{\partial d/d}>\frac{w\pi-r}{w}\cdot\frac{S-N}{S} \quad （7A-14）$$

式（7A-14）揭示了如果关于期望城市－农村收入差距的劳动供给弹性 $(\delta S/S)/(\delta d/d)$（其他地方也叫"移民反应函数"）超过城市工资倍增失业率部分的城市－农村的差距 $(S-N)/S$，那么失业的绝对水平将提高。或者，式（7A-14）表示失业率越高，对于任何期望真实收入差距下提高失业水平的弹性一定越高。但是，要注意的是，在大部分发展中国家，当真实数据被使用时，式（7A-14）满足一个非常低的供给弹性。例如，如果城市真实工资为 60，平均农村真实收入为 20，得到一份工作的概率为 0.50，以及失业率为 20%，如果城市劳动供给大于 0.033，那么失业水平将提高；可得

$$\frac{\partial S/S}{\partial d/d}=\frac{(0.5\times60)-20}{60}(0.20)=\frac{2}{60}=0.033 \quad （7A-15）$$

当能真实地预期到一个政策的影响产生比城市失业水平更多的城市就业之前，我们需要更多地了解不同发展中国家的弹性系数的经验价值。

注释和推荐阅读

1. 2013 年 7 月的估计称人口有 96 亿。参见 *United Nations World Population Prospects: The 2012 Revision* (New York: United Nations, Department of Economic and Social Affairs, June 13, 2013). The mid−2009 estimate for the point when the urban population became the majority globally is found in *United Nations World Urbanization Prospects: The 2011 Revision,* 2012; the quote is from the UN Population Division 2009 chart at:http://www.un.org/en/development/desa/population/publications/urbanization/urban−rural.shtml。

2. 参见 *United Nations World Urbanization Prospects*: The 2011 Revision, released April 5, 2012。

3. 1984 年，世界银行前行长罗伯特·麦克纳马拉（Robert McNamara）发表了一项著名的评论，对大规模城市集聚可以在所有地方发挥作用的说法表示怀疑："这些规模大到了它带来的拥挤成本拉低了其经济体的位置优势，人口的增长远远超过了适度的有效经济生活、有序政治和社会关系所需的人力与物质基础设施的增长，更不用说为它的居民提供便利设施了。"可参见 Robert S. McNamara, "The population problem: Time bomb or myth?" *Foreign Affairs* 62 (1984): 1107 – 1131. For additional arguments on problems caused by rapid urban population growth, see Bertrand Renaud, *National Urbanization Policy in Developing Countries* (New York: Oxford University Press, 1981). A less concerned viewpoint is expressed in Jeffrey G. Williamson, "Migration and urbanization," in *Handbook of Development Economics*, vol. 1, eds. Hollis B. Chenery and T. N. Srinivasan (Amsterdam: Elsevier, 1988), pp. 426 – 465.

4. United Nations Population Fund, *Population, Resources, and the Environment* (New York: United Nations, 1991), p. 61.

5. United Nations Population Division, *World Population Monitoring*, 1987 (New York: United Nations, 1988). 这些结论在 1994 年的国际人口与发展会议上得到重申。联合国在 2006 年报告说，近 3/4 的发展中国家官员表示强烈希望实施能够减少农村向城市迁移的政策，或采取行动扭转城乡迁移趋势。参见 United Nations Population Division, *World Urbanization Prospects: The 2005 Revision*。

6. See Michael Porter, *The Competitive Advantage of Nations* (New York: Free Press, 1990); his theory is reviewed further in Chapter 12. Marshall introduced the industrial districts concept in his 1890 *Principles of Economics*.

7. See Michael Piore and Charles Sabel, *The Second Industrial Divide* (New York: Basic Books, 1984).

8. See Khalid Nadvi, "Collective efficiency and collective failure: The response of the Sialkot Surgical Instrument Cluster to global quality pressures," *World Development* 27 (1999): 1605 – 1626.

9. Gezahegn Ayele, Lisa Moorman, Kassu Wamisho, and Xiaobo Zhang, "Infrastructure and cluster development," International Food Policy Research Institute Discussion Paper No. 980, 2009.

10. 发展中国家的工业区是很难阻止的，部分是因为这种集聚与传统的政治司法有关，关于这一点有相关数据支持。关于这一主题的另一个优秀的资源是 Hubert Schmitz and Khalid Nadvi, eds., "Introduction: Clustering and industrialization," *World Development* 27 (1999): 1503 – 1514. See also Khalid Nadvi, "Collective efficiency and collective failure: The response of the Sialkot Surgical Instrument Cluster to global quality pressures," *World Development* 27 (1999): 1605 - 1626. Hermine Weijland, "Microenterprise clusters in rural Indonesia: Industrial seedbed and policy target," in ibid., p. 1519.

11. Dorothy McCormick, "African enterprise and industrialization: Theory and reality," in ibid., pp. 1531 - 1551.

12. Schmitz and Navdi, 出处同上, 1505 ～ 1506 页。

13. World Bank, *World Development Report, 1999–2000* (New York: Oxford University Press, 2000), ch. 6.

14. 同上。

15. 对城市经济的总体介绍，参见 Arthur M.O'Sullivan, *Urban Economics*, 5th ed. (New

York: McGraw-Hill/Irwin, 2002）。关于这些思想的一些近期模型，参见 Masahisa Fujita, Paul Krugman ,and Anthony J. Venables, *The Spatial Economy: Cities, Regions, and International Trade* (Cambridge, Mass : MIT Press, 1999)。我们对 Anthony Yezer 为本章所提出的有益建议表示感谢。

15a. 参见 World Bank, *World Development Report 2009:Reshaping Economic Geography*。

16. 在这个比照下，不出所料，在政治首都不在最大城市的那些国家中，最大城市的规模相对适中。根据学者们的研究，在加拿大和美国确实如此；在巴西近期近乎也是如此，城市增长被转移到新的首都巴西利亚，这一城市在 1960 年正式"就任"并且人口已经逼近 400 万。比较优势和地域也是重要的因素。关于中国和印度的研究也发现，幅员辽阔的国家设定多个主要中心似乎是更加合理的。如果考虑联合国在 2010 年的一份报告中称中国的香港 - 深圳 - 广州和巴西的里约热内卢 - 圣保罗为城市带，那么情况可能会有所变化。

17. 除了法国和英国，在欧洲的大部分地区这一比值是较小的。举例说明，意大利：罗马 340 万，米兰 290 万；德国：柏林 340 万，汉堡 170 万；荷兰：鹿特丹和阿姆斯特丹各 100 万；葡萄牙：里斯本 270 万，波尔图 130 万；西班牙：马德里 540 万，巴塞罗那 480 万。其他有一定规模的发展中国家里第一大与第二大城市的比值都相对很高，包括印度尼西亚（大约 4）、埃塞俄比亚（超过 8）、阿富汗（超过 6）和科特迪瓦（超过 6）。埃及、伊朗、伊拉克、肯尼亚、尼日利亚和孟加拉国都有大约为 3 的比值。在研究所选择的大城市地区的估计中，有些比例是要高一些的。

18. 例如，当墨西哥城继续扩张时，它的工业区比数十年前更小。一个主要的原因是对沿着美国边境的墨西哥北部出口工业的不断关注，特别是 NAFTA 的成就，以及更近些时候，低技术工业向墨西哥南部的转移。

19. 可 参 见 Alberto F.Ades and Edward L. Glaeser, "Trade and circuses: Explaining urban giants", *Quarterly Journal of Economics* 110 (1995): 195-227。城市集中度被定义为从 1970 年到 1985 年主要城市的人口平均居住率。稳定城市被定义为革命和政变的平均数量低于世界平均水平。独裁国家指一段时间内平均盖斯提尔（Gastil）指数高于 3。也可参见 Rasha Gustavsson, "Explaining the phenomenon of Third World urban giants: The effects of trade costs", *Journal of Economic Integration* 14(1999): 625-650。

20. UN-Habitat's annual "State of the World's Cities" reports are available at http://www. unhabitat.org.

21. 关于发展中农业未实现的作用（第 9 章讨论），可 见 World Bank, *World Development Report, 2008-2009* (New York: Oxford University Press, 2008)。关于国际机构在城市发展中的作用的新思考，可参见 UN-Habitat 的网站 http://unhabitat.org 和世界银行网站 http://www.worldbank.org/urban。另外也可以参见 World Bank，*World Development Report* 2009: *Reshaping Economic Geography*（New York : Oxford University Press, 2009）。

22. For the 2012 CIV study, see Isabel Günther and Andrey Launov, "Informal employment in developing countries: Opportunity or last resort?" *Journal of Development Economics* 97, No. 1 (2012): 88 - 98; the authors use a parametric identification strategy. For a concise review of the overall debate, see Cathy A. Rakowski, "Convergence and divergence in the informal sector debate: A focus on Latin America, 1984 - 92," *World Development* 22 (1994): 501 - 516. See also Donald C. Mead and Christian Morrisson, "The informal sector elephant," *World Development* 24 (1996): 1611 - 1619, and Edward Funkhauser, "The urban informal sector in Central America: Household survey evidence," *World Development* 24 (1996): 1737 - 1751.

23. For updates on these and related indices, see International Finance Corporation, *Doing Business 2013, Smarter Regulations for Small and Medium-Size Enterprises*, http://www. doingbusiness.org/~/ media/GIAWB/Doing%20 Business/Documents/ Annual-Reports/English/ DB13-full-report.pdf.

24. UN-Habitat noted this for its *State of Women in Cities 2012/2013*, http://www.unhabitat.org/ pmss/ listItemDetails.aspx?publicationID=3457.

25. See Robert E. B. Lucas, "Internal migration

and urbanization: Recent contributions and new evidence," background paper for World Bank, *World Development Report*, 1999–2000.

26. 虽然 20 世纪 80 年代农村向城市迁移的比率下降，特别是在拉丁美洲和撒哈拉以南非洲地区，原因是不断下降的城市实际工资和更少的正规部门就业机会，但实际移民的数量还是一直在增长。

27. See Appendix 7.1 and Michael P. Todaro, "A model of labor migration and urban unemployment in less developed countries," *American Economic Review* 59 (1969): 138–148, and John R. Harris and Michael P. Todaro, "Migration, unemployment, and development: A two-sector analysis," *American Economic Review* 60 (1970): 126–142.

28. 该图第一次出现在下列文献中，W. Max Corden and Ronald Findlay, "Urban unemployment, intersectoral capital mobility, and development policy," *Economica* 42 (1975): 59–78. It reflects Harris and Todaro, "Migration, unemployment, and development."

29. 注意 qq' 是矩形双曲线，一条单一弹性曲线表示城市工资为常数，即 $L_M \times W_M$ 固定不变。

30. 如果非正规部门收入大于零，我们就会增加城市期望收入（式（7-1）的右边），非正规部门工资 W_{UI} 在一定时间有可能达到 $W_{UI}(1-L_M/L_{US})$，$(1-L_M/L_{US})$ 为没有获得最佳的城市部门工资条件的可能性。我们在未来可以区分一段时间内工资和获得它们的可能性，或者使用在未来一段时间内的一个更普遍的模型，见附录 7A。

31. William J. Carrington, Enrica Detragiache, and Tara Vishwanath, "Migration with endogenous moving costs," *American Economic Review* 86 (1996): 909–930.

32. 因而托达罗模型的焦点在于均衡工资以上的城市工资比率的制度因素，其他一些学者试图通过集中在高劳动力替换成本上来解释这种现象（所谓的劳动力替换模型（labor turnover model）和效率工资（efficiency wage）的概念，高于均衡水平的工资使雇主去寻找更高质量的劳动力和更大的生产力）。这些模型的研究可以参见 Josepn E.Stiglitz, "Alternative theories of wage determination and unemployment in LDCs: The labor turnover model", *Quarterly Journal of Economics* 88 (1974): 194–227, and Janet L.Yellen, "Efficiency wage models of unemployment", *American Economic Review* 74(1984): 200–205。近期实证关于制度的存在和重要性决定了城市与农村工资缺口，可以参见 Francis Teal, "The size and sources of economic rents in a developing country manufacturing labour market", *Economic Journal* 106(1996):963–976.

在一个有影响力的调查中，Valerie R. Bencivenga 和 Bruce D. Smith 做出了可选择的假定，这个假定是城市现代公司不知道移民的生产力，但是那些来自农村地区的潜在移民具有高生产能力，而其他在正规公司的人没有生产力。在这个方案里，公司受提升竞争力的激发去给移民者提供高工资和就业的可能性。新兴行业公司雇用劳动力，直到它们的边际产品和高工资比率相当，然后失业就接踵而来。另外，如果新兴部门和传统部门的劳动力成比例增加，就会导致额外的迁移。参见 Valerie R. Bencivenga and Bruce D. Smith,"Unemployment, migration and growth", *Journal of Political Economy* 105(1997): 582–608。在经济学的信息框架里有一个可供选择的观点，是基于道德危险问题的，参见 Hadi S. Esfahani and Djavad Salehi-Ifsahani, "Effort observability and worker productivity: Toward an explanation of economic dualism," *Economic Journal* 99(1989): 818–836。

33. 关于产生工作的问题，参见 World Bank, *World Development Report* 2012。对于移民和城市化政策，参见 Gary S. Fields, "Public policy and the labor market in less developed countries," in *The Theory of Taxation for Developing Countries*, eds. David P. Newbery and Nicholas Stern (New York: Oxford University Press, 1987); Charles M. Becker, Andrew M. Hammer, and Andrew R. Morrison, *Beyond Urban Bias in Africa: Urbanization in an Era of Structural Adjustment* (Portsmouth, N.H.: Heinemann, 1994), chs. 4–7; David Turnham, *Employment and Development: A New Review of Evidence* (Paris: Organization for Economic Coordination and Development, 1993), pp. 245–253; Paul P. Streeten, *Strategies for Human Development:*

Global Poverty and Unemployment (Copenhagen: Handelshøjskolens Forlag, 1994), pp. 50 - 64; and Cedric Pugh, "Poverty and progress: Reflections on housing and urban policies in developing countries, 1976 - 96," *Urban Studies* 34 (1997): 1547 - 1595.

34. 这篇文献也考察了通过工资补助消除过度迁移的政策，这证明对管理层而言是昂贵和艰难的，但是作者的分析对哈里斯-托达罗迁移模型的本质发表了有趣的见解。可以参见 Ira Gang and Shubhashis Gangopadhyay, "Optimal policies

in a dual economy with open unemployment and surplus labour", *Oxford Economic Papers* 39(1987): 378-387，其中还包括了对重要的早期工作的参考。

35. Martin Ravallion, Shaohua Chen, and Prem Sangraula, "New evidence on the urbanization of global poverty," World Bank Research Working Paper 4199, 2008.

36. *World Bank World Development Report*, 2010, p.110.

人力资本：经济发展中的教育和卫生

为了消除贫困和促进共同繁荣，各国需要有力的、包容性的经济增长。为了推动增长，它们需要通过为所有公民在健康、教育和社会保护方面进行投资来创建人力资本。

——金墉，世界银行原行长，2013年

我对人力资本的研究，始于对不同教育投资水平下各个群体的私人和社会收益率的计算。

——加里·贝克尔（Gary Becker），诺贝尔经济学奖得主

我们的人民卫生状况发展缓慢的问题已经引起了高度关注，不可否认，迄今为止，对于发展中的这一问题，我们从未给予足够重视。

——曼莫汉·辛格（Manmohan Singh），印度总理，2005年

8.1 教育和卫生的重要作用

教育和卫生是发展的基本目标；两者都很重要，并且相互依赖。卫生是福利的中心，教育则是人们感到生活幸福和有意义的基础；对更为广泛的人力资本的概念而言，两者是其根本（见第1章）。与此同时，教育对于发展中国家吸收现代技术的能力以及维持自身增长和发展的能力也具有重要作用。另外，卫生是生产力提高的前提，并且成功的教育也要取决于足够好的卫生状况。因此，卫生和教育也可以看作是增长和发展的两个重要组成部分——相当于总产出函数中的投入。投入和产出的双重角色使得卫生和教育在经济发展中显得尤为重要。

我们很难描述世界的卫生和教育状况有多少真正的巨大改观。1950年，从总体来看，在发展中国家每1 000个儿童中大约有280个寿命不足5年。截至2011年，这一数字在低收入国家已降至每1 000人中有95人，而在中等收入国家每1 000人中为46人（尽管现在高收入

国家每1 000人中仅有6人，在许多欧洲国家只有4人）。[1] 许多重要的致死因素已经完全或几乎被消灭。过去每年超过500万人死于天花，而这种病毒除了实验室样本外已难觅其踪。随着疫苗技术的推广使用，导致儿童死亡的主要疾病如风疹和小儿麻痹已经得到了很大程度的控制。另外，近几十年来，发展中国家绝大部分人们的**读写能力**（literacy）和所受小学教育得到了空前提高。据联合国报道，虽然2010年世界上15岁及以上的文盲还有7.75亿，但值得欣慰的是，与1970年的63%相比，现在受教育人口比例为82%。[2] 但是，世界上2/3的文盲是女性。

尽管已经取得了这么突出的成就，发展中国家在改进国民卫生和教育方面仍然面临巨大挑战。卫生和教育在国家之间的分配与收入分配一样重要。发展中国家生活条件好的人寿命可能很高，穷人却非常低。发展中国家的儿童死亡率仍要比富国高出10倍以上。而导致这些死亡的一般都是一些容易治愈的疾病，例如

腹泻，现在仍有数百万人死于腹泻导致的脱水。如果发展中国家的儿童死亡率能够降低到发达国家的一般水平，那么，每年将有700多万儿童能够继续生存下去。但是，这些幸免于难的儿童仍然要遭受长期的营养不良、感染寄生虫致病或其他易复发疾病的侵袭。由于缺乏主要的微量元素（如碘元素）和蛋白质，大约有20亿人受到影响，而儿童又是特别脆弱的。在欧洲、北美或日本，一名儿童可以获得12年以上的教育，而撒哈拉以南非洲地区和南亚的儿童平均在校时间不超过五年，这里还没考虑老师缺课，以及即使有老师在但未对缺乏教科书或其他资源进行调整的情况。专栏8-1"穷人的声音"反映了剥夺卫生和教育所带来的一些负面影响。

在本章中我们将研究教育和卫生在经济发展中的作用。这两个**人力资本**（human capital）

议题由于关系密切而往往被放在一起讨论。卫生效应的双重影响取决于教育体系的有效性，反之亦然；当我们说起投资一个人的卫生和投资一个人的教育时，事实上我们说的还是同一个人。接着我们再考虑收入和教育卫生之间的关系。尽管两者关系密切，但你会发现，家庭收入高并不能保证卫生和教育得到改善：必须直接关注人力资本本身，即使在高速增长的经济体中也一样，卫生和教育分配可能很不平等，就像收入和财富分配一样。但是，卫生和教育的改善可以帮助贫困家庭摆脱其所陷入的贫困恶性循环。最后，我们将对发展中国家的教育和卫生体系进行考察，进而讨论严重不公平和缺乏效率这些困扰它们的问题的根源。可以证明，人力资本投资必须兼顾效率和公平，才会对收入产生潜在的正面影响。

□ 专栏8-1　卫生与教育：穷人的声音

如果你今天没钱，疾病将把你送进坟墓。
　　　　　　——加纳的一位老妇人
孩子们一直在下水道里玩。
　　　　　　——巴西，Sacadura Cabral
在医院，他们不给本地人提供应有的照料；因为我们不识字，所以对我们不好……他们给我们一些不对症的药物。
　　——来自厄瓜多尔 La Calera 的一位年轻人
学校还行，但现在它摇摇欲坠，已经好几个星期没老师了……这里不安全也不卫生。

　　　　　　——巴西，Vila Junqueira
如果父母支付不起每月40～50卢比的费用，老师就会打学生或让其降级。
　　　　　　——巴基斯坦"穷人的声音"
老师们都不来学校，除非是该领薪水了。
　　　　　　——尼日利亚"穷人的声音"
以前每个人都能得到医疗服务，但现在每个人只能祈祷"上帝"让他们不会生病，因为所有的地方都要钱。
　　——Vares，波斯尼亚和黑塞哥维那

8.1.1　教育和卫生是对发展的联合投资

卫生和教育与经济发展密切相关。[3]一方面，更高的卫生资本可以提高教育投资的收益，部分因为健康是一个儿童在入学和正规学习过程中的一个重要因素。寿命变长可提高教育投资的收益；在工作生涯的任何一个时刻，良好的健康状况可以有效降低教育资本贬值的速度。另一方面，更高的教育资本可以提高卫生投资的收益，因为许多卫生项目所依赖的基础技能

往往是从学校学习的，包括个人保健和环境卫生，更不用说基本的识字能力和计算能力。卫生人员的培养和培训也需要教育。最后，教育投资对生产效率的改进提高了卫生在延长寿命方面投资的收益。专栏8-2总结了教育和卫生投资之间的关系。

过去的半个世纪见证了人力资本历史上前所未有的进步。教育和卫生水平在发展中国家和发达国家都得到了改善，但大多数方法的改进在发展中国家更快一些。因此，教育和卫生

手段已经有些国际上的融合。只有在撒哈拉以南的非洲地区，由于艾滋病导致的寿命减少，对卫生事业的进步带有质疑。随着发展中国家入学率的上升，教育也在不断改善，尽管有人认为质量差距比以前更大了。虽然发达国家和发展中国家的教育和卫生差距还相当大，并且缩小两者的差距可能非常困难，但其所取得的进步也是毋庸置疑的。[4]

□ **专栏 8-2　卫生和教育投资之间的关系**

- 教育和卫生是在同一个体上的投资。
- 卫生资本可以提高教育投资的收益，这是因为：

  健康是入学的重要条件；

  越健康的孩子在学校里越成功，学校效率越高；

  学龄前儿童的死亡也增加了单个人的平均教育成本；

  寿命越长则教育投资的收益越高；

  健康的个体在其生命中的任何时刻都可以创造性地运用教育。

- 教育资本可以提高卫生投资的收益，这是因为：

  许多卫生项目所依赖的基础技能往往是从学校学习的（包括识字能力和计算能力）；

  学校教授基本的个人保健和环境卫生知识；

  个人卫生的形成和培训也需要教育；

- 教育投资对生产效率的改进提高了卫生在延长寿命方面投资的收益。

8.1.2　为什么单纯提高收入不足以改善教育和卫生状况

高收入国家的卫生和教育水平相对要高出很多。关于这点，我们可以从两方面进行解释：收入越高，人们和政府在教育和卫生上的支出越高，从而卫生和教育水平也更高，进而可能使生产水平和收入水平更高。因为这些关系，发展政策应该同时关注收入、卫生和教育。这个结论和我们第 5 章的结论一致：应对绝对贫困的顽疾，我们需要一个全面周详的战略。

收入越高，人们花在人力资本上的也就越高。但是，现实清楚地表明，如果没有卫生和教育的大幅改善，收入仍可以增加，但我们将不能指望所增加的收入会投入孩子的教育和卫生上。市场不能自动解决这个问题，在许多情况下，家庭消费选择本身所造成的收入和营养之间的关系是极其微小的，对儿童来说更是这样。[5]低收入国家的人们对卡路里的需求收入弹性（即家庭收入百分比变化所消耗的卡路里变化百分比）大约为 0 ~ 0.5，具体值要取决于所在地区和研究者所用的统计方法。[6]收入弹性低于相应比例的原因主要有两个：收入花费在食品之外的商品上，部分增加的食品支出是用在食品种类的增加上，对卡路里消耗没影响。如果收入和营养之间的关系真的很小，那么正如一些研究指出的那样，强调增加穷人收入的发展政策，若忽视了所增加的收入在家庭内部的去向，则可能难以带来卫生的改善和发展的普及，至少发展速度不会很快。[7]正如第 15 章的进一步讨论和案例研究所讨论的，小型企业贷款已经成为近年来缓解贫困最流行的策略之一。在案例中，信贷可以帮助穷人改善他们的营养状况，例如，由于对于穷人来说，季节性价格波动已经成为与平均收入有关的卡路里消耗的决定因素。但是如果营养仍然不足，且不能随着收入提高而得到改善的话，那么信贷对此也无能为力。

此外，卡路里不能等同于营养水平，而且收入者的营养也不同于他们孩子的营养。速食品的收入弹性高于 1。[8]对于发展中国家的家庭来说，收入提高往往会使其将消费从有营养的食品诸如扁豆和大米转向没有营养的"空卡路里"食品，诸如糖果和苏打，其原因可能是认为消费这些食品是时髦和经济富裕的标准。[9]主要的一个问题是健康状况差（例如，腹泻疾病）

可以否定更好的营养的健康优势。[10]

有相当多的证据表明，母亲的受教育程度越高，她们孩子的健康状况就越好（参见图 2-4 以及专栏 8-3）。[11] 学校里一些简单的活动可以提高健康，但是没有加以利用。

许多发展中国家的研究表明，健康状况改善会影响到在学校的表现。良好的健康状况可以促使人们更早地接受学校教育，也能更长时间地接受学校教育，还能提高入学率和学习效率。[12] 因此，要提高入学率和学校教育的有效性，我们必须改善发展中国家儿童的健康。实际上，统计方法的改进显示发展中国家的卫生和教育普及率之间的关系比我们所认为的要更强（见专栏 8-4）。这些影响对男孩和女孩都很大，而且对女孩尤甚。[13]

最后，对一个人的卫生和教育投资还存在一些别的重要的溢出效应。一个受过教育的人会为其周围的人带来好处，例如，为他们阅读，或者提出有益于社会的创新。[14] 因此，在教育上存在明显的市场失灵。另外，一个健康的人不仅不太传染疾病，还能在许多方面给社会带来好处，这是一个病人不能做到的。由于这些溢出效应，我们不能指望市场来使社会教育和卫生达到有效水平。因此，正如世界卫生组织总结的："一个国家卫生体系的建立的最终责任依赖于政府。"[15] 发展中国家的管理层正在借鉴和学习那些关于卫生、教育和收入之间相关关系的研究，并同时进行整体战略的制定。本章最后关于墨西哥的案例分析便是一个重要的例子。

□ 专栏 8-3　发现：母亲所掌握的健康知识对孩子健康至关重要

通常，正式教育与对当前信息的持续关注之间存在互补关系，而在这种关系中，需要正式教育。Paul Glewwe 在对摩洛哥的数据分析中发现，一个母亲所掌握的基本健康知识对其孩子的健康有积极影响。这里有几种可能的影响机制，例如：正规教育直接向未来的母亲传授健康知识；在学校获得的读写和计算能力可以帮助未来的母亲对孩子的健康状况给予判断并进行照料；正规学校让女性更多地认识和了解现代社会，从而使她们更易于接受现代医学治疗。但是，

Glewwe 总结说：母亲个人所掌握的健康知识可以说是增加孩子健康的关键因素，在摩洛哥，这种知识的获取主要发生在学校之外，尽管要用到学校学到的识字和计算能力……在摩洛哥的学校里教授健康知识技能，可以从实质上改善摩洛哥儿童的健康和营养状况。

资料来源：Based on Paul Glewwe, "Why does mother's schooling raise child health in developing countries? Evidence from Morocco," *Journal of Human Resources* 34 (1999): 124-159.

□ 专栏 8-4　研究结果：低成本的卫生干预对教育的影响

美国加州大学伯克利分校的爱德华·米格尔（Edward Miguel）和哈佛大学的迈克尔·克雷默（Michael Kremer）对肯尼亚的布西亚（Busia）地区的一项研究显示，价格低廉的避免儿童遭受寄生虫感染的"除虫"药物对提高入学率来说也是非常划算的。研究随机抽取一些接受这些药物的学校，与那些没有使用药物的学校进行对比，来研究药物的影响。

他们的基线调查表明，至少 92% 的学生被 1 种寄生虫感染，至少 28% 的学生受到 3 种寄生虫感染。中度到重度的感染占 31%。实际情

况可能更糟糕，因为"重度感染的学生可能在调查当天缺勤"。

使用除虫药物的结果，缺勤率大约降低了 1/4。越小的儿童感染机会越大，他们现在平均一年中增加 15 天以上在学校；大一些的儿童大约 10 天以上。这个项目中每增加一年受教育机会的成本是 3.5 美元，远远低于用来提高教育普及率的其他方法。接受治疗的儿童贫血情况也减少了，同时在一定程度上降低了其他疾病的发病率，并且按年龄计算的相对身高也提高了。

寄生虫感染会在不同学校之间扩散，尤其

是当学校学生在同一个湖里游泳时。这也解释了该研究的一个发现：消除寄生虫感染还可以使那些邻近的未使用该药物的学校受益——经典的外部效应。降低感染也可以使成年人受益，他们可以工作更长时间。学习测验分数没有显著改善，这可能是由于班级人数增加使得参加考试的人数增多所致，尽管如此，这还是提高了学生与教师的人数比。纵观学生的一生，除虫药物不仅价格低廉，而且收益率极高，每个得到治疗的儿童的工资所得的折现值超过了 30 美元。该项目的净收益要高于雇用额外的老师来避免发病率上升的成本，尽管是否这么做要取决于政治当局。

尽管好处颇大，但布西亚地区的贫困家庭

对除虫治疗的价格很敏感，因而需要长时间的资助。正如这项清晰明了的研究结果所希望的，该研究对发展中国家政府和国际机构对于健康问题的重视程度产生了重大影响，消除寄生虫的项目正在许多国家开展。这项研究通过精心设计的方法所得出的明确答案有力推动了最近正在强调并实施的在学校消除寄生虫的活动。

资料来源：Edward Miguel and Michael Kremer, "Worms: Identifying impact on education and health in the presence of treatment externalities," *Econometrica* 72 (2004):159-217. On deworming activities, see the links at http://www.dewormtheworld.org.

8.2　教育和卫生投资：人力资本方法

在人力资本方法中，对卫生和教育投资的分析是相同的。人力资本是经济学家针对教育、卫生和其他人类能力经常使用的术语，当这些变量增加时可以提高生产力。它类似于传统的物质资本投资：投入初始资本后，由于教育的扩张和卫生的改善，将产生更高的未来资金流。因此，我们可以推导出收益率并与其他投资收益率进行比较。做法是估计这些投资可能带来的新增收入流的现值，然后与它们的直接和间接成本做比较。当然，卫生和教育对福利也有直接贡献，例如，教育可以增加人们在处理生活中重要事务时的自主性和话语权，例如公民参与社会的能力、对自身医疗保健做出决策以及自由选择配偶而不接受安排的婚姻。[16] 但是，人力资本方法主要考虑投资经由收入提高而改善福利的间接能力。在本节，我们将从总体上阐述教育投资的要点，但基本原理也适用于卫生投资。

人力资本投资对发展中国家有非常大的影响。图 8-1 显示了委内瑞拉各教育层次人群的年收入。[17] 该图描绘了不同教育水平的人的收入在其生命周期内的变化。注意受

教育程度较高的人开始其全职工作时的年龄也大，但是，如图所示，他们的收入会远远超过那些较早开始工作的人。但这些因教育获得的未来收入必须与相关的总成本进行比较，以便理解作为投资的人力资本的价值。教育成本包括任何直接的学费和其他专门与教育相关的花费，例如书、校服和间接成本，即主要是指学生在学校学习无法工作而损失的收入。

获得的收入可以写成如下形式，其中 E 表示与额外教育相关的收入，N 表示没有额外教育的收入，t 表示年份，i 表示**折现率**（discount

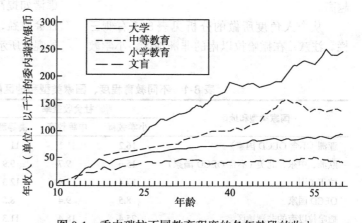

图 8-1　委内瑞拉不同教育程度的各年龄段的收入

资料来源：International Bank for Reconstruction and Development/The World Bank:*The Profitability of Investment in Education: Concepts & Methods* by George Psacharopoulos, 1995. Reprinted with permission.

rate)，收入和是预期的工作生涯年度收入之和

$$\sum \frac{E_t - N_t}{(1+i)^t} \qquad (8\text{-}1)$$

类似的公式也适用于卫生，将未来因卫生水平提高（如营养状况改善）而增加的额外收入减去用于卫生资源的直接和间接成本。

　　图 8-2 用图示的方法对是否要继续上学进行了解释。假定一个人从毕业时开始工作直到他退休或死亡，即不能工作为止，这里假设为 66 年。两条收入曲线，一条代表受过小学教育但没受过高等教育的人，一条代表受过全日制中等教育但没有受过高等教育的人。假设受过小学教育的人从 13 岁开始工作，中等教育的毕业生从 17 岁开始工作。对于发展中国家的人来说，无论在接受小学教育后是否继续接受中等教育，都得不到这 4 年的收入。如图 8-2 所示，这就是间接成本。孩子可以兼职工作，为了简单起见这里忽略了这点，但如果考虑的话，这也只是间接成本的一部分。另外还有直接成本，例如学费、校服和其他一些如果离开学校就不会有的费用。在这个人生活的余下时间里，他赚取的比只接受小学教育更多的那部分收入，这里被称为"收益"，如图所示。在比较成本和收益之前，注意，当前 1 美元的收入要比未来 1 美元价值更高，因此，未来所得的收入必须进行相应的贴现，如式（8-1）所示。折现率越低收益率越高；直接和间接成本越低，收益率越高。

　　从个人角度所做的分析见表 8-1 右侧三栏。注意，在撒哈拉以南的非洲地区，小学教

育的私人收益率大约 37%！尽管收益颇丰，许多家庭还是没能进行这项投资，因为，父母们甚至没有能力借到一个孩子工作能赚到的那点钱——这是接下来要重点讨论的。注意，发展中国家的收益率越高意味着，比起发达国家，平均上看多接受教育和少接受教育的收入差别越大。

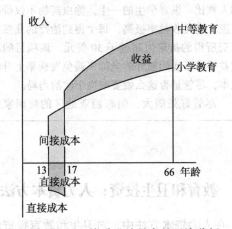

图 8-2　是否接受继续教育的经济分析

　　表 8-1 的中间三栏表示社会收益率。其中包括政府对个人教育的公共补贴，它是直接成本中的一部分，因为这部分属于社会投资（也可以看作是税前而非税后收入）。详细的计算见注释 19。[19] 应该注意的是，社会收益率可能会被低估，因为这里没有考虑受教育人群对其他人的外部效应（能为家庭其他成员阅读），也没考虑诸如提高自主权和公众参与率的其他私人和社会收益，正如本章开始引用的阿玛蒂亚·森的观点所示的那样。

表 8-1　不同教育程度、国家类型和地区的投资收益率

国家类型和地区	社会收益率			私人收益率		
	小学教育	中等教育	高等教育	小学教育	中等教育	高等教育
亚洲（不含 OECD 国家）	16.2	11.1	11	20	15.8	18.2
欧洲、中东、北美（不含 OECD 国家）	15.6	9.7	9.9	13.8	13.6	18.8
拉丁美洲	17.4	12.9	12.3	26.6	17	19.5
OECD 国家	8.5	9.4	8.5	13.4	11.3	11.6
撒哈拉以南的非洲地区	25.4	18.4	11.3	37.6	24.6	27.8
世界	18.9	13.1	10.8	26.6	17.0	19.0

注：关于收益率计算的解释见本章注释 19。

资料来源：George G. Psacharopulos and Harry A. Patrinos, "Returns to investment in education: A further update," *Education Economics* 12, No. 2 (August 2004), tab.1.

图 8-2 也可以用来说明从公共政策角度考虑的利益成本，包括财政成本和社会福利；也就是说，增加教育的社会成本，将教育的社会成本（例如补贴）补贴到 x 轴下方的成本区域中的直接成本部分，并且将任何净溢出效益增加到收益区域中（未显示出的是在毕业前或退休后发生的这种益处）。[19a]

8.3　童工问题

发展中国家普遍存在童工问题。当儿童在 15 岁之前参加工作时，他们的工作时间就会干扰他们的学习，大多数情况下会使他们完全脱离学校。另外，童工的健康状况也明显比不工作的孩子差，这部分说明了他们为什么处于贫困状态；童工身体发育迟缓也是很常见的。此外，很多童工还处在极其残酷的工作环境中遭受剥削。

国际劳工组织（ILO），一个在童工问题上起主导作用的联合国组织，[20] 2010 年在其关于童工的四年一次的报告中指出，截至 2008 年，从事各种工作的 5 ~ 17 岁的儿童总计大约有 3.06 亿，但这其中大概只有 1/3 是国际法和现有 ILO 条例允许的。然而，只有 2.15 亿人被列为"童工"，因为他们"或者是低于最低工作年龄就参加工作，或者是高于这一年龄（满 17 岁），从事的工作会对他们的健康、安全和道德造成威胁，或者处于强制劳动环境下"。这一数据与 2004 年估计的 2.22 亿相比，大约下降了 3%。有超过 900 万的童工年龄为 5 ~ 11 岁，他们中的 1/3 从事危险工作。超过一半的童工，大约 1.15 亿仍然面临着"危险工作"。一半以上的童工生活在亚洲和太平洋地区，但是撒哈拉以南非洲的童工比率最高。在这些从事"危险工作"的童工中，超过 4 800 万人是在亚洲和太平洋地区，大约 3 900 万人在撒哈拉以南的非洲地区。童工一直是中东的一个问题，这个问题直到最近才得到重视。关于童工问题已经在一些国家和地区取得了进展，例如巴西和印度的喀拉拉邦。

童工的工作环境普遍恶劣。国际劳工组织 ILO 报告指出，一些调查表明一半以上的童工每天要辛苦工作 9 个或 9 个小时以上。童工最糟糕的情况是要遭受身心健康的威胁，包括工作损伤、性虐待、非法交易和高利贷。在 2011 年的出版物中，国际劳工组织报告称，每年大约有 20 000 名儿童死于工伤。很显然，童工不是一个单独的问题，而是一个世界性的问题，尤其是在非洲和亚洲南部。

然而，立即禁止所有形式的童工并不足以保护儿童的最大权益。如果没有工作，一个儿童可能会面临严重的营养不良；有了工作，至少还可以保证学费、基本营养和健康的需要。但是，在一种情况下，禁止童工可能对童工和整个家庭都有好处：多重均衡。Kaushil Basu 证明了这样一种分析，我们将从他最简单的模型入手。这个模型解释了这个问题是怎样产生的。[21]

为了建立童工模型，我们做出两个重要假定：首先，一个收入足够高的家庭不会让自己的孩子去工作。正如我们所希望的，有足够的证据可以证明这个假定是正确的，至少大多数时候是正确的。其次，童工和成年劳动力是可替代的。实际上，在创造生产力方面，儿童比不上成人，成人可以做任何儿童可以做的事。这种论断不是一种假设，这是许多国家对童工生产力研究的结论。需要重点强调的是，时常有人为雇用童工争辩，说儿童拥有特殊的生产技能，例如手指小，这使得他们在生产小地毯和其他产品时很重要。但是，没有论据支持这一观点。事实上，调查这些工作，例如编织地毯，显然成年劳动力更有生产力。因为，我们可以用经济学的分析方法来讨论成年劳动力和童工的供给问题。

童工模型如图 8-3 所示，横轴表示等价成年劳动力的供给。因为我们感兴趣的是劳动力需求的影响，在一个图形中劳动力的单位最好相同。因此，如果一个童工的生产力相当于一个成年劳动力的 γ 倍，根据我们的假设，$\gamma<1$。例如，如果童工的生产力是成年劳动力的一半，那么 $\gamma=0.5$。

我们首先假设，在所讨论的地区无论有没有工资，所有（没有技术的）成年劳动力都工作。这就给了我们一条无弹性的、垂直的成年劳动力供给曲线，即图中的曲线 AA'。在那些非常贫穷以至于不得不让孩子去工作的家庭里，高度无弹性的供给曲线是一个十分合理的假定。当他们的父母没能在新兴部门工作时，每个成年人都要参加工作为家庭谋生。成年劳动力供给曲线 AA' 简单表示没有技术的成年人数量。为了理解这条总的劳动供给曲线，考虑当工资下降时会发生什么。如果工资下降到 w_H 以下，一些家庭会因为过于贫困而不得不让孩子去工作。起初如果工资仍然足够高，那么只是对很少部分的家庭和儿童有影响，这个事实反映在图形上，即在 w_H 下方的 S 形曲线仍然很陡峭。随着工资继续下降，越来越多的家庭送孩子去工作，劳动供给会沿着 S 形曲线增加，随着工资的少许下降所导致的更多儿童参加工作，该曲线会变平坦。如果工资达到 w_L，所有的儿童都必须工作。这点上，我们将成年劳动力和童工的总供给曲线记为图上的 TT'。这个供给之和是成年人的数量加上儿童的数量乘以他们较低的生产力 $\gamma<1$（中间位置可能是 S 形的，不过即使是一条直线，这里的分析仍旧成立）。这里得到的成年人和儿童的总供给曲线与我们通常在基础微观经济学中考虑的标准曲线不同，比如标准曲线是图 5-5 所示的向上倾斜的供给曲线（见第 5 章），但是这更接近于发展中国家的童工背景。总之，只要工资高于 w_H，供给曲线就是 AA'；如果工资低于 w_L，供给曲线是 TT'；在两者之间，供给曲线是两条垂线之间的 S 形曲线。

现在考虑劳动力需求曲线 D^L：如果需求曲线无弹性，则在 w_H 上方穿过 AA' 曲线，在 w_L 下方穿过 TT' 曲线，此时有两个稳定的均衡点，即图中的 E_1 和 E_2。[22] 当存在两个均衡时，我们从不好的均衡 E_2 入手，禁止雇用童工会使这一地区移动到好的均衡 E_1。而且，一旦经济达到新的均衡，禁止童工的政策将自动生效，因为假定了新的工资足够高，以至于没有家庭让自己的孩子去工作。如果贫穷家庭能够达成一致，拒绝送孩子去工作，大家都会过得更好；但是，通常来看，大多数家庭无法做到这一点。[23]

当存在一种可选择的均衡，让所有的儿童都去读书时，禁止雇用童工似乎更像一项富有诱惑力的政策，但是要注意，当所有童工家庭状况改善时，雇用者可能每况愈下，因为他们要支付更高的工资。这样，雇用者可能会施加

压力来阻止颁布禁止雇用童工的法律。在这个意义上，童工实际上都可能是帕累托最优，即便是其最坏的形式。这个发现提醒我们帕累托最优在制定发展政策方面有时是非常弱的条件！同样意义上，许多欠发达国家的其他问题包括自身的绝对贫困，可能同时也是帕累托最优的，因为解决这个问题可能会使富人的状况变糟。

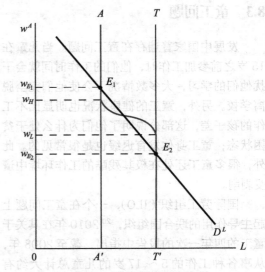

图 8-3 糟糕的童工均衡

资料来源：From Kaushik Basu, "Child labor: Cause, consequence, and cure, with remarks on international labor standards," *Journal of Economic Literature* 37 (1999): 1101. Reprinted with the permission of the author and the American Economic Association.

尽管这些童工模型可能合理描述了许多发展中地区的情形，但是，我们并不完全了解无技术劳动力市场的条件，因而不能据此说多重均衡和严格的借贷限制能够明确地解释童工问题。因此，若要在世界各地直接禁止所有童工，即使它确实可以执行下去，也会产生潜在的不良后果。所以，如今国际上主流的做法还是使用中庸的政策。[24]

在当前的发展政策中，对于童工政策有四种观点。第一种观点，意识到童工是贫困的象征，并着力消除贫困而不是直接针对童工。这一点与世界银行立场一致（关于贫困政策的进一步讨论可见 5.9 节和第 15 章）。

第二种观点，强调让更多孩子接受教育的策略，包括拓展教育覆盖面，例如建立新农

村学校和**有条件的现金转移计划**（conditional cash transfer，CCT）激励来引导家长们将自己孩子送去学校的策略，如墨西哥的 Progresa/Oportunidades 项目，本章后面的案例和专栏 8-5 有关马拉维的实验将对此进行深入讨论。这种策略受到许多国际机构和发展组织的支持。这是一种比基础义务教育更有效的方法，因为没有相配套的政策，鼓励送孩子们去读书的激励虽然强劲，但执行起来可能力度不够。出于同样的原因，在上一章非正规部门的案例中，类似的规定已被证明几乎是不可能执行下去的。义务教育是个好主意，但它不是解决童工问题的有效办法。提高小学教育质量和增加接受教育的可能性也是非常重要的；低收入国家在小学教育上的支持仍然存在问题，正如 ILO 指出的：

□ 专栏 8-5　发现：现金还是条件？来自马拉维的证据

有什么项目能有效解决贫困与卫生和健康需求之间的矛盾，特别是针对那些生活在极端贫困地区的女孩？正如 Sarah Baird、Craig McIntosh 和 Berk Ozler 注意到的，学校入学率和有效学习、结婚和生育所产生的结果，对于生活在贫困地区的"学龄女孩的长期未来至关重要"。最经济有效的项目是什么？

关于"针对马拉维青少年女孩的现金转移项目"的随机对照试验的研究提供了一些重要的发现。Baird、McIntosh 和 Ozler 对随机抽取的三组家庭进行了比较，这三组家庭分别来自没有参加现金转移项目、无条件的现金转移支付（UCT）项目和用于支持女孩继续学校教育的有条件的现金转移支付（CCT）项目的家庭。在这些给定的条件下，研究者们检验了教育成果与结婚和生育孩子的结果。他们发现两种转移项目均带来了更高的持续入学率（避免辍学），但是 CCT 的影响是 UCT 的两倍以上（约 2.3 倍）。与此不同的是，一些更早的研究发现，UCT 的影响很小或者没有影响（主要在拉丁美洲）。可能这一差异正反映了非洲当时的低收入状况。该研究发现，参与 CCT 项目的女孩们在英文阅读理解上的表现要优于那些参加 UCT 项目的女孩的表现（这种差异"不大但很显著"）。

同时，这些作者发现，即使考虑行政程序复杂的 CCT 项目的额外运行成本，比起 UCT，CCT 在提高入学率和出勤率方面也更加经济有效。他们还对不同的转移支付进行了检验，发现即使那些提供数量最少的项目（父母每月 4 美元，学龄女孩每月 1 美元）也足以达到 CCT 项目对入学率的平均影响。

作者还发现 UCT 项目对推迟结婚和生育时间有显著影响——推迟 2 年的比例分别为 44% 和 27%。虽然 CCT 在保证女孩更长的在校时间与有效学习方面表现不错，但这些项目在降低少女怀孕与早婚的可能性上并未产生作用。作者发现"这完全是因为 UCT 会导致女孩辍学"，这些家庭仍然可以得到转移项目的福利（因为，毕竟这些转移是无条件的）。他们得到结论是："提供 CCT 似乎不能有效劝阻那些辍学女孩过早结婚和生育，特别是那些 16 岁或 16 岁以上的女孩。"在此期间，除了其他减贫福利外，那些女孩们没有辍学的贫困家庭最终也没有获得任何好处。

这些结果表明，通过设计单一的项目来有效实现减贫、健康、教育和社会进步的目标是困难的。正如作者总结的那样："这项研究表明，虽然 CCT 项目可能比 UCT 项目在改变预期行为方面能达到更好的效果，但它们也会破坏现金转移项目的社会保障层面。"

资料来源：Based on Sarah Baird, Craig McIntosh, and Berk Ozler, "Cash or condition? Evidence from a cash transfer experiment," *Quarterly Journal of Economics* 126, No. 4 (2001): 1709-1753.

在撒哈拉以南的非洲地区，大约一半的低收入国家在教育上的支出不足其国民收入的 4%。在南亚，孟加拉国在教育上的支出占其国民收入的 2.6%，巴基斯坦为 2.7%。印度的支出比例（占 GNP 的 3.3% 左右）比撒哈拉以南的非洲地区略低，即使其平均收入要高出 1/3 左右。包括孟加拉国、印度和巴基斯坦在内的主要国家的教育支出占国民收入的比重持续不增甚至

下降的情形，越来越让人担心，这也是为什么还有超过1 500万的儿童会失学。[25]

第三种观点，认为童工是不可避免的，至少在短期内是这样，因此，倾向于使用缓和矛盾的方法，诸如通过童工管理来防止暴力，为童工提供支持帮助等。这种做法通常与联合国儿童基金会（UNICEF）的观点最为吻合，该基金会已准备好了一系列的能够符合"儿童的最大利益"的管理制度和社会方法，包括通过制定正规教育或职业教育的"假期"来扩大教育机会，鼓励执行更严格的针对非法童工交易的法律措施，为在大街上工作的父母和儿童提供支持和服务，制定社会规范反对在经济上剥削儿童的行为。

第四种观点，与国际劳工组织的观点最为吻合，主张禁止雇用童工。但是，如果无法禁止雇用童工，并且意识到多重均衡问题的结果不总是雇用童工，则这种政策主张禁止虐待童工。近年来后一种方法颇受关注；ILO的《禁止和立即行动消除最恶劣形式的童工劳动公约》在1999年1月1日开始实施。它囊括了"所有形式的奴役和类似奴役的行为，例如贩卖和非法交易儿童，高利贷和奴役以及强迫或强制劳动"；强迫儿童卖淫和拍摄色情图片；其他非法活动，例如毒品交易；从事那些"本质上或环境上……可能伤害儿童健康、安全和道德"等的活动。ILO制定了到2016年完全消除最恶劣形式童工的工作目标；尽管取得了重大进展，但截至2011年，ILO报告说进展不够快，无法达到这一目标。

ILO在2003年的一项研究中估计，消除童工并向所有14岁以下的儿童提供高质量的、为期20年的教育最高将会带来50 000亿美元的经济收入（当前折现价值），并且扣除了机会成本。即使改变研究的假设进行保守估计，这项巨大的生产性经济投资的内部收益率将达到44%这一最高限，保守的情况下为23%。[26]

最后，发达国家的很多激进主义分子建议对允许童工的国家进行贸易惩罚或者起码禁止进口童工生产的产品，但这需要谨慎考虑，因为如果儿童不能在出口部门工作，那么他们一定会被安排在非正规部门工作，那里的工资和其他工作条件一般会更糟糕。出口限制也可能会使贫困国家在摆脱贫困的道路上走得更艰难。当然，童工恶劣的工作条件让人难以忍受。如果禁止从发展中国家进口的努力转为为非政府童工组织提供更多的公共和私人发展资助，将会更好地实现帮助这些儿童的目的。

8.4 性别差距：教育和卫生中的歧视

8.4.1 教育和性别

在大多数低收入发展中国家，年轻女性接受的教育要比年轻男性少。尽管现在年轻人的文化水平已经比1990年提高了不少，但是多数地区女孩仍然落后于男孩，如图8-4所示。发展国家中的大部分文盲人口和那些不能接受教育的人大都是女性。非洲最落后国家的**教育性别差距**（educational gender gap）很大，如尼日尔、马里、几内亚和贝宁的女性识字率比男性要低一半。这个差距在南亚也相当大，在印度，成年女性识字率仅为47.8%，而成年男性为65%（年轻女性识字率为67.7%，年轻男性为80%）。在巴基斯坦，成年女性的识字率仅为36%，男性仅为57%（年轻女性识字率为54.7%，年轻男性为72%）。纵观全球，1.23亿年轻人（15～24岁）缺乏基本的认字和写作能

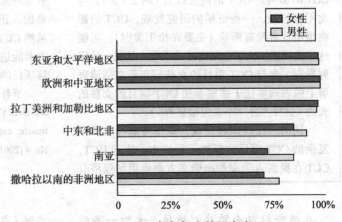

图8-4 2008年年轻人的识字率

资料来源：International Bank for Reconstruction and Development/The World Bank, *World Development Indicators*, 2010. Reprinted with permission.

力，61% 的是女性。[27] 回顾千年发展目标 3（促进男女平等和提高妇女权利），人们要实现"到2005 年逐步消除小学教育和中等教育中的性别歧视，到 2015 年实现各教育层次的男女平等"。尽管许多国家在 2005 年并未做到，但在另一些国家取得了显著成效。在大多数低收入国家和许多中等收入国家，大学生中的女性比例较低，有些甚至很低。但是，在高收入国家，大学入学中女性占比越来越高并显著高于男性的长期发展趋势开始向许多中等偏上收入国家蔓延，这些国家包括中东、拉丁美洲和其他国家。

受教育的完成情况也受到性别不平等的影响，其中的差距在农村地区尤其大。例如，在巴基斯坦的农村，42% 的男性完成了小学教育，女性则只有 17%。在城市，尽管仍然存在重大差异，但性别差距还是要小一些，城镇地区64% 的男性完成了小学教育，而女性这一比例为 50%。[28]

经验数据显示，对女性的教育歧视阻碍了经济发展并加剧了社会不平等。通过扩大女性受教育的机会来消除教育性别差距是千年发展目标的重要纲要，也是经济发展的需要，原因有以下三点。[29]

（1）在大多数发展中国家，女性受教育的收益率高于男性。（这可能部分地反映出，由于女孩入学率较小，下一个（边际）女孩入学率可能比边际男孩平均更有可能。）

（2）增加女性受教育程度不仅可以增加她们在工作上的生产率（因此增加收入），还会有更多劳动参与、晚婚、低生育和儿童健康营养方面的改进，下一代人也同样受益。母亲接受教育直接增加了知识，能够提高孩子的存活率、营养和教育水平，还可能间接地增加家庭的收入——在孩子方面，母亲通常会比父亲投入更多，这尤其值得我们注意。

（3）因为女性肩负了不相称的贫穷负担，任何通过教育对她们的作用和地位带来的显著改善，对于打破贫穷和不充分教育的恶性循环都有重要影响。

8.4.2　卫生和性别

正如第 6 章所讨论的，许多发展中国家的女性在医疗健康方面也面临歧视。例如，在南亚，研究显示，相对于生病的女孩，家庭更倾向于把生病的男孩送进医疗部门。女性的生育权被忽略，无论是合法的还是不合法的。更为广泛的是，对男性的卫生支出往往远高于女性。在一些国家，例如尼日利亚，关于妻子的医疗决定往往由她们的丈夫来做出。

女性生殖器切除（FGM/C）是一个健康和性别方面的悲剧，2005 年联合国儿童基金会对此发布了极具影响力的报告《改变这一有害的社会传统：女性生殖器切除》。FGM/C 在撒哈拉以南非洲和中东地区广为执行，已有大约 1.3亿女性遭受迫害。这一行为是危险的且侵害了大多数女性的基本权利，该行为不仅是由男性制定的，而且许多已经被切除生殖器的母亲也要求她们的女儿这么做。如果大多数家庭都执行 FGM/C，那么为了避免被认为给其女儿和家庭带来"耻辱"并失去"结婚能力"，对任何一个家庭来说都很难拒绝这一行为。这一普遍问题适用于与社会规范和传统相关的多重均衡模型，例如，Gerry Mackie 利用诺贝尔奖得主托马斯·谢林（Thomas Schelling）的工作对"缠足"进行了解释。此前我们还应用这个一般性框架分析了女性生育率是高还是低的问题（见图 4-1，类似于第 6 章的讨论）。令人鼓舞的是，现在大规模抵制 FGM/C 行为的人日益增加，有时是始于一项通婚人群中家庭的组织承诺，即他们承诺将不再让他们的女儿遭受这一传统迫害。因此，通常在当地非政府组织或类似组织的促进下，可以克服协调失败。[30]

8.4.3　教育和卫生方面性别偏见的后果

来自发展中世界的研究一再表明，推广对女童小学教育的投资其收益率比任何其他投资收益率都要高，例如，比大部分公共设施工程的收益率要高得多。据估计，不对女童进行教育的全球成本大约是一年 920 亿美元。[31] 这是对女童教育歧视不仅是不公平的而且就实现发展目标而言代价也很高昂的原因之一。

已经有人证明女童教育是改进地方卫生标准的最为节约成本的方式。由联合国、世界银行和其他一些机构的研究得出结论认为，女童教育增加所带来的单纯的社会收益足以支付它的成本——即使不考虑这些教育将会带来的额外收益。但是，巴基斯坦、孟加拉国和其他发展中国家的事实表明，我们不能想当然认为随着家庭收入的增加，女童教育的投入就会自动增加。

女童教育和卫生保健的相对低下，显示了经济刺激和文化背景内在联系的本质。在亚洲的大部分地区，一个男孩能够提供未来的经济效益，比如他父母的养老照顾和可能收到的结婚嫁妆，而且一直到成年还可以经常在农场工作。相反，一个女孩则需要准备一份结婚嫁妆，然后就搬到她丈夫家所在的村庄，为她丈夫的父母劳动而不是为她自己的父母。在南亚，贫穷家庭的女孩多数会认为生活除了伺候她的丈夫和他的家庭之外没有别的可行选择。确实，一个受过更多教育的女孩可能被认为是"嫁不出去"。对于父母而言，看病可能很贵而且还要去城里，因此好几天不得不丢下工作。经验研究证实了我们从这些反面动机中所猜想的：养活一个儿子比养活一个女儿更"煞费苦心"，一般女孩接受的教育比男孩少。

对于男孩的偏好有助于解释"女性失踪"之谜。在亚洲，联合国已经发现女性人口占总人口的比例远远低于人口统计规范所预测的水平（见第 6 章）。根据对发达国家性别比例的估计，诺贝尔奖得主阿玛蒂亚·森认为世界上大约"超过"1 亿女性"失踪"。[32] 证据显示印度这种情况日趋严重，这意味着将有数千万的男青年无法结婚，将加剧未来社会的不稳定性。正如森所指出的，女性缺乏不是贫困本身的问题，因为在贫困最严重的非洲，事实上女性比男性还要多 2%，尽管这一数字并不像西欧和北美那样高，但仍高于平均生活水平更高一些的亚洲地区。对此问题大部分解释是女童的地位不受重视。2010 年，中国和印度的男女比例据估计分别为 1.06 和 1.08，而美国、英国和加拿大这一比

例为 0.98。这一问题在包括中国在内的几个国家里可能会更加严重，中国科学院在其 2010 年的报告中估计，2009 年每出生 100 名女孩就有 119.5 名男孩出生；选择性堕胎可能是导致这一结果的重要原因。[33] 在印度，这一比例也高达 112∶100。在一些地区可能比例更高。非洲性别偏见的迹象混杂，一些研究发现稍微偏好女性，而另一些则认为有点越来越偏好男性。[34]

图 8-5 显示了 Stephan Klasen 和 Claudia Wink 受到高度评价的研究：在几个亚洲国家的人口中失踪的女性百分比，以及撒哈拉以南的非洲地区的总体平均值。

但是，一般来说，母亲受的教育越多，就越有助于改善其子女的卫生和教育前景，显然，对女孩的作用更明显。[35]

总之，有证据表明家庭收入的增加不会自动带来健康状况和教育获得程度的改善。如果不能指望收入提高能使卫生和教育状况得到必要的改善，正如我们接下来将要介绍的，就无法保证更好的卫生和教育状况会带来更高的生产率和收入。在很大程度上，它取决于这样的背景，从收入增长所获得的收益与对教育和卫生以及其他基础设施公共投入的收益是否平等地分配。

在本章余下的部分，我们将依次考察教育和卫生系统的问题。尽管教育和卫生在这里是分开考察的，但意识到教育和卫生两者是相互促进的，这一点仍十分重要。

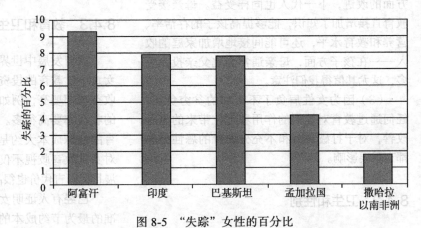

图 8-5 "失踪"女性的百分比

资料来源：Stephan Klasen and Claudia Wink, "Missing Women: Revisiting the Debate," *Feminist Economics* 9, 2-3 (2003): 263-299.

8.5　教育体系与发展

一般来说，很多关于教育和经济发展的讨论和文献，特别是教育与就业方面的，主要围绕两个基本的经济过程：①经济刺激的需求和政治响应的供给之间的相互作用决定了提供多少教育场所、谁可以进入这些场所，以及他们可以接受怎样的指导；②不同教育水平下社会与私人收益和成本之间的重要差别以及这些差别对于教育投资战略的意义。

8.5.1　教育供给和需求的政治经济学：就业机会与教育需求之间的关系

个体所接受的教育程度，虽然受到非市场因素的影响，但仍可认为很大程度上由需求和供给决定，就像其他商品和服务一样。[36] 在需求方面，影响教育需求的两个主要因素是：①一个受过更多教育的学生通过未来在新兴部门就业获得更高收入的可能性（家庭的教育的**私人收益**（private benefits））；②教育成本，一个学生或家庭所必须承担的直接成本和间接成本。因此，教育需求的数量从现实上说是新兴部门高工资就业机会的**派生需求**（derived demand）。这是因为能否获得这些工作在很大程度上是由一个人的受教育水平决定的。

在供给方面，小学、中学和大学水平的教育场所的数量很大程度上由政治进程决定，通常和经济标准无关。假定所有发展中世界在政治上都有增加教育场所数量的压力，为方便起见，我们可以假定这些场所的政府供给由政府教育支出水平决定。这反过来又受私人教育总需求的影响。

因为教育的需求量在很大程度上决定供给（在政府财政可行性的约束内），我们来近距离观察这一派生需求的经济（以就业为目的）决定因素。

学校需求量（足以使个人具有新兴部门工作的资格的数量）与四个变量有关或受这四个变量的综合影响：工资或收入差异、在新兴部门就业成功的概率、个人直接的教育成本，以及教育的间接或机会成本。

例如，我们假定一个发展中国家普遍存在以下情况。

（1）中学毕业生相对于小学毕业生，在现代与传统或者城市与农村之间的工资差距为100%。

（2）小学退学学生进入新兴部门就业的机会增加的速度，低于这类人群进入劳动力队伍的速度。同理，在印度、墨西哥、埃及、巴基斯坦、尼日利亚、加纳和肯尼亚这些国家，中学程度甚至是大学程度的毕业生也是如此。

（3）雇主面对超过所需数量的求职者，会根据受教育水平进行选择。他们会选择中学学历的求职者而不是小学水平的，即使小学水平就足以满足工作需求。

（4）政府受到知识分子政治压力的推动，倾向于将工作者的学历水平与工资挂钩，而不是将工作需要的最低教育水平与工资挂钩。

（5）由于国家承担了大部分大学生的教育成本，因而学费在大学阶段是下降的。

这些条件与发展中国家的就业与教育现实相符。在这样的条件下，我们可以预计正规部门的教育需求数量是确实存在的。这是因为接受更多教育的人期望私人收益相对于受过较少或没受过教育的人而言要高很多，而直接和间接的私人教育成本相对较低。需求随着时间螺旋式上升。当没受过教育的人的工作机会受到限制时，个人必须通过获得更多的教育来保住自己的饭碗。

对于一些发展中国家来说，以一定的速度扩张它们的教育设施投入是一个长期趋势，这很难用社会和财政的资源最佳配置来评判。教育的供给和需求数量并不取决于由价格来调整的市场机制，而是在很大程度上取决于国家的制度。在所有教育水平下，**教育的社会收益**（social benefits of education，对整个社会的回报）都远低于个人短期收益（见表 8-1）。

许多发展中国家的政府和正规部门的私人雇主倾向于通过**教育认证**（educational certification）来强调这一趋势，即进入工作岗位的门槛越来越高，对正式教育的要求也越来越多，而之前在这些岗位上工作的人受的教育并不多。过多的教育资格证书变得形式化，而且可能拒绝向下调整。由于工会非常成功地使工资与从业者的教育程度挂钩，所以每一项工作的工资都将越来越高（即使那个职位的劳动生产率没有显著增加）。现存的工资差异越来越大，因而进一步刺激了对教育的需求。埃及是这一现象的经典案例。埃及政府对那些拥有大量认证的学校毕业生提供的就业保证以及超出预算的政府部门工作岗位，使许多城市行政部门超员。[37]

值得注意的是，这种带有政治性的经济进程使得稀有的公共资源越来越趋向于只有少数人可以接受的更高等的教育，而离那些多数人能享有的**基础教育**（basic education）越来越远。这是不公平的，也是经济无效率的表现。

8.5.2　社会与私人的收益与成本

通常在发展中国家，随着学生所受教育层次的提高，**教育的社会成本**（social costs of education，高层次教育扩张所需资金投入的机会成本，这些资金用于其他经济部门可能会创造更多的生产力）迅速增加。教育的**私人成本**（private costs，那些由学生自己承担的费用）增加比较缓慢，甚至可能下降。

社会成本和私人成本之间的差距不断加大，相对于低层次教育的需求，对高层次教育需求形成了更大的刺激。但是，只有当社会承担全部成本时，才可能出现适合这些扭曲需求的教育机会。

图 8-6 描绘了私人和社会收益与成本之间的差别。它还证明了当私人利益取代社会投资标准时，这种差别如何导致资源的错误配置。在图 8-6a 中，期望的私人报酬和实际私人成本由所接受的教育年数确定。随着一个学生接受的教育增加，其期望的私人报酬比私人成本增长更快。为了最大化期望收益和成本之间的差距（私人对教育投资的收益率），一个学生的最佳策略是获得尽可能多的学校教育。

现在考虑图 8-6b，社会收益和社会成本由教育年数确定。社会收益曲线最初快速上升，反映了由于小型农场主和个体者掌握了识字能力、计算和基本职业技能，因此生产力水平得以改进。之后，随着在校年数的增加，其边际社会收益增长缓慢，社会收益曲线开始趋于平

稳。相反地，社会成本曲线显示，在教育早期成本增加缓慢（小学教育），然后随着教育层次提高，社会成本迅速增加。对于小学教育后的教育，社会边际成本快速增加，这是由于更高层次的教育需要更加昂贵的资本和经常性开支（大楼和设备），而发展中国家也在大力扶持小学教育后的教育。[38]

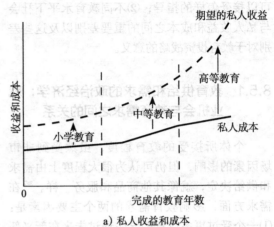

a）私人收益和成本

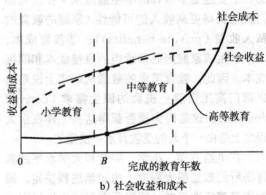

b）社会收益和成本

图 8-6　教育的私人和社会收益与成本

通过图 8-6b 可以得出从社会角度看的最佳策略，如果要最大化教育投资的社会净报酬率，就要为所有学生提供至少 B 点所代表的教育年数。因为在 B 点这一年，边际社会成本大于边际社会收益，因而为新的、更高层次的学校增加额外的公共教育投资会导致负的社会收益。B 点的值（例如 9 年的学校教育）会随着经济状况变化，也会有争议，因为很难计算所获得的收益，并且应该考虑何种类型的社会收益也存在争议。

因此，图 8-6 也描绘了最优私人投资策略和最优社会投资策略之间的内在冲突——只要学生一步步地接受更高层次的教育，教育投资

的私人估值和社会估值就会继续存在分歧，而这种冲突就会持续下去。这是我们还必须考虑经济增长的结构和模式及其分配的意义——谁是受益者的原因之一。

8.5.3 教育的分配

虽然前面我们分析了发展中国家会存在过度教育，但我们不能因此否认高层次教育可以实现发展的可能性。总体来看，成功实现发展的国家已经证明了这一点，即在一个经济体内教育受益群体更广泛，不论穷人还是富人，不论城市还是乡村。因此，接下来我们转而考察发展中国家教育利益的分配。

正如可以得到收入分配的洛伦兹曲线一样（见第 5 章），我们也可以推导出教育分配的洛伦兹曲线。图 8-7 应用 1990 年的可比数据，描述了印度和韩国的教育洛伦兹曲线。通过类比收入的洛伦兹曲线，我们用横坐标表示人口累计百分比，用纵坐标表示受教育年限累计百分比。在 45° 线上，经济体中的每一个人的受教育年限都是相等的。例如，每个人均完成了 8 年的小学教育，且没有人进入中等教育阶段。在极度不平等的经济体中，大多数人根本没上过学，而极少一部分人也许在国外的大学中获得了博士学位。越接近 45° 线，教育分配就越均等。

从图 8-7 中可以看出，韩国的教育分配均等程度远远高于印度。例如，在 1990 年，超过半数的印度人从未获得过任何教育，而在韩国，只有不到 10% 的人未接受过教育。然而，两国均培养了大量的博士。仿照第 5 章反映收入差距的基尼系数的计算方法，我们也可以推导出教育的基尼系数。令 45° 线以下及教育洛伦兹曲线以上的区域为 A，45° 线以下的全部区域为 $A+B$，那么教育基尼系数为 $A/(A+B)$。显然，根据测算的基尼系数，可知印度（实际上，基尼系数为 0.69）的教育不平等程度远高于韩国（0.22）。相反，随着平均受教育年限的增加，教育不平等程度呈现出下降趋势。尽管如此，给定平均受教育年限，一些国家例如斯里兰卡已经实现相对公平的受教育机会，而另一些国家例如印度的受教育机会则相对不公平。[39]

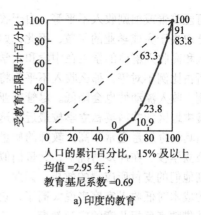

人口的累计百分比，15% 及以上
均值 =2.95 年；
教育基尼系数 =0.69

a) 印度的教育

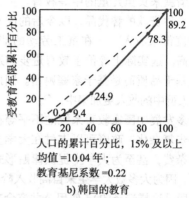

人口的累计百分比，15% 及以上
均值 =10.04 年；
教育基尼系数 =0.22

b) 韩国的教育

图 8-7 印度和韩国的教育洛伦兹曲线

资料来源：From *The Quality of Growth*. Copyright © 2000 by World Bank. Reprinted with permission.

学校质量也有很大差异。例如，一些中学体系比其他中学体系的教学工作更有效。当然，高收入国家的教育质量高于低收入国家——欧洲高于非洲。然而，在马里这样的国家，教育质量的差异性可能更高，那里精英学校提供优秀的预科课程，而在许多农村公立学校，五六名学生可能只有一本教科书。虽然发达国家的学校教育质量也不同，但是差异并不像发展中国家那样极端。教育的质量（教学质量、教学设备、课程安排）而非数量本身（受教育年限）能最好地解释收入与生产力的不同。[40] 在南亚，许多儿童只完成了几年的小学教育甚至没有学会阅读。低收入家庭的学生更可能只能在缺乏基本设施和用品的教室里学习，而教师则可能是辍学的学生。

但是，如专栏 8-6 的结果显示，为了提高生活在贫困中的儿童至少能获得小学教育的机会，可以做很多工作。

根据其设计和资金来源，一个国家的教育

制度可能改善或加剧收入不平等。由于收入水平显著取决于完成学业的年数，因此，如果中等收入和高收入群体的学生在中学和大学入学率中所占比例不对等，那么收入不平等将会大大加剧，收入流动性也会降低。尽管南亚和其他发展中地区的非精英私立学校最近在迅速扩张，但其教育质量通常不高，教师的质量通常低于公立学校。在许多情况下，父母们似乎没有得到他们的支付所应得的效果。因此，优质教育的成本对低收入家庭来说太高了，它们往往无法借款来负担儿童的中等教育。童工可以理解为一种贷款的替代品，以今后的成本来为现在家庭带来收入——在童工劳动的情况下，成本很高。这实际上等价于教育进步和选择系统不是基于品质而是基于家庭财富。因此，它使特定人群中的收入更加集中。[41]

许多发展中国家教育系统的不平等在大学里进一步复杂化，政府可以支付在大学全部的学费和杂费，甚至为大学生提供津贴形式的收入补助。因为大多数大学生来自高收入阶层（在中学阶段是这样选择的），使用公共资金来高额补贴大学教育是以"免费"高等教育的名义实现从穷人到富人的转移支付！[42]

8.6 健康测度与疾病负担

世界卫生组织（World Health Organization, WHO），一个关注全球健康问题的联合国核心机构，将健康定义为"一种在身体、精神、社交方面状态良好而不仅仅是没有疾病或体弱之症的状态"。[43]

这个定义也许会令我们对健康的理解有一个更好的概念性基础，但就其本身而言并没有提供一个更好的测度方法。WHO 所提供的一个可供选择的测度健康的标准是伤残调整生命年（DALY）。在这些测量中使用的数据的质量令人怀疑，特别是那些最穷的国家，而且对不同国家使用 DALY 来比较健康水平也存在争议。未成年人死亡占 DALY 人数的 2/3，残疾人占 1/3。使用 DALY 方法，世界银行的研究表明，1/4 的全球性疾病是腹泻和包括麻疹、呼吸系统感染、寄生性蠕虫感染以及疟疾在内的儿童疾病，所有这些都是发展中国家面临的主要健康威胁。[44] 针

对这些疾病中大部分而不是全部所取得的进展仍在继续。

然而，平均健康水平会掩盖极度的不公平。例如，在一些国家中，少数民族和土著人群比占主导地位的人群的寿命短 10 年甚至更多，他们的婴儿死亡率比全国平均水平高 3 倍。[45] 因此，正如收入与教育问题一样，人口的健康分布状况是不平等的。正如有人会想到，穷人明显比富人的健康状况差。图 8-8 显示了穷人的儿童死亡率比富人的更高。图 8-9 指出了重要的原因所在。比起较富裕的 1/5 人口，在较贫困的 1/5 人口中 5 岁以下发育不良儿童的比例高得多，尤其是在南亚和撒哈拉以南的非洲地区。无论采用哪种健康测度方法，得到的一致结果是健康不平等。

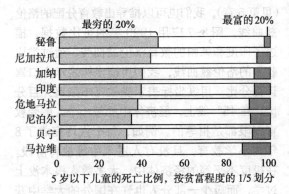

5 岁以下儿童的死亡比例，按贫富程度的 1/5 划分

图 8-8 部分国家儿童死亡可能性

资料来源：*Human Development Report*, 2005, fig.2.4. Reprinted with permission from the United Nations Development Programme.

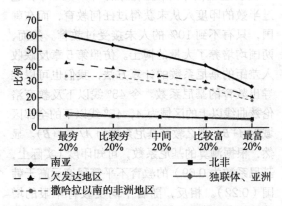

图 8-9 根据家庭贫富划分的、2008 年 5 岁以下发育不良儿童的比例

资料来源：From *Millennium Development Goals Report*, 2010, p.14. Reprinted with permission from the United Nations.

即使健康投入是由政府部门而非私人提供，它也是非常不平等的。质量较高的医疗设备都集中在城市或比较富裕的地区，富人通常会通过政治手段获取这些。即使在贫困地区有公共诊所可用，设备和人员一般配备都很差。正如学校的教师旷课一样，医疗人员的旷工也很普遍。世界银行的一项研究发现，穷人需要的基本医疗设施中医护人员的旷工率，印度为 43%（根据印度 14 个邦的数据得出），印度尼西亚为42%，孟加拉国为 35%，乌干达为 35%，秘鲁为 26%，巴布亚新几内亚为 19%。[46]

发展中国家所承受的疾病负担特别是传染病负担更为沉重。在本节中，我们认为艾滋病、疟疾和寄生虫病是三大主要问题。专栏 8-7 对发展中国家所面临的其他健康威胁也做了调查。

2012 年，在发展中国家有近 700 万 5 岁以下儿童死亡：这意味着 5 岁以下儿童死亡人数占世界全部死亡人数的 12% 以上。导致这些儿童死亡的大部分疾病都是可以预防的，但只有极少数儿童获得了预防措施，因此，我们可以说真正的潜在疾病是贫困。

在撒哈拉以南的非洲地区，健康问题尤为突出。水资源通常受到污染且十分匮乏。[47] 2010 年，这些国家 1 000 个出生的婴儿当中，有 109 个活不过 5 岁，尽管这与 1990 年每 1 000 人中有 178 人死亡相比，已经有了很大改善。在至少 12 个撒哈拉以南的非洲国家中，儿童 5 岁以前死亡的可能性远远大于他们进入中学的可能性。该地区的平均寿命只有 55 岁，导致这一状况的原因在很大程度上是艾滋病的蔓延，尽管与 1990 年的平均寿命 50 岁相比已经增加了。在撒哈拉以南的非洲地区有超过21% 的儿童营养不良，相比南亚地区这种情况还是比较轻的。在南亚，尽管经济增长取得了不错的成绩，但饥饿儿童的比例仍然高达 33%。

当一些疾病与其他疾病交叉感染后，那将是致命的。营养不良是一种疾病形式，它既是儿童致病的主要原因，也是死亡的主要因素。虽然死亡证明上开具的死因也许是腹泻导致的脱水或其他传染病，但在大多数情况下，都有营养不良在其中作梗。

□ 专栏 8-6 发现：辅导教师以及计算机辅助学习项目的影响

Pratham 是印度的一个大型非政府组织，该组织名字的含义是"最初""开始"。Pratham 的宗旨是"保证每个儿童都有学可上，并且能够取得优异的成绩"。这个宗旨非常重要，原因是"印度有许多儿童辍学在家，这些儿童中有很多甚至都不识字"。对该机构在城市中开展的项目进行的随机抽查发现，有两个项目非常节约成本，分别是：给来自贫民窟的儿童提供学习辅导和利用计算机辅助学习手段帮助儿童提高数学成绩。经过对瓦尔道拉的学校的调查，我们发现，孩子们通常都在学校的注册名单中，却只是偶尔来学校上学，这种现象在印度其他地区也普遍存在。

特定的教学辅导项目

研究发现，学校中三四年级的孩子的辍学可能性最大，因为他们通常没有跟上一二年级的数学、语文的学习，因此，该项目安排年轻的女性为这些孩子进行每天两个小时的辅导。这些女性都是以"孩子们的朋友"的身份出现的，她们

通过自己的努力已经完成了初中学业，而且，她们和这些孩子一样，也居住在贫民窟地区。她们为这些孩子提供耐心的辅导，帮助其适应学校学习。参与这个项目的孩子所在学校的平均成绩都有了很大的提高，学校的平均成绩提高了 0.28个标准差。这些提高主要来自项目开始前成绩较差的孩子，也就是说，那些参与该项目的孩子为平均成绩的提高做出了很大贡献。然而，这个计划的成本却非常低，每个孩子每年只需要花费 5美元。研究结果显示，这个项目的成本效率是雇用新教师的 12 ～ 18 倍。该计划也可能因参与辅导的儿童帮助未参与辅导的儿童而产生外溢效应，但是，研究结果显示，学校平均成绩的提升主要来自那些接受辅导的儿童。

参与这个项目的儿童第二年的学习成绩的标准差是 0.6，是对照组的儿童经过一年学习之后的标准差的一半多。该项目的主要支出是这些女性助教的工资，大约是每月 500 ～ 750 卢比，按照 2010 年的汇率折算成美元，大约是 14 美

元。尽管比一般的教师的工资要低很多，但是对于她们来说，也算是很不错的收入了。因此，该项目的成本大约只有每个孩子每年 107 卢比（约合 2.25 美元）。

计算机辅助学习（CAL）项目

Pratham 从四年级的学生中随机抽取学生考察他们的算术能力，这和美国、加拿大以及英国的学生参加的学习项目类似。参与者的平均成绩第一年提高了 0.36 个标准差，第二年提高了 0.54 个标准差。不过，随着项目推进，效果逐渐变得不明显。计算机辅助学习项目的成本为每个儿童每年 722 卢比（约为 14 美元），这其中包含着计算机设备的成本。

由此可见，以上两个项目的成本都相对较低，而且取得了不错的效果。不过，前一个助教

项目的成本效率是后者计算机辅助学习项目的 5 ～ 7 倍，评价标准是提升一定的分数所花费的成本。事实上，这两个项目带来的总的收益可能会更大；例如，学生的学习成绩越好，他们将来挣的工资也就会越高。在印度，已经有数以万计的儿童参与了教学辅导项目，计算机辅助学习这个项目也比较容易被推广。由此可见，这两种类型的项目可以较为容易地大规模推广。不过，我们还需要在如何帮助儿童维持住已有的学习成果方面做更多的研究。

资料来源：Based on Abhijit V. Banerjee, Shawn Cole, Esther Duflo, and Leigh Linden, "Remedying education: Evidence from two randomized experiments in India," *Quarterly Journal of Economics* 122 (2007):1235-1264.

□ 专栏 8-7　发展中国家面临的健康威胁

- **绝对贫困**：在发展中国家，贫困是造成很多健康问题非常关键的一个原因，因此在国际疾病分类中，由于贫困所导致的疾病有一个独有的编号：Z59.5——绝对贫困。

- **营养不良**：许多死亡归因于一个相近的病因，尤其是对于儿童来说，营养不良是根本原因，这削弱了他们的免疫系统。大约有 8 亿人遭受着营养不足的痛苦，超过 20 亿人处于微量元素缺乏的状态。

- **艾滋病**：发展中国家目前导致适龄劳动力死亡的主要原因即艾滋病，受 AIDS 打击最为严重的地区是撒哈拉以南非洲，如果再不加以制止，将会使这些国家继续遭受贫穷的折磨。

- **疟疾**：曾一度受到控制，但其致命病毒又卷土重来，尤其是在非洲；每年由于疟疾死亡的人数超过 100 万，其中 70% 是 5 岁以下的儿童。

- **肺结核**：每年约 200 万人死于肺结核。世界上 1/3 的人口感染了肺结核，每年这个"感染宿主"将带来大约 800 万新增病例。耐药性肺结核流行在发展中国家的"肺结核高发地区"，这种病难以治愈，且治疗成本很高。

- **急性下呼吸道感染**：肺部感染，主要是肺炎

（一般情况下可预防、可治愈）引起的 5 岁以下儿童死亡占所有儿童死亡病例的 20%。

- **乙型肝炎**：现在由于乙型肝炎死亡的人数每年多达 100 万人。

- **蛔虫病**：发展中世界大约 10% 的人口受到蛔虫寄生虫的感染，可能多达 12 亿人。大部分受到感染的是 3 ～ 8 岁的儿童，他们在玩泥巴、食用受到感染又未煮熟的食物或在喝生水时就会受到感染。每年由于恶性蛔虫病死亡的人数高达 6 万，其中大部分是孩子。

- **霍乱**：一度受到控制，但近年来在非洲、亚洲和拉丁美洲的许多国家又卷土重来。如果不加遏制，由于严重腹泻导致的脱水将导致死亡。

- **登革热**：登革热和登革出血热传播很快，每年有数以百万的人感染此病，数以千计的人死亡；大约有 50 万的病人需要住院治疗。

- **麻风病（汉森热）**：每年仍有 40 万的新增麻风病人。在印度和其他发展中国家，大约有 200 万人因麻风病致残，包括那些已经治愈但在治愈之前已经残疾的人。

- **麦地那龙线虫病**：这种使人衰弱的线虫主要感染对象是那些穷人中最贫困的人，他们甚至无法获得最低限度的安全用水。

- **锥虫病**：据估计在拉丁美洲，大约有 1 700 万人感染锥虫病，每年因此死亡的人大约有 4.5 万。
- **利什曼病**：这种寄生虫疾病大约感染了 1 200 万人。内脏利什曼病，也称为黑热病，是最严重的一种，未加治疗的感染中 90% 是致命的，每年大约有 1 万人死于此病。
- **淋巴丝虫病（象皮肿）**：这种可导致毁容的寄生虫疾病仍然影响着发展中国家将近 1 亿的人口，其中 4 000 万人因该病而严重致残或毁容。
- **其他寄生虫**：还有很多其他类型的寄生虫呈现出活跃状态，包括鞭虫和钩虫，这两种寄生虫分别影响着近 6 亿人。
- **其他腹泻疾病**：无论是本专栏列出的感染源，还是其他细菌、病毒和寄生生物所导致的感染，腹泻通常会经由污水传播，如果不进行治疗会导致严重脱水，每年将近 200 万人可能因此而死亡。

资料来源：World Health Organization.

儿童营养不良具有非常严重的后果。尽管儿童饥饿的现象在所有发展中国家都有所缓解，但其改善速度太慢，以致很难实现基本的"千年发展目标"，即从 1990 年到 2015 年使挨饿的人数减半的目标（见图 8-10）。2007～2008 年全球食品价格的上涨至最高点，致使饥饿加剧，随后的全球危机更是突出了这种脆弱性，这也可以从 2010 年食品价格上扬看出。国际粮食政策研究所推出了一个年度全球饥饿指数来追踪这一变化，2013 年的报告表明仍有 8.7 亿人口处于饥饿之中。[48]

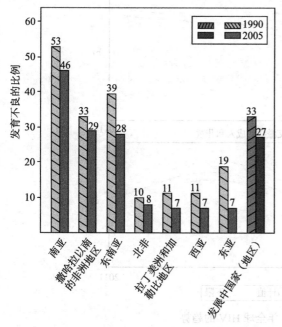

图 8-10　1990 年和 2005 年 5 岁以下儿童发育不良的比例

资料来源：Adapted from United Nations, *Millennium Development Goals Report*, 2007 (New York: United Nations, 2007), p.6.

同时感染疟疾和急性呼吸道感染或贫血会导致死亡。另一种同样致命的是同时感染艾滋病和肺结核，其中任何一种疾病失去控制都会致人死亡。另外，已经证实，其他性传染病的存在会显著加剧艾滋病毒的传播，因为身体溃烂更容易受到病毒侵袭。

为了引起人们对急性呼吸系统感染、腹泻、麻疹、疟疾和营养不良这些疾病的关注，WHO 联合其他世界主要组织和国家卫生权威机构，共同实施了儿童疾病整体管理计划（IMCI），旨在改善国家卫生机构及个人在患病儿童疾病预防与治疗过程中的培训和表现，这项计划强调实践性教育，例如母乳喂养和口服补液疗法的使用。

现在我们回过头来探讨发展中国家最主要的三大疾病——艾滋病、疟疾和寄生虫感染。

8.6.1　艾滋病毒和艾滋病

艾滋病的蔓延会使许多国家多年取得的成就和经济发展进步面临停止或倒退的危险。WHO 在 2013 年的报告指出，自从艾滋病开始传播，有将近 7 000 万人感染了 HIV，其中将近一半的人（3 500 万人）由于艾滋病死亡。撒哈拉以南的非洲地区的绝大部分人仍然受到很大的影响，大约每 20 个成年人中就会有一人携带 HIV（4.9%），同时世界范围内有 3 500 万人携带着 HIV。

但最近几年，已经取得了一些稳定的成果，使得传染病的曲线发生了弯曲。数据显示，21 世纪以来每年新增传染人数在逐年下降。[49] 根据 2012 年联合国艾滋病规划署（UNAIDS）的报告，新感染 HIV 的儿童数量在 2003 ~ 2011 年下降了 43%，其中半数以上的下降发生于 2009 ~ 2011 年。疾病仍然主要集中发生在撒哈拉以南的非洲地区，那里生活着 90% 的新患病儿童。

但是新生婴儿中的新感染人数在所有群体中（包括成年人和儿童）下降得最显著，这主要是 HIV 阳性的妇女获得了更好的医疗照顾和训练的结果。关于艾滋病还有其他好消息（尤其是与 10 年前或 20 年前最可怕的事情相比），同时艾滋病方面的进步也正在加速进行中。为抵制艾滋病所做出的影响力深远的全球进步如图 8-11 所示。

在图 8-11a 中，我们可以看到全球新感染 HIV 的人数从 20 世纪 90 年代后期开始呈现出下降的趋势。在图 8-11b 中，我们可以看出全球范围内携带着 HIV 生活的人口数量从世纪之交处开始呈现出平稳的趋势。某种程度上来说，这种情况与一些感染人口的死亡相一致。正如图 8-11c 所示，在过去的几年中，全球范围内因为艾滋病而死亡的成年人和儿童的数量事实上已经减少了。

联合国艾滋病规划署的报告称，2011 ~ 2011 年，正如表 8-2 所示，新感染 HIV 的人数大大减少了，从 320 万降低到 250 万；总死亡数量也降低了，从 230 万降低到 170 万。

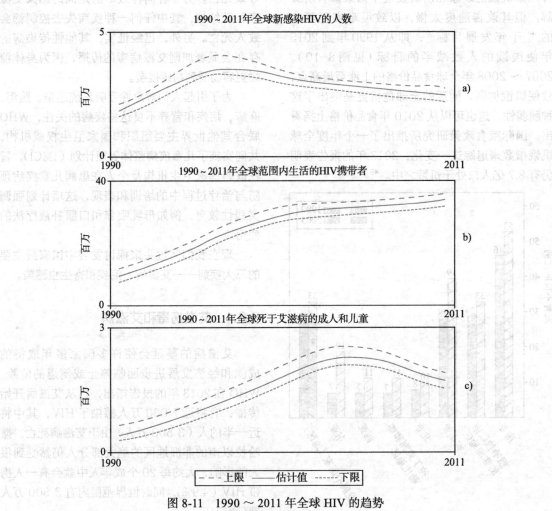

图 8-11　1990 ~ 2011 年全球 HIV 的趋势

资料来源：2012 UNAIDS Report on the Global AIDS Epidemic, Page 14; downloaded from http://www.unaids.org/en/resources/publications/2012/name,76121,en.asp.

表 8-2　2001 年与 2011 年地区 HIV 和 AIDS 统计对照表　　　（单位：万人）

地区	2011 年成人和儿童 HIV 携带者	2001 年成人和儿童 HIV 携带者	2011 年新感染 HIV 的人数	2001 年新感染 HIV 的人数	2011 年死于 AIDS 的成人和儿童	2001 年死于 AIDS 的成人和儿童
撒哈拉以南的非洲地区	2 350	2 090	180	240	120	180
中东和北非	30	21	3.7	2.7	2.3	2.0
南亚和东南亚	400	370	28	37	25	29
东亚	83	39	8.9	7.5	5.9	3.9
大洋洲	5.9	3.8	0.29	0.37	0.13	0.23
拉丁美洲	140	120	8.3	9.3	5.4	6.0
加勒比地区	23	24	1.3	2.2	1.0	2.0
东欧和中亚	140	97	14	13	9.2	7.6
西欧和中欧	90	64	3	2.9	0.7	0.78
北美	140	110	5.1	5.0	2.1	2.0
合计	3 400	2 940	250	320	170	230

资料来源：2009 AIDS Epidemic Update, p.11.©2009 Joint United Nations Programme on HIV/AIDS (UNAIDS) and World Health Organization (WHO)

在撒哈拉以南的非洲地区（由于 HIV 流行程度最高而成为疾病的集中地），新感染 HIV 的人数从 240 万下降到 180 万，因而全球范围内新感染人数的下降几乎完全得益于非洲情况的极大改善。在别的地区（如中东）新感染人数是上升的，虽然上升程度较小。

对于拥有 HIV 感染人数最多的南非来说，新增感染人数降低了 41%。斯威士兰拥有世界上最高的 HIV 感染率，这里的新感染人数下降了 37%。也存在其他一些下降程度较大的国家，如马拉维下降了 73%，纳米比亚下降 68%，赞比亚下降 58%。近些年来，博茨瓦纳也在抵制严重的艾滋病危机中取得了显著的进步（见 14 章末的案例研究）。

这是一个令人振奋的全球卫生进步，但仍存在巨大的挑战。正如联合国艾滋病规划署近年来的报告中所述："进步是真实的，但也是不堪一击的。"[50] 虽然艾滋病通常被认为是医疗卫生系统和分娩方面所面临的问题，但它确实关乎经济发展。**获得性免疫缺损综合征**（acquired immunodeficiency syndrome, AIDS, 艾滋病）是感染了**人体免疫缺损病毒**（human immunodeficiency virus, HIV, 艾滋病毒）后的最终和最致命的阶段。就发展中国家整体而言，性传播是艾滋病的首要途径；此外通过毒品滥用者或在医院里输入被感染的血液或使用污染的注射器也可能被感染；同时产期传播（母婴传播）也是一个重要的途径。在低收入国家中，一旦感染者表现出艾滋病症状，其平均存活期不足一年。在低收入国家或较低收入的中等收入国家低价（甚至免费）获得昂贵的治疗药物方面已经取得了一些进步。2011 年年底，低收入国家或收入较低的中等收入国家中的绝大多数 HIV 阳性的民众（共有 800 万人），首次成功进行了抗反转录病毒的治疗，可见近几年的努力成果有多显著。但不幸的是，非洲和南亚几百万感染者仍然难以得到这些救命的药物。另外，治疗仅局限在针对感染患者使用阿司匹林、抗生素类药物以及针对皮疹使用可的松的阶段。

最初，AIDS 作为一种发达国家的疾病广泛传播，但实际上，在所有的 HIV 病例和 AIDS 死亡病例中，超过 95% 发生在发展中世界。在撒哈拉以南的非洲地区经济活跃的年份里，AIDS 是导致成年人死亡的主要原因。虽然儿童传染病使发展中国家的很多人死亡，但艾滋病可以使那些未感染传染病的儿童患病。他们的生活状况取决于感染最严重的那部分人所能获得能量和技术帮助的程度。

埃米莉·奥斯特（Emily Oster）的研究表明，非洲 HIV 的高发病率可能是因为该地区更高的病毒传播率，而其他未经治疗的性传播疾病更高的发生率会加速病毒传播。这提供了关于健康问题协同效应的另一个例子，我们在设计项目时可以考虑这一效应。

根据 2010 年 UNAIDS 关于全球艾滋病流行的报告，在撒哈拉以南的非洲地区大约有 1 500 万艾滋病孤儿（2009 年他们至少已经有一个亲人死于 AIDS）。满足这些孤儿的基本需求，确保他们不因无谓的恐惧而遭受歧视，保证他们能接受几年的教育以使其摆脱绝对贫困，这三方面将是经济发展所面临的主要挑战。对于所有这些问题，非洲早已习惯，不会成为很大的挑战。扩展的家庭网络已经为失去父母的儿童提供了私人的帮扶。在东非一些地区，由于艾滋病危机范围的扩大，适应死亡的传统家

庭正面临威胁（可能会产生艾滋病孤儿）。政治分析家宣称，上述情况不仅会使虐待儿童和雇用童工的情况出现，还会导致儿童受雇于狂妄的统治者领导的非政府武装组织。由此带来的不稳定性和资源转移将对社会和经济发展产生不可估量的毁灭性影响。津巴布韦的教会组织最近提出的一项极为优秀的策略是：让志愿者到孤儿生活的家庭中去访问并给予这些孤儿一些基本的关怀。这些家庭包括以儿童为主导的家庭、养父母家、（外）祖父母家和其他亲属家。这样的访问为孤儿提供了所需的情感和物质的双重支持。

乌干达的艾滋病危机以及政府和民间组织的应对策略见专栏 8-8。

□ 专栏 8-8　乌干达的艾滋病危机及应对措施

乌干达是全球第一个大规模爆发艾滋病的国家，也是第一个艾滋病感染率迅速下降的国家，因此，乌干达成为各国学者的研究对象。尽管我们还不是完全了解整个事件的来龙去脉，但可以从中得到很多重要启示。艾滋病在乌干达迅速扩散的时期大约是 20 世纪 70 年代末期，诊断确认第一例艾滋病患者是在 80 年代初期。几年之后，乌干达政府才采取相应的措施，当时因为反应缓慢而被指责，但与同期其他国家相比，乌干达政府的反应还算比较迅速。1988 年，乌干达在全国范围内进行了艾滋病感染率普查，普查结果显示，有 9% 的人口感染了艾滋病，在当时那个年代，这个数字是前所未有的。联合国艾滋病规划署估计该国的艾滋病感染率在 1991 年达到了顶峰，为 15%。尽管艾滋病的扩散很严重，但是，乌干达政府和国际社会对其的关注程度也在不断提升。

乌干达政府采取了整个非洲最积极、最全面的预防艾滋病的措施。乌干达国内的各个项目由其艾滋病防治委员会秘书处统筹协调。联合国儿童基金会、世界卫生组织、美国国际开发署、世界银行和联合国开发计划署等国际机构都为其提供了资金支持。美国由于在前期就很关注乌干达的艾滋病感染情况，相对于其他资金捐助国，它在提供资金援助方面表现得更加积极。一个名为"艾滋病支持组织"（TASO）的乌干达非政府组织在 1987 年成立之初，就提供了大规模医疗援助、

家庭援助、信息咨询、艾滋病常识教育等方面的创新和扩展服务。民间组织（包括教会）在动员民众积极参与这些活动方面起了很大的作用。

大众媒体在提升民众防范艾滋病的意识方面发挥了重要作用。其宣传标语"零放纵"就是当地用来号召所有居民"忠于自己的伴侣"的方式。一开始，许多人不理解这个标语，但是一旦人们有所理解，这个简单的标语就会产生一些影响。乌干达有 90% 以上的工人都观看过关于艾滋病的电影《那很不容易》（It's Not Easy）。印有"小心去爱"字样的 T 恤一时间也变得流行起来。政府也尝试过推行节欲措施，但是效果不明显。在突破了宗教理念的束缚之后，避孕套被广泛使用，这一变化对减少艾滋病的流行起到了至关重要的作用。研究表明，其他类型的性传播疾病的广泛流行也是导致艾滋病迅速扩散的重要原因，避孕套的使用可以降低这些性传播疾病的感染率，因而也降低了艾滋病的感染率。乌干达城镇中的一些性服务行业也被民众认为极易传播疾病，因而很快就衰退了。一些研究表明，乌干达青少年的艾滋病感染率在 1990～1995 年迅速下降，主要原因是年轻人采用了相对安全的保护措施。然而，这一感染率下降的原因也包括对外贸易的减少。随着以前感染艾滋病的患者相继离世，乌干达全国的艾滋病感染率进一步下降。

在 HIV 传播早期，商业控制是导致行业性走私猖獗的一个原因。走私者通常会给卡车司机

很高的报酬，而这些司机在走私路线上往往滞留很久，他们成了性工作者的常客，这也导致了艾滋病在那个时期迅速传播。90 年代乌干达贸易的减少以及人们行为的改变在一定程度上也可以解释乌干达艾滋病感染率下降的现象。

　　然而，从 2000 年起，乌干达的艾滋病感染率却又上升了。联合国艾滋病规划署估计，2011 年乌干达有 6.9% ~ 7.7% 的成年人被感染，整个国家共有 140 万人呈现 HIV 阳性，仅 2011 年这一年就有 6.2 万人死亡，同时有大约 100 万儿童因为艾滋病成为孤儿。这一数字引起了国际社会的极大关注。感染率上升的部分原因可能是人们在艾滋病疫情有所缓解以及以抗反转录病毒疗法逐渐成熟的情况下的一种自我满足。这些年乌干达的经济发展也较快，这和艾滋病感染率的增加并非毫无关系。这使得人民担心之前的估计数字可能偏低。许多乌干达民众和政府官员开始担心感染率的发展趋势，他们也在利用之前广泛发挥作用的大众媒体以及社区动员等政策来改变这一趋势。

　　资 料 来 源：Martha Ainsworth and Mead Over, "AIDS and African development," *World Bank Research Observer* 9 (1994): 203–240; Jill Armstrong, "Socioeconomic implications of AIDS in developing countries," *Finance and Development*, 28, No. 4 (1991): 14–17; Tony Barnett and Piers Blaikie, *AIDS in Africa: Its Present and Future Impact*. New York: Guilford Press, 1992; Gerard Kambou, Shanta Devarajan, and Mead Over, "The economic impact of AIDS in an African country: Simulations with a CGE model of Cameroon," *Journal of African Economies* 1 (1993): 109–130; Jean-Louis Lamboray and A. Edward Elmendorf, "Combating AIDS and other sexually transmitted diseases in Africa." World Bank Africa Technical Division Paper No. 181. Washington, D.C.: World Bank, 1994; Maureen A. Lewis et al., *AIDS in Developing Countries: Cost Issues and Policy Tradeoffs*. Washington, D.C.: Urban Institute, 1989; Mead Over, *The Macroeconomic Impact of AIDS in Sub-Saharan Africa*. Washington, D.C.: World Bank Africa Technical Division, 1993; *Population and Development*, special issue, "A Cultural Perspective on HIV Transmission," January 1993; Uganda AIDS Commission, http://www.aidsuganda.org; UNAIDS; http://www.unaids.org/en/HIV_data/epi2006/default.asp; United Nations Development Programme, *Human Development Report, 2001*. New York: Oxford University Press, 2001; World Bank, *Report on a Workshop on the Economic Impact of Fatal Adult Illness in Sub-Saharan Africa*. Washington, D.C.: World Bank, July 1993; Emily Oster, "Routes of infection: Exports and HIV incidence in sub-Saharan Africa." NBER Working Paper No. 13610, January 16, 2009, forthcoming in the *Journal of the European Economic Association*; Emily Oster, "Sexually transmitted infections, sexual behavior, and the HIV/ AIDS epidemic," *Quarterly Journal of Economics* 120 (2005): 467–515; Note that an AIDS orphan is defined by UNAIDS as a child who has lost at least one parent to AIDS.

8.6.2　疟疾

　　每年疟疾直接导致约 100 万人死亡，其中大部分是贫困的非洲儿童。怀孕妇女也在高危之列。大约 15% 的疟疾存活患儿将留下神经问题和学习障碍。每 30 秒钟就会有一个儿童死于疟疾。每年有超过 5 亿人在忍受着疟疾的折磨。研究表明，疟疾会降低生产率甚至可能降低经济发展率。[51]

　　WHO 的遏制疟疾计划的目的是从源头根除该疾病。人们使用更好的定向 DDT 喷雾，与对传播疟疾的蚊子的产卵沼泽进行治理结合起来，同时辅助一些其他手段，如防蚊蚊帐的使用、提升营养以增强抵抗力，以及密封房屋以抵御蚊子的进入，多方面的努力使得根除行动一直较为成功。[52]

　　另外，人们正在努力增加抵抗疟疾的国际资金投入，强调抗疟疾疫苗的研发。专家认为有了足够的资金支持，研制出有效的疟疾疫苗指日可待。但由于死于疟疾的患者大多数来自低收入国家，他们无力支付高昂的药费，所以制药公司没有动力去加强该领域的研究。但是随着发达国家中的一些城市居民和政府希望提高其在公共关系中的声誉，并且良知的呼唤也许会使一些制药公司开始为低收入国家以较低的成本提供药物，更平衡的研究的投资组合也许会出现。

　　预防其他疾病的疫苗已经挽救了许多发展中国家儿童的生命。例如，WHO 和联合国儿童基金会（UNICEF）在其 2005 年《全球免疫远景和战略》报告中指出，据估计，仅 2003 年给孩子们注射的疫苗就拯救了 200 万条生命（另外使数以千计的成年人避免了乙肝并发症）。大多数疫苗（例如预防白喉、破伤风、百日咳、小儿麻痹、乙肝和麻疹的疫苗）最初是为了满足高收入国家的使用而研制的。其他集中在发展中国家而非发达国家和发展中国家都发生的疾病也可以用疫苗来控制，生产这些疫苗遇到的技术问题未必就比前面提到的用于预防其他疾病的发达国家研制的疫苗多。那么，为什么对于发展中国家的疾病没有那么多疫苗呢？

如果科学不是必要的制约条件，那么一个原因就是受益最多的是穷人，而他们无力支付费用。政府和国际援助机构会提供资金帮助。但是，正如 Michael Kremer 所指出的，两种市场失灵也在发挥作用。首先，对政府来说，它们有动力等着其他国家花费资源来进行疫苗研发，然后借助外部性使其本国公民受益。即使同意合作研制疫苗，参与进来的政府也有可能"叛变"而不去支付它们那部分费用。其次，无论援助机构和政府事先如何声明，研发疫苗的企业都会担心一旦研制成功，价格会被迫降到接近生产成本的水平，那样可能连它们最初的研发成本都补偿不了。这里存在"时间不一致问题"。[53]

如果能够克服这一问题，潜在的疫苗就是解决疟疾和其他热带疾病的最好方法。由 Ruth Levine、Michael Kremer 和 Alice Albright 领导的"预先市场承诺工作组"提出的一种观点受到了许多关注，该观点认为解决市场失灵问题就是有担保的疫苗购买。在他们的报告《为疫苗打造市场：思想到行动》中，工作组建议国际赞助者制定一项具有法律约束力的承诺，保证以每支 15 美元的价格购买 2 亿支防治疟疾的疫苗，这 15 美元中的 14 美元由赞助者支付，1 美元由受益国家支付。这种约定会建立起一个独立的审判委员会（IAC），确保在疫苗研制过程中所需要的技术说明已被满足。如果 IAC 发现后来研制的产品更好，也可以在 2 亿支基本需求的范围内根据潜在需求为其建立价格保证。企业也要默认同意，在以生产成本的价格销售了 2 亿支疫苗后，还要提供进一步治疗，预计成本约为每次治疗 1 美元。在这样一些参数下，工作组估计市场大约是 30 亿美元，这接近于发达国家研制新药的平均收益。现在为疟疾疫苗提供的资金增加了很多，类似的做法也可用于对其他疾病疫苗的研发。[54]

8.6.3 寄生虫病和其他"被忽略的热带疾病"

近年来发展中国家的健康威胁受到了高度关注，集中体现在抗艾滋病、结核病和疟疾全球基金会的雄厚资金投入和核心作用。[55] 回顾第 1 章第 6 个千年发展目标是"抗击艾滋病毒/艾滋病、疟疾以及其他疾病"。实际上，这些发展中国家的"其他"健康问题，包括几种类型寄生虫疾病，已经对发展中国家造成了毁灭性的影响，人们却忽略它们很久了。

使人衰弱的寄生虫病的发病率很高，大约有 20 亿人受到感染，其中 3 亿人情况严重。在困扰发展中国家人民的众多寄生虫病中，就其对人和社会发展的影响方面来说，最为严重的是血吸虫病（又名埃及血吸虫病或蜗牛热），其次是疟疾（它被列入寄生虫病的范围）。人类的血吸虫病是由名为血吸虫（blood flukes）的通过水传播的扁虫所致。据 WHO 估计，在 74 个发展中国家中有大约 20 亿人患有此病，其中大约有 1.2 亿人已表现出症状，2 000 万人病情严重，其中包括每年死亡的 20 万人。这些被严重感染的有一半是学龄儿童。如果他们在上学，这种疾病会阻碍他们的生长，危害他们的在校表现。WHO 报道称，一旦接受了有效的治疗，血吸虫病的这种阻碍成长影响的 90% 都是可医治的，但经常缺少这样的有效治疗。同时，血吸虫病对成人的影响也很大，据 WHO 报告，例如在埃及、苏丹和巴西北部地区，农村劳动者的劳动能力由于该病导致的体弱和嗜睡而被严重削弱。肝脏和肾脏功能也会受到破坏。除此之外，WHO 的国际癌症研究机构已经证实泌尿系统的血吸虫会导致膀胱癌。在撒哈拉以南非洲的一些地区，与血吸虫病有关的膀胱癌的发病范围大约是美国的 32 倍。

另外一种长期存在的疾病是非洲锥虫病/嗜睡病。它仍然影响着撒哈拉以南的非洲地区特别是偏远地区的几十万人。可悲的是，由于发病地区是医疗系统最薄弱的地区，大多数患者在确诊之前就死亡了。据 WHO 估计，每年死于嗜睡病的人有 55 000 人。嗜睡病对经济发展的影响是十分严重的：除了致人死亡外，它还导致牛的死亡及被污染的肥沃土地的撂荒。寄生虫（锥虫）是一种原生动物，通过舌蝇将疾病传播给人类。目前人们正在利用一家制药公司捐赠给国际组织的药物治疗此病。近些年，在公众的关注和影响下，制药公司在发展中国家表现得更加活跃和积极，并向核心机构如WHO捐赠药物。嗜睡病的治疗是一个很好的例子，Aventis Pharma 提供了三种关键药物——喷他脒、美拉肿醇和依氟鸟氨酸，每一种都对治疗嗜睡病十分重要。

表8-3列出了13种主要**被忽略的热带疾病**（neglected tropical diseases），按照它们在全球的流行性进行（受感染的人数）排列。总体来看，这些疾病每年会导致大约53.4万人死亡。但是，这些疾病中大部分是可以治愈的，可以通过改善传染源附近的环境而加以预防，

也可以通过接种疫苗得到根本预防。大多数情况下，抗击这种疾病的成本相对较低。可悲的是，尽管如此，仍然很少有人关注这一点。研究表明，在极低的成本下为儿童驱虫，既可以改善他们的健康状况，又可以提高他们在学校的注意力（同样见专栏8-4）。

但是，这些"被忽略"热带疾病最终开始受到应有的关注。抗击被忽略的热带疾病全球联盟正在组织一场抗击这些灾难的战役。

除了艾滋病之外，扩大对其他健康项目的支持（包括改善儿童营养状况和抗击被忽略热带疾病），其净收益是非常高的，还会带来很强的协同效应。显而易见，需要通过道德和经济方式来提高国际响应。

表 8-3　一些主要的被忽略热带疾病

疾病	症状和影响	全球患病人数（百万）	高发地区
蛔虫病	幼儿的营养不良和肠梗阻；儿童发育迟缓；认知功能受损	820	东亚和太平洋岛屿、撒哈拉以南的非洲地区、印度、南亚、中国、拉丁美洲和加勒比地区
鞭虫病	结肠炎和炎症性肠病；儿童发育迟缓和认知功能受损	465	撒哈拉以南的非洲地区、东亚和太平洋岛屿、拉丁美洲和加勒比地区、印度、南亚
钩虫病	重度缺铁性贫血和蛋白营养不良；贫血；儿童发育迟缓、智力减退和认知功能受损；产妇发病率和妊娠死亡率	439	撒哈拉以南的非洲地区、东亚和太平洋岛屿、印度、南亚、拉丁美洲和加勒比地区
血吸虫病	膀胱损伤；肠道或肝脏炎症；慢性痛、贫血、营养不良和发育迟缓；肝肠纤维化、肾脏疾病和女性生殖道血吸虫病	200+	撒哈拉以南的非洲地区、拉丁美洲和加勒比地区
淋巴丝虫病（象皮肿）	腿部肿胀；畸形；剧痛	120	印度、南亚、东亚和太平洋岛屿、撒哈拉以南的非洲地区
沙眼病	失明	60~80	撒哈拉以南的非洲地区、中东和北非
盘尾丝虫病	皮肤和眼睛里存在幼虫；盘尾皮肤病；失明	30~40	撒哈拉以南的非洲地区、拉丁美洲和加勒比地区
利什曼病	发烧；体重减轻；脾脏和肝脏肿胀；贫血	12	印度、南亚、撒哈拉以南的非洲地区、拉丁美洲和加勒比地区
南美锥虫病	心脏和消化问题	8+	拉丁美洲和加勒比地区
非洲锥虫病	瞌睡；淋巴结肿大；虚弱无力；精神失常；癫痫	0.3	撒哈拉以南的非洲地区

注：高危人口通常来说比当前患病人口多很多；伤残调整生命年（DALY）的估计值远远高于死亡率。

资料来源：World Health Organization Website, Neglected Tropical Diseases website accessed Feb. 15, 2014: http://www.who.int/neglected_diseases/en/; infections in 2010 Rachel L Pullan, Jennifer L Smith, Rashmi Jasrasaria, and Simon J Brooke, "Global numbers of infection and disease burden of soil transmitted helminth infections in 2010", Parasites and Vectors, 2014; Peter Hotez, "A Plan to Defeat Neglected Tropical Diseases," Scientific American, Jan. 10, 2010, p90-96; Peter J Hotez, Alan Fenwick, Lorenzo Savioli, and David H Molyneux, "Rescuing the bottom billion through control of neglected tropical diseases, May 2, 2009 Lancet #379, p1570-75; Peter Hotez, "NTDs V.2.0: ''Blue Marble Health''—Neglected Tropical Disease Control and Elimination in a Shifting Health Policy Landscape Blue Marble Health 2013 PLOS Neglected Tropical Diseases, www.plosntds.org, 1 November 2013, Vol. 7, No. 11, e2570; Peter Hotez et al., "Control of neglected tropical diseases," New England Journal of Medicine, 357: 1018–1027 (2007)

8.7 卫生、生产力和政策

8.7.1 生产力

　　健康状况不良对儿童死亡率的毁灭性影响已十分清楚了。但是，在发展中国家，健康状况差是否也会破坏成年人的生产力呢？答案似乎是肯定的。研究表明，健康状况更好的人能赚到更高的工资。例如，在科特迪瓦，据估计每月由于生病缺勤一天的工人的日工资比健康工人的日工资低大约19%。精确的统计学方法表明，健康对收入增加的影响大部分归因于生产力的差异：这不仅是由于反向的因果关系，即更高的工资可被用于接受更好的医疗保健。在孟加拉国所做的一项研究表明，健康状况更好的工人有更高的生产率，这有助于他们得到工资更高的工作。另一项研究表明，若剔除麻风病导致的残疾，印度工人的收入估计会提高三倍多。[56]

　　诺贝尔奖得主罗伯特·福格尔（Robert Fogel）发现，发达国家城市居民的身高比200年前高得多，并且他认为，身高是衡量一个人健康状况和总体幸福感的有效指标。近些年，由于健康状况的改进，发展中国家人民的身高也有所增加。在大多数案例中，20世纪初出现了平均身高的快速增长，而20世纪中期的时候身高增长又变得缓慢。

　　如果身高是一般健康状况的指示器，而良好的健康状况可以带来更高的生产率，那么身高越高的人收入应该也越高（除非身高也可以表征其他生产力特征）。约翰·斯特劳斯（John Strauss）和邓肯·托马斯（Duncan Thomas）发现，在巴西，控制其他影响收入的重要变量如教育和工作经验之后，身高越高的人收入也越高（见图8-12a和图8-12b）。在中等收入国家，身高增长1%，工资会增长7%。在美国，也存在这种关系，但是相对增长得更小一些：身高增长1%，相应的工资增长也是1%。另外，身材较矮小的人更可能会集体失业。身高反映了一个人在生活早期所获得的各种利益，因此我们看到的不仅是当前收入对当前身高的影响。特别地，身材高大的人接受的教育显著高于身材矮的人（见图8-12c和图8-12d）。还要注意，这些关系也延续到了其他可供选择的健康指标，如体质指数，它可同时反映短期和长期的健康与营养状况。斯特劳

斯和托马斯通过利用这些分析结果和相关文献资料，得到如下结论：健康和营养状况的改进确实能够提高生产力，对于那些起初教育水平最低和最贫困的人来说，能够发生的改进最大。[57]

　　事实表明，健康水平和营养状况确实能够影响就业、生产率和工资，而且这些影响在极度贫困的人身上更为显著。这项发现表明了发展过程中健康优先政策的重要性，不仅因为健康本身就是一项很主要的目标，而且健康对收入水平也有重要影响。在全面研究分析了文献资料和统计数据后，斯特劳斯和托马斯指出，"所有证据一致表明，至少对营养不良的人群而言，营养状况的改善对工资具有正向作用"。[58]

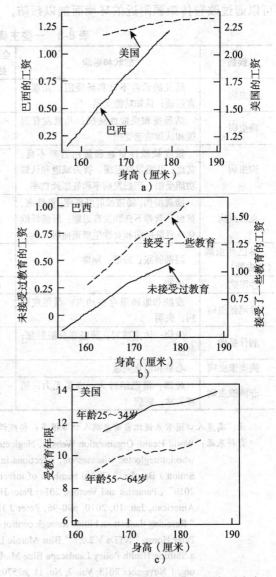

图 8-12　巴西和美国的男性工资、教育和身高

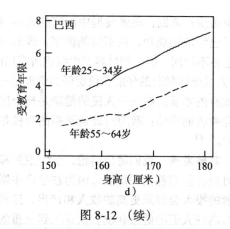

图 8-12 （续）

注：图中所列的工资为取自然对数后的值。

资料来源："Health, nutrition, and economic development," by John Strauss and Duncan Thomas, *Journal of Economic Literature* 36 (1998): 766-817. Reprinted with permission.

健康的国民是成功发展的先决条件。

8.7.2 医疗卫生系统的政策

根据世界卫生组织的定义，**医疗卫生系统**（health system）是"以促进、恢复或维持健康为主要目标的全部活动"。医疗卫生系统包括公共卫生部门、医院及诊所、医生和护理人员的办公场所。在正式系统以外是一些由众多贫困市民使用的非正式系统，包括传统的民间医生，也许他们在行医时采用一些有效的草药治疗方法，也许采用其他有疗效的方法，如针灸，还可能采用一些除了安慰作用之外还未证实有其他效用的技术（某些时候还可能产生副作用）。

我们早已发现，一些发展中国家的医疗卫生系统在实现健康目标方面远比其他国家的更有效。一些国家（如中国和斯里兰卡）和一些地区（如印度的喀拉拉邦），尽管收入水平有限，但人们的平均寿命已经达到七十多岁。同时，一些中等收入国家如南非和加蓬，尽管其资源更加丰富，但人们的平均寿命明显低很多。后面提到的这些国家与中国、斯里兰卡和喀拉拉邦相比，获得医疗保健的机会非常不平等。

世界卫生组织比较了世界各国的医疗卫生系统，发现在每一收入水平上医疗卫生系统的状况都存在巨大的差异。例如，新加坡位列第 6，摩洛哥位列 29，哥伦比亚为 22，智利为 33，哥斯达黎加为 36——所有这些发展中国家

的位次都比美国靠前。可见，相对微小的收入可以产生很大的不同。[59]

这项研究使用了 5 个指标来评价 191 个世界卫生组织成员方的医疗卫生系统：①整体健康水平；②健康的不平等程度；③医疗卫生系统的反应性（病人满意度与系统表现的综合反映）；④反应性的分布情况（不同经济地位的人对为其服务的卫生系统的满意度）；⑤卫生系统的财政负担的分布或公平度。

世界卫生组织得出结论："虽然在健康方面投入了大量资金，许多国家和地区却达不到它们潜在的水平，结果出现了大量的不应有的死亡和残疾。这种失败带来的后果绝大多数被穷人所承担。"

在任意给定的收入水平上，不同国家的表现也存在巨大差异。研究表明，低收入国家在分配现有资源的过程中可实现公平。实际上，在财政分配的公平性方面，哥伦比亚从总体上看位列第一。但许多发展中国家被认为拥有最不公平的医疗卫生系统，包括塞拉利昂、缅甸、巴西、越南、尼泊尔、俄罗斯、秘鲁和柬埔寨。在巴西和秘鲁，国民需交纳昂贵的医疗保障费用，因此贫穷家庭花费很大一部分收入在医疗方面。

正规公共医疗措施在发展中国家发挥了十分重要的作用。健康部门和辅助性的非政府机构服务在向偏远农村扩大疫苗接种范围方面发挥了至关重要的作用，尤其是在降低一次致命性疾病（如天花）的感染率方面。但是，同教育系统一样，公共卫生的行动往往也偏向富人和密切联系的人，导致卫生系统常常低效率地使用公共资金。事实上，财政补助通常被用于针对有能力进入好医院的老年病人（一般是富裕的）所进行的高费用治疗措施上，这些人可能患有心脏病或癌症。为当前没有被任何医疗机构关注的人提供成本节约型的预防性医疗服务和基本医疗护理的工作常常被忽视，或从最乐观的角度看，常常是财政支持不足。利用公共财政补贴培养的医生通常选择在富足的城市地区或移民至发达的国家工作。正如世界银行指出的："在一些国家，单独一所教学性医院可以得到卫生部门预算的 20% 甚至更多，尽管几乎所有成本节约型的干预只需要一些较为简单的设施。"[60]

除了对一国的健康水平有直接的、积极的作用之外，基本医疗也是减少贫困的有效手段。虽然父母双方可以长期被雇用或进行个体经营，但如果父母身体虚弱、身体不健康、没有技能以致没有足够的生产力来养活家庭，那么儿童就不得不去工作。但是，如果让儿童去参加工作，他们就无法得到所需的教育，因而当他们成年后，也会送自己的子女去工作。因此，在本章前面所探讨的童工低水平均衡问题将世代延续下去，从而使这个家庭陷入贫困的恶性循环之中。我们应该牢记，计算健康投资的收益时也需要考虑到其长期的溢出影响。

有效的政府角色在医疗卫生系统中显得至关重要，这主要是出于四方面的原因：第一，由于人们对健康问题（一种与贫困相关的状态）认识不足，因此健康问题对于削弱贫困尤为重要；第二，由于家庭可能会忽视外部性（如接触性传染病问题），所以人们在健康方面的投入极少；第三，由于市场失灵，市场对卫生基础设施、研发和向发展中国家的技术转移等方面的

投资极少；第四，很多发展中国家的公共卫生项目已经取得成功。在不同的国家，政府的角色也各不相同，但正如世界卫生组织所指出的："对人民健康状况的仔细和负责任的管理是一个好政府的本质所在……人民的健康是一个国家优先考虑的事情：政府对此所承担的责任是持久的。"[61]

其他发现 我们得出结论，认为卫生和教育对经济发展都至关重要，因为在生产中增加两者的投入会带来更高的收入和产出，这将直接影响到人们的健康状况。从童工到沉重的疾病负担，发展中国家存在很多卫生和教育问题。教育和卫生问题不会随着收入的提高而自动得以解决。而从社会角度看，市场失灵会导致教育和卫生方面的投资严重不足。另外，种种不当的政府政策有时会导致教育系统的扭曲，进而加剧不平等现象；卫生系统的不平等也是如此。因此，政府在卫生和教育方面起着基础性的作用，大多数发展中国家需要在政策方面做出较大的改善。

案例研究8 走出贫困之路：墨西哥"机会"项目

着眼于教育、医疗卫生和营养事业的墨西哥"机会"项目，其官方名称为"人类发展机会项目"（http://www.oportunidades.gob.mx），更广为人知的名字是西班牙语简称"Progresa"。"机会"项目采取措施保证父母能够抚养得起子女，能带着他们去诊所看病以及保证他们能够在学校接受教育，以便减少童工、受教育程度不足以及健康问题等现象。

"机会"项目是在不断发展的认知基础上建立起来的，即健康、营养和教育对消除贫困起着重要作用。这个项目采取了一系列措施来提升贫困家庭的健康状况、营养水平和教育水平。该项目为贫困家庭提供现金转移、上门看病、营养品补给，并且为孕妇和哺乳期的女性以及她们5岁以下的孩子提供其他方式的健康保障。其中一部分保障政策是建立在儿童能正常上学和能去诊所就医的基础之上的，因此，这些计划也被称作有条件的现金转移支付（CCT）项目。

事实上，这个项目通过支付现金而鼓励低收入的家长把孩子送到学校学习，带孩子到医院就医，这一策略被捐助者和促进发展协会认为是可持续解决贫困问题的最好途径之一。这个计划提供的补贴

可以弥补童工形式的收入或价值的损失（由于儿童上学所导致的）。这个项目的实施提高了学校的入学率和学生的出勤率，学生的学习成绩也得到了提升，同时也取得了一些其他方面的成果，孩子们的健康和营养状况也得到了改善。

墨西哥在实施这个项目之前，也曾经由多达10个政府部门开展过很多其他类型的食品补贴计划，但收效甚微。这些项目在消除贫困方面的作用非常有限，而且，那些最贫穷的人群往往不能从这些项目中获益。例如，城市中生活相对较好的穷人因这些项目获得的益处远远大于生活在农村的更加贫苦的穷人。这些项目中也没有保证贫困家庭中的儿童能够获得食物补贴的机制，更没有一个系统的计划以持续地帮助穷人们摆脱贫困。在贫困的农村家庭（尤其是土著家庭），营养失调现象普遍存在，教育成就和健康状况的提升并没有像墨西哥项目那样惠及穷人。出于经济方面的原因，许多穷苦家庭的孩子只能去打工赚钱，无法进入学校学习。但是缺乏教育和健康正是导致日后终身贫困的最主要因素。

解决上述问题的途径之一就是"机会"项目，这个项目是发展经济学家——圣地亚哥·利维

（Santiago Levy），为发展中国家量身定制的消除贫困的计划。该计划是在他 20 世纪 90 年代担任财政部副部长一职时设计并推行的。利维在其 2006 年出版的《应对贫穷的进程》一书中详细描述了该计划以及它的发展、实现过程和对它的评价。

从该计划在 1997 年 8 月在墨西哥的农村地区正式启动算起，到 2012 年为止，该计划已经惠及 580 万农村和城市家庭（数据来自墨西哥政府网站）。

据估计，75 000 个地区的超过 2 100 万人因这个计划而受益，大约占墨西哥总人口数量的 1/5。2002 年，该计划共发放了 8.57 亿份营养补贴，同时提供了 240 万次医疗服务，学生们总共获得了超过 450 万美元的奖学金。到 2005 年年底的时候，这个计划已经覆盖了 500 万个家庭，这相当于墨西哥人口的 1/4，而且其中绝大部分是极度贫穷的居民。

"机会"计划通过以下四种途径来改善孩子们的营养状况：现金转移支付，为改善营养状况提供资金保障；为所有参加这个项目的 2 岁以下的儿童、孕妇、哺乳期的女性以及表现出营养不良症状的 2～5 岁的儿童提供营养补助；生长检测，这可以为父母提供反馈信息；其他的预防性措施，其中包括参加关于营养和卫生方面的学习活动。

参与这个项目的家庭每两个月可以获得一次学校项目的补助。除此之外，这些家庭还可以获得学习用品和食物的补助，获得这些补助的前提条件是家长需要按期带孩子去检查身体和接种疫苗。这些补助资金一般发放给母亲，因为研究表明，相对于父亲而言，母亲能够更好地把有限的资金用于孩子的成长。为减小贪污的可能性，联邦政府直接将这些资金划拨到银行卡上而不经由任何其他中间环节，同时政府还会告诉母亲把银行卡上的补助变现的时间和方法。

获得这样资金的前提条件是三年级到九年级的孩子必须按时去学校学习。在墨西哥这样的发展中国家，孩子们一般会办理入学手续，但是基本不怎么去上学。随着孩子年级的升高，补助也会相应增加。这提供了一种激励，有助于提高孩子在校学习的时间，使得他们能够学习到更高年级。在开始阶段，一个三年级儿童的父母每月能够得到稍高于 10 美元的补助；一个九年级女孩的父母每月能够获得超过 35 美元的补助。这个数额相当于孩子出去打工所赚得薪酬的 2/3。这样一来，适龄儿童的父母就会面临两种情况的权衡：眼前更高的收入水平（让孩子打工）或等孩子完成学业后获得更高的未来收入水平。一般情况下，女孩家庭获得的补助会略大

于男孩家庭，这是因为，女孩往往比男孩更容易辍学在家；除此之外，从发展经济学的角度来讲，提高女孩在校学习的时间也会为社会带来很高的效益。如果前面提到的在校学习和定期进行身体检查这些条件得到满足的话，政府就会把这些补助发给每个家庭，并且由每个家庭独立决定如何最大限度地利用这些额外资源。利维通过研究估计，每个参与"机会"项目的家庭每个月平均会以现金和实物的形式获得 35 美元的补助，这大约相当于不参与该项目的农村贫困家庭平均收入的 25%。

与其他同类型的项目相比，"机会"项目取得的效果也更加明显。例如，事实表明，该项目每一美元的投入对儿童的入学率和学习成绩所产生的效果要高于兴建新的学校。

"机会"项目在 2005 年规模迅速扩大之后的总支出也仅为 28 亿美元，这个数值对于墨西哥这样的经济体来讲也不算是很大的负担，占比不到墨西哥国民总收入的 0.4%。在墨西哥，只有养老金（社会保险）计划的规模比这个项目大。"机会"计划在组织运行方面也很有效率，日常运行开支仅占到总支出的 6%。该项目日常运行开支这样低的部分原因是组织者把资金直接通过银行支付给参与者，这就绕开了很多效率低下的政府部门。项目资金中有 82% 直接支付给了参与者，18% 则通过营养补助或其他实物的形式发放。医疗服务和学校花销的额外费用由墨西哥的医疗卫生部门和教育部门负担。

然而，人民赞美"机会"项目不仅仅是因其花钱少，更重要的是这个项目能够真正发挥作用。这个项目是世界上最严谨的消除贫困的随机试验的一部分。坐落于华盛顿的国际粮食政策研究所（IFPRI）同其众多分支机构一起，采用多种方法对"机会"项目进行了广泛的研究。研究表明，该项目最让人佩服的地方是它的推广方式。在向全国推广之前，起先只有一部分社区居民参与了这个项目，而且参与这个项目的社区也是随机的。为分析得到项目的效果，数据需要包括最初参与项目的家庭与未参与项目的家庭两部分，以便排除其他混杂因子对估计结果的影响。参与这项研究的人员也包括一些世界顶尖的微观经济学家。

从整体来看，"机会"项目获得了很大成功，参与者的生活水平有了显著提高：营养不良现象明显减少；居民可获得的医疗服务，其中包括母婴医疗服务，有了很大提升；儿童健康指数有所提高；学生出勤率有了很大提高；辍学率明显下降，尤其是六至九年级学生的辍学率明显下降，而这一时期正

是学生选择继续深造或辍学的分化期。从整体来看，该研究表明，推广"机会"项目使得继续接受高中教育的学生提高了20%，童工的比例下降了15%。推广该项目的初期，有人担心给家庭提供补助之后，孩子的父母可能会减少工作时间，但研究表明，接受补助的孩子家长并未因此减少自己工作的时间。在伊曼纽尔·斯科菲尔斯（Emmanuel Skoufias）撰写的国际粮食政策研究所2005年年度报告《"机会"项目及其对墨西哥农村人口福利的影响》中，我们可以了解到更多可靠的数据以及严谨的研究方法。其他一些主要的研究报告列举在该案例研究后的资料来源中。

由于墨西哥的"机会"项目取得了极大的成功，拉美许多国家开始纷纷效仿这个计划，这些国家有巴西、阿根廷、智利、哥伦比亚、哥斯达黎加、厄瓜多尔、洪都拉斯、尼加拉瓜、巴拿马和乌拉圭。截止到2010年，"机会"项目已经在29个国家完全或部分被复制。

CCT项目，例如墨西哥的"机会"项目，对于中高收入国家来说是可以负担得起的，但对于低收入国家来说则需要外部的资金援助。这些资金一方面用于支付参与者的现金支付，另一方面用于提高本国医院和学校的数量或质量。为了消除贫困，人们需要做很多事情：修建通往贫困地区的道路，加大公共医疗卫生投资，以及获得地方政府的许可。当地政府必须有意愿用高效的新项目取代那些有利于政治的低效项目。要做到这些，行政基础设施是一项主要的挑战，通过电子渠道发放补助金也是一个难题。但CCT试点或更大规模的项目已经在一些非洲国家开始实施，包括尼日利亚、马拉维和马里等。

总之，CCT项目的主要目标是改善人民的健康、营养和教育现状，这些项目是消除贫困的成功举措的重要组成部分。虽然在大多数情况下，这些措施需要在一个更大的框架内才能发挥应有的作用。在墨西哥以及其他开展这个项目的国家，更广泛的措施包括：大力建设基础设施以方便贫困地区的产品进入市场；为贫困地区的人民提供安全的饮用水和电力保障；第9章中提到的农村整体发展计划；信用卡贷款服务和短期就业项目。通过提高穷人的劳动力资本，可以从根本上提升他们抓住机会获得经济利益的能力。因此，这些项目同时也促进了墨西哥整个国家的经济增长和发展。

总的来说，墨西哥的"机会"项目在很多方面都是成功的典范。对该项目进行严谨的评价之后，我们发现，该项目极大地提高了居民的福利水平。这个项目专为发展中国家而设计，在实施的过程中重点关注当地贫困圈，体现了发展经济学重要的理论指导作用。项目在给参与者提供充分激励的同时，也将教育、医疗卫生和居民营养状况之间的协同效应作为整个计划的中心。最后，该项目在现金转移以及实物补助方面采取的方法成功地避免了政府机构的低效率和官方腐败问题。因此，墨西哥的"机会"项目为发展中国家实施医疗卫生和教育项目以帮助穷人彻底摆脱贫困提供了一个范本。

资料来源

Baird Sarah, Craig McIntosh, and Berk Ozler. "Cash or condition? Evidence from a randomized cash transfer program." Policy Research Working Paper Series 5259. Washington, D.C.: World Bank, 2010.

Bando, Rosangela, Luis F. Lopez-Calva, and Harry Anthony Patrinos. "Child labor, school attendance, and indigenous households: Evidence from Mexico." World Bank Policy Research Working Paper No. 3487. Washington, D.C.: 2005.

Behrman, Jere R., and John Hoddinott. "Programme evaluation with unobserved heterogeneity and selective implementation: The Mexican PROGRESA impact on child nutrition." Oxford Bulletin of Economics and Statistics 67 (2005): 547–569.

Behrman, Jere R., Piyali Sengupta, and Petra Todd. "Progressing through PROGRESA: An impact assessment of a school subsidy experiment in rural Mexico." Economic Development and Cultural Change 54 (2005): 237–275.

Buddelmeyer, Hielke, and Emmanuel Skoufias. "An evaluation of the performance of regression discontinuity design on PROGRESA." World Bank Policy Research Working Paper No. 3386. Washington, D.C.: , 2004.

Cardenas-Rodriguez, Oscar J. "Do indigenous peoples benefit from poverty programs? Evidence from Mexico's 2000 census." Estudios Economicos 19 (2004): 125–135.

Coady, David P., and Susan W. Parker. "Cost-effectiveness analysis of demand- and supply-side education interventions: The case of PROGRESA in Mexico." Review of Development Economics 8 (2004): 440–451.

Davis, Benjamin, Sudhanshu Handa, and Humberto Soto. "Households, poverty and policy in times of crisis: Mexico, 1992–1996." CEPAL Review 82 (2004): 191–212.

Government of Mexico, Oportunidades website:

http://www.oportunidades.gob.mx/Portal/wb/Web/introduction.

Hoddinott, John, and Emmanuel Skoufias. "The impact of PROGRESA on food consumption." *Economic Development and Cultural Change* 53 (2004): 37–61.

Levy, Santiago. *Progress against Poverty: Sustaining Mexico's Progresa-Oportunidades Program.* Washington, D.C.: Brookings Institution Press, 2006, available at: http://www.brookings.edu/global/progress/pap_total.pdf.

Parker, Susan W., and Graciela M. Teruel. "Randomization and social program evaluation: The case of Progresa." *Annals of the American Academy of Political and Social Science* 599 (2005): 199–219.

Schultz, T. Paul. "School subsidies for the poor: Evaluating the Mexican Progresa poverty program." *Journal of Development Economics* 74 (2004): 199–250.

Secretaría de Desarrollo Social (SEDESOL). "Programa de Educación, Salud y Alimentación (PROGRESA)," 2001, http://www.progresa.gob.mx.

Skoufias, Emmanuel. *PROGRESA and Its Impacts on the Welfare of Rural Households in Mexico.* Research Report No. 139. Washington, D.C.: International Food Policy Research Institute, 2005, http://www.ifpri.org/pubs/abstract/abstr139.htm.

Skoufias, Emmanuel, Benjamin Davis, and Sergio de la Vega. "Targeting the poor in Mexico: An eval-

uation of the selection of households into PROGRESA." *World Development* 29 (2001): 1769–1784.

Skoufias, Emmanuel, and Bonnie McClafferty. "Is PROGRESA working? Summary of the results of an evaluation by IFPRI," 2000, http://www.ifpri.org/themes/progresa/synthesis.htm.

Skoufias, Emmanuel, and Susan W. Parker, with comments by Jere R. Behrman and Carola Pessino. "Conditional cash transfers and their impact on child work and schooling: Evidence from the PROGRESA program in Mexico." *Economia* 2 (2001): 45–96.

Smith, Stephen C. *Ending Global Poverty: A Guide to What Works.* New York: Palgrave Macmillan, 2005.

Stecklov, Guy, Paul Winters, Marco Stampini, and Benjamin Davis. "Do conditional cash transfers influence migration? A study using experimental data from the Mexican PROGRESA program." *Demography* 42 (2005): 769–790.

Todd, Petra, and Kenneth Wolpin. "Using a social experiment to validate a dynamic behavioral model of child schooling and fertility: Assessing the impact of a school subsidy program in Mexico." Penn Institute for Economic Research Working Paper, Department of Economics, University of Pennsylvania, 2002.

问题讨论

1. 发展中国家失学率高的原因是什么？为降低这一比率，应采取什么措施？

2. 正规教育与非正规教育的区别是什么？请举例说明。

3. 经常有人声称，"发展中国家的教育系统，特别是农村教育系统，不符合实际的社会和经济发展需要"。你是否同意这一观点？请说明原因。

4. 与发达国家相比，发展中国家高等教育的相对成本和收益更高，如何解释这一事实？

5. 提高发展中国家教育补贴的合理假定是什么？从经济角度来看，你认为这是否是正当合理的？为什么？

6. 人们认为，儿童早期生活环境对其学业表现具有重要的决定性影响。这些因素都包括什么？你如何评价它们的重要性？为了确保这些因素不产生消极影响，人们需要做什么？

7. 我们所说的教育经济学指的是什么？你认为教育计划和政策制定应该在多大程度上受到经济因素的指导？为什么？请给出假定的或真实的例子。

8. 如何理解"教育的需求是现代部门高薪工作机会的'引致需求'（derived demand）"？

9. 在许多发展中国家，教育系统、劳动力市场和就业决定之间有什么联系？描述与教育相关的工作替换的过程。

10. 仔细区分教育的私人收益和社会收益，私人成本和社会成本。在大多数发展中国家，引起私人收益－成本与社会收益－成本评价的巨大差异的经济因素是什么？政府是否应该采取教育与经济政策来缩小上述差异？为什么？

11. 描述并评价下面的教育与发展之间的关系：

（1）教育和经济增长：教育是否会促进增长？如何促进？

（2）教育、不平等和贫困：大多数发展中国家的教育系统是降低还是加剧了不平等和贫困的程度，或者对它们根本不起作用？以你所熟悉的国家为例进行详细解释。

（3）教育与移民：教育是否会刺激农村居民向城市转移？为什么？

（4）教育与生育率：妇女受教育程度的提高是否会降低其生育率？为什么？

（5）教育和农村发展：发展中国家大多数的正规教育系统是否能显著促进农村的发展，

为什么？

12. 政府可以通过控制教育系统的内、外部经济和非经济因素或变量来影响其特征、质量和内容。这些内部因素和外部因素是什么？政府政策如何使教育适应经济发展现状？

13. 近几十年来健康和教育方面所取得的巨大成就的原因是什么？

14. 为什么卫生和教育与发展机会之间密切相关？

15. 当前健康和教育最大的挑战是什么？什么使它们如此难以解决？

16. 什么有助于构建优质、公平的卫生系统？对于教育系统而言呢？

17. 卫生和教育的性别差异会导致什么样的后果？男性和女性识字能力的巨大差异能否影响发展？为什么？

18. 对于卫生和教育来说，人力资本指的是什么？你认为它重要的优缺点是什么？

19. 就童工问题，目前正在探讨的解决方法是什么？这些方法的优缺点是什么？

20. 卫生和教育是什么关系？生产力和收入之间是什么关系？

21. 政府可以采取什么措施使卫生系统更加公平？

22. 针对本章末的案例研究，这里有一些有关墨西哥"机会"项目的问题：

　　（1）墨西哥"机会"项目指的是什么？它的目标是什么？

　　（2）这个项目是通过怎样的方式来完成既定目标的？它的主要特点和创新有哪些？

　　（3）为什么资金转移是有条件的？这样做的好处和坏处可能有哪些？

　　（4）该项目如何（通过四个途径）改善居民的营养状况？

　　（5）该项目如何改提高居民的受教育程度？

　　（6）原有评价体系的特点是什么？

注释和推荐阅读

1. United Nations Development Programme, *Human Development Report, 2004* (New York: Oxford University Press, 2004), p. 171; World Bank, *World Development Indicators*, 2013 (Washington, D.C.: World Bank, 2013). 注意，由于近些年一些原来的中等收入国家已经变成了高收入国家，因此在很多情况下发展中国家的儿童死亡率被低估了。

2. UNESCO, Institute for Statistics (UIS), *UIS Fact Sheet No. 20*, September 2012; UNESCO, *EFA Global Monitoring Report, 2007*, Statistical Annex, tab. 2, http://unesdoc.unesco.org/images/0014/001477/147794E.pdf.

3. Selma Mushkin, "Health as an investment," *Journal of Political Economy* 70 (1962): 129 - 157.

4. 可参见 Randa Sab and Stephen C. Smith, "Human capital convergence: International evidence," http://www.imf.org/external/pubs/ft/wp/2001/wp0132.pdf。该论文指出，发展中国家卫生和教育的相对改进足以证明，各国之间正在发生缓慢但稳定的趋同。还可参见 Randa Sab and Stephen C. Smith, "Human capital convergence: A joint estimation approach," *IMF Staff Papers* 49 (2002): 200 - 211, https://www.imf.org/external/ pubs/ft/staffp/2002/02/pdf/sab.pdf, and Robert J. Barro and Jong-Wha Lee, "International comparisons of educational attainment," *Journal of Monetary Economics* 32 (1993): 363 - 394.

5. 文献来源于 Stephen C. Smith, "Microcredit and health programs: To integrate or not to integrate?" in *Microenterprise Development for Better Health Outcomes*, eds. Rosalia Rodriguez-Garcia, James A. Macinko, and William F. Waters (Westport, Conn.: Greenwood Press, 2001), pp. 41 - 50.

6. 见 Howarth E. Bouis and Lawrence J. Haddad, "Are estimates of calorie-income elasticities too high? A recalibration of the plausible range," *Journal of Development Economics* 39 (1992): 333 - 364; Jere Behrman and Anil Deolalikar, "Will developing country nutrition improve with income? A case study for rural South India," *Journal of Political Economy* 95 (1987): 108 - 138; and Shankar Subramanian and Angus Deaton, "The demand for food and calories," *Journal of Political Economy* 104 (1996): 133 - 162.

7. 关于这篇文献的评论，可参见 Tonia Marek, *Ending Malnutrition: Why Increasing Income Is Not Enough* (Washington, D.C.: World Bank, 1992).

8. 可以参见 Maurice Schiff and Alberto Valdes, "Nutrition: Alternative definitions and policy implications," *Economic Development and Cultural Change* 38 (1990): 281‑292; and Marek, *Ending Malnutrition*.

9. Howarth Bouis 发现，在菲律宾，维生素 A 和维生素 C 的摄入没有与收入呈现正相关的关系，而且该国的发病率并没有随着收入的增加而显著降低。除此之外，Howarth Bouis 认为消费者教育很重要。参见 Howarth E. Bouis, *The Determinants of Household-Level Demand for Micronutrients: An Analysis for Philippine Farm Households* (Washington, D.C.: International Food Policy Research Institute, 1991).

10. 冈比亚的一项研究表明，在控制卡路里的摄入量之后，腹泻与营养状况恶化有一定的联系。可以参见 Joachim von Braum, Detlev Peutz, and Patrick Webb, *Irrigation Technology and Commercialization of Rice in the Gambia: Effects on Income and Nutrition* (Washington, D.C.: International Food Policy Research Institute, 1989).

11. 可以参见 Paul Glewwe, "Why does mother's schooling raise child health in developing countries? Evidence from Morocco," *Journal of Human Resources* 34 (1999): 124‑159; and Ravi Kanbur and Lyn Squire, "The evolution of thinking about poverty," in *Frontiers of Development Economics: The Future in Perspective*, eds. Gerald M. Meier and Joseph E. Stiglitz (New York: Oxford University Press, 2001).

12. 例如，在尼泊尔，营养不良儿童的上学率远远低于非营养不良的儿童；在世界上很多地区（包括中国和泰国），身高较低（营养不良）的儿童在学校年级评比中会落后一些；在巴西东北部地区，营养不良的儿童在测验成绩上会比其他人低 20%。参见 World Bank, *World Development Report, 1993* (New York: Oxford University Press, 1993), p. 18‑19.

13. 除了专栏 8‑4，还可以参见 Ernesto Pollitt, *Malnutrition and Infection in the Classroom* (Paris: UNESCO, 1990); Harold Alderman, Jere Behrman, Victor Lavy, and Rekha Menon, "Child health and school enrollment: A longitudinal analysis," *Journal of Human Resources* 36 (2001): 185‑201; Jere Behrman, "The impact of health and nutrition on education," *World Bank Researcher* 11 (1996): 23‑37; and Paul Glewwe and Hanan G. Jacoby, "An economic analysis of delayed primary school enrollment in a low‑income country: The role of early childhood nutrition," *Review of Economics and Statistics* 77 (1995): 156‑169.

14. 可参见 Kaushik Basu and James Foster, "On measuring literacy," *Economic Journal* 108 (1998): 1733‑1749.

15. World Health Organization, *World Health Report, 2000* (Geneva: World Health Organization, 2000), p. 4.

16. Amartya Sen, *Development as Freedom* (New York: Knopf, 1999), p. 294; M. Shahe Emran, Fenohasina Maret, and Stephen C. Smith, "Education and freedom of choice: Evidence from arranged marriages in Vietnam," forthcoming 2014 in the *Journal of Development Studies* [online version at: http://www.tandfonline.com/doi/abs/10.1080/00220388.2013.841884#.UrN2m2RDtWJ].

17. 例如，可参见 Harry A. Patrinos and S. Metzger, "Returns to education in Mexico: An update," World Bank, World Bank/Universidad de las Americas, Mexico, 2004; and Dominic J. Brewer and Patrick J. McEwan, eds., *Economics of Education* (San Diego, Calif.: Elsevier, 2010).

18. Jacob Mincer 介绍的人力资本分析，"Investment in human capital and personal income distribution," *Journal of Political Economy* 66 (1958): 281‑302。类似于图 8‑2 的图解在劳动经济学文献中应用很广泛。例如 Ronald Ehrenberg and Robert Smith, *Modern Labor Economics*, 2nd ed. (Glenview, Ill: Scott Foresman, 1985), fig. 9.1, p. 256; or Daniel Hamermesh and Albert Rees, *The Economics of Work and Play*, 4th ed. (New York: HarperCollins, 1988), fig. 3.3, p. 70.

19. 可参见 George Psacharopoulos, "Returns to education: An updated international comparison," *Comparative Education* 17 (1981): 321‑341, and "Returns to investment in education: A

global update," *World Development* 22 (1994): 1325 - 1343; Christopher Colclough, "The impact of primary schooling on economic development: A review of the evidence," *World Development* 10 (1982): 167 - 185; and Rati Ram, "Level of development and rates of return to schooling: Some estimates from multicountry data," *Economic Development and Cultural Change* 44 (1996): 839 - 857. 正如 Psacharopoulos 在 "教育作为一种投资" (*Finance and Development* (1982): 40, 由国际货币基金组织授权转载) 中解释的: 在给定的教育水平上, 通过比较教育投资计划的终生贴现收益和成本, 可估计出教育的私人收益率。因此, 对于四年大学教育的私人收益率的计算, 可以通过寻找同一年龄的大学毕业生和中学毕业生样本组在平均税后收入方面已存在的统计数据的差别来对收益进行估计。后者的收益也代表了仍在校学习的机会成本。直接成本来自学生支出的统计数据, 因为是入学费, 所以数据比较严密。给定这些数据, 大学投资收益与中等教育投资收益的比率是零利率基础上成本与收益之间的贴现差值的净现值。计算私人收益率的一个简单公式是:

$$私人收益 = \frac{(大学毕业后的平均年度税后收入) - (中学毕业后的平均年度税后收入)}{(4年的大学时间 \times 中学毕业后的平均年度税后收入 + 学习的平均年度私人直接成本)}$$

大学教育的社会收益率也可以按照同样的方法进行计算。虽然收入应为税前收入 (因为就整个社会而言, 税收是一种转移支付), 且直接成本还应该包括每一个接受大学教育的学生所花费的全部资源的总量, 而不仅仅是学生自己支付的那一小部分支出。

19a. 参见 Amartya Sen, op. cit. (note 16), Basu and Foster, op. cit. (note 14), and Ehrenberg and Smith, op. cit. (note 18).

20. 有关童工的统计数据均来自国际劳工组织; 请参见与童工相关的网站 http://www.ilo.org/ipec/index.htm. The latest updates may be found there. Specific statistics on child labor hazards are also drawn from ILO, *Employers and Workers Handbook on Hazardous Child Labour*. (Geneva: ILO, 2011). 2010 年 的 报 告 从 2010 年 8 月 1 日开始可以获取, 参见网站 http://www.ilo.org/global/What_we_do/Officialmeetings/ilc/ILCSessions/99thSession/reports/lang - en/doc-Name - WCMS_126752/index.htm.

21. 有关模型的更详细的内容和更精彩的调查可以参见 Kaushik Basu, "Child labor: Cause, consequence, and cure, with remarks on international labor standards," *Journal of Economic Literature* 37 (1999): 1083 - 1120.

22. 注意通过供给曲线的 S 形部分, 需求曲线还将劳动力的供给曲线切成三部分, 但这是一个不稳定的均衡; 见第 4 章关于不稳定均衡的讨论。还要注意, 要想得到这个结果, S 形曲线并不是必需的。为了明白这一点, 考虑从 AA' 和 W_H 的交点到 TT' 与 W_L 的交点的供给曲线仅仅是一条直线: 这里存在两个稳定的均衡和一个不稳定的均衡。无论如何, 曲线的中间部分向下倾斜, 具有劳动经济学中 "向后弯曲的供给曲线" 的特征, 这表示当收入增加时, 家庭会拿出额外收入的一部分来 "消费" 更多的闲暇, 这里是指不让孩子去工作。完全垂直的成年劳动力供给曲线只是为了理解的方便, 即使曲线有一定的弹性, 结论也是成立的。另外仍需要注意, 如果需求曲线有足够大的弹性, 会在高工资的位置得到单一均衡, 此时不存在童工现象; 而当需求曲线的弹性较小时, 会在低工资的位置得到均衡, 且存在童工现象。

23. 另一个具有影响力的模型是由 Jean-Marie Baland 和 James Robinson 提出的, 他们指出, 在这种存在大量贫困农村家庭的高度不完全的资本市场里, 童工是家庭向未来借贷的方式之一。结果是童工的存在也许仅仅是因为市场失灵, 而这些童工因为受教育时间的减少而降低了他们未来赚钱的机会。作者严格推导了禁止童工可能是一般均衡的帕累托改进的条件。参见 Jean-Marie Baland and James A. Robinson, "Is child labor inefficient?" *Journal of Political Economy* 108 (2000): 663 - 679.

24. 接下来的讨论所用到的信息来自国际劳工组织 (ILO)、联合国儿童基金会 (UNICEF) 和世界银行 (World Bank)。

25. ILO, 2010 report, p. 50; data from UNICEF, *The State of the World's Children, 2008: Child Survival* (New York, United Nations, 2007), p. 140.

26. International Program on the Elimination of Child Labor, *Investing in Every Child. An Economic Study of the Costs and Benefits of Eliminating Child Labor* (Geneva: International Labor Organization, 2003).

27. 更早期的数据，见联合国 2013 千年发展目标报告，网址 http://www.un.org/ millenniumgoals/ education.shtml，其他数据来自 United Nations Development Programme, *Human Development Report, 2004* (New York: Oxford University Press, 2004), tab. 26. 更多有关教育性别不平等的国际反应，请点击联合国千年计划网址 http://www. millenniumcampaign.org。

28. United Nations Development Programme, *Human Development Report, 2005* (New York: Oxford University Press, 2005), p. 60.

29. Wadi D. Haddad et al., *Education and Development: Evidence for New Priorities* (Washington, D.C.: World Bank, 1990), pp. 12 - 15. 千年发展目标的说明请见第 1 章。

30. See UNICEF Innocenti Centre, *Changing a Harmful Social Convention: Female Genital Mutilation/Cutting* (New York: United Nations, 2005), and subsequent working papers; Gerry Mackie, "Female genital cutting: The beginning of the end," in *Female Circumcision: Multidisciplinary Perspectives*, eds. Bettina Shell-Duncan and Ylva Hernlund (Boulder, Colo.: Reinner, 2000), pp. 245 - 282; and Gerry Mackie, "Ending footbinding and infibulation: A convention account," *American Sociological Review* 61, no. 6(1996): 999 - 1017.

31. Plan International, *Paying the Price: The Economic Cost of Failing to Educate Girls* (Woking, England: Plan International, 2008). 尽管人力资本投资收益率的估计存在很多错误和解释问题，但是，如果时间、空间和评价方法一致，得出的一些结论诸如教育女孩的好处，就仍能提供有益的政策指导。例如，George Psacharopoulos, "Education and development: A review," *World Bank Research Observer* 3 (January 1988): 99 - 116. 以上，正如 Psacharopoulos 所提到的，教育对发展产生的潜在利益的范围是广泛的。在小学教育方面，稳定地实现了普及小学教育的目标，这对于发

展来说无疑是重大贡献。同时，尽管存在大量的扭曲现象，但显然教育机会的扩大有利于国民经济的增长：① 由于知识水平和技能的提升，劳动力拥有更高的生产力；②给教师、学校、建筑工人、课本和纸张印刷者、校服生产商以及其他相关工作者提供了广泛的就业和赚钱机会；③创造了一批受过教育的领导者，可以弥补外派或其他原因所导致的政府部门、市政机关、私人国内外公司中的职位空缺或者新职位；④可以创造一种提升知识水平及基础技能的训练和教育，在不同的人口年龄段鼓励"谦逊的"态度。即使经济中的可替代投资可以产生更多的经济增长，也不能抵消教育产生的重要贡献（包括经济方面和非经济两方面），也不能否认教育促进了国民经济增长的事实。

32. Amartya Sen, "Missing women," *British Medical Journal* 304 (1992): 587 - 588. 也可参见 Sen's *Development as Freedom*, p. 104.

33. Yuyu Chen, Hongbin Li, and Lingsheng Meng, "Prenatal sex selection and missing girls in China: Evidence from the diffusion of diagnostic ultrasound," Working Paper, Tsinghua University, May 2010. 也可参见中国科学院关于在 BBC 新闻中性别不平衡的报道，"China faces growing gender imbalance," January 11, 2010, http://news.bbc.co.uk/2/hi/asia-pacific /8451289.stm。预计 2020 年在中国和印度有 12% 和 15% 的成年男性会发现他们无法结婚，关于这一问题所导致的社会不稳定和安全影响的分析，参见 Valerie M. Hudson and Andrea M. den Boer, *Bare Branches: The Security Implications of Asia's Surplus Male Population* (Cambridge, Mass.: MIT Press, 2004)。另外还可以在美国 CIA 世界概况中得到很多其他国家的估计，https://www.cia.gov/library/publications/ the-world-factbook/fields/2018.html.

34. 更多关于非洲的争论，参见 Stephan Klasen, "Nutrition, health, and mortality in sub-Saharan Africa: Is there a gender bias?" and "Rejoinder", *Journal of Development Studies* 32 (1996): 913 - 933, 944 - 948; and Peter Svedberg, "Gender biases in sub-Saharan Africa: Reply and further evidence," *Journal of Development Studies* 32 (1996): 934 - 943.

35. 研究表明，母亲的受教育程度在提升农村地区

营养水平方面起着决定性的作用。作为儿童营养不良指示器的儿童发育迟缓水平，在每一收入水平上，都会随着母亲受教育程度的提高而降低。Harold Alderman 和 Marito Garcia 声称，如果母亲可以获得小学水平的教育，儿童营养不良的发生率会比当前水平低 25%（在巴基斯坦，会从 63.6% 下降至 47.1%）。他们注意到，这样产生的效果是增加 10% 的人均国民收入所产生的预期效果的 10 倍。如 Duncan Thomas 所说的那样，在许多国家中，母亲受教育程度的提高对其女儿健康状况的影响大于儿子，女孩可以从中获取到更多的益处。参见 Harold Alderman and Marito Garcia, *Food Security and Health Security: Explaining the Levels of Nutrition in Pakistan* (Washington, D.C.: World Bank, 1992); Duncan Thomas, *Gender Differences in Household Resource Allocations* (Washington, D.C.: World Bank, 1991)。

36. 本节中很多资料来源于 Michael P. Todaro and Edgar O. Edwards, "Educational demand and supply in the context of growing unemployment in less developed countries," *World Development* 1 (1973): 107 - 117。

37. Ragui Assaad, "The effects of public sector hiring and compensation policies on the Egyptian labor market," *World Bank Economic Review* 11 (1997): 85 - 118。

38. 证明可以参见 Emmanuel Jimenez, "The public subsidization of education and health in developing countries: A review of equity and efficiency," *World Bank Research Observer* 1 (1986): 123。

39. 参见 World Bank, *The Quality of Growth* (New York: Oxford University Press, 2000), pp. 56 - 66, and Vinod Thomas, Yan Wang, and Xibo Fan, *Measuring Education Inequality: Gini Coefficients of Education* (Washington, D.C.: World Bank Institute, 2000)。

40. Jere Behrman and Nancy Birdsall, "The quality of schooling: Quantity alone is misleading," *American Economic Review* 73 (1983): 928 - 946。也可参见 Eric A. Hanushek, "Interpreting recent research on schooling in developing countries," *World Bank Research Observer* 10 (1995): 227 - 246, and Paul Glewwe, "The relevance of standard estimates of rates of return to schooling for educational policy," *Journal of Development Economics* 51 (1996): 267 - 290。

41. 另一个解释是，完全资本市场存在的地方，所有个体均可以凭借预期的未来高收入借贷一部分资金用于教育。但是，由于发展中国家不完全的资本市场，有关个人能力的信息不完全以及还贷能力差，穷人借钱上学是十分困难的。然而对于富人，这并不是问题，他们可以用自己的资金投资教育。因此，不平等系统自身具有代代相传的趋势。

42. 有关拉丁美洲教育补助的累退性的一些证据，可参见 Jean- Pierre Jallade, *Public Expenditures on Education and Income Distribution in Colombia* (Baltimore: Johns Hopkins University Press, 1974), and *Basic Education and Income Inequality in Brazil: The Long-Term View* (Washington, D.C.: World Bank, 1977)。

43. World Health Organization, "Frequently asked questions," http://www.who.int/suggestions/fag/en。

44. World Bank, *World Development Report, 1993* (New York: Oxford University Press, 1993).

45. 研究收入分配的测量方法（第 5 章）同样可用于衡量健康的分配，参见 R. Andrew Allison and James Foster, *Measuring Health Inequality Using Qualitative Data* (Cambridge, Mass.: Harvard Center for Population and Development Studies, 1999)。

46. World Bank, *World Development Indicators*, 2007 (Washington, D.C.: World Bank, 2007), fig. 2n.

47. 参见 United Nations Development Programme, *Human Development Report, 2006* (New York: Oxford University Press, 2006), chs. 1 - 4。

48. 该数据来源于 *World Development Indicators, 2010* (Washington, D.C.: World Bank, 2010), and http://stats.uis.unesco.org/unesco. See International Food Policy Research Institute, "2013 Global Hunger Index," http://www.ifpri.org/ ghi/2013, accessed 15 Feb. 2014。

49. 相关更新报告，可参见世界卫生组织 AIDS 页，http://www.who.int/gho/hiv/en/index .html (accessed July 20, 2013).

50. 1996 年，许多国际组织的艾滋病计划被纳入联合国的 HIV/AIDS 计划，即通常所指的联合国艾滋病规划署（UNAIDS），它是一个由世界卫生组织（WHO）、联合国开发计划署（UNDP）、联合国儿童基金会（UNICEF）、联合国教科文组织（UNESCO）、联合国人口活动基金会（UNFPA）、联合国裁军协议委员会（UNDCP）和世界银行组成的联合机构。

51. 例如，可以参见 Jeffrey D. Sachs, "Institutions don't rule: Direct effects of geography on per capita income," NBER Working Paper No. 9490, 2003; and John L. Gallup and Jeffrey D. Sachs, "The economic burden of malaria: Cause, consequence and correlation: Assessing the relationship between malaria and poverty," Commission on Macroeconomics and Health, World Health Organization, 2001; Gallup and Sachs, "The economic burden of malaria," *American Journal of Tropical Medicine and Hygiene* 64(2001): 85‐96; and, Matthew A. Cole and Eric Neumayer, "The impact of poor health on total factor productivity," *Journal of Development Studies* 42 (2006): 918‐938, and references therein.

52. 相关信息的现场报道请见《金融时报》，2012 年。

53. Michael Kremer, "Creating markets for new vaccines: Part I: Rationale," in *Innovation Policy and the Economy*, vol. 1, eds. Adam B. Jaffe, Josh Lerner, and Scott Stern (Cambridge, Mass: MIT Press, 2001).

54. 需注意，即使 1 美元也可以进行国际援助。疟疾这种病每次治疗需要 3 剂药（每剂药 5 美元）。参见 Center for Global Development, Advance Market Commitment Working Group (Ruth Levine, Michael Kremer, and Alice Albright, co-chairs), *Making Markets for Vaccines: Ideas to Action* (Washington, D.C.: Center for Global Development, 2005). The underlying concepts are examined in Rachel Glennerster and Michael Kremer, "A World Bank vaccine commitment," Brookings Policy Brief No. 57, May 2000, and in Kremer, "Creating markets for new vaccines." A short overview is found in Rachel Glennerster, Michael Kremer, and Heidi Williams, "Creating markets for

vaccines," *Innovations* (Winter 2006): 67‐79。

55. The fund's Web site is http://www.theglobalfund.org.

56. World Bank, *World Development Report*, 1993; T. Paul Schultz and Aysit Tansel, "Wage and labor supply effects of illness in Côte d'Ivoire and Ghana: Instrumental variable estimates for days disabled," *Journal of Development Economics* 53 (1997): 251‐286; Emmanuel Max and Donald S. Shepard, "Productivity loss to deformity from leprosy in India," *International Journal of Leprosy* 57 (1989): 476‐482.

57. John Strauss and Duncan Thomas, "Health, nutrition, and economic development," *Journal of Economic Literature* 36 (1998): 766‐817; 也可参见 Strauss and Thomas, "Health wages: Evidence on men and women in urban Brazil," *Journal of Econometrics* 77 (1997): 159‐185.。需要注意，身高与体能（如肌肉力量）之间具有独立的相关性，这将夸大健康本身对人体产生的影响。

58. Strauss and Thomas, "Health, nutrition, and economic development," p. 806. 注意，相反的一些说法可在早期的文献评论中和一些经济学教材中找到，但那些结论没有涉及最新的、最缜密的有关健康和收入联合决策的研究工作。

59. World Health Organization, *World Health Report, 2000* (Geneva: World Health Organization, 2000), http://www.who.int/whr/2000/en/index.htm. 在该项研究中法国位列第一，"与其他国家相比，虽然美国卫生系统耗费的 GDP 比例更高，但其表现却不突出，因此在 191 个国家中，美国仅位列 37"。

60. World Bank, *World Development Report, 1993*, p. viii.

61. World Health Organization, *World Health Report, 2000*. 关于发展中国家成功的公共医疗的阐述，参见 Ruth Levine and Molly Kinder, *Millions Saved: Proven Successes in Public Health* (Washington, D.C.: Center for Global Development, 2004).

第9章
Chapter9

农业转型和农村发展

> 为经济长期发展所做的努力，其结果取决于农业部门。
>
> ——纲纳·缪达尔（Gunnar Myrdal），诺贝尔经济学奖得主

> 最近国土、水务、能源部门的发展已经在全球粮食安全方面向我们敲响了警钟。
>
> ——国际粮食政策研究所，2012 年

> 很多发展政策仍旧错误地认为农场主都是男人。
>
> ——世界银行，世界发展报告（*World Development Report*），2008 年

> 非洲是唯一在整体食品安全和生存状态方面都在恶化的地区。我们可以通过发起在环境上可持续发展、独一无二的非洲绿色革命来扭转这一趋势。当我们最贫穷的农场主最终富裕起来的时候，整个非洲就会受益。
>
> ——科菲·安南，联合国前秘书长，诺贝尔和平奖得主，非洲绿色革命联盟第一任主席

9.1 农业进步和农村发展的紧迫性

在亚洲、非洲和拉丁美洲，人们不论是否有学历，都正在以史无前例的速度向城市迁移，这一事实本身就可以大体说明偏远农村地区经济停滞的原因。尽管如此，在发展中国家，仍有 20 亿以上的人口从事农业生产，以土地上微薄的收入来勉强维持生计。2013 年，发展中国家有 31 亿多人居住在农村地区，其中 1/4 的人处于极度贫困状态。尽管全世界正涌现一股波澜壮阔的城市化浪潮（在第 7 章可以得到证实），然而在低收入和较低的中等收入国家，平均 60% 以上的人口居住在农村。到 2011 年，拉丁美洲已经高度城市化，达到了和高收入的经济合作与发展组织的成员方相同的城市化水平。但是在撒哈拉以南的非洲地区，农村居民构成了总人口的 64%。在南亚，截止到 2011 年，大约 69% 的人口居住在农村，因此一半以上的劳动力从事农业生产。一些国家，如埃塞俄比亚、尼泊尔、尼日尔、巴布亚新几内亚、卢旺达、南苏丹、斯里兰卡、乌干达，农村人口超过了人口总数的 80% 以上。印度的农村人口也超过了其总人口的 2/3。[1]

比数字更重要的是这样一个事实，世界上最贫困的人口有 2/3 以上居住在农村地区，他们主要从事农业以维持生计。他们主要关心的是生存问题。似乎所有的经济进步都绕开了这数亿人口。联合国粮农组织估计，2012 年，大约 8.7 亿人得不到维持基本营养需求的足够食品。[2] 很多观察者到现在也不理解维持生计的不确定性和避免风险对于这部分人的重要性，在他们看来，在发展中国家，为日常生计而挣扎的农民的行为常常是不理性的。经济要得到发展并持续下去，就不能从整体上遗忘农村地区，

尤其是农业部门。贫困蔓延、不平等加剧和人口迅速增长等现象的核心问题，都可以从农村地区（尤其是非洲）经济生活的停滞甚至是倒退中找到根源。

以传统观念来看，农业在经济发展中扮演着被动和辅助性的角色，其首要作用就是为不断扩张的工业经济提供充足的廉价粮食和廉价劳动力，而工业部门则是整体经济发展战略中具有拉动作用的"主导部门"。第 3 章所讨论的刘易斯著名的两部门模型就是这样一个强调工业部门迅速增长，农业部门为工业扩张提供廉价粮食和剩余劳动力的模型。诺贝尔奖获得者西蒙·库兹涅茨介绍了一种早期框架，注意到农业对"经济发展的贡献"有四个方面：①对工业投入要素的贡献，例如纺织品和食品的生产；②对对外贸易的贡献，用农产品出口换取资本设备的进口；③对市场的贡献，提高农村收入，创造更多的消费品需求；④对要素市场的贡献，分为劳动力贡献（刘易斯的人力资本）——农业生产率提高后节省出的一部分人可以在工业部门工作，以及资本贡献——当农业成为稳定的国民收入的一部分后，可以将农民的部分利润投资于工业。资本贡献已经被曲解为"压榨农民"的方式，但它意味着先投资农业，再将获取的部分利润投资在工业上。然而，正如从这种描述中所看到的，这一框架所暗含的意思（具有讽刺意味地）仍然是将工业化而不是农业现代化作为经济发展的核心。[3]

现在，大多数发展经济学家一致认为，整个农村经济，尤其是农业部门在经济发展过程中的作用远不是被动的、辅助性的，而是整个经济发展战略中不可或缺的部分，对低收入发展中国家来说更是如此。

以农业和就业为基础的经济发展战略至少应当包括以下相互补充的三个基本要素：①通过技术、制度和价格激励机制的变革来提高小农户的生产效率，从而加速产出的增长；②实施以就业为导向的城市发展战略，以此来增加国内对农产品的需求；③发展直接或间接地支持农业部门或受农业部门支持的多样化、非农化、劳动密集型的农业活动。[4] 因此，在很大程度上，许多经济学家开始意识到，农业和农村发展是一国发展的必要条件，若没有这种**农村**

综合发展（integrated rural development），工业增长或者徒劳无益，或者即便取得了成功，也会导致经济内部的严重不平衡。

因此，关于发展中国家农业和农村的发展，应当考虑 7 个主要问题，因为它们关系到整个国民经济的发展。它们是：

（1）农业总产出和人均劳动生产率应该以何种方式实现显著性增长，以便为一般的小农户和无地的农村居民带来好处，同时又能提供充足的粮食剩余来保障粮食安全和支持城市工业部门的不断发展？

（2）通过什么样的方法可以将生产率低下的传统小农场改造成为生产率较高的商业企业？

（3）如果那些传统的家庭农场和农村居民抵制变革，那么是他们行为顽固、缺乏理性，还是在他们特定的经济环境下这么做的确合乎理性呢？

（4）低收入国家农民所面临的高风险有什么影响，农民是如何应对这些风险的，哪些政策能有效地降低风险？

（5）在传统的农业学家心中，经济和价格激励机制是否足以刺激产能提高？农村的农业系统是否也需要进行体制和结构方面的变革？

（6）提高农业生产效率是否足以改善农村的生活水平，还是必须同时创造出更多的非农业就业机会，并改善教育、医疗和其他社会服务？换言之，我们说的农村发展的含义到底是什么，应该如何实现这种农村发展？

（7）国家如何最有效地解决全国粮食安全问题？

在本章，总览趋势之后，我们将首先考察拉丁美洲、亚洲和非洲的农业系统的基本特征。尽管发展中国家间存在相当大的多元化，但在发展中国家内部，每个地区都会有一些共同特征。首先，这些地区通常反映了不同的农业模式：基于农业经济的农业模式（非洲）、农业转型经济的农业模式（亚洲）和城市化经济的农业模式（拉丁美洲）。与此相关的是，这些地区的农业还是自给、混合和商业农业阶段的典型，体现了重要的区域差异并且包括了各类穷人。由于成功的发展，很多国家都倾向于发展商业化农业，尽管发展轨迹不同，而且在此过程中还存在很多不同的经济、社会和技术问题。贫困高度集聚的地区通常体现为传统农业模式（非洲）、高密度人口和细分的小农场（亚洲）以及极其不平衡的超大农场和超小农场（拉丁美洲）。我们将区分每组国家所面临的不同挑战，并考察各个地区的典型性国家以及那些偏离了原有模式的国家和地区。

世界上超过 2/3 的贫困人口都在从事农业活动。因此，我们将探讨农民维持生计的农业经济学，并考察发展中国家从维持生计农业过渡到商业化农业的各个阶段。本章我们不仅要考察各种经济因素，还要考察小农经济实现现代化所必备的各种社会、制度和结构方面的条件。最后我们要探讨农村综合发展的意义，同时，还会对那些旨在提高发展中国家农村地区生活水平而制定的政策进行评价。章末是一个关于非洲农村妇女发展农业的案例分析。

9.2　农业发展：历史进步和未来挑战

9.2.1　农业生产力的趋势

农业生产能力和世界人口增长并驾齐驱令人印象深刻，这否定了新马尔萨斯的预测，即目前将会出现全球粮食短缺。的确，发展中国家的产量一直领先增长。据世界银行估计，1980～2004 年，发展中国家农业产量的增长

（年均 2.6%）高于发达国家（年均 0.9%）。相应地，这一时期发展中国家农业总产值占全球的比例从 56% 上升到 65%，远高于其非农业总产值占全球的比例 21%。自 2005 年以来，增长差距进一步扩大。国际粮食政策研究所指出，大范围农业项目的成功实施，在过去几十年内提高了农业生产率，减少了饥饿。这些项目包括亚洲的绿色革命计划，控制小麦锈病，撒哈拉以南非洲地区的改良玉米和抗虫害木薯，孟加拉国的浅管式井泵大米和宅地粮食生产，东亚的杂交水稻和绿豆改良，印度的珍珠粟和高粱及小农奶制品市场，菲律宾的改良罗非鱼，越南成功的土地所有制改革、布基纳法索的棉花改革以及肯尼亚的市场改善计划。[5]

在 1971～2010 年的 40 年里，发展中国家的整体农业产量增长速度显著提升，其程度在表 9-1 中可以得到反映。OECD 地区的农业产量也在增长，唯一的差别就是转型国家表现不佳。但是非洲的农业产值增长没有与人口增长保持一致。

如图 9-1 所示，低收入国家从事农业生产的比例非常高，有时会达到 80%～90%。农业占 GDP 的份额低于前者，但也有总产出的一半。这两个比例都随着人均 GDP 的增加而下降：这是经济发展的一种模式（见第 3 章）。但是，注意到在特定国家中农业占比的时间路径揭示出很多变化，这是很有意义的。特别地，即使人均 GDP 没有显著增加甚至根本没有增

表 9-1　农业年均增长率，按区域划分（%）

	1971～1980 年	1981～1990 年	1991～2000 年	2001～2010 年	1971～2010 年
高收入国家	1.83	0.97	1.25	0.47	1.14
发展中国家					
拉丁美洲和加勒比地区	2.93	2.35	3.09	3.21	2.89
东北亚	3.23	5.04	5.04	3.39	4.19
南亚	2.19	3.70	2.76	2.80	2.86
东南亚	3.66	3.32	3.41	4.23	3.64
撒哈拉以南的非洲地区	1.05	2.68	3.11	2.97	2.44
西亚和北非	3.31	3.84	2.61	2.75	3.13
转型国家	0.81	1.42	-4.03	2.28	0.04
全世界	2.08	2.42	2.09	2.42	2.25

资料来源：IFPRI (International Food Policy Research Institute). 2013. *Global Food Policy Report*, Table 1.Washington, DC.

加，农业劳动力的比例也大幅下降；尼日利亚和巴西的时间路径就是例子，如图9-1所示。这一结果与第7章中的情形类似，即使在人均收入正在下降或是没什么增加的情况下，很多国家也还在进行城市化。农业部门的问题会抑制收入，鼓励劳动力流向城市的非正规部门。在本章我们将回顾发展中国家农业存在的最重要的问题。图9-1还描绘了中国的时间路径，中国的经济增长非常快，但农业劳动力所占份额通常下降缓慢，这主要是由于城乡迁移受到限制（2013年以后，从农业中向外转移劳动力的进程大大加速）。

这种状况正好与发达国家的历史经验形成鲜明的反差，在发达国家经济增长的早期阶段，农业产出对一国总产出的贡献份额总是至少同农业劳动力在整个国家劳动力总额中所占的份额一样多，而当代发展中国家的农业就业比例往往相当于农业产出部门在总产出中所占比例的两三倍，这个事实直接反映了相对于制造业和商业，农业部门的劳动生产率水平相对较低。

在世界范围内，农业产出不断上升，与持续增长的人口保持一致。但正如图9-2所示，其发展非常不平衡，在亚洲的发展中国家，2005年每公顷的粮食产出几乎是1960年的3倍；拉丁美洲也出现了强劲增长。尽管近年来有人认为印度的饥饿水平有上升趋势，但南亚的农业发展良好。在撒哈拉以南的非洲地区，粮食大约只增长了1/3，其中有一个原因是，非洲很多地区的人口已经达到了刀耕火种的农业方式已经不再适用的规模，而人们对土地进行过度开发，致使土地养分流失，地力遭到破坏。维持生计的农民无力购买高质量的种子、化肥和其他现代农业的基本生产资料，结果就会陷入一个贫困陷阱，即农民必须越来越努力地耕作，却只能保持在原有水平上。

周期性的饥荒、区域性饥荒和灾难性的粮食短缺在反复困扰着大量最不发达国家，以非洲尤为突出。2011年在非洲之角影响了超过1 300万人的干旱和饥荒引起了最新的关注（见专栏9-1）。

在非洲的7.5亿人口中，约有2.7亿多人患有与粮食供给不足有关的某种形式的营养不良

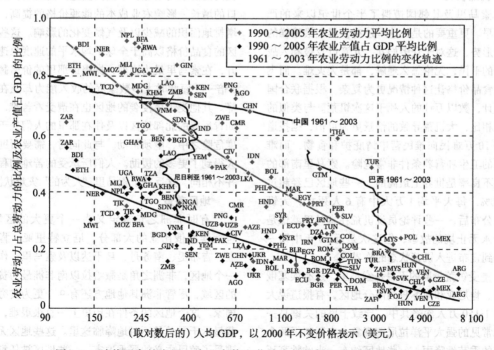

图9-1 随着国家的发展，农业产值和劳动力的份额以不同的方式趋于下降

注：三个字母的代码所代表的国家可参考表2-1。

资料来源：International Bank for Reconstruction and Development/World Bank, *World Development Report,* 2008.Reprinted with permission.

症，1973～1974 年非洲严重的饥荒夺取了几十万人的生命，更多的人则被迫长期遭受营养不良的折磨，其受灾地区仅限于萨赫勒地区，即西起与塞内加尔隔岸相望的佛得角，横贯非洲大陆直到埃塞俄比亚的撒哈拉以南的地区。20 世纪 80 年代和 90 年代的四次大饥荒波及了非洲至少 22 个国家。在 21 世纪初期，大饥荒再次袭击了欧洲，而且范围更广，南起毛里塔尼亚，东至埃塞俄比亚和厄立特里亚，横贯南部的安哥拉、赞比亚、津巴布韦、马拉维和莫桑比克。[6] 非洲之角最近的饥荒在专栏 9-1 中得到显示。

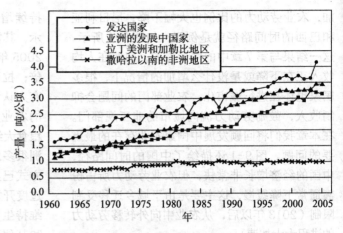

图 9-2　世界各地的粮食产量 1960～2005 年

资料来源：International Bank for Reconstruction and Development/The World Bank, *World Development Report*, 2008. Reprinted with permission.

□ 专栏 9-1　发展政策问题：非洲之角的饥荒

2011 年 7 月 20 日，在那些痛苦可怕的画面被公开以后，联合国正式宣布索马里的两个地区进入饥荒状态。

饥荒状况

索马里及其邻国遭遇了半个世纪以来的严重干旱。更重要的是，这里还有世界上最糟糕的政治形势，这对于众多妇女、儿童以及被卷入战火中的平民，无论怎么理解，都是大灾难。而飞涨的食品价格让这种情况更为复杂。根据联合国的估计，数以万计的人死于这次饥荒。与类似的灾难相比，大饥荒导致的情景更为可怕，据报道已有 10 万难民向难民营申请庇护和食物，而难民营的卫生和营养条件非常危险。索马里南部的营养不良率是世界上最高的，一些地区已经超过了 50%，每天平均 1 万人中有 6 人死亡。大饥荒被公布后，一些评论员说饥荒在索马里就像是一个永无止境的故事，但这次是近 20 年中第一次达到宣布进入饥荒状态的临界点。

遭受饥荒折磨的不只是索马里，还有埃塞俄比亚、肯尼亚和南苏丹的部分地区，有报道说大约有 1 150 万人深陷其中。导致干旱的关键是一次不常见的强太平洋拉尼娜现象，它阻断了两个季度的季节性降雨。一些地区约有一半的牲畜死亡。受影响地区的主粮价格会飞速上涨，这使得穷人的状况愈加悲惨。从全球来看，粮食价格在过去几年里有很大幅度的上涨并在 2011 年达到新高，全球平均价格几乎翻了一番。导致这种情形的原因有坏天气这样的暂时性因素，但在长期内起作用的是食物被转化成生物燃料，包括粮食在内的需求的增加，中国肉类生产的需要，总人口的增长，影响农业成本的能源价格的提高，新增耕地面积的减少以及气候变化的影响。这些地区的食品价格以高于全球平均水平的速度急速上升，在索马里最为剧烈，据报道那里的价格翻了 3 倍——而此时大多数家庭的收入能力却正在下降。其他受干旱侵袭的地区也在遭受着苦难，例如肯尼亚的北部地区以及住在那里的人们处于极度危险之中，亟须帮助。与此同时，需要帮助的人得到了更多的援助。人们所承受的苦难的程度并不相同，这反映了索马里"人为的"灾难状况。

地区前景

有时非洲之角被定义为一个更大的区域，包括埃塞俄比亚的大部分、厄立特里亚、肯尼亚、吉布提、南苏丹、乌干达以及索马里。作为一个地区，非洲之角是撒哈拉以南非洲最为贫穷的区域，尽管非洲其他地方还有 9 个更为贫穷的国家。这个地区的条件在历史上一直很艰难，记载显示干旱总是不时地降临这里。这些地区无疑遭受了殖民主义的严重迫害，一些地区被任意划归到不同政权，尤其是从厄立特里亚到埃塞俄比亚，从南苏丹到苏丹的区域。其中的一个主要原因是这些地区一直在遭受后殖民地冲突的蹂躏。

很多媒体猜想这个地区的地形和气候以及人们的文化肯定有什么根本性的特别之处，可以用来解释这个地区周而复始的灾难。但事实上，人们在这个地区发现了与其他欠发达地区一样的根本性问题：乏力的组织机构，种族语言的分裂，与种族和宗教区域相关的地区性不平等的"断层"。这些地区确实存在十分不利的地理形势，但同样存在不利地势的其他地区却能够随着时间从根本上解决这些劣势。无论如何，适应这个地区未来气候变化的影响对相关的国际组织来说是个挑战。而其他方面让这些问题更加复杂化，例如，1960 年索马里的人口在 300 万以下，而现在在 900 万以上，这是造成食物供给压力的一个因素。但是，正如第 6 章解释的那样，穷人把孩子作为生存的必要条件；比起它的成因，快速的人口增长远不仅是贫穷的一个特征。

国际响应

大饥荒影响范围巨大，即使在低冲突的条件下，如果没有团结一致的努力，也很难救助所有受影响的人。但是，正如 1992 年那次在索马里的大饥荒，人们可以一边向这个国家迅速运送食物，一边看这些食物是否被送达需要的人那里。索马里青年党（AI-Shabaab），一个和"基地"组织有关的激进组织，控制着宣告饥荒的大部分地区。一些救济团体得到了进入准许，但是激进分子们抵制联合国世界粮食计划署（WFP）这一最有效的食物运送组织进入该地区，声称WFP 夸大其词并有其他目的。这些激进分子声称干旱情况因为政治目标被夸大为大饥荒，但事实上当地的情况的确显而易见，不容忽视；他们正在重新考虑：宣布控制一些因饥荒死亡和难民出逃导致人口减少的地区得不到什么政治好处。但是政府、国际组织和 NEO 现在都在准备全方位地应对饥荒恶化。问题很复杂，因为干旱导致的低收入意味着人们买不起食物，但在市场上倾销食品、保持低价可能会使当地种植者不愿意再生产出售这些产品。要解决这个问题，一个重要的策略就是，只要可能就从这些受影响的本地生产商那里购买产品。

权利问题

在历史上，绝大多数的饥荒都是"人为

的"。阿玛蒂亚·森提出将"获取问题"（the acquirement problem）作为"商品控制权"（command over commodities）框架的一部分。就国际人道主义和联合国目标而言，饥荒被定义为同时出现因饥饿导致的儿童营养不良、死亡以及很难获得食物的情况，特别是①超过 30% 的儿童遭受严重的营养不良；②每天 10 000 人中有超过 2 个成年人或 4 个儿童死于饥饿；③全体人口平均每天可获取的食物少于 2 100 千克并且水少于 4 升。这个定义与韦氏词典中"食物极端不足，十分匮乏"的定义很不相同。例如，在 1974 年孟加拉国的大饥荒中，食物产量是实实在在的，只是不会分配到挨饿的人那里；根据阿玛蒂亚·森的研究，1943 年孟加拉国的平均收入是增加的，这提高了那些比较幸运的人的购买力，进而推高了食品价格，致使普通劳动者这样的人买不起足够的食物。

在索马里，或者这些地区的其他地方，由于极端干旱，产出遭到重创。对家庭而言，一般当他们消费不了与他们过去所需要的同等数量的本地食物时，就会刺激卖方将食物卖到外地。但是如果他们有赚钱的能力，他们就买得起食物，贸易者也会将食物带到他们居住的村庄来售卖。问题在于市场没有对商品的控制权或者说权力，生活在贫穷中的人们需要在这种环境下谋生存。由于索马里具体的食品出口情况还不方便核实，在权力还无法发挥作用时，这便是人们要在饥荒时期提供公共行动的原因之一。虽然可能存在干旱和食物产出的大幅下降，但人们从来不希望出现饥荒。

资料来源：Dreze, Jean, and Amartya Sen. *Hunger and Public Action.* New York: Oxford University Press, 1989; Amartya Sen. *Poverty and Famines: An Essay on Entitlement and Deprivation.* New York: Oxford University Press, 1981. For more details on the economics of conflict and development, see section 14.6, pages 708-707. For analysis of the importance of institutions and the historical legacy, see section 2.7, pages 83-91. On impact of and adaptation to climate change in developing countries, see section 10.3, pages 476-480.

与亚洲那次成功的绿色革命相似的、新的非洲绿色革命开始受到公共部门、私人和非营利部门的关注——包括主要来自非洲绿色革命

联盟（AGRA）的支持，并由联合国前秘书长科菲·安南出任主席。要实现农村发展的目标，明显需要技术进步以及根本的制度和社会转型。

非洲联盟的同行互评的非洲发展新伙伴计划（NEPAD）法案促使综合非洲农业发展方案开始重点关注主导农业增长的投资和地区合作，这也是实现千年发展目标中将饥饿和贫穷减半目标的主要策略。其目标是将国家预算的10%用于农业，并在农业部门实现6%的增长。[7]

贝宁的非洲水稻中心早期获取的成功之一是培育出了各种非洲新水稻（NERICA）。迄今为止，贝宁、乌干达和冈比亚一直深受其惠，它对农村妇女的影响似乎大于对农村男性的影响。但是，在整个非洲复制这一成功并不容易，例如，非洲新水稻的种类对几内亚和科特迪瓦

就没有帮助。粮食生产不会自动解决生活在贫困中的人的饥饿问题。

2007～2008年和2011年粮食价格攀至顶峰突出了这种持续的脆弱性。在粮食价格危机阶段，消除饥饿的步伐停滞不前，在后续的几年里也没有明显改善。虽然有些起因是暂时性的，但专家预测粮食价格将在长时间内维持高位。20世纪以来，粮食价格平均以每年1%的速度下降，但是到了现在所处的21世纪，粮食价格已经上升到平均水平。图9-3展示了几个重要的农产品的价格趋势，其价格整体上都回归到了70年代后期未曾出现的水平。[8]

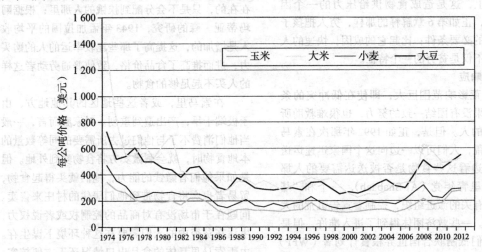

图9-3　1974～2012年全球农产品价格

注：价格为2005年实际美元价格。

资料来源：Based on International Food Policy Research Institute, 2012 Global Food Policy Report, p.90 (Washington, D. C.:IFPRI, 2013); downloaded at: http://www. ifpri.org / sites / default / files / publications / gfpr2012. pdf (accessed February 7, 2014). Prices for 2012 are through August 2012.

正如诺拉·勒斯蒂格（Nora Lustig）所总结的，2007～2008年粮食价格冲高的原因也反映了导致未来粮食价格走高的长期推动因素，包括生物燃料生产对食品的消耗、中国及其他国家由于收入增加而导致对食品（特别是更多的肉制品）需求的上涨、农产品生产增长速度下降、影响农业投入成本的能源价格上升、农业用地日渐枯竭以及自然灾害对发展中国家粮食生产的影响。另外，包括各种形式的粮食价格干预在内的不尽如人意的政策也会使上述因素的影响加剧。[9]

另外，与总需求相关的并不是一个大的全球性的粮食市场。主要出于国际安全因素，许多国家的粮食是自给自足的。埃及、越南和俄

罗斯禁止粮食出口就反映了这一状况。到21世纪40年代后期，这个世界将不得不尽快找到养活近100亿人的方法。我们在强调重大成就的同时也要记住所面临的挑战。

9.2.2　市场失灵和政府政策的必要性

低收入国家农业生产率相对低下的一个重要原因是，政府在其发展中忽视了农业这一部门，而这恰恰是刚才所描述的计划所打算解决的问题。反过来，我们可以追溯战后几十年发展中国家中普遍存在的片面的发展思想和战略，即忽略农业及与之相随的偏重对城市工业经济

的投资，从而将重点错误地放在通过进口替代和汇率高估加速工业化上（见第 12 章）。[10]

如果农业发展重新获得重视，那么政府应该起什么作用？实际上，农业发展中最重要的挑战之一是认清政府的作用。20 个世纪 80 年代发展部门的主要议题就是如何减少政府对农业的干预。事实上，很多早期干预弊大于利：一个极端的例子是政府要求农民将产出低价出售给国家销售部门，试图将城市食品维持在较低价格上。生产补贴，已经从高收入国家传入中等收入国家，不但成本高昂而且没有效率。

农业可以说是一项完全竞争的活动，但这并不意味着这里不存在市场失灵和不需要政府干预。实际上，农业部门的市场失灵是非常普遍的，包括环境外部性、农业研究、发展和推广服务的公共产品特征，销售中的规模经济，产品质量的信息不对称，市场缺失，投入要素供给的垄断，以及政府在制度构建和基础设施配置上更广泛的作用。尽管有许多失灵，但是有时候政府在这些方面还是相对有效的，正如亚洲政府在其绿色革命中所发挥的作用。[11]

但是，政府在农业发展中能起到作用，仅仅是因为其在减轻贫困中必不可少的作用——世界上的贫困人口大部分仍然是农民。贫困本身阻碍了农民利用能够帮助他们脱离贫困的机会。缺乏担保，他们无法获得贷款；没有贷款，他们可能就不得不让孩子辍学去工作，贫穷便代代相传。缺乏健康和营养，他们可能就不能很好地工作来获取更好的健康和营养。由于信息不足和市场缺失，他们无法获得保险；缺乏保险，由于担心无法生存，他们可能不会去冒那些对他们有益的风险。没有中间人，他们无法获得专业化知识（没有专业化知识，中间人也没有动力介入）。由于种族划分、社会地位、语言或者性别而被社会排挤，他们得不到机会，而这还会使他们继续被排挤。没有援助，贫困陷阱通常不可能被完全消除。在所有这些地区，非政府组织可以也应该介入以提供帮助（见第 11 章），但是政府至少需要发挥促进作用，创造必要的支持环境。[12]

提高效率和减少贫困的政策是密切相关的。许多市场失灵，诸如市场缺失和资本市场失灵，严重限制了贫困农民利用全球化机会的能力，比如当政府开放贸易时。如果这些问题不提前消除或者社会不进行其他的结构变革，那么穷人可能继续被排斥甚至其境遇会变得更糟。那么，此时政府的关键作用就是确保农业产量的增长被穷人分享。在一些国家，农业显著增长，而穷人却未享受到相称的待遇。这样的例子包括土地分配极端不平等的巴西，存在社会不公以及获得关键资源（如灌溉）的机会不平等的巴基斯坦等。但是，发展中国家的人力和自然资源如果能被包括穷人在内的人更好地利用，那么将会提高增长率并减少贫困。[13]

9.3 发展中国家土地制度的结构

9.3.1 三种农业体系

要深入理解农业和农村发展进程，首要的是对各个发展中地区的农业体系本质有个清晰全面的了解，尤其要了解自给自足向商业化农业转变过程中的经济因素。

农业发展经济学家 Alain de Janvry 和他的同事在世界银行的《2008 年世界发展报告》中提出了一种有用的世界农业分类方法，指出在发展中国家有三种差异巨大的农业体系，它们与发达国家先进的农业体系并存。

首先，在这个报告中所称的以"农业为基础的国家"中，农业仍然是主要的经济增长源，主要是因为农业占了 GDP 的很大一部分。世界银行估计在这些国家中，农业对 GDP 增长的贡献平均为 32%。有 4.17 亿人生活在这些国家，这些国家超过 2/3 的穷人生活在农村。撒哈拉以南非洲的大约 82% 的农村居民生活在这些国家。除此以外，还包括这一区域以外的其他国家，例如老挝。还有一些非洲国家，例如塞内加尔，正在经历变革。

其次，世界上大多数农村人口——大约 22 亿，居住在上述报告中所称的"转型中的国家"这一分类中，这类国家中农村人口占贫困人口的比例是非常高的（大约平均为 80%），但农业对 GDP 增长的贡献只有一小部分（平均为 7%）。东南亚、北非和中东地区的大部分人生活在这样的国家，还有一些国家例外，如危地马拉。

最后，在上述报告中所称的"城市化国家"

中，农村人口向城市的流动已经使城市中的贫穷人口几乎占一半或一半以上，农业对产出增长的贡献有下降趋势。城市化国家多在拉丁美洲和加勒比地区，以及发展中的东欧和中亚，这里约有 2.55 亿农村居民。

在很多情况下，某个国家在上述分类中的位置并不是固定不变的。近几十年，许多归类

为以农业为基础的国家正在向城市化国家转变，最典型的是印度和中国。

图 9-4 显示了一些国家所处的类别，近 30 年来，4 个主要国家随着时间推移发生了变化：中国、印度、印度尼西亚和巴西。例如，根据世界银行的分类，巴西从一个近似转型国家转变为一个完全的城市化国家。

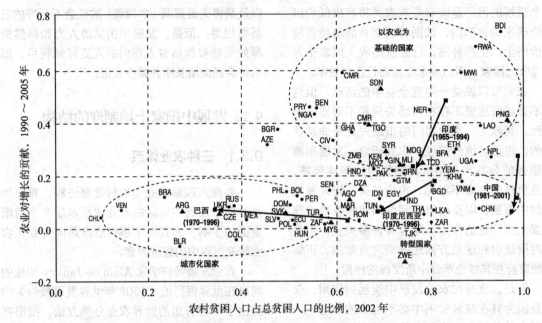

图 9-4　三种不同类型的国家中农业对增长的贡献与农村贫困人口所占比例

注：箭头表示巴西、中国、印度和印度尼西亚在过去一段时期的路径。三角形表示所用数据为预测的贫困数据。国家代码见表 2-1。

资料来源：International Bank for Reconstruction and Development/The World Bank, *World Development Report*, 2008. Reprinted with permission.

不同的国家农业生产率也不尽相同。表 9-2 列出了 3 个发达国家（加拿大、日本和美国）和 12 个发展中国家在土地生产上（以每公顷农业用地的粮食产量来衡量）的差异，同时也列出了低收入、中等收入、高收入国家的平均数。尽管美国每公顷土地上从事农业生产的人数很少，但其每公顷土地的粮食产量是印度的 2.4 倍、刚果民主共和国（刚果（金））的 9 倍。美国平均每个农民为农业增加的产值是印度的 75 倍、刚果（金）的 177 倍。

表 9-2　发达国家和发展中国家劳动和土地生产率

国家组合	农业生产率（每个工人的增加值，美元，2011 年）	平均粮食产量（千克/公顷，2011 年）
低收入国家	337	2 035

（续）

国家组合	农业生产率（每个工人的增加值，美元，2011 年）	平均粮食产量（千克/公顷，2011 年）
中等收入国家	953	3 678
高收入国家	21 957	4 645
国家		
布隆迪	123	1 326
刚果（金）	281	766
塞内加尔	346	966
肯尼亚	363	1 514
孟加拉国	475	4 191
玻利维亚	629	2 365
印度	657	2 883
中国	713	5 706
加纳	810	1 594

国家组合	农业生产率（每个工人的增加值，美元，2011 年）	平均粮食产量（千克／公顷，2011 年）
		（续）
印度尼西亚	937	4 886
墨西哥	4 028	3 241
巴西	5 019	4 038
日本	42 953	4 911
美国	49 817	6 818
加拿大	59 818	3 527

资料来源：Based on data from World Bank, *World Development Indicators, 2013* (Washington, D. C.:World Bank, 2013), tab.3.3.

另一个需要重点注意的问题是，同一国家中的地区差异也非常大。印度有些地区分别属于三种类型，从现代化的旁遮普邦到半封建的比哈尔邦。甚至在中高等收入国家，城市化的墨西哥南部也有很多地区处于严重贫困状态，且高度依赖农业。此外，在不同地区之间，大的和小的、富裕的和贫穷的事物常常是并存的——尽管大并不一定意味着有效率。接下来，我们来进一步讨论拉丁美洲、亚洲和撒哈拉以南非洲国家所面临的农业问题。

9.3.2 拉丁美洲、亚洲和非洲的传统农业与小农经济

在很多发展中国家，不同的历史原因导致大量的土地集中在少数实权派手中，在拉丁美洲和亚洲的部分地区尤其如此。在非洲，历史原因以及未利用的可耕土地资源较为丰富的优

势，形成了其农业活动完全不同的类型和结构。

尽管日复一日为了生存而斗争已经成为拉丁美洲和亚洲（也包括非洲，尽管农村结构和制度存在巨大差异）贫困农民的生活常态，但是他们现有的**土地制度**（agrarian system）在性质上还是有显著差异的。在拉丁美洲，很多贫困和落后地区的农民的贫困根源于大庄园—小庄园制度（很快我们将加以解释）。在亚洲，农民的贫困则主要根源于条块分割同时又高度密集的小块土地。拉丁美洲的平均农场规模远远大于亚洲，列入表 9-3 中的国家尤为突出。像厄瓜多尔、智利、巴拿马和巴西这样的拉丁美洲国家的平均农场规模是像孟加拉国、巴基斯坦、泰国和印度这样的亚洲国家的几倍以上。但是，由于较大的农田都被最大的农场控制，拉丁美洲的农场规模差异却比亚洲大得多。正如表 9-3 所示，各国模式根本不一致。一些国家的农场被分割成较小的单元，而另外一些国家却将之合并成较大的单元；随着时间的推移，一些国家的不平等在增加，而另外一些国家却在减少。

正如我们可以利用收入分配数据来画出收入的洛伦兹曲线（见图 5-1）一样，我们也可以利用农户的农田分配数据来画耕地的洛伦兹曲线。在这种情况下，横轴表示总耕种土地的比例，纵轴表示总面积的比例，耕地的基尼系数可以利用收入的基尼系数的计算方法来计算：它是耕地洛伦兹曲线和 45° 线之间的面积占整个三角形面积的比例。表 9-3 显示的是一些代表性国家的耕地的基尼系数以及它们随时间的变化。

表 9-3　农田规模和土地分配的变化

国家	时期	土地分配基尼系数（%） 初期	末期	平均农田规模（公顷） 初期	末期	变化（%） 总农场数	总面积	所用农场规模的说明
较小的农场规模，严重不平等								
孟加拉国	1977 ～ 1996 年	43.1	48.3	1.4	0.6	103	−13	总耕地面积
巴基斯坦	1990 ～ 2000 年	53.5	54.0	3.8	3.1	31	6	总耕地面积
泰国	1978 ～ 1993 年	43.5	46.7	3.8	3.4	42	27	总耕地面积
厄瓜多尔	1974 ～ 2000 年	69.3	71.2	15.4	14.7	63	56	总耕地面积
较小的农场规模，较不平等								
印度	1990 ～ 1995 年	46.6	44.8	1.6	1.4	8	−5	总耕地面积
埃及	1990 ～ 2000 年	46.5	37.8	1.0	0.8	31	5	总耕地面积
马拉维	1981 ～ 1993 年	34.4	33.2[①]	1.2	0.8	37	5	农作物耕地面积
坦桑尼亚	1971 ～ 1996 年	40.5	37.6	1.3	1.0	64	26	农作物耕地面积

（续）

国家	时期	土地分配基尼系数（%）		平均农田规模（公顷）		变化（%）		所用农场规模的说明
		初期	末期	初期	末期	总农场数	总面积	
智利	1975～1997 年	60.7	58.2	10.7	7.0	6	−31	可耕种面积
巴拿马	1990～2001 年	77.1	74.5	13.8	11.7	11	−6	总耕地面积
较大的农场规模，严重不平等								
博茨瓦纳	1952～1993 年	39.3	40.5	3.3	4.8	−1	43	农作物耕地面积
巴西	1985～1996 年	76.5	76.6	64.6	72.8	−16	−6	总耕地面积
较大的农场规模，较不平等								
多哥	1983～1996 年	47.8	42.1	1.6	2.0	64	105	农作物耕地面积
阿尔及利亚	1973～2001 年	64.9	60.2	5.8	8.3	14	63	可耕种面积

① 2004～2005 年的数据。

资料来源：*Wold Development Report, 2008:Agriculture and Development* by World Bank. Copyright © 2008 by World Bank. Reproduced with permission.

明显趋势之一就是，在亚洲，随着土地被细分，农场面积越来越小，在非洲这种趋势也在加强。

9.3.3 拉丁美洲的土地模式：进步与持续贫困的挑战

与亚洲和非洲一样，在拉丁美洲，土地结构不仅是生产制度的组成部分，也是农村生活全部经济、社会和政治组织的基本特征，自殖民地时代以来在拉丁美洲开始普及，此后成为拉丁美洲大多数国家的社会组织的一种农业结构，就是所谓的大庄园—小庄园型的农业二元模式。[14] **大庄园**（latifundio）一般拥有大量的土地，在拉丁美洲，人们将大庄园界定为足以提供 12 人以上就业机会的大农场；而相反，**小庄园**（minifundio）就是非常小的农场，它是指由于农场规模大小以致只能为一个家庭（两个劳动力）提供就业机会，而达到各国或地区正常的收入市场技术和资本水平的小农场。

利用基尼系数来测度土地的集中程度，结果如表 9-3 所示。有报道称巴西的基尼系数为 0.77，巴拿马为 0.75，厄瓜多尔为 0.71。尽管估计值是变化的，但土地不平等的变化仅限于拉丁美洲的情况（例如，见表 9-3 巴西和厄瓜多尔的数据）。其他国家甚至更为不平等，巴拉圭的基尼系数几乎高达 0.94，除此之外，哥伦比亚和乌拉圭也显示出了非常高的不平等。[15] 这些是到目前为止世界上区域范围内最高的基尼系数，它们突出反映了拉丁美洲整体上耕地所有权的不平等（并部分地造成了收入的不平等）。

但是大庄园和小庄园并非拉丁美洲农业土地占有形式的全貌，**家庭农场**（family farms）和**中型农场**（medium-size farms）也占据了相当份额的农业生产。家庭农场一般雇用 2～4 个劳动力（回想一下小庄园最多只能为 2 个人提供工作），而中型农场一般雇用 4～12 个劳动力（仅次于大农场）。在委内瑞拉、巴西和乌拉圭，这些中间形式的产出占整个农业产出的 50% 以上，所雇用的农业劳动力数量也高达半数，这些农场在劳动力和耕地的使用之间达到了较为有效的平衡。研究显示，根据要素的边际报酬递减规律，它们的全要素生产率比大庄园和小庄园更高。的确，来自发展中国家的大量证据证明，对于大多数农产品的生产，较小规模的农场更有效（成本更低）。[16]

大庄园和小庄园相比，之所以在耕种肥沃土地的条件下经济效益相对较低，其中一个简单的解释是，大庄园主并不将自己的土地视为对国家的农业产出做出潜在贡献的附着物，而是将其视为会给自己带来显赫的权势和声望的东西。与小庄园相比，大庄园的大部分耕地更多的是被撂荒或疏于耕作。另外，大庄园的**交易成本**（transaction cost），尤其是监督雇工的成本，也要远大于家庭农场或小农场中使用家庭劳动力带来的较低成本，因而，要发展农业生产特别是提高传统区域拉丁美洲土地的使用效益，单纯依靠提供优良品种、施用更多化肥、消除要素价格的扭曲、提高农产品价格以及改善市场等直接的经济政策还远远不够。[17] 它还要求改革农村的社会和制度结构，为拉丁美洲的农民，尤其是对那些移民困难的本地居民，提供一种现实的机会，让他们有机会改善现有的经济生活和社会地位。[18]

尽管很多小庄园仍然处于贫困状态，尤其是那些本地的和混血儿，并且很多大庄园主依然在低效率的水平上生产，但是一个更有活力的部门出现了，其中包括一些较大型的农场。有效的家庭和中型农场在整个地区也有很多。

在整体水平上，拉丁美洲的农业部门看起来还不错。智利走上了"非传统出口"之路，尤其是为北半球的冬季市场提供新鲜水果，还有水产养殖、绿色蔬菜和酒。智利的成就得益于一个积极而又相对有效的、促进新的出口的农业扩张系统。多样化降低了出口收益的风险。谷类作物的生产率增长一直十分稳定。以甘蔗为基础的生物燃料和大豆在巴西的农业增长中发挥着重要作用。在传统的出口中，特别是对于咖啡，拉丁美洲利用了高附加值生产的机会（例如有机农业和公平贸易市场）。[19]

拉丁美洲的一些国家，例如危地马拉和洪都拉斯，仍然处于混合过渡阶段，在这些国家，大庄园—小庄园模式仍将占主导地位。这种模式在其他国家也仍旧存在。正如第 2 章所提示的，拉丁美洲极度的农村不平等起源于西班牙和葡萄牙的殖民地时期，那时本地居民遭受剥削而成为奴隶（见专栏 2-3），非洲的奴隶被强行带到了这个地区。克服这一历史遗留问题是一个长期而痛苦的过程，有很多问题需要解决。社会歧视仍然存在，为穷人提供从事农业生产的机会在包括哥伦比亚在内的这些国家仍要遭受重重压力。[20]

农业条件不尽人意的地区，通常是少数民族聚居的地区，例如巴西的东北部、安德斯地区和墨西哥以及美洲中部地区，这些地区往往处在极度贫困状态。由于贫穷导致的获得贷款和其他投入要素的机会减少，加上穷人的政治参与权不断受到剥夺，他们往往只能获得低水平的政府服务，基于这些原因，极端的农村不平等阻碍了这些地区的发展。另外，受教育程度较高的那些

人，大部分选择从农村走向城市，结果农村更多的是年纪大的人、妇女和本地人。要消除这些导致中等收入国家贫困率一直较高的因素，需要政府和社会公众的持久努力。[21]

9.3.4 转型经济：亚洲农地的分散和小块分割

如果说拉丁美洲土地的主要问题是过多的土地控制在极少数人手中，那么，亚洲的基本问题则是过多的人挤在数量极少的土地上。例如，就平均耕地面积而言，泰国仅有 3.4 公顷，巴基斯坦为 3.1 公顷，印度为 1.4 公顷，孟加拉国为 0.6 公顷；在每个国家内部，随着时间推移，耕种面积甚至越来越小（见表 9-3）。土地在亚洲的分配比拉丁美洲要更为平等，但是仍存在显著的不平等现象。正如表 9-3 所示，亚洲土地分配的基尼系数在这样一个范围：印度为 0.448，孟加拉国为 0.483，泰国为 0.467，巴基斯坦为 0.540。

在 20 世纪的大部分时间，亚洲的农村状况不断恶化，诺贝尔经济学奖获得者纳纳·缪达尔认为下列三个相互密不可分的主要因素，使得传统的土地所有制成为现有这种分散的格局：①欧洲统治的干预；②货币化交易的逐步引入和高利贷者力量的上升；③亚洲人口的迅速增长。[22]

在欧洲殖民入侵之前，亚洲传统的土地结构是围绕村社组织起来的，当地的首领和农民提供产品与劳务——为了得到保护并使用公共土地和获得公共服务，农民要向首领上缴产品和劳务。部落或村社有权分配、处置和使用村社最宝贵的资源（土地），这种权力可能是集体裁决，也可能是通过首领来执行的。由于人口增长，或者是诸如旱灾、洪涝、饥荒、战争和疾病等自然灾害，土地可能会在村社成员之间重新分配。在村社内部，每个家庭都有为自己耕种土地的基本权利，要想将一户家庭驱逐出自己的土地，必须通过村社全体成员一致决议。

欧洲人（主要是英国人、法国人和荷兰人）的到来，导致传统的村社结构发生了重大变革，有些变化其实在这之前已经开始。正如缪达尔指出的："殖民统治成为土地结构变革的催化剂，其作用有两条途径：一是通过对财产所有权的

直接影响作用于土地结构变革，二是通过间接影响当地经济货币化进程和人口增长而发生作用。"[23] 在财产所有权方面，欧洲土地私有化的土地所有制体系得到了法律的支持和强化。正如纲纳的解释，欧洲强制推行土地所有制所造成的主要社会后果之一就是：

它破坏了早期村社生活的团结，瓦解了早期村社生活复杂周密而非正式的权利和义务的结构安排。土地主被赋予无限的权利，可以任意处置土地，可以随意将贡赋从惯常水平提高到他能够榨取的任意高的水平。土地主已经无须承担提高安全保护和公共服务的义务，因为这些已经由政府接手。因此，土地主的地位从对村社负责的贡赋收取者，转变为除支付土地税之外不对农民和公众承担任何义务的纯粹的土地所有者。[24]

目前印度和巴基斯坦的**土地主**（landlord）可以免除缴纳其所拥有土地收益的大部分税赋。现在南亚的典型土地主通常是一种外居土地主，他们居住于城镇，把土地移交给**佃农**（sharecropper）或**土地承租人**（tenant farmer）去耕种。佃农在亚洲和拉丁美洲都很普遍，但是在亚洲更为流行，据估计，在所有租种的土地中，亚洲的份额高达84.5%，而在拉丁美洲只有16.1%。在非洲，这样的制度安排几乎闻所未闻，农民在部落或村社中耕作占主导。例如印度大约48%的土地租用人是佃农，印度尼西亚为60%，菲律宾为79%。尽管在哥伦比亚佃农非常普遍，但是在拉丁美洲的其他地方佃农并不流行，例如在秘鲁，几乎没有佃农这个词。[25]

在亚洲农村的社会经济结构中，土地私有化的出现催生了另一支褒贬不一的力量，即**高利贷者**（moneylender）。一旦私有财产形成，土地就成为可以转让的财产，农民可以将这种财产作为贷款的担保，一旦违约，这些财产就会被没收，并落入那些臭名昭著的高利贷者手中。同时，亚洲的农业从维持生计型的农业逐步向商业化的农业转变，这主要是由于新兴城镇对当地粮食的需求增加，更重要的是由于欧洲殖民列强对粮食外部需求的增加。随着农业从维持生计型经济向商品化生产的转型，高利贷者的作用有了显著变化。在维持生计型经济

中，高利贷者只限于向农民提供资金，让农民渡过歉收的难关或应付家庭红白喜事之类的非常开支，这些贷款大部分以实物形式（即以粮食）偿还，利率非常之高。然而，随着农业商业化的发展，农民对资金的需求量有了很大的增加，种子、肥料和其他投入都需要资金。如果农民要种茶叶、橡胶和黄麻这些经济作物，那么，他也需要钱来购买粮食。令高利贷者更感兴趣的往往并非榨取高额利息，而是诱使农民拖欠贷款，伺机将农民的土地据为己有。通过索取畸高的利率或诱使农民来告借自身难以承受的贷款，高利贷者往往能够将土地从农民手中夺过来。然后，他们再将这些土地卖给渴望获得土地的富豪地主，从中赚取土地投机的利润。在很大程度上，正是在高利贷的影响下，亚洲农民发现自己的经济地位每况愈下。[26] 另外，人口的快速增长常常会导致土地分化和贫穷。[27]

为了更好地理解20世纪亚洲一些国家农村条件的恶化，下面我们以印度、印度尼西亚和菲律宾为例进行考察。1901年，印度总人口为2.86亿，到了2013年，印度人口增加4倍以上。印度尼西亚的人口从1900年的2 840万增加到2000年的2.1亿。菲律宾吕宋岛2003年的人口与1903年的100万相比，已增长了10倍以上。随人口的剧增而来的是不可避免的严重的土地分化，因此，现在这些国家中许多地区农民平均土地拥有量不足1公顷。如表9-3所示，整个南亚和泰国，平均农场规模已经缩小。

对许多贫困家庭而言，随着农民占有土地的进一步减少，农业产业下降到了维持生计的水平以下，慢性贫困成为许多人的一种生活方式。一方面，农民被迫从高利贷者那里以50%～200%的高利率来借钱度日，但大多数人都无力偿还这些贷款，于是他们被迫卖掉土地，成为负债累累的佃农。由于耕地稀缺，他们又往往被迫交纳很高的地租或取得较少的作为佃农耕种的收益。另一方面，由于劳动力丰富，因此工资也非常低，农民陷入了长期的贫困陷阱。若再不对农村进行重大改造和改革，农民将无法摆脱这个贫困陷阱。结果，许多亚洲农民逐渐从小土地所有者沦为佃农或土地租

种人,然后成为无地的农业劳动者,继而成为
无业游民,最后沦为都市边缘地区的贫民窟居
民。[28] 与此同时,另外一些农民则因为绿色革
命受益于生产力的大大提高;然而对他们之中
的大部分而言,像下降的地下水位之类的环境
问题正代表着新的、潜在的挑战。

再者,正如第 2 章所提示的,通常殖民掠
夺的影响会持续很久。以印度为例,土地所有
权归土地主所有的地区,生产力明显较低;在
独立之前,农业投资也比那些由耕种者掌握土
地所有权的地区也低;另外,对健康和教育的
投资也明显较低。[29]

9.3.5 非洲的维持生计型农业和粗放耕作

对于那些生活在以农业为基础的经济体中
的非洲人民来说,在小块土地上的**维持生计型
农业**(subsistence farming)是他们大部分人
的生活方式。热带非洲地区的绝对多数农户主
要还是从维持生计的角度来安排生产。(除此之
外,东非、西非还有甘蔗、可可、咖啡、茶叶
和其他种植园;尼日尔主要出口青豆;肯尼亚
和埃塞俄比亚出口鲜切花;坦桑尼亚出口豆科
植物。)

由于非洲农业生产最基本的投入变量是农
户家庭和农村劳动力,因此非洲的农业体系主
要表现为以下三个特征:①村社中维持生计型
农业占据重要地位;②土地的存有量超过了对
土地的直接需求量(尽管超出的数量正在迅速减
少),因此容许轮作方式,同时也降低了土地所
有权作为经济和政治权力手段的价值;③同一
个村社的每一个家庭(无论是嫡系还是旁支)都
有权使用在其领土范围内的土地和水源,不属
于同一村社的家庭则无权使用,即使他们可能
属于同一部落。当传统体制受到破坏时,不平
等程度往往增加。

非洲传统的维持生计型农业生产之所以生
产率低下,可以由以下三种限制农业产出增长
的历史因素的共同作用来解释。

(1)尽管非洲确实存在一些可利用但未利
用的耕地,但由于农户使用的是传统的生产工
具,如短柄锄头、斧子和长柄刀或大砍刀,所
以只有少量的土地得以播种或耕作。在一些国

家,漫长而干旱季节中令人讨厌的舌蝇或饲料
的缺乏,致使人们无法使用牲畜,所以此时在
传统的农业生产方式下只得主要依靠人力来耕
种小块土地。

(2)在采用传统技术和原始工具的条件下,
给定一个农户所能耕种的土地数量,那么在这
小片面积的土地上,就往往会实行集约化耕
作。结果,随着劳动投入的增加,其边际收益
注定迅速递减。因此,基于这种情况,实行**轮
作**(shifting cultivation)是大片面积的土地上
利用有限劳动供给的最经济的方法。在轮作的
过程中,由于会进行大量的耕种,因此一旦耕
种土壤的肥力流失,人们就可以开垦新的土地,
重新在新开垦的土地上开始播种和耕作。而在
这期间,原来耕种的土地可以借机恢复肥力,
一直恢复到可以再次投入耕种。在这一过程中,
不必施加粪肥和化肥,但是在非洲大多数的乡
村中,人们还是对这些土地施用了某种形式的
粪肥(主要是牲畜粪便),以延长这些耕地肥力
的期限。

(3)在农忙季节,即播种和除草时,劳动
力十分短缺。而在其他时节,又会出现劳动力
闲置。由于播种期随雨季到来,同时由于非洲
的许多地区一年中只有一个雨水充沛的雨季,
所以在雨季到来之后的头几周时间,对农业劳
动力的需求常常超过所有可利用的农村劳动力
的供给。

在这三方面因素的共同作用下,最终的结
果是,非洲许多地区的农业总产出和劳动生产
率一直处于一种相对静止的水平。因此,只要
非洲的人口数量保持相对稳定,这种历史上形
成的以低生产率和轮作为特征的生产方式,就
能够满足非洲大多数部落为维持生计所必需的
粮食需求。但是,由于现在非洲人口密度的增
加,轮作制有可能被瓦解,取而代之的是在小
片耕地上进行反复耕作。因此,这种生产方式
对于非人力的其他生产性投入和新技术的需求
将增加,对于肯尼亚、尼日利亚、加纳和乌干
达这样一些人口稠密的农业国更是如此。像马
拉维、坦桑尼亚之类的国家,其农场规模也在
下降,如表 9-3 所示。此外,随着城镇的发展、
货币经济的渗透、水土流失和边缘地区的森林
砍伐以及土地税的实施,纯粹的维持生计型农

业生产已不再可行。随着土地的日益稀缺，土地退化面积也来越多。2008年的《世界发展报告》认为：

> 更好地管理土壤和水资源势在必行，否则生产率的提高是不可能的。撒哈拉以南的非洲地区必须想办法让他们开垦了几十年的土地重新恢复养分。非洲农民每公顷土地的施肥量不足10千克，而南亚则多于100千克。现在需要大力发展高效化肥市场，通过豆科牧草等农林业系统来补充土壤肥力。[30]

另外，到2007年，撒哈拉以南非洲4%的农田得以灌溉，相比之下，南亚则为39%，东亚和太平洋地区为29%。尽管最近取得了一些成绩，撒哈拉以南的非洲地区也仅有22%的种植谷物的土地种上了改良品种，但它们在其他发展中国家的大部分土地上已经得到使用了。对于那些土壤损耗严重和降雨量不确定的地区来说，将未经改良的种子播种在未施肥的靠雨水灌溉的土地上，只能使情况更加恶化（见图9-5）。

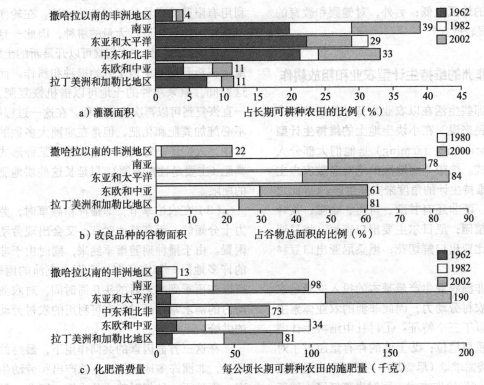

图 9-5 世界上发展中地区的现代投入品的增长

注：图中"改良品种的谷物面积"是根据对水稻、小麦、玉米和高粱的估计得来的。

资料来源：*World Development Report, 2008: Agriculture and Development* by World Bank, Copyright © 2008 by World Bank. Reproduced with permission.

在世界各大洲中，非洲因粮食生产增长的速度无法跟上人口迅速增长的速度，所以它在其中所遭受的痛苦最为严重。[31] 由于粮食产量下降，非洲的人均粮食消费在20世纪八九十年代显著减少，同时，对粮食进口（尤其是小麦和稻米）的依赖性进一步加大。[32]

9.4 妇女的重要作用

在发展中国家（尤其是非洲和亚洲）的农业体系中，一个主要但至今仍被忽略的特征是，妇女在农业生产中起着重要的作用。[33] 在维持生计型农业占统治地位，并且轮作制仍为主要生产方式的非洲，几乎所有与生计型粮食生产有关的工作都是由妇女来承担的。尽管通常待在家中的男人也会承担在那些可用来耕作的土地上砍伐树木和灌木的前期工作，但随后的一切工作均由妇女承担，包括搬运和焚烧砍伐的树木、播种或耕作小块土地、除草、收割以及最后为农作物的储存或直接消费做各种准备。Easter Boserup 在一项关于妇女与发展问题的开拓性研究中，对很多非洲妇女参加农业生产的情况进行了考察，从中发现，几乎所有有记录的历史资料都表明，妇女确实承担了大部分的农业劳动。在有些地方，妇女大约要承担 70% 的劳动任务；还有一个地方，妇女甚至要承担占全部工作量 80% 的劳动任务。通常来说，这些劳动所使用的都只是最原始的工具，妇女长时间非常辛苦地工作，为的仅仅是生产足够的产品以满足全家人的生存所需，而男子往往到附近的种植园或城市里做工以赚取现金收入。[34] 近期研究也证实妇女确实处于"时间匮乏"的困境。

妇女承担了大部分劳动，她们种植经济作物，为家庭消费种植粮食，饲养并出售牲畜，制作手工制品来补贴家用，收集柴火并取水，还要承担家务琐事包括制作和烹饪食物。由于这些分散的工作占用了她们的时间，加上她们在家庭中有限的话语权，妇女一般比她们的配偶工作时间更长。对妇女从事不同活动的时间分配问题的研究使人们更加关注农村妇女对经济贡献的重要性。由于农业产出大部分是由妇女创造的，劳动力也大部分由妇女提供，而且这一比例还越来越大，因此，很明显成功的农业改革要求提高妇女的生产率并保证针对不同性别的政策在农村发展中处于核心地位。在制定农业政策时，依据女权主义经济学家的准则，即"你们不能只是增加妇女和让她们干活"，开展女性运动是非常必要的。

由于妇女承担着很多种工作，因此很难确定她们在农业生产中的贡献，更不用说她们的工作的经济价值。但是，当前估计强调了妇女在农业劳动力的重要性。据估计，除了在家的工作之外，非洲和亚洲地区的妇女提供了60% ～ 80% 的劳动力，拉丁美洲大约为 40%。但这些工作大部分在统计上是"无形的"，因为完成这些工作她们不会得到任何报酬。

妇女对农业经济贡献重大，因为她们是生产**经济作物**（cash crops）的主要劳动力。尽管从经济作物中获得的产出和收益大部分由男人来支配，妇女通常负责繁重的除草和移植工作。随着人口密度的增加，土地被分割得越来越小。炎热的天气使这些繁重的工作更加困难，这时候妇女往往不得不花费更多的时间来往于田地。除了经济作物，妇女通常还要种植一些蔬菜以供家庭食用。尽管这些蔬菜带来的经济价值可能很小，但这也是妇女可利用的总资源中的重要组成部分。

低收入家庭中妇女的工作包括加工和碾磨谷物、照看家畜、做饭以及照料孩子等一系列吃力的工作。她们要走很远去收集日益稀少的柴火和取水，这使得她们的工作时间又额外增加了几个小时。为了补贴家用，妇女往往要在家里做一些小商品拿到乡村集市上去卖。这些小商品的种类虽然因地区不同而各有不同，但如家酿啤酒、加工后的食物、手工艺品和纺织品等各地都有。

也许妇女最重要的作用是她们为家庭提供了食物保障。这通过补充家庭收入、家庭收入来源的多样化以及饲养家畜来增加家庭资产等多种手段来实现。种植用于家庭消费的蔬菜有助于家庭免受蔬菜价格剧烈波动的影响，并可以减少在手头缺钱时用于购买家庭必需品方面的现金支出。妇女用于家庭副业和饲养家畜方面的投资，对于稳定家庭收入起着关键作用，对于那些资源约束最严重的女户主家庭来说更是如此。

但是，经济投资必然是有风险的，一个家庭越穷，该家庭成员就越不愿承担任何风险。若在无法获得信贷和资源的条件下，要降低家庭收入的波动，通常的选择必然会是那些效率较低的生产方式，但这又会降低平均收入。这种两难抉择往往发生在女户主家庭里，因为这些家庭的资源约束往往最严重。因此，由于妇女的选择范围有限，所以妇女们往往会选择维持传统的经济活动方式。结果是，在男人劳动生产率不断提高的同时，妇女的劳动生产率却长期停滞不前。

随着农业结构变得日益商业化，妇女的作用及与之相关的经济地位也在不断发生变化。在许多发展中国家，尽管妇女投入了大量精力来照料经济作物，但她们长时间的劳动并没有获得相应的报酬。随着经济作物越来越重要，妇女所能掌握的资源比率正日趋下降。这主要归因于这样一个事实，即为了促进经济作物的生产，家庭资源（如土地和投入）正从妇女用于作物生产的部分中转移出去。非农活动越来越多，也越来越重要，这代表了一种农村妇女经济和社会进步的重要途径。

政府专门为男人提供支持的一些特别项目，往往会加大现有的男女在资源获得方面的差异（见本章最后的案例研究）。如果为了发展经济作物而只给男人提供信贷，或优先向男人提供信贷，那么，扩大种植经济作物就要以牺牲妇女的菜园为代价。由于家庭种植的蔬菜必须通过购买替代品来代替，所以其配偶需要大幅增加现金收入方能弥补妇女的现金损失。如果蔬菜的市场价格大幅度上涨（现在有更少的生产者），而丈夫现金收入的增长并不足以弥补蔬菜价格上升带来的现金损失，那么，妇女及其子女的福利就会下降。

这种家庭成员福利的下降基于这样一个事实：相比男性收入，女性收入的相当大的一部分被用于补充营养和购买生活必需品。因此，正如许多研究所表明的，如果男性收入的增加以牺牲女性的资源为代价，家庭收入的增加就不一定会带来健康和营养状况的改善。土地使用增加家庭收入，但会降低女性的经济地位，这方面的变化对妇女和孩子的健康都有不利的影响。因此，政府扩张项目的设计应该反映所有家庭成员的利益，这是至关重要的。

近期的经济研究已经提升了我们对这些问题的认识。诺贝尔经济学奖得主加里·贝克的传统的经济学假定是，家庭内合作是为了有效地最大化他们的共同目标："单一家庭"模型。但是发展经济学的研究已经发现，如果丈夫和妻子能够更多地合作，那么进行大量博弈的家庭有时是可能增加收入的。首先，家庭支出是不同的，这取决于财富或收入在家庭中的分配，或者说是由妻子还是丈夫来支配。显然，与单一家庭所期望的相反，向家庭提供资源会增加关于如何使用这些资源的谈判能力。在发展带来新的市场机会之后，当男人控制经济作物的收入时，糟糕的结果就会增加男人本来已经很高的议价能力。

资金的不同用途不仅会影响成人，也会影响儿童。另外，证据显而易见，在本书很多章节里都有提及，比起丈夫，提供给妇女并由其掌握的收入比例越大，这些资金就越可能被应用到孩子的教育和卫生上。另外，越来越多的证据显示，农业家庭可以通过重新分配投入来增加收入，例如减少丈夫耕地中的施肥量来增加妇女耕地中的施肥量。性别不平等也会导致明显的效率损失。尽管对于如何使用经济收入存在不同的偏好，而且可以证明是以牺牲妇女和儿童的食物为代价的，但将生计作物转化成妇女耕地中的经济作物会得到更多的收益。例如，在一项对布基纳法索的详细研究中，克里斯托弗·尤迪（Christopher Udry）发现"和家庭中同样大小的、在同一年且种植同一作物的但由男性控制的土地相比，由妇女控制的土地明显产量较低"。他的详细数据使他能够清晰地辨别出两者之间的差异是基于如下事实：由男性控制的土地平均每公顷的劳动力和肥料投入明显较高。尤迪的估计表明，大约6%的产量损失是因为家庭土地之间各种要素的错误分配。除了明显地对社会公平的关注，对于构建提高农村妇女权利的支撑体系而言，这种对效率的争论也提供了部分经济理由。[35]

然而，政府所推出的大部分项目依然将妇女拒之门外，其原因往往在于妇女缺乏贷款担保，或是妇女在未得到其丈夫的应允之前，法律禁止其拥有自己的财产或从事经济交易。政府也很少向女性申请者提供农业投入和培训。甚至是那些旨在通过土地改革来消除贫困的项目，实际上却导致妇女的收入和经济地位下降，其原因在于这些项目将土地所有权唯一地赋予了家庭中的男性。妇女参与各项农业计划的文化和社会方面的障碍仍然十分巨大，其原因在于，在许多国家，妇女的收入仍然被视为对男权的一种威胁。因此，政府往往将农业新技术传授给男人，以提高男性的劳动生产率；而与此同时，妇女即便能够接受培训，其培训内容也往往是一些生产率低下的劳动技巧，因为这些工作被认为是与妇女的传统角色相吻合的，例如缝纫、煮饭和创造基本的卫生条件。如果说政府的这些福利计划未能切实改善妇女的经济福利，那么就发展计划而论，妇女在其中的获利也丝毫不比福利计划多。这些国家的发展计划往往要求妇女无偿劳动，而男子却能通过努力获得相应的报酬。

尽管通过直接向妇女提供信贷和投入的机

会来提高妇女收入的尝试已取得了巨大的成功，但其他各项与妇女间接相关的计划往往达不到预定的目标。研究发现，一项发展计划若能直接让妇女控制资源，则最容易引起妇女的合作参与；显然，一项发展计划若依靠妇女的无偿劳动，那么它将难以获得妇女的有效支持。生产方式与家庭女性成员的利益越一致，一项新作物品种和新技术所获得的效益就会越高。由于妇女的积极参与和农业的繁荣休戚相关，所以政府的设计应当确保妇女能够平等地享受到发展带来的利益（这将在章末的案例研究中进一步得到验证）。

9.5 农民行为和农业发展的微观经济学

9.5.1 农民由维持生计向专业化商品化耕作的转化

为了阐述方便，这里我们可以把农业生产的演变过程分解为三个主要阶段。[36] 第一个也是最原始的阶段是纯粹的、低效率的，主要解决生计问题的传统农业（农民），这在非洲仍在流行；第二个阶段是所谓的多样化或混合型的家庭农业，此时，一部分产品供自己消费，另一部分则销售给商业部门，正如亚洲大部分地区的农业；第三阶段可称为现代化的农业。此时，现代化的农业部门是定位于商品市场而专门从事高生产率、专业化生产的农业生产部门，正如发达国家的农业，它们在高度城市化的发展中国家也比较常见。

在混合市场经济的发展中国家中，农业现代化可界定为一种从维持生计型生产向多元化、专业化的农业生产逐步但持续的转型过程。但是，这种转型远不只是农业经济结构重组或新农业技术应用那么简单。任何一个试图改造传统农业的政府都必须意识到，除了要响应生产扩大所提出的要求来调整农业结构之外，必不可少的往往还需要进行各种影响整个农村社会、政治和制度结构的深刻变革。如果没有这一系列变革，农业发展可能根本无法启动；而更有可能的结果是，它将会直接扩大少数富有的大土地所有者同广大贫困的佃农、小土地所有者以及无地劳动者之间的巨大差距。

我们首先来了解在一个发展中国家的转型过程中，农业是如何从以维持生计型的小规模农业生产为主，转变为更加多样化的农业生产，并最终过渡到大规模商业化生产的（尽管通常仍以家庭为基础）。

9.5.2 维持生计型农业：风险回避、不确定性和生存

在典型的、传统的（农民）维持生计型的农业中，绝大部分产出都是为了供家庭消费而生产的（尽管一些产出可能在当地市场进行销售或交易），木薯、小麦、大麦、高粱、水稻、土豆或玉米等**主粮**（staple foods）是人们主要的营养来源。由于产出和生产率低下，农民使用的都是最简单、最传统的生产方式和劳动工具。资本投资很少，土地和劳动力都是生产的主要要素。随着更多的劳动力集中到面积日益缩小（或者频繁移动）的土地上，收益递减规律就开始发生作用。雨水不足、土地被霸占、追讨债款的高利贷者的出现，所有这些因素都是不利于农民生存的祸根。尽管在诸如播种和收割这些季节性农忙期间，全部农村劳动力可满负荷地派上用场，但在全年的大部分时间中，劳动力却利用不足；农民经常会在不需要请帮工的条件下选择耕种靠自己的家庭所能耕种的最多的土地，但也有不少人偶尔会雇用一两个无地的劳动力。农民所能够获得的所有现金收入大部分来自非农的雇用劳动。[37]

在撒哈拉以南非洲的大部分地区，农业仍然主要处于维持生计的阶段，亚洲甚至拉丁美洲偶尔存在这种情况——绿色革命绕过了很多非洲国家。虽然农业的生产技术相对落后，一些国外的学者还错误地持有偏见，认为农民之所以反对变革是因为无能或缺乏理性，但基于上述的各项条件来看，农民所处的环境缺乏变化，他们要面对周围诸多的不确定性，要维持生计，而且他们尤其是妇女还要受到僵化的社会制度的禁锢，因此我们可以认为大部分农民在面临各种可供选择的机会时，是按经济人的方式理性地采取行动。

关于维持生计型农业的一些重要的经济学观点可见于传统的新古典两要素生产理论，该

理论假定土地（或资本）是固定不变的，劳动是唯一的可变投入，目标函数是利润最大化。特别是，它通过边际生产率递减规律，为我们观察到的传统农业生产率低下问题提供了一个经济理论依据。

遗憾的是，这一理论并不能很好地解释为什么小农业生产者往往要抵制耕种方式的技术创新和新品种或其他经济作物的引进推广。按照标准的新古典两要素生产理论，一个理性的以收入或利润最大化为目标的农场主或厂商，在给定成本（这里是指可利用的劳动时间）的条件下，会选择增加产出的生产方法，或在给定产出水平的条件下，会选择降低成本的生产方法。但是，这个理论是基于这样一个关键假设，即农民对于有关各项技术上的投入产出关系有"完全信息"，同时也掌握最新的要素价格和产品价格的信息。正是由于这一假定，使得这一理论在研究维持生计型农业的问题时，大大降低了其有效性。另外，若是信息非常不完全，则获得这个信息的交易成本往往也很高。因此，在价格不确定的条件下，传统的农民往往要面对一个可能的价格波动范围，而不是单一的投入价格。再加上他们难以获得信贷和保险的机会，因此，这种情况并不适用于新古典理论的假设条件，如果要解释农民真实的风险厌恶行为，包括他们在使用购买的农资（如化肥）时所表现的谨慎，那仍然任重道远。[38]

维持生计型农业是一种高风险和高不确定性的行业，特别是当人们的生存都成问题的时候，情况更是如此。在一些农地面积较小、收成只靠变化无常的降雨的地区，农业的平均产量很低，如果遇到坏年成，农民及其家庭就要受到饥荒的威胁。在这种环境下，农民的目标与其说是收入最大化，不如说是使家庭的生存机会达到最大化。因此，如果风险和不确定性都很高，小农业生产者就可能非常不愿意做出改变，毕竟他们经年累月已经熟悉并掌握了传统的技术和耕作方式，而新型技术和耕作方式虽然有望提高产量，但也可能要承担更大的作物歉收风险。当生存问题都受到威胁时，如何避免一个坏年成（即颗粒无收）比在好年成时如何使产量达到最高显得更为重要。风险厌恶型的农民可能更愿意选择虽然每公顷产量的平均值较低，但同时方差也较小（即围绕平均值的波动较小）的生产技术和作物，而不愿选择那些虽然能提高产量的平均值，但同时又可能带来较大方差风险的生产技术和作物。

图 9-6 简单地描绘了小农生产者对待风险的态度怎样对表面上经济合意的技术创新起到阻碍作用。[39] 图中的纵轴表示产出和消费水平，横轴表示不同的时点。图中画有两条直线，其中下面一条水平线表示为维持农民家庭最低生存需要所必需的最低消费需求（MCR），我们可以将其视为由先天生理因素决定的饥饿耐受水平。任何低于这个水平的产出，对于农民及其家庭来说就意味着一场灾难；上面的一条斜率为正值的直线表示的是，假设给定影响农村消费标准的文化因素或者潜在的生产率因素，农民所能达到的最低的合意粮食消费水平。这里假定这条线会随着时间的推移而提高。

从图 9-6 中我们可以观察到，在时点 X 处，农民 A 的产出水平非常接近 MCR，此时，他只能勉强糊口，无法承受任何作物歉收的风险。因此，他将比农民 B 有更大的动力来最小化作物歉收的风险。农民 B 的产出水平大大超过了维持生计的最低水平，并已经逼近最低的合意粮食消费水平（MDCL）。因此，农民 B 将比农民 A 更有可能支持创新和变革。结果，农民 A 将陷于自我持续的贫困陷阱。[40] 此外，不平等也会增加。

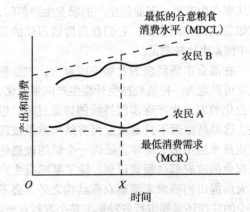

图 9-6　小农生产者对于风险的态度：为什么抵制创新和变革有时是理性的

此外，用于分析农民风险规避决策的还有一种方法。在图 9-7 中，我们画了两条曲线，表示作物产量的条件概率。其中上面一条曲线

（技术 A）所表示的是较低平均作物产量（10 个单位）所对应的技术，而下面一条曲线所代表的技术 B 所带来的平均作物产量相对较高（12 个单位）。但是，同技术 B 相比，技术 A 围绕平均产量波动的方差也较小。显然，在技术 B 的条件下农民遭受饥饿的可能性要大得多，所以，规避风险的农民自然就会选择技术 A，即选择平均产量较低的那种技术。[41] 从事实中我们可以清楚地看到：农民为求自保，会选择相对较低的平均产量。[42]

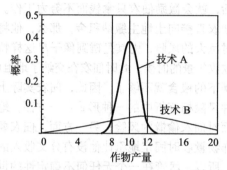

图 9-7 两类耕作技术的粮食产出的概率密度

在非洲或其他地方，许多旨在提高小农生产者劳动生产率的项目都告失败，其原因在于这些项目都没有给小农生产者提供足以抵御歉收风险的保障（无论是财政信贷，还是粮食调节性库存储备），不管这种风险是现实还是假象。一旦理解了风险和不确定性在维持生计型农业经济学中的重要作用，我们就不会遗憾地过早下结论，将维持生计型或传统的农民描绘成技术落后、缺乏理性的生产者，认为他们胸无大志，或就像旧殖民地下的"懒惰的土著人"。此外，在农业较为落后的亚洲和拉丁美洲的许多地区，农民普遍存在漠视各种"显而易见的"经济机会的现象。透过观察，我们可以发现：①地主掌握了即使不是全部也至少是大部分的收益；②高利贷者攫取了全部利润；③政府保证价格从未兑现过；④农民从来就没有得到过任何农资补助（如化肥、农药、有保障的水源供应和足够的非高利贷性质的贷款等），或者这些农资的使用存在比外人所理解的更多的问题。特别地，当农民必须关注他们被（土地主或国家）逐出或土地被没收的风险时，他们对土地进行投资的动力将会大大降低。

农民会考虑他们所使用的任何投入（比如化肥）的期望的边际产品价值，当联系到土地可能被征用时，这一期望值将会降低。例如，如果化肥肥力可以持续两个耕作季节，但农民相信，一旦那些有权力征收的人发现土地已经被施肥，他们很可能会征收土地，因此从社会角度来看，农民只会使用很少一部分化肥，因为他们要考虑化肥的收益，而这种收益好像在第一个季度之后就不复存在（其价格不会降低）。关于中国的详细的计量经济学证据已经证明了这种效应。[43]

9.5.3 佃农理论与连锁的要素市场

面对较高的土地不平等问题，农民的风险规避现象也有助于解释在亚洲和拉丁美洲地区的很多地方，为何会流行佃农。[44] 虽然土地所有者和在土地上耕作的人（比如，他们可以租种土地，也可以作为雇用劳动者）之间可能存在很多种不同形式的关系，但佃农是最普遍的形式。当一个农民以向土地所有者缴纳一定比例的他们所生产的粮食（如农民所生产的水稻或小麦的一半数量）的形式，来交换使用土地所有者的耕地时，佃农就出现了。土地所有者所收取的份额占总产出的比重可能不足 1/3，也可能超过 2/3，具体范围取决于当地劳动力的利用情况以及土地所有者所提供的其他投入品的状况（如信贷、种子和工具）。

佃农本身缺乏激励的结构特征，有助于解释其农业生产经济效率低下的原因，阿尔弗雷德·马歇尔（Alfred Marshall）发现，由于农民所获得的报酬只占其边际产量的一部分，而不是全部，所以他们会相应理性地降低其工作的努力程度。[45] 这个效应可以从图 9-8 中看出。x 轴表示劳动力投入，可以解释为工作小时数，或付出的总劳动量；y 轴表示单位劳动的产出量。拥有农场的农场主会一直工作到边际劳动产品价值（VMP_L）与他的替代工资或机会成本（W^a）相等，因此他投入的劳动量会在 L^F。然而，佃农只能得到 γ 比例的产出；例如，在五五分成的条件下，佃农只能得到 $\gamma=0.5$ 的边际产品价值 γVMP_L。因而，佃农只有动力投入一个无效率低水平的劳动量 L^S，如图 9-8 所示。

这种方法在 20 世纪 60 年代受到了张五常的质疑，张五常认为利润最大化的土地主会通过制定合同来要求佃农付出更多的劳动，并保证各方的产出份额。张五常认为，如果劳动力控制不是太难实现，那么若一个佃农未能做到他在讨价还价中允诺的本分，那么他就会被另一个更乐意卖力干活的人所代替。这样做的结果，可以使得佃农和其他形式的合同一样有效。张五常的理论又称为"监控途径"，以同马歇尔式途径区分开来，用以分析图9-8中的佃农问题。张五常认为在佃农体制下也可以达到劳动量 L^F。[46]

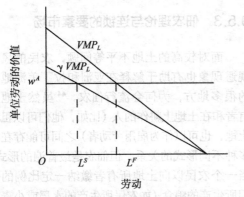

图 9-8　佃农的动力

监控途径理论已经流行了20年，但是由于内生性的问题，难以对之检验。例如，只有低生产效率的人才可能选择佃农这种形式。实际上，有些学者认为土地主可以为佃户提供佃农或纯粹的租赁合同这两种形式，因为能力较高的人往往更趋于选择纯粹的租赁合同形式，这样他们能够得到其更高的边际产品所带来的价值；而这点对于生产效率较低的人来说，并不是很有吸引力。如果土地主不能确定哪一个农民的生产能力更高，那么他们可以通过观察哪些人选择纯粹地租形式来进行识别。土地主可以利用这样的动力机制，更好地从佃户那里榨取利润，从更高效率的佃户那里收取相对于佃农更高但又不至于导致农民选择佃农形式的租赁费用。这种方法又称为"佃农的筛选假设"。[47]

然而，在一个著名的研究中，拉德温·阿里·沙班（Radwan Ali Shaban）区别了两类农场主：一类是自己耕种自己的土地；一类是以佃农的形式出租富余的农地。通过比较同一个农户在不同合同安排下的行为，沙班控制了农场主个体的一些难以识别的特殊因素。他发现，在其他条件一样的情况下，用于佃农合同的土

地要比他们自己的土地投入更少，产出更少。这就像马歇尔所预言的那样，研究的结果提供了一个有力的证据，即佃农形式不如耕种自己的土地有效率。[48]

最后，还有一项研究表明，佃农最终是有效的，因为这可以非常好地摆脱土地主和佃农双方内在的不确定性和风险。[49]如果土地主直接向佃农支付工资，那么只有在佃农总能全力工作并且土地主无须支付什么成本便可确保佃农确实在努力工作时，这种形式才能有效，否则的话，就会激励佃农只拿钱而不努力工作。如果佃农直接向土地主缴纳租金，那么，他将要面对巨大的风险，尤其是碰到像干旱这样特别的歉收年景的时候，此时佃农在交纳了地租后，所剩下的粮食就不够了。因此，佃农实际上是两种风险相互折中的一种形式：一方面，地主要面对佃农偷懒的风险；另一方面，佃农要面对作物歉收时固定地租让他没有分文收入的风险。所以，尽管在一个无任何不确定性的世界里，佃农的效率十分低下，但在不平等现象充斥的现实世界里，佃农的效率却是"像我们所能获得的其他形式一样有效率"。然而，这样的安排只能是由于土地所有权的严重不平等造成的。那些拥有土地的农民，不会为自己选择佃农形式。因此，如图9-8所示，这个对于之所以出现佃农的重要解释并不能否认佃农造成的巨大效率损失。[50]

当设计并实施租用制度改革时，给佃农较大份额的产量并提供土地使用保障，那么不但佃农可能得到更高的收入，整体效率也会提高。一个明显的例子就是印度的西孟加拉邦在20世纪70年代施行的租用制度政策。[51]正如刚才所阐述的，原因很清楚：更高的产出份额会刺激佃农工作的积极性，土地使用保障增进了投资积极性。如果提供所需要的补充投入，"耕者有其田"的土地所有制改革也会产生类似的效果并大幅提高耕地者的积极性。

更广义地讲，产生了佃农的经济、社会结构，存在着严重的社会不平等和普遍的市场失灵。当农民面对土地主时，他所面对的不仅是那个需要交涉方能租给他优质耕地的人，同时还是一个可能成为其雇主的人，或他的贷款官员，抑或更普遍情况下他所出售的全部农作物

的最终用户。这就是所谓的"**连锁要素市场**"（interlocking factor markets），土地主在其中同时拥有买方垄断权和卖方垄断权。在一些条件下，尤其是当佃农的供给具有完全弹性，且土地主可以将土地任意细分为很多小片土地的时候，农民就会像从前一样被推向同一个"保留效用水平"或只能获得次优的收入机会（实际上，一方面，有时农民其他的选择会受到阻碍；另一方面，细分可能受限制）。以连锁要素市场为条件的佃农形式在资源配置方面确实存在一个优势，即土地主会监督他的佃农从成本最低的渠道获得信贷。同时，连锁的私有属性让这些占支配地位的土地主的影响更为广泛，并成为一种进入障碍，这将会限制那些可能使农民最终受益的竞争。就这一点而言，通过考察连锁形式和其他农业制度，普拉纳布·巴德汉（Pranab Bardhan）和克里斯托弗·尤迪指出了重要的一点："有些人，特别是那些对理论解释粗心的人，通常搞不清楚理解一项制度和为其辩护之间的界限。"[52]

对很多分析者来说，有关占支配地位土地主的连锁研究通常的结论是：除了土地改革之外，没有任何方式可以改进佃农的福利。在本章末尾，我们将更全面地探讨土地改革的作用。[53]

9.5.4　向混合的和多样化的农业转变

试图立即将若干世代一直沿袭的传统农业改造成高度专业化的商品化农业的做法，既不现实也毫无必要。在维持生计型的农业中，试图不加选择地推广经济作物，其结果往往会使农民的土地流向高利贷者和土地主手中。这只是用维持生计型的生活替代了原来的维持生计型的生产。而对于大部分的小农生产者来说，过度依赖经济作物可能比纯粹地维持生计的农业更危险，因为它在原来的不确定性基础上又增添了价格波动的风险。

因此，从维持生计型农业向专业化农业转变的过程中，必不可少的一个阶段是**多样化农业**（diversified farming）或**混合农业**（mixed farming）阶段。在这个阶段，首先，主要农作物已不再占农业产出的主要份额，因为这个阶段已经引入了一些新型经济作物，如水果、蔬菜、咖啡、茶叶和红花除虫菊等，同时，农民还可简单地从事一些畜牧业生产。当农业中出现了大量隐性失业的时候，农民可以在正常的农闲季节增添一些这样的农业活动。

例如，如果主要农作物在一年中只有几季耕种，则在农闲季节里栽种一些新型农作物就可以同时利用闲置的土地和家庭劳动力。有不少地方一到农忙季节，劳动力便供不应求，此时，只要引入一些简单的节省劳力的设备（如小型拖拉机、机械化播种机或牲畜拉的铁犁），就可以腾出劳动力去做其他的农活。最后，通过改良品种、施用化肥和采用简单的灌溉设施，来提高诸如小麦、玉米和水稻等主要农作物的产量，这样做不仅可以腾出部分耕地用于经济作物耕种，而且可以确保主要粮食作物的充足供给。这样，农场经营者也就可以获得一些可供市场销售的剩余农产品，这样一方面可以提高家庭的消费水平，另一方面还可以增加农业投资，改善农业生产条件。多样化也能最大限度地减少主要农作物歉收所造成的影响，同时还能获得此前无法得到的收入保障。

改造传统农业的成与败，不仅取决于农民提高其生产率的能力和技术，更重要的是农民身处其中的社会、商业和制度方面的各项条件。特别是，如果农民能够通过一条适当、可靠的途径获得贷款、化肥、水、作物信息和销售渠道，他的产品能够获得公平的市场价格，并且他能感受到安全，确信他和他的家庭将是改革的主要受益者，那么，就没有任何理由认为，传统的农民会对那些旨在提高农民生活水平的各种经济刺激和新机会毫无反应。来自许多不同国家，如哥伦比亚、墨西哥、尼日利亚、加纳、肯尼亚、印度、巴基斯坦、泰国和菲律宾等的资料表明，在适当条件下，小农生产者会对价格刺激和经济机会做出反应，还会对生产的品种和方式做出积极的改变。[54]正如我们所看到的，农业缺乏创新，通常并非因为人们没有创新的动力或害怕变革，而往往是由于缺乏足够或有利可图的机会。在非洲，常见的约束是信息匮乏，但在当地推广有价值的新品种和技术时人们相互学习，这促进了新技术的宣传，正如对加纳的研究所揭示的那样（见专栏9-2）。

□ 专栏 9-2　发现农业知识学习——加纳菠萝种植业的扩张

农业专家不可能训练数千万的农民——他们有时还知道那些专家不知道的局限和机会。因此农民在一定程度上需要相互学习新产品和新技术，而这种社会性的学习往往非常难于识别。蒂莫西·康利（Timoty Conley）和克里斯托弗·尤迪收集了加纳岭南地区农民的详细资料，并对那些知道并谈论农业的农民进行问询，以更好地理解和测试"社会性学习在农业技术扩散方面所起的作用"。

岭南地区农民的传统作物是玉米和木薯，他们会把这些产品卖到城市，但是那些出口欧洲的菠萝的种植使得这种情况发生了改变。菠萝种植需要密集的化肥——需要引进新技术。菠萝种植技术迅速在该地区扩散开来，但是一个农民紧随其后地效仿其邻居采用一项新技术的过程，并非是学习过程，只是因为他们在其他方面也有相似之处。康利和尤迪收集了有关地势、土壤和农业经济学以及信贷和家庭关系的资料以控制这些相似性，而这些在之前的研究中是没有得到关注的。接着研究者们对"农民们是否会调整他们的投入以匹配那些先前获得极大成功的邻居所提供的信息"进行了检验。他们得到了支持如下观点的有力证据："邻居所提供的关于生产资料投入的信息对一个农民决定改变其投入具有显著影响。"

根据每个农民所使用的投入以及得到的产出数据，康利和尤迪推断出了受试者们在菠萝和肥料试验中所传达的信息。他们利用"农民之间的信息流来探讨试验中每一试验主体透露的信息对于其他信息源附近的农民未来农业投入的影响"。

研究得到的主要成果如下所述。

（1）农民在观察到信息源邻居使用与他同一数量的肥料，却未能取得期待的产出时，最有可能改变肥料使用量。

（2）农民在发现其信息源邻居使用更多（或更少）灌溉工具后取得高于预期的产出时，也会增加（或减少）用水。

（3）农民如果是最近开始种植菠萝，那么他对信息源邻居所用肥料的效力如何反应灵敏。

（4）农民如果是最近开始种植菠萝，那么他们更关注那些经验丰富或与他们财力相当的农民所耕种的土地上的肥料效力。

由于生手农民对他们的信息源邻居的消息反应最为强烈，因此研究结果显示这会推进农业学习。作者将研究对象换作"一项著名的玉米—木薯种植技术"并没有发现农业学习现象，这更加证明了该论断的正确性。有时，邻居意外的低产出使得农民做出减少自己所使用的肥料的错误决定，但这却是学习进程的必经阶段。

该证据显示信息在这些村里起作用，就像信息通过网络联系传播一样。然而，形成和保持一种联系是有实在成本的，这些成本和利润一样，依赖于宗教、性别、财力以及家庭纽带因素的影响。这就意味着"对社会性学习程度的评估不能作为技术扩张政策的评估标准"。同时，这篇文章强调网络联系是内生的，这一点在政策分析中不容忽视。

资料来源：Based on Timothy G. Conley and Christopher R. Udry," Learning about a new technology: Pineapple in Ghana," *American Economic Review* 100(2010): 35-69. Copyright © 2010 by the American Economic Association. Used with permission.

9.5.5　从多样化到专业化：商品化的现代农业

农业专业化是混合市场经济中农业制度最终和最先进的阶段。它是发达工业化国家中最盛行的一种农业形式。专业化农业的形成是与国民经济其他部门的发展相呼应和并行的。生活水平的整体提高、生物技术的发展以及国内外市场的扩展，都为农业专业化的产生和发展提供了主要的推动力。

在**专业化农业**（specialized farming）中，为家庭提供粮食，将剩余粮食拿到市场上去卖，这已不再是它的基本目的。相反，纯粹的商业利润成了衡量农业经营成败的标准。而利用自然资源和非自然资源（如灌溉、化肥、农药和杂交种子等）实现单位土地的产出最大化已成为农业活动的目标。简而言之，生产完全是市场导向的。而诸如固定成本和可变成本、储蓄、投资和收益率、要素最优组合、生产可能性最大化、市场价格以及价格支持等经济概念，均被赋予了质和量的含义。资源利用的重点不再像在维持生计型农业或混合型农业中那样，只强调土地、水和劳动。相反，资本形成、技术进步以及科学研发在促进产出和生产率水平的提高方面起了重要作用。

专业化农业在规模和功能上不同的地区各有不同，从水果和蔬菜的细耕，到北美洲小麦和玉米田的大面积种植。使用先进的劳动节约型机械化设备，如大型拖拉机、联合收割机甚至是飞机喷洒技术，在大多数情况下能够实现单个农户耕种几千公顷的土地。

因此，所有专业化农业的共同特征是：它们强调专业种植某种特定的作物；在许多情况下，使用的是资本密集型和劳动节约型的生产技术；凭借规模经济来降低单位成本，实现利润的最大化。在某种形式上，专业化农业在概念和运作方式上和大型的工业企业没什么差异。实际上，在发达国家和欠发达国家中，一些最大型的专业化农业经营活动都是由一些大型的农工商跨国联合企业掌握和管理的。如今在一些中等收入国家例如巴西，也出现了一些大型的现代化农场。但是，对于维持生计型农业占主导地位的小农生产者而言，要想制定应对风险的战略，在某些情况下克服第 4 章所介绍的协调失灵问题，仍然要求成功的专业化生产。

可以看到，尽管在任何一个特定的时期，几乎在任何一个发展中国家当中，这三种农业（维持生计型农业、混合型家庭农业、专业化的商品化农业）都是同时并存的，但对大多数低收入国家，尤其是非洲而言，目前依然是维持生计型农业和小规模的混合型家庭农业占据着主导地位。要进一步过渡到以商业企业为主的农业，还存在着诸多困难，它取决于其他许多中短期的问题能否得到解决。但是，普遍认同的观点是，中小规模的混合型家庭农业的增加，不仅可以提高农业收入和平均产量，而且劳动密集型的混合型家庭农业还可以有效地吸收农村中没有得到充分利用的劳动力，从而为真正实现以人为本的农村发展提供一条重要途径。

9.6 农业和农村发展战略的核心要求

如果发展中国家农业和农村发展的主要目标是通过提高小农生产者的收入、产出和生产率来逐步改善农村的生活水平，同时保证真正的粮食安全，那么，寻找农业进步的基本途径，明确实现农业进步所必需的基本条件，就具有十分重要的意义。

9.6.1 改进小规模农业

技术变革和技术创新 在大多数发展中国家，农业生产实践中的农业技术变革和创新是农业产出与劳动生产率不断提高的先决条件。尽管在非洲的许多地区，其早期的产量增长并非源于技术的创新，而仅仅是由于其耕作范围的扩展，利用起了一些未利用但可利用的可耕地的缘故。然而，如今可以开发的可耕地资源已经快要穷尽，能够使农业进一步显著或持续发展的空间已所剩无几。

可以用来提高农业产量的技术创新主要有两类。遗憾的是，这两类技术创新对于农业发展的影响尚有疑问。第一类技术创新是以农业机械化来代替人工。劳动节约型农业机械的推广可以大大提高单个劳动力的产出量，在土地成片耕作和劳动力短缺的地区更是如此。例如，使用一台大型联合收割机，一个人就可以在一个小时内完成传统耕作方式下几百个劳动力所能完成的工作量。

但是，在大多数发展中国家的农村地区，由于单片土地面积小、资金匮乏而劳动力却很丰富，所以，推行高度机械化的技术不仅与当地的物质环境不相适应，而且更重要的是，它往往并不一定能降低单位粮食产量的成本，却可能导致更多的农民失业。[55] 使用此类机械需要有大片的土地（将小片土地整合），同时，它还会加剧现行农村严重的贫困和失业问题。而如果机械化技术再排斥妇女的话，那么男女之间劳动生产率的差距将会进一步扩大，并造成严重的影响。[56]

与机械化生产对照的第二类技术创新是生物学（杂交种子、生物技术）、水源控制（灌溉）和化学（化肥、农药和杀虫剂等）方面的创新，但这些创新本身就存在着一些问题。这些创新可以改良土地质量，即通过提高单位土地的产量来改进现有的耕地质量，只不过它们是间接地提高每个劳动力的产出。改良品种，改进灌溉和轮作技术，增施化肥、农药和除草剂，还有发展兽医和牲畜营养饲料，都是现代农业科学所取得的巨大进步。这些进步通常在技术上是**规模中性**（scale-neutral）的；从理论上讲，它们应用于大农场和小农场是同样有效的。它们不需要大量的资本投入和机械化设备。因而，它们特别适合于热带和亚热带地区，这为发展中国家提高农业产量提供了巨大的潜力，尤其是亚洲，此类技术进步一直非常有效。另外，主要的挑战是如何将这些成功的技术进步引入撒哈拉以南的非洲地区，在很多情况下这需要新的创新。此外，很多欠发达地区还面临严重的环境挑战，包括水位下降、盐化和其他资源退化的风险，这需要政府制定良好的政策。在某些情况下，这些地区还需要能使恶化环境恢复的集体行动机制。

9.6.2 制度和价格政策：提供必要的经济刺激

遗憾的是，尽管在绿色革命中小麦、玉米和水稻的改良品种以及所使用的灌溉和农药技术都是规模中性的，并因此为小农场的发展提供了潜力，但在向农村推广应用这些技术的过程中，各种社会制度和政府经济政策却往往并非规模中性。[57] 相反，它们往往只服务于那些富有的土地主的需要和既得权利。由于新的杂交种子需要增加配套投入（诸如灌溉、化肥、杀虫剂、信贷和农业外延服务之类），而这些配套投入如果只是提供给极少数大地主的话，那么，绿色革命的影响就可能（像南亚部分国家和墨西哥一样）进一步加剧广大农民的贫困化。大土地主由于能够相对多地获得这些配套投入和支持性服务，所以他们比小土地主有更多的竞争优势，并最终将小土地主排挤出市场。大土地主能够获得政府的低息贷款，而小土地主则只能转而求助高利贷者。其不可避免的一个结果就是贫富差距进一步扩大，农业耕地日益集中到极少数所谓的进步主义的大地主手中。如果公共政策和社会制度阻碍小农生产者积极投身绿色革命这样一个农业发展的进程中，那么，一项本来具有巨大潜力、能够减轻农村贫困和增加农业产出的发展创新，其结果可能会起到相反的作用。[58]

需要政府在政策上做出重大改进的第二个重要方面是关于农产品价格制定的，特别是当地市场的粮食和其他主要农产品价格的制定。许多发展中国家政府在激进追求工业化和城市迅速发展的过程中，还维持着农产品的低价政策，试图为城市部门提供廉价的粮食。农民提供农产品所获得的支付价格要低于世界市场价格或国内自由市场价格中的任何一个。因而，粮食和制成品之间的国内价格比例（即国内贸易条件）不利于农民，而有利于城市的制造商。由于农产品价格过低——有时候甚至低于生产成本，因而农民没有动力去扩大生产或投资于技术进步以期提高劳动生产率，其结果是造成当地的粮食供给持续满足不了对粮食的需求。许多一度粮食生产自给自足的发展中国家，特别是撒哈拉以南的非洲国家，最终只能进口粮食。

因此，发展经济学家们认为，如果发展中国家政府希望通过采用绿色革命的技术来提高农业产出，而农业产出的提高恰恰会对减轻贫困造成更大影响，那么，他们不仅应当适当调整制度和信贷市场，还应该通过实施能够真实反映国内市场状况的价格政策来激励中小农业生产者发展生产。[59]

适应新机会和新约束 作为脱离贫困并获得农村发展的真正途径，提高粮食生产率（经典绿色革命的特征）只代表了农业发展机会的一小部分。向不断增长的城市地区销售高附加值的产品这一过程中存在很多机会，尤其是园艺种植（水果、蔬菜和鲜切花）和水产养殖方面的产品。那些有机的，可能还是一些发展中国家通过公平贸易出口的例如咖啡和香料，也为高附加值出口提供了良好的机会。但是，小农场主可能需要专业的组织和协助来利用这些新的机会。正如 2008 年《世界发展报告》指出的：“小农联合起来作为一个群体比个体更具议价能力，因此，最紧要的是将这些生产者组织起来，形成一定的市场规模并争取更好的价格。”[60] 否则，这些发展主要让大农场主受益的风险将会更高。

国外对发展中国家耕地的投资日益增加，这也被称为“土地掠夺”，是一个发展机会，同时也构成了一项潜在威胁。国际食品政策研究所（IFPRI）的一项报告估计，从 2006 年到

2009 年，发展中国家 1 500 万到 2 000 万公顷的耕地被转让。一个例子是 2008 年韩国收购苏丹 69 万公顷耕地。外资拥有权和长期的耕地租赁能创造一些报酬高的工作，让本国人民接受培训、接触更先进的技术和发现新的出口市场。但是，其中也存在真正的威胁，那就是许多农民将会失去原先可以使用土地的权利，可能存在净工作损失，附近耕地水资源短缺和环境退化的问题可能加剧，至少缺乏充分的监督。当政府存在缺陷（例如腐败），以及妇女和其他穷人及弱势索赔者不能得到应有的权利时，这些和其他潜在的风险会更大。这是一个将会引起高度关注的话题。[61]

长远来看，最大的约束是全球变暖和气候变化导致的环境问题，预计受影响最大的是撒哈拉以南的非洲地区和南亚地区。越小、越贫穷的农户可能受到的影响越大，因为他们得到灌溉和其他投入的机会小一些，通常适应能力比较弱——尽管具有讽刺意味的是，由于他们利用灌溉和混合种植的机会小，因而绝对收入的下降也可能少于那些富裕的农场主。尽管全球变暖的主要问题是由发达国家引起的，但在某种程度上，发展中国家为了增加耕地面积而持续减少森林面积的行为只能使气候问题更加恶化。"农业泛化"不仅出现在森林地区，还出现在沙漠和其他敏感土地，这会进一步加大当地土地恶化的风险，并会破坏环境，使诸如水资源和空气质量不可持续。湿地和生物种类的减少还会带来重大的国家（还有国际）成本。另外，农业的精细耕作常常会使农药使用不当，这还会给人类和生态系统带来巨大的成本。[62]我们在下一章中还会讨论环境的可持续性问题。

9.6.3　农村发展的条件

总结前面所讲的内容，在这里我们得出以下三个结论，这三个结论构成了实现以人为本的农业和农村发展战略的三个必要条件。[63]

1. 土地改革

结论 1：农业结构和土地占有形式必须与一个双重目标相适应，即一方面要增加粮食生产，另一方面要让农业社会真正给广大农民普遍带来实惠，进一步减轻贫困。

让穷人受益的农业和农村发展，不能单纯依靠农场主，它需要通过政府和"所有"农民的共同努力才能实现。而在所有的努力中，首先要做到的一条就是要保障每个农民的土地所有权，拉丁美洲和亚洲尤其如此。小农生产者非常依恋他的土地，这点与他内在的自尊心和摆脱压迫、寻求自由的愿望是紧密相连的。当小农生产者因被剥夺了土地或因债务积累而日渐贫困时，受到损害的不仅是他的物质生活，而且更重要的是，他的自我价值观也可能就此破灭。

正是出于这些人道主义的原因，以及提高农业产量的考虑，可以同时实现效率和公平双重目标的**土地改革**（land reform）往往被认为是许多发展中国家农业发展的首要条件。在大多数国家，土地所有权结构的严重不平等，可能是导致这些国家现行农村收入和财富分配高度不公的最重要的一个决定因素。土地所有权结构的严重不平等也是发展中国家农业发展的一个基本特征。在土地分配极不平等时，无论在质还是量上，农民通过农业试图改善自身经济状况的希望都很渺茫。

土地改革往往伴随着从大地主所有者手中做出有利于无地和少地的耕种者的土地所有权和使用权的重新分配。土地改革可以有多种形式：将土地所有权转移给正在耕种这块土地的佃农以建立家庭农场（如日本、韩国、中国）；将土地从大庄园向小农场或农业合作社转移（如墨西哥），或将大种植园的土地划拨给新农民（如肯尼亚）。以上所有举措都是土地改革的内容，它旨在实现这样一个核心转变，即将土地所有权和控制权直接或间接地转移给那些实际耕种土地的人。印度西孟加拉邦的租赁制改革也提高了生产效率和分配收益。

有关土地改革的必要性，经济学家和其他研究发展问题的专家已经取得了广泛共识。非洲的不平等在加剧。拉丁美洲经济委员会（ECLA）也一再肯定土地改革是实现脱贫的农业和农村发展的一个先决条件。联合国粮食和农业组织（FAO）的一份报告也推断出，在许多发展中国家，土地改革依然是实现发展的先决条件。该报告认为，今天比以往任何时候都更迫切地需要一场土地改革，其主要原因在于：

①农村地区收入的不平等和失业问题已经恶化；②人口的迅速增长导致现存的不平等状况面临进一步加剧的威胁；③掌握实权的农村大地主阶层往往把握了农业中最新、最有前途的技术创新（绿色革命）的先机，他们反对改革的权力、财富和实力会因此而进一步加强。[64]如果从严格的经济效率和增长的观点来看，正如前面所说，有大量的经验研究结果显示，土地再分配不仅可以提高农村就业率和增加农民收入，还可以促进农业生产规模的扩大和资源利用效率的提高。那些限制土地改革的重要思想在许多国家已经发生作用，但一些国家的改革力度仍然很小。

遗憾的是，因为市场失灵，小农户和无地农民不能直接从大地主那里购买土地。信贷市场运转不畅，不能向有潜质的农户提供贷款；即便能够提供贷款，大庄园主的土地价格也过于昂贵，因为大庄园主除了能从农业活动中获得收入之外，还能榨取很多利益，比如获得过度的政治影响力。

如果政府能够颁布土地改革的法案并有效地贯彻执行，那么，政府就为提高农民产出水平和生活水平奠定了基础。遗憾的是，很多土地改革都以失败告终，其原因在于，发展中国家政府（特别是拉丁美洲的政府）屈服于大地主集团的政治压迫，并不能将这项改革贯彻执行下去。[65]但是，单纯的平均主义的土地改革方案，并不能确保农业和农村发展获得成功。[66]这就引出了我们的第二个结论。

2. 支持性政策

结论2：只有真正能构建起政府支持性的政策系统，做到为小农生产者提供必要的激励、经济机会和获得所需贷款及投入品的机会，让他们能够扩大产出和提高劳动生产率，小规模农业才可能全部实现发展带来的利益。

尽管在亚洲和拉丁美洲的很多地方，土地改革十分重要，但它也只有在各相关配套方面都做出相应变革的条件下才能实现，否则它就可能是低效甚至阻碍生产的。这里的配套方面包括：农村控制农业生产的机构的配套（如银行、货币贷方机构、种子和化肥的批发部门），支持政府援助服务的配套（如技术和教育推广服务、公共信贷机构、储存和销售的设施、农村运输和道路专线），以及政府在投入和产出两个方面的价格政策（前者如消除要素价格的扭曲，后者如向农民支付市场价格）。即使在那些不需要进行土地改革但生产和收入水平都很低的地区（如大部分非洲地区和东南亚部分地区），这种广泛的外部支持服务网络，加上政府恰当的农业投入和产出价格政策，也仍是农业持续发展的一个重要条件。[67]

3. 综合发展的目标

结论3：农村的发展，尽管主要取决于小农生产的进步，但它包含了更为丰富的内容：①通过创造就业的机会，实现农村工业化，提供其他非农业机会，以及提供更多的教育、卫生营养、住房及其他相关的社会福利服务，来努力提高农村的农业收入和非农业的实际收入；②减少农村收入分配的不平等，缩小城乡之间在收入和经济机会方面的差距；③对环境可续性的成功关注——阻止将剩余的森林和脆弱的土地变成耕地，加强保护，防止农药和其他投入品的有害的误用；④保持农业部门可持续加速发展的能力。

实现这四个目标对于一国的经济发展至关重要。发展中国家的大多数人口分布在农村地区。只有恢复城乡之间经济机会的协调发展，并通过创造条件使得广大人民普遍参与国家发展和分享国家发展的成果，发展中国家才可以说为真正意义上的发展迈出了巨大一步。

案例研究9　肯尼亚农村妇女培训

从第5章我们可以看到，绝对贫困过度集中于妇女，尤其是农村地区从事农业活动的妇女身上。因此，改善农村妇女劳动力的劳动生产率和收入状况，是消除贫困现象的战略关键。妇女在农业中的作用对于撒哈拉以南的非洲地区尤显重要，但同时该地区也是从绿色革命中获益最少的地区之一。而

在过去的50年时间里，绿色革命通过高产作物栽培和其他现代耕种方式等途径，对亚洲很多国家的生产率产生了巨大的影响。

农业推广项目旨在促进农村发展和提高农业产量。几十年来，发展专家已经意识到农业推广项目的特殊重要性。在大部分的多边和双边发展机构中，

支持农业推广项目是其活动的一项关键内容。从历史上看，农业推广项目对于美国这个世界上农业发展最为成功的国家来说，也起着重要的推动作用。

几十年来，发展中国家的技术推广几乎都只是针对男性提供的，尽管妇女承担了大部分农业劳动。在撒哈拉以南的非洲地区，妇女承担了超过 2/3 的主要作物的生产。她们也积极投身于经济作物的种植和销售以及食品加工与家畜饲养。妇女在农业生产中起到的突出作用反映了一个传统，但是，在男性迁移到城市并从事非农劳动的同时，妇女的角色也发生了一些变化与扩充。在男性和妇女都做农活的地方，仍然存在一些劳动力的性别歧视。因此，男性劳动的相关技术与妇女劳动无任何联系。即使在男女劳动有联系的地方，由于种种原因，同样生活在这些农村的男性却令人吃惊地很少将自己所学到的农业技术传授给自己的配偶（涓滴理论）。

以男性为中心的培训，在很大程度上，与其说是政策设计如此，不如说是一种默认的自然选择。例如，发展中国家都是照搬发达国家（例如美国）的培训模式，但发达国家的农业劳动大部分是由男性来完成的。另外，男性培训女性在宗教和文化上还存在一些约束，男性和女性交流的时候更为自在。世界银行的一份研究显示，大多数的非洲培训机构只是将妇女视为"农民的妻子"，而不是将她们作为独立的个体。几乎所有的培训机构都由男性把持。因此，必须有一些针对女性的培训机构。但主要的问题是在亚洲和非洲的很多地方，妇女受到隔离和排斥。

在撒哈拉以南的非洲地区，农村妇女的成功与否，是关系到发展和贫困问题的一个核心所在。但是，回应这个问题的农业培训项目发展速度缓慢。在一些国家，项目设计反映了设计者对于女性获得过多的独立表示公然歧视。

在过去 30 年中，发展的一个重大突破是收音机、录音机、电视机和录像机，以及最近的 DVD 和 SMS（文本）等的出现。妇女可以通过在家或村民活动中心听收音机或看资料的方式了解信息。凯特琳·塞图（Katrin Saito）和同事报道，加纳农村妇女在听了广播中提到的东西之后，还会向培训机构打听。

妇女的农业培训是与其他一些重要的农村发展中的妇女问题相联系的，包括以下五个方面。

（1）人力资本。在大多数农村地区，妇女的平均受教育程度要低于男性。农业培训所表现的歧视在一定程度上是培训的夫妇中教育程度较高者的歧视所造成的，这样的做法也加剧了人力资本上的相对差距。

（2）适用技术。由于妇女比男性更乐意尝试不同的农业活动，因此她们往往有不同的技术要求，但大多数的技术发展仍然以男性的活动为中心。

（3）土地改革和农地设计。一般来说，妇女耕作的土地要比男性的面积更小且更零碎，更缺乏稳定的所有权，土地也更为贫瘠。这种土地分配既无效也不公平。

（4）信用。妇女很少能够获得贷款，而贷款是高效农业的一项关键性投入。

（5）工作要求。很多妇女每天在农业方面工作的时间和男性一样多或更多，但她们还要做一些家务，而这些家务是男性无须涉及的。非洲的贫困妇女每天至少要工作 16 ～ 19 个小时。母亲由于长时间的农业劳动，无法留出太多时间照顾小孩。其政策含义可能要考虑到妇女迫切要求接受更高程度的技术教育和技术发展。

正如 Rekha Mehra 所说，很多非洲国家的结构调整项目的一个意图就是发展外向型的经济作物。但是，这些作物往往由男性管理。妇女在种植这些经济作物之后，利润份额只有 5%。与此同时，她们还要种自家消费的农作物，并照顾子女。Mehra 下结论认为，结构调整项目使得业已每天工作 16 个小时的妇女负担更为沉重，因为结构调整要求妇女付出的时间更多。其言外之意是，当丈夫管理了经济作物时，他在家庭中的发言权也随之增加。

取消非洲的农业价格控制，让农民得到一个接近国际市场的价格，这样做可以为农民提供一个更为准确的价格信号，鼓励他们选择经济上更有利可图的农作物。但是，国际食品政策研究所（IFPRI）的研究显示，在经济作物多样化经营之后，肯尼亚的妇女仍然试图种植同样数量的家庭消费作物。因此，在结构调整项目中，除了价格调整之外，人们还需要其他机制；同时，还需要解决阻碍妇女对价格信号做出反馈的结构问题。一个能够很好地说明问题的例子就是，丈夫得到大部分的利润份额，而不和自己的妻子分享。

以上这些问题没有一个是局限于非洲的。例如，Carmen Diana Deere 在考察 13 个拉丁美洲农业改革的经验后发现，大部分的利益被男性获得。这主要是因为，说到农民，人们都认为指的就是男性，而且改革也主要是以男性为唯一的目标受益者。她在考察中发现，只有在改革已明确赋予妇女相关权益，或从一开始就将农村妇女明确界定为项目设计的一个不可或缺的部分时，妇女才能真正从改革中受益。

总而言之，这些观点都说明了为什么农村妇女需要接受政府培训的帮助。由于培训男性的边际收益在递减，这就决定了培训农村妇女在经济上的有效性。以上的证据表明，涓滴理论（即受到培训的丈夫会反过来培训他的妻子）在实践中是很少发生的，至少在撒哈拉以南非洲是这样。

在肯尼亚，农业部主持了一个国家培训系统（NES），以配合农业研究工作。在 1983 年以前，NES 几乎只培训男性，而单独设置了一个"家庭经济分部"为妇女提供家务、家庭手工业管理和家庭健康之类的指导，但这些都只是农业生产外围的工作。首都内罗毕的发展研究院及其他一些研究机构的研究也表明，培训有可能更多地惠及男性而不是妇女。1983 年，肯尼亚的培训访问（T&V）系统明确了妇女将和男性一样接受农业技术方法的培训。二十多年之后，它成为一个很好的案例，不仅提供了培训进程中的必要素材，还显示了未尽的事宜。

T&V 系统的设计就是向选定的"农民联系人"提供"技术信息"，"农民联系人"要定期回访耕作情况。不幸的是，由于资源不足以惠及所有农民，尽管 T&V 确实试图将项目覆盖到所有农民，但培训的效果仍然很差。结果，只有 10% 的农民有幸入选，他们可以了解农业技术信息，并推动这些信息在同村中传播，劝导其他农民也采取这些新技术。在农民联系人的田间，他们也鼓励准备采取新技术的"后来者"参加 T&V 官员的会议。通过这种方式，他们旨在实现以成本最小化的方式最大化技术的"扩散"。选人的过程非常关键。必须选择有能力且乐意仿照新技术进行耕作，同时受到村民尊重的农民，这样其他农民才可能乐意效法。在选择农民联系人的过程中，T&V 官员将和农民碰面，向他们咨询当地的社区情况和他们的领导者。最近几年，T&V 更多地关注传统社区农民的自助性团体，通过这个自助性团体，人们可以实现更大的灵活性、更好的扩散和团队互助。

起初，技术信息主要集中在无须投入资金但能显著提高生产率的方面，如备耕、植距、种子类型和剪枝等。每个月传播的技术信息都和当季农民的耕作活动密切联系，如一年中哪一天栽培或哪一天要收获。培训的过程是循序渐进的：简单的技术信息在初级阶段传播，较为复杂的信息在项目后面的阶段传播。此外，只有当农民看到最初的信息产生了效果，真正信任 T&V 的信息，这时投入少、见效快的好方法才得到采纳，例如施肥和播种等技术。在稍后阶段，要求购买资本品的技术方法才能得到引进。越来越多的妇女正式成为农民联系人。非正式的农民联系人甚至更多，因为她们的丈夫很少有时间耕作或根本不耕作。

T&V 项目的信息，至少在理想状态下，是假设朝两个方向传播的。T&V 机构要收集技术信息在实践中应用的具体情况，还存在什么问题，研究方面还要做哪些努力。这是政府内心所向往但鲜能实现的理想。

从 20 世纪 70 年代中期到 90 年代，T&V 项目从世界银行得到了重大的鼓励和金融支持。但是在大多数国家，其取得的成绩令人失望。

1997 年，Vishva Bindlish 和 Robert Evenson 报道，T&V 类培训项目在撒哈拉以南非洲的三十多个国家开展。他们从所获得的统计资料中得出结论，认为"肯尼亚和布基纳法索的经验表明，T&V 管理提高了培训的效果，此类项目支持了农业增长并带来了更高的投资回报"。他们发现"接受了培训的地区产出更高，在这些地区，产出水平最高的又是那些直接参与培训活动的农民。因此，培训有助于消除现有技术下可能达到的产出与实际上已经实现的产出之间的差距"。但是，他们发现，尽管在短期内这种培训能够带来改进，但若长期内"未有与当地条件相配套的技术升级开发"，那么项目所能达到的效果也是非常有限的。

Robert Evenson 和 Germanno Mwabu 的另一项研究发现，肯尼亚 T&V 项目对于生产率的影响是正向的，但有趣的是，在能力最高和能力最低的两组农民中间，这个影响最为显著（由不能通过农业投入增加来解释的生产率份额来测度）。他们假设能力高者可以克服培训投入的边际报酬递减规律；培训也有可能是和管理能力高（未观察到的能力）相互促进的。但是，能力较低的农民相对影响较高，这个结果值得注意，尽管有关它对于贫困问题的影响的数据还不可得。

农村妇女的经济进步，对于改善环境的可持续发展也是非常重要的。妇女除了农业耕作（尤其是对于贫瘠和生态上很脆弱的土地）的责任之外，其在传统社会里一个习惯性的角色还是自然资源（如水资源）的看护者。这也是农业培训与妇女相关的一个重要领域。在肯尼亚，T&V 系统尚未和环境问题密切挂钩。

Christina Gladwin 和 Della McMillian 认为尚有很多工作要做。例如在技术研发的设计阶段应该咨询妇女的意见，培训专家应该接受进一步的培训，以指导男性如何培训他们的妻子，政府应该将资金投入妇女组织和妇女协会。

T&V 系统的另外一个缺点就是它在妇女信贷方面所做的努力太少。Kathleen Staudt 发现，在肯尼亚西部的卡卡梅加地区，来面试的 84 位女性农场经理中只有一位了解信贷项目，没有任何一位曾经接受过信贷。非正式的迹象表明，这个地区在接下来的几年中鲜有改进。但是，农村信贷（往往是当地的非政府组织经营的）近来在肯尼亚拓展的速度之快，让很多长期观察经济的人士感到惊讶。

吸引妇女参与公共农业议案的战略，在环境、信贷以及农业生产率方面已经带来了一些效果。例如，联合国人口基金会报告："妇女现在是肯尼亚国家土壤保持项目的主要参与者。自 20 世纪 80 年代中期起，妇女们已经把 36 万小片农田修成梯田，占全国总耕地的 40%。妇女经营的农村大集体现在可以从银行获得贷款，农业培训也根据妇女的需要和需求进行了修改。"

据联合国粮农组织（FAO）妇女发展服务的报道："在肯尼亚，一场针对国家培训项目下的妇女所展开的国家信息战役，使得玉米产量提高了 28%，豆类产量提高了 80%，土豆产量提高了 84%。"前面的道路更强调了常识教育的重要性。FAO 报道了肯尼亚的一项研究，它显示："如果农村妇女能够完成小学教育，她们的农业产出可以提高 24%。"

然而，肯尼亚的农业培训项目按照国家标准来看仍然比较薄弱。世界银行审核了这个项目 1999 年的执行情况，发现在很多方面项目的执行还有所欠缺，尤其是成本效率比较低下。审查的结果要求培训项目更好地指向一些效果最大的地方，利用更先进的信息系统给农民授权，让他们在服务设计上有更大的自主权。世界银行还要求更多的成本回收，但这是有争议的。肯尼亚在 2002 年取消了小学教育的收费制，从而使小学教育至少从名义上看是免费的，尽管 20 世纪 80 年代世界银行鼓励并且其他机构也支持从接受小学教育的学生的家长那里收取费用。作为减少贫困的一个重要内容，从贫困妇女那里进行"成本回收"是一项值得怀疑的政策。另外要注意的就是，一些批评家指出肯尼亚的结构调整是导致 80 年代后期和 90 年代 T&V 预算持续下降的一个因素，它严重削弱了这个项目的力度。

在肯尼亚和撒哈拉以南非洲的任何一个国家，近年来，公共培训项目都有越来越多的非政府组织参与（见第 11 章）。例如，在肯尼亚西部，非政府组织"非洲现在"积极地招募和培训农民参与养蜂，作为农民收入的另外一个来源。由于存在不同的知识背景、不同的种族和社会团体，只有更多人更广泛地参与，建设一个生态多样性和社会多样性的区域（例如撒哈拉以南的非洲这样的地区）才能成功实现。

考虑到政府培训，世界银行的一个评价是，"性别问题的进展尚不明确。早期歧视农村妇女的情况已经纠正，但是在选择农民联系人时还存在一些歧视现象。妇女农业培训机构的比例自 1982 年以来大体就没有变动过"。尽管肯尼亚所取得的成绩比很多亚洲和非洲的国家都好，也比肯尼亚过去所表现得要出色，但它还是留下很多空间让我们想象。肯尼亚已经取得了进展，但亟须进一步进行系统的跟进和拓展。

令人感到充满希望的是，这一活动分散扩展到更多地区，参与机会在增加。肯尼亚国家农业和畜牧业计划已经建立了利益相关者平台，以便在区和街道层次上决定服务的优先权，这样农民就拥有了重要的话语权。但是现在确定农村妇女对这个新系统的反响如何以及它的长期影响是否比过去所做的努力更大，还为时过早。

在该国另外的进展中，Esther Duflo、Michael Kremer 和 Jonathan Robinson 从肯尼亚的布西亚地区得到了一些有趣的证据，即农民在使用出售产品的收益购买下个季度的化肥时，也存在"承诺问题"。尽管仍在早期阶段，但这种开创性的研究可能会为设计出更有效的农业项目开辟新途径。

但是，妇女的地位在肯尼亚得到了巩固。数千妇女参与了绿化带行动团体（GBM），这个团体是 1977 年由肯尼亚全国妇女委员会在名义领袖旺加里·马塔伊（Wangari Maathai）的领导下建立的。用马塔伊的话说，她的直接目标就是"通过在农村社区鼓励栽树、保护土壤和水资源等手段，来遏制沙漠化"。GBM 也推行了与之并行的旨在推动可持续发展和减少贫困的项目。尽管这个项目是通过非政府组织或市民部门来推进的，秧苗仍是政府以低价提供的，GBM 志愿者从政府森林机构获得建议和支持。由于马塔伊在支持有利于妇女和儿童的可持续农业与林业发展中所做出的努力，2004 年她被授予了诺贝尔和平奖。

GBM 强调参与和自助，并努力让人们看到森林砍伐、水土流失、土壤恶化与接下来的产量下降之间的联系。在外部资金的资助下，妇女在上千家苗圃中找到了工作。在这些苗圃中培育的秧苗再供应给小农场、学校和教堂，这些地方将栽种数千万的树苗。预计这些树苗的成活率为 70% ～ 80%。

GBM 在可测度性上做得非常成功，这个模式可以在肯尼亚全国甚至在全非洲广泛推广。它的成功，

在诺贝尔和平奖授予马塔伊的那一刻被永远地记载下来。

资料来源

Anderson, Jock R. "Agricultural Advisory Services, Background paper for 2008 World Development Report." Washington, D.C.: World Bank, 2007.

Bindlish, Vishva, and Robert E. Evenson. *Evaluation of the Performance of T&V Extension in Kenya.* Washington, D.C.: World Bank, 1994.

———. "The impact of T&V extension in Africa: The experience of Kenya and Burkina Faso." *World Bank Research Observer* 12 (1997): 183–201.

Davison, Jean, ed. *Agriculture, Women, and Land: The African Experience.* Boulder, Colo.: Westview Press, 1989.

Deere, Carmen Diana. "The division of labor by sex in agriculture: A Peruvian case study." *Economic Development and Cultural Change* 30 (1982): 795–781.

———. "Rural women and state policy: The Latin American agrarian reform experience." *World Development* 13 (1985): 1037–1053.

Due, Jean M., and Christina H. Gladwin. "Impacts of structural adjustment programs on African women farmers and female-headed households." *American Journal of Agricultural Economics* 73 (1991): 1431–1439.

Duflo, Esther, Michael Kremer, and Jonathan Robinson. "How high are rates of return to fertilizer? Evidence from field experiments in Kenya." *American Economic Review* 98 (May 2008): 482–488.

———. "Nudging farmers to use fertilizer: Theory and experimental evidence from Kenya." *American Economic Review* 101, No. 6 (October 2011): 2350–2390.

Evenson, Robert E., and Germano Mwabu. "The effect of agricultural extension on farm yields in Kenya." *African Development Review* 13 (2001): 1–23.

Gautam, Madhur. *Agricultural Extension: The Kenya Experience: An Impact Evaluation.* Washington, D.C.: World Bank, 2000.

Gladwin, Christina H., and Della McMillan. "Is a turnaround in Africa possible without helping African women to farm?" *Economic Development and Cultural Change* 37 (1989): 345–369.

Kennedy, Eileen T., and Bruce Cogill. *Income and Nutritional Effects of the Commercialization of Agriculture in Southwestern Kenya.* Research Report No. 63. Washington, D.C.: International Food Policy Research Institute, 1987.

Maathai, Wangari. "Kenya's Green Belt Movement, ecological movement headed by women." *UNESCO Courier,* March 1992.

Mehra, Rekha. "Can structural adjustment work for women farmers?" *American Journal of Agricultural Economics* 73 (1991): 1440–1447.

Sahn, David E., and Lawrence Haddad. "The gendered impacts of structural adjustment programs in Africa: Discussion." *American Journal of Agricultural Economics* 73 (1991): 1448–1451.

Saito, Katrin, Hailu Mekonnen, and Daphne Spurling. "Raising the productivity of women farmers in Sub-Saharan Africa." World Bank Discussion Paper No. 230. Washington, D.C.: World Bank, 1994.

Saito, Katrin, and C. Jean Weidemann. *Agricultural Extension for Women Farmers in Sub-Saharan Africa.* Washington, D.C.: World Bank, 1990.

Staudt, Kathleen K. *The Effects of Government Agricultural Policy on Women Farmers: Preliminary Findings from Idakho Location in Kakamega District.* Nairobi, Kenya: Institute of Development Studies, 1975.

———. "Women farmers and inequities in agricultural services." In *Women and Work in Africa,* ed. Edna Bay. Boulder, Colo.: Westview Press, 1982.

United Nations Food and Agriculture Organization. *Improving Extension Work with Rural Women.* Rome: United Nations Food and Agricultural Organization, 1996.

United Nations Population Fund. *Women as Land Stewards.* New York: United Nations, n.d.

von Braun, Joachim. *Commercialization of Smallholder Agriculture: Policy Requirements for Capturing Gains for the Malnourished Poor.* Washington, D.C.: International Food Policy Research Institute, 1989.

World Bank. "Agricultural extension: The Kenya experience." *Précis,* Winter 1999.

———. *World Bank Agricultural Extension Projects in Kenya.* Washington, D.C.: World Bank, 1999.

问题讨论

1. 为什么只要分析发展问题，就必须特别强调对农业体系，尤其是农民经济问题以及农村部门的研究？

2. 非洲发展中国家农业相对滞后的主要原因是什么？将来，这种令人失望的发展业绩如何才能得以改善？请解释。

3. 讨论发展中国家的三种主要农业体系。这些体系在三个主要的发展中地区集中到什么程度？

4. 对照并比较亚洲、非洲和拉丁美洲的小农经济各有什么特点。这些地区的农业体系在整体上有何区别？它们的共同点是什么？

5. 解释本章开篇纲纳·缪达尔那段话的含义，即"为经济长期发展所做的努力，其结果取决于农业部门"。

6. 有人认为小农生产者是愚昧落后的，因为他们似乎在抵制本有助于农业产量显著提高的农业创

新。这种抵制是源于小农生产者自身的不理性，还是有其他因素被传统的经济学分析忽视了呢？请解释。

7. 我们介绍了从维持生计型农业向专业化农业转轨的三个阶段。这三个阶段各自有什么主要特征？

8. 人们对下面的这个观点似乎有着广泛的共识："土地所有权分配高度不公的地区（主要是拉丁美洲和部分亚洲国家）需要土地改革，但土地改革本身并非是改善和提高小农经济的充分条件。"土地改革的提法和概念有什么含义？请举出几个可能需要土地改革的支持性措施的例子。

9. 农村全面或综合改革是什么意思？你采用什么样

的标准来判断一个国家是否在进行农村综合发展改革呢？

10. 如何理解佃农？你认为你的解释在多大程度上可以说明佃农是合理的？

11. 如果土地改革是有效率的，那么你认为土地改革为什么如此罕见？

12. 为什么正确认识小农生产者所面临的风险对制定农业发展政策具有重要的意义？

13. 解释下列说法："有效的农业政策必须以妇女的作用为中心"。

14. 最穷的农民通常在土壤和水资源最差的农场上耕种。你认为这是原因还是结果，或者两者都有？

注释和推荐阅读

1. 区域和国家数据来自 World Bank，*World Development Indicators* 2013。

2. 可以参见 United Nations Food and Agriculture Organization,"Economic growth is necessary but not sufficient to accelerate reduction of hunger and malnutrition,2012,http://www.fao.org/docrep/016/i2845e/i2845e00.pdf。2009 年时，联合国粮农组织首次估计，由于世界粮食价格上升，超过 10 亿人没有足够的粮食去满足他们正常的营养需求，这彰显了许多人所面临的巨大危机。United Nations Food and Agriculture Organization, "The state of food insecurity in the world, 2012, and 2009," http:// www.fao. org/docrep/012/i0876e/i0876e00.htm. See also, http://www.fao.org/publications/sofi/ en; and International Food Policy Research Institute, "2012 Global Hunger Index: The challenge of hunger: Ensuring sustainable food security under land, water, and energy stresses," and "2009 Global Hunger Index," http://www.ifpri.org/publication/2009-global-hunger-index.

3. Simon Kuznets, "Economic growth and the contribution of agriculture," in *Agriculture in Economic Development*, eds. C. K. Eicher and L. W. Witt (New York: McGraw-Hill, 1964).

4. Ibid. See also John W. Mellor, "Agriculture on the road to industrialization," in *Development Strategies Reconsidered*, eds. John P. Lewis and Valeriana Kallab (Washington, D.C.: Overseas Development Council, 1986), pp. 67 - 89;

Subrata Ghatak, "Agriculture and economic development," in *Surveys in Economic Development*, ed. Norman Gemmell (Oxford: Blackwell, 1987), ch. 10; Charles P. Timmer, "The agricultural transformation," in *Handbook of Development Economics*, vol. 1, eds. Hollis B. Chenery and T. N. Srinivasan (Amsterdam: Elsevier, 1988), pp. 276 - 331.

5. 数据见世界发展指标的表 4.1 第 3 列和第 4 列，它解释了相比 1990 ～ 2000 年，2001 ～ 2011 年低收入和中等收入地区加速增长，高收入地区减速增长。关于成功的农村发展和饥饿项目及计划，参见 International Food Policy Research Institute, "Millions fed," 2009, http:// www.ifpri.org/publication/millions-fed. Regarding high developing country productivity gains, see World Bank, *World Development Report, 2008* (New York: Oxford University Press, 2007), p. 69, and Mette Wik, Prabhu Pingali, and Sumiter Broca, "Global agricultural performance: Past trends and future prospects," WDR background paper, 2007.

6. 可参见 the United Nations Food and Agriculture Organization (FAO), *State of Food Insecurity*, 2012, http://www.fao.org/publications/sofi/2012/en; the *OECD-FAO Agricultural Outlook 2013-2022*, June 2013, http://www.oecd.org/site /oecd-faoagriculturaloutlook; 以及这些年刊的其他几期。

7. 洛克菲勒基金会网页 http://www.rockfound.org/initiatives/agra/agra.shtml，非洲绿色革命联

盟的主页 http://www.rockfound.org/initiatives/
agra/agra.shtml。了解有关非洲发展新伙伴计划
倡议的信息，可以参考网站 http://www.nepad.
org/2005/files/documents/172.pdf。

8. 关于非洲的新水稻，可参见 Office of the Chief
Economist, Africa Region, World Bank, *Yes,
Africa Can: Success Stories from a Dynamic
Continent* (Washington D.C.: World Bank, 2009),
p. 9. 关于 2008 年粮食价格攀至高峰和对粮食
价格短期及长期驱动力的解释，参见经合组织
和联合国粮农组织报告。关于在减轻全球饥饿
所取得的进步和面临的挑战方面的更多分析，
见 International Food Policy Research Institute,
2012 Global Food Policy Report (Washington,
D.C.: IFPRI, 2013); and K. O. Fuglie and S.
L. Wang, " New evidence points to robust but
uneven productivity growth in global agriculture,"
Amber Waves 10 (September 2012)。要注意的
是 30 个国家在粮食价格达到最高峰时，实施了
粮食出口限制，与此同时许多进口的发展中国
家也尽力重建库存。这种恐慌属于预期驱动型，
它能将价格提升至长期均衡以上。

9. 可以参见 Nora Lustig, "Thought for food: The
challenges of coping with rising food prices,"
CGD Working Paper at http://www.cgdev.org/
content/publications/detail/967250。随后我们将
进一步考虑食品价格对贫困的影响；贫穷的小
农和农业工作者可能从日益增长的需求中得到
实惠，也可能面临更高的粮食成本。

10. E. F. Sczepanik, *Agricultural Capital Formation in
Selected Developing Countries* (Rome: FAO, 1970).

11. See World Bank, *World Development Report,
2008*, ch. 11.

12. Stephen C. Smith, *Ending Global Poverty: A
Guide to What Works* (New York: Palgrave
Macmillan, 2005); Sungil Kwak and Stephen C.
Smith, " Regional agricultural endowments and
shifts of poverty trap equilibria: Evidence from
Ethiopian panel data, " *Journal of Development
Studies* 47, No. 7 (July 2013): 955 - 975.

13. 一份优秀的关于农业发展经济学中最近发展
的调查，可参见 Alain de Janvry and Elisabeth
Sadoulet, " Progress in the modeling of rural
households ' behavior under market failures," in
de Janvry and Kanbur, eds., *Poverty, Inequality,*

*and Development: Essays in Honor of Erik
Thorbecke* (New York: Kluwer, 2006). See
also World Bank, " Pakistan: Promoting rural
growth and poverty reduction, " 2007, http://
siteresources.worldbank.org/ PAKISTANEXTN/
Resources/293051-1177200597243 /ruralgro-
wthandpovertyreduction.pdf.。

14. 从 20 世纪 60 年代开始，很多拉丁美洲国家发
起了土地改革，它没有改变高度不平等的土地
所有权的分配，但消除了一些与大庄园和小庄
园这样比较封建的保护制相联系的社会关系。
为了教学需要，我们继续使用这些术语，更多
的是为了描述仍在拉丁美洲存在的二元农业结
构，而不是仅作为当今农村社会关系的一种描
述。对此一个更早的分析也可见 Celso Furtado,
Economic Development in Latin America (New
York: Cambridge University Press, 1970)。列于
表 9-3 中的拉丁美洲数据也反映了这个地区的
极度不平等。

15. United Nations Development Programme,
Human Development Report, 1996 (New York:
Oxford University Press, 1996), p. 98. For other
country estimates, see Keijiro Otsuka, Hiroyuki
Chuma, and Yujiro Hayami, " Land and labor
contracts in agrarian economies: Theories and
facts," *Journal of Economic Literature* 30 (1992):
1965 - 2018.

16. 关于这点的实证综述，参见 *World Development
Report, 2008*; and R. Albert Berry and William
Cline, *Agrarian Structure and Productivity
in Developing Countries* (Baltimore: Johns
Hopkins University Press, 1979), ch. 3 and
app. B; G. A. Cornia, " Farm size, land yields
and the agricultural production function: An
analysis of fifteen developing countries," *World
Development* 13 (1985): 513 - 534; Nancy L.
Johnson and Vernon Ruttan, " Why are farms so
small?" *World Development* 22 (1994): 691 - 705;
and United Nations Development Programme,
Human Development Report, 1996, p. 95.

17. 关于土地重新分配可带来更高产出和生产率的
证据，参见 Cornia, " Farm size, land yields and
the agricultural production function "。

18. Francis M. Foland, " Agrarian unrest in Asia and
Latin America," *World Development* 2 (1974): 57.

19. See *World Development Report, 2008*, ch. 10, and Cathy Farnworth and Michael Goodman, "Growing ethical networks: The Fair Trade market for raw and processed agricultural products (in five parts) with associated case studies on Africa and Latin America," November 2006, http://www. rimisp.org/getdoc.php?docid=6442.

20. Kenneth L. Sokoloff and Stanley L. Engerman, "History lessons: Institutions, factor endowments, and paths of development in the New World," *Journal of Economic Perspectives* 14 (2000): 217 - 232, and Stanley L. Engerman and Kenneth L. Sokoloff, "Colonialism, inequality, and long-run paths of development," in *Understanding Poverty*, eds. Abhijit V. Banerjee, Roland Benabou, and Dilip Mookherjee (New York: Oxford University Press, 2006), pp. 37 - 62. On Colombia, see *World Development Report, 2008*, box 11.1, and Klaus Deininger, Ana Maria Ibañez, and Pablo Querubin, "Determinants of internal displacement and desire to return: Micro-level evidence from Colombia," working paper, World Bank, 2007.

21. See World Bank, *World Development Report, 2003*, ch. 10.

22. Gunnar Myrdal, *Asian Drama* (New York: Pantheon, 1968), pp. 1033 - 1052.

23. 同上，1035 页。

24. 同上。

25. Otsuka, Chuma, and Hayami, "Land and labor contracts," tab. 1.

26. 关于亚洲（拉丁美洲）土地租赁效率和通过高利贷者及其他非正式信贷来源以获得信贷，一些较为积极的观点，可参见 20 世纪 70 年代和 80 年代后期 "新农业经济学" 的观点。总体上看，这个思想学派的基本主张是，存在市场失灵、信息不完美、高交易成本、道德风险等条件下，土地契约和高利贷者放债是有效的。它们是否像理论家所声称的那样有效，还远不明确，但是它们最终的剥削本质是难以否认的。有关这方面的文章，参见 Pranab K. Bardhan, *Land, Labor, and Rural Poverty :Essays in Development Economics* (New York:Columbia University Press, 1984); Keijiro Otsuka and Yujiro Hayami, "Theories of shared tenancy:

A critical survey," *Economic Development and Cultural Change* 37 (1988): 31-68; Karla Hoff and Joseph E.Stiglitz, "Imperfect information and rural credit markets: Puzzles and policy perspectives," *World Bank Economic Review* 4 (1990): 235-250; and Timothy Besley, "How do market failures justify interventions in rural credit markets?" *World Bank Research Observer* 9 (1994): 27-47。

27. Myrdal, *Asian Drama*, p. 1048.

28. 关于发展中国家尤其是亚洲无地现象的讨论，参见 Mahmood H. Khan, "Landlessness and rural poverty in underdeveloped countries", *Pakistan Development Review* 25 (1986): 371-394。

29. Abhijit V. Banerjee and Lakshmi Iyer, "History, institutions, and economic performance: The legacy of colonial land tenure systems in India," *American Economic Review* 95 (2005): 1190 - 1213.

30. World Bank, *World Development Report, 2008*, p. 233 and fig. 2.2.

31. See World Bank, *World Development Indicators, 2003*, p. 131, and 2004, tabs. 2.1, 3.3, and 4.1 (Washington, D.C.: World Bank, 2003, 2004) and Figure 9.2 in this chapter.

32. World Resources Institute, *World Resources, 1996- 97*, tab. 10.1, and *World Resources, 1987* (New York: Basic Books, 1987).

33. See Carolyn Sachs, *The Invisible Farmers: Women in Agriculture* (Totowa, N.J.: Rowman & Littlefield, 1983). The classic and still influential treatment of the subject can be found in Ester Boserup, *Women's Role in Economic Development* (New York: St. Martin's Press, 1970).

34. Boserup, *Women's Role*. For a valuable collection of reviews and studies, see C. Mark Blackden and Quentin Wodon, eds., *Gender, Time Use, and Poverty in Sub-Saharan Africa* (Washington, D.C.: World Bank, 2006).

35. 可参见 Christopher Udry, "Gender, agricultural production and the theory of the household," *Journal of Political Economy* 104 (1996): 1010- 1046；Udry 对 Burkina Faso 中的详细数据进行了检验，发现 "那些由妇女控制的地块的产量明显低于那些类似的由男人控制的地块，同一年内家庭在这些地块上种植的庄稼是相同的。"

产出不同的原因在于由男人控制的地块，每公顷上的劳动力和化肥投入明显更高。这些结果与家庭内资源分配的帕累托改进相矛盾。生产函数估计结果暗示，大约有 6% 的产出损失是因为家庭内不同地块上可变投入要素的错误配置。也可见 Christopher Udry, John Hoddinott, Harold Alderman, and Lawrence Haddad, "Gender differentials in farm productivity: Implications for household efficiency and agricultural policy," *Food Policy* 20 (1995): 407 - 423; Michael Carter and Elizabeth Katz, "Separate spheres and the conjugal contract: Understanding gender-biased development," in *Intrahousehold Resource Allocation in Developing Countries: Methods, Models, and Policy*, eds. Lawrence Haddad, John Hoddinott, and Harold Alderman (Baltimore: Johns Hopkins University Press, 1997); Pierre Chiappori, Lawrence Haddad, John Hoddinott, and Ravi Kanbur, "Unitary versus collective models of the household: Time to shift the burden of proof?" World Bank Policy Research Working Paper No. 1217; James Warner and D. A. Campbell, "Supply response in an agrarian economy with non-symmetric gender relations," *World Development* 28 (2000): 1327 - 1340; and Kaushik Basu, "Gender and say: A model of household behavior with endogenous balance of power," Economic Journal 116 (2006): 558 - 580.

36. 关于经典的处理，可参见 Raanan Weitz, *From Peasant to Farmer: A Revolutionary Strategy for Development* (New York: Columbia University Press, 1971), pp. 15-28, 接下来的资料多出于此。这一部分描述的农业演化的三个阶段，不应该解释为不可避免的三个阶段，或所有农业生产都要按照这个次序从一个阶段到另一个阶段。当然，所有三种类型的农业都在任何时候存在于每一个发展中国家。

37. See Carmen Diana Deere and Alain de Janvry, "A conceptual framework for the empirical analysis of peasants," *American Journal of Agricultural Economics* 61 (1979): 602 - 612. See also Alain de Janvry, Elisabeth Sadoulet, and Linda Wilcox Young, *Rural Labor in Latin America* (Geneva: International Labor Organization, 1986), tab. 24.

38. See World Bank, *World Development Report 2014, Risk and Opportunity: Managing Risk for Development*, Washington DC: World Bank, 2013; and Marcel Fafchamps, *Rural Poverty, Risk, and Development* (Northampton, Mass.: Elgar, 2004). Important earlier contributions include Alain de Janvry, Marcel Fafchamps, and Elisabeth Sadoulet, "Peasant household behavior with missing markets: Some paradoxes explained," *Economic Journal* 101 (1991): 1400 - 1417, and Alain de Janvry and Elisabeth Sadoulet, "Structural adjustment under transaction costs," in *Food and Agricultural Policies under Structural Adjustment*, eds. F. Heidhues and B. Knerr (Frankfurt, Germany: Lang, 1995).

39. See Marvin P. Miracle, "Subsistence agriculture: Analytical problems and alternative concepts," *American Journal of Agricultural Economics* 50 (1968): 292 - 310.

40. 有关农业生产率陷阱的严格分析，参见 Frederick J. Zimmerman and Michael R. Carter, "Asset smoothing, consumption smoothing, and the reproduction of inequality under risk and subsistence constraints," *Journal of Development Economics* 71 (2003): 233 - 260. See also the two special issues on poverty traps in *Journal of Development Studies* in 2006 (Volume 42, No. 2) and 2013 (Volume 47, No. 7).

41. 感谢 Frank Thompson 教授的建议。

42. See Marcel Fafchamps and John Pender, "Precautionary saving, credit constraints, and irreversible investment: Theory and evidence from semiarid India," *Journal of Business and Economic Statistics* (1997): 180 - 194; Hans P. Binswanger and Mark Rosenzweig, "Wealth, weather risk, and the composition and profitability of agricultural investments, *Economic Journal* 103 (1993): 56 - 78; and Harold Alderman and Christina Paxson, "Do the poor insure? A synthesis of the literature on risk and consumption in developing countries," World Bank Policy Research Paper No. 1008, 1994.

43. Hanan G. Jacoby, Guo Li, and Scott Rozelle, "Hazards of expropriation: Tenure insecurity and investment in rural China", *American

Economic Review 92 (2002): 1420-1447. 如果想了解更深的背景也可参见 Keith Griffin, "Agrarian policy. The political and economic context", *World Development* 1 (1973): 6。

44. Joseph E. Stiglitz 首次用公式表达了这个观点，收益分成是土地主和佃农之间达成的一种妥协，土地主假设存在一些生产风险，但是，在假定监督成本高昂时，佃农接受一定程度的工作激励。可参见 Stiglitz, "Incentives and risk sharing in sharecropping", *Review of Economic Studies* 41 (1974): 219-255。

45. Alfred Marshall, *Principles of Economics*, 8th ed. (London: Macmillan, 1920).

46. Steven N. S. Cheung, "Private property rights and sharecropping," *Journal of Political Economy* 76 (1968): 1107-1122。当然，合约会以某种方法对那些尽力提供有效工作的员工给予一定的补偿以弥补相应的机会成本，否则，潜在的利益分成会令佃农选择另一种相反的活动。

47. 这一文献中的经典文章是 William S. Hallagan, "Self-selection by contractual choice and the theory of sharecropping", *Bell Journal of Economics* 9 (1978): 344–354。

48. Radwan Ali Shaban, "Testing between competing models of sharecropping", *Journal of Political Economy* 95 (1987): 893-920. 一些投入结果可能不可避免夹杂着没收风险。

49. See, for example, Nirviker Singh, "Theories of sharecropping," in *The Economic Theory of Agrarian Institutions*, ed. Pranab K. Bardhan (Oxford: Clarendon Press, 1989), pp. 33–72; David M. Newberry, "Risk-sharing, sharecropping, and uncertain labor markets," *Review of Economic Studies* (1977): 585–594; and Joseph E. Stiglitz, "Sharecropping," in *Economic Development*, eds. John Eatwell, Murray Milgate, and Peter Newman (London: Macmillan, 1989), pp. 308–315.

50. 关于竞争理论的一个简要但相当有技术性的概览参见 Singh, "Theories of Sharecropping"。约瑟夫·斯蒂格利茨在世界银行的演讲（Washington D.C., 1997 年 9 月）中指出，利益分成是由于不平等造成的，尽管相对于直接工资或租赁合约这种形式更有效率，但它仍保持了马歇尔学派的无效率。

51. 可以参见 Abhijit V. Banerjee, Paul Gertler, and Maitresh Ghatak, "Empowerment and efficiency: Tenancy reform in West Bengal," *Journal of Political Economy* 110 (2002): 239-280。当然，总体上看，施行佃农和土地制度的改革存在很大问题，因为大土地所有者掌握着重大权力。面临被逐出的风险，关于投资动机（包括化肥的效力可能会持续一个耕种季节以上）的一个简单直观的模型参见 Jacoby Li and Rozelle, "Hazards of expropriation"。

52. Pranab K. Bardhan and Christopher Udry, *Development Microeconomics* (New York: Oxford University Press, 1999), p. 111.

53. 可以参见 Pranab K. Bardhan, "Interlocking factor markets and agrarian development: A review of issues," *Oxford Economic Papers* 32 (1980): 82-98。也可参见 Bardhan and Udry, *Development Microeconomics*。他们注意到虽然这种联系在非正式农村市场有一些正向作用，但"个人化的联系可能同时也成为进入其他部门的重大障碍，还可能给主导方在交易中带来其他的影响"（p.111）。注意其他形式的联系还存在于农民保留其土地所有权的情况。一个例子就是非洲大部分地区的合约农业，合约约定"培育"出口销售渠道的立契约者向农户提供种子、化肥和其他投入品来进行例如豆类的生产，立契约者在收获季节会以约定的价格购买这些豆类产品。

54. 关于农业专业化的精彩分析，参见 M. Shahe Emran and Forhad Shilpi, "The extent of the market and stages of agricultural specialization", *Canadian Journal of Economics* 45, No. 3 (2012): 1125-1153。关于市场准入影响的分析在下文中得到呈现，参见 M. Shahe Emran and Zhaoyang Hou, "Access to markets and rural poverty: Evidence from household consumption in China", *Review of Economics and Statistics* 95, No. 2 (2013): 682–697. 关于发展中国家价格激励中农户的响应的具体分析，参见 World Bank, *World Development Report*, 1986（New York: Oxford University Press, 1986）第 4 章和第 5 章。一个更加谨慎的评估可见 2008 年《世界发展报告》。对于风险作用的分析，也可见 *Fafchamps, Rural Poverty, Risk, and Development*, p.28。

55. 关于过早机械化的负面影响的分析，参见 Yujiro Hayami and Vernon Ruttan, *Agricultural Development: An International Perspective* (Baltimore: Johns Hopkins University Press, 1985)。

56. 关于发展适度的机械化的两篇信息丰富的文章分别是 Hans P. Binswanger, "Agricultural mechanization: A comparative historical perspective", *World Bank Research Observer* 1 (1986): 81-98, and Hans P. Binswanger and Prabhu Pingali, "Technological priorities for farming in sub-Saharan Africa", *World Bank Research Observer* 3 (1988): 81-92。

57. 参见 World Bank, *World Development Report*, 2008，尤其是第 6 章和第 11 章。关于农村发展中制度的作用，一篇优秀的分析参见 Brian van Arkadie, "The role of institutions in development", *Proceedings of the World Bank Annual Conference on Development Economics*, 1989 (Washington, D.C.: World Bank, 1989), pp.153 - 192。

58. 关于对发展中国家绿色革命的影响的早期分析，参见 Keith Griffin, *The Political Economy of Agrarian Change* (London: Macmillan, 1974); Chris Manning, "Rural employment creation in Java: Lessons from the green revolution and oil boom," *Population and Development Review* 14 (1988): 17 - 18; and Donald K. Freebairn, "Did the green revolution concentrate incomes? A quantitative study of research reports," *World Development* 23 (1995): 265 - 279.

59. World Bank, *World Development Report*, 2008，第 11 章。对刺激农业生产中合理定价政策重要性的讨论，参见 A. Drazen and Z. Eckstein, "On the organization of rural markets and the process of economic development", *American Economic Review* 78 (1988):431-443。一个包含 5 卷的内容丰富的研究报告，*The Political Economy of Agrarian Pricing Policy*，1991 年由世界银行出版，该研究发现在其调查的 18 个发展中国家有类似的结果。对于在撒哈拉以南非洲和其他发展中地区阻碍农业发展的不合适的政府定价的广泛批判，参见 Hans P. Binswanger and Klaus Deininger, "Explaining agricultural and agrarian policies in developing countries", *Journal of Economic Literature* 35 (1997): 1958-2005。

60. World Bank, *World Development Report, 2008*, p. 338.

61. See Oxfam UK, "Our land, our lives: Time out on the global land rush," Oxfam Briefing Note, October 2012, http://www.oxfam.org/sites/www.oxfam.org/files/bn-land-lives-freeze-041012-en_1.pdf; and Joachim von Braun, and Ruth Suseela Meinzen-Dick, "'Land grabbing' by foreign investors in developing countries: Risks and opportunities," *IFPRI Policy Briefing No.* 12, 2009.

62. 关于农业和环境可持续性之间关系的调查，参见 *World Development Report*, 2008，第 8 章和其中引用的文献。

63. 有关农村发展综合项目的一个更加全面的评论，可以参见 World Bank, *World Development Report*, 2008, ch. 6, and Alain de Janvry, *The Economics of Investment in Rural Development: Private and Social Accounting Experiences from Latin America* (Berkeley: Department of Agricultural and Resource Economics, University of California, 1988).

64. United Nations Food and Agriculture Organization, "Land reform: Land settlement and cooperatives," 2007, http://www.fao.org/sd/Ltdirect/landrF.htm. For the seminal analysis see Myrdal, Gunnar, "The equality issue in world development," in *Nobel Lectures, Economics, 1969–1980*, ed. Assar Lindbeck (Singapore: World Scientific Publishing, 1992).

65. See Alain de Janvry, *The Agrarian Question and Reformism in Latin America* (Baltimore: Johns Hopkins University Press, 1981).

66. 有关各种改革尝试的成败的一个分析，参见 World Bank, *World Development Report, 2008*; World Bank, *World Development Report, 1990* (New York: Oxford University Press, 1990), pp. 64 - 73; and Peter Dorner, *Latin American Land Reforms in Theory and Practice: A Retrospective Analysis* (Madison: University of Wisconsin Press, 1992).

67. See, for example, World Bank, *World Development Report, 2008*, and Jock R. Anderson, "Agricultural advisory services," Background paper for 2008 World Development Report. World Bank, 2007.

环境与发展

虽然最穷的发展中国家对气候变化的影响甚微，但是它们将最早遭受气候变化的危害，同时其承受的危害也是最大的。

——尼古拉斯·斯特恩（Nicholas Stern），对气候变化经济学的评论，2006 年

不同的人适应气候变化的能力有很大差异，这一差异开始成为财富、安全和人类发展机会方面进一步拉大差距的潜在推动力。

——联合国开发计划署，《人类发展报告》，2007 和 2008 年

发展合作应该促进"绿色亲贫"，换句话说，应该促进环境的可持续发展，同时使得贫困的女性和男性都可以参与其中，做出自己的贡献并从中获益。

——经济合作与发展组织，发展援助委员会，2010 年

前人栽树，后人乘凉。

——中国古代的谚语

前方的道路漫长且艰辛。

——联合国秘书长潘基文于"里约 +20"峰会上的发言，2012 年

在发展中国家，超过一半参与经济活动的人口的生计完全或者部分地依靠自然环境，如农业、畜牧业、捕猎、渔业、林业和饲料业。这凸显了第七个千年发展目标（Millennium Development Goal，MDG）的重要性——确保自然环境的可持续性，同时这也是 2015 年之后环境可持续发展目标的核心。环境质量在很大程度上影响着经济的发展，同时其本身也受到经济发展的影响。

10.1　环境与发展：基本问题

10.1.1　经济学与环境

近些年来，经济学家越来越强烈地意识

到，随着经济的快速发展，其中的环境问题日益凸显。比较明显的是，传统的市场失灵加剧了环境恶化。现在我们懂得，贫困与环境恶化的相互作用会导致一个自循环的陷阱，因为在这个循环过程中，由于公众的无知或经济的需要，人们会无意地破坏或耗竭赖以生存的资源。发展中国家的环境资源所承受的压力不断攀升，这可能会危及发展中国家的粮食自给、收入分配、未来增长的潜力和基本的生活质量。

环境恶化还会让发展中国家的经济发展速度降低，因为环境恶化会导致健康相关费用的增加和资源生产率的下降，从而造成高成本。世界上最贫困的 20% 的人口（不论是农村居民还是城市居民）是遭受环境恶化影响最为严重的一个群体。由于贫瘠的耕地面临着巨大的人口

压力，环境的严重恶化已导致农业生产率和人均粮食生产的下降。而贫瘠的耕地又主要是由低收入群体来耕种，所以环境恶化所带来的损失往往就由那些承受能力最差的人来承担。同样，不卫生、不洁净的饮用水源主要影响的也是穷人。据了解，缺乏干净的水源是世界范围内绝大多数传染病产生的原因。由于解决以上问题和其他许多环境问题的办法都要求提高资源的利用效率和改善穷人的生存条件，因而实现自然环境上的可持续增长与经济发展是相互呼应的。

虽然有关不同经济活动的环境成本还有待商榷，但发展经济学家正日益达成一项共识，即环境因素应当是政策举措中不可或缺的组成部分。[1]由于不可持续的生产方式所造成的对土壤、水源和森林的破坏，会在很大程度上降低一国长期的国家生产力，却可以提高当期的国民生产总值，因此，在经济分析中非常重要的一点就是要考虑环境质量的长期影响。若不采取措施积极应对人口迅速增长和经济活动扩张所带来的消极影响，发展中国家的环境就有可能遭到大范围的破坏。

发展中国家居民消费需求的日益增长有其全球性影响。人们逐渐意识到，世界上现存的大部分森林集中在许多债台高筑的非洲国家以及印度尼西亚、巴西、秘鲁和菲律宾等发展中国家，若这些森林遭到破坏，则会通过温室效应的方式进一步加剧**全球变暖**（global warming）等气候变化。同时，根据气候模型的预测，发展中国家，特别是撒哈拉以南的非洲国家和南亚国家，将会是未来全球变暖和**气候变化**（climate change）的最大受害者。然而直到现在，引起问题的大部分温室气体都是由发达国家排放的，同时，这些国家产生了所谓的环境依赖性（environmental dependence）：发展中国家将依靠发达国家采取直接措施来减少排放，同时希望发达国家可以研发出进一步减排以及能成功适应已不可避免的全球变暖和气候变化的新技术。然而，发展中国家也必须主动将排放量下降至远低于当前预期的水平，或者说发达国家的减排仅仅是能推迟灾难的发生时间。

本章我们将探讨环境破坏的经济原因和后果，并设法找到贫困和资源恶化这个恶性循环问题的潜在解决方法。我们首先考察一些基本问题，包括讨论可持续发展以及发展中国家的人口、贫困、经济增长、农村发展、城市化和环境之间的相互关系。接着，我们将分析传统的环境经济学模型的适用性，描述一些典型的环境特征，并提供一些相关的数据。接下来，我们再将研究视野拓展到全球环境，探索旨在实现全球可持续发展的各项政策。本章最后对海地和多米尼加共和国（这两个国家在同一个岛上）做了案例分析的比较研究，以便解释环境因素在两国迥异的发展结果中所起到的作用。

发展环境可以由8个基本概念来界定。其中许多问题是在前几章讨论的基础上展开的。第一个是可持续发展的概念；其他概念涉及自然环境和人口、资源、贫困、经济增长、农村发展、城市化、经济全球化之间的联系以及温室气体导致气候变化的本质和速度。接下来，我们将逐一讨论这些问题。

10.1.2 可持续发展和环境核算

"可持续性"（sustainability）这一术语反映了保持经济增长与环境保护之间平衡的必要性。尽管可持续性有非常多的定义，[2]但最常见的含义是指"既满足当代人的需求，又不损害后代人的需求"。[3]

可持续发展可利用经济学分析的有关概念来进行研究。研究主要包括三方面：对未来社会效益的合理估计（一般将更高的权重赋予未来）；适当地关注市场失灵现象（主要集中于关注外部性和公共物品）；以资本存量的形式合理估计自然资源，而不是仅仅将其作为无穷无尽的消费来源。我们首先分析在国民收入账户中合理估计环境的有关问题。

传统意义上，"当且仅当全部资本的资产存量始终保持不变或随时间不断增加"时，这样的发展道路才是可持续性的。[4]但是就这一点而言，仅仅在一个有限的规模或有限的程度上，自然资源和资本的其他形式可以相互替代。或者说，只有当环境在某种程度上退化之后，自然资源和资本的其他形式似乎才是互补的。在没有达到可用环境服务的最低限度时，生产性资本一般来说是不具生产性的。尽管我们可以想象未来可能会出现技术修复，但毫无疑问，我们并不保证这种技术一定会出现。[5]

这些论述意味着，未来的增长与总体生活质量主要取决于环境的质量。一国的自然资源基础以及空气、水源和土地的质量是一个国家世代相传的共有遗产。为了追求短期的经济目标而不分青红皂白地破坏环境禀赋资源，这样做不仅会让当代人遭到惩罚，甚至还会殃及后人。因此，发展政策的制定者有必要在制定决策时加入某种形式的**环境核算**（environmental accounting）。例如，在测算经济增长与人类福利时，珍贵环境资源的保护或损失应当作为一个重要因素考虑到测算指标中。或者，决策者也可以制定一个目标，使环境资产不发生净损失。换句话说，如果一个地区的环境资源受到了破坏或被耗竭，那么，别的地区就应再生出至少价值相等甚至价值更大的资源。

资本资产不仅包括生产性资本（机器、厂房和道路），还包括人力资本（知识、经验和技能）和**环境资本**（environmental capital，如森林、土壤质量和草地）。按照这一定义，**可持续发展**（sustainable development）不仅要求上述全部资本不减少，而且要求能够正确测度**可持续净国民收入**（sustainable net national income，NNI^*），其总额为在资本存量不减少的情况下可供消费的数量，即

$$NNI^* = GNI - D_m - D_n \qquad (10\text{-}1)$$

式中，NNI^* 表示可持续的国民总收入；D_m 表示生产性资本资产的折旧；D_n 表示环境资本的折旧，即在一年期间内环境衰减量的货币价值。NNI^* 包括了治理和防止环境恶化相关活动的成本。

还有一个更好的计算方法，但要根据现行数据收集方法进行计算还比较困难。它的计算公式是：

$$NNI^{**} = GNI - D_m - D_n - R - A \qquad (10\text{-}2)$$

式中，D_m 和 D_n 的含义与前式一样；R 表示恢复环境资本（森林、渔业等）所需的支出；A 表示防止环境资本（空气、水源和土壤质量等）遭到破坏所需的支出。（注意，R 和 A 作为经济活动的成本包含在 NNI^* 里，但在 NNI^{**} 中这两部分却作为"折旧的补贴"被减去了。）[6]

由于世界范围内消费水平的上升以及人口增长率居高不下，可持续发展的实施面临着重大挑战。我们应当扪心自问，可持续生活水平的实际期望值是多少？目前资料显示世界上很多资源遭到迅速破坏，根据这一情况，今后 35 年内预计会产生 20 亿的世界新增人口，要满足这些人口的需求，就必须对消费方式和生产模式及早进行彻底的变革。在本章的后续内容中，我们将讨论这些亟待进行的变革。

10.1.3　人口、贫困和经济增长之间的经济关系

1. 人口、资源与环境　许多对环境问题的关注主要源自这样一种观念，即由于满足人类需求的地球资源是有限的，因而人口数量会存在一个上限。在发明新技术的潜力一定的条件下，我们可能达到也可能达不到这一点，但有一点非常清楚，即如果我们继续走目前这条使环境迅速恶化的道路，就会严重损害这一代人和后人的生存能力。降低人口增长率将有助于缓解许多环境问题的恶化。然而，出生率能否下降、生育年龄能否推迟以及世界人口的最终规模，这些在很大程度上将取决于各国政府所创造的有助于控制生育率的经济条件和制度条件（见第 6 章）。

人口的迅速增长，一方面导致了农村地区的土地、水源和薪材出现短缺，另一方面也造成了城市因缺乏卫生设施、洁净的饮用水而出现健康危机。[7]众所周知，在世界上最贫困的许多地区，人口密度的增加已导致人们赖以生存的资源出现了严重并且日益加剧的恶化现象。为了满足发展中国家不断扩大的需求，人们必须停止破坏环境，同时进一步提高现有资源的生产率，使得现有资源能够服务于更多的人。如果国民生产总值和粮食产量的增长速度落后于人口的增长速度，那么，人均国民生产总值水平和粮食自给能力就会下降。但具有讽刺意味的是，正如第 6 章的分析所发现的，假定穷人需要依赖于大家庭的形式谋求生存，那么长期贫困可能会导致出生率居高不下。

2. 贫困和环境　环境恶化的主要受害者通常是穷人。穷人忍受着更多因环境恶化而带来

的影响，因为他们必须生活在那些被富人遗弃因而比较便宜的退化土地上。此外，穷人拥有较低的政治影响力，因而很少能得到政治支持，来减少当地的污染。生活在贫瘠且被污染的土地上，这样的生活环境使得这些穷人摆脱贫困的机会更少了。但某些情况下他们也是贫困的制造者，尤其是作为一种受贫困制约而产生的后果。高出生率总是被视为加剧贫困现象本身的罪魁祸首。举个例子，中国某些地区每亩耕地上的人口密度是印度的两倍，但产量也是其两倍。很显然，尽管环境破坏和高出生率如影随形，但两者都是第三种因素——绝对贫困的直接产物。发展中国家的环境政策如果要成功实施，则必须首先直面无地、贫困以及缺乏制度资源的获得途径等问题。同时，土地使用权不稳定、信贷和投入匮乏以及信息缺乏等问题，都将阻止穷人扩大有利于提高资源利用率的投资，而这方面的投资恰好有助于保护穷人赖以生存的环境资产。因此，预防环境恶化的关键，与其说是与不可避免的环境恶化相抗争，不如说是向穷人提供制度上的支持。[8] 正是由于这个原因，列入国际环境议程的许多目标是与第 1 章所介绍的发展的三大目标相呼应的。

3. 经济增长 vs. 环境 如果可以通过增加穷人的收入来减轻其对环境的破坏，那么是否有可能在不进一步破坏环境的条件下实现经济增长呢？事实表明，极度贫困引起了大量的环境破坏，这是贫困所导致的一个直接后果。由此可见，提高最贫困阶层的经济地位将有助于缓解环境恶化。然而，由于经济中其他阶层人口的收入水平和消费水平也在上升，所以环境破坏的程度还在净增加。因此，在保持环境恶化处于最低水平的同时满足不断增长的消费需求，这将不是一项小任务。

在这点上，普遍认为随着人均收入的增加，污染和其他形式的环境恶化将呈现先上升后下降的倒 U 模式。（这种思路被称为**环境库兹涅茨曲线**（environmental Kuznets curve），因为正如第 5 章所描述的，库兹涅茨提出的假设是随着收入的增加，不平等现象会呈现先增加后减少的趋势，也表现出一个倒 U 模式。）依据这个理论，随着收入的增加，社会可以找到保护环境的方法并愿意去实施它。事实上，有很好的证据表明倒

U 的关系适用于一些局部污染物，如空气中的特别物质、硫氧化物和氮氧化物。其他环境问题，例如安全不达标的水以及卫生系统的缺乏等，会随着收入的增加逐渐得到改善。

这些仅仅只是一般模式，不同国家的实际情况会有所不同。就收入—污染的关系来说，这些国家自己采用的模式并不能很好地说明其中的因果关系。环境污染本身可能会造成缓慢的经济增长，或者诸如不好的制度等第三种因素也会导致严重的污染以及较低的人均收入。此外，更好的环境管理不会随着收入的增加而自行出现，其出现与否在很大程度上取决于政治过程。然而，不论曲线是倒 U 形、下降型或是上升型，更有效的环境政策可以使污染曲线向下移动（倒 U 形曲线的情形详见图 10-1）。[9]

同时，我们需注意，仍然没有足够的证据表明随着收入的提高其他环境破坏会减少。正如我们将要看到的，目前存在一种特殊的问题，即全球公共产品问题，例如温室气体。最后，即使倒 U 形的环境库兹涅茨曲线可以在长期内拟合全球公共产品的变化，但某些破坏（例如生物多样性的损失等）将是不可逆转的，因而我们需要采取一些积极的国际政策。

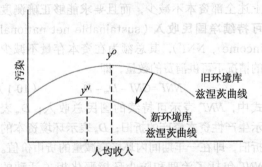

图 10-1　假想的收入—污染关系：环境库兹涅茨曲线

10.1.4　环境与农村、城市发展

1. 农村发展与环境 要满足迅速增长的人口日益扩张的粮食需求，据估计，发展中国家的粮食产量必须在未来 30 年内增加至少 50%。由于发展中国家很多地区的土地资源已经被现有人口不可持续地过度开发，所以要满足新增人口的粮食需求，就要求对农业部门可利用资

源的分配、利用和数量进行彻底整改。由于妇女通常是森林、水源等农业资源的看管者，同时又是许多农业劳动力的来源，所以在环境规划中优先考虑这些女性的利益将具有至关重要的意义。此外，要消除贫困，就要特别致力于提高妇女的经济地位，尤其是在减轻她们对不可持续生产方式的依赖方面。

小农生产者获得农业投入机会的增多和可持续耕作方式的引入（或再引入），将有助于产生不同于以往破坏环境资源利用模式的新模式。投资于耕地改造一方面能大大提高耕地的产量，另一方面也有助于确保未来的粮食自给。

2. 城市发展与环境 第 7 章论证了人口迅速增长加上大量的城乡人口流动，会导致前所未有的城市人口增长率，其增速有时甚至达到国民经济增速的两倍。然而，很少有政府能快速增加城市现有的水源供应和卫生设施以与快速增长的人口相匹配，由此导致的生活环境条件的恶化对快速增长的人口健康产生了极大的威胁。这种状况促成了现有城市基础设施的损毁，为流行病的传播创造了条件，将导致国民健康危机。而由于按照现行法律，许多城市住房属于违法建筑，这种状况进一步加剧了恶化程度。这使得私人家庭投资的风险高企，也使得大部分的城市人口无法享受政府提供的各种服务。

交通拥挤、车辆尾气和工业排放以及家庭取暖设备通风不良等问题都极大地增加了城市人口密集所带来的环境成本。病残工人生产率下降、现有水源受到污染，基础设施遭到破坏以及加热不安全用水所导致的燃料费用的增加，这仅仅是城市环境恶化中的一小部分成本。研究表明，城市环境恶化的速度要快于城市人口规模增长的速度，这导致城市每新增一个居民所带来的边际环境成本随时间不断上升。然而，在给定的收入水平下，城市居民的碳排放量低于郊区或农村居民。[10] 在第七个千年发展目标中，城市和农村的环境保护的重要性已经得到了人们的关注（见第 1 章）。

10.1.5 全球环境与经济

随着全球人口的增加和收入提高，全球环境恶化现象变得更加严重。为了实现世界的可持续发展，人们需要做出一些取舍。通过更有效的资源利用方式，许多环境改造实际上可以节约资金，而另一些也只需较少的投入即可实现。然而，由于许多重大的环境改造需要在降污技术和资源管理方面投入大量的资金，因此在某些时候就需要在产出和环境改善之间有一个重大的取舍。一个国家越穷，其消化这些成本的困难就越大。但在诸如生物多样性、热带雨林破坏以及人口增长等许多问题上，国际上更多的是将注意力集中于一些经济最贫困的国家。当低收入国家缺乏实质性的援助时，为了实现环境改造项目，它们就必然要以牺牲其他社会投资，如教育、卫生服务和就业项目等的投资为代价，但事实上这些社会投资本身对于保护全球环境具有十分重要的意义。

截至今天，绝大部分的环境破坏都是由发达国家造成的。然而，随着发展中国家人口出生率的提高、平均收入的增加和温室气体排放量的增加，未来若干年环境破坏的源头可能发生逆转。[11] 如今有关全球改革的成本如何进行分配的讨论正在进行。

分配方式在 2012 年巴西的里约热内卢举办的地球峰会（也被称为"里约 +20"）上被明确提出，此时距离最初的 1992 年地球峰会已过去 20 年。此次峰会具有里程碑意义，邀请了联合国的大多数成员方参加，虽然 57 位国家首脑、31 位政府首脑、许多私人部门和非政府组织（NGO）的观察员都参与了会议，但许多核心领导者包括美国总统奥巴马以及英国首相卡梅伦并没有到场。尽管有一些乐观的说辞，许多分析者认为此次峰会即使不是彻底的失败，也足够让人失望。最终的声明"我们所期待的未来"包含了许多重大领域，如对海洋和食品安全更进一步的保护等，但由于不具有约束力以及在原有声明基础上几乎没有变动，最终导致收效甚微。虽然各个联合国成员方对于可持续发展都做出了自愿承诺，但大部分都是对现存政策的重述。千年发展目标（MDG）截止到 2015 年，紧跟其后的有新的计划——新的可持续发展目标（new Sustainable Development Goals，见第 1 章）。联合国秘书长潘基文做出总结，"未来的道路漫长且艰辛"。

温室气体导致气候变化的过程和本质 环境科学家和经济学家越来越关注全球变暖的影响，这一影响可能比预期到来的时间更早（事实上，非洲的部分地区已经开始），同时避免大量未来成本的机会也趋于消失。发达国家将不得不带头并承担向低收入国家投资以补救并帮助其适应环境变化的绝大多数成本，但是发展中国家也需要在限制全球变暖以保护自己未来的活动中发挥重要作用。我们将在本章后续部分深入探讨这个问题。

10.1.6 依赖自然资源作为摆脱贫困之路：希望和局限

本章开始时我们提到，在发展中国家的经济活动中，有超过一半的人依赖于农业、捕猎业、渔业和林业。[12] 包括采集饲料和其他活动在内的环境收入，对于大部分穷人来说是相当重要的，且在适当的政策条件下可以提供一种摆脱贫困的路径。但是在环境资源收益的获取上存在着极大的不公平，甚至在某些情况下不公平会进一步加剧。在许多国家，穷人逐渐失去了对传统自然资源的控制，包括森林、田地和捕鱼区域，让位于新的私人财产权管理或者腐败的公共土地管理。这种趋势越来越受到一些社会团体以及支持这些团体的非政府组织、机构和当地政府的反对。许多农村的穷人无法得到足够的耕地和用来维持生计的自然资源，如森林、放牧的牛以及捕鱼用的船和工具，因此他们只能得到极低的收入或者遭受苦难。[13]

在发展中国家，许多自然资源的开采在当地已不可持续，并且常常通过某种方式避开穷人。在非洲和亚洲，农村土地普遍地被"自发地"私有化。在没有考虑依靠这些土地与资源来维持生计和生活方式的人的情况下，政府可能批准或允许（或者对此视而不见）国内外公司进行伐木、捕鱼和采矿等活动。政府也可能指定那些由穷人使用的普通土地为"被保护"区域——尽管腐败和偷猎会使任何生态收益化为乌有，进而禁止那些穷人以此作为维持生计和生活的方式，这对于他们参与这项"保护"行动没有形成任何激励。其中一部分解决方法是

"亲贫式管理"，即使穷人和他们的社会团体能得到真正的授权，以便他们能维护自己的权益。这夸大了那些将科学管理方法与传统社会实践相融合的措施的影响。[14] 提升妇女在相应团体中的授权往往也是项目成功的关键因素。有许多突出的事例，如 Suledo 森林组织和坦桑尼亚的HASHI 项目（分别是联合国赤道奖的冠军和亚军），它们认为"当地应通过对生物多样性进行保护和可持续利用的方式来减少贫困"。[15]

水资源问题的核心 在政策圈中，经常能听到这样的说法——"水是一种新油"。很显然，水已经变得越来越稀缺和宝贵了。

穷人经常谈论水的可获得性和水质问题，可见水是他们的贫困生活中最重要的问题。当家庭或者整个村庄喝着被污染的水，或者人们的绝大部分时间被用来获取水源，又或者人们需要为每一升水支付高额成本时，人们就说他们缺乏干净的水。

关于水资源问题的冲突已经成为发展中国家产生冲突的原因之一，其实它们通过合作的方式可以获取更多利益。潜在的冲突包括埃塞俄比亚和埃及两国。[16]

10.1.7 环境恶化的国内起源视角

发展中国家由贫困问题引起的环境问题，包括因缺乏洁净水源和卫生设施而造成的健康威胁，因使用农业废弃物作燃料导致的室内空气污染，以及滥伐森林和严重的土壤退化等，绝大多数是由贫困家庭缺乏可供替代的可持续生活方式导致的。由环境破坏造成的健康和生产率方面的主要后果包括水污染与水资源匮乏、空气污染、固体废物与有害废弃物、土壤退化、森林砍伐、生物多样性减少以及全球变暖引起的气候变化。

据估计，发展中国家有 60% 以上的最贫困人口正挣扎在贫瘠的土地上为生存而奋斗。在发展中的某些国家和地区，由于土地分配的严重不平等，耕地不足问题更是大大恶化，这导致无地的人被迫在那些税收更高并且生态非常脆弱的土地上进行耕种。由于农民越来越多地集中到脆弱的土地上耕种，所以土壤迅速退化，生产率日益下降。据估计，每年大约有 27 万平

方公里的土地完全丧失了耕种价值，这比印度和中国耕地面积的总和还要大。据估计，由此引起的农业生产能力的年损失约合每年世界国民生产总值的 0.5%～1.5%。由于人口迅速增长而农业生产却不能保持同步增长，所以在 20 世纪八九十年代，撒哈拉以南非洲地区的人均粮食产量一再减少（见第 9 章）。[17]

21 世纪商品更高的价格成为一些国家（如印度尼西亚）偷猎和非法伐木活动增加的原因。生鱼价格的走高与在限制区域捕鱼和造成环境恶化的捕鱼方式有一定的关系。采矿活动不断向敏感地区扩展，致使径流和支流遭到破坏。在这些情况下，依靠自然资源维持生计的当地居民和穷人会遭到较大损失。

在发展中国家，无论城市还是农村地区，穷人所共同面对的是因缺乏洁净水源和卫生设施而普遍存在的环境不卫生问题。反过来，环境不卫生又在很大程度上助长了传染病的传播。据估计，在发展中国家，由伤寒、霍乱、变形虫传染病、细菌性痢疾和腹泻等水源性病原体引起的疾病约占所有疾病的 80%，在每年死亡的 700 万儿童中，由这类疾病导致的死亡率高达 90%。据报道，20 世纪 90 年代的拉丁美洲和非洲的很多国家霍乱及其他疾病流行，其中的主要原因是环境条件的日益恶化（见第 8 章）。同时，正如第 7 章提到的，快速的人口增长和大量的农村向城市的移民使扩大城市服务的范围变得困难。

空气污染也严重威胁着发展中国家的居民健康。发展中国家之所以依靠木柴、秸秆和粪肥等有机物作为燃料，主要与他们的贫困密切相关。利用**有机燃料**（biomass fuels）来做饭、烧水会造成严重的室内污染，每年有 4 亿～7 亿人深受其害，其中绝大多数为妇女和儿童。据估计，室内炉灶所释放的烟尘每年导致将近 480 万儿童死于呼吸道疾病，而因此患上慢性呼吸道疾病的人则更多。[18]

在城市地区，其他类型的污染源也会对居民的身体健康构成严重威胁。据世界卫生组织统计，城市地区中约有 13 亿人生活在不安全的空气污染水平下。据预测，到 2030 年，发展中国家的制造业将扩大到 2000 年规模的 6 倍，这势必会极大地增加潜在污染物的集中程度。

因此，要想使现在的城市空气质量水平一直维持到 2030 年（这意味着实际情况远逊于发达国家中心城市目前的空气质量水平），这就要求发展中国家的工业和发电厂平均每单位产出的废气排放量降低 90%～95%。

10.1.8　农村发展和环境：两个村庄的故事

为了详细说明农村贫困与环境退化之间的相互作用，下面让我们来简要考察一下发展中世界的这两个村庄：一个村庄在非洲，另一个村庄在南美洲。

1. 撒哈拉以南非洲地区的村庄　该村庄位于半干旱地区，国际专家已经警告过该村村民，如果他们继续砍伐为数不多的树木并且过度耕种那些已经很贫瘠的土地，那么他们所遭遇的困境只会进一步恶化。但是，专家的警告却与每个家庭最紧迫的问题（维持生计问题）背道而驰。在这里，树木有很多不同的用途，但最重要的一项就是作为生火做饭的木材。如果没有柴火，人们就无法制作很多种食物，也无法做玉米粉或者烧开水。由于人口迅速增长导致的土地过度开发，为了获得柴火砍伐树木以及耕种贫瘠的土地，土壤遭受的破坏日益严重。植被有助于减缓大风、暴雨以及太阳直射的恶劣影响，而植被的减少导致耕作所需的宝贵地表土迅速流失。而地表土的流失又会使得产量难以提高，在干旱的年份，其后果更为严重。**沙漠化**（desertification，即水土流失最为严重的地区受到沙漠侵袭）甚至进一步威胁到那些生产率较高的耕地。

由于宝贵的地表土不断流失，产量持续下降，农民可以带到市场上去交换日常必需品的农产品更少了，这导致很多家庭中喂养孩子的粮食变得更加缺乏。因此，这些家庭必须花费更长的时间去赚取足够的收入来维持生计。虽然有些家庭为了挣到少量维持家用的钱，将家庭成员送到规模较大且较富裕的农场里工作，但在当地能够赚到钱的机会很少。

一般来说，妇女的工作就是为煮饭去拾足够多的柴火。步行到可以拾到柴的地方并将柴火搬回去需要耗费很长时间。但是当地市场上并没有可替代的燃料可供使用，即使有可替代燃料，家庭也无力购买。事实上，许多妇女利用空余时间将先前所拾的木柴制作成木炭，拿到城里去卖，以此换回大约几个便士，这些资金可以使她们再去购买家庭必需品。妇女的时间机会成本较低，这更促使了森林资源的长期浪费，使得当地的环境状况日益恶化。[19]

2. 亚马孙雨林附近的一个村落 现在我们再看另一个村庄，它位于南美洲的一个广袤雨林的边缘。这里的绝大多数农民都是被政府的许诺所吸引而新迁移过来的，因为政府许诺给他们土地和繁荣的前景。政府之所以制订该公共安置计划，将财产权分配给那些愿意开垦土地的定居者，其目的就在于缓解城市拥挤现象，遏制农村人口向城市流动。同非洲的那个村庄相比，该村庄不缺雨水、野生动物和树木。事实上，森林反而成了迁移农民的阻碍，他们往往要烧树林来开荒种地。

尽管烧树林可暂时性地为无土地者提供一些微薄的收入，但是就像世界上90%的雨林地区一样，这里的土地很贫瘠，它们只能承受短短几年的高强度耕作。补充投入和农业知识在短期内帮助居民提高了产出水平，但在耕作了几年之后产量便开始迅速下降。于是，这些新住民又被迫继续向森林深处焚烧林地。由于新住民都居住在贫瘠的土地上，因此他们必须不断地开发新的适合耕种的土地，几乎只能勉强维持生计。因此，从长期来看，政府的计划可能是不利于发展目标的。家庭收入仍然十分低下且不稳定，平均生产率很低，同时迁移人口造成了环境的破坏，从而进一步降低了整个生产率。

10.1.9 村庄的环境恶化

尽管过度城市化导致人口结构发生迅速的变化，但从目前来看，绝大多数贫困人口仍然生活在与上面介绍过的两个村庄相类似的农村地区。经济上的困局往往迫使小农生产者采取一种暂时维持生计的资源利用方式，但这种方式会降低环境资产的未来生产率。而这种不可持续的生存方式往往是由经济贫困所导致的。经过长期的严重食品短缺之后，饥不择食的农民甚至会吃掉他们本来准备用于下一年栽种庄稼的种子，虽然他们很清楚，这样做的结果将是灾难性的。由于灾难发生得非常缓慢，因此贫困人口破坏其赖以生存的农业资源的趋势并不十分显著，但灾难确实就是这样一步一步发生的。

地区的不同导致农村环境破坏的原因及后果都有很大的不同。然而，长期贫困往往是其根本原因所在。在发展中国家，大多数穷人是靠小块贫瘠土地所获得的微薄收入来维持生计的，这些土地的土层往往太浅、太过于干燥或沙化严重，无法承受农民长期的耕种。这种土地如果不采取轮作的方式或施用有机化肥来补充肥力，那么其就会变得贫瘠，导致连年丰收的土地产出水平下降。但穷人往往缺乏必要的财力，无法通过轮作、灌溉和施用化肥等方式来提高耕地的生产率。此外，在某些出生率很高且儿童可以通过打农工或做农活为家庭做出重要经济贡献的地区，人口和耕地密度都会随着时间的推移而不断增加，从而加速了土壤耗竭的速度。

此类环境压力所造成的一个直接后果就是**水土流失**（soil erosion）。植被覆盖可以保护土壤免受大风和暴雨的冲击，但这些土地几乎没有植被覆盖，宝贵的表层土可能会被风吹走或被水冲走，使得土地的生产率进一步降低。此类环境破坏可导致当地人均粮食产量持续下降，最终会导致沙漠化。这种现象将加剧农村人口向城市的流动，并迫使当地留存人口进入更贫瘠的土地，以此形成恶性循环。

农村贫困和环境破坏怪圈循环的另一个因素是**滥伐森林**（deforestation）。在发展中国家，被砍伐的树木绝大多数被用作柴火做饭。森林覆盖面积的减少对于大多数农村的贫困人口来说，可能暗含了两个方面的环境破坏。森林砍伐会造成很多环境问题，随着时间推移，这些问题会使农业产量急剧下降，并加剧农村的贫困。然而，从日常生活角度来看，柴火日益稀少意味着妇女每天要花费更多的时间去寻找柴火，这挤占了她们其他重要活动如创造收入和照顾孩子的时间。最糟糕的情况是，由于燃料短缺，农民必须使用生物肥料或粪便等天然肥料，而这些粪肥对于保持土地产量恰恰是非常重要的。在极端情形下，滥伐森林会促使疾病传播，如婆罗洲的疟疾。

开始于小范围的环境恶化问题往往很快升级为一个区域性问题。例如，位于高处的树木被砍伐，会加速低处耕地暴露在外的过程。被大雨冲击而带走的土壤可能会堵塞河道并污染饮用水。树木有助于雨水存储，雨水渗入土壤，进而汇入地下水被储存起来。这些水又会在干旱地区的旱季被各种植物汲取出来。植被和森林的减少会导致地下水补充速度下降，进而导致当地降雨量的下降。水量的下降进一步导致浅根系植物（包括新栽种的树苗）的死亡。这种自发过程会使疾病传播到先前未受影响的地区。因此，难怪与当地环境恶化相关的自然灾害的增加，如洪涝、干旱和山体滑坡等，会同时对当地和整个地区的农业经济产生破坏性的影响。据估计，在未来几十年，由于全球变暖导致的全球气候变化会严重地加剧这种恶化情况。

10.2 全球变暖和气候变化：概览、缓解和适应

10.2.1 问题概览

联合国政府间气候变化专门委员会 (IPCC)[20] 是由联合国赞助的、研究气候变化及其影响的国际科学组织。2013 年下半年，IPCC 发布的《气候变化 2013》的报告，不仅指明了气候变化的自然科学基础（这点巩固了先前得出的结论），同时关于气候变化的影响、适应性和脆弱性以及气候变化的缓解等方面的新报告于 2014 年出版。

2007 年，IPCC 曾发布了它的第四次评估报告。报告指出，发展中国家（特别是最穷的国家）将承受全球变暖的主要恶果，包括规模更大且更剧烈的热浪、更高的平均温度、飓风、强降水带来的洪涝灾害、持续的干旱、珍贵物种的丧失以及庄稼和鱼类的损失。后续研究为这些结论提供了强有力的证据。IPCC 指明了当面对由温室气体引起的气候变化时最脆弱的四个区域：干旱充斥的撒哈拉以南的非洲，洪水肆虐的亚洲大型三角洲，多方面敏感性的小岛以

及北极区域。

撒哈拉以南的非洲将受到特别严重的冲击。IPCC 报告中的结论是截止到 2020 的，虽然适应性有助于缓解这种情况，也有某些特定区域（例如埃塞俄比亚高地）将从生长季延长中受益，但情况仍将继续恶化：

> 根据预测，预计非洲许多国家和地区的农产品（包括食物的获取）都将受到气候易变性和气候变化的严重影响。适合耕种的区域、生长季的长度和产量潜力预计都会产生下降趋势，尤其是在靠近半干旱和干旱地区的边缘地带。反过来，这又将进一步影响非洲大陆的食品安全并加剧营养不良的状况。到 2020 年，一些国家靠天吃饭的农业产量会减少 50%。

该研究预计，到 2020 年，非洲将有 7 500 万到 2.5 亿人口要面临"由于气候变化而导致的水资源压力"。[21] 沿海渔场、红树林和珊瑚礁将遭到进一步破坏，同时还要受到海平面上升和暴风雨的威胁。淡水湖也将受到不良影响。

在亚洲，数以百万计的人住在低洼的区域，这些地区遭受台风袭击的频率和密度预计会增加，同时遭受海潮侵袭或河水泛滥的风险也会增大。[22] 冰川融化将会使洪灾增加，但几十年后，一旦冰川消失，河流流量也会减少，尤其是在夏季（事实上冰川在夏季季节性的融化是正常且有益的）。到 21 世纪 50 年代，淡水资源可获得性的下降将影响到亚洲的 10 亿人。由于适度的气候变暖，粮食产量预计在亚洲北部的一些地区会增加，而在许多热带和亚热带地区则会下降。日益增多的洪水灾害也将威胁农村和城市的基础设施。21 世纪后期，南亚将面临更严重的干旱、水资源短缺和农业生产率下降。[23]

在拉丁美洲，到 21 世纪中叶，预计气候变暖将引起亚马孙雨林的减少和生物多样性的丧失，而在较干旱的地区农业也将受到危害。最后，由于敏感性和自身的脆弱性，许多小岛屿面临着海潮、侵蚀、淡水资源减少、渔业和旅游业遭受损失的风险。

总而言之，持续的干旱；规模日益扩张的沙漠化；日益严重的暴风雨，伴随着强降水、洪水和随之而来的侵蚀；更持久、更严重的热浪；夏季河道水流的减少和水资源短缺；粮食产量下降；由气候变化导致的虫害和疾病范围

的扩张；地下水的污染和减少；淡水资源、沿海渔场、红树林和珊瑚礁的破坏以及海岸洪灾——预计在 21 世纪，上述一种或多种灾害将会影响到世界上绝大多数的最贫困国家，而且影响速度会比我们想象的更快。其他类似的生态破坏包括必要物种的减少，如传粉昆虫和土壤微生物等，以及森林和作物火灾、地表臭氧水平上升。[24] 这些问题意味着，环境恶化抵消了生产率的提高。

温室气体引起的气候变化已经发生，并且毋庸置疑的是越来越严重。当天气和年平均气温的平均水平发生波动时，就证实了其中一些变化已经发生。2010 年，美国国家海洋和大气局（NOAA）发布了一份关于 11 种气候指标的研究报告，发现每一个指标都表明是温室气体的影响导致了全球变暖。在 IPCC 报告发布时，这份报告所依据的数据还无法得到。2013 年《科学》杂志上的一份报告表明，气候变化预计会按照更快的数量级比率变化，变化的速度超过以往 6 500 万年中的任何时刻。[25]

正如世界银行在 2009 年世界发展报告中所指出的：

从下面所列的变化中，气候变化的影响可窥一斑：空气和海洋平均温度的升高，大面积的冰雪融化和海平面上升。当热浪发生频率更高时，寒冷的昼夜以及霜冻的频率都会越来越低。从全球水平来看，澳大利亚、中亚、地中海盆地、萨赫尔和美国西部的降水量在不断增加，而其他许多地区则发生更加频繁和严重的干旱。强降雨和洪水越来越普遍，来自高强度暴风雨和热带气压的危害也在不断地增加。[26]

对于发展中国家来说，全球变暖更像是一项史无前例的环境挑战。2006 年的《斯特恩报告》中总结道："虽然最穷的发展中国家对气候变化的影响甚微，但是它们将最早遭受气候变化的危害，同时其承受的危害也是最大的。低收入使得它们的财政适应性很差。国际团体有责任去帮助它们适应气候变化。如果没有这样的支持，它们的发展进程将会受阻。"[27] 同时该评论与其他报告都认为热带地区的粮食生产将受到损害："在热带地区，即使是很轻微的气候变暖都将导致产量下降。"变暖程度越大，预计全球农业和水资源所受到的影响越大。但一般

来说，评论认为如果及时采取行动，补救方法也将会是极为有效的。

世界银行于 2012 年发布了一个发人深省的报告《降低热度》。该报告表明，全球平均气温将会在 21 世纪上升 4℃，这将会造成可怕的后果。2013 年的后续研究《降低热度Ⅱ：极端气候、区域性影响与增强韧性的理由》表明，至今全球平均气温仅仅上升了 0.8℃，但已经造成了极端天气事件和海平面上升。该报告同时强调，预期未来 20～30 年间全球平均气温上升 2℃时，将会导致非洲地区食物短缺和南亚地区的水资源危机；气温预计上升超过 2℃且接近 4℃时，将会导致极端的热浪、海平面上升、暴风雨、干旱、洪涝的增加以及草地、农用地和海洋生态系统的损失。[28]

那些主要依靠自然资源的穷人（包括靠天吃饭的农业）更可能遭受最严重的影响。此外，城市地区和农村地区的穷人一般将房屋建造在环境条件最差而且最危险的地区，这主要是因为富人不想住在这些地方。穷人的房屋由泥巴、竹子、稻草和其他廉价的集成材料建造而成，因而其最难以应对极端天气。他们容易受到热浪、洪涝、泥石流和疾病的危害。与 2010 年人道主义灾难规模相当的洪涝灾害将会变得更加频繁。穷人缺乏抵御最大灾难风险的相应保障。据世界卫生组织估计，从 20 世纪 70 年代开始直到 2004 年，每年由全球变暖引起的死亡人数超过 14 万，这主要是由腹泻、疟疾和营养不良引起的。蚊子携带的疟疾病原体预计将会传播到更高海拔的地区，新的受危害城市包括内罗毕、哈拉雷和其他城市等。同时，热浪也夺走了许多发展中国家中更多的生命，如印度。[29]

一些分析专家预测，除了直接的环境影响外，由日趋严重的资源稀缺所导致的社会压力将导致更大的冲突，穷人可能再次成为最大的受害者。一些分析者认为苏丹达尔富尔地区的危机就是由环境压力引起的。[30]

因此，环境灾害将会对穷人以及他们今后的发展造成致命的打击。2013 年《人类发展报告》将联合国开发计划署（UNDP）的基线预测和那些生活在环境灾难下的人做了对比。报告指出，"与基本情形相比，环境灾难情形会导致 27 亿甚至更多人生活在极度贫困的条件下"，

这反映了大约 19 亿人将进入贫困状态，同时有 8 亿人将难以摆脱贫困。

10.2.2 缓解

为了减轻排放量，人们提出了许多策略，包括"碳市场"的发展、碳税和鼓励更快的技术进步的补贴。对于规制，由于减少排放量的收益和成本的不确定性，在设计最有效的许可证或排放税制度时人们面临一些难以解决的经济问题。作为对策，《斯特恩报告》建议设置一个大气中温室气体的长期总限额以预防环境灾难的发生。这涉及对温室气体排放总量的长期限制，应使其数量正好等于地球能够吸收的总量。在短期内，如果初期的减排成本出乎意料之高，那么设计政策时可尽可能地去减轻经济负担。[31]

全球变暖最开始是由发达国家引起的，但并不仅仅是由它们引起的。虽然至今累计排放的温室气体中大多数是由高收入国家排放的，现在发达国家正大力减少温室气体排放污染，但是发展中国家的温室气体排放预计将会以惊人的速度增长，对此我们必须采取措施。这种情况是由许多因素导致的，但亚洲地区快速的工业增长确实是一个主要的诱因。同时，由于燃煤发电计划的扩展，这种情况预期会持续变糟。发展中国家为了避免排放所造成的成本，已经引入了一些政策和机制。发展中国家滥伐森林的现象除了导致超过 20% 的温室气体的排放，同时也导致了珍贵物种减少以及净化空气和水源等环境条件的损失。帮助发展中国家减少温室气体排放，已成为国外救助的重要手段。事实上，为保护森林，需要发展和完善发展中国家为此买单的机制，这已成为关于气候变化国际商讨的热点问题。从森林砍伐和森林退化角度出发的减排机制（REED）以及对致力于重建和保护森林的当地团体增强激励，这些措施已经开始逐渐发挥作用。[32]

10.2.3 适应

如今，大量的气候变化实际上是不可避免的，因此迅速采取措施缓解现状是必要的。即

使立即开始显著的缓解措施，气候系统平均变化本身所存在的延迟也会持续很多年。因此，发展中国家应对气候变化的适应性对于保护人们的生计和继续发展是至关重要的。

联合国开发计划署已经将适应气候变化定义为"一种加强、发展和实行可以缓解、应对和利用气候事件优势的战略进程"。

适应以两种形式发生：一种是"计划性"（或政策性）适应，是由政府实施的；另一种是"自主性"（或私人性）适应，是直接由家庭、农民和企业在应对他们经历或参与的气候变化时所实施的。二者之间的区别并不明显，但是将适应性区分为两类有利于后续分析——政策会对民众的呼声做出反应，而政府激励行为则会影响到个人选择。两者的关系在某些情况下是互补的，而在另外一些情况下则是替代的。如果自主性适应增加了计划性适应的边际收益，那么它们被看作是互补的，反之关系则相反（例如，农民为了应对升高的温度而种植新品种以及政府研究机构研发新的耐热种子）。如果自主性适应减少了计划性适应的需求，它们就是替代的，反之关系则相反。例如，政府建造了贮水池和灌溉系统，而农民却没有动力去改变农作物或贮存水资源。[33]

正如同阿伦·阿格拉沃尔（Arun Agrawal）和尼古拉斯·佩林（Nicolas Perrin）所建议的，依据所要降低或避免的风险大小，可将适应性战略分为四个层次。①流动性可以避免空间风险。②储藏可以减少时间风险。③多样性可以减少家庭或集体共有资产的风险。④共享则包括财产和资源共同所有权；分享特定活动中来自不同家庭的财富、劳动力和收入，或者在资源稀缺时公共资源投入使用和流动。交换可以替代适应性策略前四个层次中的任意一个。[34]

国家和当地的公共卫生机构应大力提倡相关的公民意识活动，包括普及关于如何适应的公众认知以及建造应急健康设施。例如，印度的奥里萨邦在联合国援助下正在实施应急准备措施，旨在降低由 2013 年 10 月袭击该地区的热浪和大规模飓风 Phailin 所造成的人员伤亡。[35]

政策性适应在产生其他发展效益的同时，也可以促使穷人的生计资产在面对环境压力时

更具有弹性。例如：[36]

- 清点和检测穷人的生态资源；通过贫困评估和项目解决环境剥夺问题，包括生态压力的敏感性。
- 应用预警系统来监测环境应急情况，进而预防灾难的发生（保护未来发展的资金）。
- 修复和扩张自然生态屏障（诸如植树造林和扩大红树林覆盖面积），以减少诸如洪涝灾害和水资源短缺等极端事件的发生。
- 当发生可能的气候变化时，帮助穷人建造应对设施（包括暴风雨遮蔽物、防洪屏障以及保护道路和桥梁，使其保持在安全范围之内）；同时为农民设立小额保险

系统。

- 确保穷人和他们相应的团体拥有更好的发声途径和授权，至少能使穷人所面临的环境压力很好地传达给政府、媒体以及公众，同时确保穷人能获得更多的政府服务，使人们更公平合理地共享经济增长所带来的收益。
- 满足以上全部条件后，继而要求增加政府透明度和责任。

除了全球变暖引起的长期趋势，气候也会因其他原因波动和变化，发展中国家农村地区的人口也会自然地采取一些方式去适应。针对不同类型的气候变化，有多种适应策略可供选择，专栏 10-1 中展示了部分策略。

□ **专栏 10-1 非洲农民对于气候变化的自主性适应**

Siri Eriksen、Karen O'Brien 和 Lynn Rosentrater 在非洲的东部和南部地区，观察到当地应对气候变化影响所采取的许多适应性策略。第一，生计多样性。例如乌干达的渔民在捕鱼的同时还种庄稼、养家畜、收集木材、从事贸易和进行暂时的移民。第二，在纳米比亚和博茨瓦纳，家畜的群养是应对频繁干旱的一种方法。第三，生态多样化。莫桑比克的农民在多雨时使用海拔高的土地，而在少雨时使用海拔低的土地。

David Thomas 和他的团队在南非地区也发现了农民的几种适应策略。农作方式发生了许多改变，包括种植耐旱品种、在饲养更多家畜的同时减少种植庄稼以及搭建牛棚。其他多样性的生计资源，源自从事非农业的工作、开始小型贸易或使用互联网，包括合作社和社区园艺项目。

Ariel Dinar 和他的团队研究了 11 个非洲国家的适应性活动，并在许多国家发现了改变种植日期、采取更短的种植季、增加灌溉的使用等措施以及水储存和土壤储存的技术。此外，除了转移到非农业的活动中，埃及农民还越来越多地使用天气保险。研究发现有更多经验和受过更好教育的农民更有可能采取适应性措施。租种土地的

农民采取适应性措施的可能性更小，至少部分原因是因为租期不固定（见第 9 章）。家族的首领更有可能进行适应性改变，这可能是因为他们控制了家族的资源。David Maddison 注意到在 11 个国家中有 9 个使用了同一农作物的不同品种，这被看作是最重要的适应性改变。

资料来源：Siri Eriksen, Karen O'Brien, and Lynn Rosentrater, *Climate Change in Eastern and Southern Africa: Impacts, Vulnerability and Adaptation*, Global Environmental Change and Human Security Report No.2008:2 (Oslo, Norway: University of Oslo, 2008), http://www.gechs.org/downloads/reports/2008-2.pdf; David S.G. Thomas et al., "Adaptation to climate change and variability:Farmer responses to intra-seasonal precipitation trends in South Africa" *Climatic Change* 83 (2007):301-322; David Maddison, *The Perception of and Adaptation to Climate Change in Africa*, CEEPA Discussion Paper No.10 (Pretoria, South Africa:Centre for Environmental Economics and Policy in Africa, 2006), http://www.ceepa.co.za/docs/CDPNo10.pdf; Ariel Dinar et al., *Climate Change and Agriculture in Africa: Impact Assessment and Adaptation Strategies* (London: Earthscan, 2008).

政府和国际为适应气候变化所做出的努力是不可或缺的；专栏 10-2 展示了尼日尔为适应

气候变化所做出的努力以及国际机构在适当且日益增长的援助中所起到的作用。

□ **专栏 10-2 为应对气候改变而努力的世界最贫困国家之一：尼日尔**

几乎从任何一个福利指标的角度来看，尼日尔都是世界最贫困国家之一，这些指标如表 10-1 所示。

表 10-1　尼日尔的相应指标

指标	相应指标值
人均收入	330 美元（WDI，2011 年）
人均收入（购买力平价，PPP）	600 美元（WDI，2011 年）
每日生活水平低于 1.25 美元的比例	43.6%（WDI，2008 年）
平均受教育年限（成年人）	1.4（WDI，2010 年）
读写能力，男性	42.9%（CIA，2005 年）
读写能力，女性	15.1%（CIA，2005 年）
小学教育完成率（2011 年）	46%（WDI，2011 年）
人口预期寿命	58（PRB，2012 年）
营养不良（5 岁以下儿童体重过轻）	39.9（WDI，2005～2011 年）
5 岁以下儿童死亡率（每 1 000 个活产婴儿）	12.5%（WDI，2011 年）
总生育率（每位女性分娩数）	7.2（世界最高水平，PRB，2012 年）
粗出生率	46（位居最高水平前三位）PRB，2012 年
新人类发展指数（新 HDI）	0.304（世界最低水平，HDR，2013 年）
多维度贫困指数（MPI）	0.642（世界最贫困，HDR，2013 年）
人口数	1 630 万（PRB，2012 年）
2050 年预计人口数	5 420 万（增长近 3.3 倍，PRB）
农村居民所占比例	82%（PRB）

注：除了特殊注明以外，其余数据来源于 2013 年世界发展指标。

尼日尔面临着许多阻碍发展的其他问题。该国位于内陆地区，与尼日利亚、贝宁、布基纳法索、马里、阿尔及利亚、利比亚和乍得七个国家接壤，其中的绝大多数国家也长期面临着发展和环境问题。尼日尔一直致力于改善政府、私人部门和民间团体的作用，但殖民时期却给其留下了薄弱的发展基础。从 1900 年以前开始，法国就试图通过"和平运动"（pacification campaign）对其进行殖民。而尼日尔于 1922 年开始，正式

成为法国的殖民地，殖民时期一直持续到尼日尔 1960 年正式独立。尽管曾有过一段时期的民主开放，但之后该国一直处于不稳定政局下，包括一系列的政变和地区叛乱，这种局面一直持续到 2011 年的大选。危险仍在继续，包括种族冲突、由于马里地区冲突和利比亚的潜在地区冲突所导致的外流人口以及尚未解决的边境问题。

与此同时，尼日尔也拥有比较恶劣的自然环境。尼日尔占地面积约为法国的两倍，但该国位于亚热带地区，十分炎热和干燥。绝大多数国土都处于撒哈拉沙漠之中，其余区域也受到常年干旱的困扰，而农村经济和农业经济又在其发展中起主导作用。如今，其不稳定的自然环境正在恶化。对于绝大多数国家来说，某些后果是由国内贫困造成的，而某些问题则是受到长期沙漠化的影响。但由全球变暖引起的气候变化所导致的恶劣影响日益成为尼日尔问题的主要因素。尼日尔的温度已经上升超过 0.7℃。气候变化使得水资源短缺和食品安全问题日益严重。绝大多数尼日尔的农民已感受过气候变化带来的影响——日益减少的降水量。同时，研究表明，尼日尔需要考虑改进农业、畜牧业技术以及提高生产率。

针对气候变化带来的威胁，尼日尔已经开始采取措施进行应对。1997 年，尼日尔首次设立气候变化和多变性国家技术委员会（CNCVC）。自此之后，尼日尔在 2006 年得到全球环境基金和其他组织机构的帮助，以完成它的国家适应性行动项目（NAPA）。正式的《联合国气候变化框架公约》（UNFCCC）进程，帮助诸如尼日尔等最不发达的国家认识到本国为适应气候变化所产生的最急迫的需求和最需要优先进行的活动，这些燃眉之急的需求一旦发生任何时间上的延迟，都会造成严重的后果并带来高昂的成本。NAPA 项目为特殊援救提供了一定的基础。该项目优先考虑的问题包括在牧区引进饲料作物，设立牲畜食物供应站，改善农作物灌溉技术，促进城市周边地区园艺发展，积极开展创收活动和构建互利社会，水资源管理以及生成和公开气象数据。

尼日尔申请并成为气候适应试点计划（PPCR）中的 20 个发展中国家之一。为了进一步发展 NAPA 项目，尼日尔在 PPCR 资金援助下于 2010 年开展气候顺应战略计划（SPCR），

以便合理地使用 PPCR 补助金和贷款。尼日尔的 SPCR 计划由三部分组成：气候顺应委员会行动项目（CAPCR）；水资源的可持续管理和控制；气候预测和早期预警系统。CAPCR 主要有两大任务：第一，从国家和当地角度出发，将气候变化和多变性的恢复力作为发展策略的主流；第二，以提高生产率和可持续性为目标，将针对恢复力的实践活动扩展到当地人口的林业、牧业和农业活动中，同时为从事这些活动的人口提供一定的社会保护措施。

PPCR 并不是直接发放资金；为了节约资金和加快实施速度，其往往通过现存的多边发展机构发挥作用。例如，世界银行发放 3 500 万美元的 PPCR 补助金和 2 800 万美元的 PPCR 贷款以帮助尼日尔实施 CAPCR 项目。资金的每次使用都与资金来源和融资方式密切相关。

CAPCR 项目的资助目标为那些面临着严重气候风险的区域，旨在促进气候敏感性技术、可持续的土地资源和水资源管理方式以及社会保护措施的应用，同时加强当地政府规划领导能力。投资活动包括土壤 / 水分的保护措施、集水项目、减少耕地面积、农林间作、营养强化循环系统以及动物健康与营养。从传统意义上来说，尼日尔的女性在自然资源管理方面往往担任着重要的角色，项目的一部分则专为改善妇女在这些活动领域的工作而起作用。有计划地帮助贫困人口也是整个项目的一部分，包括向目标公社方发放补助金、针对弱势家庭的现金转移系统、工作福利制以及发放食品券。

尽管降雨量波动较大，但尼日尔的绝大多数农业都是靠天吃饭的；改善灌溉方式将成为气候适应的必要举措。PPCR 项目同时也计划资助水资源相关活动，包括大小规模的灌溉系统、农业推广的相关扩展和农民的资金来源。

同时，国际金融公司（IFC）通过 PPCR 贷款的方式为尼日尔的气候信息平台提供资金支持；该项目预期会产生超过捐助资金本身的更多的间接效益，其实施效果将备受关注。IFC 发现，尼日尔绝大多数的农民和牧民已经开始寻求和利用预测，尤其是关于降雨的预测，其他的还包括关于温度、风和害虫的预测；IFC 的一项研究表明，绝大多数农民会从更精确的天气信息中受益，而且他们也愿意有偿获取这些信息。IFC 同时还计划着开展天气指数保险计划。

尼日尔接受 PPCR 贷款和救助金是比较合适的，因为其暂时不会陷入债务危机。贷款虽然最终必须被偿还，但其拥有很大幅度的利息减免，尤其是在 40 年内保持 0.1% 的利息率，同时拥有 10 年的宽限期。因此，将贷款用在会获益的活动中是有意义的，同时尼日尔需要对"当偿还负担落在穷人身上时，富人并不会从中获益"做出明确担保。到目前为止，尚没有任何担心的理由。

尼日尔的经验与教训呈现出许多环境和发展方面的问题——这些问题对穷人的影响以及潜在的解决方法；谁会从应对措施中受益，谁将为采取措施买单。尼日尔的先行尝试为该地区其他国家提供了参考。

资料来源：African Development Bank Group, *Water Resources Mobilization and Development Project, Republic of Niger, Project Appraisal Report*, March 2012; Climate Investment Funds, PPCR page, https://www.climateinvestmentfunds .org/cif/node/4; International Finance Corporation, *Niger Climate Information Platform Final Report*, 2011; United Nations Framework Convention on Climate Change, National Adaptation Programmes of Action (NAPAs) page, https://unfccc.int/national_reports/napa/items/2719.php; World Bank Group, *Project Appraisal Document, Republic of Niger Community Action Project for Climate Resilience (CAPCR)*, December 19, 2011.

10.3 环境问题的经济模型

10.3.1 私有资源

这里我们将考察一些常见的环境经济模型。在每一个模型中，用市场失灵来解释环境外部性是特例而不是惯例，我们运用新古典理论来消除或避免低效率。[37] 应用新古典理论研究环境问题，不仅可以说明资源的有效配置需要具备哪些条件，市场失灵如何导致低效率，还可以说明应当采取什么方法来矫正市场失灵。

图 10-2 描述了市场如何确定最优的自然资源消耗量。寻找最优市场解，涉及最大化资源带给社会的**总净收益**（total net benefit），所

谓总净收益就是资源带来的总收益与生产者提供资源所付出的总成本之间的差额。总净收益等于图 10-2 中阴影部分的面积。当新生产或新开采 1 个单位资源的**边际成本**（marginal cost）等于消费者利用资源所带来的边际收益时，总净收益达到最大。总净收益最大的一点是 Q^* 点，此时，供给曲线和需求曲线相交。在一个完全竞争的市场中，"看不见的手"将保证最终的产量为 Q^*。由于资源开采成本随着资源的日益稀缺而逐渐上升，因此，图 10-2 中的边际成本曲线是向上倾斜的。在图 10-2 中，**生产者剩余**（producer surplus）为 aPb 区域，而**消费者剩余**（consumer surplus）则是 DPb 区域。两者相加即为最大的净收益，即 Dab 区域。

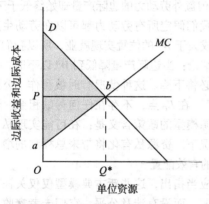

图 10-2　资源配置的静态效率

如图 10-3 所示，如果资源是稀缺的或一段时间内供应量有限，那么即使生产的边际成本保持不变，资源的**稀缺租金**（scarcity rent）仍然可能上升。在图 10-3 中，稀缺资源的所有者拥有数量有限的资源 X 可供售卖（75 个单位），同时他还知道，只要留出一部分资源放在未来某期出售，那么他现在就能制定一个较高的价格。对于跨期供应的有限商品，其价格应当等于每一期所消费的最后 1 个单位资源的**边际净收益**（marginal net benefit）的**现值**（present value）。也就是说，消费者今天或明天获取下一单位都是无差异的。在图 10-3 中，假定资源所有者现拥有 75 个单位的资源。如果他今天只准备出售其中的 50 个单位，则这种稀缺资源的市场价格就是 P_s。而资源所有者所获得的稀缺租金就等于 $P_s abP$，即图 10-3 中价格线与边际成本线之间的阴影区域。资源所有者

能够收取稀缺租金，而稀缺租金可产生分配效应，从而确保各期资源的有效配置。在资源不稀缺的情况下，所有资源都将以 $P=MC$ 的价格，即等于开采成本的价格出售，这时 75 个单位的资源将被一次性消费掉，而不会产生任何租金。

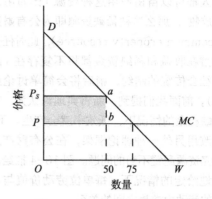

图 10-3　各期最优资源配置

新古典自由市场理论的倡导者强调，资源配置低效率是由自由市场运行过程中存在障碍或产权制度不完善造成的。只要所有资源都归私人占有且不存在市场扭曲，资源就可以得到有效配置。完善的**产权**（property rights）市场应当具备以下四个条件：

（1）普遍性——所有资源都为私人所有；

（2）排他性——必须可以防止他人从私有资源中获益；

（3）可转移性——资源所有者可按照意愿出售其资源；

（4）强制性——对资源利益预期的市场分配必须可以被强制执行。

在这四个条件下，稀缺资源的所有者会有经济激励以使其最大化资源销售和利用的净收益。例如，拥有自己土地的农民，会选择可实现土地净收益最大化的投资、技术和产出水平。由于土地的价值往往可以用作担保，因此，一切可行的农业投资都可按照现行的市场利率水平通过贷款来获得。

如果上述四个条件不能同时满足，那么就可能出现低效率问题。因此，矫正资源配置不当的方法往往就是消除任何形式的市场扭曲。研究者构建了很多模型来解释资源配置中各种明显的低效率问题，同时还对各种补救方法做出评述。我们接下来将会看到用于说明产权市

场不完善所造成的低效率问题的两个简单模型。

10.3.2 公有资源

如果某种稀缺资源（如耕地）为公共所有，每个人都可以自由使用这种资源（比如用来耕作或放牧），那么这种稀缺资源即为**公有财产资源**（common property resource），此时任何形式的潜在收益和稀缺资金都将不复存在（除非受到社会传统的制约，稍后将会简单讨论此种情形）。前面我们提到，新古典理论认为，在没有稀缺租金的情况下，低效率就会产生。下面，我们改用另外一种理论框架，在公有财产系统下研究资源配置不当的问题。图 10-4 描绘的是在土地给定的情况下，每单位劳动价值与从事耕作的劳动力数量之间的关系。

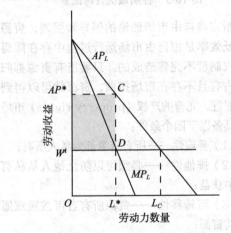

图 10-4 公有资源及配置不当

这里我们暂且假设这块土地的所有权归私人所有。经济学基本原理告诉我们，土地所有者将一直追加额外的劳动力，投入土地耕作，直到最后一单位劳动力的边际产品等于市场工资水平为止，即要达到图中的 L^* 点的工资 W^4 时才停止雇用劳动力。在这里，工作量由雇工平均分担，每个雇工都生产平均产量。然而，我们假定劳动力的边际报酬递减，则每新增一个雇工就会减少全部雇工所需生产的平均产量。因此，每单位额外劳动力的边际产品等于其平均产量减去其余全部劳动力所需生产的平均产量的下降值。如果追加的雇工数量超过 L^*，那么他给生产者带来的成本即 W^4 就会大于其边际产量，其差额则表示土地所有者的净损失。因

此，一个利润最大化的土地所有者，将选择雇用 L^* 数量的工人，这时，总产量等于平均产量 AP^* 乘以雇工数量 L^*，而土地所有者收取的稀缺租金将等于 AP^*CDW^4。

在公有财产制度下，土地带来的社会总净收益会更小，除非工人能够以某种方式来共同协调好相互合作。一般来说，如果土地为公共所有，那么每个雇工就能够获得所生产的全部产出，即相当于全部雇工平均产量的产出。雇工收入将持续高于工资水平，直到新增足够的雇工导致平均产出下降到工资水平，此时所雇用的劳动力数量为 L_C。虽然，农业总产出可能上升也可能下降（具体升还是降，要取决于 MP_L 是正值还是负值，图 10-4 中的 MP_L 是负值），但额外劳动力的边际产量却始终低于工资。由于我们假定所有劳动力都可以在劳动生产率等于或大于 W^4 的位置实现就业，所以我们可以得出结论：当边际产量降低到 W^4 以下时，社会福利必将下降。这种情况有时被称作"公地的悲剧"。在 L_C 点，不存在任何稀缺租金。这公有资源模型的政策含义是：在可能实现私有化的情况下，资源私有化将带来总福利的增加和资源的有效配置。

应当指出，这些新古典模型仅仅关注了效率问题，而没有涉及公平，它们未考察收入的分配问题，而这个理论也没有关注到当一国资源的全部稀缺租金都落到少数私人所有者手中时所引起的收入分配问题。尽管某些新古典理论家认为，通过税收以及对稀缺资源的私人所有者所获收益的"一次付清"再分配的方式，即可达到最优结果。但是，历史资料显示这样的努力并没有取得很大的成就。因为只有当稀缺资源的私人所有者服从立法并同意进行此类再分配时，这才能实现。因此，资源的大规模商业私有化并不能保证贫困阶层的生活水平有所改进。

还有一些观点可以用来解释为什么在发展中国家的农业制度背景下，私人利用公共物品时会造成其低效率的使用。正如我们在第9章中看到的，耕种土地最有效的农民家庭，如果担心其失去公共土地的耕种权，那么他们往往并不乐意投资提高土地质量。由于缺乏担保物，穷人常常无法获得信贷，这也导致他们没有足

够的资金去雇用额外劳动力或者购买互补资源（见第 15 章）。因此，通过协商的方式延长土地租用期或农户的土地所有权可以提高生产率。由此引发一个关于产权结构的问题，如果实行私有化，那么谁应该获得土地的所有权呢？简单地将公共土地拍卖给出价最高者，这样的做法与发展目标并不一致。

2009 年诺贝尔经济学奖获得者埃莉诺·奥斯特罗姆（Elinor Ostrom），发现在某些条件下，可以实现对公有财产的公平和有效的管理。她和其他研究者也在以往和同时代的数以千计

的例子中发现这种做法在现实中也是成功的。她得出了一些"设计原则"，如专栏 10-3 中所述。在设计、加强与公共自然资源管理有关的社会准则和正式规定的稳定性，甚至它被破坏后重新恢复公用性等方面，传统社会往往都有成功经验。然而，由于存在违背规则的动机，因此我们需要对此保持警惕。事实上，随着进一步发展，一般来说私人将公共财产占为己用的机会和动机越来越大，因此，在某些情况下，提高警惕并扩大外部支持具有重要作用；仅有公有财产体制的某一部分不可能持久。[38]

□ **专栏 10-3　发现：埃莉诺·奥斯特罗姆的设计准则——源于对可持续性资源管理的长期制度研究**

2009 年度诺贝尔经济学奖获得者埃莉诺·奥斯特罗姆根据公有资源管理的有关研究得出了一些结论，可以从 8 个方面来促进公有财产的公平而有效的管理。它们包括如下内容。

（1）**明确定义的边界。** 资源体系的界限（如灌溉体系或渔场），明确定义拥有资源收获权的家庭和个人。

（2）**收益和成本之间的比例对等。** 描述使用者可被分配到的资源产品总量的规则，这是与当地条件有关的，同时与劳动力、原材料和资金投入的需求规则有关。

（3）**集体选择安排。** 许多个体都会受到收获和保护准则的影响，这类个体也被包括在有能力修正这些规则的团体中。

（4）**监督。** 监督者应该积极地检查生物物理条件和使用者行为，而且他们至少要对使用者或者自己负部分责任。

（5）**逐级惩罚。** 违反规则的使用者很可能会接受来自其他使用者的逐级惩罚（根据违规行为的严重性和具体违规行为），惩罚由对这些使

用者负责的官员或者双方实施。

（6）**冲突解决机制。** 使用者和他们的官员能快速达成某个低成本解决方案，可以利用当地的申诉场所去解决使用者和官员之间或者使用者之间的冲突。

（7）**进行组织工作所必需的许可权。** 使用者需要拥有不受外部管理当局妨碍自主设计制度的权利，同时使用者要拥有资源的长期使用权。

（8）**构成更大体系的资源：分权制企业。** 经费、规定、监督力量、强制实施、冲突解决和管理活动构成了多层次的分权制企业。

奥斯特罗姆指出"这些设计的准则不是蓝图……它们描述了自组织系统间广泛的结构相似性，即通过不断地适应和汲取经验以应对不断变化的社会、经济和生态问题"。

资料来源：Ostrom, Elinor. *Understanding Institutional Diversity*. Princeton, N.J.: Princeton University Press, 2005. © 2005 by Princeton University Press. Reprinted by permission of Princeton University Press.

10.3.3　公共"好"物品与公共"坏"物品：地区环境恶化与搭便车问题

在前面的讨论中，经济问题的核心是：作为公共物品的土地上每增加一个农业劳动力，都会产生一种负的外部性，即追加的劳动力减少了其他劳动力的收益，而并没有支付任何补

偿。当一个人的消费或生产行为影响到另一个人的消费或生产行为而不需要支付任何补偿时，就产生了**外部性**（externality）。当一个人要完全承担其行为的全部收益和成本时，我们就说其行为的收益和成本可被"内部化"。在上面的公共物品问题中，只要实现公共物品的私有化，建立完善的产权市场，与平均产

量下降相关的外部性就可以很容易地被**内部化**（internalization）。但在多数情况下，外部性的内部化并不容易实现，当一个人的行为后果造成了公共收益或公共损失时更是如此。公共"好"物品是指某种物品可以给所有人都带来好处，且不会因其他人同时享有而减少其可获得性。**公共"好"物品**（public good）包括新鲜空气、经济制度和国防。**公共"坏"物品**（public bad）指的是任何以非耗尽方式降低他人福利水平的产品或条件。空气污染和水污染就是其中两个例子。很明显的是，当个人无法支付其行为所产生的全部相关成本时，就会产生大量的公共损失，进而导致社会结果不是最优。我们将利用简单的示意图进行解释。公共物品可以是当地的、国内的甚至是全球范围的（如温室气体）。[39]

下面让我们考察一个特殊的公共"坏"物品，即由森林砍伐引起的地区环境恶化。水土日益流失，土壤过度干旱，地下水局部断流，公共供水设施淤塞或水源污染，以及其他潜在的气候变化的问题，都是由森林砍伐或烧毁产生的公共"坏"物品。不管这些林木是私有财产还是公共财产，只要对保护性的地表植被进行开垦，不论其目的是开荒耕地还是采伐木材，都会导致该地区更为广泛的环境恶化。为了分析的简便，我们将公共"坏"物品的问题纳入公共"好"物品理论（公共物品理论）的框架中。通过保护树木免受砍伐所进行的环境保护，为所有人带来好处，因此环境保护是一种公共"好"物品。

公共物品与纯粹的私人物品之间最显著的差别在于，公共物品的总需求是通过将所有个人需求曲线垂直相加得到的（见图10-5a），而纯粹的私人物品则是水平相加（见图10-5b）。其差异产生的原因在于，每单位公共物品都可以同时由多人共享，而每单位正常的私人消费品则只能有一个人享用。通过将所有个人需求曲线垂直相加，我们就能将所有个人从公共物品中所获得的好处相加。保护额外的一棵树所涉及的边际成本等于护林成本加上这棵树的机会成本，换句话说，这个机会成本指的是在这棵树的所有用途中最有价值的一种利用方式所带来的价值，比如被用作柴火、木炭、牲畜饲

料或木材等。图10-5描述的是公共物品的定价问题。

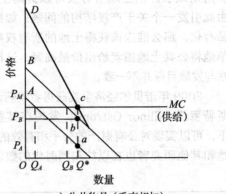

a）公共物品（垂直相加）

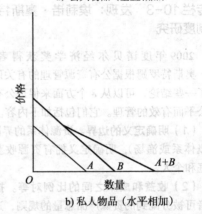

b）私人物品（水平相加）

图10-5 公共物品、私人物品和搭便车问题

在图10-5a中，社会最优的树木数量是Q^*。Q^*是由总需求曲线（垂直相加得到）与供给曲线（MC）的交点来确定的。在Q^*点，社会从公共物品中获得的总净收益达到最大。然而，由于存在**搭便车问题**（free-rider problem），自由市场并不会自发地达到这个最优数量。由于每个人都能享有他人栽树自己乘凉的好处，所以，每个人在这种情况下所选择的栽树数量都要比其在单独行动情况下的数量少。在P_M价格水平，自由市场可以在满足个体B的需求Q_B的同时，又不影响个体A的需求Q_A，也就是说，A可以免费搭B的便车。因而，自由市场将达到一个次优的森林保护水平Q_B。为了重新达到最优水平（Q^*数量的公共物品），就要求采取某种形式的政府干预。而最有效的解决方法，就是向每个消费者按使用公共物品的数量来收取足够的费用，即A和B两个人各交纳P_A与P_B，从而促使他们每个人都要求保持最优的树

木量 Q^*。他们各自支付的金额分别为 $P_A \times Q^*$ 与 $P_B \times Q^*$，两人的总贡献值即等于 $P_M \times Q^*$，这个值正好等于保持社会最优保护水平所需支付的资金总额。

10.3.4　公共物品框架的局限性

公共物品定价机制的问题在于，如何知道应当以哪种价格收费。没有任何因素会驱使行为人泄露自己究竟从公共物品中实际获得了多少利益，因为通过少报利益的方式，他们也许会有机会搭别人的便车，同时避免支付本应由他们分担的那部分费用。尽管政府可以减少市场的低效率行为，但由于政府缺乏足够的信息，因而也就无法形成完善的资源配置。假定政府所收取的费用，都用于保护现有森林或对可持续的木材生产项目（为社会供应所需木材）进行管理，那么这样做就可以为社会提供某种公共物品。尽管资源保护"谁受益谁付费"的办法听起来似乎很可行，但实际上实施的难度特别大。在发展中国家，这些问题变得更加复杂。当面对的是那些只有极少或根本没有现金收入、陷于极度贫困状态的人口时，向他们收取资源使用费用的计划就会变成泡影。同样，要想对那些砍伐树木以满足生存需求的人收取费用，同样也是非常困难的。尽管如此，新古典理论还是有助于解释在高度商业化的经济中，市场失灵为什么会导致资源配置无效率，同时还有助于说明如何才能减少这种无效率。

10.4　城市发展与环境

10.4.1　城市贫民区的环境问题

城市贫民区的穷人在某些方面与农村的穷人非常类似：工作时间长，收入不稳定，很难在营养、医疗和教育三方面的支出上做出权衡。虽然城市居民的平均收入可能更高，但最穷的人常常更易遭受恶劣环境的威胁。我们在前面曾考察过非洲和南美的农村地区的环境状况，现在我们将它们与亚洲城市贫民区的环境状况做一个比较。

在亚洲大都市的某个典型的贫民区中，室内外到处可见威胁健康的污染物。妇女很少能够意识到，她们在家做饭烧水时的燃料所释放出来的烟尘，会对子女的健康产生严重而长期的影响（虽然公众健康项目和 NGO 最近进行的更换更好燃料的项目已经取得了一定的成功）。由于通风设备质量较差，室内做饭烧水后的空气就像每天在家里抽过几盒烟一样，妇女及她们的子女每天绝大多数时间要处于这样的烟雾笼罩中。尽管有些孩子因为上学而极大地避免了这些烟雾的影响，但还是有很多孩子被挡在学校大门之外，他们要帮助母亲做些买卖或在家从事一些商品生产活动。因此，从很小的年龄开始，慢性和恶性支气管炎就成了这部分孩子要面对的一个严酷现实。在穷人当中，导致身体衰弱甚至最终致命的呼吸道感染是很普遍的现象。

但是，人们遭受有害污染物影响的场合远远不止是在家里。街头小贩和市场工作人员也要经常受到其他一些严重污染物的影响。未经处理的污水排放到公路两旁的露天排水沟里，为传染病的传播提供了温床。由于食品和饮用水也常常遭到污染，所以人们也会经常出现腹泻，在小孩子中更是如此。即使在食物比较充足的时候，经常生病也会造成营养不良，进而导致这些孩子更易受到其他疾病的影响。许多身体极度虚弱的孩子常常因严重脱水而死亡。由于做饭烧水所需的燃料必须到市场去买，占据了日常开支中的很大一部分，因此有时会由于柴火不足而无法烧开水，这进一步增加了传染的机会。生病的孩子看病的费用可能非常高，除了药费之外，还包括往返于医院以及在拥挤的候诊室里长时间等待的机会成本。对于很多家庭来说，他们无力支付所放弃的这部分收益。在很多最贫困的家庭中，只有男孩才能接受医疗，其原因在于家庭往往认为男孩在将来可以为家庭贡献更多的收入。因此，男孩比起他们的姐妹更有可能活到成年的现象也就不足为奇了。

在街道上玩耍的儿童和其他室外工作者还要受到汽车尾气和工厂废气的影响。由于费用高昂，发展中国家目前只有极少数汽车安装了催化式排气净化器（这在西方发达国家是强制安装的），进而导致了大气中污染物含量很高。由于经常旷课并且受环境因素的影响，生活在贫民区的儿童身心都受到了摧残，最终难以完成小学教育。因此，贫民窟居民的生活改革理所应当地成为千年发展目标的关键部分。

城市中的穷人在抵御环境污染带来的消极影响方面远比不上富人，因此，他们更容易遭受环境恶化所带来的严重危害。此外，由于营养不良和健康不佳等原因，大多数生活在城市贫民区的居民对环境公害的个人防范能力减弱了。[40]

为了探究解决环境恶化问题的可行之道，我们必须首先认清问题产生的根源以及它们相互作用的方式。导致城市严重环境污染的原因很多，但为了分析问题的简便，我们将其分成两类：一类是与城市化和工业化相关的因素；另一类是任何社区都必然面对的城市日益拥挤的问题。

10.4.2 工业化与城市空气污染

发展中国家在城市化与工业化的早期阶段，如影相随的是收入的提高和环境的恶化。对不同收入水平的许多国家进行截面分析，结果表明：某些类型的城市污染总是随着国民总收入水平的上升，呈现出先上升再下降的趋势。[41] 正如前文所述，这个效应被称为“环境库兹涅茨曲线”。根据世界银行的报道，高收入城市中污染水平最高的1/4城市，其环境水平依然好于低收入城市中污染水平最低的1/4城市。[42] 诚然，人们收入越高越能买得起昂贵的**洁净技术**（clean technologies）。然而，这种趋势并非绝对不可避免。不论是在高收入国家，还是在低收入国家，空气（和水）的质量都与政府管制的程度密切相关。此外，如果政府不立即采取保护措施，有些环境资源则可能会产生不可挽回的损失。

空气污染是与现代化进程密切相关的最大健康威胁，其主要来源是能源利用、车辆尾气排放和工业化生产。工业化主要从两方面造成废弃物的增加：一方面是通过直接排放污染物，另一方面是通过改变消费方式和增加对制成品的需求实现。制成品的生产往往会产生很多有害于环境的副产品。这些副产品对环境破坏的程度取决于多方面的因素，包括副产品的种类、数量及其处理的方式。遗憾的是，在缺乏管制的条件下，处理这些有害副产品最廉价的方法，往往就是不经任何处理，直接排放到空气中或水道里，或者直接弃置在地面，放任雨水将这些有害副产品渗透进地下水或冲刷到河流中。由于在城市中，新观念传播范围更广、商品更为丰富且收入水平更高，所以消费方式的改变及其对环境造成的影响更可能首先出现在城市。因此，只有引进新技术和新设施解决环境恶化带来的负面影响，否则现代化的结果将会导致城市环境成本的提高。

前面已经简要地考察了外部性问题，我们可以看到，多数污染成本并非由污染者承担而是转嫁于其他人承担，即其消费某种产品所支付的价格低于与这种产品相关的社会成本。图10-6画出了两条典型的供给曲线和需求曲线。在这里，我们将供给曲线表示为 $S=MC_p$，表示与生产 X 产品相关的边际**私人成本**（private cost）。这里自由市场的均衡产出量和价格分别是 Q_M 和 P_M。如果在消费和生产每单位 X 产品的同时产生了外部性，那么 MC_p 并不代表该产品真实的社会成本。如果每单位 X 给第三方带来了2美元的额外成本，则我们可以得到真实的边际**社会成本**（social cost）曲线 MC_s，即在每单位产品上征收2美元的销售税。在图10-6中，征收**污染税**（pollution tax）使得私人成本曲线在每一点都向上平移了2美元，成为 MC_s 曲线。在需求曲线与边际社会成本曲线的新交点处，Q^* 是有效率的点，而 P^* 则是其相应的价格。因此，在分析中，通过加入污染的社会成本因素，我们就能够使污染品的实际产出量降低到社会最优水平，此时，消费价格从 P_M 上升到 P^*，而生产者所获得的价格则从 P_M 下降到 P_C。根据需求曲线和供给曲线的相对弹性，污染税的税负由消费者和生产者共同分担。在图10-6中，所缴纳的污染税 ac 中，消费者缴纳了 ab，生产者缴纳了 bc。

当排放的气体浓度达到一个较高的水平时，它们可能有害于人体或破坏环境，但是，当排放的气体浓度不大时，每单位的成本又是微不足道的。其原因可能在于人体对大多数的毒素具有某种耐受性，但是这种耐受能力会随着饮用水和空气中污染物浓度的增长而迅速下降。环境也具有一定的**吸收能力**（absorptive capacity），它能够在一定程度上吸收掉大多数种类的污染物。然而，一旦污染物超过了临界值，其浓度和毒性就会迅速上升。因此，更真实的边际社会成本曲线如图 10-7 所示。随着污染物浓度的增大（随着总产出量的增加），社会成本曲线与私人成本曲线之间的差距逐渐扩大。如果此时的总需求曲线处于较低位置，则这种差距就会很小。然而，随着城市化的迅速发展和收入的不断提高，需求曲线从 D 外移至 D'，此时，外部性的影响就会愈加重要。这就说明，治理城市拥挤所导致的城市污染等的相关成本，其上升速度要快于人口增长的速度。

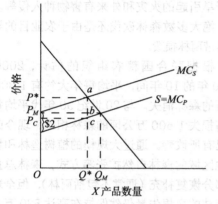

图 10-6　污染外部性：私人成本和社会成本以及税收影响

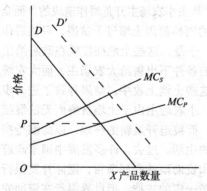

图 10-7　污染外部性随经济增长而增强

有毒气体的排放，以及废弃物的增多（废弃物将污染水源和土壤），将威胁到人体健康。据世界卫生组织（WHO）估计，15 亿人生活在大气颗粒物超过了安全标准的城市里，10 亿人处于二氧化硫严重超标的空气中。[43] 其他化合物（如一氧化氮和有机化合物）的污染，也随着

工业化的发展而日益严重。工业污染通过污染水源、产生严重的空气污染、损害公共财产和私人财产等方式，使人类健康和经济繁荣的进程付出了高昂的代价。

大量的案例研究已经发现，工业污染会导致严重的后果。在曼谷，空气中的高浓度的含铅量已对儿童的成长产生了非常严重的影响，以致 7 岁大小的孩子的平均智商下降了 4 分甚至更多。此外，墨西哥 70% 的儿童血液中含铅量异常之高。在发展中国家，营养不良和身体普遍欠佳的问题降低了个人对污染物的耐受性，导致由粉尘引起的并发症变得日益严重。对于儿童而言，粉尘对于他们的健康状况有着更大的影响，因为按每单位体重来算，儿童呼吸到体内的粉尘大约是成年人的两倍。

10.4.3　城市拥挤、洁净水源和环境卫生问题

尽管工业污染物排放水平的增加对发展中国家城市居民的健康构成了严重威胁，但现阶段影响城市穷人健康的两个最重要的环境因素是穷人无法获得洁净水源和缺乏卫生设施。尽管做了许多改善，但是在 2009 年，仍然有超过 10 亿人缺少干净水源，超过 15 亿人缺少卫生设备。城市贫民区的卫生条件缺失对人类健康造成了极大的威胁。城市统计可能有误，因为如果一户居民与距离自家合理范围内的上千户居民共享一个水源，那么，这样的居民也会被纳入可获得干净水源的行列，而此类统计的居民数以百万计。由于没有其他可供选择的饮用水源，很多穷人只好从那些已受到人类排泄物和化学品污染的河流、小溪和运河中取水饮用。

与农村的穷人相类似，城市中最贫困的居民也要承受诸多不利的环境条件，包括严重的室内污染和不卫生的生活环境，而城市拥挤问题又进一步加剧了影响的严重性。未经任何处理的污水在街面恣意流淌，它们与垃圾混在一起，助长了疾病的传播。事实表明，尽管农村的服务设施一般少于城市贫民区，但城市贫民区的死亡率有时却会高于农村地区。

这些情况所带来的健康代价和经济成本非常高昂（见第 8 章），它们是提高城市生活水平

难以逾越的一个障碍。但是，家庭中拥有充足卫生设施的儿童死于腹泻病的可能性与家庭中没有充分卫生设施的儿童相比，要低 60%。

由医疗费用高昂和生产率损失带来的巨大经济成本，是阻碍经济发展的一个巨大障碍。长期的身体欠佳既是贫困的结果，又是导致贫困的原因。它会导致营养不良、学习成绩差、生产率降低甚至终身残疾，并最终令人们失去改善经济条件的一线希望（见第 8 章）。改善水源供应和卫生条件，除了可以预防不必要的死亡之外，还可以降低疾病的发病率和病情的严重性，从而减少与水源性疾病相关的其他成本。

尽管高收入家庭一般都能够同时获得公共和私人提供的服务，但穷人往往享受不到这些。其原因主要在于，很多低收入家庭的住房都是非法建筑，不具备享受政府服务的资格，这也使得私人投资改善住房配套设施建设存在很大的风险。因此，大部分穷人不得不以平均高于自来水成本 10 倍的价格从小商贩那里买水喝，而他们所买到的水，往往还是受污染的水。

与城市用水和卫生设施相关的配套设备的投资延迟，会导致未来更高的成本。由于缺乏足够的洁净水源，因而出现了大范围的私人水井，这加大了现有地下水供应的负担。在许多大城市，包括曼谷、墨西哥城和雅加达，这一现象导致了地面沉降和洪涝灾害，造成了现有设施的破坏和财产损失。在沿海地区，大量抽取地下水，导致地下水位下降，含盐量较高的海水趁势入侵，从而造成土地盐碱化。在污水未经任何处理或处理不当的地方，地下水和地表水会不断受到污染，这导致洁净水源的长期短缺，进而威胁公众的健康。

水源污染还可能严重威胁外汇收入。在严格的卫生标准下，利用潜在污染水源种植出的农产品将被禁止出口到发达国家。

由于以上问题的存在，环境污染的预防措施成本远比环境污染对收入、资源和基础设施造成的损失要小，也就不足为奇了。

10.5　热带雨林遭破坏的全球成本

如今，发展中国家土地使用模式的改变使其成为全球**温室气体**（greenhouse gas）的最大排放者。据估计，仅森林砍伐就导致了世界范围内大约 20% 的 CO_2 排放总量。[44] 因为树林通过光合作用吸收 CO_2 而释放 O_2，所以热带雨林代表了一种非常主要的机制，即生态系统可以自我再生的机制。热带雨林的破坏导致其对 CO_2 的吸收能力日益减弱。此外，森林的加速灭亡给**生物多样性**（biodiversity）带来了严重的威胁。据估计，世界范围内 12% 的鸟类、24% 的哺乳类以及 30% 的鱼类的生存环境非常脆弱或者短时间内有灭绝的危险，其中绝大多数位于热带雨林地区。[45]

森林砍伐仍旧在大规模持续中。从全球范围来看，森林的破坏有多方面的原因，包括严重干旱引起的火灾和外来有害物种入侵等。然而，绝大多数森林砍伐还是由于农业目的导致的热带雨林损毁。

根据联合国粮农组织的估计，2000～2010 年的 10 年间，平均每年大约有 1 300 万公顷的森林消失。与 20 世纪 90 年代平均每年最高损失 1 600 万公顷的森林相比，现今的状况已有所改善。通过大规模的植树造林和世界其他区域的森林自然扩张等方式，森林总量得到部分恢复补充（通常不包括雨林），但全球每年森林的净损失量仍然保持在高达 520 万公顷的水平。

遭到破坏的热带雨林中的大多数（约占 60%）是由小农场主开荒耕作造成的。而全世界 90% 的雨林都因土壤过于贫瘠，只能耕作短短几年。于是，这些土地往往就在政府给出大量补贴的条件下出售给大农场主，而大农场主一般在这些土地上牧牛，结果导致了进一步的沙漠化。小农场主由于土壤贫瘠而无法继续耕作下去，而被迫开垦新的林地，以此维持接下来几年的生活。过去，许多发展中国家政府往往鼓励和资助雨林安居项目，国际开发银行也常常给予一定的支持。但世界银行在资助安居项目的过程中，发现这些安居项目的成本过于高昂（平均每个家庭需要 10 000 美元），也会导致环境的破坏。因此，在拥有广阔雨林的巴西、玻利维亚、菲律宾和厄瓜多尔等众多国家，政策制定者遭受着来自国外公共机构和私人机构日益增大的压力，继而想尽办法采取政策降低热带雨林破坏的速度。有人认为，保护热带雨林不仅可以降低温室气体的浓度，还可以保护生物多样性，这符合所有人的利益，因此雨林保护提供的是一种公共"好"物品。

由于保护雨林的政治、经济成本往往被其他成本所掩盖或含混不清，所以保护森林可被视为无成本风险。事实上，由于雨林在发展中国家国内经济中所扮演的重要角色，保护现存所有森林资源的实际成本可能极其高昂。保护雨林的机会成本，包括国内重要燃料来源的损失、木材和牛肉出口所获外汇收入的减少以及一时无法解决土地短缺与人口压力问题所带来的损失。因此，没有任何理由认为少数几个集中了现存雨林资源的重债国应该单独提供这种**全球公共物品**（global public good）。事实上，当外国被允许免费搭便车时（即如果它们被允许不付出而从雨林保护中获利），那么森林破坏将会继续以不可想象的速度持续下去。根据公共物品模型，减少无效率的情况需要降低发展中国家保护森林的每单位相对成本，相应地增加外国受益者的每单位相对成本。对于后者来说，这些成本将被作为热带雨林的保护费用。

要保护雨林资源，必须采取以下几个措施。长期解决方法包括增加可替代燃料的可获得性、实施可持续的林木计划以及为依赖于破坏雨林开垦耕地的贫困人口提供经济机会。发展中国家一方面可加强雨林资源管理以提高资源使用效率（如每年栽种或砍伐不多于1%的林木，以实现雨林资源的可持续发展），另一方面可以大力开发其他雨林产品的市场，如坚果、水果、油料、糖果、树脂、丹宁、天然纤维、建筑材料以及天然药材等。为了耕作用地而烧掉的大量林木原本可用于获得财政收益。例如，据估计20世纪90年代，巴西每年因烧掉雨林而遭受的损失为25亿美元。用于制作燃料或者出口的可持续的木材，可通过将树木砍伐频率限制为30年一次，同时保护好新生树木生长的方式获得。即使有可能将开垦的森林恢复，其所需费用也是十分巨大的，所以合适的保护和伐木监督是必要的。发展中国家政府对林木使用权进行更严格的监督，可以阻止森林全面砍伐行为（clear cutting），减少对未砍伐林木不经意的破坏，以及增加租用土地的收入征收效率。同时人们在很多方面低估了森林的服务价值，包括气候控制、雨（和水循环）、洪水控制以及土壤保护。

国际社会也应当支持发展中国家保护雨林资源的行为。通过消除其他雨林产品的贸易壁垒，发达国家就可以降低许多发展中国家对不可持续性生产模式的依赖性。"债务换自然环境"也可以削弱发展中国家以开垦森林资源来换取外汇的需求。最后，要想确保提供公共产品的雨林资源保护项目切实取得成功，还必须向这些旨在保护热带雨林的项目提供相应的资金。但值得注意的是，这些资金不应该被视为一种援助，因为此项资金投入所带来的最终收益将由所有人共享。全球环境基金（The Global Environmental Facility）在雨林保护上发挥着重要的作用。在本章前面，我们已经对帮助发展中国家保护森林的全球REDD+项目做过讨论。拥有大量森林的发展中国家持续负债（特别是非洲），在高额的负债压力下，政府很难拿出一部分资金用于保护自然资源的环境项目。

近年来，许多国际援助组织都已组建起了自己的环境部门，以促进更多环境方面的借贷模式的发展。同时这些国际援助组织也亲自启动相关项目，直接处理环境问题。而这些项目的成败在很大程度上取决于这些项目与发展中国家政府所面临的经济现实是否契合。[47]

拥有大量热带雨林的国家的公民常常在保护雨林时倍感压力，他们问道："发达国家不砍伐森林，经济能增长吗？为什么现在你们给我们发展中国家压力，不让我们去这样做呢？你们不想让我们发展吗？"对于第一个问题，发展有可能并不源于砍伐森林，生产力受益主要不是依靠不可持续的木材制品和更多土地的扩大使用。但即便如此，在过去的几十年里确实没有太多的替代技术可供使用。当然，更好的方式是强调当地的收益和应对全球成本，而不是由于发展中国家与发达国家有长期的历史不平等关系，而对其进行施压和恐吓。但是，的确存在至少以下四个重要的区别。

第一，热带雨林与落叶林在营养和自我修复方面有区别，前者的营养更多地来自生物多样性，较少地来自土壤；同时雨林不能像落叶林一样再生。

第二，热带雨林的破坏会产生更大的外部

性，其影响的不仅是当地，甚至是全球范围。

第三，从碳保护和遗传多样性的机会来看，森林有很大的价值。

第四，在新的抗生素和其他药物领域中，森林目前也有更大的价值。此外，扩大森林利用率和消除补贴是产业政策的一个有些奇怪的目标，因为生产获益主要集中在制造部门；从财政角度看，取消津贴和中断税收有那么一点基本的经济意义。在雨林地区开发毫无价值的农场成为土地改革的副产品（例如，当地居民已经生活于这些雨林中并依靠着它们）。

10.6 发展中国家和发达国家的政策选择

10.6.1 发展中国家能做什么

可供发展中国家政府选择的政策主要有下列七个方面：合理的资源定价；动员全民参与；明晰产权和资源所有权；给穷人更多、更好的经济选择；提高妇女的经济地位；减少工业排放的政策；以积极态度适应气候变化和环境恶化。下面依次对这些方面进行考察。[48]

1. 合理的资源定价 政府的定价政策是改革表现得最为明显的一个方面，包括补贴政策（实际上加剧了资源短缺和不可持续的生产方式）。那些表面上旨在改善穷人贫困状况的政策，实际上往往未能对消除贫困产生任何影响，相反还加剧了现有的不平等状况。因为高收入家庭通常仍是能源、水资源和农产品补贴的最主要受益者。例如，从发展中国家的平均角度来说，水管中水的价格要低于供给水的总成本。由于定量配给，这些补贴往往仅对高收入者有利。许多公共水资源常被那些富人轻而易举地悄悄利用，其结果往往导致资源的浪费和不可持续使用。尽管取消此类误导性的补贴政策是保护环境的一种成本相对较低的（或有利可图的）方法，但是它在政治上却涉及重大的利害关系，因为掌握实权的人物会面临丧失政府的转移支付的风险。

2. 全民参与 环境改造项目如果能够与整个社会系统相契合，确保项目设计能够同地区目标乃至全国目标一致，那么这种情况下项目的实施效果则是最佳的。一些经济发展机构的经验表明，基层项目往往成本效益较好，因为这些项目往往都是利用一些成本低廉的替代方法，同时还能为当地提供更多的就业机会。只有当穷人真正能够从公共项目中受益时，他们才会愿意并有能力分担这些项目的大部分成本。促进公有资源共同经营管理的制度也会得到提倡。

3. 明晰产权和资源所有权 穷人在家庭卫生设施、水资源及农业改造方面的投资往往要占穷人毕生积蓄的很大一部分，这部分积蓄一旦有任何闪失，都将会给穷人家庭带来严重的经济后果。因此，农村或城市的财产缺乏稳定的使用权会极大地阻碍人们对于环境改善方面的投资。财产使用权立法化，既可改善穷人的生活条件，又可增加农业投资。

然而，在很多情况下，土地改革还是有必要的（见第9章）。对土地承租人或谷物交租的佃农来说，丧失土地投资所带来的经济收益并非罕见现象。因为一旦经过投资改造后的土地生产率有了提高，土地主便能够借机要挟索取更高的地租。因此，要想确保土地改造的经济效益真正由投资者获得，那么将土地所有权赋予承租人也许是唯一有效的方法。当不平等的土地分配已经导致大量未被开垦的高质量土地的数量接近被大量无地的工人过分开垦的边缘土地时，进行土地改革也是必要的。如果公平而有效的公有财产资源使用得以持续，那么我们需要设计出好的促进政策，并考虑在什么条件下这些政策才最有效（见专栏10-3）。

4. 给穷人更多、更好的经济选择 实际上，只要投资于灌溉和可持续耕作技术等项目，推广使用替代燃料，并建立防止水土流失的屏障，农村地区环境的进一步破坏就可以避免。然而，这些可替代选择的经济成本问题却制约了大部分贫困家庭的生产者，让他们无法做出替代选择。而讽刺的是，环境破坏越严重，农村人口就越可能无力负担这些替代选择的费用。因此，政府项目应当给予小农生产者获得贷款的机会和土地改造的投入。另外，政府应在农村提供家庭耕作之外的经济机会，让穷人免于耕作贫瘠的土地。例如，建设农村基础设施（如道路、储藏设施等）的项目可以为当地创造就业机会，减轻生态脆弱型土地上的人口压力，促进农村发展，并减少向城市流动的人口数量。

5. 提高妇女的经济地位 提高妇女的教育程度并给予她们更多的经济选择机会，这样可以提高妇女的时间机会成本，进而缩小家庭规模（见第 6 章）。教育还会使妇女了解更多的有关儿童营养和卫生方面的知识，这些方面的知识可以使儿童死亡率急剧下降。因此，基于社区的环境项目应当与妇女密切联系起来，因为妇女的日常行为方式在很大程度上决定了资源的利用方式，而她们满足家庭需求的能力又取决于她们对水源和燃料供给的可持续管理。

6. 减少工业排放的政策 为了控制工业污染，发展中国家政府可采取一系列的政策措施，包括排污征税、可交易的排污许可、排污配额以及排污标准等。有证据证明，前两种政策是以市场为基础的，实施效果更好，因为它们既可以奖励那些效率高的生产者，又能够给厂商带来较大的灵活性，同时这两种政策往往也更易于实施。法律条令应当尽可能简单明了，同时要具有可实施性。为了鼓励清洁技术的运用，可采取税收信贷以及对采购和改善污染的减排技术进行专门补贴的办法。然而，由于未考虑到谋利动机的问题，同时一般来说任何利益集团都难以自我规制，所以，最难管制的企业反而恰恰是那些由政府运营的行业。[49]

7. 以积极态度适应气候变化和环境恶化
很多气候变化已不可避免，积极政策一般能够帮助发展中国家，尤其是使穷人在适应气候变化方面更有弹性。发展中国家可以通过实施和不断提高早期的预警机制来预测环境危机，促进森林再生，保护自然生态系统屏障如红树林，开展小额保险项目，以及建造暴风雨防护层、洪水屏障，保护公路和桥梁。为了保持森林覆盖率，雇用穷人作为这些资源的守护者是有效率的。比起其他人，住在当地的人更可能注意到偷猎者和非法伐木。在许多国家，更高的政府透明度和责任是必要的。对穷人和其相关组织进行授权有两方面的重要作用：一方面，这对于保护自然资源来说是十分重要的，因为这些自然资源是许多穷人赖以生存的资源；另一方面，这也能保证政府帮助他们获得更多的适应性资助。

10.6.2 发达国家如何帮助发展中国家

工业化国家可以从三个方面帮助发展中国家改善经济发展中所存在的环境问题：①贸易自由化；②债务减免；③经济与技术援助。

1. 贸易自由化（贸易政策） 当前大部分有关环境问题的讨论，焦点在于目前迫切需要打破发展中国家的贫困与环境破坏之间的恶性循环。然而，由于发达国家与农产品及其他产品相关的贸易保护主义日益抬头，结果造成了发展中国家产品的国际市场大幅度萎缩，从而出口创汇能力也急剧下降（见第 12 章）。[50] 消除阻碍发展中国家出口的贸易壁垒，可以促进发展中国家的经济增长、创造新的就业机会并促进农村发展，进而显著降低发展中国家的绝对贫困水平。

工业化国家除了采用贸易壁垒的方式之外，还可以通过大量补贴其本国农业部门的方式为发展中国家的出口设置障碍。由此带来的大量剩余农产品往往被倾销到国际市场，使得发展中国家在国际市场上原本具有比较优势的农产品出口严重受挫，受到不公平的廉价出口待遇。所以，只要发达国家将每年大约 5 000 亿美元的农业补贴取消，就可以帮助发展中国家减缓贫困以及由贫困造成的环境恶化，进而可以减轻其为了增加外汇收入而对雨林和其他资源不可持续开发产生的依赖性。

2. 债务减免 放宽国际市场的准入条件不仅可以增加收入，还可以提高重债务国偿还债务的能力。沉重的偿债负担极大地牵制了发展中国家政府对国内那些旨在消除贫困和缓解环境恶化的项目的资金投入（见第 13 章）。如果发展中国家（尤其是重债务穷国）政府能够有所作为，愿意为实现可持续发展做出必要的彻底变革，那么就应让它们获得债务减免的机会。

对于发展中国家来说，以**债务换环境**（debt-for-nature swaps）是一种很有吸引力的双赢方式，它既能帮助发展中国家解脱外债，又能保护国内的热带雨林资源。[51] 在以债务换环境的做法中，外国民间环境组织（如美国的"雨林联盟"和"大自然保护组织"等）与债务国当地的环境组织联手，按面值价值的某个比例（例如 30%）在金融市场上购买发展中国家的外债。然后，他们将这笔外债兑换成以债务国货币计量但与原始外债等值的政府债券。这样，环境组织通过购买发展中国家外债的方式就可以融得230%的资金，而由债券带来的收入则用于保护热带雨林或野生动植物。通过这种方法，发展中国家不仅解除了以稀缺坚挺货币的形式存在的外债，还能够建立捐赠基金来保护国家资源。而国外的捐资对于环境保护所做的贡献，往往数倍于它的实际现金支出，同时它还可以获得一种口头保证，即其所捐赠的资金都将用于自然资源保护。虽然以债务换环境的做法为解决热带雨林的破坏问题提供了一种令人鼓舞的解决方法，但是，许多持续存在的经济和政治障碍限制了此类计划的可能作用范围，而不仅仅是由于本国害怕外国控制国内资源决策权。[52]

3. 经济与技术援助（发展援助） 发展中国家的可持续发展尚需大量新的发展援助。这些投资将用于各种旨在消除贫困、提供服务和促进可持续生产方式的项目。而由发展中国家为此所特别提供的支持，对于发展中国家的环境将产生积极影响（见第14章）。尽管保护热带雨林需要投入很多的资金，但热带雨林通过减少空气中的二氧化碳含量，可以造福于整个国际社会。针对具体案例，有许多策略可用于评估成本效益，但最常用的方法是支持旨在缓和土地稀少和贫穷的项目，以便帮助消除某些热带雨林遭受砍伐的社会经济原因。特殊策略包括国内外机构对伐木权的购买，同时付给当地团体监督森林保护的报酬（最开始是由一个NGO国际保护基金会提议的）。保护行动将作为一种全球公共物品被国际团体所支付。

在需要帮助的地方对适应气候变化进行资助是一项关键性因素。为发展中国家提供更多绿色技术有助于在总体上减少温室气体的排放，但这本身并不能帮助发展中国家适应气候变化。前面讨论过的如全球环境基金和REDD+项目是重要的方式。

10.6.3 发达国家可以为全球环境做些什么

由于发达国家目前所消耗的资源占到了全球资源的70%以上，所以也许更重要的是，发达国家要通过自身努力来直接改善全球环境，主要包括以下几方面的努力：①减少有害污染物的排放（包括温室气体）；②为了自身和发展中国家的利益而研发绿色技术与污染控制技术；③改变自身对环境有害的需求模式。

图10-8明确显示了不平等的全球资源利用模式。该图像是由卫星所采集的数以百计的地球夜间图像复合而成的。灯光照明主要集中于高收入的、人口密集的地区，尤其是欧洲、美国和日本。同时，高人口密度、中等偏上收入的中国沿海城市在图中也很显眼。即使光线稍微暗一些，但印度也可以从图上清晰地看到；印度是一个中低等收入国家，但拥有较高的人口密度。从图上来看，最贫困的撒哈拉以南非洲地区缺乏照明，这与其他人口密集区域形成了鲜明的对比。人口密度非常低的中等收入地区的灯光也是比较暗的，如南美核心地区和亚洲地区。正如图中所示，许多经济活动都位于临近海域的地方，这主要是出于一个最简单的经济原因，即这样可以使人们通过低成本的海运进行物品交易，例如，巴西最大的城市在图中就很显眼。值得注意的是，人均照明设备的使用与电能及其他资源的总使用情况有关。因此，图像也能生动地反映存在于高收入国家、

图10-8　全球资源利用模式

注：夜间的地球，反映了高等收入、中等收入和低等收入之间能源使用的不平等，以及沿海地区经济活动的集中度。

中高等收入国家、中低等收入国家和低等收入国家之间的极度不平等的资源使用分布情况。

绝大多数温室气体由美国和其他发达国家排放，同时这些国家也不成比例地过度消费着环境敏感性产品（如深海鱼类）；同时，它们对于能源、木制产品和原材料的消费量甚至更加令人咋舌。[53] 发达国家的大部分消费都是浪费型的消费。很显然，整个世界不可能都以美国或其他发达国家那样的水平进行消费；发达国家自身尽责的消费并不仅仅是为了树立榜样，而是因为这对于生态环境来说是至关重要的。这并不意味着经济不能继续增长（显然实际上是可以继续增长的），因为消费可以更多地转向知识型和原料节约型的消费。因此，与其说经济不能继续增长，倒不如说是消费方式必须改变。正如我们看到的，当涉及大量外部性和公共物品的问题时，价格信号本身并不能指导资源的使用。

1. 控制排放量 除了尽责的消费方式之外，发达国家可以为全球环境做出的最大贡献或许是，明确表明自己对清洁环境所应承担的责任。由于发达国家仍然是大气污染和海洋污染的主要来源，因此，发达国家必须带头改变全球当前以及未来的生产方式。如果富国不能显著地减少温室气体的排放，那么，它们也没有任何理由来要求发展中国家这样做，因为发展中国家的人均排放量水平远远低于工业化国家。

2. 研究与发展 高收入国家还必须带头进行研发试验。在发达国家，更严格的环境标准正受到越来越多公众的支持，这种民意的支持，很可能会促进发达国家中更廉价的减排技术和更清洁（更绿色）的产品生产过程的发展。如果发展中国家也能采用这些技术，那么这些由研发所引起的创新也会极大地促进减排力度。但到目前为止，许多清洁技术价格昂贵，发展中国家根本无力承受。因此，希望低收入国家达到高收入国家所制定的标准，是不现实的想法。但是，对发展中国家来说，它们也无须像发达国家在工业化的起步阶段那样制造出如此严重的环境问题。开发一些可为发展中国家所接受的价格低廉的污染控制技术，将有助于控制全球污染物排放的主要源泉，即发展中国家快速推进的工业化进程。低碳技术的可获得性在抵御气候变化的过程中也是至关重要的。

3. 进口限制 由于某些产品是通过不可持续的方式来生产的，因而进口这些产品的发达国家对全球环境有着间接却重大的影响。如果富国持续地为这些产品提供高额利润空间的市场，那么限制濒危资源遭受破坏的国际条约的效力也会大打折扣。进口限制是减少非意愿国际贸易的一种有效手段。消费者通过联合抵制或其他方式行使主权，对生产这些产品的公司进行施压，也会产生比较有效的结果。但是，消费者需要强有力的领导力量，而且他们往往只关注那些大厂商，而事实上它们在环境的污染问题中只占一个较小的比例。

当然，我们要确保由政府或民间团体实行的这些环境限制措施并不仅仅是为了限制发展中国家的贸易保护主义的伪装，同时也要确保穷困的居民能够以一种可持续的、合理的方式利用自身的环境资源谋求生存。

案例研究 10 一个岛上的不同世界：海地和多米尼加共和国

2010 年 1 月发生在海地的大地震使公众很快地意识到危机即将发生，这个危机是由于持续贫困所导致的慢性灾难，使得海地的 1 000 万人民深受其害，而这场灾难的背后也包含着深刻的环境危机。新闻报道表明它的邻居多米尼加共和国也是一个拥有上千万人口的国家（2012 年时），有着更高的收入、更轻微的贫困状况和更优越的环境条件。

如果海地能够实施更加恰当的国内政策，那么这场环境灾难本可以避免，因此这不是引起海地问题的根本原因。但是，为什么海地政府没有采取更好的环境政策（和其他支持政策）呢？从这个角度来分析，海地国内制度的局限性是什么呢？海地的环境问题是由国内的极度贫穷引起的吗？如今，环境恶化本身是否也已经成为持续阻碍经济和人类发展的原因？在有明确目标的援助这一前提条件下，我们能够做些什么？援助在解决这一问题的过程中可以起到什么作用？

去海地旅行的人在飞跃海地和多米尼加共和国的边界时会看到一幅惊人的景象：西部是海地贫瘠的土地，东部则是多米尼加茂盛的森林。其中一个原因是海地居民为了从木炭产品中获得收入而烧毁森林，这一行为已经扩散到边界地带。在这样的背景下，联合国开发计划署于 2004 年提出，我们要注意"贫困和环境破坏之间的恶性循环已经使山腰变得光秃秃了"。2005 年，Jared Diamond 形象地写道："两国的边界线看起来就像是用刀子随意地在这个岛屿上画的线，这条线的东边有着绿茸茸的景象（多米尼加一边），线的西面是一片土灰色的景象（海地一边）。"他还说："站在分界线的任意位置，面对东部，可以看到松树林，转过头去，面对西部，看见的是几乎没有任何树的田野。"虽然这些宣传本身有着非常重要的意义，但是几年之后，并没有几个关于海地问题的项目得到落实。

海地和多米尼加共和国同在伊斯帕尼奥拉岛，多米尼加占据着该岛东部近 2/3 的土地，该国在人类发展排名列表中处于中间位置，在 2012 年新 HDI 中的排名为第 96 名。占据伊斯帕尼奥拉岛西部 1/3 土地的海地在这个排名中的位置却非常靠后，为第 161 名（这个排名还没有反映出地震的全部影响）。

这两个分享着伊斯帕尼奥拉岛的国家之间的差异并非一直都是如此明显。1960 年，两个国家的真实收入相差不大，在宾夕法尼亚大学世界数据库（Penn World Table）上，多米尼加人均收入大约为 2 345 美元，而海地大约为 1 877 美元（多米尼加大约比海地高 25%）。当时，海地的人均收入大约是美国人均收入的 12%，多米尼加为美国的 16%。但是，2007 年，多米尼加实际人均 GDP 达到 9 664 美元，海地的实际人均 GDP 则下降到 1 581 美元。也就是说，现在多米尼加的人均收入是海地人均收入的 6 倍多。在这段时间，随着美国收入的增加，2007 年时海地的平均收入不到美国的 4%，但是对于多米尼加来说，其增长速度有时甚至快于美国，因而如今平均收入达到了美国的 22% 以上（尽管评价方法不同会导致估计结果的不同，但定性比较的结果还是相似的；Angus Maddison 的研究表明，两个国家的收入在 1950 年时几乎完全一样，而在 2008 年时，多米尼加的收入已经是海地收入的 7 倍以上）。这个事实表明，不同发展结果的原因可以追溯到 1960 年所发生的事件及政策。另外，为了研究清楚为何两国政策会出现差异，我们需要认识到其中的机会和局限性，从这一点上来说，从殖民时期开始进行研究是非常有帮助的。

1492 年，克里斯托弗·哥伦布发现了伊斯帕尼奥拉岛，但是成千上万的阿拉瓦克人和泰诺人中的绝大多数不久后都死去了（由于西班牙人带来的疾病、奴役制的过度劳动以及种族灭亡政策）。人们强行将非洲的人民运到这里当成奴隶使用。从那个恐怖时期开始，海地和多米尼加的经济史便有了较大的差异。

海地是历史上极度不平等的地区之一，依靠着大量穷困的被残酷奴役的人口支撑小部分富有的贵族，在不久后成为世界上收入最高的国家之一。相比之下，多米尼加基本没有奴隶种植，如果把海地的经济发展速度比作兔子奔跑的话，那么多米尼加的经济发展速度就像是乌龟在爬。多米尼加更好的表现看起来更进一步印证了第 2 章的分析（以及第 5 章的案例研究），即早期机制对经济发展结果有着非常大的影响。正如在第 2 章介绍、在第 5 章和第 8 章中进一步探讨过的，这个事实揭示了深刻的、结构性的不平等和教育（缺失）是如何在长时间内对制度的演变产生影响的。这同时也能够解释下面的问题：这三个因素中的任何一个如何通过政策的质量去影响环境破坏的范围以及其如何对人类能力和发展前景造成损害。我们能从这种长期记录中了解到什么呢？

地理因素和原始环境

伊斯帕尼奥拉岛地处亚热带地区，面积大约为 76 482 平方千米（比古巴小但比牙买加或者波多黎各大）。处于同一个岛屿的海地和多米尼加一开始有着相似的地理位置和环境，仅仅有一些细微的差异。多米尼加大约占该岛 64% 的面积，海地大约占该岛的 36%（与夏威夷岛差不多大）。多米尼加的雨水稍微多一些，因为雨水一般是从东部来的；而海地多山，这些山阻挡了雨水。河流大部分是从这些山上流向东部的，给多米尼加提供了水源。这些不显著的初始环境差异给海地带来了一些劣势，但是在某些时期，海地的经济发展甚至比多米尼加还要好。两个国家曾经都有大量的森林覆盖，但是在殖民者的残酷侵略下，环境开始逐渐被破坏，大量伐木和土壤的过度使用导致了森林的破坏。不利的人为因素已经给海地带来了巨大的影响。

制度：历史的遗留

非常明显，没有一个国家的制度一开始就非常适合经济发展。大量的资源和岛上适合种植糖类作物的自然条件驱使西班牙人根据血统关系设计了制度。西班牙的新世界分配体系在伊斯帕尼奥拉岛首次实行，在这个体系中，西班牙出生的半岛居民可以获得广阔的土地和使用当地劳动力的权利。当引入的奴隶逐渐变得太昂贵以至于西班牙人无力负担时，法国人便于 1697 年得到了海地的控制权。殖民地成为一种主要的奴隶种植园经济，同时这一地区成为新世界里最富有的欧洲殖民地，但是人口中大部分是奴隶。奴隶起义使得海地于 1804 年获得独立。随后，海地和多米尼加都相继试图恢复奴隶制，同时还彼此开战，包括 1821 ～ 1843 年的重新统一（海地人占领了多米尼加，而多米尼加的独立日就是为了庆祝其从海地手中获得独立）。

海地的起义时期造成了大量的人口死亡以及糖类作物的焚烧等财富的破坏。当残酷的奴隶制结束时，海地仍然持续着极端的不平等，新的白人和黑人的混血儿和黑人的特权阶层身上残留着法国人的传统文化。但是法国却再次侵略，要求一大笔赔偿金，声称这是被征用而损失的财富。由于对法国入侵的恐惧和对白人控制的奴隶制国家及殖民地的疏远，国家保持闭关锁国的状态；这种状态在殖民国家（包括美国）强行实施的孤立政策下进一步加剧。海地和它的潜在贸易伙伴之间互不信任的关系是导致自给自足经济发展的一个原因，其中包括不允许外国拥有所有权。海地人说的是克里奥尔语，这对于潜在贸易伙伴来说是一个障碍；而多米尼加的人说西班牙语。欧洲人把多米尼加看作西班牙，而将海地看作非洲，将其视为"劣等"的国家。后来海地进入一种维持生计的农耕经济，但是与多米尼加相比，其有着更多的人口和更少的土地。多米尼加有更广泛的以牛为基础的经济活动。

多米尼加仅仅在 1843 年以后才完全独立。这个国家忍受着战争和阴谋，如 19 世纪 60 年代西班牙当局短期的复辟和 1916 ～ 1924 年美国的占领。在占领期间，重要的基础设施被建造起来，包括学校、公路和港口（在随后的特鲁西略（Trujyllo）独裁统治下，这些项目依然持续着，进而扩展到水力发电领域）；虽然当自由被镇压时不平等现象会加剧，但是这也有助于促进相对较高的增长率。

1915 ～ 1934 年，美国占领了海地。基本的安全和秩序已大体恢复，公路的建设、扩大的公共医疗、教育服务和其他设施得到了一定程度的改进。然而，美国占领之后，弗朗索瓦·杜瓦利埃（François "Papa Doc" Duvalier）这个独裁者没有像特鲁西略那样关注海地的现代化。Laura Jaramillo 和 Cemile Snacak 两位学者总结道，杜瓦利埃仅仅对短期的寻租机会感兴趣而并不关注这个国家的设施。多米尼加从 1978 年选举以后成为一个更加民主的国家，然而至少到 2015 年为止，海地仍然没有做出相应的努力。

人力资本

在西半球，海地有最高的文盲率，据估计文盲人口占到总人口的一半以上。学校系统组织混乱，资金严重不足。健康条件也同样糟糕，包括 5 岁以下儿童的高死亡率、饥饿和严重的艾滋病问题。2010 年霍乱的爆发是医疗体系崩溃的一个标志。多米尼加虽然不是没有严重的教育问题，但是与海地相比，它为人们提供了更好的人力资本，使得他们能更好地参与全球竞争。

政策影响

20 世纪 90 年代，由于教育、贸易政策和基础设施的改进，多米尼加的经济发展增长率加速上升。侨汇额和旅游业增长几乎达到了国家 GDP 的 1/4，同时人均工业净出口值翻了一倍。然而，同时期的海地却忍受着政治的不稳定性。1991 年军队推翻了总统阿里斯泰德（Aristide）的统治，进而开始了一个暴力政权，这样既直接损害了经济，也间接受制于联合国和美国随后的贸易禁运而损害了经济。海地也没有使它的经济多样化，继续只关注糖的生产，导致它不仅要应对变化无常的糖类价格，而且要与拥有糖补贴的富裕国家进行竞争（最主要的国家为美国）。多米尼加经济的多样性（如旅游业的发展）依赖于其洁净的环境——不论是海岸还是森林，都适合发展生态旅游。多米尼加的政策是积极地为制造业寻找外国投资，这就提供了工资更高的就业。多米尼加很早之前就拥有了非常多的自然保护区和国家公园；在特鲁西略的帮助下，森林保护对环境和发展产生了长期积极的影响。很明显，多米尼加有着更好的政策，而且在多米尼加与其邻居的政策差异上，长期的制度传承起着很重要的作用。

贫困可以引起环境的破坏，反过来，环境破坏之后穷人会相继成为其受害者。海地的农业扩张缺乏成功的管理。森林破坏相继导致大量肥沃土壤的损失，降低了农业的生产率。如今，海地只有 1% 的森林覆盖，而多米尼加则有超过 1/4 的部分被森林覆盖着。但是几十年前，海地和多米尼加有着相差不多的森林覆盖率。其他低收入国家已经引进和加强有助于环境保护的环境管制；尽管有着很深的历史根源，海地也采取了相类似的措施，某些程度的环境灾难已经可以避免。海地的例子使我们更深刻地认识到：一般来说，环境破坏会阻碍经济的发展进程，因而环境问题往往需要被优先考虑。

这两个国家都面临严峻的环境挑战，包括飓风和地震。在它们完全成为人道主义灾难之前，管理极端事件的风险是至关重要的；在某些方面，多米尼加实施的措施比海地更有效。联合国开发计划署在其公布的 2007 ～ 2008 年《人类发展报告》中解

释说:

2004 年,多米尼加和海地同时被飓风珍妮袭击。在多米尼加有 200 万人口受到影响,同时一个主要城镇几乎被毁灭殆尽,但是仅有 23 个人死亡,恢复是相对迅速的。在海地,仅戈纳伊夫这个城镇就有超过 2 000 人死亡,成千上万的人口陷入了日趋贫困的漩涡中。造成如此鲜明的对比的根本原因并不是气象因素。在海地,贫困和环境破坏的恶性循环使山坡上的树木被砍伐殆尽,上百万人口在条件差的贫民窟挣扎。由于管理问题、低水平的财政资金以及应对灾难能力的局限性,使得公共机构不能在指定规模上开展救助以及恢复工作。在多米尼加,国内法律已经限制了森林的破坏,同时在相似的人口规模下,多米尼加的国内民防力量的规模是海地的 10 倍。

贫困常常是无国界的。有大规模的海地移民越过边界到达多米尼加,虽然在多米尼加他们并不受欢迎。同样,多米尼加也有相当多的人口移民到美国。报告指出,海地人越过边境在多米尼加非法伐木,大部分是为了木炭制品,这是对多米尼加所强调的环境保护的发展策略的一个挑战。如今,多米尼加正在为海地边境地区的植树造林活动进行投资。

显然,环境恶化来源于不良的经济和管理政策。同样,由于失败的政策,在一些重要方面,贫困仍然相当严重。人民生活贫困这一事实反过来也会导致环境恶化,而环境遭到破坏会使人们永远生活在贫困之中,同时也会降低整个国家经济增长的速度。

一般情况下,绝大多数因果关系都认为是贫困引发了环境问题(像法国殖民期间殖民者贪婪的、不可持续的经济政策那样)。但是现在,关注环境是海地开始发展的重要出发点。制定合理的环境政策已给哥斯达黎加这样的国家带来了很大的收益,同时作为曾经为这片土地投资过的国家,多米尼加也同样因此而获益。不幸的是,正如本章所述,全球变暖将带来更多持续性的气候变化。未来将有更多和更强烈的飓风以及其他方面的挑战,这就要求政府能够适应这些变化并采取相应的恢复对策。在某种程度上,人类的适应能力、解决问题的能力和其自身的发展是相辅相成的,这巩固了多米尼加已有的优势,并使其能够继续往前发展。随着海地大地震慢慢淡出人们的视野,国际社会应该采取更加有效的援助方式帮助海地更好地发展。

资料来源

Diamond, Jared. *Collapse: How Societies Choose to Fail or Succeed.* New York: Penguin Books, 2005.

Dupuy, Alex. *Haiti in the World Economy: Class, Race, and Underdevelopment since 1700.* Boulder, Colo.: Westview Press, 1989.

Fielding, David, and Sebastian Torres. "Cows and conquistadores: A contribution to the colonial origins of comparative development." *Journal of Development Studies* 44 (2008): 1081–1099.

Gronewold, Nathanial. "Haiti: Environmental destruction, chaos bleeding across border." *Greenwire*, December 14, 2009. http://www.eenews.net/public/Greenwire/2009/12/14/5.

Hartlyn, Jonathan. *The Struggle for Democratic Politics in the Dominican Republic.* Chapel Hill: University of North Carolina Press, 1998.

Hausmann, Ricardo, Dani Rodrik, and Andrés Velasco. "Growth diagnostics," 2005. http://ksghome.harvard.edu/~drodrik/barcelonafinalmarch2005.pdf.

Howard, Philip. "Environmental scarcities and conflict in Haiti: Ecology and grievances in Haiti's troubled past and uncertain future." Paper prepared for the Canadian International Development Agency, June 1998.

Jaramillo, Laura, and Cemile Sancak. "Why has the grass been greener on one side of Hispaniola? A comparative growth analysis of the Dominican Republic and Haiti." *IMF Staff Papers* 56 (2009): 323–349.

Logan, Rayford W. *Haiti and the Dominican Republic.* New York: Oxford University Press, 1968.

Lundahl, Mats. "Poorest in the Caribbean: Haiti in the twentieth century." *Integration and Trade* 5 (2001): 177–200.

Maddison Project, http://www.ggdc.net/maddison/maddison-project/home.htm, accessed 16 February 2014.

Martínez, Samuel. "From hidden hand to heavy hand: Sugar, the state, and migrant labor in Haiti and the Dominican Republic." *Latin American Research Review* 34 (1999): 57–84.

Matibag, Euginio. *Haitian-Dominican Counterpoint: Nation, State, Race on Hispaniola.* New York: Palgrave Macmillan, 2003.

Penn World Table, http://pwt.econ.upenn.edu.

Roc, Nancy. "Haiti-environment: From the 'Pearl of the Antilles' to desolation." *FRIDE*, September 19, 2008.

United Nations Development Programme. *Human Development Report, 2007–2008.* New York: Oxford University Press, 2007.

Walter, Ingo, and Judith L. Ugelow. "Environmental policies in developing countries." *Ambio* 8 (1979): 102–109.

World Resources Institute. *World Resources 2005: The Wealth of the Poor—Managing Ecosystems to Fight Poverty.* Washington, D.C.: World Resources Institute, 2005.

问题讨论

1. 对于一个国家来说，可持续发展是现实可行的目标吗？在实现这个目标的过程中，可能存在哪些困难和取舍？请予以解释。

2. 贫困是如何导致环境恶化的？穷人在哪些方面是受害者？请专门举两个例子来说明穷人是怎样使他们依靠的自然资源恶化的。这些情况为什么会发生？有哪些措施可以使穷人跳出这个恶性循环的怪圈？

3. 农村和城市的穷人共同存在哪些类型的环境问题？他们所处的条件有哪些差异？

4. 人口增长、贫困和土地压力之间有什么样的内部关联？请解释这些问题是如何导致恶性循环产生的。

5. 发展中国家政府可以采取哪些措施来减少对自然资源的过度开发？定价政策会对其产生什么影响？

6. 为什么发展中国家环境问题的未来关注点逐渐集中于城市问题？城市环境条件与农村人口向城市迁移有何联系？

7. 为什么经济发展和可持续增长的目标是相互促进的？

8. 新古典理论在哪些方面为分析环境问题提供了有用的框架？它有哪些局限性呢？

9. 环境恶化会带来哪些成本？它们又是如何干扰国家经济增长的？对于发展有哪些启示作用？

10. 为什么儿童比成人更容易受到环境引起的健康风险的威胁？

11. 发达国家在哪些方面能够为减少全球和发展中国家内部的环境问题做出贡献？请具体说明。

12. 解释纯粹的私人物品和公共物品的区别，同时探讨其应该如何应用于解决发展中国家所面对的环境问题。在公共物品的分配中，搭便车问题的出现会有哪些启示意义？

13. 环境库兹涅茨曲线是什么？哪些因素使它成立？在哪些情况下它是不成立的？

14. 气候变化预计会对拉丁美洲、亚洲和非洲地区的国家产生哪些影响？发达国家和发展中国家有什么政策来帮助应对这些问题？

15. 发展中国家的农民是如何适应他们所经历的气候变化的？

16. 环境核算的主要思想是什么？如果实施，你能预期到它会有什么影响吗？

17. 以自然资源为基础的生计是什么？它是如何受到威胁的？

18. 什么是公有资源？这类资源面对着什么样的经济激励问题？一些团体是如何成功解决这些问题的？

19. 国际社会能通过哪些方式帮助最不发达的国家（如尼日尔）从气候变化中恢复？这些援助有哪些局限性？

20. 从海地和多米尼加两国的对比中，我们可以取得什么经验？环境在经济发展的过程中扮演着什么样的角色？

注释和推荐阅读

1. 要更全面地了解到与环境和经济发展相关的一系列论题，参见世界银行，*World Development Report, 1992 and 2003* (New York: Oxford University Press, 1992, 2003); John M. Antle and Gregg Heidebrink, "Environment and development: Theory and international evidence," *Economic Development and Cultural Change* 43 (1995): 603−625; and Herman E. Daly, *Beyond Doubt: The Economics of Sustainable Development* (Boston: Beacon Press, 1996)。

2. 有关可持续发展的多种定义的比较分析，可参见 Sharachchandra A. Lele, "Sustainable development: A critical review," *World Development* 19 (1991): 607−621, and Lance Taylor, "Sustainable development: An introduction," *World Development* 24 (1996): 215−225.

3. World Commission on Environment and Development, *Our Common Future* (New York: Oxford University Press, 1987), p. 4.

4. David W. Pearce and Jeremy J. Warford, *World without End: Economics, Environment, and Sustainable Development—A Summary* (Washington, D.C.: World Bank, 1993), p. 2. 正如我们所看到的，实现可持续发展的政策也包括使用合适的社会折现率和创造激励以内在化消极环境及健康的外部性。

5. 参见世界银行，World *Development Report, 2003* (New York: Oxford University Press, 2003), pp.

18 ff, 简单介绍环境资产是其他资产的一种补充形式。

6. David Pearce 和 Jeremy Warford 提供了一个很好的环境核算的例子，这些介绍大部分基于 World without End, pp.2-3。也可参见世界银行，同上，第 2 章。关于 NNI** 的重构，注意，这里 R 和 A 也是基本净国民收入 NNI 的一部分，因为它代表用于支付劳动力及其他生产要素成本的经济活动。因此，虽然 R 和 A 作为其中一部分也被包含在 NNI* 中，但要得到 NNI** 必须要减去这一部分，因为 R 和 A 现在被看作是对于折旧的补贴。但是，他们这种安排的成本效益可能是很高的。

7. 有关人口－环境内部联系的分析和评论详见 United Nations Population Fund, *Population, Resources, and the Environment: The Critical Challenge*（New York: United Nations,1991），同时也可参见 Maureen L.Cropper and Charles Griffiths, "The interaction of population growth and environmental quality," *American Economic Review* 84 (1994): 250‐254, and World Bank, *World Development Report*, 2003。

8. 关于这些议题的分析，可以参见 Karl-Göran Mäler, "Environment, poverty and growth," in World Bank, *Annual World Bank Conference on Development Economics, 1997* (Washington, D.C.: World Bank, 1998), pp. 251‐284, and, in the same volume, Ramon E. Lopez, "Where development can or cannot go: The role of poverty-environment linkages," pp. 285‐306。

9. 可参见 Cynthia C. Y.Lin, "Endogeneity in the environmental Kuznets curve: An instrumental variables approach," *American Journal of Agricultural Economics* 95, No. 2(2013): 268‐274; and Susmita Dasgupta, Benoit Laplante, Hua Wang and David Wheeler, "Confronting the Environmental Kuznets Curve," *Journal of Economic Perspectives*, 16, 1, Winter 2002, Pages 147‐168。

10. 参见世界资源协会，*World Resources, 1996–97: The Urban Environment* (New York: Oxford University Press, 1996)。

11. 导致发展中国家温室气体排放的各种因素的一个说明，来源于世界银行提供的 *World Development Report, 2009* (New York: Oxford University Press, 2009), and John Bongaarts, "Population growth and global warming," *Population and Development Review* 18 (1992): 299‐319。

12. 参见联合国粮农组织，*The State of Food and Agriculture, 2006* (Rome: United Nations Food and Agricultural Organization, 2006), tab. A-4, p. 127。

13. 一个很好的综述，参见联合国开发计划署，世界银行和世界资源研究所，*World Resources, 2005: The Wealth of the Poor: Managing Ecosystems to Fight Poverty* (Washington, D.C.: World Resources Institute, 2005)。

14. 同上。

15. 有关这些项目和其他项目的报告，可参见 Equator Initiative Web site, http://www.equatorinitiative.org。有关 HASHI 项目的报告可参见联合国计划开发署；其他案例分析也可参见第 5 章。

16. 参见网址 http://www.circleofblue.org/waternews/2012/world/choke-point-china-ii-introduction/Poor。

17. 参见联合国开发计划署等，*World Resources*，2005，也可参见世界资源研究所，*World Resources, 1994–95* and *1998–99* (New York: Oxford University Press, 1994, 1998); World Bank, *World Development Report, 1992, 2003,* and *2009*; United Nations, *Population, Resources, and the Environment*; and World Resources Institute, *World Resources, 2000–2001* (New York: Oxford University Press, 2000)。对于全球变暖的可能影响，参见注释和推荐阅读 18、22 和 28 中所列的文献。

18. 关于生物燃料的一个有趣的市场分析，参见 Elizabeth M. Remedio and Terrence G. Bensel, "The woodfuel supply system for Cebu City, Philippines: A preliminary analysis," *Philippine Quarterly of Culture and Society* 20 (1992): 157‐169. See also World Bank, *World Development Report, 1992*, tab. 1。

19. 有关性别与环境问题的一个富有启发意义的文献，可以参见 Cecile Jackson, "Doing what comes naturally: Women and environment in

development, " *World Development* 21 (1993): 1947 – 1963。

20. 世界气象组织（WMO）和联合国环境规划署（UNEP）在 1988 年成立了政府间气候变化专门委员会（IPCC），开始关注潜在的全球气候变化的问题，它对所有的联合国和世界气象组织成员开放。IPCC 获得了 2007 年的诺贝尔和平奖。与本章相关的影响分析参见 *Fourth Assessment Report: Climate Change, 2007*, available at http://www.ipcc-wg2.org。该网站也提供了关于 IPCC 气候变化报告的链接。

21. 同上，pp.13，435。这个评估已经引起了一些争论。时间和降雨量变化的细节还是带有一定的不确定性。

22. IPCC 确认了处于危险中的大三角洲有红河（越南）、湄公河（中南半岛）、湄南河（泰国）、伊洛瓦底江（缅甸）、恒河－雅鲁藏布江（印度和孟加拉）、印度河（巴基斯坦）体系。

23. IPCC, *Fourth Assessment Report*，pp.479-482。一些作物可能产量暂时增加了，但这些收益是不会持续下去的。

24. 同上，以及 Nicholas Stern, *The Stern Review on the Economics of Climate Change*, http://www.hm-treasury.gov.uk/independent_reviews/stern_review_economics_climate_change/sternreview_index.cfm。

25. 虽然像在遥远的过去一样，如今的气候预计会在下个世纪发生剧烈的改变，而在过去，发生这些改变需要成千上万年。参见 Noah S.Diffenbaugh and Christopher B. Field, "Changes in ecologically critical terrestrial climate conditions," *Science* 341, No. 6145 (August 2, 2013): 486 – 492. For details of the NOAA study and recent results of ongoing monitoring see http://www.noaa.gov。

26. 世界银行，*World Development Report*,2009,p.4.

27. Stern，*Stern Review*.

28. 可参见 World Bank, *Turn Down the Heat, Why a 4°C Warmer World Must Be Avoided*, 2012, http://documents.worldbank.org/curated/en/2012/11/17097815 /turn-down-heat-4%C2%B0c-warmer-world-must -avoided; and *Turn Down the Heat II: Climate Extremes, Regional Impacts, and the Case for Resilience*, 2013, http://documents.worldbank.org/curated/en/2013/06/17862361/turn-down-heat-climate -extremes-regional-impacts-case-resilience-full -report。

29. 更多详情参见 World Bank, *Turn Down the Heat* reports; World Health Organization, *Climate Change and Human Health*, http://www.who.int/globalchange/en/index.html, accessed August 13, 2013; Juliet Eilperin, " Climate shift tied to 150,000 fatalities; most victims are poor, study says, " *Washington Post*, November 17, 2005, p. A20; IPCC, *Fourth Assessment Report*, pp. 446 – 447; and United Nations Economic and Social Council, Economic Commission for Africa, " State of the environment in Africa, " November 2001, http:// www.uneca.org/panafcon/State_Environ_Afri.pdf。

30. 可以参见联合国环境规划署，" Sudan: Post-conflict environmental assessment, 2007, " http://sudanreport.unep.ch/UNEP_Sudan.pdf。

31. Stern,*Stern Review*,pp.312-322.

32. 参见 REDD 的官方网站 http://www.unredd.org。

33. 可参见 Adaptation policy frameworks for climate change: Developing strategies, policies and measures: Annexes, " 2010, http://www.undp.org/gef/documents/publications/apf-annexes-a-b.pdf. See also World Bank and others, *Economics of Adaptation to Climate Change Social Synthesis Report*, Final Consultation Draft, August 2010, available at http://siteresources.worldbank.org。除此之外，也可参见 Arun Malik and Stephen C. Smith, " Adaptation to climate change in low-income countries: Lessons from current research and needs from future research," *Climate Change Economics* 3, No. 2 (May 2012)。还可以参见 Arun Malik, Jonathan Rothbaum, and Stephen C. Smith, " Climate change, uncertainty, and decision-making," IIEP Working Paper 2010-4, at http://www.gwu.edu/~iiep/adaptation。

34. 可参见 Arun Agrawal and Nicolas Perrin, " Climate adaptation, local institutions and rural livelihoods, " in *Adapting to Climate Change: Thresholds, Values, Governance*, eds. W. Neil

Adger, Irene Lorenzoni, and Karen L. O'Brien (New York: Cambridge University Press, 2009), pp. 350 - 367。

35. IPCC, *Fourth Assessment Report*, pp. 446 - 447. See also United Nations Economic and Social Council, Economic Commission for Africa, "State of the environment in Africa," November 2001, http:// www.uneca.org/panafcon/State_Environ_Afri.pdf. 有关热浪项目的例子，可以参见 Saudamini Das and Stephen C. Smith, "Awareness as an adaptation strategy for reducing mortality from heat waves: Evidence from a disaster risk management program in India," *Climate Change Economics* 3, No. 2 (May 2012)。

36. 更多细节，详见 African Development Bank et al., *Poverty and Climate Change: Reducing the Vulnerability of the Poor through Adaptation*, 2003, http://siteresources.worldbank.org/INTCC /8173721115381292846/20480623/PovertyAndClimateChangeReportPart12003.pdf。

37. 有关环境经济模型的介绍，参见 Tom Tietenberg, *Environmental and Natural Resources Economics* (Glenview, Ill.: Scott, Foresman, 1990); John M. Hartwick and N. Olewiler, *The Economics of Natural Resource Use* (New York: Harper & Row, 1986); G. Tyler Miller, *Living in the Environment* (Belmont, Calif.: Wadsworth, 1990); and Maureen L. Cropper and Wallace E. Oates, "Environmental economics: A survey," *Journal of Economic Literature* 30 (1992): 675 - 740。

38. 可以参见 Elinor Ostrom, "Beyond markets and states: Polycentric governance of complex economic systems," *American Economic Review* 100 (2010): 641 - 672, *Understanding Institutional Diversity* (Princeton, N.J.: Princeton University Press, 2005), and *Governing the Commons: Evolution of Institutions for Collective Action* (New York: Cambridge University Press, 1990)。还可以参见 Jean-Marie Baland and Jean Philippe Plateau, *Halting Degradation of Natural Resources: Is There a Role for Rural Communities*? (Rome: United Nations Food and Agricultural Organization, 1996)。关于坦桑尼亚恢复的公共资源管理的案例可参见 Stephen C. Smith , *Ending Global Poverty*, pp.117–120。

39. 有关全球公共物品的一个好的概览，参见 Inge Kaul, Isabelle Grunberg, and Marc A. Stern, eds., *Global Public Goods: International Cooperation in the 21st Century* (New York: Oxford University Press, 1999)。

40. 可参见 UN-Habitat, *The Challenge of Slums: Global Report on Human Settlements, 2003* (New York: United Nations, 2003)。

41. 世界银行, *World Development Report*, 1992, fig.4. 注意，对于大部分内容，由于涉及高额的交易成本，科斯定理不适用于这些讨论。

42. 同上。

43. 同上，fig.2.4。

44. 世界银行，*World Development Indicators, 2010* (New York: Oxford University Press, 2010), tab. 1.3 and pp.20–21. 也可参见联合国 *Millennium Development Goals Report, 2005* (New York: United Nations, 2005)。

45. 关于亚热带森林破坏的信息资源来源于世界资源研究所, *World Resources, 1994–95*, ch. 7; 2005 *Millennium Ecosystem Assessment*, http:// www.millenniumassessment.org/en/Synthesis.aspx; Lester Brown, *Eco-Economy: Building an Economy for the Earth* (New York: Norton, 2001); and World Bank, *World Development Report, 1992 and 2003*。

46. 可参见 the FAO's excellent *Global Forest Resources Assessment 2010*, accessed August 12, 2013, at http://www.fao.org/forestry/fra/fra2010/en。

47. 联合国开发计划署等，*World Resources*, 2005。对经济政策变化和滥伐森林因素变化的影响分析，参见 Joachim von Amsberg, "Economic parameters of deforestation," *World Bank Economic Review* 12 (1998): 133 - 153. For more on the Global Environmental Facility, go to http://www.thegef.org/gef。

48. 关于发展中国家可能采取的公共环境政策的一个广泛讨论，参见世界银行, *World Development Report*, 1992, 第3章和第7章; 世界资源研究所, *World Resources*, 1992–93, 第3章和第14章, 世界银行, *World*

Development Report，2003 和 Stern，*Stern Review*。

49. 关于该领域政府政策选择的一个有趣的讨论，可参见 Stephen W. Salant, "The economics of natural resource extraction: A primer for development economists," *World Bank Research Observer* 10 (1995): 93‒111。

50. 根据 2001 年联合国的估计，发展中国家每年因为缺乏良好的发达国家市场而导致的损失，是 2001 年所有资源获得的全部资助总量的两倍。如果包括资本市场和劳动力市场的缺失，损失总量将达到 5 000 亿美元。

51. 关于债务换环境的更多信息，参见世界资源研究所，*World Resources, 1992‒93*, pp. 122‒123 and tab. 20.6. See also Chapter 14。

52. 参见世界银行，*Global Development Finance, 1998* (Washington, D.C.: World Bank, 1998)。

53. 世界资源研究院的年度报告及其网站（http://earthtrends.wri.org）是获得有关全球环境与资源趋势的一个很好的数据和信息来源。

第11章
Chapter11

发展政策制定及市场、国家和社会的职责

我的研究表明，人们需要在市场、政府和其他机构之间找到平衡，包括非营利性和合作组织之间的平衡，成功的国家正是那些发现平衡的国家。

——约瑟夫·斯蒂格利茨，诺贝尔经济学奖得主，2009 年

公共政策的核心目标应该是促进那些可以给人类带来最好结果的制度的发展。

——埃莉诺·奥斯特罗姆，《超越市场和国家》，2010 年

11.1　一个平衡问题

在东亚那些有着成功发展经历的国家中，政府起着重要的作用。然而在世界的其他地方，包括非洲、拉丁美洲、加勒比海地区的国家以及转型期的一些国家，政府似乎更多的是在阻碍，而不是帮助，是扼杀市场，而不是促进其在增长和发展中起作用。本章探讨经济发展过程中国家与市场的平衡关系。

问题在于，如何实现私人市场与公共政策之间的平衡。在第二次世界大战以及去殖民化的早期发展中，认为政府是一个善意支持者的观点占据着主流地位，但是在许多发展中国家的过去几十年中，对于腐败行为、拙劣统治以及政府官员被各种糖衣炮弹所俘获的各种记录，已经使那些认为政府作为一种完全积极或正确的力量的观点经不起推敲，变得不堪一击。近些年来，对政府持有消极观点已经逐渐占据统治地位，但是它更多的是基于抽象理论而不是客观事实，它不能解释在许多有着成功发展经历的发展中国家，政府在经济发展中所扮演的重要且极具建设性的角色，尤其是东亚许多国家。最终，一种折中的观点出现了。它意识到无论是公共政府还是私人角色，各自都既有优

点，也有缺点，并且提供了一种更加基于经验性的分析：政府在发展中存在着什么问题，在什么条件下这些问题能够得到改正，同时加入了社会的职责。各个部门的职责之间微妙的划分也越来越多地引起了重视。私人和公共部门经常能共同合作，不仅如此，它们之间的界限也不再清晰。的确，正如 2009 年诺贝尔经济学奖获得者埃莉诺·奥斯特罗姆指出的，我们必须重视一些现象，这些现象并不符合"市场"和"国家"的严格划分。[1]

在本章中，我们将仔细检视在发展中国家的发展实践中得到了广泛应用的计划和发展政策制定的作用与局限，仔细考虑经济向竞争性市场经济转型的问题，并且就公共和私人经济活动如何更好地相互支持提出了一些根本性问题。我们首先对发展计划的本质做了简要回顾，并对计划问题做了总体性概括。在仔细研究了支持与反对发展中国家计划作用的各种主要争论，并对不同的计划模型和项目评估进行简要评论之后，我们将深入研究经济向市场经济转型的内在要求，对支持与反对政府在当代发展中国家相对更广泛或更有限的作用的观点予以评价。

特别是，我们仔细检视了曾经在发展政策中占主导地位的"华盛顿共识"以及它的局限性，并讨论了在达成新共识方面的进展。然后，我们研究了近来发展政策形成过程中的一些理论，包括政治过程对于政策制定质量影响的研究。接下来，我们讨论了政府管理和改革中的三个重要趋向：解决腐败问题，实施地方分权，鼓励更广泛地参与发展。最后，我们研究了第三部门的本质——包括非政府组织在内的民间部门，以及它们在经济发展中不断加强的作用。本章最后部分研究了一个案例，研究对象是发展中国家孟加拉国的非政府组织，但它们却具有全球影响力：孟加拉国农村发展委员会（BRAC）和格莱珉银行（Grameen Bank）。

11.2 发展计划：概念与其合理性

11.2.1 计划的神秘性

第二次世界大战和去殖民化后的最初几十年，发展计划作为经济发展中实现经济进步最安全、最直接的捷径被广泛接受，这一事实充分反映了各国对经济发展的追求。直到 20 世纪 80 年代，在发展中国家，制订和实施一个国家发展计划的合理性或者说可取性，几乎是毋庸置疑的，几乎没有人会对此提出什么异议。计划也由此成为政府部门的一种运营方式，每隔五年左右，最新的发展计划便会被制订出来并且大受欢迎。

人们普遍认为，国家计划在克服发展中的主要障碍，保持经济持续而高速的增长方面提供了必不可少的甚至是唯一的制度和管理机制。基于迅速赶超它们以往的殖民统治者的愿望，一些贫困国家相信，它们需要制订一个全面的国家发展计划。不幸的是，这些计划从其结果来看并没有达到预期议案的标准。但是，一个综合性的发展政策框架，对于促进经济增长、减少贫困和达到人类发展目标方面起着重要作用。

11.2.2 发展计划的性质

经济规划（economic planning）可以被描述为一种政府有意的尝试，旨在协调、影响和指导长远经济政策的制定，甚至在某些情况下控制一个国家的基本经济变量（收入、消费、就业、投资、储蓄、出口、进口等）的水平和增长，从而实现一系列预先设定好的发展目标。[2]

简单来讲，**经济计划**（economic plan）就是给定时期国家所要达到的一套特定的量化经济目标，并采用国家化战略来实现这些目标。经济计划既有全面的，也有局部的。

全面计划（comprehensive plan）的目标包罗万象，涵盖了国家经济所有主要的方面，**局部计划**（partial plan）则仅仅包括国家经济的一部分——工业、农业、公共部门、外事部门等。最后，**计划过程**（planning process）本身可以被描述为政府的一种实践练习，首先选择社会总目标，然后确定各种具体目标，最后组织起一个框架来实施、协调和监督发展计划。[3]

发展中国家经济计划的倡导者们认为，不受控制的市场经济，容易而且经常会使国家陷入经济二元结构、价格波动、市场不稳定、关键部门的投资不足以及就业水平低等状态。特别是他们认为，市场经济不能解决这些贫困国家的主要运作任务：用某种方法来动员调配有限的资源，以形成刺激整个经济持续并且平衡增长所必需的结构性变化。这样，在几乎所有的发展中国家，经济计划最终被接受，作为一种指导和促进经济增长的基本而且关键的手段。

11.2.3 混合型发展经济计划

在混合型经济结构的发展中国家，大多数都已经制订并实行了发展计划。这些混合型经济一个突出的特征就是其所存在的独特制度环境：有些生产资料为私人所有或者被私人经营，而有些生产资料则为公共部门所有。公有和私有之间实际的比例分界线在不同国家各不相同，而且，无论是私人部门还是公共部门都不能独立考虑。但是，混合型经济与完全政府所有和控制的经济还是有着很大的区别的。发展中国家的私人部门通常由以下四种典型的私人所有权和一种新出现的所有权形式组成。

（1）传统的生存部门，包括小规模的私人农场和手工作坊，这些作坊把它们的产品卖到当地的市场。

（2）正式或者非正式的城市部门中，小规模的个人或家庭所有的小企业与服务型活动。

（3）当地企业家拥有和经营的中等规模的企业，包括农业、工业、贸易以及运输。

（4）大型合资或外商独资的制造企业、采矿业和种植园，这些主要是面向外国市场，但有时候也在本地销售（这些企业的资金通常来自国外，而绝大多数利润也流向了国外）。

（5）越来越多的相对大型的本国企业，主要由地方管理和拥有，通常是本国股票市场的上市公司，这样的企业经常出现在巴西、俄罗斯、印度和中国，在中等收入国家比低收入国家更为普遍，但是对于最不发达国家和地区而言是很罕见的。

在这样一种制度环境的大背景下，我们可以辨别在混合型经济中发展计划的两个重要组成部分。

（1）政府有意运用国内储蓄和国外资金进行公共投资项目，并且动员和引导短缺资源投入那些预期能对长期经济目标的实现带来最大贡献的领域（如铁路、学校、水力发电工程以及其他**经济基础设施**（economic infrastructure），以及进口替代型产业的建立或者未来出口部门的预计）。

（2）政府经济政策（如税收、产业许可、关税设置、配额操纵、工资、利率、价格）用来刺激、指导，甚至在某种情况下控制私人经济活动，以确保私人经营者的期望与中央政府的社会目标之间相互协调。

简单定义的混合型市场经济的计划，有一个极其明显的特征，那就是其介于完全的市场引导与集中控制这两种极端情形之间的折中特性。

11.2.4 发展计划存在的合理性

在早期，计划作为一种发展手段之所以得到广泛认同和接受，主要是基于许多基本的经济与制度原因。在这里我们阐述一下经常被提及的四种理由。

1. **市场失灵** 在欠发达国家中，市场在结构和运行方面普遍存在着缺点。部分商品和要素市场的组织很糟糕，价格的扭曲意味着生产者与消费者对经济信号与刺激的反应通常并没有反映出这些商品、服务和资源的真实社会成本。因此，这似乎证明了政府在整合市场与调整价格方面起着重要作用。此外，进一步假设市场对正确生产要素的失灵导致了替代投资项目的社会和私人评价之间的巨大差距。因此，在缺乏政府干预的情况下，市场被认为导致了资源在当前和未来之间的不当配置，或者说，这种配置至少不能带来最优的长期社会利益。这种**市场失灵**（market failure）理论，是欠发达国家在要求扩大政府作用时最常引用的原因。[4]

前面几章已经对不同种类的市场与政府失灵做过详细的研究，这里我们再按照顺序大致回顾一下。在市场失灵中，一般有三种形式能够被观察到：市场不能正确地发挥功能或者说不存在市场；存在市场但是资源无效配置；从社会目标而非资源配置的角度看，市场导致了非预期的结果。在社会成本或社会利益与厂商和消费者的私人成本或私人利益不同的情况下，市场失灵便会产生——公共物品、外部性、市场势力是最为著名的例子。就公共物品来看，有人没有支付物品的使用价格，而且除非不惜较高的成本，否则这些"搭便车"者很难被排除在外。存在外部性时，消费者和厂商没有为其行动支付全部的成本，或者未能得到全部的收益。在几个主体之间，如果所有或者多数主体在行动上展开合作时，他们的境况就会变得很好；而如果几乎没有主体参与行动时，他们的境况就会很差。此外，经济发展是一个结构转型的过程。市场可能在边际资源配置方面是有效的，使得一些行业出现或者另外一些行业倒闭，但是可能在形成经济结构性的不连续变动方面是无效的，而这些经济结构方面的变动对长期的经济增长来说是非常关键的（参见第4章）。[5]当厂商可以通过限制产品数量来影响价格时，市场势力便会产生，这是规模报酬递增时存在的一种最常见的力量。资本市场由于与信息的产生和传递具有非常密切的内在联系，尤其会受到失灵的影响；信息具有公共物品的性质（见第15章）。一种更加公平的收入分配如果成为普遍认可的社会目标的话，它本身将被视为一种社会公共物品。这也反映了人们对后代福利的关心，他们无法参与到今天的经济与政治市场中。有价值的产品，诸如健康、教育与基本福利也被认为是公共物品，或者被认为是政府保障的社会福利。但是，对于分配与有价值产品的关心，通常被人们视为实施单独的政策的理由，因为就它们自身来说，其发展水平通常被认为不属于经济效率探讨的范畴。

不幸的是，我们无法得出结论说，如果经济理论认为政策能弥补市场失灵，那么它在实际中就真会如此！当那些政客、官僚、个人和团体总是优先考虑他们个人的利益而不是公共利益时，政府失灵便会发生。对导致政府失灵的诱因的分析，有助于指导改革，比如制度的设计、民间服务规则等。发展中国家似乎趋向于市场失灵与政府失灵同时并存。[6]（在本章的后面我们也会注意到，由于一些原因，孟加拉国的非政府组织也会产生所谓的"自愿性失灵"。）

2. 资源动员与配置　这个观点认为：对于发展中国家而言，它们无法承受将其非常有限的资金与人力资源浪费在毫无生产性的冒险之上。因此，投资项目的选择，不能仅仅基于私人的产业投入-产出比所决定的生产效率的片面分析，还应该从全局来看待整个发展项目，即应综合考虑到外部经济、间接影响和长期目标。熟练的技术工人应该配置到他们能最大限度地发挥其自身价值的领域。在认清所存在的特殊约束、选择和协调好投资项目的帮助之下，经济规划一般被认为是能够帮助疏通稀有资源的配置渠道，使其得以流入生产效率最高的部门。相比之下，人们认为竞争性市场将倾向于产生较少的投资，并且将那些投资项目引导到较低社会优先权的领域（比如富人消费品）。

3. 态度或心理影响　人们通常认为，以特定的发展计划的形式对国家经济与社会目标进行的详细阐述，对于异质多样而又零散疏离的国民而言，会产生重大的态度或心理影响。也许，通过计划的形式，能够成功地将他们团结在一个旗帜之下，共同参与到政府组织的消除贫困、无知和疾病的项目中，以提高国家实力。人们认为，在一个对物质与社会进步的广泛共识下，通过动员民众的支持，消除阶层、阶级、种族、宗教或者部落之间的矛盾，呼吁所有人

共同努力投身于国家建设之中，一个开明的中央政府通过经济计划，可以最有效地提供急需的激励，来克服那些地方主义和传统主义所导致的各种阻碍性甚至经常是分裂性的力量。

4. 国外援助　要想获得双边与多边的国外援助，制订一份详细的发展计划通常是必备条件。只有对项目有了一个详细的采购清单，政府才能更好地请求国外援助，并且说服捐助者，让他们相信，他们的钱将会成为一个考虑周详、内部一致的行动计划的必不可少之一部分，而且会得到最有效的利用。发展中国家必须将批准的计划落实到各种形式的援助中，这一要求至少在 21 世纪还是和过去一样。[7]

11.3　发展计划的过程：一些基本模型

11.3.1　计划的三个阶段

传统上，大多数发展计划，最初都或多或少地建立在现有的宏观模型的基础之上。为方便起见，这些广泛的经济计划模型可以分成两类：①总量增长模型，包括基本经济变量在计划好的或者所要求的变化下的宏观经济预测；②多部门投入-产出可计算一般均衡（Computable General Equilibrium，CGE）模型，这个模型（与其他因素一起）在内部一致的产业间流动框架内，将一套预先给定的最终需求目标，转化成为产出、资源、就业以及外汇等变量间的关系。最后，可以说是计划构成中最重要的组成部分，就是通过项目评估技术与社会成本-收益分析来进行的对各部门间具体投资计划的详细选择。计划的三个"阶段"——总体、部门和项目，为计划部门提供了主要的知识工具。所有这些工具至今仍为世界银行以及其他发展机构和发展中国家广泛运用。现在我们转向介绍每个阶段以及它们的相关模型。

11.3.2　总量增长模型：规划宏观参数

几乎所有发展中国家使用的第一个也是最基本的计划模型是**总量增长模型**（aggregate growth model）。

该模型根据一系列被认为对国家产出水平

和增长率的决定至为关键的有限几个宏观经济变量来处理整个宏观经济问题,这些变量包括:储蓄、投资、资本存量、出口、进口和外国援助等。总量增长模型为预测3～5年的产出增长(也许是就业)提供了一个便利的方法。几乎所有这类模型或多或少是第3章中所介绍的哈罗德‐多马增长模型(或者AK模型)的变形。

在既定的目标GDP增长率以及一国的资本‐产出比下,哈罗德‐多马增长模型可以用来详细说明引发这种增长所需的国内储蓄的总量。在大多数情况下,这些必要的国内储蓄量不太可能根据现有的储蓄函数来实现,因而,如何形成额外的国内储蓄或外国援助,就成为一个非常重要的基本政策所考虑的问题。出于计划的目的,哈罗德‐多马增长模型通常按如下步骤形成。[8]

首先,我们假定可再生的资本对总产出的比率不变,因而有:

$$K(t) = cY(t) \quad (11\text{-}1)$$

式中,$K(t)$ 是 t 时刻的资本存量;$Y(t)$ 是 t 时刻的总产出(GDP);c 是平均(等于边际)的资本‐产出比。接下来,再假定产出 Y 中不变的份额 s 作为储蓄 S,因此有

$$I(t) = K(t+1) - K(t) + \delta K(t) = sY = S(t) \quad (11\text{-}2)$$

式中,$I(t)$ 是 t 时刻的总投资;δ 是在每一时期资本存量的折旧率。现在,假定作为目标的产出增长率为 g,则有:

$$g = \frac{Y(t+1) - Y(t)}{Y(t)} = \frac{\Delta Y(t)}{Y(t)} \quad (11\text{-}3)$$

这样,根据式(11-1),可知资本必须以相同的速率增长,因为

$$\frac{\Delta K}{K} = \frac{c\Delta Y}{K} = \frac{(K/Y)\Delta Y}{K} = \frac{\Delta Y}{Y} \quad (11\text{-}4)$$

利用式(11-2),我们再次得到基本的哈罗德‐多马增长模型(当然,这时增加了一个资本折旧率参数):

$$g = \frac{sY - \delta K}{K} = \frac{s}{c} - \delta \quad (11\text{-}5)$$

最后,因为产出增长可以用劳动力增长率 n 以及劳动生产率 p 的和来表示,因此,为便于说明计划,式(11-5)可以重新改写为

$$n + p = \frac{s}{c} - \delta \quad (11\text{-}6)$$

当然,许多发展政策的制定并不是将生产率视为外生的,而是积极关注如何提高它。但是,给定一个预期的劳动力增长率与生产率(劳动力的增长可以通过可利用的人口统计信息来计算,生产率的预测则通常要么根据过去的趋势来推出,要么就假定一个不变的增长率),式(11-6)可以用来预测国内储蓄是否为日渐增长的劳动力提供了充足的新就业机会。做到这一点的方法之一就是,将整个储蓄式($S = sY$)分解成至少两个部分的储蓄来源。通常情况下,工资收入的储蓄倾向为 W,利润收入为 π,因而我们定义:

$$W + \pi = Y \quad (11\text{-}7)$$

和

$$S_\pi \pi + S_W W = I \quad (11\text{-}8)$$

式中,S_π 和 S_W 分别是来自 π 和 W 的储蓄倾向。通常利用式(11-5)并且将式(11-7)和式(11-8)代入,我们得到了一个修正的哈罗德‐多马增长模型:

$$c(g+\delta) = (S_\pi - S_W)\left(\frac{\pi}{Y}\right) + S_W \quad (11\text{-}9)$$

该式可以作为确定当前储蓄利润和工资收入是否充足的公式。例如,如果预期的增长率为4%,并且 $\delta = 0.03$,$k = 3.0$,$\pi/Y = 0.5$,则式(11-9)就化简为 $0.42 = S_\pi + S_W$。[9] 如果资本收入的储蓄达到了25%,工人就必须以17%的比率储蓄才能获得预期的增长率。在缺乏这样一个劳动收入的储蓄比的情况下,政府可以推行各种政策去提高国内储蓄,或者寻求外资援助。

一些国家认为外汇储蓄不足是制约其经济增长最主要的因素,所使用的典型总量增长模型是做了某些变化的双缺口(two-gap)模型,该模型将在14章中详细描述(双缺口模型简单来说是哈罗德‐多马增长模型考虑了对外贸易后得出的)。无论在哪个模型下,总量增长模型只能在一般性指导方面为经济提供一种大致的初步方向。因此,它们很少构建出可操作的发展计划。也许更重要的是,总量增长模型在使用上的简单性和相对较低的数据搜集成本,可能经常使我们忘记了其实际的局限性,尤其当

机械地采用并执行的时候。平均资本产出比率是很难估计的，与边际资本－产出比率几乎无关，这是预测目标的相关比率，同时储蓄率也可能非常不稳定。因此一个可操作的计划更多的是需要那种能将经济活动分解的多部门模型，就像最著名的投入－产出方法一样。

11.3.3 多部门模型和部门项目

在发展计划中，一个更加精确的方法是运用**产业关联模型**（interindustry）或者**投入－产出模型**（input-output model）中的某些变形。

在这些模型中，主要产业部门的经济活动是通过一系列同时发生的数学方程来相互关联的，这些方程代表着各产业中具体的生产过程或技术。所有的产业都一方面被视作产出的生产者，另一方面又被视作其他产业所生产的投入品的使用者。比如农业部门，其既是产出的生产者（比如小麦），又是投入品或者说制造部门（比如机械、化肥）的使用者。因而，在所有产业产出的需求、就业和所有其他产业的进口方面，对其任何计划好的变化的直接与间接反应，都可以通过整个经济中错综复杂的相互联系而跟踪得到。给定经济中各个部门的计划产出目标，产业关联模型可用来决定中间材料、进口、劳动力以及资本需求，由此，从理论上说，就可以构建起关于彼此相容的产出水平与资源需求的经济计划。

产业关联模型中，包括不同复杂程度的模型。简单的有投入－产出模型，通常，在发展中经济体中它包含 10～30 个部门，而在发达经济体中则包含了 30～400 个部门；更为复杂的则有线性规划或者活动分析模型，这些模型将可行性（在某些资源约束条件下什么是可能的）和最优性（在所有不同选择中什么是最好的）分析也整合进去了。但是，对于产业关联模型或者说投入－产出方法而言，一个最显著的特点在于，它试图为整个经济建立一个内部一致的、全面的发展计划。[10]

投入－产出分析通常可以进行扩展。其中一种方式是，结合要素支付数据、家庭收入来源以及跨不同社会群体（比如城市与农村家庭）的家庭用品消费模式这三方面数据，建立起一个社会核算矩阵（social accounting matrix，SAM）。这可以通过从国民账户体系、支出平衡表以及资金流数据库取得数据填入基本的投入产品表而完成，并经常使用家庭调查数据来加以完善。所以，一个 SAM 对经济中某一个时点上的相互联系提供了一个全面且详尽的定量描述，这使 SAM 更适合作为一个评价可选发展政策的影响的工具。许多国家的 SAM 在网上都可以找到。SAM 大都可以通过可计算的 CGE 模型来进一步精练，该模型假定家庭追求效用最大化、厂商追求利润最大化。效用（或需求）与生产函数可以利用全国性数据来假定或者估计。因而，利用标准的计算机软件，对政策导致的影响是能被模拟的。CGE 方法比 SAM 更加复杂，但它的价值在于，它使政策制定者能够考虑到消费者和厂商对所研究的可选择政策可能做出的反应，而不是假定他们依然按照新政策执行前的行为方式行动。[11]

11.3.4 项目评估与社会成本－收益分析

大多数关于有限的公共投资基金分配的日常经营决策建立在一种被称为**项目评估**（project appraisal）的微观经济技术分析之上。

但是，这三个主要的计划方法中理论与操作之间的联系也不该被忽视。宏观增长模型确立总体战略，投入－产出分析则确保一系列相互协调的部门目标，而项目评估确保各部门内部单个项目的有效计划。

1. 基本概念与方法 项目评估的方法建立在社会**成本－收益分析**（cost-benefit analysis）的理论与实践基础上，[12] 这种分析也为美国与其他发达国家所采用。成本－收益分析的基本思想本身很简单：为了确定包括公共支出（或者说，公共政策确实能扮演关键角色）在内的项目的价值，有必要从社会整体角度来衡量它的优势（收益）与劣势（成本）。

由于通常用来指导私人投资者的投资决策的商业利润标准也许并不适合指导公共投资政策，因此对社会－收益分析的需求不断增加。私人投资者由于仅仅关心私人利润最大化，因此通常只考虑那些影响净收益的变量：收入与支出。而所有的收入与支出都是用投入与产出的现行市场价格来评价的。

社会成本－收益分析的出发点是，它否认实际收入是社会收益的真实量，否认实际支出是社会成本的真实量。不仅实际的市场价格通常会偏离其真实价值，而且私人投资者也并不考虑其决策的外部性影响。这种外部性实际上是非常可观而且普遍存在的。[13] 换句话说，在那些社会成本与收益不同于私人成本与收益的领域，如果投资决策完全建立在商业收益性的标准之上，那么这可能会导致从社会福利角度来看是错误的决策，而社会福利却是政府最关心的。虽然社会价值显著不同于私人价值，成本－收益分析的可行性应该是基于如下假设：这些差异可以通过公共政策进行调整，从而社会收益与成本之间的差异将能够通过社会收益恰当地反映出来，就像实际的收入与支出之间的差别可以衡量一项投资的私人收益那样。

因此，我们可以定义任何时期的**社会利润**（social profit）就是社会收益与社会成本之差，其中，这些收益与成本既可直接地（投入的真实成本和产出的真实价值）也可间接地（比如就业效应、分配效应）加以评估。计算一项投资的社会利润，可以分为三个步骤。[14]

首先，我们必须确定最大化的目标函数（通常为社会净利润）以及一些标准，这些标准要求能阐明这些不同的收益（比如平均资本消耗、收入分配）如何评价，它们之间的平衡点是什么。

其次，要计算出社会净利润，我们就要有度量所有项目的投入和产出的单位价值的社会标准。这些社会标准通常被称作投入和产出的**会计价格**（accounting prices）或**影子价格**（shadow price），以区别于实际的**市场价格**（market price）。[15] 通常情况下，影子价格和市场价格之间的差别越大，在形成公共投资决策规则之时就越需要进行社会成本－收益分析。

最后，我们需要一些决策标准，以便将所计划的社会收益和成本资金流约减为一个指数，这一指数的价值在于可以用来选择或排除一个项目，或者将所有可选的项目加以排序。

下面，我们详细研究以下项目评估的这些具体步骤。

2. 确定目标　鉴于将诸如国家凝聚力、自

立性、政治稳定、现代化以及生活质量这些目标赋予一定价值的困难性，经济计划者通常会根据一个项目对未来产品与服务净现值的贡献程度来评估它的社会价值，也就是说，通过它对未来消费水平的影响。

近来，第二个主要的标准，即项目对收入分配的影响，已经受到了越来越多的关注。如果优先考虑提高那些低收入群体的消费标准，那么一个项目的社会价值必须通过对收益分配进行加权求和得到。此时，应该在社会福利目标函数中为低收入群体的额外消费赋予一个更高的权重（这一步骤与为经济增长建立一个加权贫困指数类似，这一点在附录 5B 中进行过讨论）。从 1991 年开始，世界银行在进行项目评估时，除了考虑未来消费和收入分配之外，也将环境影响纳入，作为第三个标准。

3. 计算影子价格和社会折现率　社会成本－收益分析的核心是对价格进行计算或估计，用来决定收益的真实价值和成本的真实重要性。在发展中国家，有许多原因令人相信，产出和投入的市场价格并没有真实反映社会收益和成本。尤其是以下五个原因，经常被提到。

（1）通货膨胀和货币高估。许多发展中国家一直被通货膨胀和不同程度的价格管制所困扰。价格管制通常不能反映社会生产这些产品和服务的真实社会成本。而且，在许多国家，政府管理着外汇价格。在通货膨胀和不变的**汇率**（exchange rate）之下，国内的货币被过高地估值（见第 12 章和 13 章），其后果是：进口价格低估了国家购买国外产品的真实成本，而出口价格（以本地货币表示）则没有充分反映国家从一系列出口额中所获得的真实收益。泡沫与危机也导致了巨大的扭曲。因此，基于这种价格之上的公共投资决策倾向于反对出口导向型产业，支持进口替代。反之则会低估汇率。

（2）工资率、资本成本和失业。几乎所有的发展中国家都呈现出了要素价格的扭曲，其结果是：现代部门的工资率超过了劳动的社会机会成本（或者影子价格），同时利率低估了资本的社会机会成本。这导致了失业和不充分就业现象普遍存在，产业生产技术的资本密集程度太高。如果政府在计算各种可行的公共投资项目的成本时，采用未经调整的劳动和资本的

市场价格，那么将低估资本密集型项目的真实成本，从而会倾向于以比社会成本更低、对穷人更有利的劳动密集型项目为代价，来促进资本密集型项目。

（3）**关税、配额和进口替代**。与进口配额和过高估计的汇率相联系的高关税的存在，会歧视农业出口部门，而支持进口替代型制造业（见第12章）。它同时也鼓励部分相互竞争的出口商和进口商过多地去进行**寻租**（rent seeking），这从社会角度讲无疑是一种浪费。他们为获得额外的利润而相互展开激烈竞争（通常，除了直接游说外，还通过行贿和威胁等手段），这就可能使贸易者去寻求进口许可证、出口补贴、关税保护和本产业的优先发展政策。

（4）**储蓄不足**。如果考虑到为大量贫困群体提供较高的即期消费水平的巨大压力，在大多数发展中国家，国内储蓄水平和利率通常被认为是次优的。根据这一观点，为了促进那些回报期较长、在未来将产生较高的可投资剩余资金流的项目，政府所使用的折现率要低于市场利率。[16]

（5）**社会折现率**。在讨论储蓄的影子价格时，我们提到，政府有必要选择适当的折现率来计算跨期项目的收益和成本的价值。**社会折现率**（social rate of discount）（有时也涉及社会时间偏好）本质上是时间的价格——一个用来计算某时间流中项目收益和成本的净现值的比率，这个**净现值**（net present value, NPV）是按以下公式进行计算的：

$$NPV = \sum_t \frac{B_t - C_t}{(1+r)^t} \quad (11\text{-}10)$$

式中，B_t 是时期 t 中项目的预期收益；C_t 是预期成本（影子价格计算而得）；r 是政府的社会折现率。

社会折现率与市场利率不同（通常被私人投资者用来计算投资的收益性），它是建立在未来净收益上的主观估计：在政府的计划策略中，未来的收益和成本估计值越高（比如，如果政府也代表了未来将出生的人），社会的折现率将会越低。

鉴于导致了数量可观的产品、要素和货币价格扭曲的五个方面的力量，同时考虑内部经济以及生产和消费的不经济性（按照定义，要素

没有考虑私人投资决策），人们普遍认为，一个项目的真实收入和支出，通常并没有对它的社会价值提供一个准确的计算。由于这一主要原因，项目估计中的社会成本 - 收益分析在发展中国家的项目选择的有效性方面是很重要的。

4. 选择项目：一些决策准则 在计算出相关的影子价格，规划好预期收益和成本（包括间接效应和外部效应）的时间流，并且选择了一个适合的社会折现率之后，计划者就可从一系列认为最值得期待的可选投资项目中精挑细选了。因此，他们需要参考一些决策准则。通常情况下，经济学家建议在选择投资项目时采用 NPV 规则；也就是说，选择项目时，应该根据它们的净现值是正还是负，来决定是接受还是拒绝该项目。然而，正如我们所看到的，NPV 的计算容易受到所选择的社会折现率的影响。计算社会折现率一种可供选择的方法是给定一个项目的净现值为 0，然后将这个**内部收益率**（internal rate of return）与预定的社会折现率或用经济中的资本边际产出和市场利率粗略地进行比较，以此选择那些内部收益率大于预定折现率或市场利率的项目。这种办法被广泛运用于教育投资的评价上。

因为大多数发展中国家面临着巨大的资本约束，所以对投资项目的选择通常也可以采用对所有满足 NPV 规则的项目进行排序。按照递减的净现值进行项目排序（更准确地说，是通过它们的成本 - 收益比，这一比率可以通过 NPV 除以总资本约束 K 得到，也就是说，每个项目都需要计算 NPV/K）。首先选择那些 NPV/K 比例最高的项目或项目集（有些投资应该视作一套项目集来考虑），然后是次高的，依次类推，直到所有可用的资本投资基金用完为止。[17]

5. 结论：计划模型和计划的连贯性 显而易见的是，实践中制定一个全面、详尽的发展计划，是一个远比上述的三步法更复杂的过程。它包括确立优先顺序的国家领导者与计划者、统计人员、研究工作人员和部门或政府工作人员之间一些固定不变的对话及反馈机制。内部矛盾和相互冲突的目标（更不必说那些来自强大的既得利益集团的政治压力）总是需要仔细考虑。不过，我们介绍的以上内容，至少帮助我们加深了对计划机制的理解和感受，并说明

在制订一个内部连贯的全面的发展计划时，总量模型、投入－产出模型和项目计划模型等如何使用。

11.4　政府失灵和市场偏好

11.4.1　计划实施的问题和计划失灵

发展计划的结果通常总是令人失望。[18] 基于实际效果不佳，被广泛拒绝的综合发展规划已经取得了一些实际成果，这其中最重要的一点是，越来越多的欠发达国家开始采用市场导向的经济制度。

问题到底出在什么地方呢？为什么早期对计划的狂热情绪日渐幻灭消退，并进而走向拒绝之路呢？我们可以甄别出两个相互影响的原因：一个涉及发展计划在理论上的经济利益和实际结果之间的差异；另一个则更多的是与计划过程本身内在的一些根本缺陷有关，尤其是在行政能力、政治意愿和计划实施方面。

1. 理论与实际　计划经济的实践经历已经证明，本章前面所概括的主张计划的一些主要论据——市场失灵、私人和社会评价之间的偏差、资源动员、投资协调等，实际上很难经得起推敲，基本上都得不到支持。关于计划失灵的评论，托尼·凯里克（Tony Killick）已经指出过：

　　较之没有计划而言，计划是否带来了更多对未来有用的信号，这一点非常值得怀疑。在实践中，除了一些零碎的方法之外，政府几乎没有协调好私人和政府的价值，因为它们很少能够成为真正可操作的文件，在动员资源、协调经济政策等方面，计划具有非常有限的影响。[19]

从市场失灵的特殊例子和假定的政府在协调私人和社会收益与成本价值的偏离之中的角色来看，许多欠发达国家的政府政策通常加剧而不是缓解了这种偏离——这是**政府失灵**（government failure）而不是市场失灵。

政府的政策通常倾向于提高而不是缓解私人和社会价值之间的偏离。比如，公共政策通过不同的手段如最低工资法，将工资与教育程度挂钩，比照高于国际工资水平的标准制定报酬率等，使工资水平超过了劳动力的影子价格

或者说稀缺性价值。类似地，投资折旧和税收补贴、汇率高估、低有效保护率、定额以及低利率的贷款配给等，都有助于将资本的私人成本降低到远远低于其稀缺性和社会成本。这些生产要素价格扭曲的净效应比起公共政策调整价格，将鼓励私人和公共企业更多地采用资本密集生产方法。

另外一个例子是，在第 8 章中我们发现，在许多欠发达国家，经济信号和经济动力已经夸大了个人接受中等教育和高等教育的回报的私人价值，这使得对多年学校教育的私人需求已经远远超过了社会回报。按照所完成的教育水平来定额分配稀缺的高收入就业机会，以及大多数发展中国家在一个更高的水平进行私人教育成本的政府补助，这两者一起导致了这一后果：教育方面进一步地扩张，其社会回报与可选择的投资机会相比，使其看起来几乎没有什么合理性可言。

仔细考察先前的例子，我们可以得出结论：在大多数发展中国家，计划在实践中的真实结果和其理论上的经济收益之间的差距已经相当大。公开的浮夸与经济现实之间的差别甚至更大。尽管许多发展中国家的计划政策的初衷是消除贫困、减少不公平以及降低失业率，然而这些政策实际的结果却是恶化了这些问题。对此，大多数的解释认为这主要与计划过程本身的失灵有关，而这些失灵反过来又是由于一些特殊的问题产生的。[20]

2. 计划及其实施中的不足　计划目标往往制定得过高。政府总想要以此达成众多目标，却根本没有考虑到这些目标之间有些是相互竞争甚至相互冲突的。它们通常在计划的设计上都宏大张扬，雄心万丈，但在达成这些国家目标的具体政策方面却含含糊糊。在这一方面，它们同世界银行与国际货币基金组织设定了多达 60 甚至超过 100 个议题的有条件的协议有异曲同工之处。最后，计划实施和制订之间的差别通常也是巨大的（许多计划也大都因为以上这些原因，实际上从来没有被执行过）。

3. 不充分和不可信的数据　一个发展计划的经济价值很大程度上依赖于它所基于的统计数据的质量和可信程度。正如在许多贫困国家那样，当这些数据不足、不可信或者根本不存在

时，大量经济计划的准确性和内在一致性将大幅度地降低。同时，当这些不可信数据被不合格的经济学家、统计学家以及其他规划人员使用（这通常也是大多数贫困国家的常见情形），试图用来建立和实施一个全面而详尽的发展计划的时候，很可能导致在各个层面全方位的挫败。

4. 内部和外部非预期的经济扰动　因为大多数发展中国家的经济都是开放型经济，对于国际贸易、援助、"热钱"等投机资本的流入和私人外国投资的变动非常敏感，所以对它们而言，即便是进行短期的预测也相当困难，更不用说长期计划。20 世纪 70 年代的石油危机，扰乱了大多数发展计划。当然，能源危机仅仅只是大多数发展国家政府无法控制那些决定着其发展计划成败的经济因素的一般趋势的一个极端例子。

5. 制度性缺陷　大多数发展中国家的计划过程中都存在制度性缺陷，包括：计划机构和政府日常决策机构分离；计划者、管理者以及政治领导者未能就有关目标与政策进行成功的持续性对话与国际交流；国际上流行的制度性计划实践和组织机构安排也许不适合当地的情况。此外，人们也非常关注那些无能且不合格的国家公务员、烦琐的官僚化程序；对改革和创新存在过多的担忧和抵制；部门间存在个人和部门对抗（比如，政府的金融部门与计划机构之间通常是冲突多于合作）；在反对部分领导者和政府官僚机构的地区性、部门性甚至仅仅是私人性的目标方面，缺乏对国家性目标的承诺；此外，与这种缺乏相一致的是，在反对私人利益、政治和官僚机构的腐败方面，也缺乏国家性的约束，这种腐败在许多政府中都非常盛行。[21]

6. 缺乏政治意愿　在部分发展中国家，计划效果的不佳、计划制订与实施之间的巨大偏离，也都可以归咎于领导者和高层决策者缺乏承诺和**政治意愿**（political will）。[22] 政治意愿不单单是有了高尚的目标和言语的修辞就够了，它需要一种非同寻常的能力和足够大的政治勇气，去挑战势力强大的精英和既得利益集团，并且说服他们相信这个发展虽然会使他们中部分人的短期利益遭受损失，但长期来看可以使全体民众受益。如果不能得到他们支持，无论是自愿提供还是被迫的，那么部分政治家的发展意愿可能遭受强烈的抵制、挫折和内部冲突。

7. 冲突、后冲突和脆弱的国家　在极端的例子中，一个国家激烈的冲突和大规模的失败已经导致了巨大的失败，甚至是最根本的发展目标都没有实现。在这些情形中，发展援助通常是非常必要的。我们将在第 14 章的 14.6 节讨论这个问题。

11.4.2　20 世纪 80 年代向自由市场的转变

由于对计划的失望以及对政府干预失灵的感知，许多发展中国家的经济学家、财政部长以及主要的国际发展组织的领导者倡导更多地运用市场机制，以作为提高效率和加快经济发展的一个主要工具。美国总统罗纳德·里根在 1981 年的墨西哥坎昆（Cancun）会议上做了题为"市场的魔力"的著名演讲。如果说 20 世纪 70 年代可以概括为一个更公平发展而使公有部门活动不断增长的时代，那么，八九十年代则见证了自由市场经济的重新回归。

作为它们的国内市场自由化方案的一部分，大多数具有不同程度的目的性的发展中国家都试图减少公有部门的角色，鼓励更多私人部门活动，同时消除利率、工资以及消费品等的价格扭曲。这些变革的目的就是为市场机制的良好运行排难解阻，以实现高效的投资分配。此外，这些"自由化"的发展中国家试图通过降低汇率、促进出口、消除贸易壁垒，来提高它们在国际经济中的比较优势。

IMF 和世界银行都是致力于自由市场的国际性组织，此外，这样的组织还包括一些例如美国国际开发署（USAID）这样的双边性的赞助者。国际货币基金组织要求大量的市场自由化项目和政策来提高比较优势，并将促进宏观经济的稳定作为获得更高信贷窗口的条件。世界银行谨慎审查其项目贷款以确保所提议的项目不被私营部门所操纵。

11.4.3　市场失灵

正如市场被各种缺陷所渗透，政府也受到各种失灵的影响。[23] 因此，虽然在理论上政府可以纠正市场失灵，但有时在实践中，尽管支出巨大，却仍然无法做到这一点——而在某些情况下，这种做法只会更糟。因此，政府法规可能会提高行业效率，比如打破垄断力量；也会提高社会福利，例如限制污染（正如我们在第10章中看到的那样）。但设计不善的规定可能会扼杀新兴行业，甚至造成腐败。这样一来，特殊利益集团可能会出现，它们会通过寻租想方设法从法规中受益。这些利益集团也可能会反对对法规进行修改，因为这样会使他们处于不利的境地；这个问题将在11.7节进行更详细的研究。

有一个一般的假定，即当市场运作良好时，政府不应该采取干预措施——因此通常情况下它们也不会这样做。相反，使决策的制定分散化往往有很大的好处。通常，个人和家庭对于各自的偏好和情况比政府知道得更多。

由于政府失灵有时候甚至对具体的干预措施来说也是严重的，总体发展规划的失灵范围更大。正如我们在第4章中所看到的那样，政府可以通过推动经济向更好的平衡方向发展，尽管完全独立的市场不可能实现；但政府也可能通过推动经济陷入不利的平衡而使事情变得更糟。同样，政府计划也可以减少社会风险，但据观察，发展计划也可能因为纠正错误的问题而增加风险：市场可能会出现严重错误，但是通过其分散的决策机制，市场往往更容易自我纠正。虽然市场总是在克服协调上的失败（见第4章），但政府部门之间的协调或国家和地区政府层面的协调并不总是很容易实现。

更一般地来说，有时候依赖于寻求广泛共识的发展规划可能比市场更缺乏灵活性，而市场对诸如全球市场变化等突发性冲击有更敏捷的反应。在其他情况下，发展规划不是由共识导致的，而是由强大的利益集团所影响。其结果可能是增加精英力量，而不是实现更平等的发展目标。发展规划也面临着激励兼容的广泛问题，这意味着计划的目标和机制可能与许多经济关键角色的自身利益不一致。即使工人直接受雇于政府，他们从事艰苦或创造性工作的动机也可能低于私营部门的工人。

但是，正如市场失灵并不能证明公共干预的合法性（正如我们所看到的，政府通常使事情变得更加糟糕），政府失灵也并不必然就是私人市场合法性的依据。比如在韩国，浦项钢铁公司直到2000年的私有化之前，一直都是由公有部门经营，并且效率很高；而印度的钢铁机构，虽然也是公共拥有和经营，却是低效率的典型代表。利息补贴在东亚和拉美都存在，但前者的经济增长不断加速，而后者却处于停滞状态。非生产性的寻租活动，早期在那些运营糟糕的私人市场中随处可见，而在低效率的国有经营中也一样。因此，关于公有和私有活动之间相对优点的简单判断，不能够脱离具体国家的具体情形来得出。但是，对于那些追求市场化改革的欠发达国家而言，无论是出于它们对公有部门绩效表现的不满意，还是出于国际货币基金组织或世界银行等的压力，众多社会文化性的先决条件以及经济实践都必须得到满足。

11.5　市场经济

社会文化的先决条件和经济要求

市场可以做很多积极的事情，例如在消费者想要的时间和地点提供他们想要的产品，为创新提供激励。阿玛蒂亚·森指出，反对市场就如同反对交谈。[24] 他是这样说的：谈话有可能是有害的，甚至对那些交谈的人来说也是如此，但是不能因为如此就因噎废食，一概反对交谈。一个运营良好的市场制度要求特定的社会、制度、法律和文化的先决条件，而这些条件在发展中国家普遍比较缺乏。欺骗、腐败和垄断并没有随同新古典主义经济魔力般的浪潮的到来而消失。

市场制度的有效运行至少需要以下12个市场推进型的法律和经济实践。[25]

（1）明确界定产权，完善建立和转让产权的程序。

（2）完善商业法并由独立的司法机构执行这些法律，特别是合同法和破产法。

（3）除了那些具有重大外部性的部门之外，自由地建立所有部门的企业，取消过度的许可证审查；还包括类似的自由，比如自由进入各行业和职业，以及获取政府相关职位（平等的经济机会）。

（4）建立一种稳定的货币和银行系统，包含可靠而有效的货币转移系统。

（5）对自然垄断行业（规模报酬递增的行业）的公共监管或经营，此外，对那些技术效率要求高标准的行业也一样，单个厂商必须足够大以至于能够满足全国市场的很大一部分。

（6）在每个市场中，向买者和卖者提供有关产品的特征、国家的供给与需求等充分的信息。

（7）保持自主的偏好——对消费者偏好的保护，免受生产者和供应商的影响。

（8）公共管理的外部性（包括正外部性和负外部性）以及公共物品的提供。

（9）制定稳健的货币和财政政策工具（见第 15 章）。

（10）安全网——对某些受经济影响的个人维持足够的消费保障，尤其是对非自愿失业、工伤以及工作能力丧失者。

（11）鼓励创新，特别是专利与版权的制定与实施。

（12）对暴力的防护，这是所有社会基础中最根本的。

因此，我们发现，市场改革不仅仅是消除价格扭曲，使公共企业私有化，宣扬市场自由化。许多转型经济体在市场改革中所遭受的挫折在很大程度上都归咎于缺乏一些或者许多制度的先决条件和市场实践。因此，政府和市场都有很大的局限性，这一点我们在之前对市场失灵的回顾中已经阐述得非常清晰。[26] 这个问题再次反映出这是一个平衡问题。从曾经占统治地位的"华盛顿共识"到今天与之渐行渐远这一点也可以反映出这个问题。

11.6 "华盛顿共识"在国家发展中的作用及其演进

在 20 世纪 80 年代中后期以及 90 年代的早期，关于发展政策所谓的"华盛顿共识"一直摇摆不定。这个由约翰·威廉姆森（John Williamson）概括提炼出来的共识，反映了发展的市场自由化方式，该方式在这些年以来一直为国际货币基金组织、世界银行和美国主要的政府机构所奉行。该共识内容大约包括 10 个要点，在专栏 11-1 的第一列对其进行了概括。

□ **专栏 11-1　华盛顿共识与东亚**

表 11-1　华盛顿共识与东亚

华盛顿共识的要素	韩国
1. 财政纪律	是，一般
2. 公共支出的重新定向，优先投向卫生、教育和基础设施建设	是
3. 税收的改革，包括日渐扩大的税基和日益削减的边际税率	是，一般
4. 统一且具有竞争性的汇率	是（除了有限的时期）
5. 保障财产权利	通过关押主要的工商人士、没收他们的财产，朴正熙总统在 1961 年开始了他的统治
6. 放松管制	有限
7. 贸易自由化	20 世纪 80 年代后取消限制
8. 私有化	20 世纪五六十年代，政府建立了许多公有企业
9. 消除外国直接投资（DFI）的障碍	DFI 严重受阻
10. 金融自由化	20 世纪 80 年代后取消限制

资料来源：From "Understanding economic policy reform," by Dani Rodrik. *Journal of Economic Literature* 34 (1996):17. Reprinted with permission from the American Economic Association and courtesy of Dani Rodrik.

至少他们所做的与该共识没有包含的一样多，"华盛顿共识"的这10个要点非常引人注目。无论是作为经济增长的中心目标，还是作为增长的手段，其中都没有提到共同增长，也没有在任何意义上提到消除绝对贫困以实现发展的中心要求。[27]形成共识的几种动力来自这样一种信念：政府不会将事情做好，而是有可能把事情弄得更糟糕。还有一种观点认为，经济增长会解决贫困问题，贫困也不是增长和发展的一个主要障碍；但是正如我们在第5章已经看到的，大多数发展专家认为这种观点是不充分的。

"华盛顿共识"这一清单也因其市场自由化的方法而引人注目，甚至在那些市场失灵非常普遍的领域比如金融部门中，它也依然倡导市场化运作（见第15章）。此外，该共识对于经济发展史上韩国案例的适用性持保留态度。这些例子不仅代表了过去长达半个世纪的最高经济增长率，也经常被作为经济共同增长的典范而被反复引用：尽管从20世纪90年代后期不公平才开始好转，但绝对贫困在早期就被消除，低收入群体已不断从发展过程中受益。正如丹尼·罗德里克（Dani Rodrik）在专栏11-1中总结的那样，"华盛顿共识"中大约一半的内容，对于韩国部分适用。可以由此得出结论：在大多数有着成功发展经历的国家或地区中，管理机构有着远较"华盛顿共识"所概况的更为广泛的角色。

迈向一个新共识

近年来，无论是在华盛顿，还是在其他任何地方，"华盛顿共识"所代表的观点已经发生了重大的变化。在美国，这种新的观点有时被称作"新共识"，它形成于1998年4月在智利首都圣地亚哥召开的美洲峰会。其他试图描绘一个覆盖面更大、更为平衡的新共识的重要的贡献（尽管主要集中在增长而不是范围更广的人力发展上）包括2008年增长和发展委员会（Commission on Growth and Development）的《增长报告：可持续增长和包容性发展的战略》（通常被称为《斯宾塞报告》，Spence Report）以及丹尼·罗德里克所提出的覆盖面更广的共识。最后一个例子包括2010年首尔G20峰会所倡导的基础设施和工业化。[28]人们发现在欧洲大陆和日本，以及许多发展中国家，比如印度，它们的学术传统依然长时期保留着对国家作用更积极的态度，但也在很大程度上向这个"新共识"靠拢了。专栏11-2概括了一个覆盖面更广的"新共识"。

□ **专栏11-2 新共识**

1. 发展必须以市场为基础，但同时也存在严重的市场失灵，这一点不能忽略。

2. 一般而言，政府不应该直接介入企业生产。

3. 但政府仍能在以下领域发挥广泛而综合性的作用：

- 提供一个稳定的宏观环境；
- 建立基础设施，尽管比起过去认为的必要部门有所减少；
- 公共卫生；
- 教育与培训；
- 技术转移（对发展程度高一点的欠发达国家，也包括启动R&D）；
- 保证环境的可持续发展和生态保护；
- 提供出口激励；
- 帮助私有部门克服协调失灵；
- 通过积极行动降低贫困和不平等来实现"共享增长"，以保证随着经济的增长，贫困者也能享受到实质性的利益；
- 审慎地监督和监管金融部门；
- 提供基本的公共物品，包括财产权保护和提供更多的机会。

资料来源：From "Understanding economic policy reform," by Dani Rodrik, Journal of Economic Literature 34 (1996): 17. Reprinted with permission from the American Economic Association and courtesy of Dani Rodrik.

鉴于发展中国家的政府都受到本国有限资源的高度限制,"新共识"所主张的目标当中,一些得到了较少的关注。"新共识"的一个重要方面就是强调政府的职责在于减少贫困。这在某种程度上回到了 20 世纪 70 年代的中心问题。这种重新回归的一个原因是,80 年代和 90 年代早期,市场政策被认为对帮助穷人没有起多大的用处。"新共识"似乎也反映了一种发展的观点,即消灭贫困的目标最终能够实现,尤其是考虑到近年来在卫生、教育和其他方面的进步。但"新共识"关于政府在发展中的作用方面,从"华盛顿共识"借用了许多重要的观点和教训。尤其是对基于市场的发展观以及限定政府直接介入生产,再一次成为共识性的观点。同时,"新共识"的新内容也并不是建立在把政府视为仁慈的福利提供者的假设之上。这种清醒的观点在持续,但是强调建立国家能力和政府响应机制的重要性,而做到这一点的途径是,司法改革以应对政府失灵、寻求经济制度可行的改进以及鼓励加深民间社会的作用。

"新共识"也没有涵盖那些被许多评论家们认为是对东亚成功非常重要的特征,比如积极的或至少是高度锁定的产业政策(挑选获胜者),来克服协调失灵,因为这些政策颇具争议。一些质疑的观点认为这样的产业政策(尤其是那些鼓励特定产业发展的政策)不具有可复制性。对此的一个共识是,当政府能力不足或者受到更多限制时,这种产业政策通常是无效的(尽管一些专家认为这个问题应该是首先在这些国家的相关领域提高政府的能力)。

新共识在某种程度上也代表了一种认识的复兴,即市场确实会失灵,并且有时候,这些失灵如果没有政府重大的积极作用,将难以得到解决——因为市场失灵比政府失灵还要糟糕,当政府管理比较糟糕时,它毕竟还是可以改善的。确实,政府的一个重要角色是,通过确保有效率的市场经济运行的条件得到满足,来帮助夯实经济发展的基础。

11.7 政治经济的发展:政策制定和改革的理论

直到最近,在有关经济发展中政府的作用的讨论中,两个极端的观点经常主导着讨论。

第一个观点认为,有效的政府不仅对于市场失灵的治理是必要的,而且实现经济充分的发展也是可能的。至少,这种观点暗含着这样一种论点,在这个过程中,如果某一政权不能称职并且诚实地履行其职责,那么这一政权要么最终将迫于压力认真履行其职责,要么通过选举或者其他原因而失去政权。

第二种观点则同新古典的反对派或者新的正统学派相联系,其理论来源于诺贝尔奖获得者哈耶克,在诺贝尔奖获得者詹姆斯·布坎南(James Buchanan)的理论中得到了发展,并且被安妮·克鲁格(Anne Krueger)、迪帕克·拉尔(Deepark Lal)以及其他人应用到发展政策中。根据这种观点,政府参与者,例如政治家和官僚们,与公司所有者没什么两样,同样是自私和自利主义的,但缺乏市场去限制他们。即便是经济被锁定在贫困陷阱中,政府本身在这种低水平均衡中依然扮演着重要的角色。尽管在某些情形中,这些观点也许会得到更广泛的支持,然而这种方法得到的一个强有力的结论是,在通常情况下,如果政府超过了其限定的最小范围,那么它只会让事情变得更糟糕。[29]

要了解这些极端观点是如何流行起来的实际上非常容易,原因在于:它们至少提供了一个指导性的框架。那些对政府作用持微妙观点的经济发展的专家似乎缺乏一种清晰的理论。同时,许多国家似乎年复一年,一个时代又一个时代地遵循着一种特殊的发展模型,许多都是对殖民经济的一种反应:新近独立的国家通常要么继续执行殖民时期的政策,要么就是通过模仿苏联的政策或者更温和的政策,做出与殖民地时期完全相反的反应,比如印度。简言之,对于制定一个有意义的发展政策而言,几乎没有多少理论可赖以为基。

问题总是存在的。为什么一些国家的改革总是既快又有效率,而其他一些国家却年复一年地停留在那些很明显不利于生产力发展的政策中?为什么一些国家采用了一系列强化统治者地位的政策,而其他一些国家则关注于成功实现共同增长?为什么有些改革方案因为利益集团的争吵而陷入停滞不前,而其他一些方案却能达成妥协从而实现相对高效率和公平的结果?为什么有些明显较好的政策改革,有些国家在采用之后又立即抛弃，而其他一些国家却能坚定地贯彻到底？此外，为什么一些政府在改革开始时看起来遵循了好的建议，但最终以不公平和低速发展的结果而告终，而这些政策建议在另一些国家却带来了更好的结果呢？为什么在一些国家，比如智利，在陷入停滞的进口替代模式后，能够成功地实施走中间路线的共同增长制度，而不久却又转向了独裁统治，使得减少贫困和不公平又变得不再优先？是什么导致了毛里求斯的繁荣，又是什么导致了几内亚比绍的停滞？为什么最近莫桑比克取得了进步而安哥拉却陷入了持续的僵局？为什么是韩国而不是菲律宾，是泰国而不是缅甸？这里只提出了好的问题，却没有好的答案，当然，这已经有了一个好的开始。

开始的基础主要集中在经济制度所提供的激励质量，这一点我们在第2章已经进行了详细的研究。除此之外，政治经济分析的一般框架是，只要人们认为他们可能会在变革中有所损失，那么就假定他们是反对政策变革的。但显而易见的是，人们或许会支持那些他们认为在道义上是正确的政策，尽管这些政策对于他们而言并不是没有实质代价的。然而，由于上述简化的拇指法则，该领域的大多数研究工作都是给予物质自利这一假定，即所谓的理性的自利标准。比如，对于某项看上去惠及多人的政策改革而言，虽然它会给相对的少数人带来损失，但如果它给损失者带来的损失过大，这些人就被激励去采取行动（手段多样，从游说到行贿不一而足）来阻止这一政策变革，而受益者虽然人员众多，但每个人都只是从自己相对较小的利益出发，因此也就不会有什么动力采取相对客观的行动来支持这一政策变革。

来看一个简单的实例，假定9个人每个人从改革中获得了100美元的收益，另外1个人损失了300美元的租金，那么总的净收益为600美元。听起来是个成功的改革——但是在某些情况下，政策的参与者需要投入时间、努力以及金钱。假定参与政治影响决策的机会成本是200美元，那么这9个人就不会参与。但是最后一个人会拥有净收益300-200=100美元（换句话说，他减少了损失），因此他就确定了决策——不会改革。这种分散的受益者和集

中的受损者的分析模式，在对改革失败的事后分析中可以说被反复使用。[30]

11.7.1 理解政策变革中的投票模式

有时候，有些改革的目的只是最大化少数人的利益。那么，很自然地，大多数人会反对这一变革，如果他们有能力这样去做的话。或者他们也许会认为自己很有可能在改革过程中受到损失，因此，联想到以往的经历，他们不会相信自己将会在再分配过程中得到充分补偿。但是有时候，公众中的大多数也可能会反对他们有可能从中受益的政策。这可能是部分公众对经济政策选择的性质缺乏了解。这可以归咎于到底谁有可能从该政策中获益，谁有可能从中受损的不确定性。很明显，如果投票人是风险规避者，那么他们倘若发现风险，并被证实是属于遭受损失的那一部分人群，他们自然会反对该政策。

然而，拉奎尔·费尔南德斯（Raquel Fernandez）和丹尼·罗德里克论证了即使是风险中性者也有可能投票反对本来大多数人会受益的政策。其基本思想是，如果一个数量较大（但仍然属于少数）的投票人群很确切地知道他们会从该政策中受益，他们会支持这个政策。但是人们却不知道构成这大多数的是谁，比如，大多数人也许不确信，改革后到底拥有什么技能的人才能获得成功，又有可能面对怎样的激烈竞争。假设剩下的投票人只能预计他们受益的概率。即使受益者的百分比能够充分知晓——例如，达到55%的人将受益，并且在许多情况下，不确定的投票人预计他们获益的机会等于确定的投票人的机会，投下否决票也是理性的。[31]下面用一个很简单的例子来说明"现状偏见"。

假定人群中60%的人从改革中每人会获得100美元的收益，剩下的40%每人则会损失80美元。那么这些人的期望收益为0.6×（100）-0.4×（80）=28美元。如果没有人知道这些获得收益的人分别是谁，这项改革就会通过（因为人们并不全都厌恶风险）。如果提前知道某一部分人x一定属于受益者，大多数风险厌恶的投票者（他们仍然不知道自己是否是剩下的受益者

之一）就会受到激励投下反对改革的票。在这种情况下，如果 40% 的人知道他们将是赢家，剩下的 60% 并不知道，那么当他们重新计算会成为输家之一的这个更大的机会时，他们会投下反对票。[32]

尽管这只是一个特殊的例子，结果却是普遍的。在许多情况下，都可以证实，60% 甚至更多的人都可以从某政策中受益，但是当足够数量的人已经确切地知道将会受益时，这使得余下的大多数投票人面临一个预期的损失，他们就会阻止这个政策。

较之人们对建设性改革中的障碍相对清晰的了解，我们至今也不能够了解为什么结构性变革会发生。如果几乎没有什么进步，那么这更多的就不是一个实证问题，因为没有什么要解释的。当然，这将仍然是一个重要的发展问题，因为它留下了一个重要的政策领域。幸运的是，进步的取得似乎比政治经济学理论所暗示的更加普遍。民主化已经开始席卷发展中国家，正如图 11-1 治理指数所反映出来的那样。在更多的国家，对共同增长的重要性的关注已经非常明显了，同时，发展的参与度已经逐步增强。惠及大多数人的改革，有时候即便受到了社会中的权势阶层的顽固抵抗，以及面临经济上的巨大损失的压力，也依然得到了实施。我们需要更好地了解的是：成功的发展政策改革是否会在发展中国家进一步扩散。[33]

无论是对从政者还是经济体，了解政策形成的一个被广泛接受的途径是，审视改革的短期成本和其长期收益之间的平衡。尤其是从政者，由于他们当政的时间有限，他们一贯被认为目光短浅。只有当危机变得很严重时，改革的效果才会变得足够大，最终引发变革。这种文献上的局限性在于改革的短期成本很难被量化，引起增长率不断提高的精确原因仍然难以确认。

人们已经发现，改革总是在危机之后开始，因此许多文献也已经考虑到了"危机是否会引起

改革"这一点。有一种观点是，只有当周围的情况变得非常严重时，风险规避型的政治家和投票人才会非常愿意尝试一种不同的战略。拉美的债务危机被认为是采用市场友好型政策的大灾难，由于无视过去，进口替代型政策在大多数拉美国家遭遇了完全的失败。然而这种解释也遗留了一个问题——为什么在非洲比较严重的债务危机没有促成类似的改革。部分答案也许是，因为主要银行破产的威胁性越大，拉美所承受的外界压力和资源压力就越大。然而，正如罗德里克所指出的："我们所需要确切了解的是，为什么在还没有看到危机的苗头时，韩国的政治家们就愿意着手改革，而巴西的政治家却在解决这一问题之前，多次将巴西带到了高通货膨胀的边缘。"[34] 政治经济文献尽管已经意识到了这个问题，但大部分对此没有解释。

11.7.2 制度和路径依赖

诺贝尔奖得主道格拉斯·诺斯所提出的解释框架对于理解不同国家政策制定的定性差别非常有用。诺斯在制度和组织之间做了如下区别：制度是"经济游戏的正式和非正式规则"。这些都是从人的角度设计的约束机制，比如合约的实施机制，它确定了储蓄、投资、生产和

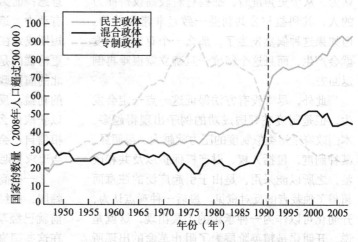

图 11-1 1946～2008 年全球治理趋势

资料来源：Monty G. Marshall and Benjamin R.Cole, *Global Report 2009:Conflict, Governance, and State Fragility* (Vienna, Va.: Center for Systemic Peace)2009, p.11. Reprinted with permission from the Center for Systemic Peace.

贸易的激励。这些反过来影响到了收益和成本以及那些可能导致发展和衰退的经济行为。按照这种逻辑，组织围绕着财产权而迅速成长，是帮助那些控制组织的人在现有的财产权下实现繁荣的。组织之所以出现，很大程度上是受这些规则所提供的激励的影响和被其定型的。诺斯有一句话被广泛引用："如果现有的制度奖励盗版的话，那么（也唯有）盗版组织就会应运而生。"[35]

一旦现有权力结构被无效率的权力占据时，那么对于掌权人而言，通常就没有激励去改变它们，尤其是这些权力可以为领导者带来更多私人利益，而不是给全社会提供一个整合社会的可选体制。因而，低效的制度继续牺牲着整个社会的福利和增长；市场也无法确保有效的制度的演化生成。这种陷阱是**路径依赖**（path dependency）的一个典型例子。路径依赖是这样一种情形，即个人或经济的过去条件会影响到其未来条件。

我们在第2章、第4章、第6章及第8章已经讨论过几个路径依赖的例子。特别是，诺斯认为："社会的无能为力体现在有效低成本合约的实施机制方面，这是历史上的停滞和当代低水平发展的一个最重要的根源。"[36]

那些掌控着政府的个人，就会有动力利用它谋求私人利益而不是公共利益。但是，诺斯认为，从历史角度看，那些有着较高议价能力的人，其利益与公共利益一致是非常偶然的。但如果这种偶然发生了，那么一个有效的制度就会产生，而且这个制度一旦确立就很难再倒退回去。

此外，尽管没有方法保证这一点一定会发生，但是制度在邻国成功的例子出现得越多，本国政府采用类似制度的压力就越大。很明显，某种制度，包括人权、财产权保护以及共和政治，之所以能采用，是由于引起广泛的注意而超越了独裁者的反对意见。最后一种观点认为，开明化可以作为一种承诺的工具出现，这就是说，开明化是精英阶层为了阻止革命的出现所接受的改革，而且他们必须保证不对他们的让步进行报复。当然，共和体制也会制定一些非常严重的错误政策，但是这些不好的政策被实施的可能性被大大降低了。不幸的是，共和出

现后，有时社会会回到专制时代，长期的政治力量重新审视自己——这个过程可能更像谚语说的"两步前进，一步倒退"。

要提高对于成功的政策改革和实施的政治经济的理解，可能需要政治科学家、社会学家和经济学家之间持续而广泛的交流，因为他们都在各自的研究中有着极具价值的洞见，可以贡献出来共享。在这个过程中，建立在发展中国家政府的发展实践上的理论，将会有许多事情需要去做，比如，在很多情况下，这些国家将致力于争取早期的开明化，扩大参与发展的渠道，而这将会与恢复军政府统治或者其他专制统治发生严重冲突。正如 Merilee Grindle 所指出的，在这个领域进一步的提高，将要求超越政治经济模型，因为这些模型建立的初衷主要是研究有着稳定的共和传统的高级经济体的政治过程。[37]

11.7.3 共和与专制：哪一个更有利于更快的增长

关于共和政体和专制政体各自对于发展绩效（主要是经济增长）的相对优点，已经有很多相关讨论。这些讨论提供了一些明显的取舍关系。在共和体制下，一方面，那些寻求重新当选的当政者有动力去反映大多数人的利益和意愿；而另一方面，迫在眉睫的选战又使他们有动力去追求短期成效而不是长期发展，因为短期成效在选战中对选情的拉动可谓立竿见影。更糟糕的是，那些知道自己不久将在选举中败北的腐败政客与此同时则会抓紧获取尽可能多的利益。反过来，在专制体制下，虽然对于可以获取什么、获取多少并没有约束，但是那些相信自己会长时间拥有权力的政治家，则可能会追求长期发展策略（至少要获取更多的利益）。

一些高增长但是专制的国家，比如新加坡、韩国，已经优先转型成共和国家，似乎在转型前就已经享受到了专制对于发展的潜在收益。在这些国家，尽管也存在腐败，但是腐败程度低于其他发展中国家，而且在某种程度上甚至低于平均水平。当一个政体了解到，它能保有权力的最大机会在于实现最大的经济增长率时，专制政体的提高增长政策的积极影响就能够发

挥到最大程度。这正是韩国的情形,在历史上,韩国一直将发展经济作为应对近邻的坚强武器。但是,专制者同时也有权力利用政府来谋取私利,正如蒙博托在刚果民主共和国所做的那样,他承袭了这个不幸国家的殖民统治者——比利时殖民者的贪婪和腐败。同时,那些担心被推翻的专制者一方面加快速度"猛偷、猛捞",另一方面则将资源用在强化自己的势力、镇压反对者上,而不是将政府资源用在发展制度、促进发展的投资上。

一些专制政权被解释为国家经济发展的"必经"阶段,正如"李氏命题"的观点,这是以新加坡总理李光耀的名字命名的。阿玛蒂亚·森肯定不会同意这种观点,他认为市场自由和政治自由既是珍贵的发展结果,又是激励经济发展的重要组成部分。对于每一个专制体制下的发展明星,我们同时也可以给出许多在专制体制下发展灾难的例子。许多民主国家取得了经济上的繁荣,例如博茨瓦纳,在非洲长期保持经济的高速增长。此外,森还认为在取得消灭贫穷的发展中,政治和其他关于人权的问题扮演着建设性的角色:在自由公开辩论的过程中,人们认识到了信息的重要性(例如少数人的贫穷的困境),或者理解了一些基本价值观的重要性(例如享有基本教育的权利)。此外,人们只是在对话的情形中表达自己的偏好。森认为,尽管决策的制定可能非常缓慢,然而在自由的环境中能做出最好的选择——包括制度的演化。例如,如果有自由的新闻报道,就不太有可能出现被掩盖的饥荒。在共和制度下,穷人组织其整个社区的能力变强,就能更好地解决当地的贫困问题,腐败也越有可能被根除,如印度喀拉拉邦生育率的下降[38]

由于这些细微的差别,实证结果被严格地区分开来是不足为奇的。看起来,大约有 1/3 的研究认为共和体制整体有积极影响,1/3 认为影响是中性的,还有 1/3 则认为是消极影响。艾哈迈德·穆巴拉克(Ahmed Mobarak)不久前提出,共和政体比之专制政体更加稳定,更少易变性。众所周知,由于不稳定的经济体比更稳定的经济增长更慢,因此,共和体制对经济增长的积极效应可能通过这种渠道来发挥作用。但是,这些益处可能会被共和体制对增长的消极影响所抵消。[39]

雅各布·德·哈恩(Jakab de Haan)和克莱蒙斯·希尔曼(Clemens Siermann)指出,尽管在那些认为共和与增长呈负相关的文献中,确实提出了一些论点和论据,但这类研究同时得到的结论是,缺乏公民和政治自由也和增长负相关。他们提倡使用一种衡量共和体制的更好的指标,包括共和在一个社会扎根的程度和被视为开明国家的时间。然后,他们为"民主自由"的直接和间接效应进行了各种统计检验。这些文献的主要结论可以被概括为:"共和体制和经济增长之间的关系并不是很稳健的。"[40] 然而,一个较为普遍的观点是,共和对于更为广泛的发展目标来说是好的,这些更广泛的目标包括公平、教育、健康以及预防饥荒。

11.8 非政府组织与日益壮大的民间部门在发展中的作用

发展的成功不仅依赖于活跃的私有部门和一个有效率的公共部门,也依赖于一个充满活力的民间部门,这一观点越来越得到人们的认同。仅依赖于前一个部门就好比试图坐在一把只有两条腿的椅子上。在发展经济学的范畴中,民间部门的组织通常称为**非政府组织**(nongovernmental organization, NGO),但也常常指非营利性的、自愿的、独立的民间团体或是民间组织。

在 NGO 的旗帜下,组织的形式十分宽泛。联合国开发计划署把 NGO 定义为:

任何地区、国家或是国际各个层次的非营利性的、自愿的民间团体。它们以任务为导向,由具有共同兴趣的人推动。NGO 履行了多样性的服务和人道主义功能,将民间的关心和呼声反映到政府,监督政策以及鼓励政治上的积极参与。它们提供分析和专家意见,还有诸如提前预警机制、帮助监督和执行国际协议等服务。一些 NGO 是根据特殊问题组织的,例如人权、环境或是健康。[41]

政府依赖于权威达成结果,私人部门的企业依赖于市场机制为相互间的利益交换提供激励,民间团体则通过 NGO 工作,依赖于独立的自愿努力和影响去提升它们的价值,促进社和经济的发展。

合作社在许多发展中国家的经济发展中发挥了重要的作用，和经验相辅相成。一些国家和地区的合作伙伴关系帮助农民获得更可靠和更低成本的投入，使他们更易获得信贷和更高的价格以及更好的市场营销渠道。在其他地区，合作社受到国家的遏制，为腐败铺路，效率低下。理查德·西蒙斯（Richard Simmons）等认为，在许多情况下，历史上发展中国家的合作社"没有达到预期；由政府创立，仍然受到政府、党和公务员利益的操控"，然而，"一些新的、更真诚的合作部门现在正在产生"。[42]

民间团体不断涌现，比如NGO在全球事务中作为关键参与者这一点得到了诺贝尔和平奖的肯定，例如1997年的禁止水雷运动、1999年的医生没有国界运动，以及2006年的乡村银行（详见本章最后的案例），而那些在建立NGO和其他民间组织中起关键作用的个人也得到诺贝尔奖的认同和殊荣。[43] 一个很好的例子是2004年诺贝尔和平奖得主旺加里·马塔伊（Wangari Maathai），她发起肯尼亚进而整个非洲范围的绿带运动。

2010年大约有3 051个NGO拥有联合国的特别协商地位。20世纪90年代的NGO数量增长了20%，从1964年到1998年增加了20倍。[44] 我们可以从NGO不断扩张的活动和事务范围，以及用人数标准衡量的规模和不断增长的预算中看到NGO的影响力在不断增强。

与私人物品对比，公共物品具有非排他性（除非愿意付出极大的成本，否则无法阻止个人消费）和非竞争性（个人的消费并不会降低其他人所能消费的物品数量）。NGO中具有比较优势的活动，一般就存在于这两个维度的两个极端——传统私人物品和公共物品之间。具体来看，它们是部分竞争，部分排他，竞争但不排他，或是排他但不竞争。图11-2反映了这些在两个维度之间的活动的范围。其结果是一个系统分类，这包括右上角的"私人物品"（高排他性、高竞争性），在这里称为Ⅰ类物品；左下角的公共物品（低排他性、低竞争性），在这里称为Ⅲ类物品。Ⅰ类和Ⅲ类物品一般被分别分配到市场和公共部门。其余两个角代表了这两种的混合。[45]

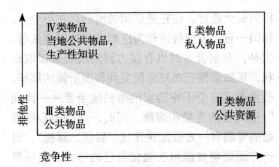

图 11-2 物品的分类

注：对角线阴影区域显示的是NGO在竞争性和排他性两个维度之间主要的具有比较优势的活动范围。基于当地情况（例如政府失灵），当NGO在提供公共和私人物品方面有低价格和高质量的优势时，它们也可能扩展到那些非阴影的区域（Ⅰ类和Ⅲ类物品）。

右下角为Ⅱ类物品公共资源（或公共财产），具有低排他性和高竞争性，包括诸如渔业、牧场、林业等可以开放式获取的自然资源。正如第10章（见专栏10-3）所解释的，由于开放式使用，这些资源有被过度使用的趋势（并且投入不足）。[46] 公共资源可以在公共和私人部门通过各种制度进行分配，但是NGO在其中扮演了一个重要且日益成长的角色。从历史角度看，公共资源通过传统机制（例如部落）进行配置，而在一些发展中国家，这些经常会打破殖民主义和后殖民主义时代的政府控制。[47] 而且NGO正越来越有效地帮助那些基于社区性的组织（CBO）重新收回其在公共资源配置中的角色。因为NGO更多的是基于信任而不是强制（政府）或个人利益（市场）的组织，因此NGO也许能够以相对更低的交易成本，以社会可接受的方式对公共资源进行有效的配置。

最后，左上角表示的是混合型的Ⅳ类物品。例如，生产性知识可以被所有人使用而不减少或者贬值，因而是非竞争的，但是它们往往能够被有效地保密，因而又是排他性的。[48] 一个相关的例子是关于技术向发展中国家的扩散。技术知识一旦被扩散到其他地区，并被当地经济所吸收，它就不再是一个竞争物品。比如，一个创意想法在一个地区的企业之间自由地进行传播，但是在没有干预的情况下，它是具有排他性的，生产性的知识通常不能跨越国界（尤其是在发达国家和发展中国家之间）。原因之一是"搭便车"问题：一个公司也许学习一项新的技术支付了费用，但是它的本地竞争者很可能找到一种方式吸收它的这一技术（例如挖墙脚）而不分担所需的成本。Ⅳ类物品呈现出了高排他性和低竞争性，一般被分配到受政府管制的私人部门或是民间团体。[49] 例如，具有生产力但比较基本和普通的知识常常是由非营利的大学和其他的研究中心得出的，而诸如公共卫生之类的技术扩散往往由专门的 NGO 或非营利的行业协会或财团承担。

公共物品还有一类特殊形式，被称为当地公共物品，它作用于地方层面，或者一个更广泛的团体中的某个特殊群体。在一些情况下对于这些物体的分配情况，我们可以发现一个分权的解决方法。[50] 当地公共物品对于当地以外的其他地区是具有排他性的。在生产和分配当地公共物品方面，人们已经发现有三个部门可以发挥作用。例如，当地公共设施可以由营利性开发商、地方政府或是当地 NGO 来提供。

国际或是国内 NGO 比如基于社区的当地组织，至少有 7 种既部分重叠又相互促进的组织性的比较优势，下面我们逐一阐述并从减轻贫困的方面给出例子。

（1）**创新**。NGO 能在那些旨在减少贫困和其他发展性目标的项目设计与实施中扮演关键的角色。例如，NGO 的工作直接与穷人打交道，它们因为这种密切的工作关系的便利，能够设计出新的更为有效的项目。营利性的私人公司对于解决贫困问题而言缺乏创新激励，尤其是当有效的创新形式难以预期，以至于人们根本就没有什么书面提议能将这种要求描绘出来时。在很多情况下，政府在加强已建立的项目方面具有优势，但是与 NGO 部门相比，政府在重大创新项目上（或至少缺乏激励）成功率较低。政府项目通常难以惠及最贫困的家庭。更广泛地，政府倾向于提供统一的服务，而穷人却可能有着与主流大众不同的特殊需求。在扶贫项目中的一些最为重要的创新（例如小额金融支持）都是由国内国际的 NGO 首先概念化并最早发展出来的。例如，在教育领域，NGO 在诸如非正规教育、社区扫盲运动、教育性乡村剧场、计算机技术在城市贫民区的使用，以及基于教育目

的而为社区中心音乐录像制作字幕等方面，都扮演着先驱性的角色。[51] 一个关键问题是：政府或私人部门是否能够提高 NGO 创新的效果，一旦它们作为一个正在运作的工作模式被建立起来，是否能像富于创新的 NGO 一样有效或更好。在任何情况下，如果政府或私人部门的公司缺乏能力或意愿，那么孟加拉国农村发展委员会（参考本章末的"案例研究"）的经验显示 NGO 可以把一件事情做到足够好的程度，至少到政府最终准备介入的程度。这样的创新是非竞争性的，但具有潜在排他性，如果详细信息难以轻松扩散的话。

（2）**项目灵活性**。一个 NGO 可以致力于解决它所工作的社区里被认为很重要的发展问题。大体上，NGO 不受公共政策或其他诸如外国援助优先等政策的约束，也不受国内的中央或地方政府项目的约束。事实上，国内的 NGO（例如本章"案例研究"中的孟加拉国农村发展委员会）原则上不受国际 NGO 偏好的约束（反之亦然）。此外，一旦针对某个发展问题的潜在解决方法确定，NGO 可能在相应地改变其项目结构上比政府项目具有更大的灵活性。灵活性可以被解释为局部性的改善或计划为适应特殊需求而进行的微小调整。NGO 能够更好地利用参与机制，不受对个人权利的限制或主导流行领域的精英特权的约束。但是，灵活性也不是没有任何限制的，因为 NGO 有一种倾向，它容易根据可利用的资金去调整它们的计划，这一现象被称作"捐赠者俘获"。

（3）**专业化的技术知识**。国内和国际的非政府组织可能在技术专家和专业知识的储备方面比地方政府更丰富。尤其是，国际性的非政府组织可以吸收利用许多国家的经验，这些经验提供了任何国家或许都会面对的贫困问题的可能的模型抑或可能的解决方法。当然，这形成了信用的部分基础。这些技术性的技能可以用于发展有效应对当地所陷入的贫困陷阱和协调问题的机制。在与当地民间团体（包括穷人）一起进行专门的工作时，专业化的知识是必需的。考虑一下乡村银行为女性提供电话的一种模式：给乡村妇女提供小额信贷和培训，使其能够购买和使用电话（见第 15 章关于乡村银行的案例研究）。这一项目反映了创新和当地非

政府组织在技术知识上的优势。知识，被理解为一种经济物品，它是具有排他性的和非竞争性的。

（4）**针对性的地方公共物品**。竞争性和排他性的商品和服务，包括那些针对被社会排斥的人群的商品和服务，最好还是由那些了解并与这些群体一起工作的非政府组织来设计和提供。这样的例子包括当地公共医疗设施，非正规教育，专业化的农村通信与计算设备的提供，传统法律与治理实践的编纂和综合，建立当地市场，社区地图与财产登记和社区与政府的沟通等。这其中的一些商品可能处于图 11-2 的对角线阴影区域位置，但是地方公共物品一般是非竞争性、排他性的。

（5）**公共产权资源管理的设计和实施**。非政府组织，包括地方 CBO 联盟，可以在公共财产管理和提供地方性公共物品中扮演重要的角色。在发展中国家，无论是政府还是私人部门，在保证森林、湖泊、沿海渔区、牧场以及其他公有资源的可持续性上都有着糟糕的记录。但是世界上相当一部分人仍然依赖于当地的自然资源来取得收入和进行消费。针对性的 NGO 和 CBO 项目，包括培训、协助组织发展、改变非合作文化特点的努力、社区和公共财产定价等的启动政策，这些都能够帮助解决公共财产的不当管理和相关问题。公共产权资源是竞争性的，但又是非排他性的。

（6）**信任和公信力**。在实践中，在取得信任和对团体的特殊需求提供有效的服务等方面，非政府组织可能比政府有一些优势，尤其是在极度贫困问题上。非政府组织本身的存在以及相互间的关系、频繁的相互接触和交流以及更好的参与途径，都可以在穷人和市民中间获得更多的信任。尽管在一个分权化、社会包容性强的环境下，一个当选政府所获得的信任至少与"非当选"的 NGO 所获得的信任相同，但是，大多数规则给予被排斥的社会群体的利益很少，尤其是当大多数人或者其代表积极地对穷人进行边缘化时。当政府资源有限时，这种在既有利益和被排除群体利益之间的权衡会加重这种影响。当缺乏与政府交流的成形渠道时，共和体制也同样只能提供很少或者几乎无法提供利益给这些群体。一旦这种规则形成，即便

是一个意图良好的新政府也很难克服这一规则。相比之下，NGO 由于其在不太可能被监督的环境中所呈现的能力、善意、可靠性、积极响应性、已建立的私人关系以及对一致行为的理解等，可能会获得更大的信任。从某种程度上讲，NGO 遵循的明确的内部章程正随着时间不断加强，这些章程的内容包括民主实践、责任义务和响应机制以及可信性等。因此，NGO 从地方政府那里比很少回应和很少能接触到的官方捐助者获得了更多的信任。同时，如果政府被发现腐败或能力不足，基金会和某些捐助者就只会信任非政府组织来解决贫穷、环境、当地卫生和教育支付以及其他服务等问题。这样就有助于 NGO 将那些对于当地居民而言没有办法从其他渠道获得的资源调动起来，包括那些处于结构性贫困中的居民。最后，为了在社会责任活动中获得公信力，私人部门在选择合作伙伴时，可能会优先选择与 NGO 合作而不是与政府或其他官方主体。[52] 总的来说，NGO 在所有被关注的主要团体中比其他组织享有更高的信任度，包括穷人、发展中国家地方政府和国家政府以及捐助者。这种信任与有效支持的能力相关。

（7）**代表和支持**。NGO 在理解穷人的需求方面有优势，这些穷人常常在政治进程甚至当地的社区商议中被排斥在外。在汇总社区需求的偏好进而代表社区需求方面，NGO 也许能够扮演关键的角色。某种程度上，NGO 对于长期困扰当地的贫困陷阱有着更好的理解，它们所处的位置使其能够更有效地表达穷人的需要。这一责任反映出了包含 CBO 联盟在内的非政府组织支持穷人和被社会所排斥群体的需求的角色。在由多数规则主导的代表制共和社会，少数群体需要特殊的保护，现有的宪法保护并不总是充分的。在支持穷人和遭排斥的群体方面，私人或是公共部门都没有什么比较优势。私人部门一般不大可能得到那些其利益需要支持的人的信任。个人捐助者、基金会、代理机构或其他支持性的基金都希望确保它们的资助者对使命具有广泛的理解。最后，考虑到政府有可能成为被游说和被影响的对象，因此政府也不大可能具有比较优势（尤其是信任程度的问题），即使监察员或者公民保护组织可能会发挥重要

的作用。对一个给定群体的支持是部分非竞争性和非排他性的。

有时，无论是政府还是私人部门，它们的一些失灵使得 NGO 能够或许也应该通过"部门延伸"临时进入去填补这一空白。例如，由于市场功能失调，至少在农村地区（见本章末的案例研究），当私人部门不能正常运营时，BRAC 会涉及生产私人商品，如粉笔、鞋、种子等。在非洲，面对政府的无视，国际 NGO 组织"关爱非洲"（Africare）也会参与提供那些本该政府负责的事情，如修建公路。但是在这些情况下，如果情况允许，NGO 最终会将这些功能转托给当地 CBO、私人部门或是政府（通过转托协议）。例如，在公路建筑完成后，非政府组织"关爱非洲"帮助政府和 CBO 接管公路维护的责任。

正如我们所看到的，在发展中国家，无论是政府还是市场力量都很脆弱，人们必须加强它们的能力。但实际上民间部门在这些国家甚至更加弱势，部分是因为人们基本上没有多少金钱和时间去捐赠，再加上技术缺乏，以及有时民间部门被政府和商业部门有意识地削弱破坏。除了侵吞滥用或其他一些公然违法之外，NGO 还容易受到被称作志愿失灵（voluntary failure）的弱点的攻击。

除了没有意识到自身潜力之外，NGO 本身也许就是微不足道的（由于有限的资源以及规模和覆盖面小），其具有选择性和排他性，奉行精

英主义，甚至是无效率的。[53] 一个潜在的缺陷是它缺乏足够的激励来确保效率，因为效率需要精心的组织化设计；另一个缺陷是永远存在"俘获"危险——它可能会围绕出资者的目标而非受益者的利益运转。后一个缺陷使得 NGO 做事的优先顺序每年都会发生变化。[54] NGO 可能会由于如下一些原因而难以发挥其组织潜力：本末倒置地将手段（如筹款）本身当成了目标或者对这些手段的关注太少；贫困筹款使 NGO 未能认识到具备真实影响所需要的规模。当然，经常会有一些不太正确的制衡措施来防止这些缺陷。NGO 也许不能即时收到市场的反馈，而私人企业可以收到这类反馈信息，选举出的政府也能通过选举而收到反馈。缺乏快速的反馈加重了这些缺点，至少让它们在纠正之前会持续很长一段时间。假如 NGO 要实现其促进发展和扶贫的潜力，这样的问题必须解决。专栏 11-3 提供了一些如何提高 NGO 业绩的研究发现。在这个例子中，项目侧重于 NGO 运行的学校制度，这个制度的领导者旨在提高绩效，这也可能成为 NGO 部门创新的一个典范，甚至可以向公共部门产生溢出。

除了 NGO 在发展舞台上快速提升并作为关键角色日益占据显著地位之外，还出现了另外三个主要的治理趋势：应对腐败，促进权力下放，促进政府和非政府组织部门在推动发展中的参与性。

□ 专栏 11-3　发现：降低 NGO 学校教师的缺勤率

教师的旷工（缺勤）率可以用来解释为什么南亚国家入学率上升了但有效识字能力依旧很低。Esther Duflo、Rema Hanna 和 Stephen Ryan 对一些由 NGO 运营的只有一个教师的非正式小学进行了研究，这些小学位于印度拉贾斯坦邦的乌代布尔农村地区。在这些随机挑选的学校中，其中一半学校的老师被告知，在每个工作日课程开始和结束的时候都会有一位学生来给他和同学们拍一张合影。一个防止篡改时间的印章记录了学校开学时间和每天上课下课的时间。教师的工资与他们的出勤率直接挂钩，他们每天至少需要工作 5 个小时。因而，这个研究考察的是金钱激励与直接监督的组合影响。影响是非常显著的，

教师的缺勤率下降了一半，从 42% 降到了 21%。老师在校的可测量的努力程度没有下降，因而学生能从比之前高出 30% 的教学时间中获益更多。这些学生的考试成绩提高了（一年后提高了 0.17 个标准差），并且更可能被正式的公立学校录取。这项简单的技术监督手段被证明在保证教师出勤率方面经济有效，因为这类 NGO 的工作人员可以将每日造访转变为定期视察。Duflo、Hanna 和 Ryan 通过经济分析得到的结论是，仅靠金钱激励就可以解释被监督教师的差异，他们认为这样的改善是因为激励而不是监督。研究人员利用这一信息来评估补偿政策是否具有经济有效性。NGO 的学校可能不尽相同，例如可以通过提供

更好的培训来实现这个目的，但研究团队认为这样的计划在公立学校也可以发挥作用。研究团队注意到，不管怎样，结果支持雇用更多的如研究中那样的"代课教师"。

资料来源：Based on Esther Duflo, Rema Hanna, and Stephen P. Ryan, " Incentives work: Getting teachers to come to school," *American Economic Review*, 102(4): 1241–78, June 2012.

11.9 治理和改革的趋势

11.9.1 应对腐败问题

腐败（corruption）是滥用公众信任获取私人利益，是盗窃的一种形式。在发展中国家，定期测度腐败率的腐败指数远比发达国家高。这一关系既可以理解为对原因的反映，也可以理解为对结果的反映。如果没有腐败，就会大大促进投资和努力去做大蛋糕从而促进增长，而不是致力于通过分配性的努力去争夺资源分配；从这个意义上讲，对政府治理的一般性改良和对腐败的限制就意味着加速发展进程。此外，随着社会越来越富有，人们更加需要有效的治理。最后这个效果使得收入和有效的治理之间的简单联系变得很难解释：到底是谁引起了谁？治理不善的一些体现经常一齐出现，并且它们之间相互诱发，如贿赂、控制新闻自由、限制公民自由等。正如第2章所指出的，有确切的证据表明好的制度例如法律规则和对精英阶层的约束会带来更高的增长和收入，但是改革同样也会导致改革。

基于以下几个方面的原因，消除腐败对于发展非常重要。首先，正如我们已经注意到的，诚实可信的政府会促进增长，维持持续的高收入。此外，消除腐败和公众授权之间的联系表明，这才是发展的直接目标（参见第1章）。最后，腐败的结果对穷人来说尤其不公平，这构成了他们摆脱贫困的一个主要限制。[55]一般来说，消除腐败和提高政府治理能力被认为是反贫困的一种策略。在腐败的政体下，尽管富

人花费大笔金钱行贿，但是穷人用于行贿和其他形式的勒索占其收入的比例更高。换句话来说，腐败可以被视为对绝对贫困的一种累退税。此外，政府出售意味着政府是最高出价者。当腐败比较猖獗的时候，穷人享受到的社区服务也越少，包括教育和医疗设施。这就使他们更加难以积累起摆脱贫困陷阱的手段。另外，正如图11-3所描述的厄瓜多尔的情况一样，超小型规模的企业比大企业可能要支付更大比例的收入去行贿，低收入家庭也比高收入家庭要花费其更大一部分的收入用于贿赂。

那些成功避免和解决了腐败问题的国家都表现出了这样一些特点：在经济方面促进竞争和市场进入，避免大的垄断公司（如许多国家的能源部门）手中掌握过多的力量，并确保私人企业面对竞争；促进民间服务专业化，提高公共服务的支付和激励；通过清晰的采购和预算规则使公共支出透明化；减少执法、立法、法院人员的豁免权；提高司法独立性；建立和加

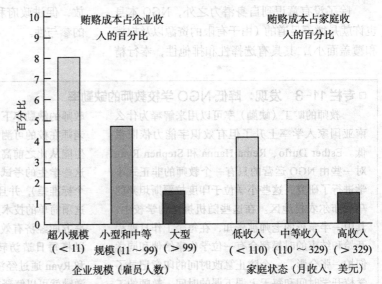

图 11-3 作为一种累退税的腐败：厄瓜多尔的案例

资料来源：*World Development Report, 2000 - 2001: Attacking Poverty*, by World Bank, p.102, fig. 6.2 Copyright © 2000 by World Bank. Reproduced with permission.

强精英化和透明化的人员晋升政策；消除无效的管制并使必要的管制透明化。[56]

在世界各个国家和地方有多种形式的腐败和分歧，没有一个最好的方法来应对它。在采购中，或者是在地方政府的公共收入和支出中，基本的公共监督本身可能是重要的。[57]

最近的经验还表明，即使在广泛腐败的环境中，至少在某些情况下，克服政府缺点的实际进展也是可以实现的——通过地方性的重点改革。这可能会威胁到一些当地的利益，但不必威胁到（甚至可能会有利于）更多的国家利益。例如，网络城市精英大概不会受益于乡村权力滥用，或者农村老师和卫生工作者的逃课，而他们也可能会采取改革措施来解决这些问题。基于当地的改革的一个潜在例子就是乌干达当地医疗设施的社区监测（见专栏4-2）。这样的例子也提出了更高层次的前景，即上级机构最终可以实现由下到上的改革。

法制与人均GDP之间的关系请看图11-4。

11.9.2 分权化

在发达国家，分权化已经成为一种长期趋势。美国、加拿大和德国的宪法中赋予了州与地方一级重大权力。欧盟已经（至少从官方看）在基于"辅助性"的原则上朝着分权化的方向前进，该原则意味着决策由最为可行的各层级地方来制定。英国把权力分散到苏格兰和威尔士以及英格兰的权力机构。在意大利，权力已被分散到20个地区和省。地方政府毕竟与它们所必须致力于解决的城市和乡村问题联系更加密切。

最近，随着共和在拉美和其他地区的扩散，地方分权和扩大城市自制的倾向已经在发展中世界发展起来。政治过程已经给地区和当地政府以更多的自治权，主要是财政自治的权力。在许多情况下，经常伴随开明化的是宪政改革，这就为地方自治提供了一个法治化的机会。中央政府实施地方分权的一个主要动机经常是想将财政负担下放，与地区和城市共同分担，但

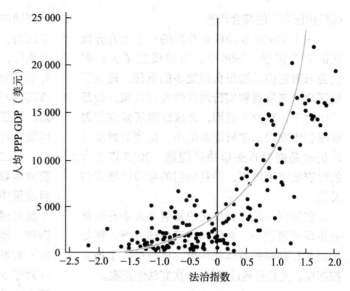

图11-4 法治与人均PPP GDP之间的关系

资料来源：*World Development Report, 2000-2001: Attacking Poverty*, by World Bank, p.103, fig.6.3 Copyright © 2000 by World Bank. Reproduced with permission.

是地方分权有时却有自己的发展方向，这一点是很难控制的。

巴西向其26个州、5 000个市政当局的分权，至少可以追溯到其1891年的宪法，但是最近时期的权力移交则发生在1989年的宪政改革阶段，这一宪政改革赋予了各州政府权利和责任，并发展了财政联邦主义，增加了当地政府的资源份额。财政分权始于20世纪80年代的债务危机后，起因是政府认为需要通过降低联邦预算赤字进行结构调整以及将一些财政负担转移给地方。然而，许多研究者都认为，相比于责任，州和城市所得到的资源太少了，负担仍然是大于机会的。

墨西哥的分权化浪潮同样始于80年代末的债务危机以后，和分权化同时进行的还有私有化、自由化和放松管制等。宪法改革将额外的权利和责任转移到州及自治区。但是在巴西，当地政府抱怨它们没有足够的资源来完成它们额外的任务（参考第13章对债务危机的讨论）。

拉丁美洲的第三个例子是玻利维亚1994年的地方分权化，它认可了地方组织形式和民间参与；受此鼓励，本土和乡村组织开始寻求在新的制度下的积极角色，尽管冲突仍然持续。这一地方分权化是地方政府和一些组织以及国

际机构压力下的综合产物。

塞内加尔的经验则是非洲的一个地方分权化的著名例子。1996 年，当地设立了乡村委员会来对它们的选民负担更多的责任，建立了地区政府来发展和实行地区性发展政策。但是相比之下，在拉丁美洲，地区政府所面临的财政限制比塞内加尔所面临的小，彻底的财政改革仍然是需要首先解决的问题。2013 年上台的政府被寄予厚望，并且他们的经验也被密切关注。

在亚洲，地方分权化的发展与政治开明化的步调可谓统一，共同得到了快速发展，例如长期实行共和的政体如印度，已经扩大了地方控制权，尤其是通过了第 74 次宪法修正案。

11.9.3 发展的参与性

如果经济发展的目标是人类发展，那么如果缺乏公众参与，实现的只能是没有发展的经济增长。事实上，许多研究者均认为：参与（最受发展政策影响的人对发展政策的一种说法）本身就是发展的一个主要目的。按照第 1 章的定义，参与也是一个促进人类能力和其他发展目标的手段。而且，人类发展又会促进经济增长，没有人类发展增长就不可能持续。发展的参与性能够使项目更好地运转。由于受益人对于选择哪些项目可以充分参与，发展援助也变得更加普遍，我们应该预期，每一美元的援助将会更有效地减少腐败和带来更大的发展成果。

发展的参与性，这一点已经在学术界讨论了几十年；联合国自 20 世纪 70 年代以来一直在进行推动；在 80 年代早期它成了流行一时的学术时尚；在 90 年代末，世界银行开始倡导发展的参与性。批评家抱怨说当世界银行用"参与"这一术语时，这通常意味着一个降低项目成本或转移批评的战略。但世界银行已经清晰地认识到使政府和民间团体掌握发展项目和改革的所有权的优点。只有这样，改革才能以严肃而又可持续的方式进行。

对于真实性的参与原则，潜在的反对意见是什么？第一，最贫困的国家需要立即做出一些政策抉择，立即开展救援活动。需要立即减债的债台高筑的穷国在快速的计划准备以及对

民间团体的参与所给予的额外时间方面感觉到了压力。即使参与机制已经到位，仍需要时间来执行，以确保有足够的声音，综合各种偏好，并制定出执行的方法。但是在大多数情况下，真实参与的机制并没有准备好。要想做到这一点，即便是国家政府和地方势力通力合作，也可能需要几年的时间。

第二，健康不佳、技术不熟练的人员不能有效地参与到发展项目中，更不用说在影响项目决策中形成一个充分的代表性声音了。第三个反对理由是时间成本问题：穷人忙于为生计奔波。他们得到的工资是市场上最低的，但这并不意味着他们就会有时间用在志愿工作上。这对于女性来说尤为正确，因为她们买不起家庭生产的替代品，所以不得不在经济活动和家庭中都工作很长时间。她们可能自然地认为她们的参与不过是一种无酬劳动。捐赠者和欠发达国家的政府需要制定一些办法来奖励参与，但问题的很大一部分还在于这一领域有哪些明显的参与途径。这三个反对理由表明，参与性可能是有其局限性的。

一些学者已经提出区分不同的参与类型也许是有意义的。例如，科恩（Cohen）和乌普霍夫（Uphoff）研究参与的程度是沿着三个维度展开的：参与的类型（决策制定、实施、利益与评估）、参与者的身份（包括居民、领导、政府人士和外国人士），以及参与是如何发生的（基础、形式、范围和参与的效率）。[58] 戴维·德希勒（David Deshler）和唐纳德·索克（Donald Sock）区分了"真实参与"（genuine participation）与"虚假参与"（pseudo-participation）。前者包括公民与机构之间通过委托权力或者伙伴协议建立起来的民间控制或合作，后者则包括调节、咨询或没有权利共享的信息以及"治疗"和"操纵"等。[59] "真实参与"的一个很深层次的问题是，推动真实参与，常常会与国家或者地方政府官员以及其他精英的利益相冲突。

很多非政府组织致力于更加完善的参与形式，至少书面上如此，而且援助通常是通过这些组织疏导的。但是，非政府组织的工作人员常常会觉得（可能正确也可能错误），受益者往往缺乏必要的技巧和经验来做出基本的决定或

进行有效的项目管理。例如，受益人管理方面的能力与灌溉沟渠相联系的农民的比例相比，往往是一个无法真实被触摸到的结果，因此，即使拥有最好动机的工作人员也会把真实参与视为一种劳神分心之事，而不会把它放置于优先发展的位置。有一点也很明显，就是工作人员以工作形式参与到发展中只是为了谋生，因而并没有什么真正的兴趣去努力将工作做好。这样，志愿失灵可能再次出现，虽然工作人员有参与到发展中的动机，但这种充其量只是使项目的效率提高，而不会超出这一点。这样的参与水平可能确实会带来利益，但这种利益通常并不是"真实参与"对社会转型的益处。

莎拉·怀特（Sara White）在其一篇关于菲律宾的某个非政府组织的报道中说，这个非政府组织正在致力于实践理论上的"真实参与"，并使当地居民发展和管理他们自己的组织。但是，当这个组织想要绕开非政府组织而直接与捐赠者接触时，非政府组织却不允许这么做。[60] 维多利亚·米切纳（Victoria Michener）报道了一个由非政府组织运营的非正规教育项目（在布基纳法索的拯救儿童/FDC 项目）。参与本身是项目的六个目标中的一个，即"提高社区居民在教育决策制定和教育活动管理中的参与性"。在招收老师和学生、确定课程、建设和维护校舍以及支付诸如老师工资等成本方面，参与者被期望能够扮演一个积极的角色。总的来说，这一项目在诸如科恩和乌普霍夫的提供决策制定、实施、获利和评价的参与分类中会有很靠前的排名。但是，米切纳同时注意到，这也隐含着可以建立一种"以计划者为主导的参与"（planner-centered participation），当强调对受益者的责任时更是如此。对于在现场工作的工作人员来说，参与也意味着一种义务，为了从项目中获得利益，参与也需要用某些东西作为回报（某种意义上的报酬）：财务、实物或至少时间是成本。而参与者很自然会对这一要求感到气愤，至少觉得是进入了家长式统治的环境。一般情况下，农民没有能力去否认非政府组织，因为他们的确依靠资助获得利益，但是又缺乏资源去独立继续这一项目。[61]

各级真正的公众参与为共和与反应灵敏的政府提供了一个基础。参与性并不能治愈所有的政府弊病，包括本身缺乏民主，但是它能在一定程度上减轻政策改革中发展政治所带来的问题。不幸的是，理论仍然先于现实。

三条腿的凳子 那么我们可以得到结论，成功的经济发展需要提高公众、私人和民间团体的功能。当然每一类都有其必须要克服的缺陷。"三条腿的凳子"中的任一条腿都需要强化。与此同时，每一条腿都在取得平衡、共享和可持续发展中扮演了重要而且相互补充的角色。

案例研究 11　非政府组织在发展中的作用：BRAC 和格莱珉银行

在这个案例研究中，我们研究了世界上两个最大、最具创意和最受赞誉的发展中国家的非政府组织，它们具有全球性的影响力，并且都在孟加拉国：① BRAC，一个典型的多维开发组织；②格莱珉银行（Grameen Bank），正如 BRAC 一样，一个从事更多创新计划的小额信贷先驱。

BRAC 模式

孟加拉国农村发展委员会（Bangladesh Rural Advancement Committee，BRAC），是一个特别成功的非政府组织，致力于减少贫困问题。BRAC 模式显示了 NGO 的比较优势如何发挥作用来减少贫困，也说明了在面对政府和私人部门的不足时，NGO 扩展所需要的条件。

BRAC 成立于 20 世纪 70 年代初，旨在帮助安置孟加拉国经历了内战和饥荒之后的人。这一组织的领导者不久就认识到农村穷人的问题是长期性和结构性的，随后把注意力转移到长期发展和减少贫困的努力上。BRAC 主要运作于孟加拉国的农村地区，在这里政府效率极低而且腐败问题严重。相比之下，BRAC 依靠其声誉、能力、贡献、创新、责任感和效率而吸引了大量资金，已经得到了稳定增长。

随着数以百万计的人和国家的整个区域陷入贫困的泥潭，BRAC 不得不继续创新求变，给穷人提供必要的服务。通过帮助穷人来确认他们自己的需求和优先权，BRAC 所发展的项目已经在教育、营养、健康、信用、法律权利、宣传和其他领域具有了高度影响并得到了广泛的效仿。

按照相关衡量标准，BRAC 现在是世界上最大的非政府组织。BRAC 的活动贡献了超过孟加拉国 1% 的 GDP 收入。2013 年，BRAC 拥有 120 000 多名雇员，成为世界上第二大雇主。超过一半的 BRAC 员工主要是被广泛效仿的非正规小学教育项目（NFPE）的教师。虽然 BRAC 的项目诸如 "小额信用贷款" 已经被其他国家所效仿，但没有一个堪比 BRAC 的规模。BRAC 是一个综合组织，有着超过 800 万固定的成员（每家一个妇女），以及超过 600 万的小额信贷借款人。这些成员都参与 BRAC 的基本组织，乡村组织（Village Organization，VO）。这些乡村组织大约有 300 000 个，每个都包括一个村以及相邻地区的 35 ～ 50 个妇女。BRAC 现在有 14 个培训中心和超过 2 800 个外地办事处以及大约 5 亿美元的预算，它们在这个国家的 80 000 个村庄中工作。

由于曾经高度依赖于捐赠者，BRAC 已经对捐赠者提出的关于自力更生的要求做出了积极的响应。BRAC 的自有资金超过 70%。它的内部收入的主要来源是日渐增长的生产性企业网络，这一网络致力于减少贫困和增加净收入这两个针对贫困项目的指标。BRAC 拥有并经营了几个小型和中型规模的企业，其暗含的目标同样也是直接或间接地减少贫困并且增加收入。BRAC 农村企业生产诸如粉笔、鞋、种子和卫生巾等产品。尽管这些都是典型的私人物品，但由于孟加拉国私人部门运作不良，NGO 已拓展了其角色。BRAC 为非正规学校和农场积极提供必需的投入，并为当地人提供能够购买得起的基础性的消费物品，同时为穷人提供就业机会。

BRAC 最早是由法兹勒·哈桑·阿比德（Fazle Hasan Abed）创建的，目的是向饥荒逃难的受害者和流离失所的人们提供帮助。但是，不久阿比德和他的组织就得出了这样的一个结论：贫困是一个长期并且根深蒂固的问题，于是他们把注意力转移到发展和减轻贫困问题上。阿比德的工作获得了国际认可，并获得了诸多奖项，包括拉蒙·麦格塞塞奖（Ramon Magsaysay Award）、国际扫盲奖（Noma Literacy Prize）、范斯坦世界反饥饿奖（Feinstein World Hunger Award）、联合国儿童基金会莫里斯奖、2004 年盖茨奖等。意识到可持续领导的必要性，BRAC 正在发展新一代专业人员来继续在减少贫困问题上的革新，同时也致力于提升增加现有项目的效率和效果。

BRAC 帮助填补了政府留下的一些空白，承担了政府治理的许多功能——其目标锁定在公共物品上，提供公共资源（或者公共财产）来支持穷人。BRAC 的影响已经如此巨大，以至于在孟加拉国有

"我们有两个政府" 这样的流行说法，即正式的政府和 BRAC。尽管规模很大，但 BRAC 仍然具有很大的灵活性。当洪灾在 2004 年 8 月袭击了这个国家的时候，BRAC 临时调整了它的整个组织，以缓解这一灾难造成的后果。

对穷人的小额信贷项目，实际上在乡村银行项目的两年前就已经开始了。这一项目是针对拥有少部分土地的个人，主要涉及农村非农业品的活动，比如上门销售和从家庭到市场的小规模贩卖。这些女性借款人只有很少的存货，因为她们支付不起，所以她们很少有超过 1 天销售额的存货。

但是陷入资金周转贫困陷阱的人可能同时面临几种其他类型的贫困陷阱。因此，BRAC 设计了一个称之为 "小额信贷 ++"（Micro-credit plus plus）的战略，传达相关的以减少贫困为目标的农村项目的覆盖范围。正如兰·斯米利（Lan Smillie）所说，尽管信贷、医疗和教育方面的一些项目在某种程序上分别发展，但是它们已被有效地捆绑在一起。

在孟加拉国，仅仅 30 年前，对于大多数穷人来说上学还是一种不能想象的奢侈举动。甚至在 1990 年，这个国家还有不到一半的儿童仅仅完成了小学教育。到了 2003 年，大约 2/3 的儿童完成了学业。通过其教育项目，BRAC 已经成为驱动这一变革的最主要力量。从 1984 年开始，BRAC 启动了其农村非正规小学教育的创新，以满足在 BRAC 工作的乡村妇女的需要和要求。父母之所以不送其子女到学校，一个主要原因是他们需要这些孩子在家里和小规模的家庭农场工作，以帮助补贴家庭生计；第二个原因是没有受过教育的父母和他们的孩子在传统的学校中感受到冷漠和孤立；第三个原因是女孩可能会受到骚扰。

这一项目的结构，是为了应对那些参与 BRAC 其他项目的母亲所指出的上学问题。BRAC 学校经常为没有土地的穷人子女提供教育，其中超过 2/3 的学生是女孩。在这个项目早期，学校每天的上课时间仅几小时，这样孩子们就可以在家里和农场或非农业活动中帮忙。由父母来决定是在早上还是晚上上课，取决于农作的需要。学校很少留家庭作业，因为家庭作业被认为是阻止学生到学校上课的一个主要障碍。BRAC 希望用高质量的教育来弥补时间的不足，其特色是采用大约 30 ～ 35 人的小班制、引人入胜的授课风格以及给予学生关心。

学校项目已经稳步成长起来，今天已经有超过 100 万学生在 8 000 所学校就学，教师的数量超过 65 000 人。此外还有大约 70 万名学生在 BRAC 的

小学预科项目中就读。

很多 BRAC 学校是用竹子做墙、茅草盖顶；其他的则是竹子结构，用锡板做墙和屋顶。在屋子里面的顶棚上悬挂着一些装饰。课程和卷子都贴在墙上。孩子们通常围坐在屋子的四周。除了上课，学生还希望学习朗诵、传统舞蹈和其他活动。

几乎所有的老师（大约 97%）都是农村女性，她们接受了专业人员的训练和指导。她们要求具有 9 年受教育经历，这虽然比公立学校所要求的年数少，但对于所教授的内容来说已经足够了。这一项目的外部评价得出的结论认为，教师的监督工作的质量是这一项目继续保持成功的关键因素之一。这一项目计划在保持低成本和高质量的同时，也为农村接受更多教育的妇女提供就业机会。

教育项目在不同年份会做一些改变，以反映农村贫困人口不断变化的需要。刚开始时，这一项目持续三年，通常面向 8 ～ 10 岁的儿童。这比公立学校晚了一两年；对于这一问题的原因，BRAC 解释是为了确定哪些学生会因为某些原因不上公立学校或是立即辍学。最重要的课程是识字和算术、健康和卫生、基础科学以及社会学习。设立这些项目的部分原因是建立一个基础，使学生可以到公立学校上四年级。这样对于 11 ～ 14 岁的稍大些的孩子也能建立一个小学教育体系。

1998 年，这些学校在较短的时间里开始覆盖五年制小学教育的四年计划。这一重新设置是因为大量 BRAC 毕业生希望进入他们第二阶段的学习。BRAC 声明，如今他们有超过 90% 的毕业生继续在正式学校进行学业。

同样，BRAC 在健康关爱项目方面的创新也令人瞩目。BRAC 使用的同样来自他们所工作的农村地区的准专业人士，这些人士通常要接受例如肺结核治疗或者心肺复苏等方面的短期培训。这种短期培训扩大了 BRAC 在监督和评估方面的角色，直到这个项目运行顺畅并且完全展示出其积极效应后再向更多的人口推广。随后，BRAC 不遗余力地向更多的地方推广，这个过程被称为"扩大规模"。

为了给穷人带去他们所需要的服务，BRAC 不得不进行创新。许多 BRAC 的项目，包括它的"小额信贷++"、非正式小学教育和法律、健康教育项目已经被其他国家广泛效仿——尽管还没有一个能达到这样的规模。BRAC 继续着其带有风险的创新，如开展针对极端贫困者的项目。

兰·斯米利把 BRAC 描绘成一个"学习型组织"。他引用 David Korten 的说法，认为 BRAC 最接近人们能够找到的最纯粹的学习型组织。斯米利在没有进行通常的辩护或者夸张的基础上描述了一些 BRAC 对其出资人坦诚的案例，同时也给出了一些组织失灵的案例。当然，通过认真的调查，能够合理地解释失败的原因以及从失败中汲取教训，并提供可信赖的下一步实施方案，是在这种情况下获得进一步资助的必要条件。成功的案例是有帮助的，失败的案例同样也有作用。斯米利描述了几个案例，例如购买设计简陋的摩托车以及生产丝织品、浴缸和泵的企业。这种学习型组织是非常有效率的，同时也最为吸引投资人，这些投资人为运用那些所学习到的知识提供了关键性的资源。斯米利认为一些基金，包括一些小型基金，为实验提供了资金，然而一些大的投资者将这种成功规模化。

人们可能会问及：BRAC 怎么可能在不放松管理纪律和集中于贫困问题的同时又做如此多的事情？因为对捐赠者采取了如此认真的坚持，使 BRAC 变得更加自给自足。尽管发展机构在早年间建议 BRAC 向穷人收费，以弥补提供基本医疗和其他服务的"全部恢复性成本"，但是 BRAC 认为为极端贫困人口提供资助服务是一个更好的选择，即由获利的生产企业提供贫困农民所需要的就业机会和所需投入，并帮助穷人的产品寻找市场。人们认为 BRAC 有着很高的诚信标准，它对不道德行为有着很重的处罚。当然，对于一个外来者而言，要确保在现行会计系统下所有的交叉补贴都能良好运行是非常艰难的。

BRAC 之所以成功，也许最为重要的因素就是 BRAC 高质量的管理。阿比德是这个国家家喻户晓的管理天才，况且 BRAC 还能够从孟加拉国的其他所有部门招募到大量顶尖管理人员。看起来 BRAC 的管理比私人部门的管理要好得多，这是因为它常常能够发现未被利用的机会并从中获利（不仅仅 BRAC 如此，其他主导性的 NGO 也如此，例如乡村银行）。公司最有效的范围不仅取决于其专业的活动类型，还涉及其他国家的管理技能。如果一个组织的人才能力强，而其竞争对手的成员能力较弱，那么这家公司或非政府组织可以参与许多活动；而对于另一个国家来说，如果要参与则可能偏离其"核心竞争力"。但是，对 BRAC 的私人部门来说，也不会有什么消极的态度，相反，BRAC 正在积极地促进其发展。

BRAC 也致力于改善政府的效率。最为显著的是，尽管公立学校在某种意义上与其教育项目具有相互竞争性，但 BRAC 仍积极地与感兴趣的政府官员合作，将其成功的诀窍注入公立学校的运作。

在 BRAC 的所涉猎的项目中，有大学，有银行，也有帮助私人中小企业的项目。最终，BRAC 在阿富汗、斯里兰卡、乌干达、南苏丹、坦桑尼亚、巴基斯坦、塞拉利昂和利比里亚都建有子公司。2006 年 6 月，乌干达 BRAC 成立，成为该国最大的 NGO 之一，从事小额信贷、小学教育、健康和农业活动，大部分的员工是乌干达人。

BRAC 在非洲活动的低成本优势是显著的。就坦桑尼亚的案例，斯米利描述了该组织如何在节约成本的情况下保持质量。他注意到所有的员工都是"有经验的，并且在他们各自的领域是顶尖的专家"。相比其他国际性的 NGO，BRAC 的费用是微不足道的，因为它的所有员工都住在一起，而且不带家属。员工在国内外工作的奖金数目是很客观的，而且每 6 个月可以有一次休假，但是他们仍然按照孟加拉国的标准来支付报酬，所以说相比于其他的国际机构，BRAC 的员工成本是相当低的。BRAC 显示出，它可以在孟加拉国国内和国外有同样的发展。其他发展中国家的非政府组织有多少可以在国家范围内扩大规模、扩大范围，甚至走向全球，还有待于发现。

BRAC 面临数个挑战。随着 BRAC 第一代缔造者退休，后继者必须同样是天赋和奉献精神相结合的人才。由于 BRAC 持续不断地成长和多样化，它将持续面临极具挑战性的各种管理问题，尤其是在低收入国家乡村解决贫困问题的组织的运行问题。但是 BRAC 始终如一地作为一个先驱来提供服务，无论是在具体项目的创新方面，还是在扩大全球发展参与的视野以及 NGO 在发展中国家工作的范围方面，无不如此。

为穷人提供支持的小额信贷：孟加拉国的格莱珉银行

贫困人口面临的主要障碍之一是贫困线以下的穷人获得信贷的问题（见第 15 章）。孟加拉国格莱珉银行是一个很好的例子，说明了如何向穷人提供信贷，同时最大限度地减少浪费资源的风险。20 世纪 80 年代以来，针对贫困人口的小额贷款机构（MFI）如格莱珉银行等在发展中国家迅速扩张。但这一扩张比孟加拉国更为惊人，孟加拉国已经从饥饿的象征转变为希望的象征，部分原因可归结为小额信贷机构的成功。

穆罕默德·尤努斯（Muhammad Yunus）在 20 世纪 70 年代中期创建了格莱珉银行，当时他还是吉大港大学经济学的教授。尤努斯从他的研究中得出，

穷人获得信贷的机会不足是其经济进步的主要障碍之一，这一结论得到了来自发展中国家后续研究的支持。尤努斯想表明在没有抵押品的情况下贷款给穷人是可能的。为了确定这样做的最佳制度，他创建了格莱珉银行作为"行动和研究项目"。如今，格莱珉银行作为一家特许的金融机构，有超过 825 万借款人，其中有目前是穷人的人，也有之前是穷人的人。

尤努斯在接受采访时说："所有的人在出生时都是企业家，有些人找到了这个机会，但有些人从来没有得到过这个机会，小额信贷可以是探索个人能力的机会，所有人都有技能，即生存技能，他们还活着的这一事实证明了这一点，我们只需支持这种技能，看看他们将选择如何使用它。"

尤努斯在 1976 年开始运作，说服孟加拉国农业发展银行提供初始贷款，首次贷款由尤努斯亲自担保。一系列扩张使政府相信了格莱珉银行的价值，而格莱珉银行在 1983 年正式成为金融机构。

今天，公共合作银行的 94% 的股权由借款人拥有，格莱珉银行继续快速增长，现在全孟加拉国共有 2 400 余家分行，在约 78 000 个村庄设有办事处。今天，格莱珉银行从借款人的存款中为所有未偿还的贷款提供融资。每个办事处覆盖 15～20 个村庄，这是基本组织单位，负责其损益。每个分支机构都有一些村庄或邻里中心，由约 8 个团体组成。每个团体有 5 名成员，每个中心约有 40 名借款人。实验表明，5 人组的规模不能随意改变。最初贷款被直接授予个人，但这需要太多的工作人员和时间来控制贷款的使用和还款。在相互负责的思想发展后，它首先尝试了 10 个以上的规模，但是对于关系亲密和非正式的点对点监测来说，这一点太大了，这是低效率的。5 人规模的小组在实践中证明是最有效的。自 1998 年以来，格莱珉银行越来越重视个人责任。

自从成立以来，格莱珉银行已经使数百万贫穷的孟加拉国人成立或升级了自己的小企业。97% 的借款人是妇女。借款人通常仅限于拥有不足 6 亩土地的人，而这似乎占了借款人的 96%。格莱珉银行分行的代表经常在他们所在村庄的门口通知在格莱珉银行接受服务的人，他们往往是文盲，对银行的处理保持沉默。

在开设分行之前，新的分行经理被要求编写一份关于经济、地理、人口、交通和通信基础设施以及该地区政治的社会经济报告。除此之外，这可以确保分行经理在分行开业之前熟悉该地区及其潜在

的借款人。

格莱珉银行（格莱珉在孟加拉语中意味着"农村"）被纳入公开支持的信用社，借款人拥有银行94% 的股份，剩下的归政府所有。一旦借款人达到一定的借款水平，他们就有权购买一份格莱珉的股票。银行能够制定自己的政策，具有强大的借款人投入，并且独立于政府控制。格莱珉银行的基本流动资金贷款年利率总额保持在 20%（基数下降）。住房贷款的利率为 8%，学生贷款为 5%。最近的特别计划在为乞丐提供零息贷款。

为了获得非抵押贷款资格，潜在借款人组成 5 人规模的小组。每位借款人必须经过两周的训练，任何借款人都可以获得贷款，培训班将跟随银行职员进行每周一次的小组会议。许多小额信贷提供商依赖于所谓的"同伴压力的抵押品"。然而，在格莱珉银行二期，1998 年引入了设计灵活的支付系统，团体的借款人不必共同办理或共同担保对方的贷款。但是观察者报告说，借款人有强烈的社会压力要偿还贷款。他们知道其他团体人员的特征，并且一般都会加入他们认为有可能偿还贷款的人员所在的团体。

在早期阶段，同行监督对格莱珉银行还款率提高的贡献率达 98%。虽然文献中确切的还款率还是有一些争议的，但是毫无疑问，还款远远高于全球平均水平。

还有额外的财政措施激励及时偿还贷款。如果每个借款人及时偿还贷款，那么每年可以增加 10%的贷款额度。对于团体来说，如果会议出席率达到100%，所有贷款都被偿还，每个借款人就可以再增加 5% 的借款，从而以每年 15% 的利率提高借款上限。当中心的 8 个左右的借款组中有一个较好的记录时，将对其提供额外的增量。许多借款人希望利用这些更高的借款上限，导致了在同伴的压力下促使他们能够及时还款。

根据格莱珉银行的说法，对于不能还款的储户可以按照需要重组贷款，以较低的利率偿还一些有限的融资资金，这样做已经将违约调整为零。除了同伴压力之外，大多数借款人希望重新建立信贷，恢复借款增加借款的权利，所以他们努力争取最新的贷款。

组织结构有助于参与者之间形成合作企业，允许企业为穷人承担极大的风险。格莱珉还致力于通过储蓄要求或激励借款人储蓄的措施来促进其储户

的积蓄。

每组储户在银行生产者、集体储蓄计划、中心主任和 5 人组长的角色等实际事务方面接受了培训，甚至包括如何撰写签名等实际问题的培训。此外，培训含有道德要求，强调银行的 16 项原则，以"决定"为标准，由各储户加以遵守。这些司法制度是在 1984 年的 100 位女性中心主任的全国性会议上制定的，其强调互助和其他现代价值观，包括在诸如要求嫁妆等做法中的自律。坚持这些原则和出席讨论这些决定的会议并不是收到贷款的正式要求，而是在 80 年代后期和 90 年代被认为是有效的、隐含的要求。

这 16 项决定涵盖了活动的广泛范围，以下是其中一部分：

3. 我们不会住在破旧的房子里，我们将尽快修理房屋，重建新房子。

4. 我们每年都要种蔬菜，并且要吃大量的蔬菜，还要卖掉剩下的。

6. 我们计划缩减我们的家庭规模。

8. 我们会使我们的孩子保持干净和保持环境的整洁。

11. 我们不会在我们儿子的婚礼上要嫁妆，也不会在我们女儿的婚礼上送嫁妆。我们不能实行童婚。

13. 为了提高收入，我们将集体承担较高的投资。⊖

小额信贷机构的一个主要争论是，关注小额贷款机构是否应该限制自己贷款或从事其他社会发展活动。格莱珉银行是某一种类型的银行而不是非政府组织，通常被归入极简的机构，但 16 项决定显示，格莱珉银行也有一个更广泛的社会组成部分。其他机构已经设法将不同的活动结合起来；BRAC是本案例较早之前研究的一个案例，它是世界上最全面的非政府组织之一。

在 2010 年，平均贷款规模是 384 美元，Mahmoub Hossain 发现，46% 的贷款用于养殖，25% 用于加工和小型制造，23% 用于贸易和购物，因此，几乎没有贷款为农作物生产提供资金。格莱珉银行的借款人在资本积累方面取得了显著成效。养牛是借款的主要活动。Hossain 发现，每年拥有牛的数量增加了 26%。虽然涉及的数字有点小，但在成为一名格莱珉银行成员之前，每 100 名借款人中有 61 人，直

⊖ 完整的表格可登陆格莱珉银行网站查看，http://www.grameen-info.org。

到做这项调查时已经达到了 102 人，这对孟加拉国的穷人来说是显著的改善。借款人的运营资本在 27 个月里平均增加了 3 倍。

但完全没有土地的农业劳动力似乎在借款人中占比很少：Hossain 发现，他们占格莱珉银行目标群体的 60%，但仅占实际借款人的 20%，其中包括将受雇从事农业劳动作为次要经济活动的人以及作为主要经济活动的人员。注意到在孟加拉国，大多数劳动者因为自己的房子而拥有一小块土地，但是面积太小无法形成一个可行的农场的雏形。在这个意义上，60% 的孟加拉国人在"用途上是无地的"。没有土地的农场劳动力在任何国家的任何发展项目上都难以开展，他们往往受教育程度最低，而且对进一步开展可行的创业活动所做的准备也少。

格莱珉银行强调为贫穷的妇女提供服务这点令人印象深刻。根据 Hossain 的调查，一半的女性借款人在成为格莱珉银行成员的同时面临着失业（与不到 7% 的男性相比）。Mark Pitt 和 Shahidur Khandker 的结论是，相比男性，格莱珉银行和其他两家贷款机构对女性的小额贷款对孟加拉国贫困家庭的行为影响更大。在一项具有代表性的调查中他们得出，女性从信贷计划中每借到额外的 100 塔卡，每个家庭的消费支出会增加 18 塔卡，而男性只会增加 11 塔卡。除此之外，小额信贷的可用性能够帮助每个家庭更顺利地消费以便减轻他们在贷款期间的负担。在其他的调查中，Pitt 和他的合作伙伴发现，孟加拉国女性的信用对于孩子的医疗健康起着积极的作用，而男性的信用没有什么可比性（相关问题在第 8 章中有所涉及）。

米尔·萨利姆（Mir Salim）提供了计量经济学证据，表明格莱珉银行和 BRAC 并不以净利润最大化的行为预测来行事，反而更倾向于扶贫。

格莱珉银行的补贴金是多少，补贴多少是有意义的？一些分析人士认为，小额信贷机构不应依据补贴金额提供贷款，而是应尽可能多地提供贷款，并把所有利润再投资为新的贷款。其他人则认为最贫困的穷人不可能承担得起没有补助的贷款，因为他们也没有渠道从事营利性活动。虽然格莱珉银行似乎对提供或实施贷款补贴的想法感到不安，乔纳森·莫尔杜（Jonathan Morduch）提供了证据并且得出结论银行确实存在补贴。比如，他计算了 1996 年所有的补贴，评估了资本的经济机会成本，大概在 26 ~ 30 美元。格莱珉银行坚持在那期间不存在补贴。格莱珉银行超过一半的贷款都是由其储户的存款所得。

格莱珉银行的成本确实比商业银行的标准要高。该成本估计为贷款和垫款的 26.5%，比名义利率高出约 10%，这意味着 39% 的贷款成本来自各种渠道的补贴。加上估计的机会成本，Hossain 计算得出了 51% 的有效补贴。超过利息收入的一半成本是由于开设新分行产生的费用，这应该被归结为资本成本。人们对于很大一部分贫穷的借款人是否能够支付较高的利率并保持盈利是不确定的。

因为补贴的资金是有限的，所以每笔贷款补助越多，补贴贷款的数目就越少。减少运营成本、利率小幅上涨、持续补贴这几种方式的结合对于利用可获得的资源来创造最大的福利收益是较好的选择。然而，格莱珉银行贷款的公共补贴对贷款的影响，例如在减少贫困和积极的外部性方面似乎是有用的。

格莱珉银行也面临着一些挑战。孟加拉国依然受制于环境冲击，比如严重的洪水持续考验着格莱珉银行的借款人以及银行自身。随着小额信贷机构的扩张和新的私人和准私人信贷提供商进入市场，小额信贷供应商之间的竞争越来越大。适应这种新的环境对于格莱珉银行来说是一种挑战。在玻利维亚等小额信贷快速发展的一些国家，尤其是私人消费信贷公司希望搭载小额信贷机构的一部分，小额信贷被广泛认为是为了应对金融危机而产生的。

文化挑战也是不容忽视的。提高女性的收入、自尊和商业影响力在相对保守的孟加拉国农村地区会引起反弹，在那里妇女被要求远离社会活动。格莱珉银行和其他机构，如由 BRAC 经营的非传统的学校，对于男性拥有绝对权威的传统现状来说，这被视为一种挑战。学校被烧毁，妇女被驱赶出乡村，或者为了挑战传统文化而受到伤害。尤努斯表示一些丈夫把格莱珉银行视为对他们权威的威胁。在一些案例中，"丈夫认为我们在侮辱他们并且摧毁了他们的家庭。我们有离婚的案子，仅仅是因为妻子向银行贷款"。达卡的一位牧师声称："我们不反对改善妇女的状况，但是格莱珉银行和其他机构的动机是完全不同的。"格莱珉银行的未来主要取决于对经济和文化改变做出的反应，尽管这种外在环境中依然存在很多发展问题。

格莱珉银行有很高的创新性——如给孟加拉国农村地区带来了手机并且通过手机办理贷款和提供项目服务。这个项目目前在手机普及率很高的孟加拉国农村地区发挥了关键的促进作用，甚至是在穷人之间。

格莱珉银行对于借款人的借款需求表现出了很强的灵活性和反应性。比如，除了贷款保障项目，格莱珉银行还建立了一个生活保障项目。格莱珉银行的住房计划为正在建造和重新建造的房屋提供资金——增加铁屋顶、水泥柱和卫生厕所。房屋一般是水泥墙，厚实并且维护良好，可以持续使用很长时间。在通了电的村庄里房屋面积很大，有悬挂式电扇和其他基本的设备。格莱珉银行开始为它的借款人提供更高额度的教育贷款。越来越多的父母见证了他们的子女进入大学并且毕业，如在计算科学和会计领域。这是个突破性的转变。

2006 年，格莱珉银行的创始人穆罕默德·尤努斯获得了诺贝尔和平奖——这是一个当之无愧的荣誉。

资料来源

BRAC. http://www.brac.net.

Banerjee, Abhijit V., Timothy Besley, and Timothy W. Guinnane. "Thy neighbor's keeper: The design of a credit cooperative with theory and a test." *Quarterly Journal of Economics* 109 (1994): 491–515.

Emran, M. Shahe, Virginia Robano, and Stephen C. Smith, "Assessing the frontiers of ultra-poverty reduction: Evidence from CFPR/TUP, an Innovative program in Bangladesh," *Economic Development and Cultural Change*, 62 (2), 339–380, February 2014.

Ghatak, Maitreesh, and Timothy W. Guinnane. "The economics of lending with joint liability: A review of theory and practice." *Journal of Development Economics* 60 (1999): 195–228.

Grameen Bank Web page, http://www.grameen-info.org.

Hossain, Mahmoub. *Credit for Alleviation of Rural Poverty: The Grameen Bank in Bangladesh.* Washington, D.C.: International Food Policy Research Institute, 1988.

Khandker, Shahidur R. *Fighting Poverty with Microcredit: Experience in Bangladesh.* New York: Oxford University Press, 1998.

Khandker, Shahidur R., Hussain A. Samad, and Zahed H. Khan. "Income and employment effects of microcredit programs: Village-level evidence from Bangladesh." *Journal of Development Studies* 35 (1998): 96–124.

Khandker, Shahidur R., and Baqui Khalily. *The Bangladesh Rural Advancement Committee's Credit Programs: Performance and Sustainability.* Washington, D.C.: World Bank, 1996.

Lovell, Catherine H., and Kaniz Fatema. *BRAC: Non-Formal Primary Education in Bangladesh.* New York: United Nations Children's Fund, 1989.

Matin, Imran. *Stories of Targeting: The BRAC Targeting the Ultrapoor Program.* Dhaka, Bangladesh: BRAC Research and Evaluation Division, 2003.

Matin, Imran, and David Hulme. "Programs for the poorest: Learning from the IGVGD program in Bangladesh." *World Development* 31 (2003): 647–665.

Morduch, Jonathan. "The microfinance promise." *Journal of Economic Literature* 37 (1999): 1569–1614.

———. "The microfinance schism." *World Development* 28 (2000): 617–629.

———. "The role of subsidies in microfinance: Evidence from the Grameen Bank." *Journal of Development Economics* 60 (1999): 229–248.

Osmani, S. R. "Limits to the alleviation of poverty through non-farm credit." *Bangladesh Development Studies* 17 (1989): 1–17.

Pitt, Mark M., and Shahidur R. Khandker. "Credit programs for the poor and seasonality in rural Bangladesh." *Journal of Development Studies* 39, No. 2 (2002): 1–24.

———. "The impact of group-based credit programs on poor households in Bangladesh: Does the gender of participants matter?" *Journal of Political Economy* 106 (1998): 958–996.

Pitt, Mark M., Shahidur R. Khandker, Omar Haider Choudhury, and Daniel Millimet. "Credit programs for the poor and the health status of children in rural Bangladesh." *International Economic Review* 44 (2003): 87–118.

Quelch, John, and Nathalie Laidler. *The BRAC and Aarong Commercial Brands.* Cambridge, Mass.: Harvard Business School, 2003.

Salim, Mir M., "Revealed objective functions of microfinance institutions: Evidence from Bangladesh," *Journal of Development Economics* 104 (September 2013): 34–55.

Singh, Inderjit. *The Great Ascent: The Rural Poor in South Asia.* Baltimore: Johns Hopkins University Press, 1990.

Smillie, Ian. *Freedom from Want: The Remarkable Success Story of BRAC, the Global Grassroots Organization That's Winning the Fight against Poverty.* Bloomfield, Conn.: Kumarian Press, 2009.

Smith, Stephen C. "Review of Smillie, *Freedom from Want.*" *Economic Development and Cultural Change* 58 (2010): 808–814.

———. *Ending Global Poverty: A Guide to What Works.* New York: Palgrave Macmillan, 2005.

Wahid, Abu N. M. "The Grameen Bank and poverty alleviation in Bangladesh: Theory, evidence, and limitations." *American Journal of Economics and Sociology* 53 (1994): 1–15.

———. *The Grameen Bank: Poverty Alleviation in Bangladesh.* Boulder, Colo.: Westview, 1993.

Yunus, Muhammad. *Grameen II.* Dhaka, Bangladesh: Grameen Bank, 2001.

———. Speech and interview at the World Bank, October 4, 1995.

Yunus, Muhammad, and Alan Jolis. *Banker to the Poor: Micro-Lending and the Battle against World Poverty.* New York: Public Affairs, 1999.

问题讨论

1. 为什么这么多发展中国家深信发展计划的必要性？原因是严格经济性吗？请给予评论。

2. 解释和评论关于发展中经济体计划的主要论点或基本原理，无论是经济方面的还是非经济方面的。

3. 计划不仅是数量经济目标的明确形成，它通常被描述为一个过程。计划过程意味着什么？它的基本特性是什么？

4. 比较和对比三种基本计划模型：总量增长模型、投入–产出分析和项目评估。站在发展中国家的计划立场考虑这些模型的优缺点，你有什么看法？

5. 现在关于发展计划的失败有很多说法。很多观察家声称发展计划已经失败。列出解释计划失败的一些主要原因。你认为哪一种原因是最重要的？

6. 区分市场失灵和政府失灵。寻租行为是否仅仅是由政府失灵导致的？解释你的结论。

7. 在发展中国家建立市场经济，相关的一些困难是什么？在何种类型的国家中市场更易成功？为什么？

8. 你认为在当代的发展中国家政府扮演的角色是什么？在市场和政府之间的选择是否是一个非此即彼的答案呢？

9. 政治进程的哪些特点使得制定有效的发展政策如此困难？

10. 发展的参与性在确保发展政策的成功方面具有潜在的决定性作用，但为什么它没有被经常使用？

11. 你认为设定目标是否能够帮助发展中国家实现这些目标？为什么是又为什么不是？

12. 讨论非政府组织与政府和私人部门潜在的关系和角色。非政府组织比较优势最重要的潜在领域是什么？什么是最重要的"志愿失灵"（能够抑制非政府组织在发展活动中实现比较优势）？

13. 讨论最初的"华盛顿共识"的组成部分。你认为这个框架中最为缺乏的是什么？在向一个新共识演进的过程中，得到广泛接受的重要因素又是哪些？

14. 如果改革提高了每个人的平均收入，那么为什么人们可能投票反对呢？你可以提供一个或多个例子来阐述你的答案。

15. 解释公共物品与私人物品和服务在特征方面的差异。在这个框架下如何考虑非政府组织提供的商品和服务？

注释和推荐阅读

1. Elinor Ostrom, "Beyond markets and states: Polycentric governance and complex economic system," *American Economic Review* 100,(2010):641. See also Joseph Stiglitz, "Moving beyond market fundamentalism to a more balanced economy," *Annals of Public and Cooperative Economics* 80, No. 3(2009):34s–360.

2. 计划和计划模型的更多细节讨论，请参见 Michael P.Todaro, *Development Planning: Models and Methods* (Nairobi, Kenya: Oxford University Press, 1971), and J. Price Gittinger, *Economic Analysis of Agricultural Projects*, 2nd ed. (Baltimore: Johns Hopkins University Press, 1984)。

3. United Nations Department of Economic Affairs, *Measures for the Economic Development of Underdeveloped Countries* (New York: United Nations Department of Economic Affairs, 1951),p.63。

4. United Nations, *Planning the External Sector: Techniques, Problems, and Policies* (New York: United Nations, 1965), p. 12; R. Helfgoth and S. Schiavo–Campo, "An introduction to development planning," *UNIDO Industrialization and Productivity Bulletin* 16 (1970): 11. A more sophisticated version of the market failure argument can be found in Heinz W. Arndt, "Market failure and underdevelopment," *World Development* 16 (1988): 219–229. For a concise explication of the economic rationale for state intervention, stressing not only market failure and externalities but also public goods, natural monopolies, incomplete markets, and imperfect information, see World Bank, *World Development Report, 1997* (New York: Oxford University Press, 1997), box 1.4.

5. 这些失灵不同于我们所熟悉的囚徒困境模型，在这一模型中，合作达成后参与者有激励违背协议。

6. See Anthony Atkinson and Joseph E. Stiglitz, *Lectures on Public Economics* (New York: McGraw-Hill, 1980); Karla Hoff and Joseph E. Stiglitz, "Modern economic theory and development," in *Frontiers in Development Economics*, eds. Gerald M. Meier and Joseph E. Stiglitz (New York: Oxford University Press, 2001); Oliver Williamson, *The Economic Institutions of Capitalism* (New York: Free Press, 1985); Stephen C. Smith, *The Firm, Human Development, and Market Failure* (Geneva, Switzerland: International Labor Office, 1995); and Carl Shapiro and Hal Varian, *Information Rules: A Strategic Guide to the Network Economy* (Boston: Harvard Business School Press, 1999).

7. 最近的例子包括气候变化适应援助，特别是气候恢复能力战略计划（见专栏 10-2），国际货币基金组织 / 世界银行减贫战略文件（PSPR）进程和美国千年挑战公司（MCC）（外国援助在理论和实践中的作用在第 14 章第 14.4 节中进行了讨论）。

8. Lance Taylor, "Theoretical foundations and technical implications," in *Economy-Wide Models and Development Planning*, eds. Charles R. Blitzer, Paul B. Clark, and Lance Taylor (Oxford: Oxford University Press, 1975), pp. 37–42.

9. 同上，p.39。

10. 关于自然的介绍讨论和投入—产出模型的使用，参见 Todaro, *Development Planning*, ch.5。

11. 一个很好的综述，请参见 F. Graham Pyatt and Erik Thorbecke, *Planning Techniques for a Better Future* (Geneva, Switzerland: International Labor Office, 1976), and Shantayanan Devarajan, Jeffrey D. Lewis, and Sherman Robinson, *Getting the Model Right: The General Equilibrium Approach to Adjustment Policy* (Washington, D.C.: World Bank, 1994). The International Food Policy Research Institute is a major contributor to recent work in this field; go to http://www.ifpri.cgiar.org/divs/tmd/method / sam.htm。

12. 更好地了解成本—收益分析与经济理论的联系，可以参见 Ajit K. Dasgupta and David W. Pearce, *Cost-Benefit Analysis: Theory and Practice* (London: Macmillan, 1972)。

13. 要更好地了解数量评价和发展中国家外在政策的重要性，请参见 Frances Stewart and Ejaz Ghani, "How significant are externalities for development?" *World Development* 19 (1991):569–591.Large-scale externalities were discussed in Chapter 4。

14. 项目评估问题的经典分析可见 Partha Dasgupta, Stephen Marglin, and Amartya Sen, *UNIDO Guidelines for Project Evaluation* (New York: United Nations Industrial Development Orgnization, 1972). Excellent survey of various technique of project appraisal can be found in Ivy Papps, "Techniques of project appraisal," In *Survey in Development Economics*, ed.Norman Gemmell（Oxford: Blackwell, 1987）,pp.307–338, and Ian Little and James Mirrlees, "Project appraisal and planning twenty years on," *Proceedings of the World Bank Annual Conference on Development Economics*, 1990 (Washington, D.C: World Bank, 1991), pp.351–382。

15. 假如你对线性方程的知识很熟悉，你会认为影子价格仅仅是一个线性方程产出或利润最大化问题的解决方法；请参见 Todaro, *Development Planning*, ch.5。

16. This approach is advocated by Ian Little and James Mirrlees in *Project Appraisal and Planning in Developing Countries* (New York: Basic Books, 1974).

17. 一个完整的讨论，请参见 Gittinger, *Economic Analysis of Agricultural Project*。关于社会折现率，请参见 Dasgupta, Marglin, and Sen, *UNIDO Guidelines*。

18. Derek T. Healey , "Development policy: New thinking about an interpretation," *Journal of Economic Literature* 10(1973): 761;I.M.D.Little, *Economic Development* (New York: Basic Books,1982).

19. Tony Killick , "Possibilities of development planning," *Oxford Economic Papers* 41(1976): 163–164.

20. 同上，164。

21. 一个综合回顾，请参见 World Bank, *World Development Report*, 2002 (New York: Oxford

University Press,2002)。一个对于腐败的结果的分析，请参见 M. Shahid Alam, "Some economic costs of corruption in LDCs," *Journal of Development Studies* 27 (1990): 89 – 97; Susan Rose–Ackerman, "Corruption and development," *Annual World Bank Conference on Development Economics, 1997* (Washington, D.C.: World Bank, 1998), pp. 35 – 68; and Pranab K. Bardhan, "Corruption and development: A review of issues," *Journal of Economic Literature* 35 (1997): 1320 – 1346.

22. Albert Waterston, *Development Planning: Lessons of Experience* (Baltimore: Johns Hopkins University Press, 1965), p. 367.

23. 对于政府失灵问题的观点，参见 Anne Krueger, "Government failures in development," *Journal of Economic Perspectives* 4 (1990): 9 – 24; Nicholas Stern, "The economics of development: A survey," *Economic Journal* 99 (1989): 597 – 685; Roger E. Backhouse and Steven G. Medema, "Laissez–faire economists and," *New Palgrave Dictionary of Economics*, Second Edition, 2008, Steven N. Durlauf and Lawrence E. Blume, eds.

24. Amartya Sen, *Development as Freedom* (New York: Knopf, 1999), p. 6.

25. This framework draws from Nathan Keyfitz and Robert A. Dorfman, *The Market Economy Is the Best but Not the Easiest* (mimeograph, 1991), pp. 7 – 13. See also Robert Klitgaard, *Adjusting to Reality: Beyond "State versus Market" in Economic Development* (San Francisco: ICS Press, 1991), pp. 5 – 6.

26. 对该问题的进一步分析，参见 Arndt, "Market failure and underdevelopment," and Bruce C. Greenwald and Joseph E. Stiglitz, "Externalities in economies with imperfect information and incomplete markets," *Quarterly Journal of Economics* 101 (1986): 229 – 264. 在这个问题上一个有趣的注释由 Alice Amsden 提供，他注释道，关于世界银行业务评价部所报道的韩国和中国台湾地区采用政府或当局干预工业的措施，世界银行拒绝公布这一分析。可以参见 Alice H. Amsden, "From P.C. to E.C.," *New York Times*, January 12, 1993, p. A15, as well as Richard Grabowski, "The successful development state: Where does it come from?" *World Development* 22 (1994): 413 – 422; Ajit Singh, "Openness and market–friendly approach to development: Learning the right lessons from development experience," *World Development* 22 (1994): 1811 – 1823; and Jene Kwon, "The East Asia challenge to neoclassical orthodoxy," *World Development* 22 (1994): 635 – 644. See also Alejandro Foxley, "Latin American development after the debt crisis," *Journal of Development Economics* 27 (1987): 211 – 212.

27. John Williamson 是这一列表的最初编辑者，他原想把分配审议作为发展政策的一部分，但是他没有看到他要求总结的部分共识。

28. 可参见 http://www.growthcommission.org/index and Dani Rodrik, *One Economics, Many Recipes: Globalization, Institutions, and Economic Growth* (Princeton, N.J.: Princeton University Press, 2007)。这些研究主要集中在增长而不是人力和能力的发展问题上，因此，它们不能完整反映出更广义的共识。Nicholas Stern, 2000 ~ 2012 年世界银行首席经济学家，后来最早成为新共识组成部分的支持者；请参见 "Public policy and the economics of development," *European Economic Review* 35(1991):250–257. 首尔共识宣言参见 media.seoulsummit.kr。

29. Anne Krueger, "Government failures in development," *Journal of Economic Perspectives* 4 (1990):9 – 24; Deepak Lal, *The Poverty of Development Economics* (Cambridge, Mass.: Harvard University Press, 1995); Friedrich A. Hayek, *The Road to Serfdom* (Chicago: University of Chicago Press, 1994).

30. 一个简单的例子，假设有 9 个人，每人从改革中得到的收益是 1，而有 1 个人会损失 5，因此净社会收益是 5。假设政治参与影响决策的机会成本是 2，如果 9 个人都不会进行政治参与，而最后那个人通过政策参与的净收益是 5-2=3，因此就决定了最后的决策，不进行改革。更多的讨论参见 Dani Rodrik, "Understanding economic policy reform," *Journal of Economic Literature* 34 (1996): 9 – 41, and Merilee S. Grindle, "In quest of the

political: The political economy of development policymaking," in *Frontiers in Development Economics*, eds. Gerald M. Meier and Joseph E. Stiglitz (New York: Oxford University Press, 2001). See also the classic work by Mancur Olsen, *The Logic of Collective Action* (Cambridge, Mass.: Harvard University Press, 1965).

31. 可参见 Raquel Fernandez and Dani Rodrik, "Resistance to reform : Status quo bias in the presence of individual special uncertainty," *American Economic Review* 81(1991):1146-1155。

32. 在我们的示例中，如果 $x=0.4$，$EV(0.4)=[(0.6-0.4)\times100]/0.6-0.4\times(80)/0.6=-20$，因此剩下的 60% 会投反对票。你可以通过将此表达式设置为零来找到此示例的截止分数：对于 $0.28 < x < 0.5$，对于一个不清楚他会获得多少利益的人，"合理性"的投票是投反对票。对于另一个例子，参见 Dani Rodrik，"Understanding economic policy reform," *Journal of Economic Literature* 34(1996):9-41。

33. 发展政治经济学文献经常会研究华盛顿共识被采纳的过程。参见 Rodrik 和 Grindle 在注释 29 中的综述。这一综述指出了关于形成一个好政府的一般性理论存在的一些难点，因为并不是所有发展专家都同意所有这些政策对于广泛意义上的发展来说都是最好的。无论如何，将来的研究将集中于一些可应用的、所有专家都赞成的好的发展政策方面。如华盛顿共识中的一个共识因素是"重新考虑公共支出对健康、教育和基础设施的优先性"。

34. Rodrik, "Understanding economic policy reform," p. 26.

35. Douglass C. North, "Economic performance through time," *American Economic Review* 84 (1994): 361.

36. Douglass C. North, *Institutions, Institutional Change, and Economic Performance* (New York: Cambridge University Press, 1990), p. 54.

37. Grindle, "In quest of the political." 认为共和是一个承诺工具，参见 Daron Acemoglu and James Robinson, *Economic Origins of Dictatorship and Democracy* (New York: Cambridge University Press, 2006)。

38. 关于"李氏命题"，可以参见 Amartya Sen, *Development as Freedom* (New York, Knopf 1999), pp. 148 - 149. Sen's analysis of this topic is developed in much further detail in *The Idea of Justice*, Part IV (Cambridge: Harvard, 2009)。

39. Ahmed Mobarak, "Democracy, volatility, and economic development," *Review of Economics and Statistics* 87 (2005): 348 - 361.

40. Jakob de Haan and Clemens L. J. Siermann, "New evidence on the relationship between democracy and economic growth," Public Choice 86 (1996): 175. See also Sen, *Development as Freedom* (New York: Knopf, 1999).

41. United Nation, *Human Development Report*, 2003(New York: Oxford University Press, 2003). 精确定义 NGO 的困难，已经在业已建立的广泛和不同的部门中有所反映。随着描述它们的术语和缩略语越来越多——从民间组织到公文包或政府个体，NGO 经营的领域从营利性企业到带有良好意愿的中介促进组织，再到专业化、流水线、有效的服务提供者等。总的来说，很多 NGO 在保持它们博爱的本质和定位的同时，也已经成为战略管理发展专家，一方面行走在技术语言和发展产业的进程之间，另一方面也积极响应发展中国家和个体捐助者。请参见 Jennifer Brinkerhoff, *Partnership for Development: Rhetoric or Results?* (Boulder, Colo.: Rienner, 2002). Parts of this discussion draw on Jennifer Brinkerhoff, Stephen C. Smith, and Hildy Teegen, "Beyond the 'non': The strategic space for NGOs in development," and Stephen C. Smith, "Organizational comparative advantages of NGOs in eradicating extreme poverty and hunger: Strategy for escape from poverty traps," chs. 4 and 8, respectively, in *NGOs and the Millennium Development Goals: Citizen Action to Reduce Poverty*, eds. Jennifer Brinkerhoff, Stephen C. Smith, and Hildy Teegen (New York: Palgrave Macmillan, 2007), and the 2003 Brinkerhoff, Smith, and Teegen framing paper on which this book was based. An interesting paper that develops related themes is Inge Kaul's, "Achieving the Millennium Development Goals: A global public goods perspective—reflections

on the debate," GpgNet Discussion Forum Paper No. 5, United Nations Development Programme, December 2003. See also Stephen C. Smith, " The scope of nongovernmental organizations and development program design: Application to problems of multidimensional poverty," *Public Administration and Development* 32, Nos. 4 - 5 (2012): 357 - 370 for an examination of the market and other forces that affect the likelihood of wider or narrower organizational scope, or breadth of concerns within a single program or initiative, and of when the degree of observed diversification may be inefficient (either too much or too little specialization).

42. 例如，可以参见 Johnston Birchall, *Co-operatives and the Millennium Development Goals* (Geneva: ILO, 2004); Johnston Birchall and Richard Simmons, " The role of co-operatives in poverty reduction: Network perspectives, *Journal of Socio-Economics* 37, No. 6 (2008): 2131 - 2140; and Stephen C. Smith and Jonathan Rothbaum, " Cooperatives in a global economy: Key economic issues, recent trends, and potential for development," IZA Policy Paper No. 68, 2013: http://www.iza.org /en/ webcontent/publications/policypapers/view Abstract?policypaper_id=68。

43. 这些包括 2003 年诺贝尔和平奖得主希尔琳·艾芭迪（Shirin Ebadi），她是伊朗儿童权利保护联合会的直接建立和服务者。2002 年诺贝尔和平奖得主吉米·卡特（美前总统），活跃于人类聚居地，通过卡特中心解决发展中国家冲突。

44. 参见 http://www.un.org/esa/coordination/ngo/faq .htm. 也可参见 United Nations Development Programme, *Human Development Report, 2001 and 2003* (New York: Oxford University Press, 2001, 2003), and Susan Raymond, " The nonprofit piece of the global puzzle," *On Philanthropy*, October 15, 2001.

45. Jennifer Brinkerhoff, Stephen C. Smith, and Hildy Teegen, " Beyond the 'non': The strategic space for NGOs in development," in Brinkerhoff, Smith, and Teegen, eds. *NGOs and the Millennium Development Goals: Citizen Action to Reduce Poverty* (New York: Palgrave

Macmillan, 2007).

46. 其他例子包括哈里斯－托达罗易移民模型中的现代部门的工作，以及扩张到"赢者通吃"（Winner-take-all markets）的其他类型市场的努力。

47. Elinor Ostrom, *Governing the Commons: The Evolution of Institutions for Collective Action* (New York: Cambridge University Press, 1990).

48. See Paul Romer, " Idea gaps and object gaps in economic development," *Journal of Monetary Economics* 32 (1993): 543 - 573, and Paul Romer, " Two strategies for economic development: Using ideas vs. producing ideas," *World Bank Economic Review Annual Supplement*, 1992.

49. Vincent Ostrom and Elinor Ostrom, " Public goods and public choice," in *Alternatives for Delivering Public Services*, ed. E. S. Savas (Boulder, Colo.: Westview Press, 1977), pp. 7 - 49; David L. Weimar and Aidan R. Vining, Policy *Analysis: Concepts and Practice*, 2nd ed. (Englewood Cliffs, N.J.: Prentice Hall, 1992).

50. Charles M. Tiebout, " A pure theory of local expenditures," *Journal of Political Economy* 64 (1956): 416 - 424; James M. Buchanan, " An economic theory of clubs," *Economica* 32 (1965): 1 - 14. Club goods may be thought of as a form of hybrid of private goods and local public goods that exhibit some degree of rivalry in the form of congestion as well as excludability.

51. 除了格莱珉银行和孟加拉国的 BRAC，国际 NGO 还有拉丁美洲的 ACCION 和 FINCA 先锋农村银行业。请参见 Stephen C. Smith, *Ending Global Poverty* (New York: Palgrave Macmillan, 2005) 中详细描述 NGO 教育创新的几个例子。

52. 一个综合性的分析，请参见 Jonathan P. Doh and Hildy Teegen, *Globalization and NGOs: Transforming Business, Government, and Society* (Westport, Conn.: Praeger, 2003)。

53. 公民部门（包括 NGO）主要依赖于自愿行为，因此志愿失灵——尽管它有逻辑，但这个术语似乎表明有意地失败。拉尔夫·克莱默（Ralph Kramer）确定了 4 个弱点：①制度化或"曲折形式化进程"；②目标有偏差，或依靠筹款的结果替代目的；③少数规则，反映 NGO 的博爱原则（捐助者）而不是关注客户；④无效率。莱斯特·萨拉曼（Lester Salamon）略述了 4 个相似的志愿失灵：①博爱不足，受限于 NGO 的规模和资源；②完全忠诚的博爱理论，反映了 NGO 客户和项目的选择；③博爱的家长式作风，控制了大部分的资源，能够控制社区优先；④博爱的业余性。请参见 Ralph M. Kramer, *Voluntary Agencies in the Welfare State* (Berkeley: University of California Press, 1981), and Lester M. Salamon, " Of market failure, voluntary failure, and third-party government: Toward a theory of government-nonprofit relations in the modern welfare state," *Journal of Voluntary Action Research* 16 (1987): 29 - 49.

54. Ian Smillie and Henny Helmich call this phenomenon the " alms bazaar " (i.e., the development industry). See Smillie and Helmich, eds., *Non-Governmental Organizations and Governments: Stakeholders for Development* (Paris: Development Center of the Organization for Economic Cooperation and Development, 1993).

55. 文献在这个问题上有所不同，并一直被统计的困难所困扰。最近的证据表明，当考虑内生性时，回归性可以非常强，参见 M. Shahe Emran, Asadul Islam, and Forhad Shilpi, " Admission is free only if your dad is rich! Distributional effects of corruption in schools in developing countries," http:// dx.doi.org/10.2139/ssrn.2214550。这篇论文关于这个主题提供了很好的文献综述。

56. World Bank, *The Quality of Growth* (New York: Oxford University Press, 2000), ch. 6. The actual extent to which bribery is regressive remains somewhat controversial. In addition to Emran, Islam, and Shilpi, " Admission is free only if your dad is rich!, " op. cit., other useful surveys and findings include Abhijit V. Banerjee, Rema Hanna, and Sundhil Mullainathan, " Corruption," in *The Handbook of Organizational Economics*, edited by Robert Gibbons, John Roberts (Princeton 2013). Jakob Svensson, " Eight questions about corruption," *Journal of Economic Perspectives* 19, No. 5 (2005): 19 - 42; J. Hunt and S. Laszlo "Is bribery really regressive? Bribery's costs, benefits and mechanisms," *World Development* 40, No. 2 (2012): 223 - 436; J. Hunt, " How corruption hits people when they are down," *Journal of Development Economics* 84, No. 2 (2007): 574 - 589; and Jakob Svensson, " Who must pay bribes and how much? Evidence from a cross section of firms," *Quarterly Journal of Economics* 118, No. 1 (2003): 207 - 230.

57. 可参见 Benjamin A. Olken, " Monitoring corruption: Evidence from a field experiment in Indonesia," *Journal of Political Economy* 115, No. 2 (2007): 200 - 249; and Ritva Reinikka and Jakob Svensson, " Fighting Corruption to Improve Schooling: Evidence from a Newspaper Campaign in Uganda," *Journal of the European Economic Association* 3, Nos. 2-3 (April-May 2005): 259 - 267.

58. John M. Cohen and Norman T. Uphoff, " Participation's place in rural development: Seeking clarity through specificity," *World Development* 8 (1980): 213 - 235.

59. David Deshler and Donald Sock, " Community development participation: A concept review of the international literature," paper presented at the conference of the International League for Social Commitment in Adult Education, Ljungskile, Sweden, July 22 - 26, 1985.

60. Sarah C. White, " Depoliticising development: The uses and abuses of participation," *Development in Practice* 6 (1996): 6 - 15.

61. Victoria J. Michener, " The participatory approach: Contradiction and cooption in Burkina Faso," *World Development* 26 (1998): 2105 - 2118.

第三部分
PART 3

国际和宏观问题与政策

第 12 章　国际贸易理论和发展经验

第 13 章　国际收支、债务、金融危机以及稳定政策

第 14 章　国外融资、投资、援助与冲突

第 15 章　促进发展的金融及财政政策

第12章
Chapter12

国际贸易理论和发展经验

发展中国家需要发达国家，而现在发达国家对发展中国家的需要也日益增加。

——联合国开发计划署，《人类发展报告》，2013 年

多样化和产业化仍旧是长期内一个国家抵御商品价格波动不利影响的最好方法。

——联合国贸易与发展会议（UNCTAD），2012 年

出口产品的种类决定了国内经济后续发展的情况。

——里卡多·豪斯曼和丹尼·罗德里克，2006 年

尽管"全面的保护能够培育出本国的进口替代行业"这种过时的认识会产生误导，但是走向另外一个极端，否认发展中国家可能通过积极的培育活动发展本国某个工业部门的这种认识也是错误的。

——发展融资高端专家组报告，Zedillo 委员会，2001 年

国际农产品贸易体系的结果就是在农产品贸易方面的成功取决于是否能获得补贴而不是比较优势。

——凯文·沃特金斯（Kevin Watkins）和乔基姆·冯·布劳恩（Joachim von Braun），
2002～2003 IFPRI 年度报告论文

12.1 经济全球化概览

在过去的几十年中，不断扩大的国际服务贸易、初级产品以及制成品贸易，不断增多的间接投资（如国际贷款和股票投资等），更多的外国直接投资尤其是大型跨国公司所做的投资，都使得世界经济的联系越来越紧密。与此同时，实物形式的外国援助越来越少，与私人资本和侨汇的大规模流动相比更是相形见绌。这些联系对于发展中国家的影响尤其明显——发展中国家之间以及发展中国家和发达国家之间的进出口贸易不断增多，其中最明显的就是中亚和拉丁美洲，来自美国、英国和日本等发达国家的投资大量涌入。我们将首先回顾一下发展中国家是如何受到这些发展趋势影响的，然后针对发展前景检验一下国际扩张效应理论。

全球化（globalization）几乎是在讨论发展、贸易和国际政治经济中使用频率最高的一个词。[1] 顾名思义，全球化是世界经济逐渐一体化的过程，导致了全球化经济的产生，同时增加了全球化的经济政策制定（例如通过 WTO 这样的国际组织制定经济政策）。

全球化同时还指"全球文化"的出现，不同国家的人消费相类似的产品和服务，使用一种通用的商务语言——英语；这些变化都加快了经济一体化，而经济的一体化又反过来促进了这些趋势的发展。但是就其核心的经济含义而言，全球化指的是全球各个经济体在国际贸易、资本流动和外国直接投资等方面的开放程度不断增大。我们在随后的两章中将讨论这些

话题。各国政府之间、企业之间甚至人与人之间不断增加的内部联系影响着世界上的每一个人，尽管到目前为止这种影响在发达国家显得更为明显一些，但是全球化进程可以从多个角度对发展中国家的国民产生更大的影响。

对一些人而言，全球化一词意味着更多的商业机会、贸易所得增加、知识和创新的更快增长、知识向发展中国家更快地传递（促进发展中国家更快增长）以及一体化所蕴含的内部依赖性可以避免战争。从某种程度而言，全球化也许能够实现上面提到的这些好的情形。

然而，对于另外一些人而言，全球化带来了很多麻烦的问题：加剧国家之间和国家内部的不平等问题；加速环境恶化；一些发达国家的国际统治地位将会被扩大和强化，同时一些不太发达的地区和不太富裕的国民将会被更远地甩在后面。诺贝尔和平奖的获得者穆罕默德·尤努斯在 2008 年的一本书中这样描述这些现象："全球贸易就像一条游历全世界的 100 条车道的高速公路，如果所有的高速公路都是免费的、没有信号灯、没有限速、没有车载限制甚至没有车道标志线，那么这条公路就会被来自世界上最强大经济体的巨无霸卡车所占据。"[2]因此，必须要有适当的政策和协议来阻止这些潜在的问题发生。

因此，全球化带来了收益和机会，同时也带来了成本和风险。对于所有的国家和所有民族的人来说都是如此，尤其是那些低收入国家的贫困家庭，受到的影响相对更大。对于发展中国家来说，全球化带来的潜在收益也许是最大的，因为全球化的确为包罗万象的经济发展提供了许多新的可能性。通过提供多种与其他国家国民相互交流的方式，全球化能够使发展中国家在文化、社会、科学、技术改进、传统贸易和金融等领域直接或者间接地受益。那些生产性知识的更快传播，例如世界范围内新技术的创新和应用之间的时间差缩短，可能帮助发展中国家以更快的速度赶超。简而言之，全球化使得发展中国家可以更为有效地吸收来自富裕发达国家的知识（这些知识也正是这些国家赖以生存的基础），至少在理论上是如此。此外，正如亚当·斯密在 1776 年所称的："劳动分工受到市场范围大小的限制"，市场越大，从贸易和劳动分工中获得的收益就越多，对于创新的激励也就更为有效（因为潜在的收益会更大）。

国家越穷，全球化带来的不利方面的影响就有可能越严重，因为全球化可能会导致这些穷国处于某种依附模式、国家内部的二元模式恶化或者完全被边缘化。批评家产生了某些合乎情理的担心，如果没有集中的公共行动，许多生活在贫困中的人将很难摆脱贫困陷阱——例如，人力资本的持续下降，低于参与全球化经济的最低要求水平。最贫穷国家接收到的国际投资份额长期以来持续下降而不是上升。所有国家都受到日益增加的资本流动脆弱性的影响（2008 年的金融危机就是一个很好的例子），发展中国家遭受的影响更大。所有的国家也同样经历着文化认同方面的威胁，发展中国家尤为如此。

当然，一些占据了世界人口很大比例的重要发展中国家，比如说中国和印度，它们正在利用全球化这一契机加速它们的赶超步伐，因此也就在一定程度上削弱了国际的不平等现象。但是从其他方面来说，国家之间和国家内部的不平等现象加剧了。在这个问题上，非洲从 20 世纪 80 年代开始到 21 世纪初长达二十多年的经济下滑似乎都在佐证这样的观点。

关于全球化的广泛和合理的担心并不是空穴来风，而是有一定的事实基础——之前殖民时期的全球化浪潮，其影响就是极端不平衡的。当时受到最坏影响的国家，例如非洲，现在仍然处于缓慢而摇摆不定的境地。当前，至少某种形式的全球化会带来普遍受益，这种观点能否成立取决于当前的全球化浪潮较之于之前的浪潮存在何种形式的不同。仅仅简单地说之前全球化的浪潮是和殖民主义的统治与征服密切相关，这是远远不够的。的确有一些评论家认为当前的全球化其实只是表面上的不同。"这次情况是不同的"这类的论调必须建立在一些证据基础上：现在的确存在一些有效的"游戏规则"来规范国际贸易、投资、金融和对穷国的援助——或者说即使没那么有效，这些规则也是正在稳定、令人信服而又无可逆转地发挥着作用。

迄今为止，贸易自由化的正式进程已成

为鼓励全球化发展的关键。**关税贸易总协定**（General Agreement on Tariffs and Trade, GATT）从1947年开始已经进行了多轮回合的贸易谈判，这些直接促成了1995年WTO的成立。

在WTO支持下，经由谈判得到的贸易规则，是如何建立游戏规则的一个重要例证。然而，到目前为止，这些规则并没有达到真正意义上的公平。这些规则使得一些国家大为受益，而一些穷国却获益较少，它们仍然需要通过农业来为发展和增长获得立足点，同时还要面对来自那些经常宣传贸易开放能带来好处的国家所设置的贸易壁垒：发达国家所奉行的贸易保护主义倾向于对最贫困的发展中国家施以最沉重的打击，因为发达国家的贸易保护主要集中在农产品上。尽管根据历史标准，发达国家对于来自发展中国家的进口产品所征收的关税并不高，但是到2010年为止，来自发展中国家的产品所面临的关税仍然是来自其余发达国家的2倍。经济合作与发展组织估计，在2010年，其成员方的农业生产支持水平为2 270亿美元；虽然这比过去3年的水平低了10%，但它已经远远超过来自这些国家1 300亿美元的援助水平。此外，非关税壁垒也非常高，[3]这给发展中国家带来的损失是巨大的。

建立一个有效的、真正公平的游戏规则，还有许多事情需要做，可谓任重道远。为了使较为落后的国家能有平等的地位，有必要达成一些国际共识。这一平等的过程既需要涉及一些国家间的改变，也需要涉及一些国内的改变，这些国内改变可以由一些国际组织来推动——例如，阻止腐败政府侵犯人权，以及反叛者的暴力行径，而这些反叛者之所以能维持其统治，是依靠合法的国际贸易例如钻石（由奴隶开采出来的）和非法的国际贸易例如毒品贸易为其提供经费。关于跨国公司的有关政治和其他方面的行为准则还有待于进一步发展。必须达成一定的协议来对一定情况下国际性财产权的使用进行合理性限制，例如，当一些穷国发生紧急事件需要药品供应时，它们无法承担垄断租金——这些药品的价格远远超过其生产成本。在第14章，我们将会学习到，跨国公司（MNC）发起的外国直接投资会促进经济发展。

但是一个国家终究还是需要自己的现代企业或者至少有一种方法使得一些国际企业将本国作为基地。

人们经常会问，是不是除了将穷国置于公平的竞争位置上以外，就没有别的可做的了？许多发展倡导者呼吁立即充分开放发达国家市场，以便更多地进口来自落后国家的商品。人们也可能会说，当前这一轮全球化对最穷国产生的最坏结果就是它们完全没有从全球化中获益。这种情形在撒哈拉以南非洲的大部分地区体现得最明显，虽然与此同时许多国家都从近些年的商品热潮中持续获益。这一区域的绝大多数国家都受到前一波全球化浪潮的负面影响，但当前受到全球化的影响却微乎其微。

12.2 国际贸易：一些关键问题

从世界发展的历史经验来看，国际贸易通常扮演着重要的角色。随着关于国家发展的其他话题的出现，发展中国家在贸易上的经验呈现出很大差异。近些年，贸易和发展问题的关注点集中在理解东亚的出口奇迹上。韩国和其他东亚经济体最先实施这一战略。在贸易自由化的今天，这些经济体的经验是了解开展贸易与发展之间关系的重要环节，这些问题我们都将在本章的后续部分进行讨论。

与此同时，整个非洲、中东和拉丁美洲的初级产品的出口都占据了本国国民生产总值相当大的比例。对于一些小国来说，经济中绝大部分货币收入都来自对海外市场销售农产品和其他的**初级产品**（primary products）或者商品（例如咖啡、棉花、可可、糖、棕榈油、铝土矿、铜等）。

一个特殊的例子是，波斯湾和其他地区的一些石油生产国，其精炼和非精炼石油的销售量占国民总收入的70%，尽管收益显著，但石油生产上的专一化也经常给它们带来大量的经济成本（有时这些成本是隐性的，包括经济和政治上的扭曲）。许多别的发展中国家仍然需要依赖非矿产品之类的初级产品来赚取外汇。这个问题在撒哈拉以南的非洲地区尤为严重。由于这些产品的市场和价格经常波动，初级产品的**出口依赖性**

（export dependence）必然带来一定程度的风险和不确定性，任何国家都不希望看到这种局面。这是一个非常重要的问题，尽管自 2002 年以来初级产品的价格上涨，同时 2008 危机结束后一些初级产品价格出现反弹，但是从长期来看初级产品的价格是下降的，而且波动幅度巨大（我们将在本章后面探讨这一问题）。

一些非洲国家，包括布基纳法索、布隆迪、中非共和国、冈比亚、尼日尔以及圣多美和普林西比民主共和国，2011 年从其制成品中得到的出口收入不超过其总出口收入的 8%；2011 年，没有一个国家的化石燃料出口收入超过其总出口收入的 2%。诸如尼加拉瓜的一些国家也同样拥有较低的制成品出口份额。

实际上，一些发展中国家至少 2/5 的出口收入一直来自一种或者两种农产品或者非燃料性的矿产品。正如戴维·哈维（David Harvey）与其合著者所注意到的："对于 40 个国家来说，3 种或者更少种产品的生产覆盖了所有的出口收入。"[4] 同时，联合国贸易与发展会议（UNCTAD）在 2006 年的报告中表明："在 141 个发展中国家中，95 个国家对商品出口的依赖程度超过 50%……在撒哈拉以南的非洲地区，依赖度达到 80%。"[5]

一些发展中国家还在更大程度上依赖于燃料出口。例如，2011 年，委内瑞拉、也门和阿尔及利亚三个国家 97% 的出口收入都来自化石燃料；尼日利亚和伊朗对化石燃料的依赖程度达到 89%。尽管收益可观，但对石油和其他燃料出口的高度依赖性也带来了严重的经济成本和政治混乱（常常是隐性的）。较少惠及于民的规模庞大的石油部门在经济领域的大量活动，削减了可能在长期对发展更为有利的其他经济部门的出口。

出口依赖性也扩大到了服务领域，尤其是旅游方面，当外国游客购买国内生产性服务时，这些服务被"出口"——包括旅店留宿、餐饮、当地交通、主题公园入场费、跟团旅游和零售附加价值（如旅客购买商品时店员的工资）等。这些费用一般通过其他国家的货币进行支付，如美国人在格林纳达的海滩或者坦桑尼亚的野生公园所花费的美元。这种依赖性在某些发展中岛国（Small Island Developing States

（SIDS），SIDS 是联合国的一个特殊发展策略）身上体现得非常明显。对于这些国家来说，服务出口收入遭受意外损失的后果与其他出口收入损失的后果一样严重。在 2011 年，这种情况出现在经历过与"阿拉伯之春"（Arab Spring）相关的冲突之后的中东和北非地区，冲突影响了这些地区的旅游业。埃及也是一个高度依赖旅游业收入的国家——2011 年，埃及的旅客到达人数下降了 32%，与之相应的旅客支出费用从 510 亿美元下降到 430 亿美元，且仍处于下降趋势。2011 年，突尼斯的旅游收入下降了将近 30%。[6] 这些情况也能够说明多样化而非过度依赖某一领域的好处。

除了出口依赖性之外，一般而言，许多发展中国家还在更大程度上依赖原材料、机器、资本品和中间产品以及消费品的进口来维持其工业的发展，同时满足国民日益上升的消费需求。对于大多数发展中国家而言，在第二次世界大战之后的大部分时期，其进口需求都超过出口销售所能带来的收入，这就导致了其国际收支的长期赤字。但是这种**经常项目**（current account）的赤字（对于商品和服务的进口支付超过出口收入的部分）由国际收支表中的**资本项目**（capital account）的盈余（外国私人、官方贷款和投资超过对于过去贷款、投资本金以及利息的支付）所抵消。偿付以前的国际贷款和投资的债务负担日益沉重。在一些发展中国家，经常项目和资本项目的严重赤字导致了国际货币储备的枯竭、货币不稳定和经济增长的减缓。

20 世纪八九十年代，外贸逆差的日益增加和外债的不断攀升一起加剧了资本外逃，也使外汇储备日益减少，这导致了各国普遍采取紧缩的财政与货币措施，尤其是非洲和拉丁美洲（经常有国际货币基金组织的参与），这进一步加剧了许多发展中国家经济增长减缓、贫困及严重失业的现状。这些不同的国际经济学概念的准确含义我们会在本章靠后部分以及下一章详细解释。这里需要指出的一点是：如果对外支出长期超过收入（这可能并非因为发展中国家缺乏管理其金融事务的能力，而是因为发展中国家更容易遭受全球经济动荡的冲击），那么将会严重阻碍这些国家的发展，也将会极大地限制贫困国家制定和执行最理想的经济发展策略。

随着一些债务的偿清，许多负债国开始出现盈余现象。在新世纪，许多发展中国家的贸易顺差逐渐加大（虽然并非所有国家都是这样）。发展中国家一直都在尽量避免重复20世纪80年代拉美、20世纪八九十年代撒哈拉以南的非洲地区以及1997～1998年东亚的金融危机。2008年金融危机导致的出口收入突然减少让人们似乎又窥见了危机。然而，这种模式也有其固有的风险，例如，这种模式意味着发展中国家可以有效地出口资本，当巨大的、长期的美国收支逆差现状反转时，这些国家的经济会很容易受到大幅调整的影响。[7]

但是，国际贸易与国际金融必须从一个更加广泛的视角去理解，而不是仅仅局限于将其视为商品和金融资源的跨国流动。通过向全球贸易市场开放本国经济，放眼于世界其他地区，发展中国家引起的不仅是商品、服务、金融资源的国际转移，而且对生产技术、消费模式、制度与组织安排、教育、卫生与社会制度，以及发达国家流行的价值观、思维理念和生活方式等方面产生了促进或阻碍作用。这些技术、经济、社会与文化方面的转移对于发展过程的影响，既可能有所助益也可能存在危害。具体为何种影响，在很大程度上取决于接受国的政治、社会和制度结构的性质以及它们的优先发展目标。对于发展中国家而言，作为单个经济体或一个经济联盟实行以出口为导向的外向型战略（无论主动实行还是被动接受），作为贸易保护主义者或国家主义者实行以进口为导向的内向型战略或者实行外向和内向型战略并重，三种类型的国际经济政策哪种更好是无法轻易得出结论的。每个国家必须审视自己目前和未来在国际社会中的地位，并以此为依据来制定自身具体的发展目标。只有这样，才能使本国权衡出最有益的贸易战略。虽然参与世界经济是不可避免的潮流，但是在参与方式和政策策略上，各国还是有足够的政策选择空间的。正如你们将会看到的，尽管WTO的成员方在某些政策上会面临部分的禁令或限制，但是对于发展中国家而言，仍然存在足够的政策选择空间。

12.2.1 贸易与发展的5个基本问题

在接下来的几小节中，我们的目标是根据对发展中国家而言有特殊重要性的5个基本主题或问题，集中讨论那些传统的或者更现代的国际贸易理论。

（1）国际贸易如何影响发展中国家经济增长的速度、结构及性质？这实际上还是关于传统的"作为增长引擎的贸易"的争论，只不过在这里我们将其置于当代发展愿望的背景之下加以审视。

（2）贸易如何改变收入和财富在一国国内和不同国家之间的分配？对于一国国内或者国际而言，贸易到底是一种促进平等的力量，还是一种产生不平等的力量？换句话说，收益和损失是如何分摊的，到底谁是真正的受益者？

（3）对于发展中国家而言，在什么条件下，贸易才有助于它们实现自己的发展目标？

（4）发展中国家能否依靠自己的意愿决定它们的贸易规模及其售卖的产品和服务种类？

（5）根据过去的经验和对前景的判断，发展中国家采取外向型的政策（自由贸易，扩大资本、人力资源的流动等）、内向型的政策（基于自力更生的利益而采取贸易保护主义），还是追求两者的综合更好（例如采用区域经济合作和战略出口策略的方式）？对发展的可替代贸易战略持有支持和反对观点的依据又是什么？

很明显，这5个问题的答案，对于发展中国家多样性的经济而言，定然不可能是千篇一律的。国际贸易的全部经济基础依赖于一个事实：不同的国家，在它们的资源禀赋、偏好、技术、规模经济、经济与社会制度以及增长与发展能力等方面都存在巨大的差异，发展中国家当然也不例外。有些国家通过扩大作为企业资本的收入水平获得了快速的发展；有些国家人口众多却缺乏自然资源和人才技术（至少对于该国大多数区域来说是这样）；而另一些国家虽人口稀少却被赋予丰富的矿产和其他原料资源；还有一些国家规模较小、经济脆弱，既没有充足的人力资源也没有丰富的物质资源，以至于无法支撑起一个持续的、大部分能自给自足的经济和社会发展战略。

首先我们对近期发展中国家的贸易绩效和

模式进行一个统计方面的总结，然后我们简单介绍一下基础的国际贸易新古典理论及其对效率、公平、稳定以及经济增长的影响（与核心问题相关的 4 个基础的经济学概念）。接着，我们根据世界经济发展的历史经验和现状对**自由贸易**（free trade）理论进行批驳。自由贸易如同自由市场经济一样，有理论上的优势，比如实现最大经济效益和资源的最优配置。

但反过来，与市场经济和完全竞争相类似，自由贸易也是非常理论化的，发展中国家需要在不完全竞争的条件下考虑问题，同时真实的国际贸易过程中也存在很多高度不公平的现象。因此，我们需要简单地分析一下包含不完全竞争、不公平贸易以及考虑到不同人力资源和技术发展会产生动态影响的可替代贸易模型。本章后半部分和接下来的几章，我们还会讨论收支平衡问题，回顾一些有关国际财务的问题，深入分析债务危机，同时在有关出口促进和进口替代相对优势的激烈讨论大背景下，研究发展中国家可能会采用的商业政策类型（关税、补贴、配额、汇率调整，等等）。接着我们会从一个更广的范围讨论发展中国家的商业政策，包括进口税、实际配额、出口促进和进口替代、汇率调整、技术专利费用谈判和市场准入、刺激出口的策略、国际商品协定和经济一体化。我们旨在弄清楚哪些政策条件会有利于或者不利于发展中国家之间、发展中国家与发达国家之间的贸易活动。然后我们会继续探讨"贸易乐观派"与"贸易悲观派"以及外向型发展战略与内向型发展战略之间的持续争论。最后，我们会研究发达国家的贸易政策以便分析这些政策是以怎样的方式直接或间接地影响发展中国家的。本章结尾处，我们会详细阐述目前高收入的中国台湾地区是如何成为成功先例的，并以此作为从国际贸易中受益的经典案例。

12.2.2 不同发展中国家出口的重要性

虽然发展中国家的出口量和价值额的总体数字是这些国家贸易格局的重要体现，不过我们将会看到一个国家出口的重要性可以通过出口商品的美元价值来表示。表 12-1 概括性地展示了不同规模大小的发展中国家或地区内商品出口的相对重要性。为便于比较，表中也包含了 3 个主要发达国家的相关数据。

对于绝大多数有关发展的问题，不同发展中国家之间的发展策略有着很大的差异。比起发达国家，传统类型的发展中国家更为典型地依赖于贸易。根据表 12-1 我们可以看出，比起规模较小的国家，规模较大的国家对贸易的依赖程度更低一些，而许多发展中国家的商品出口占总出口的比例却非常大。像巴西这样的大国，经济开放程度很低，与一些小国相比，其国民收入对出口贸易的依赖更小。

而一些国民收入很低的国家，例如布隆迪和埃塞俄比亚，依旧没有融入全球经济。整体而言，比起发达国家，发展中国家对出口贸易的依赖程度更大。比如传统的出口导向型国家日本，2012 年的出口额约占 GDP 的 13%，而许多人口规模与之相近的发展中国家则拥有更高的出口额（包括尼日利亚、孟加拉国、俄罗斯、墨西哥、菲律宾和越南等国家），同时这些发展中国家的商品出口所占份额也远远高于日本。

根据表 12-1 中的数据，发展中国家的出口在其 GDP 中占据了更大的份额，部分原因可能是发达国家内部的非贸易服务拥有更高的相对价格。无论如何，发展中国家对国际贸易依赖程度较高已是事实，因为绝大多数贸易都集中在商品领域，而商品贸易会使世界各国之间同种商品的价格差异缩小。而且一般而言，发展中国家出口商品的种类也远不如发达国家丰富（一些中等偏上收入国家出口商品的种类也是非常丰富的）。虽然很多发展中国家的总出口和制成品在出口商品中所占的比重已经增加，但是正确地认识这种上升的现象显得至关重要。一部分新兴工业国家（NIC）在发展中国家的出口贸易中占据着主要的位置。如 2011 年，韩国一个国家的商品出口就远远超过整个南亚地区（包括印度）或整个撒哈拉以南非洲地区的商品出口；而韩国一个国家出口的制成品超过了南亚和撒哈拉以南非洲两个地区的总和。[8] 同时，作为"世界工厂"的中国更加凸显了制成品出口所占份额和发展中国家高增长率之间的关系，这部分我们将在 12.6 节做出详细解释。

表 12-1 2012 年某些国家商品出口结构

国家	GDP（十亿美元）	商品出口（十亿美元）	商品出口占GDP的百分比（%）	食品占全部商品的比例（%）	农业原材料占全部商品的比例（%）	燃料占全部商品的比例（%）	矿石和金属占全部商品的比例	制成品占全部商品的比例（%）
阿尔及利亚	205.8	74.0	36	0	0	97	0	2
贝宁	7.6	1.4	18	61	24	0	1	15
玻利维亚	27.0	10.9	40	14	1	55	25	5
巴西	2 252.7	242.6	11	32	4	11	16	35
布基纳法索	10.4	2.4	23	38	52	0	1	8
布隆迪	2.5	0.1	5	74	5	0	8	13
中非	2.2	0.2	10	1	31	0	62	4
中国	8 227.1	2 048.8	25	3	0	2	1	94
科特迪瓦	24.7	12.4	50	51	13	26	0	10
厄瓜多尔	84.0	23.9	28	30	4	58	1	8
埃及	262.8	29.4	11	14	2	32	6	45
埃塞俄比亚	41.6	3.0	7	78	9	0	1	10
冈比亚	0.9	0.1	11	82	2	0	9	7
加纳	40.7	12.0	29	48	2	39	2	9
印度	1 841.7	293.2	16	11	2	19	3	65
印度尼西亚	878.0	188.1	21	18	6	34	6	36
伊朗	514.1	95.5	19	4	0	70	2	12
日本	5 959.7	798.6	13	1	2	2	2	90
马拉维	4.3	1.3	30	76	5		9	9
马来西亚	305.0	227.4	75	13	2	20	1	62
墨西哥	1 178.1	370.9	31	6	0	14	4	74
莫桑比克	14.2	4.1	29	20	5	16	51	7
尼加拉瓜	10.5	2.7	25	90	2	0	2	6
尼日尔	6.8	1.5	22	14	3	1	76	6
尼日利亚	262.6	114.0	43	2	6	89	0	3
秘鲁	203.8	45.6	22	21	1	14	50	14
菲律宾	250.2	52.0	21	9	1	2	5	83
俄罗斯	2 014.8	529.3	26	3	2	70	4	14
卢旺达	7.1	0.5	7	51	5	0	34	10
南非	384.3	87.3	23	8	2	12	32	45
英国	2 471.8	468.4	19	6	1	14	4	66
美国	16 244.6	1 547.3	10	10	2	10	4	63
越南	155.8	114.6	74	19	4	11	1	65
也门	35.6	8.5	24	7	0	89	0	3

资料来源：World Bank,World Development Indicators,2013,Table 4.4,at:http://wdi.worldbank. org/table/4.4,accessed 18 February 2014.

不同国家的出口构成是不尽相同的。对于像日本、英国和美国这样的发达国家来说，商品出口中制成品所占比例分别为 90%、66%、63%，高于发展中国家的平均水平。但同时发展中国家在各自的出口构成上也有很大的差异。

例如在金砖五国（BRICS）中，中国的制成品出口在总出口中占据了很大的比重；但对于巴西、南非尤其是俄罗斯来说，其商品出口更为单一化。就其中包含的熟练程度和技术而言，制成品本身就有非常大的差异。

正如本章前面所提到的那样，许多发展中国家仅仅依赖于一种或少数几种商品的出口。除了丧失了部分竞争性制造业的收益之外，这种情况也暗藏着大量的风险，如国家面临长期相对价格下降和短期内价格较大波动等影响。

12.2.3 需求弹性及出口收入的不稳定性

绝大多数针对世界不同种类商品的需求弹性进行的统计研究结果显示，初级产品**需求的收入弹性**（income elasticity of demand）相对较小：进口商（绝大多数是富裕国家的）对初级农产品及绝大多数原材料的需求增长率将会上升，但其上升程度会小于进口国国民总收入（GNI）的增长率。与之相反，燃油、某些原材料以及一些工业制成品，收入需求弹性就相对来说比较高。[9] 比如发达国家人们的收入每增长1%，对食物的进口需求量仅仅会增加 0.6%，对橡胶或植物油的需求量会增加 0.5%，但是对工业制成品的进口需求量就会增加 1.9%。这样，当富国收入增加时，它们对发展中国家所出口的食物、食物加工品和原材料的需求量增长相对较慢，而对工业制成品的需求量则会大幅增加，最后导致这些需求的收入弹性低的初级产品的相对价格逐年下降。

此外，这些初级产品的**需求的价格弹性**（price elasticity of demand）（也包括供给）也趋向于非常低的水平（接近无弹性），需求或供给曲线的轻微变化都会引起这些产品价格的剧烈波动。这两种需求弹性结合起来，就造成我们所说的**出口收入的不稳定性**（export earnings instability）。2012 年联合国贸易与发展会议的研究表明，在近 50 年当中（尤其是在 2003 年之后），发展中国家的商品价格变得更加反复无常，潜在增加了依赖于商品出口的出口商所面临的风险。出口收入和贸易条件的不稳定性会导致更低、更难预测的经济增长。[10]

尽管我们几乎将所有的注意力都集中在商品出口上，但同时发达国家和发展中国家的商业服务所占比重也在缓慢增加之中。对于发达国家来说，主要输出的是包含较高技术含量的服务，如投资银行或企业管理咨询机构，而发展中国家则习惯提供一些技术要求较低的服务。

12.2.4 贸易条件和普雷维什－辛格假设

谈到不同商品相对价格水平的变化，我们就需要讨论另一个重要的定量化贸易问题，这些问题自古以来就困扰着发展中国家。一国的出口收入总值既受到出口数量的影响，同时更受到出口产品价格的影响。如果出口商品单价下跌，为了维持固定的出口收入，我们就必须增加出口数量。涉及进口也是如此，一国的外汇总支出由进口商品的价格和数量共同决定。

显然，如果一个国家出口商品相对于进口商品的价格出现下跌，该国为了维持与以往同等水平的进口商品，就必须扩大出口的数量，出口本国更多的稀缺性资源。换而言之，就是如果一个国家出口货物相对于进口货物价格下跌，该国进口 1 个单位的货物的实际或者社会机会成本就会提高。

经济学家们给这种单位出口货物价格和单位进口货物价格的比例关系起了一个特殊的名称，即**商品贸易条件**（commodity terms of trade），我们可以用 P_x/P_m 表示，其中 P_x 和 P_m 分别表示出口价格指数和进口价格指数，且在相同基期的情况下计算得到（如把 2012 年视作基期，取值为 100）。

这样如果 P_x/P_m 值下降，就表示商品贸易条件恶化，也就是说，即便此时两个价格都上涨，但只要出口商品相对于进口商品的价格下降，就说明商品贸易条件恶化。大多数学者都认为，从历史角度来看，初级产品相对于工业制成品的相对价格处于下降趋势。[11] 这样一来导致的结果就是，非原油出口的发展中国家贸易条件平均来看趋于恶化，而发达国家的贸易条件则相对改善。最近的实证研究表明：20 世纪以来，尽管金融危机之前的价格猛涨是继 1900 年以来涨幅最大的一次，但真实的初级产品贸易条件却在以平均每年 0.6% 的速度逐年下降。虽然自 2002 年之后初级产品的价格不断上涨，但这段时期的增长很可能已经到达峰值，仍然不能扭转长期下降的趋势。[12]

继 20 世纪 50 年代两位著名的发展经济学家初次探索该假设之后，在对不断下降的商品贸易条件的研究中，最主要的理论就是著名的**普雷维什－辛格假设**（Prebisch-Singer hypothesis)。[13] 该理论认为在低收入和低需求价格弹性的双重作用下，初级商品出口商面临的贸易条件会在长期内持续下降。这种下降会导致收入从穷国向富国的持续转移，发展中国家只有通过实行进口替代的策略去保护国内制造业，才有可能阻止这种趋势，这点我们会在本章的后面部分加以阐述。我们可以从专栏12-1看到，最近的研究也为这个假设的成立提供新的证据。

□ **专栏 12-1 普雷维什 – 辛格假设在过去四个世纪中的证明**

发展经济学家普遍认为，如果一个发展中国家的主要出口产品相对于进口产品的价格长期处于不利地位，那么这个国家就应当提倡出口商品结构的多样化。从传统意义上看，发展中国家特别是那些最不发达的国家，通常主要出口初级产品，进口工业制成品。但因为初级产品的价格波动剧烈，同时某些产品的理论价格周期太长，以致该商品的长期价格走势很难确定。然而大量研究已广泛证实了普雷维什 – 辛格假设的主要观点（包括1994年的国际货币基金组织的研究）。然而，即便在21世纪的第一年初级产品价格出现了始料未及的猛涨，但对于扭转20世纪下跌趋势也还是任重道远，一些经济学家甚至质疑这种趋势是否可以逆转。

如果我们想要一个确切答案，最好能得到比目前所知的更长时期的历史数据。这就使研究难上加难，因为实证研究的绝大多数检验都是建立在对长期数据统计性质的假设基础上的，这使得实证工作更具挑战性。[⊖] 在2010年发表于《经济与统计评论》（*Review of Economics and Statistics*）的一篇文章中，戴维·哈维和他的同事应用了一种新方法，这种方法对数据的统计性假设要求更低，并且能收集到更远历史时期的数据，在某些情况下甚至能追溯到1650年。这更便于我们从大量的数据中排除掉周期的影响，从而提取出它的长期趋势。

他们的发现中有一个引人注目的例子，作者将其总结为"像咖啡一类的主要初级产品的相对价格平均每年以0.77%的速度下跌，且这个下跌过程已经持续了近300年！"概括来说，他们发现："从总体角度来看，11种主要初级产品为其相对价格长期下跌的趋势提供了新的有力证据。"这些商品分别为：铝、咖啡、兽皮、黄麻、银、糖、茶叶、烟草、小麦、羊毛及锌。

作者得出这样的结论：

我们认为，以上现象更有力地支持了"普雷维什 – 辛格假设与商品价格相关"的论点。对于其余14种商品，我们没有发现其总体或部分样本区间上具有正的或显著性的趋势。这些零趋势商品的存在表明刘易斯假设也能解释特定商品价格方面的变动……然而，反过来说，即便是在超长时期内，也没有统计上的证据表明这些商品的相对价格有上扬的趋势。

资料来源：Based on David I. Harvey, Neil M. Kellard, Jakob B. Madsen, and Mark E. Wohar, "The Prebisch-Singer hypothesis: Four centuries of evidence," *Review of Economics and Statistics* 92(2010):367-377.

因为这个理论以及其长期不利的贸易条件趋势，在过去的几十年，发展中国家和地区竭尽全力去使得制成品出口多样化。在经历过一段缓慢且成本高昂的时期之后，这些努力使得发展中国家和地区出口商品的结构发生了前所未有的显著改变，特别是那些中等收入国家和地区。作为亚洲四小龙的韩国、中国香港、中国台湾和新加坡的发展模式，已被众多国家追随，很多发展中国家的工业制成品在出口商品中所占比率也已经大大增加。

不幸的是，这种结构性的变化并没有给发展中国家带来它们所希望的诸多利益，因为工业制成品内部的相对价格走势也开始出现不一致的现象：在过去的几十年，相对于富国出口的高端产品来说，穷国出口的基础加工产品相对价格下跌。特别是纺织品的价格急剧下跌，

⊖ 检验包括：①检验时间序列里是否包含单位根；②检验其中是否有结构突变。

低技术附加值的电子产品的情况也不容乐观。

联合国使用其他衡量方法，发现自 20 世纪80 年代以来，发展中国家制成品的出口相对价格实际上以每年 3.5% 的速度下降，即每 10 年下降约 30%。在更详尽的研究中，阿尔夫·梅泽尔（Alf Maizels）指出，相对于美国来说，发展中国家制成品的贸易条件在 1981 ～ 1997 年这一时期呈现恶化趋势。[14] 而从 90 年代后期开始，纺织品价格的下降速度明显加快。

我们已经讨论过发展中国家面临的一些国际贸易相关的问题，接下来将讨论有关贸易在经济发展中的作用的几种理论。

12.3　传统国际贸易理论

纵观世界，贸易与交换现象是人类社会活动的重要组成部分。即便是在最偏远的非洲村落，人们也会定期聚集在集市上交换物品，以**物物交换**（barter transactions）的方式得到钱或其他商品。交易是指两种商品的交换，即放弃某种商品的所有权以获得另一种商品的所有权。在一个非洲村落，妇女可能会用木薯换布或者用简单首饰换取陶器。所有交易中都隐含着价格。例如，20 公斤木薯可以换取一米的树皮布料，那么树皮布料的隐含价格（贸易条件）就是 20 公斤木薯。此时如果 20 公斤木薯也可以换取一个小的陶器，那么一米布与一个陶器就是等价的。这样一种价格模式在交易中早已存在。

12.3.1　比较优势

人类为什么交易？简单地说，就是因为人们能够从中获利。不同的人拥有不同的能力和资源，对消费品的需求量也各不相同。人们不同的喜好、自然资料及财富禀赋，使得通过交易获益成为可能性。人们会拥有许多与自己的偏好或需求相关的物品，用这些物品来换取某些更急需的物品可以使人们从中获益。因为不论生活有多简约，个体或家庭都无法通过自给的方式满足他们对所有消费资料的需求。他们发现，如果从事适合自己或者（在自身自然能力或资源禀赋方面）具有**比较优势**（comparative

advantage）的活动，就可以从中获利。接着他们发现可以用任何盈余的自产物品换取他人擅长生产的盈余物品。这样建立在比较优势基础上的**专业化生产**（specialization）就诞生了，因此从某种程度上来说，即便是很原始的经济体也存在专业化生产。

同样，经济学家在解释国际贸易时也一直引用比较优势和专业化这两个原则。在回答是什么决定一国出口货物的种类以及为何不同国家生产不同商品这种问题时，自亚当·斯密以来的经济学家纷纷用不同商品的生产成本和出售价格的国际差异来解释。与个人的情况相类似，一个国家也专注于特定领域的商品生产，因为该国在该领域具有优势。它们往往专注于生产那些可以因此获得最大利润的商品。

但是在国际贸易中，为什么不同国家生产同一产品的成本会有所不同？例如，为何德国生产照相机、电子设备以及汽车的成本比肯尼亚低，而且德国会用这些制成品去换取肯尼亚相对便宜的农产品（水果、蔬菜、鲜花、咖啡以及茶叶）？正如前文所说，答案还是需要从商品的成本 - 价格结构的国际差异中寻找。一些产品（主要是工业制成品）在德国的相对生产成本较低，出口到类似于肯尼亚这样的国家就可以盈利；另外一些产品（主要是农产品）在肯尼亚的相对生产成本较低，因此可以出口到德国换取其工业制成品。

比较成本和价格差异是国际贸易理论中的两个基本概念。而比较优势原则，顾名思义，就是倡导一国专业化生产并出口具有比较优势的产品，这种产品往往能以最低的相对成本被生产出来。与肯尼亚相比，德国不但能以低成本生产照相机和汽车，也能以每单位更低的绝对成本生产水果和蔬菜。但是由于制成品的国际成本差异大大超过农产品，所以对德国来说，专注于生产工业制成品来换取肯尼亚的农产品更有利可图。所以，尽管像德国这样的国家在两种产品的生产成本都具有**绝对优势**（absolute advantage），但它的比较成本优势则在制成品产业上。反之，与德国相比，肯尼亚这样的国家在两种产品生产上都处于绝对成本劣势（即两种产品每单位的绝对生产成本都高于德国），但是肯尼亚也可以从贸易中获利，因为它在农业方面有着比较成本优势（也就是说相对于工业制成品来说，其农产品绝对劣势的程度更低一些）。正是因为比较优势存在差异，所以导致拥有最不平等关系的贸易伙伴之间也可以进行获利的贸易。

12.3.2　相对生产要素禀赋论和国际生产专业化理论：新古典模型

基于自由贸易的古典比较优势理论是一个严格建立在单一变量（劳动力成本）和完全专业化的前提下来演算贸易所得的静态模型。19世纪的自由贸易模型由大卫·李嘉图（David Ricardo）与约翰·斯图亚特·穆勒（John Stuart Mill）提出，接着在20世纪由两位瑞典经济学家赫克歇尔（Hecksher）和俄林（Ohlin）进一步完善，在研究国际专业化生产时将要素供给的差异性也考虑进去（主要包括土地、劳动力和资本）。赫克歇尔－俄林的新古典（或称为可变比例）**要素禀赋贸易理论**（factor endowment trade theory）使我们能够分析经济增长对贸易模式的影响、贸易对经济结构的影响以及不同生产要素的投入对收益的不同影响。

古典模型认为不同国家中不同产品的特定生产者的生产力不同，所以才产生贸易。然而，与古典劳动力成本模型不同，新古典要素禀赋模型把包括生产者在内的不同生产力因素排除，假设所有国家生产所有产品的技术水平都是一致的。如果国内各生产要素价格水平相当，所有国家都会用同样的方法生产，因此就会有相对一致的国内商品价格比率及要素生产力。该理论认为，贸易产生的基础并不是因为各国产品的劳动生产力内在技术水平具有差异，而是因为不同国家生产要素禀赋不同。在各国相对要素禀赋保持不变的情况下，相对要素价格是不同的（例如，国内商品贸易价格比率和该要素的使用成本也较低），因此国内商品价格比率和要素组合也是不同的。所以有着廉价劳动力的国家，较之那些劳动力相对昂贵的国家，在劳动密集型产品（如初级产品）方面存在着相对的成本和价格优势。所以它们应该集中生产劳动密集型产品，并通过出口的方式来换取资本密集型产品的进口。

相反，资本禀赋丰富的国家，将会在工业制成品生产方面形成相对成本和价格优势，因为这类产品相对劳动而言，需要更多的资本投入。因此这样的国家能够专业化地生产资本密集型工业制成品并将其出口，以换取劳动力丰富国家的劳动密集型产品的进口，从而在贸易中获取利益。由此，贸易就成为一个国家资本化本国优势资源的手段：通过更为密集地生产和出口那些利用本国富裕资源生产的产品，同时通过进口那些需利用本国相对稀缺的资源才能生产的产品来缓解其要素的短缺现状。

概括起来讲，要素禀赋理论建立在以下两个非常关键的命题基础之上。

（1）不同产品所需要的生产要素的相对比例不同。例如，与工业制成品相比，农产品生产过程中每单位资本所需要的劳动力比例相对更大一些；而与大多数初级产品相比，工业制成品生产过程中每个工人所需的机器时间（资本）更长一些。生产不同商品时实际使用的各种要素的比率将取决于要素相对价格。但不管要素价格如何，要素禀赋模型都假定某些产品更倾向于资本密集型，而其他则更倾向于劳动密集型。这些相对要素密集程度在印度和美国并无差别；因此无论是印度还是美国，与次级的工业制成品相比，初级产品更倾向于是劳动密集型产品。

（2）各国所拥有的生产要素禀赋不同。有些国家，比如美国，平均每个工人的资本量非常大，因而被认为是资本丰富的国家；而另一些国家，比如印度、埃及或哥伦比亚，资本很少但劳动力很多，被认为是劳动力丰富的国家。一般而言，发达国家倾向于是资本丰富型的（有人可能还会加上一条，认为这些国家也具有熟练劳动力的禀赋优势），而大多数发展中国家则是劳动力丰富型的。

要素禀赋理论由此展开深入论证，认为资本丰富的国家将趋于专业化生产诸如汽车、飞机、尖端的电子产品、通信产品和计算机等产品，这些产品在其生产技术中需要密集地使用资本。这些国家将出口一部分这类产品去换取劳动密集型或土地密集型产品，比如食品、原材料和矿产品，这些产品在那些劳动和土地资源具有禀赋的国家中更容易被生产出来。

这一理论在有关贸易和发展的早期文献和政策建议中起着关键性作用。该理论鼓励发展中国家致力于劳动或土地密集型的初级产品出口。同时该理论指出，发展中国家能通过利用这些初级产品去换取发达国家（从理论角度来说）最适合生产的工业制成品，实现与世界上更富裕国家进行自由贸易的目标，从而获得巨大的潜在利益。在这些文献中，很少有人考虑到将多样化作为一个目标，也很少有人考虑到制成品所占比重增大所带来的生产力效益。

在要素禀赋理论中，贸易利益在不同国家之间的传导机制与古典劳动成本理论中的机制是相似的。但是在要素禀赋理论中，由于能够利用不同的要素组合去生产不同的产品，因此，该理论假设各国最初都在凹（或递增的机会成本）的生产可能性边界的某一点上进行生产，具体在哪一点则由国内需求情况而定。例如，考虑两个国家、两种产品的模型。假定这两个国家分别是"发展中国家"和"发达国家"，两种产品分别是农产品和工业制成品。图 12-1 描绘的是自由贸易条件下的理论利益所得，发展中国家国内（无贸易）生产可能性边界如图 12-1a 所示，发达国家的生产可能性边界如图 12-1b 所示。在图 12-1a 中，发展中国家处于生产可能性边界 PP 上的 A 点。在全部资源充分就业和完全竞争的假设下，发展中国家将在 A 点进行生产和消费，该点的相对价格比率为 P_a/P_m，由虚线的斜率 $(P_a/P_m)_L$ 给出。[15] 类似地，发达国家的生产和消费则可能会在图 12-1b 中的 A' 点，其国内价格比率为 $(P_a/P_m)_R$，它与发展中国家的价格比率不同（农产品价格相对更贵些，工业制成品价格相对更低廉些）。值得注意的是，在封闭经济下，这两个国家都同时生产两类产品，但是，发展中国家由于更贫困，在其（更小的）总产出中食品将占更大比例。

在 A 和 A' 处，生产成本与价格的相对差异（即它们不同的斜率）再一次使可以获利的贸易成为可能。正如古典劳动成本模型一样，国际自由贸易的价

格比率 $\overline{P}_a/\overline{P}_m$，将处于发展中国家和发达国家的国内价格比率 $(P_a/P_m)_L$ 和 $(P_a/P_m)_R$ 之间，图 12-1a 中的 $\overline{P}_a/\overline{P}_m$ 线代表的是共同的世界价格比率。对于发展中国家，这条更陡的 $\overline{P}_a/\overline{P}_m$ 的斜率意味着，与没有贸易的情况相比，此时每单位农产品能够换到的工业制成品更多。这也就意味着，按照工业制成品计算的话，世界农产品的价格比发展中国家国内价格比率更高。由此，资源将重新配置，发展中国家会倾向于减少成本高昂的资本密集型工业制成品的生产，转而更加专业化地生产劳动密集型的农产品。在完全竞争的假设下，它将在其生产边界的 B 点上从事生产，该点的相对（机会）生产成本刚好等于世界相对价格。然后，它将沿着主导性的国际价格线 $\overline{P}_a/\overline{P}_m$ 进行贸易，出口 BD 的农产品而进口 DC 的工业制成品，从而达到最终消费点 C：与没有贸易相比，两种产品的消费均有所增加。举一个具体数字的例子来看，假设自由贸易的国际价格比率 $\overline{P}_a/\overline{P}_m$ 为 2：1，也就是说，单位农产品以双倍于单位工业制成品的价格销售，这意味着发展中国家出口到发达国

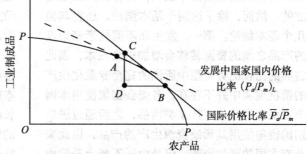

a) 发展中国家（没有贸易，生产和消费发生在点 A；有贸易，生产在点 B，消费在点 C，出口等于 BD，进口等于 DC）

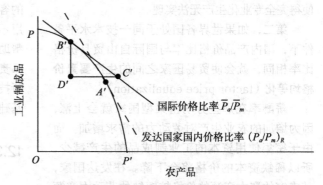

b) 发达国家（没有贸易，生产和消费发生在点 A'；有贸易，生产在点 B'，消费在点 C'；出口等于 $B'D'$，进口等于 $D'C'$）

图 12-1 可变要素比例和不同要素禀赋条件下的贸易

家的 1 单位农产品,可以换取 2 单位的工业制成品进口。国际价格线的斜率显现出了这一交易比率或贸易条件。如果发展中国家出口 BD 的农产品(比如说 30 单位),它将换回 DC 的工业制成品(60 单位)。

同样,对于发达国家,新的国际价格比率意味着用工业制成品换得的农产品比按国内价格换得的更多。由图 12-1 可见,国际价格比率要比发达国家国内价格比率平缓些(见图 12-1b)。因而发达国家将对其丰富的资本资源进行重新配置,以便增加工业制成品的生产而减产农产品的生产,图中 B' 点显示国内相对价格与国际相对价格相等,那么就可以用 B'D'(数量上等于 DC)曲线上的工业制成品换取发展中国家 D'C'(数量上等于 BD)曲线上的农产品。因此,发达国家可以移动到其生产可能性边界以外进行消费,最终达到 C'。贸易达到平衡,即对于每个国家来说进口商品与出口商品的价值相等,我们可以从图 12-1 中看到自由贸易点 C 和 C' 以及不贸易点 A 与 A' 的对比。

新古典自由贸易模型的主要结论是所有国家都可以从国际贸易中获利,世界总产出是增加的。然而,除了这两个基本结论,还有其他几个基本结论。第一,发生在不同要素密集度的产品之间的资源转移会增加机会成本,因此古典的比较优势模型中所说的完全专业化生产的情况现实中并不存在。各国会密集使用本国丰富资源专业化生产某类商品,之后通过进口别国密集使用其稀缺资源生产的产品,以此来补充本国的稀缺资源。但是由于不断上升的成本会导致国内价格远远超出国际价格,这样就使得完全专业化生产无法实现。

第二,如果世界各国处于同一技术水平条件下,国内产品价格比率与国际自由贸易价格比率相同,就会使贸易国家之间的**生产要素价格均等化**(factor price equalization)。

薪酬率在那些劳动密集型国家就会上涨,因为增加的农业生产对劳动力的需求增加。而由于密集使用资本的工业制成品的生产减少,所以稀缺资本的价格将会下降。在发达国家,其丰富的资本资源的价格较短缺的劳动力资源会上升,因为国家会更多地生产资本密集型的工业制成品,更少地生产劳动密集型的农产品。

因此新古典要素禀赋理论做出重要的预测:国际实际工资水平和资本价格将逐渐趋于均等化,很多直接竞争发生在低技能劳动力之间,因为这些劳动力在发展中国家相对来说较富余;很多低技能的制造业工作在发达国家已经消失,这种工作的薪酬鲜有增长。近年来,很多发展程度更高的国家的高收入制造业工人都担心更自由的贸易和更激烈的国际竞争会使他们的薪资降到发展中国家工人的水平。然而,平均来看,除了几个亚洲经济体,发展中国家制造业工人的薪资与发达国家相比,依旧存在很大差距。产生这种现象的一部分原因是发达国家工人具有更高的技能水平,另一部分原因是诸如植根于公司内部更高的一般文化水平基础等互补因素,因此与更高生产力相匹配的工资水平也会更高一些。[16] 但是这也很可能是贸易保护主义的结果。

第三,在一个国家内部,要素禀赋理论推测持有丰富资源的所有者比稀缺资源的所有者能得到更多的经济利益,因为丰富资源的使用更为密集。在发展中国家,这意味着国民收入中流入劳动力的份额在不断增加。如果没有贸易,那么劳动力收入的份额将会更低,因此贸易在促进国内收入公平分配方面起着积极的作用。

第四点也是最后一点,贸易能够促进一国移动出其生产可能性边界,从其他国家获取资本或消费品,因而贸易被假定具有刺激经济增长的作用。如果发达国家在生产高技术附加值的资本品上具有比较优势,贸易则会使设备及机器的价格降得更低,并刺激发展中国家的投资和经济增长。发展中国家会向它们发达国家的客户了解情况,这些客户还会使它们想到利用不同的技术组合去生产其他产品。贸易还能帮助一个国家以相对更低的市场价格取得别国昂贵的原材料和其他一些产品(如知识、概念、新技术等),这样就可以为建立一个拥有更广阔基础和自主发展的工业创造条件。

12.3.3 贸易理论及其发展:传统争论

在本章新古典自由贸易模型中,对于贸易与发展的五个基本问题的回答,现在我们可以对其进行理论性的概括。

（1）贸易是经济增长的重要刺激物。它提高了一国的消费能力，增加了世界产出，为发展中国家的发展提供了必不可少的稀缺资源以及广泛的世界市场。

（2）贸易会通过生产要素价格均等化的方式促进国际及国内的平等，增加贸易国的实际收入，充分利用各国及世界范围内的禀赋资源（例如提高劳动力密集型国家的薪资待遇，同时降低劳动力稀缺国家的薪资）。

（3）贸易能够让一国通过支持或嘉奖的方式，使得本国因劳动效率或要素禀赋而具有比较优势的产业实现发展目标，同时也能使该产业实现规模经济。

（4）在自由贸易条件下，生产的国际成本及价格决定了该国对外贸易的规模，以便最大化本国福利。各国应遵循比较优势原则，而不应该试图通过刺激出口或限制进口的政府政策干预自由市场的正常运行。

（5）最后，为了刺激经济增长与发展，我们必须奉行开放性对外政策。在任何情况下，部分或全部孤立基础上的自力更生，比起参与全球的自由贸易，在经济方面都会具有更多的劣势。

12.4 在发展中国家立场上对传统自由贸易理论的批判

传统自由贸易理论的结论来源于几个隐性或显性的假设，而这些假设往往与当今社会经济发展的实际状况背道而驰。这并不是否认自由贸易的潜在利益，而是意识到了贸易保护主义、国际非竞争性的定价政策以及其他市场失灵给实际贸易带来的困扰。

传统的要素禀赋理论的主要假设是什么，这些假设又如何违背了真实的贸易秩序？

而当一个更符合国际经济政治关系的真实机制出现的时候，又会对发展中国家的贸易和金融产生什么样的潜在影响？

因此，我们有必要对传统新古典自由贸易模型的六个基本假设进行详细分析。

（1）所有国家生产要素数量固定，质量保持不变，并得到充分利用。

（2）生产技术固定（古典模型），即所有国家拥有水平相近或可以自由获得的技术（要素禀赋模型），而且这种技术的传播可以使所有国家受益。消费者的偏好也是固定的，不受生产者的影响（国际上流行的消费导向生产模式）。

（3）在国内市场，所有生产要素能在不同生产领域自由流动，整个经济处于完全竞争状态。不存在风险及不确定因素。

（4）国家政府不干预国际经济关系；贸易在星罗棋布的众多生产商之间进行，他们致力于以最小的成本获取最大的收益。国际价格因此由需求和供给来决定。

（5）国内贸易在任何时候都处于平衡状态，所有国家在国际价格发生变化时，都会及时调整应对。

（6）贸易所得能够惠及所有国家和该国所有国民。

现在我们可以站在发展中国家的立场上，结合当今国际经济体系的现实，对这些假设予以一一评述。这些批判中的一部分成为其他一些理论的基础（如非新古典主义贸易与发展理论观点），包括剩余产品出路理论、结构主义以及南北贸易模型。

12.4.1 固定资源、充分就业以及国际资本和技术劳动力的不可流动性

1. 贸易与资源增长：南北不平等贸易模型

关于国际贸易静态性的第一个假设是传统贸易金融论的中心论点，即资源是固定的，可以得到充分利用，在国际上不流动（各国产品的生产函数是同质的）。而事实上，世界经济最主要的特点之一就是多变性，而且要素在数量和质量上都是不断变化的。反对者还指出，对于经济增长和发展至关重要的资源要素尤其是这样，比如有形资本、企业家才能、科技能力、推进技术研发的能力以及提高劳动力技术水平的能力。

接下来我们认为相对禀赋要素和比较成本不是固定的，而是处于不断变化之中。而且它们是受国际专业化的性质与特点控制的，而非自行决定。起初的资源禀赋不均等程度会由于大量的贸易而进一步加强（这些资源禀赋上的差异被证明是合理的）。特别是那些富国（北国）

因历史原因拥有丰富的资本、企业家才能和高技能劳动力禀赋，这些国家继续专业化生产密集使用其丰富资源的产品，从而为其进一步发展创造了必要条件和经济刺激。与之相反，发展中国家（南国）总会陷入长期停滞不前的怪圈——它们的比较优势总是低技术含量、收入微薄的生产活动。这是因为它们拥有丰富的低技能劳动力，其专业化生产密集使用低素质劳动力，导致世界需求前景和贸易条件不断恶化，进而又阻碍了国内所需资本、企业家才能以及技术的增长。一些发展中国家的学者一针见血地指出，静态的高效会演变成动态的无效，我们已经被纳入不断扩大的不平等贸易体系中，绝大多数利益分配给已经相对富裕的发达国家，使得大多数穷国的有形资源与人力资源缺乏的状况无法改善。正如一位著名的发展中国家学者所说的那样："除了少数例外，发展中国家与发达国家之间的技术差距在不断拉大。新古典自由贸易理论，通过假设不同国家不同产品的生产函数是同质的，而将这个问题掩盖了"。[17]

近年来，一些经济学家开始质疑静态新古典模型，进而提出了有关贸易和发展的可替代动态模型。新理论强调了上文中提到的要素积累过程及不平衡发展。这就是所谓的**南北贸易模型**（North-South trade models），该理论的研究重点是穷国与富国之间的贸易关系，而传统理论是针对所有国家。

传统的南北模型理论认为起初资本禀赋丰富的国家，例如工业发达的北国会采取外向型对外政策，并不断提高工业制成品的产出和利润率。这种战略与不断增强的垄断势力相结合，通过积累更多的资本要素，进一步刺激了北国的经济增长率（与哈罗德－多马经济增长模式及前面讨论的要素生产力模型一致）。结果就是，经济快速增长的北国比经济缓慢增长的南国的竞争力更强。如果我们再把不同的需求收入弹性（北国资本密集型产品的弹性高于南国消费产品）以及资本流动性（像20世纪80年代资本从南向北的流动形式）考虑进来，发展中国家贸易绝望论的支持者就更有理由悲观了。诺贝尔奖获得者保罗·克鲁格曼及其他的一些现代贸易理论家提出包含了不完全竞争以及其他更为现实因素的理论模型。[18]

一些像亚洲四小龙这样的经济体（中国台湾、中国香港、韩国和新加坡），已经成功转变了它们的经济模式，通过将本经济体低技能劳动力转变为高技能劳动力，进而转向资本密集型生产的模式。然而对于最广大的贫穷国家和地区，经济结构本身产生与亚洲四小龙一样转变的可能性微乎其微，除非采取有远见的经济发展政策。

另外一个有趣的新观点，即国际贸易模型的后新古典主义，代表作品是迈克尔·波特的《国家竞争优势》一书。[19]波特的理论标准与新古典主义不一致，新古典要素禀赋理论强调了生产的基础要素和优势要素之间的定性差异。他认为传统理论仅仅考虑了一些诸如不发达的有形资源和低素质的人口；在生产更为专业化的优势因素方面，包括训练有素的有专门技能的员工、知识性资源（诸如政府性质的或私人性质的研究机构）、高等学校以及模范企业协会，传统理论并没有考虑。波特是这样总结的：

> 发展中国家的最主要任务是从要素导向的优势产业的桎梏中脱离出来……因为自然资源、廉价劳动力、优势地理位置以及其他的一些优势要素会使出口面临十分脆弱和不稳定的境地……也许创造优势要素才应该是最优先考虑的事情。[20]

2. 失业、资源的不完全利用，以及国际贸易的盈余出路理论

传统理论中假设完全就业，正如微观经济理论中完全竞争均衡模型的假设一样，与现实中的发展中国家的失业和不充分就业的现实情况相悖。为此，我们可以从发展中国家广泛存在的失业现象中得出两个结论。第一，在生产过程中的真实成本很低或几乎没有，没有得到充分利用的人力资源为扩大生产力和国民收入创造了条件，因为这些出口产品不被当地所需求。这就是著名的**国际贸易盈余出路理论**（vent-for-surplus theory of international trade）。该理论首先由亚当·斯密提出，接着由缅甸经济学家海拉·明特（Hyla Myint）站在发展中国家的立场上予以完善。

根据这个理论，对那些遥远的农业国家开放世界市场，不是像传统理论上所说的那样重新分配已被充分利用的生产要素，而是利用以

往没有开发的土地或人力资源，来更多地增加产出，以便能将这些产品出口到外国。这种观点认为殖民体系下的种植园经济和依靠小规模农业支撑的商业模式为利用闲置的劳动力资源创造了条件。从生产可能性分析的角度来看，国际贸易盈余出路理论可以通过图 12-2 中 V 点到 B 点的产量变化演示出来，随着贸易的扩大，最终国内消费从 V 点上升到 C 点。

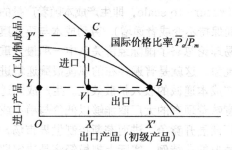

图 12-2　贸易盈余出路理论

我们看到在没有对外贸易时，资源在该发展中国家封闭经济的条件下没有得到充分利用。生产在 V 点进行，在生产可能性边界之内，X 轴上的初级产品与 Y 轴上的制成品处于生产与消费的平衡状态。而该国对国际市场的开放（也许是通过殖民侵略的方式）为利用闲置资源提供了经济方面的动力（大部分情况下是过量的土地与劳动力），并且扩展了初级产品的出口生产力，即从 X 点增加到 X' 点，并将其产量扩展到生产可能性边界上的 B 点。假设国际价格比率是 $\overline{P}_a/\overline{P}_m$，$X'-X$（与 VB 段长度相等）单位的初级产品可以用来换取 $Y'-Y$（与 VC 段长度相等）单位的工业制成品，结果就是最后的消费点为 C 点，与原来相比 X 的消费与以前一样多，但可以多获取 $Y'-Y$ 单位的工业制成品进口。

虽然就短期来看，该过程的受益者是殖民国家及跨国企业，并非发展中国家的普通民众，但长期来看，发展中国家在多数情况下会变为初级产品出口导向型经济结构，变为一个出口贸易"飞地"，同时也抑制了经济发展多元化的结构转变。

12.4.2　固有技术、自由引入技术和消费者主权

正如不断增加的国际资本被分配到世界各

地为资本所有者谋取最大利益一样，迅速变化的技术也影响着国际贸易关系。一个由于发达国家技术变化而给发展中国家出口收入带来显著影响的事例是人工合成替代品的出现，给出产此类初级产品的发展中国家带来巨大冲击。第二次世界大战以来，各种各样的**合成替代品**（synthetic substitutes）被大量地制造出来，用来替代诸如橡胶、羊毛制品、棉花、剑麻、黄麻纤维和兽皮等。这使发展中国家所有这些天然产品的市场份额不断下降。

然而，问题还有另一面，也有论点认为，世界范围内发达国家先进技术的可获得性已经使许多新兴工业化国家拥有了将西方研发费用资本化的机会。某些具有充足人力资本的发展中国家（如亚洲新兴工业化国家），不需要自己努力进入研究的前沿，只需通过模仿国外开发出的产品，就能够跟上国际贸易的**产品周期**（product cycle）。利用相对较低的工资水平，它们开始从低技术向高技术生产过渡，并填补老牌工业化国家所留下的制造业的空缺。最终，正如日本、新加坡和韩国一样，它们希望赶上发达国家。中国此前已经通过这样的战略取得了令人瞩目的进展。

全球消费者的嗜好和偏好支配着以需求为导向的、星罗棋布的生产商的生产格局，而那种认为这些嗜好与偏好是固定不变的假定，显然是极不现实的。不仅资本与生产技术借助于受本国政府支持的跨国公司而在世界范围内四散传播，而且主导着当地市场的广告运动也创造并加强了消费者的嗜好和偏好。通过进口商品来创造需求，主导市场的国际性企业能够为它们自己增加获利创造条件。这在发展中国家体现得极为明显，生产和消费两个方面的信息有限和信息不完全导致了市场的高度不完善。例如，已经有人估计得出，在许多发展中国家，90% 以上的广告是由在当地市场销售的外国企业出资制作的。

12.4.3　国内要素流动、完全竞争与不确定性：报酬递增、不完全竞争与专业化生产问题

传统贸易理论假定，所有国家都能轻松调

整其经济结构，以适应不断变动的世界价格和市场。也许沿着生产可能性边界上下移动是很容易的，也就是说从理论上讲资源在产业之间的重新配置是很容易的，但是，根据结构主义的论证，这种重新配置在现实中却是极难做到的。发展中国家尤其如此，因为它们的生产结构常常过于刚性而缺乏灵活性，其要素的流动受到很大程度的限制。这方面的明显例子就是种植园和小农场的商业性农业经济。在那些已经逐渐变得严重依赖于少数初级产品出口的经济体中，整个经济和社会的基础设施（公路、铁路、通信、电力、信贷和营销安排等）都被连接在一起，以方便商品从生产地到海运和仓储场所的运输，进而转运到国际市场。从长期来看，累积的资本投资可能大量沉淀在了这些经济和基础设施的设备上，难以轻易地转移到其他地方的制造业活动中去。这样一来，国家对某几种初级产品出口的依赖性越强，它们的经济结构就会越缺乏灵活性，进而面对多变的国际市场时就会显得越脆弱。要将一个发展中经济体从一种几乎全部依赖初级产品的出口导向的结构状态，转变成为多样化、多部门的结构，可能需要很多年才能完成。更一般地讲，结构主义者论证指出，无论什么类型的政治与制度，都会产生结构刚性，包括产品供给缺乏弹性、缺乏中间产品、支离破碎的货币市场、受限制的外汇兑换、政府许可制度、进口控制、贫乏的运输与配送设施，以及管理与高技能劳动力的稀缺等，经常抑制着发展中国家按照新古典贸易模型平滑而无摩擦的方式对多变的国际价格信号做出反应。[21]

因此，尽管为了充分利用不断变化的世界经济条件，必须进行一些内部调整和资源的重新配置，但是，对于欠缺多样化的发展中国家来说，这一内部调整和资源重新配置过程，实现起来要比富有的北半球国家困难得多。但是，确实令人惊异的是，发展中国家开始扩大生产低成本、劳动密集型的产品并将其出口，如纺织品、鞋子、体育用品、手袋、加工食品、假发和地毯等，但这些出口产品会受到关税或非关税壁垒的限制（发达国家为了防止这类低成本商品进入其国内市场而进行的设置）。[22]北半球富裕国家对此给出的一般解释是，低成本的国外竞争将造成发达国家高成本行业的失业，而且这种无限制的竞争导致的内部调整问题过于严重，难以容忍。尽管通过WTO和双边互惠（本章稍后讨论）已经取得了一些值得注意的成果，但是各种形式的贸易保护主义仍然是发展中国家（尤其是那些最不发达国家）经济增长的严重阻碍。

而且，通过假定固定的或者递减的**规模报酬**（return to scale，即生产成本随着产量的扩张而保持不变或者递增），劳动成本与要素禀赋贸易理论忽略了国际经济关系中一种最为重要的现象。这就是普遍存在的规模报酬递增进而生产成本递减的收入扩散效应。生产成本递减就意味着现有的大厂商能够以低价与稍小或新的厂商展开竞争，进而垄断控制世界市场，这种情况绝非特例，实际上规模经济是决定贸易格局的一个普遍因素。对于众多的产品而言，大规模生产经济导致了世界供给的完全垄断和寡头垄断（就像它们对国内市场的控制一样）。

此外，国际性贸易商品的**完全垄断式的市场控制**（monopolistic market control）和**寡头垄断式的市场控制**（oligopolistic market control），以及广泛存在的产品差异、产业间贸易以及生产的外部经济等，这些都意味着个别的大公司有能力从其私利出发，操控世界价格与供给（经常还包括操控需求）。人们发现，决定国际经济中最为普遍的价格与数量的因素不是完全竞争，而是生产商的联合行动以及大买家、大卖家之间的寡头讨价还价。[23]但是从发展中国家努力推进其经济多元化，特别是促进产业出口的角度来看，**递增的规模报酬**（increasing return）、**产品差异**（product differentiation）（垄断竞争）以及大跨国公司的非经济力量（其对许多政府的政治影响，见第14章），意味着这些率先实现工业化的国家（富国）能够利用这种规模经济和产品差异而大获其利，使它们在世界市场的主导地位长盛不衰。[24]

贸易模型完全竞争假设的第二个局限在于：它排除了国际贸易中的**风险**（risk）与**不确定性**（uncertainty）。考虑到从历史来看，初级产品较之工业制成品在世界市场更加不稳定，在初级产品出口上进行大规模投资以促进其出口的做法可能并不符合发展中国家的长远利益。

正如前面所指出的，当外汇收入在各个年份上几乎不可预测时，出口集中在一两种重要的初级产品上会使发展中国家的发展计划遭遇严重破坏。

在经济发展过程中的专业化分工的模式仍然没有能被完全理解，理论对此给出的回答是含混不清的。一方面，传统的理论认为根据比较优势，发展中国家参与全球经济的专业化分工可以获得更高水平的收入，同时随着全球化的深入，这样做的机会和收益都会增加；另一方面，随着国家的发展，它们可以获得更多的技能和技术，可以超越仅仅生产一两种初级产品的阶段，从而在一些相对复杂的产品生产方面具有一定的竞争力。实际上 Jean Imbs 和 Romain Wacziarg 一项细致的实证研究表明：行业集中度通常与人均资本收入呈现出一种 U 型的关系："就经济活动更为平均地分布到各个行业而言，国家与国家的差异最初很大，但是在发展一段时间之后（一般处于较晚的发展阶段），又会出现开始专业化分工的情况。"[25] 这种模式远远不是从仅依赖初级产品到发展制造业和服务业这种趋势所能描绘出的。政策含义依旧是模糊不清的，但是结果和这样的观点是一致的，即发展并不是简单地由分工带来收益的一个过程。

12.4.4 贸易关系中的政府缺失

在国内经济中，富裕地区与贫困地区并存、迅速增长的产业与停滞不前的产业并存以及经济增长利益在地区间长期不成比例地分配等状况，都能够经由政府干预而得到抑制和改善，至少在理论上是如此。在一个国家内部的发展过程中，存在一个不平等的累积过程，通过这一过程，**增长极**（growth pole）能够迅速增长，而其他地区则陷入停滞。

这一累积过程可以通过政府立法、税收、转移支付、补贴、社会服务、地区发展项目以及其他措施而得到纠正和改善。但是，由于缺乏一个有效的国际政府来协调各国之间的行动，因此贸易所带来利益的高度不均等能够很容易地自我维系下去且难以自发改变。这一结果又由于各国政府在促进和保护本国利益方面力量

的不均等而进一步强化。尽管这些忠告是给发展中国家的，但当发达国家发现保护某些行业有利可图时或者是政治上的权宜之计，它们也会积极地去进行保护，例如美国 2009 年对汽车行业抽资，这仅仅是其中一个被高调宣布的例子。美国和英国对金融行业的保护不仅仅是因为本国的金融体系，更是因为这是一个能产生高收入工作岗位的行业。

政府已经在快速的成功发展中扮演了重要的角色。例如韩国在出口方面所取得的奇迹般的成功，毫无疑问，正是由政府在出口产业方面的促进而支持与激发的（分别参见第 4 章、第 12 章和第 13 章的案例分析）。

政府通过**产业政策**（industrial policy）的方式积极干预（通过战略性协调企业投资来提高出口市场份额，以此实现对市场的指导）来刻意创造出一种比较优势，这种比较优势虽然过去尚不存在，但在未来这一领域的需求很可能会增加。日本 20 世纪五六十年代产业增长的历史以及其著名的通产省（MITI），都被作为产业政策的典范而被反复引证。[26] 然而由于各种各样的原因，大多数东亚以外的发展中国家，有些国家没有尝试，有些国家虽然尝试了但没有成功，都没有取得系统使用这种方法所带来的潜在优势。这种工业化策略的方法已经被东亚国家的实践所证实，案例分析将在本章后续部分进行。

政府也可能会使用各种贸易政策工具，比如**关税**（tariff）、进口**配额**（quota）和出口**补贴**（subsidy）等，并且可以操控商品价格，进而操控它们与世界其他国家相比的贸易地位。而且，当发达国家的政府为了处理像通货膨胀或失业这类纯粹的国内问题而实行限制性政策时，这些政策也会对发展中国家产生深远的消极影响。但是，反过来就不成立了。一般而言，发展中国家的国内经济政策对于富国的影响可以说微乎其微。

政府常常致力于强化由于国家大小、经济实力强弱而导致的不均等的资源和**贸易收益**（gain from trade）分配。出于对自身利益的考虑，富国政府可以通过它们的国内和国际政策来影响世界经济事务。尽管 WTO 的角色和作用在不断增强，但是确实没有一个超越性的机

构或者世界政府，去保护和促进这些国际事务中弱势一方（尤其是最不发达的国家）的利益。因此，一个贸易与工业化战略必须要充分考虑到发达国家强大的政府力量的存在。

12.4.5 平衡贸易与国际价格调整

就像经济学中其他完全竞争的一般均衡模型一样，国际贸易理论不仅是一种充分就业模型，还是一种国内外产品和资源的价格总能适应供求状况而即时做出灵活调整的模型。尤其是，贸易条件（国际商品价格比率）总能通过调节使一个国家的可出口品和可进口品达到供求相等，从而使贸易总是平衡的，即出口价值（数量乘以价格）总等于进口价值。在**平衡贸易**（balanced trade）并且没有国际资本流动的情况下，国际收支问题绝不会在纯贸易理论中出现。但是，世界经济的现实，尤其是20世纪70年代国际石油价格猛涨期间，国际收支赤字以及外汇储备消耗殆尽（或需要借入外国资金来填补商品贸易赤字）的结果，成了所有国家无论是穷国还是富国都共同关心的一个主要问题。

12.4.6 贸易所得的国民享有

传统贸易理论的第六个也是最后一个假设——贸易国所获贸易利益能够自然而然地流向国民，比其他五个假设更加隐蔽。它甚至从来就没有被明确提出过，当然，如果我们接受要素不能在国际上流动这一假设的话，也确实没必要这样做。但是，我们需要审视一下这一隐含的意义，即如果发展中国家确实从贸易中受益，那么这些利益必然是为这些国家的人民所获得了。因此，这一问题便又围绕着以下问题展开了：谁在这些承载贸易利益的国家拥有土地、资本和技术？是本国国民还是外国人？如果两者都是，那么又是以什么样的比例进行利益分配呢？

例如，我们知道，在发展中国家的**飞地经济**（enclave economy）中，比如说对于那些有着大量外国经营权的采矿业和种植园，外国人对于土地使用权仅支付极低的租金，引进

其母国资本和高技能的工人，却以极低的生存工资雇用本地低技能的工人。这种飞地尽管可能产生大量的出口收入，但对经济其他方面的影响却微乎其微。大多数影响都有赖于跨国公司的议价能力和这些发展中国家的政府。一些采矿业和种植园型的飞地在发展中国家仍然存在，但更多的是"出口加工飞地"（如个人计算机组装、鞋和玩具的制作等），这些与跨国公司的其他经营范围几乎没有任何联系。由此，国内生产总值GDP与国民总收入GNI之间的区分就变得极其重要。前者度量的是在一个明确界定的地理区域内所生产的产出值，而后者度量的则是该国国民实际获取的收入。斯蒂格利茨-森-菲图西委员会（Stiglitz-Sen-Fitoussi Commission）在《衡量经济表现和社会进步》一书中这样写道："GDP是用来衡量经济活动的使用最为广泛的指标……然而，它也经常被视为衡量经济福利的指标……当考虑到一国的收入流入和流出时，即使收入下降，生产活动也可能增加或者反之。"[27] 在某种程度上，如果出口部门或者经济的任何部门是国外所有并经营的，那么GDP将大大高于GNI，而发展中国家的国民却很少能够获得什么贸易利益。

在许多国家中，随着跨国公司的扩散以及外资企业的日益增加，发展中国家出口收入的总量统计有可能掩盖了如下事实：发展中国家的国民，尤其是低收入者可能从所有这些出口中根本得不到任何收益。从贸易中获得的主要利益可能反而大量流向那些非国民手中，这些人将其中的大部分汇回了自己的国家。产业内与产业间的贸易一般都可能被视为富国和穷国之间的贸易。但实际上，这类贸易却是富国与其他富国的国民之间进行的贸易，只不过它们是在发展中国家经营而已。一般而言，工业制成品的出口能够有效地促进现代部门的扩大，但是近来在一些发展中国家，一些出口飞地的加工活动却只是掩盖了这样的事实：大部分利益仍然为外国企业所占有。总而言之，发展中国家表面的出口成就是有着巨大欺骗性的，我们只有通过确定谁拥有或控制着那些承载出口回报的生产要素，来分析出口收入的特点与结构，才能认清其实质。

12.4.7 关于贸易理论与经济发展战略的一些结论

现在，我们可以尝试对本章开头所提出的五个问题做出初步的一般性问答。当然，我们必须再次强调的是，这些结论都是一般性的，是基于发展中国家的多样性背景得出的。

首先，关于经济增长的速度、结构和特点，我们的结论是，贸易是经济高速增长的一种重要的激励。这已经得到了中国、马来西亚、泰国、巴西、智利、新加坡和韩国等国家和地区近 50 年来成功经验的充分证实。对于发展中国家而言，进入发达国家的市场（这是发展中国家促进出口的一个重要因素）可以提供一个重要的激励，以更加充分地利用闲置人力和资本资源。通过改善出口业绩来扩大**外汇收入**（foreign-exchange earnings）也能够提供一些必要的资金，发展中国家利用这些资金可以补充其稀缺实物与金融资源。总之，当可以获益的交易机会出现时，对外贸易能为总的经济增长提供一种重要的激励。[28]

但是，正如我们在前面各章所看到的，国民产出的增长对于发展的影响可能微乎其微。一个出口导向的增长战略，不仅可能会使经济结构向错误的方向偏斜（因为不是满足本地人口的实际需要），而且可能强化这种增长的内部和外部的二元化与不平等的特性，尤其是在没有多大关联性的商品上或者当大部分出口收入都流向了外国人时。所有的这些都与出口部门的性质、其利益的分配以及与其他经济部门的联系和长期如何变化有关。

一些因素，例如广泛存在的规模报酬递增，高度不平等的经济资产和力量的国际分布，大型跨国公司日益扩大的影响，以及政府和企业勾结起来操纵国际价格、生产水平和需求模式的联合能力等——所有这些因素，都是至关重要的。所有这些加在一起，引导我们得出了一般性的结论：过去，许多发展中国家在经济交往中所获得的利益远远少于发达国家，二者的获益是不成比例的。

到此，第三个问题（即对于发展中国家而言，在什么条件下，贸易才能够帮助它们达成其发展意愿）的答案也就水落石出了。答案就是：这主要取决于发展中国家（例如在 WTO 的谈判和 G20 论坛中作为一个集团，使发达国家做出一些贸易让步）。在这里我们简短地做一个说明，通过 WTO 及其前身和一些双边项目（例如美国的《非洲增长和机遇法案》（Africa Growth and Opportunity Act，AGOA）以及欧盟的"军火以外无所不包"项目）所取得的进展，是一个有益但又不完备的开始。此外，发展中国家的出口能够在多大程度上有效地利用其稀缺的资本资源，以及最大限度地使用其充裕却未得到充分利用的劳动力供给，将决定出口收入能够在多大程度上惠及普通国民。除此之外，出口收入与其他经济部门的联系也十分关键。最后，在很大程度上还将取决于发展中国家对于外国私人企业活动的影响和控制力度到底如何。这些国家需要拥有与跨国公司有效协商的能力，以保证当地居民能享受到比较平等的利益分配。这些问题我们将在本章后续部分与第 14 章进行进一步探讨。

对于第四个问题（即发展中国家能否依靠自己的行动决定它们的贸易规模）的答案，只能予以推测了。对于大多数小而贫困的国家而言，故步自封、闭关锁国，完全不与他国进行贸易显然是不现实的。这不仅仅是因为它们缺乏自给自足的资源禀赋和市场规模，还因为能否维持生计完全取决于它们获取外国商品和资源的能力（尤其是在粮食生产领域）。最不发达的国家当中，有 32 个国家每年都面临着严重饥荒的威胁，这种情形下请求国际援助已经不是一个可供选择的问题，而是一种必要。参与贸易还是继续保持孤立，闭关锁国，并不是发展中国家所面临的一个主要问题。真正的问题在于：经济中的国内部门与国际部门之间的平衡关系，如果选择后者（出口），那么是要鼓励整体的出口还是要鼓励目标部门的出口。[29]

当然，对于大多数发展中国家而言，国际经济体系仍是为其提供稀缺资本资源与所需技术知识的唯一真正来源。获取这类资源的条件在很大程度上影响着发展进程的性质。最后，对于那些富产矿产资源和原材料的国家，尤其是那些已经能够建立起与购买其产品的大公司进行有效的讨价还价地位的国家（如石油输出国组织 OPEC 成员方），贸易一直就是而且还会继续成为它们的发展资金的一个至关重要的源泉。

　　第五个问题（对于发展中国家而言，为了实现发展，是对世界其他国家采取外向型姿态好，还是内向型地依靠自身能力好，又或者两者平衡兼顾更好些呢）已经不是一个非此即彼、二中选一的问题了。[30]尽管在探寻与世界其他国家有利可图的贸易机会的同时，发展中国家能找出一些扩大其世界贸易份额并增进同其他国家之间经济联系的方式。例如，通过资源联合共享，小国也能够打破它们狭小的单一市场和严重的资源约束限制，并且在追求各自发展意愿的同时保持自己重要的自主地位。通过这种方法，发展中国家集团或许就能够获得更好的机会来实现自己的发展目标，也可以通过扩大彼此之间贸易的方式来获取利益。

　　尽管以前的论据经常被夸大，但这一点似乎还是很明显的：如果发展中国家能够超越地区间的政治竞争，那么提高这些发展中国家之间的区域合作，就能为其贸易与工业化战略提供一个重要的契机。比较明显的发展中国家政策，包括诸如东南亚的东盟（ASEAN）和南美的南方共同市场（Mercosur）等自由贸易区，至少部分地反映出了这种趋势。当然，这一趋势也反映了亚洲发展中国家经济发展的成功，它们的经济增长在整个这一时期要比北美和欧洲快得多。非洲通过非洲联盟和非洲发展新伙伴计划（NEPAD）的同行评价项目等方式做出了新的努力，但是仍然有很长的路要走。

　　我们现在将要更为细致地考察发展中国家可替代贸易政策的优势和劣势。

12.5　传统贸易战略和促进发展的政策机制：出口促进与进口替代

　　面对如何合理制定促进发展的贸易战略这种复杂问题，传统做法是把这些政策笼统地分为外向型和内向型。[31]引用保罗·斯特里坦（Paul Streeten）的话，**外向型发展政策**（outward-looking development policies）"不仅鼓励自由贸易，而且还鼓励资本、工人、企业以及学生也包括跨国企业的自由流动……及开放性的沟通系统。"与之相反，**内向型发展政策**（inward-looking development policies）

强调一国需要不断改进自身的发展模式，自主决定自己的命运。这种政策鼓励在制造业方面"干中学"，而技术的发展也要适合本国的要素禀赋。内向型贸易政策的支持者认为可以完成更大程度的自主发展模式，引用斯特里坦的话，只有"我们人为地限制自由贸易、人员流动和信息交流，或者阻止跨国企业及其错误的产品、错误的需求刺激，进而阻止其错误的技术。"[32]

　　自20世纪50年代以来，人们针对这两个抽象的概念进行了激烈的文献性论战。论战的双方是支持发展工业化为主导的外向型出口贸易的自由贸易者以及支持以内向型进口替代战略的贸易保护主义者。后者在70年代以前占据了主导地位，而前者在70年代末渐渐占据了上风，特别是以80年代和90年代早期的西方经济学家和世界银行的专家为代表。

　　基本上，这两个传统派别之间的区别是：支持**进口替代**（import substitution，IS）战略的拥护者认为，发展中国家应该首先发展能够替代简单消费品的产业（IS第一阶段），接着发展替代那些更广范围内的、较复杂的制造品产业（IS第二阶段）——这些全部都是建立在对相关进口商品实行高关税和进口配额基础上的。从长期来看，替代贸易支持者认为国内多样化产业能够带来利润（"平衡增长"），同时因为经济规模、廉价劳动力以及通过干中学的正的外部性使得该国生产的产品在价格上更具国际竞争力，有利于出口能力的提升。

　　与之相反，初级产品和工业制成品的**出口促进**（export promotion，EP）战略的支持者则援引自由贸易与竞争的效率和增长效益论，强调了用更大的世界市场代替狭小的国内市场的重要性，因为贸易保护主义会导致价格扭曲和成本效应，而一些出口导向型的国家——如韩国、新加坡和中国以及其他亚洲国家已经获得了巨大成功。他们强调这些经济体的企业从其长期客户如美国、日本和其他发达经济体的企业中学到很多。在某些情况下，"激进的贸易促进者"和"保守的贸易促进论者"之间会产生分歧。前者支持明显推动贸易扩张的政策（比如通过疲软货币），而不依靠国内市场的生产力发展；后者则强调自由贸易和平等的市场准入，这些人经常会被拿来与进口替代支持者（这些人相对来说不鼓励出口）进行比较。除此之外，很多亚洲国家奉行一种混合的政策，即综合选取双方的部分政策来发展目标产业，关于这点我们会在本章后续部分做进一步探讨。

在实际中，IS 与 EP 战略的区别并没有人们所说的那么大。大多数发展中国家和地区都在不同的发展时期以不同的比重采取了上述两种策略。例如，20 世纪五六十年代，拉丁美洲国家和亚洲的一些国家比如智利、秘鲁、阿根廷、印度、巴基斯坦以及菲律宾，纷纷采取内向型的工业化进口替代战略。到 60 年代末期，撒哈拉以南非洲地区的一些主要国家如尼日利亚、埃塞俄比亚、加纳以及津巴布韦开始奉行 IS 政策，接着一些小的拉丁美洲国家和亚洲国家也加入这个行列。[33] 然而，到 70 年代中期，越来越多的国家和地区开始奉行 EP 战略。早期的 EP 战略追随者包括韩国、中国台湾地区、新加坡和中国香港地区，随后巴西、智利、泰国以及土耳其也纷纷由 IS 战略转变为 EP 战略。然而即便是已经成功的东亚出口促进国家和地区，也曾经实行过或在某些产业中奉行过 IS 策略，所以即便它们奉行外向型的经济政策，把它们称为自由贸易者也仍然是不准确的。[34]

在这个背景前提下，我们可以参考以下四个类别的分类方式，以便对外向型贸易和内向型贸易这个话题有一个更为详细的了解：

（1）基本外向型经济政策（鼓励农产品和原材料的出口）；

（2）次外向型经济政策（鼓励工业制成品的出口）；

（3）基本**内向型经济政策**（inward-looking development policies）（主要农产品自给）；

（4）次内向型经济政策（通过进口替代发展自给自足型的工业制成品）。

接下来我们关注的重点是折中战略，尤其是出口导向战略性工业化和南南经济一体化。

12.5.1 出口促进战略：对外视野和贸易壁垒

长久以来，刺激初级产品和中级加工产品的出口都被认为是长期发展战略中很重要的组成部分。亚非地区的殖民地国家，资源开采和种植园由外国殖民者掌握，就是奉行初级产品外向型政策的经典案例。这种状况的一部分原因是适应飞地经济结构的结果，另一部分原因是在 20 世纪五六十年代，大部分发展中国家将重点置于开始为国内市场制造工业制成品（次内向政策），然后供应出口（次外向政策），从而过度偏重工业的结果。

初级产品出口扩张：有限的需求 正如本章开篇所述，很多低收入国家的出口收入主要来自初级产品。除了石油以及其他一些所需的矿产资源，与世界贸易整体上的增长相比，初级产品出口增长的速度非常缓慢。

就需求层面来说，至少五个方面的因素阻碍了初级产品特别是农业产品的出口增长。第一，与燃油产品、稀有矿物资源及工业制成品相比，初级产品及原材料的需求收入弹性的水平很低。例如糖、可可、茶叶、咖啡和香蕉等产品的需求收入弹性都小于 1，大部分处于 $0.3 \sim 0.6$，缺乏收入弹性的需求意味着，只有在发达国家的人均收入保持高增长率的条件下，才能促进发展中国家这些商品出口的少许扩张（自从 2002 年以来，许多初级产品出口国都从中国经济的快速增长中受益，2008 ～ 2009 年的经济萎靡阶段除外）。

第二，发达国家目前人口增长率已经达到或已接近更替水平，因此想要从劳动力资源上获取更多扩张的程度相当有限。第三，大部分初级产品的需求价格弹性相对较低。在过去 50 年的大部分时间里，农产品的相对价格下跌，而其较低的价格弹性意味着出口国能从中获取的总收入会下降。

除了对石油以及其他少数几种产品发挥了作用，《国际商品协定》（international commodity agreement）收效甚微。

这个协定的主要作用就是规定总产量水平，稳定国际物价，对生产诸如咖啡、茶叶、铜、铅和糖的国家采取配额制。为了使该协定行之有效，参与者之间的合作与协商就显得尤为重要。《国际商品协定》也可以为单个的出口国提供更多的保护，使其免受国际过度竞争以及世界生产过度扩张的冲击。因为这种过度的供给性扩张会迫使商品价格降低，同时削减所有国家贸易收入的增长。简而言之，《国际商品协定》是为了保证参与国之间能有相对较固定的出口收入比例和更稳定的商品价格。联合国经济发展会议建议成立共同基金为"缓冲储备"融资，以支持19种初级产品（如糖、咖啡、茶叶、铝土矿、黄麻、棉花、锡与植物油）的价格，但进展却不太理想。大部分现存的关于非石油初级产品的协定要么失败（如关于锡），要么基本被忽视（如关于咖啡和糖）。然而即便是在最好的情形下，这种协定也无法使一些易腐烂的初级产品得到保护。想象一下为香蕉设置"缓冲储备"是一种什么样的情形！

第四个与第五个因素的共同作用阻碍了初级产品出口收入的长期增长——合成替代产品的出现及发达国家长期奉行的国内农业保护政策，这可能是最重要的影响因素。棉花、橡胶、剑麻、黄麻、皮革、兽皮以及铜（在通信设备领域已被玻璃光纤替代）等的合成替代物，不仅使原材料的高价画上句号，也成为国际出口竞争加剧的直接诱因。世界市场的出口收入中，合成替代品所占的份额不断上升，而自然资源所占的份额却随之减少。而在农业保护主义的背景下，政府通常会采取关税、贸易配额以及更进一步的非关税壁垒。这些非关税壁垒包括一些随意的关于食物及纤维产品进口的卫生法令或者本质类似的其他准则，这对于发展中国家的出口收入来说无疑是致命的打击。这些非关税壁垒除了不能取消已经发生的转移之外，几乎废除了绝大多数发展中国家的一贯出口方式。例如，欧盟共同实行的农业政策——对农业进行更大程度的补贴，已经严重削弱了发展中国家的农业竞争力。

就供给而言，许多因素的共同作用也阻碍了初级产品出口收入的快速扩张。其最重要的因素就是许多农业性发展中国家僵化的生产模式。我们所说的僵化是指有限的资源、恶劣的气候、贫瘠的土地、落后的农村社会、社会结构、经济结构以及生产力低下的土地制度（见第9章）。不论对特定商品的国际需求形势如何（不同商品之间差异较大），当农村经济和社会结构阻碍农民（一般是惧怕风险的）做出积极的供给反应时，出口就不会有很大程度的扩张趋势。

此外，在农业结构严重两极化的发展中国家（如大公司的资本密集型农场与数万个分散的、生产力水平低的农民的土地并存），这样任何出口收入的增长都很有可能在农村人口中极不平等地进行分配。在一些国家（特别是非洲国家），农产品经销商扮演着农民与出口市场的中间人，这使得本国的小农户处于更为不利的地位。值得庆幸的是，近年来这些农业行会大部分已经被瓦解，或者说至少它们明显压制价格的行为已经很少发生了。

初级产品出口增长一直不温不火，很大一部分原因是受发达国家的贸易政策（例如美国的糖和棉花补贴）和外援政策（压低最不发达国家的农业价格并且压制生产）的不利影响。例如，欧盟就曾打着外援的旗帜，卖给西非国家补贴牛肉，给这些国家成牛的价格带来毁灭性的打击。正如国际食品政策研究中心的凯文·沃特金斯（Kevin Watkins）和乔奇姆·冯·布劳恩（Joachim von Braun）所述：

> 发展中国家的小农户遭受来自发达国家政策的多重剥削。北半球国家的农业补贴降低了本国农产品的价格，因为无法与受补贴的农民竞争，所以他们往往被国际市场甚至是国内市场淘汰。问题是在目前的农业政策下，成功更依赖于是否能得到农业补贴，而非比较优势。小农户往往效率高，有创新精神，富有潜在竞争力，而且善于将农业和其他副业创造性地结合。然而目前世界上最贫困国家的农民却无法与最富有的财团竞争，或者这也是他们无奈的选择。[35]

因此，我们有这样的结论，我们只有沿着第9章提出的线路重新调整低收入国家的农业社会经济结构，提高总体农业生产力，并更加广泛地分配利益，才能成功地推进低收入国家初级产品出口扩张并实现穷人的利益。人们普遍认为，任何农业发展战略的首要任务就是为当地人提供足够的粮食，其次才会考虑农业产品出口扩张的问题。目前世界对初级产品需求结构，各地存在的食物短缺威胁，潜在的进口者的关注焦点也集中在于农业自给自足、合成替代品不断发展的不可逆趋势，以及由于停滞的贸易谈判而使降低农产品保护水平不可行，所有的这些决定了发展中国家初级产品出口实际扩张的程度是十分有限的。[36]

12.5.2 工业制成品的出口扩张

由于韩国、新加坡以及中国的出口表现让人侧目,因此制成品出口的扩张受到了极大的鼓舞。例如,在过去 10 年,韩国的出口增长得更快。该国出口增长得益于工业制成品,其在外汇收入中所占的比重在 80% 以上。就发展中国家整体而言,其工业制成品在出口额中所占比重从 1950 年的 6% 上涨到 2000 年的 64%。总体来看,到 2011 年,中低收入国家工业制成品出口额占世界总额的 29%,其中中国所占份额迅速攀升。然而,低收入国家在世界总额中所占的比重还不足 1%。[37]

近几十年出口贸易的成功(特别是亚洲四小龙的事例)为市场原教旨主义者(见第 3 章)提供了证据,他们认为只有依靠市场自身的力量,鼓励自由企业与开放性经济,尽量避免政府干预,才能使经济最快地增长。然而,亚洲四小龙的事例并没有证明出口的成功是如何取得的。在韩国、中国台湾地区、中国香港地区以及新加坡(包括早期的日本及最近的中国内地),生产的产品及出口结构都不是由市场自行决定的,而是在当地利用利润刺激机制,有计划的干预下形成的。[38] 本章随后还会对这个问题予以讨论。

虽然基本内容与初级产品不一致,但是很多工业制成品贸易扩张的需求问题也给发展中国家和地区带来了同样的困扰。多年以来,发达国家针对发展中国家和地区工业制成品的出口制定了一系列的保护政策,部分直接原因是中国台湾地区、韩国以及中国香港地区在 20 世纪六七十年代低成本的劳动密集型产品的渗透。除此之外,就像我们之前提到的,绝大多数基础工业制成品的相对价格已经下跌。

工业化国家的贸易壁垒一直很多。以 20 世纪 80 年代为例,24 个工业化国家中就有 20 个国家针对发展中国家的工业制成品和加工产品加强了贸易保护政策。更为严重的是,它们针对发展中国家采取的保护力度远远大于其对高收入国家的力度。此外还有非关税贸易壁垒,在抵御来自发展中国家的工业制成品方面发挥了主要作用,这使得发展中国家至少 1/3 的工业制成品出口受到影响。对于这点,一个著名的案例是《多种纤维协定》(Multifiber Arrangement,MFA),这个协议是一个复杂的双边配额系统,在 2005 年以前一直对棉花、羊毛和合成纤维产品的出口加以限制。

联合国开发计划署估计,MFA 协定每年会使发展中国家丧失 240 亿美元的纺织品及衣服的出口收入。虽然一些发展中国家尤其是孟加拉国保持住了其市场份额,但目前 MFA 最大的受益国还是中国。目前,最为著名的旨在向最不发达的国家开放市场的举措是美国制定的《非洲增长和机遇法案》以及欧盟的"军火以外无所不包"项目。然而,由于这两种举措都是双边性的,很有可能随后被废止。而且这些项目都有一定的时间范围,时间太短以至于难以有效地刺激投资或者在文件编制方面成本太高、太烦琐(这对于低收入国家来说是一个更大的阻碍)。[39]

被取代了工作位置的发达国家的高工资工人是否会继续允许低工资产品(现在是服务)无所顾忌进入,还有待我们进一步观察。虽然 WTO 规则废止了许多以往的贸易壁垒,但是很多隐性贸易壁垒依旧存在。在乌拉圭回合以及早些年中 WTO 削减关税的步伐,也在近些年缓慢下来甚至是处于停滞状态。反倾销"调查"显著上升,在 1999 年达到峰值,美国成为这些贸易保护政策的最频繁的使用者。尽管这种调查随着 21 世纪的到来不断减少,但仍旧是贸易保护主义"军火库"中最重要的武器。例如,在 2007 年全球经济衰退的大背景下,反倾销调查开始不断涌现,直到 2009 年末才烟消云散。与此同时,反补贴税调查也不断增加:"购买美国货"以及类似的法律,是继 2008 年经济危机后,出台的经济刺激政策中公开化的政策之一,虽然其合法性值得怀疑,却给发展中国家的投资带来很大影响,至少是在其生效期内,并且是在贸易保护主义"兵工厂"中具有相当的威慑力的武器之一。区域性的贸易协定,如北美自由贸易协定(NAFTA)以及欧盟,可能也存在歧视来自其他非成员发展中国家的出口商品的影响。[40] 分析家们质疑,在巨大而长久的**贸易赤字**(trade deficit)之后,美国还能维持多久其"最后一个消费者"的地位,以及发展中国家最终将如何应对不可避免的美元贬值趋势。

美国贸易赤字在金融危机之后的反弹让很多分析家感到吃惊，但是，从某种程度上讲，这说明发展中国家的出口机会很可能会减少。人们甚至普遍怀疑还会有多少其他发达国家市场的开放程度会达到这个阶段美国的程度（我们在第13章会对这个问题进行深入讨论）。

至于农业和其他初级产品生产，我们不能因为该产业不确定的出口前景，就削减用来满足当地市场需求所需要的生产扩张。在经济体趋于一体化的大背景下，发展中国家之间的工业制成品贸易也有很大的利润空间。南南贸易在稀有矿物资源及农产品方面的发展快于南南工业制成品贸易。中国在非洲的初级产品生产的投资和出口就是显而易见的例子。

12.5.3 进口替代：国内视野基础上的对外支付

发展中国际观察到它们初级产品在国际市场上的弱势地位，并且笃信广泛流传的工业化神奇作用以及普雷维什－辛格假设，这些国家在"二战"后纷纷采用了推崇城市工业化发展的进口替代战略。即便是现在，尽管 WTO、IMF 和世界银行等组织对这种战略的执行施加了很大压力，使得应用它的机会成本增加，但一些国家因政治或经济原因，仍旧遵循这一战略。正如上文所述，进口替代理论就是试图使用本国的生产和供给来代替进口商品，通常是指一些工业制成品。典型的做法是首先对某些商品实行关税壁垒或进口配额，接着建立一些生产这类商品的当地企业——比如收音机、自行车或家用电器。通常这些企业会与外商共同建立合资企业，鼓励这些企业在关税的保护下建立自己的工厂，并给予各种税收优惠或投资激励。虽然起初的产品生产成本高于以往的进口价格，但坚持建立这些进口替代型企业背后的经济逻辑是，这不仅能使这些企业得到规模生产所带来的利润和更低的成本（这就是关税保护的**幼稚工业**（infant industry）论据），而且可以使国际收支项目得到改善（因为消费品进口的减少）。通常来说，这两种观点会相伴出现。最后，按照人们所希望的，幼稚工业可以成长并可以在世界市场竞争。一旦该企业降低其平

均生产成本，就可以创造出净外汇收入。现在就让我们看一下贸易保护理论如何演绎了这个过程。

12.5.4 关税、幼稚工业以及贸易保护理论

进口替代战略的一个主要机制就是设立保护性关税（进口税）或者配额（对进口数量予以限制），并允许建立进口替代性产业。这种战略背后的经济理论就是幼稚工业理论。该理论认为，为了给国内某些高成本的产品生产者争取足够的发展时间来学习经验并实现规模经济，向国外同行学习必要的知识，以及实现"干中学"的外部经济性以便实现更低的单位成本和价格，对进口竞争产品实行关税保护是必需的。有了足够的时间和充分的保护，幼稚工业就会成长起来，然后可以直接与发达国家的同行竞争，并不再需要这种保护。最终，正如我们看到的韩国的 IS 类企业，国内生产商希望在没有关税保护和政府补贴的情况下不再仅仅供应国内，而是把它低成本的工业制成品出口到世界其他国家。这样，对很多发展中国家而言，在理论上 IS 战略成为 EP 战略的必要条件。正是出于这个原因以及其他原因（包括降低依赖性和获得更大程度的自给自足能力的目标，建立国内工业基地的必要性，从征收关税中得到丰厚收入的便利），[41] 进口替代战略对很多政府极具吸引力。

在国际贸易领域，贸易保护理论是一个传统的富有争议的话题。该理论演绎起来相对容易（见图 12-3）。图 12-3a 表示没有国际贸易的情况下（即在一个封闭经济体中），制鞋业的基础国内供给和需求曲线。平衡点的国内价格和数量分别是 P_1 和 Q_1。如果接下来这个经济体进入国际市场，那么与世界市场相比，该企业规模较小则意味着该企业面临水平的、完全富有弹性的需求曲线。换句话说，就是它可以用更低的市场价格 P_2 随心所欲地买进和卖出产品。国内市场的消费者能以更低的价格买到进口商品，因此会增加购买数量，然而国内制造商及其工人会因低成本的外国供应商而蒙受损失。这样，在更低的国际市场价格 P_2 的情况下，需求量会由 Q_1 增加到 Q_3，而国内供给量会

由 Q_1 降到 Q_2。这样，在 P_2 价格水平下，国内生产者愿意提供的产量 Q_2 与消费者所需消费量 Q_3 之间产生的数量差，就需要进口来满足，如图 12-3a 中的 ab 线所示。

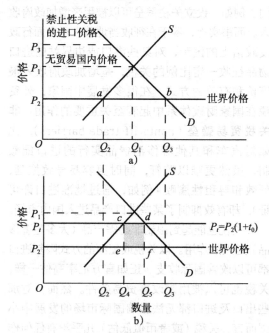

图 12-3　进口替代战略与贸易保护理论

面临自由贸易会导致的国内生产与工作岗位丧失的危险，以及对保护幼稚工业的渴求，当地的生产者会向政府寻求关税帮助。图 12-3b 显示了关税的影响效果。关税使得本国鞋价从 P_2 上升到 P_t，也就是 $P_t=P_2(1+t_0)$。国内消费者会因为较高的价格，将他们的需求量从 Q_3 减少到 Q_5。这样，国内生产者就可以将它们的生产规模（包括就业）从 Q_2 增长到 Q_4。cdfe 这个矩形面积则表示政府征收进口税所获收入。

显然，进口税越高，国内价格与国际价格和进口税之和就越接近。在 IS 战略的理想情形下，高额的进口税会使进口商品的价格高于国内同类产品价格，即图 12-3 中 P_3 会高于 P_1，这样，进口商品得到有效限制，当地企业在贸易关税保护下得以运行，仍旧以 P_1 的价格出售 Q_1 的鞋子。短期来看，这种禁止性关税对国内消费者不公平，他们通过支付高价和降低需求来补贴国内生产者与被雇用的工人。换一种说法，也就是关税实现了将收入从消费者到生产者的再分配过程。然而，长远来看，当国内生

产商和其他鞋类加工者通过实现规模经济以及"干中学"得到利益时，国内的市场价格也最终会降到世界价格 P_2 以下，接着该产业会在国内及国际市场上同时发展，国内消费者、生产商以及雇员都会受益，这时政府就可以取消高关税，通过增加的税收收入（国内制造品更高的收入会使其税收增加）来抵消取消关税所带来的损失。从理论上看这的确富有逻辑和说服力，那么在实际中呢？

12.5.5　IS 工业化战略与结果

很多观察家都认同进口替代工业化战略从总体上来说是不成功的。[42] 具体来说，该理论出现了五个不希望看到的后果。第一，由于受到关税保护以及免于外部竞争压力，许多 IS 类企业效率低下（国有或私人拥有都存在类似情况），运营成本高昂。第二，进口替代过程的主要受益人变成外企，它们躲在关税保护墙之后，充分利用税收减免和投资激励的政策谋取利益。在扣除利息、利润、专利税及管理费后，大部分的利润都流向国外，剩下的一小部分才是增加了当地企业的财富（这些企业一般是外商合资的，而当地企业可以为其提供政治和经济庇护）。

第三，大部分进口替代企业通常大量进口受到政府进口补贴的资本品或者是由国内外企业生产的中间产品。就外资企业而言，很多产品都是从其来自国外的母公司或者分公司购买。这就会产生两个直接结果。一方面，资本密集型企业的成立，往往是为了满足富国的消费习惯，提供就业的机会很小；另一方面，非但没有改善发展中国家的国际收支平衡和国际债务问题，不加选择的进口替代还会使这些问题恶化，因为这样做无形中增加了对进口资本品和中间产品的需求，会导致相当多的利润会以私人转移支付的形式流向国外。

第四，许多进口替代战略对传统初级产品的出口产生了不利影响。为了鼓励当地进口替代企业采购廉价的资本品及中间产品，**官方汇率**（official exchange rate，一国中央银行以本国货币买进某外国货币的比率）经常被虚假性地高估。

这就提高了当地货物的出口价，降低了进

口产品的价格。例如巴基斯坦卢比对美元的自由市场兑换比率为 20∶1，而官方兑换比率为 10∶1，这样美国当地 10 美元的商品就可以以 100 卢布的价格出口到巴基斯坦（不包括运输和其他服务费用），如果执行**自由市场汇率**（free-market exchange rate，货币兑换比率由卢比对美元供求关系决定），同样的商品就需要花费 200 卢布。这样，通过**高估汇率**（overvalued exchange rate）的方式，发展中国家政府有效地降低了进口商品的国内价格。但与此同时，其出口商品的价格却提高了——比如，进口商以 10∶1 的兑换率进口，用 10 美分进口 1 个卢比的商品，但在假设的市场 20∶1 的汇率下，则进口商只需要付 5 美分。

在进口替代政策前提下的汇率高估的实际作用，就是加大对资本密集型生产的鼓励（因为进口资本品的价格被人为降低），而通过人为提高出口货物外币价格损害了初级产品出口部门的利益。所以汇率高估会使得当地农民在国际上的竞争力下降。此外，考虑到它的收入分配效应，该政策损害了当地农民及个体户的利益，与此同时提高了国内外资本所有者的利益。这样的工业保护政策增加了国内市场农业产品税负，减少了农业品出口。实际上，进口替代战略使国内收入分配更不平等了，因为其重视城市高收入群体的利益，而忽视了农业和低收入群体的利益。

第五点也是最后一点，进口替代政策虽然目的是通过与发达经济体建立前向或者后向的联系，刺激幼稚工业与自给自足的工业化发展，却往往成为工业化的绊脚石。实际上很多幼稚工业，在保护性关税的庇护下安于现状，政府不得不降低关税来强迫它们更有竞争力。实际上，政府自己往往会以国有企业的方式经营某个保护产业。此外，因为增加了潜在前向企业的生产成本（那些生产过程中需要进口受保护企业的产品或其自行生产的中间产品，比如印刷商从当地保护的纸厂进口纸），企业往往会从海外寻求生产资料供应，而不会通过后向企业联系寻求国内供应商，所以效率低下的进口替代企业实际上阻碍了政府所希望的完全依靠自身发展的工业化进程。[43]

关税结构及有效保护　鉴于进口替代保护政策保护当地产业的主要方式是进口关税和配额，我们有必要分析这些商业政策工具对发展中国家经济的作用及局限性。正如我们之前所说的，政府实行关税和配额政策的原因五花八门。例如，设立关税壁垒可以被用来增加政府收入。而事实上，鉴于在征收当地收入税方面行政及政治上的困难，对某些港口或边界站的进口物品征收一定比例的关税，是增加政府收入最廉价和有效的方式。在很多发展中国家，外贸税在国家财政体系中起着至关重要的作用。**非关税贸易壁垒**（nontariff trade barriers），比如对汽车和其他奢侈消费品实行的进口配额制，虽然更难以监管，同时更容易导致拖延、低效和寻租性腐败（例如，通过批准进口许可证），却有效抑制了某些进口产品进入国内市场。

关税也能起到限制非必需产品（大多是奢侈品）进入的作用。以关税或配额的方式限制进口都可以改善国际收支。正如官方汇率高估一样，关税也可以被用来改善贸易条件。然而，对那些出口及进口都无法影响国际市场的发展中小国而言，关税（或者币值低估）几乎没有任何作用。最后，正如前面所述，关税可能是工业化进口替代政策的一个不可分割的组成部分。

不论我们使用什么手段限制进口，这些限制总是保护本国企业免于外国企业的竞争。为了衡量保护程度，我们需要知道与没有保护相比，这些限制措施引起进口产品的国内价格有多大幅度的提高。下面我们介绍两种基本的对保护的衡量方法：名义保护率和有效保护率。

名义保护率（nominal rate of protection）是指在商品进口价格超出没有保护时进口商品价格的比率。我们将名义保护税（从价税）表示为 t，则 t 可以被定义为：

$$t = \frac{p' - p}{p} \qquad (12\text{-}1)$$

式中，p' 和 p 分别是该工业产品在征收关税与无关税时的单位价格。

例如，如果一辆进口汽车的国内价格 p' 为 5 000 美元，而该汽车运到进口港的 CIF 价格（成本加保险和运费）p 为 4 000 美元，那么名义保护率 t 就是 25%。这就是图 12-3 中描述的 t_0。

与之相反的是，**有效保护率**（effective rate

of protection）表示的是与没有保护相比，本国企业在特定生产阶段的**增加值**（value added）所占百分比。换句话说，它通过当地企业的薪资、利率、盈利以及折旧支出总和的变化百分比来表示（保护政策下的总和超出无关税保护时总和的部分所占百分比）。[44] 有效保护率 ρ，可被定义为国内价格增值（出口比率）和国际价格增值的差距，表示为后者的百分比，因此有

$$\rho = \frac{v' - v}{v} \qquad (12\text{-}2)$$

式中，v' 与 v 分别是有保护政策和没有保护时的每单位产出的增加值，结果的正负取决于 v' 是否大于 v。对大多数发展中经济而言，这个值是正值。

我们可以通过一个例子来解释名义保护率与有效保护率的巨大差异。[45] 假设一国在无关税的情况下生产和出售一辆汽车的国际价格是 10 000 美元，其中生产线上的劳动增加值为 2 000 美元，剩余总投入价值为 8 000 美元，这里我们可以简单假设非劳力成本价与国际价格一致。假设现在的名义保护率为 10%，国内价格就上升到 11 000 美元，假设其他中间环节的成本不变，此时国内制造业就可以花费 3 000 美元在每部车的人力成本上，而非之前的 2 000 美元。而有效保护率是指在上述条件下，即最终产品 10% 的名义保护率在当地生产单位产品（每辆汽车）增值方面所起的有效保护程度是 50%。可见，在固定的名义保护率前提下，生产过程增值越小，有效保护率就越大；即 $\rho = t(1-a)$，其中 t 是最终产品的名义保护率，而 a 是在自由市场条件下，进口投入品在产品总值中所占的比例，我们假设这些投入品进入该国是免税的。

大多数经济学家认为，虽然名义保护率和从价税在衡量保护程度方面更简单明了，但在确定国家某种关税政策对当地制造业的鼓励及保护所起作用方面，有效保护率这一概念更有用。有效保护率表示的是限制一个企业或产业的进口所产生的净效应（无论是产出还是投入）。对大多数发达国家和发展中国家来说，有效保护率往往大于名义保护率，有时甚至能超出两倍。例如巴基斯坦和乌拉圭，有效保护率甚至超出名义保护率 300%，阿根廷和巴西超出

100%，菲律宾超出 50%，墨西哥超出 25%。[46] 尽管如此，自 20 世纪 80 年代中期以来，有效保护率大体上已经开始显著下降了。

分析发展中国家有效保护率与名义保护率有许多意义，其中两点尤其值得关注。第一，很明显，大部分发展中国家采取工业化的进口替代战略，即将发展重点放在生产最终消费产品方面，并且假设对这些产品存在成熟的市场。更重要的是，最终消费品的技术熟练程度要求往往低于中间资本产品的生产。这种战略的初衷是经过一段时间之后，最终制成品的经济规模与需求的增长，可以创造出强大的后向联系，从而建立起民族中间产品工业。但同样明显的是，大部分发展中国家的表现也相当让人失望。部分原因是对最终消费品实行过高的有效保护率，导致中间产品和资本品的保护力度相对被弱化。直接结果就是，稀有资源由中间产品制造业流向往往效率低下而又受到过分保护的制成品行业。后向的联系并未因此建立，中间产品进口成本增加，以高效、低成本、劳动密集型方式为依托的固有资本品企业的发展受到阻碍。

第二，尽管发达国家对从发展中国家进口产品的名义保护率貌似不高，但是有效保护率却是极高的。正如我们前面提到的可可、糖等原材料的进口通常是免税的。但是加工过的原材料如咖啡粉或烘焙过的咖啡、椰子油、可可、黄油等，却有着较低的名义保护率。有效保护率的理论显示，对进口原材料免税的同时对加工过的原材料征收较低的名义保护率，也可以实现很高的有效保护率。例如，对加工过的椰子油施加 10% 的进口关税，而椰子干可以免税进口，如果把椰子干加工为椰子油能够增值 5%，那么这个制作过程的有效保护率就能达到 200%！这在很大程度上阻碍了发展中国家食品业和其他原材料加工业的发展，最终剥夺了它们潜在的获取外汇收入的机会。

发达国家的有效保护率往往高于名义保护率，特别是在发展中国家也颇具竞争力的行业。例如，同样名义保护率下的丝线、纱线、纺织品、布匹、木材、皮革、橡胶等产品的平均有效保护率，美国和欧盟是发展中国家的两倍。在欧盟，椰子油的有效保护率更是名义保护率的 10 倍（150%：15%），大豆加工业的有效保

护率是名义保护率的 16 倍（160%：10%）。

概括起来，关于发展中国家关税保护的观点主要有以下四种。

（1）对于大多数发展中国家来说，对贸易征收关税是大多数发展中国家政府收入的主要来源。因为征收进口关税的形式相对来说较为简单，而且更容易获得收入。

（2）进口限制代表了一种对解决长期的国际收支平衡和债务问题的回应。

（3）进口关税保护的目的是为了发展规模经济，产生正外部性，实现工业自主以及克服大部分发展中国家所处的经济依赖的状态。

（4）通过采取进口限制政策，发展中国家政府可以更好地掌控国民经济命脉，同时鼓励外国资本投资本地进口替代性产业，创造更高的利润，为增大储蓄和加快未来发展创造条件。它们能以更有利的价格购入设备，为当地以及由当地人控制的企业保留现有国内市场。最终，这些企业在国际市场上能具有足够的竞争力。

尽管以上这些论据貌似有一定的说服力，而且一些政策的确对发展中国家大有好处，然而很多政策实施的最终结果却是事与愿违。贸易保护是一种经济政策的工具，但这种工具必须以明智和加以选择的态度使用，它不是能在不区分长期和短期的情况下随意使用的万灵丹。

12.5.6 汇率、汇率控制及低估决策

我们已经简单探讨过汇率的问题了。一国的官方汇率是指在官方批准的外汇市场上，本国的中央银行使用本地货币兑换外币的比率。官方汇率往往以美元为参照，即 1 美元可以兑换多少比索、里亚尔、英镑、欧元、卢比、泰铢或日元。比如 1998 年南非兰特兑美元的官方汇率是每美元兑换 5 兰特，而印度卢比的官方汇率接近每美元兑换 40 卢比，如果南非的制造商想要从印度纺织品出口商那里进口价值 40 000 卢比的布料，他就必须支付 5 000 兰特达成交易。然而，因为大部分国家都将美元作为对外贸易的交易货币，南非进口商就必须先用 5 000 兰特从南非中央银行买进 1 000 美元的外汇，接着通过官方渠道将这些货币支付给印度出口商。到目前为止，除了个别与欧元挂

钩的国家，只有极少数的主要经济体采用传统的固定汇率。中国在 2005 年时从原有的固定汇率制转变为浮动汇率制（增加了汇率的灵活性）。

官方汇率往往与经济平衡价格点的汇率不一致，换句话说，该汇率是指在没有政府规定与干涉时，由国内对某种外币的需求（比如美元）与其供给量相等时形成的兑换比率。事实上，正如我们前面提到的，历史上大部分发展中国家的官方汇率都存在高估现象。在没有任何政府限制或控制的情况下，设立的外汇官方价格会导致国内市场对外币需求过旺，并超出实际可供给量，在这种情形下，我们就说本国货币出现了高估。

在过度需求情况下，发展中国家中央银行一般有三种基本政策选择来保持官方汇率稳定。第一，通过释放外汇储备来满足超额外汇需求（比如 1991 ~ 1994 年的墨西哥，又如 1995 ~ 1997 年的泰国、马来西亚、印度尼西亚和菲律宾）或者从国外借入多余的外汇，进一步引入外债（如 20 世纪 80 年代非洲的许多国家，以及 90 年代的印度尼西亚和韩国）。第二，通过商业政策和旨在削减进口需求的税务工具（如进口关税、进口配额和进口许可证）来消除超额外汇需求。第三，规范和干涉外汇市场，将有限的外汇供应配给首选客户。[47] 这种定量供应就是通常所说的**外汇管制**（exchange control）。虽然现在这种政策远不如以往普及程度高，但这种政策在发展中国家仍被广泛使用。

从图 12-4 中，我们可以看到外汇管制的机制和运行方式。在自由市场条件下外汇的均衡价格是 P_e，此时外币的供给量和需求量都是 M。然而，如果政府人为地调低外汇价格（即对本国货币的高估）为 P_a，因为出口货物价格过高，那么对外汇的供给量就会减少到 M' 单位。但是在 P_a 的外汇价格下，对外汇的需求则会增长到 M''，这就会产生对外汇的超额需求，即 $M''-M'$ 个单位。此时除非有外国企业愿意借钱或给该国投资来填补这个空缺，否则必须有一种机制来分配这有限的外汇供应 M'。如果政府使用竞价的方式分配，进口商就会愿意以 P_b 的价格买进这部分外汇。在这样的情况下，政府出售每单位外汇，就可以赚取 P_b-P_a 的利润。然而此类公开竞价很少实行，一般都是由政府通过行政

配额或许可证的方式进行分配。这样就为腐败、逃避以及黑市的兴起创造了条件。因为进口商愿意以每单位 P_b 的价格买入这些外汇。

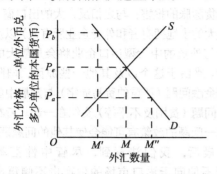

图 12-4　自由市场与外汇管制下的汇率

那么为什么大部分发展中国家政府会时不时选择高估官方汇率呢？很多国家是为了支持其迅速工业化的全方位项目以及其进口替代产业。正如我们之前所说的，高估汇率会降低进口商品的本币价格，使其低于自由市场汇率条件下的外汇水平（由供求关系决定）。价格更低的进口商品特别是资本品和中间产品，对于工业化进程十分重要。但是高估汇率也会使国内进口消费品的本币价格降低，特别是奢侈品的价格。发展中国家如果希望限制这些非必需以及昂贵的商品进口，就必须实行进口控制（通常是配额）或者设立实行**双重汇率**（dual exchange rate）或**平行汇率**（parallel exchange rate）体系，资本品和中间产品的汇率经常被高估或受法律限定，对于进口的奢侈消费品则实行极低汇率（非法）或浮动汇率制。这样的双重汇率制度使得进口奢侈品的国内价格水平极高，同时人为降低资本品的进口价格。无须赘言，双重汇率制度像汇率管制和进口许可一样，会引起严重的行政管理问题，滋生了黑市、腐败、规避和寻租等社会问题（见第11章）。[48]

然而，高估货币使得没有关税和配额保护的当地出口商以及进口产业的收入减少。与自由市场汇率相比，货币被高估时出口商出口货物收到的本国货币会减少。同时，出口补贴的缺失降低了出口的外币价格，出口商（绝大多数是农民）在世界市场上的竞争力会变弱，因为被高估的汇率使得他们的商品价格被人为抬高了。而对于那些不被保护的当地进口企业，人为高

估的汇率会降低从外国进口的同种商品的本币价格（例如收音机、轮胎、自行车或家用电器）。

因此，在与国民进行外汇交易中，如果没有行之有效的政府规制和干涉，高估汇率就会进一步扩大国际收支不平衡与外债沉重的问题，因为它降低了进口成本，增加了出口成本。由经常项目交易（出口和进口）引发的长期收支逆差可以通过货币**贬值**（devaluation）的方式得到改善。简而言之，当一国的中央银行用本国货币兑换美元的官方比率急剧上升时就是本国货币被低估。相比之下，**货币贬值**（depreciation）是指相对于国内市场，本国货币在国际市场的购买能力逐渐下降；升值则是指购买力逐渐上升。[49]

例如，如果原来5兰特和40卢比分别能兑换1美元，现在变为8兰特和50卢布才能兑换1美元，就说南非兰特和印度卢比被低估了。如果因为这两种货币被低估，美国进口商可以花更少的钱买到同样的产品，但是美国出口商品的价格就会变得更昂贵，出口同样的美国产品时需要比以往更多的兰特和卢比。简而言之，通过降低出口的外币价格（创造更多国外需求）和提高进口的本币价格（减少国内需求），发展中国家希望以此改善对世界其他国家的贸易平衡状态。这就是为何当货币被"固定"时，货币贬值永远是国际货币基金组织所实行的稳定性政策的一个重要构成部分。

与货币贬值截然不同的另一个政策是允许汇率随着国际供求关系的变化自由波动。自由波动或**浮动汇率**（flexible exchange rate）在过去并不提倡，特别是在严重依赖进出口贸易的发展中国家，因为该制度下汇率是极其不可预测的，会大幅度不受控制地上下波动，并会受到国内外货币投机行为的影响。这种不可预测的波动会给一国短期或长期的发展计划带来严重破坏。然而，在20世纪80年代国际收支平衡问题与债务危机期间，受国际货币基金组织影响，包括墨西哥、阿根廷、智利和菲律宾等很多发展中国家，为了改善巨大的收支不平衡与资金外流现象，纷纷允许汇率的自由浮动。同样的现象发生在1994年的墨西哥，以及1997～1998年亚洲金融危机时期的泰国、菲律宾、韩国、马来西亚和印度尼西亚。在1997

年几个月的时间里，泰铢兑美元贬值了 1/3，菲律宾比索、韩国韩元、马来西亚林吉特和印度尼西亚卢比的贬值率都超过了 30%。近年来，印度卢比突然从 2013 年的 5 月起开始贬值，其兑美元贬值了 20%（随后在 8 月份贬值 9%）；中央银行相应地提高了本国利率，虽然短期内将贬值比率扭转到 2013 年贬值比率的一半，但此举明显使经济增长放缓。一些专家认为"过度宽松"的美元货币政策的收紧是新一轮潜在危机的预兆，可能涉及诸如巴西等更多国家，这些内容我们将会在第 13 章和第 15 章进行讨论。

目前国际上现存的浮动汇率制度，是在 1976 年国际货币基金组织的研究会议上被正式合法化的，它是对固定汇率（人为规定的汇率）以及完全浮动汇率制度的一个折中。在这种"受管制"的浮动汇率制度下，大多数国际货币可以自由波动，但是不正常的波动则会通过中央银行的干预予以限制。大多数发展中国家的货币政策都趋向于采取**有管理的自由浮动**（managed float）。

关于货币贬值最后一个关注点则是其对国内物价水平的影响。货币贬值有提高进口商品本币价格的直接作用。衬衫、鞋子、无线电产品、光盘、粮食以及自行车以往的价格为 X 卢比，而现在增加为 $(1+d)X$ 卢比，价格取决于贬值的百分比程度 d。由于这些商品的价格上升，国内工人要求保留其实际的购买力，就会开始要求加薪。如果工资增加，就会使产品的成本也相应增加，导致国内的物价水平会更高。由此，**工资 - 物价螺旋上升**（wage-price spiral）模式会造成国内通货膨胀。

例如，1997 年亚洲金融危机期间，由国际货币基金组织建议的货币贬值盛行，进而导致通货膨胀率上升。1998 年印度尼西亚的通胀率从 11% 上升到 35%，泰国从 6% 上升到 12%，菲律宾从 5% 上升到 10%。失业率增长了一倍，工人上街游行，要求终止裁员并且增加工资来弥补因通胀而损失的购买力。

货币贬值对收入分配也有影响，显然，通过替代"贸易"品的国内价格和收益以及鼓励出口生产的刺激政策等方式，货币贬值实际上是牺牲一部分人的利益使某些特定的群体受益。总体来看，城市工薪阶层、固定收入人群、失业者、个体农民、城乡的小规模生产者以及与不参与出口的生产商，都会受到货币贬值引起的国内通货膨胀的损害；与之相反，大的出口商（通常是大的土地拥有者和外资企业所有人）以及当地参与外贸的中大型出口企业将会是最大的受益者。[50] 由于这个以及其他一些原因，国际商业和金融问题（严重的贸易赤字）与发展中国家国内问题（贫困及不平等）交织在一起。旨在减轻某一问题的政策有可能会使其他的问题恶化。

最后，我们注意到，尽管中性汇率制度既不偏向于进口市场的生产也不侧重出口市场的生产，自由贸易者因为其是"公平赛场"而对之青睐有加，与之相反的**低估的汇率**（undervalued exchange rate）则是严重偏向出口的制度。

这是因为与只在国内市场进行销售的非贸易品相比，低估汇率会相对抬高企业内可供出口产品的国内价格，继而会促使企业的发展重点转向出口市场。如果这种出口刺激了经济增长，并且这种增长可以广泛地惠及国民，那么许多发展经济学家就预测：长期而言，低估（也许甚至是汇率被低估）能够带来重要的发展优势。而工业化政策的拥护者（认为低估政策不公平）更是将矛头指向中国人民币的长期被低估状态以及早期东亚货币的被低估状态（特别是韩国和中国台湾地区在快速发展时期货币的被低估状态）；第 12 章和第 13 章末的案例分析中我们还会对此问题进行更详尽的讨论。

12.5.7 国际贸易乐观派和悲观派：传统论战的概括

现在我们可以总结一下国际贸易两个学派的主要争端及其论据，其中国际**贸易乐观派**（trade optimists）支持自由贸易、外向型经济和出口促进政策；**贸易悲观派**（trade pessimists）则提倡贸易保护、内向型经济和进口替代政策。[51] 我们先从贸易悲观派的观点开始总结。

1. 贸易悲观派主要论据 贸易悲观主义者的主要论据体现在以下四个方面：①初级产品的世界需求增长是有限的；②初级产品生产国

家的贸易条件长期性恶化；③对来自发展中国家的农业加工产品和工业制成品涌现出的"新贸易保护"；④市场失灵的存在降低了发展中国家将出口产品升级为高端产品的能力。

发展中国家出口到发达国家的传统出口品价值增长缓慢的原因是：①发达国家从低技术、原材料密集型产品的生产转向高技术、技术密集型产品的生产，这样就降低了对原材料的需求；②原材料工业利用率的提高；③合成产品替代自然原材料，例如橡胶、铜和棉花；④初级产品和轻工制成品的需求收入弹性较低；⑤发达国家农业生产率的提高；⑥发达国家对农业和劳动力密集行业相对来说更高的保护程度。

贸易条件持续不利，并不断恶化的原因是：①发达国家的要素市场和商品市场的寡头垄断以及发展中国家关于出口资源供给的竞争加剧；②这些出口商品的需求收入弹性较低。

目前发达国家日益扩大的**新贸易保护主义**（new protectionism）产生的原因如下：更多的发展中国家以富有国际竞争力的价格生产了种类繁多的大量初级及中级产品，发达国家的高价劳动力自然会因此担心自己失业。在北美、欧洲以及日本，人们强迫政府削减或禁止进口来自发展中国家的富有竞争力的商品。该政策的形式随着时间不断变化，如 2010 年法国与意大利工会领导者提议对那些不限制温室气体排放的发展中国家出口货物征收"二氧化碳排放税"。显然，针对发展中国家的贸易保护主义，并不是减少温室气体排放的唯一途径。

因此，贸易悲观主义者认为贸易机会是有限的，甚至会伤害发展中国家的利益。主要有以下四个原因。

（1）传统出口货物需求的缓慢增长意味着出口贸易扩张会降低出口价格，贸易收入会从发展中国家流入发达国家。

（2）如果不限制进口，发展中国家对进口货物的高需求弹性与出口货物的低需求弹性双重作用，就会导致发展中国家的经济必须缓慢增长才能避免严重的贸易失衡和外汇危机。

（3）发展中国家在其生产的初级产品上有"静态"的比较竞争优势，这就意味着出口导向型的自由贸易会限制国内工业化的发展，而工业化却是技术技能与企业管理水平增长的主要动力。

（4）贸易悲观派认为世贸组织管理下的自由贸易在实践中对发展中国家尤其是最低收入国家有局限性，因为这些国家缺乏有影响力的律师以及其他撼动发达国家的必要资源。

2. 贸易乐观主义者主要论据 贸易乐观派对国际需求在决定贸易收入分配方面的作用轻描淡写，却将重点集中在贸易政策、出口绩效与经济增长的关系上。[52] 他们认为**贸易自由化**（trade liberalization，包括扩大出口、货币贬值、贸易限制的去除以及一般的"制定合理价格"）能够快速促进出口的扩大和经济增长。因为自由贸易有以下几方面积极作用：

（1）可以在发展中国家具有比较优势的领域中促进市场竞争，提高资源的优化配置，实现规模经济。生产成本随之降低。

（2）迫使企业提高效率和产量、革新技术，进而提高要素生产力，降低生产成本。

（3）促进经济整体增长，增加利润，提高国民储蓄和投资，进而使经济进一步增长。

（4）吸引外资及专业技术，而这些在大部分发展中国家是稀缺资源。

（5）增加外汇收入，这样在农业落后或承受干旱或其他自然灾害时可以进口粮食。

（6）可以消除因政府干预在出口和外汇市场上产生的经济扭曲，用市场配置取代那些由于过度的政府活动所导致的腐败和寻租活动。

（7）可以促进稀有资源更公平的获取，提高整体资源的优化配置。

（8）使得发展中国家可以充分利用 WTO 改革所带来的便利。

贸易乐观主义者认为，尽管促进出口政策会因为起初收益有限而变得难以实行（尤其是与进口替代政策起初更易获得收益相比），但长远来看收益增长势头强大，而进口替代企业则会面临边际收益急剧递减的情况。

12.6 出口政策下的工业化战略

12.6.1 出口导向型的工业化策略

20 世纪 80 年代中期以来，关于贸易与发展关系这一问题出现了另一个重要的流派，**工业化战略方法**（industrialization strategy approach）。该学派支持外向型经济，赞成出口导向型发展，同时认为一国在试图生产高技术、高附加值产品时，政府的干预会对其出口类型和出口顺序产生积极影响。

工业化战略方法最初只是纯实证文献研究，但是到现在已经发展为可以解释政府干预为何比纯粹的自由贸易更能够推动经济增长和提高发展水平的成熟理论。该理论的重点是识别以及矫正工业化进程中产生的市场失灵。

该学派的研究显示：实行出口导向型政策的、收入水平较高的东亚经济体并没有实行自由市场，而是经常实行政府干预行为（旨在鼓励工业出口和意在将比较优势转移到更高端产品），其通过雇用拥有更高技能的工人和引进更高水平的技术来生产高附加值的产品。这些项目我们统称为"工业化战略"或者更具体的"工业政策"。[53]

为什么一个经济体采取这些政策情况会好转？为何这些政策比其他选择更有益于一国实现经济发展目标？在早期的探索与研究中我们已经发现存在市场失灵的状况；收益的一部分也会被其他公司所窃取。发达国家的政府研究机构已经认识到这个问题（如美国国立卫生研究院）。然而，类似的市场失灵现象也可以用来解释先进技术从发达国家向发展中国家的转移过程。比如，一个公司从本地区之外引入先进技术，但是接着其他公司会通过观察或从类似的技术溢出效应中学到这种技术。但是如果刚开始没有外部援助，我们就不能对技术转移有过多的期待，而且从整个社会的角度来看，企业的技术升级就不太可能发生。市场失灵在一定程度上解释了为何一国工业化策略要集中于从国外引进技术——因为这样做可能会提高效率。政府可以在一定程度上解决协调的问题。更广泛地来说，有人认为政策会起到一种改善市场不完全状态的作用；也就是说，反映当地成本的市场价格与出售机会只给企业家提供现有产品的信息，而并非新产品的信息。与传统规制不同，工业化政策可被用于完善市场力量，为鼓励企业持续承担盈利活动提供一种激励（这些活动一般是有社会效益的，但需要一些互补性

的进口和一定的初始条件才能开始进行）。

接下来的问题就是为何出口导向型的工业化战略十分重要。当然，对于一些小国来说，原因之一是为了保证拥有足够规模的市场。但是对于支持者来说，该理论的意义远不止这些。制造业出口商把产品技术发展视为衡量企业绩效的重要标杆，体现了要获得更大发展利益的目标。此外，世界出口市场已经成为一个竞技场，因为一国政府的资源及收集信息的能力是有限的，因此当各国政府仅仅关心重要的和容易解决的问题时，就会面临明确、快速和严厉的考验。

在这种情况下，作为发展政策之一的出口目标有着最容易被观察到的优点。发展中国家的财政机构对这一点早已深谙于心，因为出口货物容易被观察到，所以它们可以对出口货物精准征税，故可以避免发展中国家的逃税漏税现象。这种扭曲有着广为人知的反出口偏见功能。然而，支持者也指出东亚国家把这种"财政的可见性"作为它们的工业化政策的中心政策，这种方法扭转了其出口税所带来的不利刺激作用。

然而，文献资料也强调了幼稚工业扶植的重要性。为何这种政策有时是有效的呢？第一，实证研究证明，进口替代战略经常先行于出口促进战略。一项有影响力的研究证明，"显著的出口扩张战略前期一定有进口替代战略作为基础"。[54]这并不是指全面保护在今天是可以行得通的，即便对于大国而言也是如此。但是对于那些以强大的出口力量而闻名的国家来说，比如韩国，至少在一个特定时期对它们现在成功的产业实行过保护政策。

在一项 2007 年的研究中，里卡多·豪斯曼、杰森·黄（Jason Hwang）和丹尼·罗德里克发现那些人均资本收入较高的国家一般更倾向于出口混合商品，因为这些国家认为出口混合商品能产生更高的经济增长。他们这样总结："不是所有产品对经济绩效方面都有同样的影响。专业化生产某些产品会比生产其他产品带来更高的经济增长率。"正如豪斯曼和罗德里克所说的："出口产品的种类决定了国内经济后续发展的情况。"[55]

我们还注意到，如果没有对激励措施（针

对市场及寻租活动）进行密切关注的话，同样的工业政策会达不到预期目标。如果排除政治干预的影响，一国在采取保护措施时会将其作为一种具有高度选择性和暂时性的工业化政策工具来使用，这比完全废除这种政策工具更有利。

证据表明，在以往的几十年中，新加坡和韩国有着尤为活跃的政府工业化战略和特定工业化政策。下一章的案例分析中我们会把韩国作为案例进行研究。不同国家之间的具体政策不同，但其共同特点都是鼓励当地技能、技术和企业的发展。不仅仅旨在促进劳动密集型制造业的发展，同时也在随着时代的发展积极且有计划地不断升级。另一特征是公有经济与私人经济的合作，政府在中间起协调作用，随着持续不断的有效交流，政府要试图去理解私人企业发展面临的限制以及怎样给它们松绑，同时又不试图加以控制。

科林·布拉德福德（Colin Bradford）对东亚成功故事的特点描述得很贴切：

使东亚的发展经验与众不同的既不是其市场力量的支配作用，也不是自由企业及国内市场自由化，而是私人部门与公有部门积极高效的交互关系，它们有共同的目标和责任，而这些又体现在政府的发展策略和经济政策中。市场力量与政府干预之间的对立性并没有被过度强化：对立论对起作用的基本机制的看法是错误的。实际上两个部门是有一致性的（并非显性或隐性的冲突），这才是成功发展经验的关键。在这些案例中，政府和私人部门制定并执行了连贯的发展战略，在增加国家力量方面有着高度一致性。[56]

在全球一体化经济中，依靠自由市场激励所带来的出口机会在某些方面有所增加，在另外一些方面却又有所减少。例如，随着《多种纤维贸易协定》的废止，很多低收入国家发现很难再依靠传统的纺织品出口激励计划来开启制成品出口的项目。作为"世界工厂"的中国的经济增长现象表明，打入其他部门的出口市场将变得更困难。另外，中国薪资水平的上涨也许会给其他地区带来新的机会。

当今工业化战略的条件与十年以前相比已经大不相同，外国投资者更为灵活，能够迅速转移到薪资或其他生产成本最低的地方。但是正如 Sanjaya Lall 所说，"增加的灵活性并不意味着生产要素可以平等地流入贫穷国家。高效的生产要求当地有补充这些流动生产要素的能力，也就是全球化需要被有效地'本地化'：一国必须满足竞争性生产所需要的技术、技能、质量和可靠程度等的要求"。拉尔进一步指出：

仅仅通过开放全球贸易、技术或资金流动，发展中国家是不能有效利用先进生产技术的。技术不能被完全应用于机器、许可证或劳动者身上：先进技术有很强的隐性基础。这些隐性基础需要时间、投资以及努力：理解、接受、运用以及提高技术——建立新的能力。这些努力往往会面临广泛存在的市场和制度性缺陷：公司内部、公司之间、企业与要素市场和制度之间。积极主动的策略（经常要根据其特性选择）才是工业化取得成功的关键。[57]

众多证据已经表明，这场论战的重点已经转移，已经不再反对政府工业化战略，主流观点已经认可工业化政策在有效提高所有工业出口商地位方面的积极作用，但是却造就了"选择性赢家"的局面。拉尔认为这种区分在现实中难以做出，因为每一个特定行业的新组织、技术以及基础设施都是不同的。但是更一般地来说，对于工业制成品，将合理、不具偏向性并且积极的政府支持作为一种发展政策已经得到了普遍认可。

另一个问题就是 WTO 规则是否应该允许或应该在多大程度上允许政府的这种行为。虽然无差别的扶持所有工业是被允许的，但是这样的全面扶持只能在经济足够发达、政府有足够能力的经济体中实行，比如韩国，一些可能会从出口战略中受益的发展中国家不具备这样做的条件。然而，WTO 的这些规定是有例外的，特别是对最不发达国家来说，存在一定的灰色地带。从某种程度上来说，政府可以为某个特定行业建立基础设施。只要是与国外企业相比没有明显优势的国内企业，政府就可以支持国内这些新兴企业的发展。政府可以促进某些类型的外国投资投入指定部门，组织专业化的人力资源，优先创新以及合资企业签约等。

第三个问题，是否其他国家的政府拥有像积极工业化战略时期的韩国政府那样的能力与政治权威。在那些政府能力不足的国家，一些人主张世界银行及其他世界性组织应帮助这些政府提高这种能力，但是一些观察者认为，如果政府缺乏必要的能力（不能获取国际帮助来发展所需能力），最好减少其对经济发展的干预。

此外，正如丹尼·罗德里克和其他一些经济学家们指出的，一国政府在选择行业方面不需要完全正确，只要成功所带来的收益超过失败所带来的损失就可以了。就像罗德里克所说的："想要制定出零失败率的政策，就像一个医药公司只投资那些从一开始就能保证赚钱的药一样。" [58] 罗德里克在他的文章中还引用了几个主要工业化政策成功的例子，例如智利和乌拉圭。他提倡政府制定具有标杆性和透明性的激励政策，以保证其对某一产业部门的支持是短暂和有限的。罗德里克还指出，执行工业化政策产生的问题（如不完备的政府知识，寻租行为的避免，停止对错误政策的继续执行）与政府活动在其他诸如教育、卫生、社会保障以及宏观经济稳定等方面所面临的问题在本质上是相同的。市场失灵在这些领域是难以被发现的，容易产生寻租现象，政府在其中所扮演的角色显得至关重要。

根据罗德里克的研究，其他一般性的原则是针对新经济活动的，并不是针对现有的活动；设立明确的标杆以决定是否继续某种支持；建立"日落条款"（支持的时效性）；将工业化政策制定的权力交给某些代理机构（以往这些政策会受到某些政治高层的监视），必要时将其个人执政生涯与工业化政策的成败挂钩；与私人部门最广泛的代表建立起积极透明的沟通渠道。面对这一学派的反对者所提出的问题，罗德里克主张从更大范围的角度进行考虑，而不是选择个别部门进行分析（例如英语培训，而不是电话中心或者是旅游业）。

同样还需要强调的是，当公有部门能和私人部门密切合作，并且二者有共同的发展目标和投资利益时，这些政策更容易变得有效。尽管这场论战的背景已经改变，国际竞争更加激烈，国际贸易的规则也有了变化，但是有关工业化政策方面的思考在发展中国家制定出口策略时依旧十分重要。

12.6.2　新企业级国际贸易研究和发展中国家

近年来，有关国际贸易的理论出现了一个新的分支，该分支重点强调了不同公司在选择国际贸易模式上的差异（异质性）。一个重要的论题是，个人企业在国际贸易方面的成效以及国内产业之间竞争的程度和性质。新的研究展现了企业面对扩大的经济开放程度和全球化进程时做出反应的方式以及这些反应对投资方式有哪些潜在的意义（尤其是在结构转变方面）。相关研究话题包括"相对于非出口商来说出口商更高的生产率，贸易自由化下国内产业间资源再分配以及企业和目标市场之间的贸易参与模式"。[59]

从这个方面来说，新的分析是基于企业的行为进行的，有关这些模型的更多研究结果为发展中国家估计贸易政策提供了一个更为现实的分析框架。现在我们还无法判断，把这些模型应用到发展中国家具体的发展环境中时效果如何。但这样一种新的分析方法在以往更宏观的总模型（正如前面的章节所述）的基础上实现了很大程度的改善。但是关于该理论，仍然需要一些系统性的实证研究，同时需要将其应用到具体的经济发展问题或者特定的发展中国家中。

想研究这种理论，有一种行之有效的方法就是先理解最近兴起的另一个有关发展理论的分支——该分支主要集中于对发展中国家或地区有关公司层面和工厂层面的数据进行分析。关于这两个层面数据可获得性的提高为新的研究创造了契机。一个好的例子就是企业调查（Enterprise Survey），包括许多在企业发展区域计划（RPED）内的非洲制造部门。[60]

这种实证研究的一个重要分支主要是通过利用企业层面的数据去分析哪种因素导致发展中国家的企业选择出口策略——至少能找到与特定公司出口活动相关的因素。另外一种实证研究的分支，旨在更好地理解从微观经济层面来说发展中国家的企业所面临的问题，包括腐败程度、错误管制、缺乏关键性的基础设施，技术知识很难获得或技能短缺，所有这些问题均会影响一个企业的出口能力。人们会通过发展政策的效果来密切关注这些现存的研究领域在接下来几年间的发展。[61]

12.7 南南贸易和经济一体化

12.7.1 经济一体化：理论与实际

2013年，由联合国开发计划署印发的关于1981～2011年《人类发展报告》表明，南南贸易在世界贸易机制中所占的比例从不足8%上升到超过26%。

南南贸易代表了全球1/3以上的发展中国家的出口贸易。[62] 近些年来，对中国的出口为一些发展中国家带来很多机遇。很多发展经济学家中的先驱如诺贝尔奖获得者阿瑟·刘易斯认为，发展中国家应该越来越多地将大多数出口贸易的方向转向彼此。[63] 该理论各种形式的变体已经被当今的发展经济学家广泛采纳。其中一个观点由阿比吉特·班纳吉（Abhijit Banerjee）在2006年提出，他认为因为受到国际声誉方面的影响，大多数低收入国家的出口产品很难进入发达国家市场。对一个国家而言，建立并保持出口高质量产品的声誉是需要高额成本的。因此，对于低收入国家来说，与其他发展中国家进行贸易会比较容易，因为其国际声誉效应没有与发达国家交易时那么重要。正如普拉纳·巴德汉（Pranab Bardhan）所提议的，它们可以共同制定质量标准，并努力去达到这样的质量目标。[64]

南南贸易理论的另一个变体是发展中国家应该在加强贸易的基础上向**经济一体化**（economic integration）方向发展。经济一体化是指同一地区的一组国家结合在一起形成一个**经济联盟**（economic union）或者**区域贸易集团**（regional trading bloc），即对来自非成员方的产品设立同一关税壁垒，同时在成员方内部进行自由贸易。在介绍这些术语的文献中，**关税同盟**（custom union）是指对外设立统一关税，而在内部实行自由贸易。如果不同的成员方设立的对外关税（对非成员方）也不同，而内部成员方之间贸易自由时，即形成了所谓的**自由贸易区**（free-trade area）。此外，**共同市场**（common market）除了拥有关税同盟的一切特点外（统一外部关税和内部自由贸易），还包括成员方之间劳动力和资本的自由流动。

传统的关税同盟和经济一体化重点研究静态资源和生产要素重新配置效应。然而经济原理背后的逻辑却显示出发展中国家经济一体化所实现的收益是一个长期动态的过程：经济一体化为那些还没有建立起来的工业提供了机遇，也为那些必须扩大市场才能形成规模经济优势的产业发展创造了机会。在某些案例中，由于贸易保护主义或者其他贸易集团例如欧盟希望将贸易方向转移到对内贸易，因此经济一体化有时被视为一种削减对外出口的保护性的反应机制。经济一体化还可以被视为一种鼓励一些小国理性进行劳动分工的机制，这些国家规模太小以至于无法靠单个国家的力量从劳动分工中获利。如果没有经济一体化，每个单独国家也许就无法提供一个足够大的国内市场，使本国生产企业实现规模经济以降低生产成本。在某些案例中，进口替代工业化战略经常会导致高成本、低效率的当地企业的形成。更重要的是，如果没有经济一体化，同样的产业（纺织业或制鞋业）也许会在两个或者更多的相邻小国重复设立。而且，虽然该产业运行不良，但两国都会通过高关税或配额保护该产业，对彼此进口进行限制。这样的重复设立不仅会浪费稀缺资源，而且会导致消费者需要为此产品支付更高的价格，因为只在特定地点设立一个这样的产业时，市场会足够大以至于能实现规模经济，进而生产出更低成本的产品。

这就导致了经济一体化的第二个动态理论。去除成员方之间的贸易壁垒使得协调各国工业化战略成为可能，特别是在那些容易形成规模经济的行业中。这样的例子包括化肥厂、石油化工厂、钢铁等重工业，资本品和机械工具生产企业，以及小农场、农业机械设备厂等行业。然而，通过将不同的行业分配给不同成员方的方式加快各成员方的工业增长率，这种有关工业扩张的协调方式只有实现了全面经济联盟或者全面政治联盟的情况下才能发挥作用。这里涉及国家主权和国家利益侵犯的问题，已经超越了一个封闭性的协调联盟的经济逻辑。然而，作为发展中国家，尤其是发展中的小国的发展面临局限性，仍然经历着要么是封闭式（**自给自**

足（autarky）)发展，要么是参与到不公平的世界经济中。在未来的几十年中，经济或政治合作都会使一国的长期性利益增长。近年来东盟合作的不断扩大和深化就是一个很典型的例子。

除了这两个一体化的长期动态理论，还有两个静态评估标准即**贸易创造**（trade creation）和**贸易转移**（trade diversion）。贸易创造是指在同样的对外贸易壁垒和对内自由贸易的前提下，生产从高成本地区转向低成本地区的现象。例如，在一体化之前，A国和B国都分别为其本国市场生产纺织品，其中A国的生产成本低于B国，但是其向B国的出口却受到B国高关税壁垒的阻碍。如果现在A国和B国形成内部没有任何贸易壁垒的关税同盟，那么A国高效低成本的纺织业则会同时向两个市场供给。这样，因为贸易壁垒的减除，B国从消费自产的成本较高的纺织品转向消费由A国生产的低成本纺织品，这样就创造了贸易。

与之相反，贸易转移是指对外设立贸易壁垒之后，一个或多个成员方的生产及消费从原来低成本的非成员方（如一个发达国家）进口转移到消费高成本的成员方生产产品的现象。贸易转移通常被认为是不合意的结果，因为对于世界和成员方两方面来说，从高效的国外供应商转向低效的成员方内部贸易，都会带来福利水平的降低。然而，一些拥护者却认为，其产生的动态利益与我们之前讨论过的工业化战略有异曲同工之效。

其他的一些优点则取决于当地条件。当签订贸易协定的国家集团中至少有一个国家拥有出海权时，这些内陆的发展中国家也许会被视为更安全的投资地（就基础设施和出口行业而言）。对于一个小规模的发展中岛国而言，这样的集团可以为其提供更多的能力。一些观察家认为地区性的经济一体化减少了战争等其他冲突发生的可能性（这也是欧盟成立的部分初衷，也是其向东扩张的理由之一）。

12.7.2 区域性贸易集团，贸易全球化和南南贸易合作前景

很多欧盟成员方使用欧元作为统一货币，这就需要更为紧密的货币协调。事实上，欧元区创造了世界上最大的经济体。北美自由贸易协定（the North American Free Trade Agreement, NAFTA）是一个特殊的协定，因为墨西哥这个大的发展中国家加入了以美国和加拿大为首的发达国家贸易集团（目前智利这个新兴发展中国家也在申请加入该集团）。

目前，拉丁美洲存在许多贸易集团。阿根廷、巴西、巴拉圭和乌拉圭以及2012年新加入的委内瑞拉共同达成了自由贸易区协定，即南方共同市场（the Common Market of the South），也称为南共市（Mercosur）。出于"政治"目的或经济目的的考虑，南共市经常被称为分散集团或"急躁"集团；其在2012年时决定暂停巴拉圭的成员方资格，而委内瑞拉的加入引发了争议。另外一个南美集团是安第斯条约组织（由玻利维亚、哥伦比亚、厄瓜多尔、秘鲁以及委内瑞拉组成），并在1995年成立了一个完全成熟的共同市场。2008年区域关税同盟——南美国家联盟（the Union of South American Nations , UNASUR）的设立，标志着新的发展趋势的到来。同时南美国家联盟向欧盟看齐，希望实现像欧盟一样大规模的一体化目标。

非洲地区也在积极促进区域经济一体化的实现，包括设立南部非洲经济发展共同体（South African Development Community, SADC）。由于铁路和航线系统的完备，SADC的10个成员方——安哥拉、博茨瓦纳、莱索托、马拉维、莫桑比克、纳米比亚、南非、斯威士兰、赞比亚以及津巴布韦，会迎来新的以及更多的贸易机会。东非国家也在积极为东非共同体（the East African Community , EAC）注入新的活力。东非共同体成立于20世纪60年代后期，但由于各国之间的差异化国家政策，成立之后10年间就瓦解了。其在2000年迎来新的发展活力，随着新的贸易协定的签署——共同市场，参与国包括布隆迪、肯尼亚、卢旺达、坦桑尼亚和乌干达。东非共同体希望能够实现全面政治和经济联盟，但其在2012年实施的共同货币目标没有实现。更广泛地来说，东非和南部非洲共同市场（Common Market for Eastern and Southern Africa , COMESA）为发展提供了更大的保护伞；到2013年，其成

为一个拥有 19 个成员方的自贸区。除此之外,还存在一个拥有 15 个成员方的西非国家经济共同体(15-member Economic Community of West African States ,法语首字母缩写为 CEDEAO),其目的主要是设立货币同盟。

关于区域性的贸易集团,还有一个问题悬而未决,即致力于发展成熟的共同市场和政治联盟是否会分割世界经济或阻碍全球经济一体化的进程。另外一个是关于不同发展阶段的发展中国家之间关税背后的一体化问题。安东尼·维纳布勒斯(Anthony Venables)通过使用传统贸易理论的扩展理论,认为"在关税同盟内部,与它们的同盟伙伴或其他国家相比具有比较优势的国家,比那些拥有'极端'比较优势的国家能获得更多的好处。结果就是,低收入国家之间的一体化会导致成员方之间收入差异的扩大,而高收入和低收入国家的一体化会缩小两者之间的收入差异"。[65] 因此,发展中国家的关税同盟会使最大利益归于该联盟中收入最高的国家,因为这些国家可以吸引该联盟内的制造产业。因此,维纳布尔斯认为,与进入南南协定相比,发展中国家进入南北合作体系会更有利。对于很多低收入国家来说,能否加入南北协定尚不明确。更一般地来说,该理论的可行性还取决于当地具体条件(如获得动态利润的机会以及南南贸易协定的具体细则),单纯设定共同的关税并不一定就是最好的选择。保罗·科列尔(Paul Collier)给出了一个更为平衡的出发点,认为:"区域一体化是个好主意,但不应该躲在过高的对外壁垒下。"[66]

国际贸易模式处于不断的演化过程中。世界发展指标表明,2000 ~ 2010 年,发展中国家向高收入国家的商品出口总量几乎增至原来的 3 倍,但同时发展中国家之间的商品出口增至原来的 6 倍以上。正如开篇提到的那样,这种现象导致发展中国家 1/3 的出口都面向其他发展中国家。这种趋势在低收入国家之间体现得不明显,主要是普遍存在于中等偏上收入国家之间(如巴西)。巴西将更多的农产品和资源出口给中国,同时也扩大了自己与南方共同市场内贸易伙伴之间的贸易。中国作为一个资源进口国和制造品出口国,在南南贸易模式中扮演着一个重要的角色。正如联合国工业开发组

织(UNIDO)所提到的,"在 2000 ~ 2009 年这一时期,东亚和太平洋地区承载着发展中国家之间 70% 的工业制成品出口贸易"。[67]

除此之外,尽管发展中国家之间的团结合作中使得某些方面的获益机会增加,但是其发展前景却尚不明晰。一方面,一些领头的发展中国家从未像现在一样,在全球经济政策制定委员会中有如此大的权力(包括 G20 地位的不断提升),可以在 WTO 中行使否决权,在世界银行和国际货币基金组织内部的话语权提升,同时面临彼此之间更为频繁的技术转移以及初级产品价格的上升。这些国家之间的尖锐分歧也在慢慢缩小。另一方面,在过去的 20 年里,不同发展中国家的经济增长速度和人均收入之间的差异持续扩大,这种差异也导致不同发展中国家之间话语权和利益的差异。

12.8 发达国家的贸易政策:改革的需要与抵制新贸易保护主义的压力

不管是初级产品行业还是工业制成品行业,目前出口扩张面临的主要障碍就是发达国家针对发展中国家主要出口产品设立的各种各样的贸易壁垒。不论经济一体化是否存在,未来贸易的发展前景和外汇扩张都会在很大程度上取决于国内经济政策和发达国家的国际经济政策。不幸的是,NAFTA 与 EU 成员方一体化本身就给发展中国家向北美和欧洲市场出口设立了巨大的阻碍。尽管内部结构和经济改革对于经济发展和社会进步来说是必需的,但只要它们由于发达国家的商业政策而在进入世界市场时受到限制,这些国家产业竞争力地位(在这方面发展中国家具有动态比较优势)的改善能给本国或整个世界带来的收益就不会太多。

就发展中国家的外汇收入的发展前景而言,发达国家的经济和商业政策在三个主要领域显得最为重要:针对发展中国家出口设立的关税和非关税壁垒;对由于发展中国家低成本、劳动密集型产品的进入而导致的本国失业工人进行援助;发达国家国内政策对发展中国家经济的总体影响。

新贸易保护主义关税和非关税壁垒(例如消费税、配额、自愿出口限制、歧视性卫生规

定)是由富国针对穷国的出口施加的,这些壁垒构成了对后者出口能力扩张的主要障碍,而WTO的出现仅仅部分地消除了这样的问题。正如我们之前谈到的,很多针对农产品及非农产品的关税随着产品加工程度而增加;也就是说,加工过的产品比基础产品的关税高(如花生油与花生,又如衬衫的关税高于棉花的关税)。这些较高的有效关税阻碍了很多低收入国家中级产品的发展和多样化进程,进而限制了这些国家的工业化扩张。发达国家的关税、配额和非关税壁垒所造成的总体影响,极大地削减了发展中国家出口商品的有效价格,降低了其出口数量,进而降低了其外汇收入。[68]

1995年的**乌拉圭回合**(Uruguay Round)持续削减了很多行业的关税和非关税壁垒。它还促成了以日内瓦为总部的**世界贸易组织**(World Trade Organization, WTO)的成立,取代了47年的国际关税贸易总协定(General Agreement on Tariffs and Trade)。主要有三个条款是从发展中国家的角度制定的。[69]

(1)发达国家在5年内要以平均每年40%的速度减免工业制成品的关税。发展中国家同意在近期贸易改革中不会通过"捆绑"的方式提高关税率。即便有这些减免,发展中国家仍然面临比世界平均水平高出10%的关税,而那些最不发达国家更是面临着高于世界平均水平30%的关税。[70]

(2)农产品贸易回归WTO的管辖范围,要进一步实现自由化。尽管起初有了一些改善,但是农业补贴随后重返到历史最高水平。

(3)关于纺织品和服装行业,《多种纤维贸易协定》所规定的配额,长期以来阻碍了发展中国家的出口,其在2005年被废止,最大幅度的关税减让在期末实现。但是,纺织品进口关税仅仅下降到了原来的12%(平均),是其他进口商品平均关税水平的3倍。

这个改革还有其他一些重要的局限性。尽管平均关税水平相较历史水平而言已经很低了,但是在很多情况下的关税仍旧不断"升级"(出口前加工程度越深,关税越高);低收入国家在农业、纺织业以及服装加工业等关键性产品上仍旧面临着最高的关税;而且极度扭曲的农业补贴也给很多发展中国家带来巨大损失,正如

联合国发展计划署所总结的:

> 拥有世界2/3人口的发展中国家仅仅得到了世界1/4到1/3的收入——而且其中大部分收入流入了亚洲和拉丁美洲少数几个出口大国。[71]

事实上,根据世界银行的报告,就家庭层面来说,贫穷家庭面临的贸易加权的有效关税比非贫困家庭更高。那些每日生活费用低于1美元或为1~2美元的贫困人口面临的有效关税率超过14%,而那些每日生活费用超过2美元的人口,平均贸易加权关税水平仅为6%,如图12-5所示。

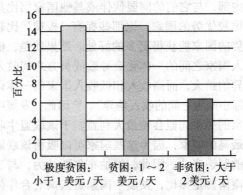

图 12-5 低收入群体面临的有效关税率,1997~1998年

资料来源:International Bank for Reconstruction and Development/The World Bank, *Global Economic Prospects and the Developing Countries, 2002.* Reprinted with permission.

其部分结果就是,很多发展中国家的政府、企业以及公民都认为在促成WTO成立的乌拉圭回合谈判中,它们没有得到公正的待遇。发展中国家广泛地认为富国没有履行它们在谈判中的承诺,没有能够公平地开放市场。发展中国家还抱怨发达国家的政府和公司拥有最具影响力(最昂贵)的律师以及其他一些影响力以强迫发展中国家遵守WTO规定,但是发展中国家却没有相应的资源能够强迫发达国家也这样做。

尽管如此,WTO成员方共包含159个国家和地区,而发展中国家和地区的数量占据总数量的3/4(2013年数据)。其中除了印度和巴西在GATT和地区谈判中扮演着高调、直言不讳的角色外,目前至少还有36个发展中国家和地区在新世纪扮演着积极的角色,过去的情况

已经发生巨变。WTO 负责人在 2001 年的报告中指出，虽然过去半个世纪中已经经历了八轮贸易自由化谈判，但是纺织品和农产品贸易依旧存在贸易壁垒，而且这两类偏偏是对发展中国家来说影响最大的产品。由于世界贸易各方已经开始考虑新一轮的关于减除贸易壁垒的谈判，发展中国和地区一直坚持着更大的发言权。与国际货币基金组织和世界银行不同，WTO 遵循一致同意的工作原则，这就赋予了包括规模较小的低收入国家在内的发展中国家和地区以平等的投票权——而且是有效的否决权。发展中国家政府不愿意将谈判的领域扩展到"非贸易"的问题上来，例如投资、竞争、环境以及劳动标准。因此，如果它们知道如何有效使用这些规则，就不会出现没有讨价还价能力的问题了。

2001 年的一轮谈判是多哈发展回合谈判（Doha Development Round）：2001 年 11 月，在卡塔尔的首都多哈，各国就发展回合的日程达成协议，此次回合谈判将发展重点集中在发展中国家的需求和诉求上，但这一目标最终是否会达成还有待观察。但是，这些谈判似乎陷入了一个旷日持久的僵局。例如，2006 年的谈判并未就减免发达国家农业补贴这一问题达成一致意见，2008 年的谈判在上面这一问题和市场准入相关问题两方面均没达成共识，并在发展中国家使用"特殊保障机制"保护贫穷农民（如保护印度进口糖的农民）这一政策的准许度问题上步步紧逼。没能在既定的时间表上完成本回合的谈判，使得谈判的前景阴云密布。2008 年经济危机以来，各国政治家认为把谈判视作贸易"让步"的观点已不合时宜。

2013 年 5 月，巴西外交官罗伯托·阿泽维多（Roberto Azevedo）当选新一届世贸组织总干事，这被广泛视为发展中国家在国际经济事务中不断提升角色和地位的新证据。他虽然不是被美国或者欧盟偏爱的候选人，却通过了异常漫长的领导人争夺战并最终成功当选。随后，WTO 介入有关"多哈回合"协议的讨论，该讨论回避了一些容易引发不同意见的敏感性问题（尽管这些问题是本质问题），因而在贸易谈判上看似取得了一定的成果。[72]

与此同时，区域贸易协定和双边贸易协定开始成形。最有前瞻性的例子就是跨太平洋伙伴关系协议（Trans-Pacific Partnership，TPP），现在仍处于积极的讨论中。TPP 包括 12 个主要的高收入国家以及包括墨西哥、秘鲁和越南在内的一些发展中国家。一些观察者认为，TPP 并非仅仅是一个严格的贸易协定。其他观察者将 TPP 进程视为企图挑战 WTO 地位的象征性趋势——这与许多国家最初的设想相违背。[73] 关于改革 WTO 提议的辩论使得 WTO 更多地考虑发展中国家的需求。[74]

然而，由来已久的协定近些年来不断演化，发展中国家无疑在确定贸易协议的议事议程方面扮演着越来越积极的角色。

案例研究 12　通过贸易实现经济增长的先驱者：中国台湾

中国台湾地区是原来"亚洲四小龙"之一。近几十年来，"亚洲四小龙"显著的经济增长影响了经济学家对发展的思考方式。台湾地区的经济增长主要得益于 1978 年以来中国大陆经济政策的改变。台湾地区居民约 2 300 万，多山，与中国大陆隔海相望，面积约 3.6 万平方公里，比荷兰稍微小一些。

中国台湾地区作为"发展奇迹"的理由是充分的。从 1960 年到 2000 年的 40 年间，其经济大约以每年 7% 的速度增长。尤其是 1965～1980 年，它的经济年增长率近 10%，高于同期任何一个地区和国家。此时中国台湾地区已经属于高收入经济体，以市场汇率计算的其 2000 年的人均收入达到 13 925 美元（以 2000 年的购买力平价水平计算

为 22 646 美元），而且继续保持着高速的经济增长。1996～2000 年，中国台湾地区的平均增长率仍然高达 5.7%。在如此长的时间段能保持如此高速的增长是史无前例的，直到后来中国大陆的增长出现（参见第 4 章案例研究）。同样重要的是，台湾地区实现了小学、初中教育的普及（强制性的九年义务教育）；健康人口的预期寿命达到了 75 岁，婴儿死亡率仅为 5‰。台湾地区从根本上消除了绝对贫困，失业率极低，即便是以发达国家或地区的标准来看，贫富分化的程度也是适中的。

当一个经济体达到高收入国家或者地区的门槛值时，它就必须对经济结构做出调整，台湾地区也不得不适应这种变化。从 2000 到 2010 年的 10 年

间，其 GDP 增长率下降到仅为 2% 的水平。与日本类似，台湾地区的生育率低于更替率水平，现在的人口增长率降低到每年 0.25% 以下。为了寻找更低工资的劳动力，许多工厂转移到了中国大陆，其基础制造业面临着"空心化"的风险。留在本土的生产企业也不得不迅速转向高新技术产品和生产线，以应对其他发展中国家或地区在基础工业上日益激烈的竞争。商业环境面临的不确定性也在某种程度上打击了对台湾地区的投资。

与其他起步类似甚至更好一些的经济体相比，台湾地区的发展成就令人刮目相看。

对成功的各种解释

台湾地区的成功被归因于很多因素，包括对教育的强调，大范围的基础设施建设，早期彻底的土地改革，高储蓄率和高投资率，日本和美国商业理念的广泛影响，有效的工业化政策，对解放人类能力和创造力的市场经济的应用，因越南战争导致 60 年代的经济繁荣，60 年代早期在世界经济快速扩张中的出口导向型经济增长战略的兴起，台湾地区劳动力的工作行为准则和生产态度，企业文化的悠久历史，台湾本地有能力的企业家的活动，生存本能（以发展来抵御外部冲击）。

之所以不是仅选择这些因素中的一两个来解释，是因为台湾地区的成功需要多种因素共同发挥作用，这一点毋庸置疑。上述因素可能是必要但非充分条件。按照这里的观点，关键在于理解这些因素同时起作用而产生的巨大影响（见第 4 章）。

下面我们来进一步探讨一下这些因素。

1. 对教育的强调　中国文化历来对教育十分推崇，台湾地区从 1950 年就开始实行六年制义务教育。其中 6 ～ 11 岁的女孩入学率增长显著，1956 年时已经超过了 90%（而男孩的入学率增长超过 96%）。注重女孩入学率被认为是发展成功最重要的因素之一。

1968 年台湾地区义务教育延长到九年时，曾有人怀疑经济能否负担得起。但是今天看来，对任何发展中国家和地区来说，九年义务教育都是最低的教育标准，一些国家和地区还准备把义务教育延长到 12 年。

其他一些特征也能说明台湾地区强调教育。学生们一天上课七个小时，一周上课五天半。2002 年，学生与老师的比率小于 20∶1。相对于台湾地区中低水平的管理人员而言，台湾地区教师的薪水相对较高。对台湾地区来说，美国是小学教育方面的模范，而日本则是职业教育的模范。比起职业技术教育，台湾地区更强调的是小学教育。同时，台湾也重视加强商业和教育之间的关系，那些向学校捐赠物品和设备的公司可以享受税收减免。

如果世界发展组织（到 2015 年时让所有儿童都能获得六年小学教育）的千年发展目标想要实现的话，那么台湾地区的早期经历是有参考意义的。台湾地区的入学率是真实的，而不仅仅是做表面功夫，学生们在登记入学后的的确确在学校读书，老师也是认真授课，腐败问题减少到最少。现在能从很多低收入国家和地区找到与之相反的例子。

2. 大范围的基础设施建设　基础设施的建设被认为是发展成功的一个关键因素。例如，一条主要的高速公路被认为是一个"增长极"，周边的工业和商业发展都可以得到增长和巩固。1945 年，台湾地区继承的基础设施体系比大多数贫困国家和地区都要先进得多。20 世纪五六十年代台湾当局大量兴建基础设施对此进行了补充。数以千计的军人从军队中退役，参与到基础设施的建设中，包括在技术上相当具有挑战性的贯穿台湾岛东西部的高速公路项目，这个项目也被视为台湾地区后续成功的主要因素之一。近年来基础设施建设的重点又转为电信和其他高技术的基础设施。

3. 早期彻底的土地改革　由于未受制于政治和土地主之间关联的牵绊，台湾当局在 20 世纪 50 年代实行了耕者有其田的土改计划。作为将土地转移给农民的回报，土地主会被授予股份。这成为这个时期农业生产率快速提高的一个主要因素——是随后工业化的一个关键基础。其他有着类似土地改革的国家和地区，例如韩国和日本，也取得了令人印象深刻的成果。美国也从 19 世纪类似的项目例如《宅地法》中受益。相反，拉美地区和亚洲的一些国家（如菲律宾）正是由于缺乏类似的土地改革，因此严重地阻碍了经济发展。

4. 高储蓄率和高投资率　绝大多数分析师都一致认为，资本形成是成功发展的一个决定性因素。发达国家和地区的人均资本比发展中国家和地区要高得多，这也是发达国家和地区享有更高的生产率和收入的主要原因之一。台湾地区的储蓄率在 20 世纪 50 年代和 60 年代时分别达到了创纪录的 30% 和 40%。

储蓄理念在台湾地区的文化中可谓根深蒂固。父母教育孩子一定要未雨绸缪。公共政策则保证储蓄者得到较高的实际利率，并且是免利息税的。有趣的是，与同为亚洲四小龙的韩国相似的是，在中国台湾地区的总投资中，外国资本的份额相对较低，仅占 10%。高储蓄率和高投资率是发展的重要因素但不是充分条件。印度自从 1947 年独立后，投资率也持续上升，但是直到近年来，其经济增长率才有所增加。部分原因是资本设备一直比较昂贵，也有部分原因是投资没有适时地用在最有生产力的部门。

5. 商业理念的广泛影响　如果企业家没有"使用什么来生产最有效率"的生产观念，高储蓄则不能独力创造出发展的奇迹。台湾地区在吸收日本和美国的商贸理念上是相当成功的，这在很大程度上要归功于众多小型个体企业的勤奋，但是台湾当局通过"对外贸易发展委员会"（CETDC）等机构也发挥了重要的作用。这些机构梳理了世界尤其是美国的商业理念，提出一些有关台湾企业应该如何升级技术和更好地适应工业市场的理念。世界银行的唐纳德·基辛（Donald Keesing）关于"对外贸易发展委员会"的运作给出了一些深刻的见解：

1980 年 CETDC 在纽约办事处所做的市场调查主要是积极地寻找可以在美国市场上进行销售的产品。这样的寻找始于对美国进口商品数量和来源地的分析，然后对更具竞争力的进口产品和美国产品的价格与质量进行研究。据此，纽约办公室的工作人员会对有竞争潜力的中国台湾企业进行比较和估计（这些工作人员需要对台湾地区的生产能力非常了解才能胜任这项工作）。一旦锁定某种产品，工作人员会要求台湾企业寄送样品和价目单。纽约办事处的代表随后会带着样品和价目单去拜访进口商、批发商以及其他的经销商，目的是进行推销。如果买家感兴趣，他们就会电传通知生产厂家。如果买家不感兴趣，他们就会找出原因，然后给生产厂家提供合适的改进建议。

这样的观察可以带领我们回到最为复杂的发展问题上，也就是国家和市场在成功发展中所扮演的角色。

6. 有效的政府工业化政策　对台湾地区的成功的传统解释是其自由市场的运行。与这种认识相反的是，罗伯特·韦德（Robert Wade）和其他一些学者的研究认为台湾地区使用了广泛的工业化战略，同时给出了一些富有争议的证据证明台湾地区的成功在很大程度上归功于有效的工业化战略。

台湾地区拥有积极的工业化方案体系，包括出口许可证，控制流入和流出的外国直接投资，建立出口卡特尔，对于优先发展部门的投资给予财政激励以及对优势产业提供信贷优惠。由于当前已经基本上达到了发达国家和地区的水平，因此台湾当局不断减弱自身在经济发展中起到的作用，但是观察台湾当局在发展起步阶段所扮演的角色是令人感兴趣的。

台湾地区的经济历史始于 1949 ～ 1958 年受到高度控制或者指导的、进口替代导向型工业化战略。1958 年的改革将经济干预转变为出口促进和引入市场经济。但是当时出现的并不是一个自由市场，而仅仅是一个不太完全的计划经济。到 80 年代，所有进出口台湾地区的商品必须取得一个所谓的许可证。进口商品被分类为"禁止""控制"和"被允许"。被控制的商品包括奢侈品和一些本地能生产出来的产品（这些产品在本地生产中质量相当、数量足够且价格不超过同类商品进口价的 5%）。由于被控制商品的数量远远多于被公布的，所以并不是所有的"被允许"进口商品都能自动得到批准。韦德的研究表明，潜在进口商要想进口一种存在于未公布清单上的商品，就必须提供证据证明本地的这种商品不能在商品价格、质量或者交货期限上满足现有需求。

韦德为此提供的证据表明：政府的作用就是通过为特定产品提供本国需求的方式，来对本国工业的增长提供快速启动的动力。然后，政府又提供积极的激励政策去引导这些企业出口产品。

韦德关于相对成功的进口替代政策的解释与对市场激励的强调是相一致的。他认为，由于政府控制了进入本地经济的外国产品的数量，因此政府可以使用国际价格来规制受到保护的本国生产者的定价行为。政府需要知道为什么本国受保护的产品的价格远远高于国际市场价格，尤其是在为了生产出口产品而允许进口方面。通过这种方式，即使是在没有跨国自由贸易的情况下，政府仍然可以通过允许进口来威胁本国生产厂商，使其价格不断地逼近国际价格水平。韦德由此得到结论，尽管存在贸易保护，一个有效的政府威胁本身对于降低价格来说就已经足够。由此，这种观点认为政府不需要向市场激励妥协就可以在工业化的政策中扮演积极的角色。

很显然，中国台湾地区的经济曾经远非一个自由市场，但是对于它获得成功的解释，除了积极的干预措施之外，还有其他因素可以对此做出解释。尤其是，一般性的政策包括支持小学教育以及鼓励高储蓄率，这些都作为解释台湾地区成功的重要因素之一。然而，许多台湾地区的小企业主感到当局对他们来说与其说是帮助，还不如说是扰乱。中国台湾地区和有些东亚国家所实行的稳定、一致的宏观经济策略与许多其他发展中国家（尤其是那些表现较差的国家或地区）形成了鲜明的对比。

7. 市场激励 即使企业家活力很难精确测量，但这仍要算作是中国台湾地区发展的因素之一。生产财富，而不仅仅是寻求获得更大的现存财富份额（寻租行为），这个激励是建立在稳固的财产权和免受其他政策削弱基础上的。

8. 其他因素 较早提出的其他解释也很重要，但不像我们前面所讨论的七个因素那样起到关键性的作用。中国台湾地区获得成功还与自身的特点有关，因为其他国家和地区不能简单地通过政策实施来鼓励发展。20世纪60年代，越南战争所带来的经济繁荣对菲律宾的影响不亚于中国台湾地区，但是菲律宾没有出现相似的结果。美国出于投资的目的，对埃及的投入也远远超过台湾地区，但是也没有出现类似的显著效果。毫无疑问，劳动力的职业道德和态度也是很重要的。同时，如果缺乏正当激励和有效的经济生产理念，这些也不会发挥作用。一种良好的职业道德可以通过正当激励的手段激发出来。历史悠久的企业文化可能也是很重要的，但是长期而言，这同样受企业家精神激励的影响。

台湾地区受惠于60年代开始的出口导向型增长这一事实，这毫无疑问是一个优势，因为这个时代正是世界增长不平衡、美国市场对外开放的时代。而另外一方面，尽管后来美国、世界收入和世界贸易的增长率已经降低，其他国家和地区却获得了一定程度的发展，例如泰国在80年代通过工业制成品出口成功地实现了经济增长。尽管全球贸易增长率之后几乎停滞，但中国大陆在过去25年中的经济增长率远远超过台湾地区原有的增长水平。

"台湾地区当地居民除了企业界之外面临着更少的机会"这种观点并没有被证实；台湾地区在这一点上并不能将它与其他面临人均收入负增长的发展中国家或地区区分开来。

至于经济发展是防御战略的必要条件这一点，也不是台湾地区所特有的。同一时期的其他发展中国家和地区缺乏像台湾地区一样作为岛屿的天然屏障，总是面临严重的邻国威胁，但也没有取得类似的经济增长。生产军队必需品经常被认为是消耗了经济发展所必需的资源，并没有对经济发展起到生产性刺激的作用。

结论

多种因素的综合奠定了中国台湾地区的成功。这些综合因素包括强调教育、吸取国外的生产理念、广泛的基础设施建设、彻底的土地改革、高储蓄率高投资率、有效的工业化政策、确保在稳固的财产权基础上建立起一种对财富创造的生产性努力（而不是努力获取更多现有财富份额）的市场激励体系，同时保证这种激励不被其他政策所削弱。

近年来，随着中国台湾地区转向高技术领域，台湾当局开始重视与私人部门合作进行前沿性研究。那些有活力的公司将大笔资金投资于中国大陆。台湾地区已经开始努力去适应非熟练技术工种不复存在的未来。其焦点已经放在了教育、多个部门的高技术产品研发（包括诸如电脑、软件和生物科技等）以及金融发展等多个领域，但其未来发展的焦点还会集中于不断增长的高精技术产品出口。正如埃里克·邵柏克（Erik Thorbecke）和亨利·万（Henry Wan）所指出的，通过使用政府实验室来发展基础技术，然后通过实验室发展形成私人副产品公司这样的方式，台湾地区启动了其具有竞争力的半导体工业。埃里克和亨利等人注意到，台湾当局给那些为高技术出口商提供关键性投入品的地方企业，提供了间接但有效的激励，在人工合成纤维和半导体等工业领域取得了显著的成果。因此，随着发展中国家和地区的经济开始接近发达国家和地区的水平，持续发展的全面协调能力和有效的工业化战略是至关重要的。经济仍然会面临多重均衡（详见第4章）。海德·阿里·卡恩（Haider Ali Khan）给出了一个有趣的分析——台湾当局将其经济转变为原创性研究中心是通过"创新系统正向反馈圈"的方式实现的。

中国台湾地区经受住了1997～1998年那次严重的亚洲金融危机，这也强烈表明其经济的发展和良好的恢复能力。

台湾地区发展存在不利因素吗？当然，直到最近，环境条件一直都在阻碍着台湾地区的发展。例如台北一直受过量有害气体污染的侵害。尽管名义上开始进行土地使用规划，但是台湾地区西海岸却是农业用地、工业用地、商业用地和居民用地的混杂体。

在台湾地区的绝大多数地区，居住的房屋仍然是相对较小且较为基础的。随着中国大陆的开放，许多台湾企业将工厂搬到了大陆；曾经在美国和英国出现过的经济空心化的问题也开始在台湾地区发生。但是台湾企业对大陆进行投资既面临机遇也面临挑战。台湾地区在2008～2009年全球经济衰退中遭受了较大打击。尽管如此，这些不利的方面并不能否定台湾地区令人瞩目的成就，相应地，其为台湾地区未来的发展指明了方向。

总之，中国台湾地区的例子很好地说明了各种因素综合作用对经济快速增长和社会进步的重要性，它的进步和发展被称为发展奇迹。起到重要作用的因素包括教育、基础设施、土地改革、高储蓄率和高投资率、吸取商业理念、成型阶段有效的工业化策略、市场激励、持续改进和技术升级的激励政策、

设计技能的专业化、灵活的生产运营、生产性知识和效率。由此，台湾地区的转型并不是一个"神秘"的奇迹，这个奇迹可被视为发展策略与经济发展深入研究、动态匹配的结果。

资料来源

Amsden, Alice H. "Taiwan's economic history: A case of *étatisme* and a challenge to dependency theory." *Modern China* 5 (1979): 341–380.

———. "Taiwan." *World Development* 12 (1984): 627–633.

Balassa, Bela. "The lessons of East Asian development: An overview." *Economic Development and Cultural Change* 36 (1988): S273–S290.

Bradford, Colin I. "Trade and structural change: NICs and next-tier NICs as transitional economies." *World Development* 15 (1987): 299–316.

Chenery, Hollis, Sherman Robinson, and Moses Syrquin. *Industrialization and Growth: A Comparative Study.* New York: Oxford University Press, 1986.

Chu, Wan-wen. "Export-led growth and import dependence: The case of Taiwan, 1969–1981." *Journal of Development Economics* 28 (1988): 265–276.

Dahlman, Carl J., Bruce Ross-Larson, and Larry E. Westphal. "Managing technical development: Lessons from the newly industrializing countries." *World Development* 15 (1987): 759–775.

Jacobsson, Steffan. "Technical change and industrial policy: The case of computer numerically controlled lathes in Argentina, Korea and China Taiwan." *World Development* 10 (1982): 991–1014.

Keesing, Donald B. "The four successful exceptions: Official export promotion and support for export marketing in Korea, China Hong Kong, Singapore and China Taiwan, China mainland." United Nations Development Programme–World Bank Trade Expansion Program Occasional Paper No. 2, 1988.

Khan, Haider Ali. "Innovation and growth: A Schumpeterian model of innovation applied to Taiwan." *Oxford Development Studies* 30 (2002): 289–306.

Mathews, John A. "The origins and dynamics of Taiwan's R&D consortia." *Research Policy* 31 (2002): 633–651.

Pack, Howard, and Larry E. Westphal. "Industrial strategy and technological change: Theory versus reality." *Journal of Development Economics* 22 (1986): 87–128.

Smith, Stephen C. *Industrial Policy in Developing Countries: Reconsidering the Real Sources of Export-Led Growth.* Washington, D.C.: Economic Policy Institute, 1991.

Taiwan Yearbook, 1993 and 2004. Taipei Government Information Office.

Thorbecke, Erik, and Henry Wan. "Revisiting East (and Southeast) Asia's development model." Paper presented at the Cornell University Conference on Seventy-Five Years of Development, Ithaca, N.Y., May 7–9, 2004.

Thorbecke, Erik, An-chi Tung, and Henry Wan. "Industrial targeting: Lessons from past errors and successes of Hong Kong and Taiwan." *World Economy* 25 (2002): 1047–1061.

Wade, Robert. *Governing the Market.* Princeton, N.J.: Princeton University Press, 1991.

———. "The role of government in overcoming market failure: China Taiwan, Republic of Korea and Japan," in *Achieving Industrialization in East Asia*, ed. Helen Hughes. New York: Cambridge University Press, 1988.

———. "State intervention in outward-looking development: Neoclassical theory and Taiwanese practice," in *Developmental States in East Asia*, ed. Gordon White. New York: St. Martin's Press, 1988.

问题讨论

1. 国际贸易对一国经济发展的效果通常涉及四个基本的经济概念：效率、增长、公平和稳定。联系国际贸易理论简要解释这几个概念。

2. 比较古典比较优势的劳动成本理论和新古典要素禀赋国际贸易理论，并对两者的假设和结论进行分析。

3. 从对世界和国内效率的理论影响、世界和国内经济增长、世界和国内收入分配、世界生产和消费的模式等几个方面，简要总结自由贸易传统理论的主要结论。

4. 自由贸易的拥护者主要是发达国家的经济学家，他们认为富国和穷国的贸易关系自由化（关税和非关税壁垒的消除）能实现所有国家的长远利益。在什么条件下，消除一切关税和贸易阻碍对发展中国家来说是最有利的？请解释。

5. 传统的自由贸易理论基于六个关键性的假设，哪些假设对于发展中国家来说是符合实际的，哪些假设不符合？对于发达国家来说情况又是怎样的？这些假设包括哪些内容，它们又是怎样违背世界国际贸易的实际情况的？

6. 传统的自由贸易理论基本上是国际交换的静态理论，得到的结论是所有的参与者都会从中受益。请解释"动态收益也是同样重要的"。

7. 发展中国家的国际贸易评论者有时声称，现在发展中国家和发达国家的贸易关系是"反增长"的来源，因为发展中国家仅仅是延续其软弱而富有依赖性的地位。请解释该观点。你是否同意上述看法？请说明为什么。

8. 在当前发展中国家的出口商品中，工业制成品占有较大的比重。请解释是什么因素限制了发展中国家从这种进步中得到更多的利益。

9. 怎么解释作为"世界工厂"的中国的崛起对其他发展中国家来说是个机会？

10. 请解释初级和次级内向型和外向型发展政策的区别。

11. 简单总结一下发展中国家可以使用的商业政策，解释为什么其中的一些政策可以得到采用。

12. 就特定类型的商品而言（例如初级食物类产品、原材料、燃料、矿产品和工业制成品等），发展中国家的出口促进政策有哪些可能性，有哪些

13. 拉美、非洲和亚洲地区最不发达的国家都把进口替代政策作为发展战略的重要组成部分。请解释支持进口替代的理论和实践的观点。这些政策在实践中有哪些缺陷？为什么政策结果常常事与愿违？

14. 解释支持发展中国家使用关税、配额和其他贸易壁垒的观点。

15. 贸易乐观派和悲观派论战的辩论基础是基于哪个问题？解释你的回答。

16. 发展中国家关于经济一体化的静态和动态的基本观点分别是什么？简单描述一下经济一体化的各种形式（如关税同盟、自由贸易区等）。在欠发达地区实施有效的经济一体化的主要障碍是什么？

17. 发达国家的贸易政策如何影响参与世界经济的发展中国家从中获益的能力？富国的非贸易国内经济政策如何影响发展中国家的出口收入？

18. 你认为哪些因素在实施一个成功的外向型工业化战略中是最为重要的？

注释和推荐阅读

1. 这次讨论参考并综合了 World Bank, *Poverty in an Age of Globalization* (Washington, D.C.: World Bank, 2000); Sarah Anderson and John Cavanaugh, with Thea Lee, *Field Guide to the Global Economy* (New York: New Press, 2000); Jeffrey Sachs, *Making Globalization Work* (Washington, D.C.: George Washington University Press, 2000); the articles in *Symposium on Globalization in Perspective*, esp. Dani Rodrik, "An Introduction," *Journal of Economic Perspectives* 12 (1998): 3–8; and Dani Rodrik, "Globalization, social conflict and economic growth," *World Economy* 21 (1998): 143–158; Joseph Stiglitz, *Globalization and Its Discontents* (New York: W. W. Norton, 2007); and Jagdish Bhagwati, *In Defense of Globalization* (New York: Oxford University Press, 2007).

2. Muhammad Yunus, *Creating a World without Poverty: Social Business and the Future of Capitalism* (New York: Public Affairs, 2008), p. 5.

3. World Bank, *World Development Indicators, 2010* (New York: Oxford University Press, 2010), p.

381. The comparison of agricultural subsidies and aid is based on OECD data as reported in *World Development Indicators, 2012*, p. 16.

4. David I. Harvey, Neil M. Kellard, Jakob B. Madsen, and Mark E. Wohar, "The Prebisch–Singer hypothesis: Four centuries of evidence," *Review of Economics and Statistics* 92 (2010): 367.

5. United Nations Conference on Trade and Development (UNCTAD), "Commodity information," 2002, http://www.unctad.org/Templates/Page .asp?intltemelD=3599&lang=1. See also World Bank, *Can Africa Claim the 21st Century?* (Washington, D.C.: World Bank, 2000), ch. 7; Sarah Anderson, John Cavanagh, Thea Lee, and Barbara Ehrenreich, *Field Guide to the Global Economy* (New York: New Press, 2000), pp. 10–11; and *World Development Indicators 2010*, Figure 6h, p. 349.

6. 旅游服务的统计数据参见世界旅游组织（Word Tourism Organization）2012版的《旅游统计和世界旅游年鉴》。

7. See UNCTAD, *Trade and Development Report, 2006* (New York: United Nations, 2006), ch. 1.

8. 采用 World Bank, *World Development Indicators, 2013,* tab. 4.4 2012 data). On diversification patterns, see Jean Imbs and Romain Wacziarg, "Stages of diversification," *American Economic Review* 93 (2003): 63–86。

9. 所选择的制造业商品的相对需求的收入弹性数据参见 World Bank, 1994 *Global Economic Prospects and the Developing Countries* (Washington, D.C.: World Bank, 1994), tab. 2.5。初级产品出口收入不稳定的讨论见第 2 章。

10. 联合国贸易与发展会议"过多的商品价格波动：宏观经济对增长和政策选择的影响"，来源于 UNCTAD 秘书处向 G20 商品市场工作组提交的文件，参见网址 http://unctad.org/meetings /en/Miscellaneous%20Documents/gds_mdpb_ G20_001_en.pdf. 研究表明，发展中国家所有类别的商品价格波动都有所增加，而且影响结果不仅仅是因为某几种商品——主要是因为这几类商品的种类，而不是因为这些商品本身的种类繁多。关于影响效果，可参见 Matthias Lutz, "The effect of volatility in the terms of trade on output growth: New evidence," *World Development* 22 (1994): 1959–1975 关于贸易不稳定性的相关研究。可以参见 Teame Ghirmaya, Subhash C. Sharmaa, and Richard Grabowskia, "Export instability, income terms of trade instability and growth: causal analyses," *Journal of International Trade and Economic Development* 8, No. 2 (1999): 209–229。作者的协整结果表明，对于绝大多数国家来说，当出口不稳定的结果是混杂情况时，贸易收入的不稳定性与产出呈现负相关关系。他们猜想，出口不稳定性和贸易收入不稳定性通过多种方式对发展进程产生重要影响。其他作者认为，投资不稳定性和进口不稳定性之间可能存在间接影响。不同的形式的稳定影响会导致不同的结果，想更深入地进行研究则需要将外部环境固定下来。

11. See Carmen M. Reinhart and Peter Wickham, "Commodity prices: Cyclical weakness or secular decline?" *International Monetary Fund Staff Papers* 41 (1994): 175–213, and Rati Ram, "Trends in developing countries' commodity terms-of-trade since 1970," *Review of Radical Political Economics* 36 (2004): 241–253.

12. 经济衰退对供给产生一定程度的限制，导致价格有所降低但是仍然相对较高；更高的价格会刺激更多的投资，相应的商品价格可能会再次下跌。参见 World Bank, *Global Economic Prospects 2009*: *Commodities at the Crossroads* (Washington, D.C.: World Bank, 2009), p. 55。到 2013 年，名义商品价格仍然保持在 12% 的水平，低于 2008 年的峰值，但未来变化趋势不确定。参见 UNCTAD, op.cit。贸易条件的一个测量标准是贸易的收入，它可以测量一个国家出口的相对购买力。一些经济学家认为，这更好地勾勒出了出口（以及出口收益不稳定性）和增长之间的关系，因为可以从相对价格变动中观察到这一点。例如，Matthias Lutz 发现贸易收入波动（见注释和推荐阅读 10）和经济增长率之间呈现出强烈的负相关性，这证实了早先关于贸易的商品波动和经济增长负相关的研究。

13. See Raul Prebisch, *The Economic Development of Latin America and Its Principal Problems* (New York: United Nations, 1950), and Hans W. Singer, "The distribution of gains between borrowing and investing countries," *American Economic Review* 40 (1950): 473–485.

14. See Alf Maizels, *The Manufactures Terms of Trade of Developing Countries with the United States, 1981–97* (Oxford: Oxford University Press, 2000), and Sarkar Prabirjit and Hans W. Singer, "Manufactured exports of developing countries and their terms of trade since 1965," *World Development* 19 (1991): 333–340.

15. 凹向原点的生产可能性边界上的任何一点的切线斜率是减少一种商品产出以增加另一种商品产出的机会成本或实际成本。在完全竞争市场下，相对成本等于相对市场价格。因此，过点 A 的切线的斜率等于商品的相对价格。斜线越陡峭，a 对 m 的相对价格就越高。我们从左移到右（例如从 A 点到 B 点，见图 12-1a），切线的斜率变得越来越大，表明生产更多食物的机会成本增加。类似地，在生产可能性边界上从右到左的移动（B 点到 A 点）代表了放弃食物生产以增加工业制成品生产的机会成本增加。

16. 关于要素价格均等的经典文献参见 Paul A. Samuelson, "International trade and equalization of factor prices", *Economic Journal* 48 (1948): 163-184。值得注意的是，根据经济政策委员会的调查，那些在该制造行业永久性失去工作的工人平均来说会经历收入的净下降。

17. Manmohan Singh, "Development policy research: The task ahead", *Proceedings of the World Bank Annual Conference on Development Economics*, 1989 (Washington, D. C.: World Bank, 1990), p. 12. Singh 当时是日内瓦南方委员会的总秘书。2004 年，他成为印度的总理，一直掌权到 2013 年年底。

18. 一些南北贸易模型的代表性文献以及其他非传统理论可参见 Paul Krugman, "Trade, accumulation and uneven development," *Journal of Development Economics* 8 (1981): 149-161; Graciella Chichilnisky, "A general equilibrium theory of North-South trade," in *Essays in Honor of Kenneth J. Arrow*, eds. Walter Heller et al. (New York: Cambridge University Press, 1986); Jose Antonio Ocampo, "New developments in trade theory and LDCs," *Journal of Development Economics* 22 (1986): 129-170; and Amitava K. Dutt, "Monopoly power and uneven development: Baran revisited," *Journal of Development Studies* 24 (1988): 161-176。

19. Michael E. Porter, The *Competitive Advantage of Nations* (New York: Free Press, 1990). 新贸易理论允许递增的规模报酬和不完全竞争的市场结构，是保罗·克鲁格曼首先提出的，根据一种与此相类似的分析并得出了一些相似的结论。其概述可详见 Paul Krugman, "Increasing returns, imperfect competition and the positive theory of international trade, in *Handbook of International Economics, Handbooks in Economics,* vol. 3 (New York: Elsevier, 1995), pp. 1243-1277。

20. 波特也认为，发展中国家抵御汇率和要素成本变动的能力是很脆弱的。随着密集使用的发达国家资源减少或者需求变得更加复杂，许多这样的产业不能获得进一步的发展。也可参见 Porter, *Competitive Advantage of Nations,*

pp.675-676。

21. See Heinz W. Arndt, "The origins of structuralism," *World Development* 13 (1985): 151-159.

22. 据联合国估计，2011 年，发展中国家至少每年花费 1 000 亿美元的成本以应对此类贸易限制，这几乎占到它们 GDP 的 2%。

23. 对国际贸易关系中不完全竞争的综述可参见 "The noncompetitive theory of international trade and trade policy," *Proceedings of the World Bank Annual Conference on Development Economics, 1989*, pp. 193-216, and David Greenaway, "New trade theories and developing countries," in *Current Issues in Development Economics*, eds. V. N. Balasubramanyam and Sanjaya Lall (New York: St. Martin's Press, 1991), pp. 159-169. On the costs of protection, see Intergovernmental Group of 24, "Communiqué on international monetary affairs and development," April 28, 2001, http://www.un.org/esa。

24. Helpman, "Noncompetitive theory," p. 196.

25. Jean Imbs and Romain Wacziarg, "Stages of diversification," *American Economic Review* 93 (2003): 63-86.

26. 可参见 Ajit Singh, "Openness and the market-friendly approach to development: Learning the right lessons from the development experience, "*World Development* 22(1994):1814。同时参考注释和推荐阅读 33、37 和 52 中的文献。

27. Stiglitz-Sen-Fitoussi Commission on the Measurement of Economic Performance and Social Progress, 2009, http://www.stiglitz-sen-fitoussi.fr/en /index.htm.

28. 贸易导向型的发展中国家拥有更高的经济增长率（尽管很多时候很难将这种增长的实际来源分离出来，因为增长可能导致更多的贸易），参见 World Bank,*World Development Report, 1992* (New York: Oxford University Press, 1992), and Jagdish N. Bhagwati, "Export-promoting trade strategy: Issues and evidence," *World Bank Research Observer* 3 (1988): 27-57。

29. Graciella Chichilnisky and Geoffrey Heal, *The*

Evolving International Economy (New York: Cambridge University Press, 1986).

30. 例如，可参见 the Santiago Declaration of Third World economists，April 1973，and the Communiqué of the Third World Forum, Karachi，1975。最近对于此相似观点但是不极端的表述参见 United Nations，*Development and International Economic Cooperation: An Agenda for Development* (New York: United Nations，1994).

31. 对于内向型发展政策和外向型发展政策的深入讨论见 Paul P. Streeten, "Trade strategies for development: Some themes for the seventies," *World Development* 1 (1973): 1 - 10, and Donald B. Keesing, *Trade Policy for Developing Countries* (Washington, D.C.: World Bank, 1979). Among many informative reviews, two alternative perspectives are particularly noteworthy: Rudiger Dornbusch, "The case for trade liberalization in developing countries," *Journal of Economic Perspectives* 6 (1992): 69 - 85, and Dani Rodrik, "The limits of trade policy reform in developing countries," *Journal of Economic Perspectives* 6 (1992): 87 - 105。

32. Streeten, "Trade strategies," pp. 1, 2.

33. See Colin Kirkpatrick, "Trade policy and industrialization in LDCs," in *Surveys in Development Economics*, ed. Norman Gemmell (Oxford: Blackwell, 1987), pp. 71 - 72.

34. See, for example, Colin I. Bradford Jr., "East Asian ' models ' : Myths and lessons," in *Development Strategies Reconsidered,* eds. John P. Lewis and Valeriana Kallab (Washington, D.C.: Overseas Development Council, 1986), ch. 5; Stephen C. Smith, Industrial Policy in Developing Countries: Reconsidering the Real Sources of Export-Led Growth (Washington, D.C.: Economic Policy Institute, 1991); and Robert Wade, *Governing the Market: Economic Theory and the Role of Government in East Asian Industrialization* (Princeton, N.J.: Princeton University Press, 1990).

35. Kevin Watkins and Joachim von Braun, "Essay: Time to Stop Dumping on the World's Poor,"

in *International Food Policy Research Institute, 2002–2003 Annual Report* Washington, D.C., IFPRI, 2003, pp. 6 - 20; 关于配额的论述在第 9 页。这篇报告是一篇关于农业保护主义问题的很好的综述；不幸的是，直到这篇报告写完的那一年，有关贸易的讨论上也没有取得任何进展。其他一些现象也显露出此类严重的问题，如美国棉花、糖和其他农业政策。参见 Nicholas Minot and Lisa Daniels, "Impact of global cotton markets on rural poverty in Benin," IFPRI Discussion Paper No. 48, November 2002, http://www.ifpri.org/divs/mtid/dp/mssdp48.htm; Oxfam International, "Rigged rules and double standards," http://www.maketradefair.com/en/index.php? file=26032002105549.htm; Oxfam International, "Cultivating poverty," http://www.oxfam.org /eng/pdfs/pp020925_cotton.pdf; and the *New York Times '* "Harvesting Poverty" series, http:// nytimes.com/harvestingpoverty. See also Warren Vieth, "U.S. exports misery to Africa with farm bill," *Los Angeles Times*, May 27, 2002, p. Al, and "Sweet deals: ' Big sugar ' fights threats from free trade and a global drive to limit consumption," *Financial Times*, February 27, 2004, p. 17. 我们感谢 Andreas Savvides 博士对于此话题的有益建议。

36. 问题和证据的综述以及总结参见 Watkins and von Braun, "2002 - 2003 IFPRI annual report essay." For classic earlier examinations of the difficulties that developing countries have had with primary-product exports, see United Nations Development Programme, *Human Development Report, 1992* (New York: Oxford University Press, 1992), pp. 59 - 62; World Bank, *World Development Report, 1991* (Washington, D.C.: World Bank, 1991), pp. 105 - 110; and World Bank, *Global Economic Prospects and the Developing Countries* (Washington, D.C.: World Bank, 1994), ch. 2。

37. World Bank, *World Development Indicators, 2013*, tab. 4.4 (Washington, D.C.: World Bank, 2013), and earlier WDI issues.

38. Bradford, "East Asian ' models ' "; Stephen C.

Smith, "Industrial policy and export success: Third World development strategies reconsidered," in U.S. *Trade Policy and Global Growth*, ed. Robert Blecker (New York: Sharpe, 1996), pp. 267 - 298; Jene Kwon, "The East Asian challenge to neoclassical orthodoxy," World Development 22 (1994): 635 - 644; Paul Krugman, "The myth of Asia's miracle," *Foreign Affairs* 73 (1994): 62 - 78; Dani Rodrik, "Getting interventions right: How South Korea and Taiwan grew rich," *Economic Policy* 20 (1995): 53 - 97; Henry J. Bruton, "A reconsideration of import substitution," *Journal of Economic Literature* 36 (1998): 903 - 936; Sebastian Edwards, "Openness, trade liberalization, and growth in developing countries," *Journal of Economic Literature* 31 (1993): 1358 - 1393; Behzad Yaghmaian, "An empirical investigation of exports, development, and growth in developing countries: Challenging the neoclassical theory of export–led growth," *World Development* 22 (1994): 1977 - 1995; and Syed Nawab Haider Naqvi, "The significance of development economics," *World Development* 24 (1996): 978 - 980.

39. This problem is stressed by Africa expert Paul Collier. On limitations of AGOA and EBA, see Paul Collier, *The Bottom Billion: Why the Poorest Countries Are Falling Behind and What Can Be Done about* It (New York: Oxford University Press, 2007), pp. 168 - 170.

40. World Trade Organization, *Annual Report, 2001* (Geneva: World Trade Organization, 2001). See subsequent editions for annual trends. For a comprehensive exposition, see Judith Czako, Johann Human, and Jorge Miranda, *A Handbook of Anti- Dumping Investigations* (Cambridge: Cambridge University Press, 2003). On the antidumping surge, see World Trade Organization, "WTO Secretariat reports surge in new anti–dumping investigations" World Trade Organization Press/542, 20 October 2008; and Chad P. Bown, (2009) "Monitoring Update to the Global Antidumping Database," Brandeis working paper, http://www .brandeis. edu/~cbown/global_ad.

41. 对于许多发展中国家来说，贸易税收是政府收入的一个主要来源，详见第 15 章。

42. 对于发展中国家进口替代政策的经典评论，可参见 Ian Little, Tibor Scitovsky, and Maurice Scott, *Industry and Trade in Some Developing Countries* (Oxford: Oxford University Press, 1970). See also Kirkpatrick, "Trade policy and industrialization," pp. 71 - 75; Hubert Schmitz, "Industrialization strategies in less developed countries: Some lessons of historical experience," *Journal of Development Studies* 21 (1984): 1 - 21; and Dornbusch, "Case for trade liberalization."

43. 然而，应该提到的是，由于新贸易理论强调的是规模经济、外部性以及人力资本投资，选择性贸易保护的观点又重新成为一种时尚。Bruton, "Reconsideration of import substitution" 对这些问题进行了总结。

44. Little et al., *Industry and Trade*, p. 39.

45. Herbert G. Grubel, "Effective tariff protection: A non–specialist introduction to the theory, policy implications and controversies," in *Effective Tariff Protection*, eds. Herbert G. Grubel and Harry Johnson (Geneva: GATT, 1971), p. 2.

46. Little et al., *Industry and Trade*, p. 4. See also David Greenaway and Chris Milner, "Trade theory and the less developed countries," in *Surveys in Development Economics*, ed. Norman Gemmel (Oxford: Blackwell, 1987), tab. 1.5.

47. 在文献中这样的顾客被称为"寻租者"，因为他们花费一定数量的时间和精力从事例如贿赂这样的活动，旨在获取例如像高估汇率所导致的价格扭曲所产生的租金。见 Anne O. Krueger, "The political economy of the rent–seeking society," *American Economic Review* 64 (1974): 291 - 303。

48. 对于多重汇率及其对经济影响的分析参见 Miguel Kiguel and Stephen A. O'Connell, "Parallel exchange rates in developing countries," *World Bank Research Observer* 10 (1995): 21 - 52。20 世纪 80 年代，黑市溢价在墨西哥是 66%，巴西 173%，而加纳甚至达到 4264%。

49. 例如，1994 年 12 月，墨西哥政府将其货币比索对美元贬值 35%。到 1995 年 2 月，在其弥补外汇市场的部分损失之前，比索又贬值接近 15%。

50. 对于低估问题的一个精简的讨论可以参见 Karim Nashashibi, "Devaluation in developing countries: The difficult choices," *Finance and Development* 20 (1983): 14 - 17。

51. 有关这些问题优秀的综述和分析参见 Rostam M. Kavoussi, "International trade and economic development: The recent experience of developing countries," *Journal of Developing Areas* 19 (1985): 379 - 392. See also Dornbusch, "Case for trade liberalization," and Rodrik, "Limits of trade policy reform"。

52. 这些观点的一个表述可以参见 Deepak Lal and Sarath Rajapatirana, "Foreign trade regimes and economic growth in developing countries," *World Bank Research Observer* 2 (1987): 189 - 217, and Bhagwati, "Export-promoting trade strategy"。

53. 近期对经济问题的回顾和证据的综述详见 Mario Cimoli, Giovanni Dosi, and Joseph E. Stiglitz, *Industrial Policy and Development: The Political Economy of Capabilities Accumulation* (New York: Oxford University Press, 2009). Other key sources are Alice H. Amsden, *The Rise of "the Rest": Challenges to the West from Late-Industrializing Economies* (New York: Oxford University Press, 2001); Howard Pack and Larry Westphal, "Industrial strategy and technological change: Theory versus reality," *Journal of Development Economics* 22 (1986): 87 - 128; Robert Wade, *Governing the Market* (Princeton, N.J.: Princeton University Press, 1991); Dani Rodrik, "Getting interventions right: How South Korea and Taiwan grew rich," *Economic Policy* 20 (1995): 53 - 101; Sanjaya Lall, *Learning from the Asian Tigers* (London: Macmillan, 1996) and *The Role of Government Policy in Building Industrial Competitiveness in a Globalizing World* (Oxford: International Development Centre, Oxford University, 2003); Dani Rodrik, "Normalizing industrial policy," August 2007, http://ksghome.harvard.edu/~drodrik/ Industrial%20Policy%20_Growth%20Commission_ .pdf; and Ricardo Hausmann and Dani Rodrik, "Doomed to choose: Industrial policy as predicament," September 2006, http://ksghome.harvard .edu/~drodrik/doomed.pdf. Parts of Rodrik's research on these topics have been published in his book *One Economics, Many Recipes* (Princeton, N.J.: Princeton University Press, 2007)。

54. Hollis Chenery, Sherwin Robinson, and Moshe Syrquin, eds., *Industrialization and Growth: A Comparative Study* (New York: Oxford University Press, 1986), p. 178.

55. Ricardo Hausmann, Jason Hwang, and Dani Rodrik, "What you export matters," *Journal of Economic Growth* 12 (2007): 1, and Hausmannand Rodrik, "Doomed to Choose: Industrial Policy as Predicament," Harvard University, 2006, downloaded at http://www.hks.harvard.edu/fs /drodrik/Research%20papers/doomed.pdf.

56. Excerpted from "East Asian 'models': Myths and lessons" by Colin I. Bradford, Jr. in *Development Strategies Reconsidered*, edited by John Lewis and Valeriana Kallab. Reprinted with permission from Transaction Publishers, Inc. On certification action, see Pranab Bardhan, "The Global Economy and the Poor," in *Understanding Poverty*, eds. Abhijit Banerjee, Roland Benabou, and Dilip Mookherjee (New York: Oxford University Press, 2006) pp. 99 - 110.

57. Sanjaya Lall, "Globalization and industrial performance," presentation at the Globelics Academy, Lisbon, May 2004.

58. Rodrik, "Normalizing industrial policy"; See also Hausmann and Rodrik, "Doomed to choose."

59. 感谢 Maggie Chen 和 Marc Melitz 所给予的帮助。有关这一研究领域的概述可参见 Marc J. Melitz and Stephen J. Redding, "Heterogeneous firms and trade," forthcoming in *Handbook of International Economics,* 4th ed. (available as a preliminary draft). A seminal article is Marc Melitz, "The impact of trade on intra-industry

reallocations and aggregate industry productivity," *Econometrica* 71 (2003): 1695 – 1725. An interesting approach is provided in Alla Lileeva and Daniel Trefler, "Improved access to foreign markets raises plantlevel productivity…for some plants," *Quarterly Journal of Economics* 125, No. 3 (2010): 1051 – 1099。

60. 企业发展区域计划（RPED）是由世界银行实施的，部分相关数据可从以下网址获取：http://www .enterprisesurveys.org 和 http://microdata.worldbank.org/index.php/catalog/enterprise_surveys。一些发展中国家，企业层面的数据集（例如企业调查）与家庭调查是相似的，这对有关贫困、健康、教育和其他发展话题的微观经济研究具有重要意义。

61. 有一篇关于这个新的流派分支的论文，参见 R. E. Baldwin and R. Forslid, "Trade liberalization with heterogeneous firms," *Review of Development Economics* 14 (2010): 161 – 176。这篇论文是基于发展中国家写的，企业和工厂层面的调查数据与各种全新的公司贸易研究论文有关，包括 Arne Bigsten and Mans Söderbom, "What have we learned from a decade of manufacturing enterprise surveys in Africa?" *World Bank Research Observer* 21, No. 2 (2006): 241 – 265; Arne Bigsten et al., "Do African manufacturing firms learn from exporting?" *Journal of Development Studies* 40, No. 3 (2004): 115 – 141; Neil Rankin et al., "Exporting from manufacturing firms in sub-Saharan Africa," *Journal of African Economies* 15, No. 4 (2006): 671 – 687; Mans Soderbom et al., "The determinants of survival among African manufacturing firms," *Economic Development and Cultural Change* 54, No. 3 (2006): 533 – 555; and Mans Soderbom et al., "Unobserved heterogeneity and the relation between earnings and firm size: Evidence from two developing countries," *Economics Letters* 87, No. 2 (2005): 153 – 159。

62. 对待未被记录出口（例如撒哈拉以南非洲地区的国家之间的贸易）的不同方法以及不同国家定义（例如，是否应该把现在已经被世界银行定义为高收入国家的韩国和其他一些经济体的

贸易计入南国）的问题使得这个估计值有很大的差异，变动范围为20% ～ 40%。2002 年一个保守的估计是23.5%，来自 World Bank, *World Development Indicators, 2004,* tab. 6.2. 这些数据显示，1998 ～ 2008 年，对大多数的发达国家而言，出口到高收入经济体的份额都出现了大幅度下降，也就是说出口到中低收入经济体的份额在上升。实际上，近些年来，一个地区发展中国家之间的贸易在不断上升，参见 World Bank, *2010 World Development Indicators* (Washington, D. C.: World Bank, 2010), fig. 6.5a, p. 370。

63. 关于鼓励发展中国家之间贸易所能带来的好处，经典争论参见 W. Arthur Lewis, "The slowing down of the engine of growth," *American Economic Review* 70 (1980):555 – 564, and Frances Stewart, "The direction of international trade: Gains and losses for the Third World," in *A World Divided*, ed. Gerald K.Helleiner (Cambridge: Cambridge University Press, 1976)。

64. Abhijit V. Banerjee, "Globalization and all that," *Understanding Poverty*, eds. Abhijit V. Banerjee, Roland Bénabou, and Dilip Mookherjee (New York: Oxford University Press, 2006), pp. 85 – 98, and Pranab Bardhan, "The global economy and the poor," in the same volume, pp. 99 – 110.

65. Anthony Venables, "Winners and losers from regional integration agreements," *Economic Journal* 113 (2003): 747.

66. Paul Collier, *The Bottom Billion*, p. 166. For a critique of these agreements in Africa, see pp. 164 – 166 of Collier's book.

67. United Nations Industrial Development Organization, *UNIDO Industrial Development Report 2011*, p. 160.

68. 虽然发达国家施加在初级产品和次级产品上的关税负担因产品种类而异，但据估计，到2000 年，针对所有种类商品的贸易壁垒所产生的净效应导致发展中国家的外汇收入每年减少1 000 亿美元。

69. International Monetary Fund, *World Economic Outlook, May 1994* (Washington, D.C.: International Monetary Fund, 1994), annex 1.

第 12 章 国际贸易理论和发展经验 **449**

70. 由于规则的偏向性导致发展中国家在乌拉圭回合中失利的分析参见 United Nations Development Programme, *Human Development Report, 1997* (New York: Oxford University Press, 1997), ch. 4。

71. United Nations Development Programme, *Human Development Report, 1997*, p. 85. A similar conclusion was reached by the IMF in its 1997 *World Economic Outlook* (Washington, D.C.: International Monetary Fund, 1997), p. 13. This discussion also draws on the 2010 Millennium Development Goals report.

72. See, for example, "India and US retreat from battle over food security," *Financial Times*, September 15, 2013.

73. 有关过程和关键性问题的概述，详见 "Ocean's 12," *Financial Times,* September 23, 2013, p. 9。

74. 例如，参见 Bernard Hoekman, "WTO reform: A synthesis and assessment of recent proposals," in *The Oxford Handbook on the World Trade Organization,* eds. Amrita Narlikar, Martin Daunton and Robert Stern (Oxford: Oxford University Press, 2012), and Bernard Hoekman, "Proposals for WTO reform: A synthesis and assessment," World Bank Policy Research Working Paper No. 5525, 2011. The WTO Web site is updated regularly at http:// www.wto.org。

第13章
Chapter13

国际收支、债务、金融危机以及稳定政策

> 20世纪70年代末之前的20年，非洲经济停滞不前，这两个20年也被称为两个"失去的10年"。
>
> ——《20世纪非洲历史百科全书》，Dickson Eyoh 和 Paul Tiyambe Zeleza

> 随着主权债务危机的解决进程越来越政治化，当事者倾向于牺牲弱者的利益，维护强者的利益。
>
> ——巴里·赫尔曼（Barry Herman），何塞·安东尼奥·奥坎波（José Antonio Ocampo）和
> 莎丽·施皮格尔（Shari Spiegel），2010年

> 世界经济增速放缓，经济增长的驱动因素逐渐发生转变，经济下行风险持续存在。
>
> ——国际货币基金组织，《世界经济展望》，2013年10月：转型和冲突

13.1 国际金融和投资：发展中国家的关键问题

在本章，我们首先考察一国的国际收支账户以及近期发展中国家国际收支的趋势，然后剖析发展中国家债务危机各方面的内容及影响。我们首要关注的内容是20世纪八九十年代的债务危机是怎样出现的，以及债务危机在20年甚至更多年后为何依旧是阻碍非洲国家经济增长的因素。债务危机的规模之大，且对数十个国家的经济发展造成巨大影响，其研究意义非常重大。通过多年来认真研究债务危机带来的影响，我们总结得出了很多经验。我们研究拉丁美洲的债务危机是如何解决的（包括专栏13-3的墨西哥案例研究），然后研究在多年以后非洲的债务危机是如何解决的；接着分析谁来负责实施由国际货币基金组织及世界银行提出的稳定结构调整方案。紧接着，我们考察接下来10年间发展中国家的国际性危机，尤其是90年代后期的东亚金融危机，这些危机虽然规模较小，但是有着深远的意义。同时，我们考虑如

何减小甚至避免国际债务危机对发展中国家人民的影响。我们将探讨国际法意义上恶意债务的概念及如何避免恶意债务的发生（专栏13-4）。2008年国际金融危机开始于美国，但其对整个发展中国家产生了深刻的影响；我们在本章结尾对此次危机进行深入分析。最后，我们分析在目前的国际经济局势下，世界性金融危机是否会再次发生。专栏13-1和专栏13-2分别是关于国际货币基金组织和世界银行的简要介绍。

在第14章中，我们将进一步分析金融因素在国际贸易中的作用，考察金融资源在国际范围内的流动，包括：①私人外国直接投资的流动，这种流动主要来自跨国公司；②近来私人金融"组合投资"再度兴起，这一投资支撑着新组建或改头换面的"新兴国家"股票和债券市场；③出国务工人员的劳务所得的国际流动；④以双边和多边国际援助形式出现的公共资源和技术资源的流动；⑤以非政府组织外援项目形式给予最贫困的发展中国家资金和技术援助的重要性在不断上升；⑥援助中最困难也可以

说是最重要的方面——帮助战乱和战后国家和
地区进行重建。

13.2　国际收支账户

13.2.1　概述

一旦我们的分析超越简单的商品贸易而进
入与国际金融资源相关的领域，下面的思维扩
展便能够帮助我们考察发展中国家的**国际收支
平衡**（balance of payments）。设计国际收支平
衡表是为了概括地反映一国与世界其他国家之
间的金融贸易活动情况。正如表 13-1 所示，国
际收支平衡表由三部分组成。当然，需要注意
的是，国际收支平衡表有时候会以一种修正后
的形式出现，这种形式把经常项目分为两部分，
其分别为经常项目和资本项目。本书中采用传
统的表达方式，因为大多数发展中国家有关债
务的文献及目前的新闻媒体评论的表达都是以
这种形式呈现的。**经常项目**（current account）
主要反映的是商品和劳务的进出口、投资收
入、**还本付息**（debt service）以及政府和私人
的净侨汇及转移支付。需要注意的是，经常项
目是用出口额减去进口额（第 12 章的商品贸易
余额），然后加上从国外获得的净投资收益（例
如，发展中国家的国民所拥有的以及流通到发
展中国家境内的国外股票、证券和银行存款所
带来的利息及分红之差，以及发展中国家国民
所拥有的外国证券，再加上跨国集团汇回本国
的利润）。将这些加总（表 13-1 中 $A-B+C$）再
减去项目 D，即债务偿付额（这些偿付额已经
成为发展中国家经常项目赤字的一个主要且不
断加大的部分），再加上项目 E，即净私人及官
方汇款和转移支付，例如在国外工作的发展中
国家国民（如在美国的墨西哥人，在法国的阿
尔及利亚人以及在科威特的巴基斯坦人）汇回
国内的工资。最终结果（$A-B+C-D+E$，见表
13-1）产生的经常项目余额——正的余额称作
盈余（surplus），负的余额称作**赤字**（deficit）。
由此，经常项目可以帮助我们分析不同的贸易
政策，尤其是有关商品贸易的政策，并间接
分析投资收益、债务偿付和私人转移支付的
情况。

表 13-1　国际收支平衡表

商品与劳务出口	A
商品与劳务进口	B
投资收入	C
债务偿付额	D
净侨汇与转移支付	E
总的经常项目余额（$A-B+C-D+E$）	F
直接私人投资	G
外国贷款（私人与公共），扣除分期付款额	H
国内银行系统的国外资产的增加额	I
居民资本流出	J
总的资本项目余额（$C+H-I-J$）	K
现金储备账户中的增加额	L
误差与遗漏（$L-F-K$）	M

资料来源：Adapted from John Williamson and
Donald R. Lessard, *Capital Flight*: *The Problem and Policy
Responses*（Washington, D. C.: Institute for International
Economics, 1987）, tab. 1.

资本项目（capital account）记录的则是外
国私人直接投资（主要是跨国公司进行的）、私
有国际银行的外国贷款和外国政府以及如国际
货币基金组织（IMF）、世界银行等多边机构的
贷款和赠予（例如以外国援助的形式）的总值，
然后减去一个对主要的债务国家极为重要的项
目，即表 13-1 中的"居民资本流出"项目。该
项目有时也被称为**资本外逃**（capital flight）。
在 20 世纪 80 年代的债务危机中，发展中国家
的资本外逃量，也就是发展中国家的富人存到
发达国家的大量存款以及购入的发达国家的房
地产、股票和债券等，据估计达到了某些债务
国自身外债总额的将近一半。[1] 私人与和公共贷
款同投资的流入相比显得微不足道，同时这也
是许多发展中国家国际收支状况恶化的主要原
因。许多独裁专制的国家也长期面临"资本外
逃"这一问题。在表 13-1 中，资本项目的余额
由 $C+H-I-J$ 计算得出，余额为正值即为盈余，
余额为负值即为赤字。

最后，**现金账户**（cash account）或者说**国
际储备账户**（international reserve account,
项目 L），是用于平衡的项目（与调节统计上的
不相等的"误差与遗漏"项目（M）一起发挥作
用；有时候也会把未记录的资本流动记录在该
项目下），当经常项目和资本项目的总支出超过

总收入时，这一项目的数额便会下降（表现为外汇储备的流出）。表13-2简要地表示出了国际收支表中正的（贷方）和负的（借方）的各个项目。各国都是以下面的三种形式中的一种或多种来积累国际储备的：①外国**硬通货**（hard currency），主要是美元，但日元、英镑和**欧元**（euro）的数量也在增加，[2]当这些货币在国外卖出量大于买入量时，国际储备就会增加；②黄金，包括国内开采的或买入的；③在IMF的存款，这里IMF类似于各个国家中央银行的储备银行（参见专栏13-1）。

表13-2 国际收支平衡表正向与负向影响

正向影响（贷方）	负向影响（借方）
1. 向外国出售的所有商品和服务（出口）	1. 从外国买入的所有商品和服务（进口）
2. 国外投资的所有收益	2. 在外国的所有投资
3. 收到的外汇的总额	3. 所有的对外支付
4. 收到的所有外国捐赠或援助	4. 给予外国的所有捐赠或援助
5. 向外国卖出的所有股票或债券	5. 从外国买入的所有股票或债券

资料来源：From *The ABC's of International Finance*, Second Edition, by John Charles Pool et al. Copyright © 1991 by Lexington Books. Reprinted with permission.

□ **专栏13-1 国际货币基金组织的简史及其作用**

1944年7月，来自45个国家的代表齐聚美国新罕布什尔州的布雷顿森林，商讨规划战后国际经济合作关系的框架。20世纪30年代的大萧条导致的经济灾难，以及随后的第二次世界大战对经济的破坏，已经使得国际金融市场崩溃，国际贸易总量也急剧下降。因此，两家"布雷顿森林体系机构"——国际货币基金组织（IMF）和世界银行——应运而生，其目的就是要重建国际商品和资本市场以及恢复被战争摧毁的欧洲经济。

尽管从某种程度上说，IMF和世界银行之间是互补的，但设计之初，它们被赋予的角色还是很不同的。在布雷顿森林会议期间，当时的一个明智的共识是，国际资本市场的稳定对于国际贸易和投资的恢复是至关重要的。正是这样的迫切希望促成了IMF的建立，其建立的宗旨在于，通过向发生国际收支赤字的国家提供短期融资，从而承担监督和稳定国际金融体系的责任。世界银行的补充性角色则是在基础设施重建方面，通过对成员方的经济恢复和发展予以资助的形式而发挥作用（参见专栏13-2）。之后，一些国家签署了关税及贸易总协定（GATT），该协定便是世界贸易组织（WTO）的前身。

布雷顿森林会议的与会各国建立了一种固定汇率体系。在这个体系中，每个国家需要将其货币的汇率盯住美元，而美元则与黄金直接挂钩，保持35美元兑换1盎司黄金的关系。刚开始时，为维持此种固定汇率而产生的短期国际收支赤字的融资由IMF承担，直到1971年，布雷顿森林体系被浮动汇率体系所替代，IMF的这个任务才宣告结束。

70年代，世界范围内经济衰退、国际油价暴涨以及发展中国家出口锐减等因素导致许多发展中国家出现了巨额的国际收支赤字。

来自IMF的融资一般都是"有条件的"，这就是说，接受融资的国家必须满足一系列要求，这便是众所周知的"附加性条件"。这些附加条件的目的在于，通过鼓励面临长期国际收支困难的债务国政府采取适当的做法来提高对IMF提供的融资的利用效率。由于这些附加条款都非常苛刻，无形之中又增加了债务国中最贫困家庭的痛苦，因此，这些附加性条款充满了争议。

IMF的另一个日渐重要的作用是对其成员方的宏观经济政策的"监督"——但是在实践过程中，着重监督发展中国家成员的宏观经济政策，这标志着IMF日益深入地介入到了经济发展的过程当中。同时，IMF也积极为公众提供信息服务以及为发展中国家政府提供技术援助。

到1982年，许多发展中国家因为陷入高通货膨胀、出口市场疲软、贸易条件恶化以及大规模的政府赤字，债务拖欠违约一触即发，这严重威胁到了国际金融市场的稳定性。由于发展中国家的危机越来越严重，私人融资来源迅速萎缩，这导致发展中国家偿债所需的流动性锐减。为了防止违约拖欠现象的蔓延以及由此可能引发的国际资本市场的系统性灾难，IMF采取了一些措施进行调整，最终获得成功。在 80 年代拉美的债务危机、1997～1998 年的亚洲货币危机以及始于 2008 年的全球金融危机中，IMF 在发展中国家的债务重构与融资方面作用显著。

在 1997～1998 年的亚洲金融危机中，经济状况一向良好的韩国、印度尼西亚和泰国等国家为了谋求 IMF 的借款，不得不施行一系列的财政紧缩措施——削减财政开支、增加税收、提高利率以及一系列广泛的结构性改革。接受借款的国家和来自外部的批评都广泛认为，如此严厉的紧缩措施引起了巨大且不必要的经济衰退。作为部分回应，亚洲以及世界其他国家政府努力增加出口，以偿还 IMF 贷款和增加本国外汇储备，其中的一个事实是东亚国家的国际贸易盈余不断增加。然而，这同样引起了人们的关注，IMF 的大规模贷款为其带来的收益实在是太少了。

到 2006 年，在经历了数年相对（和现在相比）稳定的时期以后，人们又开始反思 IMF 的职能。英格兰银行行长默文·金（Mervyh King）等官员认为 IMF 将不得不给予中国、印度和巴西等国际影响力较大的发展中国家更多的话语权（有的时候被称作"股份越多，椅子越大"）。人们谈论的另一个话题是 IMF 不仅要加强对发展中国家的资产负债表的监管，对发达国家也要一视同仁。许多观察员同意改革之后的 IMF 仍旧要通过出版经济信息、独立分析报告，为会员国政府提供私人建议，在政策制定和违约裁定方面作为政府间合作的召集人而促进合作共识的达成，以及以最后的资金借出人等方式提供全球性公共物品。大多数富裕国家更愿意在引导发展中国家的经济发展方面拥有更多话语权，却不愿意让 IMF 过多地干预其自身的经济。一些观察员提出的使 IMF 改革成为一个独立的全球中央银行的提议似乎更加遥不可及。随着 2008 年全球金融危机的爆发，关于 IMF 改革的争论逐渐停止，但是 IMF 还是在物质资源和人员方面迅速扩张。

2009 年 G20 峰会之后，IMF 宣布开始改革，其中包括抵御危机的"防火墙"计划，即增强借款能力（最终的借款能力达到现有资源的 4 倍），增加预防危机专用的借款，为低收入国家提供更多公平的政策及更多的优惠借款，增强风险分析。在经历了多年外界的批评之后，IMF 宣布所有的贷款都不再使用结构性表现评价标准，取而代之的是强调社会保护的重要性，然而，这一举措的实际效果尚不清晰。最后要强调的是，发展中国家政府自身执政能力的提升最能够反映出发展中国家的进步，而且，各个国家很快达成以下共识：IMF 的总裁不能够顺其自然地由欧洲人担任，虽然这在 IMF 成立至今已经成了不成文的规定。2011 年，法国律师克里斯蒂娜·拉加德（Christine Lagarde）当选 IMF 总裁。值得一提的是，她是自 IMF 成立以来的第一位女性"掌门人"，之前的 10 位"掌门人"都是男性。

从 2008 年全球金融危机最严重的时候一直到 2013 年，IMF 总共向世界各国发放了远超过 3 000 亿美元的贷款。在历史性转折期的这些年，经济合作与发展组织成员方开始向 IMF 求助，截至 2013 年 10 月，希腊、葡萄牙和爱尔兰成为向 IMF 寻求贷款最多的国家。需要注意的是，这些"外围的"欧洲国家至少在 70 年代被认为是中高等收入国家。2013 年，标准普尔道琼斯指数（S&P Dow Jones）将希腊由发达国家重新调整（下调）为发展中国家。同时，截至 2013 年，墨西哥、波兰、摩纳哥和哥伦比亚向 IMF 申请的预防性（备用）贷款金额最多。

资料来源：IMF Web site, http://www.imf.org/external;M.Garitsen de Vries, *The IMF in a Changing Word, 1945-85*（Washington, D.C.:International Monetary Fund）; Mervyn King's speech, accessed at http://www.bankofengland.co.uk/publications/speeches/2006/speech267.pdf; and Martin Wolf, "World needs independent fund,"*Financial Times*, February21, 2006.IMF 宣布改革方案的报道，参见 http://www.imf.org/external/np/exr/facts/changing.htm。

13.2.2　一个假设的数例说明：赤字与外债

为了说明这个问题，举一个数值例子也许会有所帮助。在表 13-3 中，给出的是一个假设的发展中国家的国际收支平衡表。首先，在经常项目下，有负 1 000 万美元的商品贸易余额，它由 3 500 万美元的商品出口收入（其中超过 70%，即 2 500 万美元，来自初级的农业及原料性产品）减去 4 500 万美元（主要包括工业制成品、中间产品和资本品）的进口支出组成。

在这个总和的基础上，加上对外国运输公司支付的 500 万美元，以及 100 万美元的投资收入（代表的是持有国外债券的净利息收入），再减去 1 500 万美元的债务支付额（代表的是本年对累积的发展中国家外债的偿债支付），然后再加上 200 万美元的净侨汇和转移支付收入（这部分款项是生活在国外的本国工人寄回家中的收入）。所有这些项目加总起来就得到了经常项目中 2 700 万美元的赤字。

表 13-3　一个假设的传统发展中国家的国际收支平衡表

项目	金额（百万美元）
经常项目	
商品出口	+35
初级产品	+25
工业制成品	+10
商品进口	−45
初级产品	−10
工业制成品	−35
劳务（例如，海运运费）	−5
投资收入	+1
债务支付额	−15
净侨汇与转移支付	+2
经常项目余额	−27
资本项目	
私人直接外国投资	+3
私人贷款与组合投资	+4
双边和多边资本流入（净）	+3
贷款	
分期付款额	+9
居民资本流出	−6　　−8
资本项目余额	+2
经常项目与资本项目总余额	−25
现金账户	
官方外汇储备净减少	+25
现金储备账户余额	+25

现在再考虑一下资本项目。我们看到，总共有 700 万美元的外国私人投资的净流入，其中包括跨国公司在当地新建工厂直接投资 300 万美元，国外私人和共同基金投资（参见第 14 章）的私人贷款（来自国际商业银行），以及私人组合投资（股票及债券）400 万美元。另外，还有以外国援助和多边机构援助形式出现

的正 300 万美元的净官方贷款和多边机构援助。当然，要注意的是，官方贷款赠予的 900 万美元总流入额，被以往**贷款本金分期偿还**（amortization，逐步减少）形成的 600 万美元资本流出部分冲减。不过，正如表 13-4 中所示，该表涵盖了 20 世纪 80 年代债务时期的一些情况。从该表中可以看到，这些数字在 80 年代发生了反转，用于累积债务的偿付额支出，超过了公共援助和新的银行再贷款二者流入的总和。这样一来，净资金转移从 1981 年由发达国家向发展中国家转移的 359 亿美元变成了 1990 年的从穷国向富国转移的 225 亿美元。

表 13-4　20 世纪 80 年代发展中国家债务危机：经常项目余额与资本项目净资金转移（1978～1990 年）　（单位：十亿美元）

年份	经常项目	资本项目净资金转移
1978	−32.1	33.2
1979	+10.0	31.2
1980	+30.6	29.5
1981	−48.6	35.9
1982	−86.9	20.1
1983	−64.0	3.7
1984	−31.7	−10.2
1985	−24.9	−20.5
1986	−46.4	−23.6
1987	−4.4	−34.0
1988	−22.4	−35.2
1989	−18.4	−29.6
1990	−3.0	−22.5

资料来源：International Monetary Fund, *World Economic Outlook, 1988 and 1992*（Washington, D.C.:International Monetary Fund, 1988, 1992）; United Nations Development Programme, *Human Development Report, 1992*（New York: Oxford University Press, 1992）, tab.4.3.

再回到表 13-3，我们看到，金融资本从穷国向富国反常流动的主要原因是本国国民资本的大量外流。据估计，这种资本外逃在 80 年代上半期，仅 5 个主要国家（阿根廷、巴西、墨西哥、菲律宾和委内瑞拉）[3] 就达到了近 1 000 亿美元之多，而在 1976～1985 年的 10 年中则达到了 2 000 亿美元。在表 13-3 中列出的资本外逃是 800 万美元，其最终结果则是导致资

本项目中 200 万美元的正余额，这使得经常项目与资本项目的总余额变成了 2 500 万美元的赤字。

13.3　关于国际收支逆差的问题

13.3.1　最初的政策问题

对于之前假设的国家而言，为了平衡经常项目与资本项目上合计 2 500 万美元的赤字，必须将官方货币储备中由中央银行持有的部分减持 2 500 万美元。这种储备由黄金、主要国家的货币以及 IMF 的特别提款权构成（这些我们稍后将做简短解释）。**国际储备**（international reserves）对于一个国家而言，与银行账户对个人的目的是一样的，其可以用于偿付账单和债务，也可以用于借入更多储备时的担保，其数量可以随净出口销售形成的储蓄以及资本流入而增加。

由此，我们看到，经常项目的余额加上资本项目的余额必须由现金储备账户的余额来平衡冲抵，这正如我们在表 13-3 中所见，即官方货币储备减少了 2 500 万美元。如果该国实在太贫穷，其国际储备很可能非常有限，总共 2 500 万美元的国际收支赤字可能就会对其经济发展产生严重制约，并将会严重地限制该国继续进口所需资本品和消费品的能力。对于那些世界上最贫穷的国家来说，必须进口粮食以维持其嗷嗷待哺的饥饿民众的生计，但它们的外汇储备却又极为有限，因此，这种收支赤字就可能会是雪上加霜，使灾难在成千上万的民众中蔓延。

面对现有的或预计可能产生的经常项目和资本项目加总后的国际收支赤字，发展中国家可以有多种政策选择。首先，它们可以通过扩大出口或限制进口（或者双管齐下）来改善经常项目。在前一种情况下，又可以进一步选择是集中在第一产业还是第二产业产品的出口扩张上。而如果选择后一种情况，即采取限制进口，则可以采取进口替代政策（保护并激励国内产业，以取代本国市场中过去的进口工业制成品），或者选择采取对特定的消费品实行关税和实物配额，或者禁止进口。还有一种选择，即国家可以通过货币贬值来改变官方汇率，从而同时达到降低出口价格和提高进口价格的双重目标。不论某国是否采取这些措施，它都可以向世界银行或者 IMF 寻求贷款和援助。一般情况下，这些国际组织会要求该国实行非常严厉的财政政策和货币政策。这些政策被 IMF 称为稳定化政策，而世界银行称之为结构调整（参见专栏 13-2），**结构调整贷款**（structural adjustment loans）成为这一过程的重要组成部分。对于寻求国际经济援助的国家来讲，稳定化政策和结构调整都是为了获取贷款而须遵守的前提条件，其也被称为**约束条件**（conditionality）。这些政策的设计旨在降低国内需求，从而减轻进口压力，继而减轻通货膨胀压力。这些情况本身可能会导致降低出口增加进口，由此，汇率可能被"高估"。近些年来，这些机构的政策灵活性在某种程度上有所降低，但是这种趋势是否会继续尚无定论。

□ 专栏 13-2　世界银行简史及其功能

世界银行成立于 1944 年，是"布雷顿森林体系"机构（参见专栏 13-1）之一。多年以来，世界银行自身的制度框架发生了很大变化。世界银行由五个分支机构组成。最初，所有贷款都是通过布雷顿森林会议之后建起的世界银行的早期分支机构——国际复兴开发银行（IBRD）放出的。那时，世界银行主要关注的问题是如何重建被第二次世界大战摧毁的经济。其发放的贷款都是按照商业贷款的条件，发放给借款国政府或经过政府担保的私人企业的，但是由于世界银行的信用评级很高，所以其借给各国的贷款的利率往往比较低。

20 世纪 50 年代后期，由于"马歇尔计划"取得了出乎意料的成功，因此，人们认为欧洲的顺利重建已经成为一个既成事实。从那时起，世界银行将其主要目标转向了对更为贫困的国家进行投资。1960 年，国际开发协会（IDA）成立，其主要目的是为那些人均收入低于某一临界水平的国家提供带有优惠条款的贷款。这些优惠条款包括偿还期限长于国际复兴开发银行贷款几倍的贷款以及无息贷款等。这些优惠性条款的产生，是由于世界银行认识到：处于发展初始阶段的国家很难以商业利率获得贷款，因为它们在经济上太过于弱小，投资回报的实现所需要的时间也更长。

国际金融公司（IFC）成立于 1956 年，其宗旨是直接为私人企业融资。此外，通过提供财产担保或者提供股票，它能够从贷款者那里直接获得利益，从而帮助世界银行增大了其投资的经济回报。国际金融公司的两个附属机构分别是多边投资担保机构（MIGA）和国际投资争端解决中心（ICSID）。

第二次世界大战后最初的 20 年间，世界银行的大量对外贷款都用在了资助与能源和运输有关的基础设施建设上，因为那时候的欧洲，大部分的基础设施都被战争所摧毁了。而随着欧洲经济的日渐恢复，一种通过对发展中国家进行类似投资的模式以增加对更穷国家的资金供给的压力逐渐加大。

人们发现，对发展中国家的基础设施投资并没有带来与欧洲相同的回报。究其原因，主要在于这些国家缺乏制度性构架和熟练劳动力。因此，我们可以得出结论，对于发展中国家成功取得发展而言，必须要重新定位投资的优先顺序以适应其特殊需求。

从那时候起，世界银行的工作重心开始了周期性转移，更确切地说，世界银行在不断地增加新的活动而不是减少已有的活动。世界银行的经济学家喜欢把其主要活动的演变过程按照 10 年为一个阶段进行划分，由此来界定世界银行的工作重心。50 年代，世界银行的工作重心是有形资本；世界银行给越来越多的发展中国家提供用于基础设施建设的贷款，这些基础设施建设包括道路、电网和大坝等；在那之后，世界银行又为农业提供了大量贷款以帮助扩大农业出口。到 60 年代后期，罗伯特·麦克纳马拉担任世界银行行长，世界银行首次把削减贫困人口和优先发展农村地区作为其直接目标。此时的焦点之一是，为那些在之前的发展项目中被忽视的农民提供更加便捷的获取发展所需资源的渠道，然而，这一政策最多是部分地取得成功，农业方面的

贷款在随后几年出现了大幅度下降。不过，从另一个方面看，整个 70 年代，世界银行为减少贫困做出了很大的努力，着重改善了穷人的教育及公共卫生服务，世界银行称这段时期为人文关注阶段。然而，批评者则声称，这些努力都没有效果，其原因是这些努力没能直接和生活在贫困中的人群合作，也没能够理解到束缚穷人发展的真正原因；换一种说法就是，没能有效防止社会精英暗中破坏和窃取援助项目提供的资源。

80 年代，债务和融资成为人们关注的焦点。70 年代和 80 年代早期，发展中国家借入大量外债。世界银行开始主要提供结构调整贷款，即带有附加条款的巨额贷款，这些附加条款往往会限制贷款国对贷款的用途，要求其推行新的政策，主要内容是自由化、市场化和私有化。在很大程度上，世界银行这一时期的活动和国际货币基金组织的活动结合到了一起，由此，世界银行遭受了来自发展中国家的经济发展方面专家的广泛批评。例如，穷人会因为过分强调服务的"成本恢复"这一政策而受到损害，这是由于在很多情况下，非洲以及其他地区本可以把这些资金投入到扩建学校和增加医疗服务支出方面。减少债务的目标是非常明确的，其中的主要受益者也包括世界银行。"结构调整贷款"的主要目的是促进那些深受贸易和财政赤字损害的国家进行经济改革，其中的改善宏观经济政策的手段主要包括以下几点：①通过财政政策和金融政策使本国储蓄流动起来；②通过强调投资决策过程中价格决定这一手段以及提高国有企业的效率来提高公共部门的整体效率；③通过贸易和本国经济政策的自由化，提高公共投资的效率；④改革机构设置以支持调整过程。对结构调整的批评主要针对这样一个事实，其经常会增加极度贫困人口生活上的困难以及偶尔会抵消之前经济发展带来的成果。

90 年代中期，世界银行更加关注贫困问题。在世界银行自称为"关注社会的 10 年"中，詹姆斯·沃尔芬森行长领导世界银行加大了对社会的保护力度。不过，在随后几年中，重度负债国家几乎没有看到发展成果，在偿还世界银行的贷款方面也没有取得进展，世界银行便和 IMF 共同发布了减贫战略文件。虽然这一尝试的目的是改善当时的窘境，但是，这个文件包含的内容还是非常不公平的，最明显的就是其与实际预算之间的联系非常薄弱。然而，21 世纪前 10 年，非

洲国家通过种种努力，其债务负担的确有所减轻。这一时期，有人批评世界银行忽略了政府机构促进经济发展（例如，协调经济发展和产业政策方面）的作用。与此同时，世界银行的工作重心也放在了反腐败以及从总体上改善管理能力尤其是对其项目加强管理方面。现在，世界银行把自己的工作重点放在全球公共产品方面，主要从全球视角解决金融危机、公共卫生、疫苗研制、疾病控制以及全球气候变暖等问题，世界银行的官员自认为在这些方面可以发挥更大的作用。

世界银行的改革进程和 IMF 类似，目前的主要日程安排是讨论如何扩大发展中国家的投票权和话语权。与此同时，人们越来越达成一致：世界银行行长不应该顺其自然地由美国人担任。2012 年，金墉博士（出生在韩国，现在为美国公民）成为世界银行第 12 任行长。上任后，他采取了大量改革措施，2013 年 10 月，世界银行宣布其两大目标：2030 年之前在世界范围内消除极端贫困；促进发展中国家底层的 40% 人口的共同繁荣。

资料来源: John P. Lewis, and Richard Webb, *The World Bank: Its First Half Century* (Washington, D.C.: Brookings Institution Press, 1997), vol.1.For more details, go to the World Bank's Web site, http://www.worldbank.org. For the Bank's "Poverty reduction strategies," see http://www.worldbank.org/prsp. For poverty-oriented discussions

of development efforts, see Frances Stewart,"The many faces of adjustment," *World Development* 19 (1991):1847-1864; Giovanni A.Cornia, Richard Jolly, and Frances Stewart, *Adjustment with a Human Face* (Oxford: Clarendon Press, 1987); and United Nations Development Program, *Human Development Report*, 1995 (New York: Oxford University Press, 1995). See also Hillary F. French, "The World Bank: Now fifty but how fit?" *World Watch*, July-August 1994, pp.10-18; Bruce Rich, *Mortgaging the Earth*: *The World Bank, Environmental Impoverishment, and the Crisis of Development* (Boston: Beacon Press, 1994); Catherine Caulfield, *The World Bank and the Poverty of Nations* (New York: Henry Holt, 1997); Lance Taylor,"The revival of the liberal creed: The IMF and World Bank in a globalized economy," *World Development* 25(1997): 145-152; Anne O. Krueger,"Whither the World Bank and the IMF?" *Journal of Economic Literature* 36 (1998):1983-2020; and Howard Schneider, "Wider Impact Eludes World Bank," *Washington post*, October 9, 2013, p.13. The influential 2011 Meltzer Commission report that encouraged switching from loans to grants and global public goods support may be found at http://www.gpo. gov/fdsys/pkg/CHRG-106shrg66721/html/CHRG-106shrg66721.htm. Speech by Jim Yong Kim on "The World Bank Group Strategy: A Path to End Poverty, presented at George Washington University, Oct.2013. The World Bank's Web site is http://www.worldbank.org.

除此之外，对于发展中国家来讲，它们可以尝试通过鼓励更多的外国私人直接投资或者组合式证券投资，从国际上的商业银行借款或者寻求更多的外国援助等，来改善资本项目的余额。但是，天下没有免费的午餐，无论是外国直接投资还是外国援助，其主要组成部分都不是免费的礼物（完全赠予）。接受贷款援助就意味着将来必须偿还本金和利息；吸引生产性外国直接投资，如让其在国内建厂，以后就要眼睁睁地看着大量的利润被外资企业汇出。而且，正如第 14 章所述，鼓励外国私人投资对于发展的含义，要远远超出纯粹的金融或实物资本转移。

最后，发展中国家可以通过增加它们的官方货币储备，来寻求改善长期国际收支赤字的不良影响。达到上述目的的方法之一是申请更

大份额的**特别提款权**（special drawing rights, SDR）——这是一种新的国际"纸黄金"。从历史上来看，在国际货币体系的运转过程中，对于国际收支的赤字国而言，需要用其官方储备中的两种国际货币资产来偿付其赤字：黄金和美元。但是，随着世界贸易总量和价值的空前增长，就需要有一种新的国际金融资产作为对有限的黄金和美元储备的补充。这样，在 1970 年 IMF 就接受授权，创造出了上百亿美元的该种特别提款权。这种新的国际资产在国际收支结算方面执行了黄金和美元的多种功能。它们的价值是根据一篮子货币（四种主要货币的加权平均——美元、欧元、英镑和日元）来确定的，并成为对 IMF 的主张权利。尤其它们可以兑换成可流通货币，用来结算国际官方交易。在 2010 年 11 月的时候，1 美元相当于 0.65

个特别提款权单位。为了应对国际金融危机，IMF 发行的特别提款权增加了近 10 倍，达到了 3 160 亿个单位。IMF 的终极目标是，所有的国际货币结算都以特别提款权进行。

在简要介绍了国际收支中与商品贸易和金融资源国际流动有关的基本概念之后，我们现在可以简要地浏览一下发展中国家国际收支的近期趋势，然后再将关注的焦点放在发展中国家的债务问题上，进行详细的分析。

13.3.2 国际收支最新趋势

20 世纪 80 年代，大多数发展中国家与世界其他国家贸易的国际收支账户，出现了严重的不平衡。在 1980 年之前，传统的发展战略使发展中国家能够在巨额经常项目赤字的情况下维持运转，因为要进口资本品和中间产品为快速发展的工业提供机器和设备，这些国家虽然用出口收入支付了大多数进口品的费用，但出口收入并不足以支付全部费用。因此，为这些赤字进行融资，就需要将大量资金转移到资本项目。这些资金转移可以有很多种形式，包括

国与国之间（双边）的外国援助，跨国公司的私人直接投资，国际银行给予的政策性贷款或私人商业贷款，世界银行和其他国际发展机构提供的多边贷款。这样，资本项目的盈余，一般在补偿经常项目赤字后尚有盈余，由此各国积累了一些国际储备。

但是，整个 80 年代，发展中国家经历了经常项目和资本项目双重恶化的过程。如表 13-4 所示，从 1984 年起，资本项目的各种净资金转移（它包括了表 13-3 中除外国私人投资之外的所有内容）开始突然变成负值。相比之下，资本项目从 1978 年的 332 亿美元的正余额转变为 1988 年的 352 亿美元的负余额，一正一负的变化超过 680 亿美元。同期，如表 13-5 所示，反映 1979 ~ 1980 年全部石油输出国（OPEC）出口收入剧增的短时期巨大的经常项目盈余，在 1981 年也陡然转变为了负值，并且这种负值情况一直持续到了 2000 年。最近的正余额（除非洲以外）可能大部分源于美国的巨额贸易赤字，而这并不是可以持续的。中国等主要商品出口国也因近年来发达国家快速增加的进口需求而得到快速发展。

表 13-5 1980 ~ 2009 年发展中国家国际收支经常项目 （单位：十亿美元）

	1980 年	1981 年	1982 年	1983 年	1984 年	1985 年	1986 年	1987 年	1988 年
全部发展中国家	29.621	-25.712	-52.604	-51.328	-31.097	-32.317	-65.062	-32.642	-44.718
欧洲中部及东部	-14.435	-12.426	-4.715	-7.55	-5.859	-7.517	-8.979	-6.857	-3.048
亚洲发展中国家	-6.893	-11.544	-13.428	-17.145	-9.859	-20.244	-16.665	-5.786	-15.365
拉美和加勒比地区	-27.677	-43.789	-42.287	-7.501	-1.266	-1.955	-17.089	-9.427	-9.322
中东和北非	79.021	60.438	24.563	-9.828	-8.55	-1.695	-16.793	-7.705	-8.788
撒哈拉以南的非洲地区	0.519	-17.542	-16.363	-8.736	-4.442	-0.058	-4.943	-1.883	-6.821
	1989 年	1990 年	1991 年	1992 年	1993 年	1994 年	1995 年	1996 年	1997 年
全部发展中国家	-32.1	-18.325	-96.354	-82.433	-120.66	-80.472	-96.838	-68.491	-71.108
欧洲中部及东部	0.816	-4.623	-1.452	-1.577	-14.718	1.441	-10.067	-12.185	-16.167
亚洲发展中国家	-18.814	-11.984	-4.028	-8.57	-28.215	-16.373	-37.330	-30.235	12.435
拉美和加勒比地区	-4.977	-0.893	-17.374	-34.75	-45.88	-51.962	-38.003	-38.057	-66.134
中东和北非	-3.575	2.942	-66.776	-26.232	-22.305	-10.81	-3.055	15.760	15.895
撒哈拉以南的非洲地区	-4.057	-2.837	-5.001	-6.53	-5.915	-6.608	-10.030	-4.833	-7.184
	1998 年	1999 年	2000 年	2001 年	2002 年	2003 年	2004 年	2005 年	2006 年
全部发展中国家	-102.725	-11.290	95.837	53.507	82.743	148.898	205.685	407.037	627.183
欧洲中部及东部	-15.681	-23.585	-28.852	-10.852	-18.660	-32.551	-55.253	-60.491	-88.543
亚洲发展中国家	53.826	39.746	42.869	40.755	63.413	83.608	91.573	142.743	271.048
拉美和加勒比地区	-89.946	-55.521	-48.566	-53.546	-15.823	8.319	20.538	32.789	46.586
中东和北非	-26.109	16.482	80.643	48.903	33.493	61.796	92.125	207.505	281.474
撒哈拉以南的非洲地区	-15.751	-10.414	1.649	-5.261	-12.732	-11.506	-8.640	-1.653	27.657

（续）

	2007 年	2008 年	2009 年	2010 年	2011 年	2012 年	2013 年
全部发展中国家	596.905	669.237	253.755	323.275	410.457	380.579	235.848
欧洲中部及东部	−136.132	−158.981	−48.091	−82.560	−119.330	−79.357	84.844
亚洲发展中国家	394.913	429.376	276.764	238.819	97.572	108.721	138.461
拉美和加勒比地区	6.710	−39.041	−30.267	−62.792	−77.930	−77.930	140.639
中东和北非	262.861	346.577	49.063	179.692	417.426	417.426	317.639
撒哈拉以南的非洲地区	9.346	−3.999	−27.582	−15.432	−17.349	−38.265	−51.996

注：被 IMF 称为新兴经济体的国家包括在发展中国家之内。

资料来源：International Monetary Fund，*World Economic Outlook Database*，April 2010 and October 2013.

20 世纪八九十年代经常项目余额之所以下降，究其原因有：①包括石油在内的商品价格急剧下跌；② 1981～1982 年以及 1991～1993 年的全球性经济衰退，导致了世界贸易的萎缩；③发达国家针对发展中国家出口的贸易保护主义日益加剧；④过于高估的汇率，尤其是东亚出口国与某些重要的发展中经济体，比如阿根廷。上述现象在 21 世纪初期发生了转变，许多中等收入国家经常项目有了巨大的盈余。大部分国家的这部分盈余在全球金融危机的影响下都减少了，至少是暂时性地减少了。

作为一系列因素综合作用的结果，资本项目在 80 年代也发生了急剧的转变，这些因素包括：发展中国家债务偿付责任不断增加，国际银行贷款数量急剧下降以及资本大规模外逃。所有这些因素，使得过去每年从发达国家向发展中国家流入的 250 亿～350 亿美元资金，转变成为每年从发展中国家流出 250 亿～300 亿资金到发达国家。所有这些趋势所隐含的问题是日益困扰和削弱发展中国家实力的债务困境，这个历史性、周期性问题可以为发展中国家的政策制定带来很多启示。

13.4　20 世纪 80 年代债务负担的加剧和债务危机的出现

13.4.1　背景与分析

发展中国家在其经济发展的过程中，一个共同的现象是**外债**（external debt）的累积。因为在这个过程中，其国内储蓄率较低，经常项目出现巨额赤字，而且需要进口资本来增加国内资源。20 世纪 70 年代之前，发展中国家的外债数量相对较少，而且基本是官方的债务，主要的贷款提供者是外国政府和国际金融机构，比如 IMF、世界银行以及地区开发银行。大多数贷款都附带有优惠（低利息）条款，并且贷款的目的都是用于实施发展项目和增加资本品的进口。但是到了 70 年代后期和 80 年代初期，商业银行开始在国际借贷中发挥巨大作用，它们通过将石油输出国盈余的“石油美元”回流以及向欠发达国家提供一般性的贷款，帮助发展中国家实现国际收支平衡以及不断扩大本国出口。

对于发展中国家来讲，向国外借款虽然能够带来很大的利益，比如提供推动经济增长和发展所需的资源，但是如果管理失当，其代价也是高昂的。近年来，这些成本甚至大大超出了所得的利益。与大量外债累积相联系的主要成本是还本付息。还本付息是指分期还本（本金结清）并支付累积的利息。它构成了国内实际收入和储备的一种源自契约的固定性对外偿付义务。随着外债规模的扩大或利息率的提高，还本付息的支出也要增加，而且，还本付息必须用外汇进行。换言之，还本付息的支付只能通过出口收入、削减进口或进一步借外债来偿付。在正常情况下，一国还本付息的责任大部分由出口收入来承担。但是，当进口发生变化，或者利率大幅上升导致还本付息的支出提高过大，或者当出口收入下降时，还本付息的困难也会加大。

首先，我们有必要弄清楚一个基本概念，即**基本转移支付**（basic transfer，BT）。[4] 一个国家的基本转移支付可以定义为与该国国际借贷相关的净外汇流入或流出。它的大小可以用净资本流入与现有累积债务的利息支付之间的差额来度量，而净资本流入则是总资本流入量与过去债务分期还本之间的差额。基本转移支付是一个非常重要的概念，因为它表示一个特定的发展中国家每年从国际资本流动中得到或失去的外汇量。我们在后面将会发现，20 世纪80 年代，发展中国家的基本转移支付变成了负值，这使得这些国家遭受着外汇流失和资本净流出的困境。

基本转移支付可以用如下等式表示，令净资本流入为 F_N，它表示的是外债总额增长量，并令 D 代表累积的外债总额，再令 d 表示债务总额增长的百分率，则有

$$F_N = dD \qquad (13\text{-}1)$$

由于每年都必须对累积债务支付利息，令 r 表示平均利率，则年利息支付就可以用 rD 来度量。于是，简单而言，基本转移支付 BT 就等于净资本流入减利息支付，或者说

$$BT = dD - rD = (d-r)D \qquad (13\text{-}2)$$

如果 $d>r$，BT 将为正值，即该国将获得外汇。但是如果 $r>d$，基本转移支付就变成了负值，该国则流失外汇。任何一项对欠发达国家债务危机发展和展望的分析，都需要考察一下导致 d 和 r 上升和下降的各种因素。

在债务累积的早期阶段，当一个欠发达国家外债额 D 相对较小时，增长率 d 就可能比较高。另外，由于在初始阶段，多数债务累积都是源自官方（与私人相对而言），形式一般都是双边援助和世界银行贷款，而且，大多数债务都有优惠条款——即低于市场的利率率和较长的还款期。由此，r 相当低，并且在所有情况下均低于 d。只要这种积累的债务用于回报率高于 r 的生产性发展项目，则正的基本转移支付所表示的外汇与外债的额外增长，就不会造成什么影响。事实上，正如我们在前面一些章节所看到的，由于城市和农村地区的生产性投资而导致的债务积累过程，可以说是任何可行的长期发展战略的基本组成部分。

但是，由此也引出了一个严重的问题：①当债务累积太大时，在已分期偿付数额相对于新的总流入速度而言上升的情况下，其增长率 d 会自然而然地开始下降；②外国资本的来源从长期、固定利率、带有优惠条款的"官方流"转为短期限、变动利率的私人银行的市场利率贷款时，会导致 r 提高；③该国会因为商品价格的暴跌和贸易条件的迅速恶化而产生严重的国际收支问题；④会发生以下情况，即全球性的衰退或某些其他外部冲击如油价暴涨，可变利率私人贷款所基于的美国利率的骤然上升，或者美元价值的突变（大多数债务正是以美元为面值发行的）；⑤上述第②、③、④条的发生会导致人们丧失对发展中国家支付能力的信心，这会使国际银行停止新的贷款；⑥或者更为重要的是，由于政治或经济的原因（如货币贬值的预期），会发生本国居民资本的大量外逃，大量资本流出该国，流向发达国家的证券、房地产或存入外国银行。所有这六个因素会共同导致基本转移支付公式中 d 的下降和 r 的上升，而其现实的净后果便是全部基本转移支付变为巨额负值，资本从欠发达国家流向发达世界（见表 13-5）。这样一来，债务危机就会成为一种自我强化的现象，发展中国家中的重债国被迫陷入负的基本转移支付的下降漩涡之中，外汇储备减少，发展受阻，前景堪忧。对式（13-2）中影响基本转移支付机制的因素的分析，实际上可以直接告诉我们关于 20 世纪 80 年代债务危机的大部分故事。在这种分析背景的支撑下，下面我们详细地看一下 80 年代欠发达国家债务危机的具体细节以及应对危机的各种努力，以及 90 年代末和 21 世纪初发生在非洲和一些其他低收入国家的案例。

13.4.2 20 世纪 80 年代债务危机的起源

20 世纪 80 年代的债务危机，实际上早在 1974～1979 年这一时期就埋下了种子，当时，受第一次石油价格上涨的刺激，国际贷款呈现出爆炸式增长。到 1974 年，发展中国家已经开始在世界经济中扮演着重要的角色，1967～1973 年其平均增长率达到了 6.6%。那些新兴工业化国家，尤其像拉美的墨西哥、巴西、委内瑞拉和阿根廷，增长率都高于发展中国家的平均水平。为了满足增长需要，很多国家都开始大量进口，尤其是资本品、石油和食品。遵循着外向型的发展战略，它们全力以赴地

拓展出口。面对高油价和世界性经济衰退，那些工业化国家的增长率已经从 1967～1974 年的平均 5.2% 下降到了 1975～1980 年的 2.7%，而许多发展中国家则寻求通过增加借款来维持高速增长。尽管来自官方渠道的借款，尤其是官方非优惠性贷款，已经增加了很多，但是仍然无法满足新兴工业化国家经济增长的需要。而且，那些进口大大超过出口的国家，虽然经济发展已经停滞不前，但也不愿意寻求来自 IMF 的官方贷款，因为 IMF 可能会要求这些国家进行痛苦的政策改革。因此，新兴工业化国家转向了商业银行及其他私人放款者，这些银行或者放款者开始提供一般性贷款用以支持国际收支平衡。对于商业银行而言，它们手头持有大量的 OPEC 国家的盈余（这些盈余在 1973 年为 70 亿美元，1974 年升至 680 亿美元，并且在 1980 年达到顶峰 1 150 亿美元），但那些低速增长的工业化国家的资本需求却非常低，因此，这些商业银行开始积极主动地以相对宽松和有利的条件给发展中国家发放贷款。图 13-1 描述了 OPEC 国家石油美元的回流机制，其起点是中东石油出口收入存入美国和欧洲的银行，而后者又将这些美元余额贷给发展中国家的公共与私人部门借款者。1976～1982 年，从 OPEC 国家回流的石油美元超过了 3 500 亿美元。

在以上因素的共同作用下，发展中国家的外债额从 1975 年的 1 800 亿美元上升到 1979 年的 4 060 亿美元，年平均增长率超过了 20%。更重要的是，所增加的债务都是无优惠条件、偿还期短且以市场利率计息的商业贷款。1971 年，大约 40% 的外债是非优惠条件的硬贷款，而到 1975 年这一比重增加到了 68%，到 1979 年则超过了 77%。虽然官方机构的非优惠条件贷款的增长对这一比重的上升起了部分的作用，但超过官方机构 3 倍的私人资本市场借款却起了主要的作用。债务规模的大幅度增长以及硬条件贷款比重的不断扩大，这两者共同作用，使得债务偿付支出增加到原支出的 3 倍，从 1975 年的 250 亿美元扩大到 1979 年的 750 亿美元。

尽管债务偿付责任大幅提高，但大多数发展中国家的债务偿付能力在 70 年代后期基本上未受损害，这主要归功于该时期的国际经济环境。由于通货膨胀导致的石油实际价格回落、低利率或负利率以及出口收入增长的共同作用，70 年代后期，发展中国家降低了其经常项目的巨额赤字，并通过大量的贷款保持了相对高的增长率——1973～1979 年年平均增长率达到了 5.2%。

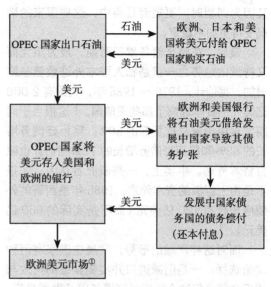

图 13-1　石油美元的循环机制

①欧洲美元是存储在美国以外所有银行的美元存款，并不一定限于欧洲。20 世纪 70 年代，非美国银行不再将这些多余的美元送回美国，而是开始直接接受美元存款，并支付利息，然后直接放贷给发展中国家。

资料来源：From *The ABC's of International Finance*, Second Edition, by John Charles Pool et al. Copyright ©1991 by Lexington Books. Reprinted with permission.

总而言之，第一次石油冲击引发的国际借贷风潮主要发生于 1974～1979 年。在一个相对宽松的经济氛围下，发展中国家能保持一个相对高的增长率，债务偿付并无困难。这也有助于通过国际私人银行的借贷行为，使大量美元剩余从石油输出国向石油进口国回流，而且，通过对发展中国家提供更多的出口需求，也有助于抑制工业化国家的衰退。

但是很不幸，这样的成功过于短暂。而且，事实上，1974～1979 年出现的借款风潮也为后来出现的各种问题埋下了种子。当 1979 年出现第二次石油冲击时，出现了一系列与导致前一时期国际借贷风潮成功的经济条件完全相反的经济条件。这时，发展中国家面对的是骤然暴涨的油价，这使石油进口支出大幅增加，影响了工业品的进口。而且，由于工业国家的稳定化政策导致利率大幅提升，许多欠发达国家也由于较发达国家的缓慢经济增长以及初级产品价格陡降20%以上，导致出口收入大幅减少。此外，发展中国家在前一时期的巨额债务偿债责任，现在由于利率陡升而变得更为沉重，又因为到期时间更短而且集中，这些国家的情况变得更加不稳定。

最后，在整个债务累积时期，最为重大而又持续的趋势之一就是私人资本外逃数量急剧增加。据估计，1976～1985年，大约有2 000亿美元的资本逃离了那些重债国。[5] 这相当于同期发展中国家总借贷额的50%。阿根廷债务增长的62%和墨西哥债务增长的71%据估计也源自资本外逃。事实上，一些研究者认为，如果不是由于巨额的资本外逃，1985年墨西哥的外债应该仅有120亿美元（而不是实际的960亿美元）。[6]

面对这样严峻的形势，发展中国家有两种政策选择：一是削减进口并实施紧缩的财政与货币政策，但这会阻碍经济增长以及发展目标；二是通过借入更多的外债来为日渐增长的经常项目赤字融资。由于对许多发展中国家而言，它们不能（有些时候也不愿意）采用第一种选择来化解国际收支危机，因此许多国家在80年代为化解危机被迫诉诸第二种选择，即更大规模的借债。最后的结果是债务偿付责任大幅增加，使得在80年代，像尼日利亚、阿根廷、厄瓜多尔和秘鲁等国家的经济出现了负增长，同时面临着出口收入难以支付债务利息的严重困难。它们已经很难从世界私人资本市场中借到资金了。事实上，不仅是私人借贷源已枯竭，到1984年，发展中国家偿付给商业银行的102亿美元也超过了它们所获得的新贷款数量（见表13-4）。

90年代，发展中国家的经历可谓充满变数，有些国家经历着正的净转移，另一些国家则依然处于危机之中未能自拔。自90年代中期开始，统计数据和图表都变得更加复杂，发展中国家对外国直接投资的一栏日渐增加。有些处于危机中的国家可能在近年来又经历了负的资金转移。

13.5 缓解危机的努力：宏观经济不稳定性、IMF的稳定化政策及其批评

13.5.1 IMF的稳定化方案

那些面对严重的**宏观经济不稳定性**（macroeconomic instability，高通货膨胀、严峻的政府预算和对外支付赤字）及日益提高的对外偿付责任的国家越来越多地采取（但又常常不情愿采取）的行动就是与国际私人银行重新商讨贷款事宜。基本的内容是延长本金和利息的偿付时期，或者以更为优惠的条件取得额外的融资。但是，一般情况下，这样的债务国在国际银行同意再贷款或者延长现有贷款的偿付期限之前，需要先与IMF进行商讨。由于IMF在同意给发展中国家法定配额以外的贷款之前，通常要对它们开出施行**稳定政策**（stabilization policies）的限制性药方，因此借助这一点，私人银行就会将自己与IMF的成功谈判视为债务国正在全力以赴地削减支付赤字，赚取偿还早期债务所需外汇的信号。[7] 典型的IMF稳定化方案一般由四个基本要素构成。

（1）取消或放松对外汇和进口的管制。

（2）官方汇率贬值。

（3）实施紧缩性的国内反通货膨胀方案，包括：①控制银行信贷，以提高利息率和存款准备金率；②通过削减开支来降低政府赤字，即减少对穷人的社会服务和大宗食品补贴的支出，同时提高税率和工业产品与服务的价格；③控制工资的增长，尤其是要取消工资指数化；④取消各种形式的价格控制，促进市场自由化的发展。

（4）更合理、友善地对待外国投资者，使其经济向国际贸易普遍开放。

20世纪80年代早期，许多债务国耗尽了其外汇储备，其中包括墨西哥、巴西、阿根廷、委内瑞拉、孟加拉国以及加纳，这些国家不得不转而向IMF寻求更多的外汇。到1992年，以上10个国家通过IMF安排借入了372亿美元的特别提款权（约合270亿美元）。而在1997年亚洲金融危机期间，IMF动用了大量的货币来努力稳定各国摇摇欲坠的经济，包括泰国

（39 亿美元 IMF 贷款）、巴基斯坦（16 亿美元）、菲律宾（4.35 亿美元）、印度尼西亚（100 亿美元）以及韩国（210 亿美元）。在国际金融危机爆发之初，IMF 便有了新的任务，即为受到危机影响的国家融资和提供一揽子的稳定化方案，2008～2010 年，其主要帮助对象是那些遭受重创的西欧国家和曾经的苏联加盟国。[8] 为了得到这些贷款，更重要的是为了同私人银行协商取得更多贷款，所有这些国家都被要求采取上面所列举的全部或者部分稳定化政策。尽管这些政策在降低通货膨胀、改善发展中国家国际收支状况方面取得了成功，但是它们在政治上并未受到欢迎（委内瑞拉、尼日利亚、印度尼西亚和韩国在 90 年代发生的许多反对 IMF 的骚乱，就可以证明这一点），因为这些政策不同程度地伤害到了中低收入群体的利益，从而挫伤了人们发展的积极性。[9] 相反，发展中国家的领导者们认为这些政策代表了一种双重标准——对于发展中国家的债务国要求痛苦的政策调整，但是对有着巨额财政和贸易赤字、堪称世界最大债务国的美国，却不要求其进行任何的调整。最后，由于 IMF 的政策是由一个被许多经济学家视为仅仅是富裕的工业化国家的傀儡的国际机构强加的，因此这些稳定化政策通常被依附学派视为旨在保持发展中国家的贫困和依附性，同时又维护工业化国家全球市场结构地位的手段。例如，在对 IMF 及其稳定化方案的深入批评中，谢里尔·帕耶（Cheryl Payer）认为，在由发达国家所控制的全球贸易体系中，IMF 的功能就是"将帝国主义的金融秩序强加在穷国头上的工具"，由此便创造了一种"国际债务奴役"的形式，在这种形式下，欠发达国家的国际收支问题不是要得到解决，而是将会长期保持下去。帕耶进一步认为，IMF 鼓励发展中国家向国际金融机构借更多的债务，同时它又"敲诈勒索"（通过威胁不给予贷款）这些国家，迫使其采取不利于发展的稳定化方案。这进一步加重了债务负担，并成为未来国际收支问题的根源，由此，便形成了一种恶性循环——那些不得不加快速度的债务国只是在走向停滞不前。[10]

观点不太极端的研究者既不将 IMF 视为促进发展的机构，也不将其视为妨碍经济发展的机构——只是将它视为一个有着自身最初的想法并试图将其贯彻下去的机构，这个想法便是通过正统的短期国际金融政策将全球资本市场整合起来，尽管这个想法现在看来显得有些过时。它的基本目标是维系一个"有序"的国际交换体系，促进货币合作，拓展国际贸易，控制通货膨胀，鼓励汇率稳定，以及通过提供稀缺的外汇资源帮助各国应付短期的国际收支问题。但不幸的是，在一个极度不平等的贸易世界里，许多发展中国家的国际收支问题在本质上是结构性的和长期性的，采用短期的稳定化政策很可能导致长期的发展危机。[11] 例如，1982～1988 年，32 个拉美及加勒比地区国家中有 28 个国家实施了 IMF 的政策，但很明显这些政策并没有产生作用。在那一段时期内，拉丁美洲为债务偿付融资了 1 430 亿美元，却陷入经济停滞、失业上升以及人均收入下降 7% 的窘境。[12] 这些国家按照 IMF 所说进行了"调整"，然而却没有实现增长，到 1988 年，只有两个国家勉强可以还本付息。非洲国家也普遍存在着同样的情形。[13]

13.5.2　缓解债务问题的策略

1982 年墨西哥宣布延期支付到期的对外债务引发的 80 年代的债务危机（1995 年这种危机在墨西哥几乎又重现了一次），使得人们对于国际金融体系的稳定性和存续能力产生了怀疑。有人担心：如果一些主要的债务国（巴西、墨西哥或阿根廷）准备违约延期偿付，或者一批债务国联合起来组成**债务国卡特尔**（debtors' cartel）拒绝偿付债务，或者有更多的国家纷纷效仿秘鲁将债务偿付与出口收入联系起来的先前做法，西方国家的经济必将遭受严重的影响。随着债务危机的猛烈爆发，大多数发展中国家被迫切断了与国际资本市场的联系。国际银行家与发达国家以及发展中国家政府官员不断在世界各金融中心召开紧急会议，这是因为单单拉美的债务就已经超过了美国最大的银行的净资产。拖欠违约即将爆发的谣言使得货币投机者大量购入美元，这将 1983～1984 年美元的市场价格大大抬高，超过了其影子价值，使发展中国家以美元为主的债务负担雪上加霜。

为此，各种关于减轻或重构（restructuring）发展中重债国债务负担的建议纷纷登场。[14] 这些建议涉及的范围非常广，从重新分配特别提款权，到在双方同意的清理期限内对本金偿还数量进行重构（对债务国来讲这是一个稍稍动听一点的术语），不一而足。其中，最著名的是巴黎俱乐部（Paris Club）的安排，这一安排给予了一些减让性的条件，即多伦多条款。这些对于官方贷款的双边安排允许提供贷款的政府从三种减让条件中选择一种——部分取消（最高可达 1/3）非减让性贷款、降低利率或延长偿还期限（25 年），以便使债务国能够通过现金流入形成储蓄。对于商业银行而言，1989 年的所谓布雷迪计划（Brady Plan），则将对部分选定的债务国的部分债务免除与 IMF 或世界银行的资金支持联系起来，以保证现有贷款的偿付，同时发展中国家要承诺：采纳 IMF 式的紧缩性调整方案并推动市场自由，欢迎外国投资者，以及撤回本国在国外的投资。此外，还有关于债转股交易（debt-for-equity swap）的大量讨论。这主要是以折价出售的形式（有时折价率超过 50%），在二级交易市场上向私人投资者（大部分是外国公司）出售有问题的欠发达国家的商业银行债务。然后，这些公司用债务国的借据（IOU）来购买该国的国有资产，如钢铁企业和电话公司。商业银行现在更乐意从事这种交易，因为美国银行的新条例及其解释允许它们在不降低该国其他贷款的账面价值的情况下，在贷款互换中承担损失。从发展中国家一方来讲，它们能够通过债转股交易来鼓励外国及本国居民私人投资于本币资产，同时可以减轻它们整个的偿债义务。通过这些转换安排，拉美债务国中大部分国家的私有化得到了资金支持。但是，这些好处只是一个方面，问题的另一面则是，外国投资者以折扣的形式买走了发展中国家的许多不动产，如钢铁厂和电话公司。有些研究者对这种债转股交易忧心忡忡，他们担心发达国家借此会渗透到欠发达国家经济中，或者可能会加剧发展中国家的国内二元化趋势。1985～1992 年，这种形式占到了全部债务转换的 36% 以上。

一种更具吸引力却缺乏影响力的互换安排是以债务换环境（debt-for-nature swap），其目的在于赢取发展中国家政府对于诸如厄瓜多尔的雨林或哥斯达黎加的国家公园之类的自然环境资产加以保护的承诺（见第 10 章）。这种以债务换取自然环境的交易大多是由非政府组织努力开辟出来的，如世界野生动物基金会或自然保护协会等。它们以折扣价从当地银行购入债务国的借据，然后将其转换为用债务国货币支付，继而用它来从事保护濒危的自然资源。从 2000 年起，新的债务换环境交易已经在诸如危地马拉、哥斯达黎加、喀麦隆、秘鲁、哥伦比亚、约旦、加纳、伯利兹、印度尼西亚和牙买加等国得到了实施。例如，在 2008 年，世界野生动物基金会向一个保护马达加斯加野生动物多样性的项目提供了 2 000 万美元资金，同时，马达加斯加政府对法国的负债得到了部分减免。

对于包括债转股在内的大多数缓解债务的提议而言，其问题就在于它们都要求国际私人银行首先提出或认可债务国相关的政策。这些银行大多不愿采取任何有损它们短期资产负债表的措施。更为严重的是，在不存在发展中国家单边的债务拒付（debt repudiation，这无论是在短期还是长期中，对贷者、借者均有害）的情况下，大多数建议（除了以债务换环境的交易）实际上并不能解决债务问题，而是将问题推后，使债务到期日和另一次债务危机爆发的日期都往后拖延了而已。一个受到普遍认可的观点是，建立一个国际性组织，其目的是在发展中国家的发展不可持续的时候，通过一种类似于企业破产时债务重组的方式来解决其债务问题。巴里·赫尔曼（Barry Herman）、José Antonio Ocampo 和莎丽·施皮格尔（Shari Spiegel）在其 2010 年的研究中有如下观点。

许多国家在全国范围内设计破产制度，这种制度不仅允许那些已经毫无希望的企业破产，也提供了一种帮助企业减少负债以避免破产命运的机制，这种机制的主要目的是给那些虽然无力偿还贷款却不能破产的次主权实体第二次机会，或者可以称之为"新的开始"。那种特殊的、不公平的或者至多可以称得上以松散形式组织的解决主权债务危机的系统不能发挥这样的功能。[15]

总而言之，债务危机突出了国际经济和金融体系严重的相互依赖性和政治脆弱性。它也表明了，不仅发展中国家的经济容易受到美国利息率小幅上升的极大伤害，而且也许更为重要的是，发达国家也确实可能因为主要发展中国家的经济失败和官方政策而受到伤害。

尽管许多发展中国家至少应该对债务的巨额累积负部分责任，但其所面临的恶化了的经济形势常常超出它们的控制能力。事实上，这种有害的经济氛围部分地是由工业化国家自己的经济稳定化方案所引发的，这些方案致使利率大幅度上升并带来了世界性的经济衰退，

并造成了对发展中国家出口需求的下降。例如，据威廉·克莱因（William Cline）估计，1973～1982 年，在发展中国家中非石油出口国所增加的全部外债（4 800 亿美元）中，约有 85%（4 010 亿美元）可以归于四个它们无法控制的因素：石油输出国组织油价上涨；1981～1982 年美元利率的上升；由世界性衰退造成的发展中国家出口量的下降；商品价格暴跌及其后果，即贸易条件的恶化。[16]

墨西哥是 20 世纪 80 年代末期债务削减行动的典范，专栏 13-3 描述了其削减债务的经历。

□ **专栏 13-3 墨西哥：危机、债务减免与重新获得增长的奋斗**

1982 年 8 月，墨西哥宣布无力偿还对外负债，对私人贷款者的偿付至少要延期三个月，由此引发了一场债务危机。在花旗银行的领导下，贷款银行成立了一个咨询委员会。墨西哥寻求并接受了来自 IMF 以及联合国金融机构等的紧急援助。在当年 9 月，墨西哥对其银行进行了国有化，并采取了严格的兑换措施。

1982 年 9 月末，世界银行和 IMF 年度会议在多伦多举行，整个会议笼罩在一种惶恐的氛围中。人们最大的担忧是：如果如此严重的贷款拖欠已经威胁到世界上的主要银行，那么国际银行系统的稳定性也将面临威胁。危机随后横扫了整个拉美、非洲以及菲律宾和南斯拉夫等发展中国家。随后，人们设计出了一个解救银行系统的方案，但是，随之而来的是一个被称为拉美和非洲发展"失败的 10 年"的时期。

墨西哥是第一个陷入债务危机的国家，也是解决债务问题的先导者。尽管墨西哥在之后又经历了一些小的危机，最有代表性的是 1994 年的"龙舌兰危机"，但在经历了 80 年代末和 90 年代初的卓有成效的债务削减的努力之后，资本流入已经普遍采用长期股票的形式，而不再是短期债务的形式。

在 1973 年以前，像大多数发展中国家一样，墨西哥的外债是相对较少的，而且都集中在官方，有一定的优惠条件。但是，自从 1973 年石油价格暴涨意外地给主要的 OPEC 国家带来了巨大的现金收益后，它们将这些飞来横财大部分存入了北美的主要银行。而墨西哥和其他拉美

国家恰好对这些资金有着巨大需求。按照花旗银行主席约翰·里德（John Reed）的说法，"主权国家不会违约"，巨型银行大量地贷款给这一地区，却经常忽视了国家借贷风险的正常标准。这些未偿付贷款的总额在不到 10 年的时间内翻了 10 倍。然而，投资占 GDP 的比重在这一巨额借款到期时几乎没有提高，由此，墨西哥和其他借款国都没有提高它们的产出能力，因此，这些国家无法在不降低国内人口的生活标准的情况下，创造足够的外汇收入以偿付这些债务。

墨西哥面临的问题由于巨额的财政赤字和通货膨胀进一步恶化。墨西哥于 1977 年发现了新的石油储存，并开始大规模开采石油，然而，其又被诱惑着去借了更多的资金，并以石油作为银行的担保。但是，这些资金同样没有得到明智的使用，石油产业的经营也处于无效率状态。汇率的上升损害了其他商品的出口，非石油产业没有受到应有的重视。

如果说第一次石油冲击扩大了可贷资金的供给，引发了国际借款浪潮的话，那么，1979 年随着利率的不断上升，第二次石油冲击引发的却是恰好相反的过程，经济停滞降低了发达国家对发展中国家出口产品的需求，过多的负债又使得发展中国家进一步借款更为困难。随着实际利率在 1979 年之后不断上升，墨西哥已经不堪其债务重负。到 1982 年初期，墨西哥财政状况急剧恶化。在这一年，墨西哥因其债务再融资和满足其财政赤字需要，需要借入 200 亿美元巨款。然而，随着时间的推移，除了用很高的利率作为代

价，墨西哥已经很难寻求到新的贷款了。随后，通货膨胀加剧，连续的货币贬值开始了。

对墨西哥来说，这一危机的头几年是非常痛苦的。这是因为，在 IMF 的帮助下，一项旨在恢复经济秩序的经济调整方案开始实施。典型的 IMF 一揽子稳定化方案包括：外汇兑换自由化、进口控制、货币贬值、利率提高、赤字削减、工资限制、减少价格控制以及更广泛的经济开放。在墨西哥，人们普遍认为随着这种调整而来的将是经济停止增长，以及其他一些消极的后果。

1982 ~ 1985 年，墨西哥的实际收入急剧下降。那时候人们可以明显地看到，虽然"火势"得到了控制，但是没有熄灭的迹象。虽然公共部门赤字占 GDP 的比重已经从 17% 左右降低到 8%，但是，GDP 本身却出现了明显的下降，贫困和贫富差距开始加大，也没有获得新的资本流入。显然，墨西哥有必要寻求一种新的解决问题的方法。

1985 年，美国国务卿詹姆斯·贝克（James Baker）提出了一种新的尝试，后来被称为"贝克计划"。该计划的思想是，帮助债务国恢复增长，这样就能"奠定它们的脱困之路"。来自私人银行、世界银行、IMF 以及其他来源的新的资金将被借给负债国，帮助其恢复增长。作为回报，墨西哥和其他债务国将引入市场改革，这种改革预期能够使新资金以一种更加有效而且更能促进增长的方法得到利用。

墨西哥成为第一批参与"贝克计划"的国家之一。墨西哥在 1986 年 6 月开始实施一项重大的债务重构与国内经济改革方案。一开始，这一改革方案似乎产生了一些效果。商业银行增加了 70 多亿美元的贷款，同时，一项新的债务重组协定则涉及 540 亿美元的未偿付债务。作为回报，世界银行提供了一项 5 亿美元的贷款。

然而，在 80 年代中期的石油价格大跌中，墨西哥再次遭受严重损失。IMF 同意一项"特殊的行动"协定（"special stand-by"agreement），在这项协定中，它将提供大约 6 亿美元信贷给墨西哥，前提条件是石油价格下跌到低于 9 美元一桶。此外，IMF 还提供了一些新的重要贷款，以配合那些来自商业银行的新贷款。墨西哥在这一时期确实引入了影响深远的以市场为导向的改革。但是，这项改革最终并没有发挥作用，究其原因，最重要的是商业银行不愿意在新的净贷款

中负起责任。这些银行仅仅提交到位了在贝克计划中保证的很小一部分款项。银行此时的主要意图依然是减少其在发展中国家债务上的支出，而不是增加这方面的支出。

"债转股"是减少债务的工具之一，20 世纪 80 年代中期，墨西哥成为实施这一工具的先驱。在这些交易中，取消了对外国直接投资（FDI）的限制，而外国投资者可以用所持有的对墨西哥的债务证明作为出资。这些债务证明，通常是以一个非常高的折扣率，从那些希望降低其发展中国家债务暴露的银行获得的。拉美债务的二级市场平均折扣率达到了面值的 50%（有时候比这个折扣率还要高很多）。投资者提供这些贷款给中央银行，中央银行反过来发行一些本国货币，这些货币只能用于购买本国企业的资产。有时，这样的企业是国有企业，因此这种交易促进了私有化。但是，债转股交易本身包含着形成通货膨胀压力的风险，因为其经常设计一些公共债务对私人资产的交易。由于中央银行发行资金给投资者购买本国资产，这实际上相当于直接增加了高能货币。

墨西哥在 1987 年 11 月暂停了债转股交易，官方称这会导致通货膨胀。但实际上，部分真实的原因可能是政治压力，要求限制外国对本国经济的所有权和控制。当然，私人债务和私人股份之间的交换仍然允许继续进行。

1988 年，在债转股交易战略已经失去了原动力之后，墨西哥又率先启动了一种新的债务减免方法。墨西哥将用一些新的称为"阿兹特克公债"的债务来置换那些有高风险的未偿付债务，这种"阿兹特克公债"以墨西哥所购买的美国国债作为抵押。对于这些新的公债，墨西哥政府采用拍卖的方式来发行，要求各银行报出自己愿意提供的折扣率，从而实现将现有的贷款换成这种新的更安全的公债。1988 年 3 月，大约有 36 亿美元的银行债换成了 25 亿美元新的公债，平均折扣率约为 67%。愿意交换的银行债总计大约有 67 亿美元，但是墨西哥政府拒绝了其中一些，因为它们所报的折扣率太低。虽然这一方案的结果就其规模而言有令人失望，但是这依然不失为一种重要的创新，并且构成了后来"布雷迪计划"的基本做法。

最终，各方都认识到，除非墨西哥的巨额债务负担能够得到实质性的减免，而不是简单地

重新安排偿付期限，否则墨西哥就难以恢复实质性的经济增长。美国主要银行连续几年减持发展中国家债务，已经没有了严重的风险暴露。美国财政部长尼古拉斯·布雷迪（Nicholas Brady）在 1989 年 3 月提出了一项债务减免计划。

墨西哥是第一个在新的"布雷迪计划"下协商债务减免的国家。各银行被给予了三种选择：①以 65% 的折扣率换取有担保的浮动利率公债；②以同样的面值将贷款置换为公债，但利率固定而且较低；③借给墨西哥一些资金，以帮助其支付利息，而它们所持有的债务名义价值保持不变。1990 年，大约有 49% 的银行将 220 亿美元的贷款置换成了利率低而且固定的公债，大约 41% 的银行将 200 亿美元的贷款置换成了有折扣且利率浮动的公债。这揭示了墨西哥的贷款银行在这些选择之间的"偏好"。

假定墨西哥能够成功地继续偿付这些债务，那些以华盛顿作为担保的公债将能够使墨西哥赚取一些利息收益，这些收益可以用来债务减免或投资。从银行的角度看，这种权衡涉及的是：用放弃高收益而又高风险的债务换取低收益低风险的债务。参照墨西哥的例子，其他国家也在"布雷迪计划"下降低了它们被要求支付的金额，债务危机终于得以逐渐好转。墨西哥债务在 1983 年相当于 GDP 的 63%，到了 1993 年下降到 32%，到 2003 年则进一步下降到 23%。

这种方法也存在一种主要的危机。1994 年，政府试图进行一次轻微的逐步的比索贬值，但是，市场发现，在当时巨额的经常项目赤字下，这一步显得太小了也太迟了，因此市场判断，这

可能预示着在不远的将来比索会有一个更大的贬值。在这种预期之下，投机者们强迫政府允许比索汇率自由浮动，直到其价值下降到原价值的一半。由此，不稳定迅速扩展到了其他国家，最终导致了所谓的"龙舌兰危机"。到 1996 年年中，危机最坏的阶段已经过去，墨西哥在这场危机中似乎没有受到什么损害，但是巴西、土耳其，尤其是阿根廷却在 21 世纪开始的几年中遭受了重创。尽管北美自由贸易协定和毗邻世界最大的经济体这两大天然优势给墨西哥带来了得天独厚的条件，其 GDP 的增速却依旧十分缓慢，1990 ～ 2008 年，其平均 GDP 增速只有 1.5%。在按照购买力平价调整之后，墨西哥的收入水平也只有美国的 29%。而且在本次金融危机之中，墨西哥受到的影响要远大于其他发展中国家，其 2009 年的实际 GDP 下降了 6.5%。

资料来源：CIA, *World Fact Book : Mexico*, https://www.cia gov/library/publications/the-world-factbook/geos/mx.html Refik Erzan, "Free trade agreements with the United States: What's in it for Latin America?"World Bank Policy Research Working Paper No.827, 1992; Sudarshan Gooptu, *Debt Reduction and Development: The Case of Mexico*（Westport, Conn.: Praeger, 1993）; Gray Hufbauer and Jeffery Schott, *NAFTA : An Assessment*（Washington, D.C.: IIE, 1993）; Robert F. Pastor and Jorje G. Castenada, *Limits to Friendship: The United States and Mexico*（New York : Vintage Books, 1988）; World Bank, "World debt tables,"various years; and World Bank, *World Development Indicators, 2010.*

1992 年 4 月和 7 月阿根廷和巴西分别签署了"布雷迪"式的重构方案，从那之后，工业化国家的银行家和金融家就宣布债务危机已经结束了。但是，对许多国家尤其是非洲国家来说，债务危机变得更加严峻而且在未来的 10 年内无法恰当地解决。

不仅在发展中国家，在中等收入国家，债务危机也可能再次发生。当墨西哥这个被视为债务重组成功的典型，在 1994、1995 年之交被迫将其货币贬值，并且寻求支持贷款以应对其短期债务的时候，我们的担心便有了更加充分的证据。投资者几乎把 20 世纪 90 年代在墨

西哥进行的组合投资中的一半都撤回了，同样的情况在其他拉美国家（包括巴西、阿根廷和委内瑞拉）也发生了。因此，这些国家的中产阶级和无产阶级所处的境地变得更加糟糕了。和 1982 年一样，墨西哥的举动再一次让那些大银行和华尔街的投资者感到吃惊。随着众多的投资者轻轻敲击电脑键盘，将其在墨西哥的投资撤回本国，那些当年被视为墨西哥经济改革成果的"热钱"流动，现如今却又成了其经济紧缩的负担。紧随其后是阿根廷在 2001 年的有效的债务违约，而这曾经也被视为一个成功的案例。这些都显示出，发展中国家的债务

危机远远没有结束。

1997年和1998年，人们再次意识到了经济不稳定性潜在的风险。韩国、印度尼西亚、泰国、俄罗斯、巴西以及其他国家纷纷以苛刻的经济紧缩政策为条件，从IMF取得了贷款。在韩国以及其他一些地方，公众普遍认为经济紧缩政策导致了一系列不必要的更大的经济衰退。为了适应这些紧缩政策，东亚国家以及许多其他国家纷纷采取增加出口的政策，以便偿还IMF的贷款。在过去的10年间，这些国家的外汇储备有了大幅度的提升。在这个过程中，过高估值的美元起到了很大的作用，尽管这一时期美国的对外贸易赤字达到了历史最高峰，美元仍有进一步升值的趋势。

那些快速增长的亚洲经济体的经常项目盈余在很大程度上反映出了美国以及其他一些高收入的经合组织成员方的贸易赤字。随着全球金融危机的爆发，前面提到的账户不平衡的现状有所改善（见图13-2）。IMF预测在接下来的几年中，经常项目的不平衡会适度地增加。这些预测，以及不平衡的情况是否会持续，都还是不确定的。

然而，尽管债务危机在中等收入国家得到了解决（原因是银行发放给这些国家的贷款规模更大，一旦出现问题，损失则会更大），但债务危机依旧减缓了许多撒哈拉以南非洲国家的经济发展，其中一些国家的债务在根源上就有"恶性债务"的苗头（参见专栏13-4）。

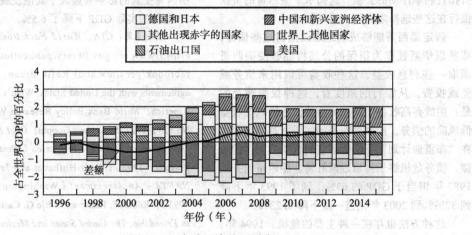

图13-2 全球经济的不平衡

注：国际货币基金组织将全世界国家分组如下：CHN+EMA指的是中国和新兴亚洲经济体；其他出现赤字的国家（OCADC）指的是欧洲国家和土耳其；DEU+JPN指的是德国和日本；OIL指的是石油出口国；ROW指的是世界上其他国家，对于世界上其他国家而言，经常性账户出现赤字已经出现，而且这种趋势会继续。

资料来源：International Monetary Fund, *World Economic Outlook*, October 2010, p.29. Used by permission of International Monetary Fund.

□专栏13-4 "恶性债务"及其避免方法

恶性债务（odious debt）是国际法中的一个概念，其定义为：正如通过强迫手段使他人签署的合同是无效的，那些专制政府用来和人民利益作对的债务责任也是不受法律保护的。这样的恶性债务可以看作是专制政权的官员的个人债务，而不是整个国家人民的债务。

这个概念由来已久，不过，当时的名字和现在不完全一致。"恶性债务"的概念是1927年被法律学者Alexander Sack正式提出的。

人民普遍认为，在世界上很多发展中国家和地区，独裁者在掠夺了大量的公共财富之后还寻求外国借贷援助，其中的许多专制政权以及一些种族隔离政权在镇压国内人民的同时还在寻求国际贷款援助。

Seema Jayachandran和Michael Kremer提议建立一个独立的国际机构，以便决定哪些国家是"无赖"国家，并且，这些国家自被宣布为"无赖"国家之后的债务都被称为"恶性债务"。

这个国家的新任政府不必对这些债务负有偿还的责任。当然，一些肆无忌惮的金主如果相信借款政府的政权比较稳定，其仍然会以很高的利率把资金借给这样的国家。但是，总体上来讲，由于独裁政权有这样的债务责任，这些规则会在一定程度上遏制独裁者对本国人民的剥削和压迫。事实上，通过实施将有高违约风险的国家从借款国的行列中移走这一措施，会降低那些合法政权的贷款利率，由此，我们可以期盼着发展中国家人民能够获得一个更好的长期结果。为了保证那些"无赖"国家不会进一步得到贷款，Jayachandran和 Kremer 指出，可以分别为贷款提供者和需求者设置不同的激励机制。贷款提供者所在国家可以立法，不允许其没收发展中国家的资产来抵消未偿还的恶性债务。如果某国的新任政府继续偿还前任政府欠下的恶性债务的话，外国政府便不会对其实施进一步的援助。需要注意的是，我们不希望新任政府继续偿还前任政府在被明确认定为"无赖"政府之后所欠下的恶性债务，因为如果新任政府继续偿还的话，就会打破国际社会不希望借款给无赖政府这一平衡。

Jayachandran 和 Kremer 认为，可以通过多种途径解决恶性债务这一问题。例如，即便是没有国际法庭，仍旧可以通过联合国安全理事会来执行有关决议，或者也可以通过非政府机构（NGO）和舆论领袖等一些正式和非正式的机制进行斡旋。

尽管人民期待界定"恶性债务"的国际机构尽快建立，但减免非洲重债穷国的债务的做法得到如此广泛的国际支持的主要原因是，人们都已经意识到非洲国家的这些债务很大一部分会被认定为恶性债务。

注：他们的分析中使用了博弈论相关理论，即在有着多种结果（或均衡）的重复实验中，若公开相关信息，则会出现新的均衡。

资料来源：Seema Jayachandran and Michael Kremer, "Odious debt," *American Economic Review* 96（2006）: 82-92, and "Odious debt," *Finance and Development* 39（2002）: 36-39.

解决重债穷国问题的努力 1996 年，8 个主要工业化国家（G8 集团）首先提议，准备解决**重债穷国**（highly indebted poor countries, HIPC）面临的问题。这些国家通过国际金融组织，设计了详尽的方案来评价哪些国家有资格获取额外的债务减免，但是，到 1999 年，36 个重债穷国中只有 4 个国家被认定为有资格获得债务减免。G8 集团决定，它们将拨出 1 000 亿美元资金，用于那些特定的重债穷国的进一步债务减免，只要这些国家满足 IMF 和世界银行的条件，并且实施"健全的政策"而且决心致力于削减本国贫困。这些国家需要通过"贫困削减战略文件"来证明其削减贫困的意愿。[17] 为了获得这样的资格，这些国家必须被划分为低收入国家（参见第 2 章内容），并且应该是"面临着不可持续的债务负担且不能够通过传统的债务化解机制得到解决"，同时需要通过参加国际货币基金组织和世界银行支持的计划，即"可以跟踪改革的过程以及所制定的可行的措施"，最后需要制定贫困削减战略文件。但是，发达国家提供相关资助资金的速度要比预期慢很多，因此，该贫困削减计划（在第 14 章有进一步的讨论）不是那么让人满意。2005 年发达国家承诺将给予更多的资金。对于很多重债穷国来说，外部债务明显减少。图 13-3 详细说明了一些重债穷国 2002 ～ 2012 年外部债务与国家出口利润之间的比例的对比情况。自 2013 年起，有 39 个国家符合重债穷国的标准，其中的 35 个国家的债务已经达到"免债完成点"，因此，这些国家的债务减免配额全部得到使用。

然而，商业贷款并没有包含在重债穷国债务减免的范围之内，很多私人借款者继续通过法律手段来恢复非洲国家借款的有效性。甚至一些官方组织也没有参与到债务减免当中。有些受到债务问题困扰的国家不符合重债穷国的标准，因为这些国家处在贫困线之上，尽管这些国家有可能面临长期的贫困局面。[18]

总而言之，全世界已经为发展中国家做出了许多的努力，但是，许多国家的经济发展仍然很脆弱。[19]

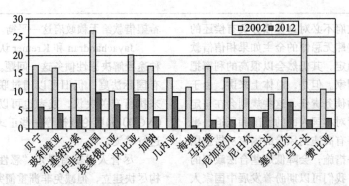

图 13-3　几个重债穷国（HIPC）2002 年和 2012 年偿债比率的对比

资料来源：Data drawn from http://siteresources.worldbank.org/INTDEBTDEPT/ ProgressReports/23514662/HIPC_
update_12-19-13.pdf; Heavily Indebted Poor Countries (HIPC) Initiative and Multilateral Debt Relief Initiative
(MDRI)—Statistical Update, Dec. 19, 2013, Table 3, page 15, accessed 10 March 2014.

13.6　全球金融危机及其与发展中国家的关系

从 2007 年美国爆发次贷危机导致全球经济大地震开始，发达国家面临着自大萧条以来规模最大的金融危机和经济衰退。研究这场危机，可以为全球经济发展尤其是特定的发展中国家的经济发展带来深刻的启示。

2013 年，世界银行发表如下观点："大部分发展中国家已经从危机中恢复，如果不尽快收紧政策的话，一些发展中国家甚至面临着经济过热的风险。"[20] 与此同时，世界银行也对欧洲相对不发达的国家遇到的困难和中东、北非遇到的不稳定因素进行了提示。

不幸的是，这场危机远没有成为历史。仅仅几周之后，政策委员会将注意力再次集中到"新兴发展中国家的市场危机"方面，在 2013年 8 月卢比大幅贬值到历史最低，同时其他方面的危险信号也显现出来。上述危机的一部分原因是美联储（美国中央银行）计划逐步停止大规模的量化宽松政策，而这一政策本身也是全球最大的进口国对危机及其严重影响做出的应对政策。一方面，以印度为首的发展中国家的利率大幅上涨；另一方面，美联储发表声明安抚市场情绪，眼下的危机似乎得到缓和。但是这一事件更加凸显了市场对紧缩的信贷状况的脆弱性。[21]

不仅如此，国际范围内大宗商品价格维持高位，这使得许多发展中国家可以获得巨额出口利润，该因素也是发展中国家的刺激经济复苏政策带来的结果。对于许多出口大宗商品的国家来讲，价格下降是一种巨大的潜在风险。对于东亚国家来讲，资产价格泡沫和过度举债可能成为经济快速发展过程中的隐患。

因此，在金融危机最严重的影响过去几年以后，发展中国家继续经历了不少次经济震荡。目前欧洲重度举债的几个"非核心"国家（意大利、西班牙、葡萄牙和希腊）正在经历着严重的经济衰退，这严重威胁着欧元的稳定，也就是说，威胁着欧元作为一种广泛流通的欧洲货币的地位。欧元危机如果发生的话，同样也会对发展中国家产生巨大影响，因为这会减少发展中国家的出口。[22]

因此，尽管许多发展中国家的经济增长有很强的恢复能力，但金融危机对发展中国家的后续影响还是很大的，经济恢复并不完全，仍存在严重的不确定性。[23]

13.6.1　危机的起因及经济持续复兴面临的挑战

经济学家还没有就本次金融危机发生的根源达成一致。一种观点认为，本次危机发生是因为很多事情同时出现差错。在美国，排在第一位的因素便是，金融去监管化速度过快、范围过大，而且在设计和推行的过程中受到的监管很少。去监管化的支持者反对商业银行和投资银行分开经营的规则，却没有提出一个与之相适应的监管框架，因此不能对新引进的金融工具有效监管或不足以维持现有的监管措施的力度，并且要求人为地维持低利率水平。鼓励通过利用次级贷款的方式拥有住房这一公共政策更是起到了推波助澜的效果，这些政策得到了那些"政府支持的企业"——房地美和房利美的支持；另一个起到推波助澜效果的因素便是允许低估这些次级贷款的风险，将其打包出售。[24] 其他发达国家，包括欧洲的一些发达国家（例如西班牙），同样因为高杠杆率、高复杂性和对金融证券的一知半解而存在着金融稳定性的问题，这些问题都在此次危机中暴露出来。2010～2013 年，所谓的《巴塞尔协议Ⅲ》关于银行资本充足性以及流动性的要求降低了银行业的风险；[25] 之后，美国通过相关法律以及其他国家纷纷通过类似的法律法规，这表示各国在向着正确的方向前进，但是，在某一特定的情况下，这样的措施却很可能避免不了下一次的金融危机。

导致本次危机的第二位的因素是，国际贸易在东亚和发达国家（主要是美国）之间的不平衡现象在逐渐加剧，与此同时资金逐渐回流到美国。这就导致了美国和一些欧洲国家的资本相对便宜，同时加剧了房地产泡沫。现在，主权债务违约问题几十年来第一次可能要发生在发达国家，最可能出现该问题的就是所谓的"欧洲五国"（希腊、爱尔兰、意大利、葡萄牙和西班牙）。我们要注意到，就在离我们不远的 20 世纪 90 年代，这五个国家中的三个还处于发展中国家的行列。但是 2010 年，爱尔兰和希腊却需要大规模的国际救援贷款。

然而，危机伊始，美国和英国的主权债务的利率都在历史最低点，这显示出市场对风险和之后的"极其宽松的"政策有很大的厌恶情绪。[26] 为应对本次金融危机，许多国家实施了"财政刺激"计划，通过扩大政府开支增加需求来避免经济衰退。大部分经济学家认为这一政策是必需的，也是有效的，而且实证证据也支持此观点，但是这样的政策在政治方面却不能够一直持续下去。随着欧洲一些发达国家推出经济紧缩措施，特别是英国在 2010 年推出紧缩政策，令人觉得讽刺的是，世界货币基金组织却号召各国不要按照原计划快速削减开支，原因是当前的需求不够强劲。当美国在 2013 年比较随意地进入严格的经济紧缩状态，同样的情景再度上演。正如经济紧缩政策给发展中国家造成惨痛的社会和健康卫生方面的代价，这样的政策也会给发达国家带来同样的结果。[27] 更为明显的是，该政策伴随着美国国会的冒险政策，同时，美国政府还面临着部分"停摆"的窘境——政府"停摆"可能造成国债违约，并且被作为一种政治武器威胁对手。这样的做法导致美国在 2011 年发生前所未有的"自愿性财政危机"，也导致了 2013 年美国经济巨大的不稳定性，因此，直接或间接地导致了美国经济增速降低，同时降低了全球范围内的需求，加剧了世界经济的不稳定。[28]

"二战"后的大部分金融危机被视为"起源于"发展中国家。1982 年的拉美债务危机、1994 年墨西哥经济危机、1998 年的亚洲金融风暴以及 2001 年阿根廷政府债务违约，人们认为危机的起源都是因为发展中国家金融市场和金融机构的脆弱性以及不稳定的政治经济环境。在每次危机中，受影响的国家都会面临要求经济开放和经济自由化的压力。在拉美 80 年代和非洲 90 年代的经济危机之后，作为国际货币基金组织和世界银行附加条款的一部分，相关国家需要对国有企业进行私有化改革（参见第 15 章 15.6 节），消除监管以及减少对国内刚起步的产业的保护政策。东亚的一些国家，比如韩国、泰国和印度尼西亚等国，在 90 年代则被迫对更多的外国开放直接投资（参见第 14 章 14.2 节），这其中包括金融行业。作为应对政策之一，发展中国家纷纷决定加大出口顺差，同时储备大量的国际货币，该举措相应地增大了发达国家的贸易赤字（见图 13-4）。[29]

尽管目前国际范围内资本的流动与之前相比有很大变化（之前都是发达国家向发展中国家施压，要求发展中国家采取更严厉的政策。这些政策是以发达国家经济体系为模型总结出来的，以降低金融危机的风险），然而，本次金融危机却起源于美国，并且引发了美国自大萧条以来最严重的经济衰退，这实在是让发展中国家的政策制定者备感惊讶。发展中国家在全球金融危机爆发之后的经济衰退在最初是非常短暂的，一些发展中国家通过其自身持续的经济发展活力（主要是中国，同时也包括印度和巴西以及其他一些国家）在引领全球走出金融危机的过程中发挥的作用也令很多人感到吃惊。大多数的学术研究表明，发达国家和发展中国家采取的经济刺激计划都有效地遏制了全球经济继续下滑。

在危机发生前的 10 年间，发展中国家主要依靠向美国和其他发达国家出口而维持高速增长率。作为对本次危机的回应，奥巴马总统宣布要在 5 年内使美国的出口量翻一番。大多经济强国的政策制定者都希望通过扩大出口来推动经济增长，通过这一点引申出，他们都希望通过降低本国的相对汇率来提高出口产品的竞争性。然而，汇率是相对的，所有国家一起降低汇率的做法是不可能发生的！巴西财政部长吉多·曼特加（Guido Mantega）在 2010 年年末公开声明，当今世界正在进行着一场"国际货币战争"，这样的表述其他官员一般只是在私下谈一谈而已。这样的声明使得人们又开始担心世界经济正面临着自 20 世纪 30 年代以来最大的风险。不久之后，国际货币基金组织和世界银行也介入此次争论中，警告说现在的国际经济政策正朝着危险的趋势迈进。在 2010 国际货币基金组织和世界银行秋季会议上，货币竞争性贬值和经济恢复缓慢的担忧成为关注的焦点。不过，仅仅不合理的汇率这一个因素不太可能是引起如此大规模经济危机的本质原因，我们只能说，对汇率的重新调整能否解决这次危机带来的问题或者避免下一次危机，还存在着很大的不确定性。但是，曼特加在 2011 年 1 月宣称，"这场货币战争正逐渐演变成一场贸易战争"，此表态引起了诸多政策制定者的注意；由于向印度以及其他中等收入国家的出口机会减少，紧张气氛可能会继续蔓延。目前中国和印度经济增长速度放缓引发密切关注。[30]

13.6.2 经济危机对发展中国家的影响

我们现在考察一下经济危机可能产生的九

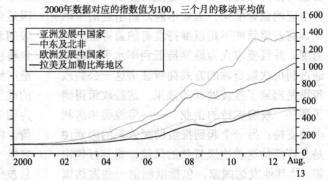

3. 国际储备
2000年数据对应的指数值为100，三个月的移动平均值

图 13-4　国际储备（2000 年数据对应的指数值为 100，取 3 个月的移动平均值）

资料来源：IMF, *World Economic Outlook Transitions and Tensions*, October 2013, Fig.1.10, panel 3, p.10, http://www.imf.org/external/pubs/ft/weo/2013/02/.Used with permission.

个方面的影响。

1. 经济增长　2007 年和 2008 年上半年，金融危机对发展中国家的影响要小于发达国家，但是从 2008 年下半年起，经济危机对发展中国家和地区的影响就非常明显了，这样的影响一直持续到 2009 年。正如 2009 年《世界投资报告》中所称，"发展中国家对金融危机的抵抗能力要高于发达国家，这是因为这些国家的金融系统和遭受重创的银行业的关联度不像美国和欧洲国家那么密切"。紧接着人们开始讨论，以上现象是否反映了自发的可持续发展以及发展中国家的经济增长，或者发展中国家不可避免地也要像发达国家一样最后需要采取"正常的"货币政策。随着美国经济出现增长的趋势，美联储在 2013 年公布要将大规模的量化宽松政策逐渐取消，因此，世界范围内预期利率会出现明显的提升，这将对发展中国家本来就已经很低的经济增长率进一步产生不利影响。2013 年 9 月在俄罗斯举办的 G20 峰会上，人们开始担心低成本的资本流动将减少。国际货币基金组织发表如下声明：

世界经济发展出现新的变革。发达国家的经济实力进一步增强。同时，发展中国家及经济体的经济增速放缓。这两者同时发生有可能导致冲突的发生，因为发展中国家及经济体面临着经济发展放缓及全球范围内金融环境恶化

的双重不利影响。

国际货币基金组织的经济顾问奥利弗·布兰查德 (Oliver Blanchard) 在著作中提到：

通常来讲，在 21 世纪前 10 年，宽松的世界经济环境，包括国际大宗商品价格高涨、金融市场快速发展，有利于发展中国家及经济体的发展。在很多发展中国家及经济体中，周期性因素都扮演着重要角色。随着国际上大宗商品价格趋于稳定，同时金融政策收紧，这些经济体的潜在的经济增速则会降低，在某种程度上，这将导致经济出现严重的周期性调整。[31]

国际货币基金组织和世界银行都在强调预防世界经济中潜在的脆弱性以及不稳定性，这些原因并不都同发展中国家相关。其中一个很典型的例子便是美国财政政策的不确定性所导致的潜在不稳定因素，即除非达成财政预算方面的让步，否则美国国家债务将面临违约的可能。

2. 出口　危机伊始，出口首先大幅度下降。2009 年全球国际贸易总量下降了 14.4%，这是近几十年来下降幅度最大的一次，然而，在此之后，全球贸易总量大幅度回升，从 2011 年起全球贸易恢复了正常的发展水平。

发达国家的紧缩计划是其国际贸易赤字不断减少的主要因素。人们普遍预期，随着美元的贬值，美国为了减少财政赤字，将不得不提高储蓄率（实际情况是，2013 年美国的储蓄率却下降了）。关于资产价格的一些数据引发了人们对暂时性泡沫经济的担忧，如果那样的话，将会使经济陷入更加严重的危机，并且会对出口造成更大的不利影响。目前，人们还不清楚发展中国家应该怎样有效地应对美元的进一步贬值。另外一个问题是，其他发达国家是否会将其市场开放程度提升至与美国和英国在泡沫经济阶段一样的开放程度。美国和大多数欧洲国家已经明确表明要下决心减少其财政赤字、增加储蓄，采取措施减少从发展中国家进口。许多分析家认为，欧元将会是导致下一场危机的导火索，因为在之前的计划中，对于欧元缺乏统一的意见。尽管日本（同德国和欧洲其他一些经济体一样）已经逐步进入老龄化社会，但是其仍旧拥有大量的出口盈余。目前来看，发达国家之间的出口贸易不会有快速增长，因此，

大多数发达国家将重点放在了同发展中国家之间的出口贸易方面。

大宗商品收入的损失有着巨大的影响，至少在最初阶段是这样。联合国报告指出，"发展中国家 2009 年的出口总价值仍下降了 31%"。[32] 紧接着，大宗商品无论在价格方面还是在供应量方面都出现巨大反弹。然而，2011 年大宗商品的价格达到峰值，在 2013 年年末大宗商品的价格处在 2008 年高点与 2011 年高点之间（见图 13-5）。大宗商品的价格可能会进一步下降，这是因为中国的经济增长速度在放缓。

国际货币基金组织研究了经济危机对经济发展的影响之中的一个核心问题：金融危机对全球贸易有持续性的影响吗？研究检验了自 1970 年以后的数据，发现在金融危机之后的很长一段时间内，进口依旧萎靡不振；然而，受危机影响的国家的出口却基本没有受到影响。遭受银行业危机影响且经常性账户赤字严重的国家的进口一般会有较大幅度的下降。这样的发现支持如下的担忧：发展中国家依靠对遭受银行业危机的美国和欧洲多数国家扩大出口来为自身赢取发展机会的做法，其效果在近几年可能不会太好，不过，这也体现了目前发展中国家在国际贸易方面比较流行的做法。[33]

3. 外国投资流入　联合国贸易暨发展会议公布的报告指出："全球性的金融危机减少了外国直接投资的来源"；同时，报告还强调以下内容："流向发展中经济体以及转型经济体的外国直接投资总额，在经历了连续 6 年的增长之后，2009 年下降了 27%，为 5 480 亿美元。尽管这些经济体的外国直接投资流入量下降了，其应对经济危机的能力却强于很多发达国家。这些经济体的外国直接投资额占全球外国直接投资总额的比例在不断上升——发展中经济体和转型经济体吸收的外国直接投资总额超过全球总量的一半，这在历史上是第一次发生。流向非洲的外国直接投资在经历了近 10 年的连续增长之后，这一数值在 2009 年下降到了 590 亿美元，同 2008 年相比下降了 19%，主要原因是全球性的需求疲软和大宗商品价格的下降。"[34]

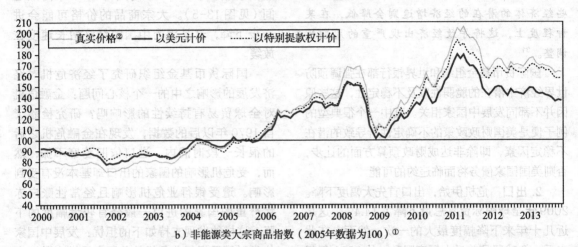

a）主要大宗商品指数（2005年数据为100）①

b）非能源类大宗商品指数（2005年数据为100）①

图 13-5　大宗商品价格指数（所有大宗商品指数及非能源类大宗商品指数），2000～2013 年

① 该指数由 44 种主要的非能源大宗商品的 60 种价格序列组合而成。每种大宗商品的权重由 2002～2004 年该大宗商品占国际出口收入的比重决定。

② 按照美国物价指数还原的数据。

资料来源：IMF, http://www.imf.org/external/np/res/commod/Charts.pdf, update of October 10, 2013.Used by permission of the IMF.

对于非洲来讲，金融危机使来自中国及其他发展中国家的外国直接投资占其总的外国直接投资的比例不断提高。来自那些被称为新兴经济体的外国直接投资的增长率从 1995～1999 年 18% 的均值增长到 2000～2008 年 21% 的均值。联合国贸易暨发展会议上公布的 2010 世界投资报告得出结论：来自新兴经济体的投资者"比来自发达国家的外国直接投资抵御金融危机的能力更强"。[35]

尽管在危机之后的 2007 年全球范围内外国直接投资总额达到创纪录的 2 万亿美元，但是在那之后，外国直接投资迅速下降，5 年之后的 2012 年，全球范围内外国直接投资总量仅为 1.35 万亿美元（相当于最高纪录的 2/3）。但是在 2012 年，发展中国家接收到的外国直接投资总量历史上首次超过全球范围内外国直接投资

总量的一半，达到了 7 030 亿美元。不仅如此，到 2012 年，发展中国家流出的外国直接投资总量占全部的 30%（13 910 亿美元中的 4 260 亿美元外国直接投资来源于发展中国家）。[36] 不过，我们可以看到，尽管外国直接投资在迅速地投向发展中国家及和发展中国家有贸易关系的国家，但是分布仍旧时常不平衡。（关于经济发展过程中的外国直接投资的详细讨论参见第 14 章 14.2 节。）

4. 发展中国家的股票市场　起初，由于资本竞相涌入发展中国家的资本市场，这使原本波动的发展中国家股市大幅上升。但是，在一些快速增长的经济体（尤其是中国和印度）中，物价也出现了上涨，而且市场也迅速深化。关于发展中国家股票市场的更多内容可以参考第 15 章（15.1 节和 15.4 节）。

5. 援助　从 2001 年起，国际范围内的援助总额在逐渐增加，但是，只有很小的一部分承诺得到了兑现，最可能的原因之一是发生在赠予国的金融危机和之后的经济衰退（关于外国援助的内容详见第 14 章 14.4 节）。然而，虽然援助的资金总量低于历史水平，但是其他的资金流，比如侨汇、外国直接投资和组合投资的上升速度是援助水平下降速度的几倍（见图 14-2）。不过，对于世界上最不发达的国家来说，它们比历史上任何时候更需要外国的资金援助。在美国、英国和其他高收入国家，仅仅是维持现有的对外援助水平就有很大的政治压力，更不用说提高对外援助的水平了。高收入的发达国家在之前的衰退期和财政紧缩时期就曾削减过对发展中国家的双边援助。事实上，根据联合国公布的数据，2012 年发达国家官方提供的国际援助总额为 1 256 亿美元，这一数值较 2011 年下降了 4%，而 2011 年的数据较 2010 年下降了 2%。如果这样的情况发生在以人类发展和安全网建设为目标的项目中，就可能会比减缓发展速度更大地伤害到穷人的利益。处于极端贫困环境中的群众有时会同市场隔离，但是一些人会收到并依靠外国援助。一些专家认为，美国股市估值大幅反弹，不过，慈善赠予一直维持在相对稳定的水平。[37] 总的来说，维持（更不用说扩大）官方以及非官方的发展援助资金还是要依靠捐助国经济的增长。

6. 发展中国家影响力的分布　发展中国家之间一直以来都存在着分歧。"冷战"期间，发展中国家要选择自己支持的阵营。这些冲突已经超过了"不结盟运动"的范围，其中包括那些已经明确结盟的国家。事实上，20 世纪 50～70 年代，中等收入的拉美国家和低收入的亚洲国家之间存在很大的经济差距，但是发展中国家中的经济不平等现象没有引起充分重视。许多国家的经济虽然在增长，但是增速十分缓慢。随着经济增长从 80 年代之前的几个国家扩展到其后 30 年亚洲大部分国家经济都快速增长以及非洲的发展相对滞后，这样的现象随之发生了改变。虽然本次金融危机的影响在不断加深，但是一些发展中国家（最典型的国家包括中国、巴西等）的国际影响力却提高了。然而，发展中国家国内的两极分化现象也随之变得更加严重。

7. 侨汇（出国务工人员汇款）　2008 年，来自发展中国家的出国务工人员汇回国内的工资达到了创纪录的 3 360 亿美元（尽管这其中只有不到 10% 流向了低收入国家）。但是，这一数值在金融危机发生之后却大幅下降，紧接着迎来了大幅反弹。近些年，这些汇回国内的工资成为减少贫困的一项重要资金来源，如果汇回国内的工资不出现回升的话，其不良影响会不断加剧（参见第 14 章图 14-4）。

8. 贫困　在很多发展中国家，经济的低增长率也减缓了消除贫困的步伐，在许多国家，生活在贫困中的人口反而增加了。根据世界银行发布的数据，2010 年人类千年发展目标报告预计：与不发生金融危机的情况相比，2009 年全球共增加了 5 000 万贫困人口；"到 2010 年底，这一数字会增加到 6 400 万，贫困人口主要集中在撒哈拉以南的非洲地区以及东亚和东南亚国家"。最糟糕的影响是，全球范围内减轻饥荒的步伐会受到严重阻碍。[38] 2010 年人类千年发展目标报告预计，"如果全球经济按照金融危机之前的速度稳定增长的话，2015 年的贫困率会稍微低一些，2020 年全球的贫困率会变得更低"。最新的证据表明，发展中国家的贫困率明显下降，但是，尽管非洲国家的经济发展有明显起色，该区域的贫困率却没有明显下降（详细内容参见第 5 章 5.13 节）。

9. 公共卫生及教育　杰德·弗里德曼（Jed Friedman）和诺伯特·谢迪（Norbert Schady）使用家庭数据建立了一个计量经济学模型来预测婴儿的死亡率，其报告指出，"我们预计，2009 年，非洲有额外的 3 万～5 万名婴儿死亡——如果发生在美国的次贷危机没有蔓延至非洲，这些婴儿便不会死亡"。他们还发现，大部分的婴儿死亡案例发生在极度贫穷的家庭（农村地区和受教育水平较低的人口），女孩的死亡率是很高的。经济危机带来的影响因国家而不同。2010 年的另一项研究表明，布基纳法索的入学率、童工以及卫生医疗服务等都受到严重的不良影响，而加纳的饥荒则变得更加严重。[39]

13.6.3 美国金融危机对不同发展中国家和地区的影响

1. 亚洲 2008年9月～2009年3月，包括中国在内的东亚地区（对于快速的经济增长，该地区已经习以为常）的出口以及GDP增长率出现了下降，有的甚至是负增长。在这之后的经济复苏非常强劲，但是不同国家之间的情况不一样。

2. 中国 中国在美国金融危机刚刚爆发的时候应对得非常好，其中一方面的原因是中国采取的4万亿人民币大规模刺激经济复苏的计划，占国内生产总值的比例要远大于美国经济刺激计划金额（约8 000亿美元）占其国内生产总值的比例。[40] 中国政府提出了以扩大内需促进经济增长的战略。中国在基础设施和其他领域的投资达到了历史上最高水平，根据中国的统计数据，其经济产出的一半以上源自投资活动，但是这些投资中部分投资收益并不高。中国的政策制定者希望减少对低附加值的简单产品加工出口的依赖。改善国内加工工艺和减少此类出口的依赖，会缓解有些人认为的人民币低估问题。[41] 中国经济维持高速增长的时期比预期的要长很多，其原因可能是大规模的经济刺激计划及金融危机之后的宽松的信贷政策。目前，中国的经济增速在逐渐放缓。其中一方面的原因是负债增加，负债占国内生产总值的比例增大。随着中国经济增速进一步放缓，其他发展中国家通过向中国出口获得的收入可能会减少。关于中国经济增长的内容请参见第4章案例研究的最后部分。

3. 中国及人民币汇率之争 美国金融危机之后，中国同样面临着来自国际社会要求人民币升值的巨大压力。巴西政府通过对外国购买债券采取双倍征税的措施来避免大量资本流入，进而避免货币（里亚尔）升值；其他国家，例如日本，则通过干预资本市场使其货币贬值。欧元区财政部长主席Jean-Claude Juncker表示，"我们认为人民币汇率被广泛低估了"。时任国家总理温家宝强调中国出口企业的利润都很小，如果对人民币进行重新估值，中国出口企业将大量倒闭，工人将失业，农民工将返乡。如果中国发生了社会和经济动乱，对全世界来讲也会是一场灾难。[42] 毫无疑问，这必将会产生经济和政治方面的影响。虽然对经济发展方式进行调整是必要的，但是如果发生了贸易战，或者任何类似贸易战的行为，将会对世界经济发展的前景带来严重的负面影响。随着人民币缓慢但较大幅度的升值，在2013年这些问题虽然依旧有争议性，但是正逐渐被非常妥善地处理好。

4. 除中国以外的东亚和东南亚 按照国际通行标准，这一地区的高收入国家——日本、新加坡和韩国——仍旧是依靠出口拉动经济增长，在此次经济危机中，这些国家的出口都大幅下降。按美元计算，2008年下半年和2009年上半年，其出口下降了25%，GDP下降幅度为15%～30%。然而，三国危机后经济反弹的势头也大大超乎人们想象（关于韩国经济腾飞的深度分析参见本章最后的案例分析）。

印度尼西亚、越南、柬埔寨、马来西亚和泰国等中低收入国家的经济反弹也很强劲，这五个国家中有三个在危机之后经济出现了负增长，但是幅度都在2.7%之内。由于中国的进口需求强劲，因此拉动了东亚和东南亚的整体出口。世界银行特别强调，中国的"基础设施建设支出也巩固了对该地区国家（印度尼西亚、巴布亚新几内亚和老挝民主共和国）与建设相关的原材料需求"。[43] 中国在该地区发挥的作用越来越重要。2011～2013年，该区域国家经济持续增长，但是增长速度各不相同。

5. 印度 起初，印度应对本次金融危机的效果相对较好。危机期间，印度中央政府的财政赤字占GDP的比例上升到接近7%。其部分原因是在危机期间，政府为维持经济增长举债刺激经济发展。和其他国家一样，印度在应对危机的过程中，其财政赤字也迅速增加了，印度的领导人以及政策制定者希望在不进行补偿性财政盈余的前提下大幅减少财政赤字。另外，印度在脱贫计划方面的支出大幅增加，政府推行的新营养计划的影响范围迅速扩大。外界舆论认为这样的进展是非常有希望的，因为印度普遍存在严重的贫困现象，特别是营养失调问题严重。而反对者却认为这些脱贫计划受到政治运动的操纵，其主要目的是干预2014年印度的大选。[44]

印度经济从 2007 年空前的迅速接近 10% 的增长率下降到 2008 年的不到 4%，这恰好反映出经济危机对印度的影响。不过，印度经济增长率 2009 年回升到 8.5%，2010 年接近 10.5%，这是印度历史上经济增长率第一次超过 10%。不过，在这之后，印度经济增速开始下降。2011 年下降到大约 6.3%，2012 年仅仅为 3.2%，人们预计 2013 年印度经济增速不会超过 5%。[45] 印度的制造业全年的增长速度为负数。印度对能源进口依赖的增加同样被看作是未来发展的潜在隐患。

目前，印度一半以上的劳动力在农业部门工作。虽然印度与国际金融业之间的障碍在金融危机中保护了其相对封闭的经济，但是它同时也损失了通过贸易可以得到的其他好处。印度正在积极寻求同亚洲其他发展中国家以及巴西和韩国等国家的经济合作往来。[46]

6. 拉丁美洲和加勒比地区 尽管人们担心此次经济危机会导致拉美迅速陷入和之前类似的经济危机之中，但是这一地区的许多国家都比较好地应对了第一波冲击，尤其是巴西。但是，墨西哥在危机爆发之初的 2009 年经济下降了 6.5%，主要原因是墨西哥经济和美国联系过于紧密以及 2009 年第二季度 H1N1 的爆发。2008 年 12 月，比索的价值达到历史最低点，墨西哥公司所持有的外国金融衍生品遭受了巨大损失。尽管墨西哥经济增速 2010 年回升到大约 5%，然而，2011 年和 2012 年，墨西哥经济增速均低于 4%。[47]

尽管其他地区的出国务工人员汇回的工资维持在较高水平，但拉丁美洲和加勒比地区这方面的表现却非常低迷，这一地区的经济由于美国经济不振及政策变化的原因也出现下滑。[48]

阿根廷在危机中遭受重创，该国经济在 2010 年和 2011 年强势反弹，但之后，其国内生产总值进入低速增长，2012 年经济增速不到 2%。

巴西在开始的时候较好地抵御了经济危机带来的不良影响，该国 2007 年经济增速为 7%，2008 年的经济增速为 5%，其中很重要的原因是大宗商品的出口，尤其是向中国的出口，目前中国是巴西最大的贸易伙伴。但是，由于巴西本国货币比索大幅升值，其出口规模缩减。在这之后，巴西经济增速变得不稳定，2009 年

经济出现小幅度负增长，2010 年经济增速迅速提升至约 7.5%，2011 年经济增速回落至 2.7%，2012 年经济增速下降至不到 1%。由于巴西人均收入增速基本为零，因此该国的动乱加剧。关于巴西经济增长的详细内容参见第 1 章结尾的案例研究。

7. 非洲 比较低的贸易水平和相对较高的大宗商品出口价格在某种程度上帮助撒哈拉以南的非洲地区抵御了全球经济危机的冲击。这一地区的大学毕业生越来越难以找到与其能力相匹配的工作，因此，受教育的居民的就业问题越来越凸显出来。这种情况在北非和中东同样存在。[49]

尽管国际大宗商品价格没有之前顶峰的时候那样高，不过，由于来自亚洲的需求持续旺盛，这在很大程度上抬高了大宗商品的价格，同时也促进了非洲经济的发展（见图 13-5）。如果亚洲经济持续高速增长，那么大宗商品的价格则会持续高于过去 25 年间的价格。但是，大宗商品的价格是否也是一个越吹越大的泡沫，仍需继续观察。正如之前提到的，这一地区是否会获得更多的援助资金仍不确定，来自出国务工人员汇回国内的工资是否会增加，同样有很大的不确定性。[50]

8. 中东和北非（MENA） 中东和北非国家的经济恢复过程非常缓慢，2011～2013 年，这个地区中几个重要国家的经济增长速度都非常低。[51] 即便是该区域国家政府积极采取扩张性财政政策也于事无补。埃及、突尼斯、利比亚和也门的经济发展取得不同程度的成功。2013 年，埃及的动荡也引发了政治、经济的不稳定，投资和旅游业出现下降。叙利亚由于残酷的内战，经济几乎崩溃。即便是在该区域没有经历动荡的国家中，由于投资者担忧可能会爆发动乱，经济活动也受到一定程度的影响。从另一方面讲，石油出口国家已经从前期相对高（虽然没有达到价格的最高值）的油价中获益，但是像埃及这样的石油进口国家的经济也受到负面影响。

13.6.4 经济恢复及稳定的前景

许多国际金融机构和私人预测机构预测，

在经济危机之后的若干年内，发展中国家会引领全球经济的恢复，这在经济发展的历史上有着里程碑的意义。[52] 世界银行和 IMF 都预计发展中国家的经济风险在不断减小。事实上，有以下五点因素可以对以上的观点和与其类似的中期预测做出解释。

（1）在美国经济恢复增长之后，欧洲和日本的经济却在危机之后的六年持续低于历史水平。同时，有很多人认为，在短时期内许多 OECD 国家很难获得快速的经济发展，即便是从历史上看，相比于其他原因导致的经济衰退，金融危机之后的经济衰退也会更加严重而且持续时间更长。高收入国家（最明显的是美国）的贸易赤字虽然依旧数额较大，但是也很难到达历史上的最高值。整个欧洲的贸易情况正在从赤字走向盈余，这就使得经济增长建立在了对高收入国家（尤其是美国）的出口上，而这样的基础并不稳定。如果那些主要的中等收入国家的经济增长速度如预测的那样持续下降，这就增大了以出口为导向的经济复苏面临的风险。

（2）事实上在所有高收入的 OECD 国家，财政赤字也是数额很大，并且当缩减开支时，赤字就会下降，这些国家的赤字水平很难再回到之前的高位。然而，大多数国家的政府债务水平远高于危机之前。因此，一旦再发生危机，通过财政政策刺激经济增长的空间就非常小。

（3）同历史上其他时期相反，市场认为发展中国家主权债务违约的风险远远低于发达国家，现在巨额的财政赤字和巨额的累计政府债务的结合使人们对市场失去信心。欧洲国家如果发生违约或者重大债务重组可能威胁本地区以外的银行的偿付能力，并且可能重现一场范围更广的危机。

（4）发生在经济大萧条时期和"失去的 10年"的日本的通货紧缩的风险依然高企。这种风险混合了从一个新的危机中衍生出的任何其他的问题。美国的量化宽松政策就是对这种风险做出的反应，但可能会导致美元的贬值。基于量化宽松政策的美国的低利率也引起了向中等收入国家的资本外流，在 2014 年美国停止大规模量化宽松政策之后，利率有可能回归高水平，以上现象可以被证明是暂时性的。

（5）出口制造的利益流向高收入国家的现象仍然存在（参见第 12 章）。在某种程度上，因为极低的增长、信用限制的恶化，甚至变相保护主义的增加，这样做的机会减少了。以上的情况可能会导致发展中国家经济增长停滞，也可能导致科学技术从发达国家向发展中国家转移的速度减缓。

接下来几年的一个观察指标是发展中国家能否更多地依赖出口和国内产生的需求。如果它们能在最近的发展趋势上发展并且做出改变，经济发展也许会比危机时期或者接下来的几十年更迅速，经济衰退更有可能减少。

13.6.5　是机会还是风险

在汉语中，危机由两个词组成：危，威胁或者大的危险的标志；机，可看作机遇或转折点的象征。像许多难的翻译一样，学者们在"机"的意思用法上有不同的观点。但是它引出了一个问题：全部发展中国家，正在显露的危机和它的余震被视为对其主要出口市场将要发生的事情的恐惧？但是毫无疑问，中国和其他快速发展中的国家的决策者也很快将这次危机看成是机遇和一个重要的转折点。

8 国集团已经过时，取而代之的是 20 国集团。20 国集团包含许多主要发展中国家，这些国家在 2008～2009 年 G20 峰会上为应对危机表现出的重要性对于发达国家和发展中国家之间的经济及政治关系来讲是具有里程碑意义的。然而，随着危机最严重的阶段过去，20 国集团作为重要的国际组织的可持续性有很大的不确定性。中国作为一个可能的区域发展引擎，能够减小对西方国家市场出口的依赖。一些非洲国家开始热望中国作为商品投资者的出现，借以与西方大企业相抗衡。[53]

但是许多发展中国家因为稳步地向发达国家市场开放，这种希望开始变得暗淡。自从2008 年金融危机以来，许多政客就认为这是继续在贸易上让步的失策。金融危机使得发展中国家明白，至少短期内，当它们发现政治上的获益尽管有世界贸易组织的保证，但美国、欧洲国家和其他先进地区仍能够有效地摆脱并恢复到贸易保护主义。例如，美国一揽子刺激计划包括"买美国货"这一条款，虽然遭到反对，但在许多地方仍然盛行。类似的条款在其他高收入国家也出现过。这些都清晰地提醒我们，像历史上开放比较早的美国、加拿大、英国和其他市场的收益不能认为是理所当然的；国内需求导向的增长和更大地依赖发展中国家间贸易的其他战略还将继续。

高收入国家如澳大利亚、加拿大、新西兰和美国（非常有可能包括日本）以及发展中国家如墨西哥、秘鲁、智利、马来西亚和越南，还有城市国家新加坡和文莱等目前正在谈判泛太

平洋合作协议。尽管世界贸易组织在2013年缔结了协定，但是区域性合作组织及规避世界贸易组织的趋势正在逐渐增加，这种趋势造成的结果目前尚不确定。

整体上看，发展中国家从这场经济危机中复苏的步伐要远远快于分析家最开始的预期，不过许多发达国家（尤其是欧洲国家）从经济危机中复苏步伐却没有预期的快。然而，正如我们所观察到的，关于在未来数年经济增长和发展的势头与稳定性仍旧存在很多不确定因素。

案例研究13 贸易、资本流动以及发展战略：韩国带来的启示

韩国是发展中国家经济发展取得长期成功的经典范例之一。许多发展中国家已经达到中等收入水平，但是无法继续增长；较少的国家已经达到了名义上的高收入水平，但是我们不能够称其已经达到发达国家的收入水平（无论是按照这些国家自己的定义还是按照发展经济学家的定义）。只有少数国家进入了高度工业化的行业，韩国就是其中最著名的案例。

20世纪50年代中期，韩国还是世界上最贫穷的国家之一。而如今，按照世界银行的排名，韩国已经步入高收入国家的行列，其2012年按照购买力平价计算的人均收入已经达到了30 800美元。韩国的电子产品和其他产品在国际市场上以品质高、价格合理而著称。韩国的社会发展取得的成就就更加令人瞩目。截止到2004年，韩国的高等教育入学率为全球第一，大量的毕业生获得了科技领域相关专业的学位。然而，具有讽刺意味的是，2013年，韩国出现了一个巨大的政策性难题，即这些受过高等教育的公民是否都可以找到适合的工作？截止到2012年，韩国人均寿命预期达到80岁。韩国在人类发展指数方面的排名经常高于其在人均收入方面的排名。在2012年引入的新人类发展指数排名中，韩国排名全球第12位。在其他发展中国家难以取得成功的这些方面，韩国是如何取得如此巨大的成功的呢？其中必不可少的原因就是韩国强有力的工业化政策。

韩国的消费电子产品、汽车以及最近的高科技领域的出口增长率一直都维持在很高的水平。韩国的工业化如此成功，一个显而易见的原因便是，在全国范围内推动代表精细加工和高科技的行业的出口及发展。政府通过制定鼓励企业进行技术升级改造的经济政策，来刺激企业不断地探寻更先进的技术革新。

在韩国经济快速发展、奋起直追的过程中，政府至少采用了19项以促进出口为导向的工业化政策。我们需要注意，其中的某些政策只是在特定的时点对某些特定的行业有作用，而且其对行业的经济补贴规模也在近些年有了明显的减弱。这些政策如下所述。

（1）货币贬值。对出口商的有效汇率（EER）高于对进口商的有效汇率。早在1964年，韩国出口企业的有效汇率为281，而进口企业的有效汇率则为247，因此，这样的政策不是贸易中性的，而是更加鼓励出口。

（2）生产出口产品所需要的中间原料享有优先进口权，而且对其严格控制，避免被滥用。优惠款只有在出口完成之后才会返还给相关企业。

（3）首先保护国内弱势产业，然后制定政策，鼓励其出口。韩国对弱势行业的有效保护均值较低，但是，其离差却非常大。

（4）对出口产品所需原材料的进口采取免税的政策。这是一种价格优惠，之前在条款（2）中提到的优先进口权是在数量上进行的限制。

（5）对那些为出口公司提供原材料的国内公司给予优惠税率政策，这是一种国内层面的优惠。

（6）对成功的出口企业实施间接的税收减免措施。

（7）对出口赚得的收入征收较低的直接税收。

（8）为出口企业加速货币贬值过程。

（9）特别进口权（进口限制的减免）与出口水平直接挂钩。韩国长期以来禁止一系列产品的进口，其中包括奢侈品和进口替代品。对那些出口某些利润率较低的特定产品的公司来讲，该政策可以为其带来一些额外利润。

（10）对某些特定的行业实施直接出口补贴（已经不再使用）。

（11）在某些特定行业中，允许率先在国外市场取得成功的企业进行垄断经营。

（12）为某些特定行业的出口商提供带有补贴性质的利率的贷款以及优先获得贷款的权利，包括为整个出口的任何环节随时随地提供所需要的资金支持。中长期贷款一般只会提供给满足了政府出口目标且在政府所希望的领域发展的企业。

（13）韩国进出口银行为装船后的货物建立了出口信用担保体系，同时为其提供税收刺激政策。

（14）创造性地建立了自由贸易区、工业园区和以出口为导向的基础设施。

（15）创造性地成立了公共企业，使其带领一个新的行业发展。Howard Pack 和 Larry Westphal 在其研究中发现，"韩国的公共企业在其整个非农业产出中所占的比例相对较高，已经接近印度"。

（16）韩国商会和韩国贸易促进委员会代表韩国公司在全世界范围内为其出口做宣传。

（17）在各个行业中采取有效措施促进新机械设备的应用，由此提高行业的平均科技水平。

（18）国家政府作为一个整体在获得外国先进技术时进行议价，政府出面协调外国科技的进口执照。

（19）从 20 世纪 60 年代早期开始为公司设定出口目标。公司也会为自身设定目标，但这些目标可能需要按照政府要求调整。

在韩国，实现出口目标主要是依赖于道德劝说，而不是靠行政处分或者是经济刺激，但是证据显示，这些都属于最强有力的刺激方式。韩国作为一个整体拥有一种推广的惯例，那就是加强经济刺激和文化之间的关系。在经济快速赶超时期，国民经济中的一个关键的惯例是国家贸易的年度推介会。Yung Whee Rhee、Rruce Ross-Larson 和 Gary Pursell 的研究认为：

> 每月一次的全国贸易促进会议由总统主持，韩国各部长以及负责经济贸易事务的高级官员悉数出席；出口协会、研究机构和教育机构的负责人也要出席会议；一些出口公司和其他大型企业的负责人也要出席会议。出席会议人物的重要性显示出每月一次的会议并不是敷衍了事，而是为了尽全力协调好私人部门和公共部门之间的关系。

韩国的公司一般都加入特定的出口协会，或者直接隶属于其他大公司。会议上，简短的介绍过后，就会给有着卓越出口成绩的公司颁奖。在全国范围内，政府每年都会颁发各种各样的出口奖项，而各个公司把获得这样的奖项视为一种荣誉。

Richard Luedde-Neurath 描述了韩国在控制进口方面的举措，除国内制约之外，其还将控制延伸到国外，这种控制一直延续到 80 年代。他所描述的韩国"万花筒"似的措施包括严格的贸易执照，广泛的数量控制，按照外汇需求和供给方案分配外汇配额，进口需要缴纳高额定金（进口总额的 200%）以及变化莫测的消费者需求。例如，某一公司若想进口商品，其必须首先达到最低的出口额度要求。

Pack 和 Westphal 在报道中称，"尽管有很多进口限制，但选择性推动的处于婴儿时期的产业，往往是最初授予任何水平的有效保护措施，这些措施用来保证它们一个充足市场所需的出口量和合适的投资回报率。"他们也发现 60 年代早期的出口推动改革后，"国内市场的进口仍然容易受到关税和定量控制的影响"。Robert Wade 指出，平均来看，只有当关税税率稍微高出非出口相关联的进口税率时，才会让人觉得关税很高。Peter Petri 提供的证据表明韩国已经有"非常严重的保护出口的倾向"。

Sanjaya Lall 得出结论，在韩国，与拉丁美洲的出口补助模式不同，"产业定位和推广是务实和灵活的，并且协同私人产业一块发展。此外，在某一特定的时间，仅仅有相对少量的商业活动得到支持，这些保护措施带来的效果被强烈的出口导向所抵消了。"[54]

起初，许多出口产业都是需要保护的新兴产业。Luedde-Neurath 认为，发展中国家的工业作为一个整体可以运转正常，并且可以从外部以及公司之间的联系中获利；因此，在发展的重要阶段对工业产业进行保护导致市场失灵。Alice Amsden 指出，在韩国，当公司进入新的出口市场比如轮船制造业时，政府有意促进公司内部进行部门间的补贴。多元化经营的公司从这些进口壁垒中得到垄断地租，作为扩张进入新部门的运营资本。需要时，国家也会对进入新市场提供额外的支持。

正如 Pack 和 Westhpal 总结的，"有些接近中立的东西"应用于"已经建立起来的产业……"。但是，仍旧有大量的产业偏见在支持着新兴产业。

避免了对部门进行干预（包括新兴企业的投资）的诱惑对韩国的成功也非常重要。如果证明这些私有企业可以取得成功，政府就会把这样的方法纳入未来发展战略规划中。

Westphal、Rhee 和 Pursell 所进行的一项世界银行的研究得出结论，韩国的出口工业"在基本面上完全由国家指引和控制""外国的科技主要通过财产而不是直接国外投资获得"。和其他中等收入国家相比，跨国公司在国民经济中发挥的作用（参见第14章）要小得多。

Lall 得出结论，有意培养大企业作为财阀对韩国的产业发展战略也很重要。"财阀从成功的出口商中选出，并给予它们各种补贴和特权，包括外国公司准入的限制，作为推动设立面向出口市场的资本和技术活动的战略的回报。支持规模效应的理由很明显，大的细分的公司内部职能很多，可以弥补缺乏资本、技能甚至基础设施等问题。它们能够承受引进高新科学技术的费用和风险……进一步进行它们自己的科研开发，在全世界范围内建立场所，创立它们自己的品牌和分销网络……政府实施的严格的规章控制着这些风险：出口工作、激烈的国内竞争和使产业结构合理化的蓄意干涉。"[55]

此外，Erik Thorbecke 和 Henry Wan 得出结论，韩国政府支持重工业发展的结果是创立了自主品牌，而不是发展了代加工及初级设备制造产业。

Peter Evans 考察韩国、巴西及印度政府和行业精英之间的关系，得出结论：国家自发的自治以及国家同个体"紧密的关系"（称为嵌入式的自治）之间的互动是工业化成功的关键。我们再次强调，主要角色之间进行战略协作，无论是在私人部门还是在公众民众部门，这些都是成功的关键。

毫无疑问，在 20 世纪 80 年代后期和 90 年代，韩国大幅度放宽限制，不仅是在 1997 年金融危机之前，在金融危机及之后的严重经济衰退过程中也是如此。一个开放性的问题是，如果韩国更早放宽限制，它是否能发展得这么好。许多经济学家认为，如果韩国开始就保持自由贸易政策，那么它的工业化可以发展得更快。其他分析家，比如 Ha-Joon Chang、Hong-Lae Park 和 Chul Gyue Yoo 认为 90 年代中期的自由化在某种程度上是 1997 年金融危机的一个重要原因。尤其值得注意的是，一旦遭遇金融危机，资本项目自由化会使投机资本迅速流入然后迅速流出。但是，在韩国这种影响比其他许多遭遇危机的国家要小，部分因为储蓄的大量增加和流通在国外的韩国资本的返回。

积极的产业政策继续强调韩国大力发展高科技技术，并保持领先地位。例如，国家高科技发展项目计划支持高科技产品的开发，政府相信这些产品能够和发达国家比如美国和日本在 10 ～ 20 年内进行竞争。该项目也支持核心科技的开发，这些对韩国成为独立创新型国家十分必要。韩国贸易和工业部已经设立目标，认为新材料、数控机床、生物工程、微观电子和精细化工、光学和飞机等领域预计能够在经济产值和技术方面赶上美国和日本。Lall 指出，"韩国所拥有的来自企业的研发经费占所有发展中国家企业提供的研发经费的 53%"。他得出结论，"韩国的工业技术革新主要不是来自特定的某项激励，而是来自国家的整体战略，这样的战略支持成立大型公司，给予资金支持，建立受保护的市场，使得这些公司减少对外国直接投资的依赖，同时迫使它们转向国外市场"。

关于韩国的产业政策，最成功的是政府选择性参与到那些有利于科技进步的（产品、流程、组织化）的项目之中。这个政策主题也许要追溯到韩国早期试图将那些从相关基础产业获得的科技转移到本国以提升高科技行业的原始创新能力为目的的努力当中。

其他的观点是什么？除了"假如韩国政府不干预产业政策，其经济增长会更快"，我们还可以提出如下观点：正如 Joseph Stern 及其同事认同的观点，中央政府在促进经济发展方面的作用是必要的，原因主要是政府在制定经济活动规则时有着重要的作用，例如政府对信贷额的分配，使得化学以及重工业等在初始时期需要大量资金的行业能够发展。因为韩国在制定产业政策的时候，经常效仿日本，所以一些人认为，韩国是在跟随"某种发展模式"而不是在制定典型的产业发展策略。日本那种产业策略的弊端直到多年以后才显现出来，韩国是否会出现同样的情况尚不明确。1997 年的亚洲金融危机可能正是由这些不明智的产业政策所引起的。但是，在韩国，基本没有人认为其产业策略存在着严重的瑕疵。

对于目前的证据最好的解释是：韩国实行混合的工业化政策是为了克服技术进步过程中引发的市场失灵。

在 1997 ～ 1998 年亚洲金融危机期间，人们认为，韩国经济进一步发展的基础是国有大型企业，这些大企业也被视为政治成功的基础。也有人认为，这些大企业在过去获得了其他企业所不能获得的优惠政策，这是非常不公平的。反托拉斯法规使得韩国经济更具竞争性。随着韩国经济日渐成熟，政府也会逐渐地以更加间接的方式干预制造业。

Vittorio Corbo 和 Sang-Mok Suh 指出，作为能源进口国，韩国经济因 1973 年和 1979 年两次石油危机遭受重创。1980 年，韩国的经常项目赤字占国民总收入（GNI）的比重达到了 8.7%。然而，从

1979 年起，由于实际利率水平显著提高，韩国开始提前调整其产业战略。从这一点来看，韩国和那些受债务危机严重影响的国家，例如巴西，形成了鲜明的对比，那些国家不顾利率的上升，依旧大肆借债。正因为此，虽然韩国和巴西在危机开始的时候都列于 17 个重度负债国家，而且它们在危机前的 20 年都经历了经济的高速增长，但是，巴西和其他重度负债国却经历了为期更长的经济缓慢增长时期。韩国继续维持其已经展开的调整计划。尽管部分人担心韩国债务占国民总收入的比例已经高达 50%，但是人们却从未对韩国的偿债能力有过怀疑。到 1985 年，韩国已经把其经常项目赤字占国民总收入的比例降低到了 1.1%，1986 年经常项目盈余达到了国民总收入的 2.6%，主要原因是，韩国又恢复了高速的经济增长。

韩国经济的增长由于东亚经济危机的蔓延又被打断了。1997 ~ 1998 年金融危机之后，韩国经济复苏的速度让很多观察员感到吃惊。不过，由于韩国在 1982 年危机之后也有惊人的恢复速度，因此在某种程度上，这次的恢复速度也就不足为奇了。韩国于 1997 年 12 月向 IMF 借入了 210 亿美元，这在当时来讲是天文数字了，同时也引起了各方的担忧，但是，韩国却能够超前于原计划归还贷款。韩国政府在推行必需的经济改革时非常迅速高效。韩国经济已经在某种程度上已达到发达国家水平，并且在韩国推行经济改革的阻力要远远小于其他受到冲击的国家（最明显的是印度尼西亚）。

2008 年全球经济危机爆发之后，韩国（现在已经成为高收入国家）的出口受到重创。不过，韩国经济调整得非常迅速及时，这是高收入国家不容易做到的，正是这一点，它再一次向世人展示了其经济以及政策制定的稳健性和抗风险能力。

在未来的许多年，韩国依旧会面临很多严峻的考验。挑战之一就是如何适应人口老龄化的加速，这一点同许多发达国家一样。社会的适应力是经济发展所带来的最为重要且持久的好处，这一点是韩国必须好好利用的。

参考文献

Amsden, Alice H. *The Rise of "the Rest": Challenges to the West from Late Industrializing Economies.* New York: Oxford University Press, 2001.

———. *Asia's Next Giant: South Korea and Late Industrialization.* Oxford: Oxford University Press, 1989.

Chang, Ha-Joon, Hong-Jae Park, and Chul Gyue Yoo. "Interpreting the Korean crisis." *Cambridge Journal of Economics* 22 (1998): 735–746.

Chenery, Hollis, Sherwin Robinson, and Moses Syrquin. *Industrialization and Growth: A Comparative Study.* New York: Oxford University Press, 1986.

Cheng, Tun-jen, Stephan Haggard, and David Kang. "Institutions and growth in Korea and Taiwan: The bureaucracy." *Journal of Development Studies* 34 (1998): 87–111.

Collins, Susan M. "Lessons from Korean economic growth." *American Economic Review* 80 (1990): 104–107.

Corbo, Vittorio, and Sang-Mok Suh. *Structural Adjustment in a Newly Industrialized Country: The Korean Experience.* Baltimore: Johns Hopkins University Press, 1992, esp. ch. 14.

Cyhn, Jin. *Technology Transfer and International Production: The Development of the Electronics Industry in Korea.* Cheltenham, England: Elgar, 2001.

Dahlman, Carl J., Bruce Ross-Larson, and Larry E. Westphal. "Managing technical development: Lessons from the newly industrializing countries." *World Development* 15 (1987): 759–775.

Evans, Peter. *Embedded Autonomy: States and Industrial Transformation.* Princeton, N.J.: Princeton University Press, 1995.

Kim, L. "The dynamics of technology development: Lessons from the Korean experience," in *Competitiveness, FDI, and Technological Activity in East Asia,* eds. Sanjaya Lall and Shujiro Urata. Cheltenham, England: Elgar, 2003.

Lall, Sanjaya. *The Role of Government Policy in Building Industrial Competitiveness in a Globalizing World.* Oxford: International Development Centre, 2003.

———. *Competitiveness, Technology and Skills.* Cheltenham, England: Elgar, 2001.

———. *Learning from the Asian Tigers.* London: Macmillan, 1996.

———. "Technological capabilities and industrialization." *World Development* 20 (1992): 165–186.

Lall, Sanjaya, and M. Albaladejo. "China's export surge: The competitive implications for Southeast Asia." Report for the World Bank East Asia Department, 2003.

Lall, Sanjaya, and M. Teubal. "'Market stimulating' technology policies in developing countries: A framework with examples from East Asia." *World Development* 26 (1998): 1369–1385.

Luedde-Neurath, Richard. *Import Controls and Export-Oriented Development: A Reassessment of the South Korean Case.* Boulder, Colo.: Westview Press, 1986.

Mathews, John A., and Dong-Sung Cho. *Tiger Technology: The Creation of a Semiconductor Industry in East Asia.* New York: Cambridge University Press, 2000.

Noland, Marcus, and Howard Pack. *Industrial Policy in an Era of Globalization: Lessons from Asia.* Washington, D.C.: Institute for International Economics, 2003.

Pack, Howard, and Larry E. Westphal. "Industrial strategy and technological change: Theory versus reality." *Journal of Development Economics* 22 (1986): 87–128.

Petri, Peter. "Korea's export niche: Origins and prospects." *World Development* 16 (1988): 47–63.

Porter, Michael. *The Competitive Advantage of Nations.* New York: Free Press, 1990.

Presidential Commission on the Twenty-First Century. *Korea in the Twenty-First Century.* Seoul: Seoul Press, 1995.

Rhee, Yung Whee, Bruce Ross-Larson, and Gary Pursell. *Korea's Competitive Edge: Managing the Entry into World Markets.* Baltimore: Johns Hopkins University Press, 1984.

Rodrik, Dani. "Getting interventions right: How South Korea and Taiwan grew rich." *Economic Policy* 20 (1995): 53–101.

Smith, Stephen C. *Industrial Policy in Developing Countries: Reconsidering the Real Sources of Export-Led Growth.* Washington, D.C.: Economic Policy Institute, 1991.

Stern, Joseph, et al. *Industrialization and the State: The Korean Heavy and Chemical Industry Drive.* Cambridge, Mass.: Harvard University Press, 1995.

Stiglitz, Joseph E. "Some lessons from the East Asian miracle." *World Bank Research Observer* 11 (1996): 151–177.

Thorbecke, Erik, and Henry Wan. "Revisiting East (and Southeast) Asia's Development Model." Paper presented at the Cornell University Conference on Seventy-Five Years of Development, Ithaca, N.Y., May 7–9, 2004.

United Nations, *2010 Human Development Report.* New York: Oxford, University Press, 2010.

Wade, Robert. "The role of government in overcoming market failure: Taiwan, Republic of Korea and Japan," in *Achieving Industrialization in East Asia,* ed. Helen Hughes. New York: Cambridge University Press, 1988.

Westphal, Larry E. "Industrial policy in an export propelled economy: Lessons from South Korea's experience." *Journal of Economic Perspectives* 4 (1990): 41–59.

Westphal, Larry E. "Technology strategies for economic development in a fast-changing global economy." *Economics of Innovation and New Technology* 11 (2002): 275–320.

Westphal, Larry E., Yung Whee Rhee, and Gary Pursell. "Korean industrial competence: Where it came from." World Bank Staff Working Paper No. 469, 1981.

Westphal, Larry E., et al. "Exports of capital goods and related services from the Republic of Korea." World Bank Staff Working Paper No. 629, 1984.

White, Gordon, ed. *Developmental States in East Asia.* New York: St. Martin's Press, 1988.

World Bank. *The East Asian Miracle: Economic Growth and Public Policy.* New York: Oxford University Press, 1993.

World Bank. *Korea: Managing the Industrial Transition.* Washington, D.C.: World Bank, 1987.

问题讨论

1. 利用任何一个发展中国家的经济数据，仿照表 13-3 制作一个国际收支平衡表（参见 IMF 网站 http://imfstatistics.org/imf 的国际金融数据，或者参见网站 http://imf.org/external/data.html 上更详细的近期经济数据）。解释一下经常项目和资本项目下众多项目的意义。这个国家现在的国际储备状况怎样？该数据和去年同期相比有什么变化？

2. 描述一下基本转移机制。使用表 13-2 中的借方和贷方的数据，确定哪些和基本转移方程相吻合。基本转移项目是怎样帮我们分析发展中国家的债务问题的？

3. 跟踪一下 20 世纪 70 年代和 80 年代发展中国家的债务问题是如何演化的。其中的关键因素是什么？解释一下你自己的观点。

4. 一些重债国家的资本外逃为何如此严重？是什么引起了资本外逃？为解决这一问题，你有何对策？

5. 什么是石油美元循环？它是如何导致了 20 世纪 80 年代的债务危机的？发展中国家为何如此急切地向国际银行借款？解释一下你的观点。

6. 债务偿还比例的意义何在？负债国家通过怎样的途径可以降低这一比例？解释一下你的观点。

7. 描述一下 IMF 为重度负债国家制定的一揽子稳定政策。这些政策的目标是什么？你认为国际银行如此急切地要求同这些国家谈判的原因是什么？这些项目的经济成本和社会成本分别是什么？解释一下你的观点。

8. 你觉得发展中国家这样的债务危机会在将来重演吗？如果你觉得会，发生的原因以及条件是什么？如果不会，原因又是什么？

9. 解决恶性债务的建议是什么？你认为这一建议在

避免未来的发展中国家债务问题方面有何作用？

10. 最近一次全球金融危机和以前的危机有何相似之处，又有什么不同？

11. 准备一份关于 2008 年全球金融危机长期影响

的资料。危机的后续发展中有出乎你意料的地方吗（或者是你在之前认为不可能出现的）？有些问题减轻了，你认为这些问题会卷土重来吗？

注释和推荐阅读

1. 可参见 John Williamson and Donald R. Lessard, *Capital Flight：The Problem and Policy Responses*（Washington, D.C.：Institute for International Economics, 1987），来进行非常有价值的回顾。

2. 2002 年，欧洲 11 国——奥地利、比利时、芬兰、法国、德国、爱尔兰、意大利、卢森堡、荷兰、葡萄牙和西班牙使用欧元代替了它们的主权货币。到 2013 年，又有 6 个欧洲国家采用了欧元，除此之外，摩纳哥、圣马力诺和梵蒂冈城也使用欧元。其他欧洲国家也在计划使用欧元。但是，欧元的未来——至少是关于是否要扩大其使用范围，或者某些国家是否会停止使用欧元——由于主权债务问题而出现了争论，争论的焦点主要是希腊和爱尔兰，不过，其他一些出现财政和贸易赤字的国家也出现了这样的争论。

3. Williamson and Lessard, *Capital Flight*, p. 56.

4. 该讨论基于 Frances Stewart, "The international debt situation and North-South relations," *World Development* 13 (1985): 141-204.

5. John Charles Pool and Stephen C. Stamos, *The ABCs of International Finance: Understanding the Trade and Debt Crisis* (Lexington, Mass.: Lexington Books, 1987), pp. 55-57.

6. 同上，第 5 页。

7. 关于从发达国家视角对发展中国家稳定化项目的讨论，参见 Rudiger Dornbusch, "Policies to move from stabilization to growth" and W. Max Corden, "Macroeconomic policy and growth: Some lessons of experience,"in *Proceedings of the World Bank Annual Conference on Development Economics, 1990* (Washington D.C.: World Bank, 1991)。另，关于对 IMF 稳定方案的经济学批判以及其对国际收支平衡和整体经济的影响，参见 Paul P. Streeten, "Stabilization and adjustment," *Labour and Society* 13 (1988): 1-18。

8. 其中的例子包括匈牙利（2008 年 11 月 157 亿美元）、乌克兰（2008 年 11 月 169 亿美元）、拉脱维亚（2008 年 12 月 23.5 亿美元）、白俄罗斯（2009 年 1 月 25 亿美元）、塞尔维亚（2009 年 1 月为 5 亿美元，2009 年 5 月增加到 40 亿美元）、罗马尼亚（2009 年 5 月 171 亿美元）、波兰（2009 年 5 月达到其信用警戒线 206 亿美元）以及波斯尼亚和黑塞哥维那（2009 年 6 月 15.7 亿美元）。2010 年，IMF 和欧盟一起对爱尔兰与希腊进行了更大规模的救助。

9. 相关论述可以参见 James L. Dietz, "Debt and development: The future of Latin America," *Journal of Economic Issues* 20 (1986): 1029-1051, and Paul P. Streeten, *Strategies for Human Development* (Copenhagen: Handelshøjskolens Forlag, 1994), pt. 2.

10. Cheryl Payer, *The Debt Trap: The IMF and the Third World* (New York: Monthly Review Press, 1974), pp. 1-49.

11. 关于 IMF 的稳定性政策是如何影响发展中重债国的以及在宏观经济不稳定的背景下其在多大程度上不能按照预期实现其目的，参见 Dani Rodrik, "The limits of trade policy reform in developing countries," *Journal of Economic Perspectives* 6 (1992): 87-105, and Lance Taylor, "The revival of the liberal creed and the IMF and the World Bank in a globalized economy," *World Development* 25 (1997): 145-152。

12. 按照 Jeffrey Sachs、Paul Krugman 和 Andreas Savvides 等研究者的研究成果，人均收入下降的部分原因和债务逼近假设有关。该观点认为，发展中国家的外部债务负担抑制了其国内投资，因此，由于外国债权人的存在，其经济增速放缓。关于该假设的实证检验及简要讨论，可以参见 Andreas Savvides, "Investment slowdown in developing countries during the 1980s: Debt overhang or foreign capital inflows?"

Kyklos 45 (1992): 363 – 378.

13. 可参见 Howard Stein, "Deindustrialization, adjustment, the World Bank and the IMF in Africa," *World Development* 20 (1992): 83 – 95, and Frances Stewart, "The many faces of adjustment," *World Development* 19 (1991): 1847 – 1864.

14. 债务减免提议相关内容及回顾，参见 World Bank, *Global Development Finance*, 1998 (Washington, D.C.: World Bank, 1998), pp.2–3.

15. Barry Herman, José Antonio Ocampo, and Shari Spiegel, eds., "Introduction," in *Overcoming Developing Country Debt Crises* (New York: Oxford University Press, 2010), p. 4.

16. William R. Cline, *International Debt and the Stability of the World Economy* (Washington, D.C.: Institute for International Economics, 1983).

17. 具体内容请参见 http://poverty.worldbank.org/prsp 或者 http:// www.imf.org/external/nf/prsp/prsp.asp。

18. 关于该方面的详细内容请参见 IMF, "HIPC Fast Sheet," October 1, 2013, http://www.imf.org/external/np/exr/facts/hipc.htm。

19. 如果主要的大宗商品出口价格回归到长期的价格低位，那么严重的债务问题将会重新出现在许多国家；对于许多发展中国家来说，相比之前经济繁荣时期，外国直接投资减少了很多。

20. World Bank, "Global Economic Prospects—June 2013: Less volatile, but slower growth," http://web.worldbank.org/external/default/main? men uPK=659178&pagePK=64218926&piPK=6421 8953&theSitePK=659149.

21. Victor Mallet, "Tragedy in three acts: India and other emerging market darlings have lost their lustre as investors begin to ponder life without US quantitative easing." *Financial Times*, August 24, 2013, p. 5.; and Andrew England et al, "Call to tackle emerging markets crisis, *Financial Times*, August 26, 2013, p. 1.

22. 关于面临挑战的规模的简要说明，可参见 Wolfgang Munchau, "Do not kid yourself that the Eurozone is recovering," *Financial Times*, September 20, 2013。

23. In June 2013, the World Bank forecasted, "the global economy appears to be transitioning toward a period of more stable, but slower growth."

24. 1933 年通过的《格拉斯－斯蒂格尔法案》授权将华尔街投资银行的投行业务和普通银行业务分离，该法案在 1999 年被废止，从那之后，次级贷款就开始被广泛使用，正是这些次级贷款在最开始引发了 2007 年的金融危机。参见国际货币基金组织前首席经济学家西蒙·约翰逊（Simon Johnson）和郭庚信（James Kwak）的合著 *13 Bankers*（New York：Pantheon，2010）。

25. 可参见 Bank for International Settlements, http://www.bis .org/bcbs/base13.htm。

26. 关于货币政策的讨论参见本书第 15 章，也可以参见 *13 Bankers*。

27. 为应对危机而采取紧缩政策在人民健康和社会影响方面造成的不良后果，请参见 David Stuckler and Sanjay Basu, *The Body Economic: Why Austerity Kills* (New York: Basic Books, 2013)。有关美国隔离的详细信息，请参见 http://www.whitehouse.gov/issues/sequester。

28. 关于损失的估计有一些不同的说法。A Macroeconomic Advisers report estimated a loss of 0.3% of GDP annually from fiscal policy uncertainty in the period 2009−2013: http://www.macroadvisers.com/2013 /10/the−cost−of−crisisdriven−fiscal−policy. The overall cost of the crisis to the U.S. may be 40 to 90% of one year's output ($6 trillion to $14 trillion) when evaluated in a comprehensive, long−term manner including loss of job skills: see Tyler Atkinson, David Luttrell, and Harvey Rosenblum, "How bad was it? The costs and consequences of the 2007−2009 financial crisis," Dallas Fed Staff Papers X20, 2013.

29. 关于韩国案例中该过程的概述，参见约翰逊和郭庚信的合著 *13 Bankers*，pp.41−45。

30. 根据综合的长期的评估方法（例如，将工作技能的倒退计算在内），在这场金融危机中美国受到极其严重的损失，并且在危机之后的两年陷入了经济衰退，总体的损失至少为一整年的经济产出，详细内容参见 Tyler Atkinson, David Luttrell, and Harvey Rosenblum, "How bad was it? The costs and consequences of the 2007−2009

financial crisis," Dallas Fed Staff Papers X20, 2013。按照这样的方法计量，发展中国家在之前的经济危机中所遭受的损失可能被低估了。Mantega 的结论引用自 Jonathan Wheatley 和 Joe Leahy 2011 年 1 月 9 日发表在《金融时报》上面的文章 "Trade war looming, warns Brazils"。也许巴西在接下来的两年可以维持并且增加向中国的出口，这是非常有帮助的。中国的经济增长产生巨大的进口需求，尤其是大宗商品的进口需求，这方面的内容参见 Ashvin Ahuja and Malhar Narbar, "Investment-Led Growth in China: Global Spillovers," *IMF Paper WP/12/267*, November 2012 以及 Shaun K. Roache, "China's Impact on World Commodity Markets," *IMF Paper WP/12/115*, May 2012。

31. International Monetary Fund, *World Economic Outlook: Transitions and Tensions*., October 2013, pp. xii–xii. The quote from UNCTAD is from its *2009 World Investment Report* (New York: United Nations, 2009), p. xix.

32. United Nations, *2010 Millennium Development Goals Report* (New York: United Nations, 2010), p. 70.

33. International Monetary Fund, *World Economic Outlook* (Washington, D.C.: International Monetary Fund, 2010), ch. 4.

34. 摘引自 World Bank Crisis Page, http://www.worldbank.org/financialcrisis. UNCTAD, *2010 World Investment Report* (New York: United Nations, 2010), pp. xvii–ix. See also World Bank, *Global Economic Prospects: Crisis, Finance and Growth* (Washington, D.C.: World Bank, 2010).

35. UNCTAD, 2010 *World Investment Reports*.

36. 参见 UNCTAD, *2013 World Investment Report*, http://unctad.org/en/PublicationsLibrary/wir2013_en.pdf.

37. 可参见 World Bank, *Global Economic Prospects 2010*, and the Bank's release Factsheet, "Developing Countries Lead Recovery, but High-Income Country Debt Clouds Outlook," 该报道很有见解地报道了该事件，报道中说，"在接下来的 20 年，如果发展中国家由于外国援助和税收收入不断减少而被迫削减生产性的人力资本投资，那么消除贫困的努力则会受

阻。如果双边援助减少，正如之前发生过的那样，发展中国家的长期经济增长率则会受到影响，到 2020 年为止，极端贫困人口数量会上升到 2 600 万。" 参见 http://web.worldbank.org/WBSITE/EXTERNAL/COUNTRIES/EASTASIA PACIFICEXT/0,contentMDK:22610807 ~pagePK:146736~piPK:226340~theSitePK:226301,00.html?cid=3001_3. Aid data for 2011 and 2012 are from the U.N. *Millennium Development Goals Report 2013*, p. 52. For data on charitable contributions, see *Giving USA 2013 Report* and earlier reports from the Center on Philanthropy at Indiana University.

38. 同上，第 7 页，关于对收入和就业的影响，可以参见 World Bank, *World Development Report 2013*, figs. 1.10 and 1.11, p61。

39. Jed Friedman and Norbert Schady, "How many more infants are likely to die in Africa as a result of the global financial crisis?" World Bank Policy Research Working Paper No. 5023 2009, p. 10. 关于对布基纳法索和加纳的影响，参见 John Cockburn, Ismaël Fofana, and Luca Tiberti, "Simulating the impact of the global economic crisis and policy: Responses on children in West and Central Africa," UNICEF Innocenti Research Center, paper 2010-01, http://www.unicef-irc.org/publications/596.

40. World Bank, *Global Economic Prospects,* pp. 117–120; Ariana Eunjung Cha and Maureen Fan, "China Unveils $586 Billion Stimulus Plan," *Washington Post*, November 10, 2008.

41. 参见 Neil Dennis, "China Rate Move Prompts Mixed Reactions," *Financial Times*, December 27, 2010。有关中国房地产泡沫迹象的报道以及政府和市场的反应，参见 "Market defies fear of real estate bubble in China", *New York Times*, March 4, 2010, and "In China, fear of a real estate bubble，" *Washington Post*, January 11, 2010，p.A1。

42. 摘引自 Mr. Mantega is from Jonathan Wheatley and Peter Garnham, "Brazil in 'currency war' alert," *Financial Times*, September 27, 2010; Quotes from Mr. Juncker and Mr. Strauss-Kahn are from Alan Beattie, "IMF chief warns on exchange rate wars," *Financial Times*, October 5,

2010; Quote from Mr. Wen is from Alan Beattie, Joshua Chaffin, and Kevin Brown, "Wen warns against renminbi pressure," *Financial Times*, October 6, 2010.

43. World Bank, *Global Economic Prospects*, p. 119.

44. Eswar Prasad, "Time to tackle India's budget deficit," *Wall Street Journal*, February 21，2010. 其他的关于印度经济增长、财政支出及大选政治的内容引自《金融时报》2013 年刊登的一系列文章。

45. 关于经济增长的数据引自 World Development Indicators online, accessed October 16, 2013: http://data.worldbank.org/data-catalog/world development- indicators.

46. Martin S. Indyk and Anand Sharma, "Asia's unfolding economic saga: An Indian perspective," lecture given at the Brookings Institution, Washington, D.C., March 17, 2010; "India's Growth Story Gets Better," *Financial Times,* October 7, 2010.

47. World Bank, *Global Economic Prospects*, pp. 131, 135; *World Development Indicators* (same as note 46), accessed October 16, 2013; and *CIA World Factbook*, October 19, 2013, https://www.cia.gov /library/publications/the-world-factbook.

48. World Bank, *Global Economic Prospects 2013* and earlier years.

49. 可参见 John Page, *Jobs, Justice and the Arab Spring: Inclusive Growth in North Africa* (Tunisia: African Development Bank, 2012), and World Bank, *Youth Employment in Sub-Saharan Africa: Overview* (Washington: World Bank, 2013).

50. Jackson Mvunganyi, "Global financial crisis affects remittances to Africa," Voanews.com, January 25, 2010, http://www1.voanews.com /english/news/africa.

51. *World Development Indicators*, 2013, p. 67.

52. World Bank, World Bank press release summary of 2010 Global Economic Prospects, Press Release No. 2010/466/GEP, June 9, 2010.

53. Deborah Brautigam, *The Dragon's Gift: The Real Story of China in Africa* (New York: Oxford University Press, 2010), and her presentation, along with presentations by David Shinn and Joshua Eisenman, at the 2010 G2 at GW Conference: http://www.gwu.edu/~iiep/events/G2_at_GW .cfm.

54. 摘自 *Competitiveness, Technology and Skills* by Sanjaya Lall. Copyright © 2001 by Edward Elgar Publishing. 经过授权使用。

55. 同上。

国外融资、投资、援助与冲突

> 发达国家将我们视为不幸的牺牲品，在提供贷款以及援助的运用方面独断专横，居心巨测地要使发展中国家永远贫穷下去。
>
> ——纳尔逊·曼德拉（Nelson Mandela），联合国社会问题峰会，1995年3月

> 作为世界上发达国家和发展中国家促进本国经济发展的官员，或者作为促进经济发展的多边或双边机构的官员，我们意识到为了达到千年发展目标必须要增加各种援助的总量，与此同时，更要采取措施提高援助的有效性。
>
> ——《巴黎宣言》中关于援助有效性的内容，经济合作与发展组织，2005年

> 全世界出国务工人员已逾2亿，他们汇回本国的工资收入正在帮助本国大量人口摆脱极端贫困的处境。
>
> —— 弗朗索瓦·布吉尼翁（François Bourguignon），世界银行前首席经济学家，2008年

> 现在的国际化产品生产链往往会覆盖韩国、中国香港、马来西亚、新加坡、中国台湾、毛里求斯、泰国、印度尼西亚、墨西哥和菲律宾等多个国家和地区，但是，这个产品到底是在哪个国家和地区生产出来的，我们却不得而知。
>
> ——全球化生产标签[1]

14.1 金融资源的国际流动

在第13章，我们已经知道，要从国际收支账户和货币储备上知道一国的国际金融状况，不仅要看其经常账户余额（它的货物贸易），还要看其资本账户余额（私人和公共金融资源的净流入或净流出）。由于几乎所有的非石油输出发展中国家的经常账户上都经常会出现赤字，所以确保外国金融资本不断流入就成为其长期发展战略中的一项重要内容。由于在关键行业对特定资源的需求以及实施削减贫困计划的需求，这些经常性的资金需求被放大了。

本章我们将考察金融资源的国际流动，它有三种主要形式：

（1）外国私人直接投资和组合式证券投资，其中包括：①总部在发达国家的大型多国（或跨国）公司的外国"直接"投资，以及②私人机构（银行、共同基金、公司）和个人发展中国家"新兴"信贷和股票市场上的外国**组合式证券投资**（portfolio investment，例如股票、债券和票据）；

（2）出国务工人员取得工资收入后汇回本国；

（3）公共和私人发展援助（外国援助），包括两部分：①来自一国政府和多国赞助机构，以及②来自私人非政府组织，这样的资金在逐渐增多，它们大多直接在当地与发展中国家合作。

本章将在变化中的世界经济大背景下，考察私人直接投资和证券组合式投资以及外国援助的本质、意义以及相关争论。就像前面几章

一样，我们的关注点将集中于私人投资与外国援助是如何对经济发展产生积极影响和消极影响的。然后，我们将探讨外国投资和外国援助如何更好地服务于经济发展。最后，我们考察了发展中国家暴力冲突的起因和影响以及避免这些冲突的策略；同时，我们考察了为了避免内战和种族冲突以及帮助从其中恢复经济的外国援助——这些都是经济发展过程中遇到的棘手问题以及外国援助的焦点。

14.2　私人外国直接投资和跨国公司

在过去的几十年中，对于国际贸易和资本流动的非同寻常的增长而言，**跨国公司**（multinational corporation，MNC）的兴起所起到的作用是最主要的。跨国公司可以被简单地定义为：在一个以上的国家从事和控制生产性活动的公司或企业。这些大公司，大多数来自北美、欧洲和日本，但是，像韩国这样的新兴高收入经济体也出现了越来越多的跨国公司。在最近的几年，中等收入经济体中有着相对较高收入的国家（比如巴西）以及中等收入经济体中有着相对较低收入的国家（比如中国）也孕育了一些跨国公司，虽然数量不多，但也在不断增加。这些跨国公司以及其所拥有的资源对其所在地的发展中国家来讲，提供了一种独

特的发展机遇，但同时也带来了一系列严重的问题。

近几十年，私人**外国直接投资**（foreign direct investment，FDI）在发展中国家的增长虽然不是很稳定，但是其增长速度非常快。正如我们在图 14-1 中所看到的，作为经济全球化的一个重要组成部分，外国直接投资一浪高过一浪。外国直接投资总额从 1962 年的 24 亿美元增长到 1990 年的 350 亿美元，直到 2007 年达到最高峰 5 650 亿美元（当时全世界总的外国直接投资达到了最高峰——稍稍超过 2 万亿美元）。在全球经济危机之后，外国直接投资大幅下降，总量为 1.35 万亿美元，仅仅为该数据 5 年前的 2/3，预期外国直接投资在未来几年会有缓慢的增长。

然而，尽管在全球范围内外国直接投资总量大幅下降，外国直接投资在发展中国家的作用却是极其重要的，而且其重要性也在逐年增加。2012 年，流向发展中国家的外国直接投资总量大约为 7 000 亿美元，这是巨额的资源流入。事实上，对发展中国家来讲，2012 年有里程碑式意义：发展中国家接收到的外国直接投资超过全球范围内当年外国直接投资总量的一半，这在历史上是首次。另外，外国直接投资总量在近几年减少的部分大多归因于发达国家减少的部分，这表明经济危机之后发达国家尤

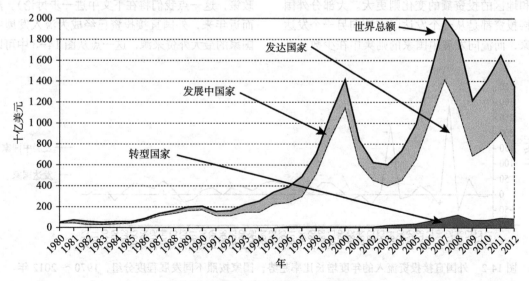

图 14-1　1980～2012 年外国直接投资

资料来源：Data drawn from UNCTAD data base at http://unctadstat.unctad.org/ReportFolders/reportFolders.aspx, accessed 14 March 2014.

其是欧洲经济持续面临衰退。

值得注意的是，2012年发展中国家的外国直接投资总量占全球总量的1/3。尽管这样的趋势开始于20世纪80年代中期，但是现在发展中国家所占比例提升的速度是在20世纪初时任何分析都没有预料到的。发展中国家外国直接投资流出的比例持续增高，与此同时，发达国家外国直接投资在2009年经济危机之后持续减少，之后几年发达国家外国直接投资有所回升，到了2012～2013年该数值又下降到了2009年的水平。[2]同时，从发展中国家流出的外国直接投资集中在几个比较成功的中等收入发展中国家，在某种程度上，这也说明发展中国家之间的差距比历史上任何时候都要大。

根据联合国贸易及发展会议（UNCTAD）的预测，2012年发展中国家所接收的外国直接投资所产生收益的2/3被输送回原投资国，而没有被输送回原投资国的收益则留在了发展中国家，其中的绝大部分被用作再投资。

从图14-2中可以看出，全球范围内外国直接投资的增长速度非常不稳定。有意思的是，至少从90年代开始，流向发达国家的外国直接投资比流向发展中国家的外国直接投资更为不稳定。

相对于外国直接投资的总额，流向不同国家和地区的投资额的变化则更大。大部分外国直接投资都是从一个发达国家流向另一个发达国家，而流向发展中国家的则集中在少数几个

目的地。例如，2009年，流向发展中国家的外国直接投资中的31%进入中国（包括香港地区和澳门地区）。和以往一样，流向非洲的外国直接投资只占很小的一部分。2009年，流向非洲的外国直接投资有590亿美元，但是其占全世界外国直接投资总额的比例只有5.3%（除去北非则剩余3.6%）。这样的比例虽然绝对值很低，但也比近些年来的占比要高，其主要原因是商品投资的增加。非洲34个最不发达的国家仅仅收到了少得可怜的外国直接投资。对于这一点，我们只要看到私人投资纷纷涌向有最高资金回报与最大安全系数的国家和地区这一事实，就不会感到惊讶了。在那些债务问题严重、政府不稳定和经济改革刚刚起步的地方，资本损失的风险巨大。我们必须认识到，跨国公司的目标并不是为了实现发展，它们的目标是资本回报的最大化。跨国公司最主要的目标是寻求最好的获利机会，而基本上并不关心诸如减少贫困、不平等和失业等发展问题。[3]

我们需要在一定的背景下才能够理解外国直接投资的流动。尽管发展中国家的外国直接投资增长迅速，但是在投资总额中所占的比例一直很小，这些国家大部分的投资来自国内（但是，需要注意的是，外国投资与国内投资在质量上可能有所不同，并且在某些情况下，两者之间会产生有益的相互影响，这取决于该国的政策，这一点我们将在下文中进一步讨论）。然而近年来，外国直接投资已经成为流入发展中国家的最大外资来源，这一点从图14-3中可以

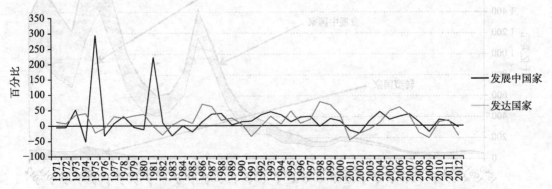

图14-2　外国直接投资流入的年度增长比率趋势，国家按照不同发展程度分组，1970～2012年

资料来源：World Investment Report 2013, page 71. Reprinted with permission from the United Nations Conference on Trade and Development (UNCTAD).

看得很清楚。[4]

从全球范围来看，跨国公司在其注册国之外一共雇用了 8 000 万劳动力。然而，跨国公司在发展中国家雇用的劳动力相对较少，其提供的岗位倾向于集中在现代化的城市部门。尽管如此，外国直接投资所带来的不仅仅是资本转移或者在发展中国家兴建工厂，也会给发展中国家带来先进的生产技术、生活方式、管理理念以及丰富的商务实践机会。不过，在分析支持和反对外国直接投资和跨国公司的观点之前，我们首先一起分析跨国公司的特征。

跨国公司有两个核心特征：一是规模巨大；二是运作由母公司集中掌控。这些跨国公司是世界贸易全球化的主力军。目前，排名前 100 位的非金融跨国公司集团的销售总额超过 8 万亿美元。事实上，跨国公司已经成为**世界工厂**（global factory），它们在世界各地寻找投资盈利的机会。许多跨国公司的年销售额甚至超过了其经营所在的发展中国家的国民生产总值。这些跨国公司的年销售额巨大。2008 年，有 6 家跨国公司的年销售额超过了整个南亚和撒哈拉以南非洲地区的国民总收入之和。许多贫穷国家在跨国公司面前相形见绌。如此大的销售规模，再加上竞争不充分这一因素，使得跨国公司有了很强的控制价格的能力。[5]

然而，需要注意的是，随着发展中国家之间贸易的影响力越来越大，发展中国家之间的外国直接投资额也在上升。这一新趋势也许会给发展中国家外国直接投资的流入和流出都带来新的机遇。事实上，在许多最不发达的国家，来自其他发展中国家（主要是中国）的外国直接投资有着举足轻重的地位。[6]

然而，无论是对是错，发展中国家的许多人都相信跨国公司得到了其母国政府的大力支持，当产生重大争端的时候，其母国政府会动用国家力量和可支配的资源维护跨国公司的利

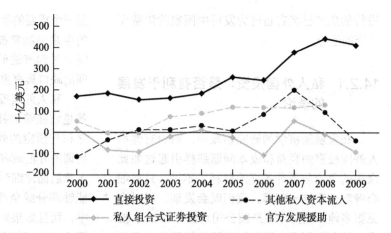

图 14-3　2000 ～ 2009 年流入发展中国家的净资本量

注：本图使用的 IMF 数据中包括新加入欧盟的东欧国家，不包括现在已经进入高收入国家行列的韩国和新加坡。

资料来源：From United Nations Conference on Trade and Development (UNCTAD), *World Investment Report* 2009, ch.1, p.5. Reprinted with permission from the United Nations.

益。由此，我们可以理解，发展中国家，尤其是那些规模很小的发展中国家，在和这些强大的公司竞争的过程中会处于绝对劣势。

总体来看，如此庞大的规模使跨国公司较之它们经营所在的东道主国家，拥有巨大的经济实力（有时也有政治力量）。而这种力量又由于它们所具有的绝对主导性寡头的市场地位而得到进一步加强，因为它们倾向于在卖方很少的世界产品市场运作。这种情形使得它们能够操纵价格和利润，能够与其他企业合谋议定各自的控制范围，并且常常能够通过控制新技术、特殊的生产工艺以及运用产品差别、广告、消费者习惯等手段，来限制潜在的竞争对手的进入。尽管大多数跨国公司的直接投资都直接投向了其他发达国家，而发展中国家由于其经济规模太小，因此比起发达国家而言，其对跨国公司的存在显得更为敏感。

从历史角度看，跨国公司，尤其是那些在发展中国家经营的跨国公司，都集中在天然原材料和初级产品加工行业，主要是石油、非燃料矿产和种植业。一些"农业综合经营"的跨国公司还涉足了出口导向型农业和当地的食品加工。不过，近年来，制造业和服务业（银行和酒店等）在跨国公司的生产经营活动中已经日渐占据主导地位。而如今，跨国公司的生产中，为出口到跨国公司母国和其他发达国家市场而

进行的生产已经有超过为发展中国家的消费而生产的趋势。

14.2.1 私人外国投资：是否有利于发展的争论

在发展经济学的研究领域中，很少有像私人外国投资的利益和成本问题那样引起过如此众多的争论与各种各样的解释。不过，只要细心考察一下这一问题，我们就会发现，反对意见更多地不是集中在跨国公司对诸如 GDP、投资、储蓄和制造业增长速度等传统经济总量的影响上（当然这样的反对意见确实存在），而是集中在跨国公司的各种活动所带来的发展的经济和社会含义上。换言之，有关外国私人投资的作用和影响的争议，就其本质而言，在于各自对一个理想的发展过程到底应该具有什么样的性质、方式和特点有着不同的认识。归纳起来，关于私人外国投资在它所趋向于促进的发展类型方面的影响，基本的支持和反对观点有如下几点。[7]

1. 支持私人外国投资的传统观点：填补储蓄、外汇、财政收入和管理上的缺口

支持外国投资的论据大部分基于传统的新古典经济学方法以及经济增长决定要素的新增长理论分析。外国私人投资（以及外国援助）被看成是一种典型的方法，用以弥补国内可用的储蓄、外汇、政府财政收入和人力资本技能等资源供给与实现增长和发展目标所必需的资源的理想水平之间的缺口。举一个简单的"储蓄－投资缺口"分析的例子，回忆一下第 3 章介绍的哈罗德－多马增长模型，它是假定在国内储蓄率 s 与产出增长率 g 之间存在直接的关系，用 $g=s/c$ 表示，其中 c 是国内资本－产出比率。假设理想的全国产出增长率 g 定义为每年 7%，而资本－产出比率是 3，则所需的年储蓄率就为 21%（因为 $s=gc$）。比如，如果国内能够动员的储蓄率只有 GDP 的 16%，则可以说存在"储蓄缺口"，其大小是 5%。如果该国可以用外国金融资本填补这个缺口（无论是私人的还是官方的），它就可以更好地实现其目标增长率。

因此，有关私人外国投资对国内发展（即当这种发展按照 GDP 的增长率来定义时——这

是一个重要的隐含的概念性假设）的贡献，首要的也是最经常被提到的是，它对于填补国内所能动员起来的储蓄与预定的或理想的投资量之间的缺口具有重要作用。

私人外国投资的第二个贡献与第一个相似，就是它能够填补净出口收入加上外国公共援助之和与预定的外汇要求额之间的缺口，也就是所谓的外汇或者贸易缺口（"双缺口"模型将在本章后面详细讨论）。外国私人资本的流入不仅能够部分或全部弥补经常账户下的国际收支赤字，而且如果外资企业产生了正的净出口收入，那么它也能够随着时间而渐渐消除赤字。但不幸的是，正如我们在进口替代例子中所发现的那样，在保护关税和配额的壁垒下，允许跨国公司建立分支机构的总效应就是将会使经常账户和资本账户赤字都进一步恶化。这种赤字通常源于设备和中间产品的进口（一般都是从其海外分支机构以过高的价格进口），以及跨国公司以汇回利润、管理费用、税收支付和私人贷款利息等形式的外汇流出。跨国公司在发展中国家的产出中巨大而且日益扩大的份额，为再出口部件添加了附加价值（劳动密集型），但是这给这些经济体带来的外汇极为有限。

私人外国投资填补的第三个缺口就是预定的政府税收收入额和国内实际征税额之间的缺口。一般认为，通过对跨国公司的利润征税，以及合资参与它们的经营，发展中国家政府能够为发展项目更好地调动金融资源。

第四，发展中国家在管理、企业家、技术和技能方面也存在缺口，这一缺口被认为可以部分或完全由在当地经营的外国私人企业来填补。跨国公司不仅为穷国提供金融资源和新工厂，而且也提供"一系列"所需资源，包括管理经验、企业家才能和技术技能，这可以通过培训计划和"干中学"的方式扩散到当地企业中。而且，按照这种观点，跨国公司能够使当地的管理人员学会如何与海外银行联系，寻找可用供给来源，使市场渠道多样化，并对国际营销实践更加熟识。最后，跨国公司在将现代机械和装备转移到资本贫乏的发展中国家的同时，也给它们带来了关于生产过程的最先进的技术知识。人们普遍接受的一种假设是，当企业的工程师和管理人员辞职并且开始

创办自己的企业的时，相关的经验和技术就随之流失了。这种知识、技能和技术的转移，一般被认为既是受援国所欢迎的，也是富有生产性的。[8]

2. 反对外国私人投资的理由：扩大差距

一般反对外国私人资本尤其是跨国公司的活动的基本论据，主要有两种类型——严格经济意义上的和观念上的，而后者往往居多。

从经济意义的角度看，针对上述关于外国投资能够填补缺口的四个论据，各自分别有如下反对观点。

（1）尽管跨国公司会给发展中国家提供资本，但它们也可能降低发展中国家的储蓄和投资率。原因如下：跨国公司会通过与东道国政府签订排他性的生产协议而减少竞争；其不会将大量的利润再投资到经营活动所在的国家；所在国获得其带来的收入的阶层储蓄倾向很弱；其中间产品进口大多来自自身的海外分支机构，这会抑制那些能够提供这种产品的国内企业的发展。此外，跨国公司会大大提高它们在发展中国家的分支的本地资本比例，而这会"挤出"对东道主国家企业的投资。

（2）尽管跨国公司投资的最初影响确实能够改善受援国的外汇头寸，但是其长期影响却可能是降低经常账户和资本账户的外汇收入。经常账户的恶化是由于大量进口中间产品和资本品，而资本账户的恶化则是由于跨国公司的利润汇回、利息、母国税收、管理费用和其他汇款等。

（3）尽管跨国公司通过公司税收的形式确实提高了政府的财政收入，但是这种贡献比起东道国政府所提供的慷慨的税收减让、**转移定价**（transfer pricing）活动、过度的投资补贴、隐藏的公共补贴和关税保护等所导致的消极后果，可能要小得多。

（4）跨国公司给发展中国家所提供的管理、企业家技能、理念、技术和海外合同，对当地这些技术和资源稀缺的发展的促进作用可能是极其微不足道的；相反，由于跨国公司对发展中国家国内市场的控制可能会导致本地企业家发展受阻，因而实际的结果是抑制了本国经济的发展。

为了减少这些担忧，发展中国家政府可以出台一些新的政策。发展中国家的许多政界和学术界领袖共同提出了一系列更根本的目标。第一，跨国公司对发展中国家的经济发展的影响并不是中性的，在许多情况下，跨国公司的经营活动加剧了经济结构的二元性，扩大了收入差距。跨国公司倾向于提高当地工厂的少数管理人员和收入相对较高的现代行业工人的工资，而降低其他人的福利，从而拉大工资收入差距。跨国公司将资源从急需的食品生产部门转移到主要为迎合当地精英阶层和外国消费者口味的尖端技术产品的制造上。并且，由于其工厂主要位于城市的出口飞地，这便造成城市和农村之间过度的人口流动，农村和城市的经济机会之间的不平等可能会进一步加剧。

第二，有理由认为，对发展中国家而言，跨国公司经常生产不适宜的产品（为满足当地人口中少数的富有阶层的需求），运用广告及其市场垄断力量诱导不恰当的消费模式，并且在进行所有这些活动时，都是以不适合发展中国家的生产技术（资本密集型）来进行的。从发展中国家增加就业问题的角度来看，这是对跨国公司的主要批评。

第三，在上面两个因素的作用下，当地资源倾向于被配置到那些并不是社会所真正需要的项目上，这反过来又加重了本来就很明显的贫富差距以及城乡经济机会的严重不平衡。

第四，跨国公司动用它们的经济势力影响政府制定一些不利于发展的政策。跨国公司向发展中国家政府要求过度的保护、税收减免投资补贴、以低价提供生产用地以及必要的社会服务等，这样就能够获得非常可观的经济和政治利益。人们通常称这种现象为"竞相逐低"（race to the bottom），由此，跨国公司的私人利润可能就会超过发展中国家所获得的社会利益。甚至在有些情况下，东道主国家所获得的社会回报还可能是负的。而且，跨国公司还可以通过将其利润转移到低税收的国家，从而规避高税收国的大量税收，其采用的方法就是通过人为地抬高购买其海外分支企业的中间产品的价格，从而降低其在当地的应纳税利润。这种现象就是所谓的转移定价，这是跨国公司的普遍做法，只要一国的公司税率与另一国不同，东道主国家政府对此就难以控制。有一种估计认为，跨国公司通过转移定价而给发展中国家造成的经济损失是按照 10 亿美元计量的。[9]

第五，跨国公司通过压制所在国企业家的创业动力，同时运用先进知识、全球性的联系网络、广告技巧和关键的支持服务等手段，打压所在国的竞争者，抑制当地小企业的涌现，从而大大损害东道国的经济。在发展中国家最近正在进行市场经济改革的大背景下，国有企业正在如火如荼地运用债转股交易减轻其自身的债务负担，跨国公司正好利用这一机会，获取一些最好和最有盈利前景的当地企业。由此，它们能够"挤出"当地投资者而独享利润。例如，最近一项对 11 个发展中国家的定量研究表明，伴随着更高的外国直接投资而来的，往往是较低的国内投资、国内储蓄，较大的经常账户赤字和较低的经济增长率。[10]

第六，在政治层面，人们经常担心，势力强大的跨国公司会控制当地的资产和工作岗位，进而会在各个层次的政治决策中施加过大的影响。在极端情况下，它们甚至可能直接采用给予回扣的手段去贿赂政府高层人员，或者采用间接地给"友好的"政党提供政治献金的手段，来颠覆东道主国家现行的政治统治（正如 20 世纪 90 年代国际电话电报公司在智利所做的那样）。

专栏 14-1 总结了关于跨国公司的 7 个关键问题以及围绕着每一个问题的相关争论，这 7 个问题分别是：国际资本运动（包括收入流入和国际收支影响）、对国内生产的排挤、技术转移的程度、技术转移的适度性、消费模式、社会结构与分层、收入分配和二元化发展。

□ **专栏 14-1 关于跨国公司对发展中国家影响的 7 个关键问题**

1. 国际资本运动（收入流入和国际收支）
   - 它们带来了更多的资本（或储蓄）吗？
   - 它们改善了国际收支吗？
   - 它们汇出了"过多"的利润吗？
   - 它们进行了转移定价和"伪装的"资本流出吗？
   - 它们建立了极少的本地经济联系吗？
   - 它们带来了很多税收收入吗？
2. 对国内生产的排挤
   - 它们买断了现有的进口竞争性产业吗？
   - 它们运用其竞争优势赶走了当地的竞争企业吗？
3. 技术转移的程度
   - 它们将所有的研发都保留在其母国进行吗？
   - 它们对其技术拥有垄断地位吗？
4. 技术转移的适度性
   - 它们仅使用资本密集型的技术吗？
   - 它们是按照适合当地的要素特点对技术做出修正还是使其保持不变？
5. **消费模式**
   - 它们通过精英导向、广告宣传和高超的市场营销技巧等，诱导了不适宜的消费模式吗？
   - 它们提高了对自身产品的消费，而降低了对其他企业产品（也许是更必要的）的消费吗？
6. 社会结构与分层
   - 它们是否通过高工资雇用（或排挤）当地最好的企业家，利用某些压力促进精英的忠诚与社会化。是否在当地建立了联盟团体？
   - 它们是否助长了与当地习俗和信仰不相容的外来价值观、形象以及生活方式？
7. 收入分配和二元化发展
   - 它们是否导致当地贫富差距加大？
   - 它们是否加深了人们对城市和农村的不同看法，并扩大了城乡差距？

资料来源：Based on Thomas Biersteker, *Distortion or Development: Contending Perspectives on the Multinational Corporation* (Canbridge, Mass.: MIT Press, 1978), ch. 3.

3. 支持意见和反对意见的折中

虽然前面的讨论和专栏 14-1 为我们提供了一系列相互矛盾的观点，但是真正的终极性争论主要集中在对经济发展的性质、意义及其主要动力来源的不同价值判断上。倡导外国私人投资的人一般来说是市场、私有企业和自由放任政策的支持者，他们坚信市场机制的效率和好处，认同此观点的东道主国家执行的政策通常具有放任性。但是，正如我们所知道的，跨国公司的实际经营都趋向于垄断和寡头经营。价格制定更多的是国际讨价还价和共谋的结果，而不是市场上供给和需求自然作用的结果。

那些反对跨国公司的理论家的依据是，在通常情况下，某一国家有必要加强对国内经济活动的控制，并尽量降低国家政府对强大的跨国公司的依赖程度。他们认为，这些巨型公司非但不是经济变迁所必需的因素，反而可能是阻碍经济发展的一种工具。他们论证道：跨国公司对不适宜产品的生产以及对不适宜技术的应用，加剧了发展中国家的二元经济结构，并恶化了其国内的不平等状况。无论对错，他们将跨国公司看作是类似英国东印度公司这样的殖民手段的现代版本。许多研究者提出，发展中国家作为东道主国家，其政府应该对外国投资采取更严厉的管制，采取更强硬的谈判立场；发展中国家应该"货比三家"以寻找更好的交易对象，采用衡量工作绩效的标准和要求，增加本国所有权和控制，针对外国投资的条款和条件采取更加有利于合作的策略。作为这种合作性策略的成功案例，我们可以分析 20 世纪 80 年代拉美的安第斯集团达成的一项决议。该决议要求在 15 年内，外国投资者必须将它们在当地企业的所有权份额减小到最低限度。在一个更早期的案例当中，坦桑尼亚也采取了一项类似的政策，获得了对外资企业的控股权。因此，安第斯集团和坦桑尼亚每年的外国私人投资的流入量都减少也就不足为奇了。不过，这类"本国化"趋势在整个发展中国家已经有所减弱。然而，由于中国在国际上有着超强的议价能力，因此其成为这种策略最成功的典范。

对外国私人投资的争议，无论是支持还是反对，依靠单纯的实证分析是远远不能够解决的，而且可能永远得不到最终答案，因为在对理想的发展战略的价值判断和政治观念上都存在着重大差异。显而易见的是，任何对跨国公司在发展中的作用的真实评价，都必须对某个具体国家的某个具体跨国公司进行案例研究。[11] 也许，现在我们能够得出的唯一具有一般性意义的有效结论是：跨国公司能够有利于经济和社会发展的前提就是，必须要保证跨国公司和东道主国家的利益是一致的（当然，假定其在加剧二元化和扩大不平等这两点上利益不一致）。只要跨国公司还是只从全球化生产或者利润最大化的角度来定位其角色作用，而不顾及其活动所造成的长远影响，那么反对私人投资的思想观点就会在发展中国家更为广泛地落地生根。也许，在跨国公司的利润最大化目标和发展中国家的发展优先的想法之间，永远也不会真正统一起来。但是，通过合作加强作为东道国的发展中国家的相对谈判力量，同时降低外国私人投资的整体规模和增长势头，这也许可以使外国私人投资更加符合穷国的发展需要和优先次序，而与此同时，外国投资者依然有盈利的机会。

随着以企业社会责任为主题的社会运动广泛兴起，这个观念被广泛接受，人们的认识也逐渐达成一致。相比之前仅仅是企业的管理者要求企业承担社会责任，现在发达国家的民众也广泛要求该国的企业在发展中国家生产经营的时候要更多地肩负社会责任。例如，2013 年孟加拉国服装加工厂发生火灾、厂房倒塌事故，上千名工人遇难，在此之后，社会舆论普遍重视孟加拉国的服装生产企业基础设施的情况，来自欧洲和非洲的企业都感受到这方面的压力，因此，纷纷建立协会来监管企业生产，确保其经营符合国际标准。独立机构关于工人基本权利是否得到尊重，环保措施采取是否得当，其他方面的道德标准是否符合国际惯例等方面的评估及相关标准的制定引起人们广泛的兴趣。然而，这样的监管措施成本高昂，正如这些监管措施所要求的生产状况一样，两者成本都非常高。在这样的情况下，可以采用多重均衡模型（详见第 4 章）来分析，消费者可能为在有利于工人身体健康且有利于可持续发展条件下生产的产品支付更高的价格，前提条件是有其他足够多的消费者也这样做。可靠的监管机构的成本是固定的，因此，如果几乎没有或者很少有消费者愿意为按照社会责任所要求方式生产的产品买单，那么成立这样的监管机构就需要产品价格提升到足够高的水平，这样才能达成均衡。如果二者成比例地增加，那么会达到经典的互补状态。实际情况可能变成这样：消费者希望引入监管措施，例如消费者希望自己所在餐厅的木头是通过负责任的方式生产的。该机制的基本逻辑符合第4章介绍的多重均衡经典模型理论。[12]

也许，支持鼓励跨国公司的最有力论据在于它们能够促进知识从发达国家向发展中国家的传播。丹尼·罗德里克考察了大量文献，得出结论：到目前为止，还没有什么证据表明知识可以水平地扩散；也就是说，相关技术知识从跨国公司向当地同类产品生产企业的转移基本不存在。[13]不过，Garrick Blalock和Paul Gertler关于印度尼西亚的统计和管理案例研究则提供了强有力的证据，认为从战略上看，跨国公司向本地的生产商转移技术，使得跨国公司能够以更低的价格获得更高质量的投入品。在Beata Smarzynska Javorcik对立陶宛的研究中，找到了关于生产力向当地生产商水平转移的有利证据。因此，这至少意味着，确实存在一些真正的技术扩散，不过，这种扩散从性质上讲是水平扩散而不是垂直扩散。[14]

另外一个重要的趋势是国有企业（SOE）开始参与外国直接投资。虽然国有企业的数量减少了，但是留存下来的国有企业的规模变得非常大，这是由于政府在特定产业追求"国家胜利"的结果。在很多情况下，政府这样的做法导致国有企业在市场中的话语权极大，而且有雄厚的资金进行外国投资。现在有很大一部分的外国直接投资来源于中国的国有企业（中国的国有企业在国民经济中处于核心地位），而且投资的金额还在不断增加。在第15章15.6节中我们会对国有企业进行更加详尽的讨论。此外，需要注意的是主权财富基金（SWF）也在以相似的方式发展，市场中一些重要的参与者来自中高收入国家。

未来10年将会是从数量上和质量上重新评价跨国公司在发展中国家作用的重要时期。发展中国家广泛采取了市场改革、经济开放和国有企业私有化等一系列政策，跨国公司也已经加强了它们的世界工厂战略，尤其是在亚洲和美洲。跨国公司增加了国民产出、创造了就业、支付了税收，从总体上看，为发展中国家的经济现代化做出了贡献。但是它们也会被各种有利可图的机会吸引，从而进行投资，其中可能包括用"趁火打劫"的低价并购发展中国家濒临破产的企业，使用转移定价把大量的利润送回母国。然而，与此同时，许多发展中国家也在积极地通过投资促进机构（IPA）寻求其所需要的特定的外国直接投资，从而进一步完善其工业化策略。人们期待，能够找到一种既使跨国公司有利可图又能促进各国全面发展的方法。

14.2.2   私人组合式证券投资：对发展中国家是祸是福

除了外国直接投资之外，私人资本流通的最主要途径就是组合式证券投资。[15]随着发展中国家国内金融市场的不断自由化和对外国投资者的不断开放，私人组合式证券投资目前占发展中国家所有净资源流入的比重已经很大，而且这一比例还在不断提高。从根本上说，组合式证券投资包括外国投资者购买发展中国家的股票（股权）、债券、存单和商业票据。和通常的情况一样，那些中等收入的国家可以从这些金融资源的流入中获益，但是，撒哈拉以南的非洲地区以及南亚却没有任何此种形式的资本流入。

和跨国公司的外国直接投资一样，私人组合式证券投资的流入对发达国家的投资者和发展中国家的利益与成本的影响，同样引发了激烈的讨论。[16]从投资者的角度看，投资于中等收入国家的股票市场，可以使之在分散风险的同时，获得更高的投资收益。

从资本流入的发展中国家的角度来看，流入国内股票市场的私人组合式证券投资可以为国内企业的筹资提供更多的机会，因此也将会受到普遍的欢迎。运作良好的国内股票市场和债券市场还能够为国内的投资者的资产多样化提供更多的途径（这种选择通常只对富人有意义），并且，通过观察这些投资者在股市中是如何分配资金的，发展中国家的监管者可以将之作为参考依据，进而提高整个金融部门的效率（这一点以及关于国内金融体系的分析在第 15 章有详尽的讨论）。

但是，从发展中国家政府宏观政策的角度来看，问题的关键在于：数量庞大而又极不稳定的私人组合式证券投资流入国内股票市场和短期债券市场，这是否会削弱金融体系和整个国民经济的稳定性呢？一些经济学家认为，这些流入资本本身就充满了很强的不稳定性。[17] 发展中国家如果过分地依靠私人组合式证券投资来掩盖其宏观经济的根本性结构弱点（例如，20 世纪 90 年代的墨西哥、泰国、马来西亚和印度尼西亚），那么，从长期的角度看，这些国家将可能遭受非常严重的后果。与跨国公司一样，组合式证券投资流向发展中国家不是为了帮助其发展经济，如果发达国家的利润水平上升或者发展中国家的利润水平下降，这些外国投资者会毫不留情地撤回其在发展中国家的投资，速度会和他们最初看到发展中国家的投资机会时蜂拥而上的速度一样快。而发展中国家真正需要的是真正的长期经济投资（比如工厂、设备和软件硬件方面的基础设施建设等），而不是投机性的资本。因此，许国发展中国家对投资性资本给予了很多的激励政策，同时，也采取了很多的政策来避免过多的投机性资金的流入。金融危机爆发之后，由于发达国家普遍采用低利率政策，大量不稳定性的热钱涌入一些中等收入的发展中国家，而这些国家对涌入的热钱也采取了严厉的监管措施。

总而言之，最近几十年来，私人组合式证券投资在数量上经历了急速上升又急速下降的过程。这些资金有其内在的不稳定性，其流入或者流出某个国家主要依据世界各国的利率差异和投机者对某国政治经济局势的判断。正因为如此，这些资金过于不稳定，不能承担起发展中国家经济中长期发展的任务。[18]1997 年的亚洲金融危机、1998 年的俄罗斯金融危机、1999 年巴西的货币动荡、2001 ～ 2002 年阿根廷经济危机以及 2009 年流向发展中国家的私人投资急剧减少，这些都彰显了全球资本市场的脆弱性。[19] 因此，发展中国家应该将重点放在为基本的经济发展创造有利的条件上，因为有证据表明，无论是跨国公司还是组合式证券投资者，都只是追随经济增长而获得利益，而不会促进经济增长。[20]

14.3 侨汇的作用及增长

按照购买力平价调整之后，同样的工作职位在高收入经济体的平均工资标准大概是发展中国家的 5 倍。[21] 这给出国务工提供了很大的激励，而事实上，那些有希望出国务工的人员会冒着很大的个人风险去美国、欧洲甚至是一些发展中国家打工。截至 2010 年，全世界范围内共有大约 2 亿出国务工人员，这可能和发达国家同发展中国家之间的工资差距过大有部分关系。不过，在这 2 亿出国务工人员中，大约有一半是从某个发展中国家到另一个发展中国家打工的。

正如在第 2 章和第 8 章中提到的，出国务工人员的增加会导致"人才外流"，我们因此有充分的理由担心这会损害发展中国家经济发展的前景。然而，成功的（合法的或者非法的）出国务工人员在获得满足自身需要的收益之后，还会使其在国内的亲人受益，这一事实可以减弱人们对"人才外流"的担忧。如果出国务工人员不是熟练工，而且其接收汇款的国内亲人的生活水平也比较低，我们就可以清楚地看见这种现象在促进发展和减少贫困方面的作用。出国务工人员通常会为其国内的亲人修建房屋，还会把工资寄回国内，这对孩子的教育和抚养非常重要。因此，出国务工人员汇回国内的工资对于缓解贫困有着十分重要的意义。事实上，世界银行在以家庭为单位的调查报告中指出，在危地马拉、乌干达、加纳和孟加拉国，出国人员汇回国内的资金有效地改善了其国内居民贫穷的生活状况。

图 14-4 显示了 1990 ～ 2008 年，流向发展中国家的各种资源的分布。21 世纪，出国务工人员的汇款量有了显著提高，超过了低收入国家 GDP 的 5%，同时也超过了外国直接投资总量，逐渐接近外国援助带来的资金流入。然而，外出务工人员汇回的收入在整个发展中国家的分布很不平均。表 14-1 中列出了按美元计算和按照占本国 GDP 比例排在前 15 位的侨汇接收国。其中，印度和中国排在前两位，墨西哥排名第三。该表显示，排在前 15 位的国

家收到的侨汇至少占其 GDP 的 11%。需要注意的是，随着金融危机的爆发，2008～2010 年，所有国家和地区收到的侨汇都有所下降，但是，南亚是一个例外，其收到的侨汇量一直比较稳定。

一些人认为，导致汇回国内资金量上升的部分原因是会计准则的更改；另外一些分析人士甚至认为，近些年的统计数据受到了人为操控，其数额被故意减少了。但是，也有其他重要因素对此产生影响，比如出国务工人员数量上升和金融中介机构技术进步引起的汇回国内资金的成本降低。由此来看，汇回国内的资金量不断上升是真实的。事实上，有关机构曾预测，出国务工人员在 2016 年汇回国内的收入将会超过 5 000 亿美元。汇款成本和其他阻碍的减少会带来其他方面的收益。

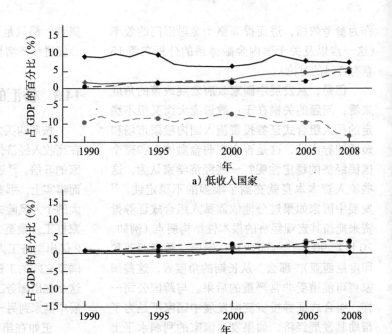

a) 低收入国家

b) 中等收入国家

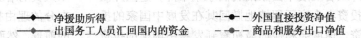

图 14-4 1990～2008 年发展中国家外部资金来源

资料来源：International Bank for Reconstruction and Development/The World Bank, *World Development Indicators*. Copyright © 2010 The World Bank. Reprinted with permission.

表 14-1 2008 年侨汇的主要接收国（分别按收入额和占 GDP 比例排序）

	侨汇金额（单位：百万美元）	年增长率（%）	侨汇占 GDP 的比例（%）		侨汇金额（单位：百万美元）	年增长率（%）	侨汇占 GDP 的比例（%）
按资金流入总量排序				**按照占 GDP 比重排序**			
印度	45 000	27.8	3.7	塔吉克斯坦	1 750	3.5	34.1
中国	34 490	5.0	0.8	莱索托	443	0.0	27.4
墨西哥	26 212	3.4	2.4	摩尔多瓦	1 550	3.5	25.3
菲律宾	18 268	12.1	10.8	圭亚那	278	0.0	24.0
尼日利亚	9 979	8.2	4.7	黎巴嫩	6 000	4.0	20.7
埃及	9 476	23.8	5.8	洪都拉斯	2 801	6.7	19.8
孟加拉国	8 979	38.8	11.0	海地	1 300	6.4	18.0
巴基斯坦	7 025	17.1	4.2	尼泊尔	2 254	30.0	17.8
摩洛哥	6 730	0.0	7.6	约旦	3 434	0.0	17.1
印度尼西亚	6 500	5.3	1.3	牙买加	2 214	3.3	17.1
黎巴嫩	6 000	4.0	20.7	萨尔瓦多	3 804	2.5	17.0
越南	5 500	0.0	6.1	吉尔吉斯斯坦	715	0.0	14.2
乌克兰	5 000	11.0	2.8	尼加拉瓜	771	4.2	11.5
哥伦比亚	4 523	0.0	1.9	危地马拉	4 440	4.4	11.2
俄罗斯	4 500	9.7	0.3	孟加拉国	5 979	36.8	11.0

资料来源：*UNCTAD Trade and Development Report*, p.23 (New York: United Nations, 2009), tab. 1.6. Reprinted with permission from the United Nations.

然而，有一点需要强调，并不是所有的出国务工人员都是自愿的，其中一部分可能是被非法贩卖到国外的；另外，有些人即便是自愿出国务工，但是在出国之前并没有被告知真实的工作环境，由此，我们可以看出，其中的欺压和剥削是比较常见的。很明显，如果出国人员想要给本国带来最大化的社会收益，那么国际社会需要进一步修改国际准则，加强对国际劳工组织称为"非正常状态"的出国务工人员的保护；同时，出国务工人员的工作环境和发达国家接收合理数量的出国务工人员的意愿也同非常重要。

14.4 外国援助：关于发展援助的讨论

14.4.1 概念和度量方法

除了出口收入、私人外国直接投资以及组合式证券投资之外，发展中国家的最后两个主要外汇来源是政府间（官方）双边和多边发展援助，以及由非政府组织提供的私人（非官方）援助。通常，只有政府间的援助才会体现在官方统计之中，尽管如此，这两种形式都是**外国援助**（foreign aid）。

从原理上讲，所有从一国到另一国的政府间资源转移都符合外国援助的定义，因此都可以归入外国援助的范围。不过，即便是这么简单的定义也引发了一系列问题。[22]一方面，许多资源转移往往采取了伪装隐蔽的形式。比如，发达国家给予发展中国家工业制成品出口以特惠关税，这使得发展中国家可以在发达国家市场上以高于正常价的价格出售其产品。这样一来，发展中国家就获得了一种净收入，而发达国家就产生了净转移支出，其数量等于转移到发展中国家的实际资源。这种隐含的资本转移或者说隐蔽的资本流入，按其定义应该计入外国援助当中，但是在通常情况下，这些转移并未被记录。

然而，从另外一个角度讲，我们也不能把所有流向发展中国家的资本都归入外国援助，尤其是私人外国投资者带来的资本流入。私人资本流入代表的是正常的商业交易，是出于对利润和回报率的考虑而进行的，因此不应该看

作对发展中国家的援助。商业性的私人资本流入虽然可以为发展中国家带来实际的好处，但它并不是一种外国援助形式。

因此，经济学家认为，任何流入发展中国家的外国资本，要称得上是外国援助，就必须符合下面两个标准：①从捐助者的角度来看，其目的不应该是商业性的；②应该具有**优惠条款**（concessional term）的特征，也就是说，借入资本的利率和偿还期限与商业条款相比应该是更温和（不苛刻）的。[23]不过，这样的定义有时候依然不太恰当，因为其中可能包含了军事援助（既具有非商业性又具有优惠性）。但是，军事援助通常被排除在国际经济援助这种资本流动之外。因此，如今被广泛接受和使用的外国援助的概念，包括所有以货币或者以贷款的形式进行的官方赠予和优惠贷款，其目的是将资源从发达国家转移到发展中国家，进而帮助发展中国家发展经济、消除贫困和提高收入水平。但是，纯粹的用于发展的赠予贷款和以安全或者商业目的为出发点的资源转移，在本质上还是有一些差别的。

正如在定义外国援助时存在一些概念界定方面的问题一样，在计算实际发生的用于发展的援助的流量时，同样存在一些度量和概念界定方面的问题。具体来说，在度量援助方面，有三个主要问题。第一，按美元计算的赠予和贷款不能简单地加总，因为这两种援助对援助者和受援者分别有着不同的意义。考虑到贷款必须偿还，因此其对援助者的成本和对受援国的益处必然比不上贷款自身的名义价值。从概念上讲，应该先将有息贷款的美元价值进行折价，然后才能将它们与赠予相加。第二，外来援助的使用可能会受到援助一方的限制（贷款或者赠予的资金必须用于购买援助国的产品和服务），也可能会受到项目的限制（受援资金只能用于某个特定的项目，如公路或者钢铁厂等）。无论是上述哪一种情况，援助的真实价值都会减少，因为特定的援助供给者可能会要价不菲，或者可能指定的项目并不是最急需的（否则的话，也就没有必要限制援助）。而且，援助还可能被限制为只能用于进口资本密集型的设备，而这可能又会使实际资源增加额外的成本，导致受援国出现更严重的失业；或者，所指定

的项目本身需要购买来自垄断供应商的新型机器和设备，而在同一行业中现有的这类生产设备的开工率却已经非常低了。第三，我们有必要对外国援助的名义价值和真实价值加以区分，尤其是在高通货膨胀时期。流入的援助量通常以名义价值来计算，并且呈现出随时间而稳步提高的趋势。不过，在最近几十年，虽然对外援助的名义总量在不断提高，但是按照日益增高的商品价格进行折算后，实际的援助总量却是在减少的。

14.4.2 公共援助的数量及其分配

官方发展援助（official development assistance, ODA）包括双边赠予、优惠贷款、技术援助和多国援助，其资金数量已经从 1960 年的不到 50 亿美元上升到 2000 年的 500 亿美元，到 2008 年，这一数额进一步上升到 1 280 亿美元。但是，官方发展援助占发达国家国民总收入的百分比，从 1960 年的 0.51% 下降到 2002 年的 0.23%；不过在 2005 年和 2008 年时，这一比例又分别上升到了 0.33% 和 0.45%。出现该现象的原因是，发达国家意识到按照人类发展计划，对撒哈拉以南非洲地区的援助已经远远滞后了，于是发达国家在 2005 年伦敦 G8 峰会上开始倡导加大对发展中国家的援助。[24] 虽

然发达国家为发展中国家提供的援助远远没有达到其在各种峰会上做出的承诺，但是，发达国家的确已经做出了很大的努力。高收入国家现在面临的经济衰退和财政危机会在多大程度上影响其为发展中国家提供援助的比率，我们还需要拭目以待。从表 14-2 中可以得到一些主要捐助国 1985 年、2002 年和 2008 年的官方发展援助总量以及占其国民总收入的比例的数据。尽管美国在援助总量上仍排首位，但是和其他国家相比，美国在 2008 年提供的援助占其国民总收入的比例却是最小的，这个数值是 0.18%，而所有工业化国家这一数值的平均值是 0.45%，并且，美国捐助额占其国民总收入比例也远远低于国际社会普遍认可的 0.70% 这一数值。现在只有瑞典、挪威、丹麦、荷兰和卢森堡这五国提供的援助额超过了这一比例。瑞典提供的官方发展援助总额占其国民收入总额的 1%，排世界首位。美国的官方发展援助占其国民收入总值的比例不仅是工业化国家中最低的，而且从 20 世纪 70 年代起，这一比例迅速下降到了 0.11% 的历史最低值，然而，最近这一比例又回升到了 0.18%。不过，我们应该强调另一点，美国公民通过非政府组织直接赠予的形式提供了 171 亿美元的额外援助，这占到了这一类型援助总量的 72%。把这两者加在一起计算的话，美国总的对外援助额占其国民总收入

表 14-2　1985、2002、2008 年主要捐助国的官方发展援助支出

捐助国	1985		2002		2008	
	十亿美元	占国民总收入百分比	十亿美元	占国民总收入百分比	十亿美元	占国民总收入百分比
加拿大	1.6	0.49	2.0	0.28	4.8	0.33
丹麦	—	—	1.6	0.96	2.8	0.87
法国	4.0	0.78	5.5	0.38	10.9	0.40
德国	2.9	0.47	5.3	0.27	14.0	0.40
意大利	1.1	0.26	2.3	0.20	4.9	0.23
日本	3.8	0.29	9.3	0.23	9.6	0.20
荷兰	1.1	0.91	3.3	0.81	7.0	0.86
瑞典	—	—	2.0	0.83	4.7	1.00
英国	1.5	0.33	4.9	0.31	11.5	0.40
美国	9.4	0.24	13.3	0.13	8.0	0.18
总和（22 个国家）	29.4	0.35	58.3	0.23	121.5	0.45

资料来源：World Bank, *World Debt Tables*, 1991-1992 (Washington, D.C.: World Bank, 1992), vol.1, tab.2.1; World Bank, *World Development Indicators*, 2004 and 2010 (Washington, D.C.: World Bank, 2004, 2010), tabs.6.9 and 6.10.

的比例会达到 0.3% 左右，尽管如此，其仍低于英国、加拿大、法国和德国等国家。不仅如此，从总量上看，尽管发达国家在 2012 年全年总共支出 1 200 亿美元用于国际援助，这些国家同时也支出了 3 倍于国际援助总金额（即 3 600 亿美元）的资金用于本国的农业补贴，这些补贴不利于发展中国家的出口贸易。此外，发达国家在 2012 年总共支出 1.2 万亿美元用于国防。

官方发展援助是按照一种奇怪且随意的方式分配的。[25] 全球 50% 以上的贫穷人口居住在南亚地区，然而其人均获得的援助不到 8 美元。中东和北非国家的人均收入是南亚的 3 倍，但是，其人均得到的援助额却是南亚的 9 倍。从表 14-3 中可以看出 2008 年全球的官方发展援助在不同地区的分布。

表 14-3　按地区划分的官方发展援助（ODA），2008 年数据

地区	人均发展援助（美元）	人均国民收入（美元）	发展援助占国民总收入的比重（%）
中东和北非	73	3 237	1.9
撒哈拉以南非洲	49	1 077	4.3
拉美和加勒比地区	16	6 768	0.2
东亚和太平洋地区	5	2 644	0.2
南亚	8	963	0.8
欧洲和中亚	19	7 350	0.2

资料来源：World Bank, *World Development Indicators*, 2010 (Washington, D.C.: World Bank, 2010), tabs. 1.1 and 6.16.

如果我们从单个国家的层面来研究这个问题，援助的分布图就会变得更加清晰。从 2008 年的数据来看，到目前为止最大的受援国是伊拉克，它总计接收了 99 亿美元的援助，人均 321 美元。第二大受援国是阿富汗，总额为 49 亿美元，人均为 168 美元。总共有 20 个国家接受援助的数额超过了 10 亿美元。然而，印度的贫困人口数量居世界第一位，其人均获得额援助却仅为 2 美元。作为中等收入国家的约旦，人均获得的援助有 126 美元。尼日尔被认为是世界上最贫穷的国家，其人均获得的援助额仅为 41 美元。不过，从 2005 年起，非洲最不发达国家人均获得的援助额已经有了大幅度的增

加。但是，该人均值仍然低于塞尔维亚、波斯尼亚和黑塞哥维那、阿尔巴尼亚、北马其顿、黎巴嫩和格鲁吉亚等中等收入国家，这些国家获得的人均援助都超过了 100 美元。[26]

显然，对外国援助的分配只在某种程度上是由发展中国家的需求决定的——大多数的双边援助是基于政治和军事上的考虑。对于多边援助（例如，来自世界银行和联合国各机构）而言，富裕国家往往能够获得比贫穷国家更多的资源，但是从某种程度上来讲，其分配过程可以称得上更加合理。

由于援助国和受援国对援助的认识不尽一致，我们必须从给予和接受这两个互相冲突的角度分析各个国家的动机。

14.4.3　援助国为什么提供援助

援助国政府提供援助，主要是出于其自身的政治、战略或者经济利益动机。也许，确实有些发展援助是出于高尚的动机和人道主义的愿望，想帮助那些更不幸的人（如提供紧急食品救济和医疗援助计划）；21 世纪前 10 年各国纷纷对其援助冠以这样高尚的目的。但是，并没有什么历史证据能够表明，援助国能够长期无私地帮助他国而不期待什么相应的利益回报（政治的、经济的、军事的、反恐的和反对毒品，等等）。由此，我们可以将援助国的援助动机分为两大类：政治动机和经济动机，这两类动机虽然内容广泛但通常又相互关联。

1. 政治动机

到目前为止，对援助国来说，政治动机一直是更重要的原因，美国作为主要的援助国尤其如此。美国自从通过 20 世纪 40 年代后期的"马歇尔计划"（该计划旨在重建被战争摧垮的西欧经济）开始提供对外援助以来，一直就将提供援助视作阻遏敌体阵营的一种手段。20 世纪 50 年代中期，"冷战"利益的天平由欧洲移向了发展中国家，相应地，包含着遏制目的的美国援助计划也明确地将重点转向了"友好的"发展中国家，尤其是那些地理位置极为重要、具有战略意义的国家，向它们提供政治、经济和军事上的支持。由此，对发展中国家的大部分援助计划，也就更多只是用于保证其国家安全和

支撑它们的统治，而非帮助其促进长期的社会和经济发展。美国对外援助的重心经历了一系列转移，最初是南亚，然后是东南亚，接着是拉丁美洲、中东，20世纪五六十年代又回到南亚，接着70年代转向非洲和波斯湾，80年代是加勒比地区和中美洲，继而90年代又转向了俄罗斯联邦、波斯尼亚、乌克兰、亚洲以及中东等，2001年以后，援助重点又转向了伊斯兰国家：这一系列转移更多反映的是美国的战略和政治利益的变化，而不是各国经济需要的改变。最近，之所以增加对存在公共健康危机的非洲国家的援助，部分也是担心这些疾病会在国际上传播，或者担心那些不稳定的政府垮台进而为恐怖分子提供藏身之地。

20世纪60年代初期成立的"进步联盟"，尽管在成立之时信誓旦旦并大张旗鼓地说要致力于促进拉美的经济发展，但实际上却是以古巴为假想敌的，一旦安全问题变得不再那么紧迫，而其他更迫在眉睫的问题出现（比如越南战争、美国国内暴力事件的升级等），进步联盟就立刻像"掉了链子"一样不再活动，并最终失败解体。因此，我们的结论其实非常简单，那就是：发达国家主要将援助看作一种加强自身利益的手段，资金的流入主要是随援助国对不断变化的国家形势的估计而变化，而不是因受援国的相对需要而变化。

其他几个主要的援助国，像日本、英国和法国等，它们的情况和美国非常类似。尽管可以找出一些例外（比如瑞典、丹麦、荷兰、挪威，或许还有加拿大），但总的说来，这些西方援助国一直将外国援助当作政治杠杆，支撑或者巩固其在发展中国家中的友好政权，因为使这些政权存续下去符合这些援助国的安全利益。2005年伦敦G8峰会的召开预示着对发展中国家援助的优先次序将会出现历史性的改变，但是，这些新的华丽辞藻能给发展中国家带来多大的实质改变，我们仍然拭目以待。不过，有一点肯定不会改变，那就是发达国家的对外援助仍旧会带有一定的政治目的和商业动机。

2. 经济动机：双缺口模型和其他标准

发达国家的对外援助计划不但有着广泛的政治和战略优先性，还一直有着很强的经济理由。日本尤其如此，它将对外援助主要投向其亚洲邻国，因其在这些国家有着重大的私人投资和贸易扩张。事实上，尽管政治动机对于其他援助国而言，可能一直有着压倒一切的重要性，但经济上的理由也很重要——至少表面上可以这么说，以便掩饰这些援助的真实动机。

下面，我们从经济角度考察研究者提出的支持外国援助的主要依据。

外汇约束。 外来资金（包括贷款和赠予）在为缓解储蓄或外汇瓶颈而进行国内资源的补充方面，具有非常重要的作用。这就是所谓的对外国援助的双缺口分析。[27] **双缺口模型**（twogap model）的基本观点是：对于大多数的发展中国家而言，要么面临着国内储蓄短缺，难以跟上投资的需要，要么就是面临着外汇短缺，难以为急需的资本品和中间品的进口提供资金。基本的双缺口模型和与之相似的模型都假定**储蓄缺口**（saving gap），即国内实际资源，和**外汇缺口**（foreign-exchange gap）在数量上并不相等，而且互相独立。该假设的隐含意义就是，在任何一个发展中国家的某一给定时点上，这两个缺口中定会有一个是"紧的"（即起到约束作用）。例如，如果储蓄缺口占主导地位，就表明这个国家的经济增长受限于国内投资。因而，该国会使用外国储蓄补充国内储蓄。然而，存在储蓄缺口的国家的决策制定者，可能会没有能力或者没有意愿将其购买力从消费品购买分散到资本品购买上，无论是在国内购买还是在国外购买。这样一来，"超额"的外汇资源，包括外国援助，可能就会被用于进口奢侈消费品。存在储蓄缺口的突出例子就是20世纪70年代的阿拉伯产油国。

另外一种情况是，当外汇缺口起着制约作用时，发展中国家一般都有剩余生产性资源（大部分是劳动力），并且所有可用的外汇都被用于进口。如果它们拥有外来资金进口新的资本品和相关技术援助的话，国内互补性资源就能够使它们进行一些新投资项目。由此，外国援助就可以在克服外汇约束和提高实际经济增长率方面起到重要作用。

从数学上看，简单的双缺口模型可以用公式表述如下。

（1）储蓄约束或者缺口。基于资本流入（即进口和出口额的差）加上可投资资源（国内

储蓄）的恒等式，储蓄 – 投资约束可以写成

$$I \leqslant F + sY \qquad (14\text{-}1)$$

式中，F 为资本流入的数量。如果资本流入 F 加上国内储蓄 sY 大于国内投资 I，并且经济处于充分就业状态，则可以说存在储蓄缺口。

（2）外汇约束或者缺口。如果发展中国家投资的边际进口比率为 m_1（在大多数发展中国家，这一比率通常为 30%～60%），每单位国民生产总值的边际进口倾向（通常大约为 10%～15%）用参数 m_2 表示，则外汇约束或者缺口可以写成

$$(m_1 - m_2)\,I + m_2 Y - E \leqslant F \qquad (14\text{-}2)$$

式中，E 是外生的出口水平。

F 项在两个约束不等式中都出现了，因此是分析中的关键因素。如果 F、E 和 Y 被赋予外生的现值，那么只有其中一个不等式能起到约束作用；也就是说，投资（进而产出增长率）将会在其中一个不等式的限制下处于一个更低的水平。那么，可以根据是储蓄起到约束作用还是外汇起到约束作用来对国家进行分类。从外国援助分析的观点看，可以得出重要的结论：在那些外汇缺口（式（14-2））而不是储蓄缺口（式（14-1））起着约束作用的地方，增加的资本流入的影响将会更大。简单来讲，双缺口模型为决定发展中国家有效利用外国援助的相对需求能力提供了一种粗略的估计方法。

缺口预测的一个主要不足是过于机械，并且其本身受到很多限制，例如，必须获得固定的进口参数、指定外生的出口以及净资本流入现值。在出口的情况下，这一限制尤其严格，因为发达国家和发展中国家之间的贸易越来越自由化，更有利于消除外汇缺口而不是减少外国援助。尽管式（14-2）中的 E 和 F 是可以相互替换的，它们却有着截然不同的间接效果，尤其是当 F 表示的是需要偿还的有息贷款时。因此，由发展中国家和发达国家政府政策带来的进口和出口参数的变化，事实上会决定对国民产出的进一步增长起到限制作用的究竟是储蓄缺口还是外汇缺口。另外，**财政缺口**（fiscal gap）也可能起到很重要的作用，这是因为，如果没有对公路等基础设施或者人力资本的公共投资作为补充，用于投资的私人储蓄和用于资本品进口的外汇储备就都很难对私人部门的投资和增长起到实质性的作用。

因此，双缺口模型可以帮助我们理解这样一个事实，即在结构调整时期经济增长通常都很难有所起色。[28]

3.增长和储蓄　一般认为，外部援助也可以通过提高增长率所带来的额外的国内储蓄来促进受援国经济的进一步发展。人们希望，当国内资源变得充足，能够使发展实现自我支持的时候，对优惠性援助的需求最终会消失。在现实中，许多援助并不都是投资，而且即便某些援助是投资，其生产率也非常低。[29]解释这一问题的最主要的原因是附加在国外援助上的各种各样的"限制条件"。

4.技术援助　资金援助需要**技术援助**（technical assistance）的补充，援助形式主要是以高水平工人转移的方式，来保证有效利用援助资金，促进经济增长。这种劳动力缺口的填补过程和前面提到的资本缺口的填补过程非常类似。若要使受惠国的经济发展能够持续下去，则必须专注于这些国家的人员的培训。

5.吸收能力　最后，援助的数量应该由受援国的吸收能力来决定。**吸收能力**（absorptive ability）指的是受援国明智而又有效率地运用援助资金的能力（通常的意思是按照援助国对资金运用方式的期望）。一般而言，援助国都是在对最不发达国家的吸收能力进行评估的基础上，来决定给哪一个欠发达国家提供援助、提供多少、以何种形式提供（贷款还是赠予、资本援助还是技术援助）、用于什么目的、附加什么样的条件，等等。不过，很多援助形式本身就能够提高受援国的吸收能力，比如为基础设施建设提供援助或者为政府官员和医疗教育工作者提供培训等。有人这样认为，从发达国家的角度来讲，一些发展中国家不具备有效利用某些传统援助的能力，但是，这却能为发展中国家寻求新的援助形式提供更多的机会。[30]无论如何，在实际操作中，发达国家的援助总额很少与发展中国家的吸收能力有关，这是因为，在一般情况下，对外援助在援助国的预算支出中只不过是最末位的考虑，不具有优先性。在大多数情况下，受援国在这方面基本没有话语权。

6.经济动机和自身利益

一种观点认为，外国援助是促进发展中

家经济发展的一个重要因素，但其不应该掩盖这样一个事实：即使严格从经济层面来看，援助国的援助计划给自身带来的益处也是非常可观的。现在的趋势是朝着增加贷款而不是直接赠予发展的，并且发达国家极力将贷款与援助国的出口绑定在一起，这种趋势已经使发展中国家背上了沉重的偿债负担，这也增加了它们的进口成本，因为外国援助与援助国的出口绑定在一起的做法，使得受援国失去了从其他地方购买更低价格与更耐用的资本品和中间产品的自由。因此，从这个意义上说，**附带条件的援助**或**限制性援助**（tied aid）同不绑定的援助相比，只能说是一种次优选择；或许，同发达国家减少发展中国家的进口壁垒进而形成更为自由的贸易这一做法相比，也是次优选择。例如，美国所提供的对外援助中的很大比例，都被花费在了美国顾问和与美国相关的商业活动上。[31]

14.4.4　发展中国家为什么接受援助

到目前为止，发展中国家一直急切地想要获得援助，甚至不惜接受最苛刻和最严格的援助形式的原因，和发达国家愿意提供援助的原因相比，受到的关注程度要小得多。发展中国家可能主要是从经济发展的角度考虑这个问题的。发展中国家经常趋向于不加分别地接受这样的一种观点——这种观点通常是由发达国家的经济学家提出的，并且有韩国这样的成功案例的支持（当然，这些经济学家忽视了很多失败的案例），认为外国援助对于发展中国家的发展过程是必不可少的。因为外国援助补充了国内稀缺的资源，能够帮助其调整经济结构，并有助于发展中国家经济起飞，最终进入自我支持的经济增长。发达国家对于贫穷国家的发展所需要的援助有着自己的看法，而贫穷国家愿意接受发达国家的援助，部分原因就是，其接受了发达国家的观点，认为自己真的需要那些资源来促进自身的发展。

因此，冲突主要不是来自对援助的作用的不同看法，而是来自对其数量和条件的不同看法。很自然，发展中国家希望以直接赠予或长期低息贷款的形式获得更多的援助，并且希望附加条件不要太多。这意味着发达国家不能将

援助与援助国的出口绑定在一起，并且应该让受援国自身在决定其长远发展利益方面拥有更大的自由。但是很遗憾，以这种形式获得的大量援助，不是浪费在了炫耀"摆阔"上，就是浪费在了非生产性的项目上（例如，统治家族的纪念碑、豪华精致的国会大楼、规模庞大的机场），要不然就是直接被腐败的政府官员及其亲友奸党挥霍了。对外国援助而言，大多数的批评（比如浪费资源、助长腐败政权、被富人大肆侵占却牺牲穷人的利益）并不是没有道理的。过去，一些发展中国家之所以接受援助仅仅是因为有援助，它们自己并没有什么特别的需求去获得援助。有少部分领导者只是希望，不要在他们寻求降低贫困程度的努力过程中有什么绊脚石，也许这正好和莫桑比克在20世纪90年代时的情况一致。但是，这样的情况毕竟是少数。随着共和、言论自由和法制观念不断深入人心以及反对腐败的呼声越来越高，其能否对外国援助更加有效地发挥作用产生影响，现在还不得而知。

其次，在一些国家，无论是援助国还是受援国，都将援助视作给现有的统治者提供更大的政治支持，以压制各种反抗，从而维持其统治的一种手段。在这种情况下，援助不仅采取金融资源的形式，有时还会采取军事和武装国内军队等支持形式来进行。这种援助现象在20世纪80年代的中美洲十分常见。这样做的问题在于，"请神容易送神难"，一旦接受了援助，受援国要想再从援助国强加给它们的政治和经济义务中摆脱，就不是那么容易了，而且防止援助国政府干涉它们内部事务的能力也会大大减弱。

最后，无论在发达国家还是发展中国家中，都有许多支持外国援助的人士，他们认为，无论是基于富国要帮助穷国改进福利水平的根本人道主义责任感，还是富国出于过去的掠夺而对穷国亏欠的负疚感，富国都有义务支持发展中国家（特别是最不发达国家）的社会和经济发展。并且，他们还将这些道义责任与发展中国家在援助资金的分配和使用上需要更大的话语权联系起来。

总而言之，尽管那些最不发达的国家将会需要更多的援助来摆脱贫困的恶性循环，但

它们必须要改变获得援助的方式，以确保效率。

14.4.5 国际援助中非政府组织的作用

非政府组织（nongovernmental organizations，NGO）是发展援助领域增长速度最快和最重要的力量之一。正如我们在第 11 章中介绍的，非政府组织是一种自愿性的组织，它们与发展中国家的大多数当地基层群众组织合作，并代表他们的利益。它们也代表特定的当地和国际利益集团，对各种各样的问题提供紧急救济，比如保护儿童健康、提高妇女权益、减轻贫困、保护环境、增加食品生产和为小农及当地事务提供农村贷款等。非政府组织修建公路、房屋、医院和学校。它们既在家庭诊所和难民营工作，也在学校和大学从事教学工作，并致力于增加农业产量的科学研究。[32]

非政府组织包括宗教团体、私人基金和慈善组织、研究组织、志愿医生，以及由护士、工程师、农业科学家和经济学家组成的联合会。许多人直接在基层农村发展项目工作，其他人则集中从事对饥饿和失散人口的救助。常见的一些非政府组织包括：儿童救助组织、美国援外合作署、牛津饥荒救济委员会、计划生育组织、无国界医生组织、世界观察、世界野生动物基金、人类生存环境组织、非洲救援组织、国际小母牛组织、基督教援助组织、希望工程和国际特赦组织等。在 1970 ~ 2008 年，发达国家中非政府组织在发展中国家的项目和计划的资金从不足 10 亿美元增加到了 230 亿美元以上。[33] 许多非政府组织给予了它们在发展中国家的分支机构或者它们所支持的其他组织充分的本地控制权。发展中国家的本地非政府组织也越来越多地走向国际援助的舞台，例如孟加拉国农村发展委员会（BRAC，详见第 11 章案例研究）。

非政府组织有两个得天独厚的优势。第一，由于较少受政治要求的限制，大多数非政府组织，与大规模的双边和多边援助计划相比，能够更有效地与需要它们帮助的当地群众展开合作；第二，通过直接与当地人的组织一起工作，许多非政府组织能够让那些得到帮助的大多数穷人不再怀疑或者嘲讽它们的帮助是虚情假意或昙花一现。据估计，发展中国家中的非政府组织影响着大约 2.5 亿人的生活，并且事实上，它们的声音也越来越受到发达国家政府和国际发展会议的重视。这一事实也清楚地表明，外国援助的性质和重点正在发生着迅速的变化。同政府援助和私人部门的援助相比，非政府组织还有其他一些优势，但同时，也存在着很大的问题，这些问题有时候被称为"志愿失灵"（和私人志愿组织相关），此问题在第 11 章有详尽的解释。来自批评者的声音是，国际非政府组织能否将其知识和能力可持续地转移到国内的非政府组织或者其他社区性组织中。[34]

14.4.6 援助的影响

关于援助，尤其是公共援助的经济影响问题，与私人外国投资的影响一样，充满了争论和不同意见。[35] 争论的一方是经济传统主义者，他们认为，援助事实上促进了许多发展中国家的经济增长和结构转变。[36] 争论的另一方是批评者，他们认为援助非但没有促进更快的增长，甚至可能实际上阻碍了经济的发展，原因在于它对国内储蓄和投资仅仅是替代而不是补充，不断加重的债务负担（此时，援助的形式是贷款，甚至是低利率贷款）和将援助与援助国的出口绑定的做法恶化了欠发达国家的收支平衡。

官方援助还受到了进一步的批评，这些批评认为援助只是集中在现代部门，刺激了现代部门的增长，这导致发展中国家富人和穷人生活水平差距的拉大。一些左派的批评家甚至断言，外国援助一直是阻碍发展的消极因素，因为它不但减少了储蓄、阻碍了经济增长，而且加剧了收入不平等。[37] 援助及外国私人投资没有解决经济中的瓶颈和弥补缺口，反而扩大了现有的储蓄和外汇缺口，甚至造成了新的差距（如城乡差距，现代部门和传统部门之间的差距）。右派的批评家则批评外国援助是一种失败，因为它的大部分资金都被腐败的官僚侵占，并且降低了发展中国家经济发展的主动性，在部分受援国引发了普遍的坐等援助的思想。[38]

不过，各方都开始要求对发展援助的有效

性进行严格测试，这是发展援助在新世纪里取得的最重要的进展。2005 年，来自各国和各多边机构的官员汇聚巴黎，就其所共同关心的国际发展问题进行探讨，并且达成共识，要对发展援助进行更严格的监管，对援助的有效性进行系统性的测评。[39] 伴随着这项政策的施行，越来越多的人认可了对发展援助进行更严格的评价的意义。主流趋势之一是通过随机实验的方法对援助的有效性进行评估。[40] 很明显，我们不能够把这些方法应用到所有有价值的发展项目中；在实际应用中，要根据具体的经济发展情况来设置问题，而不能只依据方法提出一些不相关的问题。[41] 通常，将针对某一地区的研究结果推广到其他情况不相同的地区是很难做到的，这一问题通常被称为外延有效性难题。不过，可行的、适当的随机实验是解决这一难题的有效方法。近些年，人们广泛采用随机实验的方法来研究教育、健康、微观金融和社会福利等一系列问题。[42]

最后，很多批评指出：外国直接投资的总量是国际援助总量的 15 倍。这是一个很重要的趋势。另外，在很多急需外国援助的国家，国际援助的总量要大于外国直接投资的总量。事实上，外国直接投资的目的国大多不太需要国际援助，而且，资本外逃是大多数经济环境脆弱和面临暴力冲突的国家长久以来面临的难题。不仅如此，即便是一个国家接收到的外国直接投资远远大于国际援助，这也不能说明外国直接投资在改善经济发展和消除贫困方面的作用成比例地大于国际援助在这些方面的作用。[43]

在经历了很长一段时间的援助疲劳之后，公众越来越愿意支持政府在财政预案中提高对外援助拨款，也更愿意通过非政府组织为发展援助基金捐款，撒哈拉以南非洲地区的发展危机也调动了人们对提高向发展中国家进行援助的支持。调查数据还显示，在最近一次全球金融危机之后，人们对发展中国家援助的热情至少暂时减弱了。

联合国 2010 年千年发展目标峰会的主要议题是，加大用于减少极端贫困（尤其是 49 个最不发达国家的极端贫困）的援助；《巴黎宣言》中已经对援助的责任和评价形式达成共识；各国表示要进一步加大发展援助的投入；这些都表明未来的援助会更加有效，也会更加直接地作用于那些生活在贫困中的人民。外国援助在帮助解决区域争端、促进战后恢复和向继续发展过渡方面起到了非常重要的作用。我们将会在下一节中介绍发展中国家的暴力冲突问题。

14.5 暴力冲突以及经济发展

14.5.1 暴力冲突的规模及冲突的风险

人身安全是人类发挥自己才能的基本前提，确保人身安全是所有为促进经济发展而建立的组织的最基本目标。在许多非常贫穷的国家，暴力冲突阻碍了其经济发展。除了暴力冲突带来的恐惧及其本身带来的后果之外，由于人们往往会认为将来还可能发生类似的冲突，怀疑能否解决暴力冲突以及认为在这样的环境下经济增长水平不会太高，这些都会影响经济的发展。这些不确定性因素会阻碍投资以及新企业的创立，也会加快人才外流的速度。因此，对导致暴力冲突的原因、结果以及可能的避免方案及可能引起暴力冲突的环境进行改善成为发展经济学领域的重要组成部分。

在第二次世界大战结束后的 50 年间，暴力冲突的数量以及强度在不断增长，并且于 20 世纪 80 年代达到顶峰。从那时起，暴力冲突开始明显地减少，如图 14-5 所示。在图 14-5 中，我们总结了按时间排序的暴力冲突发生的概率（按照重要程度调整后的）。然而，同 60 年代相比较，群体之间的冲突，尤其是种族冲突的规模以及影响仍旧保持在令人难以接受的高水平。

近些年来，非洲地区的暴力冲突出现了减少趋势，我们对此感到非常振奋。但是，随着最不发达的国家越来越多地爆发群体之间的冲突，由此导致冲突后的重建工作越来越艰难以及政权的不稳定。冲突后的恢复工作通常都集中在重建被损毁的基础设施和房屋，恢复环境，重建卫生和教育体系，为心理受创的人提供帮助以及增加全社会的总体资本等方面。[44] 因此，暴力冲突之后的重建成本非常高昂，这使得如何避免暴力冲突变得更加重要。

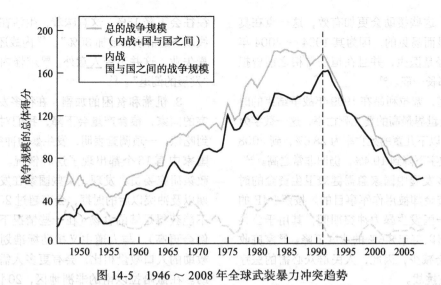

图 14-5　1946 ～ 2008 年全球武装暴力冲突趋势

资料来源：Monty G. Marshall and Benjamin R. Cole, *Global Report 2009: Conflict, Governance, and State Fragility*,
Center for Global Policy and Center for Systemic Peace, Systemicpeace .org, December 7, 2009. Reprinted with
permission from the Center for Systemic Peace.

14.5.2　暴力冲突的后果

暴力冲突会损害人们的身心健康，这一点有时非常明显，但有时也令人始料未及。由于父母可能会失去孩子或者成为难民，儿童会被迫工作，那些没有直接参与冲突的人也会立即受到暴力冲突的影响。人们通常会花费许多年从暴力冲突的阴影中走出。暴力冲突使得儿童在其成长最关键的时期辍学，并且影响其一生的身心健康。良好的社会结构往往会起到缓冲经济衰退的作用，而暴力冲突会损毁社会架构，修复社会架构的过程往往需要很多年的时间。

1. 健康状况　战争带来的直接影响显而易见。一开始的时候，男性的死亡比例要高于女性，这主要是战斗直接带来的后果。随着时间的推移，女性的死亡比例会提高，她们通常会受到战争的长期影响。产妇的死亡率会高得令人吃惊——刚果民主共和国（DRC）等发生暴力冲突的地区产妇死亡率高达 3%。[45] 学者经过研究发现，暴力冲突会带给女性更加长久的不良影响，使其无法获得公共卫生服务、社会福利和教育。[46]

强奸成为恐怖活动的一种工具。许多受害者死于强奸，更多的受害者则不得不忍受一生的疾病，例如艾滋病和慢性抑郁。Nina

Birkeland 总结道："在种族暴力冲突中，大规模的强奸活动往往会导致种族人口减少、摧毁社区和家庭。"[47] 难民中的妇女和儿童受到强奸与性奴役的风险非常高。

另外，Thomas Plumper 和 Eric Neumayer 的报告显示："在为难民搭建的临时营地中，痢疾、麻疹、急性呼吸系统疾病、疟疾以及艾滋病等性传播疾病很容易传播，通常会成为流行病。"[48] 正常情况下，某些疾病并不会给人们带来多大威胁，但是虚弱的难民可能会因此而毙命，假如难民能够得到充足的睡眠、充分摄入营养物质以及减小压力，那么他们就不会死于这些疾病。暴力冲突带来的问题还会跨越国界，例如，据估计，每 1 000 名难民会给其提供避难的国家带来 1 400 例额外的疟疾患者。[49]

在葡萄牙殖民者离开之后，1975 ～ 1991 年，莫桑比克发生了内战，给其带来了严重的经济损失。1990 年，莫桑比克 5 岁以下儿童死亡率高达 24.9%，但同发生冲突的 80 年代相比，这一数字已经低了很多。2008 年，这一比例降低到了 13%，低于其他 17 个国家。虽然取得了很大进步，但是还有很大的改进空间。[50] 国际援助在降低儿童死亡率方面的作用非常重要，如果接受援助的国家把改善国民健康状况作为首要目标，这些援助会更加有效，这一点在莫桑比克是显而易见的，因为其 1994～2004 年的首相曾经是医生，并且在担任首相之前曾担任过卫生部长一职。[51]

据报道，塞拉利昂在 1999 年战争结束的时候，有着全世界最高的婴儿死亡率，这一数字为 1.8%；5 岁以下儿童的死亡率为 28.6%，到 2008 年，这一数字下降到 19.4%，仍旧非常之高。[52]

在很多发展中国家急需健康卫生资金的时候，大量资金却被用作军事目的。按照 IMF 的估计，在一国发生暴力冲突期间，其用于公共健康的支出以每年 8.6% 的速度下降。[53] 家庭收入通常也会减少，因此，人民群众必需的医疗支出也面临挑战。

对布隆迪和津巴布韦的研究表明，暴力冲突会给儿童带来长期的营养不良问题。冲突的性质决定了其在公共健康方面的消极影响的程度。有证据表明，战斗引起的死亡人数及其后续的健康问题要远远少于种族灭绝（受害者往往有着共同的特征，比如说同一种族或者同一宗教信仰）以及政治屠杀（受害者往往是和主导地位的群体及政府有着相反意识形态的人）。[54]

2. 财富毁灭 暴力冲突会摧毁财富，那些没有被摧毁的财富也被使用到破坏性活动中。更多的财富则被转移到国外。一项研究表明，在暴力冲突开始和结束之间，一国财富的 10% 会被转移到国外，其中主要是相对富有的居民为保护其财产而进行的资本外逃。[55]

一项 IMF 的研究表明，"塞拉利昂 1983～1996 年的暴力冲突所带来的经济损失总价值为 42 亿美元，相当于其 1996 年国内生产总值的两倍。"[56] 尼加拉瓜内战开始前的人均国民收入为 4 276 美元——这个数值已经非常低了，但是，其内战结束的时候，人均国民收入已经下降到了 1 913 美元。这相当于内战期间，该国人均国民收入以每年 6.5% 的速度下降，同战后年均 2.5% 的增长速度相比，内战期间该国财富损失的速度接近 10%。[57]

在一些国家，战斗往往集中在局部地区。但是，一项研究表明，某些发生战争的国家年均经济增长率为 3.3%（该研究只针对数据可得的国家）。[58] 更进一步讲，"通常情况下，内战结束后，其国民收入和不发生内战的情况相比，

往往会下降 15%，这意味着，生活在绝对贫困线以下的群众会增加 30%"。[59] 内战还会造成大量失业，这并不令人意外。[60] 难怪内战被称为"发展的倒退"。[61]

3. 饥荒和贫困的加剧 在很多发生暴力冲突的国家，粮食产量会下降，我们对此并不感到吃惊。一项调查表明，发生暴力冲突的 18 个国家中有 13 个都出现了这种情况。国际食品政策研究委员会发现，某些国家在发生冲突时期以及冲突以后的时期，会有超过 20% 的人口不能获得足够的食物（在一些情况下，这一比例会更高）。与人道主义援助标准划定的需要救助的人口数量相比，会有更多人需要食品救助。在撒哈拉以南的非洲地区，20 世纪 80 年代和 90 年代由于暴力冲突引起的食物减少量相当于其在那一时期接受的食品援助数量的一半。切断粮食供应也是战争中的一种武器。战斗人员会切断敌人的粮食供给，以此逼迫敌人投降；战斗人员可能也会窃取国际援助的粮食。[62]

人们获得收入的可能性减小以及战斗都会造成贫困人口增加。屠杀和驱走家畜也是战争的一种手段，另外，会有一些家畜饿死。莫桑比克和乌干达的许多受到暴力冲突影响的牧民几乎损失了其所有的家畜。这些牧民也没有其他的家畜来源。当那些非常贫穷的牧民被驱离其家园的时候，他们的土地也会被这些驱赶者占领。大多数情况下，这些牧民中的绝大部分人再也不能重新获得其房屋和土地了。在暴力冲突之后，受到影响的地区的经济恢复速度会非常慢，主要原因有资本的缺乏、被禁锢的资源以及地雷的威胁。[63] 当政者往往也不能保护无家可归的寡妇和儿童的最基本权益。用于解决土地产权纠纷的机构要么不能正常发挥功能，要么根本就没有建立。[64] 这些因素都在战后继续扩大着战争带来的不良影响。

4. 教育的缺失 在发生暴力冲突的国家中，有 8 个国家的教育支出数据可以获得。IMF 发现，这些国家的人均教育支出以每年 4.3% 的速度下降。不仅如此，有时候儿童不愿意去上学，因为从家到学校路上的危险太大了。政府军和反叛者都破坏了象征希望的学校。许多儿童不得不辍学，每天工作数小时以维持生计。

在法律不健全的条件下，存在大量的非法交易还有绑架儿童使之成为性奴的行为，"童子军"以及其他令人厌恶的情况也同时存在。在乌干达进行的一项关于诱拐儿童成为"童子军"的研究表明，这些儿童平均失学时间为一年。由于这些儿童在战斗中会受伤，这极大地影响了他们以后的收入水平。然而，在暴力冲突结束后，学校的入学率往往会急剧上升。[65]

5. 支离破碎的社会结构 暴力冲突最直接的后果是产生大量难民——一项估计表明，平均来看，内战会使每 1 000 人中催生 64 名难民，政变会使每 1 000 人中产生 45 人，游击队战斗为 30 人。[66]根据联合国的统计数据，截至 2008 年，全球由"冲突、一般暴力因素以及人权问题"产生的无家可归居民（IDP）有 2 600 万。其中一半以上来自苏丹、哥伦比亚、伊拉克、刚果民主共和国以及索马里五个国家。全球范围内的难民数量可能比以往任何一个时期都要多，而且还有 2 000 万人口不得不逃离他们的家园。事实上，内战的影响力往往会持续很多年，而且可能影响到数百公里以外的地方，甚至是别的国家。[67]但是，一旦内战结束后，以东帝汶和乌干达为例，其难民会返回家乡，这样一来，无家可归的居民数量就会大大减少。目前，全世界不到一半的无家可归者来自非洲，不过，该地区无家可归居民的数量也在减少。[68]

在哥伦比亚和许多其他国家，由于国家战乱，许多毒品犯罪团伙跨越边境同政府军或者反叛者联合进行非法交易。这进一步导致了社会结构的崩溃，不仅破坏了国家制度，还摧毁了吸毒者的生活。

正如 2010 千年发展目标报告中所说的，"对于人类安全和经过不懈努力取得的千年发展成果来说，武装冲突依旧是主要的威胁因素"。大量难民居住在临时住所中，他们基本没有机会改善自己的生活。[69]

14.5.3 武装冲突的起因及暴力冲突带来的风险

计量经济学和案例研究的结果都支持如下观点：容易发生内战的国家一般都具有下列特点，如人均收入较低，经济增速缓慢，人口数量众多，石油产量巨大，教育落后，外来种族数量较多，种族分化严重，基础资源压力较大，出口高价值的商品获利的可能性较大。[70]正如我们看到的，大多数多样化（种族方面或者其他方面）的地区并没有暴力冲突，大部分个人收入差距很大的地区也没有暴力冲突，这是非常好的消息。因此，引起暴力冲突的原因不仅仅是经济方面的，也不仅仅是文化方面的：当那些被认为本应该平等的阶层之间存在太大的不平等的时候，爆发冲突的可能性就大大增加了。

1. 横向不平等 弗朗西斯·斯图尔特（Frances Stewart）指出，存在于不同文化群体间的"横向不平等"（或称为"不平等"）加剧了冲突的风险。[71]同时，她还提出"当不同群体间同时存在着文化、经济、政治差异时，他们就容易心生芥蒂，进而升级为暴力冲突"。在斯图尔特构建的框架下，横向不平衡是"文化差异与经济、政治不平等相结合的产物，并贯穿于文化发展始末。至少在一定程度上，横向不平衡能够解释当代暴力冲突的原因"。[72]她注意到，群体不平等已经成为其他区域与科特迪瓦、卢旺达、苏丹等国之间发生冲突的主要原因。斯图尔特表示，一份关于科特迪瓦的分析报告（见第 5 章案例分析）"指出这里存在着社会经济不平等与政治不平等，因而冲突极易发生。反之，如果一个群体拥有政治权力，而另一个群体具有经济优势（比如马来西亚和尼日利亚），或者是政府能够兼收并蓄，那么发生冲突的概率就会大大降低"。斯图尔特总结道："上述发现对于制定发展策略具有重大指导意义。在多民族社会中，特别是战后国家中，那些致力于纠正经济、社会、政治横向不平等的政策——作为总体发展策略的一部分，应当享有优先权。"[73]

2. 满足基本需求的自然资源 缺乏基本需求资源（特别是食品、耕地和水资源的不足）可能会引起冲突或是提高冲突的风险性。例如，联合国将达尔富尔危机归结为淡水等自然资源的缺乏。[74]科尼亚北部的游牧群体冲突则是由于干旱和缺乏淡水资源。科林·卡尔（Colin Kahl）提出，自然资源不足会提高暴力冲突的风险性。同时，他还列举了定量研究，表明人口规模和人口密度都是冲突风险的重要因素；

那些高度依赖自然资源的国家，以及那些正在遭受高森林砍伐率、高土壤退化率，却拥有较少人均耕地面积和淡水资源的国家都面临着更高的冲突风险。[75] 然而，较前者而言，低降雨量的危害就更大了（首要诱因），它会导致经济的缓慢增长，特别是对农业国家而言。[76] 气候变化可能会使现存问题进一步恶化。[77] 一项 2009 年的研究表明，在历史上，每当非洲的气温升高 1℃，同年的内战数量就会相应增加 4.5%；因此，研究者得出如下结论：未来的气温走向预示着到 2030 年，暴力冲突的数量将会增加 54%，从而"导致额外死亡 393 000 人"。[78] 虽然，仅因缺乏自然资源而直接导致的暴力冲突并不多，但在许多案例中，它仍是主要诱因之一。[79]

3. 努力控制可供出口的自然资源　一些可供出口的自然资源具有很高的价值，如钻石、原油、实木等，但针对这些资源的分配却未能达成共识或是缺乏可行的准则，这也是暴力冲突的潜在因素之一。保罗·科利尔（Paul Collier）归纳了冲突圈套原理，他认为冲突圈套"显示了某一经济环境是如何让一个国家产生内战倾向的，也显示了一旦冲突发生，暴力就会循环轮回，形成一个难以逃脱的圈套"。他发现，那些内战频发的国家存在着一些共性：收入水平低、经济增长缓慢、依赖初级产品出口。[80]

除了上述高价值资源，对于那些以前从未被当作出口品的资源而言，情况尤为如此。随着淡水资源日渐匮乏（内陆水体海岸线回退、蓄水层消耗、盐化以及气候变化而产生的问题导致了目前的水资源匮乏困境），水价不断攀升，淡水出口也开始兴起。[81] 最后，当本土群体的淡水需求不能得到保障的时候，对淡水具有掌控权的群体就会发现淡水的出口价值是相当诱人的。

14.5.4　暴力冲突的解决与预防

1. 机构的重要性　为了意识到解决与预防暴力冲突时所遇到的挑战，我们先来回顾一下第 2 章所讲的内容：机构品质的重要性与提升机构品质所遇到的困难。[82] 当不同群体意见相左时，法律条文与非正式性规范发挥着重要作用，它们能够界定和解决群体间的利益关系，从而使发展继续进行。好的机构为基本安全与权利提供了保障，能够有效预防或是减小暴力冲突所带来的发展缓慢的风险。在这种情况下，一个好的机构能够促进冲突的解决，避免暴力升级，从而使潜在能力得到进一步发展。如果没有这些机构，单纯的政治协定就会带来一些风险，如故态复萌或者是不能为协调的经济发展创造条件。如果沉溺在一方受益意味着另一方就会损失的思维模式中，那么与对手的合作共赢显然就不能实现，更不用提建立共赢发展框架了。共和机构的完善有助于改善政治所造成的不平等现象：那些经表决通过的"公平"法则将会建立主导性赢家，并剥夺失败者的权利。[83]

此外，军费开支也是冲突的诱因之一，而我们往往只将其看作冲突的结果。调查显示，中低收入水平国家的军费开支不断上升，其所占世界支出的份额从 1990 年的 14% 上升到 2009 年的 24%。斯德哥尔摩国际和平研究所通过研究得出结论："2012 年国际范围内军费支出的分布显示出军费支出的重心开始从西方世界向世界的其他地方转移，尤其是从西欧向发展中国家转移。"[84]

有两个重要的机构（详见第 2 章）致力于检查、均衡行政权力和订立并实施合约。如果缺乏对权力的有效检查，那些希望得到更多的（和损失了很多的）群体就会通过暴力的形式来改变现状。遇到这种情况时，当权者何不"用钱买通"反对派呢？事实上在多数情况下，他们也是这么做的。如果停止了此种做法，潜在的问题将会促成解决方案的产生，迫使当权者和在野群体签订合约；然而，一旦当权者变得十分强大，违约的诱因便开始萌生——这对反对者而言，将会造成可怕的后果。意识到这种风险后，他们会再次想到利用暴力解决问题，除非当权者承诺在某种程度上继续履行条约。若想化解上述问题，我们将会遇到许多困难，这些困难就被称作**承诺难题**（commitment problem），而解决这一问题的可靠方案则被称为"承诺策略"。上述观点强调了对解决冲突而言，建立专门性机构是十分重要的；我们应当将其放在国际援助的优先发展位置，从而建立公认的法则,以解决群体间的冲突。与此同时,在冲突升级为暴力之前,我们还应该加强条约的实施环节。专门性机构的建立将有助于国际条约的有效实施。[85]

2. 全球性角色　在冲突后的发展过程中,来自全球、区域、国家和社团层面的参与显得尤为重要。只要跨国界的暴力事件和残余暴力事件依然活跃在跨境飞地,我们就不能想当然地认为国家安全(同样作为基础性机构)状况良好。例如,在乌干达境内,武装团体依然十分猖獗。与此同时,跨国犯罪组织也危害着其他国家。这时,联合国就潜在地发挥着积极的协调作用。其他国际性组织和机构也会提供资金并协助进行能力建设。

通过控制高价值资源的进出口,新的国际规则和协议有助于减少冲突诱因。[86]此外,企业、政府和国内社会的紧密合作可以促进国际资源协议的达成,从而减少战争的经济诱因并确保这些资源不会为战争提供资金。例如,世界贸易组织(WTO)中的 50 个成员方已经达成共识,只对通过"金伯利进程"(志愿组织)认证的钻石进行交易,因为这些钻石都和冲突无关。除此以外,32 个成员已经通过了自愿实施"采掘业透明度行动计划"(EITI)的决议。在此决议下,公司需向社会公布它们为政府支付的资源采掘费,政府也需要公布此项收入。随后,多重利益相关者小组和外围审计员要对这些数据进行审核,并达成共识,以确保这部分资金用在对自然资源拥有所有权的公众身上。[87]

3. 区域性角色:适用于非洲的解决方案
对于多国地域性合作而言,战后重建也是一个棘手的问题。非洲联盟在解决暴力冲突和平息战争的余波中扮演着日益重要的角色,尤其是在维和行动中。一旦签署了和平议程,完成了功能过渡,或是建立了永久政府,战后经济援助就显得十分重要。这时,非洲发展银行(African Development Bank, AfDB)发挥着积极的作用。其下属的"弱国体系"能够界定非洲发展银行需要援助的弱国,进而开展其两步走的连续跨越步骤。第一步,政府必须承诺巩固和平安全,满足社会经济需求。第二步,政府必须论证,自身能够逐步改善宏观经济状况,遵循稳健的债务政策,制定成熟的经济管

理方案,并保持公共账户的透明度。欧洲发展银行已经确定了该项目的九个合作国家,分别是布隆迪、中非共和国、科特迪瓦、科摩罗、刚果共和国、几内亚、利比里亚、塞拉利昂和多哥。[88]不过,非洲发展银行工作的最终效果还有待于全面论证。

4. 政府角色　当地政府应当为公民提供强有力的保护,履行政府职责,切实保护公民免受暴力伤害。政体缺陷虽然会构成威胁,但适时的自检与控制可起到理想效果。在以暴制暴的同时却将资源集中在小部分人手中,这种政体只可能对暴力现象起到暂时的压制作用。在该政体下,国家各方面的发展可想而知。尽管国家垄断可消除表面的冲突,但会造成社会不公。来自外界的多边援助可使其实现国内和平与公民安全。因此国家要全力确保广阔的对外合作机遇以及尽可能多的合作收益,而且在这一过程中,可以逐渐形成共和政治,更好地建设国家。[89]虽然可能困难重重,但该过程却是乐观的,因为有很多贫穷国家的共和政治正在稳步上升,尽管会与殖民国家产生民族冲突,但多数国家的共和体制运行良好。

对国内资源的争夺(尤其是可出口的自然资源)常会导致腐败,而对腐败的有力治理可很好地预防其再次发生。腐败往往被视为战后不稳定因素的制造者,但其中一个问题是,"战后的大环境对掌权者的腐败十分有利,这是因为战后该国往往会得到大量的援助。"[90]

弗朗西斯·斯图尔特称:"政治和社会经济两方面的不公将会直接影响政局。在政治上,由于不同势力的领导人感到被排除在政治体制之外,所以很可能产生分歧并最终导致叛乱;而在社会经济上的不公会导致人民由于不堪民族歧视而被迫移民,流动人口大量产生。"[91]有证据表明:"从某种层面上来看,现今的武装冲突大多是由文化差异以及在政治和经济上所遭受的不公平所造成的。"[92]建立包容的经济发展政策与政治参与政策的地位越来越重要,例如建立联邦制或代表制。

对战双方或关系紧张的党派之间需建立相互信任。冲突可理解为无法相互合作并达成多方平衡的结果,而这点深受社会规范的影响。当人们预期到不会或无法通过和平手段解决冲

突时，多方平衡便无法达成。[93] 整个社会中只有少数公民为不法分子当然会比基本都是不法分子要更好治理，第 4 章中图 4-1 反映了该问题。如果国家中大多数人都要求付诸武力，那么最好的办法就是采用强硬方式，而且是越早越好。相反，如果人们不希望发生战争，那么就需要拿出更多的理智来寻求非暴力的方式，从而改变民生和投资。在后一种情况下，政府应致力于营造能够和平解决冲突的前景并声明破坏和平者将会受到严惩。同时，设立能够解决敌对双方之间有关承诺的事宜的机构也颇有益处。

5. 关注教育 联合国教科文组织的全面教育方案（EFA）中指出，应重视受教育程度低与暴力冲突之间的关系。很明显，暴力冲突会严重损害教育发展——破坏教育基础设施，伤害或杀害学生及老师等。EFA 也指出，受教育程度也会导致冲突的产生，因为致使冲突产生的观念可通过课堂进行广泛传播。EFA 呼吁应实行"避免战争"式的教育以及实行"教育重建"政策，进一步重视普遍适用性课程。例如，学习如何让那些因身处战争环境而无家可归的人享受教育，这已经不仅仅是存在于部分区域的问题了；再比如，尽管两个地区的具体冲突模式有所不同，但从斯瓦特山谷中习得的经验也可以应用于刚果共和国。EFA 指出，教育能够促进和平、稳定，有利于国家建设。[94]

6. 地方性"社区驱动型"经济发展 地方对经济活动的参与发挥着重大作用，调查发现：社区驱动型经济发展（community-driven development，CDD）扮演着重要的角色。帕特里克·巴伦（Patrick Barron）曾写道："有效的 CDD 项目有助于资源的快速分配，并能使资源分配深入到偏远的农村地区。在移交决策时，这些项目不仅能确保资源分配的公平和公认度，还能安全平稳地在地方运作。"他还强调，CDD 项目还能为"有冲突的不同群体可以共同行动"提供激励。最后，"CDD 努力防止社会基础及机构基础受到侵蚀，因为两者对非暴力式的经济发展管理至关重要。"[95]

例如，通过对卡拉奇综合项目和菲律宾社会服务项目的估算，我们发现它们对所在国经济具有积极的影响。此类项目应用于"战区或战后地区，但也适用于暴力现象并不明显的国家"。[96]

詹姆斯·马诺尔（James Manor）在战后环境下检验了地方性 CDD 项目并做出了如下总结："几乎所有的成功案例都包含一种成功的咨询机制，这种机制允许把当地的偏好、知识还有能量吸收到政策的制定和实施过程中，同时还允许为当地社区提供外部资源。如果在实施这种政策的同时，努力推行'去中央集权'政策，那么这些机制会发挥更好的作用，这同时会促使正式的官方机构进行改革，以更好地支持这些机制。"[97]

对社区发展、避免冲突的其他战略以及冲突后恢复的研究仍处于初级阶段，但是研究者在不断地推出新研究成果。Ghazala Mansuri 和 Vijayendra Rao 在其研究中也得出结论，在有着"特定的环境基础，并且有长期发展眼光以及设计良好的监管和评价体系的情况下"，推行社区驱动经济型发展会取得更加明显的效果。一些项目已经被某些名人"俘虏"，他们利用这些项目为其自身利益服务，因此，对这些项目的密切监管十分重要。由于自我选择这一因素的存在，因此很难得到一般性的结论：由项目提出者和资助者做出的预测往往会有更大的影响力，但是，当人们所处的环境使其预期有更大的成功可能性时，人们往往会变得更有组织。然而，由研究者提出的计划往往被视为由于外部约定而提出的，这会使得名人拒绝改变。近期在塞拉利昂进行的一个实验表明，社区驱动经济型发展会改善国内和政府以及与家庭经济福利相关的公共物品的状况，尽管这一改善仅仅是限于局部的。这在发展经济学领域是一个重要且有很大发展前景的领域。[98]

在为经济发展提供援助方面，从没有像现在这样强调过不确定性和暴力冲突。解决国家政局的不稳定性被视为新的可持续发展的核心目标之一。

案例研究 14　哥斯达黎加、危地马拉和洪都拉斯：对比和趋同的前景

通过对比分析哥斯达黎加、危地马拉和洪都拉斯三国的情况，可以阐明本章的主要内容，即国外金融、国外投资、侨汇、救助、冲突和政府角色、教育状况、医疗卫生、贫富差距和民族不平等因素对经济发展造成的影响。

这三个国家都是西班牙之前在中美洲地区的殖民地。在地域特色方面，这三个国家有着许多相同点，例如，同为热带低地区域，山区高地气候较为凉爽，山谷地区土地肥沃、人口密度大。虽然这三个国家的情况不完全一样，但是，这三个国家在一些方面有较强的可比性。例如，从整体看，三国人口总数为 500 ～ 1 500 万，国土面积从 5.1 万平方千米到 11.2 万平方千米不等，人口密度也不尽相同，有的达到 70 人 / 平方千米，有的达到 137 人 / 平方千米。

然而，这三个国家在经济发展方面有很大的区别。哥斯达黎加之前是相对贫穷的国家，近几十年，经过不断的发展，已经赶超了另外两个国家。本案例将对这三个国家近期的发展政策和历史政策根源（可以解释不同的政策是如何形成的）进行研究。哥斯达黎加经济全面发展反映出早前的国家政策可以给经济发展结果带来积极影响。这三个国家发展的差距也反映出民族的不平等性、教育水平的高低对政策和经济发展的影响。可以看出不同国家在防控冲突方面的努力程度不一样，下文将进一步对比导致这些区别的原因。出于相似但肯定并非显而易见的原因，哥斯达黎加在这方面比危地马拉和洪都拉斯做得好。对于洪都拉斯来说，国内冲突对经济发展有一定的抑制作用，而对于危地马拉来说，国内冲突则非常明显地抑制了国内经济发展。近些年来，由于哥斯达黎加国内局势较稳定，人力投资大都得到了外国直接投资的支持，促进了本国经济的发展；而外国直接投资于洪都拉斯和危地马拉的金额却令人担忧。暴力冲突的明显减少有力地促进了危地马拉经济的发展，侨汇也起到了一定的作用；对于洪都拉斯来说侨汇则起到了更为重要的作用。外国援助帮助洪都拉斯和危地马拉两个国家缩小了在教育和医疗卫生方面同哥斯达黎加的差距。下表显示了这三个相邻的国家在一些重要的指标方面的巨大差异（见表 14-4）。

表 14-4　三国主要指标对比

指标	哥斯达黎加	洪都拉斯	危地马拉
人口总数（百万）（世界发展指数）	5	8	15
国土面积（千平方公里）（世界发展指数）	51	112	109
人口密度（每平方公里）（世界发展指数）	93	70	137
2012 年人均国民生产总值——2005 年美元购买力平价（2013 年人类发展报告）	10 863	3 426	4 235
人均寿命（2013 年人类发展报告）	79.4	73.4	71.4
5 岁以下儿童死亡率（世界发展指数，2012 年数据）	10	23	32
小学师生比例，2009 年（最近期可比较的世界发展指数数据）	18	34	28
受教育年限（2013 年人类发展报告）	8.4	6.5	4.1
新人类发展指数（2012 年数据）	0.773（62 号）	0.632（120 号）	0.581（133 号）
贫困指数（低于 1.25 美元的比例，世界发展指数）	2.4	21.4	24.4
不平等指数（基尼系数，世界发展指数）	51	57	56
透明国际清廉指数（2013 年）	53（第 49 名）	26（第 140 名）	29（第 123 名）
2012 年经济学家民主指数	8.1	5.84	5.88
2013 年经济自由指数（WSJ）	49	96	85
语言分化指数（Alsesina）	0.048 9	0.055 3	0.458 6
民族分化指数（Alsesina）	0.238 6	0.186 7	0.512 2
外国直接投资规模（百万美元，2012 年联合国贸易暨发展会议）	18 713	9 024	8 914
侨汇占国内生产总值比例，2012 年（世界银行）	1.2	15.7	10

收入、人文发展：基本对比

数据反映出哥斯达黎加、危地马拉和洪都拉斯在收入、人文发展水平方面的巨大差异。哥斯达黎加的人均国民收入是洪都拉斯的 3 倍以上，是危地马拉的 2.5 倍。这些区别反映出哥斯达黎加在过去 60 年的经济发展速度要高于另两个国家。哥斯达黎加国民平均寿命比洪都拉斯高 6 岁，比危地马拉高 8 岁。哥斯达黎加国内 5 岁以下儿童的死亡率不到洪都拉斯国内水平的一半，不到危地马拉的 1/3。哥斯达黎加国民人均受教育年限比洪都拉斯多 2 年，比危地马拉多 4 年。哥斯达黎加人类发展指数很高（全球排名第 62），洪都拉斯和危地马拉的人类发展指数在全球处于中等水平（洪都拉斯排名第 120，危地马拉排名第 133），但是危地马拉的排名处于相对靠后的水平，接近低等水平（人类发展指数的详细内容见第 2 章）。收入和人文水平方面的差异也反映在这个地区的贫困数据上。在洪都拉斯，生活水平低于每天 1.25 美元的人群是哥斯达黎加的 9 倍，而危地马拉这个水平的人群是哥斯达黎加的 10 倍。在这三个国家中，女性的平均育儿数量也有很大差异，危地马拉生育水平最高，全国人口中 41% 不足 15 岁，该国是拉丁美洲年轻人口最多的国家。5 岁以下儿童的死亡率在危地马拉也非常高。有趣的是，哥斯达黎加被评为世界上幸福感最高的国家。

社会不平等

哥斯达黎加国内的社会不平等并不严重，基尼系数为 51（同美国相似），比洪都拉斯（基尼系数为 57）和危地马拉（基尼系数为 56）要低。更重要的是，危地马拉国内民族之间不平等的情况非常严重，在很多国家，"横向不平等"的存在都伴随着国内冲突。哥斯达黎加国内土地分配的不平等不是很严重，然而，在危地马拉和洪都拉斯，大领地－小农场（在很多小型家庭农场的旁边兴建规模巨大的房地产，而这些小型农场的家庭不能自给自足）的形式依旧存在（见第 9 章）。人文发展的不平等也很明显，根据性别歧视指数（GII）的测算，性别歧视在洪都拉斯和危地马拉比哥斯达黎加要严重很多。在危地马拉，本土居民的人类发展指数非常低，接近低收入非洲国家，而危地马拉的混血人口的人类发展指数接近印度尼西亚（见第 2 章附录 2A）。相比之下，洪都拉斯和哥斯达黎加本土人口（美洲印第安人）的比例非常低，前者占 7%，后者占 1%。

政府机构

对比这三个国家的政府机构，显而易见，哥斯达黎加政府比其他两个国家政府表现得要好很多。在 2013 年开展的国际贪污腐败透明度调查中，哥斯达黎加得分 53（全球排名第 49），洪都拉斯得分 26（全球排名第 140），危地马拉得分 29（全球排名第 123）。哥斯达黎加在 2012 年经济民主调查中得分 8.10，远高于洪都拉斯的 5.84 和危地马拉的 5.88。2009 年洪都拉斯经历了政变，危地马拉的政府改革一直存在瑕疵。根据 2013 年公布的经贸自由指数，哥斯达黎加排名第 49，洪都拉斯排名 96，相对靠后，危地马拉排名第 85。

经济发展和经济结构

哥斯达黎加 2008 年的人均国内生产总值是 1950 年的 4 倍，危地马拉不到 2 倍，洪都拉斯则略高于 1.75 倍。

由于气候条件相似，这三个国家生产的农产品都为咖啡和香蕉。但是，由于积极的工业政策，哥斯达黎加向高科技产业的转型有明显进展，另两个国家则没有类似的改变。哥斯达黎加比另两个国家拥有更便利的公路和基础设施。因此，虽然哥斯达黎加人口较少，但该国吸引的外国直接投资却超过了危地马拉和洪都拉斯两国之和的 2 倍。这些都是依托哥斯达黎加良好的教育体系、便利的基础设施、优美的自然环境和现行经济发展良好而取得的成果。自然地，外国直接投资能够进入具有发展前景的经济部门，进一步支持经济发展。该国主要的外国直接投资来源于自 1997 年起美国英特尔公司进行的投资。

2012 年，洪都拉斯接收到的侨汇占国民收入的 16%，危地马拉占 10%，而哥斯达黎加只占 1%。侨汇可以用于支持贫穷农村的发展，这是非常有益的。然而，在洪都拉斯，由于国内没有什么工作机会，这导致了本国居民外逃，而哥斯达黎加的居民则有更多的机会在本国找到工作。

健康及营养政策

政府决策对哥斯达黎加的人文发展和经济发展有着指导性的作用。例如，哥斯达黎加在医疗和教育方面的支出占本国总支出的很大比重。事实上，哥斯达黎加早在 20 世纪 30 年代就开始强调和贯彻落实基本医疗与早期教育，这比绝大多数发展中国家开始得都要早。现在，哥斯达黎加是为数不多的能够达到全民覆盖医疗保险的国家之一。儿童早年的营养不良会导致一个国家成年人口的成活率降低，进而本国人口的收入降低，并将伴随其他一些不良后果，反之亦然（请参考 John Maluccio 和同事对危地马拉进行的一次随机调查的结果）。相比之下，虽然不能覆盖全部国民，但是大部分哥斯达黎加国民的营养状况都不错。

教育政策

1886 年，哥斯达黎加颁布了一项法令，确保出生在哥斯达黎加的男孩和女孩都享有平等的受教育权利。尤其是有良好的公共医疗体系作为保证，以上措施得以贯彻落实，有力地消除贫困在两代人口之间的延续（见第 8 章）。相应地，国际劳工组织的数据显示，洪都拉斯国内雇用童工的情况比哥斯达黎加更加严重。此后，在 20 世纪 90 年代中期，哥斯达黎加将计算机科学及英语设置为必修课，这些举措为该国之后迅速融入不断开放和变化的全球经济做好了准备。2009 年的数据显示，哥斯达黎加全国范围内每 18 名小学生就配备有 1 名教师，这一数字在危地马拉是 28，在洪都拉斯是 34。哥斯达黎加为了保证贫困和少数民族学生接受更高质量的教育，已经建立了大学教育体系。

以教育为基石促进发展

另外，为了吸引外国直接投资、促进国内发展，哥斯达黎加颁布了提高科技产业多样化的政策，而哥斯达黎加国内的人力资本政策则直接助力于新颁布的政策。哥斯达黎加引以为傲的生态环境和繁荣的旅游业都是建立在完善的教育体系之上的，完善的教育体系也促进了经济的发展。在哥斯达黎加，旅游业创造的收入比农业还要多，这一点同洪都拉斯形成了鲜明的对比。在哥斯达黎加，女性在医疗、教育和就业机会方面享有更平等的权利，这比危地马拉和洪都拉斯的状况要好很多，而这项人文方面的发展同样促进了其经济的发展。更进一步地对比哥斯达黎加、危地马拉和洪都拉斯，后两者在人力资本方面的投资较少，而主要在军队方面支出比较大。

冲突

危地马拉历史上发生暴力冲突和大规模屠杀战争的频率是非常高的；洪都拉斯历史上类似情况较少，但是冲突和军阀混战也长久存在；哥斯达黎加历史上发生的冲突相对较少，尤其是在过去的 65 年中。种族分裂是导致冲突爆发的主要因素之一（参见14.5 节）。在哥斯达黎加，语言分化指数为 0.048 9，在危地马拉，这一指数为 0.458 6。哥斯达黎加的民族差异指数为 0.24，危地马拉为 0.51。不过，哥斯达黎加和洪都拉斯国内种族分裂情况基本相似，都不严重。冲突对危地马拉国内的负面影响非常大，对洪都拉斯的负面影响相对较小。危地马拉政府机构镇压式、压榨式的管理手段及高度的不平等，尤其是来自不同种族阶级之间群众的"横向不平等"

十分严重，其国内爆发冲突的可能性很大。此外，联合国毒品和犯罪问题办公室公布的数据显示，洪都拉斯的谋杀犯罪率全球范围内最高，每 10 万起谋杀案中有 91.6 起发生在洪都拉斯。危地马拉的谋杀犯罪率也较高，每 10 万起谋杀案中有 38.5 起发生在危地马拉；这一数字在哥斯达黎加为 10 起（相比之下，美国为 4.7 起，加拿大为 1.5 起）。

为了理解这些差异，我们要从仅仅对比不同国家现行政策和国内状况的范围内跳出来，进一步了解制约和影响现行政策选择的因素。要做到这些，我们要纵观历史，研究殖民时期到现在不同阶段的政策，这些可内容参见第 2、5、10 章的案例研究。

区域历史：长远观点

在历史上长达几百年的时期中，这三个国家所处的区域曾是中美洲玛雅文化的组成部分，当时国力最强、城市化最发达的区域就是现在的危地马拉。16 世纪 20 年代，西班牙殖民者控制了这片区域，并在 1540 年建立了危地马拉都督管辖区。西班牙统治者竭尽全力压榨劳动力，主要集中在人口密度大的区域设立大种植园对当地劳动力进行压榨。这似乎给危地马拉这个曾经拥有先进文明的国度带来了最坏的影响，对洪都拉斯的负面影响相对较弱。相比之下，哥斯达黎加似乎被忽略了（因此开发程度相对较弱），这是因为哥斯达黎加人口较少且社会化程度不高，殖民者从各个部落可能获得的租金也很少。（如果要了解关于引起发展不平衡的长期历史原因的分析，包括殖民政府的本质带来的持久影响，参见第 2 章 2.7 节）。大约在 1821 年前后，这三个国家摆脱了西班牙近 300 年的殖民统治。经过1838 ～ 1840 年的内战，这三个国家赢得独立，成为中美洲联邦共和国的一部分。

哥斯达黎加：教育和民主之源

虽然，哥斯达黎加字面的含义是"富饶的海岸"，该国也被称为当代"拉丁美洲的瑞士"，但是，哥斯达黎加在历史上是这三个国家中最贫穷的。该国距离位于危地马拉的殖民中心最远，西班牙统治者也不允许其同南部区域进行贸易（巴拿马曾是西班牙的另一片殖民地）。哥斯达黎加本土人口很少，所以西班牙"精英们"并没有在此定居建立大庄园、奴役本地劳工的意图（监护征赋制）。哥斯达黎加自然资源匮乏，也没有通往内陆的公路。因此，这片区域都是由贫穷的自耕农民进行小规模耕作。但是，从长远看，这恰恰给哥斯达黎加带来了重大优势。虽然 1948 年发生政治暴动，但是，同其他几个邻国相比，哥斯达黎加的冲突相对较少。1949 年剧变之后，哥斯达黎加完全废除了军队，由警察来保护国家安全。这项举措缓解了军队对资源的巨大耗费，也预先阻止了该地区其他国家发生的军阀混战。从此以后，哥斯达黎加成为拉丁美洲政权持续最久的开明国家，该国通过公开竞选总统的方式，解决了实质性政策问题。2004 年，哥斯达黎加的两位前总统因贪污腐败锒铛入狱就是有力的说明。

危地马拉：冲突之源

西班牙殖民政权在统治期间极力剥削当地居民；危地马拉独立之后，种植园主继续剥削本土居民。20 世纪，以联合果品公司（后更名为奇基塔）为首的企业在危地马拉进行冒险性投资。联合果品公司占领了香蕉市场，并将获得的利益用来支持政府，那个带有贬义的错误称谓"香蕉之国"由此而来（这个名号也适用于洪都拉斯）。联合果品公司由美国政府支持，在危地马拉实施独断专权的新殖民政策，该政策以"依赖理论学派"为模型（见第 3 章 3.4 节）。最臭名昭著的是，1954 年，美国中央情报局资助危地马拉国内推翻民主政府的政变。经过数年的镇压，危地马拉 1960 年爆发内战，一直持续到 1996 年。这场战争被看作是美国支持的政府对反对他们的玛雅人及其他被认为是左翼群众的联合群体的单方面打击。军队由"敢死队"组成，专门杀害那些被怀疑是反对派的群众。成千上万的本土居民消失了，在这场持续 34 年左右的战争中，超过 20 万人被杀害，超过 100 万人无家可归。1994 年，《奥斯陆协议》建立了一个历史真相协调会，通过调查，在这场单边战争中，93% 的冲突暴力人权犯罪由政府（及其联盟）负责，3% 的冲突由极左游击队员负责，这也包括 20 世纪 80 年代政府资助的对玛雅人民的大规模屠杀。克林顿总统正式回应，支持危地马拉的安全力量是错误的。从那之后，危地马拉逐步走上了政治、经济改革道路。2013 年，危地马拉大规模屠杀时期的总统里奥斯·蒙特（Rios Montt）被判有罪入狱 80 年，但是之后他的罪名被推翻了。

洪都拉斯：政策之国

银矿是洪都拉斯国内的主要资源，这一资源引了西班牙殖民者的注意。西班牙殖民者强迫本土居民区开掘银矿，但是由于很多人死于疾病和高强度的劳动，有的本土居民反抗殖民者、逃出西班牙统治区域，因此殖民者只能通过将非洲奴隶运到这里

继续开采银矿（这段历史和危地马拉并不相似，详细内容参见第 10 章案例研究）。1840 年独立之后的一个世纪，洪都拉斯政权依旧掌握在大农场主手里，因国内政治混乱，贫富两极分化严重，外国公司加强了对洪都拉斯的控制，将该国变成所谓的"香蕉共和国"。20 世纪 80 年代，洪都拉斯卷入了邻国尼加拉瓜的反侵略战争，洪都拉斯组织的军队不仅镇压了左翼暴力势力，也对左翼非暴力势力进行了打压。由于政府无能，洪都拉斯黑帮横行、毒品泛滥，因此，洪都拉斯谋杀犯罪率全球最高。由于政府恢复能力较弱，洪都拉斯政府在 1998 年飓风和 2008 年的洪灾中反应能力很差。2009 年，其国内发生了一场政变（至少一场，没有命名）。在很多年间，债务原因导致洪都拉斯经济发展停滞，但由于重债穷国项目，洪都拉斯的债务在减少，经济也开始增长，但是部分经济增长被高收入家庭获得。

谱写新的篇章：中美洲国家一体化

通过本案例我们可以发现，全球范围内人力资源大幅度改进，贫困大量减少。洪都拉斯和危地马拉也不例外，在某种程度上都有提升，医疗和教育水平也有显著提高，不过由于不同地区居民生活状态不同，因此发展速度不一致。如果能将推进改革的政策落到实处，这些政策就可以发挥很大的作用。此外，通过对比发展差异性的根源，可以有的放矢，针对性地落实新措施和关键性的政策。人们更好地理解为什么推进基础的、重要的政策（例如，发展教育事业）会如此之难，有助于提供新的政治动力来解决这些问题。反过来，人们接受教育之后，也能够有更好的机会，有效地参与到政治活动中，促进国会更好地改革，防止不良事态的发展。来自国际社会的压力是一把双刃剑，它能恶化国内状况，就像之前美国对危地马拉的破坏（也包括洪都拉斯），但也可能像近期很多其他国家一样，为本国带来很多好处。

目前，为了促进中美洲国家的经济发展和政治一体化，世界各国做出很多努力。在某种程度上，这些努力是卓有成效的，将有效加速一体化进程，巩固人权发展和经济发展的成果。我们会在接下来的几年中持续观测这一发展过程。

参考文献

Babington, Charles. "Clinton: Support for Guatemala was wrong." *Washington Post*, March 11, 1999, p. A1.

Bashir, Sajitha, and Javie Luque. "Equity in tertiary

education in Central America." World Bank Policy Research Paper No. 6180, August 2012, accessed at wps6180.pdf. Washington D.C.: World Bank.

Blattman, Christopher, and Edward Miguel. "Civil war." *Journal of Economic Literature* 48, 1 (2010): 3–57.

Casas-Zamora, Kevin. *Guatemala: Between a Rock and a Hard Place*. Washington, D.C.: Brookings Institution, 2011.

Edwards, John. *Education and Poverty in Guatemala*. Washington, D.C.: World Bank, 2002.

Fearon, James D. "Governance and civil war onset." World Development Report 2011 Background Paper, August 2010. http://siteresources.worldbank.org.

Ferreria, Gustavo F. C., and R. W. Harrison. "From coffee beans to microchips: Export diversification and economic growth in Costa Rica." *Journal of Agricultural and Applied Economics* 44, 4 (2012): 517–531.

Guatemala Historical Clarification Commission. *Memory of Silence*. Guatemala: Guatemala Historical Clarification Commission, 1999.

Intel. "Intel in Costa Rica." http://www.intel.com/content/www/us/en/corporate-responsibility/intel-in-costa-rica.html.

Lehoucq, Fabrice. *Policymaking, Parties and Institutions in Democratic Costa Rica*. Washington, D.C.: Inter-American Development Bank, 2006. http://www.iadb.org/res/publications/pubfiles/pubs-306.pdf.

Maddison Project Database. 2008 data, most recent available for all three countries.

Maluccio, John A., et al. "The impact of an experimental nutritional intervention in childhood on education among Guatemalan adults." FCND Discussion Papers 207. Washington, D.C.: International Food Policy Research Institute, 2006.

Rodriguez-Clare, Andres. "Costa Rica's development strategy based on human capital and technology, how it got there, the impact of Intel, and lessons for other countries." *Journal of Human Development* 2, 2 (2001): 331–323.

Seitz, Klaus. *Education and Conflict: The Role of Education in the Creation, Prevention, and Resolution of Societal Crises—Consequences for Development Cooperation*. Berlin: GIZ, 2004.

Stewart, Frances. *Horizontal Inequalities and Conflict: Understanding Group Violence in Multiethnic Societies*. New York: Palgrave Macmillan, 2008.

Stewart, Frances, C. Huang, and M. Wang. "Internal wars in developing countries: An empirical overview of economic and social consequences," in *War and Underdevelopment*, ed. F. Stewart et al. Oxford: Oxford University Press, 2001.

United Nations Development Programme. *Guatemala: Assessment of Development Results, 2009*. New York: United Nations, 2009.

Villiers Negroponte, Dana, Alma Caballero, and Consuelo Amat. *Conversations with Experts on the Future of Central America*. Washington, D.C.: Brookings Institution, 2012. http://www.brookings.edu/research/reports/2012/11/19-central-america-negroponte.

World Bank. *Poverty in Guatemala: A World Bank Country Study*. Accessed at http://elibrary.worldbank.org/doi/book/10.1596/0-8213-5552-X. October 2003

------. *The Impact of Intel in Costa Rica*, 2006. Accessed at https://www.wbginvestmentclimate.org/uploads/The%20Impact%20of%20Intel%20in%20Costa%20Rica.pdf.

------. *World Development Report 2011: Conflict, Security and Development*. Washington, D.C.: World Bank, 2011.

问题讨论

1. 大型跨国公司的出现改变了国际经济活动的本质。这些大型跨国公司是怎样影响发达国家和发展中国家之间的贸易关系和结构的？

2. 总结私人外国投资对发展中国家的作用和影响，并归纳造成和反对私人外国投资的观点。发达国家应采取什么样的战略来使私人外国投资更好地符合其发展愿望，而不损害外国投资者的积极性？

3. 什么是私人投资流入？你认为在决定这种投资流入的数量和方向时什么因素最重要？

4. 发达国家的私人投资流入达到什么程度能够让受援国受益？对投资方和接受方来说，什么是潜在的成本和风险？请解释你的答案。

5. 在发展中国家外汇流入的方式中，外国援助有多重要？说明官方发展援助的各种形式，区分双边援助和多边援助。你认为哪种形式更好？为什么？

6. 附带条件的援助是什么？绝大多数国家已经渐渐从接受赠予转为贷款，从无条件贷款转为附带条件的贷款和赠予。当附带条件的援助来自生息贷款时，其主要缺点是什么？

7. 你认为发展中国家在什么样的条件下会寻求和接受外国援助？如果援助不满足这些条件，你认为发展中国家会不计得失地寻求这样的贷款吗？解释你的答案。

8. 官方发展援助（公共外国援助）和来自非政府组

织（NGO）的私人发展援助的区别是什么？从接受方的角度看，哪种方式更好？请解释你的答案。

9. 你认为援助国在国际共同反恐方面的外交政策和军事定位将如何影响发展援助的形式？

10. 你认为什么能够劝服公众克服"援助疲劳情绪"，并给予最贫穷国家更多的援助？

11. 你认为是什么原因导致20世纪50～90年代发展中国家暴力冲突不断增加？又是什么因素导致其数量开始下降？

12. 从哥斯达黎加和危地马拉受内战及外国的积极、消极影响的发展历程中我们可以学习到什么？

注释和推荐阅读

1. 这个被广泛引用的象征着世界工厂的标语最初出自麦道公司前主席 McDonnell Douglas chairman John F. McDonnell; Shari Caudron, "The power of global markets," 1999, http://www.businessfinancemag.com/article/power-globalmarkets-0401。

2. 数据来自联合国贸易和发展会议（UNCTAD），*World Investment Report*, 2013, October 2, 2013, http:// unctad.org/en/PublicationsLibrary/wir2013_en.pdf。

3. 来自联合国贸易和发展会议（UNCTAD）的各种最新资料数据，*World Investment Report* (New York: United Nations, 2006‐2013)。

4. 同上，2004年和2006年。联合国贸易和发展会议（UNCTAD）*World Investment Report*, (New York: United Nations, 2009). 比率有所波动，但通常维持在12%以下。

5. 世界100大跨国公司以及更多其他信息参见网站 http://www.unctad.org。在比较的时候要注意，销售数据中包含中间投入，而国民净收入中不包含中间投入。由于跨国公司规模巨大，它们有着很强的议价能力。

6. UNCTAD, http://www.unctad.org。

7. 在下面的论文中可以寻找到关于跨国公司各种问题的总结，以及支持和反对跨国公司的多种不同意见: Thomas Biersteker, *Distortion or Development: Contending Perspectives on the Multinational Corporation* (Cambridge, Mass.: MIT Press, 1978), chs. 1‐3; Theodore H. Moran, "Multinational corporations and the developing countries: An analytical overview," in *Multinational Corporations*, ed. Theodore H. Moran (Lexington, Mass.: Heath, 1985), pp. 3‐24; Mark Cassen and Robert D. Pearce, "Multinational enterprises in LDCs," in *Surveys in Development Economics,* ed. Norman Gemmell (Oxford: Blackwell, 1987), pp. 90‐132; and David C. Korten, *When Corporations Rule the World,* 2nd ed. (San Francisco: Berrett-Kohler, 2001)。

8. 回忆第3章3.3节中提到的人力资本在内生增长理论中的作用、罗默模型（第2章）以及解释发展中国家和发达国家之间增长率区别的O环模型（O-ring theory，第4章）。

9. William Greider, *One World, Ready or Not: The Manic Logic of Global Capitalism* (New York: Simon & Schuster, 1997), p. 95。

10. Maxwell J. Fry, "Foreign direct investment, financing and growth," in *Investment and Financing in Developing Countries*, ed. Bernhard Fischer (Baden‐ Baden, Germany: Nomos, 1994), and *Foreign Direct Investment in Southeast Asia: Differential Impacts* (Singapore: Institute of Southeast Asian Studies, 1993)。

11. 有关发展中国家跨国公司议价能力的讨论，可参见 Jan Svejnar and Stephen C. Smith, "The economics of joint ventures in less developed countries," *Quarterly Journal of Economics* 99 (1984): 149‐167。

12. 可以参考如下的简单模型。Suppose ϕ is the fraction of individuals who are willing to pay a higher price for consuming socially responsible products (such as acceptably sourced bananas) and x is output, which for simplicity we can take as fixed; consumers purchase x bananas inelastically (in general, demand should not be too elastic in price). Ordinary bananas have a price of 1. For simplicity, suppose that $(1 + \phi)$ is the price of socially responsible bananas—note that this is just a way of representing the idea that willingness to pay more depends on what others are doing (perhaps due to social pressure), not intended to

be taken literally. Now suppose that running a credible social responsibility program imposes a cost C. Then, with these assumptions, it can be an equilibrium either that all bananas sold are responsibly sourced or that none of them are. The case of all responsible banana sales would hold when $\phi = 1$, that is, $(1 + 1)x - C > x$, which is satisfied whenever $x > C$. It is also an equilibrium to have no socially responsible products sold, that is $\phi = 0$, provided that $(1 + 0)x - C < x$, or, $C > 0$; this condition is always satisfied as long as there are costs of running the program. (It is easy to verify that there is also an intermediate unstable equilibrium where $\phi = C/y$). This analysis is inspired by a Hoff and Stiglitz model of industrial quality upgrading (Note 1, page 196), and discussions with James Foster about his provenance and value research。

13. 可参见 Dani Rodrik, *The New Global Economy and Developing Countries: Making Openness Work* (Baltimore: Johns Hopkins University Press, 1999)。

14. 参见 Garrick Blalock and Paul Gertler, "Welfare gains from foreign direct investment through technology transfer to local suppliers," *Journal of International Economics* 74 (2008): 402 – 421; Beata Smarzynska Javorcik, "Does foreign direct investment increase the productivity of domestic firms? In search of spillovers through backward linkages." *American Economic Review* 94 (2004): 605 – 627; Garrick Blalock, "Technology from foreign direct investment: Strategic transfer through supply chains," Hass School of Business, University of California, Berkeley, 2001; Garrick Blalock and Paul Gertler, "Learning from exporting revisited in a less developed setting," *Journal of Development Economics* 75 (2004): 397 – 416; and Paolo Epifani, *Trade Liberalization, Firm Performance, and Labor Market Outcomes in the Developing World: What Can We Learn from Micro-Level Data?* (Washington, D.C.: World Bank, 2003). An example of finding few, if any, spillovers is Brian J. Aitken and Ann E. Harrison, "Do domestic firms benefit from direct foreign investment? Evidence

from Venezuela," *American Economic Review* 89 (1999): 605 – 618。

15. 关于组合式证券投资进入发展中国家的数量分析的回顾可见 Stijn Claessens, "The emergence of equity investment in developing countries: An overview," *World Bank Economic Review* 9 (1995): 1 – 17; Robert Feldman and Manmohan Kumar, "Emerging equity markets: Growth, benefits and policy concerns," *World Bank Research Observer* 10 (1995): 181 – 200; and World Bank, *Global Development Finance, 1998* (Washington, D.C.: World Bank, 1998), ch. 1。更多关于这些资金流入的报告请参见 World Bank, *World Development Indicators, 2010* (Washington, D.C.: World Bank, 2010), tab. 6 – 12。

16. 从国内角度出发进行的讨论在第 15 章 15.4 节中有详细内容。参见 Claessens, "Emergence of equity investment,"11–14。

17. 可参见，例如 Stijn Claessens, Michael Dooley, and Andrew Warner, "Portfolio flows: Hot or cold?" *World Bank Economic Review* 9 (1995): 153 – 174, and Mark P. Taylor and Lucio Sarno, "Capital flows to developing countries: Long- and short-term determinants," *World Bank Economic Review* 11 (1997): 451 – 470。

18. 关于自由市场政策和私人投资流入在 20 世纪 90 年代是如何引发"投机泡沫"的，见 Paul Krugman, "Dutch tulips and emerging markets," *Foreign Affairs* 74 (1995): 28–44。

19. 可参见 Walden Bellow, "The end of the Asian miracle," *Nation*, January 12, 1998, pp. 16 – 21; World Bank, *Global Development Finance, 1998* (Washington, D.C.: World Bank, 1998), ch. 2; and International Monetary Fund, *World Economic Outlook, May 1998* (Washington, D.C.: 1998), ch. 2。

20. World Bank, *Private Capital Flows to Developing Countries: The Road to Financial Integration* (Washington, D.C.: World Bank, 1997)。

　　关于储蓄随着经济增长而增加，并不引起经济增长的证据，参见 Ira S. Saltz, "An examination of the causal relationship between savings and growth in the Third World," *Journal of Economics and Finance* 23 (1999): 90 - 98。

21. 这 一 部 分 的 数 据 大 部 分 来 自 World Bank, *Global Economic Prospects, 2006:Economic Implications of Remittances and Migration*(Washington, D.C.: World Bank, 2006), chs. 3 - 5, and *World Development Indicators, 2010*, pp. 354 - 357. 最新的出国务工人员的数量是根据 2005 年的数据进行估计的。

22. Jagdish N. Bhagwati, "Amount and sharing of aid," in *Assisting Developing Countries: Problems of Debt, Burden-Sharing, Jobs, and Trade,* ed. Charles J. Frank Jr. et al. (New York: Praeger, 1972), pp. 72 - 73。

23. 同上，第 73 页。

24. 数据来自经济合作发展组织发展援助委员会，该组织由西欧国家、北美国家以及澳大利亚、新西兰和日本等高收入国家组成。平均数不包括来自韩国和土耳其等经济合作组织国家和墨西哥等非经济合作组织高收入国家的捐助，这些国家的官方发展援助的比例通常较小。也可参见 J. Mohan Rao, "Ranking foreign donors: An index combining scale and equity of aid givers," *World Development* 25 (1997): 947 - 961, and World Bank, *World Development Indicators* 2004 and 2010, pp. 402 - 403. 讨论也参考了盖茨基金会 2010 年公开信。需要注意的是，我们给出的是占国民净收入的比例，该数值反映的是与收入之间的关系，因此其能反映出捐助是否慷慨；其他报告给出的是占 GDP 的比例，那些数字反映出的情况将有所不同。

25. 数据可以参见 World Bank, *World Development Indicators, 2010*。

26. 关于援助的数字是从下面的报告中推导出的，World Bank, *World Development Indicators*, 2007 and 2010, tabs. 1.1 and 6.16。

27. 可 参 见 Hollis B. Chenery and Alan M. Strout, "Foreign assistance and economic development," *American Economic Review* 56 (1966): 680 - 733。

28. For seminal contributions, see Edmar L. Bacha, "A three-gap model of foreign transfers and the GDP growth rate in developing countries," *Journal of Development Economics* 32 (1990): 279 - 296; and Lance Taylor, "Gap models,"

Journal of Development Economics 45 (1994): 17 - 34。

29. 参见 William Easterly, "The ghost of financing gap: Testing the growth model used in the international financial institutions," *Journal of Development Economics* 60 (1999): 423 - 438。

30. 参见 Jeffrey Sachs, *The End of Poverty: Economic Possibilities for Our Time* (New York: Penguin, 2005), p. 274。

31. 关于早期的分析，可以参见 William S. Gaud, "Foreign aid: What it is, how it works, why we provide it," *Department of State Bulletin* 59 (1968), and Hollis B. Chenery, "Objectives and criteria of foreign assistance," in *The U.S. and the Developing Economies*, ed. Gustav Ranis (New York: Norton, 1964), p. 88。

32. 更多的细节可见 Jennifer Brinkerhoff, Stephen C. Smith, and Hildy Teegen, *NGOs and the Millennium Development Goals: Citizen Action to Reduce Poverty* (New York: Palgrave Macmillan, 2007). Net grants by NGOs are reported in World Bank, *World Development Indicators, 2010,* tab. 6.9。

33. World Bank, *World Development Indicators, 2010,* tab. 6.9。

34. 关于国际社会以及发展中国家对众多意义重大的非政府组织项目的监督，参见 Stephen C. Smith, *Ending Global Poverty: A Guide to What Works* (New York: Palgrave Macmillan, 2005)。

35. 对于援助经验及对受援国经济的影响的回顾，参见 William Easterly, *The White Man's Burden;* William Easterly, *The Elusive Quest for Growth: Economists' Adventures and Misadventures in the Tropics* (Cambridge, Mass.: MIT Press, 2001); Robert H. Cassen et al., *Does Aid Work?* (New York: Oxford University Press, 1986); Roger C. Riddell, "The contribution of foreign aid to development and the role of the private sector," *Development* 1 (1992): 7 - 15; and Tony Killick, *The Developmental Effectiveness of Aid to Africa* (Washington, D.C.: World Bank, 1991). For a specific review of the impact of aid on agricultural productivity, see George W. Norton, Jaime Ortiz, and Philip G. Pardey, "The impact of foreign assistance on agricultural growth,"

Economic Development and Cultural Change 40 (1992): 775－786。

36. 可参见，例如 Channing Arndt, Sam Jones, and Finn Tarp, "Aid, growth, and development: Have we come full circle?" *Journal of Globalization and Development1*, No. 2(2010): 1–29. 关于这个方面的一篇经典文章，可以参见 Hollis B. Chenery and Nicholas G. Carter, "Foreign assistance and development performance," *American Economic Review* 63 (1973): 459–468。

37. 一个早期的例子，参见 Keith Griffin and John L. Enos, "Foreign assistance: Objectives and consequences," *Economic Development and Cultural Change* 18 (1970): 313－327。

38. 可参见，例如 Peter T. Bauer and Basil Yamey, "Foreign aid: What is at stake?" *Public Interest* (Summer 1982): 57－70, and "Foreign aid: Rewarding impoverishment?" *Commentary* (September 1985): 38－40. See also Easterly, "Ghost of financing gap"。

39. Organization for Economic Cooperation and Development, "Paris declaration on aid effectiveness," March 2005, http://www.oecd.org /dataoecd/11/41/34428351.pdf。

40. 基本方法，可以参见 Esther Duflo, Rachel Glennerster, and Michael Kremer, "Using randomization in development economics research: A toolkit," December 2006, Center for Economic Policy Research Paper No. 6059, http://econ-www .mit.edu/files/806。

41. 评价某一项目有效性的方法是否最好的决定因素是提出的问题以及对这些问题进行行之有效的回答。这就是说，问题决定方法，而不是先决定一个特定的方法，然后特意问出一些该方法能够解决的问题。

42. 有关例子分别来自专栏 5-4 中讨论的 Abhijit Banerjee, Shawn Cloe, Esther Duflo, and Leigh Linden," Remedying education: Evidence from two randomized experiments in India,"; Michael Kremer and Edward Miguel 在专栏 8-4 中讨论的 Worms: Identifying impacts on education and health in the presence of treatment externalities"；Dean Karlan and Martin Valdivia 在专栏 15-2 中讨论的 Dean Karlan and Martin Valdivia, "Teaching entrepeneurship," 另外可见 Stephen C. Smith 的

"Village banking and maternal and child health: Evidence from Ecuador and Honduras," *World Development* 30 (2002): 707–723。

43. 关于国际援助的来源及目的国、与其他资金跨境流动的相关分析以及这些数据按地理区域划分的介绍，请参见 The Unbundling Aid Project from Development Initiatives, 网址为 http://devinit.org/data-visualization/datavisualizationoda。

44. 作者在此对 Susan Aaronson、Daniel Rothbart 和 Delano Lavigne 为该部分提出的极具价值的评论和建议表示感谢。该部分的一般版本，见 *World Ark,* winter 2011。关于这一小节前三段内容的背景知识，参见 Monty G. Marshall and Benjamin R. Cole, *Global Report 2009: Conflict, Governance, and State Fragility*, Center for Global Policy and Systemicpeace.org, 2009。

45. United Nations, *Consolidated Inter-Agency Appeal for the Democratic Republic of the Congo* (New York: United Nations, 2003)。

46. Quan Li and Ming Wen, "Immediate and lingering effects of armed conflict on adult mortality: A time series cross-national analysis," *Journal of Peace Research* 42(2005): 471－492.

47. Nina Birkcland "Internal displacement: Global trends in conflict-induced displacement," *International Review of the Red Cross* 91 (2009): p. 502, available online at http://www.icrc.org/eng /resources/documents/article/review/review-875 -p491.htm.

48. Thomas Plumper and Eric Neumayer, "The unequal burden of war: The effect of armed conflict on the gender gap in life expectancy," *International Organization* 60 (2006): 731.

49. Paul Collier, "Breaking the conflict trap: Civil war and development policy," 2003, http://econ.worldbank.org.

50. 按照某报告的统计数据，1986 年 5 岁以下儿童的死亡率曾高达 47.3%。参见 Hugh Waters, Brinnon Garrett, and Gilbert Burnham, United Nations University, World Institute for Development Economics Research, Research Paper No. 2007/06 (Helsinki, Finland: UNU-WIDER, 2007), p. 5, "Rehabilitating health systems in post-conflict situations," and International Organization for Migration and

Ministry of Health, Mozambique, "Health impact of large post-conflict migratory movements: The experience of Mozambique," presentation March 20 - 22, 1996, Maputo, Mozambique。1990 年和 2008 年的 5 岁以下儿童死亡率的数据来自 World Bank, *World Development Indicators*, 2010。我们要注意的是，一些资料倾向于高估 20 世纪 90 年代早期的死亡率数据。

51. 2004 年莫桑比克总理 Pascoal Mocumbi 在竞争世界卫生组织秘书长落选后，成为 World Health Organization's European and Developing Countries Clinical Trials Partnership 的高级代表。Mocumbi 在 20 世纪 80 年代任卫生部长。他于 1990 ～ 1999 年在日内瓦任世界卫生组织健康和发展方面的官员。

52. World Bank, *Sierra Leone Health Sector Reconstruction and Development*, PID Report No. 10711 (Washington D.C.: World Bank, 2008). See also Office of the UN Resident Coordinator in Sierra Leone, *Republic of Sierra Leone Common Country Assessment. In Preparation for the United Nations Development Assistance Framework* 2008 - 2010 (2007), available as: common_country_assessment .pdf from http://www.sl.undp.org. Under-5 mortality data are from World Bank, *World Development Indicators, 2010*。

53. Sanjeev Gupta, Benedict Clements, Rina Bhattacharya, and Shamit Chakravarti, "The elusive peace dividend: How armed conflict and terrorism undermine economic performance," *Finance and Development* 39, N. 4 (2002): 49 - 51。

54. The research on child nutrition in Burundi and Zimbabwe is reviewed in Christopher Blattman and Edward Miguel, "Civil war," *Journal of Economic Literature,* 48 (2010): 3 - 57, which cites Harold Alderman, John Hoddinott, and Bill Kinsey, "Long term consequences of early childhood malnutrition," *Oxford Economic Papers*, 58 (2006): 450 - 74; and Tom Bundervoet, Phillip Verwimp, and Richard Akresh, "Health and civil war in rural Burundi," *Journal of Human Resources*, 44 (2009): 536 - 563。

55. Collier, "Breaking the conflict trap."

56. Gupta et al., "Elusive peace dividend," http:// www.imf.org/external/pubs/ft/fandd/2002 /12/ gupta.htm。

57. Plumper and Neumayer, "Unequal burden of war," p.730。

58. 对 18 个国家中的 4 个的研究表明，其损失不能被精确估计。F. Stewart, C. Huang, and M. Wang, "Internal wars in developing countries: An empirical overview of economic and social consequences," in *War and Underdevelopment*, eds. F. Stewart et al. (Oxford: Oxford University Press, 2001)。

59. Collier, "Breaking the conflict trap," p. 2.

60. 可以参见，例如 J. Krishnamurty, "Employment and armed conflict," *Indian Journal of Labour Economics,* 50 (2007): 47 - 62。

61. Paul Collier, *The Bottom Billion: Why the Poorest Countries Are Failing and What Can Be Done about It* (New York: Oxford University Press, 2007), p. 28.

62. Stewart, Huang, and Wang, "Internal wars in developing countries," cited in Collier, "Breaking the conflict trap," p. 17. The IFPRI findings are reported in Ellen Messer and Marc. J. Cohen, "Conflict, food insecurity, and globalization," FCND Discussion Paper 206, International Food Policy Research Institute, 2006; see esp. p. 9. The extent of food losses is reported in Ellen Messer, Marc J. Cohen, and Thomas Marchione, "Conflict: A cause and effect of hunger," *ECSP Report*, No. 7, 2001, at ECSP7-featurearticles-1.pdf, available at http://www.fao.org; see esp. p. 3.

63. 参见 Ellen Messer and Marc. J. Cohen, "Conflict, food insecurity, and globalization," FCND Discussion Paper No. 206, International Food Policy Research Institute, 2006. For additional details and documentation, see Klaus Seitz, *Education and Conflict: The Role of Education in the Creation, Prevention, and Resolution of Societal Crises—Consequences for Development Cooperation* (Berlin: GTZ, 2004), downloaded at http://www2.gtz.de /dokumente/bib/05- 0160.pdf. Studies of cattle loss in Mozambique and Uganda, among other impacts, are reviewed in Blattman and Miguel, "Civil war," who cite an unpublished 1996 paper by Tilman Bruck; a

2006 UNICEF report of Annan, Blattman, and Horton, 2006; and a 1997 U.S. Uganda embassy report by Robert Gersony。

64. Birkeland, "Internal displacement."

65. Gupta et al., "Elusive peace dividend." See Christopher Blattman and Jeannie Annan, "The Consequences of Child Soldiering," *Review of Economics and Statistics*, 92 (2010): 882 – 898.

66. 据联合国估计，2009 年，由于"冲突和迫害"而导致的无家可归人数高达 4 200 万。也可参见 W. Naudé, "The determinants of migration from sub-Saharan African countries," *Journal of African Economies* 19 (2010): 330 – 356, and Timothy J. Hatton and Jeffrey G. Williamson, "Demographic and economic pressure on emigration out of Africa," *Scandinavian Journal of Economics* 105 (2003): 465 – 486。

67. 可以参见 James C. Murdoch and Todd Sandler, "Civil wars and economic growth: Spatial dispersion," *American Journal of Political Science* 48 (2004): 138 – 151。

68. Birkeland, "Internal displacement," data apply to year-end 2008. For further coverage, see Internal Displacement Monitoring Centre (IDMC), at http://www.internal-displacement.org.

69. United Nations Non-Governmental Liaison Service, "Millennium Development Goals report 2010," June 24, 2010, http://www.un-ngls.org / spip.php?article2682.

70. James D. Fearon, "Governance and civil war onset," *World Development Report*, 2011, background paper, August 31, 2010, http://siteresources. worldbank.org.

71. 可参见 Frances Stewart, "The root causes of humanitarian emergencies," in *War, Hunger and Displacement: The Origins of Humanitarian Emergencies*, Vol. 1, eds. E. Wayne Nafziger, Frances Stewart, and Raimo Väyrynen（caveat 指的是水平不平等而不能同其他变量一样被精确测量，因此，其并未被赋予和其他变量一样的数据意义）。参见 Oxford: Oxford University Press, 2000, and Frances Stewart, *Horizontal Inequalities and Conflict: Understanding Group Violence in Multiethnic Societies*（New York：Palgrave Macmillan，2008）。

72. 可参见 Graham K. Brown, and Frances Stewart, "The implications of horizontal inequality for aid," CRISE Working Paper No. 36, University of Oxford, December 2006, p. 222。

73. Stewart, "Root causes" pp. 4 – 5.

74. 参见 A. Evans, "Resource scarcity and conflict" (forthcoming); United Nations Environment Programme, "Sudan: Post-conflict environmental assessment, 2007," http://sudanreport.unep .ch/ UNEP_Sudan.pdf; and Darfur Conflict and Resource Scarcity, "Environment and conflict in Africa: Reflections on Darfur," http://www. africa.upeace.org/documents/environment_files. pdf。需要注意的是，并没有通过控制人口来避免冲突的案例，参见 Henrik Urdal, "People vs. Malthus: Population pressure, environmental degradation, and armed conflict revisited." *Journal of Peace Research* 42 (2005): 417 – 434。

75. Colin H. Kahl, *States, Scarcity and Civil Strife in the Developing World* (Princeton, N.J.: Princeton University Press, 2006), p. 7.

76. Edward Miguel, Shanker Satyanath, and Ernest Sergenti, "Economic shocks and conflict: An instrumental variable approach," *Journal of Political Economy* 112 (2004): 725 – 754. 该文作者把非洲地区的降雨量作为工具变量，估计其对内战的影响。他们的研究发现，较低的经济增速（用降雨量测量）和爆发冲突的风险之间有很强的偶然联系：年经济增长率每下降 5%，下一年爆发内战的可能性便增加 50%。

77. 可参见 Ole Magnus Theisen, "Blood and soil? Resource scarcity and internal armed conflict revisited," *Journal of Peace Research* 45 (2008): 801 – 818, and Urdal, "People vs. Malthus"。

78. Marshall B. Burkea et al., "Warming increases the risk of civil war in Africa," *Proceedings of the National Academy of Sciences* 106 (2009): 20670 – 20674.

79. 为复习相关知识，请参见 For a review, see Theisen, "Blood and soil?"

80. Collier, "Breaking the conflict trap."

81. 想要获得关于新兴问题的新闻角度的解释以及分析，请参见 Janeen Interlandi, "The new oil: Should private companies control our most precious natural resource?" *Newsweek*, October 8,

2010, http://www.newsweek .com/2010/10/08/the-race-to-buy-up-the-world-swater. html。

82. 在第 2 章中，我们注意到按照诺贝尔奖获得者道格拉斯·诺斯的观点，制度是"一个经济体中的游戏规则"，其包括以宪法、一般法律、合同和市场规则形式出现的正式规则，以及以行为准则、风俗习惯和价值观等形式出现的非正式规则。

83. 在某些情况下，"反叛"力量有着合法的不满情绪，如果其不能得到申张，真实的发展则难以实现；在其他情况下，他们如果不是毫无掩饰的罪犯，则至少是对手中的精英。虽然有时难以区分，但是这些情况不能混为一谈。

84. 军费支出数据来源于 *SIPRI Yearbook 2010 and 2013* (Stockholm: Stockholm International Peace Research Institute, 2010 and 2013)。

85. 下面两篇论文作者提出了独到的见解。Robert Powell, "War as a commitment problem," *International Organization* 60(2006): 169 - 203, and Barbara F. Walter, "The critical barrier to civil war settlement," *International Organization* 51 (1997): 335 - 364. For a review, see Blattman and Miguel, "Civil war"。

86. 参见，例如，海德堡研究所的冲突计算指标，http://www.hiik.ed/en/。

87. 若想获得关于 Kimberley Institute's Conflict Barometer 的更多知识，请登录 http://www.kimberleyprocess.com，关于 EITI 的更多知识请登录网站 http://eiti.org。

88. 在此对 Susan Aaronson 提出的建议表示感谢。可参见 African Development Bank, "Strategy for enhanced engagement in fragile states," http://www.afdb.org。另一个例子是关于塞拉利昂和利比里亚等西非国家（包括维和部队）的经济社区的作用。

89. 在 Collier 的 *Bottom Billion* 一书中有相似的观点。

90. Emil Bolongaita, "Controlling corruption in postconflict countries," January 2005, http://www.u4.no/document/literature/Kroc%282005%29- controlling.pdf.

91. Stewart, *Horizontal Inequalities*, p. 18.

92. Stewart, "Root causes," p. 2.

93. 关于预期的问题很可能影响重大；需要注意的是，Paul Collier 在 *The Bottom Billion* 一书中指出 "the risk that a country in the bottom billion falls into civil war in any five-year period is nearly one in six"(p.32)。相似观点请见 World Bank, "*World Development Report*, 2011: Conflict, security and development: Concept note," January 7, 2010, http://www.worldbank .org, pp. 8, 13, and 16。

94. *Education for All Global Monitoring Report*, "Education and violent conflict" (concept note), February 2010, http://www.unesco.org.uk/uploads/GMR%202011 -concept-note.pdf.

95. Patrick Barron, "CDD in Post-Conflict and Conflict- Affected Areas: Experiences from East Asia," *World Development Report* background paper, July 16, 2010, http://siteresources.worldbank.org.

96. 同上，The Philippines program is Kapitbisig Laban Sa Kahirapan。

97. James Manor, *Aid That Works: Successful Development in Fragile States* (Washington, D.C.: World Bank, 2007), p. 34.

98. 对内战经济分析做出贡献的文献综述可以参见 Christopher Blattman and Edward Miguel, "Civil war."，以及 Katherine Casey, Rachel Glennerster, and Edward Miguel, "How effective is community driven development? Evidence from Sierra Leone"。该论文来自 2010 年 11 月在 MIT 举行的 NEUDC 会议，该会议是为每年对使用社区驱动型发展援助项目进行随机评估而召开的。他们的主要发现包括：对发展委员会的建立、当地公共物品的数量和质量、社区和政府机关的联系、家庭经济福利以及市场活力有着积极的影响；对社会习俗、女性及儿童的角色、平等地进行决定和更广泛的集体行动方面没有影响。该研究对非政府组织引导的项目，而非对当地组织引导的项目进行了模拟，结果似乎很有道理。Ghazala Mansuri 和 Vijayendra Rao 的早期论文 "Community-Based and -Driven Development: A Critical Review"（Washington：World Bank Policy Research Working Paper 3209,2004）中提到，"有证据表明：CBD/CDD 在长期的以合适的监督和评价体系为基础的条件下能够发挥最好的功能"。

促进发展的金融及财政政策

市场化改革成功与否取决于金融体系是否健全。

——世界银行，1996 年《世界发展报告》

对金融市场自由化原理的解释既不以市场的运行机制为基础，也不以政府对市场的潜在干预范围为基础。

——约瑟夫·斯蒂格利茨，
诺贝尔经济学奖得主

我决定自己开办银行。政府觉得这是个可笑的主意，因为穷人是不会去借钱的……乡村银行（格莱珉银行）是一种帮助穷人回归市场的机制。它为穷人提供了重新开始生活的机会。小额信贷把人们团结在一起。

——穆罕默德·尤努斯，孟加拉乡村银行（格莱珉银行）的创立者，
2006 年诺贝尔和平奖得主

人们逐渐认识到，金融系统在经济发展过程中扮演着极其重要的作用。政府采取强有力的宏观经济政策（包括强有力且灵活的财政政策和货币政策），建立金融市场并对金融市场进行审慎监管。在本章中，我们将考察在经济增长、现代化及经济发展全过程中金融体系的作用以及这个过程中金融系统的演进，同时也会考察许多发展中国家当前正在实施的旨在稳定宏观经济的政策面临的诸多挑战。然后，我们再详细探讨发展中国家的金融体系，认真研究发展中国家的股票市场，并考察其在不断发展过程中的优点和缺点。我们还将检视发展中国家的一些特殊政策，比如开发银行、互助会（ROSCA）。我们还注意到，小额信贷在促进发展中国家经济发展方面的作用越来越大，因此，本章还对阻碍发展中国家经济发展的历史障碍、消除这些阻碍的方法、小额信贷在解决贫困和区域经济发展过程中的成果以及发展中小额信贷面临的限制等问题做了进一步探讨。

在介绍完以上内容之后，我们将进一步解释，对于大多数发展中国家而言，传统的货币及金融政策为何会遭遇如此大的阻碍，一些金融政策是如何使商业银行体系变得更加低效的，以及这些政策是如何导致国内储蓄率降低的，当前的税收结构是如何通过提高收入来试图恢复财政平衡的。我们还要简单探究公共管理（这是限制许多发展中国家发展的一个关键因素）方面的问题，然后研究国有企业私有化。本章的案例研究以博茨瓦纳为例，这个非洲国家财政政策十分有效，公共管理政策非常稳健，它利用矿产带来的财富促进发展，在过去的时间中经济增长速度在全球名列前茅，然而，该国在经济发展方面仍旧面临严峻挑战。

15.1 金融体系在经济发展中的作用

一般而言，仅从名称上来看，人们对实体经济部门和金融部门是区别对待的。然而，这一学术用语上的区分是不恰当的，因为，这样的区分似乎意味着金融部门的作用比不上实体经济部门。甚至有观点认为，金融部门是附属于实体经济部门的。经济学家琼·鲁宾逊（Joan Robinson）的经典论断"工业踏步在前，金融附属于后"就表达了这样的观点。[1] 毋庸置疑，这句话确实道出了一些真实情况。从很大程度上说，对金融服务的需求源自实体企业的活动，但是，越来越多的证据表明，金融体系的不健全也会成为限制经济发展的因素。这样的例子比比皆是：

（1）那些生活在赞比亚一贫如洗的母亲只能依靠小微企业的收入来养家糊口，而这些小微企业个个都急需贷款；

（2）如果印度那些刚刚成立的小企业能够获得更多的资本，它们就能够更有效率地生产，这些企业如果没有私人股本的支持就无法建立，最终的解决办法是到社会上公开发行债券募集资金；

（3）乌克兰的农民虽然生活在世界上最富饶的土地之上，但是，由于缺乏购买种子的资金而无法耕作；

（4）巴西那些拥有私人制鞋企业的家庭，需要更加便利的低成本贷款服务为产品出口创造条件；

（5）菲律宾公开上市的企业也需要出售股份以获取重组的资金。

所有这些例子都表明，在发展中国家，对金融体系的需求简直是无处不在。

休·帕特里克（Hugh Patrick）提出了一种"发展阶段论"。他认为，金融在实体经济的现代化发展过程中起到了促进作用，但是，一旦金融体系建立起来，其还是附属于实体经济部门。更大的可能是，这种因果关系在两个方向上发挥作用。[2]

金融体系为何如此重要呢？金融部门有以下六大主要功能，这些功能无论是在企业层面还是在整体宏观经济层面，都非常重要。[3]

（1）提供支付服务。在采购物品和服务的时候，携带大量现金既不方便，也没有效率，而且风险很大。金融机构刚好提供了一种非常好的选择。最明显的例子就是个人支票、商业支票和支票结算，以及借记卡和贷记卡等业务。这些业务发挥的作用越来越大，至少在现代化部门是如此，甚至在低收入国家的现代化部门也是如此。近些年来，手机支付方式在肯尼亚爆发式增长，在其他发展中国家，手机支付方式也增长迅速。

（2）为储蓄者和投资者牵线搭桥。尽管很多人都储蓄，比如为退休做准备，也有许多人投资于各种项目，比如设立工厂或者家庭小企业主需要扩大存货规模，但是，每个投资者自己的储蓄恰好等于投资项目所需的资金，这绝对是极为偶然的小概率事件。因此，储蓄者和投资者如何建立联系并达成贷款或者其他形式的资金融通协议，就变得非常重要。这在不存在金融机构的情况下也能发生，甚至在那些高度发达的市场中，许多新企业的启动资金很大一部分都是从其亲人和好友那里获得的。不过，银行以及后来的风险投资和股票市场的出现，能够以更有效的方式促成这种配合。小储蓄者只是把钱存在银行，然后，由银行来决定将这些资金投资在何处。

（3）产生并传播信息。从社会学的观点来看，金融体系的一个重要功能是产生和传播信息。一个我们都熟悉的例子是：在发展中国家，每天的报纸上（越来越多地在互联网上）都充满了各种股票和债券的价格信息。这些价格信息代表了众多投资者对市场的判断的平均水平，根据这些信息，投资者就能够了解所有的投资情况。银行也需要搜集关于企业和它们的贷款者的信息，这些信息是银行最重要的"资本"之一，尽管众多普通人没有意识到这一点。从这个角度说，金融市场可以被称为整个经济系统的"大脑"。[4]

（4）有效配置信贷。疏通投资资金，将其导向回报率最高的领域，这有助于提高劳动的分工和专业化，从亚当·斯密时期开始，人们就意识到了这一点对国民财富的重要作用。

（5）为风险的定价、分散及转移提供途径。保险市场能够在风险事件发生时为投资者提供保护，股票市场以及银行联合体也能够分散风险。

（6）提高资产的流动性。有些投资的持续期非常长。例如，水力发电厂这类投资的持续时间可能要超过一个世纪。因此，这类项目的投资者倾向于在某个时点（比如自己退休的时候）将其卖出，然而，在某些情况下，要找到合适的买主却十分困难。金融体系的发展能够提高资产的流动性，因为它可以利用股票市场、银行联合体以及保险公司使这些资产更容易出售。

技术创新和金融创新都促进了现代经济的增长。两者都是工业革命必不可少的条件，因为蒸汽机和水利工程都需要巨额投资，正是银行的创新以及金融和保险的发展促使这些成为现实。在发展中国家不断为经济发展奋斗的过程中，这两点也非常重要。但是，一个能兼顾经济发展和消除贫困的金融体系在设计之初就得认真考虑公平和效率这两个问题。并且，好的监管体系也能够有效地避免金融危机对经济体带来的负面影响。

发达国家和发展中国家金融体系之间的差异

对于发达国家，无论是面对失业和生产能力过剩时期政府采取的扩张经济的努力中，还是面对需求过度和通货膨胀时期政府采取的收缩经济活动的努力中，政府制定的货币和金融政策都直接或者间接地扮演着非常重要的角色。[5]基本而言，**货币政策**（monetary policy）主要通过控制流通中的货币供给量和利率这两个主要的经济变量来发挥作用。按照传统理论的解释，**货币供给**（money supply，货币＋商业银行的活期存款）将直接影响经济活动的水平，从一定意义上说，货币供给量越大，越能够通过提高人们对商品和劳务的购买量而促进经济活动的扩张。这本质上就是解释经济活动的理论（货币主义理论）的观点。这种理论的提倡者认为，只要控制好货币供给量的增长，发达国家政府就能够调控国家的宏观经济并控制通货膨胀。

在货币这一问题上，我们沿着传统理论的框架探讨；然而，凯恩斯主义经济学家持另一种观点，他们认为，流通中的货币量的增加会

加大获得贷款的可能性。借贷市场上资金的供给如果超出了货币需求，就会导致利率降低。由于私人投资被假定为与当期利率呈现反方向变动关系，因此当利率下降和贷款更容易获得的时候，商人会竞相扩大投资，而更多的投资反过来会提高总需求，从而使经济活动达到更高的水平（更多的就业机会和更高的国内生产总值）。类似地，在存在过度总需求和通货膨胀的情况下，政府会施行紧缩的货币政策，通过降低国家货币供给量的增长速度来降低可贷资金供应量的增长速度，同时利率会升高，由此引致投资水平下降及通货膨胀预期的降低，从而抑制总需求的扩大。

上述对发达国家货币政策的描述极大地简化了货币政策发挥作用的复杂过程，[6]不过确实道出了发展中国家所欠缺的两个重要的方面。第一，发达国家有着组织完善、经济上相互依赖而又高效运转的货币和信贷市场，使政府能够扩张或紧缩货币供给，并拥有提高或降低私人部门借款成本（通过直接和间接操纵利率）的能力。由此，金融资源可以几乎不受任何干扰地在储蓄银行、商业银行和其他国家调控的公共与私人"金融中介"之间持续不断地流动。而且，利率一方面处于政府行政性信用贷款手段的调节之下，另一方面又受市场供求力量的调节，从而能够在全国不同地区的不同经济部门之间趋于一致。各种金融中介能够将私人储蓄有效地动员起来，并将它们配置到生产效率最高的部门。这是促进经济长期增长的一个极其重要的因素。

第二，相比之下，许多发展中国家的金融市场和金融机构的运行情况却非常糟糕，经常存在着严重的外部依赖性，区域之间的发展也存在极大的不平衡。[7]发展中国家众多的商业银行实际上不过就是发达国家主要私人银行的海外分支机构而已，这些银行就像跨国公司一样，会更多地面向国外而不是国内的金融局势。在发展中国家，政府调节国内货币供给的能力，还进一步受到其经济开放程度的制约，在某些情况下，货币当局盯住美元、欧元或者"一篮子"中等发达国家的货币，以及其国内金融资源中外汇收入尽管举足轻重但又变化无常这一事实，也产生了很大的制约性影响。由于

许多发展中国家都存在着**货币替换**（currency substitution）现象——外国货币取代本国货币在市场流通（例如，美元在墨西哥北部地区就是如此），货币供应本身甚至都变得难以测量也难以控制了。[8] 当预期的通货膨胀水平非常高的时候，这一问题就显得尤为突出。

许多发展中国家发现本国货币同其他国家汇率挂钩会引发很多难以解决的问题，因此，浮动性汇率政策以及有管理的浮动性汇率政策变得更受青睐（参见第 13 章）。但是，采取这样的政策会导致汇率不稳定，例如，即便在国家没有发生危机的情况下，汇率波动也加剧。以印度 2013 年的情况为例，由于经济增速放缓至 5%（这样的经济增速依旧属于正常范围），然而，该国货币卢比仅仅在 8 月就贬值 9%，2013 年全年卢比的波动性明显加剧，因此，印度央行面临压力不得不提升利率而阻止卢比贬值，然而这样的举动进一步使已经放缓的经济雪上加霜。

由于信息传递的有限性和信贷市场本身的不完备性，许多发展中国家的商业银行系统都缺乏**透明性**（transparency，对贷款组合质量信息的充分披露），它们几乎无一例外地把投资活动局限在为现代制造业部门中可信度更高的大中型企业配置稀缺的信贷资源上。许多发展经济学家认为，这种透明性的缺乏以及许多借款者可信度不高这一事实，是引发 1997 年亚洲金融危机的主要因素，这在泰国和印度尼西亚表现得非常明显。由此导致的结果是，小农场主、正式和非正式的制造及服务部门的本地小型企业主和小商人，就只能通过其他渠道融资——有时候是从家庭成员和朋友那里借钱，但是，更一般的情况是被迫从本地的高利贷放款者那里借钱。伴随着小额信贷的发展，其业务范围逐渐从"高端市场"向那些刚建立的小企业扩展，在解决这一难题方面也算是取得了一定意义上的成功。

因此，大多数的发展中国家都运行在一种双轨的货币体系之下：一方面是规模小、受外国控制的**有组织货币市场**（organized money market），在该市场中，最高名义利率受法律的严格约束，这旨在满足现代产业部门中本地和外国大中企业的融资需要；另一方面则是规模较大、无形而又不受控制的**无组织货币市场**（unorganized money market），在这个市场中，众多因收入甚微而被迫求助于他人的普通人受到了严重的非法盘剥。这也正是许多发展中国家二元经济结构的另一种体现，这种二元结构总是有意无意地嫌贫爱富，倾向于为有钱人服务，而忽视相对贫穷者的需求。为了消除这一主要的要素价格扭曲，一种措施是取消有组织货币市场中人为强加的最低名义利率限制，其他一些相关措施是**金融自由化**（financial liberalization，例如放开外汇管制）。本来高利率应引致更多的国内储蓄，而市场导向的实际利率应该将可贷款资金更好地分配于生产效率最高的项目。然而，这种国内金融市场和外汇市场的同时自由化，可能也难以解决中小投资者和小企业家的融资难的问题。[9] 因为，解决这一问题需要更直接的创新性构想。本章后面部分将讨论金融市场的改革以及改善非正规经济体融资所需采取的措施。

在发展中国家，很多情况下，投资决策对利率变动不是很敏感。拉美一些工业化程度较高的国家（如巴西和阿根廷），过去的这些年一直采取通货膨胀融资型工业增长政策。在这样的政策之下，扩张性的货币政策连同居高不下的财政预算赤字一起，使得实际利率变为负值（即通货膨胀率高于利率水平）。这种政策的基本思想是：通过人为降低利率刺激投资，从而为弥补财政赤字融资，并促进工业产出的增长。但是，这样的政策可能存在严重的结构性供给限制（低供给弹性），即便在需求增加时，产出增长也会受到抑制。这些局限性约束包括效率低下的管理、基本中间产品（通常是进口中间产品）的缺乏、僵化的官僚制度、许可证限制以及整个产业部门间缺乏相互联系。无论原因是什么，结构性的供给刚性都意味着，由高速的货币创造所导致的对商品和劳务的需求的任何增加，都并不必然会引起相应的供给的增加。相反，过度的需求（在此是对投资性商品的需求）只会推动价格上涨进而引起通货膨胀。在一些拉美国家，这种"结构性"通货膨胀已经成为一个长期性问题，而且，当工人通过将工资的提高与物价的上涨形成相应指数以保障自身实际收入水平时，这种结构性通货膨胀就因工资成本方面的螺旋式上升而进一步恶化。通过固定或者降低汇率来控制通货膨胀的努力，导致了巴西 1999 年的金融危机以及阿根廷 2001 ～ 2002 年的金融危机。

相比之下，欧洲边缘国家的宏观经济问题没有发展中国家那样严重，但是在废止本国货币并统一使用欧元这方面有很大的可比性。这同之前将本国货币同德国马克汇率绑定，或者同一篮子货币（包括法郎等）指数绑定，类似于阿根廷将本国货币同美元绑定一样。这也可以称为货币替换，就好比萨尔瓦多、巴拿马和厄瓜多尔本国货币美元化的做法一样，即把一种币值稳定的货币作为本国流通货币。类似于货币替换，这样的做法使得本国的政策调整更为困难，原因是失去了中央预算的职能，同时，劳动力的流动性也远远不如 1992 年市场一体化时候的预期。不仅如此，这样的做法使得欧盟国家更加难以退出欧盟，因为在加入欧盟时签署的条约要求必须使用欧元，而不是像科索沃和黑山共和国那样可以自愿使用欧元作为本国货币。在几年之前，葡萄牙和希腊被国际发展机构分类为中高收入发展中国家，近些年，由于生产力的增速不如以德国为首的欧盟核心国家，这两国的竞争力也出现明显的下降。由于不能通过采取本国货币贬值的方法来促进经济复苏，因此它们只能采取紧缩财政支出来促进本国经济好转。但是这样的紧缩政策如果没有结构性调整的配合，将非常不利于宏观经济稳定。2013 年，希腊和西班牙的失业率高达 27%，葡萄牙失业率高达 15%，意大利和爱尔兰的失业率高达 12%，这就是所谓的欧洲五国经济危机（第 13 章 13.5 节有对于此内容的其他角度的分析）。

尽管发展中国家的金融体系有这些局限性，但是，金融体系仍然是整个经济体的必要组成部分。例如，在拉美高通胀、高预算赤字和高贸易赤字这样严重的宏观经济不稳定的背景之下，金融体系仍然是稳定整个宏观经济的政策中的一个关键因素。而且，正如前面所提到的，金融体系提供了各种各样的服务，包括储蓄动员、贷款分配、风险控制、保险保护以及便利外汇使用等。下面，我们将从对中央银行的考察入手，仔细探究发展中国家金融体系的结构。

15.2　中央银行的作用以及可替代中央银行的机构

15.2.1　正式的中央银行的作用

在发达国家，**中央银行**（central bank），比如美国的联邦储备委员会，执行着吸收存款、调控和监督职能，其拥有广泛的行政权力，也承担着极其重要的公共责任。其主要活动可以归结为以下五类一般性职能。[10]

（1）货币发行者与外汇储备管理者。中央银行印发纸币、发行铸币，干预外汇市场以调节本币对他国货币的汇率，管理外国资产储备以维护本币的对外价值。

（2）政府的银行。中央银行为政府提供银行存贷款的服务，同时经理国库，担当着政府的财政代理和担保人的角色。

（3）银行的银行。中央银行也为国内的商业银行提供存借款的服务，并为资金周转困难的商业银行充当最后贷款人。

（4）国内金融机构的监管者。中央银行要确保商业银行和其他金融机构在业务运营方面谨慎操作，并严格遵守相关法律法规。它们还监督银行是否满足准备金率的要求，监督地方和区域银行的活动。

（5）货币和信贷政策的操作者。中央银行致力于操作货币和信贷政策工具（包括国内货币供给、贴现率、汇率和商业银行的存款准备金率等）来实现主要的宏观经济目标，如控制通货膨胀、促进投资和调节国际货币流动。

有时，这些职能由中央银行下属的不同的管理机构来实施。

1. 货币局（currency board）的职能是为换取外汇而按照某一个特定的汇率发行本国货币。这种形式是替代中央银行的典型选择。尽管货币局能够按照固定的汇率发行货币，但是其代价是丧失了中央银行本来可以行使的其他功能的独立性。许多发展中国家在独立的时候都延续或者采用了货币委员会这一形式，其他一些国家是在经历了严重通货膨胀之后采用这一形式的。货币局并不产生新增货币，不执行货币政策，也不行使监管银行体系的职能。在殖民时期，货币委员会是其宗主国银行体系的代理人，其主要任务是维持本国货币和其宗主国货币的平价。1991～2002年阿根廷比索按照1:1的比例绑定美元，并且以国际货币储备为支持。1991年该货币局成立的主要目的是通过控制货币供给量来降低通货膨胀。不过，由于美元不断走强和美国不负责任的财政政策（可能是因为继续沿用了传统的货币局的规则），这一体系最终瓦解了。2002年，货币局在阿根廷彻底失败，这使得人们更加不信任这种体系。

2. 替代中央银行的可能选择 除了标准的中央银行以外，我们还有很多种选择。[11]第一，中央银行过渡机构可以是货币局到中央银行过渡时期的机构，政府能够强烈地干预这个机构的活动。然而，这些活动是受到法律法规限制的，能够约束货币当局的行为。英国以前的殖民地和保护国，例如斐济、伯利兹城、马尔代夫和不丹是采用中央银行过渡机构的典型例子。第二，超越主权的中央银行主要是代替那些参与货币联盟的小国家行使中央银行职能，可能也是关税联盟的一部分（见第12章）。采用区域性中央银行的货币共同体有，西非经济货币联盟和中非经济货币共同体，它们分别使用不同的非洲金融共同体法郎（CFA Franc），但是这两种货币的价值一样。另一个例子是，东加勒比货币联盟，其使用东加勒比美元（东加勒比中央银行控制发行）。这些货币联盟使用的货币都和一种主要货币绑定在一起（前者和美元绑定在一起，后者和欧元绑定在一起）。虽然建立新的货币联盟面临着政治上和技术上的种种困难，但在不久的将来，可能会有新的货币联盟产生。南非发展联盟已经宣布2018年要建立统一的货币体系，但是外界广泛质疑该决定；海湾合作委员会已经宣布要建立一个统一的货币联盟，但是其进展却非常缓慢。众所周知，已经有许多欧洲国家使用欧元，并且许多国家在使用欧元的时候存在诸多问题，特别是那些新加入欧元区的发展中国家，例如希腊和葡萄牙。区域性货币联盟可以带来很多收益，但是，这些收益必须要同因采用统一货币带来的灵活性而付出的代价相比较。第三，发展中国家的中央银行机构可能和其最大的贸易国的货币当局建立货币飞地，其最大贸易国通常情况下可能是该

发展中国家殖民时期的宗主国。这样的安排为发展中国家的货币稳定性提供了一定的保障，但是，这个最大的贸易国经常会因优先考虑自己的经济利益而使该发展中国家对其货币政策产生严重的依赖性。当代的例子就是那些被"美元化"的经济体。"美元化"是一个用来描述那些以美元作为本国货币，没有自己的中央银行的国家的术语，这样的国家有巴拿马、厄瓜多尔、萨尔瓦多和东帝汶。世界上其他主要货币，例如欧元，也以同样的形式被使用。第四，在开放经济体中央银行机构中，商品和国际资本的流动占这些国家经济活动的绝大部分，因此，这些国家的经济活动很容易受到全球商品和金融市场的影响。因此，中央银行机构应该把工作的重点放在加强监管和建立稳定、独立的金融体系上。采用这种中央银行形式的国家包括新加坡、科威特、沙特阿拉伯和阿拉伯联合酋长国。表15-1总结了这四种中央银行替代形式的主要特点，并且与货币局及中央银行进行了对比。

过去二十多年，发展中国家的中央银行在经济和政治方面的独立性有很大提升。很多经济学家认为，中央银行的自治权是有效实施传统意义上中央银行政策的重要前提。[12]

中央银行经济上的自治权指的是，政府不能迫使其提供自动的、低于市场利率的以及不受时间和数量限制的贷款；中央银行不能参与主要的公共债务市场；中央银行有独立设定利率的权利；监管银行体系的权利。中央银行政治上的自治权指的是，在长期中能够独立选择货币政策目标，独立选举中央银行的行长以及董事会或理事会成员；自主决定是否需要政治代表参与日常工作；货币政策可以不受政治力量的干预而推行；在与政府利益发生冲突的时候，中央银行的规则能够支持中央银行的独立性。[13]

国际货币基金组织在2009年的一份报告中指出，近期，全球中央银行的自治能力在不断提升，这些银行使用不同的"独立性指数"，主要有以下四种类型。[14]

（1）中央银行机构已经开始从货币局的形式向单一的政府中央银行形式或者货币联盟形式（超越国家的中央银行）转变。

表 15-1 中央银行机构

机构	职能					
	货币发行者	政府的银行	银行的银行	金融机构的调控者	货币政策的执行者	金融发展的促进者
完全成熟的中央银行	3	3	3	3	3G	1
超国家中央银行	3E	2E	2	2	2E	2
开放经济中央银行机构	3C	2C	2	3	1	3
过渡性中央银行机构	3CG	2C	2	1	2G	3
货币飞地中央银行机构	1, 2CE	2CE	2	1	1	3
货币局	3C	1	1	1	1	1

注：1= 有限参与；2= 重大参与；3= 充分参与；C= 相当大的法律性限制；E= 相当大的外部影响；G= 相当大的政府影响。

资料来源：Charles Collyns, *Alternatives to the Central Bank in the Developing World*, IMF Occasional Paper No.20 (Washington, D.C.: International Monetary Fund, 1983), p. 22. Copyright © 1983 by the International Monetary Fund. Reprinted with permission.

（2）很多中央银行被赋予维持物价稳定和控制通货膨胀的职责，除此之外，大多数国家政府在制定政策利率方面都有自主权，这是因为会涉及政府的利益（政府在长期中以及经济困难时期干预中央银行的程度需要进一步考察）。

（3）在金融监管方面，各个中央银行之间存在着分歧。许多发展中国家的中央银行依旧在扮演金融监管的角色。但是，中央银行的首要任务应该是维持物价稳定。

（4）参与货币联盟（跨主权中央银行）增强了发达国家和发展中国家中央银行的独立性。这样的例子有：欧洲银行联盟（ESCP）、西非中央银行（BCEAO）、中非中央银行（BEAC）以及东加勒比中央银行（ECCB）。

不过，在很多情况下，中央银行的自治权还是受到了很大的限制。

但是，在最后的分析中我们应该指出，中央银行的组织架构，甚至它的政治自由程度，并没有那么重要。相反，重要的是，在不同支配或者依赖程度的国际经济和金融环境中，这些机构能够通过其商业银行和开发银行体系为国内经济发展提供资金并促进国内经济发展的程度到底有多大。在促进新产业的发展并为现有产业融资的过程中，发展中国家的商业银行必须比发达国家的银行发挥更加积极的作用。它们既是风险资本的重要来源，同时也提供在一般情况下国内非常缺乏的商业知识和经营技术。正因为传统商业银行在过去没有很好地承担起这方面的责任，所以发展中国家出现了许多被称为开发银行的新型金融机构。

15.2.2 开发银行的作用

开发银行（development bank）是一种专业化的公共或者私人金融机构，其建立的宗旨是为工业企业的设立和扩张提供中长期资金。开发银行之所以在发展中国家出现，是因为现有的银行通常把重点放在商业性短期贷款（商业银行和储蓄银行），或把重点放在总货币供给的控制与调节（中央银行）方面。而且，现有商业银行所设置的贷款条件往往并不适于创建新的企业和建设大型项目。它们的资金更多地贷给了那些所谓的"稳健"的借款人（即已经建立的产业，其中许多是外国所有或者本地的名门望族所经营的），而那些为新兴产业融资的"风险投资"却很难获得资金。

为了促进那些缺乏金融资本的产业增长，开发银行在设立初期主要通过两个渠道筹集资金：①双边或者多边贷款，主要来自国际援助机构，比如美国国际开发总署（USAID）以及类似世界银行这样的国际援助组织；②本国政府的贷款。但是，除了筹集资金之外，开发银行还必须开发一些工业项目评估领域的专业技术。在许多情况下，开发银行的活动已经远远超出了为可信赖的客户提供贷款等传统职能。开发银行的活动通常包括：参与指导、创建、管理和提升给予资金支持的企业——包括政府所有和经营的工业企业。

发展中国家的开发银行的规模已经比较大。到2000年，开发银行的数量已经增加到了数百个，其拥有的金融资源也像吹气球一样迅速膨胀到数十亿美元。而且，虽然开发银行的初始资金来自世界银行、双边机构和本国政府，但是它们的资金也越来越多地来自国内外机构和个人投资者。开发银行近20%的股份资金由外国人持有，而剩下的80%来自国内投资者。

尽管开发银行的成长引人注目，并且在发展中国家工业化进程中的作用日益增加，但是，越来越多的质疑和批评声音指向开发银行，其中的原因是，开发银行将其业务过分地集中在大规模贷款上。一些私人拥有的金融公司（它们也被归类为开发银行）拒绝考虑2万美元以下或者5万美元以下的小额贷款，它们给出的理由是，不值得为评估这类小额贷款而花费过多的时间和精力。结果，这些金融公司几乎完全退出了扶植小企业这一领域。然而，大部分发展中国家的实际情况是，扶植小企业的发展对于其经济发展有着广泛而重要的意义，而且这类资金来源通常也是私人部门所需资金的重要部分。由此，我们可以得出结论，尽管开发银行在不断发展壮大，但仍有必要为小企业提供更多的金融资源；无论这些小企业是在农村，还是在城市的边缘地区，这些小企业都很难以合理的利率在开发银行获得所需的资金。[15] 在致力于满足该类小额贷款者的资金需求的过程中，发展中国家的金融体系已经形成了一套完整独特的非正规信贷安排。

15.3 非正式融资和小额信贷的兴起

15.3.1 传统的非正式融资

2010年的一项研究指出，全球范围内约有25亿成年人使用非正式的金融服务渠道进行资金借贷。[16] 正如本书前面提到的，发展中国家的经济活动的主体是小型生产者和小型企业，它们大多是非公司形式的且未经注册的小业主，包括在城市和农村非正式经济部门从事经营活动的小农场主、生产者、手艺人、贸易商以及独立的贸易者。这些小业主一般都有比较特殊的金融服务需求，而这并不在传统商业银行的业务范围之内。例如，街头小商贩需要短期融资来购买存货，小农场主需要缓冲性贷款来稳定由于季节因素带来的收入波动，小型制造业主需要少量贷款来购买简单的设备以及支付雇用工人的工资。在这种情况下，传统的商业银行既没有能力也没有意愿来满足这些小额资金借贷者的需求。这是因为，虽然单笔借贷的资金额较小（通常低于1 000美元），但是，对这样的借贷活动进行管理和运作的成本却和大额贷款一样高，而且非正式的借款者很少能够为正规银行的贷款提供必要的担保物，因此，商业银行对于这些小贷款者的需求没有什么兴趣。大多数商业银行在农村、小城镇以及城市的边缘地区甚至没有分支机构，而这些地区恰恰有许多非正式金融活动发生。因此，大多数小业主借款者不得不转向亲人、朋友借款，并且，在迫不得已的情况下，也会慎重地向当地的钱庄、当铺老板或者商人借贷。后面三种资金来源的成本往往非常高——例如，钱庄借给小商贩的短期资金利率有时甚至高达日息20%。对于那些因季节原因而需要贷款的小农场主，他们唯一能提供给钱庄或者当铺老板的担保物就是自己的土地和牲口。他们如果因为拖欠贷款而失去土地和牲口，很快就会沦落为无地劳动者，此时，放贷者就会积累大量土地，这些土地要么被放贷者自己拥有，要么被出售给实力更雄厚的土地所有者。

近来，许多新型**非正规金融**（informal finance）形式代替了前面提到的那些钱庄和当铺老板。[17] 其中的两种形式是地区性**互助会**（rotating saving and credit association, ROSCA）和集体借款计划。互助会在诸如墨西哥、玻利维亚、埃及、尼日利亚、加纳、菲律宾、斯里兰卡、印度、中国以及韩国等众多国家很流行，其一般最多由50个成员组成一个集体，通过选举的方式选出一个负责人，其从每个成员那里得到一个固定的储蓄额度，然后把这些资金作为无息贷款轮流分配给每个成员，获得贷款的先后次序往往是随机的或者通过内部投标的形式确定。互助会能够使人们在事先没有足够存款的情况下购买商品。在互助会的帮助下，个体完成其采购计划的时间平均会缩短一半。许多低收入者也倾向于使用这种方法进行储蓄和借贷，人们参与这类协会的积极性很高，而且资金偿付率也非常高。需要注意的是，很多已婚妇女参加了互助会。斯旺·安德森（Siwan Anderson）和让-玛丽·巴兰德（Jean-Marie Baland）指出，互助会还有另外一个功能，那就是能够增加妻子在家庭中的话语权。这是因为，参加协会的妇女在轮到使用共同资金之前，其在协会的存款是不能被取回的，这样的限制能够阻止她们的丈夫在家庭有足够的资金购买预定的生产资料（比如缝纫机）之前就将这些积蓄花掉。[18]专栏15-1为我们讲述了穷人生活中越来越常见的金融活动。

□ **专栏 15-1　低收入阶层的金融活动**

达丽尔·科林斯（Daryl Collins）和她的同事在研究过程中记录了低收入家庭的金融活动，他们发现，这些家庭的金融活动异常频繁。在为期一年的研究中，他们每两周都会采访 250 个家庭，记录并整理这些家庭的支出和金融活动情况。他们发现"那些收入较低且不确定的人群面临着三重打击，他们很少能够利用金融工具为其支出提供杠杆或者避免收入不稳定带来的支出限制"。受访者的收入差别很大，而且下一期的收入还存在很大的不确定性，他们也很少有机会获得保险。该研究报告的作者称，"每天依靠 2 美元度日的那些人还面临着鲜为人知的困难，那就是，这些人实际上并不是每天都能够获得 2 美元的收入。每天能够获得 2 美元收入只是一段时期的平均数"。

随着负债以及储蓄的快速增加和减少，这个群体的财产被频繁地交易。这种"现金为主的收入模式"意味着"在印度，每个家庭的平均现金转换速度是其收入的 0.75～1.75 倍……在南非，家庭每个月的现金流动是其收入的 1.85倍"。即便是那些每天收入不到 1 美元的人也不会将其收入全部花光，因为他们害怕吃了这顿没有下顿。受访者存钱的方式有：把现金藏在家里，让邻居保管现金，把现金借给顾客，偿还贷款，购买人身保险，把收入寄回家乡；他们还面临着被拖欠工资的危险。在很多情况下，这些人还会借款，借款的主要形式有：赊购，因为亲戚提前发工资而受益，拖欠租金，从邻居那里获得免息贷款，进行非正式借贷，签订工作合同预支工资，从小商店里购买东西而暂时不给钱，不断增加贷款数额而不是逐渐偿还贷款。在为期一年

的研究过程中，研究者发现，"孟加拉国现存的不同金融工具的平均数目为 10 种，印度的平均值略高于 8，南非的平均值为 10"。几乎所有家庭使用的金融工具的数目都在 4 种以上。

每个家庭都会使用许多种方式为其日常生活融资，其中包括互助会、非正式储蓄合作社、边借款边储蓄，以及有担保的存款产品。然而，低收入者最常用的方式是相互之间借款。研究者发现，小数额取钱活动的频繁程度要远远大于定期存款活动的频繁程度；同时有另外一种现象，那就是虽然有很多人在存款，但是仍有大量资金流入流出贷款余额账户。"在我们研究中访问的低收入家庭中，他们的主要方法是互相帮助，也就是说亲戚朋友之间一对一借贷。"这样的形式尽管看起来非常方便而且很灵活，但研究者认为，这样的形式安全性和透明性都比较低，交易成本也很高。对金融工具的定义有时候很模糊：一个很典型的例子是，邻居帮忙看管现金。这些现金是定期存款还是贷款呢？这可以根据现金的用途而改变。低收入阶层往往倾向于以较高的利息去借款而不愿意动用自己的储蓄，这是因为，在高利率的迫使下，借款者会以最快的速度努力工作偿还贷款；相比之下，省钱存款的动力却没有这么大。

研究者最后得出结论，小额信贷机构可以利用该研究的结果开发新产品，使低收入者可以以"天"为单位管理其现金，进行长期储蓄并且能够将贷款用作其他用途，这些都能改善"低收入阶层的投资组合策略"。小额信贷机构可以增加产品种类，还可以提高产品的灵活性，也可以为会员提供小额存款和贷款服务，完善存款保护

条款，提供非商业用途的贷款等，这些都为低收入阶层提供了更多的金融服务。

资料来源：Based on Daryl Collins, Jonathan Morduch, Stuart Rutherford, and Orlanda Ruthven, *Portfolios of the Poor: How the World's Poor Live on $2 a Day* (Princeton, N.j.: Princeton University Press, 2009).

15.3.2 小额信贷机构

小额信贷（microfinance）是一种为贫困者或者弱势群体提供贷款、储蓄工具和其他基本金融服务方式的总称，如果没有小额信贷，贫困者和弱势群体要么无法获得资金，要么只能在获得信贷的同时接受非常不公平的条件。小额信贷机构（microfinance institution，MFI）的主要目的是按照机构自身的规则，通过多种途径提供前面提到的那些金融服务。[19]

在乡村银行或者**集体借款计划**（group lending scheme）的实例中，一群潜在的借款人因为对资金有着共同的需求而形成一个联合会。这个联合会向商业银行、政府的开发银行、非政府组织或者私人机构借款，然后，这个组织将借到的资金分配给每一个成员，成员的责任是将资金按时归还给联合会，联合会自身作为一个整体向外部贷款提供者提供担保，并负责偿还贷款。这个想法本身非常简单：小借款人通过联合在一起形成集体，这样做不仅能够降低借款成本，也能够因为借款额的增大而获得正式的商业贷款。集体中的任何企业获得成功都会给其他企业带来既得利益，因此，这就对集体中任何成员的按时偿还贷款产生了道德层面的压力。而且，已经有证据表明，这样的贷款集体的偿还率要高于一般的正规部门贷款的需求者。

许多经济研究都发现，能否获得贷款严重制约着微型企业的发展。大多数微型企业的所有者是妇女，但是，由于难以获得贷款（尽管这不是全部的原因），众多妇女借款人（微型企业业主）都受到了影响。有多种原因导致了这样的结果，其中包括缺乏财产权利以及缺少当地文化实践，但是，最主要的原因是缺乏贷款抵押品，不过，关于这一点的争论也有很多。下面，让我们仔细地考察一下以上情况是怎样发生的。

放松低收入的女性小企业主的贷款约束条件存在很大困难，这其中的制约因素有三点：第一，贫困的微型企业主基本上没有什么资产可以抵押；第二，传统的放款人很难确定贷款者的质量；第三，小额贷款的平均成本更高。

乡村银行致力于使用"借款人相互监督担保"这一方法来解决存在的问题。乡村银行将微型企业组织成为贷款合作社，然后为其提供启动资金。通常情况下，在评定某一项贷款之前，每个成员都必须联合几个其他成员或者潜在的成员和他一起对贷款担保。一旦这个联合团体中的一个成员获得了贷款，那么，只有等到第一位成员按期偿还贷款之后，其他成员才能够再去贷款；而且，如果团体中的某个成员想要获得第二次借款，必须要等到团体中所有的成员都进行过一次借贷之后。在借款人取得了贷款经验和贷款的历史记录，同时明确了更大数额的贷款的使用目的之后，这个成员就可以进一步取得更大数额的贷款。合作社的各个成员都了解他们自己选定的共同借贷主体的实际情况，并且都相信和希望他们会按时偿还贷款。这样，银行就利用这些"嵌入"在农村邻里之间的信息来了解到底哪些是可靠且能够偿还贷款的人，这样能使村民们以激励相容的方式显示出这种信息。并且在这样的过程中，团体中的每个成员都预期其他成员会偿还贷款，这自然会给彼此带来一种压力，并且形成一种隐性担保。借款者的亲朋好友的信誉也算作是借款者所拥有的资本的组成部分，在这样的前提下，如果集体中的某个个体未能按时偿还贷款，就会带来很大的风险。最后，乡村银行为降低其实际成本而广泛地使用志愿者服务（就像传统的消费合作社那样）。各个银行的经历则表明，其所花费时间和精力是值得的，毕竟其成本要低于其放出的贷款所带来的利益。国际社会援助基金会（FINCA International）就是这种小额贷款机构的典型例子之一。

小额信贷的另一个典型例子就是孟加拉乡

村银行（Grameen Bank），第 11 章结尾有两个案例研究，其中一个案例介绍的就是孟加拉乡村银行。孟加拉乡村银行利用了借款人集体的稳固基础，并利用"借款人之间相互监督施压"为银行节约开支；在这样的规定之下，只有所有的借款人都还清贷款之后，贷款限额才会提高。目前，孟加拉乡村银行没有强制要求借款人联合署名。

因此，联合信用能够帮助小额信贷的借款人有效地降低借款利率，在很多案例中，其发挥作用的途径是：寻找到更加可靠的借款人（降低逆向选择成本），鼓励更加勤奋地工作来偿还贷款，以及确保借款人不会进行虚假破产以及为避债而外逃（减少道德风险）。可以通过建立成员较少但是基础更加牢固的借款集体或者建立更加强大的银行集团来确保上述方法的有效性。但是，联合信用这一方法的确也给借款人带来了不利影响，例如，资本的灵活性较低，资本发生损失的风险并非个人能力所能控制，以及借款人在集体中其他成员的压力下而不得不避免从事高风险的经济活动。然而，随着越来越多的小额信贷机构不再使用联合信用这一模式，我们很清楚的是，一定已经有不依靠集体借贷的小额信贷模式逐渐成熟起来了。

如果一个小额信贷的借款者按期偿还了他现在的数额较小的贷款，那么他就有资格获得数额更大的贷款，这对于这些小额借贷者来说是"非常大的激励"；不过，在很多情况下，银行也会威胁贷款者，如果不能按期偿还贷款就不会提供接下来的贷款，这样的威胁也是很有效的。另外一种机制是，采用分期付款的方式来偿还贷款，然而，这样的方式忽略了某些投资产生效益的周期比较长这一事实。银行通过这种方法可以从本质上影响或者控制那些作为个人贷款（或者是那些非完全担保的集体贷款）的大型企业或者其他借款来源的经济实体的收入现金流。一些银行在担保品方面的要求很灵活，它们往往会接受那些对借款人来说价值很大而对自己没什么价值的物品作为抵押。许多非政府机构（NGO）也采用集体贷款的形式，但是其目的不是利用其联合信用。这些机构认为，集体中的各个成员会更加信任，互相提供建议，了解借款者是否遇到了困难，提供其他

服务和帮助（例如，法律教育），并且各成员之间互相监督按时偿还贷款。小额信贷机构还会公开发布按期和未按期偿还贷款的借款者的名单，以此来敦促那些违约者尽快偿还贷款。非政府机构对女性借款者尤其照顾，这对于发展有着特殊的意义。但是，实践工作者同时也表示，女性在投资的时候更谨慎，对于别人公开自己的违约情况更在意，在互助集体中更愿意帮助其他人，获得外部贷款的可能性更小，获得外部工作的机会更少，这些因素使得女性在没有联合信用约束的条件下违约的可能性也会更低。[20]

通过借款人数这一指标衡量，2010 年小微金融的借款者已经超过 2 亿美元，在这之前小微金融一直发展迅速，然而，在此之后增速则明显受阻，至少是暂时放缓。有以下几方面的原因与此有关：小微信贷峰会估计 2011 年是小微信贷借款人数连续增长 14 年之后的首年下降。下降的人数中有半数可以归因于印度安德拉邦小微金融机构的瘫痪，该邦商业化的小微金融机构过于激进的放款和收债举措以及政府彻底的惩罚性的举措（过于政治化而不是政策性疏导）是导致这种情况发生的主要原因。[21]

尽管这些非正式融资项目中的个别成功案例给我们留下了深刻印象，但实际情况是，几乎在所有的发展中国家，大量急需贷款帮助的农村和城市贫困者几乎没有机会得到贷款。除非法律体系进行改革，让小企业获得正规信贷系统的贷款更加容易，或者设立更多的政府支持的贷款项目满足小企业的需求，否则，大多数的发展中国家现有的金融体系难以满足那些有利于国家发展的基本信贷需求。

15.3.3　小额信贷机构：当前的三个政策讨论

1. 政府补贴和小额信贷机构　小微企业信贷合作社热烈讨论的一个问题是：政府给这些企业提供补助是否恰当。该讨论被称为"反小额信贷主义"，其意见和世界银行扶贫协商小组（CGAP）以及其他一些反对非政府组织的学术型经济学家的意见不同。世界银行扶贫协商小

组认为，小额信贷机构在发放贷款的时候需要考察借款者的可持续性，这样才能够保证资金可以收回，以便把资金借给更多的借款者。这个说法就其本身来说是合情合理的，但是，实际情况是，贫穷的借贷者没有实力担负那些商业贷款所要求的高利率。更准确地说，穷人对贷款的利率需求弹性不为零。并且，穷人很少有机会投资高回报的企业。因此，应该为现有的以及潜在的小微企业提供补贴。[22]

然而，即便是带有补贴的贷款也不一定能够带来高生产率和高收入。一些研究表明，对于那些极端贫穷的人来说，来自乡村银行和小额信贷机构的贷款并不一定会改善他们的生活，有时甚至会恶化他们的生存状态。这是因为他们将贷款用到了低效率的生产之中，而且还要偿付贷款利息。当然，我们必须保证这些带有补贴的贷款项目顺利实施，被合理地分配到不同的投资中，最终被最需要贷款的贫穷家庭使用。

2. 综合化脱贫服务：小微金融"＋" 就这一点而言，第二种争论是关于是否需要把小额信贷同其他项目结合起来。支持者认为，必须把贷款和那些贫穷者急需而且需要本人参与的社会服务结合起来，他们的理由有如下三点。第一，这种需要本人花费时间参与的社会服务本身就具有一种监督机制，可以避免非贫穷者搭便车而利用有补贴的贷款（类似于工作福利监督，见第5章）。第二，如果贫穷者没有健康的身体也未接受良好的教育，就不能很好地使用这些贷款。在目前流行的项目中，除了贷款，通常会有另外一些资金用于卫生和教育事业。第三，许多贫穷者都没有意识到人力资源的重要性，项目中的贷款可以作为一种"诱饵"使其参与到卫生和教育活动中。不过，如果把这些项目分开运作，那么可能会降低成本，这是因为不同的非政府组织都有各自擅长的领域，并且有的低收入者在获取贷款的同时，的确不需要卫生和教育方面的服务。正因为如此，关于是否要把小额信贷和教育、卫生及其他一些项目整合在一起就成了人们争论的热点。[23]一个把小额信贷和基本商业培训结合在一起的研

究表明，这样的做法可能会降低成本（见专栏15-2）。第11章中提过的非政府组织，孟加拉国农村发展委员会（BRAC），在提供更广泛的同其他项目整合在一起的小额信贷项目方面有很好的表率作用。

3. 关于商业化的讨论 第三种比较广泛的争论和前两种争论相关，那就是小额信贷机构是否应该**商业化**（commercialization）；也就是说，提供小额信贷的非政府组织（这样的组织是非营利性的）是否应该转变成营利的银行机构。这一问题在2005年左右被特别地提出。小额信贷机构商业化之后，就可以按照商业银行的标准监管，也可以合法地接受存款和提供贷款；小额信贷机构的行为会受到市场的约束，它们也就有了更大的动力去降低经营成本，扩大经营规模。小额信贷机构的商业化同时也满足了一些人希望利用小额信贷机构发展整个金融体系的愿望。小额信贷机构商业化所带来的不利影响是，为贫困阶层提供金融服务的成本往往很高，如果商业化后的小额信贷机构为其提供了服务，那么一定会收取很高的利息，而且在筹集资金时也会更加困难。我们需要注意的是，有很多可行的方案都被忽略了，其原因是，在绝大部分的法律体系中，某个团体需要被监管和可以接受存款并不一定意味着它必须是以盈利为目的；例如，孟加拉信贷联盟就是被所有的借款者集体拥有的。尽管小额信贷机构向营利性组织的转变已经成为大趋势，但是，小额信贷机构将来的发展仍可能会有不同的方向，营利性的机构主要为那些接近或者高于贫困线的人提供金融服务；而非政府组织则会为那些经营小微企业的企业主提供贷款，这些贷款往往包含着一些优惠政策，例如帮助企业主支付工人工资，为那些极端贫困的没有能力经营任何小生意的人群提供资金支持。最终的结果是，所有人都能够得到金融服务，但是，只会有一小部分人愿意申请贷款开办小微企业或者经营小生意。然而，现在很多国家的政府还不能为穷人提供稳定的工作并帮助其走出贫困，在这样的条件下，为小微企业提供贷款支持仍旧是一个主要手段。

□ 专栏 15-2　最新发现：小额信贷和技术培训相结合

由迪恩·卡尔兰（Dean Karlan）和马丁·瓦尔迪维亚（Martin Valdivia）在 2011 年主持的一项国际社区互助基金会（FINCA）的研究，测量了为女性小微企业主提供贷款的同时增加相关的商务培训课程之后的影响。研究随机抽取了一些小额信贷互助组的成员，在银行参加每周一次或者每月一次的持续时间半小时到一小时的商务培训课程。这些培训持续一两年。实验对照组的参与者会按照以前的习惯去银行办理借款或者存款等手续。研究者发现，经过培训，实验对象的商业知识增多了，商务实践能力提高了，她们企业的收入也提高了。参与培训的实验对象表示，她们会主动地将培训中的知识用于实践，主要是"要把做生意用的钱和日常生活的钱分开管理，将利润再次投资，记录销售情况和收入情况，前瞻性地考虑未来可能的利润增长点"。研究者还发现，培训还提高了她们的贷款偿还率以及互助组成员的流动性，这些积极的结果给银行带来的收入足够支付用于培训的费用。这项研究清楚地表明了企业家才能是否可以后天习得，换句话说，是不是由于先天因素和早期的童年教育而不能改变。这个问题的答案是，穷人可以通过学习变得会做生意。事实上，往往是那些在起初怀疑培训效果的参与者在是否接纳这种培训、提升还款率以及同银行的合作是否更长久方面的改变最大。

资料来源：Based on Dean Karlan and Martin Valdivia, "Teaching entrepreneurship: Impact of business training on microfinance clients and institutions," *Review of Economics and Statistics* 93, No.2 (2011): 510-527.

15.3.4　发展小额信贷的潜在限制因素

发展小额信贷有很多限制因素。小额贷款起初的设想和现在市场实际运作的情况都是为小微企业融资，不过，大多数人都更倾向于有一份稳定的工资收入，而不愿意经营一家风险很大的小型企业。尽管还缺乏系统性证据，但是对秘鲁和孟加拉国等发展中国家的工人采访的结果显示，他们中的大部分人放弃了那些经营不下去的小型企业，为了赚取一份稳定的收入，而选择了一个稳定的工作。大多数人都愿意花钱购买保险，从某种意义上讲，一份可以预期的稳定收入就是对小微企业生产过程中的不确定性的保险。典型的例子是，即便在发达国家，被解雇的教授也只会在找不到下一份合适的工作的前提下，才会自己单干。因此，最主要的问题是，能够支付稳定收入流的工作十分匮乏；另一方面的问题是，在传统习俗的制约下，女性不愿意从事那些需要离开家门的工作，这就使得问题更加复杂了。[24] 从这种意义上讲，正如其设计之初的构想，小额贷款在很大程度上就是一种"过渡的机构"。与此相关的问题是，小微企业很难快速有效地成长为合格的中小型企业（SME）。孟加拉国农村发展委员会的研究表明，从委员会借款的大多数是中等水平的企业，参与其提供的小额信贷相关培训课程的小微企业主却很少借款。当然，人们也需要其他形式的金融中介，例如存款账户和消费贷款。进一步说，小微企业也很可能会为社会提供更多的工作岗位。

一方面，由于相信削减贫困有着重大意义，越来越多的人为小额信贷提供资金支持，然而，低收入阶层面临着很多问题，仅仅依靠放松贷款的条件可能不会从根本上解决问题。现在已经有很多爱心人士、公共机构以及非政府组织促进小额信贷的发展，不过，由此导致的结果是，其他活动，例如农业培训，得到的资助相应地减少了。另一方面，一些主要的实践者认为，小额信贷机构的主要目的不是消除贫困，而是完善金融体系（希望这样做会间接达到缓解贫困的效果）。消除贫困是一项很有价值的事业，但是达到此目标并不是只有发展小额信贷这一途径。改善监管体系，提升金融体系的安全性，培训政府的金融官员，合理征税以降低财政赤字，为中小企业提供更多的金融服务，向外资银行开放本国市场等，都是改进金融系统本身、提高其运行效率的可做之事。小额信贷的目标中有一些是非常重要的，补贴可以解决市场失灵和贫困等问题，但是，并不能由此就决定利用紧缺的金融资源资助小额信贷活动来解决贫困，在做出这个决定之前，必须要同其他可行的方案进行对比分析。

关于小微金融的发展是否能够在减少贫困及提高生活水平方面发挥积极作用的争论仍在继续。关于孟加拉国格莱珉银行的案例一直被深入讨论，一些研究表明小微金融有利于提升人民生活水平及减少贫困，另一些研究则表明两者之间没有联系。[25]

根据当地情况的不同，小微金融机构的发展情况也有很大不同。克里斯琴·阿琳（Christian Ahlin）和同事2011年对不同国家之间的状况进行的对比研究表明，"小微金融机构在经济增长强劲时期的收入会大于成本；在金融比较健全的国家，小微金融机构运营成本相对较低，要求的利率也较低，而且倒闭的情况较少"；在一项可能关于工作喜好的研究中，研究者发现"一个国家的制造业越发达、劳动力越密集，则小微金融机构的发展相对越缓慢"。因此，可以得出引申结论：对一个国家小微金融机构的发展情况要结合该国实际情况进行评价。[26]

总而言之，小额信贷是一个非常有效的工具，但是，这一工具的推行，需要经济增长、削减贫困、金融部门发展、人力资源、基础设施建设以及切实有效地提供工作机会的方案等其他方面的政策相配合。与此同时，数以亿计的人都在部分地依靠小额信贷活动，因此，帮助他们提高生产效率是非常重要的，为生活在贫困之中的人提供借款、存款以及保险等服务也是非常重要的。

15.4 传统金融体系及其改革

15.4.1 金融自由化、真实利率、储蓄和投资

对借款人大额借款的限制，连同广泛存在的高通货膨胀、不断攀升的预算赤字以及负实际利率，这些因素结合在一起导致了发展中国家20世纪80年代严重的"信贷危机"。1981～1982年以及1987年席卷全球的经济衰退，暴露出了开发银行贷款的诸多弱点，以至于到80年代末，近一半的开发银行的贷款到期违约率高达50%或者更高；另外1/4银行的贷款违约率也超过了25%。储蓄存款的负实际利率、持续的通货膨胀预期以及汇率低估导致资金大量外逃，这些因素使得我们很快明白，没有人愿意把钱存在银行。

此外，商业银行和其他金融中介通常都会受到很多贷款限制，并且面临着低于市场出清水平的强制性最高贷款利率的限制。[27]这些人为的最高利率限制通常是由发展中国家政府设置的，其主要目的是，以较低的利率将国债出售给商业银行从而为财政赤字融资。这些银行反过来又必须求助于政府的**配给**（rationing），尽可能多地获得更高的放款额度；然而，在发达经济体中，经常会有银行超过放贷额度，这是银行对政府的一种逆向选择。低于市场出清水平的最高名义利率的影响如图15-1所示。最高利率上限为$\bar{r}$，低于市场出清时的均衡利率r_E。此时，对可贷资金的需求L_2大大超过可获得的供给量L_1。这种过度的需求，使得金融机构有必要对有限的供给实行配给——这种现象被称为**金融抑制**（financial repression）：由于投资受到储蓄存款的限制或者说"抑制"，而储蓄的短缺反过来又源于政府设置的实际利率水平低于市场出清水平。在对数量为L_1的可贷资金的分配过程中完全不存在贿赂等腐败行为的前提下，大多数商业银行会选择将可获得的贷款分配给那些借款数额较大的借款人，因为这样可以使对贷款的管理成本降到最低。所以，政府控制市场利率所造成的影响是，小贷款者能够获得的贷款数量越来越少。银行只有通过制定较高的利率，才能弥补小额信贷的额外管理成本以及风险。这样一来，小的农场主和城市小企业主除了寻求无组织的金融市场上的融资，没有其他途径获得贷款，他们尤其不应该希冀银行给其发放贷款。这是因为，正如图15-1所示，在无组织的金融市场中，他们愿意支付高于市场出清时的利率r_U。

解决该问题的可行方法之一是，对金融部门进行市场自由化改革，允许名义利率上升到市场出清水平。这会促使实际利率上升到大于零的水平，并消除那些有足够实力获得配额贷款的优先借款人（寻租者）所得到的显性利率补贴。较高的实际利率也能够促进国内储蓄和投资的增加，并允许一些借款者从无组织借贷

市场转向有组织借贷市场。世界银行援引了一些国家作为案例，例如泰国、土耳其和肯尼亚，在这些国家中，利率的自由化确实带来了更多的储蓄和投资。但是，20 世纪 70 年代智利金融改革的失败也揭示了这一过程中的不足之处。许多银行通过大型集团或者企业联合体来谋利，它们将新的金融资源用于购买近期私有化的企业或者去扩张自己的公司。当它们的许多公司面临金融损失的时候，这些企业又不得不求助于额外的资金来避免其自身破产。因此，这使智利在 20 世纪 80 年代发生债务危机时，其金融体系非常脆弱。[28]

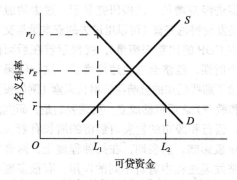

图 15-1 最高利率限制对贷款配额的影响

因此，有组织的金融部门的改革和自由化并不是医治发展中国家和地区金融体系的灵丹妙药。韩国和中国台湾地区（以及之前的日本）的金融体系早期的成功也显示了和金融抑制相关的许多特征，它们的成功表明，明智而又有选择的干预措施能够为产业发展提供强大激励。尽管有证据表明，消除对利率的扭曲可以促进储蓄增加和经济快速增长，但是不同的研究也得出了不同的结论。[29] 金融改革的同时也必然伴随着一些更直接的措施，以确保小农场主和投资者能够有机会得到所需要的贷款资金。另外，正如下一节将要说明的，政府对银行和金融部门的谨慎监管也非常重要，这可以防止国内精英的过分集中。正如本书前面已经指出的，经济发展的主要目标是为那些被遗忘的大多数人服务，而"理顺价格"只是这个主要目标的一部分。

15.4.2 金融政策以及政府的作用

金融市场自由化是否意味着发展中国家的政府部门在金融系统中就不能发挥作用了呢？2001 年诺贝尔经济学奖获得者约瑟夫·斯蒂格利茨以及他的合作者确定了在金融市场自由化这一前提条件下，政府有潜在可能进行干预的 7 种市场失灵。[30] 斯蒂格利茨的基本论点是："发展中国家的金融市场与发达国家的金融市场有着明显区别""在这些市场中，市场失灵现象可能更加普遍"，并且"支持金融市场自由化的理由既不以市场该如何运行的经济上的理解为基础，也不以对政府干预的范围的理解为基础"。[31] 斯蒂格利茨提出的 7 种市场失灵如下所述。

（1）**金融监管机构具有"公共产品"的性质**。投资者需要了解有关金融机构的偿付能力以及日常管理方面的信息。同其他形式的信息一样，监管是一种公共产品——每一个在特定的金融机构存款的个体都会因为其了解了该机构是将会继续繁荣还是濒临破产这样的信息而获得收益。但是，同其他市场中的公共产品一样，这种监管性质的信息的供给并不完全，结果导致风险规避型的储蓄者不愿意储蓄而是自己持有现金。最终的结果是，这些机构可以支配的金融资源越来越少。

（2）**监管、选择和放贷的外部性**。当放贷人从其他放贷人那里获得了有关项目的监管、选择和决策的信息时，这样的放贷人通常能够因此而获益。投资者也会因其他投资者形成的关于不同金融机构状况的信息而获益。同其他积极（或者消极）的外部性一样，市场提供的信息太少，资源分配要么不足要么过度。

（3）**金融混乱的外部性**。在缺乏政府担保的情况下（无论是否作为一项明确的政策发布），一家主要金融机构的倒闭会引起整个金融市场的动荡，进一步导致整个金融系统的长期紊乱。

（4）**市场缺失和不完全性**。在大多数发展中国家，普遍缺乏应对各种金融风险（银行倒闭）或实体经济风险（一般公司倒闭）的保险市场。其中的基本问题就在于市场信息的不完美，并且获得信息的成本也很高，所以，发展中国家的政府在降低这些风险方面有重大作用。例如，政府能够强迫参保者、金融机构以及借款者公开其资产、负债和信用状况。

（5）**不完全竞争**。大多数发展中国家的银行之间的竞争非常有限，这就意味着，潜在的借款人通常只能面对少数几个资金供给者，而这些资金提供者往往还不愿意或者不能够为新出现的资金需求者提供资金。这样的有限性对于城市和农村的非正规部门的小额借款者而言是更加现实的问题。

（6）**金融部门市场竞争的低效率**。从理论上讲，要使充分竞争的市场有效运作，金融市场必须是完全的（没有不确定性风险），同时，信息必须是外生的（所有人都可以获得，并且不受任何单个市场参与者行为的影响）。但是，显而易见，在发展中国家的金融市场上，那些拥有一定特权信息的个人或者实体具有特殊的优势。而且，发展中国家金融市场上虽有与风险相关的保险业务，但是这样的业务普及度非常低。因此，开放后的金融市场难以将资金真正配置到效益最大化的用途上，并且，各种投资方案所带来的社会回报和个人回报之间的差异还是很大的。在这样的情况下，直接的政府干预（例如，限制或者鼓励某类贷款）可能会部分或者全部地消除这种不平衡和不一致性。

（7）**信息不灵通的投资者**。与消费者主权学说相反，我们即便假定发展中国家的投资者有完美知识，但是，他们中的大多数还是既缺乏信息，又缺乏获得信息的适当手段，因此，很难理性地做出投资决策。而在这样的情况下，政府则强制性地要求本地股票交易市场上的企业都公开披露与其相关的信息，或者要求银行告知顾客单利和复利之间的区别，或者提前支取存款将会受到的惩罚。

斯蒂格利茨由此得出结论，在上面提到的7种情形的每一种之中，发展中国家政府都能够起到恰当的作用，可以监督金融机构，设立新的金融机构弥补私人机构在提供贷款方面的不足（例如，对小农场主和小商人的小额贷款），提供消费者保护，保障银行的偿付能力，鼓励公平竞争等，最终促进金融资源的有效配置和宏观经济的稳定性。

正如经济发展的其他领域，金融政策领域的关键问题不在于自由市场和政府干预之间的关系，而在于两者如何更好地结合起来以满足贫困人口的迫切需要。

15.4.3　关于股票市场作用的讨论

近年来，发展中国家的股市得到了空前发展，这对于发展中国家的经济发展既有利也有弊。在这个过程中，资金大量地从国外流向国内，同时，也可能从国内流向国外，这大大增加了宏观经济的不稳定性。在这一节，我们将简单考察发展中国家的股票市场，并思考一些能够使发展中国家从这样的市场中获得更大利益的政策。我们也会考虑过度依赖股票市场，将其视为经济发展的引擎所带来的局限性。

一些研究表明，股票市场的发展能够有效地促进经济增长。这些研究显示，过去的股票市场发展得越完善（可以用过去的资本量与交易量占 GDP 的比重来衡量），就预示着在后面的一个时期，经济会越快速地增长。这一结果在剔除了那些已知的影响经济增长因素（例如投资率和教育）之后依然成立。更重要的是，研究发现，银行和股市的发展对经济的增长有着独立的积极影响。这表明，在某种程度上，两者在经济发展过程中有着不同的作用。有很多理论可以解释股票市场发展和经济增长之间的关系，其中包括"产业在前，金融在后"的观点。因此，产业和股票市场会同时发展，但是，在这种情况下，股票市场的增长只是反映了实体经济部门的增长。事实上，在股票市场经历快速发展之后实体经济会经历快速发展，这一结论很具有偶然性。这是因为过去的金融深化程度和未来的金融深化程度是相关的。过去一段时间运行良好的股市在未来也会良好地运行。因此，实体经济的增长和金融深化的相关度可能和第三种因素相关，比如对私有产权的保护以及法治等。但是，这些结果也表明，股票市场在经济发展过程中的确起到了很大的作用。而且，我们可以预见，股票市场的确增加了资本的流动性以及分散了市场风险，这可能有助于企业们今后更加面向公众，有助于提高企业管理水平，而这些都将帮助企业以其他形式获得资本。[32]

因此，我们面临的问题是，在"股票市场未来作用不确定"的情况下，政府是否有必要采取措施促进这类市场的发展呢？在股票市场具备了如下条件之后，大力发展股票市场才是有意义的。第一，投资者需要宏观经济稳定。如果没有这个前提，投资者就不会投资于股票市场。第二，政策的可信度非常重要。经济政策的制定者如何保证宏观经济的稳定性？在面临经济危机的时候，政策制定者该如何反应以应对大规模的经济衰退？第三，投资者需要稳定的国内企业作为基础。如果没有一些外部投资者愿意投资的企业，那么建立股票市场也就没有任何意义。

假设某个国家已经具备了上述条件，那么其促进股票市场发展也就合情合理了，股票市场的发展正是市场力量作用的结果。政府采取公共政策促进股票市场发展的理由之一，是为了平衡其政策中所隐含的对债务性融资的偏向（例如，尽管对公共储备保险的政策倾斜是很必要的，但是，其运转更像是利率补贴一样，它偏向于实体经济部门而偏离股票市场）。促进股票市场的发展会给整体经济带来外溢效应以及其他的好处，但是，现有的证据还不足以支持政府对股票市场进行补贴。不过，在许多发展中国家，政策制定者可能得出结论，现有的证据已经很充分，足以消除那些过去阻碍着股市运行的明显或者隐含着的政策偏向。

从这方面看，第一类股市发展政策可以被称为"取消壁垒"。这样的政策不是直接促进股市的发展，更不是给股市补贴，其核心战略是取消一些阻碍股市发展的障碍，这本身就会促进股市的发展。在实践中，这样的政策意味着某些形式的取消管制。当然，在取消管制这一点上，必须要慎之又慎，因为，正如本章前面内容所述，许多现实中的管制并不必然都是因为政府失灵才出现的，而是应对金融部门的市场失灵所需要的。如果某些针对市场失灵的管制被取消了，那么，就需要建立一些其他的管制来替代之前的管制。

然而，某些管制对股票市场的发展确实有制约性。一些主要的例子有，关于资本汇回本国的立法，其严格地限制了外国投资者带出投资国家利润的总量；关于直接投资的限定；对外国股票经纪人参与本国市场的限定；对投资银行以及对经济业务开展的限制。这样的限制并不合理，同时也会助长寻租；不能保证管制的透明和政策的公平应用。改变已有的这些管

制既需要潜在的成本，也能够使国家从中获得收益，但是需要谨慎进行。

把股票市场作为一种发展战略，还要处理好其他一些重要的问题。第一，股票市场导致外国投资者对国内公司的经营能产生重大影响。毕竟，发展中国家的公司大部分股份通常被外国所有者持有。第二，股票市场中存在大量的短期投机行为，这可能会对贸易产生显著影响，进而扭曲管理层的决策；这些投机行为通常会引起短视行为。第三，相关地，在股票市场上投机而流进流出一国的"热钱"会引起该国货币供给量的大幅度波动，这不利于一国宏观经济的稳定。

关于金融中介的一般作用以及股票市场在经济发展中的特殊作用，依然存在很多争论。这将会是未来若干年政策讨论中一个非常活跃的领域。

15.5　促进发展的财政政策

15.5.1　宏观经济稳定及资源流动

货币政策主要是处理货币、利息和信贷分配的问题，而财政政策主要是关注政府的税收和支出，这两者是政府工作的主要内容。大多数稳定宏观经济的方案都着眼于削减政府支出，以此来平衡预算。但是，为了给基本的公共开发项目融资，这一类的资源调动只能依靠收入来解决，政府的国内和国外借款只能部分地填补储蓄缺口。而从长期来看，政府实现发展的希望只能寄托在有效而公平的税收制度之上。[33] 在缺乏组织合理且由本国控制的货币市场的情况下，大多数发展中国家就不得不主要依靠财政手段来稳定经济和调动国内资源。

15.5.2　税收：直接税和间接税

如表 15-2 所示，作为经合组织（OECD）成员方的发达国家相对于发展中国家，其使用税收的形式征收的财政收入占其 GDP 的比重更高。国际货币基金组织在 2000 年进行的研究表明，1995 ～ 1997 年，发展中国家的税收占其 GDP 的比重大概有 18.2%，而经合组织国家税

收占其 GDP 的比重则是发展中国家的两倍，达到了 37.9%。发达国家面临着规模更加庞大的公共支出，其税收能力也高于发展中国家，因此，更快的发展与更高的税收收入之间确实有着某种因果关系。但是，从某种程度上说，发达国家的政府资源得到了明智的使用，比如，用于人力资本和必要的基础设施投资，因此，前面提到过的那种因果关系似乎又反过来了，也就是说，高税收会促进经济的高速发展。

表 15-2 1985～1997 年税收收入占 GDP 比重的平均水平

国家分类	1985～1987 年	1995～1997 年
OECD 国家所在地区	36.6	37.9
美洲	30.6	32.6
太平洋地区	30.7	31.6
欧洲	38.2	39.4
发展中国家所在地区	17.5	18.2
非洲	19.6	19.8
亚洲	16.1	17.4
中东	16.5	18.1
西半球	17.6	18.0

资料来源：*National Tax Journal* by National Tax Association. Copyright 2000. Reproduced with permission of National Tax Association.

一般来说，**直接税**（direct tax，那些对私人个体、公司以及财产所征收的税）构成了大多数发展中国家税收收入的 20%～40%。**间接税**（indirect tax），例如进出口关税、增值税（VAT）、消费税、销售税，则构成了发展中国家财政收入的主要来源。

从表 15-3 可以看出，对于经合组织成员方，直接税是其主要的财政收入来源，但是，这种表述对欧洲来讲又不是非常恰当，原因是，欧洲国家对间接税和直接税的依赖程度几乎一样。关于是直接税还是间接税更有利于经济发展这一问题，我们还没有一个确定的答案，因为其对那些复杂且重要的经济发展因素（例如，人力资本）的影响是极其复杂的。从我们目前对政府的了解来看，避免过度依赖于任何一种形式的税收可以说是一种比较合理的方法。[34]

不同的发展中国家和地区在税率方面有很

大的差异。例如，2011 年南亚国家的税收约占国内生产总值的 10%～15%，这样的税收比例相对较低。相比之下，其他发展中经济体的税收占国内生产总值的比例则接近 20%。[35]

税收体制通常被当成一种工具来影响私人部门在各种经济活动中的投资决策，例如在第 12 章 12.6 节中提到过的，为了推行某一项产业政策。税收的主要目标是通过调动各种资源为公共支出融资。无论发展中国家的主流政治和经济意识是什么，其经济和社会的进步在很大程度上都依赖于政府创造收入的能力，以便为那些开销日益增大的非营利性的基础公共服务项目提供资金。这些项目包括教育、交通、通信以及其他经济方面和社会方面的基础设施。

近年来，许多发展中国家的财政赤字都在不断增加——公共支出大大超过了财政收入，这一问题的根源是那些雄心勃勃的发展项目以及未被预期到的外部冲击的消极影响。随着债务负担不断加重，商品价格日益下降，贸易不平衡日趋扩大，以及国外私人和公共资本流入不断减少，发展中国家政府别无选择，只能采取严厉的财政紧缩政策。这就意味着削减政府支出（大多数都是社会服务支出）和通过提高税率以及提高征税效率的方法来增加收入。一般而言，影响一国获得税收的途径有以下 5 种：

（1）人均实际收入水平；

（2）收入的不平等程度；

（3）经济的产业结构和不同形式经济活动的重要性（例如，对外贸易的重要性、现代部门的重要性、外资参与私人企业的程度以及农业部门商业化的程度）；

（4）社会、政治和制度环境以及不同集团间的力量对比（如土地所有者与制造业主、工会、农村或地区社区组织的对比）；

（5）各级政府税收征管部门的行政管理能力及是否诚实廉洁地工作。

下面，我们先考察一下直接和间接的公共税收的主要来源，然后，进一步考虑如何利用税收制度促进更加公平和可持续的经济增长。

1. 个人所得税和财产税 与发达国家相比，发展中国家的个人所得税占 GDP 的比重要小很多。在发达国家，个人所得税的税制结构是累进的，即从理论上讲，收入较高的个人其

表 15-3 1985～1997 年间税收收入占 GDP 百分比的构成的比较

国家分类	1985～1987 年								1995～1997 年							
	收入税			消费税				社会保险	收入税			消费税				社会保险
	总量	公司	个人	总量	一般	货物	贸易		总量	公司	个人	总量	一般	货物	贸易	
OECD 国家	13.9	2.8	11.3	11.3	6.0	3.8	0.7	8.8	14.2	3.1	10.8	11.4	6.6	3.6	0.3	9.5
美洲	14.0	2.5	11.4	7.6	3.4	2.2	0.6	5.8	15.4	3.0	12.3	7.0	3.7	2.0	0.3	6.1
太平洋地区	17.1	3.9	13.2	7.5	2.3	3.7	0.8	2.8	16.3	4.3	11.4	8.4	4.3	2.6	0.6	3.5
欧洲	13.3	2.7	11.0	12.4	6.8	4.0	0.7	10.1	13.7	2.9	10.6	12.4	7.3	4.0	0.3	10.8
发展中国家	4.9	2.8	1.7	10.3	2.3	2.6	4.2	1.2	5.2	2.6	2.2	10.5	3.6	2.4	3.5	1.3
非洲	6.3	2.9	3.1	11.7	3.2	2.7	5.7	0.4	6.9	2.4	3.0	11.6	3.8	2.3	5.1	0.5
亚洲	5.7	3.5	2.1	9.5	1.9	2.5	3.6	0.1	6.2	3.0	3.0	9.7	3.1	2.2	2.7	0.3
中东	4.7	4.3	1.0	9.1	1.5	2.4	4.4	1.2	5.0	3.2	1.3	10.3	1.5	3.0	4.3	1.1
西半球	3.7	1.8	1.0	10.6	2.6	3.0	3.7	2.4	3.7	2.3	1.0	10.6	4.8	2.3	2.6	2.5

资料来源：*National Tax Journal* by National Tax Association. Copyright 2000. Reproduced with permission of National Tax Association.

纳税额也会更高。

如果对贫困阶层征收大量所得税，这样做不仅管理成本非常高，而且，从经济意义上看也是一种倒退。然而，事实上，很多发展中国家的政府并没有坚持一如既往地对富有阶层征税。在那些由于财产过于集中而导致收入不平等的国家（例如亚洲和拉美许多国家），为了给社会创造更多的公共收入以及纠正收入不平等的状况，对财产征税都能成为一种有效的而且在管理上简便易行的机制。但是，在世界银行的一次调查中，被调查的 22 个国家中只有一个国家的财产税占整个财政收入的比重在 4.2% 以上。[33] 尽管许多政府都曾经信誓旦旦地宣布要缓解收入不平等的状况，但是，在过去的二十多年里，许多发展中国家的财产税占整个直接税收入的比重却基本保持不变。显然，这种现象不能简单地归因于许多亚洲和拉美国家的大土地所有者和其他主导阶层的政治经济势力及其影响，我们还需要从政府在自身的征税体系中的工作效率方面寻找原因。因此，执行发展计划的政治意愿必须是，从那些最容易的来源中汲取公共收入，以便为发展项目提供资金。如果前者（汲取收入）不能实现，那么后者（为发展项目提供资金）也就成了一句空话。[36]

2. 公司所得税 这是对国内和国外公司的利润征收的税种。对大多数发展中国家而言，这一税收种类的总征税额还不到其 GDP 的 3%，而发达国家的征税额占其 GDP 的比重达到了6%。发展中国家政府倾向于为制造业和商业企业提供各种各样的税收激励和税收减免。最典型的情况是，新设立的企业可以享受很长（有时长达 15 年）的免税期，免税期过后，这些企业还可以利用一般性的投资折旧津贴、特殊性的税收豁免以及其他政策来减轻企业自身的负担。而对于跨国企业，发展中国家政府征收大量税收的方案一般得不到实施，这是因为这些在发展中国家当地经营的企业能够通过转移定价的方式将其利润转移到税率最低的国家的公司中（这一点在第 14 章讨论过）。不过，有些发展中国家政府会更加保守和有目的地实施其自己的税收政策。

3. 对商品征收的间接税 发展中国家政府收入的最大来源是以进口税、出口税和货物税形式征收的商品税（见表 15-3）。个人和公司在购买商品的时候间接地支付商品税，该税种的估价和征收相对容易。对于外贸商来讲更是如此，这是因为外贸商在进出口商品的时候必须经过为数不多的边境口岸，而且进行对外贸易的商人数目相对较少，这些都为政府的管理提供了便利。由于商品税有着较容易征收的特点，这就导致了外贸规模较大的国家所征收的进出口税占其财政收入的比重大于那些对外贸易规模较小的国家商品税占总财政收入的比重。例如，在某个开放型对外贸易经济体中，40%的国民净收入（GNI）来自对外贸易，假设其平均税率为25%，那么进出口税占国民净收入的比例就会高达10%。与此形成对比的是，印度和巴西这样的国家，只有7%的国民净收入来自进出口，假设进出口平均税率还是25%，那么其带来的收入只相当于国民净收入的2%。虽然在讨论发展中国家的贸易政策的时候，我们已经讨论过了进出口关税的有关问题，但是我们还是忽略了一个问题。进出口关税除了构成许多发展中国家重要的财政收入来源外，还能够有效地代替公司所得税。由于进出口贸易商不可能将所有的税负都转移到消费者身上，从这个意义上讲，进口关税能够作为对进口商（通常是国外企业）利润征税的一种有效途径，这些企业中也包括了那些在本地经营、采用转移定价策略的跨国公司。但是，不能为了增加财政收入而一味地提高进出口税，否则，会使本地生产企业失去扩大生产出口产品的动力。

在对应税商品进行选择时，无论是进出口税还是对本国商品征收的货物税，必须遵循那些一般性的经济和管理原则，在保证财政收入最大化的同时降低征税的成本。第一，应税商品应该由少数几家获得授权的企业进口或者生产，这样可以有效控制偷税漏税。第二，应税商品的需求价格弹性应该较小，这样纳税造成的价格上涨不会抑制总需求。第三，应税商品应该具有较高的需求收入弹性，这样在收入增加的时候，税收收入也能够增加。第四，在征税过程中，为了满足公平这一原则，最好对轿车、电冰箱、进口高档食品和家用电器等主要由高收入阶层消费的商品征税，而大众消费的基本食品、普通衣物和家用电器等商品，即使符合前面三条要求，也不应对其征税。

最近几年，很多政府已经把税收来源转向税基更为广泛的税种——**增值税**（values added tax，VAT），这样的做法是很明智的，因为这会提高经济的效率。在开发机构的支持下，很多发展中国家已经开始实施这样的税收改革了。但是，这种方法最近受到了挑战。具体来说，非正式经济部门在不被征税的情况下能够有效地运行，而征税之后，其运行情况却被扭曲了。[37]

4. 税务管理难题   最后，从分析中可以看到，一个发展中国家为公共支出项目融资而征税的能力以及利用税收制度调节个人收入分配的能力，不仅依赖于制定恰当的税收法律法规，而且依赖于那些执行法律法规的税务机关的工作效率和廉洁奉公程度。换言之，就像乔尔·斯兰罗德（Joel Slemrod）所指出的那样，我们必须思考的应该是"最优的税收制度"，而不是"最大化的税收"。因此，我们必须高度重视"税收征管技术"，其中包括税收管理成本以及税法执法成本。[38]

发展中国家政府将其税收网扩展到高收入阶层的能力，以及减少国内外企业偷税漏税行为的能力，将在很大程度上决定税收制度能否高效地实现其双重职能，即获取足够的公共财政收入为发展项目提供资金支持，以及将收入从高收入群体向低收入群体转移来减少贫困和收入不平等。而这同样在很大程度上取决于当权者是否有足够的政治意愿来推行如此激进的税收政策。[39]

15.6   国有企业及其私有化

在发展中国家，那些随处可见的**国有企业**（state-owned enterprise，SOE）和公共行政管理问题有紧密的联系，这些企业都是由政府控制和经营的公有制企业。国有企业除了在公用事业（煤气、水、电）、交通运输（铁路、航空、公交）、通信（电话、电报、邮政）等传统领域有主导力以外，还在大型机械加工制造、金融、建筑、服务、自然资源开发和农业等关键部门表现活跃。有时，它们甚至还主导了这些部门，尤其是在自然资源开发和制造业领域。尽管拉丁美洲和欧亚大陆的许多国家已经进行了广泛的私有化，其国有企业的规模也变得不再那么庞大，但它们仍然非常常见，并且在国家总投资额和总产出中仍旧占有很大的比重，这一点在印度以及一些最不发达的国家中尤为显著。[40]

国有企业在发展中国家的经济中起着非常重要的作用，根据历史数据，这些国有企业对GDP的平均贡献为 7% ~ 15%。此外，在发展中国家，国有企业的投资占总投资的比重也很大，例如，1995 年，其比重达到了国内总投资的 1/5。

鉴于发展中国家的国有企业对其经济发展的战略性意义以及它们对稀缺资源的巨大需求，因此，厘清建立国有企业的目的，提出提高其效率以及帮助其实现经济目标和社会目标的可行办法，就显得非常重要。

在第 11 章中，我们已经提出了一些设立国有企业的原因。其中之一就是，许多发展中国家存在很强的垄断势力，这就要求政府施行直接的政府控制来保证产品的定价不超过产品的边际成本。另外，我们也提到，某些产品有很高的社会价值，但是通常以低于生产成本的价格提供，有些甚至是免费提供的，这就导致私人企业没有动力生产这类产品，那么，就只能由政府担负提供这种产品的责任。

设立国有企业的第二个基本原因与资本形成有关。在发展的早期阶段，资本形成的作用非常重要，而此时私人储蓄的水平却非常低。为了给接下来的投资打下良好的基础，基础设施投资就变得非常关键。此外，国有企业在那些资金需求量大的产业发展的后续阶段也很重要。

由于本地的市场规模难以确定，原材料供给也不稳定，缺乏技术以及工程人员等原因，私人企业不愿意投资于那些前景本来很好的经济活动。这就形成了设立国有企业的第三个主要原因。发展中国家政府也想通过从事公共产品的生产来寻求扩大就业，同时创造条件对本国的劳动力进行培训。政府也希望通过建立出口工业来增加出口收入，在某些产业，如果国家不投资设立国有企业，单凭私人的力量可能无法与其他国家展开竞争。此外，在发展中国家，出于收入分配方面的考虑，政府也可能会寻求在某些地区建立新企业，尤其是在那些私人企业根本不愿意从事这些经济活动的落后地区。

创建国有企业的其他原因还包括，发展中国家政府希望国家能够控制国防等战略部门，

或者控制那些利益可能与本国利益不一致的企业（跨国公司）。或者，基于发展的目标，发展中国家政府还希望能够控制一些关键部门。还有一种情况是，某个大型私人企业破产了，政府不得不对其接管。

15.6.1 改善国有企业的绩效

尽管发展国有企业对经济发展有很多益处，但是，它们也遭到了广泛的指责。国有企业不仅需要大量国内和国外贷款，而且在很多情况下，也需要大量来自政府的金融支持。通常情况下，需求资金的原因是国有企业的效率以及利润低下。尽管很难给出一个适用于所有国家的一般性结论，但是，世界银行对 24 个发展中国家的国有企业所进行的调查显示，国有企业的经营盈余确实非常少。[41] 而且，如果把利息支出、补贴性的投入品价格、税收以及累计的欠款等因素考虑进去，上述 24 个国家中的很多国有企业就出现了巨额经营亏损。土耳其的国有企业年均亏损额占其 GDP 的比重达到了 3%。墨西哥的国有企业的年均亏损额占其 GDP 的比重也达到了 1.2%。而且，对非洲四国（加纳、塞内加尔、坦桑尼亚和赞比亚）进行的一项研究也显示，这些国家的国有企业的经营状况都很糟糕，大部分没有利润。这些国家的国有企业在亏损的情况下辛苦地支撑着，并且像黑洞一般吸走了大量的公共资源；同时，也有证据表明，这些国有企业的劳动生产率以及资本生产率一般都低于私人部门。研究还发现，非洲国家的这些国有企业大部分是资本密集型的，因此，它们在创造就业方面取得的成就也非常有限。[42]

国有企业在利润和效率方面表现出的绩效不高是由多方面的因素共同导致的。国有企业与私人企业的不同点在于，人们给予了国有企业商业利润和社会影响双重厚望，这可能是其中最重要的因素。为了尽量补贴公众或者为了达到全民就业的目标而雇用多余的工人，这要求国有企业要以低于成本的价格提供商品，因而其利润也就无法保障了。另外一个对国有企业的利润和生产效率产生不利影响的因素是，国有企业在决策过程中过于集中，这使得企业

管理人员的日常经营管理活动缺乏灵活性。还有一个问题就是严重的官僚作风，许多决策者对其决策并不承担任何责任，而且也没有对其决策的激励机制。进一步讲，正如上面所说的四个非洲国家的国有企业所表现的那样，尽管这些国家有着充足的劳动力供给，其国有企业也承担着增加就业的使命，但是，由于国有企业能够凭借利率补贴的形式获得资本，这反而促使这些国有企业大力发展资本密集型产业，而不是劳动力密集型产业。最后，在那些腐败问题较为严重的国家，国有企业为那些贪官吞噬国有资产提供了便捷"通道"。

在国有企业的改革过程中，有两种方案经常被提及。第一种是，在国有企业进行重组时，将重组底线设置得更加严格；第二种是，使产权和控制权从政府部门向私人部门转移，这一过程也就是私有化。前一种选择有着更大的灵活性，并且能够为管理人员提供更大的激励以进行分散化决策，这样可以大大提高生产效率，而以市场利率提供企业发展所需资金则可以消除对资本密集型产业的不正确的偏好。可选方案包括给管理者以激励，签订外部合同，同私人公司签订建设－拥有－经营－转让协定（build-own-operate-transfer agreement），在某些领域采用特许经营机制，加强竞争以及部分私有化等措施。在实践中，这些可选方案的效果同完全私有化的效果是不一样的。[43]

15.6.2 私有化：理论与经验

第二种选择方案是，使实体部门和金融部门的国有企业实现私有化，这是建立在新古典理论假设前提下的。新古典理论的假设是，私人所有权能够带来更高的效率和更快的经济增长。20世纪80年代和90年代，国际上主要的双边组织美国国际开发署（USAID）和多边组织（世界银行和国际货币基金组织）积极推进发展中国家的私有化进程。虽然这些金融机构的施压引起了发展中国家的反抗，而且发展中国家对其私有化还不是很认同，但是，许多发展中国家依然接受并且遵循了私有化的建议。另外，由于很多人相信私有化能够提高效率、增加产出以及降低成本，倡导者便鼓吹，私有化也能够抑

制不断增加的政府支出，增加政府收入以偿还国内外债务，因此，这些发展中国家政府鼓励私人开办企业，同时也奖励其独创性精神。最后，私有化的拥护者也将私有化作为一种扩大所有权基础、提高经济参与度的办法，从而让个人也真切地感受到个人利益与此直接相关。[44]私有化的高潮出现在80年代以及90年代早期。在1980～1992年的十几年中，全世界有超过1.5万家企业进行了私有化改革，其中的1.1万家来自统一之后的德国。在发展中国家，非洲有450家企业进行了私有化改革，拉丁美洲有900家，亚洲大约有180家。墨西哥、智利和阿根廷引导了拉丁美洲私有化的进程。而在那些低收入国家，私有化的速度则要谨慎得多，大多数进行了私有化改革的企业都是低价值的小企业。从总体上看，大多数私有化的企业是那些之前被廉价出售的企业。

显而易见的是，私有化在提高效率和增加产出方面是成功的。[45]但是，私有化的财产正越来越集中到国内外少数精英群体的手中。例如，在拉美，许多国有企业的出售都是在缺乏竞争的情况下进行的，通常是以一个预先定好的优惠价格出售（就像"廉价拍卖"一样），而且在拍卖过程中，腐败也随之发生。这造成的结果是，国内外少数掌握了不正当权力的投资者在这个过程中一夜暴富。一些私有化进程仅仅是把原来的公共垄断替换成了私人垄断而已，这样，那些过去由国家获得的垄断利润就落到个人手中了，与此相伴的是成千上万的工人失去了原来的工作机会。

私有化同时也是一种快速弥补财政赤字的手段，但是，当准备进行私有化改革的那些企业被出售完毕之后，发展中国家政府曾经面临的财政窘境就会再次出现，因此，很多复杂的问题伴随着私有化一同产生。这些问题包括私有化的可行性，适当的融资，立法问题和产权结构问题，个体精英和利益集团的竞争（如政府官员、官僚机构以及国内外私人商业集团）以及扩大私有化是否会削弱目前的经济、社会和政治的二元结构。那种认为私有化会提高企业利润、增加企业产出和降低生产成本的主张，实际上并没有充分的证据。私有化的企业金融绩效一般都会有所提高，不过，同一国家那些

没有进行私有化改革的企业也出现了同样的改进，一项针对埃及企业的研究证明了这个观点。但是，关键的问题在于，这种私有化能否促进经济和社会的可持续发展，进而为国家带来长远的利益。到目前为止，还没有令人信服的证据支持这一观点。[46] 不过，现在的状况是，私有化的进程放缓了，设立国有企业的步伐也放缓了。

关于国有企业的私有化，有很多难以回答的问题：谁有资格购买国有企业？谁有充足的资金购买国有企业？那些能够立刻筹集到购买国有企业所需资金的人是否应该被算作不完全竞争？购买者的身份是国内个体还是跨国集团是否会影响其购买的过程？是使企业管理者和员工的利益最大化还是使企业所在地居民的利益最大化？是否有某种私有化模式在政治上更受欢迎？在促进产权转移的过程中是否能够更富有创造性地解决融资问题？某一个企业的私有化过程是否能够独立于其他的私有化进程，还是需要将某国有企业的私有化过程当成一个整体的发展策略来考虑？私有化的过程仅仅指的是政府越来越少地参与企业，还是政府在不担当企业所有者的角色以后，仍然以一种重新组织的、公开的角色来参与企业的发展？到20 世纪 90 年代中期，已经有五十多个发展中国家（包括转型经济体）在推进私有化进程的过程中制定了政策法规，鼓励企业施行职工持股（EO）计划，同时也规定了许多限制条件。这些国家的职工持股计划在本质和范围上都有很大的不同。在这些国家的公司当中，有些公司的职工持股比例比较低，占总股份的 10%；然而，有些公司职工持股的比例却高达 100%。在专栏15-3 中，我们详细讨论了智利和波兰的企业中职工持股的情况。

□ 专栏 15-3　私有化：怎样进行？什么时候进行？目标是什么？以智利和波兰为例

智利和波兰这两个国家有着广泛的私有化经验。智利的首个私有化项目在发展中国家至今仍有着广泛的影响力。在 18 年的私有化进程中，智利有超过 550 家企业完成了私有化改革，这些企业雇用的工人占整个国家总劳动力的 5%。整个私有化进程可谓是跌宕起伏，许多完成私有化改革的银行在 1982 年金融危机时又不得不再次国有化了。

智利的私有化进程经历了如下几个阶段，这些阶段有时是相互重叠的。1974 ~ 1975 年，有 360 家在 70 年代早期实现国有化的企业又还给了其原来的主人；那些没有在这两年进行私有化改革的企业也在 70 年代末期变为私有制。这些企业的私有化进程比那些长久以来被国家控制的国有企业要容易得多。在 1975 ~ 1983 年完成私有化改革的 110 家企业中，很大一部分是 70 年代早期建立的国有企业。剩下的企业原本是私人企业，政府通过购买股份才取得对企业的拥有权。1978 ~ 1981 年，对社会服务领域的私有化改革开始了；从此以后，政府仅仅为最贫穷的群体提供社会服务，而且只是针对需求者进行补贴，不再对服务的提供者进行补贴。截至 1981年，国有企业占智利 GDP 的份额已经从 1973 年的 39% 下降到了 24%。

1983 ~ 1986 年，那些在 1982 年金融危机中变为国有制的企业又重新改为私有制。80 年代，智利最大的 15 家国有企业中的 7 家完成了私有化。

80 年代的私有化进程使用的方法主要有公开拍卖、谈判、出售给养老基金、"大众资本主义"（众多小投资者）和"劳动力资本主义"（企业员工）等。通过后两种途径完成私有化改革的企业占到总数的 20%。甚至那些遭受外界非议较小的国有企业也面临着内部重组，其目的主要是提高企业的生产效率和盈利能力。

大众资本主义的目标是把企业的所有权分散给众多的小投资者，这样做也是出于提高私有化的受欢迎程度，以便大众能够接受私有化。参与者要想获得较大的折扣，就不能有拖欠退缴税的经历。在这样的设计方案下，智利的两大主要银行——智利银行和圣地亚哥银行完成了私有化。

在劳动力资本主义这一制度安排下，工人可以获得其所在企业一定份额的股份，每一位工人的股份最多占其总的养老基金价值的 50%，而且这些基金可以提前支取。退休基金可以用于抵押担保，从银行获得低于市场利率的资金来购买更多的企业股份。在工人退休的时候，可以选择把这些股份重新兑换为养老基金份额，因此，工人在这样的投资活动中面临的风险就会小很多。大约有 21 000 名工人（占符合资格工人总数的 35%）参与了这项换股项目；其他股份被工人组织的投资社团购买了。1985 ~ 1990 年，一共有 15 家国有企业通过工人持股的方式实现了私有化，其中有 3 家公司工人持股的比例为 100%；另有 3 家企业工人持股的比例分别为 44%、33% 和 31%；剩余的 9 家企业工人持股的平均百分比约为 12%。国有企业的私有化改革提高了企业的生产效率，也吸引了更多的外国投资者。

尽管智利存在很多社会和经济方面的问题，但是，其私有化进程也有着不错的基础，例如，良好的法制基础和会计准则，功能健全的劳动力、资本和产品市场，众多以市场经济为基础建立起来的社会经济问题研究机构。

波兰的私有化进程开始于 1990 年夏天。在对国有企业进行私有化改革的第一步，也就是商业化的过程中，往往需要相关的政府部门、管理机构和企业职工建立一个联合股份公司，然后再将这个公司出售。股票的价格是独立确定的，职工最多能够按半价购买总份额的 20%。在资本密集型公司中，可能会按照上一年度工资水平设置一个补贴上限，这一限制使得只有少于 20% 的股份符合要求。这样做的目的是避免股份过度地被某些幸运的员工获得。

有另外一种可行方案可以绕过行政部门，这一方案主要用于小型企业，那就是"通过破产清算实现私有化"。这样的方案允许某人利用杠杆将某一公司全部买下，其中也包含着原本属于职工和管理层的股份。这一方案的启动需要总经理和职工委员会（职工投票选举出来的机构）制作一份"私有化金融分析报告"。如果公司的财务状况符合条件，公司就会向原来在国家中央统一计划体制下的主管部门提出请求，请其对分析报告做出评定，并且提供一些私有化的建议。这样，原来的国有企业就改为私有制了，新成立的

公司会购买原来企业的一部分资产，但通常情况下，新公司会从政府那里租借回剩余的资产。这些被租借资产的价值按照重组时候的价值计算，并且在整个合同期价值都不发生改变（甚至也不会因通货膨胀做出价值上的调整）。这无形中给了新成立的公司很多补贴。

然而，截至 1992 年，占总数 10% 的 250 家通过员工持股方式进行私有化改革的公司中，只有 1/10 完全实现了私有化，其中只有 175 家是自己完成私有化改革的。当时，政府正在计划着大规模私有化改革，通过这个计划，政府希望将占总数 1/10 的数百个公司以员工持股的方式建立一个封闭的共同基金。然而，1997 年时，政府出售了 513 家小型的制造、建筑和贸易公司，这个计划也就停止了。波兰居民可以用 7 份代金券的价格从华沙证券交易所里挂牌的国家投资基金手中购买这些公司的股票。

90 年代早期，波兰负责私有化改革的政府部门只有 200 名员工，这与负责东德私有化改革的托管局有 3 500 名员工形成了鲜明的对比。

资料来源：Saul Estrin, Jan Hanousek, Evzen Kocenda, and Jan Svejnar, "The effects of privatization and ownership in transition economies," *Journal of Economic Literature*, 47(2009): 699-728; David Lipton and Jeffrey D. Sachs, "Privatization in eastern Europe: The case of Poland," *Brookings Papers on Economic Activity* 2(1990): 293-341; William L. Migginson and Jeffry M. Netter, "From state to market: A survey of empirical studies on privatization," *Journal of Economic Literature* 39(2001): 321-389; Stephen C. Smith, "On the law and economics of employee ownership in privatization in developing and transition economies," *Annals of Public and Cooperative Economics* 65(1994): 437-468; Stephen C. Smith, Beom-Cheol Cin, and Milan Vodopevic, "Privatization incidence, ownership forms, and firm performance: Evidence from Slovenia," *Journal of comparative Economics* 25(1997): 158-179; World Bank, *Techniques of Privatization of State-Owned Enterprises* (Washington, D. C.: World Bank, 1988).

15.7　政府管理：最稀缺的资源

许多研究者可能会说，发展中国家急缺很多公共资源，而公共（和私人）管理能力只是其中之一。[47] 引起这一问题的原因不仅仅是其工

作人员缺少培训和经验，还因为很多发展中国家的政治情况较不稳定。由于政权总是频繁更替，人们就会更加注重政治上的忠诚，而忽视对经济效率和社会福利的关注；而且，政权更替影响到的政府官员越多，就越难保持政策制

定和执行上的连贯性。

当法制不健全、公共秩序紊乱，甚至人们对基本问题很难达成一致意见的时候，公共管理也就不太可能有效地发挥功能。社会中尖锐的阶级、种族以及宗教冲突，往往会反映在政府部门和公共机构的运行上。在一个非常传统的社会中，血缘关系所建立的纽带非常重要，但是，如果国家地位、社会服务等观念没有明确建立起来，那么也很难推广任人唯贤这样的制度。类似地，在一个以宗教和传统的激励为主要价值观的社会中，那些广泛的为公众利益服务的工作也就很难得到认可。

许多发展中国家政府可能也给出了一般性工作以外的服务国内的目标：解构传统的精英集团，使国内的服务工作"国家化"，正确地选择意识形态，支持少数民族的话语权，接纳（或者排斥）少数派。大多数发展中国家的政府是按照传统的等级制度建立起来的，但是，有些国家也在尝试以逆等级制度（由下至上）、专门性统治（临时安排）和多元政治（与外部组织合作）的形式来组建政府，最后一种情况会因为有某些特殊专家参与政府组建而被采用。

在有些发展中国家的官僚体制下，政府的基层人满为患，而高层人员不足。长期以来，有技术、有能力，能够独立进行决策的人员极度缺乏，这造成一种结果，即国有性质的组织

数目越来越多，而国有企业和国有化的产业部门、准政府机构、开发公司和培训机构建立的数目越多，这一阶层的管理人员就越分散。

例如，在国有化产业中，有的实验会带来严重的经济灾难，并引发中央行政机构内部各个方面的连锁反应。公共机构内部的人事体制总是难以胜任日益复杂的工业管理活动。因此，一种平行的人事管理体制又建立起来，这种体制与公共机构体制经常是重叠的，它会造成技术枯竭、服务质量降低，并导致人力短缺，员工士气也会受到影响。政治因素通常会影响到那些有技术而且能干的人员的工作。总之，在很多情形中，国有化通常会给政府增加资金负担。

经济发展过程中"管理"这个因素的重要性——不仅仅是针对某一特定项目的管理，而且是对整个公共和私人经济体系的管理，不应该被低估。

对大多数发展中国家来讲，金融监管、政府执政能力以及制定并实施财政政策的能力（也就是本章内容的核心）在过去几十年间得到长足的提升。虽然仍有很多改进空间，但这也正是促使发展中国家经济进步的重要因素。与此同时，发展中国家需要对其他制约经济发展的因素给予有效、积极的重视，正如本章内容讲到的，这也非常有利于经济发展。

案例研究 15　博茨瓦纳：非洲冒险成功的传奇

博茨瓦纳是撒哈拉以南非洲地区的一个内陆小国，它的人口增长率很高，疾病发生率也很高。但自 1966 年从英国殖民者手中独立之后，其成为世界上人均收入增长率最高的国家之一。

博茨瓦纳的矿产资源对该国是十分有利的，促使其政治有了一定的发展。博茨瓦纳的经济增长率是撒哈拉以南非洲国家中迄今为止最高的：1965～1990 年为每年 8.4%，1990～2005 年为 6%。博茨瓦纳是被斯宾塞委员会认定的持续 25 年年均增长率超过 7% 的 13 个国家之一，它是非洲唯一达到这一增长率的国家。按照联合国开发计划署公布的数据，博茨瓦纳的人均收入从 1970 年到 2010 年增加了 9 倍。自从独立以后，博茨瓦纳从世界上最贫穷的国家变为人均收入超过巴西和泰国的国家，其人均收入已经和马来西亚与土耳其相似。

博茨瓦纳的人均收入高于它的邻国南非。同时，形成鲜明对比的是，博茨瓦纳的东部邻国津巴布韦的人均国民收入仅有 640 美元，该国的这一指标在近些年不升反降。

用什么来解释博茨瓦纳的这种成功呢？外国直接投资在促进经济增长方面的作用是显而易见的。此外，这样的成功还基于其有利的地理条件（巨大的钻石储量）和有利的制度因素（有效保护私人产权、法制以及政府积极发挥建设性的作用）。有效的政府管理是非常重要的，正如斯宾塞委员会公布的经济和发展公告中所称，"博茨瓦纳有这样一种传统：在未来经济发展的指引下制订长期计划"。由于有了以上的条件，其发展的情形也就不言自明了。

博茨瓦纳的钻石财富是巨大的，其发展的经验表明"自然资源诅咒"不适用于所有国家。尽管

在刚果民主共和国以及塞拉利昂这样的国家，钻石可能是独裁者最好的朋友，但博茨瓦纳的钻石出口和其共和的广泛发展是一致的。杰弗里·赫布斯特（Jeffrey Herbst）是非洲发展比较政治学领域的一位专家，他也注意到博茨瓦纳是非洲国家中少数几个地理条件能巩固国家权力的国家之一。博茨瓦纳的人口集中在东部地区，首都哈博罗内也位于这个地区。相反，像尼日利亚和刚果这样的国家人口分散程度就要大很多了。

博茨瓦纳是多党制国家，现在是博茨瓦纳民主党在执政，该国从1965年以后，每五年进行一次选举。在博茨瓦纳，人民拥有新闻出版自由，没有所谓的"政治犯"。博茨瓦纳独立后一度被少数白种人统治的政权包围着，而且其他国家的内战曾逼近其领土，难民不断扰乱其社会秩序，在这样的情况下，博茨瓦纳却依旧实现了显著的经济和政治发展。

博茨瓦纳也有地理方面的缺陷，像其他国家一样，这成为其经济发展的障碍。博茨瓦纳是个内陆国家，与海港不通，这从根本上限制了其经济增长的速度。该国也非常不适合农业活动，仅有4%的土地适合农耕。其领土大部分位于卡拉哈里沙漠，仅仅在夏季适合放牧（基本上整个夏季都在下雨）。20世纪80年代中期，该国出现五年的严重干旱，其他严重的干旱也有规律地侵袭着这个国家。博茨瓦纳是热带气候，热带地区国家一般比温带地区国家的收入水平和经济增长水平都要低。博茨瓦纳的人口增长率很高，这使得其人均收入增长并不是很快。由此可见，博茨瓦纳证明了地理并不决定命运，好的制度能充分利用地理优势，而制度不好只能浪费有利的地理条件。好的制度还能克服地理条件的束缚。达龙·阿西莫格鲁（Davon Acemoglu）、西蒙·约翰逊（Simon Johnson）和詹姆斯·罗宾逊（James Robinson）把博茨瓦纳的成功归结于有利的制度，特别是财产保护制度。

成功的发展需要私人物品和公共物品的供给。这就有必要防止来自政府的伤害，比如政府的"寄生虫"和掠夺行为，同时鼓励政府支持广泛的经济发展，包括提供经济发展所需的公共物品。要做到这一点，至少必须有一个有凝聚力的社会，才能避免大量诸如国内战争这样的纷争，政府也需要对社会既积极响应又负有责任。要实现这个目的，政府也许不必完全民主，但是需要施行真正的管理问责制度。

如前所述，博茨瓦纳的多党制发挥了很重要的作用。尽管博茨瓦纳的民主党一直没有失去政权，但是有证据表明，民主党为了成功赢得选举，不断地改善其提供的服务的质量。政府在经济发展中发挥着建设性的作用，包括提供公共设施、扩展服务范围（提供信息和培训）、给兽医提供补助以及为畜牧业的发展提供其他支持。这些主动行为有着广泛的基础，而不是为了取悦特定的当事人。政府也建设性地处理好了降低利率、鼓励外国公司开发和如何在不吓跑投资者的前提下给国家带来更多利润之间的关系。例如，政府与戴比尔斯（De Beers）钻石卡特尔签订了合约，使一半的利润以税收的形式又回归本国。政府回过头来也很好地使用了这些资源，无论是在经济形势好的时期还是坏的时期，小学教育的投入都大大增加了。无论一个国家财富是多还是少，财富的使用方式非常重要。博茨瓦纳普及了小学教育，这在非洲非常少见；并且有超过一半的儿童接受了中等教育，这一比例是撒哈拉以南非洲国家平均值的2倍。

1982～1987年，博茨瓦纳遭受了一次大旱，严重影响了贫困的农村地区。很多国家的这种困境在一开始时都很难为外人所知，直到最后引起大规模的饥荒，才引起全世界的注意。但博茨瓦纳却不是这样，该国建立了自己的安全保障体系，通过一个能持续供给食物的三级体系来救济贫穷农村地区的人民。让·德鲁兹（Jean Dreze）和阿玛蒂亚·森对此做了详细描述：①保障公众就业可获得现金工资以购买食物；②直接把食物分发给特定的人群；③实施提高农业生产力的项目并储备食物。在实施这一体系的过程中，博茨瓦纳的言论自由和共和体系发挥了很大作用。

在其他人类发展指标中，例如婴儿死亡率和人均专业健康指导率方面，博茨瓦纳的得分都比较高。然而，在2010年人类发展指数名单上，博茨瓦纳在159个国家中仅排在98位，这比按照其GDP排名做出的预测低38位；换言之，博茨瓦纳的人类发展指数比按照实际人均收入测算的指标要低很多。其中的主要原因是：博茨瓦纳的艾滋病患者死亡率较高，该国艾滋病感染率居全世界第二位。但是在其他方面，博茨瓦纳的人类发展情况在撒哈拉以南非洲国家之中是比较好的。虽然博茨瓦纳的艾滋病感染率如此之高，但是这一地区只有两个国家在2010年人类发展指数中的排名比它靠前。不过，博茨瓦纳在这方面也正在迅速进步，2001～2011年，新增的艾滋病患者感染率下降了71%——这一进步是该段时期世界范围内这一领域最显著的。

更深层的问题是，为什么博茨瓦纳能创造并维持这样好的制度。阿西莫格鲁、约翰逊和罗宾逊研究了博茨瓦纳制度的历史演进，他们认为有五个并列或者相互交叉的因素起着重要作用。

（1）博茨瓦纳采用的是前殖民时期的部落制度，这一制度鼓励人民广泛参与政治，约束政治家的活动。普通人可以给领袖提建议甚至批评领袖。

（2）英国对博茨瓦纳来说"山高皇帝远"，因此，英国殖民者对博茨瓦纳的前殖民时期的部落制度影响有限。

（3）自独立以后，在博茨瓦纳占最重要地位的农村经济利益、酋长和牲畜所有者都被赋予了很大的政治力量，出于经济利益的考虑，其施行了财产权保护制度。

（4）钻石收入给主要政治领导人带来了足够的租金，增加了寻租的机会成本，打消了他们进一步寻租的积极性。

（5）政治领导者做出了英明的决策。包括把钻石开采权从部落转移给国家（这种转移是从政治家开始的，最初是独立后的领导人 Seretse Khama，他是 Bangwato 部落的一员）。削减部落首领的权力是英明之举，虽然每次减少这种可能导致双方利益受损的概率都被其他非洲国家认为是自找麻烦。对于博茨瓦纳来说，如果把钻石比作鸡的话，尽管博茨瓦纳的社会精英们享受了鸡蛋带来的那份收益，但是因为他们面临扩大利益份额的束缚，所以不会将鸡杀掉。

因此，不利的地理不一定就注定了命运，自然资源也并不一定就是诅咒，好的制度能够支持良好的经济发展。

在明显的自然资源比较优势和最小限度的制度支持下，博茨瓦纳获得了外国投资者的投资并取得经济发展的成功，这对该国来说是一件好事，与此同时，也避免了政府官员的腐败。结果，加入了人力资本、出口支持和结构性增长的新古典模式便出现了，这一模式很好地解释了该国经济发展的成功。

然而，也许最重要的问题还未解决。这就是，没有良好制度基础和利于发展的因素的国家怎样才能获得更好的制度？非洲其他国家的官员正在寻求改良其自身政治体制的方法，以实现政府更好的运转，解决政府部门和私人部门失灵问题以及学习邻

国经济增长的成功经验，达到博茨瓦纳的治理程度。从整体上看，社会似乎陷入了贫穷陷阱。政府行为似乎成为发展中国家经济难以取得发展这一恶性循环中的一环。用来解释日本经济增长的积极区域"作用模型"，在传播成功的经济发展经验方面发挥了重要的作用。然而，博茨瓦纳的发展史上有一个不光彩的地方，其国内称为 Bushman 的少数民族要远远落后于大部分地区，这个问题也很难得到纠正。

先撇开成功不说，自独立以后，博茨瓦纳面临着严重的危机。与拉美相比，收入差距越来越大，城市失业率也很高。比这两个问题更严重的是艾滋病和艾滋病毒携带者的问题。根据联合国的报告，其 15～49 岁人口中病毒携带者所占比例为 24%，孕妇的感染比例更是达到了 33%。幸运的是，该国 15 岁及以下人口中病毒携带者比例低于 2%，如果能够改变生活方式，采取安全的性行为保护措施，要阻止新的感染还是有希望的。但是，联合国报告指出，60% 的年轻人并没有采取任何健康的性行为保护措施。如果不是艾滋病泛滥，博茨瓦纳现在的人均寿命会超过 70 岁，但是，2010 年博茨瓦纳的人均寿命只有 55 岁。联合国曾预计，2010 年，博茨瓦纳会有 20% 的儿童失去父亲或者母亲。Erika Reynolds 发现，博茨瓦纳劳动人口中有 1/3 都感染了艾滋病，这无疑会对该国的生产效率产生严重的负面影响。在过去的几年中，博茨瓦纳为应对艾滋病的蔓延，采取了许多果断的措施。政府开支中的 6% 用在了和艾滋病有关的项目中，这些项目包括为所有居民提供免费的逆转录酶治疗，因此，该国现在的人均寿命在逐渐提高。

也许有人要问，既然博茨瓦纳有这么好的制度和政府，这个国家怎么还会有这么多主要年龄段的人群是艾滋病毒携带者？博茨瓦纳在此方面的政府失灵和乌干达一样（参见第 8 章专栏 8-8），可以认为是文化因素和政府执政不一致造成的。政府执政和社会发展是否能阻止 HIV 传播到下一代还不得而知。面对挑战，至少博茨瓦纳比其非洲邻国做得好一些。乌干达的例子表明，只要有决心，一个高 HIV 感染率的国家也能扭转这一趋势，在此方面，博茨瓦纳可以向乌干达学习。如果博茨瓦纳确实这么做了，那么其将恢复昔日的光辉，并为非洲其他国家的发展指明道路。

参考文献

Acemoglu, Daron, Simon Johnson, and James Robinson. "An African success story: Botswana."

In *In Search of Prosperity: Analytic Narratives on Economic Growth*, ed. Dani Rodrik. Princeton,

N.J.: Princeton University Press, 2003, pp. 80–119.

Africa Research Bulletin, December 1993 and July 1995.

Commission on Growth and Development (Spence Commission). *The Growth Report: Strategies for Sustained Growth and Inclusive Development.* Washington: World Bank, 2008. Also available at http://www.growthcommission.org.

Dreze, Jean, and Amartya Sen. *Hunger and Public Action.* Oxford: Clarendon Press, 1989.

Edge, Wayne, and Mogopodi Lekorwe, eds. *Botswana: Politics and Society.* Pretoria, South Africa: Schaik, 1998.

Goldsmith, Arthur. "Africa's overgrown state revisited: Bureaucracy and economic growth." *World Politics* 51 (1999): 520–546.

Greener, R., K. Jefferis, and H. Siphambe. "The impact of HIV/AIDS on poverty and inequality in Botswana." *South African Journal of Economics* 68 (2000): 888–915.

Harvey, Charles, and Stephen R. Lewis, Jr. *Policy Choice and Development Performance in Botswana.* New York: St. Martin's Press, 1990.

Herbst, Jeffrey. *States and Power in Africa: Compara-tive Lessons in Authority and Control.* Princeton, N.J.: Princeton University Press, 2000.

Hope, Kempe, R. and Gloria Somolekae, *Public Administration and Policy in Botswana*, South Africa: Juta and Company, 1998.

Innocenti, Nicol D. "Compared to neighboring South Africa, Botswana is far ahead in implementing new retroviral and education programs." *Financial Times*, September 26, 2001.

Picard, Louis A. *The Politics of Development in Botswana: A Model for Success?* Boulder, Colo.: Rienner, 1987.

Porter, Michael. *Competitive Advantage of Nations.* New York: Free Press, 1990.

Reynolds, Erika. "Economic impact of HIV/AIDS in Botswana." Policy brief, UCLA Globalization Research Center, Africa, 2008.

Stedman, Stephen J., ed. *Botswana: The Political Economy of Democratic Development.* Boulder, Colo.: Rienner, 1993.

United Nations Development Programme. *Human Development Report, 2010.* New York: Oxford University Press, 2010 (and previous editions).

问题讨论

1. 请解释有组织货币市场和无组织货币市场之间的区别。

2. 从发展优先权的角度来看，中央银行、商业银行、开发银行以及非正规信贷来源如孟加拉国乡村银行，各自起着什么样的作用？

3. 金融抑制、金融自由化、货币替代和无组织货币市场分别是什么意思？在发展中国家，上述概念与国家的金融政策之间有什么联系？

4. 斯蒂格利茨认为发展中国家的政府在金融市场上起着重要作用，政府的行为可以弥补7种市场失灵现象，请简要说明这7种市场失灵现象。你是否同意这些表述？请给出理由。

5. 发展中国家政府的主要收入来源是什么？为什么有很多税种难以征收？请讨论该话题。

6. 你觉得发展中国家的税收体系存在着怎样的改进空间？请详细说明。

7. 如果说政府管理能力较差是限制国家发展政策实施的主要因素，那么发展中国家政府应该采用什么样的措施来提高政府的管理能力？它们有什么可选择的方案？请讨论这个问题。

8. 请归纳支持和反对在发展中国家建立国有企业的理由。你认为应该鼓励还是反对建立国有企业？支持或反对发展中国家企业私有化的观点有哪些？对于那些支持私有化能够提高企业效率的证据你怎么看？请解释自己的观点。

9. 当波兰开始私有化进程的时候，许多分析者认为，高度发达的国内金融产业是私有化的前提条件。你如何看待这个观点？

10. 在发展中国家建立股票市场的利弊有哪些？

11. 小额信贷机构的策略和其他为低收入群体提供贷款的机构的政策有何不同？

12. 推广小额信贷项目能带来什么好处？这些项目在今后会面临什么限制？

13. 请讨论最近三项和小额信贷有关的政策（补贴、非金融活动以及商业化）。在国内层面，如果要解决这些问题，你有什么看法？

14. 从博茨瓦纳的成功案例中可以得出哪些有利于发展中国家经济发展的结论？

注释和推荐阅读

1. Joan Robinson, "The generalization of the general theory," in *The Rate of Interest, and Other Essays.* (London: Macmillan, 1952), pp. 67 - 142 (p. 82).

2. 可参见 Hugh T. Patrick, "Financial development

and economic growth in underdeveloped countries," *Economic Development and Cultural Change* 14 (1966): 174 - 189, and Felix Rioja and Neven Valev, "Finance and the sources of growth at various stages of economic development," *Economic Inquiry* 42 (2004): 27 - 40。

3. 部分讨论改编自 Ross Levine and Sara Zervos, "Stock markets, banks, and economic growth," *American Economic Review* 88 (1998): 537 - 558. 其他参考文献包括: Rudiger Dornbusch and Alejandro Reynoso, "Financial factors in economic development," *American Economic Review* 79 (1989): 204 - 209; Panicos Demetriades and Khaled Hussein, "Does financial development cause economic growth? Time series evidence from 16 countries," *Journal of Development Economics* 51 (1996): 387 - 411; Robert G. King and Ross Levine, "Finance and growth: Schumpeter might be right," *Quarterly Journal of Economics* 108 (1993): 717 - 737; Joseph E. Stiglitz, Jaime Jaramillo-Vallejo, and Yung Chal Park, "The role of the state in financial markets," *Annual Conference on Development Economics* (1993 suppl.): 19 - 61; Nouriel Roubini and Xavier Salai- Martin, "Financial repression and economic growth," *Journal of Development Economics* 39 (1992): 5 - 30; Carlos Diaz-Alejandro, "Goodbye financial repression, hello financial crash," *Journal of Development Economics* 19 (1985): 1 - 24; J. D. von Pishke, *Finance at the Frontier* (Washington, D.C.: World Bank, 1991); Ross Levine, "Financial development and economic growth: Views and agenda," *Journal of Economic Literature* 35 (1997): 688 - 726; and Raymond Atje and Boyan Jovanovic, "Stock markets and development," *European Economic Review* 37 (1993): 632 - 640。

4. Stiglitz, Jaramillo-Vallejo, and Park, "Role of the state." 关于肯尼亚及其他发展中国家手机支付的发展情况的介绍, 参见 Jenny C. Aker and Isaac M. Mbiti, "Mobile phones and economic development in Africa, *Journal of Economic Perspectives*, 24, No. 3 (Summer 2010): 207 - 232; and *The Economist*, "Why does Kenya lead the world in mobile money?" May 27, 2013, at http://www.economist.com/blogs/economist-explains /2013/05/economist-explains-18。

5. 这个观点以及下面的观点依旧广泛流行, 关于微观经济以及经济政策的其他优秀文献, 请参见 N. Gregory Mankiw, *Macroeconomics*, 6th ed. (New York: Worth, 2006). For further exploration, see David Romer, *Advanced Macroeconomics*, 3rd ed. (New York: McGraw-Hill 2005). For more specifically developing-countryfocused analysis, see Pierre-Richard Agenor and Peter J. Montiel, *Development Macroeconomics*, 3rd ed. (Princeton, N.J.: Princeton University Press, 2008)。

6. 以发展中国家为研究对象的微观经济分析文献, 请参见 Agenda and Montiel, *Development Macroeconomics*。

7. 可参见 Maxwell J. Fry, *Money, Interest, and Banking in Economic Development* (Baltimore: Johns Hopkins University Press, 1988); World Bank, *World Development Report, 1991* (New York: Oxford University Press, 1991); and Ernest Aryeetey et al., "Financial market fragmentation and reform in Ghana, Malawi, Nigeria, and Tanzania," *World Bank Economic Review* 11 (1997): 195 - 218。需要注意的是, 从 2000 年起这些国家已经在该领域取得显著进步。

8. 关于货币替换现象以及无组织货币市场对发展中国家影响的文献, 请参见 International Monetary Fund, *World Economic Outlook, October* 1997 (Washington, D.C.: International Monetary Fund, 1997), pp. 92 - 93; Steven L. Green, "Monetary policies in developing countries and the new monetary economics," *Journal of Economic Development* 11 (1986): 7 - 23; and Guillermo Ortiz, "Currency substitution in Mexico: The dollarization problem," *Journal of Money, Credit, and Banking* 15 (1983): 174 - 185。

9. 关于发展中国家金融市场的私有化以及自由化的有意义讨论, 请参见 Laurence H. White, "Privatization of financial sectors," in *Privatization and Development*, ed. Steven H. Hanke (San Francisco: Institute for Contemporary Studies, 1987), pp. 149 - 160。

10. Charles Collyns, *Alternatives to the Central Bank in the Developing World*, IMF Occasional

Paper No. 20 (Washington, D.C.: International Monetary Fund, 1983), p. 2. 之后的很多讨论仍以这份信息充实的报告为基础。

11. Collyns, Alternatives to the Central Bank, p. 21.

12. 可参见 Maxwell J. Fry, "Assessing central bank independence in developing countries: Do actions speak louder than words?" *Oxford Economic Papers* 50 (1998): 512 – 529。

13. 参见 V. Grilli, D. Masciandaro, and G. Tabellini in "Political and monetary institutions and public financial policies in the industrial countries," *Economic Policy* 13 (1991): 341 – 392. Alex Cukierman introduced a partially overlapping alternative system in *Central Bank Strategy, Credibility, and Autonomy* (Cambridge, Mass.: MIT Press, 1992)。

14. Marco Arnone, Bernard J. Laurens, Jean-François Segalotto, and Martin Sommer, "Central bank autonomy: Lessons from global trends," IMF Staff Papers 56, No. 2, 2009. The authors used both indexes cited in Note 13 and other measures. Indexes based on these numbers showed a substantial increase in central bank autonomy from the 1980s to the 2000s among low-, middle-, and high-income countries alike. An earlier version with some additional details may be found at http://www.imf.org/external/pubs/ft/wp/2007/wp0788.pdf.

15. 如何改善发展中国家的货币控制以及更好地分配国内储蓄资源的进一步讨论请见 Delano Villanueva, "Issues in financial sector reform," *Finance and Development* 25 (1988): 14 – 17。

16. Aparna Dalal et al., "Half of the world is unbanked," 2010, http://financialaccess.org/node/2603.

17. 关于发展中国家的非正规金融在减弱收入波动方面的作用，参见 Timothy Basley,"Non-market institutions for credit and risk sharing in low-income countries,"*Journal of Economic Perspectives* 9(1995):115-127。

18. Siwan Anderson and Jean-Marie Baland, "The economics of ROSCAs and intra-household resource allocation," *Quarterly Journal of Economics* 111 (2002): 963 - 995. For a good general survey of institutional details and economic analysis of ROSCAs, see Beatriz Armendriz de Aghion and Jonathan Morduch, *The Economics of Microfinance* (Cambridge, Mass.: MIT Press, 2005), ch. 3.

19. 关于小额信贷机构的具体运作细节，请参见 Armendriz de Aghion and Morduch, *Economics of Microfinance;* Marguerite S. Robinson, *The Microfinance Revolution: Sustainable Finance for the Poor* (Washington, D.C.: World Bank, 2001); Robert Peck Christen and Deborah Drake, *Commercialization: The New Reality of Microfinance?* (Bloomfield, Conn.: Kumarian Press, 2002); and Elisabeth H. Rhyne, *Mainstreaming Microfinance: How Lending to the Poor Began, Grew, and Came of Age in Bolivia* (Bloomfield, Conn.: Kumarian Press, 2001)。

20. 进一步的讨论请见 Armendriz de Aghion and Morduch, *Economics of Microfinance*, esp. ch. 5, and the references therein. For data showing that MFIs with more than 65% women borrowers have higher repayment rates than MFIs with a smaller fraction of women borrowers, see Cédric Lützenkirchen, *Microfinance in evolution: An industry between crisis and advancement,* Deutsche Bank AG, September 2012, p. 14. A critical analysis of payment increments is presented in Sanjay Jain and Ghazala Mansuri, "A little at a time: The use of regularly scheduled repayments in microfinance programs," *Journal of Development Economics* 72 (2003): 253 – 279。

21. 关于表明 2010 年强劲增长而 2011 年明显下降的数据，请参见 Larry R. Reed, *Microcredit Summit Campaign, Vulnerability: The state of the Microcredit Summit Campaign Report 2013*, at http://stateofthecampaign.org/。关于其中一些关键问题的简要评论请参见 Abhijit Banerjee et al., "Microcredit is not the enemy," *Financial Times, December* 13, 2010。

22. 详细内容请见 Microcredit Summit Fulfillment Campaign, "The Microcredit Summit: Declaration and plan of action, 1997," www.microcreditsummit.org/declaration.htm; Jonathan

Morduch, "The microfinance promise," *Journal of Economic Literature* 37 (1999): 1569－1614; Jonathan Morduch, "The microfinance schism," *World Development* 28 (2000): 617－629; and Armendriz de Aghion and Morduch, *Economics of Microfinance*。

23. 关于将小微信贷以及国民健康问题结合起来的一个案例请参见 Stephen C. Smith, "Village Banking and maternal child health: Evidence from Ecuador and Honduras," *World Development* 30 (2002): 702–723；关于将小微信贷同商务培训相结合的案例，请参见专栏 15–2。

24. 关于此问题创新且独到的评论请参见 M. Shahe Emran, A. K. M. Mahbub Morshed, and Joseph E. Stiglitz, "Microfinance and missing markets," 2007, http://papers.ssrn.com/sol3/papers.cfm?abstract_id=1001309。关于经济发展能够带来的传统工作岗位的重要性的论述请参见 World Bank, *World Development Report 2013: Jobs* (Washington: World Bank, 2013)。

25. 近期一项有趣的研究发现积极的影响，参见 Elizabeth Schroeder, "The Impact of Microcredit Borrowing on Household Consumption in Bangladesh," Working Paper, Oregon State, 2012, at http://people. oregonstate.edu/~schroede/eas_microcredit.pdf, Schroeder 的研究在前人著名的研究基础之上采用了新的计量经济学技术。之前著名的研究为 Mark M. Pitt and Shahidur R. Khandker, "The impact of group–based credit programs on poor households in Bangladesh: Does the gender of participants matter?" *Journal of Political Economy*, 106 (1998): 958－996。关于一篇引用小额信贷可以带来积极作用的研究结果的头条报道引发了广泛争议，参见 Maren Duvendack et al., "What is the evidence of the impact of microfinance on the well–being of poor people?" downloaded at: http://www.dfid.gov.uk/r4d/PDF/Outputs/SystematicReviews /Microfinance2011Duvendackreport.pdf。

26. Christian Ahlin, Jocelyn Lin, and Michael Maio, "Where does microfinance flourish? Microfinance institution performance in macroeconomic context," *Journal of Development Economics* 95, No. 2 (2011): 105－120.

27. 发展中国家政府除了设定最高利率之外，还会采取其他一系列措施管理本国的金融市场。这些手段包括贷款直接配给、提高存款准备金、要求金融体系为财政赤字融资（例如，要求银行持有低收益率的政府债券）。这些政策以及其他的政策都和政府规定的最高利率政策相关。在出现高通货膨胀和负实际利率的时候，这些措施不仅降低了人民的储蓄热情，也降低了经济的增长速度，甚至会导致银行规模减小。Valerie Bencivenga 教授的研究得出了以上结论，在此要向他表示谢意。

28. 关于金融抑制以及金融自由化的著作有 Ronald L. McKinnon, *Money and Capital in Economic Development* (Washington, D.C.: Brookings Institution, 1973), and Edward S. Shaw, *Financial Deepening in Economic Development* (New York: Oxford University Press, 1973). For a classic critique of this approach, see Carlos Diaz–Alexandro, "Good–bye financial repression, hello financial crash," *Journal of Development Economics* 19 (1985): 1－24. For a more recent debate on the merits and limitations of financial liberalization, in general, and the McKinnon–Shaw thesis, in particular, see articles by Maxwell Fry and Ajit Singh in *Economic Journal* 107 (1997): 754－782. See also Bruce Greenwald, "Institutional adjustments in the face of imperfect financial markets," in *Annual World Bank Conference on Development Economics, 1998* (Washington, D.C.: World Bank, 1999)。

29. World Bank, *World Development Report, 1987* (New York: Oxford University Press, 1987), pp. 117－122。然而，关于利率对储蓄和投资几乎没有影响这一论点来自不同国家的证据，请见 Deena R. Khatkhata, "Assessing the impact of interest rates in less developed countries," *World Development* 16 (1988): 577－588; Gerado M. Gonzales Arrieta, "Interest rates, savings and growth in LDCs: An assessment of recent empirical research," *World Development* 16 (1988): 589－606; and Rudiger Dornbusch, "Policies to move from stabilization to growth," *Proceedings of the World Bank Annual Conference on Development Economics, 1990*

(Washington, D.C.: World Bank, 1990), pp. 36 – 41.

30. Stiglitz, Jaramillo–Vallejo, and Park, "Role of the state," Joseph E. Stiglitz, Jaime Jaramillo–Vallejo, and Yung Chal Park, "The role of the state in financial markets," Annual Conference on Development Economics (1993 suppl.): 19–61. See note 3.

31. 同上，第8页。

32. Atje and Jovanovic, "Stock markets and development"; Levine and Zervos, "Stock markets, banks, and economic growth."

33. 和税收以及发展相关的一系列优秀文献，可以参见 Donald Newberry and Nicholas Stern, eds., *The Theory of Taxation for Developing Countries* (New York: Oxford University Press, 1987). See also World Bank, *World Development Report*, 1988 (New York: Oxford University Press, 1988), pt. 2; "Symposium on tax policy in developing countries," *World Bank Economic Review* 5 (1991): 459 – 574; and Robin Burgess and Nicholas Stern, "Taxation and development," *Journal of Economic Literature* 31 (1993): 762 – 830。

34. Vito Tanzi, "Quantitative characteristics of the tax systems of developing countries," in *The Theory of Taxation for Developing Countries*, eds. David Newbery and Nicholas Stern (New York: Oxford University Press, 1987), and Vito Tanzi and Howell H. Zee, "Tax policy for emerging markets: Developing countries," *National Tax Journal* 53 (2000): 299 – 322.

35. World Bank, *World Development Indicators, 2013* (Washington, D.C.: World Bank, 2013), p. 67.

36. Tanzi, "Quantitative characteristics."

37. See M. Shahe Emran and Joseph E. Stiglitz, "On selective indirect tax reform in developing countries," *Journal of Public Economics* 89 (2005): 599 – 623.

38. Joel Slemrod, "Optimal taxation and optimal tax systems," *Journal of Economic Perspectives* 4 (1990): 157 – 178.

39. 一份十分有趣的关于税收管理改革的分析评价报告，可参见 Dilip Mookherjee, "Incentive reforms in developing country bureaucracies: Lessons from tax administration," *Annual World Bank Conference on Development Economics*, 1997 (Washington, D.C.: World Bank, 1998), pp. 108 – 125。

40. 可参见 Richard M. Kennedy and Leroy P. Jones, "Reforming state–owned enterprises: Lessons of international experience, especially for the least developed countries," UNIDO SME Technical Working Paper No. 11, United Nations, 2003。

41. World Bank, *World Development Report, 1983*, ch. 8. 也可参见 the discussion of SOEs in *World Development Report, 1988*, ch. 8，还可参见 Luke Haggarty and Mary M. Shirley, "A new data base on stateowned enterprises," *World Bank Economic Review* 11 (1997): 491 – 513。

42. Tony Killick, "The role of the public sector in the industrialization of African developing countries," *Industry and Development* 7 (1983): 57 – 88。

43. 可参见 Kennedy and Jones, "Reforming state–owned enterprises," esp. pp. 14 – 17, for a concise survey of reform options. 也可以参见 Mary Shirley et al., *Bureaucrats in Business* (New York: Oxford University Press, 1995)。

44. 有关20世纪80年代末和90年代初发展中国家私有化的情况，参见 Sunita Kikeri, John Nellis, and Mary Shirley, "Privatization: Lessons from market economies," *World Bank Research Observer* 9 (1994): 241 – 272。

45. 同上，249 ~ 253 页，也可参见 Saul Estrin, Jan Hanousek, Evzen Kocenda, and Jan Svejnar, "The effects of privatization and ownership in transition economies," *Journal of Economic Literature*, 47(2009): 699 – 728; World Bank, *World Development Report, 1997* (New York: Oxford University Press, 1997), ch. 4; and William Megginson and Jeffrey N. Netter, "From state to market: A survey of empirical studies on privatization," *Journal of Economic Literature* 39 (2001): 321 – 389。

46. 可参见 Tony Killick, *A Reaction Too Far: Economic Theory and the Role of the State*

in Developing Countries (London: Overseas Development Institute, 1989); Robert Klitgaard, *Adjusting to Reality: Beyond "State versus Market" in Economic Development* (San Francisco: ICS Press, 1991); and United Nations Development Programme, *Human Development Report, 1993* (New York: Oxford University Press, 1993), pp. 49–51. See also Mohammed Omran, "The performance of state-owned enterprises and newly privatized firms: Does privatization really matter?" *World Development* 32 (2004): 1019–1041。

47. 关于公共管理和发展的关键问题的文献，参见 World Bank, *World Development Report, 1997* (New York: Oxford University Press, 1997), and Derick W. Brinkerhoff and Benjamin Crosby, *Managing Policy Reform: Concepts and Tools for Decision-Makers in Developing and Transitioning Countries* (Bloomfield, Conn.: Kumarian Press, 2002)。《公共管理和发展》(*Public Administration and Development*) 这一杂志中有很多关于该问题的最新文献。

术 语 表

absolute advantage　绝对优势　与其他生产厂商耗用相同的实际资源，却能以更低的绝对单位成本生产某种商品。

absolute poverty　绝对贫困　一种连最低水平的收入、衣食住行及其他生活必需都无法满足的贫困状态。

absorptive capacity　吸收能力　在外国援助中，指某一国家吸收外国私人或者公共金融援助的能力，即充分有效地利用这些资源的能力。在生态学中，指一个生态系统吸收潜在污染物的能力。

accounting price　会计价格　反映资源真实机会成本的价格。

acquired immunodeficiency syndrome（AIDS）获得性免疫缺损综合征　主要通过母婴传染、血液传染和性接触传染的病毒性疾病（艾滋病）。

agency costs　代理成本　监督管理者和其他雇员所需的成本，以及设计和实施确保他们按雇主意愿行事，或激励他们遵从雇主意愿的计划所需的成本。

agglomeration economies　集聚经济　来自当地城市的生产者和消费者通过采用城市化集聚经济和本地化集聚经济的形式可以得到的成本优势。

aggregate growth model　总量增长模型　一个正式的经济模型，这一模型使用一些变量对经济中的一个或者几个部门的增长率进行描述。

agrarian system　土地制度　土地分配、所有权和管理的方式，以及农业经济的社会和制度结构。

amortization　贷款本金分期偿还　分期偿还贷款的本金。

asset ownership　资产所有权　能够为所有者带来收入的土地、物质资本（工厂、建筑物、机器等）、人力资本和金融资源的所有权。

asymmetric information　非对称信息　在这种境况下，对于潜在交易，一方（往往是买家、卖家、出资者或借贷者）比另一方拥有更多的信息。

attitudes　态度　指个人、团体或社会对于物质收入、努力工作、为未来储蓄以及分享财富的一种思想状态和感受。

autarky　自给自足　一种试图实现完全地自力更生的封闭经济。

average product　平均产量　总产出或总产量除以总投入（例如，劳动的平均产量等于总产出除以用以生产该产量的总的劳动力人数）。

balance of payments　国际收支平衡　对一国同外国的金融交易的概括描述。

balanced trade　平衡贸易　一国的出口价值等于进口价值的情形。

barter transactions　物物交换　在没有货币存在的地区，人们直接用一种商品交换另一种商品的贸易方式。

basic education　基础教育　可以获得识字、算术和基本职业技能的教育。

basic transfer　基本转移支付　和一国国际借贷相关的净外汇流入和流出；其数额是净资本流入（资本流入总额减去对过去债务的偿付额）和已有债务利息支付之间的差额。

binding constraint　制约条件　一种限制因素，如果被放松，就会加速经济增长（因为它会带来某个特定目标的大量实现）

big push　大推动　一种典型的从整个经济状况出发相机抉择的公共政策，该政策促进广泛的新兴产业和技能的原创与经济发展。

biodiversity　生物多样性　一个生态系统中生命形式的种类。

biomass fuels　有机燃料　一些被用作燃料的可燃的有机物质，如柴禾、粪便或者农作物残渣。

Brady Plan　布雷迪计划　一项 1989 年实施的方案，其宗旨是用 IMF 和世界银行对债务进行担保以及加强附加条款的执行力度作为交换条件免除私人债务，由此降低负债严重的发展中国家的商业债务负担。

brain drain　人才外流　接受过良好教育的技术性专家和技术人员，从发展中国家移民到发达国家的现象。

capabilities　能力　考虑到人们的个人特征及他们对商品的占有，人们所拥有的自由。

capital account　资本项目　一个国家国际收支的一部分，反映了外国私人投资和公共赠予及贷款在一个国家的流入和流出。

capital accumulation　资本积累　一个国家实际资本存量（固定资产中的净投资额）的增加。为了增加资本商品的产量，有必要减少消费品的产量。

capital flight　资本外逃　为了应付所在国家的某些状况，个人或者公司将其资金转移到外国的现象。

capital stock　资本存量　在一定时期，为了生产其他产品或服务而存在的物质产品的总量。

capital-augmenting technological progress　资本加强型技术进步　指通过创新和发明来提高资本生产率的技术进步。

capital-labor ratio　资本劳力比率　每单位的劳力所对应的资本单位量。

capital-output rate　资本产出比　一定时期内，单位产出所需资本的单位数。

capital-saving technological progress　资本节约型技术进步　由于出现了某些发明创新，因此投入等量的资本就能达到较高的产出水平。

cash account（international reserve account）现金账户（国际储备账户）　某国国际收支平衡表的一部分，用来表示随着经常账户和资本账户的变化，资金（外汇储备）和短期金融债权相应地发生了怎样的变化。

cash crops　经济作物　完全是为了销售而生产的粮食。

center　轴心　在依附理论中，指经济上发达的国家。

central bank　中央银行　某国负责发行货币、管理外汇储备、实施货币政策以及为政府和商业银行提供金融服务的金融机构。

character of economic growth　经济增长特性　反映在诸如增长过程中的参与度和财产所有权等因素上的，经济增长的分配意义。

clean technologies　洁净技术　设计出来的技术可以使产生的污染减少、浪费的资源减少并使资源利用更有效率。

climate change　气候变化　潜在气候的持续变化，如平均气温的增加、年降水量减少以及干旱和暴风雨平均密度增加。该术语被用来描述全球变暖的影响。注意到与天气变化的区别（天气变化包含在气候中）以及气候的变化改变天气结果的潜在可能性。

closed economy　封闭经济　在这样的经济体中，不存在外贸交易，也不存在与其他国家的任何经济往来。

commercialization　商业化　非营利性的非政府组织向以营利为目的的商业银行转换的过程。

commitment problem　承诺难题　由于存在反悔的动机而不能够做出承诺来遵守合同条款的现象；有时候当事人会使用"承诺工具"，例如缴纳巨额违约保证金，如果一方反悔，则需要付出高昂的代价，由此对当事人产生震慑所用，使其履约。

commodity terms of trade　商品贸易条件　一国的出口货物均价与进口货物均价的比率。

common market　共同市场　实行内部自由贸易、统一对外关税、劳动力和资本自由流动的一种经济一体化的形式。

common property resource　公有财产资源　由集体或者公共拥有的资源，可以自由获取，或者由使用者自我调整进行分配。

comparative advantage　比较优势　一种商品能以更低的机会成本被生产出来。

complementarities　互补性　指某企业、工人或组织所采取的一种行动，该行为增强了其他经济主体采取类似行动的积极性。互补性通常涉及投资，而投资回报依赖于其他经济主体所做的投资。

complementary investments　互补性投资　指对其他生产要素起到补充或促进作用的投资。

comprador group　买办集团　在依附理论中，指扮演着外国投资者壁垒的当地上层人物。

comprehensive plan　全面计划　一个经济计划涵盖了国家经济所有的主要方面。

concessional term　优惠条款　贷款延期中对借款者更有利的条款，通常比在一般的金融市场中的条件更优惠。

conditional cash transfer（CCT）有条件的现金转移计划　向那些能够保证孩子们正常的学校出勤率和定期让孩子们去医院体检的家庭有条件地提供福利金的计划。

conditionality 约束条件 某国为了解决其国际贸易支付中遇到的困难向国际货币基金组织寻求贷款帮助，后者向这些国家提出的财政、货币以及国际贸易等方面的改革要求就被称为约束条件。

congestion 互相排斥 互补性的对立面；某一方经济主体所采取的行动，该行动会削弱其他经济主体采取类似行动的动机。

consumer surplus 消费者剩余 由于需求曲线向下倾斜超过了消费者预期价格所多出的效用。

convergence 趋同 指低收入国家的人均收入（或产出）比高收入国家的增长更快，因此长期以来，低收入国家赶上高收入国家的一种趋势。当假设在某些方面（尤其是储蓄率、劳力增长以及生产技术）发展中国家和发达国家都持平时，就要用到"条件趋同"这一术语。

coordination failure 协调失灵 是这样一种状态，在这种状态下，经济主体没有能力协调其行为（选择），导致这种状态相对于另一种均衡状态而言，令所有经济主体的结果（均衡）都更糟糕。

corruption 腐败 为私人利益或者其他私人目的通过滥用行政权力或者影响盗用公共资源。

cost-benefit analysis 成本—收益分析 一种经济分析工具，对各种经济决策的私人和社会成本与其实际和潜在的私人和社会收益进行权衡。

crude birth rates 粗出生率 指每年每出生1 000人中存活的儿童数。

currency board 货币局 中央银行的一种形式，主要职责是发行本国货币并且按照某一固定汇率兑换外币。

currency substitution 货币替换 使用某种外币（例如，美元）替换本币（例如，墨西哥比索）或者和本币同时流通。

current account 经常项目 一个国家国际收支的一部分，反映了一国有形（商品贸易）和无形（运输服务）产品的进口和出口的市场价值。

custom union 关税同盟 经济一体化的一种形式，其中两个或者两个以上的成员方自由进行所有的内部贸易并对非成员方征收同样的外部关税。

death rates 死亡率 每年每1 000个人口中死亡的人口数量。

debt repudiation 债务拒付 20世纪80年代，发达国家曾经一度害怕发展中国家拒绝履行其债务责任。

debt service 还本付息 对外债和有担保的债务的本金和利息的偿还总额。

debt-for-equity swap 债转股交易 负有债务责任的发展中国家以很大的折扣把国内公司的股票和政府发行的固定利率债券用来抵消其外债的实际价值的一种机制。

debt-for-nature swap 以债务换环境 拥有较大量国内债务的组织者用外债交换来资助保护债务国自然资源或环境。

debtors' cartel 债务国卡特尔 一些负有债务责任的发展中国家联合在一起作为一个整体同债权国进行谈判。

deciles 十分位数 任何量化值的10%。某一总人口数被分为规模相等的10个组。

deep intervention 深度干预 指一种政府政策，能够推动经济向一种较优的或者一个永久的较高的增长率发展，然后达到自我持续增长的状态，这时该政策不再需要被加强，因为届时较好的均衡将会在无须政府进一步的干预下得以普遍存在。

deficit 赤字 支出超过收入的剩余部分。

deforestation 滥伐森林 以农业目的、砍伐搬运或获得木柴为目的而进行的森林砍伐。

demographic transition 人口过渡 一个国家或地区的人口都会从最初的高出生、高死亡、低增长，经过高出生、低死亡、高增长，进而变为低出生、低死亡、低增长几个阶段。

dependence 依附 发展中国家对发达国家经济政策的信赖，以刺激其自身经济的增长。另外还可以指发展中国家效仿发达国家的教育、技术、经济、政治制度、社会观念、消费模式和服饰等。

dependency burden 赡养负担 指0～15岁和65岁以上人口占总人口的比例，他们被认为无经济生产能力，因而不算在劳动力之内。

depreciation（of currency）货币贬值 由市场供求关系决定，一国货币随着时间其相对另外一种货币的价值不断降低。

depreciation（of the capital stock）（资本存量的）贬值 设备、建筑、基础设施以及其他形式的资本的耗损，反映的是资本存量的削减。

derived demand 派生需求 对一种商品的需求

是由对其他商品的需求间接引致的。

desertification　沙漠化　一个区域在没有人造水资源的情况下，变为干旱的、贫瘠的土地，几乎没有能力维持任何生命。

devaluation　低估　一国货币和其他国家货币的官方汇兑比率降低。

developing countries　发展中国家　指亚洲、非洲、拉丁美洲、东欧等地区的国家以及曾经的苏联，这些国家生活水平和发展欠缺。这是一种发展术语，是欠发达国家的同义词。

development　发展　指通过提高人们的生活水平、自尊意识和自由度来提高全人类生活质量和生存能力的过程。

development bank　开发银行　为经济发展过程中的项目提供中长期贷款的一种特殊的公有制或者私有制银行。

development economics　发展经济学　是一门研究如何将停滞不前的经济转变为发展型经济，将低收入转变为高收入，以及如何克服绝对贫困的学科。

diminishing marginal utility　边际效用递减　指随着消费品总数量的增加，物品的边际效用（即每消费一个单位的物品，其所带来的效用的增加量）呈现递减的趋势。

direct taxes　直接税　直接向个体或者商业活动征收的税款，例如收入税。

discount rate　折现率　按当前值计算，将未来值以一定的年度比率折现，以便与当期值进行比较。

disposal income　可支配收入　减去个人所得税之后，可用于家庭消费和储蓄的收入。

divergence　趋异　指高收入国家的人均收入（或产出）比低收入国家的增长更快，因此长期以来，各国间的收入差距不断扩大的一种趋势（正如工业化开始后的两个世纪内所经历的）。

Diversified（mixed）farming　多样化（混合）农业　从维持生计型农业向专业化农业转变过程中的第一阶段，典型特征是既生产主要作物又生产经济作物，还从事简单畜牧业生产。

dominance　支配　在国际事务中，在对具有重大影响的国际经济问题（如农产品和国际市场原材料价格）做出决策时，发达国家比发展中国家拥有更大的权力。

doubling time　倍增时间　既定的人口或者其他数量增至当前规模所需要的时间。

dual exchange rate（parallel exchange rate）双重汇率（平行汇率）　通常对资本品及中间产品汇率进行极高估价或法律限定，对于进口消费品，则实行极低汇率（非法）或浮动汇率。

dualism　二元论　两种状况或现象的共存（其中一个是令人满意的，另一个则相反），它们与其他社会团体相互排斥，例如极端贫困与富裕，现代经济部门与传统经济部门，增长与停滞，少数人受教育水平高与大规模的不识字人口。

earnings instability　出口收入的不稳定性　是指由于发展中国家出口商品价格及需求弹性过低而引起的出口收入处于剧烈波动之中。

economic agents　经济主体　指一种经济部门，通常指一个企业、工人、消费者或政府官员等，做出选择以使目标最大化。

economic infrastructure　经济基础设施　某些物质和金融资本的数量，主要体现在公路、铁路、水路、航空以及其他形式的交通和通信，再加上自来水供给、电力和健康以及教育的公共服务。

economic institutions　经济制度　"人性化设计"的限制条款，在经济体中形成相互作用（或叫作"游戏规则"），包括在宪法、法律、合同以及市场管理中所体现的正式规则，和行为、价值观、传统中反映出来的非正式规则，以及被人们普遍接受的做事方式。

economic integration　经济一体化　一个地区两个或者两个以上的国家，经济和经济政策的不同程度的合并。

economic planning　经济计划　是指政府有意地尝试，通过对生产要素在不同行业和部门程序化的分配，实现在某一或者某几个时期产品和服务的总产量的一定目标。

economic plan　经济计划　一个既定的文件，包括政府如何为了达到一个既定的经济增长目标或者其他目标而在既定的一段时间内，在不同的用途之间配置资源的政策决定。

economic union　经济联盟　两个或者更多的经济体完全合并成为一个单一的经济体。

educational gender gap　教育性别差距　男性和女性在入学和完成教育方面存在的差异。

educational certification　教育认证　是指特定工作要求接受特别教育的现象。

effective rate of protection　有效保护率　对进口

商品增值而不是进口商品的最终价格的保护程度——通常来说高于名义保护率。

efficiency wage 效率工资 这个概念是说城市现代部门的雇主付出比均衡工资更高的工资是为了吸引和留住更高质量的劳动力或者从工人那里获得更高的生产力。

elasticity of factor substitution 要素替代的弹性 在任何给定的生产过程中，当相对要素价格改变时，各生产要素之间的相互替代程度。

enclave economy 飞地经济 在发展中国家中的一些小型的经济发达的地区，而这些发展中国家的其他地区则相对来说发展缓慢。

endogenous growth theory（new growth theory） 内生增长理论（新增长理论） 由生产过程中的内部因素（如回报递增或引导技术变革）所带来的经济增长，是增长模型研究的一部分。

environmental accounting 环境核算 在对经济活动的定量分析中融入环境收益和成本的计算。

environmental capital 环境资本 是国家全部资本资产的一部分，直接与环境相关的那部分资本，例如森林、土壤质量和地下水。

environmental Kuznets curve 环境库兹涅茨曲线 一个图表，反映了随着人均收入增加，污染和其他环境恶化首先上升后来下降的形式。有些污染物表现出此现象，如二氧化硫和大气中的特别物质，但是其他则不符合，如温室气体的排放。

euro 欧元 欧盟的某些成员方采用的通用货币。

exchange control 外汇管制 为了抵制本国货币外流和防止国际收支失衡，控制本国居民得到和持有外币的数量的政府政策。

exchange rate 汇率 本国货币兑换成外国货币（例如美元）的比率。

export dependence 出口依赖性 一个国家主要依赖出口为经济增长活动提供资金。

export earnings instability 出口收入的不稳定性 由于发展中国家出口商品的需求价格弹性和收入弹性过低而引起出口收入的剧烈波动。

export promotion 出口促进 政府通过增加出口激励、减少非激励或者其他手段来扩大本国的出口量，以便能产生更多的外汇收入，改善国际收支的经常项目或者达到其他的目标。

external debt 外债 某国对外的私人债务和公共债务的总和。

externality 外部性 一个个体经济单位在承担他人行为的直接结果时所引起的收益或成本。

factor endowment trade theory 要素禀赋贸易理论 新古典自由贸易模型，该理论假定一国倾向于专业化生产那些使用其富裕的生产要素（土地、劳动力和资本等）进行生产的产品。

factor price distortion 要素价格扭曲 由于制度安排干预市场供求关系的自由作用，而导致生产要素的支付价格并没有反映出其真正的稀缺价值（即竞争力市场价格）的状况。

factor price equalization 生产要素价格均等化 在要素禀赋贸易理论中，由于国家间贸易以共同的国际价格比率进行，贸易伙伴间的要素价格趋于一致。

factors of production 生产要素 生产某一产品或服务所需的资源或投入，如土地、劳动力和资本。

false-paradigm model 虚假范例模型 有关发展中国家未能得以发展的命题，其原因是发展中国家的发展策略（通常是西方经济学家给予的）是建立在一种不正确的发展模型之上的。举一个例子，过度强调资本积累或市场自由化，而未给予社会需求和制度变革等相应的关注。

family farms 家庭农场 由单个家庭拥有并运作的农场。

family-planning programs 计划生育 制定公共政策帮助父母计划和调整他们的家庭规模。

financial liberalization 金融自由化 指的是消除政府对金融市场各种各样的干预，最终目的是达到由供需来决定市场利率水平。

financial repression 金融抑制 由于政府采取配给制造成的对投资活动的抑制，通常情况下对某几个大型借款者产生影响，使其在资本市场上的借款成本低于供求决定的均衡利率水平。

fiscal gap 财政缺口 政府投资（包括基础设施和人力资本等义务性投资）和私人投资（可能会提高投入回报率）之间的差额。

flexible exchange rate 浮动汇率 一国货币汇率随着国际贸易金融所产生的需求和供给的变化而变化的制度。

foreign aid 外国援助 在国际上通过贷款和赠予的形式把公共资金直接从一国政府转移到另一国政府（双边援助）或者间接通过某一多边

国际机构（例如，世界银行）把资金转移到另一国政府。

foreign direct investment（FDI）外国直接投资　私人跨国集团在海外进行的股票投资。

foreign-exchange earnings　外汇收入　在一个财政年度总的外汇收入减去外汇支出。

foreign-exchange gap　外汇缺口　国际贸易计划赤字超过资本流入的差额，因此，产出的增长就受到可获得的资本输入所带来的限制。

Forster-Greer-Thorbecke（FGT）index　FGT贫困指数　一种绝对贫困水平的衡量指标。

fractionalization　社会分级　指一个国家之内主要的种族、语言的和其他的社会分类。

free markets　自由市场　是指一种体系，在该体系中随着购买者需求的提升与下降，或销售者的供应的增加或减少，商品或服务价格会相应自由地提高或降低。

free trade　自由贸易　不存在任何形式的关税、配额或者其他限制措施的贸易壁垒的商品进口与出口。

freedom　自由　一个社会拥有各种可以满足其需求的选择，社会中的个人可以根据自己的喜好做出真正的选择。

free-market analysis　自由市场分析　针对自由市场经济体系运作性能的一种理论分析，通常基于自由市场比受政府管制的市场运行得更好的假设。

free-market exchange rate　自由市场汇率　由市场的供求关系决定的一国货币对另外一国货币的比率。

free-rider problem　搭便车问题　不付成本而坐享他人之利的情况。

free-trade area　自由贸易区　是指对成员方之间实行自由贸易，对非成员方自由征收关税的经济一体化的一种形式。

functional or factor share distribution of income　功能或要素收入分配比例　不考虑要素所有权，生产要素的收入分配。

functionings　功能　人们利用所拥有或控制的，具有一定特性的商品所做的或者能做的事情。

gain from trade　贸易收益　由于生产的分工和与其他经济单位包括个人、地区和国家间的自由贸易所产生的产出和消费的增加。

General Agreement on Tariffs and Trade（GATT）关税贸易总协定　是于1947年成立的国际性组织，旨在寻求降低国际产品和服务贸易关税的方法和途径，在1995年被世界贸易组织（WTO）所取代。

Gini coefficient　基尼系数　用来衡量收入不平等的统计指标，该系数可取从0到1的任何值，0代表完全平等，1代表完全不平等。在图中，该数值是由位于平等线和洛伦兹曲线之间的面积，除以平等线右侧的三角形的总面积计算得出的。基尼系数值越高，收入不平等程度越高；其值越低，收入分配越平等。

global factory　世界工厂　跨国公司把产品生产活动安排在不同的国家，从而充分利用地区之间的价格差异。

global public good　全球公共物品　可以使不同国家、不同种群的人都受益的公共产品。

global warming　全球变暖　大气和海洋平均温度增加。从20世纪中期开始使用这一术语来描述这种趋势，主要是由人类工业、林业和农业活动释放的温室气体引起的。

globalization　全球化　各国经济体向扩张的全球性市场不断整合。

government failure　政府失灵　一种政府干预经济使结果恶化的情形。

green revolution　绿色革命　通过科学手段培养新的小麦、大米和玉米杂交品种来提高发展中国家农业产量的一项技术改革活动。

greenhouse gas　温室气体　可以使地球大气层温度升高的气体，并导致全球变暖。

gross domestic product（GDP）国内生产总值　在一国领土内，由本国常住居民与非常住居民，利用该国经济所生产的产品和服务的最终总量，不考虑在国内和国外的分配。

gross national income（GNI）国民总收入　由本国居民生产的全部国内和国外产品，包括国内总产量GDP加上由外国居民所获得的要素收入，减去由非本国居民所获得的国民经济收入。

group lending scheme　集体借款计划　一群有借款意愿的个体组成的集体，他们作为一个整体向商业银行或者政府支持的公共银行借款，并且作为一个整体来偿还利息，这样做的目的是降低借款成本。

growth diagnostics　增长诊断学　决策树框架，用来确定一个国家最具约束力的制约经济增长的因素。

growth pole　增长极　那些在经济上和社会方面比周边地区更为发达的地区，例如发展中国家的城市中心与农村地区的对比。

hard currency 硬通货 主要工业国家或货币地区的货币，其主要特征是可以自由兑换，例如美元、欧元和日元。

Harris-Todaro model 哈里斯－托达罗模型 是托达罗移民模型的均衡模式，用来预测当考虑非正规部门的活动和完全失业时，农村和城市部门的预期收入。

Harrod-Domar growth model 哈罗德－多马增长模型 国内生产总值的增长率（g）直接取决于国家净储蓄率（s），反过来又影响国家资本输出率（c），从而形成这三个宏观经济变量之间的一种函数关系。

headcount index 人数指标 一国生活于贫困线以下的人口比例。

health system 医疗卫生系统 以促进、恢复或维持健康为主要目的的各项设施。

hidden momentum of population growth 隐蔽的人口增长势头 人口增长存在着一种潜在的趋势，即在出生率大幅度下降后，人口还会继续增长的现象，因为大量的年轻人口将扩大潜在的父母数量。

highly indebted poor countries（HIPC）重债穷国 按照世界银行和IMF的标准，世界上最穷的国家和负债最严重国家的总称。这些国家可以获得特定的债务减免特权。

human capital 人力资本 具体表现在人类个体上的生产投资，包括技能、能力、思想、健康和定位，通常是教育支出、工作培训和医疗保健。

Human Development Index（HDI）人类发展指数 以教育、健康和经调整的人均实际收入指标为基础，用以衡量一个国家经济社会发展水平的指标。

human immunodeficiency virus（HIV）人体免疫缺损病毒 感染了导致获得性免疫缺损综合征的病毒。

imperfect market 不完全竞争市场 基于一种理论假设之上的市场，由于消费者和销售者数量较小，进入壁垒以及信息不完整的存在，导致该市场与完全竞争市场背道而驰。

import substitution（IS）进口替代 通过鼓励本国工业的建立和扩张使得本国生产的产品取代进口品的刻意努力。

income elasticity of demand 需求的收入弹性 对某种商品需求量的变动相对于消费者收入变动的反应程度，等于需求量变动的百分比除以收入变动的百分比。

income inequality 收入不平等 国民总收入在所有家庭中的分配不成比例。

income per capita 人均收入 一个国家的总的国民收入除以该国的总人口数。

incomplete information 不完全信息 生产商和消费者用来做出有效决策的信息缺乏，导致市场运行不佳。

increasing return 递增的规模报酬 生产规模的扩大使得产出不成比例地增加。

indirect taxes 间接税 对消费者购买的商品所征收的税，包括进口税（关税）、消费税、销售税和出口关税。

induced migration 诱发性移民 新创造的城市工作提高预期收入和引诱更多农村人口移民城市的过程。

industrial policy 产业政策 政府通过协调和支持特定的行业活动刻意地引导市场的努力。

industrialization strategy approach 工业化战略方法 强调政府通过政策鼓励技术创新和出口更为先进的商品克服市场缺陷的重要性，是贸易发展思想流派之一。

infant industry 幼稚工业 一个新建立的行业，通常作为进口替代政策的一部分受到关税壁垒的保护。

informal finance 非正规金融 这种形式与正规金融体系相对，例如，贷款是家庭成员之间相互提供的。

informal sector 非正规部门 发展中国家中城市经济的一部分，其特点是竞争小的个人和家庭企业、小规模的贸易和服务、劳动密集型的、无进入障碍以及由市场决定的要素和产品价格。

information externality 信息外部性 指信息外溢，如某一生产过程的信息，由一个经济主体传到另一个经济主体，而没有市场交易这一媒介；反映的是信息（敏感性到不担风险取利）的公共商品特性，这既排他也不共享（某一经济主体对信息的使用并不阻碍其他经济主体对其的使用）。

Infrastructure 基础设施 确保经济活动和市场的设施，比如交通运输、配送网络、公共设备、水利、管道以及能源供应。

institutions 制度 指标准、活动规则以及普遍认同的办事方式。经济制度是人类制定的用以限制人类相互影响的正式的和非正式的经济生活的"游戏规则"，它在道格拉斯·诺斯理论中得到了广泛应用。

input-output model（Interindustry model） 投入－产出模型（产业关联模型） 一个将经济划分为多个产业的模型，跟踪产业间的购买（投入）和销售（产出）的流动。

integrated rural development 农村综合发展 泛指农村发展活动，包括小农户的农业进步，基础设施建设的改善，农村非农产业的发展，农村部门随时间持续快速发展的能力。

interlocking factor markets 连锁要素市场 供给函数为双向的要素市场，这通常是因为不同的投入要素均由同一供应商供给，他们对资源进行了垄断或寡头垄断。

internal rate of return 内部收益率 使得一个项目的净现值等于零的折现率，用于与市场利率进行比较，从而对项目进行排序。

internalization 内部化 生产者或消费者经常通过污染处罚和消费税去承担自己产生的外部环境和其他成本的过程。

International Commodity Agreement 《国际商品协定》 国际交易的商品（例如咖啡和糖）的生产者达成的正式协议，以协调供给，维持价格稳定。

international reserves 国际储备 某国用于国际支付的黄金、硬通货和特别提款权。

inward-looking development policies 内向型经济政策 主要是发展中国家采取的政策，主要强调经济自立，包括发展本国的技术、对外国的进口产品设置障碍或者不鼓励外国私人投资。

Kuznets curve 库兹涅茨曲线 反映一国人均收入和收入分配平等关系的曲线图。

labor turnover 劳动力流转 工人不停离开其雇主的行为，这个概念常用于这样的理论——通过城市现代化部门雇主支付更高的工资来降低劳动周转率，留住那些经过培训、掌握技能的工人的这个事实去解释城乡工资差异。

labor-augmenting technological progress 劳动加强型技术进步 指通过一般教育和在职培训项目等，提高现有数量的劳动力的生产力水平的技术进步。

laborsaving technological progress 劳动节约型技术进步 由于某些发明（如电脑）或创新（如装配线生产），使得利用不变的劳动力数量就能实现较高的产出水平。

land reform 土地改革 为了改善农业收入分配状况，而有目的地尝试对现存土地体系进行重组和变革，从而促进农村地区发展。

landlord 土地主 拥有土地收益的所有权，将土地出租给承租人并从中获取各种报酬的人。

latifundio 大庄园 特指拉丁美洲的土地制度中拥有大量土地，并能够提供12人以上就业的大农场，由少数农场主所有，占据总耕地面积相当大的比例。

least developed countries 最不发达国家 指联合国指定的那些收入低、人类资源开发水平低并且经济严重不景气的国家。

less developed countries（LDC） 欠发达国家 发展中国家的同义词。

Lewis two-sector model 刘易斯两部门模型 一种发展理论，该理论中传统农业部门的剩余劳动力转移到了现代工业部门中，而工业部门吸收剩余劳动力促进了工业化进程和经济的可持续发展。

life expectancy at birth 出生预期寿命 若当前的出生死亡率保持不变，同一时期出生的人预期能继续生存的平均年数。

linkages 联系 建立在买卖之上的企业之间的联系。后向联系是指一个企业从另一家企业购买商品将其用作一种输入要素；前向联系是指一个企业出售给另一个企业。在一个或更多企业（生产区域）拥有规模效益递增，且这些效益被更大的市场所利用时，这样的联系对于工业化策略来说是特别重要的。

literacy 读写能力 读书和写作的能力。

localization economies 本地化经济 某地区发展某特定经济部门（如金融、汽车部门）可以带来集聚效应。

Lorenz Curves 洛伦兹曲线 一种描述按等分分组后收入规模分布的变化的曲线。

low-income countries (LIC) 低收入国家 按照世界银行分类，2011年人均国民总收入低于1 025美元的国家。

macroeconomic instability 宏观经济不稳定性 某国同时出现高通货膨胀率、不断上升的预算和贸易赤字，以及迅速扩张的货币供应量的情况。

Malthusian population trap 马尔萨斯人口陷阱 托马斯·马尔萨斯（1766—1834）预计任何超过最低水平的人均收入的增长都会被人口

增长所抵消，最终又退回到原来的最低水平，因为正常增长的生活资源不能满足以几何级数增长的人口的需要。

managed float 有管理的自由浮动 允许中央银行干涉以减少汇率异常波动的汇率制度。

marginal cost 边际成本 多增加一个单位支出，生产者总成本的增加量。

marginal net benefit 边际净收益 来自物品最后一单位的收益减去它的成本。

marginal product 边际产量 额外增加一个单位的生产变量（如，劳动力或资本）所带来的总产量的增加量。在刘易斯两部门模型中，剩余劳动力就是那些边际产量为零的工人。

market failure 市场失灵 指由于市场的不完善（如垄断势力的存在、要素缺乏流动性、显著的外部性或者缺乏信息）所引起的市场经济功能的减弱。市场失灵经常成为政府介入干扰自由市场运转的托词。

market price 市场价格 由市场上的需求和供给决定的价格。

market-friendly approach 亲善市场理论 世界银行长久以来宣传的一种理念，即成功的发展政策要求政府创造一种能够使市场有效运转的社会环境，而且政府只需选择性地对市场运行效率低下的经济领域进行干预。

medium-size farms 中型农场 最多能为12个人提供就业的农场。

microeconomic theory of fertility 生育率微观经济理论 家庭成立所带来的成本和收益共同决定了家庭规模。

microfinance 小额信贷 一种金融服务形式，它的特点是规模很小，包括小额存款、小额贷款和小额保险等形式，获取这种服务的人往往无力获得正规商业银行的金融服务。

middle-income countries 中等收入国家 按照世界银行分类，2011年人均国民总收入1 025美元和12 475美元之间的国家。

middle-income trap 中等收入陷阱 指这样一种状况，即经济开始发展并达到中等收入水平，却长期无法发展到高收入水平。这通常与原创能力或吸收先进技术的能力较低有关，还可能伴随有高度不平等现象。

Millennium Development Goals（MDG） 千年发展目标 2000年联合国制定的8项目标：消除极端贫穷和饥饿；普及小学教育；促进男女平等并赋予妇女权利；降低儿童死亡率；改善产妇保健；与艾滋病毒/艾滋病、疟疾和其他疾病做斗争；确保环境的可持续能力；全球合作促进发展。所有目标完成时间是2015年。

minifundio 小庄园 特指拉丁美洲的土地制度中的一种土地所有形式，是一种规模小的仅能为一个家庭提供就业的农场。

monetary policy 货币政策 中央银行为了影响货币供给量和利率等经济变量而采取的措施。

money supply 货币供给 流通中的货币总量以及商业银行活期存款和储蓄银行定期存款的总和。

moneylender 高利贷者 将钱以高利率借出的人，例如，借给那些需要种子、化肥和其他生产要素的农民。

monopolistic market control 完全垄断式的市场控制 控制一种市场结构，某一行业中的产出由一个生产厂商、销售者控制或者由一群生产厂商控制，但是它们会共同做出决策。

more developed countries（MDC） 较发达国家 指如今经济发达的西欧资本主义国家，如北美、澳大利亚、新西兰和日本。

multidimensional poverty index（MPI） 多维度贫困指数 一种贫困测度法，即运用缺陷程度和数量这两个临界值，乘以生活在贫困线以下的人口比例，再乘以贫穷家庭各加权指标的平均值，以此来确定谁是穷人。

Multifiber Arrangement《多种纤维协定》 由发达国家针对来自发展中国家的棉花、羊毛、合成纺织品和服装所设立的一系列非关税配额。

multinational corporation（MNC） 跨国公司 在多个国家进行生产活动的公司。

multiple equilibria 多重均衡 一种不止一种均衡同时存在的状况。这些均衡点有时是有等级之分的，即一个优于另一个，但是独立市场不会将经济推向较优的均衡。

natural increase 自然增长率 既定人口的生育率和死亡率的差。

necessary condition 必要条件 一个条件自身并不具有充分性，但是对于某事的发生它确实是必须存在的。例如，资本形成对于经济的持续增长（必要借助工具才能使产出得以增长）或许是一个必要条件，但是若想这种增长能够保持，就需要对社会、制度和观念等进行变革。

neglected tropical diseases **被忽略的热带疾病**
在发展中国家流行的 13 种可以治愈的疾病，大多数属于寄生虫病。相对于肺结核、疟疾和艾滋病，这类病受到的关注较少。

neoclassical counterrevolution **新古典主义革命**
针对发展问题和政策，20 世纪 80 年代新古典自由市场再次出现，与 70 年代的依赖革命的政府干预观点相反。

neoclassical price incentive model **新古典价格激励模型** 该模型的主要主张是，如果市场价格能够正确影响经济活动，那么就要运用补贴、税收等手段对其进行调整，以消除要素价格扭曲，这样要素价格才能反映出真正的正在使用资源的机会成本。

neocolonial dependence model **新殖民主义依附模型** 该模型的主要观点是，发展中国家之所以欠发达，是因为从殖民主义开始少数发达国家对于欠发达国家在经济、政治和文化政策方面的长期剥削。

net international migration **净国际移民** 迁入一个国家的人口和迁出该国的人口数量差。

net present value (NPV) **净现值** 未来净收益流通过适当的折现率折现的价值。

net savings ratio **净储蓄率** 一定时期内，可支配收入总额中储蓄所占的百分比。

neutral technological progress **中性技术进步**
应用等量的或相同组合的投入要素，实现较高的产出水平。

new protectionism **新贸易保护主义** 发达国家针对发展中国家工业制成品出口设立的一系列非关税贸易壁垒。

newly industrializing countries (NIC) **新兴工业化国家** 指那些具有较发达的经济发展状况，具有一定基础和活跃的工业，并与国际贸易、金融和投资密切联系的国家。

nominal rate of protection **名义保护率** 进口货物的从价税比率。

nongovernmental organizations (NGO) **非政府组织** 为发展中国家提供金融援助或者技术援助的非营利组织。

nontariff trade barriers **非关税贸易壁垒** 以非关税形式出现的如进口配额或卫生要求（一般是非合理的）等贸易壁垒。

North-South trade models **南北贸易模型** 阐述北国发达国家与南国发展中国家不平等的贸易关系的贸易发展理论，并解释南国受益低于北国的具体原因。

odious debt **恶性债务** 国际法中的一个概念，那些被专制政权用来从事反对人民利益的对外债务，在一个新的共和政权上台之后不必承担偿付责任。

official development assistance (ODA) **官方发展援助** 官方机构带有优惠条款的贷款和赠予净支出，从历史来看，这些支出一般来自经合组织（OECD）的高收入成员方。

official exchange rate **官方汇率** 一国的中央银行以本国货币买进某外国货币例如美元的比率。

oligopolistic market control **寡头垄断式的市场控制** 一种市场结构，少数竞争但是不一定必须竞争的厂商主导着一个行业。

open economy **开放经济** 在这样的经济体中，存在与其他国家进行外贸交易，以及广泛的金融和非金融活动的往来。

organized money market **有组织货币市场**
在这类货币市场中，贷款是通过正规的银行体系中有经营执照的被认可的中介机构发放的。

O-ring model **O 环模型** 一种经济模型，在该模型中，生产函数在输入要素中表现出强烈的互补性，且其对于阻碍经济发展的因素有着更广泛的理解。

O-ring production function **O 环生产函数** 投入要素中拥有强烈的互补性的一种生产函数，以高质量的输入要素所生产的产品为基础。

outward-looking development policies **外向型发展政策** 通过资本、工人和企业及学生的自由流动来鼓励出口，对跨国公司保有欢迎的态度，并有开放的沟通系统。

overvalued exchange rate **高估汇率** 官方的汇率设定高于其实际或者影子价值。

pareto improvement **帕累托改进** 指这样一种状况，即一个或更多人的状况得以改善，而未使其他任何人的状况变得糟糕。

partial plan **局部计划** 计划仅仅涉及国家的某一经济部门（例如农业、工业和旅游业等）。

path dependency **路径依赖** 是这样一种情形，由一个或者多个变量的水平所衡量的个人或经济的过去条件会影响到其未来条件的情形。

patterns-of-development analysis **发展模式分析** 试图确定一个"典型"的发展中国家，

在实现并保持经济增长和发展的过程中所经历的结构转变的内部过程的典型特征。

pecuniary externalities 货币外部性 对于一个经济主体的成本或收益的积极或消极的外溢效应。

periphery 外围 在依附理论中，指发展中国家。

personal distribution of income (size distribution of income) 个人收入分布 (收入规模分布) 根据不同个体规模等级划分的收入分布，例如最贫穷或最富有的人口比例所占有的总收入比例，不考虑其收入来源。

planning process 计划过程 实践和执行一个正式经济计划的程序。

political economics 政治经济学 将经济分析与实用政治学相结合的方法，就是在政治背景下分析经济活动。

political will 政治意愿 政治高层决策者通过各种改革以取得经济目标的努力。

pollution tax 污染税 根据排放到自然环境中的污染物数量征收的税。

population pyramid 人口金字塔 用一个图形描绘人口的年龄结构，以年龄为纵轴，以人口数为横轴，按左侧为男、右侧为女绘制图形。

population-poverty cycle 人口－贫困循环理论 解释贫困和高人口增长率如何变得相关的理论。

portfolio investment 组合式证券投资 个人、企业、养老基金以及共同基金在公司以及公共机构发行的股票、债券、存款证和商业票据上的金融投资。

poverty trap 贫困陷阱 对于一个家庭、社区或国家来说都是一种劣均衡，使得家庭、社区或国家陷入一种恶性循环之中，即贫困和欠发达导致更严重的贫困和欠发达，并且延续数代。

Prebisch-Singer hypothesis 普雷维什－辛格假设 认为发展中国家的初级产品出口的贸易条件趋势是长期下降。

present value 现值 未来获得的货币总量的当前折现价值。

price elasticity of demand 需求的价格弹性 衡量某种商品需求量的变动对其价格变动的反应程度，等于需求量变动的百分比除以价格变动的百分比。

primary products 初级产品 来自农业、伐木业、渔业、矿业、采石业、食品和原材料等行业的产品。

prisoner's dilemma 囚徒困境 在这种境况下，所有各方都会从合作而非竞争中获益，但是一旦实现了合作，且假设其他人还坚持合作协议，那么每一方都会通过欺骗而获益最多，因此就导致协议的解除。

private benefits 私人收益 直接由个体经济单位获得的收益。例如，教育的私人收益就是这些学生和其家庭所获得的直接收益。

private costs 私人成本 个体经济单位所支付的成本。

privatization 私有化 将国有资产 (企业) 出售给私人个体或者私人利益集团的过程。

producer surplus 生产者剩余 由于边际成本曲线向上倾斜，生产者生产一种产品给要素供给者的超出或低于其所要求的最小收益的数量。

product cycle 产品周期 在国际贸易中，随着制成品生产复杂性的不断增加，由较不发达国家不断取代发达国家进行生产。

product differentiation 产品差异 生产厂商通过广告或者其他设计方面的变动将自己的产品与其他相类似的产品区分开来。

production function 生产函数 各种投入要素的使用量，与利用这些投入所能生产某种商品的数量之间的一种技术或工程关系。

production possibility curve 生产可能性曲线 表示在所有可获得的生产要素都得以充分利用的情况下，所能生产的两种产品 (如农业产品和制造业产品) 之间的替代组合。给定资源和技术，该曲线介于可获得和不可获得之间。

progressive income tax 累进税 一种税收，其税率会随个人收入的增加而增加。

project appraisal 项目评估 是一种将既定的公共或者私人基金投资于不同项目中的相对盈利性的数量分析。

property rights 产权 使用并受益于一种有形的 (如土地) 或无形的 (如智力) 实体的权利，包括拥有、使用、取得收入、出售和弃置等。

public bad 公共"坏"物品 能导致一群人成本同时增加的物品 (与公共"好"物品相对)。

public consumption 公共消费品 各级政府购买商品和服务的当前支出，包括用于国防与安全的资本支出。

public good 公共"好"物品 (公共福利) 该

物品可同时为所有个体带来利益，而且其中每一个个体所享受到的利益绝不会降低其他任何一个个体的利益。

public-choice theory（new political economy approach）　公共选择理论（新政治经济学理论）　该理论认为，个体的所有活动都以利己为导向，而且由于人们利用政府来追求自己的目标和利益，使得政府既无能又腐败。

purchasing power parity（PPP）　购买力平价　用一套常用的所有商品和服务的国际价格来对国民总收入进行计算，进而更准确地对各个国家的生活水平进行对比。

quintiles　五分位数　任何量化值的20%。某一总人口数被分为规模相等的5个组。

quota　配额　在国际贸易中，针对某种产品进口到一国的数量限制。

rate of population increase　人口增长率　根据迁入和迁出人口调整后的自然增长率来计算的人口增长率。

rationing　配给　在需求大于供给或者价格无弹性的情况下，对顾客可以获得的产品以及生产者可以生产的产品进行数量上的限制，主要手段是限购券、对借款人的限制、对某种特定商品实施政府管制以及对进口产品实施资本管制等。

redistribution policies　再分配政策　为了促进发展所制定的用于降低收入不平等并扩大经济机会的政策，包括所得税政策、农村发展政策以及公共金融服务。

regional trading bloc　区域贸易集团　在一个地理区域内的国家间的经济联盟，其特点通常是内部贸易自由化和同一的对外贸易限制，旨在促进地区经济一体化和经济增长。

regressive tax　累退税　一种税收结构，该结构中税收和收入比往往会随着收入的增加而降低。

rent seeking　寻租　个人和企业努力从政府过度干预所导致的价格扭曲和实际控制中获得经济租金，这些干预手段包括许可证、配额、利率最高限以及汇率控制等。

replacement fertility　更替生育率　为了维持稳定人口数量水平，每位女性所需要的生育数量水平。

reproductive choice　生育选择权　这个概念是指，在决定打算生几个孩子和用什么方法达到他们所期望的家庭规模方面，妇女应该同她的丈夫拥有同等的决定权。

research and development（R&D）　研发　针对改善现有的人类生活、产品、利润，以及生产要素或知识的质量而进行的研究与科学调查。

resource endowment　自然资源禀赋　一个国家可用生产要素的供应，其中包括矿藏、原材料和劳动力。

restructuring　重构　改变债务偿还的条款，通常采取降低利率和延长偿还期限的手段。

return to scale　规模报酬　当所有的生产要素等比例增加时，产量能扩大多少。

risk　风险　一种情形，其各种可能结果出现的概率是已知的，但是最终实际的结果是未知的。

Romer endogenous growth model　罗默内生增长模型　一种存在技术外溢的内生增长模型，该模型中经济系统中的资本存量对企业产出具有积极影响，因此认为在经济系统中存在规模效益递增。

rotating saving and credit association（ROSCA）　互助会　由40～50人组成的集体，他们一起获得贷款，再把得到的贷款轮流分配给每位个体使用。

rural-urban migration　农村向城市迁移　人们从农村和乡镇到城市中心寻找工作的运动。

saving gap　储蓄缺口　国内投资需求超过国内储蓄的差额，这导致的结果是国内投资受到可得外汇的限制。

scale-neutral　规模中性　不受规模大小的影响；应用在技术进步上是指技术进步所带来的产量提高与企业或农场的大小（规模）无关。

scarcity rent　稀缺租金　在固定或限制供给的情况下，为资源和物品的使用所支付的报酬或额外的租金。

sector　部门　经济体的组成部分，在发展经济学中有四个分类维度：技术（现代的和传统的部门）、活动（工业或生产部门）、贸易（出口部门）和范围（私人和公共的部门）。

self-esteem　自尊　当一个社会的社交、政治和经济体系以及制度提升了诸如尊敬、尊严、正直和民族自主等人类价值时，该社会所享有的一种成功感。

self-sustaining growth　自主增长　借助储蓄、投资以及其他私人和公共活动而使经济能够长期持续增长的过程。

shadow price（or accounting prices）　会计价格

（影子价格） 反映资源真实机会成本的价格。

sharecropper 佃农 不得不将粮食上交一部分给土地主的土地承租人，是构成租赁合约的基础。

shifting cultivation 轮作 耕种一块土地直至其肥力枯竭，然后转向另一块新土地进行耕种，以使先前那块土地恢复肥力以便再次耕种。

size distribution of income 收入规模分布 根据不同个体规模等级划分的收入分配，例如最贫穷或最富有的人口比例所占有的总收入比例，不考虑其收入来源。

social benefits of education 教育的社会收益 因为个人受到教育而给其他人甚至整个社会带来的收益，例如因为有了更多有知识的劳动者和市民而带来的收益。

social capital 社会资本 一系列社会制度和准则（包括互信、对误差预期的惩罚的合作行为和成功的集体行动）所带来的产值，可以提高参与未来合作行为的预期。

social costs of education 教育的社会成本 由私人教育决策所产生的个人和社会成本，包括政府教育补贴。

social cost 社会成本 一项经济决策的全部成本，无论是私人的还是公共的，社会是一个整体。

social profit 社会利润 社会收益与成本之差，包括直接与间接的。

social rate of discount 社会折现率 是一个社会将未来的社会收益折现的比率，用来与当期的社会成本相比较。

social returns 社会收益 投资的收益性，从整个社会角度来说，投资的成本和利益共同组成其最终收益。

social system 社会体系 指一个社会的有组织、有体制的结构，包括它的价值观、态度、权力机构和传统。

soil erosion 水土流失 由农田的过度使用、滥伐森林和农业灌溉所引起的优良表土层的流失。

Solow neoclassical growth model 索洛新古典增长模型 在该增长模型中，每一生产要素的回报虽然是呈递减趋势的，不过却是按比率持续出现的。外生技术变革促使经济实现长期增长。

Solow residual 索洛剩余 指长期经济增长过程中，不能通过劳动力或资本增长来解释的，因而被指定为内生的技术变革的部分。

special drawing rights（SDR） 特别提款权 由国际货币基金组织在1970年创造出的一种货币，其目的是用于补充黄金和美元对国际收支平衡账户进行结算。

specialization 专业化生产 资源集中在生产相对较少的产品上面。

specialized farming 专业化农业 农业生产演变的最终和最先进的阶段，在这一阶段农业生产完全为了市场。

stabilization policies 稳定政策 为减轻通货膨胀、削减财政赤字和改善国际收支平衡而采取的一系列相互协调的、严格的财政政策和货币政策。

stages-of-growth model of development 阶段增长模型 发展经济学的一个理论，以美国经济史学家沃尔特·W.罗斯托为代表人物，该理论认为一国在实现发展方面要经历一系列阶段。

staple foods 主粮 一个国家中大部分人消费的主要食物。

state-owned enterprise（SOE） 国有企业 政府拥有和经营的公共企业和半国营性质的机构（例如，农业市场委员会）。

structural adjustment loans 结构调整贷款 世界银行为发展中国家提供的贷款，其目的是减少政府过多的干预，使得要素和产品的价格反映其稀缺程度，增加市场竞争性。

structural-change theory 结构变革理论 假设欠发达是因为由结构或制度因素（这些因素既可以是源于国内也可以是国际）所引起的资源未被充分利用导致的。因此发展不仅仅指不断加速形成的资本。

structural transformation 结构变革 指某一经济体通过以下方式实现转型的过程，该过程中，制造业部门对国民收入的贡献最终将超过农业部门对国民收入的贡献。更具体来说，主要是经济体中工业部门比重的重大转变。

subsidy 补贴 政府对某行业中的生产厂商或者销售商的一种支付，以阻止该行业的衰退、扩大就业、增加出口或者降低消费者支付的价格。

subsistence economy 生计经济 是指一种自产自销，并且经济水平只能满足最基本的衣食住的生活需求的经济模式。

subsistence farming 维持生计型农业 农业生

产中的粮食生产、存储和其他活动主要是为了满足个人消费。

sufficient condition 充分条件 只要具备某一条件就会导致某事发生，或保证某事将会发生；在经济增长模型中，在其他假设都给定时，逻辑上要求陈述内容必须正确（或者结果一定成立）的一个条件。

surplus labor 剩余劳动力 在现存自由市场工资率水平下，超过所需劳动力数量的劳动力过度供给。在刘易斯的两部门经济发展模型中，剩余劳动力指的是那些边际生产率为零或为负的农村劳动力。

surplus 盈余 收入超过支出的部分。

sustainable development 可持续发展 保证后代至少可以像当代一样生存的发展模式，一般要求至少要达到环境保护的最小值。

sustainable net national income（NII） 可持续净国民收入 在不减少国家总资本资产（包括环境资本）的情况下，利用环境会计方法测算的可用于消费的年度总收入。

sustenance 生计 维持一个人最低生活水平所必需的最基本的物质与服务，诸如食物、衣服和住所。

synthetic substitutes 合成替代品 人工合成的一些产品可以被用来替代自然产品，例如橡胶、棉花、羊毛、樟脑和除虫菊等。

tariff 关税 在进口地对进口商品征收的等于其价值的固定比例的税收。

technical assistance 技术援助 这样的援助（双边或多边的）不是仅仅进行资金的转移，而是进行专家、技术人员、科学家、教育工作者、经济顾问等人员的转移，特别是这些人员会为当地人提供培训服务。

technological externality 技术外部性 通过某些方式而不是市场交易，造成的对一个企业所产生的积极或消极的外溢效应。

technological progress 技术进步 不断增加的新科学知识的应用，包括物质的和人力资本的发明和创新。

tenant farmer 土地承租人 在土地主的土地上进行耕种的人，没有土地所有权，为使用土地不得不付出成本，例如，将一部分产出交给土地所有者。

terms of trade 进出口交换比率 一个国家平均出口价格与其进口价格之比。

tied aid 附带条件的援助或限制性援助 要求受援国使用得到的资金购买捐助国的产品或服务的双边贷款或者赠予。

Todaro migration model 托达罗迁移模型 是一种理论，解释了为什么尽管城市存在高失业率，但城乡移民仍被视为一种经济上的理性行为。移民计算城市预期收入的现值（或者它的等价值），如果这个收入超过农村的平均收入，他们将会移民。

total fertility rate（TFR） 总生育率 当前育龄妇女的生育率，在一个妇女育龄期内保持不变，即该妇女一生中平均生育子女的数量。

total net benefit 总净收益 所有消费者净收益之和。

total poverty gap（TPG） 总贫困差距 所有生活于贫困线以下人口的实际收入水平与贫困线的差异之和。

trade creation 贸易创造 在关税同盟的前提下，成员方之间高成本制造转向低成本制造的转移。

trade deficit 贸易赤字 经常项目所衡量的进口支出超过出口收入。

trade diversion 贸易转移 在关税同盟的前提下，货物的进口由低成本非成员方向高成本的成员方的转移。

trade liberalization 贸易自由化 为自由贸易铲除障碍，如配额、名义或有效保护率以及汇率管制等。

trade optimists 贸易乐观派 支持自由贸易、开放经济和外向型发展政策的理论学派。

trade pessimists 贸易悲观派 认为没有对贸易的关税保护和数量限制，发展中国家从出口导向的、开放的经济中只能获得很少或者根本不能获得利益。

traditional economics 传统经济学 是一种强调效用、利润最大化、市场效率和平衡决策的经济方法。

transaction cost 交易成本 交易过程中与信息收集、监督、寻找可靠的供应商、制定合同和获得贷款等相关的成本。

transfer pricing 转移定价 一种被用来减少跨国公司纳税额的会计方法，通过为在跨国公司内部购买或者出售的产品及服务开具虚假发票，从而提高跨国公司在低税率国家（避税国）分支机构的利润，而使其在高税率国家的应税利润减少为零。

transparency（financial） （金融）透明性 在

金融领域，公有制银行和私人银行需要对自己发放的贷款、进行的投资组合的质量及现状进行充分信息披露，在这样的情况下，本国和外国投资者才能够进行信息对称的投资决策。

two-gap model 双缺口模型 该模型通过比较某国家储蓄和外汇收入之间的缺口，进而分析出这两个因素中是哪一个制约了经济增长。

two-sector model 刘易斯两部门模型 一种发展理论，该理论中传统农业部门的剩余劳动力转移到了现代工业部门中，而且该工业部门的发展需要大量劳动力，促进了工业化进程和经济的可持续发展。

uncertainty 不确定性 一种情形，最终实际结果以及各种可能结果出现的概率都是未知的。

under-5 mortality rate 5岁以下儿童死亡率 从出生到5岁以下的每1 000个儿童中的死亡人数。

underdevelopment 欠发达 指一种经济状况，表现为长久以来生活水平低下，同时伴随有极端贫困、人均收入水平低和医疗卫生服务差以及高死亡率、高出生率，而且对外国经济体的依赖性强，在满足人类需求方面的自由选择能力有限。

underdevelopment trap 欠发达陷阱 一种地区或国家水平的贫穷陷阱，在该陷阱中欠发达状态可能会长久存在。

undervalued exchange rate 低估的汇率 官方汇率低于其实际价值或者影子价格。

unorganized money market 无组织货币市场 指的是发展中国家（尤其是农村地区）普遍存在的非正规高利贷信用体系，在这样的体系中，低收入的农民和小公司因为没有抵押品而不得不以极高的利率从放款人那里借款。

urban bias 城市偏向 指大部分发展中国家政府的一些发展政策倾向于城市部门，因此城市和农村经济之间的差距逐渐扩大。

urbanization economies 城市化经济 区域集中的普遍增长带来集聚效应。

Uruguay Round 乌拉圭回合 关税和贸易总协定的一个谈判回合，1986年始于乌拉圭，1994年结束，旨在促进国际自由贸易。

value added 增加值 附加于生产的每一环节的产品最终价值的那部分价值。

values added tax 增值税 在产品生产过程中的各个阶段征收的税种。

values 价值 一个社会或多个团体范围内所认为有价值的及可取的原则、标准或质量。

vent-for-surplus theory of international trade 国际贸易盈余出路理论 通过国际贸易向发展中国家打开世界市场，使得这些国家可能更好地利用以前没有充分使用的土地和劳动力资源，因此可以生产出更多的初级产品，盈余部分可以出口。

voluntary failure 志愿失灵 非政府组织和民间团体在其本应该是比较优势的领域无法有效达到社会目标。

wage subsidy 工资补贴 政府通过对提供新工作的个人雇用者提供税收减免来实现雇用更多工人的一种财政激励政策。

wage-price spiral 工资－物价螺旋上升 高物价水平引起工人对工资增长的要求，而高工资又进一步抬高物价的一种恶性循环。

where-to-meet dilemma 见面困境 在这种境况下，所有各方都会从合作而非竞争中获益，但是却不知该如何做才能获益。如果能够实现合作，就不会存在陷害和欺骗的动机。

workfare programs 福利计划 一个减少贫困的计划，它要求计划的受益者工作以换取利益，如以工换粮计划。

World Bank 世界银行 俗称"国际金融体系"，该组织以低息贷款、无息信贷和技术支持的方式为发展中国家提供发展资金。

World Trade Organization（WTO）世界贸易组织 自1995年以来取代关税贸易总协定成为国际贸易协议的监管者和执行人，总部设在日内瓦。

youth dependency ratio 青少年抚养率 一个国家中，青少年（15岁以下）与有工作的成年人（15～64岁）的比例非常高。